A História
VIVIDA

LOURENÇO DANTAS MOTA
(COORDENAÇÃO)

A História
VIVIDA

2ª edição aumentada

ENTREVISTAS

TOPBOOKS

Copyright © 2014
Direitos cedidos a Lourenço Dantas Mota pelo jornal *O Estado de S. Paulo*, que publicou a 1ª edição, em 3 volumes (1981-1982)

EDITOR
José Mario Pereira

EDITORA ASSISTENTE
Christine Ajuz

REVISÃO
Sinval Liparotti

PRODUÇÃO
Mariângela Felix

CAPA
Miriam Lerner

DIAGRAMAÇÃO
Arte das Letras

CIP-BRASIL CATALOGAÇÃO NA FONTE
SINDICATO NACIONAL DOS EDITORES DE LIVROS, RJ

H578
A história vivida / organização Lourenço Dantas Mota. – 2ª ed. – Rio de Janeiro: Topbooks, 2014.
   1458 p.; 23 cm.

   Apêndice
   Inclui índice
   ISBN 978-85-7475-236-5

   1. Brasileiros - Entrevistas. 2. Brasil - Civilização - Séc. XX. I. Mota, Lourenço Dantas.

14-15063   CDD: 306.0981
                                                                         CDU: 316.7(81)

TODOS OS DIREITOS RESERVADOS POR
Topbooks Editora e Distribuidora de Livros Ltda.
Rua Visconde de Inhaúma, 58 / gr. 203 – Centro
Rio de Janeiro – CEP: 20091-007
Telefax: (21) 2233-8718 e 2283-1039
topbooks@topbooks.com.br/www.topbooks.com.br
Estamos também no Facebook.

Sumário

Apresentação – Lourenço Dantas Mota 11

Prudente de Moraes, neto
As distorções de 64 começaram com Castello 21

Afonso Arinos de Melo Franco
Não existe democracia relativa 45

Tancredo Neves
Uma estrutura que não suporta crise 75

Prado Kelly
A Providência poupou-me a prova do AI-5 105

Ernani do Amaral Peixoto
O PSD e a UDN fazem falta 129

Miguel Reale
O risco é inerente à democracia 161

Vasco Leitão da Cunha
Foi o povo que declarou a guerra em 42 191

Caio Prado Júnior
É preciso deixar o povo falar 221

Alzira Vargas do Amaral Peixoto
Vargas preferiu morrer para não ser humilhado 245

Dario de Almeida Magalhães
O povo não escolhe pior do que as elites 277

Ary Campista
O FGTS substitui o ruim pelo péssimo 301

Miguel Arraes
Desenvolvimento pós-64 marginaliza a maioria 325

Nelson Rodrigues
A censura me discrimina 347
Antônio Pereira Lima
Getúlio Vargas queria dobrar São Paulo 367
José Américo de Almeida
A Revolução de 30 mal passou de uma mudança do poder 383
Tristão de Athayde
A liberdade é mais importante que a ordem 403
Gilberto Freyre
Sou francamente paradoxal 429
Barbosa Lima Sobrinho
João Goulart suicidou-se politicamente 457
Mário Schemberg
Universidade atual massacra os mais inteligentes 483
Mário Pedrosa
A arte atual reflete a crise do próprio homem 511
Eleazar de Carvalho
Nós maestros somos quase como os que amam 529
Octávio Gouvêa de Bulhões
Receio de recessão paralisa as autoridades 549
Orlando Villas Boas
Integração significa destruição para os índios 561
Vinícius de Moraes
As formas clássicas da poesia jamais morrerão 587
Umberto Peregrino Seabra Fagundes
Dutra era o líder da corrente germanófila do Exército 615
Darcy Ribeiro
Governo Goulart caiu por suas qualidades, não por seus defeitos 645
Octávio Marcondes Ferraz
Paulo Afonso evitou uma explosão social no Nordeste 673
Oscar Niemeyer
O que me atrai é a curva leve e sensual 701
Antônio Ermírio de Moraes
Nosso mal foi querer crescer depressa demais 723

Sumário

Cordeiro de Farias
O tenentismo é mais fantasia do que realidade 753

Lívio Barreto Xavier
Poesia e cinema, as artes que sobreviverão 803

Olavo Egydio Setúbal
É preciso realizar reformas para evitar a revolução 821

Pontes de Miranda
O importante é aplicar as Constituições 847

Nelson de Mello
Getúlio e Juscelino reconciliaram o governo com o povo 869

Marcelo Damy de Souza Santos
O acordo nuclear é mais do que um escândalo 895

Euryclides de Jesus Zerbini
É preciso interiorizar a medicina no Brasil 931

Paul Arbousse-Bastide e Ruy Galvão de Andrada Coelho
O Brasil escapa às soluções simplistas 947

Pierre Monbeig
A filosofia que orientou a criação da USP continua válida 965

Roberto de Oliveira Campos
Todos melhoraram, mas alguns muito mais 981

Celso Monteiro Furtado
O Brasil não se desenvolveu, modernizou-se 1027

Ivete Vargas
A legislação sindical deve ser mudada 1079

José Bonifácio Lafayette de Andrada
Coronel é quem comanda a política nacional 1107

Idálio Sardenberg
A ESG queria chegar à segurança pelo desenvolvimento 1129

Hélio Jaguaribe
A classe média é o pêndulo do sistema político brasileiro 1155

Rodrigo Octávio Jordão Ramos
As Forças Armadas entre a escola missionária e a escola tutelar 1199

D. Estêvão Bettencourt
É impossível conciliar Cristo e Marx 1231

Henrique Teixeira Lott
Café Filho não conspirou, foi pressionado 1255
Dante Pellacani
Os trabalhadores devem influir no Estado 1271
Jorge Amado
Fidelidade ao povo, a linha de unidade de meus livros 1301
José Honório Rodrigues
Em 64 rompe-se a tradição e o adversário vira inimigo 1321

Apêndice I
– Pedro Nava 1339
– Afonso Arinos de Melo Franco 1351
– Fernando Henrique Cardoso 1365
– Tancredo Neves 1387

Apêndice II
A experiência parlamentarista ou a importância
de um fracasso 1397
– Tancredo Neves 1401
– Afonso Arinos de Melo Franco 1415
– Almino Afonso 1425

Índice 1437

Apresentação

Lourenço Dantas Mota

A história recente do Brasil contada, em entrevistas, pelos que nela ocuparam posição de destaque, seja pela sua ação, seja pelo seu pensamento, ou por ambos — políticos, sociólogos, economistas, militares, empresários, sindicalistas, cientistas, escritores, juristas, religiosos. Em outubro de 1977, apresentamos esse projeto a Júlio de Mesquita Neto, diretor de O *Estado de S. Paulo*, que logo o aprovou e lhe deu apoio constante durante os mais de três anos que durou o trabalho.

Essas entrevistas, publicadas sob a rubrica "Documento", foram portanto concebidas e organizadas para se atingir um objetivo preciso. Não foram feitas ao sabor das circunstâncias; obedeceram a um plano. Conduzidas por grupos formados levando em conta as características de cada entrevistado, elas seguiram um roteiro básico de questões formuladas pelo coordenador, destinado a balizar o terreno. Mas só um roteiro básico, para não tolher a liberdade dos entrevistadores e não tirar dos depoimentos a espontaneidade e a surpresa. Procurou-se fazer com que os entrevistados explicassem seus atos e comportamentos, em vez de apenas narrar sua participação nos acontecimentos.

Como todos os métodos, a história oral, na qual se enquadra esse trabalho, tem pontos fortes e fracos.

A captação do pensamento em pleno processo de elaboração, que a entrevista permite, é um aspecto positivo, porque possibilita um grau menor de censura. A reflexão contida na exposição oral surge quase em estado bruto. Em nenhum momento se tentou aproveitar disso para armar ciladas. Esta seria uma pretensão tola. O entrevistado perceberia logo a manobra e sua atitude defensiva prejudicaria o depoimento.

Ficaria comprometido o clima de confiança indispensável para que ele depusesse com o máximo de franqueza possível.

Evitou-se transformar as entrevistas numa espécie de interrogatório, tentação que pode existir quando se trata de ouvir pessoas que tiveram papel importante na História e tomaram medidas ou adotaram atitudes com frequência sujeitas a controvérsia. Quando se entrevista uma personalidade desse tipo, no quadro de um inquérito como esse, não se busca a verdade, mas a sua verdade. São as verdades de cada um que compõem o retrato de uma época.

Um ponto fraco desse método é o menor rigor da exposição oral. Mas ele pode ser atenuado. Como se tratava de depoimentos históricos, matéria que fugia à rotina do jornal, foi oferecida excepcionalmente aos entrevistados a possibilidade de rever o texto elaborado a partir das gravações, para evitar possíveis imprecisões. Foi o que fez a grande maioria, com o compromisso, escrupulosamente respeitado, de não alterar a estrutura e a essência dos depoimentos. Os que preferiram não fazer a revisão tiveram a possibilidade de se manifestar após a publicação.

A entrevista tem outra vantagem. Ela permite levar o entrevistado a se manifestar sobre um conjunto coerente de questões, algumas das quais ele poderia omitir ou tratar apenas superficialmente, por alguma razão, se fosse redigir suas memórias.

Não é preciso dizer que essas observações não têm a intenção de privilegiar o depoimento oral em detrimento das memórias. Estas têm a seu favor maior rigor na exposição do pensamento, riqueza de informações e documentação. Sem falar no possível valor literário, que na história oral não existe.

O traço que liga esses depoimentos de pessoas de horizontes políticos e ideológicos os mais variados e voltadas para atividades as mais diversas é a reflexão sobre o Brasil contemporâneo — sua política, sua sociedade, sua economia, sua cultura — a partir do relato de fatos e da discussão de ideias e experiências concretas vividas entre as décadas de 20 e 70 do século passado.

Esse material permite várias leituras: como contribuição à história factual e à história das ideias e como "perfis de carreira" de um grupo representativo de personalidades que ocuparam o primeiro plano da cena. As duas primeiras leituras podem ser feitas considerando-se o conjunto das entrevistas ou cada uma separadamente.

Apresentação

Tomemos os exemplos de Tancredo Neves, de Celso Furtado e do general Rodrigo Octávio Jordão Ramos. Tancredo Neves está no terreno dos fatos quando narra sua participação em vários acontecimentos importantes, como a crise que culminou com o suicídio de Getúlio Vargas e a experiência parlamentarista. Mas entra no das ideias quando expõe seu pensamento sobre a conciliação, que desde sua primeira versão no Império, em meados do século XIX, com Honório Hermeto Carneiro Leão, o marquês do Paraná, se tornou um tema recorrente na política brasileira e muito criticada como simples artimanha das elites para manter seu predomínio, com pequenas concessões aos setores marginalizados da população. "Desde que a conciliação seja encarada como um processo de acomodação de elites políticas, muitas vezes com prejuízo de conquistas sociais, que sofrem um retardamento, ela é profundamente indesejável. A que prego é uma conciliação estrutural, de substância, feita em torno de problemas nacionais. Ela estabelece que em torno de tais e tais soluções não podemos divergir, temos de caminhar com uma vontade política nacional, e que fora desses pontos podemos divergir em tudo mais". E, ao citar como exemplo o Pacto de Moncloa, na Espanha, deixa claro que a seu ver ela é própria para situações excepcionais.

Celso Furtado está num plano quando narra com pormenores os entendimentos que levaram à criação da Sudene, fornecendo informações úteis para a história desse organismo que teve enorme importância para o Nordeste. E passa para outro quando desenvolve a tese de que o que houve no Brasil foi modernização e não propriamente desenvolvimento. O mesmo vale para a entrevista de Rodrigo Octávio, que é puramente factual quando ele relata sua participação nas negociações para a rápida formação do governo Café Filho, logo após o suicídio de Vargas, e muda de registro quando trata do que chama de vocação missionária das Forças Armadas. Ela pode tomar dois caminhos: o da "missão cirúrgica" – intervir por tempo limitado quando ocorrem graves crises institucionais, restabelecer a ordem e retirar-se para a posição de guardiãs das instituições – e o da "função tutelar", da qual discorda.

Por serem depoimentos e pela sequência cronológica da narração, essas entrevistas compõem "perfis de carreira". Por eles se pode observar a composição dos quadros políticos no período. Como exemplos de famílias que em sucessivas gerações se mantiveram no primeiro plano da cena, temos os perfis de Afonso Arinos e Prudente de Moraes, neto. Já os de Celso Furtado e Roberto Campos — que acabou se voltando inteiramente para a política, elegendo-se senador e deputado — mostram como um setor técnico como o dos economistas começa a alterar a cena antes dominada pelos bacharéis. Processo que se acentuou desde então com a participação de vários outros grupos, tornando coisa do passado o predomínio dos bacharéis na política.

Os militares — que entram na cena política com a proclamação da República e desde então nela exercem poderosa influência até que, com o golpe de 64, ocupam o poder de forma duradoura, por longos 21 anos — são um caso à parte. Os que aqui foram ouvidos colaboram para o estudo desse caso, a exemplo — para citar apenas um — do general Rodrigo Octávio, com suas ideias sobre a missão política que os militares se atribuem, ou se atribuíram nesse período.

Além dessas questões referentes ao objetivo do trabalho, ao seu planejamento e ao método nele empregado, é indispensável rápida consideração sobre o período histórico explorado. Ao lado da qualidade dos depoimentos de seus atores mais destacados — e pudemos entrevistar um grupo altamente representativo —, é preciso ter em conta a importância dos fatos nele ocorridos. Há períodos em que a História corre mansamente e outros em que ela é marcada por rupturas e grandes transformações. A fase coberta por essa pesquisa pertence à segunda categoria.

Ela constitui um dos momentos decisivos da História brasileira. Para ressaltar sua importância, de maneira sumária, basta alinharmos alguns fatos e acontecimentos. O tenentismo, que começa em 1922 — mesmo ano da Semana de Arte Moderna e da criação do Partido Comunista —, tem seu grande momento heróico na Coluna Prestes e é um dos pilares da Revolução de 30. Assiste-se na década de 1930 à polarização ideológica entre os comunistas, os integralistas e as correntes liberais e conservadoras; à renovação e à mobilização católicas, iniciadas com a fundação do Centro Dom Vital, também em 1922, e continuadas com a criação da Liga Eleitoral Católica em 1932; à germinação das correntes que tomam forma definitiva ao fim da ditadura do Estado Novo (1937-1945), ou seja, o pessedismo, o udenismo e o trabalhismo, que

Apresentação

produzem a Constituição de 46 e um interregno democrático de apenas 18 anos, mas fértil em ideias e experiências. É nessa década que se inicia a chamada Era Vargas, que se implantam a legislação trabalhista e o voto secreto, que se funda a Universidade de São Paulo e são publicados estudos de importância fundamental para a compreensão do Brasil, como *Casa-Grande e Senzala*. É no fim da década de 40 que se cria a Escola Superior de Guerra e começam a se delinear muitas das ideias que vão predominar durante o regime militar, de 1964 a1985. É nas décadas de 40 e 50 que se amplia e se consolida a nossa base industrial e que se constrói Brasília.

Um período de experiências políticas dolorosas — a maior parte dele transcorreu sob ditaduras (Estado Novo e regime militar) — e de transformações sociais, econômicas e culturais que marcaram profundamente o nosso país. E também de reflexão, de esforço para repensar o Brasil e buscar as causas de nosso atraso, para encontrar caminhos que possibilitem integrar a maioria da população, dela marginalizada, na vida política e promover melhor distribuição de renda.

Esse trabalho não pretende ser mais que modesta contribuição para a compreensão do período que abarca e, por extensão, das novas realidades que criou e dos problemas que continuam a existir teimosamente. Entre estes, no terreno da política, está o do sistema partidário e eleitoral. O que Afonso Arinos diz do sistema de voto proporcional — pelo qual "faz-se um bom inquérito de opinião, revelam-se melhor todas as tendências, mas não se fazem maiorias para governar" — é de inquietadora atualidade. "O voto proporcional, multiplicando os partidos, a partir do governo Dutra, fazia com que nenhum partido tivesse condições de eleger o presidente da República (...) O presidente saltava sobre as molduras partidárias. Todos, sem exceção, fizeram isso: Dutra, Getúlio, Juscelino, Jânio, Jango. Os presidentes arrebentaram as molduras partidárias e passaram a se dirigir diretamente ao povo, prometendo coisas que os partidos não os deixariam cumprir. Eles fizeram a mesma coisa que os Gracos na Roma antiga: ficaram de costas para o Senado e falaram ao povo. E vocês sabem o que aconteceu com os Gracos. Os nossos presidentes desse período, para adquirirem a presença carismática de quem se dirige ao povo, foram levados a prometer coisas que sabiam que não podiam cumprir. Todos prometeram o que não podiam fazer".

As instáveis e esdrúxulas alianças que, desde o fim do regime militar, os presidentes fazem para conseguir apoio no Congresso, e assim evitar a repetição das crises apontadas por Afonso Arinos, não deixam dúvida sobre o quanto esse problema continua atual. O Brasil se transformou nesse período numa das grandes economias do mundo, mas, além de graves problemas sociais, vive às voltas com um sistema político capenga. Sistema que foi capaz de suportar uma crise como a do *impeachment* de Collor, mas não consegue produzir maiorias para governar.

Alguns depoimentos foram colhidos por apenas um entrevistador, mas procurando-se manter a mesma orientação dos demais: os de Miguel Arraes, Jorge Amado e José Honório Rodrigues, assim como os dos Apêndices I e II. Compõem o Apêndice I quatro entrevistas, pela ordem em que saíram no jornal — Pedro Nava, Afonso Arinos (a única delas que constava da primeira edição de *A História Vivida*, publicada em três volumes por *O Estado de S. Paulo*, entre 1981 e 1982), Fernando Henrique Cardoso e Tancredo Neves. A de Tancredo Neves, feita pouco antes de sua eleição para a Presidência da República, e a de Afonso Arinos tratam de questões que não haviam sido suficientemente exploradas nos primeiros depoimentos.

Fernando Henrique Cardoso entra nesta segunda edição como sociólogo. Mas, além da análise dos problemas brasileiros, a entrevista feita em 1983, quando era senador, contém dados sobre sua formação e seu pensamento que podem ajudar a compreender sua ação como presidente da República.

As entrevistas do Apêndice II oferecem subsídios para o estudo da experiência parlamentarista. Experiência curta, frustrante, mas rica de lições e por isso de grande interesse, porque o parlamentarismo foi durante muito tempo apontado como uma das possíveis soluções para nossas frequentes crises políticas.

Uma observação sobre a presença de dois franceses, os professores Paul Arbousse-Bastide e Pierre Monbeig. Ela se justifica por sua íntima ligação com a Universidade de São Paulo, a instituição cultural mais importante criada no Brasil nesse período. Seus depoimentos — o de Arbousse-Bastide em dueto com Ruy Coelho — contribuem para a história da USP e para a reconstituição do ambiente cultural em que ela foi criada.

Esse trabalho tem muitas dívidas. Antes de mais nada, é preciso registrar que o prestígio e a respeitabilidade de O *Estado de S. Paulo* como instituição foram fundamentais para que os entrevistados se dispusessem a falar com a franqueza com que o fizeram. Sem nenhum demérito para os demais entrevistadores, é de justiça ressaltar a participação de Villas Boas Corrêa e Antônio Carbone, aos quais o bom começo do trabalho deve muito, de Frederico Branco, que foi responsável pelo texto final de várias entrevistas, e de Ethevaldo Siqueira.

E também de Antônio Carlos Pereira. Sua colaboração continuou no preparo desta segunda edição, que só foi possível graças à apreciação generosa que esse trabalho sempre mereceu de José Mario Pereira, rara e feliz combinação de intelectual e editor.

Finalmente, se me é permitida uma referência à parte que me cabe, tenho uma dívida impagável com minha mulher Jacqueline Morin – com quem muito aprendi ao longo dos estudos e pesquisas que fizemos juntos — e minhas filhas Nathalie e Valérie.

São Paulo, janeiro de 2014

1 As distorções de 64 começaram com Castello

Entrevistadores:
*Villas Boas Corrêa,
Lourenço Dantas Mota,
Ferreira Gullar e
Marçal Versiani*

Prudente de Moraes, neto

Nasceu no Rio de Janeiro, em 1904, onde morreu em 1977. Formou-se pela Faculdade de Direito da então Universidade do Brasil. Embora advogado conceituado, foi sobretudo como escritor e jornalista que se destacou. Como escritor, distinguiu-se na crítica literária — foi um dos fundadores da revista Estética, *de grande importância na segunda fase do modernismo — e como poeta. Foi um dos jornalistas de maior renome de seu tempo e exerceu considerável influência como cronista político.*

> *Como e quando começa a sua participação na vida do país? Ela se dá por meio da literatura ou da política?*

A minha participação na vida do país começa por meio da literatura. É claro que alguns anos antes disso eu já tinha, quer opiniões literárias, quer convicções políticas. Mas essas últimas não prosperaram, porque pouco tempo depois fui obrigado a revê-las e abandoná-las. As minhas primeiras convicções políticas foram anarquistas, e fui levado a elas por colegas anarquistas e principalmente pela influência de um grande professor, que foi José Oiticica, líder do anarquismo no Brasil. Oiticica era uma figura extraordinária, mesmo física. Uma vasta cabeleira negra, passo de marinheiro a bordo, uma voz que a gente adivinhava ser de barítono, e uma segurança muito grande.

> *No início de sua atividade literária, teve uma associação muito íntima com Sérgio Buarque de Holanda e Afonso Arinos de Melo Franco. Poderia dizer alguma coisa sobre essa colaboração, essa convivência?*

A família de Afonso Arinos era muito ligada à minha. Frequentava sua casa e fui tomado da natural admiração que o Afonso desperta em qualquer pessoa que se aproxima dele. Ele tinha uma formação literária bastante diferente da minha, que era principalmente clássica portuguesa, enquanto a dele era mais francesa, mais internacional. Estava bem mais avançado do que eu em matéria de literatura, de estética. E eu, formado na literatura clássica portuguesa, estava preso, ainda, aos ideais da formulação, digamos, naturalista, do parnasianismo. Esse era o meu ideal, embora não tivesse motivos para esperar a realização de uma obra própria em literatura. O que me agradava em literatura era o parnasianismo, era o naturalismo. O poeta da minha admiração, o poeta da minha especial devoção, nesse tempo, era o Bilac.

Como essa admiração por Bilac resiste hoje ao desgaste do tempo, como lê hoje Bilac: com o mesmo encanto, ou com um encanto aborrecido? Ainda lê Bilac?

Leio Bilac raramente, mas ainda encontro nele encanto, ou alguma coisa do encanto que encontrava naquele tempo. É preciso ler Bilac hoje como se lê Camões, como se lê Bocage, como se lê qualquer grande poeta de outros tempos, que não significam mais para nós o que significavam antigamente, mas que trazem em si, na arte de compor um poema, de compor um verso, de dizer, de falar poeticamente, alguma coisa, uma força, uma pujança interior à qual não se pode ser insensível. Eu, pelo menos, não sou insensível a ela. Seria uma falta de sensibilidade quase total, senão uma burrice, o homem de hoje, pelo fato de não partilhar das mesmas linhas estéticas e técnicas que dominaram determinado poeta, não ser sensível ao que ele diz.

Como e quando se dá a passagem dessa sua visão estética, parnasiana, para o modernismo?

Quando se deflagrou o movimento modernista, com a Semana da Arte Moderna de São Paulo, em 1922, reagi como todos os piores espíritos da época em relação a essa coisa que parecia uma loucura, realmente uma loucura. O Monteiro Lobato tinha traduzido bem isto num famoso artigo de crítica à exposição de Anita Malfatti, em 1917 — "Paranoia ou mistificação". Essa era a síntese do pensamento não modernista em relação ao modernismo. E eu participava dessa opinião. Mas não era ninguém: não tinha obrigação de pensar nada sobre pintura, nem sobre poesia. Nessa altura estava com 13 para 14 anos. Não tinha nada que dizer, nada que opinar. Era apenas uma reação interior. E fui seguindo nisso. Quando entrei no Pedro II, estudava os clássicos: Camões, Bocage, Sá de Miranda. E via aqueles desvairados, aqueles mistificadores ou paranóicos continuarem a agir. Mas não ligava muito, não prestava muita atenção ao que faziam, nada tinha em comum com eles. E foi assim até 1918 ou 1919. Enfim, durou uns dois anos.

Aconteceu então uma coisa curiosa: encontrei, folheando uma daquelas revistas que impressionavam mais pelo volume e pela apresentação gráfica do que por qualquer outro motivo, uma poesia de Manuel Bandeira. Tinha especial interesse pelo Manuel Bandeira, porque conhecia o Souza Bandeira, tio dele, e sabia que o rapaz era poeta. E li aquele poema com o mais indignado horror, porque contrariava todas as noções que tinha, que achava razoáveis como técnica poética, como concepção poética. Para mim, aquilo era um atentado, e até comentei com alguns colegas do Pedro II: "Mas que coisa horrorosa". Mantive-me nessa posição por alguns dias. E veio a acontecer o seguinte: um dia comecei a repetir para mim mesmo versos desse poema horrível.

Lembra-se de que poema era esse?

Sim. "Santa Maria Egipcíaca". Isso aconteceu uma, duas, três vezes, até que um dia fiz a seguinte pergunta: Por que repito e me lembro de um poema que considero horroroso, o fim da picada? Não tem sentido. Se é o fim, por que é que me voltam à memória esses versos? Por que me marcam de tal maneira que não consigo me esquecer deles? Só há uma resposta: é que não são tão ruins assim. Pelo contrário, devem ser bons, tão bons que não consigo me desprender do que dizem. Eles ficaram em mim, me marcaram, me entraram na carne. Então são bons versos? Então é um bom poema? Mas, admitindo a hipótese de ser um bom poema, então ele deve obedecer a uma boa estética, a uma boa concepção da poesia e das coisas, a uma boa concepção da poesia em função da vida. Então é preciso rever tudo isso. E revi. Revi e mudei. Mudei e não tinha que dar satisfações a ninguém, era um cidadão, um particular. Mudei e fiquei quieto.

Sua estreia literária foi como crítico ou como poeta?

Comecei simultaneamente como crítico e como poeta. Essa pergunta envolve a fundação da minha revista *Estética*, que foi uma revista cheia de defeitos materiais, porém importante no seu tempo. Nela colaborava duplamente, como poeta e como crítico. Fazia notas críticas e no primeiro número publiquei um poema. Fizemos uma revista, porque achávamos que, tendo deixado de circular a *Klaxon*, que era o grande veículo do modernismo em São Paulo, o movimento precisava de um órgão que o representasse, que falasse por ele. E também que representasse um pouco uma segunda fase, menos combativa e mais construtiva. Uma fase mais de procura de caminhos que de demolição. Essas eram as nossas ideias, que sugerimos a alguns companheiros. Todos aceitaram, nem sempre pensando a mesma coisa, mas dispostos a colaborar. Ninguém talvez tenha concordado plenamente com o que estava na minha cabeça, a não ser o Sérgio Buarque de Holanda, porque ele era naquele tempo um companheiro de 24 horas por dia, pode-se dizer. Passava a manhã comigo, a tarde e a noite, até de madrugada, ia me levar em casa, depois eu ia levá-lo em casa, e tudo isso discutindo literatura.

A posição da revista já implicava uma certa visão crítica da primeira fase do modernismo?

Sim, implicava uma certa visão crítica da primeira etapa do modernismo, e a possibilidade de se extrair dele muito mais coisas que na primeira fase. Uma coisa mais sólida, mais construtiva, no sentido de obras, pois a primeira etapa modernista não tinha dado uma obra, um grande romance, um grande poema. Era mais combativa e destruidora.

A história literária brasileira é toda ela um reflexo quase imediato dos movimentos europeus. Como o modernismo se coloca nesse quadro?

Também como reflexo.

Mas sem nenhuma diferença com relação ao grau de autonomia?

Não. Com uma diferença com relação ao grau de autonomia, porque havia a consciência nítida da necessidade de diferenciar. Sem os movimentos europeus, o modernismo não teria surgido no Brasil. Nada há que nos permita classificá-lo como um movimento próprio, que tivéssemos inventado aqui. Inventamos depois algumas facetas, alguns aspectos diferentes. Mas isso já numa segunda fase.

Como surgiu o nome Estética?

Fomos obrigados a nos sujeitar, nesse caso, a uma imposição autoritária do Graça Aranha. Ele já tinha escrito a *Estética da Vida* e estava publicando vários pequenos — não sei como chamá-los, pois ele próprio não sabia, chamava-os de "ins" — pensamentos relativos a problemas de estética. Estava muito interessado na revista e nos ofereceu o artigo de apresentação. Era uma oferta de tal importância que não podíamos recusar. Num encontro casual, na antiga Casa Carvalho, perguntou-nos pela revista, e se já tínhamos um nome. Respondemos que não, e ele disse: "Então eu dou — *Estética*". E, como não podíamos nem tínhamos interesse em brigar com ele, aceitamos. E o Sérgio foi para casa mais cedo, incumbido de vasculhar, nos seus profundos conhecimentos filosóficos, uma forma qualquer de ajeitar o nome dentro de um quadro em que o pudéssemos aceitar sem maior compromisso.

Qual foi a tiragem do primeiro número?

Era para ser de mil exemplares, que ficaram reduzidos a 800, por falta de dinheiro.

E vendeu?

Vendeu uns 600, mais ou menos. Vendeu bem em alguns lugares, como São Paulo, por exemplo, de onde o José Olympio, que era então da livraria Garnier, me pediu de saída 30 exemplares, depois mais 50, e depois mais. Foi onde mais se vendeu. E em Pernambuco também.

Certa vez, num artigo, chamou Ferreira Gullar de "o último poeta", sustentando que a poesia tinha acabado. E não só a poesia, como também o romance. Continua perseverando nessa posição?

Persevero. Há muito tempo tinha sentido que o romance morrera, mas ressalvava a poesia. Cheguei a essa conclusão há muito tempo, há coisa de 40 anos. E sustentei essa opinião pela primeira vez numa entrevista ao Homero Sena, publicada por ele na *República das Letras*. Na ocasião fui bastante espinafrado por alguns colegas.

Gostaríamos que expusesse isso de uma forma mais estruturada.

Não posso prometer isso, mas talvez consiga dar uma ideia aproximada do que penso. O gênero literário não nasce à toa, espontaneamente, sem motivo. Ele corresponde a uma necessidade social. Assim nasceu o romance, assim nasceu a poesia: para corresponder a uma necessidade social. Havia certas exigências do grupo social que só a poesia e o romance podiam satisfazer. Com relação ao romance, sabemos que ele teve um predecessor: a necessidade social a que ele correspondia foi atendida primitivamente, nos velhos tempos, pela epopeia. Ela foi um grande gênero, um gênero nobre da literatura durante muito tempo, até que surgiram meios e modos de se traduzir aquelas coisas de que o grupo social precisava — e que a epopeia lhe trazia — por outra forma, que era o romance. E isso por vários motivos, entre outros o da evolução meramente técnica, como a invenção da imprensa, por exemplo. Essa explicação nos levaria muito longe, mas acho que posso dar uma ideia rápida do que penso. A epopeia era caracterizada formalmente por uma repetição de versos. O que significa a repetição de versos? Ela era uma necessidade da conservação dos textos. No tempo em que não havia como conservar textos escritos, eles eram guardados pela repetição de metros, pela repetição de rimas. Então, minha tese é que a poesia é uma mnemônica. Foi criada, feita, mantida, sustentada para que os grupos sociais pudessem conservar aqueles versos. Quando surgiram modos diferentes de se conservar textos, aquelas histórias contadas sob essa forma rítmica, que eram as epopeias, foram perdendo o interesse, desaparecendo. Não precisavam mais ser feitas. Podiam ser escritas e publicadas. A necessidade social podia ser atendida por esse meio. Foi desaparecendo a necessidade de se escrever com aquela métrica, com aquelas exigências mnemônicas, as histórias contadas na epopeia. A epopeia se exaure por este motivo e, quando ela se exaure, o romance a substitui.

O romance desenvolve-se então freneticamente, fabulosamente, até o apogeu no século XIX e princípios do século XX. Ao mesmo tempo em que o romance atingia esse ponto de desenvolvimento, surgiam outras manifestações artísticas capazes de preencher a sua função social. Acho então que, de fins do século XIX em diante, o romance perdeu sua finalidade, que era a de transpor para o texto escrito uma série de acontecimentos reduzidos a uma formulação verbal. Ele conta coisas que se passaram com pessoas, grupos, famílias, cidades. Esta é a função do romance e, atualmente, isto se faz melhor, de um modo mais expressivo, mais intenso, mais nítido, através do cinema, por exemplo, e da televisão. Não me consta que tenha surgido, nem aqui nem em parte alguma, uma corrente literária, uma escola ou um grupo literário por meio do qual o romance tivesse adquirido uma forma nova, uma nova expressão. Ele não tem mais o que dizer. Há grupos literários que propõem modificações, tentam introduzir novidades em matéria de romance. Mas acho que isso acabou. Por isso, continuo dizendo que o romance morreu.

Tudo isso é verdade também com relação à poesia e a outras manifestações artísticas?

Creio que também é verdade em relação à poesia. Houve movimentos de renovação poética, mas eles estão rareando, desaparecendo, sem que outros os substituam. Temos apenas afirmações individuais de forças líricas.

E com relação à pintura e à música?

Da música é difícil falar, porque não tenho muito conhecimento. Quanto à pintura, não é difícil de se dizer que a pintura de cavalete está morta. Tranquilamente. Mas então a pintura continua assim mesmo? Continua. Mas qual é a função da pintura atualmente? Ela se integra na arquitetura para adquirir uma função decorativa da casa, do edifício. Ela é hoje um elemento integrante da arquitetura. Fora daí, não tem vivência, não tem vida autêntica. Tem uma vida artificial, criada pelos mercados de compra.

Os movimentos mais recentes tendem a liquidar com o quadro como objeto, exatamente porque este se identificou totalmente com a mercadoria, quer dizer, deixou de ser um objeto de arte para ser uma mercadoria. Os movimentos mais recentes tenderam, então, a desintegrar e mesmo a não utilizar o objeto. Daí os *happenings*, forma de expressão como acontecimento; daí a criação de coisas que não se vendem, que são montadas na Bienal, por exemplo, e depois desmontadas.

Todo mundo sempre estranhou que hesitasse muito em colocar todas essas ideias num livro, contentando-se com o efêmero do jornal. Mas agora parece que venceu a resistência e escreveu o livro.

Não sei se venci. Está escrito, como dizem os letristas de samba, apenas o "monstro", a primeira forma. São três volumes. Mas é preciso ver se aquilo é realmente um livro e se merece mesmo uma publicação.

E como se chama o livro, já tem um título?

O título que tinha imaginado era *Convite à filosofia*, porque a intenção seria convidar a filosofia para o entendimento de várias coisas. Primeiro, para dar uma base ao nosso conhecimento, e depois uma explicação ao desenvolvimento da matéria viva, desde o princípio. Finalmente, para explicar as funções sociais dessas atividades artísticas e porque os gêneros morrem em função da substituição, do aparecimento de outros gêneros, de outros modos de atender às necessidades a que eles correspondiam.

Até onde recuam suas reminiscências políticas, e quando começa o seu interesse e a sua participação na vida política do país?

A minha participação na vida política do país não pode ser confundida com o meu interesse pelos problemas políticos. As duas coisas dividem-se, seguem rumos diversos. Nascido em meio essencialmente político, onde se discutia política, onde se vivia política, o meu interesse pelas coisas políticas existiu desde sempre. Esse interesse se manifestou primeiramente pelas grandes campanhas políticas, especialmente a campanha civilista de Ruy Barbosa, da qual toda a minha família participava. Era um interesse diário do qual eu não podia me alhear, como filho único que era, e admitido ao convívio dos maiores. Quanto a uma posição pessoal — porque a campanha civilista eu acompanhei por conta dos mais velhos — ela data da minha adesão ao anarquismo. Quando me convenci de que era possível e conveniente fazer uma revolução anarquista, resolvi dar o meu esforço pessoal a esse movimento. Aí é que começa o meu posicionamento político. Tinha alguns colegas anarquistas, militantes ou simpatizantes, que me falaram no assunto, e me abriram os olhos para esse problema através de conversas, de leituras. Mas isso não era suficiente, precisava me aprofundar e fiz isso por meio de José Oiticica. Como professor de Português no Pedro II, Oiticica seguia uma linha exemplar de isenção, não tratava absolutamente de assunto político de qualquer natureza. Mas mantinha um curso particular numa sala dos cursos preparatórios, organizados um pouco à maneira dos atuais cursinhos. Nesta sala, aos domingos, recebia pessoas interessadas em ouvir exposições sobre o programa do anarquismo: justificativas, métodos, causas, oportunidade, tipo de organização da vida social sob esse regime, se é que se pode chamar de regime a uma situação anarquista. Era um programa de 16 ou 17 pontos.

Segui esse curso com grande proveito pela extraordinária inteligência e cultura de Oiticica, aderi a seus pontos de vista e me tornei anarquista. Anarquista ideológico, não anarquista de sair jogando bombas e promovendo greves, apenas ideologicamente preparado para simpatizar, por exemplo, com a greve de 1917 em São Paulo, e para me desinteressar dos problemas políticos convencionais, que continuavam a ser os problemas de minha família. Mantive-me nessa posição vários anos, e foi nela, por exemplo, que me encontrou a minha adesão ao modernismo. Verifiquei depois, com surpresa e certa decepção, que o anarquismo — ou pelo menos os anarquistas — reagia violentamente ao modernismo. Eles não admitiam de maneira nenhuma as manifestações modernistas, porque eram anarquistas no plano social, mas rigorosamente acadêmicos no plano estético e literário. Fiz a experiência disso com o próprio Oiticica. Em 1917, entretanto, houve um fenômeno que modificou todo o panorama político universal — a Revolução Russa. Ela teve inúmeras consequências, como todos nós sabemos, entre elas a de deslocar do anarquismo para o comunismo a maior parte dos anarquistas, as principais figuras do movimento. Passaram para o comunismo o Astrojildo Pereira, pessoa pela qual todos nós — e eu em particular — tínhamos especial apreço e admiração, o Otávio Brandão e vários outros.

Foram se transferindo, levados pelo ponto em comum que havia entre as duas posições, que era a matéria econômica, a propriedade. Creio que foi a posição contrária à propriedade o ponto em comum que facilitou a passagem dos mais importantes anarquistas para o Partido Comunista. Tentei operar em mim mesmo essa transferência, por diversas vezes, mas em todas elas esbarrei na disciplina rígida do partido, que contrariava e contraria todos os princípios anarquistas e todos os meus sentimentos individuais, quer dizer, não se podia aderir ao comunismo sem renunciar à liberdade individual. Por isso nunca me foi possível dar esse passo. Achava impossível aderir a um partido que não admitia absolutamente, muito pelo contrário, a liberdade individual, de pensamento, de expressão. Isso me levou a reexaminar a minha posição. Ao mesmo tempo em que concluía não ser possível aderir ao Partido Comunista, que era um partido atuante, em pleno desenvolvimento, via também que o meu anarquismo era uma atitude superada, inviável. Não via mais como poderia fazer alguma coisa através do movimento anarquista, que estava em decadência política e até numérica. O Oiticica sempre negou isso. Lembro-me da última conversa que tive com ele. Toquei no assunto e ele respondeu: "Não, absolutamente. Estamos aí batalhando. Você tem lido a *Ação Direta*?" A *Ação Direta* era um jornalzinho dele que não tinha a menor influência, a menor repercussão. Senti que o anarquismo não conduzia a nada, porque todos os anarquistas, em todo o mundo, estavam passando para o comunismo. Então, ficar no anarquismo não tinha nenhum sentido prático, nenhum sentido político.

Era uma marginalização?

Exato. Uma marginalização. Fiquei então em estado de perplexidade durante algum tempo. Depois de algumas pesquisas e um esforço de adaptação, achei que poderia encontrar um caminho razoável, talvez não ideal mas em todo caso um caminho razoável e aceitável, na volta às minhas origens políticas, que eram republicanas. A minha família sempre foi republicana e sempre lutou pelos ideais republicanos. Posso dizer, com orgulho, que sempre lutei pelos mais puros ideais republicanos. Pareceu-me que se nos aprofundássemos devidamente no lema da Revolução Francesa — "Liberdade, Igualdade e Fraternidade" — poderíamos extrair daí um tipo de organização social capaz de atender, senão a todas, pelo menos a muitas das reivindicações sociais e políticas contemporâneas. Passei a estudar como extrair daí alguma coisa que de certa forma substituísse o velho sistema, sem alterar o regime de propriedade, e pudesse, como disse, criar um tipo de formação política capaz de corresponder aos desejos, anseios e necessidades da sociedade contemporânea. Essa busca levou alguns anos, de 8 a 10.

Quando começa, então, a sua participação efetiva na vida pública?

Minha participação política só começa a rigor depois de 37, coincidindo com a participação geral dos intelectuais para a derrubada do Estado Novo e a volta à democracia. Comecei a atuar, a escrever, a participar de reuniões e manifestações, assim mesmo muito discretamente. Quando caiu o Estado Novo tinha acontecido um fato muito importante na minha vida: o meu ingresso na vida profissional da imprensa. Desde os 15 ou 16 anos, eu era um rato de redação, mas nunca tinha sido colaborador de jornais. E comecei por cima, na coluna de honra de *A Manhã* de Mário Rodrigues, embora tivesse pleiteado apenas um modesto emprego na redação. Queria ser repórter. Mas fui lá recomendado, altamente recomendado, por Oswaldo Costa, muito meu amigo, e que me fazia, em carta de apresentação a Mário Rodrigues, os maiores elogios. Era uma carta que superava tudo o que eu pudesse desejar ou esperar. O difícil foi encontrar Mário Rodrigues, que tinha uma vida bastante boêmia e agitada. Levei dias sem poder falar com ele, até que o encontrei por volta de uma hora da manhã na redação, escrevendo um artigo. Leu a longa carta de Oswaldo Costa e me perguntou: "O senhor é filho do deputado?" Respondi que sim e expliquei-lhe em seguida que não queria o emprego por questões de subsistência, pois essa eu tinha assegurada, mas para me afirmar numa espécie de trabalho que não era a que meu pai poderia me dar, pois estava me preparando para ser advogado. Queria fazer alguma coisa por mim mesmo, na imprensa.

Mário Rodrigues olhou para mim novamente e me disse: "Olhe, vou lhe dar um conselho. Isto não serve para o senhor". Fiquei arrasado, sem saber o que dizer, eu olhando para ele, ele olhando para mim, até que me disse: "Olhe, escreva que publico. Mas trabalhar aqui, não". E saí com um convite para colaborar nas colunas de honra do jornal. Colaborei assim em mais dois ou três jornais. Trabalho de redação mesmo só fui ter em 1944. A *Folha Carioca* tinha lançado com grande êxito uma crônica de futebol feita pelo José Lins do Rego. Um intelectual da categoria do José Lins tratando de problemas de futebol era novidade sensacional, que despertou o maior interesse. A repercussão foi tal que se pensou em procurar um intelectual que pudesse fazer coisa parecida com relação ao turfe. Fui sondado pela *Folha Carioca* sobre se aceitaria a incumbência, e aceitei. Essa crônica de turfe agradou bastante aos meios interessados.

O cronista parlamentar Pedro Dantas nasce no Diário Carioca, *não?*

Sim.

Em que altura foi isso?

No primeiro dia de funcionamento da Constituinte de 46.

Já trabalhava no Diário Carioca?

Sim. Tinha saído da *Folha Carioca*, onde depois de fazer crônicas de turfe tinha passado a editorialista e finalmente chegara à posição de redator-chefe. Saí da *Folha Carioca* por motivo político, porque o proprietário me chamara para recomendar que não tomasse posição no caso das candidaturas presidenciais. "Olha — disse ele — veja lá esse negócio do Brigadeiro, hem? Não se comprometa com ele, porque depois o Getúlio dá um golpe e fica, e nós não temos condições de ficar contra ele. Vá manobrando sem se definir". Em vista disso, saí. E, quando fui me despedir dos colegas, aconteceu uma coisa extraordinária: muitos aderiram à minha posição. E a maior surpresa foi que a maioria desses colegas era comunista ou simpatizante. Saí acompanhado de 17 companheiros. A notícia foi transmitida a Pompeu de Souza, do *Diário Carioca*, por Augusto Rodrigues. O Pompeu extraiu daí uma nota de primeira página com um título que considero genial, e que tenho citado várias vezes: *Os Dezoito da Folha*. Convidado por Macedo Soares, fui então para o *Diário Carioca*. Com a queda do Estado Novo e a convocação da Constituinte, ele me perguntou se não gostaria de fazer cobertura dos trabalhos. Aceitei e Pompeu de Souza anunciou o fato já dando à coluna o título que conservaria até o fim: "Da Bancada da Imprensa". Mas no primeiro dia de funcionamento da Constituinte saíram duas colunas com um título igual: a minha e a de Carlos Lacerda, no *Correio da Manhã*. Pompeu falou com o Carlos que, reconhecendo a precedência de nosso título, adotou o de *Tribuna da Imprensa*, que ficaria mais tarde sendo o de seu jornal.

Não gostaria de se alongar mais na análise da Constituinte e do chamado regime de 46? Esse é um assunto de interesse e atualidade, porque começa aí a nossa experiência democrática de 18 anos.

O regime de 46 foi um esforço para afirmar uma ordem contrária ao Estado Novo, que fosse, vamos dizer assim, o seu negativo. As forças que vieram a se representar na Constituinte eram, principalmente, as que obedeciam a essa inspiração. Havia também, é claro, as que apoiavam o Estado Novo. Assim, a Constituinte de 46 se dividiu entre as forças continuístas e as forças reformadoras. Essas últimas dividiram-se em mais de um partido, ou mais de uma linha, devido às conhecidas e famosas manobras do ditador. Ele soube equilibrar a sua situação e evitar que as forças reformadoras formassem um bloco compacto, o que seria arrasador. Ele tentou manter-se no poder, como se sabe, até os últimos dias, até ser derrubado por um golpe de força militar.

A Constituinte foi convocada depois da queda de Getúlio.

Sim, mas a preparação política da Constituinte tinha sido articulada antes da queda de Getúlio. A formação dos partidos é anterior à queda e traz a marca de uma manobra de Getúlio.

Concorda com a tese muito repetida segundo a qual uma das causas da debilidade do regime de 46 pode ser localizada exatamente nessa preocupação obsessiva de ser um negativo da ditadura, e por isso excessivamente liberal, abrindo certos flancos à sua destruição, como por exemplo a extrema facilidade para que o Congresso aprovasse leis econômicas, alterando despesas sem indicação de fontes? Não acha que essa foi uma das causas da fraqueza do sistema que durou, afinal de contas, muito pouco?

Não. Não creio absolutamente que essa seja uma das causas de fraqueza do regime de 46. Não creio mesmo que aquele fosse um regime fraco, em si. Uma coisa é um regime fraco e outra é um regime que fraqueja. São coisas distintas. O regime de 46 fraquejou em algumas coisas, em alguns pontos, mas não era um regime fraco. E o que tinha de fraco não era por aqueles motivos, mas por outros.

Por exemplo, por que ele teria fraquejado?

Ele fraquejou nas exigências para o seu próprio cumprimento. Ele não se fez cumprir como devia. Por isso é que digo que ele fraquejou. Fraquejou até o fim.

Acha que as salvaguardas da segurança do Estado, inscritas na Constituição de 46, eram suficientes?

Acho que o Estado estava devidamente assegurado.

Como diz que o regime de 46 não tinha debilidades congênitas, mas que se enfraqueceu na execução, gostaríamos que fizesse uma análise do que levou esse regime à destruição. O que provocou a sua queda, o que o enfraqueceu ao longo de seus 18 anos, fazendo com que ele se exaurisse e desabasse em 1964?

O que o enfraqueceu foram as sucessivas concessões e fraquezas das pessoas, dos indivíduos aos quais foi cometida a missão de cumprir esse regime, e que o foram levando a uma situação insustentável.

Poderia dar um exemplo das concessões?

São várias. O Congresso não executou a sua missão, tal como ela estava prevista na Constituição. Foi cedendo aos poucos. E o Executivo não se conteve dentro dos seus limites: foi avançando sobre as concessões do Congresso e desvirtuando o sentido do regime, para aproximá-lo do caudilhismo que tinha gerado o Estado Novo. Esses são os dois fatos principais que levaram o regime a aceitar, como seus representantes, indivíduos que não podiam sê-lo, porque não o traduziam, não tinham em si o sentimento desse regime. Sempre sustentei que os regimes defendem-se através de pessoas que os simbolizem, que os representem, que sejam expressões de sua realização. Qualquer regime que confie a sua execução a alguém que não o represente, que não seja a sua expressão, está evidentemente condenado, qualquer que seja a sua natureza. Pode-se conceber o regime que quiser: se ele for confiado a alguém que não seja a sua expressão, estará perdido.

Disse há pouco que o regime de 46 nasce como um negativo do Estado Novo, como sua expressão antagônica. Então, dentro da linha de raciocínio adotada agora, cabe a pergunta: será que um dos elementos de perturbação do processo foi o fato de as forças que derrubaram o Estado Novo — e viam no regime de 46 a expressão de seu ideal político — não aceitarem o retorno ao poder de elementos oriundos da situação anterior, entre eles o próprio ditador?

Justamente por não serem expressivos, acho que sim. Esse novo regime não podia admitir, em hipótese alguma, que viesse a ser representado, a ter como defensor máximo, como expressão suprema, um representante do regime anterior. Era uma contradição absolutamente incontornável.

Nessa linha de argumentação, o regime de 46 já nasce torto, por assim dizer, com a primeira distorção ocorrendo na eleição de Dutra, que talvez tenha constituído a primeira frustração política do agrupamento liberal que derrubou a ditadura. Até porque tudo indicava que o eleito seria o Brigadeiro.

O raciocínio seria perfeito, se não houvesse algumas ressalvas a fazer. Primeiramente, a eleição de Dutra foi realmente uma frustração, mas político-partidária apenas, não uma frustração completa em termos de regime. Em termos de regime, Dutra conseguiu salvar-se por dois fatos principais. Um foi o acordo partidário, que lhe permitiu dar equilíbrio ao regime e ao seu programa de governo, e outro foi aquela questão do "livrinho". O Dutra convenceu-se, ou foi convencido, de que governar era fazer o que estava no "livrinho", na Constituição. E passou a guiar-se por essa regra: está no "livrinho", muito bem; não está no "livrinho"... Essa regra do "livrinho", se pensarmos bem, é a mesma que vinha desde 89, é a regra de Ruy Barbosa. Por isso, ele salvou a situação. E a decepção não ocorreu em termos de regime, mas apenas em termos eleitorais.

A impressão que se tem é que, a rigor, o Estado Novo não foi derrotado em 45. De certa forma ele se manteve. Tanto assim que suas forças voltaram logo ao poder. Não lhe parece correto?

Exatamente.

Na sucessão de Dutra parece ocorrer o primeiro e grande descarrilhamento do regime, provocado basicamente pela incompetência política com que ela foi conduzida. Na verdade ela foi conduzida para criar as condições para a reeleição de Getúlio. Bastaria que o acordo partidário funcionasse, desembocando na solução natural, que era a candidatura Nereu Ramos — homem de bem, gozando de grande estima e admiração entre os homens da UDN — para que tudo desse certo. Mas a obstinação com que Dutra vetou a solução natural, e a teimosia com que a UDN defendeu a candidatura eleitoralmente inviável do Brigadeiro levaram o acordo partidário à falência, abrindo as portas para a volta de Getúlio. Não lhe parece que foi isso que ocorreu?

Nada tenho de especial a opor a essa tese, à interpretação dos fatos. Mas quero, a propósito dela, dizer que não cumpre aos presidentes orientar a sua sucessão. Sempre entendemos que o presidente é um cidadão colocado em tal eminência que a sua sucessão lhe deve ser alheia, distante. Ele não pode intervir em sua sucessão. Condenamos e criticamos os que intervieram, quer no plano federal, quer no estadual, em suas sucessões. Acho que uma das formas de fortalecer o regime é, exatamente, restabelecer essa norma, esse princípio de tirar o presidente da República da jogada. Isso é essencial. Por isso deixo de subscrever totalmente aquela tese.

De onde vem essa tradição de nossos presidentes quererem fazer sempre o seu sucessor?

Isso não é uma tradição brasileira, mas uma tendência normal, natural, uma tendência humana de efeito universal, de aspiração ao mando. Todo mundo quer mandar.

Foi o principal defensor da tese da maioria absoluta, quando da eleição de Juscelino Kubitschek. Durante cinco ou seis meses falou praticamente sozinho, numa das campanhas jornalísticas mais competentes, realmente incrível, pois entoava todo dia o mesmo tema, com variações diferentes. Nem Beethoven jamais conseguiu tantas. Até que provocou um imenso rebuliço com a adesão progressiva da ala mais oposicionista da UDN à sua tese. Na medida em que pregava a desobediência à regra eleitoral, não estava começando a preparar as bases para a intervenção do Exército no processo? Hoje reveria a sua posição?

Não, não reveria a minha posição. Mantenho a minha tese. Continuo a sustentar que a maioria absoluta, embora não explícita na Constituição, é um pressuposto dela. Não há decisão em qualquer agrupamento, não há decisão coletiva sem ser por maioria absoluta. Se não for absoluta, não é maioria. Em parte alguma. Sustentei e continuo a sustentar essa tese. Acho que não foi ela a causa do que veio depois. Pelo contrário, foi o desrespeito a essas normas que provocou outras consequências. Sustentaria tranquilamente, hoje ainda, a necessidade da maioria absoluta para dar validade e equilíbrio a um governo saído de uma eleição contestada, conturbada, como foi aquela.

Não foi através da maioria absoluta que o sr. começou a instilar no regime o veneno que o destruiria?

Não. Procurei extirpar do regime as gotas de veneno que estavam sendo instiladas nele através de uma eleição que tinha vários vícios. O principal deles era ser ela uma eleição por maioria relativa, sem atender à exigência natural da maioria absoluta. A maioria absoluta sempre foi e é exigida para validar uma decisão de grupo.

Como vê hoje, com o recuo do tempo, o governo Juscelino, nos planos administrativo e político?

Preferiria não falar desse assunto.

Não acha que na eleição de Jânio foi recriada uma grande oportunidade de consolidar o regime de 46, num instante em que o poder civil atingiu o ponto máximo de sua força?

Acho, e por isso fui partidário dessa candidatura, e fiz a campanha desse candidato. Era uma grande oportunidade para se fazer, sem revolução, o que uma revolução ainda nos bastidores estava procurando fazer.

E qual é a sua interpretação da renúncia?

Nunca consegui encontrar uma boa interpretação. A que me parece mais viável, mais aceitável, é que ele pensava que a renúncia iria abalar de tal forma o país que forças militares e civis, seus partidários enfim, o fariam retornar triunfalmente ao poder. Essa é a única interpretação que me parece aceitável.

Transformando-se então num ditador?

Bem, esse seria um problema dele. O que acho é que ele teria, se a manobra desse certo, possibilidades para transformar-se num ditador.

Voltando ao problema de agora há pouco: deve ter reservas fortíssimas contra o processo introduzido pelo regime que, afinal, consagrou a maioria absoluta nas eleições presidenciais, depois de 64, se bem que isso nunca tenha sido praticado. Mas depois esse regime introduziu a sublegenda, que é uma forma de burlar a sua tese, não acha?

Confesso que não entendo de sublegendas. Quanto às eleições presidenciais depois de 64, onde é que estão, onde é que houve? Não houve e não há. O regime de 64 suprimiu as eleições presidenciais, porque chamar de eleições as eleições indiretas que têm sido realizadas, desde a do marechal Castello, não faz sentido. Não são eleições. Eu me refiro a eleições mesmo, a eleições diretas, a eleições populares. A eleição indireta pode ser instituída? Pode. Mas nesse caso toda a mecânica partidária tem de ser necessariamente diferente, para que isso tenha algum sentido.

Como passou de um dos principais articuladores do movimento de 64 para a posição atual, que é a de crítico severo e contundente da Revolução, no seu estágio atual?

Não me desencantei propriamente com atitudes que tenha tomado, mas com modos, meios e práticas adotados pelos que chegaram ao poder em consequência da Revolução de 64. A Revolução de 64 tomou vários descaminhos.

Isso começa no governo de Castello?

Sim.

Quais foram os grandes erros cometidos pelo governo de Castello?

Não tenho uma relação de todos. Mas começaria pelo seguinte: ele se fez eleger presidente, quando evidentemente não era presidente, iniciando uma série de equívocos que vêm até hoje. A Revolução venceu e Castello era seu chefe, seu comandante, e devia assumir o governo, não por meio de eleições, mas pela força dos fatos, como comandante de uma força revolucionária vitoriosa e, em seguida, cumprir um programa revolucionário. Em vez disso, os militares ficaram dominados pelo preconceito da legalidade e, para não parecer golpistas, resolveram fazer uma eleição presidencial para a qual foram apresentados candidatos. Foi uma coisa cômica e sem sentido essa eleição. A votação do Castello foi fiscalizada, havia fiscais olhando. Quem ia votar contra, naquele ambiente, com fiscais do governo anotando votos? Ninguém. Então, essa revolução foi uma farsa. A revolução, pelo menos a que eu pregava, não era uma farsa. E, para dar realidade a essa farsa, foram feitos acordos até com o PSD. Castello admitiu em sua chapa, como vice-presidente, o José Maria Alkmin. Não podia. Dentro de um esquema revolucionário, não podia.

Qual deveria ter sido então, a seu ver, o rumo da Revolução?

Não prego uma revolução vitoriosa que não faça nenhum compromisso, nem que deixe de tomar as medidas necessárias. Mas não concordo com as que foram tomadas: AI-1, AI-2, AI-5 etc. Tinham de fechar o Congresso, fechar o Supremo Tribunal Federal e reformá-lo, na medida do necessário, enfim, tomar todas aquelas providências que as revoluções costumam tomar, quando vitoriosas.

Dissolver os partidos também?

Sim, dissolver os partidos, mas não forçar a criação de partidos novos arbitrariamente, tirados da cabeça, e sim deixar que eles se formassem conforme a tendência e a vocação de cada um.

Quer dizer que lamenta que não tenha sido usado, e muito menos exaurido, o poder constituinte da Revolução?

Exatamente. Esse poder constituinte toda revolução traz em si. Ele é inegável e indiscutível. E ela deve usá-lo completamente. Há providências que sempre foram tomadas, em todas as revoluções.

Durante um curto prazo?

Sim, durante um curto prazo.

Depois dessa primeira etapa, haveria uma Constituinte, uma consulta popular?

Sim. Seguindo esse caminho, teria havido uma Constituinte.

Quer dizer, no primeiro momento uma limpeza geral...

E num segundo uma Constituinte.

Como veria o futuro do país com a ascensão ao poder de um partido trabalhista? Acha que isso desequilibraria as instituições, supondo que elas se tornem democráticas?

Bom, aí é preciso ter garantias com relação às bases e os compromissos desse partido trabalhista.

Voltemos à sua caracterização da Revolução de 64: o mal foi a Revolução não ter sido uma ruptura, mas ter partido imediatamente para compromissos, ou para a conciliação?

Sim, é isso.

Dentre os elementos militares com os quais conspirava antes da Revolução havia muitos que pensavam como o sr.?

Não sei dizer. Aqueles pontos de vista sempre foram sustentados por mim, mas nunca tive oportunidade de conferi-los com os companheiros de conspiração que tive naquela ocasião, e que foram os mais variados.

Tem talvez a definição mais genial do AI-5, quando diz que ele é a "antilei". Quando diz isso, usa a expressão em seu sentido literal?

Sim, ele é radicalmente antilei, como a antimatéria é antimatéria, como o antirromance é antirromance.

Em outras palavras, o AI-5 destrói ele mesmo seus próprios fins declarados?

Exatamente.

Ele suprime basicamente a ordem?

Exatamente. Não era necessário fazer o AI-5. Todos os fins a que ele visa poderiam ter sido atingidos por outros caminhos, se a Revolução, desde o começo, tivesse seguido o caminho de esgotar o seu poder constituinte.

Acredita na viabilidade das saídas que estão sendo tentadas agora? Acha possível essa passagem de um regime autoritário para um regime democrático, por meio de uma articulação?

Acredito, porque isso é necessário, é indispensável que se realize, do contrário não temos solução para o País. Temos de sair dessa situação, e isso por meio de uma redemocratização, ou liberalização, ou que nome se queira dar. Temos de sair dela por meio do restabelecimento do regime constitucional, do Estado de Direito. Isso é indispensável. Não podemos sobreviver muito tempo com isto que está aí.

> *E para isso acha que essa saída que se tenta é boa, ou ofereceria uma saída ideal?*

Não. Acho que a saída é essa mesma, a da articulação para se estabelecer uns tantos procedimentos que conduzam o país a esse fim que todos desejamos. Não devemos desanimar.

25 de dezembro de 1977

2 Não existe democracia relativa

Entrevistadores:
Villas Boas Corrêa,
Lourenço Dantas Mota
e Marçal Versiani

Afonso Arinos de Melo Franco

Nasceu em Belo Horizonte em 1905 e morreu no Rio de Janeiro em 1990. Era descendente de tradicional família de políticos com atuação de destaque na vida nacional desde o Império. Formado pela Faculdade Nacional de Direito, professor de Direito Constitucional, escritor, historiador. Foi um dos fundadores da UDN, cuja bancada liderou na Câmara no segundo governo Vargas. Deputado federal de 1947 a 1958 e senador de 1958 a 1967 e de 1987 a 1990. Ministro das Relações Exteriores do presidente Jânio Quadros, quando inaugurou a "política externa independente", como ficou conhecida a ação do Itamaraty na época, realizou a primeira grande abertura diplomática para a África.

Na longa entrevista que Prudente de Moraes, neto, nos deu pouco antes de sua morte, ele afirmava, falando de seus colegas de juventude, que o sr. estava muito mais adiantado que ele, em termos de maturidade literária e formação estética, principalmente em função de sua familiaridade com a literatura francesa, notadamente o simbolismo. Gostaríamos que falasse um pouco desse período, quando as primeiras linhas mestras de sua formação se delinearam.

A vida cultural desabrochou em mim com a própria vida. Tão longe quanto vai a minha memória, minha vida está ligada aos livros, às ideias. Meu avô era um desses letrados de província, tinha uma biblioteca enorme, talvez a maior biblioteca particular de Belo Horizonte, e eu ainda não sabia ler e ele já me abria e mostrava seus livros. Deitava-me no chão e ficava folheando seus volumes de História Natural, vendo as gravuras coloridas. De maneira que toda a minha vida tem sido intimamente, visceralmente ligada à palavra impressa. No começo não lia, mas via. Depois comecei a ler, e logo pensei em escrever. Não tenho uma ideia muito precisa da minha iniciação literária nos termos em que o Prudente imaginou. Porque há uma diferença entre a consciência literária, que já exige uma personalidade literária, e o trato, digamos, inconsciente mas despersonalizado com os livros. Há uma fase em que ler é um ato passivo, e outra em que se passa a ter um relacionamento ativo com aquilo que se lê. A referência do Prudente deve ter sido a uma parte de nosso convívio em que éramos alunos do Pedro II e na qual eu já podia ter essa atitude que chamei de ativa, dentro da literatura, quer dizer, uma posição pessoal. Com relação à influência francesa, tenho receio de dizer certas coisas, mas, como já fiz isso por escrito, posso repetir a vocês, porque o ridículo não é maior. Comecei a escrever na língua francesa. Não aprendi a escrever em português, mas em francês, com uma governanta suíça, em Lausanne, onde meu pai tinha alugado uma grande casa, que ainda existe e hoje é um colégio para moças. Naquele tempo o inglês não era a língua de comunicação internacional, função ainda desempenhada pelo francês. Essa familiaridade precoce com o francês pode ter-me possibilitado passar adiante de meus companheiros de idade. Li os grandes escritores franceses, antes de ler os portugueses.

Aos 15, 16 anos, quando saí do Pedro II e ingressei na Faculdade de Direito, já estava realmente familiarizado com os simbolistas franceses, mas ainda não lera Camilo Castelo Branco. Os grandes escritores portugueses só vim a ler mais tarde. Na adolescência, o único grande escritor português que conhecia bem era Eça de Queirós, paixão literária que compartilhava com Pedro Nava. Aliás, temos uma grande correspondência dessa época — nas férias ele ficava em Belo Horizonte e eu no Rio — escrita deliberadamente no estilo de Eça. Outra coisa que não é comum no Brasil: comecei a ler Proust antes que a obra dele estivesse toda publicada. Ainda tenho os primeiros livros de Proust, comprados em Genebra, quando tinha 18 anos. Ele era então a grande descoberta, a grande revelação literária da Europa. E acredito que então fosse pouco conhecido no Brasil. É a tudo isso que se deve certamente a referência de Prudente, mas nele eu sempre tive um modelo e um guia. É muito difícil a gente estabelecer julgamentos de valor, sobretudo usando referências absolutas, como o maior, o melhor, etc. Não gosto disso, mas considero que Prudente foi uma das personalidades críticas mais significativas de nosso país, no século XX. Manuel Bandeira me disse de Prudente: "A cabeça dele parece uma linotipo". "Como?" — perguntei. "Porque é pesada, explicou. Ele não tem nada de sutil, de leve. É uma coisa pesada, cheia de uma porção de rodinhas que ficam funcionando lá dentro, concatenando, coordenando as ideias com uma velocidade tremenda. Acho ele um elefante, com aquela cabeça pesada. Lá dentro tudo está mexendo." Essa é a ideia que sempre tive de Prudente, desde o princípio. No colégio meu guia foi Prudente. Na faculdade, meus guias foram ele e Sérgio Buarque de Holanda, ambos um pouco mais velhos do que eu.

Ainda recentemente estive com Sérgio e ele permanece aquela coisa fantástica, aquela cabeça impressionante. O Sérgio sabia de coisas que ninguém sabia. Há sujeitos que sabem de coisas que ninguém sabe, mas ignoram coisas que todo mundo sabe. É um estilo de espírito. Mas o Sérgio sabe as coisas que todo mundo sabe e uma porção de coisas que ninguém sabe. Então, já naquela época ele era uma espécie de criador de mitos e fornecedor de rumos. Se Prudente ainda fosse vivo, gostaria de dizer-lhe que, se eu tinha algumas coisas que ele não tinha, em conjunto ele e o Sérgio é que foram os meus guias, eles é que estavam à frente.

O seu interesse pela política militante também é dessa época, ou de muito mais tarde?

Quando me formei, aos 21 anos, tinha uma esperança de carreira política, que no entanto me parecia inatingível, porque meu pai e meu irmão já eram políticos militantes. Meu pai era deputado federal e meu irmão deputado estadual. Então, as portas estavam fechadas para mim. Minha família nunca fez carreira política ascendente, gradual, em Minas, quer dizer, passar, como Bernardes, por exemplo, de vereador a prefeito, de prefeito a deputado estadual, e assim sucessivamente, que é o comum. Em Minas, essas carreiras são feitas pelos que têm liderança eleitoral, como a gente da Zona da Mata. O pessoal dessa região, sim, faz carreira, não o da zona da mineração. Por isso, faço uma distinção entre carreira e destino políticos. Nós, da zona da mineração, não temos carreira política, temos destino político, porque não somos líderes eleitorais. Não temos eleitorado, que na zona da mineração é escasso, não tem o peso que tem na zona agrícola, como é o caso da Zona da Mata.

Lá o pessoal é líder mesmo e faz aquela carreira ascendente. Nós, da mineração, fazemos a carreira do destino: ou porque se é descoberto por uma ou outra razão, ou porque se vem de uma família de políticos. De maneira que, quando digo que encontrei meu caminho bloqueado, é porque os postos de deputado estadual e federal, que nas carreiras são postos ascendentes, já estavam preenchidos por meu pai e meu irmão.

Se Virgílio de Melo Franco não tivesse morrido prematuramente, o sr. talvez não tivesse feito uma carreira política, não é?

Tenho certeza disso, pois só fiz carreira porque ele quis, porque achou que eu deveria ser o parlamentar da minha geração. Ele me disse isso claramente.

Virgílio era um bom orador?

Não era. Aí é que estava o ponto. Ele me disse que eu deveria ir para a Câmara, à qual não queria voltar depois de ter sido constituinte de 34. Ele era um líder político no sentido da ação congregadora, um revolucionário num certo sentido. Mas não era homem de parlamento. Reconheceu isso, disse-me e me elegeu deputado. Eu não queria.

Pode-se sentir hoje entre os estudantes um imenso interesse pela política e, especialmente, uma grande curiosidade pela história política recente, de 46 para cá, uma história que ainda não está nos livros, pois não há quase nada escrito sobre esse período. Por isso gostaríamos de pedir-lhe uma análise do período que vai de 46 a 64. Por que essa experiência democrática fracassou?

Sobre tudo isso há muitas coisas a dizer, e preciso selecioná-las, para não me tornar prolixo e tedioso. Há antes de mais nada duas etapas autônomas, que aparentemente se seguem, mas só aparentemente. A primeira é a da Constituinte de 34 e a segunda a da de 46. A Constituição de 46 foi a única, que eu me lembre, elaborada sem um projeto. A Assembleia utilizou-se da Constituição de 34 para trabalhar sobre ela. Não vou falar das outras para não me alongar. A Constituição de 34 foi baseada num projeto da chamada Comissão do Itamaraty, da qual meu pai foi presidente. Esse projeto foi bastante mutilado pela Constituinte, porque já encontramos na Comissão do Itamaraty o germe do Estado Novo. Havia uma parte de juristas mais velhos, que eram liberais. Exatamente o que aconteceu mais tarde, com relação aos atos excepcionais e projetos de Constituição como a de 67. Todos os juristas jovens adotavam posições mais fragmentárias e perecíveis, enquanto os mais antigos eram os que ficavam com as estruturas perenes da democracia representativa. João Mangabeira, que era um homem de muitas novidades, passou para o grupo dos mais jovens, que queriam, por exemplo, a representação classista. O grupo dos mais velhos, o da conservação, tinha Antônio Carlos, Mello Franco, Carlos Maximiliano, quer dizer, os velhos juristas que queriam manter, não a parte perecível dos sistemas anteriores, mas a parte intangível do sistema democrático.

Getúlio fez tudo para introduzir a representação classista no projeto da Constituição. Não conseguiu, porque o pessoal da Comissão reagiu. Mas acabou introduzindo-a na Constituição. Quando fez isso, liquidou com a sua estrutura democrática, pois o número de deputados classistas, isto é, feitos por ele diretamente, era maior que a maior bancada. Ele tinha 40 deputados classistas e a bancada mineira tinha 37 deputados. Então não havia partidos nacionais, eram bancadas estaduais. Aí ele abriu o flanco para o golpe de Estado. Uma das pessoas mais íntimas de Getúlio, Amaral Peixoto, disse-me — talvez ele não se lembre disso, mas é fato — o seguinte, conversando comigo sobre esse assunto: "O presidente se desinteressou da Constituição e da Constituinte, desde que percebeu que certas reivindicações que considerava fundamentais não figuravam no texto". Estão vendo? Desde 34 estava desencadeado o processo do golpe de 37. O radicalismo, com aquela cegueira fecunda que nunca o abandonou, o radicalismo ideológico dos comunistas e integralistas, facilitou a tarefa de Getúlio; 37 começou em 34. Como dizia, muita gente pensa que 46 é decorrência de 34. Não. São coisas muito diferentes: 34 representa o desfecho de uma era do Direito Constitucional, uma era racionalista em que se supôs que o Direito Público Constitucional poderia ser internacionalizado, através de conceitos filosóficos e científicos. É a era que se chama da "racionalização do Direito". Ela começa com Preuss, o grande jurista alemão que fez a Constituição de Weimar, em 1919, e que foge inteiramente da linha tradicional do Direito de seu país, que era a do autoritarismo do Estado. Essa tradição de autoritarismo do Direito Constitucional alemão vai de von Ihering a Carl Schmitt, que o nosso preclaro ministro Carlos Medeiros da Silva e o meu primo Francisco Campos consideravam a estrela esplendorosa do pensamento jurídico-político.

Preuss escapou a essa tradição, porque vinha de uma outra herança intelectual. Era partidário de um "racionalismo idealista", se é que posso juntar as duas palavras, razão e ideal, e cuja tendência era abranger tudo dentro de fórmulas teóricas: a vida da família, da educação, da cultura, do Estado, da economia. Essa tendência parte da Alemanha e chega até a Espanha. A Constituição republicana espanhola, que é aquela construção admirável de beleza e técnica, é isso, é o racionalismo político independente da realidade sociológica. A Constituição de 34 é herdeira e termina esse ciclo do racionalismo político, que começa com a Constituição de Weimar, passa pela Constituição espanhola e vem até a nossa de 34. Ela foi subvertida em razão da colocação daquele corpo estranho, que era a aspiração ditatorial de Vargas. Todos os aleijões da Constituição de 34 vêm daí, mas o seu formalismo, a sua coerência teórica vinham de onde estou falando. Mas disse tudo isso para chegar a esse ponto: a Constituição de 46 vem da de 34, mas sem aquela religião do racionalismo teórico, que havia sido sepultado pela guerra. A experiência da guerra sepultou aquela ilusão de que as instituições políticas podem ser construídas como um monumento exclusivamente teórico, racional. Não que nós, da Constituinte de 46, pudéssemos ver claramente o que estou dizendo agora. Na ocasião não era possível, não havia a necessária distância para esse julgamento. Mas os constituintes de 46 agiam realisticamente, em função da vida, que tinha terminado com aquelas ilusões. Assim, a Constituição de 46, estruturalmente, ou melhor, mais linearmente que estruturalmente, faz parte do esquema de 34, mas tem uma vivência nacional muito maior, é muito mais brasileira. Ela trata dos problemas da Amazônia, do Polígono das Secas, do Vale do São Francisco, dando uma dimensão diferente ao conceito de Federação. Esta, na Constituição de 46, não é mais só a Federação política, que se baseava na tradição territorial e na ideia do poder local.

Porque a Federação americana, da qual herdamos a nossa, é baseada nessas duas coisas: a sacralidade do território e a preocupação do poder político local. Foi o que herdamos em 1891. Reparem como a Constituição de 46 já muda essa ideia, sem que Nereu Ramos e Hermes Lima, entre outros — todos homens com vivência política e alguns com bastante vivência intelectual — soubessem que estavam fazendo aquilo. Mas estavam, porque aderiam a uma realidade sociológica. Então, uma das coisas básicas de nossa estrutura política, que é a Federação, já tem em 46 uma dimensão ecológica, que vai além das fronteiras, pegando, no caso do Polígono das Secas, por exemplo, uma região que vai do Ceará a Minas Gerais. A ideia de que Minas pertence a esse "troço" chamado seca repugnaria a Bernardes. Se alguém fosse dizer ao Bernardes, quando ele era deputado — "O sr. vai ter obras contra as secas dentro de seu Estado", ele mandava botar para fora o sujeito, porque aquilo significaria intervir no poder dele. Para ele, como para Wenceslau, para Delfim Moreira, Cesário Alvim, seria incrível e absurdo que o governo federal quisesse intervir em seu Estado, pagando, impondo, deliberando, decidindo. Devemos, pois, tirar uma primeira conclusão: a Constituição de 46 era muito mais brasileira, no sentido de menos teórica e mais atenta à realidade sociológica. E essa característica constituiu a sua substância de duração. O que, ao contrário, constituiu a maior fraqueza da Constituição de 46 foi o paralelismo entre o sistema presidencial e o voto proporcional. Esse sistema de voto, é bom lembrar, era um velho ideal liberal no Brasil. Vinha de Assis Brasil, de seu livro *Democracia representativa*, que data de 1894. Aí ele propunha o voto proporcional, ideia tirada de Stuart Mill, que é um pensador importante do século XIX, mas pouco significativo em matéria política. Tanto assim que a sua única proposta válida, a do voto proporcional, não foi aprovada nem mesmo em seu país, a Inglaterra.

Quando Assis Brasil propõe o voto proporcional, em 94, ele o faz como consequência do ideal liberal de garantia para as minorias, que só virá a concretizar-se um pouco mais tarde, em 1904, com a Lei Rosa e Silva, na época do governo Rodrigues Alves. Só então é que se introduziu a representação da minoria, através do voto cumulativo. Os Estados são divididos em distritos, os quais têm, por exemplo, quatro deputados. Você pode dar um voto a cada deputado, ou acumular os quatro votos num único candidato. Assim, as minorias podiam apresentar um candidato contra os quatro do partido governista e o elegiam, porque descarregavam nele seus quatro votos acumulados. Mas no tempo em que Assis Brasil publicou seu livro não existia isso. E essa ideia partiu do Rio Grande do Sul, justamente porque em sua luta contra Júlio de Castilhos os maragatos não tinham possibilidade de se fazer representar, impedidos pela lei eleitoral. E como Assis Brasil foi o autor do código eleitoral de 1933, introduziu nele o sistema do voto proporcional. Mas não mudou o sistema presidencial, era presidencialista com voto proporcional. Ora, isso é um desastre, e foi o desastre de 46. O voto proporcional leva à multiplicação dos partidos. Há muitos teoristas ou teóricos do direito eleitoral que vêm com sutilezas, mas aquela tendência nem por isso deixa de ser fatal. Basta você pegar o livro de Maurice Duverger sobre partidos políticos e sistema eleitoral para ver como ele demonstra bem isso. O voto proporcional multiplica as correntes partidárias, quando é livremente exercido. É inevitável. Para fazer um deputado, basta atingir o quociente eleitoral. Imaginemos o Rio de Janeiro com um milhão de votos e vinte deputados, para facilitar os cálculos, e temos um quociente eleitoral de 50 mil votos. Então, basta um partido obter 100 mil votos para fazer dois deputados. Por meio do sistema de voto proporcional, faz-se um bom inquérito de opinião, revelam-se melhor todas as tendências, mas não se fazem maiorias para governar. Esse sistema estabelece uma refração: um prisma que recebe a luz eleitoral e a distribui por uma porção de cores, de estrias.

Na agonia do regime de 46, já era muito nítida no Congresso a consciência de que era preciso pôr um freio à pulverização partidária. Desejava-se apenas não estabelecer um quorum *muito severo para não atingir alguns pequenos partidos respeitáveis, como o Partido Libertador, o Partido Republicano, de Bernardes, e o Partido Socialista. Não lhe parece então que, se o regime tivesse podido sustentar-se, com o tempo teria corrigido esses defeitos do sistema proporcional?*

Você acaba de fazer uma referência muito importante ao tempo. O tempo é uma categoria com que nunca se jogou no Brasil. Nada do que depende do tempo pode florescer num país de impulsivos. O meio político é composto nas suas camadas dirigentes de impulsivos, desinformados e impacientes. Há um grande escritor político americano que, respondendo à pergunta por que a Constituição de seu país dura há quase 200 anos, disse: "É por causa de sua majestosa vaguidão". E explicou: "Essa majestosa vaguidão deixa à posteridade a construção necessária". Você já imaginou isso no Brasil? Uma vaguidão majestosa que deixasse à posteridade a construção necessária?

Vamos fazer uma pergunta um tanto atrevida. O seu vício, o seu cacoete, a sua deformação profissional de professor de Direito Constitucional o está levando a uma análise um pouco sectária do regime de 46. As causas do fracasso desse regime não estariam um pouco fora do texto constitucional? Não teria sido o comunismo e a interferência azarada de algumas figuras carismáticas, como Goulart, que levaram ao fim o regime, tudo isso aliado à frustração de seu velho partido, a UDN, que nunca conseguiu chegar ao poder pelo voto e começou a tentar chegar a ele através dos quartéis?

Acho a pergunta um pouco abrupta por causa dos termos. Quando se fala em golpismo do meu partido, é preciso recordar algumas coisas. A UDN não queria o governo, era um partido que não queria governar. Eu sentia muito isso nos debates dos verdadeiros líderes da UDN. O meu irmão Virgílio, por exemplo, era o tipo do tenente que chegava à idade de coronel sem nunca querer ser general. Ele morreu com a idade de coronel e queria ser tenente. Estão vendo?

A UDN tinha uma espécie de visão juvenil, oratória, de grandes gestos, teatral da política, que era incompatível com as incumbências do governo. A UDN não queria o governo. Havia alguns udenistas que queriam governar, como Gabriel Passos, por exemplo. Mas os udenistas autênticos não queriam governar. Nós queríamos ser contra os governos. Naquele tempo a gente fazia carreira de ser contra, e essa é uma carreira brilhante, sabe? Muito mais interessante do que se chatear num cargo executivo.

Podemos voltar ao voto proporcional, para que conclua a sua análise?

O voto proporcional, multiplicando os partidos, a partir do governo Dutra, fazia com que nenhum partido tivesse condições de eleger o presidente da República. Nos Estados Unidos não é assim, e isso é fundamental. Então, o que acontecia no Brasil? O presidente saltava sobre as molduras partidárias. Todos, sem exceção, fizeram isso: Dutra, Getúlio, Juscelino, Jânio, Jango. Os presidentes arrebentaram as molduras partidárias e passaram a se dirigir diretamente ao povo, prometendo coisas que os partidos não os deixariam cumprir. Eles fizeram a mesma coisa que os Gracos na Roma antiga: ficaram de costas para o Senado e falaram ao povo. E vocês sabem o que aconteceu com os Gracos. Os nossos presidentes desse período, para adquirirem a presença carismática de quem se dirige ao povo, foram levados a prometer coisas que sabiam que não podiam cumprir. Todos prometeram o que não podiam fazer. Todos. Getúlio caiu porque as forças que desencadeou com as promessas feitas foram insuficientes para aguentar as reações. Juscelino só não caiu por acaso, porque mudou para Brasília e ficou longe.

Só mudou no último ano do governo.

Sim, mas toda a mudança para Brasília foi um processo de fuga.

Brasília passou a ser uma espécie de Canaã?

De Canaã, de mito que anestesiou e narcotizou o povo brasileiro. Discussões infindáveis, inflação, e ele se equilibrando sobre as formas do Niemeyer. E Jânio? Jânio levou isso ao máximo. Saiu prometendo coisas que não podia cumprir.

Por quê?

Porque eles prometiam e logo em seguida tinham contra si a imprensa. Toda a imprensa conservadora ficava contra. E a imprensa é, naturalmente, conservadora. A grande imprensa tem de ser conservadora. E os candidatos vinham com promessas de reforma agrária, nacionalismo político, oposição à política portuguesa... Com relação à política portuguesa, à época do governo Jânio Quadros, por exemplo, eu era espinafrado metodicamente, mas estava naquilo de coração aberto e consciência tranquila. Com relação à Igreja, o cardeal do Rio de Janeiro, que era meu amigo, passou a me tratar com a maior cerimônia. Aquele santo, que era pouco inteligente, que me tratava com sorrisos, que me distinguia, passou a me tratar friamente. Com as promessas que fez, Jânio despertou a esperança dos desesperados. Todo mundo votou nele, foram seis milhões de votos. E quando chegou ao poder, ele não pôde fazer nada, porque não tinha maioria. E por que não tinha maioria? Porque os partidos o seguravam. E temos então a Constituição de 46 forçando o demagogo a ser candidato. Getúlio, demagogo...

Jânio...

Ele foi demagogo na melhor das intenções. Não quero depreciá-lo, mas, enfim, ele forçou a demagogia. Gostaria de concluir o meu raciocínio sobre os partidos, dizendo que também eles sofreram com essa situação, esvaziando-se na medida em que se transformaram em alianças. Por quantas alianças partidárias foi eleito o Virgílio Távora no Ceará? As mais diferentes: PSD, PTB, UDN, nem sei. Diante do crescimento do populismo, que se encarnava sobretudo no PTB, os partidos reagiram talvez de uma forma suicida: agindo em função de eleições, eles se desmentiram como partidos e constituíram alianças. Esse é um processo muito marcado a partir do governo de Juscelino. Com relação ao PTB, é inegável que se estava transformando num grande partido, mas ao mesmo tempo estava deixando de ser PTB, porque estava sendo dominado pela plutocracia. Muitos milionários de São Paulo estavam indo para o PTB. Não era a transformação ou a esperança de transformação social, que gerou o partido, que nos repugnava, era a sua inautenticidade. Para o povo, ele era o partido dos trabalhadores; para os ricos, era plutocrata.

Não acha que foi o peleguismo que, já na sua origem, desvirtuou o PTB?

No início, foi o peleguismo, ou seja, o falso trabalhismo a serviço do poder. No fim foi a plutocracia que o invadiu. O PTB não nos deixava inquietos por causa da possibilidade do surgimento de uma mensagem socialista. Não. Tínhamos uma certa repugnância pelo PTB, porque o conhecíamos e sabíamos que ele era peleguismo e milionarismo, salvo poucas exceções.

Não lhe parece que 64 foi basicamente um movimento anti-PTB, de inspiração udenista?

Não, acho que 64 foi um movimento anti-Jango, o que é outra coisa. O Jango não era PTB, era o caudilhismo rapace, o caudilhismo da anarquia, da desordem, da ignorância, do primitivismo. Ele era o maior proprietário de terras do Brasil. É muito triste recordar tudo isso, porque ele já morreu, mas essa é a verdade. Gostaria de relatar uma coisa importante que o presidente Castello Branco me disse certa vez, e que se relaciona também com os acontecimentos do dia 12 de outubro passado *(demissão do ministro Sylvio Frota)*. O presidente era muito mais meu amigo do que se supõe. Aliás, foi por causa dele que não fui cassado. Meu primeiro contato com ele foi na Escola Superior de Guerra, onde fui conferencista. Depois, chamava-me frequentemente ao Palácio. Não fez quase nada do que me pediu, mas sempre solicitava trabalhos, planos etc. Mas o que queria é relatar uma coisa que me disse Castello, numa de nossas conversas. Acho que não conseguirei reproduzir exatamente as mesmas palavras, mas foi o seguinte: "Senador, o sr. não sabe o quanto é difícil reunir e coordenar todas as forças de decisão mental e operacional dentro do Exército para destituir um governo constituído. É a coisa mais difícil. O sr. encontra resistências tremendamente difíceis de serem vencidas". Relatei isso para poder dizer o seguinte a vocês: quando todas aquelas forças a que se referia o presidente Castello foram reunidas, não se tratava de promover um movimento anti-PTB. É preciso ser justo. A Revolução nunca teria sido feita contra um partido. Ela era contra um estado de coisas absolutamente inviável. O país não podia continuar daquele jeito. Eu não tinha nada de pessoal contra o Jango. Conversamos poucas vezes quando ele era presidente do Senado. Nunca me aproximei dele. Mas a verdade é que, sob sua presidência, o Brasil chegou a um ponto em que não havia mais governo.

E as coisas insensatas que eram ditas? Para lhes dar uma ideia da situação, vou-lhes contar um outro episódio. Certa vez encontrei-me, na Livraria Leonardo Da Vinci, defronte do Jockey Club, com o Roberto Morena, que era do Partido Comunista. Era um homem interessante, e também honrado. Tinha uma certa comunicação comigo, tínhamos sido colegas na Câmara, nós nos respeitávamos, nunca me maltratou nem eu a ele. Naquela época, estava exercendo uma função qualquer, num daqueles institutos e, como todo comunista, entregava o salário ao partido, ficando com uma parte pequena para poder viver. Estávamos em pleno governo Jango, e o Morena me disse: "Não entendo mais o que está acontecendo no País. Estamos profundamente preocupados". Diante disso, vejam como é injusto dizer que a Revolução de 64 foi um golpe udenista contra o PTB. A UDN teve uma participação muito pequena na Revolução de 64. Os maiores líderes da UDN, os mais importantes, estavam fora da Revolução. Já pensaram nisso? Eu estava fora da Revolução, embora a par dela. Estava alheio ao movimento e tinha muito receio com relação a muitas coisas que acabaram acontecendo. Outra coisa que queria dizer é que não compreendo ainda como o Jango, que não era um homem mau, nem estúpido — era um homem bondoso e inteligente — pôde deixar-se absorver por aquela torrente, aquele redemoinho. Devia haver razões psicológicas sérias. Vaidade, sei lá. Não entendo.

Falei há pouco dos trabalhos que Castello sempre me pedia. Uma vez ele me chamou e perguntou-me: "O sr. tem condições de me fazer um estudo sobre poderes de emergência?" Respondi-lhe que sim, e ele me pediu então que o entregasse no dia seguinte. Passei pela biblioteca da Câmara, que é excelente, recolhi os elementos necessários e passei a noite em claro no Hotel Nacional, pesquisando e escrevendo. No dia seguinte, passaram lá dois deputados enviados pelo presidente para pegar o trabalho.

Então, por ocasião do AI-2 o presidente mandou chamar-me e disse-me: "Gostaria de lhe dizer por que, tendo pedido aquele estudo ao sr., estou agora procedendo dessa forma". Vocês se lembram que o AI-2 se seguiu ao envio de duas emendas ao Congresso, uma das quais submetendo à jurisdição militar certos tipos de delito. Pois bem, um deputado da maioria, antigo pessedista, homem da maior respeitabilidade, grande autoridade intelectual, meu íntimo amigo, sem saber provocou um pouco a inquietação do presidente, ao dizer-lhe: "Aquilo não passa, presidente, o Congresso não vai votar aquilo". Foi uma coisa parecida com o episódio Márcio Moreira Alves. O presidente Castello foi quem me contou isso, acrescentando que a tensão criada com a posse dos governadores Israel Pinheiro e Negrão de Lima, em Minas e na Guanabara, tornara a situação bastante séria. Os dois eram meus amigos, e o Negrão me contou que o oficial que foi acompanhá-lo para a cerimônia de posse recusou-se a cumprimentá-lo quando lhe estendeu a mão, dizendo-lhe: "Não lhe dou a mão, porque sou contra a sua posse". Com a ameaça de que seus dois projetos de emenda não passassem pelo Congresso, e diante da situação em Minas e Guanabara, o presidente retirou os projetos, que já estavam em processo legislativo, e editou o AI-2. Aí começou a Revolução, porque se ela tivesse ficado no Ato 1, teria sido apenas o que chamamos uma inevitável liquidação de uma situação inviável. Mas ela renasceu com o AI-2, no qual reclama o poder constitucional de reforma por ser um poder revolucionário. "Retirei os projetos do Congresso — disse-me o presidente — para não dissolvê-lo, porque as intenções eram essas. Quis preservar o Congresso como o germe da futura constitucionalização." E acho que a visão de Castello está pegando hoje novamente: 1978 pode ser o recomeço, por meio do germe de reconstitucionalização democrática, que são os poderes de reforma do Congresso. Se a reforma puder ser feita da maneira que deve, através do Congresso, teremos uma nova Carta de 46 adaptada às condições necessárias, às possibilidades de uma democracia representativa no Brasil.

> *Há pouco, levantamos o problema do movimento de 64, esquematizado em termos partidários, como tendo sido a revolução da UDN contra o PTB, o que provocou um revide enérgico de sua parte. Mesmo assim, gostaríamos de reformular essa pergunta, colocando-a em outros termos, talvez mais precisos. Não acha que na raiz do AI-2 e AI-5, e agora no "pacote de abril" e na dificuldade de abertura, está basicamente uma resistência do grupo político dominante, apoiado e sustentado militarmente, em admitir o rodízio no poder, por que então ele iria para o MDB? E o que é o MDB? Um pouco o herdeiro do PTB, isto é, um partido de bases fundamentalmente populares, trabalhistas, operárias, com suas inevitáveis ligações com elementos intelectuais, com artistas, com uma certa coloração esquerdista. Não estaria aí o nó do quadro político atual, ou seja, o sistema resiste à abertura, porque com ela não há nenhuma garantia de permanecer no poder? E porque esse poder iria eventualmente para o PTB, com sua nova roupagem de MDB, com algumas diferenças de vestuário, mais envelhecido e com uma prole mais numerosa?*

A pergunta envolve muitos problemas, até da história política recente do Brasil, e confesso que não me situo muito bem na ambivalência das questões que colocaram. Falam ao mesmo tempo do sistema e da UDN, quer dizer, partem da UDN para o sistema. Vocês consideram, segundo me parece, a transformação da UDN em sistema como fruto de uma evolução lógica. E isso me parece sujeito a caução. Em primeiro lugar, quero recordar que a UDN não está no governo neste momento. Quem é da UDN no governo, quais são os remanescentes do espírito udenista que estão entrosados no sistema? Além disso, a visão dos dois é diferente. A UDN tinha uma visão do poder, uma visão da política, que não era ditatorial nem militar, mas elitista, no sentido intelectual. Não no sentido social, e sempre faço questão de deixar isso bem claro, porque sofro muito da incompreensão da minha posição neste particular.

O elitismo, tal como o concebo, é a compreensão, o entendimento exato daquilo que pode ser considerado a expressão mais elevada de um conjunto social. Vou dar um exemplo que é um pouco brutal, mas que ilumina o que estou querendo dizer: o nazismo é uma forma de elitismo daquela Alemanha posterior à Primeira Guerra, que nasceu do ressentimento, do sofrimento, da humilhação, do complexo de inferioridade, da podridão. Dali tinha que brotar aquela flor miserável que foi o nazismo. Então, a geração nazista era a elite daquela Alemanha. Esse é o meu conceito de elitismo. A geração bolchevista era a elite daquela Rússia esmagada, desiludida, sofrida, depois da Revolução de 1905. Quem era mais elite na Rússia de então? Quem era mais representativo do que há de mais requintado no pensamento e na cultura, na erudição, na competência, do que aquela geração de intelectuais? A UDN representava esse tipo de elitismo. Mas esse elitismo não ganha eleição.

Diria então que esse elitismo é uma espécie de aristocracia do espírito?

Sim, mas não gosto do termo aristocracia, porque sempre nos acusaram disso, a mim particularmente. Esse elitismo é uma espécie de expressão intelectual da fisionomia social do momento. E a fisionomia social do momento vinha — tanto nas classes armadas, na mocidade militar, como entre nós, que éramos então a mocidade civil — daquela nostalgia liberal que remonta a Ruy Barbosa. É essa nostalgia que emerge, que aflora, com a UDN. E isso não ganha eleição. Daí por que a UDN andou sempre à procura daqueles militares que mais estivessem imbuídos desse espírito, para unir-se a eles, a fim de poder lutar contra a força da tradição, do coronelismo, das instituições autocráticas do poder, que vinham da Primeira República.

A grande desilusão liberal começa em 1909, com o malogro da campanha civilista. O ressentimento do Astrojildo Pereira, que foi o grande pensador, o grande crítico do Partido Comunista, tem sua origem aí. Desiludido com os resultados daquela campanha, Astrojildo torna-se anarquista (só depois é que aderiu ao comunismo). Quer dizer, com a grande desilusão liberal alguns foram para a esquerda e outros, como nós, ficamos no liberalismo intelectual e nos abrigamos sob a proteção militar. Porque no Brasil nunca se consegue o poder — isso é uma tradição nos países subdesenvolvidos — conquistando a maioria. Consegue-se o poder, destruindo-se as estruturas constitucionais. Nunca se luta contra o adversário, mas contra a Constituição. A República não derrubou outra coisa senão a Constituição do Império. E, sucessivamente, todas as mudanças do poder no Brasil não foram resultado de combates entre dois partidos, mas dos partidos contra a Constituição, contra as instituições, contra a estrutura político-jurídica. Cheguei a essa conclusão muito tarde, mas já a vislumbrava há muito tempo. Quando estava na liderança da UDN, era o menos golpista dos líderes, pois aquilo me repugnava. Mas era arrastado pela corrente dos golpistas. Por isso, já pressentia aquela conclusão a que cheguei mais tarde. E os golpistas não éramos apenas nós da UDN, não. Quando o PDS pôde, deu o golpe; quando o PTB pôde, fez o mesmo. No Brasil, a luta não é de um contra o outro, mas de todos contra o Estado.

Onde vê a causa desse fenômeno?

No subdesenvolvimento. No subdesenvolvimento geral — social, educacional, político, econômico. Acho que esse é um dos estigmas do subdesenvolvimento. Há pouco, referi-me a um autor americano que falava da "majestosa vaguidão" da Constituição de seu país, que foi conscientemente preparada para que ela se aperfeiçoasse com o tempo. É isso que não temos capacidade de fazer. Os países subdesenvolvidos não trabalham com o tempo.

Gostaríamos que continuasse sua análise do regime de 46, apontando outras razões que, a seu ver, o levaram a durar tão pouco.

Há sem dúvida elementos exógenos responsáveis por tudo isso. Chamo de elemento exógeno, por exemplo, a deliberada orientação dos Estados Unidos no sentido de condicionar a mentalidade civil e militar brasileira aos ditames da guerra fria. A presença permanente desse pensamento no meio civil e militar assegurada pela grande quantidade de oficiais que fizeram cursos nas diferentes instituições e organizações educacionais americanas — não só do Brasil, mas de toda América Latina e de outros países — estava no quadro da guerra fria entre as duas superpotências. Foi uma espécie de metodização pedagógica da luta contra as esquerdas. Metodização pedagógica e simplificadora, com uma consequência que é frequente nesse tipo de pedagogia: tudo aquilo que divergisse de uma certa orientação — que correspondia a uma posição internacional na guerra fria — passou a ser suspeito, desde o liberalismo até o marxismo. Tudo isso foi empacotado numa simplificada classificação, que só poderia ser imposta pela força.

Esse fato se agrava muito com a revolução cubana?

Sim. Acho que muito, e num certo sentido com razão. Vou contar-lhes uma coisa que creio não ter revelado ainda. O Fidel ainda não se tinha manifestado comunista, o que só fez por ocasião da Assembleia Geral da ONU em 1961. Quando fui ministro das Relações Exteriores do presidente Jânio Quadros, ele ainda não se tinha manifestado, embora fosse visível a sua rápida derivação para a esquerda. Escrevi então um modelo de carta do presidente Quadros a Fidel, que tenho ainda nos meus arquivos, longa e que esperava fosse bem recebida, com base no bom acolhimento que Fidel nos tinha dispensado em Havana e nas relações de simpatia que se tinham estabelecido entre os dois governos. Agi ingenuamente, reconheço, porque o problema lá era muito mais grave do que supunha então. E, antes de tocar no conteúdo da carta, gostaria de explicar a situação em que se encontrava Cuba.

Fidel estava sendo isolado. O que aconteceu em Cuba naquela época foi um cerco americano, tremendo, que forçou muito a marcha do país para a extrema esquerda. Mais da metade da superfície da ilha pertencia às empresas de exploração canavieira e, como elas tinham uma tecnologia muito apurada, não precisavam de todo aquele território para as suas plantações. Extensões imensas estavam então completamente abandonadas, entregues aos prazeres da caça, camping, pesca, etc. Isso é uma verdade. Ainda assistimos aos restos disso em Cuba. Mas a libertação dessa situação estava levando Cuba a uma outra forma de submissão, de subordinação. Não quero empregar a palavra escravidão, porque fica demasiado dramática. Trata-se de uma outra forma de sujeição. Ela escapava da sujeição americana para cair na soviética. Foi o que aconteceu, porque Cuba não tinha as condições que nós temos, no Brasil, de resistir às duas. Nesse ponto somos um país capaz de decidir, tomar posições autônomas. Então escrevi aquela carta que era um modelo de documento a ser enviado pelo nosso presidente ao chefe do governo cubano, exortando-o a refletir no desvio histórico da revolução cubana. A minha tese era de que a revolução cubana tinha sido tipicamente latino-americana. Mencionava exemplos continentais e mostrava que aquele tipo de revolução latino-americana, liberal, popular e soberana, no sentido de defesa da soberania nacional, em face das pressões do capitalismo norte-americano, se estava transformando num outro tipo de sujeição teórica, ideológica e, portanto, também política àquele "Vaticano vermelho", que é a sede do poder soviético. A carta não estava ruim. Era bem bolada, bem trabalhada. Enviei-a ao presidente e tenho a resposta dele, em que dizia: "Gostei muito de sua carta, mas não vou mandá-la, porque ele ao lê-la poderá provocar um grande estouro internacional, publicando-a". E isso era realmente verdade. O presidente tinha muito mais sensibilidade política interna do que eu. Eu tinha talvez mais sensibilidade política externa. A minha carta estava boa do ponto de vista de política externa, mas ele dizia que Fidel Castro iria aproveitá-la para efeitos de política interna, tentando mostrar que um país como o Brasil queria exercer pressão sobre ele, para evitar que seguisse o caminho socialista. Foi a resposta que me deu. Elogiou a carta, mas disse que não era hábil.

Estou-lhes contando todos esses fatos, para dizer que o clima de radicalização, de magnificação da esquerda, foi também em grande parte um clima de simplificação da esquerda. Foi um clima em que o pensamento liberal passou a ser considerado esquerdista. Eu, por exemplo, que tenho todas as condições para ser detestado pelos radicais da esquerda, fui considerado um homem de esquerda numa certa época e até ameaçado. Recebi tudo isso com bastante tolerância e uma certa dose de humor. Mas isso fez com que o país fosse baixando para uma esquematização do pensamento, que encontra muita receptividade e muita eficácia na estrutura das Forças Armadas, que é baseada na ideia de disciplina, hierarquia, de entendimento benevolente de todas as formas de reflexão piramidal, que partam do vértice para as bases da pirâmide. E elas têm naturalmente uma suscetibilidade patriótica, nacionalista, muito grande. Isso as leva a ver riscos que muitas vezes nós, civis, não vemos, porque esses riscos não existem. Isso também é decorrência de uma influência estrangeira que está superada, que o governo Carter está mostrando que não pode mais existir. Aqui no Brasil ainda não digerimos o governo Carter. Ele está atravessado na garganta, é um bocado que ainda não foi digerido pelo pensamento político oficial.

Pode explicar melhor isso?

O oficialismo brasileiro estava certo da vitória de Ford. Mas sempre tive a certeza de que Carter ia ganhar. Porque era evidente que aquilo não podia continuar. Não era possível que uma estrutura política baseada naquele negócio de Watergate, naquele mulambo a que ficou reduzido o presidente, em que todo mundo cuspia, pisava, pudesse subsistir através de uma vitória partidária. Mas todo o oficialismo brasileiro, civil e militar, estava desejoso e convencido de que o Partido Republicano, de saudosa memória, porque vai ficar muitos anos fora do poder, ganharia.

E acho que ainda não pararam para refletir que a influência internacional que determinou aquela posição maniqueísta — o que não for preto é vermelho — não pode continuar. Porque aquela influência, hoje, é toda matizada, está desfazendo as posições rígidas. E a absorção dessa nova influência coincide com a nossa sede de democracia de forma espetacular. As resistências hoje são contra as influências externas, que mudaram.

Quando funcionários americanos vêm aqui discutir problemas inerentes às novas posições de seu país, dizem que estão querendo atingir a nossa soberania. É o caso, por exemplo, dos direitos humanos. Carter não procede assim porque quer impor alguma coisa a alguém, mas porque isso faz parte da sua estrutura de poder. Não pode fazer outra coisa.

Quando de sua passagem pelo Ministério das Relações Exteriores, o problema africano foi importantíssimo. Gostaríamos de saber como vê hoje, com o recuo do tempo, a política de abertura para a África.

O Brasil vivia servilmente vinculado à política portuguesa, de uma forma constrangedora, nos concílios internacionais. Todos os presidentes, mesmo os populistas como Getúlio, como Juscelino, eram muito desatentos a isso. O que me revoltava, porque a diplomacia portuguesa era então muito melhor do que a nossa. Não que os nossos diplomatas fossem maus. Eles quase sempre são bons. Considero o corpo de diplomatas, o funcionalismo do Banco do Brasil, o funcionalismo do Congresso e, em certos aspectos, o funcionalismo do Ministério da Fazenda uma espécie de elite da burocracia brasileira. A orientação — efusiva, congratulatória, lacrimejante — é que estava errada. Os sujeitos recebiam títulos na Universidade de Coimbra, falavam de literatura, repetiam versos, recebiam condecorações, davam condecorações, choravam. Nas visitas presidenciais, juntava aquela massa formidável para ver o brasileiro. E os presidentes choravam: Café Filho caiu em prantos, Juscelino soluçava, pensando que estava em Diamantina. Tudo isso fazia com que se perdesse completamente o sentido dessa realidade: o Brasil é o maior país negro do mundo. Isso pode ser chocante para nós, que temos a pele branca, mas é verdade. Se utilizarmos a concepção que os americanos têm do negro, o Brasil é o mais populoso país negro do mundo. E eu me orgulho de ver que hoje isso está sendo aceito e reconhecido.

Então, como podíamos ignorar o que se passava na África, nos planos cultural, econômico e político? Aquela política era insustentável, e ia acabar num grande fracasso, porque era contrária a toda a formação brasileira. O que acho mais curioso é que homens ilustres pelos estudos de sociologia, antropologia, história social — há exceções, como Sérgio Buarque de Holanda — ficassem apegados àquilo, por causa dessa tradição que chamei de efusiva, lacrimejante e congratulatória. Nós sabemos os nomes a que me estou referindo. Diante dessa situação, o presidente Quadros mudou a nossa política e me mandou à África. Fui o primeiro ministro das Relações Exteriores, desde o Império, que visitou a África oficialmente.

O que já era uma anomalia

Exatamente. Depois fui a Portugal esclarecer, com lealdade, o presidente do Conselho, Oliveira Salazar, da realidade e da fatalidade dessa nossa mudança de orientação nos assuntos internacionais. O Negrão de Lima, que era embaixador em Lisboa nessa época, assistiu à nossa longa conversa. Conversei mais de três horas com Salazar, que me recebeu com muita bondade, muita amabilidade. Com todo o respeito que tinha por ele, porque era uma grande figura, expliquei-lhe que a nossa antiga política africana não podia continuar, que ela era uma fantasia. E tentei em vão arrancar dele qualquer indicação sobre o futuro das relações entre Portugal e África. Ele me ouviu com muita atenção, mas não respondeu nada com relação a isso. No final de nossa conversa, disse-lhe mais ou menos o seguinte: "Vou fazer a V. Exa. uma pergunta que acredito que meu presidente aprovaria, mas é claro que a resposta pertence a V. Exa., que terá a liberdade de responder ou não". E ele disse: "Então faça, pode fazer". A pergunta foi a seguinte: "Diante da conjuntura que examinamos, pergunto a V. Exa. — como conta reagir diante do inevitável?". Ele parou, sempre muito polido, muito bem-posto, muito bem vestido (me fazia lembrar o Artur Bernardes), refletiu e disse: "Olhe, sr. ministro, eu não sei. De uma coisa, porém, estou certo: continuarei a lutar".

E assim encerramos nossa conversa, e ele me acompanhou até o lado de fora da casa modesta em que morava, perto do Palácio São Bento. Pois bem, muito recentemente, há apenas alguns meses, o ministro do Ultramar de então, que era o jovem e brilhante professor hoje residindo no Brasil, Adriano Moreira, contou-me o seguinte. O presidente do Conselho mandou chamá-lo logo depois que eu saí e disse-lhe: "Estava conversando com um rapaz (chamar-me de rapaz naquele tempo era muito amável) sobre a questão africana (e relatou sucintamente meus pontos de vista)". Em seguida ficou quieto e, subitamente, saiu-se com essa exclamação colérica: "O Brasil precisaria ser governado do Terreiro do Paço!". Ele queria colonizar o Brasil!

Tem-se a impressão de que estávamos totalmente despreparados para a realidade criada pela descolonização, e também que o próprio estilo de Jânio Quadros imprimiu à nova política externa com relação à África um caráter de exotismo.

Compreendi bem o que quiseram dizer e acho que realmente havia alguma coisa de cenário com jacaré, palmeira, coqueiro, cuíca, uma espécie de samba de morro naquilo. Mas não era essa parte que me interessava, nem era ela que me conduzia. Isso decorria de vários fatores, entre eles o de que não estávamos preparados técnica, militar e economicamente para preencher os objetivos que tínhamos em vista, o presidente e eu. E o Itamaraty resistia. Quando assumi, o Itamaraty ainda vivia um pouco na ilusão do que se chamava a "tradição do Barão". Muitos dos velhos funcionários ainda tinham conhecido o Barão do Rio Branco ou eram filhos de diplomatas que tinham servido com ele. Considero o Barão uma das sumidades da História do Brasil, ele é um dos santos da minha devoção, mas a verdade é que chegou ao Itamaraty já depois de ter feito a sua grande obra. No Itamaraty sua obra é uma espécie de usufruto de sua própria personalidade. No caso do Acre, por exemplo, que foi a sua grande obra no Itamaraty, ele foi muito reticente. O homem que estimulou o negócio do Acre foi Rodrigues Alves. O Barão teve certos momentos de hesitação.

Diplomaticamente, estávamos despreparados. Todos os chefes de departamento, os homens de maior responsabilidade, acolhiam com certa desconfiança e com mal velada reticência as novas posições com relação à África. O Itamaraty tinha ainda um pouco a tradição da branquitude, da fidalguia, das boas maneiras, de falar várias línguas, etc. Qualquer camarada que entrar no Itamaraty pode sofrer o contágio dessa doença, ainda hoje. Mesmo que não tenha nada a ver com isso, ou seja, que não tenha na sua tradição de família esse hábito de ir à Europa, de falar várias línguas, de conviver em sociedade. Tudo isso é uma coisa menor, que o sujeito aprende muito depressa, e depois fica preso dentro daquelas muralhas de cetim, e fora da vida. Esse grupo do Itamaraty era hostil, a Igreja e a imprensa também. Além disso, não tínhamos força militar e econômica para levar avante aquela política. Mas ela não era tão exótica como vocês pensam. Com relação à África, tentamos uma coisa que era realmente nova, uma abertura, porque prevíamos como aquela coisa ia acabar e em que situação ficaríamos, ligados como éramos a Portugal. Tínhamos de fazer uma política de aproximação cultural, econômica e política com os países que se estavam desprendendo da colonização. Éramos na época talvez um pouco generosos, talvez um pouco ingênuos, mas não destituídos de uma certa capacidade de previsão. Devo dizer também o seguinte: cumpri as instruções do presidente, e quero deixar bem claro que ele mostrou uma extrema sensibilidade para isso. Talvez seja um pouco exuberante, um pouco dramático nos gestos, mas é um homem inteligente e teve uma grande sensibilidade para essa política.

Está em condições de renovar o seu depoimento sobre a renúncia de Jânio Quadros, acrescentando informações novas que não constam dos seus escritos anteriores?

Acho que não. Todas as coisas que saíram depois da narrativa que tentei em minhas memórias vieram lançar mais trevas do que luz sobre o acontecimento. Acho inútil procurar esclarecer uma coisa que só se tem confundido.

A intenção daquele documento que fez chegar à Câmara, quando da renúncia...

Era para evitar a aceitação da renúncia pela Câmara. Achava que aquele era um assunto demasiadamente grave para que ela pudesse deliberar sem uma consideração circunstanciada dos fatos. Acho que a decisão do presidente não tinha as características de um ato refletido e deliberado. Era uma coisa emocional.

Acha, ainda hoje, que o ato da renúncia foi um gesto emocional?

Admito que sim e que, se a Câmara tivesse suspendido a sessão, e deixado para deliberar mais tarde, depois de consultar o Supremo ou qualquer coisa desse tipo — era essa a intenção do documento que enviei à Câmara — talvez tivesse havido um desfecho diferente. Havia 200 mil maneiras de se fazer isso. Mas o PSD estava querendo aquele desfecho, e por isso detiveram o meu auxiliar que era o portador do documento. Ele foi detido por ordem dos responsáveis pela direção do Congresso.

O documento era para ser entregue a quem, ao presidente da Câmara?

Ao presidente do Congresso, Auro de Moura Andrade, meu amigo, mas um homem de temperamento vigoroso, de vontade forte, e notoriamente hostil à política do presidente Quadros.

Vamos voltar-nos agora para o futuro. Como está encarando esses quase 15 anos de Revolução? Acha que 1978 vai-se caracterizar pela volta ao Estado de Direito, a um regime democrático decente, com as garantias individuais resguardadas?

Tenho-me manifestado permanentemente otimista com relação a esse assunto, baseado em considerações de natureza pessoal, no que diz respeito ao presidente Geisel, e em considerações de natureza impessoal, no que diz respeito às condições gerais do país, quer internas, quer externas. O maior estímulo dado a esse movimento foi a abertura da grande imprensa. Sei que ainda há uma parte da imprensa que está amordaçada, como é o caso do jornal *O São Paulo*, como é o caso da *Tribuna da Imprensa* e de alguns outros jornais. Mas a grande imprensa, aquela que vocês tão bem representam em São Paulo, essa está praticamente livre.

Deve-se ressalvar, aí, que, se a censura realmente foi suspensa no caso da grande Imprensa, nem por isso deixa de ser exercida intensamente sobre a televisão, o rádio, o teatro, a música popular, o cinema e até a literatura.

Temos aí duas coisas. Uma é o sofreamento ou a limitação da grande informação, e outra é uma questão de cultura, de gosto e de compreensão do que significa obra de arte. Essa segunda coisa, o julgamento da obra de arte, é extremamente difícil. Tenho um estudo sobre isso, um livro sobre a liberdade de imprensa em que abordo esse aspecto do julgamento da obra de arte. E quero deixar claro que não sou partidário da censura intelectual. Com relação a tudo isso, gostaria de dizer também que a liberdade não é relâmpago, ela é uma aurora, quer dizer, nasce e progride. A claridade liberal é como a claridade do dia: nasce na barra do dia, numa fímbria do horizonte, e vai crescendo. Não nasce como um relâmpago.

É favorável à extensão da liberalização que houve na grande imprensa para a televisão e o rádio?

Dentro dos critérios naturais que são empregados para a televisão e o rádio, sim. Coloco as coisas assim, porque é difícil o julgamento da obra intelectual, e porque a televisão e o rádio têm, em relação à imprensa escrita, um caráter que não chega a ser artístico, mas que é semi-artístico ou pré-artístico. Darei um exemplo. Nos Estados Unidos, a Suprema Corte fez uma coisa muito boa com a revista *Playboy*, que tinha as características da imprensa escrita, mas também de arte, com aquelas estátuas vivas, aquelas mulheres nuas, tudo isso dentro de um tipo de publicação sofisticada. Pois bem, a Suprema Corte deu a esse problema uma solução admirável, que faz lembrar aquela "vaguidão majestosa" da Constituição, de que falava há pouco. Decidiu que aquele não era um problema federal, mas que dizia respeito ao poder da polícia local, dadas a extensão do país e as diferenças de cultura de sua população de 230 milhões de pessoas. Há formações culturais completamente distintas nos Estados Unidos. Diante disso, a Suprema Corte viu que em certos Estados, como a Califórnia e a Flórida, por exemplo, com suas praias, as moças quase nuas e uma permissividade maior, *Playboy* poderia ser bem aceita, enquanto em Utah, Minnesota, Arkansas ou Nebraska, havia um tipo de sociedade que repelia aquilo. Então, que as autoridades locais decidissem se a revista podia ou não circular em suas regiões.

Também num país como o Brasil, esse não é um problema federal. Pegue-se o caso de Minas Gerais, por exemplo. Em Belo Horizonte, Juiz de Fora e Uberlândia são aceitas certas coisas que, em Unaí e na terra do Guimarães Rosa, Cordisburgo, são repelidas com veemência. A censura no Brasil não é um problema federal. Não se pode traçar padrões de censura no Rio e estendê-los ao resto do país. Deve-se deixar que os poderes locais decidam a validade desta ou daquela exibição artística. É o federalismo cultural, de que a Suprema Corte americana deu o exemplo: deixar que as autoridades locais decidam de acordo com as condições sociológicas da região.

Mas voltemos ao fio da meada, pois isso foi apenas um parênteses: o sr. estava dizendo que a concessão da liberdade de imprensa...

O presidente deflagrou o movimento de liberalização através da liberdade de imprensa. Ele só pode ter feito isso de propósito, conscientemente, pois é claro que a liberdade de imprensa levaria à apresentação do problema da volta à democracia. O presidente abriu e vocês da grande imprensa fizeram o resto. E com relação a isso não se pode mais voltar atrás.

Acha que a abertura é um plano premeditado, ou um desfecho circunstancial, porque não havia outra saída?

Não posso dizer muita coisa sobre isso, porque o meu conhecimento do presidente é superficial, mas admito e acredito que foi uma intenção firmemente amadurecida. Acho que ele quer terminar o seu mandato, depois de enfrentar todas as procelas econômicas do preço do petróleo, das difíceis condições de comércio internacional, do endividamento do Brasil, da inflação, com uma mensagem para o futuro, mensagem que não é apenas pessoal, mas também militar, no sentido de que o Exército fará com que se restaurem no país as garantias democráticas. E uma mensagem revolucionária, porque mostrará que a Revolução chegou a seu termo reconhecendo a liberdade.

A Revolução chega a seu termo com a democratização?

A restauração da liberdade é um processo em todos os países, em todos os regimes, em todos os tempos. Ela não é um relâmpago, mas uma aurora, como já disse. Mas não há relativismo na democracia, não pode haver democracia relativa, não existe ambiguidade na enunciação, na aceitação e na convicção dos princípios democráticos, que são poucos, porém inamovíveis e indiscutíveis. Ou existe ou não existe. O que há é uma periodização na implantação desses princípios, que têm de ser reconhecidos definitivamente de antemão, periodização que se submete, esta sim, às condições sociológicas, históricas, às condições do meio e às potencialidades do momento.

Revela-se, nos anos 30 e 40, o que se poderia chamar de "momento mineiro" na República, pelo qual é responsável uma geração brilhante, da qual o sr. participa, e que é formada, entre outros, por Milton Campos, Virgílio de Mello Franco, Pedro Aleixo, Adauto Lúcio Cardoso, Juscelino Kubitschek, Gustavo Capanema, San Thiago Dantas e, nas letras, para citar apenas os mais representativos, há Carlos Drummond de Andrade e Guimarães Rosa. Como julga hoje o papel dessa geração poderosa no campo do pensamento e da ação?

De certa maneira, nós, dessa geração, falhamos. Capanema talvez seja, de todos, aquele cuja presença é mais forte, visualmente, no país. Porque ele criou alguma coisa, que está além das vicissitudes da ideologia política, que é a arte plástica. É em torno dele que se cria a nova arquitetura de Lúcio Costa e Oscar Niemeyer. E ele estimulou também a pintura de Portinari. O que Capanema fez está presente em Brasília, que é a colheita do que ele semeou. Brasília sai do edifício do Ministério da Educação, o que a gente pode constatar pelas memórias que o Oscar Niemeyer publicou agora. Mas nós, que estávamos trabalhando em outro setor, ficamos sacrificados. Sobretudo nós, do pensamento político. Também os que se dedicaram às letras tiveram êxito, como é o caso do Rosa e de Drummond, que é hoje um dos maiores poetas vivos do mundo.

Essa colocação que está fazendo, encharcada de um pouco de amargura, atinge então apenas os que se dedicaram à política?

Nós, os de pensamento político — Virgílio, Pedro, Milton e eu, para pegarmos apenas esses quatro como exemplo — falhamos, porque não transigimos. Falhamos no sentido do êxito pessoal e do êxito nacional, porque não cedemos. Nosso destino foi frustrado. Eu, por exemplo, poderia ter sido muita coisa, se tivesse cedido nas relações com o poder. Falhamos como destinos individuais. Mas o fruto que secou em nossas mãos está se revelando agora e, portanto, como esperança não falhamos. Eu, que sou um sobrevivente, posso dizer-lhes então: nesse sentido da esperança, nós, mineiros, não falhamos.

Admite que Juscelino seja um caso à parte?

Sim, o Juscelino é um caso de êxito, porque ele não tinha compromisso com as ideias. Pessoalmente era um liberal, um democrata, mas não tinha compromisso com as ideias. Os que tinham compromisso com as ideias não podiam ter êxito individual.

19 de março de 1978

3 Uma estrutura que não suporta crise

Entrevistadores:
*Villas Boas Corrêa,
Lourenço Dantas Mota
e Antônio Carbone*

Tancredo Neves

Nasceu em São João Del-Rey, Minas Gerais, em 1910. Formou-se pela Faculdade de Direito de Belo Horizonte. Um dos principais líderes do PSD. Passou por todos os postos da carreira política: vereador em São João Del-Rey, deputado estadual, deputado federal. Ministro da Justiça no segundo governo de Getúlio Vargas e, depois, próximo colaborador do presidente Juscelino Kubitschek. Primeiro-ministro durante o curto período do regime parlamentarista. Senador, governador de Minas. Eleito presidente da República, não chegou a tomar posse, morrendo em 21 de abril de 1985.

Bacharelou-se onde e quando? Fez política estudantil?

Formei-me em Belo Horizonte, na Faculdade de Direito, em 1932. Não fiz muita política estudantil. Em 1930, a juventude universitária era avassaladoramente favorável à Revolução, e participei dessa mobilização. Em 1932, já estávamos todos identificados com o movimento constitucionalista de São Paulo, e nessa época fui preso com outros colegas por causa dessa tomada de posição. Estivemos presos apenas 48 horas, porque o secretário do Interior de então, o ministro Gustavo Capanema, muito compreensivo, tão logo soube da prisão deu ordem para que todos fôssemos postos em liberdade.

Teve alguma participação na vida literária da cidade?

Não. Minha vida era muito dura na época, porque tinha de trabalhar e estudar. Trabalhava no *Estado de Minas*, onde fiz revisão, reportagens e depois passei a exercer atividades internas no jornal. Minha única preocupação na época era trabalhar para auferir alguns recursos e custear meus estudos.

Quando começa sua vida pública?

Em 1933, quando fui eleito vereador em São João Del-Rey. Até 1937, participei de um partido chamado Partido Progressista, que serviu de base para o futuro PSD. O Partido Progressista formou-se na base da defesa dos interesses rurais, das classes médias e das reivindicações dos pequenos centros urbanos de Minas. Por esse partido fui eleito vereador e depois presidente da Câmara. A 10 de novembro de 1937, quando do golpe de Estado, a Câmara estava reunida sob a minha presidência. Transmiti a todos a notícia, esclarecendo que os órgãos legislativos estavam dissolvidos, e houve então uma cena muito curiosa. Um dos líderes do Partido Progressista, que era o velho dr. Eloi Reis e Silva, já naquela época com mais de 80 anos, e que tinha sido constituinte mineiro em 1891, pediu a palavra e lançou um veemente protesto, dizendo que não se podia, em razão de uma ameaça de partidos extremistas da direita e da esquerda, levar ao colapso as instituições democráticas. Disse que o que estava ocorrendo era a implantação de uma ditadura, e que toda ditadura era infame, criminosa, começava dizendo que era amiga do povo, sua salvadora, para depois oprimi-lo. Foi um discurso vibrante. Logo em seguida pediu a palavra um vereador integralista, farmacêutico, dr. Sebastião Banho, homem muito culto, muito bem preparado, e fez um elogio ao Estado Novo, ressaltando a necessidade de um regime de força, pois a Nação estava na iminência do caos e só um regime dotado de prerrogativas excepcionais poderia salvá-la da desagregação. Ao meu lado tinha um fazendeiro que entendeu pouco do debate e me perguntou ao final: "Doutor, o que é isso?" Respondi-lhe que aquilo era uma ditadura, e então ele perguntou novamente: "Mas nós vamos sair do lado de montar, não é?" Com o golpe de 37, desvinculei-me totalmente das atividades políticas. Tinha uma advocacia próspera em São João e nas vizinhanças e exerci essa atividade até 1946.

E com a queda do Estado Novo?

Aí fiquei diante de uma opção difícil: abandonar uma banca de advocacia prestigiosa, que me dava muito mais do que um subsídio de deputado estadual, ou continuar a carreira política interrompida em 37, disputando uma cadeira na Assembleia mineira. Senti-me impelido a voltar à vida pública por uma razão relevante: a região de São João Del-Rey sofria uma carência muito grande de energia elétrica, o que atrapalhava as indústrias já instaladas e impedia a vinda de outras. Entrei no movimento para resolver esse problema e senti que só podia fazer isso através da política. Elegi-me deputado estadual em 46, pelo PSD. Foi quando conheci Juscelino Kubitschek, então secretário-geral do partido, e sofremos o primeiro revés eleitoral. Considerávamos nosso partido invencível em Minas e fomos surpreendidos com uma derrota na disputa do Palácio da Liberdade. A eleição de Milton Campos verificou-se em razão de uma profunda dissidência no PSD. Aliás, sempre tive mais ligações, até mesmo em razão das atividades profissionais de advogado, com Milton Campos e Pedro Aleixo do que com o pessoal do PSD. Quando Milton foi indicado candidato a governador pela UDN, encontrei-me com ele casualmente e disse-lhe: "Veja como são curiosas as coisas da política. Devia estar com o sr., apoiando-o, por causa de nossa velha amizade, e não vou poder fazê-lo". Ao que ele respondeu: "Não se preocupe, porque meu compromisso com a UDN é apenas para 12 discursos, mesmo porque, se fosse para ser eleito, o candidato não seria eu". Naquele momento foi boa a eleição de Milton, porque ele foi uma escola de democracia para o Brasil. Implantou no Palácio da Liberdade um estilo que prevaleceu praticamente para todos os governos que se seguiram sob a égide da Constituição de 46.

Sob esse aspecto ele foi exemplar, não é?

Sim, exemplar.

Como julga o governo Milton Campos?

Tanto quanto possível, ele impediu as arbitrariedades, perfeitamente compreensíveis naquela ocasião, porque saíamos de oito anos de governo discricionário, durante os quais houve muitos desmandos no interior do Estado. Milton nunca foi indiferente a um desmando: substituía a autoridade responsável e dava plena satisfação à oposição. Houve casos graves e chocantes, com deputados indo para a tribuna da Assembleia anunciar, com antecedência, os nomes das pessoas que estavam escaladas para morrer. E aquelas pessoas eram realmente assassinadas. Mas ele repeliu com a maior energia essas manifestações de violência. E com ele houve também a primeira tentativa de planejamento governamental em Minas. Numa época em que ainda não se falava nisso, o "Plano de Recuperação Econômica de Minas" constituiu um esforço sério de planificação administrativa. E fez também uma grande reforma administrativa. Recebeu um serviço público não digo caótico, mas muito desordenado, e teve de adaptá-lo a uma máquina administrativa destinada a funcionar em função de um regime constitucional, com nova disciplina, novas regulamentações, novas normas. E presidiu as primeiras eleições municipais com a maior elevação. Mas o que há de notável em Milton Campos é que ele implantou um estilo de governo realmente democrático no Brasil.

Como se processa a sucessão de Milton Campos?

Nessa ocasião, liderava o PSD, em oposição ao governador Milton Campos, e aproximei-me mais intimamente do Juscelino. O problema sucessório era então muito difícil, porque nós, os mais novos, que éramos a maioria na bancada do PSD na Assembleia Legislativa, chegáramos à conclusão de que não conquistaríamos o governo com os velhos nomes do partido. E os velhos não abriam mão da legítima ambição de chegar ao Palácio da Liberdade. Todas as pesquisas que fazíamos nas bases do partido indicavam como candidato o Juscelino.

Juscelino vinha de uma atuação muito obscura como deputado federal...

Senão obscura, pouco intensa. Seu prestígio vinha de passagem pela Prefeitura de Belo Horizonte. Ele nunca foi um homem de Parlamento, mas um homem de ação, um temperamento executivo. Mas, como dizia, nosso problema então era montar um esquema que pudesse unir o partido em torno do Juscelino. E esse foi um trabalho que chamaria de ourivesaria chinesa, porque havia muitas restrições ao Juscelino por causa de sua atuação quando da indicação do candidato pessedista Bias Fortes, que infrentou Milton Campos, com a substituição da candidatura Wenceslau Braz já acertada. Durante anos fomos removendo esses obstáculos, pacientemente, até colocarmos o partido na linha da canditadura do Juscelino. O PSD, unido, era invencível em Minas, não perderia eleição. Quando se reuniu a Comissão Executiva para determinar qual seria o candidato, Juscelino ou Bias Fortes, Juscelino foi eleito por apenas um voto.

Gostaríamos que abrisse um parêntese para traçar um perfil do Benedito Valadares, que foi, ao mesmo tempo, uma figura controvertida e importantíssima nesse período de nossa História.

Como já lhes disse, meu relacionamento era muito maior com a liderança udenista do que com a pessedista. Tinha muita intimidade e afinidade com Milton Campos, Pedro Aleixo, Alberto Deodato, João Franzen de Lima, enfim, com aqueles bacharéis que comandavam a UDN de Minas. Fui para o PSD com aquele objetivo a que já me referi, que era o de dar solução ao problema de energia elétrica de minha região. E só podia resolvê-lo com o governo, logo com o partido do governo. O que consegui. A CEMIG e o aproveitamento do Rio Grande nasceram do nosso esforço. Juscelino narra nas suas memórias os episódios dessa luta.

Quer dizer que pretendia resolver esse problema e sair da política?

Sim, resolvê-lo e sair da política. Meu objetivo era esse. Mas estávamos falando do Valadares. Aproximei-me dele e de Juscelino com muita prevenção, porque a campanha que a UDN movia contra os dois era tão profunda que passei a aceitar, como certo, quase tudo o que diziam deles: Juscelino, um leviano, um irresponsável, e Valadares, um analfabeto, um boêmio. E aí houve a minha primeira decepção. Os que bebiam, mas que bebiam com a maior classe, a maior linha, eram justamente os homens da UDN. O Milton Campos e o Pedro Aleixo, por exemplo, gostavam de beber um pouco de uísque, embora fizessem isso, repito, com a maior classe, a maior elegância. Os que não bebiam eram justamente o Valadares e o Juscelino. Nunca vi o Juscelino com um copo de uísque na mão e o Valadares muito menos.

O Valadares era realmente abstêmio?

Totalmente abstêmio, e não por virtude. Ele tinha uma inflamação na garganta, que o álcool irritava — ficava completamente afônico. A minha surpresa aumentou quando constatei, em ambos, o mais acentuado espírito público. Com relação ao perfil do Valadares que vocês me pedem, devo dizer, antes de mais nada, que ele não era um homem culto, de leituras sistemáticas, como o Francisco Campos e o Capanema. Mas era um homem extraordinariamente inteligente, com um senso de psicologia política como nunca vi. Não escrevia uma carta, um telegrama, não agradecia uma visita, não se preocupava com um amigo doente, e, apesar disso, sempre teve uma liderança política impecável em Minas, porque sabia como manter uma equipe em seu redor e como, através dela, irradiar o seu prestígio pelo Estado. Não sendo um homem de grandes recursos intelectuais, nem por isso deixava de ter uma "bossa" política impressionante. E, só por isso, se explica que tivesse mantido, em Minas, um consulado de mais de 25 anos e que tivesse tido sob sua liderança homens da maior cultura, do maior preparo, como Gustavo Capanema, Francisco Campos e o próprio Juscelino, para citar apenas esses.

E seus livros, ele realmente os escreveu?

Sim, todos foram escritos por ele mesmo. Muitas vezes me deu os originais, com a sua letra, para eu ler. Disse-lhes que ele não era homem de grande cultura, mas devo dizer, também, que nunca deixou de ter um livro na mão. Estava sempre com um Machado de Assis, ou José de Alencar, Anatole France e Voltaire, quer dizer, os grandes mestres da literatura brasileira e francesa. Esses ele os leu e bem. Daí por que a gente nota nos seus livros a influência do Machado: períodos curtos, claros, objetivos. Gilberto Amado se confessou surpreendido ouvindo Valadares na tribuna da ONU, discursando em francês escorreito. Sabia comandar com brandura, quando era possível, e com extrema energia, quando era necessário. Tinha um grande senso de comando. Possuía a vocação do poder. O poder, para ele, era uma divindade. Acreditava mais na força do poder do que na força de Deus.

Ele era um homem de princípios rígidos?

Não, era um pragmático e oportunista levado ao extremo. Daí o êxito de sua estabilidade política no agitado cenário nacional durante tantos anos.

Em 1951, o sr. salta para o plano federal, com um mandato de deputado e continua sua rápida ascensão política...

É, em 1951 deixei a liderança do PSD na Assembleia mineira, depois de uma participação intensa na eleição de Juscelino. Fui eleito deputado federal e Juscelino logo me credenciou como seu representante junto ao governo federal, para ajudar na solução de problemas administrativos do Estado. Com relação à minha atuação parlamentar, ela começa a ter alguma importância quando da discussão do primeiro veto do dr. Getúlio, que encontrou na Câmara uma resistência muito grande. O Capanema, que era o líder da maioria, apelou a diversos parlamentares, alguns de grande projeção na Casa, para defender o veto. Todos se recusaram. Um dia encontrou-se comigo nos corredores da Câmara e disse-me: "Tancredo, estou à sua procura. Tenho aqui um trabalho para você estrear na Câmara: é o primeiro veto do dr. Getúlio e gostaria que você o defendesse". Sabia que não estava me procurando, mas que me encontrara por acaso e dera uma "mineirada" em cima de mim. Respondi-lhe então: "Capanema, você não estava me procurando, encontrou-me por acaso. Sei mesmo que já procurou diversos colegas, que não aceitaram a tarefa. Vou examinar o veto e, se achar que ele é procedente, estarei pronto a defendê-lo. Se não, devolvo-lhe o processo". Levei o processo para casa, estudei-o e me convenci de que o veto era justo. E fui para a tribuna defendê-lo, com aquela inocência de deputado recém-chegado e, para surpresa geral, consegui manter o veto. Esse fato marcou a minha aproximação com o dr. Getúlio. Era o seu primeiro veto como presidente constitucional e, se fosse derrubado na Câmara, isso significaria um grande abalo em seu prestígio. Como sabia que a tendência da Câmara era pela rejeição, ficou muito contente com o meu trabalho e, por intermédio do Lourival Fontes, disse que queria falar comigo. Fui ao Catete no dia seguinte, e ele me agradeceu pelo trabalho.

Foi a primeira vez que vi o dr. Getúlio e desde então ficamos camaradas, o que facilitou muito minha tarefa como representante do Juscelino junto ao governo federal. Certa vez, numa de nossas conversas, perguntou-me: "O que você acha do meu Ministério?" Respondi-lhe que só ele mesmo teria condições de governar o país com aquele Ministério. Quis saber por que e respondi-lhe: "Porque o sr. fez uma campanha populista e tem um Ministério de tubarões, com o Lafer no Ministério da Fazenda, o Simões Filho no Ministério da Educação, o Jafet no Banco do Brasil, Cleofas, na Agricultura. O sr. pegou todas as grandes fortunas do Brasil e colocou no Ministério. Pregou o populismo e governa com o monetarismo." Respondeu-me que nunca ninguém lhe havia feito aquela observação e encerrou a conversa aí. Noutra ocasião, um pouco depois, ao saber que eu frequentava a casa de Oswaldo Aranha, pediu-me: "Você podia, numa de suas conversas, perguntar-lhe, como se isso fosse ideia sua, se na hipótese de uma reformulação ministerial ele concordaria em participar de um novo Ministério. Fale com jeito e veja qual é a tendência dele". Respondi-lhe que aquela era uma missão muito difícil, mas ele insistiu, e fui então falar com o Aranha. Encontrei-o bem-humorado e comecei a conversa dizendo que a meu ver o presidente não conseguiria ir até o fim do mandato com aquele Ministério. "E não conseguirá mesmo, respondeu. O presidente meteu o governo entre uma sinagoga e uma mesquita. Essa gente briga há milênios e não vai se entender." Referia-se a Lafer e a Jafet, sempre desavindos. Observei-lhe que se o Ministério fosse reformulado ele certamente seria convocado. Fez então uma pausa e fixou-me: "Você está me trazendo um recado do Getúlio?" Protestei, disse que não, que aquilo era apenas uma impressão pessoal, e ele continuou: "Realmente, se o presidente precisar de minha colaboração, não posso negá-la, pois o país atravessa uma fase muito difícil. Mas não se deve nunca voltar a um posto pelo qual já se passou. No Ministério da Justiça, jamais. No Ministério do Exterior, também não, pois ali já dei o que podia dar e não faria uma gestão igual à anterior. Assim, só voltaria ao governo para ajudar o Getúlio como ministro da Fazenda". Relatei a conversa ao dr. Getúlio, que riu muito e comentou: "O Aranha é muito esperto. Não pense que o iludiu. Ele está certo de que foi lá a meu pedido". Perguntei-lhe, então, se estava mesmo pensando em reformular o Ministério, ao que respondeu: "Sim, vou reformular o Ministério. Tenho um drama na minha vida: não posso ter no mesmo Ministério o João Neves e o Aranha. Quando o Aranha, na oposição, começa a conspirar e a conspiração cresce, tenho de trazê-lo para o governo. Quando é o contrário e é o João Neves que começa a conspirar, tenho de desarmá-lo, fazendo-o parte do governo".

Isso foi em que ano?

Em 1952. O dr. Getúlio disse-me que daria uma Pasta a Minas, mas queria antes conversar com o Juscelino, para fazer isso de acordo com ele. E pediu-me para dizer-lhe que viesse ao Rio tratar do problema. A essa altura o assunto já estava nos jornais e o presidente teve de apressar a reformulação do Ministério. Juscelino contou-me depois que o dr. Getúlio pretendia dar a Minas a Pasta da Educação, por dispor de melhores recursos e ser mais útil. Juscelino pediu tempo para pensar, pois a tradição sempre foi Minas ter a Pasta da Justiça e a aceitação da Educação poderia parecer um desprestígio. Por causa desse preconceito tolo, Juscelino, depois de ouvir os companheiros do PSD mineiro, decidiu continuar com a Pasta da Justiça. Contou-me, depois, que o dr. Getúlio, na hora de escolher o nome, abriu um livrinho, que tinha a relação dos deputados, e começou a procurar por ordem alfabética. Juscelino interrompeu-o na letra G, dizendo-lhe que não se devia perder tempo, pois achava que o nome do agrado do presidente era o meu. Quando o presidente me comunicou que eu seria o novo ministro da Justiça, ponderei-lhe que, tendo em vista a crise para a qual achava que o país se encaminhava, deveria procurar um homem mais velho (tinha então apenas 41 anos), com mais experiência. Ficou inflexível: "Não vamos perder tempo. O ministro é você mesmo".

Sempre se teve a impressão, reforçada pela opinião de d. Alzira Vargas, de que a volta de Getúlio ao poder foi um erro. Ele teve uma grande vitória popular, que o desforrou de antigos ressentimentos, mas chegou ao governo velho, sem condições físicas, desatualizado, sem sustentação política nem militar. O sr. participa desse julgamento?

Sim, e ouvi do próprio dr. Getúlio, logo no início da crise de 54, essa frase: "O meu erro foi ter voltado". Ele estava perfeitamente convencido disso e determinou-me: "Vamos acelerar o processo sucessório, porque esse é o único meio de aliviar as pressões que estou suportando". Realmente ele voltou ao governo — e esse é um depoimento que faço questão de dar — muito perseguido pelo complexo do ditador. O dr. Getúlio fez um esforço enorme, e não foi compreendido pelos seus adversários, para se redimir como presidente constitucional e apagar a imagem de ditador. Seus adversários não lhe deram oportunidade. Ele foi exemplar como presidente constitucional.

Como reagiu quando, em 1953, começou a campanha da imprensa contra ele?

O dr. Getúlio começou com muitas dificuldades, porque a grande imprensa de todo o país ficou contra ele.

Daí a Última Hora.

Daí ele partiu para a operação *Última Hora*. E partiu subestimando as reações. Deveria ter feito uma operação, digamos, mais hábil, menos contundente e desafiadora. A *Última Hora* foi lançada quase como um desafio à grande imprensa tradicional, que então se uniu toda contra ele. No caso *Última Hora*, a imprensa nacional se extremou tanto em relação ao dr. Getúlio que não houve mais possibilidade de uma reconciliação. O dr. Getúlio, que sempre foi muito forte em transformar inimigos em amigos, nesse caso não conseguiu fazê-lo. Diga-se, porém, que a *Última Hora* prestou-lhe grandes serviços e a ela se deve muito da renovação da nossa imprensa.

Alguma vez sentiu em Getúlio o desejo de censurar a imprensa?

Não. Pelo contrário. A instrução que ele me deu foi de manter a mais ampla liberdade de imprensa. E essa sua preocupação de assegurar a mais ampla liberdade de imprensa foi que o levou à tragédia. Vejam que logo depois de 24 de agosto de 54, na altura de setembro ou outubro, reuniu-se em São Paulo a Associação Interamericana de Imprensa e foi então assinalado o fato extraordinário de um governo, atravessando a crise que atravessou, a ponto de ser levado ao colapso, não ter em nenhum momento feito qualquer tipo de censura ou ameaça à imprensa.

A que causa atribui a crença de Getúlio de que não devia ter voltado? Ele se sentia cansado?

Cansado, não. A minha impressão é que o longo período em que esteve isolado em São Borja o fez perder o relacionamento com as pessoas. Ele perdeu a sintonia com os novos valores.

Quando o sr. começou a sentir que a casa estava desabando?

Senti que a crise era realmente grave, quando começaram as desincompatibilizações dos que desejavam concorrer a cargos eletivos, principalmente aos governos estaduais. Quando notifiquei ao presidente que ia me desincompatibilizar para tentar renovar meu mandato de deputado federal, pediu-me que não o fizesse: "Gostaria que continuasse comigo até o fim do meu governo, é um apelo que lhe faço. Não se preocupe com a sua carreira política, que vou cuidar dela." Senti o prenúncio de uma quadra dura e penosa. Vi que o governo estava perdendo o controle das sucessões estaduais, que eclodiam de forma inquietante do Norte ao Sul do País. Verifiquei que os instrumentos operacionais de política com que contava o governo eram muito precários. Na hora das sucessões estaduais, faziam-se nos Estados as alianças mais ilógicas. Na maioria deles, o PTB caminhava em aliança com a UDN. Na medida em que isso acontecia, a posição das bancadas petebistas dos Estados em que ocorriam essas alianças ficava duvidosa, diminuindo o apoio que deviam dar ao presidente. Todo mundo passava a viver em função do eventual candidato udenista que disputaria o governo estadual. E esse candidato, por sua vez, até mesmo por uma questão de fortalecimento de sua política, tinha de se somar ao Lacerda, que na ocasião já exercia uma liderança de fato sobre a UDN nacional. Pedia a atenção do presidente para o fato de as nossas bases estaduais estarem se desarticulando e disse-lhe que naquele momento ele só contava com o PTB, diluído em muitos Estados, e com o PSD, mas com um PSD ressentido. Por outro lado, a maioria que tínhamos na Câmara passou a não funcionar: ela se enfraqueceu, perdeu o espírito de luta, de sustentação do governo. Era uma maioria só aparente e intimidada pela imprensa.

Teve conhecimento, quando ministro, de alguma tentativa de articulação de uma política de sustentação do governo, nos moldes do acordo da época de Dutra, que atrairia a UDN?

O Lourival Fontes tentou esse acordo e devo dizer que, certa ou erradamente, quem torpedeou esse entendimento fui eu, numa entrevista ruidosa em que dizia que no Brasil não havia oposição, mas subversão verbal, instalada na imprensa e no Parlamento, e que o que essa oposição queria, na verdade, ao tornar-se radical e aguerrida, era forçar o governo a dar-lhe participação no poder. Esse entendimento, além do mais, feria, profundamente, os interesses pessedistas.

Acredita que o Lourival Fontes fizesse essa gestão sem o conhecimento e o estímulo do presidente?

Não sei. Mas, àquela altura, um novo governo de coalizão seria profundamente hostil aos interesses pessedistas. A experiência da coligação na Presidência Dutra deixara o PSD escarmentado. O PSD lutou violentamente contra essa composição e eu fui o escalado para bombardeá-la. Hoje não sei se isso foi certo ou errado. Mas ia acontecer o seguinte: a ala radical da UDN, liderada pelo Lacerda, não aceitaria esse tipo de composição, quer dizer, não seria uma composição com a UDN, mas com os chamados "chapas brancas" da UDN. O Lourival não coordenava a UDN, mas só os "chapas brancas". Então, não ia haver um acordo em profundidade, mas um acordo de cúpula, de superfície, e assim mesmo com uma ala restrita da UDN. E isso levaria ainda a um maior enfraquecimento do governo, que perderia os poucos redutos pessedistas que ainda o apoiavam.

Quando começou a sentir o desmoronamento do governo?

Quando houve a tomada de posição radical da imprensa nacional, a mais prestigiosa, a mais tradicional, contra o governo. Não era apenas uma campanha de crítica, era uma campanha de demolição, que pregavam os jornais desde o Rio Grande do Sul até o Amazonas. O Assis Chateaubriand, que tinha então um império jornalístico, ficou contra o governo, e todos os esforços para reconquistá-lo falharam.

E a televisão?

Pela primeira vez se pôs em ação a televisão, cujos efeitos nós do governo subestimamos. Só viemos a sentir os seus efeitos explosivos quando o Lacerda passou a entrar pelos lares adentro, levando a sua mensagem demolidora, e aí já era tarde demais. De maneira que a situação foi piorando com esse clima criado pela imprensa, que se agravou definitivamente quando Lacerda passou a crescer e a ser o grande porta-voz da UDN, e de todos os ódios nacionais. Num determinado momento, o dr. Getúlio sentiu que as pressões eram enormes, porque a grande acusação contra ele era de continuísmo. Disse então: "Preciso de uma vez por todas (foi quando me declarou que seu erro foi ter voltado) acabar com essa história de continuísmo. É preciso deixar claro que isso não tem o menor propósito, e a única maneira de fazer isso é acelerar o processo sucessório. Assim criaremos um novo ponto de fixação que me aliviará das pressões". A situação já era bastante grave, crítica mesmo, pois foi nessa época que houve o episódio de Toneleros. Aliás, gostaria de abrir um parêntese para contar um fato que não é muito conhecido. O Lacerda já era uma vedete, procurado para falar em toda parte — em comícios, colégios, etc. — com aquele grande poder verbal que Deus lhe deu e que ele apurava a cada dia. A certa altura, sentiu-se ameaçado e pediu garantias. Fez isso por intermédio do Armando Falcão, que era então deputado federal e apareceu no Ministério da Justiça para falar comigo. Disse-lhe que meu dever era dar garantias a qualquer pessoa que me pedisse, mas que no caso do Lacerda, que conhecia bem a Polícia do Rio, gostaria apenas que ele próprio indicasse os policiais que deveriam protegê-lo. Ponderei-lhe que se eu mesmo fizesse a indicação ele poderia julgar que os policiais, em vez de protegê-lo, seriam uma ameaça. Lacerda concordou, fez as indicações e o general Moraes Ancora, então chefe de Polícia, baixou uma ordem a meu pedido colocando aqueles elementos à sua disposição.

Algum tempo depois, nos relatórios que recebia sobre as reuniões de Lacerda, começaram a surgir referências à presença de militares do Exército, Marinha e Aeronáutica, acompanhando ostensivamente seus pronunciamentos. Achei isso muito ruim e solicitei mesmo a atenção do presidente para o fato. Nisso, o Lacerda dispensa os policiais. Chamei o Falcão e disse-lhe: "O Lacerda pediu proteção e essa lhe foi dada. Gostaria agora que ele me desse um documento no qual deixasse claro que dispensa a segurança. Deus permita que isso não aconteça, mas pode sobrevir um acidente com ele e não quero que isso seja de minha responsabilidade". Lacerda deu-me esse documento que deve estar junto com os demais relativos ao caso, nos arquivos da Polícia. É que ele já dispunha de proteção militar. Nos relatórios que recebia havia sempre referência ao major Ruben Florentino Vaz, um excelente oficial. A coisa foi num crescendo, com a *Tribuna da Imprensa* cada vez mais violenta, até que sobreveio o episódio de Toneleros, com o Lacerda ferido e o major Vaz morto. Aí foi realmente um pandemônio. No dia do atentado, cheguei em casa de madrugada, por volta das duas horas, e mal acabara de vestir o pijama recebi um telefonema do general Ancora relatando os fatos. Tive a impressão instantânea de que era o fim. Pela manhã fui ao Palácio conversar com o dr. Getúlio sobre o assunto. O presidente, que estava profundamente traumatizado, teceu aquela famosa frase: "Esse tiro que atingiu o major Vaz atingiu-me também pelas costas". Ele não tinha dúvidas de que a situação era grave. Logo depois criou-se a "República do Galeão" e a situação piorou ainda mais, porque já não se tratava de uma crise política, mas militar. Não havia mais instrumentos políticos para contorná-la. A situação se deteriorou definitivamente quando se descobriu que havia elementos da guarda pessoal do presidente envolvidos no atentado. Fui ao presidente, expus-lhe a situação e pedi-lhe a dissolução da guarda e a prisão de todos os elementos implicados, com o que concordou plenamente.

Qual a sua interpretação para a participação de Gregório e outros elementos da guarda pessoal no atentado?

Acredito que tudo tenha sido fruto apenas da boçalidade e da fidelidade de Gregório. De vez em quando ele ouvia coisas assim no Palácio (nunca ouvi, mas segundo o depoimento de várias pessoas isso era comum): "O presidente não tem amigos, pois se tivesse tudo isso já teria acabado". A situação estava se complicando rapidamente. Sucediam-se reuniões no Clube Militar, no Clube da Aeronáutica, no Clube Naval, assim como os manifestos militares, já pedindo o afastamento do presidente. Enfim, o restante da história é bastante conhecido.

Como soube do suicídio do presidente? Estava no Palácio?

Sim, estava no Palácio. Quem nos deu a notícia foi o oficial de dia. Subimos correndo ao quarto do presidente, o Benjamin Vargas, o general Caiado de Castro e eu. O presidente estava com o revólver na mão, o corpo para fora da cama, e o sangue jorrando. Ajudado por d. Darcy e a Alzira, que chegaram em seguida, coloquei-o na cama. Ele passou um olhar assim circunvagante e fixou-se na Alzira, morrendo logo em seguida. Na cabeceira da cama, tinha um envelope, com um documento que eu o vira colocar no bolso antes da última reunião do Ministério e que era a carta-testamento.

Quem redigiu a carta?

O presidente deu a primeira redação, que o Maciel Filho recompôs a seu pedido, dando-lhe aquela forma definitiva. Do próprio punho do presidente é o bilhete com aquela frase: "À sanha dos meus inimigos deixo o legado do meu cadáver". Encerrou-se ali um ciclo da História do Brasil. Nesse período convivi com relativa intimidade com aqueles que, no meu entender, foram os três maiores homens públicos do Brasil na Terceira República: Getúlio, Oswaldo Aranha e Juscelino, cada qual com seu temperamento, com a sua filosofia, com a sua concepção de vida. O Getúlio e o Aranha encerrando o ciclo de atividades e o Juscelino rasgando novas perspectivas. Depois, não apareceram homens públicos desse porte. Veja o panorama de 64 para cá: é uma melancolia total.

Não acha que Castello Branco...

Qual o mérito do Castello? Ter feito uma revolução? Não, porque não houve revolução em 64. Mas ele deu grandeza e nobreza a esse movimento. Deu a ele uma estrutura e uma filosofia. Se não fosse o Castello, íamos ter aqui uma "pinochetada" mais infamante do que aquela do Chile. Esse a meu ver o grande mérito do Castello: não pôde impedir tudo, mas foi naquele momento um homem necessário ao Brasil. Transformou um movimento desordenado numa revolução, porque qualquer outro teria se transformado num Pinochet.

Acha que o gesto do suicídio foi político, humano, ou as duas coisas ao mesmo tempo?

Houve as duas coisas. Quando se sentiu sem apoio militar, o presidente receou a suprema humilhação de um depoimento na "República do

Galeão" e talvez até mesmo uma acareação com o Gregório. Nunca ninguém me disse isso, é uma conclusão que tiro. Em segundo lugar, achou que com aquela atitude shakespeareana, vamos dizer assim, marcava um protesto e a sua presença na História de maneira definitiva. Preservou a sua honra e poupou à Nação uma guerra civil. Após o sepultamento de Getúlio em São Borja, o Aranha, o Jango e eu nos reunimos para analisar a situação política e nossa conclusão é que caminhávamos para uma ditadura. Porque o governo do Café Filho era na verdade o governo do brigadeiro Eduardo Gomes e do Juarez Távora, homens dispostos a um governo forte no Brasil, o que veio a se confirmar em 64. Prevíamos para 54 o que aconteceu em 64. Temíamos a eliminação das eleições parlamentares de novembro de 54, à qual se seguiria a das eleições presidenciais do ano seguinte. Pareceu-nos que era essencial, para assegurar as eleições de 54, o lançamento de uma candidatura à Presidência, e que o candidato devia ser do PSD e pertencer a um grande Estado. Nossa conclusão foi de que o candidato deveria ser o Juscelino. Só tivemos as eleições parlamentares de 54 graças a um homem: Seabra Fagundes. Com sua autoridade moral, suas convicções jurídicas e seu sentimento democrático, foi ele quem, como ministro da Justiça, conteve a pressão junto ao Café Filho e garantiu as eleições. Essa foi uma contribuição inestimável. Tendo como ponto de polarização a candidatura de Juscelino à Presidência, as eleições realizaram-se de forma a assegurar uma grande base: o PSD e o PTB constituíram uma sólida bancada no Congresso e garantiram que a sucessão presidencial se realizasse normalmente.

Está convencido de que Café Filho conspirou para evitar a eleição e posse de Juscelino?

Sim, o Café Filho conspirou contra a situação pessedista e trabalhista desde a queda de Getúlio. Ele estava dentro de um esquema para impedir a posse de Juscelino, e o depoimento do marechal Lott nesse particular é inequívoco. Com relação ao afastamento do Café Filho, quero dar um depoimento interessante. Quando o Nereu Ramos estava na Presidência, pedia sempre ao Brochado da Rocha, ao Antônio Balbino e a mim que fôssemos ao Palácio trocar ideias. Numa dessas ocasiões, quando estávamos conversando, chegou o general Lima Brainer, que era o chefe do Gabinete Militar, dizendo estar informado de que o presidente Café Filho se dispunha a reassumir o seu posto. Nereu foi incisivo: "Se ele entrar por esta porta, saio por aquela. Esse lugar, legalmente, é dele". Isso mostra como aqueles políticos do antigo regime tinham realmente a convicção da legalidade.

Tem-se a impressão de que a sua derrota na disputa pelo governo de Minas, em 1960, marcou-lhe muito a alma, constituindo uma grande frustração, pois iniciou a campanha como franco favorito.

Não chegou a ser uma frustração, mas uma decepção profunda, o que ocorreria com qualquer pessoa na minha situação. Tinha naquela ocasião 90% dos apoios parlamentares, tanto na Assembleia como na Câmara, e ainda perto de 85% dos prefeitos e vereadores. Com toda essa sustentação, vocês hão de convir que perder uma eleição significa realmente uma enorme decepção. O que me derrotou chama-se dr. Jânio Quadros, na ocasião uma mística imbatível, e também o poder financeiro do Magalhães Pinto, que lhe permitiu organizar uma campanha moderna e eficiente, mobilizando, com a melhor técnica, todos os meios de comunicação.

Quem era, a rigor, o candidato de Juscelino à Presidência em 1960?

Juscelino não teve candidato. Ou melhor, teve um: ele mesmo, para voltar em 65. Toda a sua jogada era para a volta em 65. E esse foi o grande erro político de sua vida, na medida em que levou os militares udenistas à certeza de que voltaria mesmo em 65, o que precipitou o movimento de 64. Mais tarde reconheceu que manobrou mal, porque com muita antecedência.

Não lhe parece que em termos de repercussão política a renúncia de Jânio teve um efeito maior do que o suicídio de Getúlio? Em 54, a morte de Getúlio emocionou a Nação, mas não foi além disso, enquanto a renúncia de Jânio foi um golpe mortal no poder civil, além de levar a uma solução que se verificou inviável, que era a de Jango.

Do ponto de vista de consequências políticas, acho que, sem dúvida, a renúncia de Jânio foi muito desastrosa, vamos dizer assim, teve muito mais efeitos negativos do que o traumatismo nacional provocado pelo suicídio do dr. Getúlio. Ela até hoje não encontrou explicação convincente. O Jânio gostava de tentar o impossível. Em certo momento pretendeu conciliar o Brizola e o Lacerda. O Brizola foi mandado para a conferência interamericana de Punta Del Este com tal força que acabou tendo um atrito com o Clemente Mariani, que era o chefe da Delegação. Quanto ao Lacerda, queria ajudá-lo como governador da Guanabara, mas de uma forma estranha: criava-lhe dificuldades e depois prontificava-se a ajudá-lo, consoante depoimento que o dr. Pedroso Horta me fez. Até que o Lacerda se cansou e denunciou uma pretensa conspiração do Jânio.

Não consigo ocultar a minha estima e admiração pelo presidente Jânio Quadros. Foi a mais penetrante inteligência política que encontrei até hoje. Possuía o que poderíamos chamar de "mediunidade política", tal a clareza e objetividade com que via antecipadamente os acontecimentos. Com um mínimo de estabilidade emocional e um certo controle sobre a audácia de suas jogadas, teria sido o chefe civil da Grande Revolução Brasileira.

Quando volta a ter uma participação política de primeiro plano?

Durante a crise provocada pela renúncia de Jânio, o Mazzilli pediu-me que fosse a Brasília e, lá, instou-me a ir a Montevidéu encontrar-me com o Jango e convencê-lo a aceitar ser presidente da República no novo sistema parlamentarista que acabava de ser aprovado. A conversa com o Jango foi muito difícil, porque, se o problema do parlamentarismo oposto ao presidencialismo tem uma conotação acadêmica para o resto do Brasil, não se dá o mesmo no Rio Grande do Sul: lá houve muitas mortes por causa disso. O pessoal do Jango sempre foi presidencialista. Sua família tinha mesmo uma contribuição de sangue nas lutas gaúchas em torno dessa questão. Por tudo isso, ele achou a solução parlamentarista uma coisa horrível, uma diminuição moral para ele. Disse-lhe que tinha duas opções: chegar à Presidência com a emenda parlamentar, ou chegar a Brasília com as botas manchadas de sangue. "Isso nunca, respondeu. Se tiver de derramar sangue brasileiro, renuncio à Presidência agora mesmo". Argumentei que renunciar não ia resolver nada, apenas criar uma crise ainda maior. Depois de muita relutância, acabou aceitando.

Ele trabalhou desde a primeira hora para derrubar o sistema parlamentar?

Sim. Deixou isso claro no discurso de posse. Nunca iludiu ninguém. Disse com todas as letras naquele discurso que o sistema parlamentar não era o de sua convicção.

Hoje é parlamentarista?

Sim, mas não por ter sido primeiro-ministro. Acho que o sistema parlamentar, pela plasticidade que oferece para a solução de crises, é o único caminho para se ter no Brasil uma democracia. Mas a sua adoção depende de muitos fatores.

Ainda com relação à volta do Jango de Montevidéu, uma das minhas preocupações maiores era não deixá-lo parar em Porto Alegre, pois temia que se deixasse empolgar pelo ambiente. Depois de muita conversa, decidimos que haveria uma escala em Porto Alegre, mas que ele não faria nenhum pronunciamento, acordo que cumpriu à risca. Outra coisa que me parecia difícil, e que Jango conseguiu, foi fazer com que Brizola não viesse a Brasília com ele. Logo que tomou posse, chamou-me para discutir o problema da escolha do primeiro-ministro. Achei que a escolha devia recair sobre alguém da absoluta confiança do presidente, para que o regime pudesse funcionar. De acordo com a emenda parlamentarista, nenhum ato poderia ter efeito sem a assinatura do presidente, do primeiro-ministro e do ministro da pasta correspondente, quer dizer, o presidente não podia fazer uma nomeação a não ser com três assinaturas. Daí a necessidade da confiança entre o presidente e o primeiro-ministro. A emenda parlamentarista foi mal elaborada, às pressas, para dar solução a uma grave crise político-militar. Tinha coisas como essa, por exemplo: o primeiro-ministro era responsável pelo processo legislativo, que acompanhava desde a iniciativa até o fim. Na hora do veto, ou sanção, o problema era do presidente, que nem sempre estava de acordo com o comportamento do primeiro-ministro.

Guarda a impressão de que Jango era incompetente para a administração? Não lhe parece que ele tinha uma grande vocação política, mas não gostava de administração, não tinha paciência para isso? Acha que isso ajudou muito a sua queda, ou ela se deve à radicalização política interna?

Jango era um homem generoso, lúcido, de intuição política clara e pronta. Na fase parlamentar e na primeira fase do governo presidencialista, ele se cercou de homens de grande experiência e capacidade, de grandes ministros. A coisa se agravou a partir do segundo Ministério presidencialista.

A partir de quando acha que ele perdeu o controle da situação?

Quando foi compelido a afastar o San Thiago Dantas e o Antônio Balbino do governo e, sobretudo, afastar, o general Kruel do Ministério do Exército. Aí ele perdeu o controle da situação. Essa concessão foi funesta. E o conflito dele com o Brizola foi se acentuando. Finalmente, quando Jango sentiu que o Congresso não lhe dava apoio para as reformas, ultrapassou os esquemas da ordem constitucional vigente e passou a fazer apelo diretamente às massas. Mas o que realmente enfraqueceu o governo do Jango foi a má condução das reformas. Elas eram justas e legítimas, tanto assim que a Revolução, a seu modo, adotou quase todas. Mas foram mal colocadas, transformadas em instrumento de aliciamento ideológico, em pretextos para agitação.

Em março de 64 achava que haveria apenas a derrubada de Jango, voltando o país imediatamente à normalidade, ou sentiu que era o fim de uma época?

Disse ao Jango logo depois do comício de sexta-feira, 13 de março, mais ou menos o seguinte: "Não pense você que vai ter um afastamento do governo como o do Jânio. Essa será uma revolução de consequências mais profundas, sobretudo porque vem com uma carga de ódio arrasadora." Mas ele, homem de boa-fé, achava que, se houvesse o colapso de seu governo, as coisas se passariam à moda brasileira, quer dizer, com ele indo para a sua fazenda, como o dr. Getúlio em 45.

O poder civil começou a se decompor com a renúncia de Jânio?

Sem dúvida que sim. Nessa ocasião houve a primeira manifestação dessa decomposição. A posse do Jango, por sua vez, foi a última concessão ao poder civil. E possível, até, que o Jango tivesse consolidado o poder civil, mas, por causa dessas circunstâncias que estamos analisando, isso não ocorreu.

Por que foi para o MDB?

Não tinha condições morais de ir para a Arena. Quando da formação da Arena, o Israel Pinheiro deixou para o final os entendimentos com os três elementos do PSD mineiro que tinham problemas para ingressar no novo partido, e que eram o Renato Azeredo, o Carlos Murilo e eu. O Renato e o Carlos Murilo pelas íntimas relações com o Juscelino, e eu, além das ligações com Juscelino, por ter sido na Câmara dos Deputados líder do governo deposto. Era evidente que eu não tinha condições de integrar as forças que haviam deposto um governo ao qual servira até a véspera. "Compreendo — disse ele — o problema de vocês, mas afinal de contas é a unidade do PSD que exige esse sacrifício. Vocês precisam integrar o PSD dentro da Arena, porque, do contrário, seremos minoritários em Minas, pois vocês representam aqueles 150 a 200 mil votos de que precisamos para fazer maioria dentro da Arena". Discutimos muito, em termos elevados, e finalmente apresentei uma sugestão. "Para o Renato e o Carlos Murilo — disse-lhe eu — há uma solução. Eles não precisam entrar para a Arena nessa primeira fase, o que não lhes ficaria bem moralmente. Podem esperar em posições administrativas do Estado até a próxima eleição, quando já terão condições de ingressar na Arena. Quanto a mim, realmente não tenho condições". Aqueles amigos repeliram dignamente a minha sugestão e Israel se conformou.

Não se arrepende de ter entrado para o MDB?

Não, não me arrependo. Tenho orgulho de pertencer ao MDB. É um partido digno e valoroso.

Por que não foi cassado?

O Castello não me cassaria, porque era meu amigo muito antes de ser presidente. Mantínhamos as melhores relações de cordialidade, ele me conhecia bem, frequentávamo-nos, numa época em que nunca podia imaginar que ele fosse presidente da República. Fiz a Escola Superior de Guerra, quando ele foi meu comandante, e sempre tivemos um relacionamento o mais amistoso possível. O Castello só iria à minha cassação, como foi para a de Juscelino. Mas eu não tinha a importância de Juscelino e ninguém iria exigir dele a minha cabeça. O Costa e Silva era meu amigo desde os tempos de major em São João Del-Rey. Na vigência da Junta Militar o meu mandato periclitou.

Acha que a cassação de Juscelino constrangeu muito o Castello?

Sim, violentamente. Ele mesmo o disse ao assumir a responsabilidade histórica do ato.

Chegou a hora de passarmos à análise de 64 para cá.

Não tive maior participação nos acontecimentos de 64. O que posso dizer é o seguinte: quando o governo Jango caminhava para o fim, senti que a crise ia ter uma solução militar e que essa solução ia convergir para o Castello. O poder civil tinha perdido toda a credibilidade junto aos militares. E eles, que sempre usaram o que se convencionou chamar de atribuições do poder moderador, devolvendo o poder aos civis, dessa vez não iam fazer isso, por uma razão muito simples: nos 10 anos que antecederam a Revolução, os militares se aprimoraram muito no preparo intelectual. Tornaram-se realmente homens cultos, esclarecidos, estudiosos, sobretudo da problemática nacional. Vi que gostariam de ter uma experiência de poder, na qual estão há 14 anos.

Acreditava, ao fim do governo Castello, que aquela tentativa de remontagem de um sistema democrático, por meio da Constituição de 67, podia dar certo?

A Constituição elaborada sob a inspiração do presidente Castello Branco era muito mais centralizadora e autoritária do que uma Constituição democrática. Mas era também uma Constituição que servia muito bem como elo de ligação entre um governo revolucionário e uma sociedade que aspirava a padrões mais altos de democracia, quer dizer, parecia-me que era um documento feito com uma certa habilidade e sabedoria política, porque tinha condições de possibilitar o reencontro da Nação consigo mesma, a curto prazo. Mas aí sobreveio o golpe de 68, que foi um movimento contra a Constituição de Castello Branco. 68 foi uma revolução dentro da revolução, que perdura até hoje através do AI-5. Foi um golpe de Estado, dentro da revolução, para jogá-la à direita, para não deixar que ela permanecesse no centro e muito menos que evoluísse para a esquerda.

Acha que foram os movimentos estudantis que precipitaram 68, ou há um complexo de causas?

Os pretextos não têm importância. Houve mais um problema ligado à mentalidade militar: os militares achavam, convictamente, que precisavam de um governo forte para enfrentar o que temiam ser uma ameaça à segurança nacional. Vejam uma coisa interessante: foi dada como causa do AI-5 a atitude do Congresso negando licença para processar o deputado Márcio Moreira Alves, mas pouco depois o general Médici, então chefe do SNI, declarava em entrevista que o AI-5 já estava preparado muito antes da decisão do Congresso. No depoimento do dr. Pedro Aleixo, o documento elaborado pelo Gama e Silva era muito mais drástico que o AI-5, que foi um abrandamento daquele. Por tudo isso, acho que se deve contar a história da revolução da seguinte maneira: em 64, a deflagração; em 67, a Constituição que seria um marco da sua institucionalização democrática; em 68, o AI-5, que foi a rigor uma contrarrevolução; e agora, em 77, o "pacote de abril" que marca uma outra fase.

Saltou por cima do governo Médici com toda tranquilidade.

Porque o governo Médici foi a utilização do AI-5 como instrumento de ação governamental. Foi a aplicação do AI-5 em toda a sua plenitude, em toda a sua força, em todas as suas consequências.

Ele não cassou nenhum deputado ou senador.

Realmente, ele respeitou a Câmara e o Senado. Mas fez inúmeras cassações de menor importância. O seu governo é passível de graves censuras no que tange aos direitos humanos. Gostaria de dizer ainda que, em termos de ciência política, não se pode caracterizar a revolução de 64 como uma revolução, porque o que distingue uma revolução é uma substituição de estruturas, uma renovação de mentalidade, a criação de uma nova filosofia política. Ora, no Brasil o que caracteriza a revolução de 64, a meu ver, é um aproveitamento da capacidade ociosa de instituições que vinham funcionando mal, a renovação de outras, e, sobretudo, a modernização de nossos institutos administrativos. Disso o governo Médici tirou o maior proveito, pois essas estruturas de modernização, de renovação, de dinamização, foram implantadas no governo Castello, através da imaginação dos ministros Roberto Campos e Gouvêa de Bulhões. O ministro Delfim Netto encontrou as bases implantadas e tirou delas o máximo proveito. A última etapa do processo revolucionário, que é o "pacote de abril", a meu ver tem uma explicação: o governo se sentiu isolado pela hostilidade de todas as categorias sociais brasileiras. Na medida em que sentiu que estava perdendo o apoio popular — o empresariado, o episcopado, os intelectuais, a classe política, os estudantes, os trabalhadores — o governo, em vez de caminhar no sentido de contornar as dificuldades geradas pelos descontentamentos, resolveu munir-se de mais forças, mais instrumentos de poder. Foi ao extremo de suprimir as eleições diretas, que seriam um passo importante para a redemocratização e, com o receio de perder a maioria no Congresso, alterou a estrutura dos colégios eleitorais e imaginou essa coisa exótica que é o "senador biônico". Quer dizer, foi um processo de defesa do governo contra as pressões da Nação, através de uma ampliação de seus poderes de dominação.

Não acha que isso acabou não dando certo, e aumentou o desejo nacional de reformas?

Tenho a impressão que sim, porque o "pacote de abril" não atingiu nenhum dos objetivos do governo. Tanto assim que o presidente Geisel, num dos seus últimos discursos, declarou com ênfase que a Nação já dispensa os instrumentos de exceção.

Não lhe parece que ao mesmo tempo esse discurso do presidente faz a defesa constrangida do "pacote de abril"?

Sim, e daí a contradição, porque a meu ver não haverá jamais distensão, redemocratização ou processo de abertura, enquanto não houver um processo eleitoral amplo, liso e honesto. Só através de eleições, nas quais a opinião pública seja consultada em toda a sua extensão, é que será possível criar condições para uma redemocratização. Enquanto não for possível ao governo dar esse tipo de eleições, o que vamos ter é paternalismo da parte do governo e concessões, que considero insatisfatórias. Ao mesmo tempo, acho que toda concessão que o governo faz, em termos de liberalização, deve ser bem recebida, pois representa sempre uma etapa a mais no processo de reconquista dos direitos e liberdades perdidos.

Criticou-se muito a ditadura do Estado Novo, dizendo-se que ela destruiu ou frustrou uma geração de políticos. A verdade é que, apesar da repressão, lideranças foram preservadas, como Otávio Mangabeira, José Américo de Almeida, e muitos outros. Assim, quando houve a redemocratização, em 46, esses líderes ocuparam imediatamente as posições. A UDN pôde se formar da noite para o dia, com uma equipe de brilhantes homens públicos; e ainda sobrou gente para o PSD e o PTB. Hoje, parece estar havendo uma melancólica falta de quadros, porque a castração é mais longa, já está durando há 14 anos, quase o dobro do Estado Novo. Essa não lhe parece uma das coisas mais graves e inquietantes da realidade brasileira?

Todo regime de força é inimigo da inteligência, da verdade, da justiça. Isso é historicamente comprovado. De maneira que, quanto mais longo o regime de força, maiores os sacrifícios nas áreas da inteligência, do espírito público, da vocação política. Mas no quadro brasileiro há um elemento muito importante para o qual quero chamar a atenção: o nosso processo de desenvolvimento econômico, combinando valores da iniciativa privada e da iniciativa estatal, desviou tanto civis como militares de sua natural vocação política, levando-os a aplicar seu talento em atividades da administração privada. Na medida em que houve essa ampliação dos quadros da atividade econômica, muitos daqueles que deveriam estar na política foram absorvidos por essas atividades, de maneira que hoje grande parte da elite brasileira infelizmente não se encontra nos quadros políticos, mas nos quadros da administração estatal e das empresas privadas. É uma pena, mas a verdade é que temos uma safra de homens públicos, tanto nos Executivos como nas Assembleias, desprovida de recursos para a atividade política. Daí a razão pela qual todas as vezes que se tem de pensar era organizar um novo quadro de governo não se encontra outra solução além do apelo aos valores já experimentados.

É nessa perspectiva que vê a volta de antigos governadores e o reaproveitamento de ex-ministros?

Essa, infelizmente, é uma constante num país como o nosso, em processo de desenvolvimento. Vejam que quase todos os ex-interventores do Estado Novo voltaram aos governos de seus Estados, em regimes constitucionais, por eleições diretas. O fenômeno tem a meu ver profundas raízes sociológicas. O único interventor importante que não conseguiu voltar a governar seu Estado por eleições diretas foi Benedito Valadares, que por isso guardou sempre uma profunda frustração. Mas voltar assim, por nomeação, é realmente chocante, até para os próprios nomeados.

O tradicional e o normal na história dos povos é a reconquista da liberdade, da democracia, por um processo violento, de ruptura. No Brasil, estamos tentando hoje uma experiência diferente, que já foi vivida pela Espanha, embora em circunstâncias diferentes. Acredita na viabilidade desse processo?

Ninguém abre mão voluntariamente de uma parcela do poder que detém. Só debaixo de pressões, que podem ser da opinião pública nacional ou internacional.

Ou das duas.

Sim, ou das duas. O caso de 45 é típico: houve uma conjugação de pressões da opinião pública nacional e internacional, que levaram ao fim do Estado Novo. O que se verifica hoje é o seguinte: uma pressão muito grande sobre as nações que ainda não puderam assegurar a garantia dos direitos humanos e, internamente, uma reivindicação insistente e crescente em favor da melhoria dos padrões de vida democrática do País. Acredito que o governo vai ser compelido a ampliar a liberalização. E acho mais ainda que o governo não se sente muito garantido com as atuais estruturas. O episódio da demissão do ex-ministro Sylvio Frota é típico. O que o caso Frota evidenciou é que o governo não tinha nenhuma estrutura sólida para enfrentar a crise. Ela foi enfrentada apenas pela ação enérgica do presidente. O que funcionou no caso Frota não foram as instituições, mas a ação pessoal do presidente. Uma Nação não pode ficar à mercê de processos dessa natureza. Por isso, acredito que a liberalização virá por dois motivos: primeiro, porque a Revolução, se não está extinta, está exaurida por falta de mensagem; segundo, porque existe um certo cansaço nacional com relação ao tipo de governo que está aí. E não podemos esquecer também que há uma conscientização internacional de que já não há mais lugar, no mundo ocidental, para tipos de governo que cerceiam os direitos do homem e a liberdade.

2 de abril de 1978

4 A Providência poupou-me a prova do AI-5

Entrevistadores:
*Villas Boas Corrêa,
Lourenço Dantas Mota
e Antônio Carbone*

Prado Kelly

Nasceu em Niterói em 1904 e morreu no Rio de Janeiro em 1986. Formou-se pela Faculdade de Direito da então Universidade do Brasil. Constituinte em 1934 e 1946 e deputado federal até 1958. Ministro da Justiça do presidente Café Filho e também ministro do Supremo Tribunal Federal. Um dos principais líderes da UDN, teve atuação de primeiro plano durante todo o tempo em que exerceu o mandato de deputado.

Quando começa o seu interesse, não propriamente pela política, mas pela atividade política militante?

Meu pai, Octavio Kelly, foi deputado à Assembleia Estadual do Rio de Janeiro de 1907 a 1909, antes de se dedicar inteiramente à magistratura. Apesar disso, minha infância ficou marcada pelo desencanto com a política. Ele próprio me contou, certa vez, um episódio ilustrativo dos costumes da época. Morava em Niterói, próximo de nós, um varão de alto conceito firmado desde o Império. E, como de costume, Octavio Kelly foi vê-lo numa tarde de domingo. Era dia de eleição e nos fundos da casa mesários confeccionavam atas. Eis que chega um velho amigo da família, o juiz Raimundo Corrêa. Enquanto ele esperava na sala de visitas, o dono da casa volta-se para o jovem advogado: "Kelly, por favor, vá entreter o Raimundo para que ele não veja o que se está fazendo aqui". Eram assim as eleições. Ouvindo histórias como essa, a política não podia representar a menor atração para mim. Mesmo assim, remanescentes da política fluminense, amigos de meu pai, procuraram-me em 1928, prometendo-me apoio para iniciar a carreira política. Não me animei com a sugestão porque a situação política e eleitoral não era muito diferente daquela em que ocorreu o episódio que referi. Mas a situação mudou com o Código Eleitoral de 1932, oriundo de um projeto moralizador de Assis Brasil. Formou-se então no Estado do Rio a União Progressista Fluminense, sob a chefia do general Cristóvão Barcellos, e nela ingressei. Não havia então partidos nacionais, eram todos estaduais. O partido nacional é, a bem dizer, uma inovação de 45. Aí começa a minha atividade política militante. Em 1934, já era deputado à Assembleia Constituinte.

História Vivida

Teve participação intensa nessa Constituinte?

Sim, apesar de muito jovem, tive uma participação ativa.

Nesse caso, está bem situado para fazer uma apreciação crítica dessa Constituinte.

A maioria da Comissão dos Vinte e Seis, encarregada de elaborar o anteprojeto da Constituição, era conservadora e, por isso, queria manter, tanto quanto possível, o texto da Carta de 1891. Estávamos vivendo, entretanto, uma fase de evolução do Direito Constitucional, refletida nos textos das constituições elaboradas no após-guerra. As novas constituições da Alemanha e da Áustria visavam tecnicamente à "racionalização do poder". A tendência expressa por seus autores, mestres universitários em um e outro país, serviu de paradigma e inspiração para uma nova corrente do pensamento político, na qual me integrei. Pertenci a duas Constituintes, conheço bem o que se passou na primeira — aí estão os seus Anais — e posso afirmar que a Constituinte mais vivaz da República foi a de 34.

Mais do que a de 46?

A de 46 distinguiu-se pelo metódico desenvolvimento da matéria, mas, como surto de ideias, a de 34 lhe foi superior. Em 46 o nosso problema era outro, o da restituição da liberdade. Tomamos por base a Constituição de 34, porém mantendo fidelidade a princípios vitais da Constituição de 91. Não era época de inovar, mas de restituir. O objetivo era o restabelecimento das franquias liberais, a consagração dos direitos humanos, a independência dos poderes, sem prejuízo da sua harmonia. Tudo isso está enfatizado na Constituição de 46.

Acha que o trabalho da Constituinte de 34 resultou numa Constituição democrática?

Sim, não há dúvida alguma. A Constituição de 34 diversificava só na tentativa de racionalizar o poder antecipada pelos ensaístas políticos e por juristas especializados.

Não lhe parece que ela falhou ao permitir o aparecimento e desenvolvimento de dois movimentos extremistas e radicais, o comunismo e o integralismo?

Que Constituição pode evitar surtos revolucionários? Numa Constituição não existe fórmula para impedir uma ação insurrecional. Deve-se prever, isto sim, o modo pelo qual o Estado há de se defender de agressões dessa natureza.

Sem desfigurar-se.

Sem desfigurar-se evidentemente. Não queria encerrar a apreciação daquele estatuto sem lembrar alguns fatos. Por iniciativa do grupo inovador, do qual eu fazia parte, a Constituição de 34 promoveu uma "revolução branca" — em contraste com as revoluções sangrentas, como a do México, por exemplo — no tocante à exploração das riquezas minerais, ao distinguir a propriedade do solo da do subsolo. Uma simples enunciação jurídica preveniu a competição de interesses de toda sorte. Àquela corrente deve-se também a instituição da Justiça do Trabalho. Disso ninguém mais se recorda.

Lembra-se do nome do deputado autor da emenda propondo a criação da Justiça do Trabalho?

O autor da emenda foi Abelardo Marinho, deputado classista e participante do nosso grupo. Médico sanitarista, morava no Rio. Sua família, se não me engano, provinha do Ceará. Fora um dos membros do Clube Três de Outubro e acompanhou José Américo em sua campanha pela Presidência. Depois de 37, encerrou sua carreira.

O golpe de 37 foi uma surpresa para o sr., ou já vinha detectando antes indícios das intenções de Vargas?

Getúlio Vargas nunca aceitou a Constituição de 34, nunca desejou governar com ela. Há depoimentos de pessoas autorizadas nesse sentido, e acredito neles. Desde 1935, quando se comemorava a Revolução Farroupilha, recebíamos informações que nos deixavam apreensivos. Fui a Porto Alegre nessa época, por motivos ligados à política fluminense — já fazia parte do grupo de oposição a Vargas, do qual participavam Otávio Mangabeira, Artur Bernardes, Borges de Medeiros, João Neves, Batista Luzardo, Sampaio Correia e outros — e ouvi de Flores da Cunha que Vargas, seu hóspede no Palácio, lhe tinha confessado não poder governar com aquela Constituição nem com aquele Congresso. Flores da Cunha reagira vivamente. Em vista disso, Flores da Cunha pediu-me que, ao chegar de volta ao Rio, e se fosse procurado pela imprensa, dissesse que o Rio Grande não pleitearia para nenhum de seus filhos um novo período presidencial. Ao desembarcar, a minha declaração foi a seguinte, literalmente: "Do ilustre governador gaúcho ouvi expressões categóricas de que não pleiteia, nem aceitará para o seu Estado, a futura Presidência da Nação".

Essas palavras valiam por um recado indireto de Flores a Vargas. E de tal definição se conta a animosidade existente entre eles com reflexos conhecidos na política nacional. Avultava assim a suspeita de que não haveria eleições. E foi por causa desse e de outros temores que Armando Salles, já admirado em todo o país por seu operoso governo, resolveu enfrentar o propósito continuísta de Vargas. Dele recebeu vários apelos e insistentes promessas para não ser candidato, porém não podia desistir, pois via em todas as meias-soluções que lhe propunham uma vitória da malícia getuliana. Nos corredores da Câmara já se dava por certa a existência de uma emenda à Constituição, com sessenta e poucas assinaturas (não mais que isso), para possibilitar a reeleição de Vargas. A emenda não chegou a ser apresentada à Mesa. Só o fato de ter sido redigida e subscrita por amigos de Vargas mostra a sua vocação continuísta.

A eleição presidencial de 38 estava perdida de antemão pelo governo?

Quem poderá dizê-lo? Contudo, o movimento de opinião suscitado por Armando Salles foi imenso. E aí temos um dado importante: essa nova campanha cívica teria proporções enormes, pois se estenderia a todos os Estados. Ela só não alcançou aquelas proporções pela superveniência do golpe, que a limitou a alguns poucos comícios em São Paulo, Rio, Minas e Rio Grande do Sul.

José Américo disse recentemente que não pretendia ser candidato naquela eleição, tendo seu nome sido lançado à sua revelia por Vargas.

Se o diz, é a verdade.

Então, qual era o propósito de Vargas com essa manobra?

Ganhar tempo e poder convencer o meio militar, que resistia ao continuísmo. Até a última hora o general Coelho Neto, diretor-geral da Aviação Militar — não havia ainda Ministério da Aeronáutica — assegurava aos amigos de Armando Salles que haveria eleição. Também o general Dutra o tinha afirmado a José Américo. E foi o mesmo Abelardo Marinho, a quem me referi há pouco, que alguns dias antes do golpe procurou Otávio Mangabeira, na casa onde se hospedara Armando Salles no Rio, para dizer-lhe, da parte de José Américo, que Dutra o informara de que não poderia cumprir a palavra antes empenhada. Foi isso que precipitou a divulgação, às vésperas de 10 de novembro, da famosa "Carta aos Brasileiros", de Armando Salles. Antes ele me havia dado uma cópia para mostrá-la a alguns amigos, inclusive a Eduardo Gomes. Na manhã do dia 9, Armando Salles reuniu, em sua residência de Copacabana, alguns companheiros de luta: o presidente Artur Bernardes, João Carlos Machado, Otávio Mangabeira, Antunes Maciel, Sampaio Correia e eu. Assinou nessa ocasião uma via da "Carta" para cada um de nós. O objetivo do documento era evitar o golpe, tentando para isso despertar a consciência democrática das Forças Armadas.

Implantado o Estado Novo, houve um período em que praticamente não havia possibilidade de reação, mas a articulação política subterrânea existiu, não é?

Articulação propriamente, não. O que havia nos primeiros tempos do Estado Novo era a constante comunicação entre os políticos exilados e os que ficaram aqui. Armando Salles, durante o exílio, correspondia-se com seus amigos e correligionários por meio de cartas ou recados que, apesar de todas as dificuldades, fazia chegar regularmente a Antônio Carlos de Abreu Sodré. Quanto a Otávio Mangabeira, deixou incumbidos de representar o seu, pensamento, para qualquer deliberação (se não houvesse tempo de consultá-lo), a João Carlos Machado, a Antunes

Maciel e a mim. A correspondência era recebida por sua cunhada Edith Pinho e transmitida a nós.

Como era a vida dos políticos durante o Estado Novo?

Havia discretos contatos dos políticos entre si e com alguns militares. O brigadeiro Eduardo Gomes, por exemplo, comandava à época a Base Aérea de Natal e vinha uma vez por mês ao Rio visitar a mãe, que esteve sempre em contato conosco. Ela me avisava de sua chegada e nos encontrávamos todas as vezes em que ele vinha ao Rio. Nesses encontros, eu lhe transmitia as informações de que dispunha, inclusive as recebidas de Otávio Mangabeira e Armando Salles. Além disso, frequentavam o meu escritório de advocacia, na Rua da Quitanda, amigos de vários Estados, que tinham participado da União Democrática Brasileira (denominação do partido de Armando Salles). Por ali passavam também emissários de Flores da Cunha, exilado no Uruguai, e ainda pessoas ligadas ao presidente Artur Bernardes. Na área militar, o mentor principal era o Brigadeiro, por meio de quem travei relações com outros militares. O Brigadeiro era muito cioso de sua posição, e muito cauteloso também, não com receio de se expor, mas porque queria preservar o êxito das *démarches* de que participava.

Tinha relações com o grupo do "Manifesto dos Mineiros"?

Sim, e fui mesmo, em 28 de outubro de 1943, portador para os paulistas do manifesto, cuja cópia me foi entregue por João Soares Brandão, na estação da Central, quando eu tomava o noturno para proferir uma palestra a convite da "Frente Acadêmica da Democracia" na Faculdade de Direito. Aliás, em relação a um dos integrantes do grupo mineiro, Pedro Aleixo, há um fato curioso, que gostaria de narrar.

Poucos dias antes do golpe de 37, Pedro Aleixo, então presidente da Câmara, procurou-me — eu pertencia à corrente de Armando Salles, ele à de José Américo — para pedir-me que prestasse um serviço à democracia. Tinha estado na Vila Militar com o general Newton Cavalcanti e outros oficiais superiores, que reivindicavam um regime mais rigoroso na repressão ao comunismo e ao terrorismo. "As medidas que eles pleiteiam estão na legislação, é que eles não conhecem bem os textos" — respondi. "Mas não se podia fazer um código de defesa do Estado, para evitar o golpe? Uma consolidação dessas normas legais a que você se referiu? Porque eles acham que a justiça comum é muito morosa" — insistiu Pedro Aleixo. Disse-lhe que, nesse caso, seria possível adaptar ao rito da Justiça ordinária disposições processuais de um código insuspeito aos reclamantes, o da Justiça Militar, com garantia também de meios e recursos de defesa. Aleixo pediu-me então que elaborasse um estudo naquele sentido. Respondi-lhe que, sendo oposicionista, não poderia aceitar a incumbência sem antes consultar Armando Salles. E a este expliquei que, em tal caso, não se qualificariam novos delitos nem se agravariam penas. Armando Salles aconselhou-me a prosseguir nos entendimentos, se esse fosse o único modo de evitar a ditadura. Mas nenhum outro entendimento teve lugar, pois sobreveio o golpe de 10 de novembro.

Gostaríamos de pedir o seu depoimento sobre o seguinte: a opinião pública era sensibilizada pelas informações de violências policiais, de tortura contra os presos políticos?

Não, a população estava completamente desinformada. Só se podia saber uma ou outra coisa que escapava à repressão. A censura se fazia tanto mais rigorosa quanto mais se dilatava o período da guerra.

Visitou Armando Salles em seu exílio na Argentina, em 1944, e gostaríamos que nos dissesse o que ele pensava da situação brasileira, depois de tantos anos fora do País. Mantinha-se atualizado?

O dr. Armando submeteu-se à primeira operação em Buenos Aires, no mês de agosto, e, antes de se internar, recomendou à dra. Carlota Pereira de Queiroz (que fora acompanhar o tratamento) que me solicitasse ir à Argentina, pois tinha muita coisa a tratar comigo em sua convalescença. Embarquei para Buenos Aires a 2 de setembro e lá permaneci até o dia 9, em convívio diário com o dr. Armando, desde as 11 horas da manhã até às sete da noite, no modesto apartamento em que morava na Calle Anchorena. Senti, nessa ocasião, o quanto ele estava preparado para o governo. Durante todo o tempo em que sofreu as agruras do exílio, não se desinteressou dos problemas brasileiros. Pelo contrário: trazia para a solução desses problemas fórmulas e opções que estudara conscienciosamente e que fortalecera com a experiência adquirida no exterior. Por exemplo: no que tocava à parte política, empenhava-se na estruturação de um grande partido democrático e na formação imprescindível de um Partido Trabalhista, do tipo do "Labour" britânico. Esse último devia articular-se, tanto quanto possível, com a "União Democrática Nacional", denominação escolhida para permitir, sem constrangimentos, que nela se incorporassem os antigos adeptos da candidatura José Américo. Ele previa que o mundo ia ter governos fortes e que esse era um perigo à vista ou uma tendência inevitável. Em face disso, achava indispensáveis uma agremiação de centro (como no quadro clássico) e uma formação de massa que respeitasse as liberdades humanas e as franquias constitucionais. Disse-me na ocasião: "Para um partido trabalhista há bons elementos, mesmo entre os exilados, como por exemplo o Paulo Nogueira Filho, que se afina muito bem com os socialistas argentinos".

Acha que ainda é válida essa análise de Armando Salles, feita em 44? Acha válida a formação de um grande partido trabalhista, nos moldes propostos?

Creio não seja outra a conclusão de qualquer estudioso de ciência política. É válida a formação de todo partido que zele e respeite a democracia. Aliás, a pluralidade partidária leva a essas consequências.

Mas como evitar que a pluralidade partidária conduza ao exagero de antes de 64, quando tínhamos 14 partidos?

Em conferência pronunciada a 14 de julho de 1958, no Instituto Brasileiro de Cidadania e Administração, pedi a atenção dos ouvintes para os estudos empreendidos pela Fundação Nacional de Ciências Políticas da França, sob a direção de Maurice Duverger, nos quais são mostradas as relações entre o sistema eleitoral e o próprio funcionamento das instituições. Esses estudos inspiram-se nos pleitos posteriores à Segunda Grande Guerra e suas principais conclusões contêm-se nas seguintes fórmulas: 1) a representação proporcional tende a um sistema de partidos múltiplos, rígidos e independentes; 2) o escrutínio majoritário de dois turnos tende a um sistema de partidos múltiplos, flexíveis e independentes; 3) o escrutínio majoritário de um único turno tende ao dualismo partidário. Eis os padrões extraídos da experiência, que estão ao dispor dos legisladores. Querem reduzir o número de legendas, concentrando em dois campos os mais diversos contingentes da opinião pública, e manter o choque permanente dessas duas formações compactas, entre as quais oscila a massa não arregimentada, que decide muitas vezes a vitória, pendendo para um ou outro lado? Adotem então o figurino secular do escrutínio majoritário em um só turno. Mas esse escrutínio falseia a representação e deixa de computar milhares de sufrágios, pela circunstância exclusiva de serem dados em pequenas circunscrições a candidatos vencidos geralmente por escassa diferença. Ter-se-á assim um parlamento homogêneo, mas estarão proscritos de sua formação núcleos ponderáveis da vontade do país.

Se pretendem a flexibilidade, em vastas ou acanhadas competições eleitorais, com a possibilidade de correção através de um segundo momento, capaz de proporcionar cifras mais próximas de uma vontade comum predominante, consagrem na lei o escrutínio de dois turnos. Porém, contem desde logo com as combinações ocasionais mais incríveis nos distritos, onde uma minoria diminuta pode converter-se em árbitro da contenda travada entre corporações influentes, a troco de compensações que, em geral, mais as aviltam que as enobrecem. Procurem o efeito oposto, o de assegurar a presença nas assembleias das vontades atribuídas a grupos fluidos ou pouco densos, para não excluir da soma real nenhuma de suas parcelas, e ver refletidas nos órgãos do Estado todas as gamas da opinião variamente cindida — continuem então adeptos do processo mais evoluído do regime representativo, o mais fiel, o mais exato, que é o voto proporcional. Mas não se queixem de que os partidos proliferem.

O estreitamento de suas relações com Júlio de Mesquita Filho data de sua viagem a Buenos Aires em 1944?

Não, é muito anterior. A campanha de Armando Salles solidificou essa amizade. Tinha por Júlio de Mesquita Filho a maior admiração por sua notória coragem cívica, por sua acuidade política e por seus dotes de exemplar escritor. Guardo uma recordação indelével do grande homem público.

Teve um papel destacado no I Congresso Brasileiro deEscritores, em 1946. Gostaríamos que descrevesse o ambiente em que foi realizado esse Congresso e discorresse sobre a importância que teve na queda da ditadura.

Esse Congresso foi realizado pela Associação Brasileira de Escritores entre 22 e 27 de janeiro de 1945. Para o encontro foram convidados e aceitaram 218 escritores entre os de maior relevo. A lista se organizou por Estados. Na do Distrito Federal, por exemplo, figuravam Abgar Renault, Afonso Arinos, Alceu Marinho Rego, Augusto Frederico Schmidt, Austregésilo de Athayde, Cecília Meirelles, Carlos Drummond de Andrade, Gilberto Freyre, Costa Rego, José Honório Rodrigues, Josué Montelo, José Lins do Rego, Manoel Bandeira, Álvaro Moreira, Anibal Machado, Pedro Nava, Prudente de Moraes, neto, Sérgio Buarque, Rafael Corrêa de Oliveira, Roquete Pinto, Tristão de Athayde, Vinícius de Moraes, Virgílio de Melo Franco, Vivaldo Coaracy e muitos outros. O melhor da inteligência brasileira estava ali congregado. É certo que alguns não puderam comparecer, por diferentes motivos, mas apesar disso o Congresso foi algo de memorável. O que mais interessava os congressistas era a situação do Brasil. O que nos preocupava era a atitude que deviam tomar os intelectuais em face da ditadura. Constituiu-se por isso uma Comissão Política, cuja presidência me foi confiada por indicação dos demais membros designados, que eram Astrojildo Pereira, Caio Prado Júnior, Carlos Lacerda, José Augusto e Hermes Lima.

Enquanto trabalhava o Congresso em debates gerais, trabalhou a Comissão Política na formulação de um documento que pudesse ser divulgado. Vale notar (já que falamos de divulgação) que era absoluto o silêncio da imprensa a respeito, por exigência da censura. Nenhuma notícia foi publicada. Nem mesmo quando se encerrou o Congresso em sessão imponente no Teatro Municipal, cedido pelo então prefeito de São Paulo, Prestes Maia, e, segundo todos cremos, contra a vontade da política dominante no Estado. A declaração elaborada pela Comissão Política só teve repercussão ao desaparecer a censura do Estado Novo. Quem relata com nitidez e fidelidade o que se passou é Francisco de Assis Barbosa, em crônica assinada no *Correio da Manhã*, evocando o entusiasmo indescritível daquela hora culminante de nossos trabalhos, quando a plateia que lotava o Teatro Municipal se levantou e aplaudiu de pé toda a declaração de princípios, à proporção que iam sendo lidos os respectivos itens. Foi um espetáculo majestoso — e aí o qualificativo não é um lugar-comum. Só mais tarde, entretanto, o conhecimento dessa declaração deixou de se restringir ao círculo dos intelectuais. Antes mesmo que a censura expirasse, inspirou a José Américo a motivação de sua famosa entrevista, como ele próprio afirma.

Já circulara amplamente o *Manifesto dos Mineiros*, de outubro de 1943, que provavelmente terá influído na manifestação de José Américo. Daquele manifesto fui, como já disse, portador para os paulistas. Deixei-o em mãos de Antônio Carlos de Abreu Sodré e Waldemar Ferreira. Mas o episódio me desperta outras lembranças. Lida a conferência a que já aludi, continuei alguns dias em São Paulo, no Hotel Esplanada. Os estudantes convidaram-me então para assistir a uma festa que ali realizavam todos os anos, na noite de São Silvestre. Fui, mas pouco me demorei. Soube depois que ao fim do baile o presidente do Centro XI de Agosto usara o microfone da orquestra para uma invectiva: "Morra Vargas". Não tardou a repressão. Pela manhã, os principais oposicionistas de São Paulo eram presos. Creio que o único detido em sua residência foi Waldemar Ferreira; os outros seguiram para o "Paraíso", famoso presídio. Tinha-me contado Pereira Lima, dois dias antes, que numa conferência anterior, proferida por Sampaio Correia, este ficara muito contente com os aplausos recebidos. E Pereira Lima retrucou-lhe: "Irmão, esta noite dormiremos no 'Paraíso'". Nunca me esqueci dessa história. São coisas que se fixam na memória.

Como o Brigadeiro emerge nesses episódios conspiratórios contra o Estado Novo?

Já lhes disse que o Brigadeiro era então comandante da Base Aérea de Natal e vinha uma vez por mês visitar a família no Rio. Numa dessas viagens, deu-me conta de conversa que tinha mantido com vários amigos e camaradas de armas, entre os quais Juracy Magalhães. De minha parte, já tinha tido contato com Virgílio de Mello Franco. Ambos desejavam que o Brigadeiro fosse consultado sobre a hipótese de aceitar sua candidatura à Presidência. A hipótese só se justificava pela situação excepcional imposta ao País. Não havia eleições à vista. A Carta de 37 só tinha eficácia num único dispositivo, o que concentrava todos os poderes na pessoa do presidente. Porém, o alvitre proposto devia forçar, como forçou, a abertura do processo eleitoral.

Já os paulistas haviam elaborado um manifesto, a exemplo dos mineiros, manifesto que passou a receber assinaturas em todo o país e deixou de publicar-se em vista da rápida sucessão dos acontecimentos. Com a entrevista de José Américo cessara a censura à imprensa. Porém, é curioso lembrar que, por sugestão de Juarez Távora, aquele documento já revelava a "intenção firmemente assentada de, no pleito para a Presidência da República, recomendar aos sufrágios da Nação um nome de passado estranho às lutas e competições partidárias. Lídimo representante da corrente moça que, desde a primeira hora e durante quase dez anos, lutou abnegadamente pela democratização do regime republicano entre nós. Insuspeito por igual de tendências extremistas, quer de direita, quer de esquerda, que seja uma garantia de verdadeira união interna e de escrupuloso cumprimento de nossos compromissos internacionais. Dentro desse critério apresentamos o nome de (espaço em branco) cuja conduta prova que ele sempre foi fiel à causa da liberdade no Brasil e no mundo, cuja lealdade e bravura, desprendimento e patriotismo, cujos sentimentos profundamente cristãos e insuperável padrão de moralidade privada e pública fazem dele não apenas um soldado que honra as classes armadas do Brasil, mas também um cidadão que se impõe ao reconhecimento e confiança de todos os brasileiros".

O nome que Juarez Távora tinha em mente era o do Brigadeiro?

Sim, era o do Brigadeiro. E ninguém, ao escolher esse nome, acreditava estar indicando um candidato para um pleito normal, dentro das regras de uma legislação específica, ainda que defeituosa. O candidato surgiria como polarizador das forças adversas ao regime e a perspectiva seria a de um movimento armado, para pôr termo à ditadura, dada a impossibilidade de uma ditadura ser derrotada em eleição que ela própria presidisse. Falhando essa perspectiva, o Brigadeiro empreendeu uma grande campanha popular. Não há exagero em dizer que foi a maior do Brasil até então, porque a campanha civilista, apesar da autoridade e da palavra de Ruy Barbosa, se retringira a poucas conferências — estas, sim, incomparáveis — em algumas capitais de Estado. A campanha do Brigadeiro foi muito mais abrangente que as anteriores.

Falou de uma mobilização nacional intensa, principalmente a partir do lançamento da candidatura do Brigadeiro, para a queda da ditadura. O general Góes Monteiro, num depoimento dado pouco antes de sua morte, disse que quem derrubou a ditadura foram os militares e não a opinião pública.

Provavelmente ele quis dizer que só os militares dispunham de meios de ação eficiente.

Então, vê como elemento determinante da queda do Estado Novo o movimento de opinião pública?

Sim, esse me parece o elemento determinante.

Não acha que essa eleição de 45 marca o começo da frustração do regime de 46, porque essa foi uma eleição que tudo indicava que o Brigadeiro, como candidato do sentimento democrático e expressão de um movimento vitorioso, deveria ganhar? Não lhe parece que a democracia começou a sair dos trilhos quando Getúlio, à última hora, deu seu apoio a Dutra, invertendo os resultados da eleição, e que a UDN também contribuiu para a derrota, com a ingenuidade dos aprendizes, bem exemplificada na aceitação daquela famosa intriga dos "marmiteiros"?

Vamos começar pelo fim. A intriga dos "marmiteiros" foi arquitetada por Hugo Borghi que, numa rádio de São Paulo, acusou o Brigadeiro de inimigo dos trabalhadores, atribuindo-lhe a frase: "Eu não preciso de votos dos 'marmiteiros'". O Brigadeiro nunca proferiu aquela frase. Aliás, em discurso feito em Juiz de Fora, a 24 de novembro, e irradiado para todo o país, ele pulverizou todas essas especulações. A verdadeira causa da derrota não está aí: está nos vícios do processo eleitoral então existente. A eleição não se pautou pelo Código Eleitoral de 1932, e sim por normas *ad usum Delphini* que Agamenon Magalhães preparara, facilitando de tal modo o alistamento *ex-officio* e abolindo de tal maneira requisitos de autenticidade para a inscrição do eleitor que se tornou muito fácil montar a fraude, em vista das lacunas e imperfeições da lei.

Acha então que a eleição de Dutra resultou de uma espécie de fraude legal?

Não o diria dessa maneira. Ele teve muitos votos autênticos, mas o processo era vicioso, e não é de agora que o digo. Manifestei essa opinião logo que saiu o projeto de lei eleitoral.

Acha que é possível sustentar pelo menos a suspeita de que o resultado não foi legítimo?

Se formos examinar os defeitos de nossas leis eleitorais, veremos que, a rigor, nenhuma eleição foi legítima, a não ser, talvez, as de 1933 e 1935 e, mais tarde, as realizadas após a revisão moralizadora por iniciativa do Congresso em 1956.

Também a eleição de Juscelino?

A própria eleição de Juscelino. Demonstrei na Câmara, em 15 de maio de 1956, que em vários Estados havia mais eleitores inscritos do que cidadãos alistáveis conforme os cálculos do IBGE. Citarei alguns exemplos. O Território de Rio Branco tinha 141,18% de toda a população alistável; o Maranhão, 155,85%; o Piauí, 183,11%; o Ceará, 127,30%; o Rio Grande do Norte, 165,47%; a Paraíba, 135,82%; Alagoas, 117,70%; Sergipe, 173,95%; a Bahia, 106,41%; Mato Grosso, 110,82%. Note-se que nos Estados mais politizados o percentual diminuía, pois as inscrições e os pleitos eram mais fiscalizados. Em São Paulo, a percentagem baixava para 58,10; no Rio Grande do Sul, para 70,32; no Distrito Federal, para 63,84. Esses últimos são dados absolutamente razoáveis. Tal é o diagnóstico da fraude. Os democratas sofreram muito no Brasil, por contingências que não puderam superar. Em 45, as eleições se processaram de acordo com uma lei eleitoral elaborada não por um órgão representativo da Nação e sim por uma ditadura unipessoal, em proveito de si mesma. Eis por que me dediquei a esse objetivo principal: expurgar o processo eleitoral dos defeitos cíclicos que o têm empestado. Não esqueçamos que o regime representativo é o que a lei eleitoral permite e legitima.

A minha luta em 1955, quando ministro da Justiça, teve um alvo inconfundível: a reabilitação do voto. O Tribunal Superior Eleitoral esboçara um projeto instituindo a "cédula oficial", o mais eficaz instrumento para evitar a fraude do alistamento. O título devia conter o retrato e a assinatura do eleitor, que podiam ser confrontados no ato da votação. Bati-me por esse projeto desde que assumi o Ministério. Compareci à Câmara para pleitear sua aprovação. Mas a "cédula oficial" (a inovação principal) foi, para surpresa pública, substituída pela "cédula única", distribuída pelos cabos eleitorais aos votantes, até a boca das urnas. Quando se procedeu a novo alistamento, com observância dos mesmos requisitos cuja adoção havíamos pedido, o eleitorado, que antes ultrapassara 15 milhões, pouco excedeu de 11 milhões.

Teve uma atuação de relevo na Constituinte de 46 e gostaríamos que fizesse uma apreciação dela.

Repito: sua missão foi restaurar a democracia. Não era hora de inovar, como em 34: era hora de consolidar as conquistas sociais obtidas no período que ia da Constituição de 91 até aquela data, e ressaltar os valores primaciais de um regime livre. Ela teve um órgão elaborador de alta qualidade, a "Grande Comissão" de 37 membros. Há no projeto definitivo artigos que, pela concisão e primor de forma, devem ser mencionados, como, entre muitos, o de nº 146, lapidarmente redigido por Milton Campos. Uma das grandes lutas na Constituinte foi travada em relação ao estado de sítio. Vencemos sem sangue uma batalha tormentosa. O deputado Silvestre Péricles, irmão do general Góes Monteiro, apresentara emenda validando, no projeto, o estado de guerra, o mesmo da Carta de 37, ao qual o Brasil teria ficado exposto, durante oito anos de vigência do Estado Novo, se faculdades maiores não estivessem concentradas arbitrariamente no chefe da Nação. O estado de sítio, tal como ficou no Estatuto de 46, resultou — e esse fato vale a pena ser contado — de uma interferência pessoal junto ao general Góes Monteiro. Apresentada a emenda sobre "estado de guerra" (sucedâneo do "sítio"), Nereu Ramos declarou-me que recebera instruções do presidente Dutra para, no pertinente à segurança nacional, seguir o pensamento do general Góes Monteiro, cujo irmão era, como disse, autor daquela emenda.

Tudo indicava que a maioria governamental a aprovaria. Pedi então a Nereu Ramos que nos reuníssemos com Otávio Mangabeira, líder da oposição. Eu era vice-presidente da Comissão Constitucional. Decidimos, no encontro, que iríamos os três conversar com o general Góes Monteiro. Já o conhecia de outras ocasiões e, ao entrarmos em sua casa, dirigiu-se a mim: "O sr. não conhece a carta que escrevi de Montevidéu ao presidente Getúlio Vargas criticando a Constituição de 37?" Respondi que não e ele, retirando de um armário o rolo da carta, começou a lê-la. Quando terminou, manifestei-lhe minha satisfação por saber que tinha sido contra o Estado Novo, e acrescentei que o precedente me animava a pedir o seu concurso para evitar que a nova Constituição do Brasil nascesse maculada pela adoção dos preceitos da Carta de 37 sobre o estado de guerra. Não se mostrou inteirado da emenda de Silvestre Péricles, também presente, e perguntou: "Qual é a dificuldade?" Expus os fatos e a nossa posição, ao que ele respondeu de pronto: "Acho que os senhores têm toda razão". Só por isso a Constituição de 46 não repetiu o monstruoso dispositivo da Carta de 37.

Pensa que o estado de sítio da Constituição de 46, tal como resultou desses entendimentos, seria suficiente para a salvaguarda do Estado, nos dias de hoje?

Há outras formas aventadas, mas a tradição latino-americana é a desse instrumental para habilitar, em fases críticas, a defesa do Estado.

Afora o presidente Dutra, que passou à História como o homem que nunca se afastava do "livrinho", todos os presidentes que se seguiram foram desafetos notórios da Constituição de 46, e de cada um deles se ouviu dizer, através de porta-vozes, que era impossível governar o país com ela. O que pensa disso?

Nunca se procurou indagar que normas da Constituição geravam as dificuldades a que se referiam os presidentes. Quais são essas normas? A pluralidade partidária é fatal talvez? Aceitando-se o voto proporcional, a pluralidade partidária é fatal e, por seu turno, leva necessariamente às coalizões parlamentares. O governo então não é o governo de um partido, mas da maioria parlamentar, de uma coligação partidária, como geralmente acontece na Itália e na França. São os blocos parlamentares que asseguram ao Executivo a estabilidade de que necessita. Se é essa a dificuldade que encontraram os presidentes, a de não poderem confiar cegamente em seu partido, porque ele deixa de dar-lhe uma tranquila maioria, deve-se reconhecer que isso depende da dinâmica política e não da estruturação institucional.

E a iniciativa do Legislativo no aumento das despesas orçamentárias sem relação com a receita?

Eis aí um alvitre razoável, pois no Parlamento inglês, por exemplo, mestre de parlamentos, há interdições tendentes a igual finalidade. O mesmo ocorre na tradição do parlamentarismo francês. Há como limitar a iniciativa individual de deputados ou senadores com relação ao aumento da despesa orçamentária. Mas o tema exige maior desenvolvimento. Não se esgota numa resposta sintética.

Julga que a Constituição de 46 merece a nossa reverência?

Os princípios democráticos nela inscritos merecem a nossa reverência. Frisemos, todavia, que ela padeceu do mesmo defeito das antecedentes: a prolixidade. Tenho encarecido as vantagens, senão a premência, de uma Constituição concisa e operacional

Considera que o acordo interpartidário foi um erro ou, ao contrário, permitiu ao governo Dutra um clima político tranquilo?

O acordo interpartidário, contra cuja extensão eu próprio me manifestei, teve o grande mérito de assegurar a paz política.

Não lhe parece que a má condução do problema sucessório ao fim do governo Dutra, quando os partidos integrantes do acordo deixaram de

encontrar uma solução de entendimento que seria a candidatura Nereu Ramos, abriu as portas para a volta de Vargas e a tragédia que se seguiu?

Provavelmente. Mas é preciso dizer que a candidatura Nereu não unificava o PSD, seu partido, nem satisfazia o próprio presidente da República, seu mais influente correligionário. Com relação aos entendimentos dos quais participei como representante da UDN, não podíamos aceitar a declaração liminar do PSD de que o candidato só podia ser um pessedista. O veto ostensivo a nomes de outras agremiações ou a personalidades não filiadas a nenhuma delas seria vexatório se não fosse agressivo. A candidatura do Brigadeiro, que não a desejava, somente surgiu depois de se frustrarem todos os esforços por um consenso. Veio a ser o único modo de nossa presença na disputa. Todavia, não incentivei o Brigadeiro a novas lutas. Só quando sua candidatura pareceu inevitável e ele mesmo se mostrou sensível aos apelos recebidos, lançamos manifesto explicando os motivos pelos quais se indicava o seu nome. Devo dizer ainda que na UDN havia focos de resistência a Nereu. Eu era um dos seus melhores amigos, tínhamos sido colegas na Constituinte de 34, e não lhe fazia restrições; mas algumas seções estaduais udenistas não o aceitavam. Havia justas aspirações presidenciais dentro do partido como consequência do próprio acordo.

E sua candidatura ao governo do Estado do Rio, em 1950? Esperava ganhar?

De maneira nenhuma. O eleitorado se dividia em três porções quase iguais: PSD, UDN e PTB. Ligados o primeiro e o terceiro partidos, o triunfo era certo. Porém, a UDN me dirigiu um apelo em tais termos que não poderia recusá-lo, sob pena de ser justamente criticado pelos meus correligionários. Tive uma votação apreciável naquelas adversas circunstâncias, mas Amaral Peixoto venceu nas urnas por uma diferença substancial. Em consequência, fiquei sem mandato por 4 anos, pois, ao elaborar-se a lista de candidatos à Câmara, recusara a inclusão do meu nome, por não achar ético ser simultaneamente candidato a duas funções, sobretudo quando reputava incerta a eleição para governador.

Volta à Câmara 4 anos depois?

Sim, em 1954. Em 1955, o presidente Café Filho convocou-me para o Ministério da Justiça. Lá, como já lhes disse, o meu principal empenho foi a correção da lei eleitoral.

Continua convencido de que é falsa a versão de que Café Filho e Carlos Luz tentaram impedir a posse de Juscelino?

Sim, é falsa, falsíssima. Café Filho estava pronto a transmitir o poder a Juscelino. Também Carlos Luz teve posição corretíssima. Tudo começou com o discurso que o então coronel Mamede fez no enterro do general Canrobert Pereira da Costa. Embora suas palavras não diferissem muito das que tinha pronunciado antes o general Lott, elas lhe desagradaram e este exigiu uma punição. Como Mamede estivesse sob a jurisdição do chefe do Estado-Maior das Forças Armadas, que não via motivo para a sanção disciplinar, Luz consultou-me a respeito e sugeri que solicitasse o parecer do consultor-geral da República, que era Temístocles Brandão Cavalcanti. O parecer foi no sentido de que só o presidente da República podia punir aquele oficial. Apesar disso, o general Lott advertira que, se Mamede não fosse punido, pediria sua demissão. Que podia fazer o presidente? Ceder à exigência? As razões que teve, em resguardo da própria autoridade, explicou-as Carlos Luz da tribuna da Câmara, após o golpe. Aliás, com relação a esse discurso histórico, lembro-me que, ao entrarmos no recinto, um deputado me puxou pela aba do paletó e segredou-me: "Não deixe o dr. Luz falar, pode ser assassinado".

Não lhe parece que as suspeitas que envolveram o presidente Café Filho foram decorrentes, em grande parte, de sua ostensiva posição contrária à candidatura Juscelino, inclusive o seu comportamento no famoso episódio da leitura do manifesto dos generais desaconselhando aquela candidatura?

Sabem quem era um dos signatários desse documento?

O marechal Henrique Teixeira Lott.

Exatamente. E isso, a meu ver, isenta de responsabilidade o presidente Café Filho.

História Vivida

Como acompanhou o período final do governo Vargas e os acontecimentos registrados após o suicídio?

Não tinha contatos com o vice-presidente antes do suicídio de Vargas. Encontrei-o uma única vez — durante a missa de um amigo comum — e trocamos breves palavras; disse-me que gostaria de conversar comigo. Almoçamos juntos naquele dia. Não o vi depois. Mal o rádio divulgou o suicídio, o Brigadeiro procurou-me, preocupado com a situação, e perguntou-me se não ia ver Café Filho. Como já soubesse que Café queria falar-me, fui até ao apartamento dele, onde já não se encontrava. Lá estava um parente seu e meu amigo, Reginaldo Cavalcanti, que logo me acompanhou à casa de Raimundo de Brito, na qual Café Filho havia pernoitado. Fora também surpreendido pelo suicídio de Vargas. E, ainda sob forte emoção, pediu-me que transmitisse ao Brigadeiro o convite para ministro da Aeronáutica. Respondi-lhe que o Brigadeiro, havia pouco, me dissera não aspirar à nomeação, pois havia outros nomes em condições de serem escolhidos. "De qualquer maneira — acrescentou Café — só escolherei de acordo com o Brigadeiro, mas antes insisto em dirigir-lhe um apelo em nome do Brasil". Minutos depois avistei-me com Eduardo Gomes, no Flamengo, e dei-lhe conta do que sucedera. "Qual é a sua opinião"? — perguntou-me. Respondi-lhe que, se tivesse alguma aspiração política, não deveria aceitar. "Se assim é, aceitarei o cargo". Comuniquei a resposta ao Café, por telefone, e ele nos convocou imediatamente ao Palácio das Laranjeiras.

E o convite ao sr. para o Ministério da Justiça?

Esse veio muito mais tarde. Naquele dia, ao formar o governo, Café pediu-me que sugerisse um nome para o Ministério da Justiça e sugeri Nereu Ramos. O convite foi feito, mas ele o recusou, pois pretendia candidatar-se ao Senado. Quando chegou a minha vez, em abril de 55, estabeleci duas condições para aceitar a Pasta: a revisão da legislação eleitoral e a colocação do governo acima da luta sucessória, condições com as quais concordou o presidente. E tão lealmente concordou que, após o pleito, os candidatos se dirigiram ao Catete para agradecer ao governo a correção com que agira durante o período eleitoral. Encontrei-me com Juscelino no Palácio, quando ia manifestar seu reconhecimento a Café Filho. Regressando de Portugal, o presidente, dias depois, fez uma declaração pública: quem tratava de política no governo era o ministro da Justiça. Exprimiu com estas palavras o firme propósito de colocar o governo acima das disputas eleitorais. Para demonstrar de forma ainda mais clara a sua insuspeição, e como houvesse necessidade de transportar material eleitoral para todos os Estados, através da Aeronáutica, assim como frequentes pedidos de força militar para garantir o pleito, o presidente, por sugestão minha, incumbiu o general Lott de entrar em contato com o presidente do Superior Tribunal Eleitoral, ministro Edgar Costa, para todas as providências que dependessem das Forças Armadas. Não podia haver maior prova de isenção. Creio que nessa nossa conversa estamos corrigindo versões desvirtuadas com fatos incontestáveis.

Encerra a sua carreira política em 1959. Por quê?

Na disputa pelo governo do Estado do Rio em 1958, alguns udenistas se inclinaram por um entendimento com o PTB. O PSD e o PTB, antes unidos, estavam naquela ocasião separados. Ora, só num caso de ruptura entre os dois seria possível a vitória da UDN. Achei, portanto, que devíamos caminhar sozinhos com candidato próprio, que seria Carlos Lacerda. Defendi esse alvitre na convenção, mas a maioria preferiu a aliança com o candidato petebista, Roberto Silveira. A meu ver, seria inadmissível uma aliança no Estado do Rio em contradição com as nossas responsabilidades no plano nacional. Afastei-me da política por coerência, não pleiteando novo mandato em 59. Aqui terminam as minhas reminiscências da vida pública. Depois disso, há apenas minha ida para o Supremo Tribunal Federal.

Foi o ministro do STF sob o AI-5?

A Providência me poupou essa prova.

16 de abril de 1978

5 O PSD e a UDN fazem falta

*Entrevistadores:
Villas Boas Corrêa,
Antônio Carbone e
Lourenço Dantas Mota*

Ernani do Amaral Peixoto

Nasceu em 1905 no Rio de Janeiro, onde morreu en 1989. Oficial da Marinha. Começou cedo sua carreira política. Interventor no Estado do Rio durante o Estado Novo e depois governador. Próximo colaborador do presidente Getúlio Vargas em seus dois períodos de governo. Embaixador em Washington e ministro da Viação no governo Juscelino Kubitschek e ministro para a Reforma Administrativa do presidente João Goulart. Deputado e senador pelo Estado do Rio. Foi presidente do PSD por mais de uma década.

Dos políticos em relevo ainda em atividade o sr. é dos que têm carreira mais longa. Quando ela começa efetivamente? Em 1937, quando é nomeado interventor no Estado do Rio?

Não. Minha carreira começa antes, quando voltei da Europa, em 1933, após assistir à conferência de desarmamento em Genebra, como membro da delegação brasileira. Processava-se então a eleição da Constituinte e meu irmão Augusto era candidato. Procurei ajudá-lo e foi aí que comecei a fazer política. Quando meu irmão foi candidato a senador, em 37, candidatei-me também a deputado federal, mas não houve eleições por causa da implantação do Estado Novo. Fui nomeado então interventor no Estado do Rio. Aliás, fui nomeado duas vezes. Como o governador de então, almirante Protógenes Guimarães, estivesse muito doente e não pudesse mais desempenhar suas funções, decidiu-se — isto foi antes do Estado Novo — nomear um interventor. O José Carlos de Macedo Soares, então ministro da Justiça, indicou o meu nome ao dr. Getúlio, de quem eu já era ajudante-de-ordens. O plano dele era me deixar algum tempo apenas, para poder ser nomeado depois o seu irmão, senador José Duarte. O dr. Getúlio gostava muito dele, considerava-o um homem inteligente, mas achava que não era uma pessoa adequada para ser interventor. Antes que o decreto fosse publicado, saiu o Estado Novo e outro decreto teve de ser feito. O Estado Novo foi antecipado do dia 15 para o dia 10 de novembro.

O Estado Novo tinha data prevista?

O dr. Getúlio era um homem muito reservado e, se tivesse data, não diria. Acho que nunca houve propriamente uma data prevista. O que aconteceu foi o seguinte. A gente não sabia absolutamente de nada, mas desconfiava, porque ouvia aquelas conversas dele com o Francisco Campos. Eles começavam a conversar às 6, 7 horas e ficavam até a hora do jantar. O Campos sempre levava uns papéis que ficava lendo para ele. E eu sabia que o Campos era inteiramente contrário à candidatura do José Américo. Recordo-me de ouvi-lo falar uma vez em não haver eleições. "Mas como, se há uma data prevista para as eleições?" — perguntei. "Se o governo não se mexer — respondeu — os candidatos não podem se movimentar".

Por que isso?

Por falta de recursos.

O Armando Salles também seria ajudado pelo governo?

Em parte também. Não diretamente, é claro. Mas, por exemplo, o Toledo Piza, no Departamento Nacional do Café, poderia ajudá-lo muito, e foi retirado de lá.

O governo partiu para o Estado Novo na convicção de que seria derrotado nas eleições presidenciais?

Isso não posso precisar. Mas acredito que tenha influído o fato de José Américo, como candidato do governo, ter começado a fazer aqueles discursos meio demagógicos. Recordo-me muito bem daquele discurso do "eu sei onde está o dinheiro", que ficou célebre. "Vou mandar construir casas para os operários de todo o País, porque sei onde está o dinheiro" — dizia ele. Não sei se as palavras eram exatamente essas, mas o sentido é esse. Aquilo alarmou muito. Esse discurso foi pronunciado aqui no Rio.

Acha que ele ganharia?

Acho que sim, porque todos os governos estaduais o estavam apoiando. O Armando estava indiscutivelmente fazendo uma boa campanha, era um homem muito superior politicamente. E tinha uma simpatia muito maior, enquanto o José Américo era um homem muito fechado.

Apesar disso, acho que ele ganharia. E havia receio no governo com relação a ele.

Por que ele era então o candidato do governo?
Foi escolhido pelas forças então chamadas majoritárias.

Acha que o presidente Vargas marchou para essa sucessão de boa-fé, ou desde o princípio armou um esquema que lhe daria condições de continuar?
Não posso responder, porque não tenho elementos para saber o que se passou na cabeça dele. Acreditei durante algum tempo que o candidato dele fosse o Oswaldo Aranha, de quem era realmente amigo, e por quem tinha uma grande simpatia. Mas o Rio Grande do Sul não apoiou o Oswaldo. Quanto a Armando Salles, com quem me dava muito bem, apesar de ser muito mais moço, quando foi comunicar que seria candidato, o dr. Getúlio disse-lhe que achava ainda muito cedo para São Paulo reivindicar a Presidência. Explicou que a luta tinha terminado há muito pouco tempo, que a pacificação tinha sido difícil e que ele, Armando, tinha criado um ambiente muito bom, mas que a sua candidatura poderia suscitar uma reação muito grande, especialmente de Pernambuco e Bahia. Algum tempo depois ocorreu um fato interessante. O Francisco Campos tinha deixado uma pasta, dessas de cartolina, em cima de uma mesa e o dr. Getúlio pediu-me que a levasse para o seu gabinete. Abri a pasta antes de levá-la, para me certificar de que era realmente a que me fora pedida, e lá estava uma Constituição. Guardei absoluta discrição.

Por que achava que a implantação do Estado Novo seria no dia 15 de novembro e não no dia 10?
No dia 15 haveria a inauguração do Monumento à República e já se esperava que fosse acontecer algo extraordinário. Mas o líder da oposição na Câmara, João Carlos Machado, leu aquela proclamação de Armando Salles às Forças Armadas, o que precipitou os acontecimentos. Logo depois se reuniram no Palácio Guanabara o dr. Getúlio, o Dutra, o Góes Monteiro, o Francisco Campos e o Agamenon Magalhães, que substituíra José Carlos de Macedo Soares no Ministério da Justiça. Foi

uma reunião rápida. Na saída, o Agamenon pegou o telefone oficial e ligou para o comandante da Polícia Militar: "À meia-noite o sr. mande cercar os edifícios da Câmara e do Senado por tropas da polícia, mas não faça alarde. E não ponha muita gente". A verdade é que todo mundo no meio político esperava alguma coisa. Havia uma expectativa geral.

Seu relato mostra a tranquilidade do clima no Palácio nessa época. Ninguém receava uma reação? Todos achavam que o Estado Novo seria implantado assim tranquilamente, sem qualquer reação militar ou política, e que seria bem aceito?

Ele foi indiscutivelmente bem aceito pelo povo, que estava com medo daquela eleição. Ainda recentemente disse no Senado que o Estado Novo seria feito com Getúlio, sem Getúlio ou contra Getúlio. Basta que se leia a ata da reunião do Alto Comando do Exército, em setembro de 1937, realizada no gabinete do ministro, com a presença do Filinto Müller, então chefe de Polícia. Essa ata está publicada nos livros do Hélio Silva, no volume dedicado a 37. Ela é muito clara: todos achavam que era preciso uma providência enérgica para acabar de vez com as ameaças extremistas. Ela foi assinada por todos os generais presentes, à exceção do general Manoel Rabelo, que se recusou a fazê-lo. Essa ata naturalmente foi levada ao dr. Getúlio. Em essência, os militares afirmavam o seguinte: já fomos sacrificados em 35 e não queremos ser sacrificados uma segunda vez. É por isso que digo: o dr. Getúlio não preparou o golpe, prepararam-no para ele.

Como explica que o Estado Novo tenha sido implantado contra os extremismos e que o presidente Vargas tenha, apesar disso, oferecido a Plínio Salgado, o líder do extremismo de direita, o Ministério da Educação?

É, essa versão correu muito na época, mas nunca foi confirmada. Recordo-me que o Luiz Aranha, filho do Oswaldo, e tão antiintegralista quanto eu...

Foi antiintegralista por convicção ou por razões políticas?

Por convicções ideológicas. Nunca suportei um regime totalitário. E disse isso pessoalmente ao Plínio. Meu irmão Augusto, que era ainda mais extremado nessa posição, apresentou um projeto à Câmara — é preciso que se faça justiça a ele — fechando a Ação Integralista Brasileira, quando ela estava no auge de seu poder. Mas, como ia dizendo, nos últimos dias de novembro de 37, o Luiz Aranha procurou-me para dizer que o Plínio ia ser ministro da Educação e que o integralismo seria adotado oficialmente como partido do governo. Fiquei horrorizado, disse que me demitiria do governo do Estado do Rio e fui perguntar o que havia ao Francisco Campos. "Há coisa pior que isso — disse-me ele. Estão dizendo que o Oswaldo Aranha vai ser ministro também." Respondi-lhe então: "Desculpe-me mas é pior para o sr., não para mim." Afinal, nada disso aconteceu e, no dia 3 de dezembro, todos os partidos foram dissolvidos.

Disse há pouco que sempre foi contra regimes totalitários. Como concilia essa afirmação com a sua presença, durante longos anos, como colaborador de um regime totalitário como foi o Estado Novo?

Fiquei realmente numa posição difícil. Mas nunca deixei de falar na volta à democracia. E, tão logo começou a guerra, tomei uma posição definida a favor dos Aliados. Foi até uma posição facciosa.

Falou-se muito, na época, das simpatias do presidente Vargas pelo Eixo.

Ele era um homem muito realista, que procurava agir no sentido dos interesses do Brasil. O Chateaubriand definia muito bem o dr. Getúlio: "Esse pequenino aí é um homem que está na praia, mas com as costas voltadas para o mar. Você e o Oswaldo estão sentados numa pedra olhando o oceano, vendo o que se passa do outro lado. E o Getúlio dá as costas ao mar: só quer saber do que se passa dentro do Brasil". Ele era realmente assim. Mas sempre teve uma grande afinidade com os Estados Unidos. Com relação ao momento da guerra, tenho um depoimento a meu ver importante. Estava passeando de automóvel com a Alzira, lá pelos lados da Tijuca, com o rádio ligado, quando ouvimos a notícia do ataque japonês a Pearl Harbor. "Vamos já para o Palácio — disse. Isso é a entrada dos Estados Unidos na guerra, o que nos levará a participar do conflito." Quando cheguei ao Palácio, já vinha saindo do gabinete do dr.

Getúlio o embaixador americano. O dr. Getúlio estava ainda com roupa de golfe, pois tinha sido chamado às pressas. O embaixador, que era um homem frio, estava emocionado. Disse-me: "O presidente Vargas foi extremamente correto. Pediu-me para dizer ao presidente Roosevelt que o Brasil cumprirá com todas as suas obrigações, que pode contar cem por cento com o Brasil. Afirmou que o Brasil tem a obrigação de ajudar o país do Continente que foi atacado". O dr. Getúlio era muito continental. Gostava muito da Argentina, Uruguai, Chile, Estados Unidos. E muito pouco europeu. Nunca quis ir à Europa.

Quando começou a sentir que o Estado Novo estava ruindo, se desmanchando? Logo depois da guerra?

Sim, logo depois da vitória. Porque havia uma grande contradição entre a nossa política externa e a interna. Não podíamos combater países totalitários e ter um regime mais ou menos totalitário, embora ele não fosse um regime violento como o nazismo e o fascismo. Tínhamos de marchar para uma redemocratização. O mundo tinha mudado. O Estado Novo fora feito para um determinado momento, em que uma guerra se avizinhava, em que o país estava dividido, com ameaças da direita e da esquerda. Tudo isso tinha passado. Íamos reconhecer a União Soviética, o Eixo estava esfacelado. A ameaça de direita desaparecia e a impressão que se tinha era que íamos viver em bons termos com a União Soviética. Então, não havia mais razão para o Estado Novo.

Aí, eu e o Agamenon Magalhães fomos os primeiros a dizer isso no governo e procuramos fazer algumas alterações na Constituição, para democratizá-la. Fomos falar com o Marcondes Filho sobre isso, explicando que queríamos acabar com as medidas de exceção, que aliás é o que se pretende agora também. Não é que ele não tenha compreendido a nossa posição, pois era um homem altamente inteligente, mas ficava sempre querendo agradar e achava que o dr. Getúlio não gostaria da ideia. O dr. Getúlio nunca acreditou na Carta de 37. Sempre a considerou uma coisa passageira. Por isso, toda vez que se pedia um plebiscito para legitimá-la, não se interessava. No entanto, se tivesse feito um plebiscito em 38 ou 39, ela seria aprovada com 80%. Mas não estava interessado nisso. Acho que o erro que o dr. Getúlio cometeu foi ter retardado a redemocratização. Devia ter-se antecipado e feito a reforma da Constituição, submeter as reformas a um plebiscito ou então convocar uma Constituinte.

Não lhe parece que o Estado Novo caiu, não quando as tropas da FEB voltaram, mas quando elas foram?

Quando elas foram, estava destinado a cair. Concretizou-se a queda, quando elas voltaram.

Como então o presidente reagiu ao envio de tropas? Porque ele era um homem sensível e sabia que isso podia acontecer.

Ele não se opôs em nenhum momento.

Na roda que frequentava no Palácio, durante o Estado Novo, sabia-se alguma coisa a respeito das violências políticas que eram cometidas pela polícia, ou veio a se saber dessa história só mais tarde?

Não, não se sabia. Aliás, durante o período da guerra tive um relacionamento cheio de atritos com o Filinto Müller. Pelo seguinte: fartei-me de apontar locais no Rio em que se realizavam reuniões nazistas e a polícia dele sempre dizia que não havia nada. No dia em que minha polícia me informou que numa casa da Penha estava abrigado um espião nazista que tinha desembarcado aqui clandestinamente, na costa, mandei prendê-lo. Filinto reclamou, porque era território dele. Mas tínhamos combinado que para essas questões não haveria fronteiras entre o Estado do Rio e o Distrito Federal, e por isso sua alegação não era procedente. Grande parte da repressão à espionagem alemã nessa área foi feita pela polícia do Estado do Rio.

E com relação às violências políticas?

Na Constituinte de 46 criou-se uma comissão para apurar isso. Li todos os relatórios e realmente há fatos envolvendo a Polícia Especial.

Acha que o aparelho repressivo dessa época adquiriu uma autonomia que lhe dava condições de agir independentemente do controle superior?

Sim, havia essa autonomia. Só depois que deixei o governo soube que foram praticadas algumas violências. Disse isso na Câmara e no Senado. A censura é que não permite ao governo tomar conhecimento desses fatos. Há coisas que se passaram no meu governo e que só vim a saber depois que tinha deixado o poder. A tendência da polícia é ser violenta. E, quando a censura torna a polícia imune à crítica, as coisas se agravam. Ninguém sabe o que se passa. É mais fácil governar sem censura, porque se toma conhecimento de tudo.

Lançada a candidatura de Eduardo Gomes, ele só poderia ter um candidato militar, e dos candidatos militares o nome de maior prestígio era o do general Dutra. Ministro da Guerra durante todo o governo do dr. Getúlio — e isso deve ter influído no ânimo dele — Dutra era um homem diretamente responsável pelo Estado Novo. Tanto que foi chamado de "condestável do Estado Novo". Foi ele o homem que precipitou a sua implantação de 15 para 10 de novembro, alegando, depois da leitura da "Carta aos brasileiros", de Armando Salles, que a agitação seria grande e que ele precisaria de novas medidas para manter a disciplina. Dutra foi responsável pelo novo regime tanto quanto o dr. Getúlio, ou talvez até mais do que ele, porque foi quem garantiu o apoio militar ao Estado Novo.

O sr. sempre acreditou na vitória de Dutra?

Sim.

Mesmo antes do apoio de Vargas?

No momento do apoio do dr. Getúlio. Vou lhes contar um fato significativo. Estava em Volta Redonda, fazendo um comício pelo Dutra. A coisa corria com certa animação, com um número elevadíssimo de operários, mas sem grande entusiasmo, quando chegou correndo uma pessoa e foi ao palanque, com o telegrama dizendo que o dr. Getúlio apoiava Dutra, o famoso "ele disse". Mandei que o telegrama fosse lido e senti imediatamente a diferença.

Quem conseguiu arrancar esse pronunciamento de Vargas, que parecia muito indeciso ou, pelo menos, muito reservado em São Borja?

No dia 29 de outubro, dia da queda do dr. Getúlio em 1945, disse-lhe que ia deixar a vida política. "Não, respondeu ele. Você tem de continuar. Você é a pedra que deixo no sapato do Macedo Soares. Tem de ser candidato a deputado federal e continuar dirigindo seu partido no Estado do Rio". Passados alguns dias, fui ao Rio Grande e lá conversei muito com ele. Nessa ocasião chegou o Hugo Borghi, para pedir apoio ao Dutra. Ele se recusou, embora nos autorizasse a dizer que estava apoiando e até que aconselhava a votar em Dutra. Mas não quis fazer nenhuma proclamação. O dr. Protásio, irmão dele, e João Neves da Fontoura também chegaram lá na mesma época, com a mesma missão, mas o dr. Getúlio continuava resistindo.

Só mais tarde é que se decidiu, quando lhe apresentaram o seguinte argumento: a vitória de Eduardo Gomes representaria o abandono de seus amigos, que seriam perseguidos. O único meio de evitar isso seria a eleição de Dutra, que oferecia não apenas apoio aos seus amigos, como também o Ministério do Trabalho ao PTB.

Dutra teve alguma atuação na queda de Vargas, que explicaria essa reticência?

Não, Dutra não teve propriamente uma participação direta na queda do dr. Getúlio. Foi para ela meio empurrado. Tanto assim que, quando Dutra foi ao Palácio, no dia 29, às 7 da noite, o dr. Getúlio disse-lhe: "Isso é mais contra o sr., do que contra mim, porque eu estou acabando e o sr. vai começar." E Dutra concordou, respondendo-lhe: "O sr. tem razão." Mas, voltando ao "ele disse", acho que este foi o fator decisivo para a vitória do Dutra. Quando voltei daquele comício em Volta Redonda e fui para o quarto do Hotel Serrador, onde estava hospedado, havia uns dez amigos nossos me esperando, completamente arrasados. Realizava-se então um grande comício do Brigadeiro no Largo da Carioca. Havia automóveis desde a praça Mauá, cortando o meio-fio da avenida, até a Galeria Cruzeiro. Era uma impressionante. Acalmei-os, relatando a chegada da mensagem do dr. Getúlio e o que ocorrera em Volta Redonda. Aquilo ia mudar completamente a situação. E foi o que aconteceu.

Não acha que o processo eleitoral de então estava muito aberto à fraude?

Não. Pode ter havido fraude, mas muito pequena, nas eleições para vereador ou deputado, com o voto em branco sendo aproveitado. Mas não se pode dizer que isso invalidou ou comprometeu o resultado do pleito presidencial.

Como o presidente, depois de ter admitido a abertura, ter iniciado o processo eleitoral, criando partidos, foi perder o controle da situação e acabar sendo derrubado?

É muito difícil apontar as causas disso. Estou convencido de que ele realmente queria a eleição. Apenas tinha receio de que, eleito, o Brigadeiro acabasse com a legislação social. Ele não faria isso, mas essa era uma tese muito explorada na época. E sobretudo temia que seus amigos fossem perseguidos politicamente.

E a "Constituinte com Getúlio"? Foi tramada no Palácio?

Não, não acredito. O Hugo Borghi, por exemplo, que foi um dos autores da ideia, só veio a conhecer o dr. Getúlio numa das manifestações em frente ao Palácio destinadas a lançar essa tese. O dr. Getúlio disse mais tarde que o seu desejo foi o de renunciar diante do povo e aguardar os acontecimentos. E acrescentou que só não o fez, porque, se assim procedesse, não saberia quem empolgaria o governo.

Vê alguma semelhança entre a queda do Estado Novo e a situação atual?

Vejo sim, e tenho chamado a atenção para isso. O problema pode agravar-se de uma hora para outra.

E quais são os pontos de semelhança?

Em primeiro lugar, o problema dos candidatos. Impunham-se na época candidatos militares, porque nenhum civil teria forças para fazer uma campanha, mesmo apoiado pelo governo. Ainda que conseguisse eleger-se, um civil não teria condições para governar, como acredito também que nenhum civil possa governar o Brasil nos próximos anos. Havia também o problema da desconfiança de lado a lado. O dr. Getúlio ficou com certa mágoa dos candidatos, e os candidatos com receio dele.

Por que o acordo interpartidário não funcionou na sucessão de Dutra?

Porque o Otávio Mangabeira, governador da Bahia, estava absolutamente convencido de que seria o candidato do Dutra, que por sua vez achava que o PSD tinha o direito de dar o candidato.

Dutra tinha alguma restrição a Cristiano Machado?

Dutra disse-me que Cristiano não podia ser candidato porque tinha um irmão comunista. Respondi-lhe que Cristiano era um homem de muita personalidade e que, além do mais, o dr. Aníbal Machado, a quem ele se referia — nem sabia o seu nome — não era comunista. E, mesmo que fosse, não iria agir sobre Cristiano. "Sei disso, mas é sempre perigoso ele dentro do Palácio", respondeu.

Mas depois ele retirou essa restrição, porque aceitou a candidatura Cristiano.

Aceitou, porque tinha de aceitar um nome qualquer, não podia ficar sem candidato.

E Vargas, por que não apoiou Cristiano?

Quando lhe falei de Cristiano, o dr. Getúlio respondeu que o achava um candidato muito bom. Elogiou-o lembrando que havia prestado grandes serviços na Revolução de 30, e que era um homem sério, de respeito. Creio que o apoiaria. Mas a pressão sobre ele para ser candidato continuava a se exercer terrivelmente. Assisti, no Rio Grande, à chegada de caravanas que iam pedir-lhe que aceitasse a candidatura. Levavam material de propaganda, para mostrar-lhe que estava tudo pronto, faltando apenas a sua autorização para começar a campanha.

Vargas queria realmente voltar?

Acredito que não. Pelo menos nessa ocasião a que me referi, ele não pensava em aceitar a candidatura. Há um fato que prova isso. Quando surgiu o problema do registro da sua candidatura — ele ainda não havia aceitado que seu nome fosse lançado, essa era uma iniciativa de seus partidários — levantou-se a tese de sua inelegibilidade, por ter governado no período anterior ao de Dutra. Acho que o Superior Tribunal Eleitoral jamais aceitaria isso. Mas nessa ocasião fui chamado à casa de um dos ministros do STE. Disse-me ele o seguinte: "Acaba de sair daqui uma pessoa altamente credenciada do governo, que veio pedir o meu voto contra o possível registro da candidatura do dr. Getúlio, alegando que a Constituição, quando fala que é inelegível o presidente anterior, o caso se aplica a ele. O que é uma coisa absurda. E quero preveni-lo como seu amigo. Se o dr. Getúlio for candidato, não votarei nele, mas não concordo com o que estão fazendo". Contei o caso a Alzira, que imediatamente escreveu ao dr. Getúlio, porque ele tinha muitos amigos no STE, que poderiam agir em seu favor. "Ótima solução, respondeu. Se impugnarem meu nome, não precisarei responder a toda essa gente que vem me pedir para ser candidato. Deixem que a coisa corra normalmente".

Era favorável à candidatura dele?

Não. Nunca fui favorável. Achava que ele não devia voltar, porque estava cansado, ficara muito tempo afastado do governo, tinha virado fazendeiro e ia custar a se adaptar.

Acha que estava desatualizado?

Também desatualizado, embora lesse muito e recebesse muita gente. Mas a maioria transmitia-lhe informações tendenciosas, que procurava corrigir quando ia visitá-lo. Estava isolado. Recebia jornais apenas uma vez ou outra, e não gostava de ouvir rádio, que aliás, naquela época, pegava muito mal no Rio Grande. Pegava bem apenas algumas estações de Buenos Aires, e ouvir informações do Rio, via Argentina, era uma coisa precária.

Foi um erro a volta então?

Pessoalmente para ele foi. Custou-lhe a vida, não é? Tentou tudo para apoiar um candidato. Tenho certeza de que aceitaria bem tanto o Nereu Ramos quanto o Cristiano Machado. Mas a pressão dos acontecimentos o levou a candidatar-se. E no fim ficou muito irritado com aquela história de sugerir nomes, retirá-los e depois apresentá-los novamente. Dutra tinha dez, vinte nomes que poderia mandar ao dr. Getúlio que ele aceitaria, mas relutou muito em fazer isso. Só o fez muito tarde. A única explicação que encontro para isso é que ele deveria ter um candidato, via dificuldades no lançamento desse nome e esperava uma oportunidade. Seu procedimento revela incompetência política, falta de traquejo, falta de habilidade, pois poderia mandar lançar esse nome por alguém de um grande Estado. Em vez disso, a situação se complicou tanto que chegou a um ponto em que começaram a surgir nomes que decididamente não estavam à altura da Presidência. Foi uma coisa lamentável.

Minha posição contrária à candidatura do dr. Getúlio levou-me a discussões com o pessoal do PTB. "Você está contra o tio Getúlio" — chegou a me dizer a Ivete Vargas, por exemplo. "Eu não estou contra, respondi-lhe, estou a favor. Vocês é que querem explorá-lo. Quero defendê-lo, pois sinto que ele não deseja e não está em condições de voltar. Por isso faço todo o possível, correspondendo ao desejo dele de não ser candidato."

O sr. realmente "cristianizou" o Cristiano Machado?

Depende do que vocês chamam de "cristianização".

Abandonar o candidato à própria sorte.

Logo depois que o dr. Getúlio aceitou enfim a sua candidatura, procurei o Cristiano e mostrei-lhe o seguinte, com toda franqueza e lealdade: não poderia de maneira alguma ficar contra o dr. Getúlio, mas ao mesmo tempo não iria hostilizar o seu nome. E mais: nem que eu me colocasse contra o dr. Getúlio, ele seria derrotado no Estado do Rio. "Você está certo, tem de ficar com ele" — respondeu-me.

Não ficou ressentido com o sr.?

Não, e demonstrou isso indo visitar-me no dia seguinte à minha posse como governador do Estado do Rio. Um homem de personalidade como ele, se estivesse ressentido, não faria isso. Gostaria ainda de acrescentar — porque essa história de "cristianização" é muito explorada contra mim — que Cristiano repetiu a muitas pessoas o seguinte: se todos tivessem agido com ele com a lealdade com que o fiz, não teria se exposto àquela campanha.

Por que ele não foi antes procurar o apoio de Vargas?

Com receio de perder o apoio de Dutra.

Como avaliaria o estado de ânimo de Vargas, após a sua volta ao poder?

Aparentemente bem, quer dizer, ele se adaptou muito bem ao sistema da administração. Gostava de trabalhar. Ficava horas despachando, lendo relatórios. Mas no fundo seu estado de ânimo era de abatimento e uma certa irritação. Por exemplo, achava as críticas injustas e se agastava.

Dentro desse quadro, sentiu nele alguma vez a vontade de censurar a imprensa, como no episódio Carlos Lacerda, por exemplo?

Não. Naquela campanha do Lacerda, que irritava todos os seus partidários, houve muitas sugestões para se contra-atacar, ocupando espaço na imprensa, no rádio e na televisão. Mas ele ficou meio indiferente.

Apático?

Apático, exatamente. A única coisa que fez, e a meu ver errada, foi ajudar a fundar um jornal governista, que foi a *Última Hora*.

E como ele reagia diante da Constituição de 46, a mais liberal que já tivemos? Pensou alguma vez em modificá-la?

Não. Estava realmente disposto a respeitar integralmente a Constituição. "Eu sou o único homem que não pode mexer nessa Constituição, disse-me uma vez. Já revoguei duas e qualquer iniciativa que eu tome para mudar uma vírgula dessa Constituição serei imediatamente acusado. Mas estou convencido de que serei o último presidente a governar com ela."

Quando começou a sentir que alguma coisa não ia bem no governo?

Quando voltei de uma viagem aos Estados Unidos, em 52, o dr. Getúlio tinha sofrido um acidente e quebrado a clavícula. Cheguei num domingo e fui logo visitá-lo. Encontrei-o abatido e fiquei mal-impressionado. Desci de seus aposentos e um ajudante-de-ordens disse-me que Lourival Fontes estava no Palácio, para o caso de eu querer maiores informações. Entrei de repente em seu gabinete, onde conversava com Café Filho. E tive a exata impressão de dois meninos de colégio que são surpreendidos pelo professor. Levaram um susto, pois estavam visivelmente falando de qualquer coisa que não seria do agrado deles que eu ouvisse. Perguntaram-me o que tinha achado do dr. Getúlio e, quando lhes disse que minha impressão não tinha sido muito boa, expuseram-me seu plano, que era a passagem provisória do governo ao vice. "Ele não precisa sair do Palácio, disse Café Filho. Continua em seus aposentos no segundo andar. Fico em minha casa, venho aqui despachar durante uns 15, 20 dias, até ele se recuperar e, então, reassume imediatamente." Não gostei muito da conversa, mas, como tinha achado o presidente meio caído, considerei a ideia até certo ponto razoável. À noite voltei para jantar com o dr. Getúlio e achei-o em excelente estado. Então chamei o Lutero, que estava no Palácio, e perguntei-lhe o que se passara. Explicou-me que, como ele tinha passado mal à noite, às 4 horas o médico de plantão aplicara-lhe uma injeção mais forte, para que pudesse dormir e eliminar as dores, daí a impressão que me causou de manhã, porque ainda estava sob o efeito do medicamento. Confesso que desse dia em diante desconfiei que havia uma conspiração dentro do Palácio.

Essa desconfiança era reforçada pelo comportamento anterior de Café Filho comigo. Uns três ou quatro dias depois da posse do dr. Getúlio, houve um jantar de despedida para Nelson Rockefeller na embaixada americana. Estávamos lá os dois e, quando as pessoas se encaminhavam para a mesa, o Café me levou para um canto para dizer-me o seguinte: "Estive examinando o quadro do PSD e só vejo um nome para substituir o presidente, que é o seu". Confesso que levei um choque com aquela coisa totalmente fora de propósito: "Mas eu sou o último a ser considerado, porque sou inelegível. Sou parente do presidente e não posso ser candidato, a Constituição proíbe". Ao que me respondeu: "Mas temos quatro anos para modificar isso". Fomos interrompidos por uma senhora que nos convidava para a mesa. Cogitar da sucessão presidencial na primeira semana de governo era uma coisa profundamente suspeita.

Quando acha que o controle começou a fugir das mãos do presidente?

O caso *Última Hora* foi muito grave, porque teve uma repercussão muito ruim para o governo. E o atentado de Toneleros foi a gota d'água. Aí, ou ele agia com muita violência...

Tinha condições para isso?

No começo tinha, porque os principais comandos estavam nas mãos de amigos dele. Tinha vários comandantes de tropa a seu lado e, na Aeronáutica, o pessoal da Esquadrilha de Caça. Além disso, os acontecimentos posteriores deixaram isso claro: o grupo da Vila Militar que fez o 11 e 22 de novembro de 1955 era o mesmo que estava no comando em agosto de 54.

Por que ele não agiu?

Houve falta de coordenação.

Falou há pouco da apatia de presidente. Não lhe parece que, além dessa falta de coordenação, um dos elementos capazes de explicar a falta de reação do presidente foi um certo sentido fatalista?

Creio que também isso impediu o presidente de agir. Pela atuação dele no dia 23, acredito que sim. Foi nesse dia que tive a pior impressão, a de um homem inteiramente indiferente ao que ocorria ao seu redor.

A carta que ele entregou ao Maciel Filho para dar a forma definitiva e datilografar era uma carta de resistência ou uma carta de suicida?

O final dela sempre me deixa em dúvida. Tanto podia ser uma coisa como outra, se bem que esteja mais inclinado a aceitar a hipótese do suicídio.

O sr. dá a impressão de que Vargas tomara a decisão do suicídio bem antes de consumar o gesto.

Uns três dias antes do suicídio, o major Fittipaldi, ajudante-de-ordens, encontrara, arrumando a mesa do dr. Getúlio, aquele bilhete que depois foi publicado — "À sanha dos meus inimigos deixo o legado da minha morte", e o entregou a Alzira. Ela o levou ao dr. Getúlio, que o tomou de suas mãos: "Não é o que tu estás pensando". Mas já era realmente.

O Maciel Filho datilografou fielmente a carta?

Não, e sua missão não era essa, mas a de dar à carta a forma que deu. A carta original é mais simples, e a meu ver mais verdadeira e mais bonita, mais sentida. Em torno dessa carta o Maciel montou aquela que passou para a História.

E onde está essa carta original?

Está guardada e não posso dizer onde.

Algum dia será revelada?

Claro. Com o tempo tudo aparece.

Mas por que esperar? Ela compromete pessoas?

Não, não compromete ninguém. Sou favorável a que seja publicada, mas não agora.*

Como vê o comportamento do Café Filho com relação ao PSD?

Sempre foi o mais faccioso possível. Tentou dividir o PSD, dando a Minas, onde existia o maior reduto pessedista, o Ministério da Viação, entregue a Lucas Lopes. Ele sempre procurou atrair elementos isolados. Valadares, por exemplo, era muito ligado a ele. O objetivo de Café era dividir o PSD para impor como candidato à Presidência o Munhoz da Rocha, seu amigo, e que fizera ministro. Munhoz tentou obter o apoio do Jango, que seria candidato a vice-presidente, numa aliança PSD-PTB. O Jango disse isso ao Oswaldo Aranha na minha frente.

---

* Pouco tempo depois, d. Alzira Vargas decidiu divulgar o original desta carta, que é publicada neste volume juntamente com o seu depoimento.

Como e quando surgiu a candidatura Juscelino?

Ainda no governo do dr. Getúlio, que estava acompanhando com grande interesse seu trabalho em Minas e achava que ele tinha possibilidades. Os grandes problemas surgiram justamente no PSD mineiro. O Juscelino era visto por alguns velhos políticos mineiros como um arrivista. Porque em Minas há aquele senso da idade. Ainda estavam vivos o Wenceslau e o Bernardes. E havia o Valadares e o Carlos Luz, que se julgavam com mais direito que Juscelino de ser o candidato. E o Valadares indiscutivelmente trabalhou contra a candidatura Juscelino. Sua hostilidade chegou a tal ponto que uma noite convidou-me para ir à sua casa, onde se encontrava o Juracy Magalhães. Propunham eles que nós três escolhêssemos ali um candidato. O argumento do Valadares era o seguinte: "O Juscelino deve muito a você, mas deve a muitas outras pessoas também. Se fizermos aqui um candidato, ele deverá somente a nós. Você garante o apoio do PSD, o Juracy o da UDN e o candidato está feito". Recusei a proposta, saí dali, fui até a casa do Juscelino, contei-lhe o episódio e o adverti: "Cuide de seus correligionários de Minas Gerais que do resto do Brasil eu me encarrego. Com relação a Minas, nada posso fazer. Você é que tem de se defender".

E o golpe do 11 de novembro? Havia realmente uma conspiração para impedir a posse de Juscelino?

Sim. Vi a conspiração ganhar corpo com as declarações capciosas que eram feitas e me alarmei com a doença do Café. Através de um amigo comum, consegui um encontro com o Raimundo de Brito, que era o médico do Café. Declarou-me ele que o presidente estava realmente doente, que necessitava de alguns dias de repouso, podendo voltar depois ao seu posto. Estava com viagem marcada para a Europa e decidi não cancelá-la.

Hoje está convencido de que o presidente estava realmente doente e aproveitou esse fato para tentar impedir a posse de Juscelino, ou não estava doente?

Acho que houve as duas coisas, ou seja, estava doente e usou isso como pretexto.

Foi embaixador de Juscelino em Washington, nomeado logo no começo do governo. Um dos casos mais famosos desse período, nas relações entre o Brasil e os Estados Unidos, foi o rompimento com o FMI, que provocou reações contraditórias no Brasil, mas que de qualquer maneira serviu para fortalecer bastante o prestígio de Juscelino.

Sim, fui nomeado logo no início do governo e, como não se chegou a um entendimento no partido com relação à minha sucessão, criou-se uma situação muito curiosa: continuei como presidente do PSD durante os três anos que passei em Washington. Fui até reeleito. Várias vezes tive de vir aqui, a chamado dos correligionários, para resolver problemas políticos. De qualquer forma, foi bom isso, pois do contrário acabaria tendo atritos com Juscelino, porque como presidente do partido receberia muitas reivindicações e teria de defender os correligionários junto ao presidente. Com relação ao caso do FMI, aquela foi a maior crise que não houve. O caso foi o seguinte: fizemos uma proposta ao Fundo Monetário Internacional, redigida pelo Roberto Campos, que era então superintendente do BNDE. O FMI respondeu oficiosamente pedindo medidas complementares para poder aceitar a proposta brasileira. Eram exigências normais do FMI, que são feitas até hoje, como diminuição do déficit orçamentário, fim dos subsídios do petróleo e do trigo, ou pelo menos sua diminuição. Essas exigências eram conhecidas. Quando telefonei ao Juscelino para dar a resposta, ele disse: "Olha, o Roberto está aqui ao lado e é melhor você falar com ele". Expliquei-lhe a situação, e ele deu uma gargalhada: "Mas, eu sabia disso e insisti aqui nessa explicação, mas essa gente não acredita no que falo". Pedi-lhe que explicasse ao Juscelino que o FMI tinha a máxima boa vontade em aceitar a proposta do Brasil, mas era norma sua pedir aquelas medidas. "Vou falar com o presidente, respondeu-me o Roberto. Mas você sabe que nesse plano de metas ele não mexe." Não houve resposta e a proposta brasileira nem chegou a ser oficialmente apresentada ao FMI, porque aquela posição havia sido apenas transmitida oficiosamente. Depois aconteceu o que se sabe: manifestação no Catete, discursos, foguetório. Todo mundo ficou tonto com aquilo e declaramos guerra ao FMI.

Vê nisso então uma ação estritamente de política interna?

Não foi bem isso. O Juscelino não queria se conformar com as determinações do FMI que, por sua vez, era obrigado a pedir aquelas medidas. Acho o seguinte: o Juscelino era um pouco impaciente. A negociação estava demorando muito, ele se irritou e resolveu romper.

Mas no plano interno foi muito bom para ele.

Não há dúvida. O Bernardes só teve um curto período de popularidade no Brasil durante o seu governo. Foi quando saiu da Liga das Nações. Rompeu e deixou muito mal o Raul Fernandes e o Afrânio de Mello Franco, que lá estavam representando o Brasil. Bernardes não quis se conformar com a entrada da Alemanha para o Conselho Permanente da Liga, do que dependia o equilíbrio da Europa. Para ele, o Brasil é que devia ocupar esse lugar. Não era nada disso. Sua atitude foi um erro político. Ao mesmo tempo, foi também uma grande oportunidade de ganhar prestígio no Brasil. Durante uma semana, ninguém falou mal de Bernardes, que foi considerado um herói nacionalista.

Acha que Jango, na Vice-Presidência, ajudou Juscelino, ou mais prejudicou do que ajudou? Porque uma grande parte das críticas feitas ao governo Juscelino refere-se às nomeações para os Institutos de Previdência.

No governo do dr. Getúlio, o PTB nomeou muito pouco.

É que não mandava tanto, não é?

Não é que não mandasse, é que o dr. Getúlio não era homem de fazer muitas nomeações. Fazia o estritamente necessário e, quando sabia que alguém estava se excedendo, procurava corrigir. Mas com o Juscelino eles abusaram muito. Uma vez ele mandou fazer um levantamento de nomeações, que me mostrou, e ficou horrorizado. Tinha um deputado do PTB com duas mil nomeações na Previdência Social e no Ministério da Viação. Juscelino não sabia dizer não. As pessoas pediam e ele assinava. Apresentavam-lhe uma folha com pedidos e, por baixo dessa, metiam três ou quatro. Aquela primeira autorização servia para tudo. Fizeram muito isso na Previdência.

Acha que ele fazia isso conscientemente, para garantir o apoio do PTB?

Não, era o temperamento dele. Mas foi ele quem deu grande força ao PTB. Sempre se mostrou muito desejoso de manter um bom relacionamento com o PTB.

Ele não via com certa preocupação a ascensão de um grupo radical dentro do PTB?

Não. Ele nunca abandonou essa aliança PSD-PTB.

Qual foi a sua posição diante da candidatura Lott? Achava que ele poderia ganhar?

Sabia que ele não motivava o PSD para a luta, mas depois que me engajei na campanha não o abandonei mais. Alguns de seus mais exaltados partidários, quando perceberam que a vitória não era certa, quiseram desistir. Aí reagi. "Vocês tiram o homem do Ministério da Guerra, ele se candidata à Presidência da República e agora querem substituí-lo? Isso é brincadeira. Agora vou com ele até o fim". E realmente fui.

Jânio nunca procurou o PSD?

Sim, ele esteve em minha casa antes de ser eleito, com o Quintanilha Ribeiro e o Lino de Matos. Disse-me então o seguinte: "Não preciso do PSD para me eleger. Tenho certeza de que vou ser eleito. Mas ninguém governa este país sem o PSD e por isso quero o apoio dele para depois de minha eleição". Respondi-lhe que ia estudar o assunto e, como sabia que ele estava se preparando para viajar, perguntei-lhe a quem deveria procurar no caso de ter alguma coisa a lhe dizer. "Nunca estarei tão longe que não possa estar aqui para discutir esse assunto" — foi a sua resposta.

Durante o governo, Jânio não procurou o PSD para fazer um acordo?

Não. Uma vez o José Joffily apresentou um projeto de reforma agrária no Congresso e ele mandou dizer-lhe — não me lembro se mandou dizer ou disse pessoalmente — que ia apoiá-lo. Encarreguei o Capanema, o

Oliveira Brito e o Ulysses Guimarães de estudarem o projeto e todos chegaram à mesma conclusão: era inviável, por ferir a Constituição no caso da indenização. Afora isso, não houve nenhuma outra aproximação, mas também o PSD não criou nenhuma dificuldade para ele.

Se ele tivesse procurado o PSD, o partido se disporia a conversar?

Claro.

Mas no caso da renúncia, o PSD se aproveitou da situação e criou o fato consumado.

Claro. Acho que eles não contavam que a coisa fosse tão rápida. Eles pensavam que a carta da renúncia fosse para a Comissão de Justiça para receber parecer. E, como era uma sexta-feira, a Comissão só se reuniria na segunda ou terça. Mas o Auro, muito vivo, não perdeu tempo e convocou o Congresso. A verdade é que Jânio deu o golpe sozinho. O Pedroso Horta estava com a carta da renúncia no bolso, almoçou com o Pedro Aleixo e não disse nada. Depois foi ao Congresso e entregou a carta. Mais tarde, já nos tempos do MDB, quando o Pedroso Horta era líder na Câmara, jantávamos frequentemente — ele, alguns outros companheiros e eu. Tocávamos no assunto, perguntávamos por que não mostrara a carta ao Pedro Aleixo, por que o Jânio renunciara, e ele nada dizia. Insistíamos, perguntando se o Jânio tinha sentido alguma oposição maior por parte do Congresso, e ele permanecia silencioso.

Qual a sua impressão pessoal?

A de que Jânio achava que a renúncia provocaria um impacto muito grande e que ele, como Perón, voltaria nos braços do povo, com o apoio das Forças Armadas, para governar com mais poderes. Naquela época, Jânio tinha uma grande popularidade e uma grande autoridade.

Teve uma participação importante na crise que precedeu a posse de João Goulart na Presidência e gostaríamos que contasse como as coisas se passaram.

Logo que tive conhecimento da renúncia de Jânio, reservei passagem para Brasília, mas só consegui viajar às 6 horas da manhã do dia seguinte. Cheguei e fui logo procurar o Mazzilli, que já estava na Presidência, para me inteirar da situação. Fui para o Palácio do Planalto acompanhado de José Maria Alkimin e de Vitorino Freire, que ocupava interinamente a liderança do PSD no Senado. "Estou aqui dentro dessa sala não sei se como prisioneiro ou presidente da República" — foi a primeira coisa que nos disse Mazzilli. Por sorte, dois dos oficiais que lá estavam eram amigos meus, tinham servido comigo em Washington: o então coronel Muricy e Mendonça Lima. Pedi-lhes que me ajudassem a localizar o ministro da Guerra e disse ao Mazzilli que a única coisa a fazer era procurar o general Denys, como presidente do PSD, para saber o que se passava, pois oficialmente não havia nada. Fui ao encontro do Denys com o Alkimin e o Vitorino. "Ministro, queremos chamar o dr. João Goulart, que é o substituto legal do presidente, para tomar posse, e gostaríamos de saber o que acha." Sua resposta foi pronta: "No ponto em que ele puser o pé no Brasil, será preso". Perguntei-lhe então se Mazzilli, como presidente da República em exercício, estava informado disso, e ele respondeu que não. Ponderei-lhe que nesse caso a situação era muito grave e a conversa terminou aí. Fomos ao Palácio novamente e lá aconselhei o Mazzilli a convocar os presidentes dos partidos, para dividirmos as responsabilidades. Lá estiveram, entre outros, o Herbert Levy, o Lino de Matos e, pelo PTB, se não me engano, o Doutel de Andrade, aos quais Mazzilli expôs a conversa que eu havia tido com o Denys. Em certo momento, manifestou-se uma tendência um pouco oportunista de pessoas que queriam liquidar logo o João Goulart, e então reagi: "O PSD elegeu o dr. João Goulart duas vezes vice-presidente da República, o que implica uma responsabilidade, de modo que devemos examinar as coisas com mais profundidade".

O Mazzilli convocou então os ministros militares para uma conversa, após a qual voltaríamos a falar com ele. Nessa conversa, eles repetiram a sua determinação: "Quando o dr. João Goulart chegar, será preso". Mazzilli pediu-lhes que fizessem uma comunicação oficial nesse sentido. A comunicação dizia que havia incompatibilidade entre João Goulart e o exercício da Presidência e que as Forças Armadas não aceitavam a sua posse. Essa comunicação foi enviada ao Congresso. Alguns disseram que isso foi feito para criar um fato consumado, mas defendi o Mazzilli, pois sabia que sua intenção, ao proceder assim, era ganhar tempo, para se poder estudar melhor a situação do país e procurar uma fórmula política que nos permitisse sair da crise. Felizmente todos os presidentes de partido — como Herbert Levy, da UDN, Raul Pilla, do PL, e Paulo Lauro, do PSP, por exemplo — mostraram compreensão para a gravidade da situação. Entre as muitas propostas surgidas então, a que vingou foi a de aproveitar a emenda parlamentarista que estava em tramitação no Congresso para, por meio dela, transformar o regime, possibilitando assim a posse de João Goulart.

Pensa que o levante de Brizola no Sul foi um elemento decisivo?

Não sei se propriamente decisivo, mas é inegável que mostrou que o Exército não estava totalmente unido e que, se não se encontrasse uma fórmula política, haveria uma guerra civil. Enviamos para o Sul um emissário, que examinou a situação, esteve no Palácio Piratini, viu as tropas do Exército e da Brigada juntas na defesa do Palácio e transmitiu-nos a sua impressão: "É a repetição de 30". Isso, ao mesmo tempo em que aumentou a resistência dos que queriam prender Jango, fez com que começasse a se esboçar na Marinha e na Aeronáutica um movimento que divergia daquela intolerância. Aí, os ministros militares concordaram com a vinda de Jango a Brasília para entender-se com os presidentes dos partidos e organizar um governo parlamentarista.

Qual foi o papel do general Ernesto Geisel nesse episódio?

Ao eclodir a crise, o general Geisel era chefe de gabinete do Denys, que o colocou como chefe da Casa Militar do Mazzilli. Depois que os ministros militares tinham decidido concordar com a vinda de Jango, resolveram recuar, e o general Geisel teve então uma atitude muito firme. Estava com Mazzilli, Alkmin e Martins Rodrigues, conversando no gabinete, quando ele abriu a porta e disse: "Presidente, peço ao sr. que me substitua, pois não pode mais ter confiança em mim. Assumi um compromisso com o sr. de que o dr. João Goulart poderia vir a

Brasília, mas os ministros militares (nesse momento eles iam entrando no gabinete) estão faltando com a palavra e não querem mais dar as garantias." Os ministros, que já tinham entrado, disseram: "Presidente, nós vamos conversar com o general lá fora e pedimos-lhe que espere um pouco." A atitude impetuosa do general Geisel fez com que tudo fosse resolvido rapidamente e logo era dado o sinal verde para o dr. João Goulart voltar. Antes disso, tínhamos conseguido localizar o Jango e falar com ele do gabinete do Mazzilli. O primeiro a falar foi San Thiago Dantas, com aquele seu jeito muito calmo: "Presidente, o país espera um grande gesto do sr. Estamos numa situação grave, com o Exército pedindo a sua renúncia. Pense bem na sua oportunidade, no futuro". Em seguida, peguei o telefone: "Jango, a situação aqui é difícil, mas quero dizer a você que o PSD não o apunhalará pelas costas. A situação não está fácil, mas vamos fazer todo o possível para você terminar o seu mandato." Nesse momento entrou o Juscelino, que não sabia do que se passava, e disse: "Jango, estou contigo para o que der e vier. Um abraço."

O Denys estava muito preocupado com a forma de parlamentarismo a ser adotada. Preferia o parlamentarismo alemão, mas conseguimos convencê-lo de que aquela não era a melhor solução. Aliás, numa das vezes que falei com Jango, quando ele já estava em Porto Alegre, disse-me: "Então, comandante, querem transformar-me na rainha da Inglaterra?" Respondi-lhe que não se tratava disso e que estávamos procurando a melhor solução possível. "Mas quem nomeia?" — perguntou. Expliquei-lhe que as nomeações seriam feitas tanto por ele como pelo primeiro-ministro. Essa ligação tinha sido completada numa das cabines do Senado, onde fazia um calor terrível. E logo que o Jango acabou de falar o Brizola veio e me segurou uns vinte minutos no telefone. Eu suando e ele insistindo que aquela solução não era a melhor, que o III Exército, a Brigada e ele não podiam concordar com ela etc. Passou o telefone novamente ao Jango, a quem eu disse: "Olha, Jango, há duas maneiras de você chegar a Brasília: ou dentro do regime de uma emenda constitucional, que estamos votando, ou à frente de uma revolução. Pense bem nos dois caminhos e escolha". Pediu conselho e eu lhe disse que deixasse o Congresso votar a emenda e depois viesse a Brasília e organizasse o governo. Foi uma luta, porque o Brizola estava ao lado dele e não o deixava concordar, o que afinal acabou fazendo.

A seu ver Jango estava preparado para o governo, ou não tinha condições para comandar um país como o Brasil, embora fosse um eficiente líder político?

Jango era um líder político, um homem para as massas, mas não estava preparado para o governo.

Acha que o parlamentarismo ainda é uma solução a ser cogitada?

Aquele parlamentarismo, apesar de todas as suas falhas, funcionou. O que mais se teme no parlamentarismo é a queda frequente dos governos. Pois bem, tentaram derrubar o Tancredo e não conseguiram. Todos os outros primeiros-ministros, apesar de seus méritos, não tinham experiência política. O único que tinha era o Tancredo e se saiu bem. Sim, aquele regime funcionou. O grande mal que fizeram ao Jango foi votarem no regime presidencialista no plebiscito. Hoje acho muito difícil que o parlamentarismo funcione. Acho que não se pode nem pensar nisso, mas naquela época perdemos uma boa oportunidade.

Estava muito afastado do Jango antes de sua queda, não é?

Estava afastado, sim. Pouco antes da Revolução, fui visitado por uma pessoa que era minha amiga desde os tempos de colégio, José Bento Ribeiro Dantas, que me viera prevenir de que dentro de dois ou três dias começaria a Revolução — estava já escondendo os seus líderes — e pedindo aos pessedistas que se definissem. Ele chegara em casa pouco antes da cúpula do PSD. Pedi-lhe que esperasse num dos aposentos e fui para a sala conversar com o Juscelino, Negrão de Lima, Martins Rodrigues, Alkimin e outros. Queria que Juscelino fizesse uma advertência séria ao Jango, e ele parecia disposto, quando o Negrão teve uma frase infeliz: "O Juscelino não pode largar a canoa do Jango". Andava meio doente nessa época e com uma certa irritação. Não me contive: "Olha, Negrão, não diga bobagem. O Jango já jogou o Juscelino no mar há muito tempo e estamos aqui nos iludindo, principalmente você, Juscelino, pensando que terá o apoio dele. Não terá, porque, quando fui comunicar-lhe o lançamento de sua candidatura, ele parou um pouco e disse: 'Preciso que o sr. me ajude, fazendo com que o PSD me dê as reformas de base, para que eu possa ir para as ruas apoiar o Juscelino'. Ele sabe que o que nos pede não podemos dar e, portanto, não vai apoiar o seu nome". Depois, chamei o José Bento, pedi-lhe desculpas pela indiscrição e solicitei-lhe que transmitisse àqueles amigos o que me dissera. Poucos acreditaram, entre eles, Martins Rodrigues e Joaquim Ramos. O Juscelino ficou em dúvida.

Não houve uma reunião na casa de Joaquim Ramos, na qual Juscelino ofereceu o apoio do PSD a Castello Branco? Como o Castello Branco chegou ao PSD?

Houve sim essa reunião, e o Castello chegou a nós através do Martins Rodrigues e do Paulo Sarazate. Quando Castello Branco recebeu o sinal verde para conversar com os políticos, pediu uma reunião com o PSD e propus a casa do Joaquim Ramos. Na primeira reunião, além do Joaquim, estavam presentes o Martins Rodrigues, o Alkimin e eu. Castello disse que procuraria governar com a Constituição. A Revolução ainda não existia, porque ele queria voltar à normalidade no dia seguinte. Como já tínhamos um candidato presidencial, disse-lhe que achava conveniente uma conversa dele com o Juscelino e ficou então marcada uma reunião para o dia seguinte. Nesse encontro, Juscelino disse a Castello que o apoio do PSD a seu nome já havia sido dado por mim e que eu falara por todo o partido. Mas, como ele era candidato já escolhido pela convenção, queria saber o que Castello pretendia fazer no governo, qual a conduta que adotaria, e falou também das tendências udenistas que atribuíam a ele. Castello desmentiu isso categoricamente, dizendo que nunca fora ligado a partidos, que governaria acima deles e que, se fosse eleito, não ficaria no poder nem um dia além do mandato. Presidiria eleições honestas, limpas, e entregaria o governo a quem fosse eleito.

Nessa conversa, em ambiente familiar, Castello ficou impressionado com Juscelino, que olhava seguidamente o relógio. A certa altura, não se conteve e disse: "O sr. tem algum compromisso? Se tiver, pode sair, esteja à vontade, pois já me demorei demais." Juscelino saiu logo em seguida com Negrão. Ficamos conversando ainda um bom tempo, pois, quando perguntamos ao Castello se ele estava com pressa, respondeu: "Não, hoje eu tirei a noite para os senhores". Quando me queixei ao Juscelino por essa atitude, perguntando-lhe por que não conversara mais com Castello, que se colocara à sua disposição, respondeu-me que havia um grupo diante do prédio onde morava e ele tinha receio que invadissem o seu apartamento.

Acha que Castello ficou magoado com essa atitude de Juscelino?

Não posso precisar. Mas, como ele era um homem um pouco vaidoso, não deve ter gostado. De qualquer forma, não creio que isso tenha influído na sua cassação. Devo dizer ainda que, se soubéssemos que Castello algum dia poderia ser levado a cassar Juscelino, é claro que não iríamos oferecer-lhe apoio.

Quem na verdade cassou Juscelino?

Carlos Lacerda, e isso foi dito a Israel Pinheiro pelo próprio Castello. No dia em que Juscelino e Lacerda se encontraram em Lisboa, Castello disse a Israel que achava muita graça naquilo, justamente por causa da posição do Lacerda no episódio da cassação.

Mas ele provocou a cassação diretamente ou através de alguém?

Esse detalhe não sei. Dizem que foi através do Costa e Silva. Castello nunca conversou a esse respeito comigo. Alguns dias antes da cassação de Juscelino, num sábado, cheguei a Brasília com o Joaquim Ramos e o empregado me avisou que o presidente tinha ligado duas vezes. Pensei que fosse algum equívoco, mas logo depois o Castello estava no telefone convidando-me para jantar e, como disse que viajara em companhia do Joaquim Ramos, estendeu o convite a ele. Jantamos na sala junto ao quarto do presidente, que conversou sobre tudo. Fez muitas perguntas sobre o dr. Getúlio e sobre o seu método de trabalho. Falou sobre a guerra, falou da mocidade, e nada de entrar no assunto. Quando um ajudante-de-ordens veio dizer-lhe qualquer coisa ao ouvido, disse-lhe que não queria mais tomar seu tempo, pois imaginava que ele ainda fosse trabalhar. Pediu-me para esperar e disse-me então: "Mandei chamar o sr. aqui, porque dentro de dois ou três dias vou tomar uma decisão muito importante e, pelo que o sr. me merece, quero que saiba que ela será tomada unicamente tendo em vista os interesses do país, e que nenhuma força externa, nenhuma outra pessoa vai agir sobre mim no sentido dessa decisão. Queria que o sr. ficasse convencido disso". Agradeceu-me a presença no jantar e foi de uma excessiva amabilidade, conduzindo-me até a rampa do Alvorada. Ao sairmos, disse a Joaquim Ramos: "O Juscelino já está cassado". E foi assim. Como homem educado, Castello quis dar uma satisfação.

Presidiu o PSD durante 14 anos e ele foi, entre 46 e 65, o partido brasileiro de maior solidez e coesão, além de ocupar o poder quase todo esse período. Qual o segredo dessa vitalidade do PSD? E também como justifica a aliança com o PTB?

Comecemos pelo fim. Os dois partidos têm uma origem comum, não se pode esquecer isso. Foram ambos fundados pelo mesmo homem, embora abrangendo setores diferentes. O dr. Getúlio me disse literalmente que a criação do PTB era destinada a "colocar um anteparo entre os sindicatos e o comunismo". Com relação à força do PSD, ela vinha de sua moderação. O PSD não era um programa, mas um comportamento político de bom senso, que evitou muitas crises. Na renúncia de Jânio por exemplo, se não fosse esse bom senso, teria havido uma guerra civil.

Pensa que esse bom senso está fazendo falta agora?

Está sim. Entre os políticos e também entre os homens do governo.

Não lhe parece também que está fazendo falta ao MDB um pouco daquela bravura da UDN, porque, enquanto o PSD marcou um estilo de governo, a UDN marcou um estilo de oposição?

Realmente a UDN marcou um estilo. Acho que cada um deu uma contribuição muito grande, e o próprio PTB também. Sim, faz falta a UDN com sua oposição exaltada, seus bacharéis briguentos.

Acha que o PSD, a UDN e o PTB conseguiram representar as grandes tendências políticas do país no seu tempo?

Representaram sim, mas no seu tempo. Algumas coisas da UDN hoje não teriam sentido, assim como o excesso de conciliação do PSD não seria também aceitável, porque o processo político é outro. É preciso mais energia e mais disposição de luta para sairmos dessa situação.

E o "pacote de abril"? O sr. o aceita, compreende, justifica, acha inevitável?

Não. Antes de mais nada, a lei de reforma do Judiciário era ruim. Tanto que não foi posta em execução até agora. Acredito que aquilo foi aproveitado como pretexto para se fazer outras coisas que se desejavam. Mas acredito que nesse momento o presidente está interessado em encontrar uma saída para a situação brasileira.

30 de abril de 1978

6 O risco é inerente à democracia

Entrevistadores:
Lourenço Dantas Mota,
Oliveiros S. Ferreira,
Hélio Damante e
Brás José de Araújo

Miguel Reale

Nasceu em São Bento do Sapucaí (SP) em 1910 e morreu em São Paulo em 2006. Formado pela Faculdade de Direito de São Paulo, onde foi professor de Filosofia do Direito. Considerado um dos maiores juristas brasileiros. Na década de 30, foi um dos principais teóricos da Ação Integralista Brasileira, na qual ocupou o cargo de Secretário Nacional de Doutrina e Estudos. Após a reconstitucionalização, em 1946, participou da fundação do Partido Social Progressista (PSP) e foi várias vezes secretário de Estado em São Paulo.

Corre uma versão segundo a qual começou a sua vida intelectual e política como simpatizante do trotskismo. Ela é verdadeira?

Quando estudante no curso colegial, tive contato com os socialistas, sobretudo os italianos, pois era aluno do Colégio Dante Alighieri, onde conheci vários republicanos e socialistas mazzinianos. Isso me levou a uma formação, digamos assim, de caráter socialista. Posteriormente, conheci e tive contatos com alguns trotskistas, mas nunca me tornei um deles. Por uma razão muito simples: sempre me causou estranheza a alienação dos problemas brasileiros, que notava entre aqueles que vinham discutir problemas de Stalin e Trotsky, sem a preocupação de focalizar a realidade brasileira. Isso me afastou desse grupo e continuei numa espécie de marxismo reformista, que era a minha posição quando ingressei na Faculdade de Direito. Ainda quando estudante, em 1931, publiquei um artigo com o título "A crise da liberdade", no qual aprecio sobretudo o socialismo revisionista em suas várias fases, para culminar na tentativa de um socialismo liberal, tal como era exposto, por exemplo, por Carlos Rosselli. Essa foi a minha experiência socialista. Não cheguei a pertencer aos quadros de nenhum partido, seja stalinista, seja trotskista. Considero o revisionismo socialista um ponto de partida para o pensamento político contemporâneo. E, mesmo quando assumi outras posições políticas, sempre conservei uma bagagem de ideias vinda da meditação desses problemas. Considero positivo aquele momento do revisionismo socialista, que depois foi superado por outros movimentos, que culminaram no fascismo ou no comunismo.

A sua passagem para outras ideias políticas deveu-se à inadequação dos socialistas à realidade brasileira, ou a uma transformação interior?

A essa inadequação e também a uma transformação interior, porquanto sempre fui e continuo avesso a toda e qualquer explicação, seja filosófica, seja política, de caráter reducionista, ou seja, tendente a dar predomínio a um determinado fator na realização dos fenômenos sociais, o que me tem levado a procurar um complexo de elementos operantes, quer na vida social, quer na vida política. E pareceu-me que a orientação comunista padecia desse grande mal ao subordinar tudo a uma única dimensão: a econômica.

Participou da Revolução de 32?

Participei como soldado da Revolução de 32, o que já foi um sinal de que me encontrava num estado de perplexidade. Fui para a Revolução, como tantos outros, à espera de uma abertura, à procura de um caminho. Mas senti que os problemas eram mais profundos do que aqueles que eram postos apenas no plano jurídico pela Revolução Constitucionalista. Essa experiência marcou muito a minha forma de pensar e de colocar os problemas.

Teria sido o caráter eminentemente jurídico da proposição revolucionária de 32 que o teria feito decepcionar-se com ela?

Sim. Se houve liberais que participaram da Revolução Constitucionalista, houve também pessoas que estavam procurando outras soluções. Esse foi pelo menos o meu caso e creio que também o de outros estudantes da minha geração. O processo revolucionário brasileiro, tanto o de 30 como o de 32, levou os jovens da minha geração a concentrar-se no estudo da realidade brasileira. Surgiram centros de pesquisa no país inteiro. No Rio e em São Paulo, formaram-se dois núcleos de grande importância dedicados à meditação sobre a problemática política e social brasileira, que publicavam revistas e jornais. No Rio, em torno de uma revista de estudos jurídico-sociais, reuniram-se homens como San Thiago Dantas, Antonio Gallotti, Thiers Martins Moreira, Américo Jacobina Lacombe, Helio Vianna, Otávio de Faria, Augusto Frederico Schmidt e outros. Em

São Paulo, havia a Sociedade de Estudos Políticos, que chegou a ter um jornal — *A Razão*. Eram todos movimentos tendentes a penetrar mais a fundo no estudo do processo revolucionário brasileiro, que vinha de 22, passando por 24, 30 e 32. Essa análise se refletia também no setor militar através do Tenentismo. Considero as décadas de 20 e 30 como de grande importância, e não se deve esquecer também que esse anseio encontrou um ponto de partida na Semana de Arte Moderna de 22. Ela foi uma fonte de inspiração para muitos caminhos, como o verde-amarelismo, a Escola de Anta, etc.

Gostaríamos que nos falasse do integralismo.

Não fui um dos fundadores do integralismo. O movimento surgiu em outubro de 1932, com o manifesto de Plínio Salgado. Nessa ocasião, eu fazia oposição ao integralismo. Sou conterrâneo de Plínio Salgado, nascemos ambos em São Bento do Sapucaí. Mas só vim a conhecê-lo quando era estudante de Direito. E no contato com ele, nas conversas que tivemos senti a possibilidade de uma experiência política que viesse realizar a fusão de dois valores que me pareciam fundamentais: o socialismo em vinculação com a problemática nacional. Essas seriam duas ideias dominantes no meu espírito e no futuro, talvez, quando dispuser de tempo, vou reexaminar toda minha obra e mostrar que está sempre presente nela a tônica da composição de uma solução social com o problema da liberdade, de um lado, e com o problema da nacionalidade, da realidade nacional, de outro. O integralismo, a meu ver, não surgiu como uma expressão de mimetismo de fenômenos como o fascismo e muito menos o nazismo. Inicialmente, o integralismo foi uma meditação sobre os problemas brasileiros, o que se pode ver pela obra de Plínio Salgado, como por exemplo o seu romance *O Estrangeiro*, que deveria merecer tanta atenção quanto *A Bagaceira*, de José Américo de Almeida. Tanto na sua obra literária como na sua atuação política, Plínio reflete a meditação sobre a obra de Alberto Torres, Oliveira Vianna, Farias Brito, Tavares Bastos, Euclides da Cunha, que eram seus autores prediletos. De maneira que a sua formação inicial foi, digamos assim, cabocla. Aliás, sempre o considerei um grande caboclo, até pelo físico, pela maneira de ser. Mas essa formação nacional evidentemente não poderia deixar de receber o influxo do pensamento universal, que na época tinha duas expressões: o comunismo e o fascismo.

E o liberalismo?

Tínhamos do liberalismo uma experiência que era um pouco decepcionante, pois ele se apresentava aos olhos dos jovens sob dois aspectos: de um lado, como o oportunismo pragmático do PRP, resolvendo os problemas administrativos do dia-a-dia e, de outro, uma agremiação democrática que dava excessivo peso à problemática eleitoral, pensando poder resolver todos os problemas do Brasil com a adoção do voto secreto. Por isso, ele pareceu à minha geração uma resposta formalista a um problema de conteúdo. E não havia teóricos do liberalismo. Vejam que a pregação liberal, feita através da campanha civilista de Ruy Barbosa, já era então uma coisa remota. Não havia nenhuma figura que exercesse uma liderança liberal no plano doutrinário. Isso não podia deixar de levar à recepção de ideias que vinham de fora, o que foi o drama de toda a minha geração. Sobre esse ponto é preciso fazer uma observação. Ao se estudar o relacionamento do integralismo com o fascismo, comete-se geralmente um erro: o de tomar o integralismo como uma unidade maciça, o que é válido também para o fascismo. Existe uma espécie de vulgata sobre o fascismo e sobre o integralismo que não corresponde à realidade.

O fascismo, que impressionou tantos no início dos anos 30, não era o fascismo da segunda fase da vida de Mussolini, em que prevaleceu a ideia de um totalitarismo cesarista. O fascismo do primeiro momento teve a sua fase heróica, a sua busca de soluções no plano da doutrina. Ainda recentemente, um dos grandes pensadores da Itália, que é Ugo Spirito, fazia uma advertência nesse sentido, mostrando que no início o fascismo estava dividido em duas grandes correntes: uma, à qual ele próprio pertencia, que pleiteava o advento de um corporativismo mais aberto, e outra, capitaneada sobretudo por Alfredo Rocco, cuja tônica era o predomínio do Estado. Essa última era, digamos, um estatalismo corporativo. Essas duas correntes se opuseram durante anos e a segunda prevaleceu, por motivos militares e políticos da conjuntura histórica da Europa daquela época. E, assim, o fascismo se esvaziou do seu espírito corporativo inicial, para conservar apenas uma estrutura corporativo-administrativa. A minha experiência foi a primeira, não a segunda.

O seu foi então um corporativismo social?

Sim, era um corporativismo de cunho mais social.

Uma organização da sociedade em termos corporativos, mas independente da pressão estatal?

Sim. Uma organização da sociedade naqueles termos dentro do Estado, mas não integrada de maneira total no organismo do Estado. É claro que não se aceitava um sindicalismo anárquico e revolucionário, mas se procurava uma solução sindical nos quadros da Nação, e sem o princípio da luta de classes como determinante da organização sindical. Foi esse aspecto que encantou e atraiu, digamos assim, um grande número de jovens. Posso dizer que esse era o pensamento dominante entre aqueles que tinham uma formação de maior caráter político. Era o caso de San Thiago Dantas, era o meu caso e de outros elementos do Norte, como o do depois general Jeovah Mota e do próprio Helder Câmara, então sacerdote em Fortaleza. Todos tínhamos as mesmas ideias de reforma social. De maneira que o movimento integralista não pode ser compreendido sem essa necessidade, sentida por um grupo de intelectuais, de realizar uma reforma social e de fazer as forças populares participarem desse processo.

E tiveram êxito? Houve a participação de forças populares?

Não há dúvida que sim. O integralismo, apesar de ter como origem um núcleo de intelectuais, estendeu-se a todos os setores da sociedade.

Não lhe parece que há uma participação dominante de classe média?

Não há dúvida nenhuma. No integralismo prevaleceu a classe média no centro das decisões. Mas isso não impediu que houvesse participação muito grande da massa popular, tanto nas grandes cidades, como nas cidades do interior, e até nas roças. Chegamos a ter núcleos integralistas nas fazendas, o que levou a composições muito curiosas no relacionamento entre o fazendeiro e seus empregados. Houve um esforço para a criação de uma consciência social diferente e é preciso analisar o integralismo também sob esse prisma, que foi dominante na época. O integralismo, no fundo, foi um movimento de curta duração, porque começou em outubro de 32 e terminou com o Estado Novo, ou seja, não chegou a ter seis anos de atuação livre. Depois disso, os integralistas ficaram agindo por conta própria, sem qualquer estrutura de organização, e cada um tomou um caminho diferente. Há um outro aspecto que é indispensável para a compreensão do fenômeno integralista. Prevalecia na época um excessivo regionalismo, a começar pelas estruturas partidárias. Não havia o sentido global da Nação. O problema brasileiro não era colocado como um todo, mas visto sempre de um ângulo regionalista e estadualista. Apesar de já estar superada na época a política dos governadores, as oligarquias continuavam com as mesmas estruturas. E nesse quadro o integralismo foi o primeiro partido de caráter nacional. Nem mesmo o comunismo chegou a se constituir nacionalmente. Comunistas havia pelo Brasil inteiro como havia também liberais, mas o integralismo foi, sem dúvida, o primeiro partido que colocou a problemática nacional como um problema prévio a ser enfrentado.

Isso explicaria a simpatia de importantes setores do Exército pelo integralismo?

Tenho a impressão que sim. E acho também que nessa visão globalizante ou unitária da Nação teve influência o pensamento de Oliveira Vianna, por exemplo, que via no regionalismo um dos grandes erros da política nacional. Enfim, é preciso ter em mente que o integralismo obedeceu a uma série de fatores, dos quais estou lembrando apenas alguns, pois a análise minuciosa nos levaria muito longe. Esse movimento teve também as suas diversas fases e orientações. Não havia uma identidade rígida de pensamento. Tomemos como exemplo Plínio Salgado. Ele tinha uma orientação eminentemente católica. Sua formação política era baseada na doutrina social da Igreja, à qual se manteve vinculado até o fim. Isso, aliás, foi reconhecido pelos que na época falavam em nome da Igreja. A memória histórica é muito fraca. Alceu Amoroso Lima, por exemplo, escreveu na época: "Se há realmente vocação política, confesso que não vejo outro partido que possa, como a Ação Integralista, satisfazer tão completamente às exigências de uma consciência católica que se tenha libertado dos preconceitos liberais". Isso não deve causar estranheza, pois também fora do Brasil a primeira fase do fascismo teve a simpatia de homens como Churchill e Emil Ludwig. O mal é tomar o fenômeno como um bloco granítico e não perceber as suas fases evolutivas.

Quais eram as outras correntes de pensamento dentro do integralismo?

Plínio Salgado representou, sem dúvida alguma, a corrente dominante, à qual pertenceram vários líderes. Não quero citar nomes, porque há por aí certos democratas puros que não gostariam de ver lembrado o seu passado integralista... Além da corrente de Plínio Salgado, havia um grupo de formação mais social e econômica no qual me integrava. Esse grupo tinha também uma preocupação maior pela problemática jurídico-política, ou seja, pelo problema da organização do Estado. Suas colocações nem sempre coincidiam com as de Plínio Salgado, o que não impedia o relacionamento dentro do movimento. Bem mais tarde apareceu uma terceira corrente, chefiada por Gustavo Barroso, que recebeu influência antissemita. Aliás, o antissemitismo é outro equívoco que existe a respeito do integralismo. Se houve integralistas antissemitas, o antissemitismo jamais foi uma tese adotada pelo integralismo. Não tenho nenhuma razão para me justificar, pois acho que ninguém deve justificar-se por causa de um passado de atividade consciente diante dos problemas do seu país, mas citarei meu caso particular. Meu primeiro livro de certa repercussão — *O Estado Moderno* — foi dedicado a um judeu, meu colega de turma e amigo íntimo, morto na Revolução de 32. Não é demais recordar que, havendo correntes distintas dentro do integralismo, não faltavam, às vezes, contrastes e pressões, como ocorreu quando inesperadamente fui substituído, na Secretaria Nacional de Doutrina, por meu antigo colega da Faculdade de Direito, Ernani da Silva Bruno, cujas inclinações sempre foram mais para estudos históricos.

Até que ponto o temor do comunismo, muito intenso naquela época, determinou a organização e desenvolvimento do integralismo?

Quando o integralismo surgiu em 32, a tônica naturalmente era a anticomunista. Mas não foi um aspecto negativo — o anticomunismo — que prevaleceu na formação da doutrina. Considero o anticomunismo algo insustentável por si mesmo. Uma doutrina política só é válida na medida em que afirma alguma coisa, e não por contrapor-se a outra. Na realidade, se não me falha a memória, não havia esse perigo comunista tão intenso na época. O perigo comunista foi se tornando maior quase numa espécie de diálogo em contraste com o integralismo. Os integralistas tiveram dezenas de mártires em lutas de rua com grupos comunistas. O comunismo foi um dos fatores, mas não o determinante, na formação da doutrina integralista. Certamente esse fator deve ter influído no espírito de muitos daqueles que aderiram ao integralismo, sobretudo os elementos da alta burguesia. Não se deve esquecer que o integralismo era um movimento que se proclamava anticapitalista e antiburguês num sentido que deve ser explicado. A burguesia, como diz com acerto Benedetto Croce, é mais uma consciência de classe do que uma classe. O que se combatia então era um espírito burguês, de acomodação, de utilitarismo pragmático. E anticapitalista, sobretudo no sentido do capitalismo financeiro, pois não éramos contra a propriedade, mas contra o abuso do direito de propriedade.

Como explica que a Semana de Arte Moderna tenha produzido mais tendências de direita?

Tenho uma impressão diferente. Se a Semana, no plano político e social, produziu tendências mais para a direita, ou para o centro reformista, como é o caso de Cassiano Ricardo, Menotti Del Picchia, Cândido Motta Filho e Plínio Salgado, não faltaram elementos que adotaram posições de esquerda, como Mário de Andrade e Oswald de Andrade, que inclusive passaram a dominar o cenário. A Semana foi capitalizada por essa corrente de Mário de Andrade e Oswald de Andrade, passando a outra a ser considerada "pós-modernista". Aliás, que tudo isso tenha ocorrido em 1922 tem a sua razão de ser, pois estávamos comemorando então o centenário da Independência e os intelectuais foram levados, espontânea e naturalmente, a meditar sobre o passado e as perspectivas do futuro.

O integralismo foi um movimento típico daquela fase conturbada de entre guerras, ou ele tem valores perenes?

O integralismo desempenhou, a meu ver, um papel histórico fundamental naquele momento, e penso que com um saldo positivo, representado sobretudo pelo reconhecimento de uma atividade política com embasamento ideológico, ou ao menos programático. Enquanto toda atividade política anterior era mais de clientela ou baseada nas relações pessoais, o integralismo levantou uma bandeira que é válida até hoje, pois toda atividade política deve envolver a expressão de uma ideia ou de um programa para se legitimar. Mas isso não significa que se deve ficar preso à ideia que, naquele momento, teve um papel histórico.

Não acha que isso ocorreu também com o comunismo?

Sim. O comunismo colocou também uma série de problemas que inclusive ultrapassou os seus líderes, como a ideia da economia planejada. O planejamento econômico é originariamente, e fundamentalmente, uma contribuição soviética, que depois se esparrama pelo mundo, adquirindo uma conotação estatalista que não deveria ter. Voltando à sua pergunta anterior, devo dizer que vi e senti o integralismo realizando uma tarefa, numa certa época, e tendo uma mensagem até certo momento da evolução histórica.

Ele se esgota naquele momento ou tem valores perenes?

Há duas coisas que a meu ver o integralismo deixou de maneira perene. Em primeiro lugar, a vinculação de qualquer atitude política a uma programação de caráter doutrinário. Em segundo lugar, a percepção de que cabe ao intelectual ter uma participação e um empenho políticos. Poderia acrescentar um terceiro elemento, que é a procura de participação de elementos de base. O integralismo não se contentou em ser um clube literário, como muitos queriam desde o começo, mas quis ir até a massa. E essa foi a razão que o levou, por exemplo, a adotar a camisa verde. Ela foi um instrumento de penetração no meio popular, de arregimentação e coordenação de elementos humanos. O uso da camisa verde não se deu sem muita luta e com o natural receio de que o fato de haver uma milícia pudesse refletir negativamente no sentido da própria doutrina.

Como via, na posição de secretário nacional de doutrina do integralismo, o problema da organização do Estado brasileiro?

Em primeiro lugar, tínhamos uma profunda descrença com relação às estruturas partidárias. A vida partidária de então nos levou — e hoje estou convencido de que essa era uma posição extremada — a não ver possibilidade de organizar o Estado por meio de partidos políticos. Daí a predileção por uma solução de tipo sindical, começando o sindicalismo a partir do nível municipal, com sindicatos de agricultores, comerciantes, empregados de comércio. Uma sindicalização que assumiria no nível estadual uma amplitude maior, culminando naquilo que chamamos Câmara Corporativa, que seria toda ela de base sindical, por meio de eleições dentro dos sindicatos, sem interferência do poder público. Pensávamos também numa outra Câmara, que seria uma espécie de Senado e que refletiria a organização dos grupos culturais. Essa Câmara Corporativa de caráter cultural reuniria todas as expressões da vida artística, científica, jurídica etc. Ela, no fundo, representaria a Nação no seu todo, a fim de contrabalançar o aspecto setorial que é inerente a toda forma de sindicalismo. Pelo menos essa era a ideia que tínhamos.

Gosto sempre de lembrar um autor romeno, que exerceu muita influência no integralismo — Mihail Manulescu — que em sua obra *O século do corporativismo* faz o corporativismo aparecer sob uma forma democrática, dada a sua constituição de baixo para cima, e não de cima para baixo. Fiz questão de realçar essa diferença logo no primeiro trabalho que escrevi sobre o integralismo — *Posição do integralismo* — que foi considerado o segundo documento básico do movimento. Referindo-me ao fascismo italiano, nesse trabalho de 1933, dizia: "O fascismo afirma uma tendência universal, mas com as características históricas e mesológicas da Península. Sua obra se realiza com o formalismo e o espírito da tradição romana, de cima para baixo, numa divinização contínua do Estado. O Estado de Mussolini não é apenas o supremo regulador da atividade das instituições..." e assim por diante. E mais adiante: "Este espírito anima uma estrutura política de absoluta centralização de Estados totalitários somente comparada à realidade do governo dos soviets". Fazia então a crítica dessa organização de cima para baixo, pregando uma estruturação sindical que brotasse dos organismos de base e culminasse nas estruturas superiores. Devo dizer que hoje não compartilho da ilusão de poder organizar um corporativismo desse tipo. Estou convencido de que no Brasil isso culminaria numa interferência maior do Estado. De qualquer modo, aquela era a minha maneira de pensar então, que não coincide com a experiência dos anos. Esse, por exemplo, é um ponto que não considero permanente: a solução corporativa. Estou convencido de que, apesar dos pesares, temos de nos conformar com a existência dos partidos políticos. O mal é que no Brasil os partidos continuam não tendo embasamento doutrinário, mas continuam sendo o produto de relacionamentos pessoais ou de encontro de interesses.

Pode-se concluir que via no Brasil de então dois partidos com embasamento doutrinário — a Ação Integralista Brasileira e o Partido Comunista?

Não há dúvida. Esses eram os dois partidos que colocavam os problemas de uma perspectiva doutrinária, ou pelo menos programática. A reformulação dos partidos que houve depois foi um produto dessa pregação. Chamaria a atenção para outro valor permanente que vem do integralismo: a ideia do partido nacional. Quando a Constituição de 46 opta pelos partidos nacionais, está reconhecendo uma tese que surgiu com os integralistas.

Seria historicamente importante estabelecer quais foram as relações mantidas pelos integralistas com Getúlio Vargas.

Esse é um ponto que merece meditação e pesquisa mais profundas. Eu mesmo não estaria em condições de fazer afirmações taxativas. Quando exerceu a Presidência, eleito depois da Constituinte de 34, Getúlio Vargas via no integralismo uma força auxiliar para os seus planos de continuismo, enquanto o integralismo tinha as suas próprias razões internas de desenvolvimento. Essas forças caminhavam num mesmo sentido, até que se deu a crise — talvez artificial — da campanha presidencial de 1937. Toda campanha presidencial no Brasil tem sido motivo de inquietação e de soluções extralegais. Com o choque entre os partidários de Armando Salles de Oliveira e José Américo de Almeida, Getúlio Vargas passou a ver com simpatia o integralismo. Só no ano de 1937 houve contatos, com dois encontros entre Getúlio Vargas e Plínio Salgado, um antes e outro depois do golpe de 10 de novembro. Não poderia afirmar quais foram os entendimentos mantidos nessas conversas, porquanto Plínio Salgado, sob esse prisma, era um homem extremamente reservado. Disse mesmo numa entrevista que um chefe jamais revela inteiramente o seu pensamento.

Havia alguma expectativa de o integralismo transformar-se no partido oficial do Estado Novo?

Quando a crise política levou a uma solução do tipo do Estado Novo, o ministro Francisco Campos entregou a Plínio Salgado o texto da Constituição de 37 e este, como explica em seu estudo *O integralismo brasileiro perante a Nação*, devolveu-o, dizendo que ele não consultava plenamente a doutrina integralista, mas que não ia criar embaraços à solução que se tinha em vista, mesmo porque não teria condições para se opor. De maneira que houve, digamos assim, não uma colaboração direta, mas uma colaboração indireta, e muitos integralistas receberam o Estado Novo como uma oportunidade de o movimento se realizar como ideia dentro de uma estrutura política. Mas essa oportunidade não se concretizou, porque Plínio Salgado não aceitou a proposta que lhe foi feita para ser ministro da Educação do Estado Novo. Quando foi implantado o Estado Novo, a impressão, no país inteiro, era a de que o integralismo se inseria no novo regime como um componente essencial, a tal ponto que em várias cidades do interior os prefeitos entregaram as Prefeituras aos chefes integralistas. O golpe foi antecipado para 10 de novembro em consequência da "Carta aos Brasileiros", de Armando Salles, que precipitou os acontecimentos, de maneira que não houve tempo de dar conhecimento ao país do que se tinha em vista realizar, daí a ocorrência de fatos como aquele. O próprio integralismo foi tomado de surpresa e tenho a impressão de que um dos motivos do afastamento de Plínio Salgado foi o fato, por ele confessado, de não ter sido previamente avisado da antecipação do golpe pelo ministro Francisco Campos e pelo próprio presidente Vargas, com o qual tinha tido contato.

A impressão que lhe ficou foi a de que Vargas usou a Ação Integralista?

Ele se utilizou do movimento e do ambiente favorável para um regime de força. Mas, tão logo sentiu que o integralismo não ia ser apenas uma força de apoio, passou imediatamente para uma segunda atitude — a do fechamento dos partidos, inclusive da Ação Integralista, e a proibição de todas as milícias, de qualquer forma de arregimentação, dos símbolos, das insígnias etc. De maneira que, quando o integralismo se afastou do Estado Novo — por várias razões que ainda não estão de todo esclarecidas, e que talvez sejam objeto de uma análise posterior de minha parte — ele ficou vazio de conteúdo ideológico. E o presidente Vargas voltou então à sua fonte originária, que era o positivismo de Júlio de Castilhos. Era o puro autoritarismo, numa feição mais atualizada, com uma promessa de formação corporativa futura, que jamais se realizou. O Estado Novo na realidade só existiu como uma estrutura burocrática e paternalista. A Constituição de 37 previa a formação de uma Câmara de Deputados e de um Conselho de Economia Nacional, que teriam embasamento corporativo. Tudo isso ficou no papel. Só prevaleceram as disposições da Constituição que davam ao presidente a plenitude de poderes. Organizou-se um Estado paralelo à Constituição. Criou-se toda uma nova estrutura político-administrativa, que punha a Constituição entre parênteses. E o Estado Novo durou até 1945 como uma estrutura eminentemente administrativa. O coração do Estado Novo foi o DASP.

Poderia dar um depoimento sobre o chamado "episódio Fournier", ou seja, a tentativa de assalto ao Palácio Guanabara em 1938?

Quando se deu a ruptura entre o integralismo e Getúlio Vargas, a tendência natural e imediata foi de reação. E isso levou o integralismo a se unir, como sempre acontece nesses casos, a todos aqueles que haviam sido afastados do poder. Houve então um entendimento entre o integralismo e determinados núcleos liberais da maior significação. Eu mesmo participei de um encontro entre Plínio Salgado e Otávio Mangabeira numa casa perto da Gávea, no Rio de Janeiro, quando houve entendimentos no sentido de uma articulação político-militar para o restabelecimento da Constituição de 34. Uma das ideias que surgiu desde logo foi a de se coordenar um movimento em nível nacional. E um de seus desdobramentos seria a prisão de todos os chefes políticos do Estado Novo no Rio de Janeiro, inclusive o próprio presidente da República. A esse grande movimento aderiram vários líderes militares e também vários líderes liberais de São Paulo, da Bahia e outros Estados. O movimento ainda estava sendo articulado quando houve a precipitação de um grupo que julgou oportuno antecipar a insurreição para o dia 11 de maio de 1938. Houve então o assalto ao Palácio Guanabara, ao mesmo tempo em que era tentada a prisão de vários chefes civis e militares. No assalto ao Guanabara, houve a participação do tenente Fournier, que jamais foi integralista, pois era um homem vinculado ao grupo dos militares liberais.

Tempos atrás, quando apareceu um artigo altamente depreciativo sobre os que morreram no assalto ao Palácio Guanabara — ao que parece muitos morreram fuzilados — considerei-me na obrigação de denunciar a verdade até então escondida. E dei uma entrevista num jornal de São Paulo mostrando que na realidade o chamado *putsch* integralista não era senão um capítulo de um movimento muito mais amplo, que tinha a participação tanto de integralistas como de liberais. E invocava então a honorabilidade de um dos chefes militares, o general Castro Júnior, que com grande hombridade afirmou textualmente: "Eu seria o presidente da Junta Militar. É substancialmente verdadeira a afirmativa do sr. Miguel Reale". De maneira que, quando se continua a falar em "putsch" integralista, há evidentemente muita má-fé. Aliás, o Estado Novo jamais ignorou a vinculação que havia entre integralistas e liberais. Tanto assim que toda vez que surgia um movimento de qualquer natureza eram presos, ao mesmo tempo, representantes de um e outro lado. Lembro-me de que em 1939, por motivos que até agora não conheço plenamente, fui levado ao famoso presídio do Paraíso, onde me encontrei com vários membros do Partido Democrático, como Aureliano Leite e Pereira Lima. Ficamos presos lá alguns dias e nem sequer fomos interrogados. Ao sermos postos em liberdade, Aureliano Leite perguntou ao diretor do presídio: "Afinal de contas, por que é que fomos presos?" E recebeu a resposta: "Porque estavam soltos". Lembro-me bem disso.

Apesar da influência enorme que teve no país durante tantos anos, e de ser um intelectual de inegável valor, para além de divergências ideológicas, curiosamente Plínio Salgado é uma figura relativamente desconhecida. Por isso, gostaríamos de lhe pedir que nos falasse dele.

Foi dito que ele era um intelectual e acho que se manteve um intelectual até o fim. Talvez esse feitio de homem de pensamento é que terá impedido a sua ação no momento crucial, quando poderia ou deveria ter tomado determinadas decisões. Plínio Salgado era um político de cultura muito superior ao usual nos meios partidários. Cultura literária, filosófica e política. Era um temperamento irrequieto, um feixe de nervos, e com uma intuição fora do comum. Disse certa feita que a característica de sua inteligência era a intuição, que ele tinha um gênio intuitivo, expressão que foi deturpada por determinado escritor que me atribuiu a afirmação de que ele tinha intuições geniais, o que eu evidentemente não tinha dito. Não lhe faltaram, às vezes, intuições geniais. Prevalecia nele um poder de intuição próprio do brasileiro. Intuição dos problemas sociais, políticos e uma grande capacidade de apostolado. Foi sobretudo um homem que mobilizava inteligências e a opinião pública, capaz de falar tanto ao intelectual como ao homem do povo, porquanto sua palavra vinha carregada de afetividade e sentimento. Jamais acreditou na direção de um país tão-somente com ideias puras, ou seja, com ideias apenas através de conceitos. E sentia a necessidade de governar lançando mão também dos elementos de comunicação, que envolvem sem dúvida aspectos afetivos. Era inegavelmente um homem que tinha uma dedicação à causa brasileira que não pode ser contestada. Poderá ter errado, mas sempre o fez por patriotismo e sinceridade.

Essa é a imagem que guardo de Plínio Salgado: um autodidata que passou do plano literário para o plano político sem solução de continuidade. Toda a sua doutrina política está nos seus romances. Se fizermos uma análise de sua obra literária, verificaremos como o literato passou de uma atitude puramente estética para outra de caráter político. Apesar de toda essa apresentação que corre por aí de um homem violento, Plínio Salgado no fundo era um tímido, e os que conviveram com ele sabem disso. Posso dizer-lhes que o integralismo se preparou para tudo, menos para a conquista violenta do poder. Apesar de possuir uma milícia aparentemente paramilitar, essa era uma milícia inerme, pois de caráter puramente cívico, que não dispunha absolutamente de instrumentos ofensivos. Tanto assim que, quando houve o assalto ao Palácio Guanabara, recebemos armas de outros, pois não as possuíamos. Esse é um aspecto curioso da história do integralismo.

Não faltava a Plínio Salgado a verdadeira aptidão para a ação política?

Não se pode chegar a esse ponto, pois se ele não tivesse capacidade para a ação política não teria organizado o movimento que organizou, reunindo centenas de milhares de adeptos em todo o país, o que é muito difícil. O que lhe faltou foi a capacidade a que se referia Lenin de aproveitar-se de segundos que valem séculos, ou seja, a capacidade de aproveitar-se do momento certo para agir. Mas eu me pergunto também se esse momento apareceu. O chefe político é governado por duas forças, que me parecem profundamente verdadeiras, e que foram apontadas por Maquiavel: uma é a capacidade de ação, que ele chama de *virtù*, e a outra é a circunstancialidade do ato, que chama de *fortuna*. Com Getúlio Vargas, Plínio não teve essa "fortuna". Getúlio Vargas tinha inegavelmente outra percepção da política prática e dispunha — esse é um ponto importante — de elementos de ação, que faltavam ao integralismo. O integralismo tinha apoio militar, mas ele não era estruturado como aquele que sustentou Getúlio Vargas através do ministro da Guerra, Gaspar Dutra, e do chefe do Estado-Maior, Góes Monteiro.

Não lhe parece que o integralismo tinha mais simpatia do que propriamente apoio militar?

Não. O integralismo além de simpatia chegou a ter apoio militar efetivo, como por exemplo na Marinha. Mas infelizmente esse apoio militar não se pôde concretizar por causa de fatores imprevistos. O integralismo exerceu uma influência muito grande sobre a formação de muitos líderes militares.

Quando se lançou o Manifesto dos Mineiros e o movimento liberal contra a ditadura começou a crescer, e quando já se antevia a derrota das forças nazi-fascistas na Europa, que tipo de reflexão faziam os integralistas com relação ao futuro do país?

Não posso falar em nome dos integralistas até mesmo porque depois de 1939 não houve mais movimento integralista. Plínio Salgado compreendeu isso e, num documento da época, deixou plena liberdade aos ex-integralistas para atuarem inclusive no sentido da cooperação com o novo regime. Aliás, esse é um documento muito importante, diante de certas alegações feitas ultimamente. Logo ao se desencadear a guerra em 1939, Plínio Salgado aconselhava os ex-integralistas a manterem-se em posição de neutralidade diante do conflito entre os países democráticos e as potências do Eixo, e também, se necessário, de solidariedade com os poderes constituídos. Há uma passagem interessante de ser lembrada nessa diretiva, em forma de telegrama, que na época foi enviada para todos os lugares onde podia chegar. Dizia Plínio Salgado: "Situação delicadeza extrema. Avise companheiros não tomar atitude ou partido qualquer beligerante pois não sabemos qual será atitude futura nosso governo. Além do mais, Estados Unidos, com os quais Brasil tem compromissos que devemos honrar, ainda estão neutros".

Em 1945, quando se sentiu que o Estado Novo não tinha mais condições de viabilidade, a posição dos ex-integralistas foi a mais diferente em todo o Brasil. Alguns entendiam — esse era o pensamento de Plínio Salgado — que seria possível reorganizar a Ação Integralista em novos moldes, mantendo a mesma linha de pensamento anterior, adaptada naturalmente às novas circunstâncias emergentes. Outros foram para um nacionalismo de caráter mais esquerdista, e alguns adotaram mesmo atitudes extremadas, inscrevendo-se no Partido Comunista. E houve vários ex-integralistas que entraram para a UDN, outros para o PSD. Quanto a mim, entendi-me com um grupo de políticos da época para formar um partido novo, que pretendia ter algo a dizer, e que se chamava Partido Popular Sindicalista. O PPS foi um dos primeiros partidos populistas. Nas eleições que se seguiram à Constituinte de 46, elegeu um senador, pelo Ceará, e vários deputados. Depois, fundiu-se com outros para formar o PSP. Adhemar de Barros também não concordou com o PSD, porque sabia que tinha prestígio pessoal e só aceitaria entrar para esse partido numa posição de relevo, como elemento da chefia, o que lhe foi negado. O primeiro partido que ele formou não foi o PSP, fruto de uma fusão de partidos, mas o Partido Republicano Progressista — PRP.

O outro partido que, juntamente com o PRP e o PPS formaram o PSP, foi o Partido Agrário Nacional, chefiado por Rolim Telles.

Surge nesse momento um movimento que iria empolgar vários Estados e que sem dúvida alterou a vida política nacional e que tem a designação genérica de "populismo". Considero o populismo um dos fatos mais relevantes e significativos da história da República, lamentando que ainda não haja estudos mais profundos sobre a matéria. O populismo se caracterizou por várias notas distintivas que seria muito difícil sumariar. Em primeiro lugar, ele refletia um desejo de participação dos elementos populares, que foi propiciado por uma manobra estratégica do Estado Novo — o chamado alistamento *ex-officio*. Nem sempre se dá a devida importância a esse fato. O ministro Agamenon Magalhães, um dos homens mais sagazes e inteligentes que conheci, e que tinha grande visão política, ao perceber que o Estado Novo estava com seus dias contados, esforçou-se para prever as lutas políticas futuras. Sabia que um dos pontos de apoio para a continuidade dos políticos ligados ao Estado Novo era o proletariado urbano. E como sabia que esse proletariado, entregue a si mesmo, não se alistaria, determinou com muita habilidade o alistamento *ex-officio* ou seja, a entrega do título de eleitor a cada elemento sindicalizado. E como o Estado Novo havia criado uma consciência trabalhista, já se pode prever os efeitos a curto e longo prazo dessa mudança no sistema eleitoral. Os responsáveis pela direção político-jurídica do país na fase de transição não perceberam a manobra e foram para as eleições com base numa lei feita segundo um figurino que não era, absolutamente, liberal. O populismo resultou, em primeiro lugar, dessa facilidade de participação das massas na disputa eleitoral.

Em segundo lugar, havia no país, como em todo o mundo, um anseio de reformas. Não se compreendia mais a política em termos puramente formais, o que se refletiu na Constituição de 46 que, reforçando as teses da Constituição de 34, abriu todo um capítulo novo para os direitos sociais e econômicos do homem, não se contentando com a mera declaração dos direitos formais. O terceiro fator que determinou o populismo, no meu modo de entender, foi a falta de experiência doutrinária e programática da vida política nacional. A não ser os dois casos já citados do comunismo e do integralismo, os partidos políticos não tinham formação doutrinária e não se preocupavam com seu programa. Não havia participação permanente dos eleitores por meio de livros, jornais, folhetos, propaganda, enfim, dos meios de comunicação. E, não havendo um corpo de doutrina, nem os meios para difundi-la, verificou-se um fenômeno de transferência para as figuras de determinados chefes de certos anseios, e eles acabaram sendo vistos como a encarnação de um programa. Eram figuras representativas que encarnavam as aspirações do momento. Foi dentro desse quadro que se verificou uma pressão para que aqueles três pequenos partidos se compusessem em torno da figura de Adhemar de Barros. O programa do PSP, elaborado por mim, consistia no fundo numa posição de centro reformista, insistindo na tese de que a solução para o Brasil não estaria na socialização dos meios de produção, nem no estancamento da iniciativa privada, mas, ao contrário, numa solução que viesse socializar a riqueza, progressivamente, através do aumento da produção e da produtividade, de um lado, e de uma melhor distribuição da renda, de outro. Esse era o núcleo do pensamento que orientou a feitura do programa do PSP.

Devo dizer, porém, que essa tentativa de incutir ideias no populismo foi inútil, foi pura perda de tempo. Porque a figura do chefe, fosse ele Adhemar de Barros, Jânio Quadros, Getúlio Vargas ou João Goulart, era tão grande que dificilmente o elemento programático poderia ter consistência. Em pouco tempo a realidade se apresentou diante de meus olhos: não havia e não houve social-progressismo, mas apenas adhemarismo. O PSP se projetou em vários Estados e foi a maior força política de São Paulo. De qualquer forma, o PSP teve a sua razão de ser e era uma solução que me parecia adequada. Mas repito: a figura do chefe carismático, com a sua capacidade de capitalizar a opinião pública, tomou conta do partido. É inegável que o populismo representou um fato novo na política brasileira. O eleitorado, motivado pelo integralismo, pelo comunismo, pelo Estado Novo, não aceitava mais as soluções puramente formais. E procurava então aqueles homens nos quais via a encarnação de alguma reforma. O populismo é uma angústia no sentido da procura de um caminho, por parte de um povo que quer participar. Daí essa oscilação entre Adhemar e Jânio, em São Paulo. O Partido Trabalhista Brasileiro era o único que estava em condições, por várias circunstâncias, de capitalizar essas forças. Mas Getúlio Vargas não teve continuadores. Diria que, de certa maneira, o continuador foi Juscelino Kubitschek.

Vou lhes contar um episódio muito interessante. Um dos pontos fracos do PSP era Belo Horizonte. Organizei então uma comitiva de pessepistas chefiada por mim, para lançar o núcleo do partido em Belo Horizonte, bem à moda populista, com festas, manifestações, etc, como instrumento de penetração na massa. Estávamos no meio da festa, quando chegou Juscelino, que era então prefeito de Belo Horizonte, começou a dançar e tomou conta de tudo. Depois, como nos dávamos muito bem, bateu em minhas costas e disse: "Ô Reale, aqui em Belo Horizonte você não arranja nada, porque o PSD comigo é populista". Seu êxito eleitoral foi ter compreendido que podia atuar como populista dentro do PSD. Se ele tivesse atuado dentro do PTB, em lugar de João Goulart, que não estava capacitado para aquela liderança, talvez o destino político da República tivesse sido outro.

O segredo de Juscelino não foi justamente ser populista sem fugir aos quadros de um grande partido como o PSD?

Até certo ponto isso é procedente. Mas vejam que, se ele tivesse atuado no PTB, teria dado estrutura ao partido. O PTB tinha muito carisma, muitos motivos de atração, mas nunca chegou a ter um grupo de trabalhistas para lhe dar estrutura. Isso foi tentado pelo grupo de ISEB. Aliás, o ISEB não foi fundado pelo João Goulart nem pelos petebistas, mas pelo ministro Cândido Motta Filho. Participei da elaboração desse centro de estudos, que não tinha caráter partidário, ao lado de San Thiago Dantas e Roland Corbisier. Roland é quem teve a ideia de organizar um centro de estudos e pesquisas voltado para a realidade brasileira. Depois é que o ISEB se tornou praticamente uma força auxiliar do PTB. João Goulart infelizmente não tinha condições de liderança, porque era um vacilante. Tinha qualidades, inegavelmente, porque do contrário não teria chegado onde chegou, mas não tinha firmeza de orientação, uma linha traçada com clareza. Essa vacilação é que provocou o processo da Revolução de 64.

Ainda dentro do tema populismo, gostaríamos de lhe pedir um perfil de Adhemar de Barros.

É difícil. Lembro-me de uma observação de Fernando de Azevedo: muitas vezes queremos fazer um retrato e fazemos uma caricatura, e vice-versa. Tenho medo desse risco. Adhemar de Barros era sem dúvida um homem de formação democrática. Não lhe recusaria isso, e a sua posição em 64 bem o demonstra. Mas era um homem altamente autoritário dentro do seu processo democrático. Essa era uma característica de todo grande líder populista: aceitar uma democracia de base, mas exigir exclusividade de comando. Isso estava na dialética do populismo, como se pode ver no caso de Jânio Quadros. Adhemar de Barros tinha essa duplicidade: um democrata e ao mesmo tempo um homem altamente autoritário. Tinha alguns rasgos de estadista. Sei que com essa frase poderei espantar a alguns, mas ele tinha inegavelmente isso, sem o que não teria conseguido realizar o que realizou. Possuía também uma grande capacidade de proselitismo pelo contato direto e pessoal. Nunca deixou que o PSP se organizasse, porque o que prevalecia era o seu personalismo.

Tinha também uma concepção estranha da vida política, porque confundia um pouco os problemas privados com os problemas políticos. Identificava demais a sua pessoa com o Estado, o que o levava a tomar certas atitudes que foram por demais criticadas. Colaborei em várias oportunidades com Adhemar de Barros. Logo depois de sua primeira eleição para governador, fui ser seu secretário da Justiça, tendo então praticamente — vou usar uma palavra um pouco forte — aguentado apenas cinco meses, porque era muito difícil o relacionamento com ele no plano de governo, em virtude de certas influências de clientela com as quais eu, como secretário da Justiça, não podia concordar. Afastei-me da Secretaria, mas não do partido, pois afinal aquele era o meu patrimônio político: ajudara a fundar e era vice-presidente do PSP. Adhemar de Barros era um homem que tinha plena consciência de que o governo deve ser objeto de uma planificação. Mas também nesse sentido era uma pessoa estranha, paradoxal. Compreendia a necessidade de planejar mas, em docorrência de sua personalidade carismática, perturbava o plano e acabava fazendo o que bem entendia. Essa vacilação era a sua força e ao mesmo tempo a sua fraqueza. Houve um período muito importante na vida de Adhemar de Barros, relativo a seu comportamento perante o governo de João Goulart. Ele tinha todo o interesse em apoiar esse governo, mas jamais cedeu diante da orientação que João Goulart queria dar ao país, no sentido de uma República Sindicalista ou que outro nome tenha. Não creio que João Goulart tivesse convicções marxistas, mas estava cercado por elementos marxistas que atuavam sobre seu espírito. Adhemar de Barros procurou influenciá-lo no sentido de uma solução que preservasse a ordem constitucional democrática, mas não conseguiu. E, quando percebeu isso, tomou uma decisão clara de resistência ao governo federal, buscando contatos com o então governador Magalhães Pinto.

Um desses encontros foi em Belo Horizonte, no segundo semestre de 63, e o outro foi em São Paulo, se não me engano em fevereiro de 64. Nessa ocasião, foi estabelecida uma aliança política entre os dois líderes. Houve também um entendimento entre Adhemar de Barros e Carlos Lacerda. Os três se puseram de acordo com relação à preservação da ordem constitucional. Acompanhei isso de perto, pois estava pela segunda vez na Secretaria da Justiça, para a qual tinha sido convidado em vista das circunstâncias do momento, pois não participara da campanha de Adhemar de Barros para o governo do Estado em 1962. Isso, aliás, põe em realce um outro aspecto de Adhemar de Barros: era um homem que não guardava rancor. Getúlio Vargas também jamais guardou rancor, nem transformou o rancor em empecilho para seus entendimentos políticos.

Voltando um pouco atrás, gostaríamos de ter a sua opinião sobre a Constituição de 46, já que nesse momento está-se abrindo um grande debate sobre reforma constitucional.

A Constituição de 46 tem a meu ver um pecado, que é a sua grande ambiguidade. Por um lado, representa uma projeção para o futuro, na medida em que desenvolveu teses já contidas na Constituição de 34 no que diz respeito aos direitos econômicos e à legislação social. Mas, no que se refere propriamente à estrutura do Estado, marcou um retrocesso, devido naturalmente ao estado de espírito que dominou a Assembleia Constituinte, um estado de espírito de prevenção, ou precaução, por estarmos saindo do Estado Novo. O pêndulo oscilou do fortalecimento do Executivo e do autoritarismo governamental para um fortalecimento excessivo do Poder Legislativo, com o desequilíbrio da balança política.

Os constituintes mantiveram-se ainda apegados a uma técnica legislativa que vinha de 1891, e o fato é tanto mais notável quanto nações que haviam saído do regime nazista ou fascista tiveram maior compreensão para o assunto. A Lei Fundamental de Bonn e a Constituição italiana preveem processos legislativos atualizados e abertos. A legislação, por exemplo, deixou de ser formada apenas por leis ordinárias e leis constitucionais para prever uma gama de processos normativos: leis delegadas, decretos-leis e assim por diante. E estabelecem limitações no que diz respeito à iniciativa de leis que envolvam aumento de despesa, porquanto essa liberdade que tem o legislativo de inovar em matéria financeira entra em conflito com qualquer política de planejamento.

Assistiu de perto à Revolução de 64 e seria interessante que procurasse analisá-la do ponto de vista do jurista e do político.

A Revolução de 64 é um estuário formado por muitas águas, umas cristalinas e outras quase barrentas. De maneira que é difícil uma apreciação do assunto. Como muitos outros, senti que a Revolução era inevitável vários meses antes de sua deflagração. Com a destruição do regime parlamentar, os dias do presidente João Goulart — que a meu ver estava destituído do preparo indispensável para comandar a situação nacional naquele momento tão grave — estavam contados. Seus piores inimigos foram aqueles que destruíram o parlamentarismo, quando este podia, apesar de suas deficiências, ser atualizado, reformado. A inquietação e a insegurança iam desde as classes mais altas até as camadas mais humildes da população. O que moveu a todos foi esse sentido de incerteza. íamos para o desconhecido. Para uma República Sindicalista? Para um golpe mais profundo de esquerda? Ninguém sabia. A insegurança era absoluta. O governo João Goulart estava despreparado tanto para o governo como para o processo revolucionário. Tanto assim que seu famoso dispositivo militar não funcionou. E houve um fato curiosíssimo: essa Revolução foi feita por telefone. Não houve sequer o cuidado do governo federal de isolar os Estados entre si. Adhemar de Barros comunicava-se com Carlos Lacerda pelo telefone, quando este já estava cercado pelos fuzileiros navais. E falava com os governadores do Paraná, do Mato Grosso e assim por diante. O que demonstra a total inexperiência dos que detinham o poder, tanto para a paz como para a guerra. Quando a Revolução foi deflagrada em Minas, Adhemar de Barros foi tomado de surpresa, porque queria ser o primeiro. E isso o afetou profundamente. E, com seu temperamento às vezes excessivo, queria tomar posição imediatamente. Mas logo na manhã do dia 1º de abril chegaram a São Paulo os generais Cordeiro de Farias e Nelson de Mello, para examinar a situação militar com Adhemar de Barros e entender-se com os revolucionários de Minas. Ambos lhe fizeram então um apelo para que não tomasse nenhuma posição que envolvesse a Força Pública, pois isso poderia determinar uma tomada de posição contrária das forças do Exército.

Como o general Cordeiro de Farias esperava conquistar para a causa revolucionária o general Amaury Kruel, comandante do II Exército, pediu a Adhemar que não precipitasse os acontecimentos. Ficou acertado que Adhemar de Barros lançaria, no entanto, um manifesto. Esse manifesto tomava posição, mas não deflagrava uma revolução, o que decepcionou muita gente que, não conhecendo os entendimentos de bastidores, julgou que o governador de São Paulo estava balançando entre as duas forças, o que absolutamente não é verdade. Faço várias restrições a Adhemar de Barros em outros planos, mas não na sua posição revolucionária, que foi muito clara até o fim. De maneira que a Revolução teve vários fatores e representou o encontro de homens os mais diferentes, desde um democrata tradicional como Julio de Mesquita Filho até um homem progressista como Adhemar de Barros e outros de caráter completamente diferente. Então, deflagrado o movimento, a Revolução ficou em estado de perplexidade, pois não havia sido feito nenhum preparo ideológico. Houve uma série de manobras políticas tendentes a fazer o pêndulo oscilar no sentido dessa ou daquela força política, sobretudo do PSD, o que provocou uma reação imediata do comando da Revolução, que passou a considerar o Congresso uma projeção do processo revolucionário e não a sua origem.

Com a eleição do presidente Castello Branco — que jamais fora um revolucionário, mas um homem preocupado em manter a ordem constitucional — o processo revolucionário assumiu uma característica diferente. Costuma-se dizer que houve um mero golpe de Estado. Não concordo. Houve efetivamente uma Revolução, a partir do momento em que se fez um Ato Institucional, e quando o presidente Castello Branco decepcionou muita gente reafirmando uma política reformista no país. Ele compreendeu que o anseio de reformas e de desenvolvimento não eram privilégios de Juscelino Kubitschek e João Goulart, mas uma aspiração nacional. O que houve de novo foi a maneira de colocar o problema sobre bases racionais e de ordem técnica.

Como explica a cassação de Adhemar de Barros?

Adhemar de Barros jamais se conformou com uma posição secundária no processo revolucionário, porque se considerava o primeiro líder da Revolução. O presidente Castello Branco sempre respeitou a sua posição, mas não pôde permitir que ele se contrapusesse às linhas econômico-financeiras traçadas pelo governo central. E segundo me parece — nessa época já não era mais secretário da Justiça, estava afastado do governo — Adhemar de Barros tentou contrariar o governo federal em matéria de política cafeeira, lançando mão do Banco do Estado como instrumento de ação contra o próprio Banco do Brasil, ultrapassando assim o limite de tolerância permitido pelo processo revolucionário. De maneira que a cassação de Adhemar de Barros não se prende a qualquer ato do passado, mas se vincula a uma conjuntura do momento.

Mas, como estava tratando do processo revolucionário, devo dizer que faço reservas a um ponto que me parece fundamental. A Revolução de 64 tem pontos inegavelmente positivos na colocação do problema econômico-financeiro, apesar do aspecto criticável da estatização, mas se esqueceu dos problemas de estruturação política. A Revolução não deu ao problema político o mesmo cuidado que deu à problemática econômico-financeira. Venho afirmando isso reiteradamente há muitos anos. A Revolução não pode durar eternamente. Ela é uma ponte entre uma ordem institucional antiga e uma ordem institucional nova. E faltou o devido cuidado na análise desse problema. Não que os líderes da Revolução não o tivessem percebido: a reforma constitucional promovida em 1969 pelo presidente Costa e Silva é bem um sinal de que havia preocupação com o que poderíamos chamar "institucionalização do processo revolucionário". A ideia revolucionária, em si mesma, poderá durar, mas o processo revolucionário tem de se institucionalizar, sob pena de a Revolução ser atingida em sua essência. E penso que para que a institucionalização se verifique é necessário superar o preconceito da máxima segurança. Enquanto se pretender ter segurança cem por cento, não haverá solução democrática, porque é inerente à democracia uma dose de risco. E sinto que caminhamos para uma solução desse tipo, não só por causa dos reclamos da opinião pública, que tem muita força, como pelo peso da consciência social e política, que não pode de maneira alguma ser desprezado, e ainda pelo próprio amadurecimento do processo revolucionário.

É nesse sentido que se orienta o trabalho de reformulação institucional coordenado pelo senador Petrônio Portella, no qual foi ouvido?

Não compartilho absolutamente do pessimismo daqueles que atribuem ao senador Petrônio Portella o propósito de inserir o AI-5 na Constituição, ou de criar mecanismos paralelos. Tenho a impressão de que é propósito do atual governo adotar uma solução que não represente apenas a salvaguarda das instituições, mas também a dos direitos individuais. Se essas duas ordens de providências não existissem, não haveria por que falar em Estado de Direito. É evidente que não podemos esperar — pelo menos esse é o meu ponto de vista — uma transformação radical, nem tampouco marchar para uma abstração do tipo da Assembleia Constituinte, que pressupõe preparo doutrinário longo e prévio, mas para uma solução de caráter progressivo, que representará sem dúvida alguma uma abertura maior, com reflexos não apenas no plano político, mas também no econômico. Minha convicção é que as duas coisas estão interligadas. Há um grande erro em pensar que a reforma econômica valha por si mesma, independentemente de uma reforma correlata no plano político-social. A não ser que sejamos adeptos da tese de que é preciso fazer o bolo para depois distribuí-lo. Essa tese nunca me convenceu, porque à medida que se produz se distribui, sem o que não há retorno para a alimentação da produção.

Vejo com certo otimismo e confiança o momento que estamos vivendo agora, que é o da revisão da Constituição de 69, para tirar dela aquilo que é excessivo, ou seja, os atos de exceção. Na ciência política e na técnica constitucional — e é preciso observar que as soluções constitucionais não são obra exclusiva de constitucionalistas — existem processos amplamente estudados no sentido da preservação da ordem constitucional concomitantemente com a garantia dos direitos da pessoa humana. Esta é a grande tarefa com que se defronta no momento a Revolução.

E o "pacote" de abril, como fica na revisão constitucional?

Em primeiro lugar, devo lembrar que o presidente Geisel declarou que a reforma constitucional seria feita — para usar a sua expressão — sob a égide das modificações constitucionais de abril do ano passado. Isso significa que não é propósito do governo alterar, pelo menos no momento, qualquer das normas estabelecidas anteriormente. Algumas têm caráter conjuntural, como as eleições indiretas de governadores e um terço dos senadores. Não creio que elas tenham caráter permanente. Penso todavia que prevalecerá por longo tempo a norma que já vinha da Constituição de 67, e que foi apenas alterada no ano passado, da eleição indireta do presidente da República.

Com relação a outros aspectos, devo dizer, por exemplo, que não acolhi com entusiasmo a reforma do Poder Judiciário. Quando dos trabalhos de revisão constitucional promovidos pelo presidente Costa e Silva em 1969, uma parte dos membros da Comissão de Alto Nível, da qual participei, pleiteou a transformação do Supremo Tribunal Federal numa Corte Constitucional, com a criação de um Superior Tribunal de Justiça. Considero esta uma medida indispensável para a reforma do Poder Judiciário. Do contrário, aumentam-se ainda mais os encargos e responsabilidades do STF, que já está numa situação aflitiva, dado o número imenso de processos que cabe a cada ministro julgar. Não me entusiasmou tampouco a centralização do Tribunal Federal de Recursos em Brasília, quando o normal seria a descentralização desta Corte para atender de maneira mais direta aos interesses das diferentes regiões, como seria o caso do Nordeste, do Centro-Sul. Há aspectos positivos e negativos nas reformas de abril do ano passado, mas me parece que, no momento, elas não serão objetos de reexame. É assunto que fica para uma outra fase. Não creio que as reformas do ano passado impeçam a normalidade constitucional que se pretende, no que ela tem de substancial, que é um equilíbrio maior dos poderes, a volta das garantias a parlamentares e magistrados, e assim por diante.

Como se define hoje ideologicamente?

Diria que desde que considerei encerrada a trajetória integralista, o que se deu por volta de 1940, quando passei a me preparar para o concurso para a Faculdade de Direito de São Paulo, a minha posição sempre se situou naquilo que chamo de democracia social. Trata-se de uma solução aberta, que não comporta figurinos pré-fabricados e que se caracteriza por determinados pontos básicos, aos quais já fiz referência ao longo desse depoimento. Essa minha compreensão pluralista do Estado de Direito já está claramente fixada, desde 1940, em meu livro *Teoria do Direito e do Estado"*, completada, depois, em 1963, em *Pluralismo e liberdade*. Não concordaria, por exemplo, em receber a incumbência de fazer um modelo rígido de democracia social no Brasil, pois acho que uma das suas características é a vivência dos fatos à medida que se desenrolam, segundo determinadas ideias básicas. Em outras palavras, a democracia social é a forma atual que assume a democracia liberal, em função de vários fatores. Em primeiro lugar, o impacto tecnológico sobre a sociedade contemporânea, que torna indispensável uma política de planejamento. Em segundo lugar, a impossibilidade de qualquer política que ponha o indivíduo como centro de uma solução econômica. Deve-se compor valores individuais e coletivos. Em terceiro lugar, há a necessidade de uma racionalização progressiva dos problemas do Estado. É possível que alguns liberais pensem assim e se intitulem neoliberais, mas sempre tive uma certa antipatia por essa partícula "neo", que parece vinculada ao passado, quando a política tem que ser eminentemente prospectiva e não retrospectiva. Os exemplos de democracia social hoje são múltiplos — Alemanha, Suécia, França — cada qual tentando chegar a uma determinada formulação, pois o problema não comporta uma solução rígida. É nesse enquadramento aberto que me situo nesse momento.

14 de maio de 1978

7 Foi o povo que declarou a guerra em 42

Entrevistadores:
*Lourenço Dantas Mota,
Oliveiros S. Ferreira,
Antônio Carbone
e Antônio Carlos Pereira*

Vasco Leitão da Cunha

Nasceu no Rio de Janeiro em 1903, onde morreu em 1984. Diplomata. Foi chefe de gabinete do ministro da Justiça, Francisco Campos, durante o primeiro governo Vargas, quando assumiu interinamente o Ministério por breve período. Durante a guerra, representou o governo brasileiro junto ao governo da França Livre de de Gaulle, em Argel. Entre outros postos diplomáticos importantes, ocupou as embaixadas do Brasil em Cuba, União Soviética e Estados Unidos. Ministro das Relações Exteriores no governo Castello Branco.

De 1931 a 1933 serviu na embaixada em Lisboa, como secretário, e assistiu à grande transformação que se operava então na Europa, com a ascensão do fascismo.

Assisti à ascensão de Hitler ao poder e também a de Salazar a primeiro-ministro, ambas em 1933.

A ascensão de Salazar se deu com apoio popular, ou foi uma manobra palaciana?

Salazar tinha sido feito ministro da Fazenda pela junta militar que tomou o poder, depois da revolução de 28 de maio de 1926, presidida pelo marechal Gomes da Costa, que tinha comandado as forças portuguesas na Primeira Guerra. A situação das finanças portuguesas na época era caótica, e Salazar foi aos poucos organizando a administração pública e saneando o setor financeiro. Assim, foi se assenhoreando do poder, em virtude de sua incontestável competência e de seu desprendimento pessoal no trato da coisa pública. Isso lhe deu prestígio, e a revolução de 1926 gozava também de apoio popular ainda em 1933.

Já era evidente a influência corporativista que vinha da Itália?

Sim. O regime já tinha o seu Secretariado das Corporações.

Como assistiu à ascensão de Hitler de seu posto de observação de Lisboa?

Com muita preocupação, pois achava que ia dar motivo para o revanchismo, podendo levar o mundo a uma nova guerra.

Parece-lhe que essa preocupação era sentida pelas potências europeias?

Aparentemente não, mas no fundo creio que era uma preocupação compartilhada por aquelas potências, porque um elemento catalisador da vontade do povo alemão representaria sempre um perigo.

De Lisboa foi para Buenos Aires, onde passou quatro anos, e depois se afastou temporariamente dos negócios diplomáticos para ser chefe de gabinete do ministro da Justiça, Francisco Campos. Por que essa mudança?

Eu mesmo muitas vezes me pergunto a razão do convite de Francisco Campos. O motivo alegado por ele — que foi um chefe esplêndido e pelo qual guardo a maior gratidão e admiração — é que em tempo de guerra seria interessante ter no Ministério da Justiça, que era responsável pela segurança nacional, um elemento ligado às relações exteriores. E provavelmente induzido em erro a meu respeito pelos meus muitos amigos, resolveu convidar-me para substituir Negrão de Lima na chefia do gabinete.

Em sua passagem pelo Ministério foi ministro interino...

Não fui propriamente ministro interino, porque não havia esse título, mas nomeado encarregado do expediente. Era o suplente na ausência do ministro. Mas despachava com o presidente como se fosse ministro, e ele sempre me tratou com a maior deferência, porque Getúlio tinha essa grande qualidade: era de uma cortesia invariável. O máximo que fazia, quando estava zangado ou aborrecido com alguma coisa, era arregalar os olhos e encarar fixamente a pessoa, mas nunca alterando a voz nem empregando termos violentos. Sempre com a maior cortesia.

Como se passou o episódio no qual prendeu o então poderoso chefe de Polícia, major Filinto Müller?

Como sabem, a Polícia Civil, que ele chefiava, era subordinada ao Ministério da Justiça. E o Ministério das Relações Exteriores, naquele tempo dirigido pelo grande Oswaldo Aranha, mandou-me pedir que, como ministro da Justiça em exercício, solicitasse ao chefe de Polícia do Distrito Federal que interrogasse os tripulantes e sobreviventes de alguns navios torpedeados pelos alemães. Mandei um ofício nesse sentido ao chefe de Polícia.

Passado algum tempo, o chefe de Polícia respondeu com um ofício desacatador, dizendo que não cumpria as minhas ordens e que não faria a averiguação do caso. Restituí-lhe o ofício com uma carta pessoal, com o propósito de que ele pudesse destruir o seu ofício e não arquivar a minha carta, pois se respondesse com um aviso do Ministério ele não poderia tirá-lo do arquivo. Não compreendeu isso e, quando mandei chamá-lo dias depois, para transmitir-lhe instruções do presidente sobre a passeata que os estudantes queriam fazer a favor dos Estados Unidos no dia 4 de julho de 1942, veio ao meu gabinete e declarou-me outra vez que não cumpria as minhas ordens.

"Mas o sr. está subordinado ao Ministério da Justiça, e não são ordens minhas, mas do presidente" — disse-lhe. "Não cumpro as suas ordens. Não cumpro as ordens do Ministério da Justiça. E quando quiser escrever cartas desse tipo, reaja se for homem" — respondeu. Levantou-se e abriu o paletó, para mostrar um grande revólver que tinha na cintura. Pus a mão em seu ombro e disse-lhe: "O sr. está preso". Deu um passo atrás: "Não aceito sua prisão. Sou um oficial do Exército". Respondi-lhe: "Não importa, o sr. está preso. Recolha-se preso à sua casa e passe a chefia de Polícia ao seu substituto". Ele saiu e poucos minutos depois chegou o então coronel Denys, hoje marechal, comandante da Polícia Militar.

"Coronel — disse-lhe — acabo de ter de prender o chefe de Polícia por desacato, mas, como é oficial do Exército, declara não aceitar a minha ordem de prisão. O sr., que é coronel do Exército, tem patente para prendê-lo e gostaria que me fizesse o favor de verificar se ele está em casa cumprindo a minha ordem." Telefonei em seguida ao Palácio Guanabara, onde o presidente estava acamado, com a perna engessada, e pedi pela primeira vez em todo o tempo em que servi com ele uma audiência imediata.

Fui ao Palácio e relatei-lhe o que tinha acontecido. Disse-lhe que deixava o assunto em suas mãos, pois já tinha tomado as minhas providências. Fui para casa almoçar e, quando voltei ao Ministério, recebi um telefonema do sr. Andrade Queirós, da secretaria da Presidência, dizendo que o presidente mandava comunicar-me que tinha confirmado a minha ordem de prisão por 48 horas, depois do que o chefe de Polícia seria licenciado. E perguntava se eu estava satisfeito. Disse ao dr. Andrade Queirós que agradecia muito o recado do presidente e que para mim 48 horas ou 48 minutos eram a mesma coisa, pois o importante era a questão de princípio. Quanto ao licenciamento de um chefe de Polícia, que tinha sido preso por desacato ao ministro da Justiça, era coisa que o presidente sabia melhor do que eu como resolver.

Passaram-se dois dias e houve a manifestação dos estudantes, pela avenida Rio Branco, até a embaixada americana, na esquina da rua México. A passeata transcorreu em paz, com gritos nada subversivos, todos se solidarizando com os Estados Unidos na guerra com o nazismo.

Sabia-se das violências praticadas pela Polícia comandada por Filinto Müller, ou essas informações não chegavam ao centro do poder, por ter o aparelho repressivo adquirido autonomia?

Um dos argumentos do chefe de Polícia para não aceitar as minhas instruções com relação à passeata dos estudantes foi justamente o de que, de acordo com a legislação da época, era ele o responsável pelo estado de emergência no Distrito Federal, não tendo portanto que dar satisfações ao ministro da Justiça. Com relação às violências, sabia-se delas por ouvir falar, porque a autonomia da Polícia facilitava o sigilo.

Havia no governo pessoas que simpatizavam com os alemães?

Sim. E achava natural que certas figuras do governo tivessem sentimentos germanófilos. Exceto a partir do momento em que rompemos relações com o Eixo.

A que atribuía esses sentimentos?

O poderio militar alemão é uma coisa que sempre inspira admiração a qualquer militar estrangeiro, mesmo àqueles que estão numa posição contrária. E as vitórias alemãs, no princípio da guerra, foram verdadeiramente espetaculares. Acho que mesmo em 1942, quando rompemos com o Eixo, muitos dos nossos ainda não acreditavam numa eventual vitória das potências ocidentais. Muita gente ainda acreditava na vitória alemã.

A política externa de Vargas, a partir de 1935, foi de hesitação entre as potências ocidentais e o Eixo, ou foi uma política pragmática?

Foi exatamente uma política pragmática, fundada no bom senso. O presidente Vargas, mesmo na ocasião da declaração de guerra, em agosto de 42 — que foi quase uma consequência das manifestações havidas no Rio de Janeiro — não quis assumir sozinho a responsabilidade de entrar no conflito, como que preservando a sua posição no caso de uma vitória alemã.

No seu discurso no Palácio Guanabara, disse que declarava a guerra, porque o povo ali reunido assim o desejava. Mas depois dedicou-se ao esforço de guerra com toda a sua capacidade. Quer dizer, ele queria preservar a sua posição, pois muita gente ainda acreditava na vitória alemã que, se ocorresse, seria perigosa para nós, pois teríamos ficado do lado perdedor.

Conclui-se então que Vargas baseou-se num princípio pragmático e não numa convicção.

Sim, mas as pessoas se esquecem de certas coisas importantes. Os Estados Unidos, por exemplo, nem sempre se lembram de que em agosto de 42, quando o Brasil declarou guerra ao Eixo, não tinha havido as batalhas de El-Alamein e de Stalingrado, nem o desembarque anglo-americano na África do Norte, e que aquele foi o mês da guerra no qual as vias de transporte marítimo dos aliados sofreram mais torpedeamentos. Ou seja: entramos na guerra no seu mês mais sombrio, impulsionados pelo sentimento popular de repulsa aos torpedeamentos daqueles barcos brasileiros, cheios de peregrinos, que voltavam do Congresso Eucarístico.

Não houve pressão americana para nossa entrada na guerra?

Nenhuma. E os americanos daquela geração nos ficaram realmente gratos, porque a coisa foi de uma espontaneidade popular enorme. A decisão decorreu muito mais do sentimento popular que da atitude oficial.

Quer dizer que quem declarou a guerra foi o povo e não o governo?

Sim, e Getúlio assinalou esse fato: "São vocês que estão me levando a isso".

Pode-se se dizer então que ele estava numa atitude de expectativa, para ver como ficavam as coisas?

Exato. Aliás, há aquela frase que lhe atribuem e que é tão típica do general romano Fábio: "Deixar como está para ver como fica".

Os estudos de situação da Chancelaria e do Estado-Maior do Exército e da Armada concluíam pela guerra ou pela neutralidade?

Tenho a impressão que, de uma maneira geral, concluíam pela neutralidade, porque não concebiam com facilidade a vitória dos Aliados. Mas, desde que rompemos com o Eixo, os estudos para uma eventual participação na guerra desenvolveram-se naturalmente.

Os generais Dutra e Góes Monteiro não eram contra a entrada do Brasil na guerra?

Sim. E isso me levou a cometer uma imprudência logo depois do rompimento de relações com o Eixo. Na semana seguinte a esse fato, fui despachar com o presidente e disse-lhe: "Depois da resolução que tomamos na semana passada, a situação da opinião pública está afetada, pois aqueles que até então tinham o direito de ser germanófilos não o têm mais. De maneira que não creio que seja possível conciliar isso com a continuação de três personagens no governo: o ministro da Guerra, o chefe do Estado Maior e o chefe de Polícia, cujos sentimentos são conhecidos".

O presidente não gostou, arregalou os olhos: "Isto não é um governo de gabinete. Não são os ministros que respondem pelo presidente, mas o presidente que responde pelos ministros". Ainda ponderei: "Sr. presidente, constitucionalmente o sr. tem toda razão. Mas receio que a opinião pública não entenda isso, não tome a sério nossa posição". Ao que respondeu o presidente, já sorridente, com seu charuto: "Não se preocupe. Eles entram na linha".

Na época em que esteve interinamente no Ministério da Justiça, teve conhecimento de algum estudo para a liberalização do regime, como consequência da opção que o Brasil fizera em favor das democracias ocidentais?

Não tive conhecimento de nenhum estudo nesse sentido. Mas gostaria de aproveitar a oportunidade para fazer justiça a Francisco Campos num ponto. Todos dizem que ele era a favor do Eixo. Não é verdade. Pode ter tido lá a sua admiração pelos regimes autoritários daqueles países, mas, desde que o Brasil decidiu romper com o Eixo, apoiou essa medida.

Tenho em meu arquivo uma carta dele apoiando a posição que adotei logo após o ataque japonês a Pearl Harbour. Houve uma reunião do Ministério no dia 8 de dezembro, 24 horas depois desse ataque, na qual opinei pelo rompimento de relações com o Eixo. Depois escrevi uma carta ao presidente expondo a minha posição, lembrando que na guerra de 14 o Brasil não tinha podido ficar neutro, e que a meu ver naquele instante o nosso país deveria tomar a dianteira e entrar na guerra ao lado dos Aliados. Mandei cópia dessa carta ao Campos, porque como seu substituto eu o estava comprometendo com essa posição, e ele me respondeu dando apoio ao que propunha. Mostrei essa carta a Getúlio, que me disse: "Ele está certo, mas não avancemos o sinal".

E esperou a conferência interamericana, presidida com enorme talento por Oswaldo Aranha, para efetivar o rompimento. Mas Getúlio era um homem de brio. Depois de ter tomado a decisão de recomendar o rompimento com o Eixo naquela conferência, o embaixador alemão procurou o Aranha para dizer-lhe que, se rompêssemos, estaríamos assumindo graves responsabilidades pelo que pudesse acontecer com a nossa navegação.

Houve essa ameaça?

Houve, e o Aranha foi relatá-la ao Getúlio, que respondeu: "Rompa já". Getúlio era realmente pragmático. Quando, em agosto de 42, disse que o povo é que queria a guerra — não disse que ele queria — estava resguardando a sua posição para uma eventual vitória alemã.

Quais foram os acontecimentos que precederam a sua ida para Argel como representante do Brasil junto ao governo da França Livre?

Algum tempo depois do entrevero com o chefe de Polícia, o presidente aceitou o pedido de demissão de Francisco Campos, nomeando para o seu lugar Marcondes Filho, que ocupava o Ministério do Trabalho. Aliás, nessa mesma ocasião substituiu Lourival Fontes pelo major Coelho dos Reis, no DIP, pois, segundo a opinião do general Góes Monteiro, em tempo de guerra aquele órgão deveria estar nas mãos dos militares. Quanto a mim, voltei para o Itamaraty e, em fins de 42, fui nomeado primeiro secretário na embaixada em Lisboa.

Parti para a capital portuguesa em janeiro de 43, com a incumbência de verificar o que estava acontecendo no Norte da África, pois isso nos interessava enormemente. Aliás, naquela época só era mesmo possível ir de avião à Europa passando pelo Norte da África. Fui primeiro a Dakar, onde fiquei um mês e depois segui para Argel. Minha missão ali se tornou de tal forma interessante para o Itamaraty que nunca assumi a primeira secretaria da embaixada em Lisboa, ficando em Argel de março de 43 a agosto de 44. Em novembro de 43 fui nomeado delegado brasileiro perante o Comitê Francês de Libertação Nacional. De Gaulle já estava na África e fiz amizade com ele. Anos depois, enviou-me suas *Memórias*, em que me menciona, com uma dedicatória efusiva.

Entre outras qualidades, de Gaulle tinha a de não se impressionar com a popularidade. Era bem visível que o fundamental para ele era restaurar a independência da França e a ordem democrática no país. Por isso convocou em Argel uma assembleia consultiva de deputados, inclusive comunistas, para opinar sobre projetos de lei. Essa assembleia não aprovava leis, mas os princípios que deveriam norteá-las.

Disse-me em mais de uma ocasião, em conversas em Argel, que se preocupava muito com a possibilidade de a IV República, a ser constituída com a libertação da França, ser demasiado semelhante à III, que tinha levado o país a uma situação de inferioridade no plano da defesa. Muito tempo depois é que vi que ele já vinha pensando na V República. Achava que a França deveria caminhar para um sistema mais parecido com o presidencialismo norte-americano do que com o parlamentarismo tradicional. Foi o que acabou realizando, quando foi chamado novamente ao poder naquela situação caótica de 1958.

De maneira que tinha dele não só a impressão de um militar ilustre — seus escritos militares são uma prova eloquente disso, e os alemães se inspiraram em grande parte neles — como também a de um homem com uma ampla visão de estadista, inclusive com sensibilidade para os problemas sociais do mundo contemporâneo. Nunca ficou apenas na tradição política do governo liberal, que não se ocupa senão propriamente de política.

Não achava — e disse isso em carta ao Aranha — que de Gaulle voltasse ao poder. Mas as coisas aconteceram de maneira diferente. Escrevi a de Gaulle uma carta de Havana, onde estava servindo, contando-lhe que no dia em que fora chamado de volta ao poder eu estava em Londres, no gabinete do primeiro-ministro Harold McMillan, que também havia conhecido na África. Ao receber a notícia, McMillan comentou: "Talvez seja a verdadeira solução para a França". Relatei-lhe esse fato, porque sabia de suas dificuldades com a Inglaterra, e ele me respondeu agradecendo.

De Argel, foi removido para a Itália, onde foi encarregado de negócios do Brasil junto ao governo italiano após a queda de Mussolini, ocasião em que conheceu Castello Branco.

Foi um espetáculo desolador ver a Itália inteiramente destruída. À medida que avançávamos pela estrada de Nápoles a Roma, íamos passando por cidades e aldeias arrasadas, e às vezes sobrava num muro, em letras garrafais, a frase famosa: "Il Duce ha sempre raggione". Que coisa terrível, não? Mas os italianos são um povo extraordinário, extremamente inteligentes, capazes e trabalhadores. A reconstrução das pontes ao longo das estradas, feitas por eles, era um verdadeiro milagre de artesanato.

Foi nessa época, quando servia como encarregado de negócios, e também cônsul-geral do Brasil em Roma, que conheci o então tenente-coronel Castello Branco, que era chefe da 3ª Seção do Estado-Maior da Força Expedicionária Brasileira, chamada Seção de Operações. Nasceu então uma amizade que continuou através dos tempos. Com ele, com o marechal Mascarenhas de Moraes e vários outros oficiais. O que me transformou de inimigo do Exército — fama que eu tinha por causa do incidente com Filinto Müller — em amigo.

Algum tempo depois foi servir na Finlândia e sabe-se que dá grande importância a essa experiência. Por quê?

Porque pela primeira vez me familiarizei com as vizinhanças da União Soviética. Quando cheguei à Finlândia, em junho de 1950, o país estava pagando uma monstruosa dívida de guerra à União Soviética: 600 milhões de dólares para um povo de 4 milhões de habitantes, em 10 anos. A Finlândia mobilizou todos os seus recursos humanos e materiais e começou a criar uma estrutura industrial para atender às exigências do tratado de paz com a União Soviética. Nisso, os soviéticos prestaram um serviço à Finlândia, pois ela hoje é um país altamente industrializado.

Sua missão importante, a seguir, foi em Cuba, onde serviu durante quatro anos críticos.

Sim. Foram dois anos de Batista e dois de Fidel Castro.

Isso lhe deu condições de ver a decomposição do regime de Batista, o crescimento da revolução, a sua instalação e consolidação. E é sobre isso que queríamos que falasse.

Cheguei a Cuba no dia 27 de novembro de 1956, exatamente no dia em que Fidel Castro saía do México, naquele naviozinho chamado "Gramma", com destino ao seu país. De maneira que assisti realmente ao episódio inteiro.

A meu ver, a revolução cubana, se deve muito a Fidel Castro, o que é inegável, foi provocada sobretudo pelo descontentamento gerado pelos abusos da política do general Batista. O povo simpatizava com a revolução. Os homens do campo e da cidade — e estranhamente apenas alguns poucos sindicatos — apoiavam a revolução. Os sindicatos dominados pelos comunistas não apoiavam o movimento.

O Partido Comunista estava incrustado no aparelho sindical sob Batista?

Estava. O Partido Comunista criava dificuldades no plano das reivindicações, mas não no sentido de pregar a adesão aos revolucionários de Fidel Castro. No começo, os comunistas consideraram Fidel um caudilho romântico, burguês, filho de burguês, que não ia levantar as massas cubanas e, por isso, só aderiram a ele no final.

Apesar de todo esse apoio, Castro ficou isolado na Serra durante muito tempo. Por que ele tinha apoio popular, mas não militar?

Ele só desceu da Serra com a vitória da revolução. E realmente não tinha força militar. Aliás, a força militar cubana estava muito desmoralizada, porque os que eles chamam de "oficiais de academia", oficiais sérios e preparados, tinham sido afastados. A tropa ficara nas mãos de chefes pouco sérios. E a situação se mantinha porque Batista dispunha da máquina do governo, da tesouraria, da importação de armas dos Estados Unidos, etc. E insistia muito no seu anticomunismo.

Ele acusava Fidel Castro de ser comunista. E a sua impressão?

A minha impressão é de que o Fidel não era comunista. Acho que ele é um político pragmático, diria mesmo oportunista, verdadeiramente inteligente, mas um pouco paranóico. Ele é, antes de tudo, um fidelista. Quando, em 1961, declarou que era e tinha sido sempre comunista, não acredito que tenha dito a verdade.

Aliás, quando estava na Serra, Fidel Castro teve o apoio de José Figueres, presidente da Costa Rica. Por que esse apoio foi retirado logo depois da vitória da revolução?

Lembro-me de uma manifestação pública, quando Figueres foi a Havana congratular-se com o novo regime. Houve discursos atacando violentamente os Estados Unidos, na presença de Figueres, o que era um sinal da virada para a esquerda. No dia seguinte, Figueres embarcou de volta para o seu país, encerrando a visita.

O Exército fez algum acordo com Fidel Castro para a deposição de Batista?

Acho que devem ter feito um acordo. Dizem pessoas usualmente bem informadas que o general Cantillo, comandante do Exército, tinha-se comprometido com Fidel Castro a depor e entregar Batista para ser julgado como inimigo da revolução. Quando da vitória da revolução, o general Cantillo assumiu a chefia do Estado por alguns dias, mas o Fidel contragolpeou muito inteligentemente com a greve geral.

Por que Batista tinha fugido?

Sim. Ele considerou então que Cantillo tinha traído seu compromisso. Dois anos antes, a greve geral tinha sido tentada e fracassara, por causa da não adesão dos comunistas. E houve uma chacina por parte das forças de Batista. Isto foi em abril de 58.

Como explica esse desencontro inicial entre Fidel Castro e o Partido Comunista, seguido do encontro, quando da vitória da revolução?

Esse encontro foi possível por causa de uma pessoa de alto valor, que é o dr. Carlos Rafael Rodriguez. Ele foi à Serra em julho de 59, seis meses antes da revolução ganhar. Nessa ocasião deve ter sido acertado o apoio dos comunistas à revolução. Mas acho que a adesão de Fidel ao comunismo não se deu nessa ocasião. Depois de assumir o poder, Fidel passou alguns meses afastado, por causa de um problema de congestão pulmonar — ou qualquer coisa assim, não me recordo bem — descansando num balneário, onde dois colegas estrangeiros e eu fomos visitá-lo.

Chegamos pontualmente na hora combinada, mas ele se atrasou, porque estava conversando com o dr. Carlos Rafael Rodriguez. Soube depois que ele ia lá todos os dias, e ficava conversando horas com Fidel. De maneira que deve ter-lhe dado toda a doutrina necessária para poder aderir.

O que a seu ver determinou, no início o isolamento de Fidel Castro da comunidade americana: a posição hostil dos Estados Unidos, ou o julgamento dos aviadores?

O julgamento dos aviadores causou um grande choque na opinião pública, mesmo na cubana. A instituição do paredão foi uma coisa muito negativa. "Queriam a revolução, mas não tanto" — dizia Fidel, para justificar essas coisas.

Os Estados Unidos ofereceram toda a ajuda que fosse possível, mas evidentemente dentro da proteção de seus próprios interesses. Mas o fato de não ter sido recebido por Eisenhower, em sua visita aos Estados Unidos, deve ter ferido muito o seu amor próprio. Como Fidel é um homem de impulsos, e impulsos violentos, esse fato não deve ser menosprezado como tendo influído em sua virada.

Seu irmão Raul Castro, por exemplo, já é uma pessoa mais equilibrada, mais séria, embora não tenha a capacidade de persuasão de Fidel.

Acha que os Estados Unidos são em grande parte os culpados pela virada cubana em direção à União Soviética?

Não podem deixar de ter a sua responsabilidade, pois a partir do momento em que bloquearam Cuba era evidente que esse país iria para os braços da União Soviética. Quem poderia proteger Cuba contra os Estados Unidos a não ser a União Soviética? Até o rompimento das relações era possível uma negociação entre os Estados Unidos e Cuba. Mas de repente a situação se azedou e os cubanos resolveram seguir os conselhos de Anastas Mikoyan, dados ao Fidel em praça pública — assisti a isso — para expropriar os bens americanos sem indenização, como eles tinham feito na Rússia em 1917. Aí, os americanos começaram a reagir.

Como sentia a ação dos diplomatas americanos em Havana, antes do rompimento?

Antes do rompimento, as opiniões americanas estavam divididas. Havia os que achavam que Fidel não ganharia de jeito nenhum, inclusive o embaixador, que me afirmou isso um mês antes da vitória. Respondi-lhe mais ou menos na base do palpite, mas baseado numa série de dados, que a meu ver dentro de 30 dias ele estaria vitorioso. A atitude do embaixador americano foi a mesma do PC cubano, que só reconheceu a revolução três ou quatro dias depois, por intermédio de seu jornal.

Os Estados Unidos ajudaram muito Batista?

Sim. Ajudaram-no até uma certa época. Quando começaram aqueles massacres, o embaixador americano, recém-chegado ao país, foi a

Santiago de Cuba e as famílias das vítimas foram pedir-lhe pelo amor de Deus para seu governo não ajudar mais Batista. Foi uma cena penosa. Daí por diante o governo americano tomou uma atitude que chamaria de neutralidade. Houve inclusive embargo de armas.

Os Estados Unidos podiam ter evitado que Cuba ingressasse no bloco soviético?

Acho que talvez pudessem, se procedessem de maneira a aceitar a Revolução como tal, separando os interesses permanentes do governo americano dos interesses, embora legítimos mas secundários, das empresas americanas.

O Brasil teve alguma possibilidade, mesmo depois do rompimento dos Estados Unidos com Cuba, de impedir a virada do novo regime, em função de seu peso específico?

Não acho que o Brasil pudesse propriamente impedir a virada, mas podia ajudar a impedi-la, se é que ela já não tinha ido longe demais, fazendo com que os Estados Unidos e o Continente aceitassem a Revolução cubana, com algumas condições. A principal delas é que Cuba ficasse neutralizada no sentido de armamentos, ou seja, não recebesse armas de nenhum país, nem mesmo dos Estados Unidos. Ficaria como a Finlândia. Propus essa ideia de *finlandização* a San Thiago Dantas, então ministro das Relações Exteriores, que a aceitou. Passados alguns meses, no entanto, enquanto ele desenvolvia a sua ação naquele sentido, Fidel Castro declarou que era e tinha sido sempre marxista-leninista, o que anulou a ideia de neutralização. Porque sustento que, se a Finlândia aceitar um avião dos Estados Unidos, a União Soviética toma conta do país em 24 horas. E os Estados Unidos deveriam ficar numa posição de fazer exatamente o mesmo: se Cuba aceitasse auxílio militar soviético, seria ocupada.

E os Estados Unidos, aliás, estiveram a ponto de invadir Cuba, até que Kruchev, aquele astutíssimo camponês, retirou os mísseis em troca de uma promessa de não invasão.

Os Estados Unidos tinham realmente preparado a invasão quando da crise dos mísseis?

Eles estavam prontos para marchar. Pessoas de dentro do governo americano disseram-me que já tinha começado a contagem regressiva, quando Kruchev foi para o rádio e propôs a retirada dos mísseis em troca da garantia dos Estados Unidos de que não invadiriam Cuba.

Não lhe parece que a jogada do presidente Kennedy foi um tanto temerária, por envolver o risco de uma guerra nuclear?

Não acho que fosse temerária. Acho é que Kennedy entregou os pontos e que a vitória foi de Kruchev. Ainda existem muitas pessoas que se espantam com isso, mas vejam como as coisas são simples. Os Estados Unidos iam acabar sendo atacados por mísseis cubanos e, para evitar isso, não tinham alternativa senão invadir Cuba. Kruchev retirou então os mísseis em troca da promessa americana de não invadir. Foi uma operação política que transcendeu o caráter militar, para garantir a independência de Cuba.

Kruchev tinha prometido a Fidel Castro que garantiria seu regime. Mas como impedir a invasão de Cuba, senão declarando guerra aos Estados Unidos? Mas, com essa manobra de botar o peão para a frente e depois retirá-lo, Kruchev garantiu o prometido. A manobra não foi militar, foi política. E bastante clara: ele colocou os mísseis em Cuba e, em troca de sua retirada, exigiu a garantia de não invasão. Estamos em 1978 e os Estados Unidos ainda não invadiram Cuba. Nunca tive dúvidas com relação a isso. Era então embaixador em Moscou e mandei dizer isso ao Itamaraty.

Como explica então a queda subsequente de Kruchev? É verdade que ela ocorreu dois anos depois, mas assim mesmo é geralmente relacionada com a crise dos mísseis.

Ela serviu de pretexto apenas. Não devemos esquecer que Kruchev era fantasista e pouco ortodoxo. Afirmava coisas desse tipo em seus discursos: "Dizem que Marx afirmou isso assim, assim, assim. Mas isso foi em 1848. Como Marx era um homem inteligente, se estivesse vivo estaria dizendo o que digo agora".

Voltando a Cuba: enfrentou uma situação difícil, a certa altura, com a embaixada cheia de asilados, não é?

A situação chegou a tal ponto que tive de alugar um prédio para colocar os asilados, que já não cabiam na embaixada.

Quantos asilados chegou a ter?

Nem sei ao certo, mas foram muito mais de 100. Saíam uns e entravam outros.

Fidel Castro respeitou a convenção de asilo?

Sim. Exceto num caso — eu já não estava mais lá — que foi terrível. Um capitão de nome Padilla se suicidou em nossa embaixada. Esse Padilla era revolucionário, tinha sido castrista, mas mais ligado ao grupo de Hubert Matos.

Quando os revolucionários começaram a se asilar?

Os. revolucionários propriamente ditos demoraram uns três meses para chegar. Quando chegaram, ainda estávamos discutindo a saída de outros asilados ligados ao antigo regime.

Conviveu com Guevara e, como ele é uma figura controvertida e fascinante ao mesmo tempo, gostaríamos que nos desse sua impressão dele.

Eu o admirava muito. Era um homem inteligente e responsável. Os estudantes de Havana, logo após a Revolução, tentaram invadir a embaixada da Colômbia, para retirar de lá um asilado. No dia seguinte, Guevara veio à minha embaixada para pedir desculpas e dizer que a Revolução não havia sido feita para atos daquele tipo.

Guevara era um idealista comunista sincero. Tanto que ele foi contra o oportunismo dos chefes comunistas.

Vê nisso a causa de seu afastamento?

Sim.

Acha que ele procurou, na aventura boliviana, um suicídio heróico e consciente?

Não creio que tenha sido um suicídio. Foi uma matança. Ele foi traído por Fidel Castro, que lhe tirou a cidadania cubana, concedida após a Revolução.

De onde essa divergência tão radical?

Não sei quando ela começou, pois já não estava em Cuba há muito tempo e não posso precisar. Consta que ele fez um discurso em Argel criticando Fidel Castro, provavelmente seu oportunismo. Daí em diante parece que a coisa se azedou. Há quem diga que, na volta, foi posto em prisão numa casa particular. É depois disso que começam as suas incursões na África, na Ásia e finalmente na Bolívia. Se essa saída foi arquitetada para ele, e não por ele, está confirmada a traição.

Conheceu bem Hubert Matos?

Não muito bem. Minha mulher o conheceu bem, pois vinha muitas vezes à embaixada durante o período de "lua-de-mel" da Revolução. Era um homem de bem, valentíssimo, o segundo homem de Fidel na Serra, mas um revolucionário liberal, não marxista.

O Brasil não perdeu muito com a sua hesitação entre os países emergentes da África e a fidelidade a Portugal?

Talvez tenha perdido algumas oportunidades. O Afonso Arinos fez o que pôde para convencer o governo de Salazar de que as coisas estavam mudando e a reação foi aquela relatada pelo ex-ministro Adriano Moreira: "O Brasil deveria ser governado do Terreiro do Paço". Embora fosse um grande estadista em termos de Portugal, não tinha noção do que era o Brasil, por nunca ter vindo aqui. Só se conhece o Brasil vindo aqui.

Se perdemos muito? Mas perder o que, se não podíamos nem sonhar em enfrentar a influência da União Soviética e a presença das tropas cubanas? A não ser que quiséssemos enviar tropas para lá.

Depende das circunstâncias.

E o governo Castello Branco, do qual participou, como o vê hoje?

Foi um governo de dona-de-casa, como dizia Salazar: "O que Portugal precisa é de um governo de dona-de-casa, para colocar as coisas em ordem". Elas estavam caóticas.

Há nesse período um episódio muito controvertido: São Domingos.

São Domingos é resultante da aplicação estrita da Carta da OEA que, depois de proibir a intervenção nos negócios internos dos países membros, declara que não é considerada intervenção a ação coletiva solicitada pelo continente e pelo governo interessado.

A intervenção coletiva não é considerada intervenção, mas também não é obrigatória.

Não. Só envia tropas quem quer.

E por que o Brasil enviou?

Para evitar que acontecesse lá o que achávamos que ia acontecer aqui com Jango, ou seja, o estabelecimento de um governo comunista.

A intervenção em São Domingos, apesar de legal, não seria — assim como a atitude adotada pela União Soviética com relação aos países da Europa Oriental — uma emanação do famoso espírito de Yalta, que traduzido em termos grosseiros significa: não mexa no meu terreiro que não mexo no seu?

Mas a organização interamericana existia muito antes de Yalta. Chamava-se União Pan-Americana, antes de se chamar OEA. Em 1936, chegou-se a um sistema de consultas que considerava que a agressão a qualquer Estado do Continente americano era uma agressão a todos, e os outros deveriam socorrê-lo. Essa foi a razão pela qual rompemos com o Eixo em 1942. Esse sistema significava na realidade uma nova interpretação da Doutrina Monroe.

Mas a formalização desses princípios se deu em 1947, com o Tratado do Rio de Janeiro.

Sim, foi com base nesse Tratado que se operaram a ação militar em São Domingos e a ruptura de relações com Cuba.

Voltamos então à questão inicial, pois a formalização do princípio de um por todos e todos por um se dá apenas em 47.

Mas vejam que ele funcionou de fato em 1942. Aliás, não se estabeleceu em 47 a obrigatoriedade de ação militar. Participa dela quem quiser.

Mas, no fundo, a verdade é que, psicologicamente, o mundo ficou dividido: os Estados Unidos não fornecem armas à Finlândia e a União Soviética não deve fornecer armas a Cuba.

Numa conferência na Faculdade de Direito de São Paulo, em maio de 1961, quando era secretário-geral do Itamaraty, o sr. afirmou mais ou menos o seguinte: o intervencionismo não encontra apoio em nenhum contrato internacional, mesmo que seja para reinstalar o regime democrático. E como concilia essa posição com a intervenção em São Domingos?

Mas não é considerada intervenção a ação coletiva. Isso está explícito na Carta da OEA: "Não será considerada intervenção a ação coletiva baseada nos princípios desta Carta".

É uma carta pessedista?

Sim, é uma carta pessedista e por isso traduz uma boa política. É algo semelhante ao que lembrou Afonso Arinos em seu depoimento: "A vaguidão majestosa da Constituição americana".

O sr. acabou sendo a única vítima da guerra da lagosta, não é?

Sim. E mais uma vez de Gaulle manifestou-me a sua amizade. Ele não concedeu o "agreement" solicitado pelo governo brasileiro para a minha nomeação como embaixador em Paris, simplesmente porque não queria ter um novo embaixador de João Goulart. Mas mandou um de seus oficiais de gabinete conversar com minha filha, que nessa época trabalhava em Paris, para transmitir-lhe o seguinte recado, textualmente: "*Dites à M. da Cunha que je ne peux pas faire passer mes sentiments personnels au-*

dessus de la raison d'État" ("Diga ao sr. da Cunha que não posso colocar meus sentimentos pessoais acima da razão de Estado"). Recado que minha filha me transmitiu para Moscou, onde servia como embaixador.

E como foi a reinstalação da embaixada em Moscou?

Tudo muito bem. Estávamos em lua-de-mel, não é? Fui escolhido para o posto não sei se por injunção de alguém junto a San Thiago Dantas, ou se por iniciativa dele próprio. Goulart e San Thiago tinham reatado as relações com a União Soviética e estavam sendo muito criticados pela direita. De maneira que devem ter concebido a ideia de mandar para lá uma pessoa que, embora sendo um liberal, não fosse suspeita à direita. Acho que por isso fui o escolhido.

Cheguei lá em abril de 62 e fiquei no Hotel Nacional, em frente ao Kremlin, até setembro, quando me mudei para uma casa provisória, enquanto reformavam uma casa grande, construída em 1875, muito bonita, e que tinha pertencido a um rico negociante. Mudei-me para lá em novembro de 63, mas já em fevereiro de 64 estava de volta ao Brasil.

Não houve maiores dificuldades, políticas ou diplomáticas, para o reatamento?

Nem maiores, nem menores. Fui muito bem recebido por Leonid Brezhnev, então presidente da URSS, mas não com os poderes de hoje, e por Kuznetsov, que é atualmente vice-presidente e que naquela época era vice-ministro do Exterior, encarregado do Continente americano. Nesse sentido, tinha tanta importância quanto o ministro Gromiko.

Tive uma entrevista muito cordial com Kruchev. Ele era realmente um homem cordial, embora violento. E engraçado. Tinha um temperamento um pouco parecido com o gaúcho — brigão, cordial e divertido. Na inauguração de uma Feira Industrial Italiana, fez um discurso com grandes elogios aos produtos ali expostos e ao embaixador italiano que a havia organizado. De repente, parou e disse: "Será que não estou prejudicando o embaixador com todos esses elogios?"

No dia em que de Gaulle chegou ao Rio de Janeiro, vindo de São Paulo, conversamos muito a respeito de Kruchev no trajeto até o Palácio das Laranjeiras. Quando chegamos lá, estavam sendo recebidas as primeiras notícias do afastamento de Kruchev.

Qual a sua impressão de Gromiko, que é um dos chanceleres de maior estabilidade no cargo?

É o de maior estabilidade. Ganhou até de Sapena Pastor. Acho que isso se deve ao fato de ser muito eficiente e muito disciplinado. A propósito de estabilidade, tive uma entrevista muito curiosa com Anastas Mikoyan, que era realmente um assombro, e que já conhecia de Havana. Perguntou-me se era diplomata de carreira. "Estou há 36 anos no serviço", respondi-lhe. Ao que ele retrucou: "Estou há 36 neste governo".

Quer dizer que eles gozam o regime?

Sim, o regime se autodiverte, mas num círculo restrito.

Até que ponto acha que os Estados Unidos influíram ou intervieram na Revolução de 64?

Nada. Absolutamente nada. Estou inteiramente a par de tudo e não houve intervenção nenhuma.

Os papéis da Biblioteca Johnson, levantados recentemente, parecem levar a uma conclusão um tanto diferente.

Vocês estão confundindo aquela preparação que os americanos estavam fazendo por conta própria, sem conhecimento do governo brasileiro, com intervenção.

Sem conhecimento dos conspiradores brasileiros também?

Pelos conspiradores não posso responder. Posso responder por mim. Nunca tive, no arquivo do Itamaraty, nenhuma revelação sobre essa operação... como se chama mesmo?

"Brother Sam"

Exato. A única coisa que soube foi que chegaram uns petroleiros americanos perto da costa brasileira para, no caso de uma resistência do governo, São Paulo e Rio de Janeiro não ficarem sem petróleo.

Soube disso oficialmente?

Oficialmente, não. Nem havia razão para que me dessem essa informação oficialmente.

Acredita então que essa tenha sido uma colaboração espontânea?

Com certeza. Eles deviam estar torcendo para que os revolucionários ganhassem.

O sr., que foi chanceler no primeiro governo revolucionário, acha que Castello Branco fez uma política subserviente aos Estados Unidos?

Antes da Revolução, havia sido nomeado para Lisboa e ia embarcar no dia 2 de abril. Com a Revolução tudo mudou. No dia 4 de abril, Mazzilli convidou-me para ser ministro do Exterior e respondi-lhe que aceitaria uma ordem e não um convite, pois acho que o ministro não deve ser da carreira.

Prefere que ele seja de fora da carreira?

Prefiro. Fui então ministro de Castello, mas nomeado por Mazzilli naquele período de transição.

Com relação à subserviência aos Estados Unidos, isto não é verdade. O fato de a gente concordar com uma pessoa não significa subserviência. Há subserviência quando uma pessoa faz o que a outra quer, não concordando com ela.

Como se explicaria então politicamente — da parte jurídica o sr. já traçou um quadro — a decisão de enviar tropas a São Domingos?

Para ajudar os Estados Unidos e a República Dominicana a evitarem a instalação de mais um governo comunista no Continente.

Mas as tropas americanas não eram suficientes para isso?

Sozinhas, elas não tinham o respaldo do Continente. Nesse caso não seria uma ação coletiva, mas uma intervenção. Era preciso transformar essa intervenção numa ação coletiva. A decisão nesse sentido teve a maioria de dois terços dos votos na OEA.

E a criação da Força Interamericana de Paz — FIP?

Era favorável a ela. Seria o ideal, pois só poderia ser manejada com maioria de dois terços dos votos do Conselho da OEA.

A FIP seria uma força internacional, semelhante às forças da ONU que atuaram no Egito e em Chipre, por exemplo?

Sim, ela faria o mesmo serviço. O objetivo era ter uma polícia pronta a manter a ordem onde fosse preciso. A ONU, aliás, prevê em seus estatutos a criação de um exército, o que não foi possível por causa do veto de algumas grandes potências. A FIP exerceria uma função semelhante à que é desempenhada hoje pelas forças da ONU no sul do Líbano.

Com relação à FIP há outra interpretação que gostaríamos que esclarecesse. Castello Branco desejaria a FTP, não só para retirar dos Estados Unidos o direito de intervirem sozinhos, como também para dar ao Brasil um escudo jurídico continental para eventuais intervenções no caso do estabelecimento de regimes comunistas junto às nossas fronteiras.

Poderia servir para isso, mas não sou juiz das intenções do presidente Castello. Ele nunca me deu aquela interpretação.

Parece haver um consenso no Continente para o não estabelecimento, afora Cuba, de um regime comunista, na suposição de que ele se ligaria fatalmente à União Soviética. Dentro desse quadro, acha possível o estabelecimento de um regime socialista, sem vinculação militar com a União Soviética?

Não vejo nenhuma razão para que isso não seja possível. E vou mais longe: se os comunistas fossem capazes de ganhar uma eleição — e eles não são — acho que não deviam ser sancionados.

Há uma tese segundo a qual o envio de tropas brasileiras a São Domingos foi mais uma afirmação da soberania brasileira do que um ato de subserviência.

Acho a tese perfeita. Sem a FIP, os Estados Unidos continuam a ter a possibilidade de fazer, sozinhos, o que bem entendem. Com a FIP, teriam de contar com os votos da maioria, ou seja, seriam controlados como ocorre na ONU.

Por causa de sua projeção e da espontaneidade de seu auxílio aos Estados Unidos, o Brasil teve, não apenas o comando das tropas latino-americanas — comandadas pelo então coronel Meira Matos — como também o comando geral das forças da OEA, que incluía os americanos, na pessoa do general Hugo Panasco Alvim e depois na do general Silva Braga. Os americanos cederam efetivamente o comando a um general brasileiro.

Não teria sido um gesto político?

Evidentemente foi um gesto político da parte dos Estados Unidos, mas um gesto de alta política: em vez de querer pegar o seu aliado e mandar nele, entregou-lhe o problema para resolver.

Eles se afastaram e nos deixaram o ônus da operação?

Não. O ônus já era deles. Só temos ônus na medida em que nossa consciência nos diga que o temos. Eu não tenho.

Não acha que São Domingos abriu caminho para a tentativa americana de envolver o Brasil no Vietnã?

Não. Já se falava nisso muito antes. Os Estados Unidos sempre manifestaram o prazer que teriam em contar com nossa solidariedade, a qual ficou nos termos da "solidariedade admirativa", como diria Getúlio Vargas.

Houve troca de cartas entre os presidentes Castello e Johnson. Mas em nenhum momento os americanos pediram tropas; diziam apenas que contavam com o nosso apoio e agradeciam a nossa solidariedade. Enviamos, por exemplo, um navio com alimentos, numa operação humanitária.

Foi por motivos diplomáticos, políticos ou estratégicos que Castello decidiu não cooperar militarmente nesse caso?

Deve ter sido por todas essas razões que o presidente Castello nunca topou a parada de discutir a cooperação militar nesse caso. Castello teve visão política.

Voltando um pouco à guerra da lagosta: acredita na autenticidade da famosa frase que de Gaulle teria dito na ocasião, referindo-se ao Brasil: "Não é um país sério"?

Não duvido nada do general de Gaulle.

Até que ponto a nossa política externa na América Latina se inspira na geopolítica, como querem alguns estudiosos argentinos?

Tudo isso é teorização. Política internacional é uma coisa ditada pelas circunstâncias e orientada pela tradição. Há uma frase do Barão do Rio Branco que mostra o que é a verdadeira tradição: "Procurei fazer não o que teria feito meu pai na sua época, mas o que ele teria feito se vivesse neste momento". E não se pode esquecer também que a política internacional não depende só de nós. Depende dos parceiros e, às vezes, de terceiros.

Em seu discurso de julho de 64, no Itamaraty, o presidente Castello referiu-se à solução da crise africana na base de uma comunidade luso-afro-brasileira. Chegou a ser projetada alguma coisa nesse sentido?

Sustentei essa tese e concordava inteiramente com Castello, mas não chegou a haver um projeto. Acho que acordamos muito tarde para isso. Devíamos ter cuidado disso há muito mais tempo, antes que a situação psicológica das antigas províncias ultramarinas tivesse chegado ao ponto de ruptura. Poderia ser uma comunidade luso-brasileira de nações, com sede no Rio de Janeiro. Quem gostou dessa minha ideia foi Gilberto Freyre.

Hoje acha essa ideia inviável?

Inteiramente inviável, a não ser que, por um desses acasos da vida mundial, os povos africanos resolvessem voltar-se para o Brasil. E a nossa posição com relação a Portugal é *sui generis*, o que aliás explica a dificuldade que se teve para alterar nossa política. Não há dúvida que existe uma grande dose de sentimentalismo na posição brasileira. Quando fui nomeado para Lisboa, disse ao presidente Goulart: "Não vou afligir o aflito. Vou tratar de nos entendermos com eles". E ele me respondeu: "O sr. faz muito bem. Para Portugal temos de ter uma atitude especial".

Acha que essa atitude é recíproca?

No coração do povo português é, no dos dirigentes não sei. O brasileiro que chega a Lisboa é tratado com carinho pelo povo. Não se pode esquecer que há uma quantidade enorme de portugueses que têm parentes no Brasil. O que não há é brasileiros em Portugal, exceto os exilados.

E a questão das punições revolucionárias no Itamaraty? Consta que conseguiu salvar muita gente. Os problemas foram realmente de ordem política?

Como dizia a Revolução, havia um problema de subversivos e carreiristas. De maneira que ficou restrito a uma faixa muito pequena, a um número muito pequeno mesmo de funcionários, cujas cassações tive o grande pesar de referendar.

Acha que foi condescendente, raciocinando que a Revolução passa e a instituição fica?

Não fui condescendente, apenas evitei injustiças. O meu receio era que uma intervenção de fora nesse assunto tirasse da Casa o respeito pela disciplina e a obediência, porque acusar alguém por atos praticados por ordem superior significa solapar a disciplina. Eu próprio, como funcionário do Itamaraty, muitas vezes cumpri ordens com as quais não estava de acordo, porque o funcionário é pago para cumprir ordens. Por isso é que o ministro deve ser um político e não um funcionário. Um político não deve executar uma política da qual discorda, deve demitir-se. Já o funcionário tem obrigação de fazer aquilo de que não gosta. Mesmo num cargo político como o de ministro, é provavelmente o que ele faz.

Teve muito trabalho para obter o reconhecimento do governo revolucionário?

Não tive trabalho nenhum.

Nem para aparar arestas, como no caso da França?

Na França eles seguramente ficaram satisfeitos com a saída de Goulart.

E a missão Lacerda?

Não mandamos a missão Lacerda especificamente à França. Houve uma missão oficial que começaria no dia da chegada dele à Europa, e que ele torpedeou com aquela sua sofreguidão.

Não haveria uma contradição entre essa ausência de dificuldades para o reconhecimento e o envio da missão Lacerda?

A missão Lacerda tinha o objetivo de explicar a motivação da Revolução à opinião pública da França, Inglaterra, Alemanha, Itália, Grécia e, eventualmente, Estados Unidos. O incidente de Paris não teve nenhuma repercussão ao nível diplomático, até porque não teria sentido brigarmos com a França pelo fato de de Gaulle não ter concedido audiência a Carlos Lacerda.

O ex-embaixador Lincoln Gordon, em recente entrevista, afirma que desaconselhou o governo a editar o AI-2. Não foi uma interferência?

Ele apenas deu uma opinião. Todo mundo tem direito de dar opinião. E ele era bem acolhido por todo mundo. Pelo presidente Castello, por mim. O defeito de Lincoln Gordon é mais o defeito de suas qualidades. Ele é essencialmente um professor, aliás de altíssimo gabarito. De maneira que tem uma certa tendência a olhar as coisas em termos ideais e teóricos. Estava no seu direito não gostar do AI-2. Ele não o afetava.

Houve pressões externas para se chegar ao acordo de garantia de investimentos?

Não, pois o governo estava de acordo. Acho que esse tratado constitui uma garantia recíproca.

Acha que sem aquele acordo o fluxo de investimentos estrangeiros teria sido o mesmo?

O fluxo de investimentos não estava condicionado ao acordo. Ele era de interesse tanto dos Estados Unidos como do Brasil, que estava procurando colocar as finanças em ordem. Aliás, embora a influência do governo dos Estados Unidos seja grande, ele não manda no mercado financeiro americano.

O que acha das atuais relações entre Brasil e Estados Unidos?

Acho que são boas. Há tensões, mas é normal existirem tensões nas relações entre dois países. Há épocas de tensões e épocas sem tensões. A minha época em Washington, por exemplo, foi uma lua-de-mel e o mesmo ocorreu com a minha época em Moscou: também uma lua-de-mel.

Acha que um governo acima da lei e autoritário como o nosso prejudica as relações internacionais do País?

De maneira geral, não prejudica. Pode prejudicar em termos de opinião pública, mas não as relações de governo a governo.

28 de maio de 1978

8 É preciso deixar o povo falar

Entrevistadores:
*Lourenço Dantas Mota,
Oliveiros S. Ferreira e
Carlos Estevam Martins*

Caio Prado Júnior

Nasceu em São Paulo em 1907, onde morreu em 1990. Formou-se pela Faculdade de Direito de São Paulo. Um dos nossos maiores historiadores. Em 1933 publicou Evolução Política do Brasil. *Seguiram-se* História Econômica do Brasil *e* Formação do Brasil Contemporâneo, *livros que se tornaram clássicos. Caio Prado Júnior desenvolveu também intensa atividade política como militante do Partido Comunista Brasileiro.*

Quando sentiu, pela primeira vez, a necessidade de participar da vida política?

Liguei-me ao Partido Democrático alguns anos antes da Revolução de 30. Tinha na época uns 20 anos. Esse partido era a oposição que se organizara em São Paulo contra o PRP. Atuava no diretório de Santa Cecília. Nesse caso houve um pouco a influência de meu pai, que também não tolerava o PRP. Mas nunca tive nenhuma posição de importância no partido, era um simples militante.

Como recebeu a Revolução de 30? Como algo natural?

Cheguei até a participar de certa forma da preparação dessa Revolução. Lembro-me de ter realizado algumas operações de sabotagem nas instalações de comunicações da estrada para o Rio. Quem dirigia tudo isso era Siqueira Campos. Aliás, quem orientou todo esse movimento de 30 aqui em São Paulo foi O *Estado de S. Paulo*. Minha participação foi, a rigor, insignificante, restringindo-se a pequenas tarefas.

Sua próxima experiência política foi na Revolução de 30?

Sim. Logo depois da vitória da Revolução, organizaram-se as Delegacias Revolucionárias. Fui designado para a Delegacia de Ribeirão Preto, um dos 10 distritos do Estado, ou seja, toda uma região cujo centro era Ribeirão. Uma das funções dessas Delegacias era fazer um levantamento dos abusos do antigo regime, principalmente os atos de corrupção. Os trabalhos então realizados devem estar nos arquivos e são realmente interessantes. Pelo menos em nossa Delegacia foi feito um levantamento muito rigoroso. Verificamos nas Prefeituras, por exemplo, que a maior parte das pessoas bem situadas na política simplesmente não pagavam impostos. Perto do que se passa hoje, aquilo tudo era uma coisinha de nada, mas naquele tempo era um escândalo.

Esses levantamentos tiveram alguma consequência?

Não. Aliás, esse trabalho demorou muito pouco tempo, uns três meses apenas. Para fazer esse levantamento éramos apenas três pessoas. Não tínhamos mais ninguém, nenhuma secretária, nada. Tínhamos de fazer tudo sozinhos, inclusive o serviço burocrático. Aprendi muita coisa importante nessa experiência. Chegávamos nas cidades e publicávamos uma espécie de convite a todas as pessoas, pedindo-lhes que viessem apresentar as suas queixas contra o regime anterior. Todas as declarações eram tomadas por escrito. Comecei a compreender e a ver melhor as coisas, inclusive a questão social. Lembro-me de uma coisa que me impressionou enormemente. Fui procurado certa vez por um operário, rapaz ainda, que viera queixar-se de que o delegado fechara um pequeno sindicato que tinham organizado, levando os móveis e proibindo o seu funcionamento. Afirmava que não podia admitir uma coisa daquelas. Fiquei admirado com aquilo e chamei o delegado, contra o qual havia várias outras queixas, para vir esclarecer as coisas. Em conversa particular — lembro-me muito bem — perguntei-lhe o que tinha havido e ele me respondeu: "De fato fui lá e fechei o sindicato. Imagine só que havia comunistas se reunindo lá". Quando percebeu que sua explicação não me convencia, exclamou: "Mas, doutor (naquele tempo eu já era bacharel), eles eram comunistas e estavam lá defendendo aquelas coisas de salário. Então o sr. vai admitir uma coisa dessa!"

Como esses inquéritos não tiveram consequência, não lhe parece que houve assim uma espécie de acordo tácito entre vencedores e vencidos?

Acho que as coisas não podem ser apresentadas assim, pois os interesses pessoais são um elemento secundário. O que conta é o movimento geral que arrasta as pessoas. Explicar as coisas por meio dos indivíduos é impossível. O importante é que a Revolução de 30 desempenhou um papel realmente notável no Brasil. E é curioso como o povo sente essas coisas. Embora sem uma ideia definida, ele sabia que aquilo ia beneficiá-lo. Em São Paulo, isso foi nítido e o povo apoiou a Revolução. É inegável que havia os abusos do PRP e que isso pesou. Mas o mais importante foi o sentimento do povo de que a situação tinha de mudar e que ia mudar em benefício dele.

Isso aconteceu também com relação a Getúlio, quando ele veio a São Paulo já antes mesmo da Revolução: os homens do povo começaram a colocar espontaneamente o seu retrato nas casas. Em suma, não importa o que ele tenha sido, a verdade é que Getúlio encarnou aquela aspiração de mudança. O povo queria alguma coisa e não sabia bem o quê. Getúlio encarnou essa coisa indefinida. E não foi por demagogia dele que isso ocorreu, pois não era homem de usar vocabulário demagógico. E também não era, pessoalmente, um homem ligado ao povo. Não se deve analisar a História em função dos pequenos fatos. São os grandes processos que têm de ser considerados, até porque individualmente somos levados a agir em função de uma série de fatores que ignoramos.

De 30 a 32 seu comportamento político foi de observador ou de militante?

Ao fim daqueles três meses de trabalho em Ribeirão Preto, percebi que aquilo não daria em nada. E me afastei. Aliás o cargo que ocupava desapareceu logo depois. Foi a partir de então que tomei um outro rumo. Procurei aqui em São Paulo alguns livros de Marx, como O *Capital*, e não pude encontrar. Ninguém nas livrarias sabia o que era isso. O Brasil, nesse sentido, estava muito longe do resto do mundo. Importei os livros da Europa e comecei a ler. A ler e a observar as coisas, porque o que sempre me interessou foi o Brasil, as condições gerais do País. Sempre viajei muito, desde menino. Já conhecia a Europa, onde passei dois anos estudando, quando tinha 14 ou 15 anos. Comecei então a viajar pelo Brasil para ver o que era esse País e sentia um tremendo complexo de inferioridade. Fiquei muito impressionado com o contraste entre o Brasil e a Europa. Mesmo o contraste com relação à Argentina, que conheci aos 18 ou 19 anos, me chocou.

Teve alguma participação em 32?

Nessa época já estava no Partido Comunista e fui contra. Contra os dois lados. Era contra Getúlio, porque já havia passado dois anos desde a Revolução e não se fizera nada do que eu imaginara que se deveria fazer. As viagens pelo Brasil me mostraram que vivíamos num país de miseráveis, de pobreza e sofrimento. E imaginara que a Revolução fosse realmente começar a modificar a situação, a fazer alguma coisa. Talvez fosse um pouco apressado, por ser moço ainda e desejar realizar tudo de um dia para o outro. Eu era contra o governo, mas muito mais contra a gente daqui de São Paulo. O comando de 32 explorou o ressentimento paulista.

A Revolução de 32 teve, aqui em São Paulo, a mesma mobilização popular ocorrida em 30?

Não. Houve a participação da classe média e da alta sociedade, mas a massa do povo foi contra, pois tinha simpatia pela Revolução de 30 e por Getúlio. O povo ainda via em Getúlio a encarnação daquela aspiração indefinida a que me referi e a parte reacionária temia nele exatamente isso. Evidentemente Getúlio era levado pela sua ambição continuísta, mas um de seus instrumentos foi a legislação social. Embora feita para beneficiá-lo, ela obviamente beneficiava também o povo e provocou uma transformação importante. Vocês não conheceram o Brasil de antes de 30 e não fazem uma ideia do que era isso aqui.

Parece-lhe correto afirmar que, depois de 30, os intelectuais e uma parte da população, que desejavam transformações na ordem política e social, se encaminharam para duas correntes, o integralismo e o comunismo?

Não se pode situar as coisas assim. Os comunistas, ou melhor, o comunismo em geral, desfrutava de simpatia popular, o que ocorre no mundo inteiro e é inevitável. Seja o que for, o PC historicamente sempre defendeu uma certa categoria social, o proletariado, além de ser um partido em que não entra o interesse pessoal. Por tudo isso, o comunismo contava com uma certa simpatia. Mas era uma simpatia distante, à qual não correspondia uma ação. Mesmo porque muitas pessoas ficavam apavoradas com a propaganda terrível que se fazia: "Isto é uma coisa horrorosa, eles comem crianças", coisas desse gênero. De modo que não havia o que vocês dizem. Com relação ao integralismo, é importante dizer que ele nunca teve expressão, a não ser em certos círculos intelectuais e em certos grupos militares. Eles faziam isso um pouco por exibicionismo teatral.

Não havia também por parte deles um desejo de conhecer a realidade brasileira?

Não. O que Plínio Salgado e toda aquela gente fazia era exibicionismo. Essa era a preocupação deles.

A Revolução de 30 teve algum impacto na orientação do Partido Comunista?

Não. Fiz críticas a isso em livros meus. O Partido sempre foi de um nível político muito baixo. Tinha pouca compreensão do Brasil. Esse foi sempre o grande ônus do Partido. Aliás, estou repetindo aqui o que já escrevi. O Partido interpretou a Revolução de 30 como uma luta entre dois imperialismos: o americano e o inglês, concluindo que o primeiro venceu o segundo.

A que atribui a fraqueza teórica do PC nessa época?

À fraqueza do Brasil como um todo, porque nesse ponto a burguesia não estava em melhor situação do que o proletariado. O que significa um programa político? Significa transformar os interesses de classe — que são muito diferentes dos interesses individuais — num pensamento político, econômico e social. No Brasil nunca se fez isso. No caso da burguesia, por exemplo, afora certas reivindicações — como aquelas expressas nas reivindicações de mais crédito do Banco do Brasil — nunca houve um programa político propriamente.

Concordaria com a afirmação de que a fragilidade teórica da burguesia brasileira corresponde à fragilidade teórica dos partidos operários brasileiros?

Sim. Tudo isso corresponde a um baixo nível de cultura e de desenvolvimento político do País como um todo. O problema é que se coloca o Brasil em quadros europeus e americanos que nada têm a ver conosco. Copiamos esses quadros. O ministro Mário Henrique Simonsen fez recentemente um discurso, no qual descreve a economia brasileira, que é uma coisa de rolar de rir. Ele fala das coisas do Brasil como se fôssemos os Estados Unidos, usando os mesmos conceitos. Tudo passa a ser igual. Não sei até que ponto esses homens falam sinceramente e até que ponto estão trapaceando. Isso não tem sentido, mas é um vício brasileiro muito antigo. Como não criamos uma ideologia nossa aqui, simplesmente importamos as coisas.

Desde a fundação do PC até 30-32, o Brasil mudou bastante em muitos setores. Ele acompanhou esse processo de mudança, ou sua linha não se alterou?

Não, fundamentalmente não se alterou. É o que já disse: somos muito mecânicos, copiando modelos europeus e conhecendo muito pouco do Brasil.

Corre uma versão segundo a qual Getúlio Vargas, de certa forma, precipitou maquiavelicamente a revolta comunista de 35 para que ela ocorresse dentro de circunstâncias favoráveis a ele. O que pensa disso?

Falou-se muito disso, principalmente na ocasião, embora sem referência particular a Getúlio, mas ao governo como um todo. Teria havido uma provocação no Rio Grande do Norte e no Rio de Janeiro. Não sei se isso é verdade, porque 35 se passou inteiramente entre militares. Não houve participação popular. Foi um episódio puramente militar.

O Partido participou efetivamente do levante?

Não posso dizer, porque não estava na posição de saber o que se passava na direção do Partido. Mas não creio que tenha havido uma decisão do Partido naquele sentido. Aliás, se isso tivesse ocorrido se saberia. Não se pode esquecer — e eu falo em termos internacionais e históricos — que o Partido Comunista é um partido de massa, onde não existem pequenas intriguinhas. Ou melhor, pode haver, mas isso não é o normal, a regra, dentro do Partido.

Foi preso nessa ocasião?

Sim. Fui preso no Rio Grande do Sul e trazido para São Paulo. Fiquei preso dois anos. O motivo alegado foi a minha participação na Aliança Nacional Libertadora. Fui um dos dirigentes da Aliança em São Paulo, como vice-presidente. O general Miguel Costa era o presidente, mas nunca atuou muito.

Como vê hoje a ação da Aliança? Estava bem organizada em São Paulo? Tinha apoio popular?

Tinha uma boa estrutura e muito apoio popular, inclusive se difundiu muito no interior. Era um movimento de esquerda, é claro, mas não comunista. Ela expressava um sentimento generalizado no Brasil — a aspiração por um país diferente, em que o povo tivesse melhores condições de vida. Isso impressionava muito. O que se desejava era promover a participação popular na vida política do País.

Num sentido democrático?

O que vale não são os "conceitos", são os fatos. O que se queria era uma participação popular real, capaz de influir na orientação geral do Brasil, política e economicamente, para levantar o nível de vida da massa da população. Havia a consciência de que o Brasil nunca seria coisa nenhuma enquanto não alcançasse aquele objetivo. E os fatos o comprovam cada vez mais. Porque não é uma elitezinha lá em cima que vai fazer deste País uma grande potência, como se diz hoje. A massa do povo é que faz um grande país. Basta ver o que ocorre na Europa. A Aliança era fundamentalmente uma organização popular que expressava aquela aspiração por melhores condições de vida. E a massa do povo estava interessada nisso.

No campo político ela fazia alguma reivindicação mais específica em termos de reformulação das estruturas políticas?

Seu programa era sintetizado pelo lema — "pão, terra e liberdade". Queríamos o respeito pelas reivindicações populares, que nunca houve e não há no Brasil. Hoje em dia muitas coisas estão mudadas, mas o problema em si persiste.

Ficou preso até quando?

Fiquei preso até pouco antes do Estado Novo. O estado de sítio foi suspenso por 15 dias e consegui um *habeas corpus* do Supremo Tribunal Federal. Imediatamente embarquei, meio clandestino, num navio que ia para a Europa. Voltei em 39 normalmente, pois meu processo tinha prescrito. E comecei a lutar contra o Estado Novo.

Como foi formada aquela frente única de oposição ao Estado Novo, na qual entraram democratas, socialistas, comunistas?

O Estado Novo foi muito maleável e não se pode dizer que a frente englobava todo mundo. Ele contava, por exemplo, com simpatizantes de esquerda e ex-comunistas que aderiram. Por isso, Getúlio foi muitas vezes apresentado como um homem de esquerda, pelo fato de lutar contra certas categorias políticas burguesas. No fim, o governo de Getúlio foi-se decompondo. Ninguém mais acreditava que aquilo pudesse ter alguma significação. Há certas situações em que um governo não tem mais nenhum sentido, não representa mais nada. Com o Estado Novo foi assim. Às vésperas do fim do Estado Novo, ninguém poderia prever aquele desfecho. No entanto, bastou o José Américo dar uma entrevista, que no dia seguinte todos os jornais copiariam, para que todo mundo ficasse em aberta oposição ao regime.

Isso não resultou de uma conspiração?

Não, não houve nada disso. Aquilo caiu do céu. Lutava-se contra o regime, havia comícios, que a polícia vinha e dissolvia, mas era uma coisa sem grande profundidade e amplitude. O que havia era uma insatisfação geral, porque o Estado Novo já não representava mais nada.

Quando sentiu que o descontentamento com o regime começou a aumentar?

Depende do setor e do Estado. Aqui em São Paulo ele foi muito grande, porque realmente o governo do Estado foi entregue a interventores que não representavam nada, não tinham a simpatia de ninguém. 32 era uma coisa ainda muito sentida e o espírito paulista estava muito vivo. Em São Paulo houve uma oposição muito grande ao Estado Novo.

Mesmo na classe operária, ou apenas da classe média para cima?

Entre o povo em geral as simpatias iam muito mais para Getúlio, que foi um homem de grande prestígio. Mesmo quando essas pessoas do povo criticavam o governo, atribuíam toda a responsabilidade pela situação aos outros, nunca a Getúlio.

Foi difícil para o PC combater o Estado Novo junto às suas bases operárias?

O Partido Comunista nunca combateu as pessoas, mas o regime, a falta de eleições e de participação popular na vida política do País.

Em 44-45, o PC estava na frente única contra Getúlio e, de repente, Prestes sai da prisão e tudo muda. Atribui essa mudança ao grande prestígio popular de Getúlio Vargas, principalmente na massa operária?

Antes de mais nada, devo repetir que nunca pertenci à direção do Partido, nem tive nele grande prestígio ou influência. Sempre fui um elemento secundário, e mal considerado, não em termos pessoais, mas por causa de minha maneira de interpretar o Brasil. Sempre fui muito marginalizado no Partido, pela oposição a seus esquemas políticos e econômicos, que eu considerava falhos no que diziam respeito ao Brasil.

Por suas ideias ou por sua condição de intelectual?

Os dois são fatores que contam. Não é que exista uma desconfiança inata com relação a todo intelectual. Vejam que, no caso, além da minha condição de intelectual, há o fato de que tenho origem numa família rica, tradicional. É claro que tudo isso parece a própria negação da condição de comunista. De qualquer forma, eu fugia ao meio ambiente normal do Partido. E, aliado a isso, havia o fato de que procurava estudar as coisas com independência, buscava o certo e o errado, e defendia a minha posição com muito vigor. De modo que nunca estive na posição de saber o que se passava na direção. E não se deve esquecer, também, que o Partido era clandestino. Mas, respondendo à pergunta, de fato não simpatizei muito com o apoio a Getúlio. Era muito fraco em termos de sensibilidade política e achava que Getúlio tinha de ser derrubado antes de mais nada.

Hoje acha que sua posição foi correta?

É difícil dar lições à História e saber o que teria acontecido se tivéssemos agido de forma diferente. Reconheço, no entanto, que minha posição era errada, que meu plano de frente única não era correto. Essa frente é que acabou dando nascimento à UDN. Aliás, o nome UDN quem deu fui eu. Não me vanglorio por isso, é apenas uma curiosidade histórica. Foi Afonso Arinos, que conhece bem a história desse período, que contou isso a um jornal, há algum tempo. Enfim, minha ideia era fazer um movimento democrático e popular e me iludi com os "democratas" da UDN.

A seu ver, o regime de 46 permitiu uma ampla participação popular?

Permitiu sem dúvida uma participação popular razoável. Mas vejam que no Partido Trabalhista, por exemplo, os indivíduos se aproveitaram das peculiaridades da situação para reforçar suas próprias posições. Não digo que o PTB tenha sido um freio para as reivindicações operárias. Mas os indivíduos se aproveitaram dele. Por isso insisto na diferença entre o interesse individual e o interesse de classe. Vou lhes contar um caso ilustrativo disso. Washington Luís estava exilado em Paris e, sem saber, fui parar no mesmo hotel que ele, naquele período em que estive na Europa, entre 37 e 39. Como havia laços de família entre nós, e como ele estava muito sozinho e desolado, gostava muito de conversar comigo. Era um homem de grande experiência política e também de grande habilidade, de modo que aprendi muitas coisas de política com ele. Em nossas conversas contou-me o seguinte. Não existia a polícia de carreira em princípios do século. Os delegados eram nomeados pelo governo, que os escolhia entre os amigos e correligionários. Assim, quando havia qualquer problema com os colonos, o delegado ficava sempre a favor do fazendeiro, tratando os trabalhadores com descaso. O que aliás provocou movimentos internacionais de protesto. A Itália chegou a opor resistência à emigração para o Brasil, para as lavouras do café, que eram então o grande negócio e que se ressentiam da falta de mão-de-obra. Criou-se então a polícia de carreira para defender o trabalhador contra o patrão, porque precisávamos dos imigrantes. E foi Washington quem fez isso. Ele era chefe de Polícia no governo Tibiriçá e, no governo seguinte, de Albuquerque Lins, foi secretário da Justiça, ao qual estava subordinada a Polícia. Nessa ocasião, Tibiriçá, que era fazendeiro, mas já não encarnava mais como presidente o interesse de classe dos fazendeiros, mas os individuais, teve um problema qualquer com os trabalhadores e foi a Washington que era seu amigo e companheiro de governo. E queixou-se: "Olha, o delegado tal fez isso..." Ao que Washington respondeu: "Mas foi você mesmo quem fez essa lei da polícia de carreira, e agora reclama?"

Vejam o interesse individual do fazendeiro contra o interesse de sua classe pela imigração, protegida pela polícia de carreira. Essa é uma coisa esquecida muito frequentemente. A política brasileira está cheia de coisas assim, porque, não havendo um pensamento político, são os interesses individuais que entram em cena. As pessoas vão para um lado e para o outro guiadas pelo seu interesse pessoal, sem ver o interesse coletivo de sua classe. Elas não sacrificam pela sua classe os seus interesses individuais. Raramente sabem interpretar os interesses gerais. É no que dá, entre outras consequências, o baixo nível cultural do País. A política brasileira é muito difícil de ser analisada por causa disso.

A que atribui essa persistência do interesse individual na política brasileira?

À falta de cultura política, à falta de cultura.

Há fatores sociais que explicam isso?

Sim, mas os fatores sociais não caem do céu, são criados pelo próprio homem. São os homens que criam a sociedade e o pensamento da sociedade. Cultura é a compreensão geral da teoria, e a teoria não é uma coisa abstrata que anda passeando por aí. É produto do pensamento aplicado à análise dos fatos e resultante da compreensão deles. E derivação, a partir daí, das normas de comportamento: princípios, opiniões e ação. E isso não existe, em alto grau, entre nós. Voltemos à distinção entre o interesse individual e o interesse coletivo. Quando o "Esquadrão da Morte" andava matando marginais por aí, houve uma pesquisa de opinião pública e muitos foram a favor. Tive ocasião de ouvir pessoas de certo nível de cultura e educação afirmarem: "Esses marginais não valem coisa alguma, são um traste. É melhor matá-los logo. Para que esse trabalho de prender, processar e condenar?"

Mas isso não significaria uma alta consciência de classe?

Não. Isso significa que as pessoas não veem que esse procedimento pode voltar-se contra elas um dia. Significa que não existe separação entre o fato e o direito. Um povo que tenha a exata compreensão das coisas não julga pelo fato, mas pelo direito, ou seja, o pior criminoso possível tem o direito de ser julgado. Essa é uma lei geral que vai proteger a própria pessoa. Cultura é isso: é essa comunidade de pensamento, numa sociedade, em torno de princípios que se respeitam e estão acima dos indivíduos, é a cultura social, a cultura do conjunto. A cultura puramente individual é uma coisa artificial que não tem efeito, afora o exibicionismo dos sabidos... e talvez uma esperança para o futuro. Nada mais. Outro exemplo é o caso da tecnologia. "Vamos fazer tecnologia" — decide-se. E pega-se então uns sujeitos aí que são postos a estudar, gastando um dinheirão. E nada mais. Mas isso é uma coisa ambiental, que tem de ser generalizada, porque não se formam elites de técnicos, de homens cultos, de homens que sabem fazer as coisas. Isso tem de vir naturalmente de baixo para cima, é um fato social e não individual. Solta-se um grande cientista num ambiente inadequado e ele fica perdido, não faz nada.

Qual a seu ver o caminho para que o Brasil progrida nesse sentido da cultura?

O da elevação das condições de vida da massa da população. Esse é o único caminho. Porque não se pode esquecer que a massa de nossa população saiu do regime da escravidão e dos derivados dela. A massa brasileira foi formada, fundamentalmente, por africanos trazidos para cá como escravos, quer dizer, como instrumentos de trabalho. Aqui eles perderam a cultura de origem e não ganharam nada, porque o único contato que tinham com o que se pode chamar de civilização era quando desembarcavam. Eram todos alinhados e batizados em conjunto por um padre. Nunca mais ouviam falar de coisa nenhuma, nem de religião. Pelo menos se tivessem tido educação religiosa alguma coisa teria ficado em termos de cultura. Mas não. Eram soltos na senzala e trabalhavam como animais. A massa da população brasileira foi isso até bem próximo de nós. No sul do Brasil a situação é um pouco diferente por causa da imigração. Por tudo isso, o grande problema brasileiro é levantar o nível dessa massa da população, porque cultura é um fato coletivo e não individual. É preciso usar o máximo dos recursos do País para dar saúde e educação para essa massa. E educar não significa apenas montar uma escola e mal e mal ensinar a ler e escrever, como fez o Mobral. Isso não adianta nada. De que adianta alfabetizar uma pessoa e soltá-la por aí em seguida sem assistência, sem nada para ler? Vai esquecer tudo.

Depois de falar de nosso mal de importar as soluções europeias e americanas, gostaríamos de saber como vê a influência do marxismo na intelectualidade brasileira. Também no caso do marxismo limitamo-nos a importar a fôrma e colocar a realidade dentro dela?

Foram copiados modelos teóricos europeus nos quais não se enquadrava a realidade brasileira. Mesmo porque Marx nunca se ocupou especificamente de países de passado colonial como o Brasil.

Não lhe parece que no período de intensa atividade política, que vai de 45 a 64, foi feito um esforço para se ater à realidade brasileira?

Houve esse esforço, mas ele foi em grande parte interrompido em 64. Depois de 64 houve uma espécie de endeusamento do regime. Uma coisa típica desse período é o empresário. Hoje em dia empresário é um título que se emprega como o de doutor, antigamente. Criou-se toda uma auréola em torno do homem de negócios, do chefe de indústria, do executivo, para exaltar as virtudes do capitalismo. Tudo isso foi endeusado e estimulado na perspectiva do Brasil grande potência, o que impressionou e enganou muita gente. É inegável que houve um certo progresso, aliás produto do próprio tempo. Isso é evidente. Afinal não estamos mais vivendo em cavernas, como selvagens, e o progresso existe, é normal. Mas fundamentalmente continuamos na mesma situação.

O XX Congresso do PCUS, que condenou o stalinismo, teve muita influência nos quadros intelectuais do PC?

Sim, houve uma reviravolta. Os comunistas refletem a mentalidade geral do país, que é a da imitação, da falta de ideias próprias e da falta de coragem de procurar coisas novas. Eles copiaram tudo aquilo e, quando houve a reviravolta anti-stalinista, passaram a achar errado o que antes era tido como certo. Isso não é específico dos comunistas, mas do Brasil em geral.

Como viu a atuação do PC no período João Goulart?

Achei errada.

Em que sentido?

No sentido de levar a sério o que Jango estava fazendo. O Partido estava na clandestinidade e eu já muito afastado, de maneira que não sei exatamente qual foi a sua posição. Mas havia muita simpatia pelo governo de Jango, esperava-se muito dele. Sempre fui contra isso e sempre achei um erro essa posição. Jango procurou imitar Getúlio, mas o problema é que tinha todos os defeitos de Getúlio elevados à enésima potência e nenhuma de suas qualidades. E deu nisso que tinha de dar. Há uma anedota segundo a qual tudo o que se passou no Brasil, desde o tempo de Jânio, fazia parte de um plano bem preparado. Primeiramente colocou-se no poder um homem como Jânio, que era um desequilibrado total, um indivíduo sem consistência, que não tinha nem esse senso comum normal nos indivíduos pouco inteligentes, embora fosse dotado de grande habilidade e sensibilidade. E dono de uma popularidade extraordinária, que as eleições provaram. Jânio tinha uma certa esperteza e não faria as besteiras de que só Jango era capaz, como fazer revolta de sargentos e coisas assim. Como vice-presidente, colocou-se Jango. O plano então, segundo essa anedota, teria consistido, num segundo momento, em tirar Jânio e colocar Jango. Essa anedota surgiu porque a coisa se apresentava tão engenhosa para chegar até o golpe de 64 que não parecia possível que tudo ocorresse sem plano.

Quais os erros básicos de João Goulart?

Tudo estava errado. Ele fez umas demagogias tolas, como desapropriação de terras ao longo das estradas, coisas assim sem o menor propósito. As pessoas sopravam as coisas e ele ia fazendo.

A seu ver há uma diferença muito grande entre as linhas políticas de Miguel Arraes e João Goulart?

Eram completamente diferentes. Arraes foi realmente um homem popular, de alto valor, tanto político como individual, voltado para o povo. Na questão das greves, por exemplo, ele disse claramente que não se opunha a que se fizesse greve. A polícia só interviria se houvesse violência. Em caso contrário, os operários podiam fazer o que quisessem, pois estavam em seu direito. Que governo no Brasil já fez isso?

Quais foram as suas divergências teóricas com o PC a propósito da reforma agrária?

O Partido partia do princípio de que o Brasil era um país semifeudal, o que me parece absurdo. Não se trata de uma questão acadêmica, mas de um fato concreto muito importante para se traçar uma orientação política. Para o Partido, estávamos vivendo num país semifeudal, que precisava, portanto, de uma revolução democrático-burguesa para acabar com essa situação. A meu ver tudo isso é fantasia, até mesmo porque há particularidades chocantes para demonstrar esse erro. O meeiro, por exemplo, mantinha, segundo o Partido, uma relação de trabalho correspondente ao camponês feudal, o mesmo não acontecendo com o trabalhador agrícola assalariado. O Partido era contra a meação. Eu sustentava e sustento, porque é evidente para quem desce das nuvens, que a meação não corresponde à relação de trabalho do camponês feudal europeu. Ela é uma forma de pagamento de salário em espécie. No caso, a relação é de assalariado. Ele não tem domínio sobre a terra, nem liberdade de ação, pois deve dedicar-se a determinadas culturas em condições estabelecidas previamente. E o meeiro é um trabalhador de nível superior ao assalariado, porque, com a desvalorização da moeda, é mais vantajoso para ele receber o pagamento em espécie — ficando com a metade do algodão plantado, por exemplo — do que em papel-moeda. Como o assalariado tem aquele salário fixo, sujeito à desvalorização da moeda, o meeiro fica numa posição superior. Aliás, sempre se exige do meeiro que seja um trabalhador mais ativo, mais eficaz, que conheça melhor o trabalho. E o programa oficial do Partido pedia o fim da meação. Os meeiros ficaram furiosos e se voltaram contra o Partido, porque não queriam voltar a ser assalariados.

Com relação, especificamente, à reforma agrária, a primeira questão que surge até hoje, e que provoca uma grande confusão, é a da divisão da terra. Esse problema surgiu na Europa, por causa dos grandes latifúndios feudais, que apresentavam condições diferentes do Brasil. Por isso, é que o Partido fala de reforma agrária nesses termos. Agora estão achando que o capitalismo na agricultura é invenção recente. É outro erro. No Brasil a gente sempre interpreta as coisas em termos livrescos sem conhecer os fatos. A agricultura do café, por exemplo, sempre foi tipicamente capitalista, dirigida por homens de negócio com mentalidade e formação capitalistas. É uma coisa que posso afirmar até por experiência pessoal, pois vi isso de perto a vida inteira. Não existe no Brasil latifúndio no sentido europeu da palavra. O problema é de capitalismo mesmo. Hoje já não se fala mais de feudalismo, porque fica meio escandaloso, mas em pré-capitalismo, o que no fundo é a mesma coisa. O prefixo *pré* indica um estágio anterior. E o que havia antes era o feudalismo nos países que copiamos. É para disfarçar que se fala em pré-capitalismo. O problema é que sempre tivemos um capitalismo deformado, atrasado, mas capitalismo, a extorsão capitalista do sobreproduto do trabalho, da mais-valia. O Partido nunca compreendeu isso. Por tudo isso é que o problema da reforma agrária é colocado simplesmente em termos de divisão de terra. Mas como dividir uma grande empresa como uma fazenda de café? Não é possível. Reforma agrária no Brasil significa uma transformação que é preciso estudar em cada caso, em cada lugar.

Que solução sugeriria então?

A reforma agrária, como tudo mais no Brasil, deve ser feita de acordo com uma diretriz básica: elevar o nível de vida da população. Acho muito importante proporcionar terra ao trabalhador, torná-la acessível a todos os que a pretenderem, o que certamente melhorará as condições de vida de grandes parcelas da população. Na reorganização da agropecuária brasileira há que pensar menos no *negócio* que eventualmente representa, que na elevação dos padrões de vida da população.

Em alguns lugares e para determinadas culturas, seria mantida a meação?

É impossível dar um plano. Cada lugar apresenta um problema diferente. O importante é que vivemos num país de nível muito baixo e é indispensável elevá-lo. Tudo tem de se organizar em função disso.

Sem esquemas prefixados?

Mas não é possível ter esquemas prefixados. Os próprios interessados é que têm de dizer o que querem e o que pensam. Afinal, o brasileiro não é bicho para não poder dizer as coisas. É um homem que pensa, que raciocina, que reflete. E sabe muito bem o que é bom e o que é ruim, o que pode melhorar a vida dele ou não. É preciso consultar esse homem e dar-lhe condições de ter, na direção do País, representantes de sua confiança capazes de transformar seus objetivos em leis. Representantes selecionados no seu meio e saídos dele, e que provem na prática, na ação, sua capacidade, sinceridade e dedicação.

Não acredito em soluções abstratas, pois sou um homem extremamente prático e acho que as coisas têm de ser realizadas na prática. Não se pode ficar fechado numa sala para traçar planos que dizem respeito aos vitais interesses de milhões de pessoas. Não se resolvem os problemas brasileiros dentro dessa visão. Temos de ouvir toda essa gente. Democracia no Brasil significa isso. Quem ouve esse povo? Ninguém. Não existem e nem se procura estruturar organismos que dêem a essa gente a possibilidade de falar e ser ouvida.

Dizer que o brasileiro não tem capacidade de votar, porque seu nível é muito baixo, é querer transformá-lo em bicho. Peguem qualquer sujeito aí e perguntem-lhe o que precisa na vida, que ele saberá responder. É um ser racional, não é? E não precisa de tutores que têm interesses completamente distintos dos seus. Nem de formulações abstratas, como "grande potência" e companhia, que nada têm a ver com o pão que o alimenta, a saúde que lhe dá vitalidade, a cultura que o esclarece. É verdade que o problema brasileiro sempre foi e continua sendo o baixo nível do País. Mas é uma utopia imaginar que se pode ter uma massa de miseráveis em baixo e um grupinho, lá em cima, que vive muito bem e vai progredindo. Um grande economista, cujo nome prefiro não citar, defendia a seguinte tese. A Suécia tem 8 milhões de habitantes e é um grande país. O Brasil tem 110 milhões, dos quais 20 milhões de consumidores, muito mais que a Suécia, portanto. Temos então um grande país aqui dentro com esses 20 milhões.

Ele chegava até certo ponto a defender a política do governo, alegando que o Brasil podia muito bem se desenvolver com base naqueles 20 milhões. O que é um absurdo, porque todos nós sentimos as deficiências da massa dos 90 milhões, que indiretamente nos tocam. Por que os brasileiros que têm um nível de renda igual aos europeus e americanos não têm aqui as mesmas condições de vida da Europa e dos Estados Unidos? Porque vivemos num meio pobre. Aqui não se pode fazer coisas elementares, porque não há recursos. Quer dizer: a miséria da grande massa reflete-se em todos nós, mesmo nos homens ricos, os quais disfarçam isso viajando para a Europa, para participar da civilização. Esse é o problema brasileiro fundamental, que pode ser resolvido com relativa rapidez. Acho que o Brasil tem condições de transformar ou pelo menos atenuar consideravelmente essa situação numa geração.

E o problema de acumulação de capital?

Mas a acumulação de capital existe sempre. Ou não há acumulação de capital no Brasil? Claro que há. Só que a maior parte escoa para fora.

O problema não é de acumulação, portanto, mas de aplicação desse capital. Vejam: fizemos uma indústria automobilística que é uma coisa de perfumaria. Num país como o Brasil ela é inteiramente secundária. O Brasil não tem necessidade de automóveis aos milhões e sim de transporte coletivo, que não temos, nem teremos nas condições atuais, enquanto os automóveis ocuparem toda a superfície das vias públicas, obrigando-nos a recorrer ao metrô que não temos recursos financeiros para desenvolver apreciavelmente.

Fala-se hoje em distribuição de renda. Não é aumentando salário e distribuindo PIS e não sei que mais em gotas pingadas que se vai melhorar as condições de vida da população, mas criando condições para proporcionar a todos habitação, comida e escola decentes. É isso que significa distribuir renda. O resto é conversa mole para boi dormir. Tal como os nossos PIB e outros devaneios estatísticos.

No período de 45 a 64 principalmente, falou-se muito num projeto de desenvolvimento autônomo capitaneado pela burguesia industrial. O que acha disso?

Não estou criticando o regime atual nesse sentido, porque na realidade ele é um continuador disso. Essa questão do progressismo começou a rigor com Getúlio, em seu segundo governo. Modestamente, porque havia um freio a isso que era a relativa liberdade política. No governo Juscelino a coisa chegou ao apogeu, com a indústria automobilística e as facilidades ao capital estrangeiro, isto é, às multinacionais. Isso é um cancro, uma coisa pavorosa, que tanta gente considera uma maravilha, fica embasbacado, dizendo: "O Brasil tem uma grande indústria".

Mas como criar empregos para a população, que está crescendo a altas taxas, se não se traz capitais de fora?

Trazer capital de fora para quê? Para aproveitar a mão-de-obra barata que tem aqui, é claro. Mas então o nosso ideal é formar um país de trabalhadores mal pagos para empresas estrangeiras? Isso não é solução. Vejam, por exemplo, o caso do Nordeste, que fornece grandes contingentes de migrantes para o sul do Brasil. Uma parte considerável dessa gente vem para cá porque está literalmente morrendo de fome lá. Mas, afora a fome, a vida que eles têm aqui é pior que a de lá. Se tiverem um mínimo de assistência no Nordeste, pelo menos a garantia de não passar fome, metade dessa população de migrantes que vive em São Paulo volta para lá.

Como arranjar recursos para isso?

É preciso modificar as condições de vida do País, em geral, quer dizer, os recursos disponíveis devem ser canalizados para atividades desse tipo. É evidente que haverá nesse caso uma queda para certas categorias da população, mas é isso que deve e precisa ser feito.

Não haveria então necessidade de maciços recursos externos?

O recurso externo é a maior ilusão que pode haver. De 1850 aos anos 30, o Brasil teve saldo permanente em sua conta comercial. Em que foi gasto esse saldo? Por que o Brasil não acumulou uma grande reserva? Uma parte relativamente pequena foi enviada ao exterior pelos imigrantes, para suas famílias em seus países de origem. O resto foi gasto no pagamento aos estrangeiros pelos serviços que trouxeram para o Brasil. É evidente que trouxeram muitos serviços, indústrias etc. Mas é evidente também que exageraram no preço cobrado por isso. Pagamos muito caro. Vejam o que está acontecendo agora com os nossos 30 bilhões ou mais de dólares de dívida externa. Esse é um péssimo negócio. E ilusório. Não há dúvida nenhuma que as indústrias estrangeiras dão trabalho a muita gente e que tudo isso aumentou a riqueza do País. Mas não se deve esquecer que tudo na vida é uma questão de prioridade, que tudo tem de ser medido em função de outras coisas. O que adianta ter hoje coisas por um preço que não poderemos pagar amanhã?

Como vamos pagar a nossa dívida? Tenho conversado com muitos economistas, gente de bom nível, que me dizem mais ou menos o seguinte: "Veja a linha das exportações brasileiras como subiu e projetemos agora essa linha para a frente para ver como fica". Mas com que direito se projeta essa linha em termos ascendentes? Só porque os números se comportam de certa forma, num determinado instante, pode-se concluir que continuarão a se comportar assim? Nesse ponto é preciso largar os números, os cálculos, e ver a realidade como é. O que o Brasil tem de novo disponível para exportar? Nada. No caso da soja, os nossos concorrentes são os Estados Unidos. Produtos industriais? Quando dizem isso, fico pensando: será que estão debochando da gente? Exportar tecidos e calçados! Em primeiro lugar, o limite de uma exportação dessas, mesmo em condições favoráveis, é mínimo. Por que comprar tecidos e calçados do Brasil, se outros países — a Itália, por exemplo — têm produtos de qualidade no mínimo igual? Hoje em dia o que vale na economia não é a produção, mas a venda. Produzir qualquer um produz, o difícil é vender. Os outros países já têm uma organização comercial montada no mundo inteiro. Como o Brasil vai vencer essa gente? O Brasil pode produzir e exportar o que realmente dá dinheiro, isto é, aviões, máquinas, computadores? Produzir e exportar ele próprio, e não essa farsa entre outras de exportação de automóveis que se reduzem na realidade, em última instância, a uma exportação de mão-de-obra barata.

Antevê um colapso do modelo brasileiro?

Não antevejo, eu vejo. Podia antever há dois ou três anos. Hoje basta ver. Está no fim.

Se por obra e graça do Espírito Santo lhe entregassem o País, o que faria?

A primeira coisa que faria era deixar o Brasil todo falar, deixar o povo falar, participar da vida pública. O povo, a massa da população brasileira, é que precisa abrir a boca e dizer o que lhe faz falta. Se não é capaz disso, como há quem alegue, então não somos dignos de ser um País civilizado. Somos primitivos, selvagens, pior que isso, não somos racionais, humanos. Precisamos de tutores. Tutores bem remunerados, está visto, com as multinacionais na primeira linha... Em suma, a primeira coisa a fazer seria convocar uma Constituinte para que o Brasil inteiro pudesse falar, se organizar dignamente, estabelecer um regime em que a massa da população pudesse efetivamente participar da vida pública do País. Haverá erros, sem dúvida, haverá de tudo, mas não há outro caminho. É andando que em criança aprendemos a andar, e os tombos fazem parte da aprendizagem. E certamente não serão piores para a massa da população que os atuais. Apesar de tudo o que se passou, acho que houve um grande progresso no sentido da compreensão dos fatos políticos. Mesmo essa televisão e esse rádio medíocres que temos têm prestado um serviço importante ao pôr o povo em contato com o mundo. O brasileiro ignorava o que era o mundo e hoje não ignora mais, pois a televisão e o rádio vão a todos os lares e permitem comparar o Brasil com o Exterior e aprender suas lições; mostrar o nível da civilização de nossos dias que não é o da casa grande e senzala dos velhos tempos.

Essa coisa de fazer uma mobilização de todo o povo para que ele possa falar não pode ocasionar eventualmente uma grande perturbação da ordem, à qual se oporiam os militares por questões de segurança?

Segurança do quê? Antes de mais nada, já escrevi que não existe uma classe militar no sentido de classes sociais que têm conjuntos de interesses específicos de ordem social, como a burguesia e o operariado, por exemplo. Os militares, como indivíduos, cidadãos, têm as opiniões que todo mundo tem. Quanto à sua ação como categoria e setor do organismo estatal, suas funções e atividades são reguladas em lei. Não acredito que haja problemas de perturbação da ordem. De 46 a 64, tivemos um regime em que as coisas correram normalmente. No caso de Jango, quem provocava agitação era, direta ou indiretamente, o próprio governo. E não creio que seja necessária uma legislação especial para impedir que um Jango faça coisas como essa. Para situações como essa existe o controle de um Poder Legislativo legítimo e, em casos extremos, o "impeachment". Pelo contrário, acho que a liberdade diminui as possibilidades de grandes violências. Uma das perigosas coisas do Brasil de hoje é não se ter o direito de falar, de se queixar, de se abrir. O direito de falar diminuiria o risco de qualquer agitação. A participação popular na vida do País não provocaria agitação. A liberdade de manifestação do pensamento oferece muito menos perigo do que a sua ausência, mesmo numa situação como esta de dificuldades econômicas por que passa o País; e acredito mesmo que sobretudo por isso. O desabafo é um grande tranquilizador.

11 de junho de 1978

9 Vargas preferiu morrer para não ser humilhado

Entrevistadores:

*Villas Boas Corrêa,
Antônio Carbone e
Lourenço Dantas Mota*

Alzira Vargas do Amaral Peixoto

Nasceu em São Borja, Rio Grande do Sul, em 1914 e morreu no Rio de Janeiro em 1992. Formada pela Faculdade de Direito da antiga Universidade do Brasil. Foi uma das mais próximas colaboradoras do presidente Getúlio Vargas em seus dois períodos de governo, tornando-se uma das figuras de destaque da vida nacional nesse período. Autora do livro Getúlio Vargas, meu pai, *publicado em 1960.*

Antes de começarmos a nossa conversa, quero dar uma declaração e responder antecipadamente a uma pergunta que poderão me fazer. A declaração é a seguinte: eu e o comandante Ernani do Amaral Peixoto somos casados com comunhão de dívidas e separação de ideias. De modo que o que quer que eu diga ou faça não deve ir para a conta corrente dele, em termos negativos ou positivos. Como poderão me perguntar porque não continuo escrevendo, se tenho tantas coisas para contar, respondo antecipadamente que cheguei à conclusão de que a História, como já se afirmou, nada mais é que uma sucessão de mentiras bem contadas e reiteradas até a exaustão. Vocês, jornalistas, por exemplo, acham que formam a opinião pública. Não é verdade. Quem forma a opinião pública é o dono do jornal, que é empresário. Tenho visto uma série de declarações — inverídicas algumas, deturpadas outras — para salpicar de lama a memória de meu pai. Não vou escrever minhas memórias, porque ainda estou fazendo História. Mas vou retificar muita coisa que está saindo sobre ele e que não é verdadeira.

Desde menina, quando Getúlio Vargas foi governador do Rio Grande do Sul, até 1954, a sra. viveu em Palácio. Como reagiu às pressões desse meio? Como conviveu nesse ambiente palaciano meio falso, cheio de bajulação e chaleirismo? Como isso influiu, se é que influiu, na sua personalidade?

A propósito, não sei se conhecem uma frase atribuída ao velho João Pinheiro. Quando foi eleito presidente de Minas — naquela época chamava-se presidente ao governador de Estado — um amigo disse-lhe: "Tome muito cuidado com esse negócio de Presidência, pois isso acarreta muito amigo falso e sobretudo muita bajulação". Passado algum tempo, João Pinheiro reencontrou-se com esse amigo e deu-lhe esta resposta: "Tudo o que me disse sobre esse negócio de Presidência é verdade, mas lá que é bom é bom." Mas, respondendo à pergunta, devo dizer que a mudança da vida de casa para a de palácio não foi muito sentida por mim, porque minha mãe sempre tomou muito cuidado com isso. E meu pai nunca deixou que tivéssemos o que se chama uma vida palaciana. Nunca tivemos regalias. Esse negócio de mordomia não existia naquela época. Nem guarda pessoal para a família. Íamos para o colégio de bonde, como todo mundo. Carro oficial para a família era proibido. Portanto, não tivemos na infância o que se chama de vida palaciana. A vida de palácio só começou a me pesar na juventude. Mas aí eu já estava na Faculdade de Direito e começava a trabalhar. Aquela vida imbecil de chazinhos, joguinhos, recepções — que era o que se exigia da família de um presidente da República — não me satisfazia. Ia emburrada às festas. Verifiquei depois que eu estava errada, do ponto de vista político. Minha mãe se dava mesmo com pessoas que não gostavam de meu pai.

Como foi a sua vida na Faculdade de Direito, que era muito antigetulista?

E como era! Sobretudo quando entrei, em 1933, pois tinha acabado a guerra de São Paulo. Fui para lá com essa cara que Papai do Céu me deu, sapato de salto baixo, cabelo curto, sem pintura e sem chapéu, o que era um crime naquela época. No começo não me levaram a sério. Quando fui me inscrever para o exame vestibular, um dos professores perguntou: "Então a sra. tem coragem de vir fazer exame na Faculdade de Direito sem frequentar o pré?" Aí eu me queimei: "Disseram que era preciso pistolão para ser reprovada aqui na Faculdade de Direito e por isso vim fazer o exame". Depois que souberam de minha identidade, isto passou a ser uma "gracinha" da filha do Getúlio. Fui aprovada no vestibular e veio o trote. E é claro que eu estava na bica. Os veteranos me cercaram, fizeram um calouro como eu se ajoelhar a meus pés, trouxeram uma lata de tinta e me disseram: "Pinta a cara dele de verde". Engrossei: "Não, pois ele é calouro como eu. Mandem um veterano se ajoelhar aqui que eu pinto a cara dele". Com isso fiquei com os calouros do meu lado e resolveram mudar o trote. "Peça um emprego para ela" — disseram ao calouro. Perdi a paciência:

"O único cargo vago é o de interventor em São Paulo. Se quiser, está às ordens". Aí a coisa acabou e me deixaram em paz, porque o Diretório Acadêmico estava nas mãos de um grupo paulista.

Os comunistas e os integralistas não tentaram aliciá-la?

Os comunistas nunca tentaram e vou contar uma passagem a propósito. Embora não fosse comunista, apenas um homem de esquerda, um dos meus professores na época, Edgard de Castro Rabelo, deu-nos uma aula sobre marxismo e afirmou no final: "Não aconselho vocês a lerem *O Capital*, porque é muito massudo, mas é interessante que leiam o *Manifesto* de Marx e Engels. Como a aquisição desse livro não é fácil, posso emprestar-lhes o meu exemplar". No dia seguinte, mandei pedir o livro e a resposta do Castro foi: "Diga à Varguinhas que não se meta nisso". Por isso, logo após a revolta comunista de 35, quando foram presos vários professores meus, entre eles o Castro Rabelo, contei essa história a papai, mostrando-lhe que, se houvesse intuito de aliciamento dos alunos para o comunismo, não teria havido presa melhor do que a filha do próprio presidente. Disse-lhe que, se o Castro Rabelo fosse a julgamento, iria depor a favor dele. Papai disse-me então que os professores tinham sido presos por exigência dos militares, os quais alegavam que seus colegas envolvidos no levante haviam sido presos, correndo o risco de ser condenados à morte, enquanto continuavam soltos aqueles professores, justamente os que envenenavam a juventude. Acrescentou que não era o caso de eu ir tão longe a ponto de depor a favor de Castro Rabelo: bastava que meus colegas fizessem um abaixo-assinado pedindo a libertação dos professores que ele daria um jeito. E deu. Já os integralistas tentaram me aliciar. Um dia um dos colegas que não fazia parte do meu grupo me abordou, dizendo: "O nosso Chefe Nacional perguntou por você". Respondi-lhe que não tinha chefe nenhum e ele não insistiu. Tinha um outro colega integralista que todo dia me trazia livros do Gustavo Barroso e do Miguel Reale. Levava para casa e devolvia no dia seguinte, até que um dia não aguentei mais e lhe disse: "Pare com essa papagaiada. Conheço o Gustavo Barroso. Não me venha com esse negócio de Deus, Pátria e Família. Não quero mais ler isso. Já li do Plínio Salgado o que queria e o considero um intelectual medíocre".

História Vivida

Quando começou a sentir o crescimento do comunismo e do integralismo na Faculdade? O integralismo começou a crescer mais depois da revolta comunista de 35?

Os dois movimentos cresceram mais ou menos simultaneamente. Aliás, digo no meu livro que esses dois movimentos entraram no Brasil curiosamente pela mão dos militares. A revolução de 35 não foi propriamente comunista, pelo menos a daqui do Rio. A do Rio Grande do Norte, sim, mas mal preparada. Além de Prestes, quem na cúpula da Aliança Nacional Libertadora era comunista? Herculino Cascardo? Esse de comunista nada tinha. A verdade é que se aglutinaram na Aliança muitos adversários de Getúlio sem que nem por isso fossem comunistas. Dentro dessa chamada revolução comunista havia de tudo. Prestes estava metido na Aliança, porque lhe deram a presidência. Aliás, quem o apresentou para o cargo foi o ilustre dr. Carlos Lacerda. Ela representou um movimento contra o governo e não propriamente um movimento comunista. Os oficiais que participaram da revolta eram oficiais descontentes ou de esquerda. De comunistas mesmo havia uma meia dúzia.

E o assalto ao Palácio Guanabara, promovido em 1938 pelos integralistas e outros opositores do regime? Afirma-se que os chefes militares ligados ao governo tiveram um comportamento suspeito, que demoraram a chegar.

O único chefe militar ligado ao governo que não teve um comportamento suspeito foi o ministro da Guerra, general Eurico Gaspar Dutra. Todos os outros ficaram em cima do muro, esperando: se o governo ganhasse muito que bem; se não ganhasse muito que porém. Em poucas palavras, as coisas se passaram assim. Tínhamos todos ido deitar por volta de meia-noite e pouco. Pouco depois ouvi um tiro, mas não me importei porque isso era muito comum: a sentinela cochilava e sua arma, ao cair, disparava. Preocupei-me quando ouvi o segundo tiro, pois dois acidentes desse tipo assim em seguida já era muita coincidência. Levantei-me, olhei pela janela e vi uma porção de homens correndo dentro do jardim e jogando algo parecido com bombas. Minha irmã, que dormia no quarto ao lado, acendeu a luz e logo duas balas ricochetearam, uma em cada canto da janela. Talvez pensassem que era o quarto de

Vargas. Apaguei a luz e saí correndo. Encontrei meu pai pondo o revólver na cintura sobre o pijama e me perguntou o que havia. Respondi-lhe que não sabia e que estava descendo para ver. O oficial dos fuzileiros navais que estava de serviço na casa da guarda do Palácio naquele dia deixara os revoltosos entrar. A casa da guarda ficava a uns 100 metros da porta principal. Quando eles quiseram entrar por essa porta, a principal, que dava acesso aos nossos aposentos, o guarda civil de plantão os impediu e eles então recuaram. Foi um gesto de bravura desse rapaz, pois se os revoltosos tivessem entrado em nossos aposentos nos matariam a todos tranquilamente. Disseram-me, e não sei se isso era verdade, que o plano de ataque foi de autoria de Belmiro Valverde. Vi esse plano, que tinha várias anotações feitas à mão. Uma delas dizia: "O homem não deve escapar". Disseram-me, e não sei se isso é verdade ou não, que essa anotação era do general Euclides Figueiredo. Essa informação me foi dada pela chefatura de Polícia. A minha tese sempre foi de que o plano foi elaborado fora do Brasil. A tradução é que não foi bem feita: na hora de aplicá-lo o brasileiro foi mole. Caso contrário, eles nos teriam pego tranquilamente.

O Palácio estava inteiramente desguarnecido?

Completamente.

A que atribui a hesitação dos revoltosos, que tiveram a situação em suas mãos e não agiram?

A minha impressão é que eles pretendiam nos manter presos ou sob controle, à espera de uma reação da Marinha. Na Marinha a infiltração integralista era muito grande. Contaram-me depois que o intuito dos revoltosos não era matar-nos mas levar-nos prisioneiros para o cruzador "Bahia". Durante o tempo em que ficamos cercados no Palácio, as rádios anunciaram que o presidente havia sido deposto e que uma Junta Militar assumira o poder. Alguns membros dessa Junta foram depois apresentar seus cumprimentos a papai, no Palácio.

A repressão ao integralismo, e especialmente ao comunismo, segundo todas as versões e relatos disponíveis, foi de uma extrema violência e crueldade. Essas informações não chegaram até o governo?

Não. Polícia sempre foi polícia: no tempo de Bernardes, no tempo de Floriano, no tempo de Deodoro. Vocês devem ter visto o filme "Lúcio Flávio". Polícia é aquilo: é gente bronca que usa métodos irracionais para obter confissões falsas. Na época do ataque integralista, encontrei um amigo que não tinha nada a ver com a polícia e que estava furioso, porque tínhamos passado 5 horas sem a menor defesa dentro do Palácio. "Enterrei os dedos nos olhos de um integralista", contou-me ele. "Mas escuta aqui, você é da polícia?" — perguntei-lhe. "Não, mas sou amigo do Filinto". Aí perdi a paciência: "Mas você teve a coragem de fazer uma coisa dessas com um homem preso?" Ele resolveu enfiar a viola no saco e não falou mais comigo. Devia ser garganta dele, mas espelha um estado de espírito. Alguns integralistas foram ao Palácio hipotecar solidariedade depois do golpe, homens que eram amigos pessoais de meu pai e que tinham pertencido ao integralismo como muita gente boa pertenceu. Hoje todo mundo grita que é democrata e cospe no prato em que comeu. O único ditador foi o dr. Getúlio, todos os outros são anjinhos de asas brancas, ninguém serviu ao Estado Novo, que surgiu sozinho. Até parece que o dr. Getúlio fez uma mágica e apareceu com o revolverzinho e colocou o Exército do seu lado à força. A verdade é que o golpe de 37 seria dado com Getúlio, sem Getúlio ou contra Getúlio, pelos militares. A sua habilidade consistiu em fazer com que o golpe fosse feito com ele e não contra ele. O dr. Getúlio nunca teve pinta de ditador. Encontrei há pouco tempo alguns escritos dele, referentes à Revolução de 30, em que afirma: "Eu, o mais pacífico dos homens, vou ser obrigado a entrar numa Revolução".

A conivência com as violências chegava até que nível do governo? Acredita que a chefia de Polícia participou, tolerou ou estimulou as violências?

É possível que Filinto Müller, outro fantasiado de democrata, ignorasse essas coisas. É como digo em meu livro: um secretário de Educação não pode saber o que está sendo ensinado aos alunos em 2 mil salas de aula. É possível que ele não soubesse dessas coisas, que elas não passassem do nível de delegados. Mas não posso garantir.

O líder comunista Harry Berger enlouqueceu em virtude das violências sofridas e a mulher de Prestes, Olga Benário, foi entregue grávida aos ale-

mães e morreu lá. Tudo isso se passava nas escadarias abaixo do gabinete do chefe de Polícia.

Olga Benário veio para o Brasil junto com outro comunista de nome Hervert, creio eu, e a missão de ambos era ajudar Prestes no levante. Berger era americano, não sei se do Norte ou do Sul. E chegaram logo os pedidos de extradição tanto para Olga, como para Hervert e Berger. Ainda não estávamos em guerra e por motivos óbvios e legais a extradição devia ser cumprida. As leis brasileiras não os acobertavam e as da piedade cristã estavam contra eles na época. É bom lembrar que entre um preso político e o presidente da República existe uma centena de funcionários e figuras de proa que o informam ou desinformam. O ministro da Justiça era o dr. Vicente Rao, a quem estava sujeito, administrativamente, o chefe de Polícia, o então major Filinto Müller. Segundo informações desse ministro, foram feitas sondagens junto a alguns governos sul-americanos para que recebessem Olga como asilada. Recusa. Foi então feito um acordo com a Alemanha, que pedira sua extradição, para que não fosse punida por crimes anteriores à extradição. Tudo foi feito com extraordinária rapidez e nisto creio que houve muita malícia, pois em caso de demora, e se tivesse havido tempo e meios para provar que Olga Benário estava grávida de um brasileiro (Prestes), as leis brasileiras certamente a protegeriam.

A impressão que dá é que o aparelho de segurança adquiriu tal autonomia que agia completamente à margem da lei e dos responsáveis pelo poder.

Concordo. Isso aconteceu e continua acontecendo. Vejam, por exemplo, o caso recente do Rubens Paiva. A mulher dele foi ao ministro da Justiça da época e ele lhe garantiu que o Rubens estava vivo, quando ele estava morto há quatro dias. O ministro da Justiça não sabia realmente. Às vezes é uma luta tremenda encontrar uma pessoa presa. Não creio que meu pai tivesse conhecimento das violências praticadas pela polícia no Estado Novo, da mesma maneira que não jogo sobre o presidente Geisel a responsabilidade por tudo o que acontece agora. Sei que ele quer fazer certas coisas corretas e não pode, porque não é fácil.

Fala-se muito das simpatias pela Alemanha que existiam dentro do governo durante o Estado Novo. Também o presidente teria hesitado entre a Alemanha e os Estados Unidos?

Não é verdade que meu pai tivesse hesitado. O problema é muito mais grave e complexo do que parece. Antes de o Brasil decretar o estado de beligerância, em 1942, existia um problema comercial importante. Os Estados Unidos nos pressionavam para que fizéssemos um acordo comercial com eles. Isto é muito bem mostrado no livro *O Brasil entre duas potências*, de um dos *brazilianists*, Stanley Hilton, onde se vê que a política da boa vizinhança de Roosevelt foi menos realista do que a de Kennedy. O Brasil estava amarrado aos Estados Unidos por causa da grande quantidade de café que eles nos compravam. Ao mesmo tempo, cada vez que ameaçávamos cortar relações com a Alemanha, surgiam protestos, porque todos os nossos excedentes de algodão, fumo, madeira etc. eram vendidos a esse país. Embora não pagassem bem, os alemães compravam. Tenho cartas de Juracy Magalhães, Flores da Cunha, Lima Cavalcanti, Armando de Salles, pedindo pelo amor de Deus para que não rompêssemos, porque nesse caso seus Estados ficariam de pés e mãos amarrados.

É verdade que em 38, por ocasião do assalto ao Palácio Guanabara, Getúlio Vargas disse que se mataria, mas não se entregaria?

Não. O que ele sempre disse é que preferia a morte à humilhação. Não é verdade o que muita gente andou espalhando por aí, afirmando que ele era um suicida em potencial. Ele foi sempre contra a guerra civil, inclusive contra a guerra paulista, que não foi nem revolução, nem constitucionalista, nem paulista. Desculpem-me, mas essa é a verdade. Não foi revolução, mas uma contrarrevolução; não foi paulista, porque foi bolada no Rio Grande do Sul; e não foi constitucionalista, porque já tinha saído o decreto para o preparo do anteprojeto da Constituição quando eclodiu o movimento. E nessa ocasião papai resistiu apenas porque todo o grupo revolucionário queria resistir.

Houve alguma reação quando da implantação do Estado Novo?

Na época não houve praticamente nenhuma reação. Lembro-me apenas de um telegrama de protesto do então presidente da Câmara, Pedro Aleixo. Aliás, a minha tese é que esse negócio de democracia é muito bonito escrito, mas até hoje não vi aplicado. E já viajei por toda parte. Conheço a Rússia e também os Estados Unidos. Este país é chamado de sede da democracia, mas na verdade é uma plutocracia no bom estilo. A coisa mais parecida com democracia que vi foi o regime suíço. Mas a Suíça é um país deste tamaninho. A base dos regimes ocidentais é o capitalismo e ele está acabando por uma razão muito simples: não há mais raças para fornecer escravos. A própria mulher, que foi a última escrava, está-se libertando. A figura do *pater familias,* à qual minha geração se acostumou, está acabando. Os filhos estão começando a gritar mais alto que os pais. Não existe mais a família como base econômica. O capitalismo está desaparecendo e, como a democracia é baseada nele, ela está caindo também. Vejam que no mundo inteiro estamos caminhando em direção a regimes de força ou ao caos.

O governo encarou com sinceridade a campanha eleitoral de 37, ou já naquela altura achava inviável a eleição presidencial?

Estava viajando pela Europa e cheguei aqui exatamente no dia do lançamento da candidatura de José Américo de Almeida, que foi feita pelo Benedito Valadares. Até aí tudo bem. Mas o José Américo começou a fazer aquela série de discursos desastrosos.

A candidatura José Américo não foi articulada por Getúlio Vargas?

Não, ele não articulou nenhuma candidatura. Não se esqueçam que o compromisso da Revolução de 30 era exatamente esse: o presidente da República não devia interferir na indicação de seu sucessor nem nas indicações dos governadores. Se isso foi um bem ou um mal, não sei, sei apenas que o compromisso era esse. Quem articulou a candidatura de José Américo foi Benedito Valadares.

Mas sem que Getúlio Vargas concordasse ou pelo menos fosse informado?

Claro que foi informado, mas não interferiu.

É estranho. Getúlio Vargas foi uma personalidade extremamente forte e atuante e seu depoimento dá a impressão de que muitas coisas importantes se passaram à sua revelia.

Na minha opinião ele foi muito mais um administrador do que um político. E teve uma visão extraordinária como administrador. Há muitas coisas que ele implantou e, por terem sido inauguradas por outros, passaram por ter sido feitas por estes. Tinha a impressão de que com o passar do tempo seria feita justiça a ele, mas vejo que está acontecendo o contrário. Há muitas mentiras sendo publicadas por aí e que vão passar à História como verdades. Não posso admitir isso, que se cuspa no prato em que se comeu. Mas estávamos falando das candidaturas e vamos começar pela de Armando Salles. Ele esteve com papai em fins de 36. Papai disse-lhe que ainda era cedo para uma candidatura paulista, que os revolucionários não concordavam, que a lembrança da Revolução paulista ainda estava muito viva. Papai tinha uma grande admiração por ele, gostava dele, mas o aconselhava a esperar. Armando Salles respondeu-lhe que tinha até 31 de dezembro para se desincompatibilizar e que nessa época daria uma resposta. Voltou a São Paulo, e pouco depois respondeu que seus amigos não tinham permitido que desistisse e assim ele se lançava candidato. Pouco depois estavam saindo verbas para a campanha de Armando Salles, através do Departamento Nacional do Café, e isso foi cortado. Em torno dessa candidatura se uniram todas as oposições estaduais. Quanto à candidatura de José Américo, como já disse, quem a articulou foi Benedito Valadares e quem a pôs a perder foi o próprio José Américo, que se lançou praticamente como candidato de oposição, embora fosse o representante das forças que apoiavam o governo. Ele, que já tinha feito a Revolução de 30, parecia negar todos os seus princípios. Costa Rego, um grande jornalista da época, que trabalhava no *Correio da Manhã* e era muito amigo de papai, disse a José Américo, quando perguntado sobre o que achara de seu discurso em Minas Gerais: "Você está fazendo uma campanha de candidato da oposição sendo candidato do governo. Você tem de se segurar no paletó do Getúlio se quiser ganhar esta eleição". Outra coisa que tem sido jogada injustamente em cima de meu pai é a intervenção em *O Estado de S. Paulo*. A intervenção foi feita a pedido dos próprios paulistas, porque do contrário o jornal iria à falência.

A pedido da família Mesquita?

Não, pois sei que a família estava no exílio. Foi gente de São Paulo.

Pode citar nomes?

O pedido foi feito através de José Carlos de Macedo Soares, que era então ministro da Justiça.

Por que então toda aquela encenação de armas embrulhadas em jornais para justificar uma intervenção que, segundo a sra., foi pedida?

Tinha de haver uma justificação qualquer para convencer Getúlio, porque ele não era a favor da intervenção no jornal. Apesar de todas as crenças em contrário, ele nunca teve um espírito ditatorial. Minha mãe era muito mais ditadora do que ele, pelo menos conosco.

Ele teria sido o que, então? Um espírito autoritário, um espírito forte?

Um espírito forte. Não digo autoritário, porque papai era um homem que não sabia dizer não. Descobri isso muito tarde.

Acha que o período de 37 a 45 foi o que, então?

Um Estado autoritário. E o período em que o Brasil mais avançou, quer queiram ou não.

Eficiente ou ineficiente, nem por isso uma ditadura deixa de ser ditadura.

Era uma ditadura sim, nunca neguei.

Quem chefia a ditadura o que é?

Ditador. Nunca neguei, tenho até orgulho disso. A propósito do Estado Novo, disse-lhe uma vez: "Papai, estou tendo um trabalho danado, porque o sr. declarou que não há mais intermediários entre o governo e o povo, mas quem paga o pato sou eu que fico atendendo o dia inteiro. Por isso, tenho direito a uma explicação. Já li essa Constituição e, segundo ela, tem de haver um plebiscito para legitimá-la. Não tenho medo dela em suas mãos, mas tenho muito medo de ela cair nas mãos de qualquer outro". Ao que ele me respondeu: "Rapariguinha, tu estás ficando burra? Então por que é que tu pensas que eu não fiz o plebiscito? Essa Constituição é um meio para se chegar a um fim".

E qual seria esse fim?

A libertação econômica do Brasil, com as indústrias de base que ele começou.

Quer dizer que a intenção de Getúlio Vargas, ao entrar na jogada do Estado Novo, que estava sendo preparada sobretudo pelos militares, segundo a sra. afirma, era promover a libertação econômica do Brasil?

Exatamente. É uma afirmação que pode ser comprovada.

O Departamento de Imprensa e Propaganda do Estado Novo — o DIP — transformou-se no próprio símbolo da restrição à liberdade de imprensa. Como vê o DIP? hoje?

Essa é outra história muito mal contada. Inicialmente, o DIP foi criado com um objetivo: turismo. E foi organizado também um Comitê de Imprensa presidido por Olímpio Guilherme. Eram membros desse Comitê Herbert Moses e Cipriano Lage. Sua função era julgar os casos relativos à imprensa. Descobriu-se então que havia centenas de jornais e revistas clandestinos ou semiclandestinos. O Comitê passou semanas inteiras registrando esses jornais e revistas. Essa história acabou dando em água de barrela. O Olímpio Guilherme e os outros desistiram, alegando que não queriam julgar os próprios companheiros, e o Comitê acabou. Durante a guerra houve uma censura muito séria, por causa do próprio conflito. Havia um determinado número de coisas das quais era proibido falar. Acidente de avião, por exemplo. Estávamos no começo do Correio Aéreo Nacional e os títulos garrafais falando de acidentes foram proibidos, para evitar que as pessoas interessadas não desistissem de ingressar na aviação. Certas coisas de escândalo também foram proibidas. Mas a família Vargas nunca foi poupada. Esse negócio de dizer que a censura nos beneficiava não é verdade.

Pode citar exemplos?

Durante a guerra houve uma reunião em minha casa, em Petrópolis, da qual participaram papai, o ministro do Exterior e um enviado do presidente Roosevelt, o subsecretário de Estado para a América Latina, Sttetinius, e eu, que funcionei como intérprete. Desse encontro, a única pessoa viva sou eu. A reunião era para explicar por que Roosevelt e Stalin tinham dividido o mundo em Yalta. Havia jornalistas por todo canto, até em meu quarto. No dia seguinte, cada jornal apareceu com uma versão diferente da reunião e dos assuntos tratados. Interpelei o Lourival Fontes, então na chefia do DIP: "O que houve afinal? Em geral o noticiário é todo estereotipado: basta ler um jornal para ter lido todos". Respondeu-me que isso acontecia apenas por preguiça dos redatores: "Eles chegam aqui, pegam o que já está feito pela Agência Nacional e levam. Desta vez não fizeram isso". Tempos depois, houve outro fato. O Exército já tinha conseguido a cabeça do Lourival Fontes e quem chefiava o DIP era o coronel Hamilcar de Menezes. Um rapaz que trabalhava comigo na Legião Brasileira de Assistência veio se queixar a mim de que seu irmão, que era cronista esportivo, estava preso e o jornal em que escrevia — um jornal de Niterói, de amigos do Ernani — fora suspenso por três dias. Perguntei-lhe a razão: "Ele atacou o dr. Vargas Neto". Perguntei-lhe o que tinha o Vargas Neto a ver com problemas de esportes e me explicou que ele fazia parte da CBD. Disse-lhe então: "Vá ao coronel Hamilcar em meu nome e diga-lhe que quero o rapaz solto até amanhã e o jornal em circulação, porque o dr. Vargas Neto não pode dar-se ao luxo de atacar alguém e, quando recebe resposta, pedir socorro à censura". A censura nunca veio em meu socorro. A única vez em que lhe pedi ajuda, a coisa saiu completamente diferente. Passou-se o seguinte. Estava grávida de minha filha Celina, durante a guerra. Chamei o Aderson Magalhães, que era um grande repórter e trabalhava com Ernani, e disse-lhe: "Você está diante de um grande furo jornalístico, pois serei mãe, mas vou lhe pedir que espere três dias antes de divulgá-lo".

Mas que furo era esse?

O nascimento da filha de Ernani e Alzira, da neta do presidente. Pedi-lhe aquele tempo, porque precisava descansar e, se o fato fosse anunciado, ia ser uma coisa de doidos. Ele concordou, evidentemente, mas me fez prometer que o DIP não o divulgaria. Chamei então um rapaz do DIP e lhe pedi que não anunciasse o fato oficial nem oficiosamente, que não havia necessidade, mas sem proibir nada. Muito bem: em 45, entre as proibições do DIP, estava lá uma nota segundo a qual era "proibido noticiar o nascimento da neta do presidente". Vejam então como as coisas se passavam para nós de uma maneira esdrúxula e estapafúrdia.

Como viu o processo da queda de Getúlio Vargas em 45?

Em 1945, a 19 de abril, seu aniversário, como de costume fugindo às homenagens oficiais, ele foi para nosso sítio Cafundó, perto de Petrópolis. O jornalista Maciel Filho, arrostando uma estrada precária, fora levar-lhe seu abraço e fez-lhe várias perguntas indiscretas. Uma delas: "Dr. Getúlio, nós, seus amigos, não merecemos o castigo que nos quer impor. Por que não decide logo candidatar-se e acabar com essa guerra de nervos?" A resposta foi uma frase da qual nunca me esqueci por ser quase profética: "Você está vendo um homem que pela primeira vez não sabe qual é o seu dever. Estou diante de um dilema. Sinto que precisaria aguentar um pouco mais, preparar o País para ganhar a vitória, já que ajudamos a ganhar a guerra, passar o governo constitucionalizado a meu sucessor e retirar-me definitivamente da política. Mas cansei e estou enojado de tanta infâmia e vilania e minha vontade é renunciar já, entregar este governo pelo qual tanto anseiam e ir aproveitar este resto de vida". Fez uma pausa e continuou: "Se eu fizer isto, deixarei atrás de mim um rastilho de pólvora". Meses depois, creio que em setembro, houve um comício improvisado, o povo invadiu o Guanabara e Getúlio o recebeu. Não discursou, praticamente houve um diálogo entre ele e o povo. Pouco após, mais precisamente no dia de 3 outubro, data-limite para a desincompatibilização, liderado por Hugo Borghi, houve o famoso comício do largo da Carioca também chamado o comício do "Fico". Por volta de 6 horas da tarde cheguei esbaforida ao Palácio Guanabara.

Encontrei meu pai em seu gabinete, um charuto apagado entre os dedos a caminhar pensativo. Perguntei: "O que o sr. vai fazer hoje? Dias atrás, na última manifestação, sua autoridade já saiu arranhada. O sr. não falou como presidente da República, bateu um papo com o povo".

"Minha vontade — respondeu — era dizer ao povo que forças ocultas, umas, e muito claras outras, forçam-me a tomar uma atitude. Como não posso satisfazer a vontade do povo, desço neste momento as escadarias do Guanabara para, junto com o povo, pleitear o que ele deseja". Disse-lhe que aquilo era uma beleza e perguntei-lhe por que não o fazia. "Não posso, porque o Góes, o Agamenon e o João Alberto me pediram pelo amor de Deus que não fizesse isso, pois não teriam forças para segurar o governo". Quando insisti querendo saber o que ia fazer, respondeu: "Já estou com saudade desse gesto que não vou ter. Vou pedir ao João Alberto (que era o chefe de Polícia) para segurar a manifestação no Palácio do Catete". Afirmei-lhe que, se João Alberto não conseguisse segurar a manifestação, sabia que ele não mandaria atirar contra o povo. "Se ele não segurar, vamos ver o que acontece, mas eu não posso renunciar". A partir daquele instante, ele passou a ser o cavalo perdedor e ninguém joga em cavalo perdedor. A nomeação do Bejo *(Benjamin Vargas, irmão de Getúlio)* para a chefia de Polícia foi um mero pretexto para o golpe. O esquema militar já estava montado antes disso, pois eles temiam qualquer coisa de papai. E também o negócio de "Constituinte com Getúlio" foi em parte manobra. Comunismo e capitalismo se unem muitas vezes para melhor se combater depois. Eles se uniram também para derrubar Jango em 64. Aquele comício da Central foi um convite claro à intervenção dos militares.

Atribui a participação de Prestes na campanha da "Constituinte com Getúlio" a uma manobra maliciosa?

Foi uma coisa combinada, e sem dúvida muito bem usada.

Com que objetivo?

Derrubar Getúlio, ou o que ele significava.

Quer dizer que vê nisso uma manobra maquiavélica: Prestes se aliou a Getúlio para provocar a animosidade dos militares e conseguir assim a sua deposição?

Provavelmente. E o mesmo se passou com o Jango, que de comunista nunca teve nada.

Muitos aceitam a tese de que Getúlio Vargas foi derrubado por uma onda que vinha de fora.

Existe uma convicção, da qual muitos participam, de que foi o vento de democracia que a FEB trouxe da Europa que derrubou Getúlio. Não é verdade. Todo mundo julgava que a figura de Getúlio estava muito desgastada e que bastava um piparote para mandá-lo embora. Mas verificaram, depois da volta da FEB, que o seu prestígio era enorme, apesar de todos os ataques que a imprensa estava fazendo contra ele.

Mas como explica o estouro que houve com a volta da liberdade de imprensa, a partir da entrevista de José Américo, feita por Carlos Lacerda?

Não houve propriamente um estouro.

Mas como fica então a história da recuperação da liberdade de imprensa em 45?

Não houve recuperação, porque a liberdade de imprensa sempre existiu. Os donos de jornal, os empresários que acusam o governo, fazem a autocensura. Houve uma censura rigorosa, inclusive de cartas e telefones — até o meu telefone esteve censurado — durante a guerra. Mas censura propriamente dita não. Havia um determinado número de assuntos nos quais era proibido tocar. Mais nada. Não havia censura rigorosa depois da guerra. Esse negócio do Lacerda afirmar que foi ele quem arrebentou com a censura é exagero. Tanto que ele próprio disse que ofereceu a entrevista de José Américo a vários jornais, que a recusaram. O próprio Paulo Bittencourt, do *Correio da Manhã*, disse a ele que só publicaria a entrevista se outro jornal a publicasse também. O *Correio da Manhã* era na época o único jornal que se podia dizer realmente independente, porque não dependia do governo para a importação de papel. Os outros dependiam de favores e os cultivavam. E essa é a única censura real, a da dependência econômica.

Mas de qualquer maneira aquela entrevista de José Américo foi a expressão dos sentimentos de importantes setores militares e políticos e forçou a abertura da sucessão presidencial.

Talvez.

Está convencida de que Getúlio Vargas faria realmente as eleições, ou ele estava se preparando para continuar?

De jeito nenhum. Ele ia presidir as eleições. Mas os militares não acreditaram. Julgaram que ele teria uma nova mágica em elaboração.

Qual a posição do general Góes Monteiro nesse episódio?

O Góes sempre quis ser ditador do Brasil. E não era muito "dutrista". Houve um grande golpe aplicado nele, Góes, pelo Agamenon Magalhães. As coisas se passaram assim. Quando houve a tentativa de prisão do Bejo e toda aquela atrapalhação, o Agamenon foi feito prisioneiro no Ministério da Guerra. Prisioneiro em termos, porque apenas não podia sair do prédio. Só saiu com o Oswaldo Cordeiro de Farias, para apresentar o ultimato dos militares a papai. O Góes quis ir, porque papai tinha mandado chamá-lo, mas Cordeiro e seu irmão Gustavo impediram, alegando que Góes se deixaria embrulhar pelo "bruxo". O Agamenon chegou morrendo de fome ao Guanabara e me pediu para arranjar-lhe pelo menos um copo de leite. Enquanto preparava alguma coisa para ele comer, Cordeiro dava a papai o recado dos generais que estavam reunidos no Ministério da Guerra. Não sei se nesse meio tempo, em que Agamenon esteve com papai, houve alguma combinação entre eles. Creio que sim. A verdade é que, de volta ao Ministério da Guerra, ele começou a redigir a renúncia de papai sentado ao lado de Dutra e Eduardo Gomes. No ponto em que dizia — "passo o governo a...", parou. Houve um gelado silêncio. Virou-se para o Eduardo e disse: "Todo o poder vai para o Judiciário, não é? Não é esse o seu *slogan*?" Ele concordou imediatamente e Dutra também. Nesse exato momento o governo caiu no regaço do Linhares e o Góes ficou tão danado que adoeceu.

Acha que Góes Monteiro queria dar um golpe para ficar no governo ou apenas para presidir as eleições?

Para ficar no governo.

Acha então que o golpe de 45 foi tramado basicamente pelo Góes Monteiro para ficar no poder, acabar com as eleições e eliminar as duas candidaturas?

Se não é, parece. Tanto que o Dutra se sentiu ameaçado e quis fazer um contragolpe. Creio que no dia 2 de novembro, pouco antes de eu também partir para São Borja.

Por que Getúlio Vargas hesitou tanto em apoiar Dutra, se era o seu candidato?

Porque isso representaria a reentrada dele na política. Se ficasse quieto então, nunca mais seria candidato, não teria voltado em 50 e não teria morrido tragicamente. Quando percebi que se inclinava a apoiar Dutra, disse-lhe com muita franqueza: "Papai, a muito poucos homens é dada a oportunidade de sair limpo da política. O sr. foi chutado. Permaneça assim. Se apoiar Dutra, o sr. volta para ela, ao passo que se ficar quieto o problema deixa de ser seu". Respondeu-me que sabia de tudo isso, mas ponderou: "Acontece que se não fizer isso os meus amigos é que vão sofrer, inclusive o seu marido. Enfim, todos aqueles que ficaram fiéis a mim."

Assistiu à criação do PTB e do PSD por Getúlio Vargas, numa manobra considerada brilhante mesmo por seus adversários. Como as coisas se passaram então?

Primeiro ele formou o PSD com quase todos os seus interventores e ministros, como por exemplo o Ernani, o Benedito Valadares, o Agamenon Magalhães, o Ernesto Dornelles, o Fernando Costa e outros. Ele próprio deveria ser o presidente nacional do PSD e para isso deveria assumir a direção da seção gaúcha, embora não tivesse assumido o posto. Mas no dia 12 de outubro, pouco antes de sua queda, portanto, que foi a 29, fundou, por ocasião da inauguração do primeiro trem elétrico da Central, o PTB. Prestes tinha saído da prisão pouco tempo antes. O Ernani foi procurá-lo: "Presidente, que negócio é esse? Então o sr. funda um outro partido em cima da gente? Vamos perder o eleitorado". Sua resposta foi: "Não saiam do PSD. Continuem, porque ele deve manter as coisas que já fiz. Ao PTB cabe outro papel, que é o de servir de anteparo entre a massa trabalhadora e o comunismo. Não se iludam, porque essa massa operária nunca irá para o PSD, mas para o comunismo. Por isso, estou dando a ela esse instrumento, que é o PTB, para que os operários tenham um órgão deles, para que eles próprios façam suas reivindicações". Ele já tinha feito essa tentativa antes, com os deputados classistas em 34. Mas não deu resultado.

Por que Getúlio Vargas rompeu com Dutra?

Porque Dutra rompeu o acordo existente entre os dois e começou a perseguir alguns de seus mais importantes correligionários, a começar pelo próprio Ernani. Hostilizou o Benedito Valadares, o Agamenon Magalhães, o Fernando Costa e outros.

A família se opôs a que ele voltasse em 50? Houve nesse caso uma divisão entre a família e os amigos?

Antes de mais nada, é preciso dizer que ele ouvia a família e os amigos, mas na hora da decisão não dava pelota para a turma. Ouvia, mas tomava sua decisão sozinho. Ele não queria ser candidato. Fez tudo — o possível e o impossível — para não ser candidato.

Que solução desejava então?

Desejava que o PSD apresentasse um candidato viável.

Que nome era viável?

Vários eram viáveis: Nereu Ramos, Ernesto Dornelles e muitos outros, inclusive Amaral Peixoto e Salgado Filho. O Cristiano Machado era viável. Era um homem de 30, um homem que meu pai conhecia.

Mas ele foi inicialmente vetado por Dutra, sob a alegação de que tinha um irmão comunista *(o escritor Aníbal Machado)*. Quando finalmente o PSD se decidiu por Cristiano, eu disse ao Ernani: "Se ele não for burro, e não é, antes de pedir a bênção do Dutra irá a São Borja secretamente e tenho certeza absoluta de que papai vai apoiá-lo". Mas ele decidiu ir diretamente a Dutra e com isso cortou as amarras com o getulismo. Ele se autocristianizou. Não foi o PSD que o cristianizou.

Pessoalmente acredita que foi um erro a volta em 50?

Acho sim. Politicamente não diria que foi um erro, porque assim ele limpou a sua imagem, que para muita gente estava suja. Ela foi suja propositadamente por todos os falsos democratas, que resolveram jogar piche apenas em cima dele. Mas do ponto de vista pessoal considerei a volta um grave erro. Lembro-me de sua resignação ao aceitar a candidatura e de sua frase famosa: "Levai-me convosco". Quando tomou posse, o crédito de confiança de que dispunha era muito pequeno.

Sem crédito de confiança de quem, se tinha sido eleito?

Não tinha crédito de confiança — ou tinha um crédito muito pequeno — nem dos políticos, nem dos empresários, nem dos militares, ou seja, não tinha com ele nem o poder político, nem o poder econômico, nem o poder das armas. Tinha apenas o crédito de confiança do povo.

Ele estava envelhecido, cansado?

Não, estava sobretudo desiludido.

O desempenho administrativo de seu segundo governo foi medíocre?

Em parte, talvez. Desejava fazer muito mais.

A impressão que perdura até hoje é a de que Getúlio Vargas voltou tão desgastado que não tinha condições de fazer um grande governo. Voltou quando já se prenunciava uma crise que estouraria cedo ou tarde.

Ninguém teria condições de fazer um grande governo. Disse-lhe logo depois da eleição: "Papai, o negócio está muito sério, tão sério que o povo espera do sr. um milagre, e milagre não é possível fazer". Quanto à crise, é preciso dizer que papai deixou o governo, em 45, com um país estável e com um grande saldo comercial. A crise estourou depois na mão dele, como a crise dos governos revolucionários está estourando na mão do presidente Geisel.

É a partir do chamado exílio em São Borja que João Goulart se aproxima de Getúlio Vargas e começa a sua carreira política. Como a sra. viu o surgimento dessa nova liderança?

Os pais de Jango, o velho Vicente Goulart e dona Tinoca, eram amigos pessoais de papai e mamãe. O irmão mais velho de Jango, que já morreu, era afilhado de papai e mamãe. Era uma amizade antiga. Quando papai foi para São Borja, Jango, que era deputado estadual, o acompanhou. Ele e meu irmão Manoel Antônio eram muito amigos e iam sempre visitar papai. Jango realmente tinha com papai cuidados especiais e cresceu muito para mim nesse período. Foi nessa época que ele recebeu, juntamente com meu irmão, a missão de organizar o PTB no Rio Grande.

Getúlio Vargas tentou transmitir o seu carisma e a sua herança política para João Goulart?

Não, isso é onda. A verdade é que Jango nasceu com uma estrela na testa. Do ponto de vista pessoal, por exemplo, herdou várias fazendas falidas e acabou com uma grande fortuna. Do ponto de vista político, ele começa a surgir no cenário justamente no momento em que desapareciam vários líderes naturais do Rio Grande, como Loureiro da Silva, um dos organizadores do PTB, e Alberto Pasqualini, que estava muito doente. De forma que ele foi sendo paulatinamente empurrado para a frente. O problema do PTB é que ele era um partido de soldados sem coronéis. Tinha apenas um general, que era meu pai, e que nem fazia parte do partido. Só se inscreveu por ocasião de sua candidatura. Era um partido formado e dirigido por operários mesmo. Em Minas, por exemplo, o líder era um tecelão e no Rio Grande um gráfico. De repente surge o Jango, um rapaz formado — que não tinha cultura, mas também não era nenhum analfabeto — e que falava a mesma linguagem que eles. Com isso ele cresceu. Vocês me perguntam no fundo se Jango foi feito líder por papai ou se, se fez por conta própria. Houve as duas coisas. Houve não direi gratidão, mas um afeto de meu pai por Jango e ao lado disso a sorte dele, que o foi ajudando e empurrando para frente.

Getúlio Vargas, que era um homem de grande sensibilidade política e conhecedor da psicologia humana, não percebia os pontos fracos de João Goulart?

Tanto percebia que Jango não durou muito, não é? A rigor, ele já estava demitido antes do Manifesto dos Coronéis, que apenas precipitou as coisas. Antes desse manifesto papai já tinha a intenção de tirá-lo do Ministério do Trabalho.

Como se formou a guarda pessoal, tão intimamente ligada ao desfecho trágico do segundo governo de Getúlio Vargas?

Ela começou a 11 de maio de 1938, dia do assalto ao Palácio Guanabara, e o nome foi dado por mim. O Bejo, que estava de férias no Rio, ficou impressionado com o fato de termos ficado cercados no Palácio durante 5 horas sem nada poder fazer. Disse que era incrível o presidente da República ter ficado sem nenhuma defesa durante tantas horas e mandou buscar gente em São Borja para formar a guarda pessoal. O Gregório, que era homem de confiança do Bejo, e não de meu pai, veio para chefiar a guarda. A única ocasião em que vi esse homem chorar foi quando caiu um avião vindo de São Lourenço para o Rio e no qual se suspeitava que estaria Bejo. Chorava e dizia: "Ele me deu ordens para transferir a minha dedicação a seu pai, mas sou homem dele. Se ele morrer, não tenho mais ninguém". Gregório se comportou muito bem enquanto ficou sob as ordens de Bejo, no primeiro governo.

Quando acabou o primeiro governo, a guarda foi dissolvida?

Não foi dissolvida, porque nunca chegou a ser criada formalmente. Ela se dispersou, pois quase todos eles tinham sido nomeados para a polícia. Gregório voltou quando da campanha de 1950. Por ocasião da candidatura Cirilo Jr. a vice-governador de S. Paulo, ele teve de derrubar papai num comício, quando houve um cerrado tiroteio. Papai não queria se abaixar e Gregório o derrubou, para protegê-lo. Nessa ocasião, pediu-me que não mais saísse com papai, pois teria de proteger os dois e não conseguiria. No segundo governo, Gregório tinha mudado. No período das vacas magras, de 45 a 50, passou apertos, pois perdera certas regalias às quais se acostumara. Tanto assim que ele, que nunca se aproximara de mim, disse-me uma vez, segurando-me pelo braço: "Olhe aqui, o seu marido tem de ser o sucessor do dr. Getúlio". Respondi-lhe: "Mas você está louco? Além do mais, ele não pode ser o sucessor, porque é genro, é parente". E ele ainda insistiu: "Se é assim, a sra. se divorcia de brincadeira e resolve isso".

O poder lhe subira à cabeça?

Completamente. Forneciam-lhe mulheres, dinheiro, vantagens, condecorações, enfim, começaram a endeusá-lo de tal forma que ele perdeu a cabeça. Mas vocês estão querendo entrar no caso do major Vaz e devo dizer que a minha impressão é que o Gregório foi mais vítima do que autor do atentado. O tal pistoleiro Alcino não era da guarda, mas elemento de fora, contratado. É possível que Gregório tenha tentado despistar contratando um homem, mas é possível também que esse elemento tenha sido imposto a ele. Se Gregório quisesse mesmo acabar com Lacerda, tinha para isso pistoleiros suficientes na guarda, homens de sua confiança, e não precisaria recorrer a outros. Outra coisa: alguém viu a ferida de Lacerda? Ou foi uma bala calibre 22, ou passou apenas de raspão, pois uma bala como aquela que matou o major Vaz teria, no mínimo, arrebentado o pé de Lacerda.

A seu ver, então, houve simulação por parte de Lacerda?

Provavelmente. Ele engessou o pé e ninguém viu mais o ferimento. A radiografia nunca foi publicada. Há ainda outras coisas curiosas nesse caso, como o assassínio de Gregório na prisão, nas vésperas de sua libertação. Por quê? Sabia demais? Levantaram na época a hipótese de que a razão do crime estava em práticas homossexuais. Não creio nisso. O Climério também foi ameaçado de morte duas vezes e chegou a ser ferido. A verdade é que há nesse caso várias incógnitas que talvez continuem sendo incógnitas por muito tempo.

Não apenas assistiu de perto como participou dos lances finais do segundo governo Vargas. Como as coisas se passaram?

No dia 23 de agosto fiz contato telefônico com os principais comandos militares, a começar pelos das unidades blindadas da Vila Militar. Telefonei também para a Marinha e a Aeronáutica. Todos estavam prontos a nos apoiar. Depois disso, recebi a lista dos 12 signatários do Manifesto dos Generais, com a informação de onde se encontrava esse documento e a indicação de que ele só seria assinado depois pelos outros. Mais tarde recebi a informação mais importante, que era a da alta finança, segundo a qual a coisa era para o dia seguinte. Como havia três dias não ia a Niterói ver minha família, transmiti a informação da alta finança a papai e disse-lhe que ia visitar a minha tribo, devendo estar de volta na manhã seguinte. Quando cheguei a Niterói, as luzes do Palácio estavam acesas e, do alto da escada, o Ernani me pediu para não dispensar o motorista, pois íamos voltar porque a coisa estava feia. Contei-lhe o que sabia, mas ele respondeu que o Bejo telefonara dizendo que a situação era muito grave e que papai convocara uma reunião ministerial para aquela madrugada.

Mas o governo não tinha um dispositivo militar?

Sim, sabia que o dispositivo militar era completamente nosso. Ao chegarmos ao Catete, o Oswaldo Aranha me diz: "Minha filha, tenho muita confiança na intuição das mulheres, sobretudo na tua. Diz-me o que posso fazer". Pela primeira vez, senti um frio na espinha. Respondi-lhe: "Dr. Oswaldo, o sr. me deixe pensar cinco minutos que depois lhe digo". Pelo telefone, repassei todo o dispositivo militar e entrei na reunião ministerial. Aí todo mundo entrou atrás: meu irmão, minha mãe, todo mundo. Fiz sinal a Oswaldo Aranha e Tancredo Neves para resistirem. Quando o general Zenóbio da Costa disse que a resistência significava a guerra civil, não aguentei mais: "General Zenóbio, o sr. sabe que não é apenas a vida de meu pai que está em jogo. A minha e a de minha família também estão. Logo, tenho o direito de falar. O que o sr. está dizendo é mentira. Não é verdade que 80 generais assinaram o manifesto contra papai, mas apenas 12, cujos nomes sei, e dos quais apenas um tem comando de tropa e não é no Rio de Janeiro (era o general Lott, que tinha um comando em São Paulo). Isso é apenas uma revolução de gabinete". Dirigi-me, então, ao ministro da Marinha, que era o almirante Renato Guilhobel: "O sr. sabe que a única tropa de que dispõe com poder de fogo é a dos fuzileiros navais. Pois bem: posso lhe dizer que o comandante dos fuzileiros já me deu a sua palavra de que eles só sairão se forem atacados. Caso contrário, ficam quietos. Portanto, do lado da Marinha não há perigo". Virei-me finalmente para o ministro da Aeronáutica, brigadeiro Epaminondas: "O sr. sabe tão bem quanto eu que os únicos aviões com autonomia de vôo de 5 minutos são os que se encontram na Base Aérea de Santa Cruz, pois os outros não têm gasolina nem para isso. Pois bem: essa base é comandada pelo comandante Pamplona, que foi da FEB e é amigo de meu pai. Portanto, daí não virá um ataque". Nessa altura, Guilhobel olhou para Zenóbio e depois para papai: "Presidente, o sr. é um homem destinado a ser sempre traído pelos seus chefes militares". Zenóbio virou bicho.

Por que acha que Zenóbio traiu Getúlio Vargas?

Por burrice e ambição, pois esperava ser ministro de Café Filho. Logo depois daquela observação de Guilhobel, o brigadeiro Epaminondas disse a Zenóbio: "Dê-me o local que eu prendo agora mesmo o Eduardo e o Juarez Távora, que são os responsáveis pela conspiração". Travou-se uma discussão entre ambos e a coisa se azedou. Papai, que era a única pessoa serena na reunião, interveio: "Já que vocês não chegam a um acordo, eu decido. Se vocês, meus ministros, se comprometerem a garantir a ordem, entro com um pedido de licença. Caso contrário, os revoltosos encontrarão aqui o meu cadáver".

Por que Getúlio Vargas não quis resistir, se tinha, como diz, um excelente dispositivo militar?

O problema dele era a guerra civil, que sempre quis evitar. Por isso não quis resistir nem em 45 nem em 54. Terminada a reunião ministerial, e já na sala de despachos, papai vira-se para mim e Bejo e nos diz: "Esta chave abre este cofre. Se me acontecer alguma coisa, um de vocês o abre. Os valores são da Darcy e os papéis da Alzira". Disse-lhe que as coisas ainda não haviam chegado àquele ponto e deixei-o, disposta a passar a noite em claro. Pouco depois, quando ele já se preparava para dormir, entrei em seu quarto para lhe mostrar a nota oficial sobre a reunião ministerial. Não quis ver. Fiz então uma proposta: "Papai, estou querendo fazer uma travessura, já tenho tudo combinado e para isso conto com o apoio do general Ciro Cardoso. Mas preciso de sua aprovação. Quero mandar prender Eduardo Gomes e Juarez Távora, os dois que estão conspirando." Virou-se para mim e disse: "Você sabia que o Zenóbio já foi convidado para ministro do Café?" Respondi-lhe que não e perguntei-lhe por que não me contara isso antes. Limitou-se a exclamar: "Ah, não adianta mais nada". Zenóbio deixou o Palácio e foi para a reunião dos generais transmitir a decisão de papai de pedir licença. Quando ele disse que a licença seria por uns dois meses, a resposta foi de que nesse caso Getúlio voltaria muito fortalecido. Aí, então, Zenóbio disse que a licença era definitiva, que era uma renúncia. Bejo contou-me depois que, quando foi dar essa notícia a papai, ele perguntou-: "Quer dizer que não sou mais presidente da República?" Bejo respondeu que não e papai disse-lhe: "Vá lá embaixo falar com o Caiado" *(general Caiado de Castro, chefe da Casa Militar)*. Em seguida ele retirou a carta do cofre, assinou e pôs em sua mesinha de cabeceira. Foi a carta que o Ernani achou. A outra ele tinha dado ao Jango. Enquanto eu falava com o general Ciro Cardoso ao telefone, alguém — não sei quem — me segurou pelo ombro e disse: "Alzira, seu pai!" Quando cheguei ele estava agonizando.

Está convencida de que foi a informação de Bejo de que ele estava virtualmente deposto que precipitou o gesto do suicídio?

Exatamente.

Por que ele não queria sair desmoralizado?

Exatamente.

Era difícil recompor o governo depois do atentado de Toneleros?

Era, e papai estava convencido disso. Achava mesmo que não era mais possível recompor o governo. O suicídio foi uma prova muito dura, mas sem ele as coisas teriam acabado pior. Papai teria sido julgado, humilhado. Ou teria havido uma guerra civil.

Está convencida de que ele seria mesmo convidado a depor e que a humilhação viria?

Estou. Aliás, a situação tinha chegado a um ponto em que tampouco o pessoal da "República do Galeão" podia recuar.

A versão que se conhece da carta-testamento foi toda ela escrita por Getúlio Vargas de próprio punho?

Toda ela, não. A parte sentimental, digamos assim, foi escrita por ele, mas a parte estatística, de cifras, números, foi acrescentada a seu pedido por Maciel Filho. Nunca divulguei essa carta manuscrita porque a letra é meio torturada, e também porque estava esperando uma oportunidade em que finalmente se fizesse justiça a ele.

Como toda figura histórica de grande dimensão, Getúlio Vargas suscitou grandes paixões e grandes ódios. A que atribui o ódio?

É muito simples: todo indivíduo que não consegue chegar onde quer odeia quem se interpõe. Houve uma geração inteira frustrada por não ter conseguido chegar onde queria.

Getúlio Vargas não era propriamente um homem do povo, mas membro de uma família tradicional, fazendeiro, advogado. O que o levou a se aproximar dos operários e a ter um contato tão fácil com eles?

Todo missioneiro do Rio Grande, sobretudo ele que foi advogado, tem muito contato com o povo. Não se pode esquecer também a sua experiência como soldado raso em Corumbá. Para ele já era bem claro, em 30, que a questão operária não era um caso de polícia. Além disso, era um homem que tinha contato fácil e natural com o povo.

Atribui então esse apego à questão trabalhista às experiências e observações feitas durante a juventude?

Sim.

Houve também uma opção ideológica?

Nesse particular, o problema é que a geração dele foi a que começou, no Brasil, a contestar todos os valores, a começar por Deus e a criação do mundo. Ele era um ateu agnóstico, ou seja, um ateu sem muita convicção. Era, como toda aquela geração oriunda da *belle époque*, um homem em busca de alguma coisa. E essa coisa ele não encontrou nem no amor nem na fé, e então se afundou no trabalho: na política e na administração. Há um artigo, que escreveu quando estudante, que a meu ver simboliza a sua vida: um artigo intitulado "Renovar-se ou perecer", sobre Émile Zola. Quando não teve mais capacidade de renovação, pereceu. E a contestação, que sua geração tinha iniciado, foi entregue a nós.

Localiza nessa fase de contestação a ligação dele com a contestação operária?

Exato. Era uma contestação geral de todos os valores, que continua hoje com outras formas: contestação do sexo, do amor, da família. Isto foi e é uma busca. É o homem procurando alguma coisa na qual acreditar.

Getúlio Vargas, em seu "exílio" em São Borja, depois de 45, vivia muito modestamente. Era uma característica dele?

O gaúcho missioneiro é antes de tudo um estóico. Não se esqueçam que durante toda a infância dele e parte da minha o Rio Grande viveu guerras sucessivas. Daí as moradias modestas. Quando passava, o inimigo queimava tudo; quando passava o amigo, o gado era levado com a promessa de que o governo pagaria. Nunca pagou. Meu avô reconstruiu a fazenda muitas vezes. O gaúcho morava mal, porque volta e meia sua casa era destruída, e não valia a pena fazer uma boa construção.

Quais eram as suas distrações?

Principalmente cinema e trabalho. Gostava também de caminhar, bater papo com os passantes, jogar bilhar e andar a cavalo. Só mais tarde é que aprendeu a jogar golfe.

Lia muito?

Leu muito quando moço. Lia bem francês e italiano. A geração dele praticamente não conhecia o inglês. Papai recebia regularmente as publicações das editoras Gallimard e Plon, da França. Mais tarde, dava-nos os livros importantes para que lêssemos e lhe preparássemos um resumo.

A impressão que se tem hoje de Getúlio Vargas é a de um homem solitário.

É uma impressão verdadeira. Ele era um homem solitário, sempre foi.

16 de julho de 1978

Esta é a primeira versão, escrita de próprio punho pelo presidente Vargas, da *Carta-Testamento*. Foi com base nela que Maciel Filho fez o texto definitivo.

Deixo à sanha dos meus inimigos o legado da minha morte.
Levo o pesar de não haver podido fazer, por este bom e generoso povo brasileiro e principalmente pelos mais necessitados, todo o bem que pretendia.
A mentira, a calúnia, as mais torpes invencionices foram geradas pela malignidade de rancorosos e gratuitos inimigos, numa publicidade dirigida, sistemática e escandalosa.
Acrescente-se a fraqueza de amigos que não me defenderam nas posições que ocupavam, a felonia de hipócritas e traidores a quem beneficiei com honras e mercês e a insensibilidade moral de sicários que entreguei

História Vivida

à Justiça, contribuindo todos para criar um falso ambiente na opinião pública do país, contra a minha pessoa.

Se a simples renúncia ao posto a que fui elevado pelo sufrágio do povo me permitisse viver esquecido e tranquilo no chão da Pátria, de bom grado renunciaria. Mas tal renúncia daria apenas ensejo para com mais fúria perseguirem-me e humilharem-me. Querem destruir-me a qualquer preço. Tornei-me perigoso aos poderosos do dia e às castas privilegiadas. Velho e cansado, preferi ir prestar contas ao Senhor, não de crimes que não cometi, mas de poderosos interesses que contrariei, ora porque se opunham aos próprios interesses nacionais, ora porque exploravam, impiedosamente, aos pobres e aos humildes. Só Deus sabe das minhas amarguras e sofrimentos. Que o sangue dum inocente sirva para aplacar a ira dos fariseus. Agradeço aos que de perto ou de longe trouxeram-me o conforto de sua amizade.

A resposta do povo virá mais tarde...

(a) Getúlio Vargas

10 O povo não escolhe pior do que as elites

Entrevistadores:
*Frederico Branco,
Villas Boas Corrêa
Lourenço Dantas Mota
e Antônio Carbone*

Dario de Almeida Magalhães

Nasceu em Belo Horizonte em 1908, onde se formou na Faculdade de Direito em 1930. Morreu no Rio de Janeiro em 2007. Constituinte em 1934 e deputado federal até 1937 pelo Partido Republicano, de cuja reorganização participou em 1946. Juntamente com Odilon Braga e Virgílio de Mello Franco redigiu o Manifesto dos Mineiros. Ajudou na preparação do movimento de 64, do qual se tornou mais tarde um crítico áspero.

Como nasceu seu interesse pela política? A partir de quando começou a interessar-se por ela?

Formei-me em Direito em 1929, em Belo Horizonte. Estava armada a luta pela sucessão presidencial. Um ano antes de formar-me tinha começado a trabalhar em O *Estado de Minas*, do qual o Pedro Aleixo e o Ubaldo Maciel eram diretores e o Milton Campos redator-chefe. A este eu era muito ligado. A participação no jornal levou-me ao interesse pela vida política, embora meu plano inicial de vida fosse advogar em Belo Horizonte e, eventualmente, lecionar Direito. Fui repórter, redator, redator-chefe e substituto de Milton Campos. Passei a ser diretor de O *Estado de Minas* exatamente na fase de sucessão de Washington Luís. Tive a partir de então uma participação muito ativa na vida política. Em 32, em Minas, ficamos solidários com São Paulo e o jornal teve uma atuação intensa.

Sofreu alguma repressão, em consequência?

Não, pois o secretário do Interior e Justiça era o Gustavo Capanema, muito meu amigo e que me tratou muito brandamente. Burlávamos a censura, quando podíamos, mas não sofremos qualquer ação punitiva. Depois da revolução paulista, concorri às eleições pela oposição — em toda minha vida, sempre fui da oposição — e consegui eleger-me com cinco outros companheiros. Depois, aos 22 anos, renunciei à minha cadeira na Câmara e não participei da Constituinte. Mais tarde, seria deputado noutras circunstâncias. Naquela ocasião, foi o jornal que me elegeu. A opinião pública, naturalmente, ficara muito sensibilizada pela atitude do jornal a favor de São Paulo, pois a opinião mineira era favorável aos paulistas. Mesmo o Bernardes, durante a revolução paulista, tomou uma atitude francamente revolucionária: tentou sublevar um núcleo no interior de Minas. E *O Estado de Minas* foi o órgão que exprimiu esse sentimento. Conseguiu, já nessa altura, ter certa significação. Hoje, é um grande jornal.

E o que o levou a renunciar à sua cadeira na Câmara Federal?

Bem, depois de 33 houve um problema nos *Diários Associados*. Queriam recompor sua posição. Primeiro tentaram exportar o Chateaubriand para o Japão. Ele reagiu antes. Então foi confinado em São Paulo. Nesse meio tempo, o *O Jornal*, órgão-líder dos Associados, era alvo de um assalto promovido pelo João Alberto. Então, fui convidado pelo Chateaubriand para reabrir *O Jornal*. Falharam as várias tentativas do governo e do João Alberto para levar esse diário à falência. E foi na sua direção que participei de diversos movimentos, como o de substituição do Benedito Valadares e da luta entre Melo Franco e o Capanema.

Durante quanto tempo foi diretor do jornal?

De 1933 a 1942. Fui também diretor dos *Diários Associados*, de *O Cruzeiro*, fundador da Rádio Tupi. Era uma posição correspondente à atual do João Calmon, a de diretor-geral.

Como se situava o Valadares na política mineira de então?

Era um político de Pará de Minas, insignificante, advogado sem expressão. Quando se tratou da substituição de Olegário Maciel, abriu-se uma disputa entre Virgílio de Melo Franco, apoiado pelo Oswaldo Aranha, e o Capanema, apoiado pelo Flores da Cunha. Era já a política do Rio Grande do Sul refletindo-se no plano federal.

E o Getúlio pagou ao Benedito a participação dele na repressão ao movimento de 32?

Sim, como na época o Benedito nada tinha a fazer em Minas, havia sido nomeado, durante a revolução, chefe de polícia da região do Túnel, onde ficaria conhecendo o Juscelino, que era médico da Força Pública de Minas. Posteriormente, foi escolhido para governar Minas por não representar nada. Quando saiu sua nomeação foi um estupor. Foi a mesma coisa que levou o Getúlio a nomear o Adhemar de Barros para São Paulo. O Capanema ficou muito magoado com sua preterição, mas foi recompensado, ao ser nomeado ministro da Educação. Tinha 33 anos. A escolha foi muito comentada. Talvez como a nomeação de um ministro francês muito jovem, que tinha uns 27 ou 28 anos. Argumentou-se que para ser ministro na França seria preciso ter pelo menos 50 anos. Pois ele replicou serenamente: "Não se preocupem. Esse é um defeito do qual me corrigirei com o tempo..." Depois, o Benedito demonstrou ser um político extremamente sagaz, ardiloso. Faziam muitas maldades com o Benedito, que chegou a ser objeto de deboche público. Isso é injusto, pois ele era muito esperto, muito matreiro. Aprendeu na política municipal. Depois, chegou até a fazer discursos de improviso. Tinha um amigo íntimo, Mário Matos, do qual não largava. Quando os dois embarcavam para o Rio, dizia-se em Belo Horizonte: "O governador foi para o Rio e levou a Gramática com ele". A "gramática" do Benedito era o Mário Matos. Tinha uma certa capacidade de agremiação. Não era tão demagogo, tão desabusado quanto o Adhemar de Barros. Muito adequado ao estilo mineiro.

E quanto ao seu mandato de deputado federal?

Exerci o segundo mandato até 1937, na oposição. Fui então testemunha e participante de um belo episódio da vida do Congresso. O Getúlio pretendia afastar o Antônio Carlos da presidência da Câmara. Esta, a despeito da existência da bancada de deputados classistas, que apoiava sistematicamente o governo, rebelou-se contra ele. Então o Getúlio recuou. E esperou o momento de substituir o Antônio Carlos pelo Pedro Aleixo. Este dividia a política mineira, de acordo com o desejo do Getúlio. Mas, ao assumir a presidência da Câmara, o Pedro Aleixo perdeu todo o prestígio com que contava. A censura, por exemplo, não tocava em originais, visados pelo Antônio Carlos. Nos primeiros dias, o visto de Pedro Aleixo funcionou. Mas isso durou pouco. Seu próprio discurso de posse, elogiando Antônio Carlos, seu antecessor, foi censurado e mutilado: em Minas, pelo Benedito Valadares, aqui no Rio pelo Filinto Müller. Mais ainda, todo mundo na Câmara sabia que o documento do Plano Cohen era falso. Não encontrei um só deputado que tivesse qualquer dúvida a respeito. Apesar disso, a maioria cedeu ao governo, votou, aderiu, desagregou-se, dissolveu-se.

Mas, com uma Câmara tão combativa, como se explica o fato de o Pedro Aleixo, que era seu presidente, ter-se limitado a passar um telegrama, lamentando o seu fechamento?

Bem, agora os dois já morreram, de forma que posso relatar um episódio a respeito, que me foi contado com muita graça pelo Antônio Carlos. "Veja como sou um homem de sorte — disse-me ele —, pois se fosse presidente da Câmara tinha de ser preso. Se não fosse preso não poderia mais olhar de frente para esses três retratos." Indicou-me, na parede, o velho Antônio Carlos, o José Bonifácio e o Martim Francisco. "Não poderia encará-los mesmo porque todos eles, honrando a tradição, foram presos. Já o Pedro Aleixo não tem compromissos com a História, como eu tenho."

Mas o Pedro Aleixo não sabia o que o Getúlio estava preparando em 37?

Devia saber. A crise que envolveu o Antônio Carlos já tornara tudo muito evidente para quem acompanhava a política. Ele não dera motivo algum a um rompimento. Mas era uma personalidade importante, como chefe da Aliança Liberal, tinha tradição como senador, fora ministro da Fazenda ainda no tempo da República Velha. Assim, era um homem a ser afastado, pois o Getúlio queria fazer sua política com o Benedito, com o Adhemar de Barros, gente desse tipo.

A campanha presidencial que então se desenvolvia teve alguma influência nos acontecimentos?

Ah, isso teve, dada a personalidade e ação do Armando Salles Oliveira, do qual me aproximei e conheci muito. Eu considero Armando Salles o homem mais bem preparado que conheci para exercer o governo do Brasil. Acho que nunca tivemos um candidato com as condições que ele apresentava. Tinha feito uma extraordinária obra política e administrativa em São Paulo e projetara-se muito. Era um grande candidato em potencial e o Getúlio, está claro, não queria que ele atrapalhasse seu esquema. Mas as ditaduras estavam em ascensão em todo mundo, e a democracia estava sendo desmoralizada. Ainda assim, o Armando Salles estava muito prestigiado. Mas, quando ele renunciou ao governo de São Paulo para concorrer, ouvi de muita gente que ele tinha cometido um grave erro político. O próprio Antônio Carlos chegou a manifestar estranheza: "Como é que tendo o governo de São Paulo na mão ele renuncia para enfrentar o governo federal? Eu não abriria mão dessa força". Também acho que foi um grave erro político. Mas, por outro lado, o movimento que se processava era em torno dele. Achou que deveria fazer um sacrifício, para traumatizar o país. Usou uma frase, ao renunciar, da qual jamais me esqueci: "Renuncio para que o Brasil continue". Não tinha grande experiência no plano federal, mas conseguiu sensibilizar profundamente a opinião pública. De fato, impressionava como figura patrícia: sua linguagem era das mais polidas, seus discursos primorosos, de um estilo até castigado, em que não fazia a menor concessão à demagogia. Assisti aos seus comícios no Rio Grande do Sul, espetáculos impressionantes de mobilização em praça pública. Assisti aos comícios dele em Minas; nunca vi maior do que o promovido na Praça da Estação; foi gigantesco. E tudo isso ele conseguiu enfrentando a demagogia do José Américo.

Segundo muitos, o golpe de 37 e o Estado Novo teriam ocorrido com ou sem a participação do Getúlio, pois eram exigências militares. Participa dessa opinião?

Eu não dispunha de informações amplas no setor militar. Mas acho que ocorreu o contrário, pois era o setor militar que procurava tranquilizar o setor político. Eu frequentava muito a casa do Armando Salles, convivia com ele e sei que recebeu garantias militares de que o Getúlio não daria o golpe. Mas quando tudo se adensou, com a participação dos integralistas, as agitações começaram a preocupar os militares. Entretanto, os chefes das Forças Armadas sustentavam que não havia possibilidade de golpe, que se o Getúlio tentasse não conseguiria.

Mas conseguiu.

Pois é, mas foi uma surpresa. Antes disso, o Otávio Mangabeira, que era bem informado, começou a ficar preocupado. Então sugeriu que os dois candidatos à Presidência lançassem um manifesto à nação, no qual denunciariam a preparação do golpe. O que realmente alarmava o país não era o Armando Salles, mas o José Américo, com suas declarações ameaçadoras. O clima da época afetava o próprio Benedito Valadares, que já estava em pânico. O Armando Salles redigiu o manifesto, mas o José Américo, pelo que sei, recusou-se a firmá-lo aconselhado por amigos, os quais argumentavam que o Armando estava perdido e que se ele assinasse também se perderia. O manifesto chegou a ser lido na Câmara e no Senado, no dia 9. Eu estava presente. E isso antecipou o golpe. Quer dizer, a essa altura o Chico Campos já tinha sido convocado para armar o novo regime.

Poderia traçar um perfil do Francisco Campos?

O Francisco Campos — que conheci bem — era de temperamento boêmio, um cético, um solitário amargurado, um intelectual atormentado, uma das mais poderosas máquinas de raciocinar que o Brasil teve e que nisso esgotava a sua tarefa. Passou pelo governo de maneira efêmera, e não exerceu o poder, no campo político, senão de modo superficial, embora houvesse, em 1937, projetado a máquina infernal para os outros (em Minas, no governo Antônio Carlos, realizou uma obra extraordinária no setor da educação). E, afinal, arrependeu-se, sinceramente, da obra feita, vindo a dar uma ajuda de alta valia para derrubar o regime de 1937. Por sua formação intelectual, não era um democrata, pois tinha grande dificuldade em aproximar-se do povo; mas, por temperamento, era um liberal, incapaz de qualquer violência, embora o destino lhe houvesse armado a cilada de ser o autor da Carta de 1937. E, em consequência, a sua imagem como fascista ficou fixada para sempre, de maneira que reputo injusta. Todo mundo se reabilitou: Agamenon Magalhães, Filinto Müller, o próprio Getúlio, consagrado, em eleição múltipla, como senador e deputado e, depois, presidente da República. Só Francisco Campos não mereceu perdão e nunca pôde ter uma nova posição política. O seu comportamento e a sua contribuição, a partir de 1945, não foram suficientes para reabilitá-lo, e ele passou a desenvolver, na política — que era a sua paixão e a sua vocação — uma atividade marginal, atuando nos bastidores, em horas culminantes. Ficou sendo um especialista — de longe o mais competente de todos — em dar cobertura dialética e jurídica aos golpes de Estado; e, nesta qualidade, foi convocado, de madrugada, para elaborar a justificação do movimento de 1964 e o primeiro ato institucional, que não tinha número, porque deveria ser o único, e de curta duração, segundo se supunha na ocasião. Mas o cachimbo entortou a boca de tal modo, que ficou difícil a operação plástica restauradora, ainda não consumada, 14 anos depois.

Conheceu bem Getúlio?

Pessoalmente. Eu o entrevistei logo que ele foi eleito presidente. Era manhoso, bom político. Só cometia violências quando seu poder era ameaçado, mas não tomava iniciativas. Muito preguiçoso, fumava charuto, assinava papéis. O caso da legislação trabalhista é ilustrativo. Sabem como ela foi implantada no Brasil? Pois foi o Lindolfo Collor quem teve a ideia. Era um homem muito atualizado com os problemas econômicos, políticos e sociais, cultura geral muito boa, tivera uma grande participação na Aliança Liberal. Convenceu o Getúlio a nomeá-lo para uma nova pasta, a do Trabalho. Preparou o plano da legislação trabalhista a ser promulgada. E no verão, creio que foi em fim de dezembro, ou início de janeiro, ele levou o projeto ao Getúlio, para despacho. Fazia muito calor naquela tarde. O Getúlio não gostava muito da coisa, não estava entusiasmado e, quando o Collor apareceu, ele disse: "Lindolfo, é melhor você voltar à noite. Agora está muito quente". Lindolfo voltou à noite, deixaram a coisa para depois do jantar. Estavam no Palácio Guanabara. O Getúlio sentou-se numa cadeira de balanço, acendeu um charuto e o Lindolfo Collor começou a ler. Empolgou-se entusiasmado. E lá pelas tantas, ao erguer os olhos da papelada, ele deu com o Getúlio dormindo, boca aberta, charuto apagado na mão. O Collor ficou muito decepcionado, irritado, encabulado. Tossiu, fez barulho, arrastou sua cadeira. Então o Getúlio acordou meio sobressaltado e assinou a exposição de motivos. Assim foi implantada a legislação trabalhista. E isso me foi contado pelo próprio Collor. Posteriormente, por sua iniciativa, o Congresso aprovou os dispositivos da estabilidade e do aviso prévio. A regulamentação foi feita pelo Waldemar Ferreira, de São Paulo. Então, o Getúlio anexou essa parte à sua.

Mas, voltando um pouco a 37, disse que o Antônio Carlos considerara um erro a renúncia do Armando Salles ao governo de São Paulo.

Sim, pois ele perdeu o poder. O Cardoso de Mello tomou a iniciativa de aderir ao golpe de 37. E foi mantido no lugar até ser posto para fora, por um bilhete que lhe foi levado pelo Adhemar de Barros. Um dos episódios mais insólitos da História do Brasil. O bilhete era do Getúlio, comunicando ao Cardoso de Mello que tinha sido substituído pelo próprio portador.

Mais tarde o Adhemar foi demitido em circunstâncias semelhantes.

Apenas as circunstâncias, pois o Cardoso de Mello era uma personalidade importante, professor de Direito, genro do Rodrigues Alves, tinha tradição, fora deputado federal.

Foi um dos signatários do Manifesto dos Mineiros, que ajudou a pôr fim à ditadura, em 1945?

Fui um dos redatores. O projeto do Manifesto tinha sido preparado pelo Odilon Braga. Mas, embora reiterasse nossa posição, era muito brando, muito suave. O Adauto Lúcio Cardoso estimulou-me a preparar um texto mais incisivo. O meu respeitava o espírito do original, mas era candente. Eu partia do raciocínio de que a reação seria implacável e que então deveríamos cobrar em dobro do Getúlio, por antecipação. O Virgílio de Melo Franco achou o texto muito forte e abrandou-o um pouco. Na hora de colher assinaturas, surgiu a turma do tira isso, corta aquilo. Em consequência, ficou aquela água morna. De qualquer forma, muita gente assinou. Antes disso, eu já tinha escrito ao general Dutra, sob o pseudônimo de *Tymandro* em linguagem muito agressiva, concitando-o a conduzir o processo de deposição do Getúlio. O original foi enviado ao Dutra e uma cópia ao general Coelho Neto, que assumira uma atitude de oposição ao governo. Pois essa cópia, reproduzida aos milhares no Exército, teve uma imensa divulgação. Isso demonstrava que já havia um núcleo de descontentamento nas Forças Armadas.

Sofreu alguma represália?

Depois do lançamento do Manifesto dos Mineiros, fui preso, com o Adauto, o Virgílio, o Rafael Corrêa de Oliveira. Ao sermos interrogados é que eu soube que nós éramos acusados de ter conspirado para assassinar o Getúlio. Mera fantasia, é claro. Passamos uns três ou quatro dias presos num Regimento de Cavalaria. Mas então, um pedido de *habeas corpus* a nosso favor foi firmado por mais de mil dos advogados do Rio. Aí — pois naquele tempo se podia requerer um *habeas corpus* — o governo não teve jeito senão nos soltar.

Por falar em *habeas corpus*, gostaria de lembrar que os sistemas e regimes, como o que aí está, acabam por um processo de usura. A monarquia caiu assim, o João Goulart caiu assim, assim caiu o Washington Luís. Trata-se de um processo de decomposição, de desagregação do poder. Veja, naquela ocasião, o Mangabeira e o Armando Salles estavam exilados. O Armando já muito doente. O *habeas corpus* para garantir-lhes a volta, sem risco de prisão, não parecia viável. Mas requereu-se o *habeas corpus*, firmado por centenas de advogados, e o presidente da Ordem foi designado para sustentar o pedido no Supremo. Apareceram tantos advogados para o julgamento que foi preciso tirar todas as cadeiras do recinto. Quando os ministros entraram na sala, ficaram chocados ao dar com aquela multidão. O *habeas corpus* foi concedido por unanimidade. E sem causa legal. Foi fato da maior importância, pois a opinião pública demonstrou uma sensibilidade que agora está renascendo.

Renascendo muito lentamente.

Sim, mas renasce. Naquela ocasião, ou o STF dava o *habeas corpus* ou seria desacatado. A situação era exatamente essa. Uma sublevação. Os ministros entraram na sala e sofreram aquele choque. Eram muito mais idosos do que os ministros de hoje. De forma que os exilados desembarcaram e não aconteceu nada. O Mangabeira, poucos dias depois, estava fazendo um comício público nas escadarias do Municipal.

Participou da organização da UDN?

Sim, e das duas campanhas do brigadeiro Eduardo Gomes. Depois da vitória do Dutra, como eu integrava o PR, quase fui nomeado ministro. O Arthur Bernardes, que era o líder do partido, compôs à revelia de todo mundo uma lista de composição para o Ministério. O da Educação caberia ao PR. Depois disso, anunciou-se que eu tinha sido escolhido pelo Dutra, os jornais noticiaram, mas ele nunca me disse nada. Só vi o Dutra uma vez, prestando depoimento no processo de um general. Já tinha sido presidente. Melhor testemunha que já vi na vida — matreiro, sutil, respondendo apenas por monossílabos. Mas, voltando ao caso, a pasta reservada ao PR no governo Dutra acabou sendo a da Agricultura e o Daniel de Carvalho foi nomeado. E, como eu não tinha gosto pela política nem por seu exercício, achei que era uma boa ocasião para retirar-me.

Acreditava na vitória do brigadeiro, em 45?

Sim, pois a máquina oficial tinha desmoronado. Se não fosse a intervenção do Getúlio, à última hora, acho que ele teria vencido.

A UDN tinha vocação do poder, em sua opinião?

A UDN não tinha verdadeira vocação de poder. Era excessivamente bacharelesca e se enrodilhava em escrúpulos e preconceitos. É claro que havia exceções, mas esta era a marca dominante, dada pelos seus elementos de maior projeção intelectual. O que os preocupava, sobretudo, era ficar bem. E a respeito do seu comportamento político, lembro-me, sempre, da observação de Boissier, no estudo sobre a esterilidade política de Catão: *exagérer les scrupules c'est desarmer la vertue*. O PSD era o contrário disso: tinha um amor voluptuoso e obsessivo pelo poder. Saltava todos os obstáculos para atingi-lo, sabia conservá-lo e especialmente usufruí-lo. Se a UDN tivesse gana de poder e soubesse fazer fecundar a sua ambição, às vezes dissimulada, não lhe teria escapado o governo da República em duas oportunidades: quando da queda de Vargas, em 1945, cuja deposição pacífica fora provocada e fomentada pela UDN, e por ocasião da sucessão de Dutra, quando tinha uma posição política sólida em Minas, de posse do governo. A falta de decisão e de capacidade de manobra pôs a perder estas duas oportunidades e assim se desviou o curso da nossa história. Já se disse, com perfídia, em parte justificável, que o regime instaurado a partir de 1964 é o Estado Novo da UDN. Mas os remanescentes do partido do brigadeiro, que aí estão, flutuando como cortiça na crista das ondas, sem deter efetivamente o poder, pertencem, na sua quase totalidade, a outra geração, menos idealista e brilhante. São apenas realistas, para usar um eufemismo benigno.

E, nesse processo político geral, como interpreta o fenômeno Carlos Lacerda?

O Carlos Lacerda — e ninguém mais conhecido do que ele — era uma natureza vulcânica, um passional, com as marcas e os estigmas do temperamental, que o tornavam sobretudo instável. Não seria capaz de amor duradouro, mas também não era capaz de ódio. Agia por impulsos e arrebatamentos. Tinha um talento excepcionalmente poderoso, uma espantosa força vital. Reunia todas as qualidades para a liderança política de grande envergadura, mas, como lhe disse mais de uma vez, faltavam-lhe duas importantes: paciência e astúcia. E essa deficiência explica, a meu ver, os malogros e decepções que teve na hora de colher os frutos dos seus espetaculares feitos e dramáticas *salidas,* no campo político, especialmente na hora culminante, na fase que se abriu em 1964 — graças, antes de tudo, à sua coragem, à sua bravura, à sua resistência quase heróica. Não teve paciência nem astúcia.

Ficou-lhe a justa fama de *tombeur des presidents*; e ele fez, sem dúvida, uma caçada real, em poucos anos — Getúlio, Jânio, João Goulart e, de alguma forma, Café Filho (este como resultado preterintencional). Só lhe escapou o Juscelino, que se soube defender de maneira vigilante, e entrincheirou a sua autoridade no sistema legal, que lhe garantiu a legitimidade do poder, atravessando as crises que enfrentou, sem perder a popularidade e o acatamento dos órgãos institucionais. Justa e privilegiada fama que consagrou Carlos Lacerda como o mais temível e implacável adversário político que o país conheceu, pelo menos nos últimos 50 anos. E esta fama lhe devia tocar a vaidade, porque a sua arma de guerra era apenas a palavra, em que se transfundia o seu talento — palavra cálida, ardente, tempestuosa, fulgurante, incansável, arrasadora, que cortava os ares como rajadas de fogo.

Na Guanabara, graças sobretudo à equipe de alto nível que convocou para a administração, o demolidor foi um extraordinário construtor, sem perder a sua marca revolucionária, inovando métodos e mentalidade. Mas, frequentemente, não escondia o seu tédio do poder, a que mais de uma vez quis renunciar. E a última foi exatamente logo que a Revolução de 1964 se tornou vitoriosa. A sua verdadeira vocação, escravizada ao seu temperamento indomável, estaria no campo em que se sentisse mais liberto da rotina, das limitações e dos constrangimentos que o poder impõe. Era ele, em face da multidão, que sabia eletrizar. Era uma ave de asas possantes, para lançar-se nos ares largos, varridos por temporais. Se tivesse a verdadeira vocação do poder, não o jogaria pela janela, quando estava perto de sua mão, para colhê-lo. Quem não se lembra da sua surpreendente viagem ao exterior, logo nos primeiros dias da investidura, no governo, do movimento, do qual ele era o arauto e a figura dominante?

Tendo convivido longamente com o presidente Bernardes, deve ter o que dizer sobre ele. Meio enigmático até hoje, não é verdade?

Este, sim, tinha a vocação do poder no mais elevado grau. Personalidade muito forte, homem de imensa coragem moral, completamente absorvido pelo fenômeno político. Nunca conversei com ele de outro assunto que não fosse política. Para ele, política era tudo. Engrenou-se no sistema da República Velha, de acordo com as regras do jogo, uma das quais era firmar a autoridade do poder. Para mantê-lo, resistiu às cartas falsas, decretou sítio, prendeu gente, fechou jornais, mas tudo dentro das regras do jogo: o STF, a Câmara e o Senado funcionavam. Sempre foi muito nacionalista. Era homem de ideias simples, mas muito fiel a elas: orçamento equilibrado, economia de gastos, necessidade de preservação da ordem. Acreditava no voto e chegava ao poder pelo voto. Assumiu, enfrentou as maiores dificuldades e transferiu o governo ao seu sucessor. Não se pensava em golpes de Estado, isso foi coisa que veio com o Getúlio.

Qual foi sua participação na queda de João Goulart?

Nos bastidores, participei de alguns movimentos. Redigi um manifesto, a pedido do general Golbery.

Arrepende-se dessa participação?

Ah, não, de modo algum. Minha contribuição não teve grande significado, mas não me arrependo de forma alguma. Só espero que não se repita.

Quando e como começou a divergir do movimento de 64?

Depois que acabou o governo Castello Branco. Achei que aí o ciclo devia ser definitivamente encerrado. A escolha do Costa e Silva já não foi feliz e aí a coisa começou a ir mal. O próprio Castello era muito bacharel, tinha uma mentalidade bacharelense. Conheci o marechal no dia 31 de março e ele me disse que tinha de esperar 30 dias para tomar posse da Presidência. Expliquei-lhe que a Constituição estabelecia os 30 dias como prazo máximo para tomar posse e que o país não resistiria a um mês de desgoverno. Não consegui convencê-lo. Saí do encontro, que foi em almoço promovido pelo Roberto Marinho, e tive uma entrevista com o Francisco Campos, o Pontes de Miranda e o Sobral Pinto, para esclarecer o caso. *O Globo* publicou. Só então ele transigiu. Mas ele queria completar o mandato do João Goulart. Depois, concordou em prorrogá-lo. Dois erros: completar e depois prorrogar. Aí, arranhou-se. A seguir, como o movimento de 64 foi feito a meio pau, frouxo no início, prolongou-se no tempo, isto é, nunca acaba. Os que estão aí acham que têm de consertar o Brasil, acham que a segurança deve ser total. Nesse caso, não acaba nunca. Segurança cem por cento não existe, nenhum país a tem. A obsessão da segurança leva a um regime como o que aí está.

História Vivida

Então a Revolução de que participou acabou com Castello?

Acho que depois dele a Revolução começou a decair política e economicamente, pois foi feita também para combater a inflação. Os poderes discricionários que se arrogou se destinavam especialmente a pôr ordem na política econômica e acabar com a inflação. A inflação de mais de 40 por cento que persiste, depois de tanto tempo, é um fator de anarquia, desordem, perturbação. É difícil sair do regime discricionário com essa inflação. O Brasil cresceu muito, vários de seus setores se desenvolveram, mas noutros, como o da Justiça, ocorreu uma calamidade. Nós nos salvamos, no regime Goulart, porque a Justiça funcionou até o fim. Até então, de uma forma ou de outra, a Justiça sempre funcionara no Brasil. Agora, vejam: quantos mandados de segurança o STF deu contra atos do presidente, depois do Castello Branco? Pode-se contar nos dedos.

Esse pecado o João Goulart não tem?

Não, esse não. Juscelino foi impecável. O Dutra não governou com a Constituição de 46? Fez o que quis, como o Juscelino. Este nunca deixou de fazer o que lhe dava na cabeça. Fez Brasília e tudo mais, mas sempre com a Constituição funcionando. O Bernardes também, sem recorrer a poderes discricionários. O Juscelino tentou cassar o mandato do Lacerda e perdeu. Se insistisse, o Chico Campos e eu entraríamos com mandado de segurança, que o STF, funcionando normalmente, não deixaria de dar. A instituição da Justiça funcionava. No governo Juscelino uma edição da *Tribuna de Imprensa* foi apreendida, numa quinta-feira. O Lacerda estava exilado e o diretor era o Aluísio Alves, que publicara um artigo tremendo contra o governo. O Juscelino mandou apreender, acatando um parecer do Gonçalves de Oliveira, que era o consultor-geral da República. Recorri ao Supremo e o relator concedeu a liminar: a edição da *Tribuna* foi liberada e nunca mais se voltou a falar no assunto. O *Maquis*, mais tarde, foi apreendido por ter publicado um artigo violentíssimo contra o ministro do Exército. Requeri um mandado de segurança contra o general Júlio Magesse, que era autoridade coatora. Foi distribuído ao desembargador Henrique Fialho que, como era tido por homem de esquerda, devia detestar o Amaral Neto, diretor do *Maquis*.

Pois ele concedeu a liminar. O chefe de polícia não queria cumprir a liminar. O Juscelino demitiu o general Magesse, chefe de polícia, e a edição foi liberada. E o poder do Juscelino sofreu algo com isso? Caiu? Nada! Pelo contrário, continuou a governar normalmente. Teve as maiores crises, pois enfrentava o Lacerda, o Aliomar Baleeiro, o Adauto, o Bilac Pinto, todos mobilizados à frente da UDN, a mais aguerrida oposição que o Brasil já conheceu. Pois o Juscelino saiu fortalecido e popular. Já o governo Goulart passou por um processo de decomposição por abuso, insensatez. Mas o regime reagiu. A Justiça funcionou. E a Câmara e o Senado não se mobilizaram contra ele? Funcionou tudo. Foi a opinião pública que se levantou. Há um grande equívoco em pretender que o de 64 foi um movimento militar. Foi civil, rigorosamente civil, com a mobilização das donas-de-casa, que assumiram todo o risco.

Quanto à Constituição...

Quanto à Constituição eu pergunto: qual o problema do Brasil que deixou de ser resolvido por qualquer Constituição? Por que não se melhorou a educação, a saúde pública, o transporte? Nada disso tem relação com a Constituição, que é coisa secundária. A dos Estados Unidos é um mecanismo simples, prático. Durável. A respeito de sua reforma, o Melo Franco disse uma coisa muito certa: "Em primeiro lugar, vamos reformar a nós próprios". A meu ver, o que há no Brasil é uma crise da elite dirigente, que entrou em crise justamente quando começou a perder o poder, por não ter sabido conduzi-lo e organizá-lo.

E o que se encontra na origem dessa crise? Não seria o povo, não é mesmo?

O povo não escolhe pior do que as elites dirigentes. É uma injustiça o julgamento contrário. Quando o povo escolhe, nas eleições, as elites dirigentes forçosamente já o antecederam na escolha. São os partidos que selecionam os candidatos e os registram. O povo faz a opção em segundo grau. Há de escolher, obrigatoriamente, no "menu" que lhe é oferecido. E este nem sempre é bom. Escolheu mal quem teve de optar entre Jânio e Lott, na maior eleição presidencial que já houve no Brasil? Quem recomendava Jânio era a fina flor da elite brasileira — e a outra ponta do dilema era difícil de engolir. E, se na eleição de Jânio — histrião de recursos e *trucs* excepcionais —, se identifica a origem da crise que desaguou em 1964, e até hoje perdura, a culpa cabe, antes de tudo, à classe dirigente, que endossou e recomendou o candidato, que tinha mesmo como companheiro de chapa oficial o grande e saudoso Milton Campos. E, se o povo escolhe mal, a culpa é ainda da elite, que, exercendo, há muitos anos, o governo, não o preparou para escolher melhor. E não será o MOBRAL que há de dar remédio a esta situação com a qual se pretende justificar a curatela. A melhor escola de aprendizagem é a melhor seleção dos professores e, principalmente, os exemplos que estes derem.

Chegou a hora não de acusar o povo, mas de fazer *mea culpa*. Mas, pelo visto, não há uma gota de humildade nem de arrependimento dos grupos dirigentes, pois as escolhas, com raríssimas exceções, estão cada vez piores, como se viu na fornada dos governadores nomeados pelo alto. O critério de seleção parece invertido: escolhe-se não pelas qualidades, mas pelos defeitos, o principal dos quais é o aulicismo, a subserviência sem mácula. Os curadores não têm demonstrado melhor critério do que os curatelados, e, como já se disse, porque alguém articula mal as palavras, o remédio a se aplicar não será cortar-lhe a língua. É preciso tratar o povo com maior justiça e tolerância, e sobretudo dar-lhe melhores exemplos. Não é ele o culpado pelo que lhe acontece e pelo que sofre. Ele não atrapalha; é mesmo de uma paciência infinita, e de uma passividade que se diria quase perigosa.

E a que atribui essa crise das elites?

O Getúlio iniciou todo o processo deletério. Entregou impunemente um cargo de governo ao Adhemar de Barros, em São Paulo, e em Minas ao Benedito Valadares. Precipitou uma inversão de valores. E a crise se agravou quando ele voltou ao poder e acabou dramaticamente.

Como vê o papel dos advogados no processo de redemocratização?

Não é superior ao dos outros. Todos, em determinados setores, estão preocupados com isso. Os advogados estavam omissos depois de 64. Agora estão atuando. O Raymundo Faoro, por exemplo, surpreendeu-me bem, pois tem vínculos de procurador do Estado com o governo e venceu toda a situação. E o que pretendia fazer fez com muito equilíbrio, muita energia, muita clarividência, deu a medida exata.

As últimas escolhas e nomeações de governadores não desmoralizam o regime?

Sim, a rebelião de São Paulo é sintomática. Um erro imperdoável. As pessoas não são escolhidas por suas qualidades, mas por seus defeitos. Quando alguém é qualificado, isso sucede por mera coincidência. A primeira qualidade é a subserviência total. É um regime de *yes-man*. Tudo não passa de uma encenação. O presidente comunicou à Arena quem era o candidato à Presidência. Depois, arrependeu-se um pouco. Foi chocante. A Arena apresentou um programa que já tinha sido elaborado por ele. Uma encenação, uma montagem que não engana ninguém.

E como vê a atuação do general Geisel?

O general Geisel é talvez a maior vocação de poder que já houve na República. Ele exerce o poder na sua plenitude, absorve-o, ciumenta e integralmente. É mesmo uma autêntica vocação de autocrata. Ele não conhece a dúvida, não hesita, age sempre possuído de uma certeza marmórea. A sua vontade sem contraste domina e monopoliza o poder, na sua integralidade. E ele o exerce de maneira competente, como quem maneja um instrumento que sempre lhe fosse familiar. O único limite está nos seus escrúpulos e no seu critério personalíssimo. Mas tem um traço relevante a seu favor: assume a completa e integral responsabilidade do exercício do poder, que não divide com ninguém. O poder se incorporou nele de maneira total. Não sobrou o menor resíduo, nem para o Petrônio Portella, nem para o Francelino Pereira, nem para ninguém mais. *L'Etat c'est moi*. Luiz XIV, perto dele, é criança de colo. O "pacote de abril", golpe de Estado executado a frio, a propósito de divergência sobre assunto essencialmente neutro — a reforma judiciária, relegada depois a plano secundário —, é a marca definitiva de uma personalidade audaciosa e resoluta, que não é simples e é rica de seiva e tutano.

Por isso se deve valorizar muito o fato de Geisel haver tolerado, numa hora de boa inspiração, a liberdade da maior parte dos jornais. A caprichosa discriminação estabelecida neste setor completa o traço impositivo do seu temperamento. Essa tolerância lhe deve ter custado um grande esforço de contenção, pois é patente que ele não gosta de críticas, porque tem plena consciência de que delas não precisa. E, pelo que se vê e se sabe, parece que jamais qualquer crítica terá operado o milagre de alterar a sua deliberação, ou de modificar o caminho que segue — reto, inflexível, cabeça erguida, sem hesitação —, como é a sua própria marcha física, viril e decidida. Pena que não tenha livrado o Brasil de uma praga, a inflação, que é o verdadeiro ópio do povo, entorpecido por ela. A economia do Brasil está vivendo de expedientes engrenados num sistema. Quem aguenta 40 e tantos por cento de inflação? Começam agora a aparecer as reivindicações de aumento de salários. Como é que o novo presidente vai enfrentar essa situação? Ele é um homem de estopim curto, explosivo. E a economia vai sendo distorcida, num clima de especulação. A Bolsa de Valores morreu. Fizeram uma reforma de lei de sociedade por ações, bem feita, mas inoperante, como era fácil prever. Qual a economia do mundo com financiamento de 60 por cento, como acontece aqui? Se as melhores ações dão 24 por cento e a inflação chega a 45, isso significa que quem aplica vai perder. Não funciona, é uma distorção. O Brasil está sendo descapitalizado, desnacionalizado e o empresário brasileiro não tem onde buscar capital. De um lado tem o banco com os 60 por cento, do outro tem o CIP. E o capital estrangeiro, como capital em dólar, traduz aqui e ganha o negócio.

Como vê a recomposição das instituições?

A essência do regime democrático é a alternância no poder. E a única maneira de restabelecê-lo seria recompor suas instituições, voltar à normalidade política, retornar à legitimidade. Todo mundo sabe que este sistema é ilegítimo. E para legitimar o governo é preciso abrir, tem que abrir. Convocar uma Constituinte. Ou conferir poderes constituintes ao Congresso, mas abrindo. Por outro lado, o novo governo já nasce na crise, nasce contestado. É contestado até dentro da Arena. O movimento de São Paulo foi uma rebeldia contra ele e reflete o mal-estar, o inconformismo. Falta legitimidade ao sistema. Ela não é nada, mas é também a coisa mais importante do poder. O poder ilegítimo está liquidado. Hitler tinha legitimidade, como Mussolini. Salazar tinha legitimidade total. Tanto assim que renunciou e só voltou quando o foram buscar de novo.

E há também o caso dos senadores biônicos.

Nesse caso, o mais grave é o desgaste para a autoridade e prestígio dos militares, que estão no governo. Sente-se, na opinião pública, certa fadiga da tutela dos militares. A extensão dessa perturbação não pode ser precisamente avaliada, pois as torneiras estão fechadas. Mas pode ter consequências.

Mas hoje há certas compensações...

Ah, sim, o Geisel garantiu a liberdade de imprensa. E a imprensa está tendo um papel decisivo. Hoje, politicamente, os comentaristas da imprensa representam muito mais que os deputados ou senadores. Quem lê discurso de deputado? Os lidos são os comentaristas. E temos uma equipe de comentaristas de primeira ordem, como talvez nunca tivemos no Brasil. E surgiram do nada, começaram a escrever sem nada, pois não havia nada. Mas eles puseram a trabalhar a imaginação criadora. Daí os jornais serem mais lidos que os discursos dos parlamentares. Não escapa nem o Brossard, que é o melhor orador da oposição. Os discursos dele são muito longos. Para publicá-los, seria preciso um livro. E o livro perde a oportunidade.

Vamos aventar uma hipótese: se o general Figueiredo tiver de lutar pela vitória no colégio eleitoral, sua candidatura adquirirá alguma legitimidade?

Não, pois está montada uma máquina que não permite a consumação de tal hipótese sem crise. Teriam de dizer que se configurava uma contrarrevolução. Só há legitimidade quando as instituições começam a funcionar em sua normalidade. Fazer essa afirmação ao general Geisel ou ao general Figueiredo seria interpretado como um desafio ao sistema. Eles não admitem contestação. Mudar os dirigentes — que é dar legitimidade — seria uma contestação. Ao falar à televisão, tratando dos poderes de que abriu mão com a própria reforma que aprovou, Geisel demonstrou que detinha um poder absoluto, completo, ao qual não escapava nem criança de peito. Enumerou, cometeu uma imprudência: vou deixar de fazer isso e aquilo. Demonstrou então que é um déspota. Ao vê-lo, fiquei gelado. Estaria dizendo tudo aquilo com certo pesar? Ele diz que o país tem liberdade. Pois, via AI-5, ele pode praticar qualquer ato que lhe dê na cabeça e esse ato é automaticamente excluído de apreciação do Judiciário. Ora, isso é poder absoluto. Pode, por exemplo, aposentar os 11 ministros do Supremo. E o que se poderá fazer? Tocar um tango argentino?

Olhem, há algum tempo fui chamado pelo presidente da Ordem dos Advogados. Ele me apresentou a um advogado humilde e modesto. Tinha ido a São Paulo e foi preso na avenida São João. Meteram-lhe um capuz na cabeça e sumiram com ele. Levado a local desconhecido, foi durante 15 dias submetido a uma série de torturas brutais. Ele nos relatou tudo, com a maior serenidade. Ficou nu, para nos mostrar as marcas e cicatrizes das torturas. Na frente do presidente da Ordem, do ex-presidente, do Sobral Pinto, na minha. Pois depois de torturado ele foi mandado embora. Era inocente. Não houve processo algum. Nem registro. Pensamos em encaminhar o caso ao STF. Mas o Supremo nem daria a conhecer. Outra solução seria encaminhá-lo ao presidente Geisel, com três advogados. O Geisel, naturalmente, não sabe disso, ninguém poderia dizer que é responsável. Não deveria receber o torturado, mas ele poderia ficar nu na frente do Golbery e de quem quisesse ver em Brasília. Mas não aconteceu nada.

Ele chegou a ir ao palácio do governo?

Não, não foi, o caso morreu aí mesmo. Ele, aliás, nem conseguiu médico que lhe desse um atestado de corpo de delito. Sobreviveu de teimoso, pois foi pavoroso o que fizeram com ele. Um inocente. Pois botaram novamente o capuz na cabeça dele e o soltaram. Não fizeram isso com o Heleno Fragoso? Com exceção do espancamento, o Heleno sofreu a mesma coisa. E ele é o nosso maior criminalista. Casos assim são inúmeros. Naturalmente, a gente ficava sabendo quando o indivíduo tinha certa notoriedade. Quando não tem, passa despercebido. Isso escapava ao presidente. A máquina escapava ao controle, evidentemente.

No caso Herzog, o diretor do Instituto Médico Legal de São Paulo assinou o atestado de óbito dele sem examinar. E disse que é praxe.

Então para o que serviria a autópsia, não é? Assim a gente pode economizar um bocado de dinheiro...

Finalmente, o que tem a dizer sobre o trânsito para a restauração democrática?

Quando o desvio da normalidade política é duradouro, e se prolongam as férias da legalidade, o retorno se torna uma operação difícil e delicada. O poder absoluto vicia e cria uma dependência escravizadora, como os tóxicos. O Getúlio tentou conduzir o trânsito, em 1945, para a restauração democrática, à sua maneira, mas não chegou ao fim do caminho. Convocou o Francisco Campos para orientar a tarefa, mas este se recusou, e ele se valeu então do Agamenon Magalhães e do Marcondes Filho — políticos de grande experiência e de imaginação, e manobristas desenvoltos e ágeis. Mas não lograram êxito na empreitada, apesar dos expedientes engendrados, como o da "Constituinte com Getúlio", que teve o apoio ruidoso dos comunistas. Nada vingou, porém. A nação estava fatigada de arbítrio e insegurança, como agora. E num tropeção imprevisto — a nomeação de Benjamin Vargas para chefe de polícia — o ditador todo-poderoso esborrachou-se no chão. Sem um tiro, a menor reação, a mínima agitação. E foi no Ministério do Exército, sob a coordenação do homem de sua maior confiança, que se tramou o xeque-mate. O ditador todo-poderoso ficou abandonado no palácio de onde foi removido para São Borja, com um séquito reduzido e inexpressivo.

As ditaduras costumam acabar assim, por desgaste, por um processo de usura inexorável. É mesmo a maneira que mais agrada ao feitio brasileiro. As ditaduras desabam, de uma hora para outra, como aconteceu em Portugal, onde ela parecia eterna, velha de quase meio século. Quem não se lembra também de como caiu Ongania, na Argentina, quando parecia mais arrogante, no auge do seu poder? E às vezes tudo acontece por um fator imponderável, um passo distraído, uma imprudência, a gota d'água que faz transbordar o copo. Em 1945, houve uma influência decisiva: a vitória das democracias na guerra. Esse estímulo corroeu e minou as bases do Estado Novo não só na opinião civil, como nos meios militares. Circulou então uma frase que teve um grande efeito psicológico: não era possível impor aos nossos gloriosos pracinhas a suprema humilhação de formarem, na parada da vitória, ao lado dos vencedores, carregando a bandeira dos vencidos.

30 julho de 1978

11 O FGTS substitui o ruim pelo péssimo

Entrevistadores:
Lourenço Dantas Mota,
Itaboraí Martins,
Marçal Versiani
e Arcelina Helena

Ary Campista

Nasceu no Rio de Janeiro em 1911. Morreu em 1991. Pertenceu à Ação Integralista Brasileira e começou a sua carreira sindical ainda no Estado Novo. Formado em Direito e Economia. Um dos principais líderes sindicais desse período. Após o movimento de 64 assumiu a interventoria na CNTI — Confederação Nacional dos Trabalhadores na Indústria. Foi juiz classista no TST.

Quando começa a sua atividade sindical e como via, nessa época, a situação social do Brasil?

Em 1931, aos 21 anos, comecei a me interessar pelo grande problema que é o das reivindicações a serem apresentadas pelos trabalhadores aos empregadores. Nessa época não havia nenhuma regra formal que limitasse ou disciplinasse a sindicalização. A União dos Trabalhadores em Jornais, por exemplo, incluía participantes de outras categorias profissionais. Essa era uma maneira desses elementos darem vazão às suas tendências associativas. Mas, ainda nesse ano de 1931, Getúlio Vargas, cumprindo as promessas feitas aos trabalhadores, instituiu pelo Decreto nº 19.770, de 19 de março, o fim da pluralidade sindical, o que constituiu um marco no sindicalismo brasileiro. Além disso, esse decreto tornava obrigatório o registro das entidades sindicais no Ministério do Trabalho, Indústria e Comércio, para a obtenção de personalidade jurídica. Os comunistas e os anarquistas se opuseram a esse decreto. Muitos sindicatos se negaram a fazer o registro no Ministério do Trabalho, por considerarem a medida um instrumento do governo para tutelar o sindicalismo. Embora reconhecendo nessa lei a concretização de muitas de suas aspirações, os sindicalistas sabiam, também, que uma das suas finalidades era orientar os sindicatos e, principalmente, eliminar o anarquismo reinante na época. Acoimada por uns de fascista e por outros de comunista, a lei que instituiu o modelo do sindicato único prevaleceu.

Como elemento já ligado ao sindicalismo, a sua reação foi a de ver nessa lei uma inovação positiva, ou se colocou do lado daqueles que a encararam com desconfiança?

Nessa época não tinha no sindicalismo brasileiro uma posição de relevo que me permitisse uma visão maior dos acontecimentos. Meus contatos eram relativamente poucos. Raciocinava, então, em termos do que acontecia a mim pessoalmente e não à organização dos trabalhadores de forma geral. Ouvi, evidentemente, muitos comentários a propósito dessas inovações, muitos favoráveis, outros contra. Confesso também que não me preocupava de maneira mais profunda com a interferência de ideologias no campo associativo sindical.

Só muito mais tarde, examinando o que acontecera, verifiquei que isso teve uma grande influência na vida do próprio Partido Comunista. No sindicalismo brasileiro da época, havia duas correntes distintas e quase irreconciliáveis: os anarco-sindicalistas e os comunistas. Estes últimos estavam mais ou menos ausentes do sindicalismo. Imagino que, aos poucos, os comunistas foram absorvendo os anarco-sindicalistas. Mas devo repetir que a minha posição então não me dava condições de julgar se fora boa ou má a intervenção do Estado no campo sindical.

Nessa ocasião qual era a tendência dos chamados "sindicatos amarelos"?

Os "sindicatos amarelos" tinham, têm e terão permanentemente uma só tendência: são órgãos criados sob benesse empresarial para diminuir a pressão que os sindicatos legítimos possam fazer contra os empresários.

Esse decreto-lei de 19 de março de 1931, ao reduzir a força dos sindicatos em que estava mais presente a tendência anarco-sindicalista, não favoreceu a proliferação dos "sindicatos amarelos"?

Sim. Mas, por outro lado, o que fortalece um sindicato não é o fato de ele ter sido gerado por um ato de império. O que fortalece um sindicato é o seu corpo social conscientizado e com espírito de classe. Não serão atos de império ou leis que criarão essa mentalidade. Ela nasce independente e mesmo, diríamos, em oposição ao princípio da personalidade jurídica assentada em lei. E é evidente também que os empregadores se aproveitavam da pluralidade sindical para formar sindicatos que pudessem, de certa forma, opor-se às exageradas — no seu entendimento — reivindicações de outros sindicatos.

Aos sindicalistas da sua geração não causou espécie o fato de o novo Ministério do Trabalho ter atraído para a sua órbita homens como Joaquim Pimenta e Agripino Nazareth, cujas ideias de esquerda eram bastante conhecidas?

Em primeiro lugar, não chamaria de radicais os dois elementos citados. Eram filósofos que poderiam ser classificados de esquerdistas, na época. Hoje, suas ideias seriam aceitas por todos, porque não pregavam a luta de classes para atingir o Estado comandado pela classe operária. Em segundo lugar, deve-se dizer que as atitudes tomadas por Getúlio Vargas tiveram uma acentuada tendência de esquerda, ou pelo menos foram consideradas assim na época. Ele — se me permitem a imagem — deu um passo maior do que as pernas, criando inclusive uma estrutura sindical que não correspondia à realidade do complexo social do país. Na época, por exemplo, não havia a mínima possibilidade de um sindicalismo comerciário e no entanto ele foi feito. Muitas outras categorias profissionais tiveram sindicatos criados nessa ocasião desnecessariamente.

Como um jovem de classe média como o sr., sobrinho-neto de um político famoso — David Campista —, foi despertado para o sindicalismo?

Porque comecei a trabalhar muito cedo e estudava. Essas eram atividades quase conflitantes, porque a teoria que se aprendia nas escolas era inaplicável na prática. Daí fui atraído pela organização de classe. A princípio, ainda no regime de pluralidade sindical, fundei com muitos outros a União dos Trabalhadores em Jornais, uma organização mais tarde dominada pelo Partido Comunista. Mas a nossa felicidade é que as divergências que se registram no campo democrático são bem menores do que as que se verificam dentro do Partido.

Na sua juventude foi simpatizante do Partido Comunista?

Não. Estudei profundamente o problema e encontrei uma defasagem muito grande entre o que li e o que vi. E, por outro lado, fui buscar na História um exemplo gritante daquelas divisões a que me referi há pouco, e que datam da criação do movimento comunista: quando Marx lançou o famoso *Manifesto*, teve logo a oposição de Bakunin. Interessaram-me sobremodo as razões de Bakunin. Convenci-me então de que o sindicalismo precisava ser puro e isento de parcialismos com relação aos assuntos que não dissessem respeito estritamente à classe, como crenças religiosas e ideológicas e política partidária, além da discriminação racial, que existe ainda hoje.

Como então se explica a sua adesão à Ação Integralista Brasileira?

O integralismo teve um aspecto muito importante: não se imiscuiu na vida sindical. Segundo sei, não havia na Ação Integralista Brasileira um órgão que tratasse das questões sindicais ou mais especificamente da luta dos trabalhadores contra o capital. Por isso me deixei atrair por esse movimento. Disse a mim mesmo: "Posso ser da Ação Integralista, por um lado, e continuar sindicalista, por outro".

Que posto ocupou na Ação Integralista?

Era membro da Câmara dos Quarenta. Devo dizer, no entanto, que nunca consegui ser um completo integralista, porque tinha restrições a certos aspectos do movimento. Quando um dirigente integralista me falava, por exemplo, em discriminação racial, referindo-se aos judeus, eu me opunha formalmente. Já então tinha conhecimento de que em certos países do mundo, na lavratura de convenções coletivas de trabalho, estipulavam-se salários diferentes para brancos e negros.

Estados Unidos?

Sim, mas não citei nomes porque deveria haver outros em que isso também ocorria.

Qual, a seu ver, a influência dos trabalhadores estrangeiros no sindicalismo brasileiro?

Foi muito grande. Se analisarmos a situação existente antes de 1930, veremos que aquele sindicalismo, gerado espontaneamente pela vontade dos trabalhadores, era praticamente dirigido pelos espanhóis e italianos e, por isso mesmo, tinha um acentuado colorido anarco-sindicalista. A situação mudou à medida que o Partido Comunista foi absorvendo os anarco-sindicalistas.

Se bem compreendemos o seu pensamento, sempre fez e sempre lutou por uma distinção rígida entre a atividade política e a atividade sindical.

Exatamente.

Continua até hoje nessa posição?

Sim. Sou hoje um homem absolutamente neutro em questões político-partidárias. E, como dirigente sindical, sou também absolutamente neutro em questões religiosas. Não se diga que não tenho convicções próprias. Eu as tenho, mas como todo cidadão, não como líder sindical.

Mas para a realização de uma verdadeira política sindical são necessárias certas condições políticas mínimas.

Gostaria que conceituassem melhor o que entendem por condições políticas mínimas.

Por exemplo: sem o reconhecimento do direito de associação e do direito de greve jamais haverá um verdadeiro sindicalismo.

Inteiramente de acordo.

Mas essas são condições políticas, não é verdade?

Sim. Mas acho que a principal qualidade, se, se pode dizer assim, de um dirigente sindical é ser sobretudo tático. Darei um exemplo. Se os operários de uma fábrica de bebidas decidirem fazer uma greve por melhores salários no inverno, isso será absolutamente antitático. O que seria tático? Fazê-la no verão, às vésperas do carnaval, por exemplo, quando é maior o consumo de bebida. Ou seja: ele não deve levar em conta apenas a sua reivindicação, mas também a melhor oportunidade e o melhor processo para obtê-la. Isso é política sindical.

Qual seria, a seu ver, o fim último da política sindical?

De forma bastante ampla, uma vida melhor para o trabalhador, o que quer dizer não apenas condições de trabalho, como também condições de vida individual, familiar. Temos de considerar ainda o direito ao trabalho, isto é, as condições que assegurem o acesso e a permanência no trabalho. Não podemos esquecer que, tendo um emprego, o operário tem um ganho assegurado, mesmo pequeno, enquanto, com o desemprego, fica sem salário nenhum, o que é muito pior. Vejam o exemplo da América do Norte. Lá os salários são bons. Então, entre lutar por melhorias salariais ou garantia de emprego, eles optam pela segunda. E entendo que no Brasil, nesse momento, com uma necessidade diária de cinco mil novos empregos, temos de lutar ferozmente pela criação de novos empregos. E não parar aí, mas garantir o emprego a quem já o tem.

Uma série de problemas a que se refere, e que afetam o trabalhador, são decididos não a nível de política sindical, mas de política nacional, certo?

Exato.

Então qual é a sua posição, como sindicalista apartidário, diante desses problemas que são decididos a nível de política nacional?

Os líderes sindicais representam uma fração importante do povo e devem colocar-se acima e fora dos partidos políticos, porque o que defendem é de interesse geral e não particular. Entre os associados da Confederação Nacional dos Trabalhadores na Indústria — CNTI — devemos ter milhões de arenistas e milhões de emedebistas.E, se como dirigente sindical desse colorido político-partidário à minha atuação, estaria infiltrando no movimento sindical um fator divisionista. Então, coloco-me acima de tudo. O que interessa ao povo interessa consequentemente à massa trabalhadora abrigada pela CNTI. É a minha posição.

Entre as condições políticas mínimas necessárias à existência de um sindicalismo forte, às quais nos referimos há pouco, está o direito de greve. O que acha desse direito?

O direito de greve é importante teoricamente, mas ainda uma vez eu me coloco numa perspectiva tática. Acho que devem ser estabelecidos graus de prioridade para as reivindicações a serem apresentadas, esposadas e defendidas por nós. Pergunto então: a atual lei que, de certa forma, restringe o direito de greve está fazendo falta aos trabalhadores? Se eu me colocasse numa perspectiva municipal, distrital ou mesmo estadual, diria que sim, conforme o Estado em que estivesse. Por exemplo: se eu fosse paulista, raciocinaria como o cidadão de um Estado desenvolvido, com uma grande potencialidade sindical, capaz de fazer uma greve. E a greve seria um dos dispositivos enquistados no contrato coletivo de trabalho. Porque, se não é para fazer um contrato coletivo de qualquer tipo — jurídico ou econômico —, não necessito da greve. Então, em São Paulo, diria que está fazendo falta uma lei mais ampla sobre a greve.

Mas dentro de uma configuração nacional, pensando em todo o Norte e Nordeste e em outras regiões menos desenvolvidas do país, verifico que muito antes dessa atual lei de greve já não havia greve. Por quê? Porque são débeis, lamentavelmente, as organizações sindicais estaduais, regionais, municipais, etc. Coloco então o problema em termos de prioridade. Se eu estiver interessado em defender mais São Paulo, vou defender nesse momento um direito de greve mais amplo. Mas, se estiver interessado no Brasil inteiro, vou defender uma outra reivindicação que ajude também a todos os trabalhadores norte-nordestinos. É uma simples questão de tática que deve ser imposta por mim às minhas ações, com muita reflexão.

Gostaria ainda, nesse contexto, de falar do contrato de trabalho. Desde a Consolidação das Leis do Trabalho, o contrato individual de trabalho foi erigido como peça mais importante do que o contrato coletivo. Isso diminuiu, sem dúvida alguma, a eficiência das organizações sindicais. Mas os legisladores tentaram, de certa forma, resolver o problema do entendimento direto entre o hiposuficiente economicamente e o hipersuficiente, isto é, entre o empregado e o empregador, aditando uma série de medidas acauteladoras. Porque é evidente que, em princípio, a Consolidação das Leis do Trabalho foi feita para proteger o trabalhador. Não se poderia pensar que tivesse sido feita para proteger o empregador.

Muito bem. Imaginemos que no Brasil não houvesse o contrato individual de trabalho, mas apenas o coletivo. Os trabalhadores pertencentes a sindicatos fones, como são geralmente os de São Paulo, ganhariam altos e mesmo altíssimos salários, porque teriam condições de pressionar os empregadores para conseguir suas reivindicações. Mas fora de São Paulo, com exceção talvez do Rio de Janeiro, Minas Gerais e Rio Grande do Sul, teríamos todos os demais sindicatos incapacitados de obter iguais reivindicações, disso resultando baixíssimos salários para eles. A política adotada pelo governo ao criar a Justiça do Trabalho e, mais recentemente, impondo índices de reajustamento, contempla igualmente o Acre e São Paulo. Todos terão, por exemplo, 41%. Dir-se-á que o trabalhador de São Paulo merecia mais. É possível. Se eu fosse dirigente sindical de São Paulo, estaria contra tudo isso. Mas não sou. Sou dirigente nacional.

Fora do capitalismo, da economia de mercado, pode haver sindicalismo?
Não, não pode.

Numa economia de mercado, o trabalhador não deve ter o direito e a possibilidade de vender o seu trabalho pelo preço mais elevado possível?
Sim.

No Brasil de hoje ele tem esse direito?
Tem. Não vamos condicioná-lo à lei de greve, porque vocês sabem perfeitamente que os contratos coletivos dos trabalhadores americanos não estão sujeitos à deflagração de greve, e são obtidos assim mesmo. Por que condicioná-lo à greve?

Porque o direito de recorrer à greve é exatamente o que distingue o trabalho servil do trabalho livre.
Perfeito. Perfeitíssimo. Mas não se deve esquecer que há uma conceituação universal de greve, ditada por Samuel Gompers...

Pai do sindicalismo americano.
Exato. Diz ele que a greve é uma garrucha de um tiro. Vale como ameaça, porque depois de dado esse tiro tem-se de correr com a arma na mão.

Na época da criação do Ministério do Trabalho não havia a suspeita de que ele estava sendo criado para esvaziar o movimento sindical?

Não é bem uma suspeita. É um fato. Disse uma vez que, a certa altura, os legisladores brasileiros se convenceram da necessidade de dar configuração jurídica a entidades que já existiam no cenário mundial — os sindicatos. E acrescentei, figurativamente, que poderíamos compará-los a um tigre que, de barriga cheia, ronrona, dorme e não ataca, mas que, de barriga vazia, ataca ferozmente e destrói. Naquela altura criaram então no Brasil um gato, pintaram-lhe umas listras e o apresentaram — é o nosso tigre. E ele está aí até hoje.

Nossos sindicatos são então um "gato de papel"?

Não é bem assim, mas se eu fosse Mao Tsé-tung empregaria essa expressão. Os sindicatos brasileiros foram esvaziados, nosso sindicalismo é manco. Mas por outro lado deve-se reconhecer, de cabeça fria, que o governo tomou certas providências para provê-lo de umas muletas como a Justiça do Trabalho, instituição rara no mundo inteiro.

A lei de sindicalização de 1931 exigia não apenas que os estatutos dos sindicatos fossem registrados no Ministério do Trabalho, como exigia também um relatório com os nomes de todos os membros do sindicato, residência, local de trabalho, nacionalidade, etc. Isso não dificultou a atividade sindical?

Não há dúvida nenhuma de que isso minimizou a ação sindical. Mas por outro lado preveniu-a contra a intervenção, a meu ver nefasta, dos radicais de esquerda.

Não lhe parece que a partir de 1931 se interrompe a formação espontânea do sindicalismo brasileiro, com a intervenção do Estado? Não lhe parece que essa formação espontânea poderia dar melhores resultados?

Até hoje tenho dúvidas. Eu as tive na oportunidade e as tenho ainda, quando me consultam sobre se devemos adotar o Convênio 87 — que é o da liberdade sindical da Organização Internacional do Trabalho. Verifico que a Rússia e todos os países da órbita socialista ratificaram o dito convênio. E a curiosidade me levou então a ler, em tradução francesa, a Constituição da Rússia, assim como as dos demais países socialistas, concluindo que lá não existe liberdade sindical. Por outro lado, o governo norte-americano tentou várias vezes fazer com que o Congresso aprovasse o Convênio 87. Só não conseguiu por causa da pressão exercida pela AFL-CIO, que se pronunciou formalmente contra. Procurei em seguida analisar friamente qual seria o resultado da ratificação pelo Brasil do Convênio 87 e cheguei a conclusões bastante desoladoras. Teríamos o seguinte quadro: antes de mais nada, a partir do momento da ratificação, não mais poderia subsistir a contribuição sindical. Segundo dados levantados pela CNTI, cerca de 80%, ou mais, das organizações sindicais existentes hoje vivem exclusivamente dessa contribuição, o que quer dizer que elas fechariam de imediato.

Outra consequência imediata seria a extinção do enquadramento sindical: os atuais sindicatos não mais existiriam legalmente e poderiam ser formados outros por quem quisesse. As federações e confederações nacionais de trabalhadores seriam fechadas. Essa ordenação sindical que, bem ou mal, está funcionando seria interrompida e voltaríamos ao início da jornada. Os empregadores já se acautelaram porque criaram paralelamente as associações e organizações civis que na verdade são as que agem em nome dos interesses de sua categoria econômica. Se a cassação da personalidade jurídica das organizações sindicais pouco importasse aos empregadores, o mesmo não se daria com relação aos empregados, aos quais seria vedado, por exemplo, o acesso às repartições públicas como o Ministério do Trabalho, a Previdência Social, a Justiça do Trabalho. Como essas organizações deixariam de existir, teríamos de recomeçar a luta para obtermos o direito a elas. Cheguei, pois, à conclusão de que precisamos de fato evoluir, mas que não podemos simplesmente apagar do quadro tudo o que foi feito até agora, pois isso seria um retrocesso que nos levaria a um novo início da vida associativa sindical do país.

> *Durante o Estado Novo — e isso é um fato histórico — houve uma repressão muito violenta que seguramente atingiu o movimento sindical. Tinha notícias dessa repressão na sua área de atuação?*

Não.

Foi preso nessa época?

Fui. Duas vezes. A primeira por seis meses e a segunda por quatro anos.

Por ser integralista ou dirigente sindical?

Bom, aí é que até hoje eu não percebi bem. O motivo alegado era eu ser integralista. Como não agia como integralista, mas como sindicalista, presumo que eles tenham feito alguma confusão.

Em que artigo da Lei de Segurança Nacional então vigente foi enquadrado?

E tinha isso, é?

Havia uma lei em vigor na qual, até por uma questão de formalidade, ou aparência, presume-se que tenha sido enquadrado.

Não. A formalidade é que Sobral Pinto, meu advogado, rasgou sua carteira no julgamento. Seguramente porque se convenceu de que o julgamento não tinha base jurídica.

Participou do assalto ao Palácio Guanabara, em 1938?

Mentalmente.

Em 1962 e 1963 o sr. desenvolveu uma atividade muito grande contra o sindicalismo que era então dominado por Gilberto Cockrat de Sá, uma espécie de assessor sindical de João Goulart, e pelo ministro do Trabalho.

Por questões táticas compreensíveis, o sindicalismo democrático tinha de adotar posições que lhe dessem condições de enfrentar o combate que movia contra nós o radicalismo da esquerda. Por isso, os dirigentes sindicais não radicais formaram organizações parassindicais abrangendo grupos profissionais distintos. Surgiram então a Resistência Democrática dos Trabalhadores Livres, com Floriano da Silveira Maciel, no Rio de Janeiro, e o Movimento Sindical Democrático, com Antônio Pereira Magaldi, em São Paulo. Fui muito solicitado por ambos para falar sobre a filosofia de ação que deveríamos adotar em face dos radicais. É claro que nessa altura, quando nos pronunciávamos contrariamente ao pretendido por eles, tínhamos de nos bater também contra o apoio que lhes era dado pelo governo de João Goulart. Conheci João Goulart muito antes que ele assumisse a Vice-Presidência da República e pareceu-me um homem dotado de boas ideias sindicalistas. Admito mesmo que ele tenha acreditado na minha intenção de ser útil aos trabalhadores e procurou-me algumas vezes para discutir problemas específicos dos meus representados e da classe trabalhadora em geral.

Quando da ruptura entre democratas e marxistas, em 1960, num congresso realizado no Teatro João Caetano, no Rio de Janeiro, minha posição foi bastante clara, pois abandonei a reunião, seguido pelo então presidente da CNTI, Deocleciano de Hollanda Cavalcanti. Nessa ocasião, ignorando a participação de João Goulart no acontecimento, fui à sua residência, ao lado do Copacabana Palace, junto com alguns companheiros, como Antônio Pereira Magaldi, Danilo Soares e outros. Entendíamos que era necessário conversar com João Goulart e saber dele qual a sua posição no momento. O então ministro do Trabalho, João Batista Ramos, hoje ministro do Tribunal de Contas da União, esperava-me à porta e tentou inclusive convencer-me da inconveniência de uma cisão, alegando que seria um golpe irreparável para o sindicalismo, prejudicial aos interesses dos trabalhadores. Respondi-lhe que aquela não era uma posição pessoal minha, mas a posição de um grupo, e que ali estávamos apenas para transmiti-la a João Goulart.

Fomos à sua presença para expor-lhe o nosso ponto de vista e recordo-me que João Goulart, com a sua simplicidade de gaúcho de fronteira, depois de ouvir e dialogar comigo, disse-me taxativamente: "Campista, você não é um bom político". Ao que contestei: "Exa., eu não sou sequer um político". Com isso pretendia dizer que não fazia política partidária ou ideológica. Essa foi a primeira e última tentativa que fiz para pedir a João Goulart que se comportasse de maneira imparcial com relação ao sindicalismo. Quem promoveu esse encontro foi Gilberto Cockrat de Sá, contra o qual se diz muita coisa. Mas tanto quanto sei foi muito honesto conosco, chegando mesmo a me dizer, em particular, que rompera com João Goulart, porque ele não tinha cumprido o combinado, que seria prestigiar o grupo democrático.

Sabe-se que o Movimento Sindical Democrático de São Paulo tinha o apoio de Herbert Levy e do empresariado paulista. O que nos pode dizer sobre isso?

Por incrível que pareça, desconheço isso.

No período de governo de João Goulart a influência comunista no movimento sindical foi determinante?

Essa pergunta me leva, dentro de meus precários meios, a fazer uma análise da figura de João Goulart. A meu ver, ele era muito bisonho e se impressionava mais pela aparência dos fatos do que por sua realidade. Um dirigente sindical chegava perto dele e dizia: "Tenho milhões de trabalhadores sob controle e posso fazer uma greve, bastando para isso que o sr. se interesse. Basta o sr. apertar o botão e paramos a Central do Brasil e a Leopoldina". João Goulart apertava o botão, ou seja, dava a ordem, e ela era executada. Mas estava-se enganando, porque não era o dirigente sindical que lhe dizia isso que parava a Central ou a Leopoldina, como pensava João Goulart, mas ele próprio. Enganava-se pensando que aquela greve era produto da liderança de Temístocles Batista, por exemplo. Esses fatos o impressionaram e convenceu-se talvez de que mobilizara a massa brasileira, quando no máximo mobilizara o Partido Comunista.

Voltando à nossa pergunta específica: acha que os comunistas empolgaram o movimento sindical brasileiro nessa fase?

Não. Absolutamente.

Sua influência foi superficial?

Foi.

Como, sendo assim superficial, conseguiu tanta mobilização?

Não se conseguiu mobilizar o movimento sindical. Mobilizou-se apenas o Partido Comunista.

Mas a que atribui então a série de agitações trabalhistas ocorridas durante o período de João Goulart?

Ao apoio dado por João Goulart.

Quer dizer, então, que quem mobilizou foi João Goulart e não o Partido Comunista?

A meu ver foi, e disse isso aos comunistas. Antes de uma eleição realizada na CNTI, Roberto Morena, na presença de Oswaldo Pacheco e Edson Correia dos Reis, perguntou-me: "Quem vence as eleições, Campista?" Respondi-lhe que era João Goulart. E foi o que ocorreu. Se João Goulart tivesse ficado com os democratas, eles teriam vencido.

Os comunistas chegaram a dominar alguns setores do sindicalismo?

Umas poucas organizações, pouquíssimos setores. Mas não se deve esquecer que eles agem com muita habilidade, procurando setores que são sensíveis à sua penetração e que possam dar a impressão de que se trata de um grande movimento. Ao procurarem, por exemplo, os ferroviários e os rodoviários, estavam atingindo uma parte nobre do movimento. A mesma coisa ocorria quando procuravam interferir nos meios bancários por onde, afinal, corre o dinheiro. Já no comércio não tiveram quase nenhuma influência e, na indústria, apenas em determinados setores. Sempre agiram com muita habilidade, procurando comandar as ações em empresas como a Petrobras, mas não se interessando nada pelo setor dos hospitais, por exemplo.

Os comunistas conseguiram atingir pontos vitais do movimento sindical?

Tentaram, mas não conseguiram totalmente.

Ou seja: mesmo no auge, sua influência foi limitada?

No meu entendimento sim.

Se não fosse João Goulart presidente, a influência deles diminuiria drasticamente?

Tremendamente.

A sua influência sobre a massa sindicalizada o Partido Comunista a exerceu como partido ou em função de certos postos de chefia a que chegou sem ter disputado, ou seja, ele não se valeu do fenômeno do peleguismo?

Se raciocinarmos com base nos fatos concretos, devemos concluir que os comunistas funcionaram como autênticos pelegos. E para se chegar a esse grau de peleguismo é preciso não ter certos princípios morais. Mas todos sabemos que a regra do Partido Comunista é que, para se atingir determinados fins, são válidos todos os meios. Eles não se envergonhavam de obter certos cargos nem por se desdizerem, desde que agissem em função da linha do Partido. É por tudo isso que digo que o sindicalismo brasileiro ainda está carente de uma filosofia própria, que impeça fatos como esses. Se o sindicalismo brasileiro viesse a ter a sua própria filosofia de ação, isso seria evitado.

Qual foi a influência da embaixada norte-americana nos fatos da vida sindical brasileira pouco antes e pouco depois da Revolução de 64?

Não tenho condições de informar qual teria sido a influência da embaixada norte-americana na vida sindical brasileira antes de 64. Não quero com isso dizer que ela tenha havido ou deixado de haver. Simplesmente não tenho conhecimento. Justifica-se essa minha ignorância porque me tenho na conta de elemento que não é bem aceito pelos norte-americanos, entre outras razões porque sempre me neguei a aceitar convites da embaixada e das entidades sindicais dos Estados Unidos para bolsas de estudo lá. Fiquei assim completamente alheio ao problema.

Sempre que se fala no movimento sindical no Brasil relacionado com a atuação de Getúlio Vargas, vem à baila, necessariamente, o chamado fenômeno do peleguismo. Qual a sua opinião sobre isso?

Antes de mais nada, não se deve esquecer que as designações, a maior parte das vezes, não correspondem à realidade. Isto posto, o nome pelego foi usado pela primeira vez para designar um dirigente sindical — Deocleciano de Hollanda Cavalcanti — que teve uma pendência com o ministro do Trabalho da época, Danton Coelho. Alguns membros do sindicalismo acusaram Deocleciano de não ter procedido direito na liderança sindical. Impressionado pelos relatórios apresentados por aqueles sindicalistas, Danton Coelho afastou Deocleciano da presidência da CNTI. Feito o inquérito, não se conseguiu apurar nada. Mesmo assim, Danton Coelho, irritado, deu declarações à imprensa nessa época, dizendo que o Deocleciano seria um pelego. O termo rolou por aí afora e os comunistas começaram a chamar os democratas de pelegos. Depois, os próprios democratas empregaram o termo, que se vulgarizou. Hoje pode-se dizer que pelego é o dirigente sindical não simpático e ausente à conversa.

Não entendemos bem.

Imaginem que somos todos aqui dirigentes sindicais. Estamos conversando a respeito de um que não nos é simpático, e que não está aqui. Então, esse é o pelego. Por outro lado, se aceitássemos o termo pelego com o significado que lhe é dado, diríamos que ele é o dirigente sindical que acomoda de certa forma as pretensões dos seus representados à conjuntura política, governamental ou patronal. Aliás, o que faz um comunista no meio sindical, senão pelegagem com o partido? Ele acomoda as reivindicações da classe operária às conveniências do partido. Há dirigentes sindicais aí que estão no MDB e acomodam as reivindicações dos operários a esse partido. Há os que estão na Arena e fazem a mesma coisa.

Por outro lado, se apreciarmos de cabeça fria a atuação daqueles que não são nem comunistas nem político-partidários, chegaremos à conclusão de que às vezes não acomodam as reivindicações a determinadas situações e às vezes acomodam. Mas acomodam por quê? Vejamos um exemplo. Um oficial que adota a tática de enviar uma pequena tropa em ataque frontal e o grosso dela numa manobra de envolvimento para ganhar a luta é um pelego, ou um tático, porque não mandou a tropa toda atacar de frente, preferindo fazê-lo lateralmente. Há dirigentes sindicais que não acham oportuno ou conveniente atacar um certo setor reivindicativo num determinado momento. Acredito que haja pelego, mas não saberia mencionar dois ou três. Porque para isso seria preciso penetrar no âmago de cada um para dizer se ele agiu corretamente e honestamente ao fazer isso ou aquilo. E seria preciso também apreciar todos os aspectos da luta, para decidir se foi ou não conveniente ter adotado esse ou aquele processo de ataque.

Parece-nos que chama de tático o que outros chamam de pelego.

Não, eu faço uma distinção entre os dois. Pode haver pelegos, repito, mas confesso que não conheço ninguém no movimento sindical a quem possa chamar de pelego. A meu ver, muitos dirigentes são muito mais táticos do que pelegos.

Por que a CNTI não encampou a luta dos sindicatos de Osasco e Santo André pela reposição das diferenças salariais que alegam ser resultantes de erros nos índices de cálculo do custo de vida, cometidos durante o governo Médici, em 1973?

Respondi a isso por escrito, numa circular de quatro folhas, dando a posição da CNTI. Essa circular foi divulgada em todo o país.

Na medida então em que os sindicatos do ABC não divulgaram o recebimento dessa circular, estariam interessados em incompatibilizar a CNTI com os trabalhadores?

Bom, a presunção é essa, embora não possa afirmar de maneira categórica que as coisas tenham-se passado assim. Essa circular fazia referência especialmente ao problema dos metalúrgicos do ABC. E sequer acusaram o recebimento. A circular diz, basicamente, que a CNTI entende perfeitamente válida a posição reivindicatória dos órgãos de classe representativos dos trabalhadores e que o movimento metalúrgico surgido na região do ABC, em São Paulo, foi genuinamente sindical. Após uma série de considerações, conclui: "Acredita-se que os metalúrgicos paulistas hão de encontrar soluções harmonizadoras, que visem acautelar os legítimos interesses de seus representados e, ao mesmo tempo, conciliá-las com o desenvolvimento nacional. Pode ser difícil, mas não impossível. Dependerá da criatividade e do espírito sindical dos operosos dirigentes paulistas".

A CNTI envia uma circular tratando, talvez, de uma das matérias mais importantes já levantadas nos meios sindicais brasileiros nos últimos tempos e, como diz, os sindicatos do ABC não dão resposta. Isso não configura uma espécie de cisão?

É possível. A minha posição foi de sindicalista. Quem não correspondeu a ela evidentemente corre o risco de ser acoimado de não sindicalista.

Passemos a um outro problema, que é o do Fundo de Garantia. Não lhe parece que, na prática, a estabilidade acabou? E quais são, a seu ver, as repercussões disso no movimento sindical?

Dividiria a minha opinião sobre o Fundo de Garantia por Tempo de Serviço em duas partes. Tomando-o isoladamente, sou levado a dizer que o Fundo foi uma boa ideia, porque preencheu uma lacuna na vida operária brasileira. No caso de encerramento de atividades de uma empresa, o trabalhador teria garantido o recebimento de sua indenização, ou seja, seria constituída uma espécie de poupança obrigatória do trabalhador às expensas do patrão. Desse ponto de vista, chegamos à conclusão de que o Fundo foi até uma coisa muito bem bolada, muito bem lembrada. Mas se encararmos o Fundo como substituto do instituto da estabilidade, aí há reparos a serem feitos. É verdade que o instituto da estabilidade vinha sendo malbaratado, porque barganhado entre patrões e empregados. Muitas vezes os trabalhadores, ao se aproximar a data em que se tornariam estáveis, entravam em negociação com os patrões, renunciando a direitos líquidos e certos em troca de compensações em dinheiro. Muito bem. Isso não era o ideal, mas de qualquer forma havia uma negociação.

Se o Fundo, em vez de simples substituto da estabilidade, tivesse sido acoplado a um novo dispositivo que desse garantia no emprego ao trabalhador, teria sem dúvida alguma criado uma situação que não prejudicaria nem os trabalhadores nem os empregadores, nem tampouco a economia nacional. Há um outro aspecto de grande importância no Fundo, aspecto esse que atenta contra todos os princípios jurídicos trabalhistas do mundo: o Fundo funciona como um dispositivo de simples transferência de risco de negócio do patrão para o empregado. Imagine um pátio cheio de automóveis. Má administração. Uma pesquisa de mercado etc. E um risco do negócio. O risco é simplesmente transferido para o empregado: 400 são despedidos.

O Fundo de Garantia funciona então como uma espécie de financiamento de uma distorção social e econômica?

É. Da maneira como ele foi lançado, com a possibilidade de opção, acabou por substituir o ruim pelo péssimo.

A seu ver, essa opção existe em termos práticos, ou não?

Existe para o empregador.

Para o empregado não existe?

Não. Onde já se viu igualdade de condições entre o hipo e o hipersuficiente?

O fim do Fundo de Garantia, tal como existe hoje, é uma reivindicação da CNTI?

Não exatamente o fim do Fundo de Garantia tal como existe hoje, mas a sua modificação no sentido de ser conjugado com um dispositivo que garanta o emprego.

Seria a mudança de uma palavra, uma conjunção, na Constituição, ou seja, em vez de se falar em estabilidade ou Fundo de Garantia equivalente, ela falaria em estabilidade e Fundo de Garantia?

Isso mesmo.

Vê alguma motivação política na instituição do Fundo de Garantia?

Política e econômica.

Qual, exatamente?

Se eu fosse empregador, teria ficado muito satisfeito com a instituição do Fundo, porque, embora fosse difícil a princípio aceitar a cota imposta mensalmente para o depósito, por outro lado ficaria livre do pagamento do imposto de renda sobre o valor correspondente às indenizações devidas. Explico melhor. O Fundo de Garantia trouxe como primeiro impacto a obrigatoriedade para o empregador de depositar o correspondente a um doze avos do salário, mensalmente, na rede bancária, em nome de cada um dos empregados. Por que os empregadores não protestaram veementemente contra esse novo encargo? Estou pessoalmente convencido de que eles raciocinaram em termos de economia. Lembraram-se de que pagavam imposto de renda sobre o valor correspondente às indenizações, que tinham de reter em seu poder. Com o depósito que passou a ser feito mensalmente em conta bancária em nome de cada trabalhador, eles se desobrigaram desse pagamento ao imposto de renda.

O sr. usou há pouco o exemplo de uma fábrica de automóveis que está com o pátio cheio. O Fundo de Garantia teria sido trazido ao Brasil pela indústria automobilística?

Na realidade houve uma coincidência, porque se aproximava o decênio da implantação da indústria automobilística no Brasil e deve-se considerar a hipótese de que ela tivesse empregados trabalhando desde a sua fundação e, portanto, prestes a assumir o direito à estabilidade prevista na CLT. Se essa indústria teve ou não uma participação maior nesse caso, não sei. O que sei é que precisávamos, para atender às exigências do Fundo Monetário Internacional e do Banco Mundial, aumentar o meio circulante, e só através da poupança poderíamos conseguir tal objetivo. Essa era a condição essencial e básica para que o Brasil pudesse conseguir os empréstimos necessários ao revigoramento de nosso comércio. E a criação do BNH veio muito a propósito.

Vê alguma correlação estranha entre os dois fatos?

Não. Vejo uma coincidência. Não tenho, como talvez os senhores não tenham também, a possibilidade de perscrutar o que se teria passado nos bastidores.

A partir de 1964, a atividade reivindicativa do movimento sindical diminuiu drasticamente com relação aos períodos anteriores, como os do governo de Jânio, Juscelino, Getúlio Vargas e Dutra. Deixamos de lado, deliberadamente, o período de João Goulart, por ser ele atípico, como se diz hoje. A que atribui isso?

Isso se deve a um compasso de espera e a um hiato profundo havido na vida sindical do país. Os sindicatos mais ativos, os que se poderiam movimentar com mais facilidade, por terem sido atraídos pelos comunistas, sofreram intervenções com a Revolução de 64. Muitos se candidataram então para preencher essas vagas. Dirigentes sindicais que, em situações normais, teriam perdido as eleições para qualquer democrata, apresentaram-se, ganharam e ocuparam aqueles lugares. Tivemos então, no período inicial da Revolução, um número muito reduzido de verdadeiros sindicalistas e um número muito grande de bisonhos dirigentes sindicais, que encontraram inclusive dificuldades para cumprir suas obrigações de reivindicação em nome de seus representados. Isso criou uma defasagem enorme entre a movimentação anterior e a posterior a 64.

O sr. já disse que a influência comunista a rigor foi pequena, sendo criada artificialmente nas cúpulas, não é?

Exatamente.

Não lhe parece então que, se a repressão tivesse atingido apenas os elementos comunistas, o movimento sindical teria-se reconstituído rapidamente?

Não é bem assim, pois a vida sindical não se faz obrigatoriamente com os melhores. Estes nem sempre querem ocupar posições no sindicato, receando contrariar seus empregadores e ter problemas com eles. Há um número muito grande de dirigentes sindicais que gostam do que fazem, têm espírito de sacrifício, querem dar uma colaboração, mais não

História Vivida

têm experiência e acabam-se perdendo em meio às confusões e dificuldades da vida sindical. Na verdade, no total dos dirigentes sindicais do país é pequeno o número dos que ocupam postos importantes nas suas empresas e que aceitam ir para a vida sindical. E eles são talvez os mais capazes.

Não houve uma certa fase após o governo Castello Branco em que a Revolução assumiu uma característica antissindical?

Não diria isso. Diria que ela se alheou do movimento sindical, ou seja, o Ministério do Trabalho foi entregue a pessoas que receberam a incumbência de dirigir o movimento sindical numa perspectiva que não compreendia o diálogo. Então, a liderança sindical se sentiu marginalizada.

13 de agosto de 1978

12 Desenvolvimento pós-64 marginaliza a maioria

Entrevistador:
Ethevaldo Siqueira

Miguel Arraes

Nasceu em Araripe, Ceará, em 1916, e morreu no Recife em 2005. Formou-se pela Faculdade de Direito do Recife. Secretário da Fazenda dos governos Barbosa Lima e Cid Sampaio. Prefeito do Recife e três vezes governador de Pernambuco – de 1963 a 1964, quando foi deposto, 1987-1990 e 1995-1998. Publicou, entre outros, Pensamento e ação política, *em 1997.*

A seu ver, quais foram as causas da queda do governo Goulart e, consequentemente, da Revolução de 1964?

Já tive oportunidade de declarar, inclusive recentemente, que o golpe militar de 1964 não é mais do que a repetição de golpes anteriores, semifrustrados, que ocorreram no Brasil. O principal deles foi aquele que levou o presidente Vargas ao suicídio, em 1954. É o golpe de 1964 que vem dar ao capital estrangeiro no Brasil o apoio e a sustentação que ele buscava e que lhe era negada pelas forças nacionalistas representadas até certa altura por Vargas. Essas forças entraram em defensiva depois de agosto de 1954. O golpe de 1964 não pode ser visto como algo caído do céu, mas sim como o entrechoque de forças e interesses contraditórios que se digladiaram politicamente com a ascensão do movimento popular. Este movimento ameaçava os interesses externos e se opunha à monopolização da economia do país.

Segundo sua visão, as Forças Armadas saíram a campo em defesa do capital estrangeiro? Por que seria o Exército o instrumento principal dos interesses externos? Onde estaria o nacionalismo dos militares brasileiros?

O Exército era uma instituição extremamente dividida. É preciso ter em conta que Vargas subiu ao poder com a vitória de uma facção no Clube Militar. Na eleição seguinte havida nesse clube, contudo, durante o governo Vargas, foram vitoriosas as forças que defendiam a entrega do petróleo aos trustes. O mesmo entrechoque que ocorria na sociedade em geral se manifestava também no seio das Forças Armadas. Não afirmo que todos esses homens fossem vendidos aos americanos. Eles tinham uma concepção pessoal, isto é, acreditavam que o Brasil só poderia superar os problemas fundamentais de seu desenvolvimento com o apoio americano e do capital estrangeiro. Um desses militares, para citar apenas um, contra o qual não se pode pessoalmente dizer nada, era o marechal Juarez Távora, homem reconhecidamente íntegro. Juarez foi durante toda a sua vida não apenas íntegro como equivocado na defesa de suas ideias e de teses opostas aos interesses do país.

Não há nenhuma acusação, portanto, às Forças Armadas de serem defensoras do capital estrangeiro?

Não estou acusando ninguém. Digo que, conscientemente, as Forças Armadas não se opõem ao país. Objetivamente, na prática, entretanto, a "ideologia da segurança nacional", sim. Tal ideologia, conforme denunciou recentemente um almirante francês, em entrevista ao *Nouvel Observateur*, é fruto de elaboração feita no Pentágono, que atingiu também a França, que conduziu à primeira guerra da Indochina e à guerra da Argélia, e que se expandiu por quase todos os Exércitos do Ocidente.

Segundo essa ideologia da segurança nacional, tudo aquilo que representa as aspirações das massas, do povo, nos países pobres do Terceiro Mundo, passa a ser uma ameaça à segurança do Ocidente. É na base dessa doutrina, que ainda está na cabeça de muitos generais e espero que na de poucos oficiais jovens, que esse entrechoque de interesses se dava, no Brasil de 1964. Não se pode separar as Forças Armadas daquilo que se passa no país.

Crê o sr., no entanto, que qualquer solução política dos problemas brasileiros, tanto em 1964 como hoje, depende acima de tudo das Forças Armadas?

Entendo que as soluções dos grandes problemas brasileiros dependem do povo. É possível que o povo não tenha, neste momento, as condições necessárias para se exprimir. Durante 14 anos, tudo foi feito para que ele não se exprimisse. Todas as medidas que estão sendo tomadas até agora são nesse sentido. Creio, porém, que será o povo que, mais cedo ou mais tarde, decidirá os destinos do país.

Dificilmente, contudo, esse povo poderia fazer valer a sua vontade contra a força.

Exatamente. Porque as Forças Armadas estão voltadas justamenre para um inimigo interior. O inimigo deixou de ser um possível atacante externo, para vir do interior. Então, o povo é transformado em inimigo. Mas acredito que tal situação, a crise geral que se acentua, quer econômica, política ou social, mostrará a grande número de militares — e creio que já está mostrando — que essa teoria é falha, revelando as causas reais do movimento que eles mesmos deflagraram. Acho que eles devem fazer essa análise com humildade e verificar que a ascensão do povo, que se deu antes de 64, representava a possibilidade de se dar expressão a amplas camadas da população brasileira que jamais tiveram condições de reclamar seus mínimos direitos. Entendo que qualquer brasileiro — a menos que seja deformado por uma ideologia inteiramente estranha ao nosso país — reconhece que a miséria que existe no país cresceu a partir de 64, que a marginalização da população é muito maior, que as grandes cidades enfrentam problemas insolúveis, que existem 15 milhões de jovens e menores abandonados, segundo dados oficiais. Que, enfim, a situação social poderá tornar-se caótica. Entendo ainda que tais posicionamentos militares começam a gerar um tipo de confrontação que o país já enfrentou no passado; ou seja, o entrechoque a que me referi. Agora, porém, o conflito ocorre em termos inteiramente novos. E não interessa a ninguém que essa confrontação se torne aguda e se concretize. Interessante seria dar solução real a todos os grandes problemas sociais, a partir da unidade das forças democráticas do Brasil.

Considera realmente que, antes de 31 de março de 1964, o povo estava caminhando para a efetiva realização desses objetivos e para a solução de seus grandes problemas sociais e econômicos? Crê sinceramente que essas camadas, "que não tinham voz", tenham sido bem conduzidas até 1964, que não tenha havido erros fundamentais no governo Goulart? Não lhe parece que havia divergências profundas entre os líderes daquele movimento? Não foram esses erros e o clima geral de agitação do país que criaram as condições para a intervenção das Forças Armadas?

Creio que seria minimizar as causas do movimento popular anterior a 31 de março de 1964 se falássemos apenas nos erros. É evidente que erros existiram, como existem erros hoje, ainda. Cometeram-se os erros de ambos os lados, ontem como hoje. Ninguém se considera infalível na condução dos acontecimentos. Acho que o comportamento dos líderes daquela época, dos homens que governavam o país antes de 1964, não tenha sido determinante. Determinante foi a luta que se travou no país, durante anos e anos, a respeito da direção do desenvolvimento nacional. A questão era e é: como direcionar o desenvolvimento do país? Ou: em que sentido organizar a economia? O grande esquema em que se compunha o Brasil, a partir de 1930, e que lentamente avançou — de maneira bastante pragmática, pois o Brasil era um dos poucos países a sair de um estágio semicolonial para uma nova fase de superação do domínio da oligarquia cafeeira hegemônica, a fase de industrialização, sem a experiência de outras nações que já tivessem saído dessa situação — até a redemocratização, em 1945, fortalecia em grande parte uma indústria nacional, sobretudo na região Centro-Sul.

Podemos criticar vários aspectos desse período: não concordar com o Estado Novo, por exemplo. Mas não podemos comparar a linha geral que se dava ao desenvolvimento com a linha que se estabeleceu depois de 1964. Até 1954, aquele esquema geral de desenvolvimento prevaleceu, isto é, o Estado apoiava o empresariado nacional nascente. E ele próprio, Estado, se tornava empresário, quando necessário à sustentação desse desenvolvimento industrial, que se desejava fosse capitalista e autônomo. O segundo governo de Vargas tenta restabelecer essa linha de desenvolvimento, interrompida no governo do marechal Dutra, quando o Brasil era considerado um país cujo destino teria de ser agrícola. No governo Dutra, liquidamos todas as nossas divisas, não na compra de equipamentos para a indústria, mas na importação de supérfluos.

Vargas quis retomar sua primeira linha de direcionamento do desenvolvimento, acreditando ainda na possibilidade de instalação de um capitalismo autônomo, com base nas camadas empresariais que ele próprio havia ajudado a criar. A carta-testamento declara que esse empresariado, em sua maior parte, abandonara Vargas e se associara ao capital externo. O golpe de 1954, com a morte de Vargas, representa o fim desse tipo de desenvolvimento. As mudanças não seriam, contudo, profundas, porque o povo veio às ruas e foi possível manter-se um esquema de sustentação por mais 10 anos, até o desfecho militar de 1964.

Considera que nesse período, de 54 a 64, havia condições de vitória para os que divergiam do modelo de desenvolvimento de Vargas?

Esse é o período de entrechoques em que cada uma dessas grandes tendências tinha vitórias e derrotas. A consolidação da Petrobras corresponde a uma vitória. Uma vitória do povo, que a manteve. Todos se recordam que, no governo Kubitschek, a Esso do Brasil tentou negociar a queda do monopólio estatal do petróleo. Foi então que o ministro da Guerra, general Lott, antes que o presidente se manifestasse, disse em São Paulo que a Petrobras era intocável. E as derrotas? A principal delas é a invasão consentida das multinacionais, especialmente na área da indústria automobilística, levando máquinas obsoletas da Europa e dos Estados Unidos para instalá-las no Brasil.

Recentemente, a implantação da Fiat foi um verdadeiro escândalo, dado o volume de concessões feito a uma firma internacional para instalar uma indústria que já existe no país, não sendo portanto investimento prioritário para a solução dos problemas do povo brasileiro. Em todo caso, reitero, trata-se de uma das maiores negociatas de que se tem notícia na História do Brasil, como todo o mundo ficou sabendo, e os jornais brasileiros dispõem dos documentos sobre o assunto. Há, portanto, vitórias e derrotas entre 54 e 64. As forças democráticas e populares conseguiram alguns avanços, mas sempre se mantiveram na defensiva. Não tinham a hegemonia do processo político, enquanto sofriam séria derrota com a implantação do novo modelo de desenvolvimento econômico, a partir de 1964.

E não houve derrotas políticas também, como no final do governo Kubitschek, com a eleição de Jânio Quadros? Por que o povo não preferiu Lott? Juscelino não era o representante da linha nacionalista, e Lott, em 1960, não seria seu seguidor?

Juscelino? Não. O marechal Lott, sim. Acontece que Jânio Quadros ganhou as eleições com discursos e palavras de ordem que apontavam exatamente no sentido da defesa dos interesses nacionais, populares e nacionalistas. Houve grande confusão na campanha. Praticamente Jânio Quadros se colocava à esquerda do marechal Lott, para usarmos uma expressão corrente (mas aqui não cabe caracterizá-los como esquerda ou direita no sentido clássico). Jânio estava apoiado nas forças mais reacionárias do país, tanto assim que entrou em contradição com elas em 1961, porque não podia cumprir aquilo que havia prometido. Ele foi eleito com o que disse, mas teve de fazer uma política oposta ao que havia prometido ao povo. E, por isso, Jânio Quadros renunciou, pressionado por essas forças, temendo perder sua popularidade.

Com a renúncia de Jânio Quadros, não começou o avanço daqueles que se opunham ao nacionalismo econômico, como o sr. o caracterizou?

Sim. Foi uma derrota popular. Só em parte recuperada...

No plebiscito de 1963?

Não. Ainda em 1961 conseguimos a posse do vice-presidente. E depois houve diversas vitórias eleitorais para governadores de Estados. Preservaram-se as liberdades democráticas, sendo até estendidas a faixas da população que até então nem sequer dispunham do direito de reivindicar o salário mínimo.

Jânio prometia, então, algo que não poderia dar. E o povo acreditou nessas promessas. Logo, Jânio mentiu e o povo foi enganado?

Seria preciso estar dentro do sr. Jânio Quadros para saber se ele mentia. O fato, porém, é que o povo acreditou naquilo que ele não tinha condições de cumprir. A sinceridade ou não de suas palavras não nos cabe julgar, como coisa subjetiva que é. As forças que, objetivamente, apoiavam Jânio Quadros não defendiam suas ideias básicas. Daí a contradição flagrante entre Jânio e o seu governo.

E o caso Lott? Era ele muito menos afinado com o grupo nacionalista?

O marechal não tinha a facilidade de expressão de Jânio Quadros. Lott tinha tido apenas uma vida de caserna, militar sempre, desacostumado, portanto, de qualquer contato direto com as massas. Eram inegáveis, contudo, algumas contradições entre Lott e as forças que o apoiavam. E estas tinham consciência das possíveis dificuldades do marechal. Apesar disso, ele teria mantido o essencial, ou seja, o desenvolvimento voltado para a solução dos problemas internos do país e teria tentado evitar a desnacionalização crescente das nossas riquezas.

Poderia explicar com mais detalhes a evolução do capitalismo brasileiro, a que se referiu diversas vezes?

Hoje, o capitalismo brasileiro, após mais de 20 anos da implantação das multinacionais, iniciada no governo de Juscelino Kubitschek, assume caráter nitidamente monopolista. A economia brasileira é dominada não apenas por monopólios estrangeiros, mas também nacionais, aos quais interessa uma política idêntica à que beneficia os monopólios estrangeiros. A luta, portanto, é contra essa monopolização crescente. E contra a concentração também crescente da riqueza nacional nas mãos desses reduzidos grupos que hoje dominam a economia do país, esmagando as iniciativas de toda ordem que surgem em qualquer ponto do território brasileiro. A partir de 1964, até hoje, vão desaparecendo as pequenas e médias empresas, fechadas pela política econômica que só beneficia os monopólios. O monopólio vai passando à terra. Só a grande empresa agrícola obtém recursos, em detrimento de milhões de pequenos e médios proprietários, que vivem ainda de forma tradicional. Essa monopolização crescente tem de ser combatida.

Nesse período, que vai da renúncia de Jânio Quadros a 1964, ocorrem fatos novos na vida política nacional a que o sr. chama de "participação na vida brasileira de camadas, que até então não tinham sequer o direito de reivindicar o salário mínimo". Essa participação se faz, todavia, com estardalhaço, criando o clima de agitação característico das vésperas da queda de Goulart. Como vê aquele período e a conturbação política crescente que ele deflagrou?

Tudo isso foi aumentado pela propaganda das forças golpistas. Na verdade, se, se examina o que se chama de agitação, caso a caso, e tomemos, por exemplo, o caso de Pernambuco — um Estado dito conflagrado —, verifica-se algo curioso. Tudo aquilo que se chamava de agitação, todas as reivindicações que foram feitas não passavam de uma simples mudança de atitude. Os trabalhadores da cana recebiam um terço do salário mínimo, quando a lei mandava que se pagasse o salário inteiro. Eu pergunto, então, se os trabalhadores que exigem o seu salário e que chegam a fazer greve para receber aquilo que a lei lhes concede — pergunto se isso pode ser chamado de agitação. Pode ser verificado também que, nesse período, ocorrem várias mortes em Pernambuco. Nenhuma de senhor de engenho ou usineiro. Morreram, sim, trabalhadores, assassinados por eles.

Logo, a desordem não era provocada pelos trabalhadores. Em plano nacional, todos esses fatos ocorridos, não só em Pernambuco como em outras áreas do país, foram agigantados por uma propaganda sistemática que desejava não só assustar as Forças Armadas como também as classes médias. Havia, então, um choque entre duas concepções do desenvolvimento do país. Uma, que defendia a interiorização do desenvolvimento, em que a indústria passa a ter papel importante na solução dos problemas brasileiros, como meio de fazer crescer a produtividade de outros setores ainda atrasados, como, por exemplo, a agricultura.

Como?

Essa direção do desenvolvimento poderia reduzir as diferenças sociais e aumentar a produtividade do país, permitindo que a maior parte da população participasse dos meios técnicos, ainda que não os mais desenvolvidos, mas, de qualquer forma, um degrau adiante no desenvolvimento econômico e social da época. Essa era uma das concepções de então. A outra concepção foi consolidada depois de 1964, fazendo com que a industrialização se dirija para uma camada estreita da população, para a produção intensa de bens de consumo duráveis que podem ser adquiridos por apenas 5 por cento da população brasileira, marginalizando a maioria esmagadora do nosso povo. Ora, prevaleceu esse segundo tipo de desenvolvimento. A necessidade da mudança da política econômica na época vinha do fato de que era preciso criar esse mercado privilegiado, para que as indústrias já implantadas pudessem aproveitar a capacidade ociosa de que dispunham então. Daí o crescimento industrial, que se dirige no sentido do atendimento dessa minoria de 5 por cento da população.

Essas foram as causas principais de 64. Mas é preciso ajuntar a isso, num quadro mais amplo, as condições externas. Estas não poderiam justificar o desfecho militar da época, embora fossem importantes, mas não decisivas. Os demais fatores internos é que irão pesar. Entre estes o receio de certas camadas da população ante as mudanças que começavam a ocorrer. No plano externo, assistíamos antes de 64 ao fracasso da Aliança para o Progresso. Os Estados Unidos tinham tentado acalmar ou mesmo paralisar os movimentos populares que surgiam não só no Brasil como na América Latina e na Ásia, como decorrência da situação de dependência de toda essa área. A Aliança seria uma resposta à revolução cubana. Mas fracassou. Havia necessidade, do ponto de vista de uma estratégia global do império, da adoção de novos métodos que impedissem a ascensão dos movimentos populares que exigiam reformas para a solução dos problemas sociais. E o caminho foi, então, a intervenção militar, da qual os americanos participaram efetivamente, como hoje se sabe. Essa militarização do Terceiro Mundo não ocorre apenas no Brasil ou em alguns países da América Latina. Seis meses depois do golpe de Estado no Brasil, com a intervenção direta dos americanos, estoura a guerra do Vietnã. Até a Grécia dos coronéis entra nesse esquema.

Não crê que, no plano interno, havia muita divergência entre os nacionalistas e seus aliados de 64? Embora talvez lhe constranja falar sobre os problemas daquela frente ampla, não reconhece a profundidade das divisões entre Goulart, Brizola e sua ação naquela época? Aquelas reuniões, como a dos marinheiros nos minutos finais, não teriam sido provocações inúteis? Goulart, Brizola e Arraes não representavam três áreas conflitantes?

Não posso dizer que houvesse identidade total de pensamento. Mas também não posso dizer que houvesse divergências fundamentais. Defendíamos uma mesma política global, dentro dessas forças emergentes. Creio que o fato de personalizar os aspectos principais não dá uma ideia exata da questão, embora encarne talvez melhor o problema para o leitor de jornal. O Brasil é um país extremamente diversificado, como sabemos. Isso talvez explique as peculiaridades que todo movimento amplo apresenta. As diferenças sociais e regionais vão marcar toda emergência política brasileira, tanto em 64 como hoje.

Ora, eu atuava numa área nordestina, a mais miserável, onde os fatores sociais eram mais agudos. Tinha de atuar em consonância com tais fatores, da mesma forma que outros tinham de agir conforme suas condições reais e conforme os fatos que se passavam em sua área.

Darei o exemplo de uma pessoa da qual nunca mais tive notícia — o governador Mauro Borges — que apoiou o golpe, mas que teve posições populares até certa época — que enfrentava situação bem diversa da minha. Goiás e Pernambuco tinham condições completamente diversas. Em Goiás, pouca gente e muita terra. Em Pernambuco, muita gente e pouca terra. Tudo isso condiciona as pessoas e pode dar a impressão de que haja divergência mais profunda, quando, na verdade, como ocorria em 1964, o problema nacional era extremamente diversificado. Aquelas forças, compondo uma frente relativamente fluida, tinham alguns objetivos básicos comuns.

Mas a ação política era até contraditória....

Uns erravam mais do que outros. E esses erros foram aproveitados pela propaganda dos que tentavam exatamente quebrar essa frente fluida, em fase de formação e que avançava, embora lentamente. Como lhe disse, todas as forças nacionalistas e populares entraram em defensiva a partir de 1954. Logo, não dispúnhamos de muita clareza nem organização, de programas claros e definições perfeitas. Com a ascensão de João Goulart à Presidência da República, houve uma pequena tentativa de recomposição de um sistema geral que direcionasse o desenvolvimento para o Interior. Foi o que se tentou naquela época.

Até que ponto essas forças, Goulart e os seus governadores, foram apanhados de surpresa pelo movimento militar?

Eu, pelo menos, não fui apanhado de surpresa. E declarei, antes dos acontecimentos, que temia esse desfecho, embora muitos não acreditassem. Se verificarem as declarações que fiz a amigos jornalistas e que foram publicadas no Brasil, verão que eu julgava a situação muito difícil para nós.

Sentia que o desfecho fatal seria o 31 de março?

Sem nenhuma dúvida. Creio que os militares foram conduzidos, em sua totalidade ou na maior parte, ao golpe, da mesma forma que muitos liberais, muita gente das classes médias, através de uma propaganda intensa que se desencadeou naqueles tempos, nos meses finais. Toda a grande imprensa, a maioria das emissoras de rádio e de televisão estavam nas mãos daqueles que apoiavam o golpe, isto é, que eram contra o governo de João Goulart e que tentavam explorar certos aspectos e certos erros, talvez, que ocorriam e se verificavam naquela época. Grande parte dessas forças não tinha em mente a adoção da política econômica que veio a caracterizar os governos militares que se instalaram depois do golpe. E essa política econômica dividiu e descontentou parcela ponderável daqueles que apoiaram inicialmente a intervenção militar.

Por outro lado, o regime que se estabeleceu então — um regime autoritário, para uns, fascista para outros — também não contentou a grande maioria dos que apoiaram o 31 de março, os quais entendiam que estavam apoiando a democracia em 1964. Esse grupo mais consequente ocupou o centro de decisões do regime militar, revelando que tinha objetivos precisos, assumindo os postos de mando, impondo rumos ao desenvolvimento econômico que não são aqueles que coincidem com os interesses nacionais nem com os interesses do povo brasileiro. Não acredito que todos os militares, na hora de se levantarem em 1964, tivessem na cabeça esses pontos básicos: dar prioridade ao capital estrangeiro em primeiro lugar, conferindo-lhe mais vantagens que às empresas nacionais, endividar o país e marginalizar 90 por cento da população.

Uma política econômica desse tipo não teria contradições profundas e não levaria ao conflito também da ação estatal com as multinacionais, das empresas privadas nacionais com o Estado e com o capital estrangeiro? Como se explicaria, então, o avanço da estatização da economia brasileira até chegar ao ponto em que estamos hoje?

O problema da estatização tem de ser visto de um modo diferente. Na realidade, houve uma mudança do caráter da empresa estatal brasileira. As empresas estatais foram criadas para a sustentação do desenvolvimento interno e não para serem empresas capitalistas puras, visando simplesmente a dar lucros. Embora fossem propriedades do Estado, tinham um papel e um objetivo político no desenvolvimento do país.

Um bom exemplo teria sido a Petrobras?

A Petrobras e Volta Redonda. Eu diria que Volta Redonda não foi criada para fornecer chapas para a fabricação de automóveis, mas sim — quando nasceu aquela empresa siderúrgica — para fabricar trilhos destinados à expansão da infraestrutura ferroviária, material para fabricar instrumentos agrícolas de todo tipo, ajudando o país a sair da fase da enxada, em que se encontra grande parte dos trabalhadores do campo brasileiros. Volta Redonda nasceu para ajudar a indústria nacional, para melhorar a produtividade e não para suprir a Volkswagen. Veja que quando as multinacionais automobilísticas se implantam vão, na realidade, beneficiar-se da existência de Volta Redonda, criada pelo Estado com outra finalidade. Há um desvio evidente de finalidade. E preciso relembrar que a indústria automobilística, durante dois anos, ao tempo do ministro Delfim Netto, foi beneficiada pelo fornecimento de chapas de Volta Redonda por preços inferiores ao do mercado internacional, aumentando os lucros do setor dominado pelas multinacionais. O problema é que as empresas estatais foram convertidas simplesmente à condição de empresas pertencentes ao Estado, assemelhando-se em suas funções às outras empresas, porque deixaram de cumprir o papel essencial, que era político, para o qual foram criadas. Dessa maneira, mudou-se também o direcionamento da industrialização.

Ora, em geral, condenava-se o fato de o Estado ter empresas. Isto não significa nada. Não quer dizer sequer que o Estado tenha prejudicado a indústria privada nacional. Pelo contrário, esta indústria foi fortalecida, a princípio, pelas indústrias estatais. Só naquelas áreas e atividades onde o capital privado nacional não podia cumprir o seu papel é que entrava a empresa estatal. Hoje, a situação é outra. A empresa nacional brasileira enfraqueceu-se. A multinacional uniu-se às empresas estatais. Até 1954, sobretudo, predominava a aliança da empresa nacional com o Estado. Esse conflito que você aponta, hoje, entre multinacionais e empresas estatais é menos visível que o enfraquecimento notório da empresa privada brasileira. É fruto da crise internacional que aí está. O Estado continua ainda a defender o capital estrangeiro, como salvação para o país. O Estado deseja que as multinacionais façam aquilo que o Brasil precisaria, mas elas farão apenas o que lhes convém.

O contrato de risco seria um exemplo dessa situação, a seu ver?

O contrato de risco é, na verdade, exemplo concreto da corrupção gigantesca que atingiu o país. E basta ver aquilo que publicou, se não me engano, o próprio *O Estado de S. Paulo*, informando que, na baía de Santos, se sabia perfeitamente da existência de petróleo. Técnicos brasileiros fizeram em São Paulo numerosas pesquisas, comprovando-se que se poderia encontrar petróleo em Santos. Ora, dá-se essa área como sendo de risco a uma empresa estrangeira. A meu ver, isso é corrupção. Num nível jamais atingido por qualquer outro país no mundo.

Acredita que haja atualmente novos fatores que ajudem a democratização do país? A política externa do presidente Carter e as novas condições internacionais favorecem essa democratização?

Depende do que se entende por redemocratização. Esse é um termo que precisa ser definido. Os Estados Unidos defrontam-se com o conflito com seus próprios aliados. No caso do Brasil, os Estados Unidos opõem-se aos acordos nucleares com a República Federal Alemã. Logo, os Estados Unidos precisam dispor de forças que se oponham à penetração alemã no Brasil. Os americanos não podem colocar-se abertamente contra a penetração alemã na economia brasileira, já que se trata de seu principal aliado na Europa. Mas não convém aos Estados Unidos a aproximação Brasil-Alemanha Federal. Então, se o regime é um regime de AI-5, ou seja, onde prevalece a vontade de um homem, todos esses grandes interesses ficam na dependência do bom humor do general que esteja no poder. Precisaria, então, alargar a faixa do poder, descentralizá-lo, para que dentro dele se desse o jogo de forças que pudesse ser favorável aos interesses americanos, da mesma forma que os alemães também tentam aglutinar as forças que possam servir aos seus interesses.

Esta é uma visão de alargamento democrático extremamente modesta. Outra visão, em outro nível, é a de certas áreas do empresariado nacional que não têm mais voz junto ao poder e que querem disputar o direito de defender seus interesses. Esse empresariado nacional julga também que deve haver uma abertura. Essa abertura ainda não inclui o povo brasileiro na sua totalidade. É uma abertura limitada, na qual esses interesses vão confrontar-se, vão conciliar-se, em função da correlação de forças que há entre eles. Falta, então, definir essa redemocratização mais larga, em que todas as camadas da população pudessem exprimir as suas reivindicações e o direito que também têm de participar do poder nacional. Ora, esta abertura está sendo negada, visto que as condições sociais do país — os baixos salários, a miséria, o desemprego, a criação de milhões de boias-frias, a mendicância, os assaltos e crimes nos grandes centros, os posseiros do Centro-Oeste e da Amazônia — poderiam assumir um aspecto político global que não interessa a essas forças que propõem apenas uma "abertura limitada".

Não se pode atingir a democracia num processo evolutivo?

Sim. É possível também que se tente impor um conjunto de controles sobre os setores mais organizados da sociedade. Refiro-me especificamente ao setor operário, no sentido de, por uma aparente mudança da política sindical, por exemplo, fazer o operariado fechar-se em si mesmo. Assim, o operário ficaria isolado, compartimentado e afastado da grande massa sofredora de trabalhadores do país. Tenho assistido, e lido, a certos líderes sindicais que falam simplesmente de suas categorias, exclusivamente dos objetivos que têm pela frente (o que é justo). É claro que um dirigente de sindicato tem o dever de defender sua categoria e suas reivindicações. Mas não se pode desvincular as reivindicações operárias das reivindicações da massa pobre do país, da qual se originou o próprio operário e para onde ele retornará se as condições de rotatividade da mão-de-obra se agravarem.

Desse modo, as colocações específicas da abertura parecem visar, sob a aparência de uma renovação do movimento sindical, ao fechamento do movimento sobre si mesmo, visto que as grandes questões ainda não podem ser colocadas. É estranho que não haja vozes que defendam, por exemplo, os trabalhadores da cana-de-açúcar, privados dos meios de expressão ou sem a mesma capacidade de comunicação dos metalúrgicos de São Paulo. Para resolver o problema geral do país e do povo brasileiro, é preciso que se identifiquem os metalúrgicos de São Paulo e os intelectuais que pensam nos destinos do nosso povo com as diversas camadas da população, os apanhadores de castanha-do-pará, os peões e posseiros que estão no Centro-Oeste expulsos pelas grandes companhias às quais se dão terras. Esta situação chega ao ponto de, hoje, um pequeno grupo de empresários estrangeiros e paulistas, todos sediados em São Paulo, ser proprietário, fora de São Paulo, de uma área total equivalente a duas vezes à do Estado de São Paulo.

O problema brasileiro tem, portanto, de ser visto na globalidade por cada um de nós, por cada uma das categorias sociais, que devem defender seus interesses específicos, mas que precisam unir-se para defender os interesses gerais do país. Sem essa união, a maioria marginalizada, miserável, irá buscar uma saída, mais cedo ou mais tarde.

Não considera, de qualquer forma, que a extinção do AI-5 já seria um passo à frente nessa caminhada pela redemocratização?

Tudo é um passo à frente. Se, digamos, os dois presos que estão em Itamaracá conseguirem a pequeníssima reivindicação que defendem, ou seja, um ter contato com outro, isso será um "passo à frente". Tudo é passo à frente, mas os nossos passos à frente têm de ser alargados, para que se possa retomar o caminho do desenvolvimento nacional, pondo fim à excessiva internacionalização da economia brasileira. Essa internacionalização não provoca simplesmente a subordinação do país ao exterior, mas leva os efeitos da crise mundial a toda a população brasileira. E o Brasil, nas condições atuais, não dispõe sequer de instrumentos de defesa contra essa crise e esses fatores externos.

Refere-se à crise do petróleo e suas consequências?

Sim, à crise do petróleo, bem como ao aumento dos preços de equipamentos destinados a uma indústria artificial montada no país.

> *Em sua opinião, por que os militares que dirigem o Brasil desde 1964 não aceitaram o modelo nacionalista de desenvolvimento?*

Creio que, a partir de um certo posto, major ou coronel, o militar faz parte da classe média alta, dos 5 por cento da população que usufrui os benefícios do modelo atual, com acesso predominante aos bens de consumo duráveis. Assim, só essa minoria pode ter automóvel, televisão em cores etc. O capitão talvez possa compreender o problema do povo, dos 95 por cento que nunca poderão comprar tais bens de alto custo. O general-de-quatro-estrelas jamais entenderá a limitação dos benefícios de um falso desenvolvimento que se promove no Brasil. Não posso ter ideia exata do que pensam os militares, mas recordo-me que o general Fritz Manso, em discurso pronunciado em Montevidéu há cerca de três anos, quando iniciava sua oração atacando-me, dizia que temia uma elitização das Forças Armadas. Ora, essa elitização poderá fazer com que o fosso entre a oficialidade e o povo cresça. E é muito grave o distanciamento entre Exército e povo. Um exército sem vínculos com o povo não pode oferecer segurança. Esse abismo, esse fosso — a que me referi também na entrevista dada ao *Pasquim* — é extremamente preocupante.

> *Não lhe parece que muitos militares têm consciência desse risco e, mais ainda, estão dispostos a facilitar o caminho da redemocratização, com possibilidade de aceitação da anistia, da revogação dos instrumentos de exceção, da abertura sindical etc?*

Esses sinais exteriores significam que há realmente um movimento crescente de opinião no país, que pressiona o governo, criando-lhe um grande impasse. É difícil conter esse movimento dentro dos limites fixados pela vontade de quem dirige. Há o risco de que, ultrapassados tais limites, venha o retrocesso, sendo, então, "restabelecida a ordem", segundo a concepção dominante dos últimos 14 anos. De qualquer forma, entendo que as condições internas e externas favorecem a progressão de uma abertura no país.

> *E a sucessão nos Estados, o processo eleitoral modificado pelo "pacote" de abril, que papel exercerá nesse quadro?*

O Brasil precisa de uma constituinte para restabelecer a legitimidade do poder. É preciso suprimir a repressão, que impede o povo de se manifestar. É preciso restabelecer amplamente as liberdades democráticas. Só assim se poderá legitimar.

Não se correria também o risco de fornecer todos os pretextos e toda argumentação para o retrocesso, já que alguns veriam sempre a agitação em cada esquina com o restabelecimento das liberdades democráticas? Como vê a tese de que a democratização precisa ser "gradual, segura e necessariamente lenta"?

Essa é a tese de quem não quer redemocratizar. Essa é a linguagem de quem não quer democracia, porque o debate e a confrontação de forças constituem a essência da democracia. Se não há debate, controvérsia nem confrontação de forças, para que democracia? Será preferível então botar apenas um para mandar, como acontece agora. Se este homem, gradualmente ou não gradualmente, abre mais ou abre menos, segundo a sua própria vontade, isto é apenas um governo autoritário que continua dando mais ou menos, conforme as circunstâncias. No meu entender, a legitimidade vem do povo. É preciso que o povo tenha condições de debater. É preciso que não se confunda debate ou amplas manifestações da população com agitação. Seria agitação para quem tem medo das mudanças, porque estes sabem que o povo irá pedir contas, que irá reclamar aquilo que eles não querem conceder.

Sem passar por isso, não chegaremos à normalidade nem à legitimidade democráticas.

Concorda com a posição do MDB na questão da democratização via constituinte? Que restrições tem a esse caminho?

Entendo que uma constituinte significaria uma forma de consulta capaz de dar representatividade a todas essas forças, inclusive às forças populares, no sentido de encontrarmos um caminho político e não uma confrontação violenta para resolver os maiores problemas do Brasil. Esse caminho pacífico que se propõe não pode ser encontrado se o povo não tiver voz, não puder pronunciar-se.

Que papel terá a oposição na democratização? E, além disso, que problemas terão de ser enfrentados pelo MDB, a seu ver?

Temos defendido a unidade das forças democráticas no Brasil. Entendo que uma força política, qualquer que seja, é um instrumento. Tudo deve ser feito para se alcançar o grande objetivo. Como instrumento, essas forças precisam unir todos os que têm interesses contrariados que formam a maioria esmagadora do povo brasileiro. O pluralismo de partidos de que se fala ou a criação de diferentes partidos com fachada popular (socialista, trabalhista etc.) me parece inteiramente inconveniente na medida em que pretendemos unir o povo na defesa de seus interesses. É preciso unir todos os grupos e áreas em um único partido ou frente capaz de representar esses interesses globais, redirecionando o desenvolvimento econômico para os verdadeiros interesses da maioria.

O pluralismo partidário pode ser mera tática de divisão dessas forças democráticas, através de fatores puramente subjetivos, como tendências ideológicas, que cada um tem, ou divergências de opinião, que todos têm. Será muito fácil dividir. O objetivo fundamental é a unidade, para que se alcancem os objetivos concretos, tais como a defesa das liberdades, a defesa do direito de organização da população e a defesa do direito de todo cidadão poder exprimir suas opiniões. Tudo isso irá forçosamente determinar uma mudança de rumos no desenvolvimento econômico, fazendo com que ele venha atender aos interesses da maioria, hoje marginalizada. É fundamental que as divergências pessoais sejam ultrapassadas e que se alcance a unidade em torno de princípios e de um programa mínimo capaz de tirar o Brasil das dificuldades em que se encontra atualmente. A criação de partidos, ainda que populares, irá confundir muita gente. Sou contrário a tudo que, neste momento, divida a população.

Considera que o governo Geisel mudou substancialmente de posição a ponto de aceitar as propostas de democratização?

Acredito que todos os governos depois de 1964 tiveram sempre o mesmo pensamento político.

Que paralelo faria entre as eleições de 1974 e as de 1978? Que significado têm uma e outra?

Entendo que as eleições de 1974 corresponderam a um avanço, a uma demonstração de que o governo não conta com o povo. Já em 1970, somados os votos nulos, em branco e os concedidos ao MDB, a Arena era minoritária. O reforço da "Lei Falcão" e todas as medidas do "pacote" de abril, impedindo a livre manifestação da opinião e da vontade popular, nos dão a certeza de que a derrota do governo nas eleições — se eleições houver — será ainda mais fragorosa do que em 1974 e apressará o fim do regime ditatorial. Receio, contudo, que uma vitória esmagadora da oposição venha irritar em demasia o governo. Temo que essa vitória provoque, como diz o general João Baptista Figueiredo, uma revolta do Exército, à qual ele também aderiria. Essa é, porém, uma ameaça inconcebível, feita a um povo de mais de 100 milhões de habitantes que deve ter o direito de se pronunciar e de ver sua vontade respeitada. Não creio que, contra a maioria esmagadora do povo brasileiro, o general Figueiredo tenha condições de governar. Nem acredito também que a unanimidade das Forças Armadas se coloque contra essa vontade expressa nas urnas se — friso — forem realizadas eleições.

Que problemas a democratização enfrentaria agora para que se realizasse plenamente? Que obstáculos o Brasil teria de enfrentar, a seu ver, se essa democratização fosse possível a curto prazo?

Há com frequência nos discursos militares a advertência quanto aos riscos da volta a uma espécie de clima de "antes de 64". Digo que 64 não volta mais. O Brasil de 64 é passado. O país mudou. Há grande número de jovens que se vão exprimir nas urnas e influir decisivamente na condução dos acontecimentos. A preocupação será integrar essa juventude no processo político do país, unindo-se as antigas forças, que se devem adaptar às condições do Brasil de hoje para, diante da realidade, enfrentar a reconstrução. Isto significa dar outros rumos ao país, reparar os graves erros cometidos e inconvenientes sociais criados pelo regime militar nos últimos 14 anos e mobilizar o povo brasileiro para a reconstrução nacional.

Ao contrário dos que defendem — como o governo — que o desenvolvimento só pode ser fruto do capital estrangeiro, entendemos que o desenvolvimento brasileiro só pode nascer da mobilização de nosso povo e do aproveitamento dos recursos de que nós dispomos, sejam eles materiais ou humanos. O Brasil já conta com quadros capazes de dirigir seus destinos com independência e bons resultados.

Como vê o apoio de numerosos revolucionários de 64, inclusive generais, que defendem a anistia e aderem ao movimento nacional pela democratização? E as advertências quanto ao revanchismo de lado a lado?

Entendo que a redemocratização deve trazer de volta as forças políticas marginalizadas pelo regime de 64, com o restabelecimento dos direitos que lhes foram tirados pela força. Quanto ao problema do revanchismo, digo que ele não existe. Compreendemos bem o processo, considerando-o como entrechoque de forças políticas e de grandes interesses econômicos e não como questão de pessoas. A questão da culpabilidade de alguns elementos que teriam praticado excessos é um problema que não nos cabe julgar. Se nos coubesse opinar nesses casos, adotaríamos a posição do general Rodrigo Octávio, membro do Superior Tribunal Militar, que tem mandado destacar peças de processos de presos torturados para abrir inquérito contra os torturadores para que estes sejam julgados. Afinal de contas, parece-me que esses excessos — segundo declaram os próprios chefes militares — não foram cometidos por todos os elementos das Forças Armadas, nem foram resultado de ordens emanadas de superiores. Trata-se de uma minoria que, segundo ainda o general Rodrigo Octávio, prejudica a imagem e ofende a honra das Forças Armadas.

Não temos a quem perdoar. Anistia para nós é o restabelecimento dos direitos daqueles que estão marginalizados.

27 de agosto de 1978

13 A censura me discrimina

Entrevistadores:
*Villas Boas Corrêa,
Lourenço Dantas Mota,
Antônio Carbone e
Frederico Branco*

Nelson Rodrigues

Nasceu no Recife, em 1912 e morreu no Rio em 1980. Jornalista desde os 13 anos de idade, cronista, autor de famosos romances de folhetim e teatrólogo. É considerado o iniciador do moderno teatro brasileiro. Sua peça mais famosa — Vestido de Noiva — é um marco divisório.

Quantos anos tinha, quando sua família decidiu deixar o Recife e vir para o Rio de Janeiro?

Era menino ainda. Tinha 4 anos de idade. Meu pai estava na miséria e resolveu vir arranjar emprego no Rio. Veio sozinho dizendo a minha mãe que a chamaria logo que conseguisse emprego. Sua intenção era ir para o *Correio da Manhã*. Mas o tempo passava e ele não arranjava o emprego. Minha mãe se impacientou, vendeu todas as joias — era uma grã-fina de Pernambuco — e veio de navio com todos os filhos. Meu pai caiu no maior pânico do mundo, mas aguentou firme. No dia da chegada, lá estavam ele e o Olegário Mariano no cais do porto esperando. Meu pai, assombrado, estupefato, caiu nos braços de minha mãe. Meu pai era um ciumento, tinha um amor de folhetim, de "Elvira a morta virgem". Uma coisa atroz. Fomos todos então para a casa de Olegário Mariano.

O poeta das cigarras?

Isso mesmo. O qual aliás teve uma tremenda briga comigo tempos depois. Ele me dizia aos berros pelo telefone: "Eu te matei a fome, desgraçado!" Foi uma discussão terrível, na base do "canalha", "quebro-te a cara". O José Mariano, irmão do Olegário, era amigo de Edmundo Bittencourt e conseguiu arranjar emprego para meu pai no *Correio da Manhã*. No dia seguinte à minha chegada ao Rio de Janeiro — nunca me esqueço disso — num vizinho o gramofone tocava a "Valsa do Conde de Luxemburgo". Até hoje, quando ouço essa valsa, sinto um vento de nostalgia. Toda aquela atmosfera de repente desaba sobre mim novamente e fico assim meio deslumbrado. Isso era na Rua Alegre, em Aldeia Campista.

Esse foi um bairro que o marcou muito, não é?

Ah, me marcou profundamente. Tanto que nas minhas memórias — sou muito memorialista e mesmo quando não faço memórias tenho sempre lembranças para intercalar — falo da paisagem de Aldeia Campista e das batalhas de confete da rua Dona Zulmira. Eram fantásticas e tinham uma fama incrível. Não sei a razão, pois naquele tempo não havia as coberturas de televisão. Agora, a TV Globo pega qualquer acontecimento e promove imediatamente, com aquelas nossas queridas estagiárias, ou redatoras, ou repórteres, enfiando microfone na cara até de presidente da República, de rei, de tudo. O cara vem e leva um susto quando vê aquela coisa. Já vi quinhentos caras tomarem susto, embora empolgados com a história de falar na televisão. Porque no Brasil não há um sujeito, incluindo os presentes, que não goste de falar na televisão. Há poucos dias vi um de nossos políticos, dos maiores, falar na televisão acompanhado por um cortejo de senhoras. Parecia Napoleão na hora em que foi coroado diante do papa.

Parece incrível dizer que aos 13 anos fui repórter de polícia. O sujeito pode dizer: "Esse cara aí está fazendo o interessante". Mas, realmente, aos 13 anos — tinha botado calças compridas para isso — fui trabalhar no jornal de meu pai, *A Manhã*, como repórter de polícia. Hoje é dificílimo descobrir o repórter de polícia na paisagem da redação, porque ele acabou. Hoje são os outros, inclusive as estagiárias, e até redatoras, que fazem a reportagem policial, sobretudo o grande crime. Ah, o grande crime já não é mais matéria policial. Qualquer um pode fazer.

Antigamente tinha uns gênios. Por exemplo, havia o "Rui Barbosa do telefone", um nossa amizade que na redação telefonava para qualquer lugar, para qualquer delegacia, e sabia de tudo. Então, quando cheguei, me apontaram: "Aquele é o Rui Barbosa do telefone". A redação era um deslumbramento. Hoje, a redação é essa massa de máquinas e redatores batendo. Uma vez fiz uma reflexão, que atribuo a outra pessoa quando escrevo: as pessoas não pensam mais, porque não têm absolutamente tempo para isso. Ficam batendo à máquina no meio daquele barulho. De vez em quando alguém conta uma piada, e logo em seguida recomeça o barulho. Ninguém pensa. Antigamente havia uma redação estilista. O diretor era o gênio absoluto, o Proust, o dono da língua. Havia sempre um diretor que escrevia, coisa que hoje não precisa. E o sujeito escrevia artigos notáveis. Além disso, de vez em quando o Edmundo Bittencourt, por exemplo, chegava na redação e perguntava: "Quem escreveu a nota tal?" E metia a mão no bolso e dava uma gorjeta principesca ao autor. Lembro-me de uma nota sobre um guarda que foi enganado por um sujeito. O André Romero, do *Correio da Manhã*, escreveu uma matéria com esse título: "Sem título". Bonito. O Edmundo deu-lhe uma nota. Havia esse prêmio à coisa bem escrita.

Ao achado?

Ao achado. Tinha evidentemente os analfabetos irremediáveis, mas tinha gente que escrevia bem, que caprichava. Os diretores eram Edmundo Bittencourt, Alcindo Guanabara, Gil Vidal, meu pai Mário Rodrigues, de quem sou admirador feroz. Todos os diretores eram assim.

Esse período é o da década de 20?

É. Ainda nesse período, no jornal de meu pai, o meu irmão Roberto foi assassinado quase na minha presença. Foi o único gênio que conheci na minha vida. Era um artista de cinema, um galã daqueles tremendos, deflorador terrível. Ele aliás era tentado, seduzido pelas mulheres. Entrava numa casa de família e todo mundo se apaixonava por ele. Se havia duas irmãs, eram as duas irmãs. Um negócio tremendo. E, ainda por cima, era um sujeito denso, tinha um negócio assim trágico, fatal, aquela certeza de que ia morrer cedo. Em todas as suas ilustrações, os enforcados, os assassinados, tinham a sua cara. Estava sentado, conversando com ele, com o chofer Sebastião, com um detetive, o Garcia, que andava por lá batendo papo com a gente, e com o negro Quintino, que só tinha um olho. Era 1 hora da tarde e estava tudo vazio, porque naquele tempo se respeitavam as regras — matutino era matutino. Agora não, tudo é a mesma coisa: só tem matutino. Estávamos lá conversando, quando entrou aquela mulher, numa calma impressionante. Nunca vi ninguém mais calmo na minha vida. Reconstituindo depois, verifiquei que me espantara essa calma de uma pessoa que entra num ambiente estranho. Deveria entrar sempre meio expectante, sem saber qual seria a recepção. Chegou lá e disse: "O dr. Mário Rodrigues está?" "Não, ele não está", foi a resposta. Foi então até a porta de vaivém, que era na frente da redação, olhou e realmente não tinha ninguém. Se tivesse gente lá, umas cinco pessoas como sempre tinha à noite, teria complicado o desfecho, que poderia ser outro. Porque o fato de ter de atirar no meio de tanta gente modificava a situação. Virou-se então para o Roberto e disse: "O sr. poderia me dar um minuto de atenção?" Lembro-me até do seu perfume. Uma coisa de que nunca me esqueci foi esse perfume. Ela então, muito calma, abriu a porta e entrou. Atrás foi o Roberto.

Dirigi-me para a escada para ir tomar uma média, ou um sanduíche de mortadela, uma coisa dessas. Quando me apoiei no corrimão da escada, ouvi o tiro. Um barulho incrível. Nunca na minha vida tinha percebido que um tiro de revólver tinha aquela violência. Não entendi e cheguei a pensar que era suicídio da mulher. Aí corremos todos e o detetive Garcia veio com o revólver na mão, empurrou a porta e todo mundo entrou. Ela disse, quando viu o detetive Garcia armado: "Eu não vou fazer mais nada. Vim aqui matar Mário Rodrigues ou um de seus filhos". A coisa que mais me assombrou em toda a minha vida foi aquela calma com que ela disse, no momento em que meu irmão estava ali mortalmente ferido: "Ou um de seus filhos". Mário Rodrigues não tinha nada com o peixe e meu irmão também, que era apenas desenhista. Meu pai dizia durante o velório a todo mundo que ia abraçá-lo: "Essa bala era para mim!" E era. Roberto era um inocente, era a própria inocência. Verifiquei uma coisa impressionante. Num caso como esse não se pensa no assassino. Quem tentou o homicídio não tem a menor importância. O que importa é salvar o ferido. Só pensei em salvar o ferido, todo mundo só pensou nisso, enquanto o detetive Garcia segurava a criminosa. Roberto estava deitado no chão e quando o crioulo Quintino foi carregá-lo — não me esqueço — ele pediu: "Cuidado, cuidado". A bala penetrara na espinha e qualquer movimento provocava dor. Meu pai era um desses sujeitos que têm um incrível sentimento paterno e aquilo foi uma catástrofe para ele.

A fama que seu pai deixou foi a de um jornalista de uma extrema violência de linguagem. O jornalismo que ele fazia justificava esse tipo de reação passional?

Dou-lhes um exemplo para mostrar como era meu pai. Uma vez o governador de Pernambuco mandou comprar meu pai, que estava fazendo uma campanha contra ele. Meu pai ainda mantinha relações e raízes em Pernambuco. Foi-lhe oferecida como suborno a quantia de 10 contos de réis, que era uma fortuna colossal na época. Meu pai então pensou numa boa: denunciar o negócio e oferecer os 10 contos aos pobres do Rio de Janeiro. No dia da distribuição, na rua 13 de Maio, instalou-se ali um pátio dos milagres: todas as doenças estavam representadas. Lembro-me de um crioulo que deu um salto em cima de meu pai e lhe beijou a mão. Não sei se é verdadeira essa minha impressão, mas com a minha imaginação de ficcionista pensei que era um leproso, que se escondera com o pudor da lepra. Cada pobre recebeu 10 tostões. Foi um sucesso incrível.

Voltando um pouco ao assassínio de seu irmão: esse episódio marcou muito a sua obra?

Marcou a minha obra de ficcionista, de dramaturgo, de cronista, assim como a minha obra de ser humano.

Durante quanto tempo foi repórter de polícia?

De dois anos e meio a três.

Chegou realmente a cobrir algum crime importante, ou ficava mais na redação?

Fazia a cobertura, sim. Lembro-me do caso de um homem que foi assassinado na Tijuca. Cheguei no local e lá estava o comissário dizendo: "Esse pessoal fica telefonando para a *Crítica* (era o jornal de meu pai) e só depois avisa a polícia". O cara estava furioso, fazendo um verdadeiro comício.

Quando seu pai morreu, com quem ficou o jornal?

Com meus irmãos Mário Filho e Milton Rodrigues.

Esse jornal se transformou depois no Jornal dos Sports?

Não. Esse jornal existiu até o dia da Revolução de 30, quando foi empastelado. Há aí um episódio curioso envolvendo eu e meu irmão Jorge, mas antes queria dizer-lhes como era ele. Jorge foi o único sujeito que já vi meter medo num louco. Tinha um louco na redação que só se mantinha lá porque todo mundo tinha medo dele. Como então despedir o louco? E ele ia ficando. Quando chegava, mudava a fisionomia da redação, a atmosfera era outra. Só quando saía é que todo mundo voltava ao estado normal. Um dia esse louco estava metendo o pau em Mário Filho, quando chegou meu irmão Jorge. Ao ouvir aquilo, Jorge virou-se para ele e passou-lhe a maior descompostura. Chamou o nosso louco de tudo que ele podia ser. Pois bem, no dia em que estourou a Revolução de 30, tomamos um automóvel, ele e eu, pensando em passar na *Crítica* e mandar fazer a notícia, com a mais santa ingenuidade. Pouco antes de chegarmos, já vinha saindo a multidão que empastelara o jornal. Meu irmão Jorge queria simplesmente descer do carro e brigar com aquela massa. Tive de segurá-lo e pedir ao chofer que seguisse. E o chofer ficou vagamente indeciso sobre se seguia ou nos entregava à multidão.

A que exatamente atribui a sua atração pela reportagem policial? Podia ter começado no jornal em outro setor, mas preferiu esse.

Pelo negócio de morte, de pacto de morte. Desde garoto sou fascinado pela morte. Em vez de ter medo, ia peruar enterro. Não tinha medo nenhum, e volta e meia me infiltrava nos velórios. Achava uma coisa fantástica a chama das velas. Hoje os nossos velórios perderam isso, é tudo luz elétrica. Uma coisa incrível, uma falta de respeito. Antigamente havia os gemidos e os gritos na hora do enterro. O enterro era apaixonante. Entrava todo mundo assim, de cara de pau. Hoje a capelinha desmoraliza a dor. Antigamente, a hora de sair o enterro era uma coisa tenebrosa.

Quando esse repórter de polícia, cheio de fascinação pela morte, se transforma num dramaturgo?

Foi na altura de 1937. Já tinha estado em Campos do Jordão, tuberculoso. As tristezas que sofri lá não se descrevem. Foram as minhas *Recordações da casa dos mortos*. Quando fiquei tuberculoso, estava um esqueleto coberto por um leve revestimento de pele. Havia um espelho em frente da cama e era tal o horror que tinha da minha própria figura que cobri esse espelho com um lençol, para não me ver. O médico me examinou e determinou que tinha de ir para Campos do Jordão. Disse que conhecia lá um colega que cuidava dos Sanatorinhos. Sanatorinho era coisa para a pobreza violenta. Não me disse isso. Disse apenas que era de graça. Quando cheguei, o médico me deu o serviço rapidamente. Lá, eu era indigente. Não pagava nada, mas fazia pequenos serviços, de arrumação, de garçom, etc, como os outros indigentes. A palavra indigente... Estava no *Globo*, onde o pessoal me conhecia e alguns achavam que tinha talento. O Roberto Marinho achava que eu tinha talento. E essa palavra indigente me humilhou pra burro, de maneira mortal. Perguntei ao médico quanto se pagava na outra parte do sanatório, e ele me disse que a mensalidade era de 150 mil réis. Respondi que aceitava. Usaria o meu dinheiro que estava indo para minha mãe, para ajudar, porque todo mundo vivia no regime de fome.

Estava tuberculoso por causa da fome. Era fome, no duro. Uma vez, num carnaval, fui a pé da antiga Galeria Cruzeiro até o limite de Copacabana com Ipanema para comprar três pães de cem réis. Já estava faminto e muito fraco, de forma que, quando cheguei em Copacabana, resolvi tomar um bonde. Fiquei tapeando o condutor, para não pagar. Comprei os pães e fui procurar uma casa onde se vendia um prato de feijão. Quando fui comer o feijão, tinha uma barata. Porque na fome tudo acontece. Não se trata apenas da fome em si, mas também das outras coisas. As pequenas não querem nada com você. Você não dá gorjeta e o garçom o trata como mendigo. Confesso a vocês que afastei aquele importuno e comi o feijão. A fome não tem limites. As pessoas fazem aquilo que pensavam que jamais seriam capazes de fazer, quando passam fome.

Naquela imprensa patriarcal de que estamos falando, o dono do jornal era considerado uma espécie de pai. E, dentro daquela tradição paternalista, quando o sujeito adoecia, a empresa pagava tudo. Não houve isso no seu caso?

Houve sim. Roberto Marinho pagou os meus vencimentos integrais por três anos, durante todo o tempo em que estive doente. Recaí da tuberculose cinco vezes e estive em Campos do Jordão três vezes. No caso da tuberculose, naquele tempo, era preciso ter sorte e a lesão não ter nenhuma aderência.

A minha tristeza em Campos do Jordão era uma coisa terrível. Não se tratava apenas de mim. Havia o ambiente e os tipos que me cercavam. A tosse, por exemplo. A partir das duas da manhã, era uma sinfonia de tosses, de todos os tipos e de todos os tons. E as escarradeiras? Todo mundo tinha. Algumas eram artísticas, prateadas, com desenhos em relevo. Logo que cheguei não sabia dessas coisas e vi um sujeito abrir uma espécie de lata muito bonita. Abriu com cuidado e fiquei olhando: "Mas que coisa bonita", disse para mim mesmo. Era a escarradeira. A meu lado, dormia um garotinho estrábico, o Tico-Tico. Ele tossia sempre como todo mundo até que uma noite, após um acesso de tosse, disse de repente: "Sangue". Essa era a grande história: quando o sujeito dizia sangue, todo mundo saía porque tinha o que os médicos chamavam de "ligeira piora". Isso se o cara não morria no ato. Outra vez, quando já estava numa pensão e não no sanatorinho, chegou uma moça linda que vinha da feira. Estava tocando uma rumba no rádio. Parou, teve um espasmo e — sangue. Imediatamente a levaram para cima. Morreu no dia seguinte, boiando no próprio sangue e pedindo: "Me salve, doutor, me salve".

Tudo isso parece ter reforçado a visão trágica que sempre teve da vida.

A minha vida não faz graça para ninguém. Tive tudo, sofri tudo. Há poucos anos, por exemplo, estava em casa calmamente, caiu um temporal e houve um desabamento na rua em que morava meu irmão Paulinho. Até de madrugada teve-se a ilusão de que ele poderia escapar. Mas morreu. Tenho na minha vida um arsenal de fatos incríveis.

Em todo escritor a biografia exerce uma influência grande, mas no seu caso, ela parece maior ainda, um elemento preponderante.

Sem dúvida.

Voltemos à questão de há pouco: quando o repórter de polícia se transforma no dramaturgo?

Um dia passo pela porta do Teatro Rival, onde estava representando o Jaime Costa. Era uma peça do Raimundo Magalhães Júnior, *A família lero-lero*. Parei e veio um conhecido meu que trabalhava no teatro e me disse que a peça estava dando os tubos. Informei-me depois e era verdade: dava uma fortuna. Disse a mim mesmo: "Vou fazer uma chanchada e ver se dá dinheiro. Pode ser que sim". Precisava de dinheiro para mim, para a minha família. Animei-me e fui escrever a chanchada. Vejam o que é o segredo da carreira de um autor brasileiro. Comecei a escrever e, na segunda página, aquela peça — *A mulher sem pecado* — ficou séria. E a cada página foi ficando mais séria. Não fiz nenhuma concessão ao humor. Fiquei surpreso, vagamente divertido e impressionado com isso. Era no tempo do Estado Novo, um tempo em que, se o sujeito se chamasse Vargas, ainda que por acaso, ou seja, mesmo que não tivesse nenhum parentesco com os Vargas, tinha um prestígio automático. Meu irmão Mário Filho era amicíssimo de Vargas Neto, que tinha dado emprego ao diretor do Serviço Nacional de Teatro.

O Vargas Neto era um sujeito afetuoso. Quando era amigo, era amigo mesmo e fazia favores incríveis. Deu-me uma carta formidável. Levei-a ao diretor do SNT, que me atendeu prontamente, e a minha peça foi representada. "A mulher sem pecado" foi levada no Teatro Carlos Gomes pela Comédia Brasileira, que era a companhia oficial. Era em dezembro e fazia um calor de rachar catedrais. Entre as muitas pessoas que assistiram à peça estava a viúva Marinho, convidada por mim. Para mim foi um deslumbramento.

Fez sucesso a peça?

Fez um sucesso relativo. De crítica, mas não da crítica especializada. Da crítica intelectual: Santa Rosa, Álvaro Lins e Manuel Bandeira escreveram coisas espantosas sobre *A mulher sem pecado*, que não era ainda *Vestido de noiva* mas tinha uma audaciazinha. Sobretudo, não tinha nada de chanchada. Quando vi que o negócio dava certo, comecei a pensar em *Vestido de noiva*. Imaginei aqueles planos de ações simultâneas em tempos diferentes e comecei a trabalhar furiosamente. Chegava em casa todo dia às 10 horas da noite, jantava, descansava um pouco e fazia a metade de um ato de *Vestido de noiva*. No dia seguinte outra metade. Acabei rapidamente a peça e fiz uma revisão geral. Todo o pessoal profissional achou que eu estava fazendo piada. Diziam: "Você não vê que isto aqui não pode ser organizado no palco?" "Então, paciência. O azar é meu" — era a minha resposta. Todo mundo recusou a peça.

Qual era a sua informação intelectual sobre teatro? Tinha alguma informação sobre teatro moderno, ou agiu mais por intuição?

Vou lhes dizer o seguinte, sob a minha palavra de honra: de teatro tinha lido exatamente — e tinha lido bocejando — a *Maria Cachucha* do Joracy Camargo. Era essa a única informação que tinha sobre teatro.

Era pelo menos um frequentador assíduo?

Podia ser, mas não era. Garoto de 12 anos, ia para a porta do Trianon, que era um teatro pequeno e aconchegante — Procópio Ferreira estreou lá — e olhava tudo aquilo com um certo deslumbramento. Achava tudo formidável — os atores, a plateia. Aquilo me fascinou assim vagamente.

Como chegou à ideia dos planos de ação diferentes?

Imaginei primeiro o sujeito na realidade, depois sonhando e delirando. Precisava então um plano para a realidade, outro para o sonho e outro para o delírio. A ideia para a peça surgiu assim. Estava no arquivo do *Globo* e tinha lá uma fotografia de velório. Foi a partir dessa foto que comecei a imaginar a peça. Aliás, foi no velório de Madame Clessy que fiz aquilo. Madame Clessy... Naquele tempo a Conde Lajes era o ponto alto do grã-finismo da prostituição. Essa Madame Clessy era uma gaúcha linda. Ficava besta: "Mas como é que ela está na vida?" — perguntava a mim mesmo. Daí é que veio a minha ideia de que a prostituta é vocacional. Fiz grandes investigações nos prostíbulos e nunca encontrei uma prostituta triste, uma prostituta que não tivesse a maior, a mais absoluta, a mais plena satisfação profissional. Diziam-me que trabalhar era chato.

Por isso é que digo que a prostituta é vocacional. Se não é assim, por que a menina bonita e jeitosa vai para aquela vida e fica satisfeita? Por que ela não se mata? A prostituta só se mata por dor-de-cotovelo, quando o seu cáften arranja outra e a abandona. Só assim. Fora disso não há suicídio de prostituta. Há suicídio de mulher honestíssima, mas não de prostituta.

Hoje é reconhecido no Brasil inteiro que sua obra operou uma revolução no nosso teatro. Essa revolução foi consciente ou resultou de uma série de circunstâncias independentes de sua vontade?

Houve uma circunstância importante que foi o meu encontro com os Comediantes, que tinham Ziembinski, um europeu que conhecia bem o teatro europeu.

Uma nova concepção de cenografia?

Uma nova concepção de cenografia eu não diria. O nosso querido Ziembinski andou espalhando durante um certo tempo que reescrevera comigo *Vestido de noiva*. Imaginem se não tenho trezentas testemunhas de que *Vestido de noiva* é exatamente aquilo que escrevi. Além disso, a peça foi consagrada como texto antes do espetáculo.

É utilizado o coro na peça. Isso não teria sido sugerido pela leitura do teatro grego? Ou realmente foi pura intuição?

Foi pura intuição mesmo, se quisermos chamar isso de intuição. Aliás, confessei que só tinha lido a *Maria Cachucha* do Joracy Camargo apenas depois que estava mais consolidado como autor. Antes não confessava, porque iam dizer: "Esse cara aí só leu essa peça do Joracy Camargo e quer dizer que é autor teatral? Ou ele é um cínico ou uma besta".

Como conseguiu vencer tantas barreiras — quebrando padrões estabelecidos e superando dificuldades cênicas — e encenar Vestido de noiva*?*

Em primeiro lugar, havia Ziembinski, que fez um trabalho espetacular. Foi a melhor coisa que ele fez no Brasil. Sua direção foi sensacional. Ficou possuído pela peça.

Vestido de noiva estreou em pleno Estado Novo. Seu teatro inovador não teve problemas com a censura?

Não, e novamente por causa da influência de Vargas Neto, que interferiu junto ao chefe da censura de então.

Como reagiu ao êxito de Vestido de noiva *e como ele repercutiu em sua vida? A partir de então ficou conhecido e além disso deve ter ganho algum dinheiro.*

Não queria matar ninguém mas, em matéria de miséria, era um Raskolnikof, até *Vestido de noiva*. Uma vez, Roberto Marinho chamou meu irmão Mário, levou-o até a varanda, ali na rua Bittencourt da Silva, e disse-lhe: "Mário, diz ao Nelson que precisa tomar cuidado. Hoje ele está cheirando mal". Era uma camisa que durava há uma semana no corpo. Usava a mesma roupa dois meses, porque dinheiro para lavar roupa era um problema. Então, eu era esse homem que cheirava mal. No dia da estreia de *Vestido de noiva* fiquei andando em torno do Municipal antes do início do espetáculo. O teatro tinha aqueles porteiros da *belle époque*, com uniformes azuis e botões dourados. Lembro-me que um tinha uns bigodões enormes. Quando abriram as portas, subi lentamente as escadas e fui lá dentro. Quando ia voltando, vi entrar, como primeiríssimo espectador, o Manuel Bandeira, que já tinha escrito dois artigos sobre a peça. Foi exatamente a primeira pessoa a entrar, uma espécie de paraninfo da peça. Perguntou-me como iam as coisas e respondi, meio desanimado, que iam mais ou menos e tal. Aquela estreia foi um ato suicida. Imaginem todo mundo vaiando. Com a fama da peça, admitia que a turma não topasse a inovação e arrebentasse lá uma vaia. Minha mãe estava na plateia e imaginem ela me vendo vaiado! Daí a pouco fui para fora e só voltei quando a peça ia começar e todo mundo já estava sentado. A melhor plateia do Brasil — embaixadores, intelectuais, etc.

Quando a peça começou, fui para a antecâmara do camarote das minhas irmãs e fiquei ouvindo. E gozado: embora o público nada saiba de uma peça, tem conforme o caso uma certa intuição de sucesso. De sucesso ou pelo menos de barulho, de movimento. Acabou o primeiro ato. Duas palmas contadas a dedo. Disse a mim mesmo: estou liquidado, para mim não há jeito.

Eram a sua mãe e o Manuel Bandeira?

É possível. Vem o segundo ato e ele termina de um jeito que não produz o gesto incoercível da palma. Uma palma e meia. Estou superliquidado, pensei, pois nem minha mãe me aplaudiu. Resolvi olhar a cena e houve uma coincidência: justo nesse instante, uma vasta cruz que estava lá desabou. Se pegasse num artista, matava. Voltei para a minha antecâmara, mas já sem nenhuma esperança. Acabou o último ato, e nenhuma palma. Pronto, disse, agora é o fim. Aí começaram duas, três palmas, em direções diferentes. E, de repente, foi a apoteose, uma coisa incrível. Todo mundo me chamando de Pirandello. Naquele tempo, todo autor que não fosse um débil mental era pirandelliano. Roberto Marinho veio abraçar-me. Quando ia descendo as escadas, Álvaro Lins caiu nos meus braços. Chamou o Paulo Bittencourt, que rasgou um elogio. O Paulo Bittencourt chegou no *Correio da Manhã* e escreveu um tópico — o jornal tinha então uma seção de tópicos — botando *Vestido de noiva* nas nuvens, dizendo que era uma página nova no teatro brasileiro.

Dois dias depois, Fred Chateaubriand chamou-me para almoçar e convidou-me para dirigir *O Detetive* e *O Guri*, do grupo dos Associados. Imediatamente passei a ganhar seis vezes mais. Tudo por causa de *Vestido de noiva*. De repente, fui outra pessoa, social e humanamente. Descobri em mim coisas que não tinha coragem de descobrir. Era realmente um outro homem.

Depois surgiu Suzana Flag. Por que adotou esse pseudônimo em vez de usar seu próprio nome?

Gosto muito de escrever folhetim e queria ter mais liberdade. Acho folhetim um gênero de concessão, um gênero no qual o sujeito pode fazer concessão à vontade.

Dá alguma importância aos folhetins de Suzana Flag?
Dou importância sim.

Eles venderam bem?
Venderam incrivelmente.

Quais as diferenças que vê entre o jornalismo de antigamente, pelo qual parece ter uma grande admiração e um grande fascínio, e o de agora?
O jornal de hoje, por exemplo, é o jornal da véspera. Ele acaba ontem. Isso a meu ver significa uma modificação substancial. Antigamente, meia hora depois do fato, os jornais já estavam noticiando.

E a televisão? Para alguém que vem de uma época em que nem se pensava que ela fosse existir, como é o seu caso, ela é um gênero, digamos, definitivo, ou ainda está procurando a sua fórmula?
É possível que a televisão ainda não tenha encontrado a sua linguagem própria. Eu mesmo, às vezes, fico insatisfeito com ela.

Não lhe parece que o brasileiro está perdendo o hábito da leitura, se é que já o teve, e que a televisão desempenha um papel importante nisso?
A partir do momento em que uma imagem aparece e desaparece, ela perde para a linguagem escrita, que perdura. Esse é um aspecto fundamental do problema, que deveria colaborar para tornar os dois gêneros coexistentes. Fazendo um jogo de palavras, diria que a leitura é sobretudo a releitura. Reli muitas vezes *Crime e Castigo*, *Os irmãos Karamazov*, *Ana Karenina*, Machado de Assis, porque apenas a leitura não basta. É preciso a releitura, para que haja uma relação mais profunda entre o leitor e o que ele lê. Com a televisão, com a imagem, isso não é possível. A leitura é mais inteligente, porque estabelece não só uma relação mais profunda, como também uma intimidade maior entre o leitor e o livro. O texto literário, continuará existindo daqui a 1.200 anos. Ele não morre, porque se ele morrer o mundo começará a morrer junto.

Já que tocou na literatura, como vê as relações dela com a política?

Sou contra a mistura dessas coisas. Mas não incluo nesse caso, por exemplo, o sujeito que menciona ou narra um fato como o assassínio de Rosa Luxemburgo. Não. Isso é material de primeira ordem. Não gosto é quando o sujeito resolve fazer aquilo que desgostava profundamente Marx e Engels, ou seja, propaganda e não literatura. Eles preferiam mil vezes Balzac a Zola. Nisso, por acaso, coincido com o nosso amigo Marx.

Vestido de noiva mudou sua vida, como diz, mas a sua fase de maior popularidade foi com "A vida como ela é", na época da Última Hora. Era então muito criticado pelos que a esquerda chamava de direitistas, como Carlos Lacerda. Na comissão parlamentar de inquérito sobre a Última Hora, Lacerda citou vários trechos de crônicas suas de A vida como ela é, afirmando que aquela era uma tentativa comunista de desmoralizar a instituição da família brasileira. Lidas por Lacerda, com o seu talento de orador, as crônicas causaram um certo espanto, pela liberdade de linguagem usada e pelas situações extremamente chocantes para a época. Algum tempo depois de sua saída da Última Hora e de sua ida para o Globo, ocorre uma mudança: passaram a atacá-lo os que a direita chamava genericamente de esquerdistas. Quem mudou: a esquerda ou Nelson Rodrigues?

Ninguém pode me chamar justamente de homem de direita, quando a pior, a mais bestial, a mais brutal, a mais ignóbil direita do mundo é a Rússia. Os russos pegam os intelectuais dissidentes e os atiram nos hospícios e eu é que sou direitista? Ora, isso é uma das maiores piadas do mundo. É nos países socialistas que há o anti-homem, a negação do homem. A Revolução russa começou como a negação de si mesma, como antirrevolução e sempre foi contrarrevolução. Diante dessa evidência, o que acham que posso pensar quando alguém ousa atribuir esquerdismo à Rússia? Agora mesmo estão condenando intelectuais russos a trabalhos forçados. O que ainda é uma grande sorte para eles. Pior seria o hospício.

Como se define politicamente?

Sou um libertário.

Pela sua vida, que nos está contando, e pela sua obra, está muito mais próximo dos "humilhados e ofendidos" do que dos poderosos.

Exatamente.

Ao mesmo tempo, você se autodefine como um reacionário.

Não me obriguem a colocar uma tabuleta com a inscrição — ironia — nas minhas coisas. Se o comunista é esquerdista, é libertário, então sou "reacionário".

Você conseguiu introduzir inovações importantes no teatro brasileiro. Acha que conseguiria fazer isso num regime socialista?

Eles achariam graça quando eu aparecesse. Vejam: a literatura russa hoje é pior que a do Paraguai. Ela sai de Dostoievski, de Tolstoi, e vai parar no Paraguai. Por quê? Por que todo mundo ficou burro? Não.

Voltemos ao Brasil. Como se sente diante do problema da censura?

Todos os presidentes, inclusive depois de 64, me massacraram. Tive oito peças interditadas. A censura usa um tratamento discriminatório contra mim.

É contra a censura, então?

A censura só tem uma justificativa: pode existir apenas para fixar impropriedades, ou seja, para estabelecer que a peça tal não pode, por exemplo, ser vista por garotos de 12 anos.

Entre os autores nacionais importantes, você foi um dos últimos a utilizar o palavrão. No entanto, tem a fama de ser um dos primeiros. Por quê?

Realmente, muitos dos nossos autores modernos pensam e dizem que sou o introdutor do palavrão. É que a violência, a densidade, a força, o impacto das minhas peças dão ao espectador a sensação de que ouviu trezentos palavrões. Eles vão para casa com essa sensação.

O que acha do uso do palavrão no teatro?

Todas as palavras são rigorosamente lindas. Nós é que as corrompemos. No caso do palavrão ocorre justamente isso: corrompemos a palavra. Eu, sem querer, deixei de dizer palavrões. Na vida real não digo mais. Porque agora as senhoras mais distintas — vovozinhas, mães, tias, todas — dizem palavrões com a maior e mais generosa abundância. O palavrão está corrompido pelas mulheres.

Você fez uma série de críticas à degradação do regime comunista com as quais todos estamos de acordo. Mas não há no seu caso uma certa contradição entre aquela posição e o fato de ter sido extremamente tolerante com a fase mais negra do atual regime brasileiro, quando a censura foi rigorosa e ele foi de uma extrema violência, com a tortura sendo admitida como sistema legítimo de arrancar confissões? Não lhe parece que a coerência exigiria que fosse também contra a direita, quando ela instaura um regime que nega a liberdade e implanta a tortura, como foi o caso no governo Médici?

Tive relações pessoais com o presidente Médici. Conversamos muitas vezes e ele me convenceu de que, se fizessem tortura no Brasil, isso em primeiro lugar seria imbecil. Não tive nenhuma informação de tortura. Claro que a tortura é a coisa mais hedionda que já apareceu na Terra. Isso é o óbvio ululante. Jamais na minha vida fui favorável à tortura. Jamais seria a favor de uma coisa que é uma torpeza. Todo o meu horror à Rússia e aos vermelhos se deve justamente a isso.

Mas como é possível que, vivendo no meio jornalístico, não tenha conhecimento da tortura, quando se sabe que em praticamente todas as redações do Rio de Janeiro há pelo menos um caso de tortura?

O meu horror à tortura e à censura é tão grande ou maior do que o de vocês. Por uma série de motivos. Eu tenho um filho que está preso e condenado há 50 anos. Tenho, portanto, de ter uma posição muito nítida.

Já que tocou no problema de seu filho, vamos fazer-lhe então uma pergunta direta sobre o caso dele, embora talvez dolorosa para você. Seu filho foi torturado?

Sim, meu filho foi torturado. Agora, o que não entendo é onde encontram elementos para dizer que sou benevolente com a tortura.

O que dissemos é que emprestou, em vários artigos, uma certa solidariedade política aos governos da Revolução durante a fase mais dura da tortura e da censura. E que não devotava a um regime de direita que agia assim a mesma hostilidade que demonstra para com os regimes de esquerda que praticam aquelas ignomínias que apontou.

Pois saibam que devoto à direita o mesmo horror que tenho pela esquerda. E dedico um desprezo e uma indignação ainda mais profundos a qualquer espécie de tortura. Eu sou obviamente — meu Deus do céu! — por todas as razões, inclusive por razões pessoais, um enojado absoluto com a ignomínia.

10 de setembro de 1978

14 Getúlio Vargas queria dobrar São Paulo

Entrevistadores:
*Lourenço Dantas Mota
e Frederico Branco*

Antônio Pereira Lima

Nasceu em Franca (SP), em 1892, e morreu em São Paulo em 1982. Formou-se pela Faculdade de Direito de São Paulo em 1917 e começou sua carreira como promotor no Interior. Figura de destaque na Revolução Constitucionalista de 32. Após a reconstitucionalização do país, em 1946, participou da fundação da UDN, partido pelo qual foi deputado federal por São Paulo de 1950 a 1958.

Como via as condições políticas do Brasil antes de 1930?

Comecei a participar da vida política bem antes da Revolução de 30. Antes dela eu já me formara na Faculdade de Direito, tinha sido presidente do Centro XI de Agosto e tomara parte ativa na campanha de Olavo Bilac, que tinha por objetivo despertar o Brasil para suas responsabilidades, à luz da luta que se travava na Europa, na Primeira Guerra Mundial. Fui um dos promotores da Liga Nacionalista, o que me facilitou os primeiros contatos com a política de então, que regia o Brasil.

Mas até aquela ocasião eu jamais tinha mantido ligações com os partidos políticos. Aqui, a luta se travava entre o Partido Democrático e o Partido Republicano Paulista, cada qual sustentando os pontos de vista que interessavam o povo de São Paulo e que, de certa maneira, já interessavam o Brasil. Mas quando saí da Academia, após minha formatura, em 1917, fui logo para Pindamonhangaba, como promotor, e depois para Penápolis. Esta era a comarca que, em função da Justiça, abrangia a maior das extensões judiciárias do Brasil. Lá fiquei quase sete anos. E não só acompanhei o desenvolvimento da região, que era muito grande — ali cresceram cidades como Birigui, Araçatuba e outras —, como fui forçado a fazer uma série de estudos relacionados com as funções que exercia. Tive então uma noção de como se desenvolviam os acontecimentos naquela região, no campo político.

Posteriormente fui trazido para a Capital, São Paulo, onde por muito tempo exerci as funções de primeiro-delegado, cargo que correspondia ao de subchefe de polícia, ao lado de Roberto Moreira, meu mestre e dileto amigo. Posteriormente, exerci também as de chefe de polícia e as de secretário da Segurança Pública. Isso me deu um maior contato com a política e permitiu-me acompanhar o desenvolvimento da luta que então se travava nos diversos municípios. Do lugar em que me situava tinha uma visão generalizada do desenvolvimento da política, que levaria à Revolução de 30.

E como descreveria os costumes políticos anteriores a 30, tal como os via?

Bem, desde rapazinho, em Franca, onde nasci, até minha velhice, sempre fui um espírito curioso. E desde pequeno eu sabia que as eleições se travavam sob o domínio do partido, mas não via outra solução. Depois, entre outras reivindicações, o Partido Democrático começou a pregar o voto secreto. Aí, quando eu já estava aqui em São Paulo, na polícia, tomei consciência mais ampla dessas coisas. E, ao desenvolver-se a campanha de Júlio Prestes à Presidência da República, Júlio de Mesquita Filho e eu fizemos o possível para que o candidato adotasse na pregação de sua candidatura esse modelo. Queríamos que, sem repudiar seu partido, defendesse também a reivindicação do voto secreto. Foi o que Júlio de Mesquita Filho, eu e o Roberto Moreira tentamos levá-lo a fazer.

Mantivemos contatos com Júlio Prestes e vários de seus companheiros com esse propósito, para que ao assumir a Presidência da República tivesse a satisfação de oferecer ao Brasil, como uma de suas realizações, o voto secreto. Chegamos a propor que, ao voltar da Europa, fizesse um pronunciamento em seu primeiro contato com o povo brasileiro, no Recife. Nessa altura, já eleito, ele afirmaria a segurança desse propósito comum. Infelizmente, isso não aconteceu. Mesmo assim, após sua eleição, nós já tínhamos sugerido que aceitasse certa composição entre o programa do PRP e o do Partido Democrático. Foi nesse sentido que lhe apresentamos várias reivindicações.

Que sentido tinham elas?

O Partido Democrático tinha muitas reivindicações. Mas a principal delas era dar ao povo, todo o povo, sem nenhuma pressão, oportunidade de manifestar suas opiniões e sua decisão por meio do voto secreto. Acontece que os esforços desenvolvidos nessa ocasião por Júlio de Mesquita Filho não deram resultados.

Qual foi sua participação na Revolução de 30?

Como eu tinha fundado a Guarda Civil aqui em São Paulo — organização que se destinava a dar segurança, por meio de um policiamento conveniente — vi a Revolução mais como espectador. Entretanto, ela influiria em minha posição e nos meus deveres. De qualquer forma, achei que em meu caso a única solução seria demitir-me de todas as funções públicas que desempenhava. Achei também que a modificação — escolha de Getúlio Vargas, que tinha sido o candidato derrotado e de cuja vida política eu prefiro não tratar — não era o meio mais adequado de garantir a segurança do país.

Quer dizer que não participou da Revolução de 30?

Eu apenas a acompanhei, de acordo com meu dever e com a posição que ocupava, pois na época era funcionário do Estado, diretor da Guarda Civil. Preferi ignorar as implicações políticas e assegurar, com os meios de que dispunha, a segurança do povo de São Paulo.

Foi o fundador da Guarda Civil?

Sim, e seu primeiro diretor. Na época, ocorreu até um episódio curioso. Fui encarregado de organizá-la por um ato do chefe de polícia. Um jornal chegou então a acusar-me de ter tomado essa iniciativa para agradar a terceiros. Mais tarde, o próprio jornal recuou, constatando que eu conseguira fazer grande economia para o Estado... E posso dizer que a Guarda Civil, desde o início, mereceu não apenas o apoio declarado como os aplausos do povo paulista.

A Guarda Civil atuava desarmada, quase como a polícia inglesa. De onde provinha sua autoridade?

Bem, algumas seções da corporação eram armadas com revólveres. Eu dirigia a Guarda e o Rudge Ramos dirigia o policiamento. Mas, como eu ia dizendo, veio a Revolução e os revolucionários que tinham subido do Sul, com Getúlio à frente, ocuparam São Paulo brutalmente. Aqui, o Partido Democrático ocupou o poder por apenas 40 dias. Depois, os revolucionários demonstraram seu verdadeiro propósito.

E daí veio 32?

Naturalmente. A humilhação de São Paulo, a supressão de sua autonomia e o desrespeito à sua população deram origem a tudo. Um grupo de oficiais da Força Pública resolveu reagir. Como eu tinha sido diretor da Guarda Civil e ainda exercia certa influência sobre a corporação, ou porque soubessem intimamente que eu também estava entre os que se revoltavam, eles me procuraram. E então eu abri mão da resistência que até então mantivera. Esses oficiais se revoltaram.

A 28 de abril de 1932?

Justamente. Era a Revolução de São Paulo que se iniciava. Eu deveria reassumir a direção da Guarda Civil. Acontece que no dia marcado faltaram algumas forças e o Miguel Costa, chefe da Segurança, recorreu a certos estratagemas para iludir os revolucionários. Os oficiais rebelados foram detidos e a imprensa chegou a publicar meu nome como um dos promotores do movimento. A reação de *O Estado de S. Paulo*, sob a direção de Júlio de Mesquita Filho, já era muito viva aos acontecimentos e, de certa maneira, associava-se ao sentimento geral e aguardava oportunidade para o desencadeamento do movimento. Procurei o Julinho e expliquei-lhe o que realmente tinha acontecido. E então prosseguimos na organização do movimento. Julinho, Chiquinho (Francisco Mesquita) e muitos outros. Algum tempo depois criamos a Liga de Defesa Paulista. Associei-me também à Liga Pró-Constituinte, que tinha sido organizada pelos estudantes e com os quais eu mais me identificava, por ter sido presidente do XI de Agosto. A partir daí é que se organizou propriamente o movimento. Relembrando o 25 de janeiro, aproveitamos a oportunidade para conclamar o povo a reunir-se na Praça da Sé. Nessa ocasião, o chefe de polícia era o Cordeiro de Farias, na época tenente ou capitão. Ele determinou que os comícios só se realizariam nos locais determinados pela polícia. Depois convocou à Chefatura de Polícia os membros da

Sociedade de Defesa de São Paulo. Todos nós, Tácito de Almeida, Carlos de Campos, eu... estávamos decididos a reagir, até com violência. Mas fomos recebidos com a maior das delicadezas, cafezinho, etc. Ele nos disse que achava nossa atitude perfeitamente normal e natural. Lembrou que eu havia sido diretor da Guarda Civil... Saímos da Chefatura um tanto desnorteados, pois contávamos com sua reação e ele apenas manifestara sua simpatia. É com prazer que posso dizer isso do Cordeiro. De lá fomos para o comício. E foi difícil chegarmos à Praça da Sé, pois ali mais de 100 mil pessoas estavam reunidas. Foi maravilhoso. Compreendemos então que ninguém dirigiria o movimento a partir daquele momento, pois o próprio povo tinha tomado conta da Revolução.

Quer dizer que houve uma reação popular e não propriamente uma conspiração?

De certa forma houve aquilo a que se poderia dar o nome de conspiração. Mas de fato, o povo tinha tomado conta. Daí em diante, os fatos se sucederam. Rememorando o 24 de fevereiro, aniversário da primeira Constituição da República, os acadêmicos de Direito promoveram outra concentração na Praça da Sé, sem problemas com a polícia. Depois veio o 28 de abril. E logo a seguir, a 21 de maio, realizou-se um grande comício na Praça do Patriarca, com a presença de um dos mais ativos patrocinadores da causa paulista, Sílvio de Campos, irmão de Carlos de Campos. Os líderes do PRP e do Partido Democrático compareceram, unidos braço a braço. Esse comício da Praça do Patriarca foi importante, pois representou uma decisão solene, uma reação do povo paulista disposto a tudo.

E daí à luta...

Foi um passo. Já sabíamos, por informação de Ataliba Leonel, que tinha relações com as forças militares, que poderíamos chegar à reação militar. Daí partimos para a Força Pública. Houve uma certa resistência dos oficiais, mas conseguimos entrar. Os cavalarianos tentaram reagir, mas nós os enfrentamos e fomos respeitados pelos soldados. Lembro de algumas bombas, alguma violência, mas o povo marchou até o Palácio dos Campos Eliseos. Pedro de Toledo, que era até então um delegado da ditadura, recebeu uma intimação popular. Os comícios prosseguiram. O povo aguardava uma definição do governo do Estado. Voltamos a intimar Pedro de Toledo e ele acabou fazendo uma opção. Escolheu o Waldemar Ferreira, incluindo-o no secretariado. A partir daí, os dois partidos estavam participando do governo. Tomando conta deste, nós nos preparamos. Não se tratava apenas de uma reação em defesa da dignidade de São Paulo, era uma reação pelo Brasil, pela Constituinte, pela solução política, estatutária, a ser criada por um Congresso, para que o Brasil pudesse reiniciar sua vida.

Portanto, 32 não tinha uma implicação separatista?

Claro que não, jamais teve. Era uma reação em favor da preservação de nossa autonomia e dignidade. Isso porque — como costumo dizer — a Revolução de 30, infelizmente, tinha quebrado a espinha dorsal de São Paulo, no quadro da República. Mas os acontecimentos se precipitaram e, talvez por falta de um entendimento mais completo com o Sul, a Revolução Constitucionalista acabou estourando a 9 de julho.

Houve algum contato com Minas?

Vários. Tanto assim que durante a Revolução eclodiram alguns levantes em Minas. Os envolvidos foram depois perseguidos. Bem, mas voltando ao movimento, se faço referência a meu nome é porque tive certa participação... Ocupei a Academia, estive entre os fundadores do Batalhão ali formado, que seguiu para o Vale do Paraíba, onde combatemos.

Qual foi a participação dos coronéis Arlindo de Oliveira e Salgado?

Não sou a pessoa mais autorizada a falar sobre o Arlindo. Sou até suspeito, pois ele foi meu companheiro e amigo desde o grupo escolar, onde estudamos na mesma carteira. Depois disso, é claro, acompanhei sua vida. O Salgado, desde o princípio, desde as primeiras conspirações, foi um dos grandes promotores da Revolução. Assumiu o comando e morreu, uma fatalidade. Ambos tiveram um grande papel.

E quanto à campanha propriamente dita?

Bom, era preciso uma combinação de esforços. E essa combinação só foi relativa. Perdemos um tempo precioso, pois no primeiro dia iríamos até Barra do Piraí. Mas ficamos aguardando um levante na Vila Militar. Eu tinha interesse especial pela Vila, pois servi ali como voluntário do Exército, no II RI. Entretanto, só chegamos até Queluz. E a luta se travou em várias frentes, pois São Paulo estava sendo atacado pelo Sul, pelo lado de Minas... Aí, fomos recuando, cometemos alguns erros, apesar do esforço de empreendimento. Oferecemos a última resistência em Guaratinguetá e Lavrinhas. O Euclides Figueiredo, que era nosso comandante, estava disposto a resistir. Reunimos vários batalhões, levamos até uma fábrica para Mogi Mirim.

Houve algum grande erro na condução da campanha? Político ou militar?

A meu ver, houve uma precipitação no 9 de Julho, pois devíamos acertar não apenas o caso do Sul, para garantir uma reação a nosso favor, mas também o de Minas e o do Rio de Janeiro, pois neste ocorria também uma grande reação, com a participação do Exército. Tínhamos trancado a reação em Minas, pois o próprio Dutra estava em confabulações com os nossos. Ele estava na frente de Minas e adiou um pouco sua decisão, tanto assim que a reação das forças federais na zona de Cruzeiro ainda tardou um pouco. E ali nossos homens resistiram muito tempo.

Quer dizer que Dutra estava em contato com os conspiradores?

Não disponho de informações precisas a respeito. Mas insisti com o general Figueiredo para que falasse com ele, pelo telefone, de Cruzeiro, pois parece que Dutra tinha reconhecido que o movimento de São Paulo, longe de ser separatista, era pela Constituinte. Como sabem, naquele tempo houve muita exploração em torno do pretenso separatismo de São Paulo. Foi divulgado pelo Brasil todo que o movimento era separatista, com a capitalização daquela vaga antipatia que o Brasil nutre por São Paulo. Naturalmente não se tratava disso, mas apenas de uma espécie de briga em família, onde um irmão teve maiores possibilidades do que outros. Eu não dou importância excessiva a tais sentimentos, mas na realidade eles existem e em certos momentos podem ser explorados. Chegou a ser sustentado até mesmo que São Paulo pretendia impor sua vontade única à nação. E foi com base nesse sentimento que nossos adversários conseguiram arregimentar em todos os Estados do Norte forças para combater São Paulo.

E hoje, a uma distância de quase meio século, como vê a Revolução de 32?

Foi o momento mais emocionante de minha vida. E em minha vida passei, antes e depois disso, por momentos muito perigosos. Naquele tempo, porém, eu estava disposto a tudo. Não me conformava com o fato de São Paulo estar submetido ao governo federal, até mesmo em sua organização interna. Sofrendo todos esses percalços, São Paulo conseguiu reunir seu povo. Foram envolvidas no movimento até mesmo as corporações militares que aqui se achavam. Quanto à união, foi perfeita. O que faltou, entretanto, desde o início, foi a devida organização. O ânimo e o entusiasmo da população eram imensos, como foi amplamente demonstrado, mas faltou uma organização adequada, levantamento dos recursos industriais, efetivos, armamento. Por outro lado, embora o ânimo da população fosse muito grande, era também dispersivo. Era difícil dispor de todos os recursos necessários em determinados pontos, contar com bons comandos, estabelecer precisamente a dimensão ideal de cada um deles. Na frente de Minas, por exemplo, perdemos tempo, dando ao adversário oportunidade de reorganizar-se. O mesmo aconteceu noutras fronteiras. Poderíamos, por exemplo, ter mobilizado os elementos com que contávamos no Paraná, o que nos teria permitido retardar a crise final ou até mesmo vencer. São problemas que agora podemos analisar com vagar, mas cuja solução tardou muito, na época. Basta dizer que frequentemente faltava alimentação aos soldados, embora ninguém tenha reclamado. Aguentamos bem essas dificuldades. Basicamente, devíamos ter marchado logo, quando estávamos fortes. Poderíamos ter marchado.

Esses erros podiam ter sido evitados ou eram fatais?

Sabem como são essas coisas da política... Grande parte dos paulistas estava convencida de que os homens do Partido Democrático, que era dirigido por figuras digníssimas, davam a São Paulo uma nova ordem satisfatória. Depois de 40 dias, isso esmaeceu um pouco... Mas o Partido Republicano Paulista, que deveria aceitar uma composição com o Democrático, levou todo esse tempo sem encontrar uma solução para os seus problemas e para o Estado de São Paulo. Esses desajustes acabaram por criar dificuldades. Por exemplo, ainda hoje há quem acredite que o PRP entroniza a revanche, o que não é verdade. Mas isso era imaginado, era conceito de uma parte da população. Também convém lembrar que outros não compreendiam o significado da política de Getúlio Vargas, do enfeixamento dos poderes nas mãos de um homem como ele. Tudo isso pesou, e no fim a união veio um pouco tarde.

A massa operária participou efetivamente de 32 ou já tinha sido conquistada por Getúlio Vargas?

O caudilhismo, como acontece em todo o mundo, tem projeções que podem ser ora socialistas, ora comunistas... De início, o operariado ficou mudo. Pouco a pouco, entretanto, foi-se deixando envolver pela reação de São Paulo. Não ocorreu nenhum movimento operário contra a Revolução. E, afinal, estávamos lutando para que nossas fábricas funcionassem. E elas fabricaram, aliás, um volume fabuloso de equipamento e munições; chegaram a criar armamentos. No fim, embora não tivéssemos logrado uma vitória militar, Getúlio foi obrigado a convocar a Constituinte, o que era o nosso maior objetivo.

Depois da Revolução, foi exilado com vários companheiros, não é verdade?

Sim. Primeiro fui para Portugal, depois para a França.

E como era a vida dos exilados nessa época?

Alguns tinham recursos, mas boa parte não contava com o suficiente. O Carlos Nazareth, que tivera um papel importante em 32, organizou aqui em São Paulo um sistema de ajuda. Era da Associação Comercial e encarregou-se das comunicações com os exilados. Entre eles estavam vários oficiais de alta patente. Eu fui para a casa do professor Vicente Rao. Passei dificuldades, pois achei que deveria dar aos que tinham menos do que eu. Recebi ajuda de muitos amigos, de várias cidades de São Paulo, que me remetiam importâncias sempre que possível. Voltei para cá no fim de 33.

E qual foi sua atuação a partir daí?

Depois disso, fui eleito deputado federal. Participei dos trabalhos da Câmara. Aí, houve um recuo por parte do Getúlio, que nomeou o Armando Salles para São Paulo. E ele seria eleito presidente por grande maioria. Mas o Getúlio deu o golpe de 37.

Tendo acompanhado o governo de Armando Salles de Oliveira, que tem a dizer a respeito?

Posso dizer que ele praticamente fez tudo o que tentou fazer, e muito bem. Seus trabalhos e discursos deveriam ser republicados, pois foram extraordinários. Pela sua franqueza, capacidade e delicadeza, presidiu a uma ressurreição de São Paulo no domínio das funções que lhe cabiam no quadro da República, como um dos seus integrantes autônomos. Conseguiu assim um renome que se projetou muito além das fronteiras paulistas. Tive a ventura de acompanhar Armando Salles nas suas viagens pelo Brasil, como parte da campanha eleitoral. Recordo especialmente uma delas, ao Rio Grande do Sul, que, por certas circunstâncias históricas, é de certa maneira nosso rival, nosso maior contendor. Viajamos por toda parte e em todos os lugares éramos acolhidos com gestos de simpatia tão espontânea que tudo levava a crer que ele seria presidente da República. Em Minas, por exemplo, isso se repetiu. Ele era candidato nato à Presidência e contava com a receptividade adequada.

Acreditava que ele teria condições de vencer José Américo de Almeida, caso a eleição se tivesse realizado?

Acho que ganharia. Conheço muito o José Américo, como político. Trabalhamos juntos na UDN, quando fui primeiro-vice-presidente. É um grande escritor, um homem que tem noção muito viva de suas responsabilidades diante do Brasil, mas não é um chefe político, um líder político. É minha opinião, e ela era generalizada. Apreciávamos seu patriotismo, sua dignidade. Se houvesse uma campanha bem generalizada, bem articulada, se Getúlio Vargas não se valesse de todos aqueles maneirismos caudilhescos, que representavam a coluna mestra de sua mentalidade, acho que o Armando teria ganho. Uma das características de Getúlio Vargas era seu desejo de quebrar São Paulo. O José Eduardo de Macedo Soares, que foi um dos maiores companheiros do Getúlio na Revolução que o levou ao poder, tornou-se meu amigo quando eu era deputado. E certa vez me disse que numa reunião em Petrópolis ouviu Getúlio Vargas dizendo que haveria de quebrar São Paulo.

No decorrer de minha vida, testemunhei grandes farsas. Mas uma das maiores que ele armou, bem mais tarde, foi a do PSD. Um partido grande, que deu vários ministros e tinha uma força enorme. Mas nessa ocasião a UDN tinha eleito uma boa bancada, a chamada "Banda de Música", que reagia prontamente. Era dirigida por homens de qualidade, como Carlos Lacerda, Mangabeira, Pedro Aleixo, Milton Campos.

Durante o Estado Novo lutou contra a ditadura?

Naturalmente. Mesmo depois de fechada a Câmara, prosseguimos a luta. Aqui em São Paulo, com meus amigos Waldemar Ferreira e Antônio Carlos de Abreu Sodré, não apenas procurava conservar acesa a chama da luta como ainda manter contatos por toda a parte, especialmente com os grandes conterrâneos paulistas que estavam exilados.

Contatos na área civil ou militar?

Em ambas, mantínhamos contatos com todos, especialmente com militares do Rio de Janeiro. Fazíamos o mesmo com amigos em Minas Gerais e no Rio Grande do Sul. De início, muito discretamente. Mas fazíamos questão de manter esses contatos até mesmo na área do Judiciário. Tínhamos muita esperança no que se seguiria a uma volta do Armando. Aí, poderíamos articular forças para promover o que seria a legalização do Brasil. Mas o Armando voltou para morrer.

Com quem eram mantidos os contatos na área militar?

Eduardo Gomes, nem seria preciso dizer. Cordeiro de Farias e muitos outros. Já faz muito tempo e prefiro não enumerar nomes. A ordem dos citados poderia ser injusta para muitos, que tiveram papel importante. Alguns deles, por exemplo, foram meus amigos íntimos. Atualmente, não estou nem ao menos informado a respeito das funções que eles desempenham.

Como um dos fundadores da UDN, poderia falar sobre os seus propósitos?

Era o partido da legalidade, completa, intocável, sob a égide da Justiça. Era contrária a qualquer imposição do governo, sobretudo em relação ao Legislativo. Este deveria ser livre, exercer plenamente os seus poderes, no quadro de uma democracia liberal. Éramos uma decorrência visível da pregação civilista de Rui Barbosa, defendendo os princípios liberais que tinham começado a surgir no Império e se firmaram na República. Tinha até mesmo modelos a seguir, como Rodrigues Alves, Campos Salles, Prudente de Moraes. E, como não contava com maioria, lutava renhidamente para impor-se. Entretanto, surgiu a tese do poder, do apoio a Dutra... Ora, ele foi responsável até pelo Estado Novo. Depois, com o correr do tempo, a situação se complicou. Houve o golpe contra o Carlos Luz, o do Lott... De uma forma ou de outra, eles impuseram ao Brasil uma determinada situação que perdura até hoje. Não pretendo dizer que essa situação tenha sido criada pelo Geisel, mas a gente sente que ainda existe. A coisa é anterior, vem da queda do Getúlio...

Da primeira ou da segunda?

Bem, em 45 a Nação ansiava pela volta do governo à legalidade. Por outro lado, Getúlio satisfazia a algumas das aspirações dos trabalhadores que, com franqueza, tinham sido muito abandonados e maltratados pelos governos anteriores. De uma maneira ou de outra, acabou surgindo a reação das Forças Armadas. Primeiro da Aeronáutica e da Marinha, depois do Exército. Como era um homem que tinha uma concepção vigorosa do poder, sentiu que já não contava com bases para governar. Talvez tenha pressentido, intimamente, que seu tempo tinha passado.

E como interpreta sua volta, em 50?

Ele ainda contava com uma boa organização em todos os Estados e dispunha dos votos do operariado, que sabia influenciar.

Embora tenha sido seu adversário declarado, parece que não deixa de nutrir por Vargas uma certa admiração. É verdade?

Não quero ser mesquinho, mas, já que me fazem uma pergunta direta, tenho de respondê-la. Vejam, ele correspondia à política do Rio Grande do Sul, às transformações que ali se verificaram, inclusive a Revolução Farroupilha. Dentro desse quadro de desenvolvimento histórico, o gaúcho é muito zeloso, desde os tempos do Império. Não aceita lugar secundário, ele mesmo quer imprimir suas próprias concepções. E, como um povo que teve contato com a mentalidade dos castelhanos, também tem um sentido extremo da vida. E em minha opinião, nas veias dos seus líderes, corria um pouco de sangue caudilhesco. Foi o caso do Getúlio: achava que o Brasil só devia ser governado por um poder central. O Borges de Medeiros, que foi um dos nossos companheiros, também pensava assim. Vargas foi um caudilho que fazia tudo para que o poder fosse terminar em suas mãos. Exercendo esse poder, nem sempre deixava de ter certa equanimidade. São Paulo foi o Estado mais maltratado por ele, pois por sua população e condições específicas era o único que podia fazer sombra ao seu próprio Estado. Assim ele pretendia quebrar São Paulo. Afinal, foi sua formação mental que o levou ao suicídio.

Foi testemunha, durante o Estado Novo, das violências policiais?

Mais que testemunha. Fui preso sete vezes. As violências mais graves eram cometidas contra os suspeitos de oposição ao Estado Novo. Conheci várias cadeias. Mas tenho a dizer que, quando nossa prisão era militar, o tratamento que nos proporcionavam era de primeira, éramos sempre acolhidos de braços abertos.

Teve alguma participação no movimento de 64?

Naquela ocasião, tinha muitos amigos que eram oficiais do Exército. Relações antigas. Eu tinha servido o Exército como voluntário. Como mantínhamos relações estreitas, eu estava bem informado. E desde os primeiros momentos percebi que o Jango estava liquidado.

E como vê os resultados de 64?

De início, vi com plena simpatia. Foi nessa ocasião que Paulo Egydio, durante um jantar, me apresentou ao Castello Branco. Conversamos sobre diversos assuntos, inclusive sobre Julinho Mesquita. Ele observou-me que o considerava um grande homem. Lamentou, porém, as dificuldades que o Julinho eventualmente lhe causava. Algum tempo depois, já no segundo governo revolucionário, o presidente Costa e Silva mandou para cá o Médici, para informar que a Vila Militar ia oferecer um almoço ao Julinho. Ele tinha servido lá, no II Regimento de Infantaria. Disse que todos os oficiais da Vila Militar compareceriam e o Julinho teria oportunidade de dizer a eles tudo o que quisesse.

O general Médici já era o chefe do SNI?

Era. Falei com o Julinho. De início disse que não iria. Depois, que aceitava o convite, em princípio. Mas nesse meio tempo foi baixado o AI-5, que criou essa barbaridade. Então houve uma reunião na casa do Julinho. E a opinião geral era a de que ele não devia ir. Depois disso o Médici ainda apareceu por aqui, querendo uma resposta.

E com relação ao futuro do Brasil, quais são as perspectivas em sua opinião?

Acho que o Exército deve voltar aos quartéis. Talvez essa seja uma resolução temerosa, complicada, difícil, mas quem sabe? Agora, eu diria ao general João Baptista Figueiredo que deve cuidar-se bem, pois vai defrontar-se com dificuldades que nem calcula. O simples fato de ter na mão um país que é um continente já representa um problema complicado.

Conhece há muito o general Figueiredo?

Não, mas fui amigo e companheiro do pai dele, o general Euclides Figueiredo. E creio que ele compreende as responsabilidades com que se defrontará.

24 de setembro de 1978

15 A Revolução de 30 mal passou de uma mudança do poder

Entrevistadores:
*Lourenço Dantas Mota,
Frederico Branco,
Carlos Garcia,
Raul Martins Bastos
e Antônio Barreto Neto*

José Américo de Almeida

Nasceu em 1887, na Paraíba, onde morreu em 1980. Chefe civil da Revolução de 30 no Nordeste e, até 1954, uma das principais figuras da política brasileira. Ministro da Viação de 1930 a 1934 e candidato à Presidência em 1937. Em 1950 foi eleito governador da Paraíba. Voltou ao Ministério da Viação no segundo governo Vargas, em 1953. Foi também um dos mais importantes escritores desse período e seu romance A Bagaceira (1928) é considerado um marco na literatura brasileira.

Quando começou a interessar-se por política?

Muito cedo, ainda estudante de Direito, fazendo oposição a meu tio, monsenhor Walfredo Leal, presidente da Paraíba. Eu sonhava com uma vida pública isenta do mandonismo e consagrada ao bem comum.

Participou da preparação da Revolução de 30?

Estava longe do meu pensamento lançar-me numa aventura desses riscos, mas tive de tomar uma posição extrema, como auxiliar de João Pessoa, quando a Paraíba foi agredida por um levante interno, apoiado pelo poder central. Comandei, na qualidade de secretário da Segurança Pública, as operações contra Princesa, o município sublevado. Os acontecimentos nos tinham levado a fazer causa comum com a Aliança Liberal, formada pelos Estados de Minas Gerais e Rio Grande do Sul, que se articulavam para resistir à política sucessória do governo federal. E, como João Pessoa era infenso a um desfecho violento, tive de assumir a posição que me foi conferida, de chefe civil da Revolução de 1930 na Paraíba e depois em todo o Nordeste. Foi assim que me fiz revolucionário.

Até que ponto a Revolução de 30 alterou estruturas e costumes políticos do Nordeste?

Esse movimento deixou de ser uma autêntica revolução, para implantar as reformas prioritárias. Falhou o centro regulador. Além disso, o antagonismo entre o "tenentismo" e os remanescentes da República Velha também foi um obstáculo à transformação que se esperava. No fundo, mal passou de uma mudança do poder, mantendo-se, até certo ponto, a antiga estrutura. Reconheço a validade de algumas conquistas, como a Justiça Eleitoral, o voto secreto, o voto feminino, a Previdência Social e a erradicação do caudilhismo nordestino. Alguma coisa se fez, diluindo a ferrugem e abrindo clareiras para a racionalização e o desenvolvimento, embora em pequena escala. A sindicalização libertou as massas do círculo do mandonismo.

E mais tarde, como foi a sua campanha eleitoral, como candidato oficial, em 37?

Nada mais irreal do que admitir que eu tenha sido candidato oficial à Presidência da República. Já afirmei isso muitas vezes e posso provar, com documentos, como os meus discursos de propaganda. A primeira vez que se tocou na minha candidatura foi quando Assis Chateaubriand veio ao Nordeste e de volta procurou-me para dizer que os tenentes que serviam junto às Interventorias de Pernambuco e da Bahia cogitavam de lançar-me candidato a esse posto, considerando-me capaz de responder pelos ideais malogrados. Ponderei que me faltavam condições para essa investidura, por ser de um Estado pequeno e pobre, sem meios de resistir a possíveis pressões. Perdi de vista os líderes desse movimento, inclusive Assis Chateaubriand e o brigadeiro Eduardo Gomes, que se passaram para Armando Salles de Oliveira, também falado para a sucessão. Quando Maurício Cardoso, que era ministro de Getúlio Vargas, insistiu com ele para que me fizesse seu sucessor, dando uma oportunidade ao Nordeste, a resposta foi negativa: "Esse está arquivado no Tribunal de Contas". É bom lembrar essa passagem, porque muita gente ainda cuida que fui nomeado para aquela Corte depois de derrotado em 1937. Eu já estava lá havia muito tempo. Dado o golpe, decidi pedir demissão, do que fui dissuadido por meus colegas que alegavam meu direito adquirido.

Mas, na campanha eleitoral...

Por ocasião do lançamento da candidatura de Armando Salles, Getúlio ficou desapontado, porque só pensava em ficar. Embora não desfrutasse o poder, não se aproveitasse da posição que ocupava, ele queria mantê-la, a todo custo. Era uma tradição do Rio Grande...

Caudilhesca?

Uma simples influência das fronteiras, com outro estilo, ou laivos de positivismo. Ele pretendia ultrapassar o seu mandato e, quando foi lançada a candidatura de Armando Salles, entendeu que o meio de embaraçar a sua marcha seria despertar a ambição de outros políticos. Então, chamou Benedito Valadares, criatura sua, e ordenou-lhe que simulasse estar articulando forças políticas, para o lançamento de uma candidatura viável. Despertava emulações. Fui chamado por ele, com o propósito de tentar-me. Recusei, arguindo que não dispunha de requisitos para tanto. Assim iam decorrendo as coisas, até que o falso coordenador suspeitou que Getúlio não tinha apoio militar para a empresa que planejava, o que lhe acarretaria grandes dificuldades. O general Góes Monteiro, um animador da conspiração golpista, estava ausente. Só após seu regresso o processo seria retomado. Então, Benedito Valadares correu para Minas e meus amigos, como os de Armando Salles, seguiram no seu encalço. Juracy Magalhães, depois de umas sondagens em São Paulo, em favor de Medeiros Neto, fixara-se em meu nome. Nas suas aperturas, Benedito Valadares concluiu que, sendo eu amigo de Getúlio Vargas e de muitos governadores, deixaria de ser o candidato de maiores incompatibilidades e lançou-me pelo rádio, de uma maneira espetacular. Surpreendido por essa rebeldia, Getúlio Vargas desesperou e depois caiu em desânimo.

Nunca admitiu minha candidatura, nem a de quem quer que fosse. Foi João Alberto quem lhe levantou o espírito, sugerindo-lhe que desse tempo ao tempo. A conspiração seria depois reatada. Iniciei minha campanha com o apoio de dezessete Estados e grande participação das massas. E não havia o que temer, pois a situação era normal, sem nenhum atrito, como em pleitos anteriores. Os fascistas apontavam o "perigo comunista" como argumento para que se adotasse um regime forte, mas nunca a posição de Carlos Prestes estivera mais deteriorada. Falei na Esplanada do Castelo, em São Paulo, na Bahia, em Niterói e em outros pontos. Góes Monteiro descobriu seu grande trunfo: como eu dissera num discurso que, apesar de ser homem do centro, tinha o coração do lado esquerdo, alarmou-se ele com essa anatomia e levou o general Eurico Dutra a tomar partido contra mim. Uma vez interpelei-o, dizendo-lhe que ele era responsável pela conjuração e ele negou tudo.

Denunciei a trama em discurso pronunciado na Bahia, mas o trabalho subterrâneo, depois de certa pausa, prosseguia. Nos últimos dias, inteirado do que se processava, decidi interpelar o general Dutra indo à sua casa, em companhia de Batista Luzardo que fazia parte do comitê de propaganda de minha candidatura. Mostrei-lhe como seria desastrosa a implantação no Brasil de um sistema que contrastava com a sua tradição política e ele confessou: "Já estou comprometido com o presidente".

Pedi-lhe ainda que pesasse suas responsabilidades e, abalado, ele me aconselhou a procurar Getúlio Vargas para formular um apelo contra sua ideia de permanecer no governo. Foi o que fiz por intermédio de João Neves da Fontoura, sem resultado. Apesar de comprometer-me a desistir de minha candidatura e de procurar Armando Salles para que ele fizesse a mesma coisa, escolhendo-se um terceiro que merecesse a confiança geral, decorreu uma semana sem que eu tivesse resposta da minha mensagem.

Tentou algum entendimento com o Armando Salles para evitar o golpe?

Armando Salles estava ausente. Nestas condições, procurei Otávio Mangabeira, que era o seu representante, para denunciar o que se premeditava e organizarmos a resistência. Sua reação não foi das mais felizes. Alertou o inimigo, mandando que um representante do Rio Grande do Sul protestasse na Câmara dos Deputados contra o atentado iminente às nossas liberdades, e distribuindo boletins na cidade. Em razão disso, o golpe marcado para 15 de novembro foi antecipado para 10 do mesmo mês.

Foi apenas antecipado?

Foi antecipado em vista de minha revelação.

Concorda com a tese de que o Estado Novo viria fatalmente, com ou sem Getúlio?

Góes Monteiro era sistematicamente pela introdução do autoritarismo hitlerista no Brasil. Sem seu trabalho não se teria registrado a ruptura de nosso passado democrático. E, como faltou base parlamentar para a reforma da Constituição, com Getúlio a mudança do sistema só poderia ser concretizada por um golpe de Estado. Apesar de apoiar publicamente o continuísmo de Getúlio Vargas, o general Góes Monteiro na intimidade costumava desfazer de suas qualidades de administrador e de político. João Alberto explicou, com reserva, essa contradição. "O Góes acha que Getúlio, incapaz de manter-se no governo constitucional, não se aguentará 15 dias como ditador. Assim chegará nossa vez."

O Telégrafo recusou-se a transmitir minha mensagem dirigida ao ditador, de veemente protesto contra o golpe desferido. Esse documento foi-lhe entregue, pessoalmente, a meu pedido por meus amigos João Neves da Fontoura e Batista Luzardo. Getúlio Vargas devolveu-o mandando pedir-me que compreendesse sua situação. Dava-me a entender que sofrerá pressões para tomar a atitude que eu condenava. Não creio que o sistema vigente pudesse ser derrubado se o novo poder se destinasse a um militar, porque não havia consenso para a escolha de um general.

Acha que teria condições de ganhar as eleições, se elas tivessem sido realizadas?

Sem nenhuma dúvida. Sabem por quê? O Armando Salles, além de sua autoridade de homem público, contava com um grande contingente eleitoral. Tinha a seu lado São Paulo e Rio Grande do Sul, mas eu fui inicialmente apoiado por dezessete Estados, inclusive Minas Gerais, Pernambuco, Bahia e todo o Norte e Nordeste.

Foi um dos raros brasileiros a chegar perto da Presidência. Quase a teve nas mãos. Perdeu-a num relance. Isso o afetou muito, psicologicamente?

Nada, absolutamente. Ao visitar-me, no dia seguinte ao golpe, Afonso Arinos observou minha reação e referiu-a em suas memórias. Eu estava sereno. Nunca tive grandes aspirações políticas. Seu exercício é penoso para quem se dispõe a resistir. Digo sinceramente: foi um alívio; a carga era demasiadamente pesada.

E suas relações com Getúlio a partir daí?

Cortamos relações; rompi pessoalmente com ele. Só nos encontramos no Senado, quando fomos eleitos senadores em 1946 e não nos falamos.

História Vivida

Quando me malquistei com o presidente Dutra, fui jogado no mesmo plano em que se achava o presidente deposto Getúlio Vargas; aí ele chegou a sondar-me, por intermédio de Danton Coelho, sobre a possibilidade de ser o vice na sua chapa como candidato à Presidência da República, convite que recusei. Em seguida, passando pela Paraíba, ele apoiou a minha candidatura a governador do Estado, em praça pública.

Fez uma cerrada oposição ao governo Dutra, não é verdade?

Já está dito. Otávio Mangabeira, como presidente da UDN, pactuara apoiar o seu governo com o chamado acordo interpartidário. Quando tive de substituir aquele político baiano na presidência do partido que tínhamos fundado, mantive o compromisso tomado, embora limitando-o à esfera administrativa, sem nenhuma outra concessão. O general Eurico Dutra era um homem simples e acolhedor. Recebia-me uma vez por semana como se fosse um seu auxiliar.

E a oposição deixou de funcionar?

De certo modo. Eu levava ao conhecimento do presidente as queixas dos meus correligionários das seções estaduais e quase sempre eram atendidas. Passado algum tempo, se verificou a desigualdade no tratamento. Os pessedistas eram favorecidos em prejuízo dos udenistas. Reagi contra essa disparidade, invocando no plenário a confirmação de toda a bancada da injustiça que arguia.

Mas qual a razão de sua oposição tão dura? Afinal o governo Dutra passou à História como governo de paz, de tranquilidade?

Eu explico. Essa tranquilidade resultou do desarmamento da UDN que, em vez de fazer oposição, apoiava o governo federal.

Alguns historiadores sustentam que o governo Dutra foi de uma grande mediocridade.

Não se pode dizer que tenha sido um governo nulo, conquanto não avulte o seu saldo positivo. Um ponto foi lamentado: não terem sido poupadas as reservas de ouro acumuladas durante a guerra. Esse lastro foi, em parte, dissipado na compra de quinquilharias e de ferro velho. Creio que as principais iniciativas desse governo foram o aproveitamento da energia de Paulo Afonso e a abertura da via Dutra. Nesse tempo o Brasil rompeu com a Rússia e fechou o Partido Comunista. Não sei bem se foi uma falha da política trabalhista ou outras deficiências que determinaram a reviravolta de 1950, com a vitória de Getúlio Vargas que, depois de deposto, voltava ao poder.

E como, tendo sido um dos dirigentes da UDN, aceitou ser ministro de Getúlio, em seu segundo governo?

Foi um ato de humildade, de apego à minha região e de solidariedade com o sofrimento do meu povo. Só o Nordeste compreendeu esse gesto. Quando desembarquei no Galeão para ser empossado, meteram-me o microfone na boca e perguntaram-me: "Por que voltou?" Respondi naturalmente: "Porque fui chamado. Precisam de mim". O Nordeste atravessava uma seca devastadora. As ondas de desocupados invadiam os centros urbanos formando uma superpopulação perturbadora, além dos saques. O DNOCS estava desaparelhado para dominar essa tragédia e a perspectiva era de desespero e anarquia. Aí, graças à minha experiência nos trabalhos de assistência às vítimas da seca de 1932, fui convidado a voltar ao Ministério que já ocupara. Relutei muito tempo e acabei anuindo. Logo que cheguei fui procurado por Osvaldo Aranha e João Goulart, em nome de Getúlio, para formarmos um triunvirato destinado a reverter à política de 1930. Fui peremptório, retrucando que tinha vindo para servir e não para fazer política.

Muitos dizem que quem tinha amigos como Getúlio não precisava ter inimigos, estava bem servido.

Portei-me como um simples auxiliar, dedicando-me à administração sem nenhum outro compromisso, até o desfecho fatal. Chamado pelo presidente Café Filho, mandei-lhe dizer pelo diretor do Departamento de Administração, Francisco Mendes, que está aí vivo, estar minha missão encerrada. Acrescentei que esse meu auxiliar levava simbolicamente as chaves do Ministério que eu já abandonara. Convidado mais duas vezes para comparecer, mantive a mesma distância. Por esse motivo esfriaram minhas relações com um velho amigo.

Nesse tempo militava ainda na UDN?

Eu me desligara do partido, desde que começara a combater o governo Eurico Dutra e em virtude das hostilidades sofridas por meus amigos da Paraíba.

Já tinha, aliás, tomado parte no movimento que levou à deposição de Getúlio, em 1945?

Efetivamente. Referem-se à minha entrevista que precipitou a queda do Estado Novo? Derrubada a censura, foi permitido o debate e, por conseguinte, a queda de um sistema que vivia do silêncio. Carlos Lacerda classificou assim minha atitude, na entrevista que lhe concedi: "O sr. José Américo é uma força telúrica. Parece, realmente, um homem enraizado na terra. A sua emoção, hoje fortalecida pelo ostracismo e pela dignidade com que soube esperar, ressurge agora com a força concentrada da longa meditação sobre os homens e os fatos do país. Ele se prepara, com indisfarçável orgulho, para enfrentar as consequências de suas atitudes, considerando necessário falar agora, nunca depois deste momento". Exprimi-me neste teor: "É preciso que alguém fale e fale alto, diga tudo, custe o que custar". Fui bastante explícito: "Já todos sabem o que se está processando clandestinamente (a tentativa de permanência no poder, por meio de uma Constituinte com Getúlio). Forja-se um método destinado a legalizar poderes vigentes, a manter interventores e demais autoridades políticas..."

Eu era assiduamente procurado por Luiz Camilo de Oliveira e outros companheiros para fazer esse pronunciamento. Mas nunca me faltou o senso de oportunidade: só falaria na hora exata, para que não se frustrasse essa tentativa de demolição do regime anormal, fortalecendo-o. Foi justamente em seguida ao Manifesto dos Mineiros — que provocou a mais dura repressão, apesar de sua suavidade — que resolvi desafiar todos os riscos. Falei por minha conta. O próprio brigadeiro Eduardo Gomes, que se achava em Petrópolis, foi surpreendido com essa decisão, conforme me comunicou pelo telefone.

Tratando ainda do Estado Novo, qual foi o grupo ligado a Getúlio que mais o influenciou nesse período?

Eu estava distanciado. Tenho, porém, a impressão de que foi Góes Monteiro. A duração do sistema foi obra do general Eurico Dutra. João Alberto teceu muito, notadamente na fase preparatória.

E no segundo governo, quem o influenciava?

Tive uma surpresa: ao voltar ao Ministério, tinha esperança de mudança do quadro, de uma renovação de valores. Cheguei, todavia, à conclusão de que estava pior. O elemento mais chegado era João Goulart. Parecia que a crise criada pelos coronéis modificaria a situação, mas quase nada mudou.

Havia uma espécie de secretário particular que estava sempre junto: José Maciel. Foi o autor da carta-testamento. Lourival Fontes era ouvido, sem ter sua opinião muito peso.

Como traçaria agora o perfil de Getúlio Vargas, uma vez que o conheceu sob diversas circunstâncias e em várias épocas?

Sou considerado como um escritor que se distingue pela caracterização dos homens. Quanto a Getúlio, o perfil torna-se mais difícil, por sua complexidade. Era o homem das circunstâncias, acomodando-se às realidades. Tanto podia ser liberal como autocrata. Atraía por sua simplicidade, com um diálogo sóbrio e acolhedor. Seu maior segredo era a reserva. Dificilmente se colheria seu pensamento. Pessoalmente honesto, parecia fechar os olhos quando se tratava de restrição a um amigo do peito. Não se diga que era de todo insensível. Surpreendi-o, muitas vezes, no auge das emoções. Punha-se a andar, assobiando baixinho, com as mãos para trás e corpo pendido para frente. Se o abalo era menos forte, erguia a cabeça e dava umas baforadas.

Corre a lenda de sua habilidade política. Parece um paradoxo negá-la, tendo em conta sua permanência no poder. O que tinha era estrela para galgar as posições que mantinha com dificuldade. No governo provisório chegou-se a organizar um Conselho Secreto, para tomar as grandes decisões, porque o Centro era amorfo. Só exerceu autoridade, na sua plenitude, durante o Estado Novo, devido à segurança que lhe dava o seu ministro da Guerra. Os tenentes, salvo os de vocação política, criavam incidentes e ele ia cedendo. Deixou de perceber em tempo a gravidade da situação de São Paulo. Foi deposto em 1945. Em 1937 chegou a perder a base parlamentar na Câmara dos Deputados e o apoio dos grandes Estados, sendo forçado, para permanecer no governo além do seu período, a tomar uma atitude extrema. Finalmente, vendo tudo perdido, matou-se sem um tiro solidário.

E a situação no primeiro governo dele não era das mais tranquilas?

Havia descontentamentos e levantes, até que rebentou em São Paulo a Revolução de 1932. Pernambuco, Rio Grande do Norte, Maranhão eram focos perigosos.

E quando a revolução paulista começou, o que aconteceu?

Eu e Assis Brasil advertíamos Getúlio contra as consequências que poderiam advir do fato de São Paulo ter perdido a sua hegemonia. Cheguei a dizer, em plena luta, falando aos beligerantes pelo telefone, que esse grande Estado aceitaria mais facilmente um mau governo de um general do que um bom governo de um tenente. Cordeiro de Farias, chefe de polícia, procurava o chefe do governo com as mãos cheias de documentos, mostrando que se preparava o movimento, e Getúlio não se movia. Quando irrompeu a insurreição, eu estava hospitalizado na Bahia, por ter sofrido um desastre de avião, mas sei que a surpresa foi geral. A Revolução de 1930 tornava-se impopular. Para enfrentar São Paulo, os interventores militares, defendendo também suas posições, mandaram reforços que contribuíram para a derrota dos insurretos. Se as forças rebeldes, em vez de pararem no meio do caminho, tivessem marchado até o Rio, teriam vencido. Reinava certa perplexidade e elementos responsáveis aguardavam os acontecimentos.

E quanto às consequências da Revolução de 32?

Não nego que antecipou a constitucionalização. Já não havia mais condições para prolongar a ditadura. Vitorioso, Getúlio prestigiou-se.

Além disso restabeleceu-se a hierarquia militar: os generais voltaram a comandar, em lugar dos tenentes.

A legislação trabalhista, que data do início do primeiro governo, foi uma iniciativa particular de Lindolfo Collor?

Estava prevista, mas foi dele. Já nessa época Getúlio oscilava muito em política e na ação administrativa. Chegou a ser autoritário e acabou pendendo para a esquerda quando temia que falhasse o apoio parlamentar. Durante o Estado Novo houve muita restrição às leis trabalhistas; limitou-se a autonomia dos sindicatos.

Fábricas de pelegos?

O pelego é mais uma criação do governo de João Goulart.

E quanto às relações de Getúlio com os militares?

No começo a política era feita pelos tenentes, concentrando-se no Clube 3 de Outubro e atuando nas interventorias. E no Estado Novo acentuou-se ainda mais essa influência. A estabilidade do governo dependia do ministro da Guerra.

Mas como o Getúlio conseguiu manter-se por tanto tempo no poder?

Adaptando-se às circunstâncias. Mais fraco ou mais forte, conforme o grau de confiança perante os elementos que o sustentavam.

Mas se Getúlio não era o homem hábil que se pensa...

Olhem, quando foi deposto em 1945, faltou-lhe qualquer defesa e quando se suicidou estava só.

E sua longa permanência no poder?

A explicação já está dada. Tinha chances de conquistar o poder e não sabia conservá-lo. Uma vez, chamou-me a Petrópolis e estava visivelmente deprimido...

Foi a briga com o Flores da Cunha?

Não. Foi por motivo do rompimento da frente única com que contava no Rio Grande do Sul.

Que impressão pessoal guardou de Getúlio Vargas?

Além do perfil que já tracei, vivia como um solitário, num quarto muito modesto, onde fui vê-lo quando deu fim à vida. Parecia ter o complexo do tronco desenvolvido e das pernas curtas. Quando ele passava as tropas em revista o andar era contrafeito, quase cambaleando. Muito dedicado aos amigos que não se atravessavam na sua frente.

E qual sua impressão de Osvaldo Aranha?

Osvaldo Aranha era dotado de uma grande vivacidade intelectual. Pegava tudo no ar com a sua facilidade de assimilação, dominava todas as rodas pela simpatia envolvente e pela espontaneidade verbal. Podia mudar de posição, adaptava-se aos ambientes com um pouco de volubilidade. Amou muito a vida.

O que diria, se lhe fosse pedido agora um balanço da situação de 1964 para cá?

Houve altos e baixos. Ninguém pode negar que antes muitos problemas eram retardados; o processo legislativo tornava-se lento. Que houve desenvolvimento, houve, embora perdendo-se, algumas vezes, o senso de proporções. A economia não é das mais promissoras.

O Nordeste, com seus dramas, com sua força telúrica, sempre foi uma presença importante tanto na sua obra literária como na política. Como vê hoje o Nordeste? Os problemas fundamentais permanecem ou se encaminham para uma solução?

O Nordeste realmente está presente em toda a minha obra literária. Foi, usando uma expressão empregada no meu livro *A Paraíba e seus problemas*, a *Terra ignota*. Hoje está mais aberta. Transitam por Tambaú, a praia onde moro, brasileiros de todos os quadrantes. Alguns problemas crônicos estão-se desenvolvendo. O plano de obras contra as secas é que merece uma revisão para poder atender a emergências. As grandes barragens, além de exigirem uma topografia adequada, têm uma função como apoio econômico mesmo nos anos normais mas, se deixa de chover, cessam as atividades agrícolas e dá-se o desemprego rural. Ocupado desde a construção, não absorve as massas flutuantes. Só a solução individual, com o açude médio ou pequeno, pode deter esses deslocamentos, evitando a evasão. Com patrulhas móveis mecanizadas, em vez da burocracia que retardava, anos e anos, essa iniciativa poderá disseminar as represas por todas as propriedades, mediante um regime módico e financiamento durante a crise. O que se tem feito nas últimas estiagens, sem vinculação às diretrizes gerais, é improdutivo. No campo ainda reina a rotina. A industrialização é um fator de riqueza, mas não assimila a mão-de-obra disponível. Nas colheitas de algodão e sisal, há escassez de braços, assim o desnível econômico não deriva da superpopulação. O que os pequenos Estados do Nordeste precisam, para firmar-se à unidade nacional, são injeções de novos organismos que se fixam nos Estados mais favorecidos.

De suas experiências — a literária e a política — qual lhe parece mais importante, qual delas o satisfez mais?

Sempre me desvaneceu poder ser um construtor. Realizar uma obra que valesse por sua utilidade e por sua duração. O servidor é um homem do bem comum, um agente do progresso. Arrependo-me de não ter aposto placas nas minhas inaugurações, para criar meus vínculos com gerações futuras. Infelizmente, muitas de minhas realizações, por falta de um remate, guardam outros nomes, ficando esquecida minha iniciativa e a maior parte da execução.

Prefiro, entretanto, outro título — o de escritor. Agora mesmo, na comemoração do cinquentenário de *A Bagaceira*, depois de detidos estudos de Tristão de Athayde e Cavalcanti Proença, a obra teve, além do prêmio da permanência, a vantagem de ser ainda mais valorizada. É atual, porque prevalecem os motivos que a inspiraram em face de um universo que se nutre ainda dos mesmos sentimentos e preconceitos. O ambiente campestre e a camada obscura pouco se modificaram. Em suma, o que ficou não é mais o administrador senão o homem de letras.

A Bagaceira é um romance autobiográfico?

Não é autobiográfico. Não copiei, sequer, a paisagem. Muita gente julga que sou Lúcio. Eu nunca seria Lúcio, com aquele temperamento romântico. Mas vivia um tempo em que o romantismo deformava os seus leitores. Pelo menos os exaltava. Há as exaltações pessoais, naturais, como as de Augusto dos Anjos e Euclides da Cunha. Eram temperamentais. E eu sempre fui realista e objetivo. De maneira que não poderia encarnar aquela figura. Podia transmitir parte de meu pensamento através de Lúcio, mas não representá-lo. O ambiente, o atraso rural, as condições de vida são as do engenho em que nasci e vivi na infância, como a de todos os engenhos daquele conjunto, de forma que minhas letras são regionais nesse sentido: abrangem uma área onde os costumes, os preconceitos e os complexos são os mesmos.

Ao escrever A Bagaceira *tinha a ideia de fazer um romance regionalista, ou apenas descrever o que tinha vivido?*

O romance não foi dirigido, não se engajou. Eu tinha apenas a ideia de fugir da literatura caduca ou importada. Influenciado pela Semana de Arte Moderna, entendi que o Nordeste devia participar dessa corrente e dar sua resposta. Quis fazer uma obra diferente, daí a estrutura do livro que pode parecer arbitrária. É tudo salteado, tudo cinematográfico, pois eu não me preocupava com a ação, ou melhor, com o enredo clássico.

Ficou surpreendido com o impacto social que teve a obra?

Como *A Bagaceira* resultou num romance social, eu participei, reproduzindo minhas impressões. Cheguei a declarar, em meu discurso de posse na Academia Brasileira de Letras, que para escrevê-lo reverti à infância, concebendo-o como quem sonha acordado. Se reconstituísse esse período, evocando, fielmente, a idade ingênua, ficaria pueril e vulgar. Para construir uma ficção diferente, revesti-a de uma forma mal compreendida no princípio e que vem sendo aceita hoje. Gilberto Freyre julga que é um romance de indignação. Não no caráter de contestação, mas de protesto. Como já disse, não escrevi um romance dirigido, mas, de qualquer modo, é uma denúncia. Daí ter-se tornado um romance social, sem que eu tivesse essa intenção.

Nesse romance, investiu contra alguns preconceitos, como o que envolvia o casamento de Tião... Pretendia protestar contra esse preconceito?

Num dos meus últimos livros digo que esse preconceito ainda persiste. Ninguém pense que no Brasil não haja racismo. Existe e numa das suas piores manifestações.

Ainda, atualmente?

Ainda. Branca, para casar com preto, só se o preto for rico ou titulado. Ainda há resistência de certas famílias contra esse tipo de casamento. Se, entretanto, o preto tiver um anel no dedo ou dinheiro, casa com branca, a mais branca que houver. Perguntarão como se explica a maioria de mulatos. Isso vem de longe, do tempo da escravidão e hoje é a ilegitimidade.

Preconceito, então, seria mais econômico do que racial?

É mais econômico, embora a posição social também influa.

Que relação estabelece — se é que há relação — entre A Bagaceira *e o Manifesto Regionalista de 1926?*

De Pernambuco, não é? O Manifesto e, pessoalmente, Gilberto Freyre sempre marcaram seu tempo, mas ao escrever *A Bagaceira* eu estava mais influenciado pela Semana de Arte, de São Paulo. Não falo assim por estarem aqui presentes alguns paulistas. Gilberto Freyre regia e era, ao mesmo tempo, um historiador e um escritor. São Paulo vinha reagindo contra a literatura sediça. E resolveu apresentar um modelo dessa reação do Nordeste. É exato que o modernismo propriamente dito já estava a desmoronar-se. Começou a desmembrar-se e sofreu desfalques.

Dividiu-se em grupos?

É, em grupos. Teve grandes figuras, como Mário de Andrade, e acabou diluindo-se.

Quer dizer que A Bagaceira *foi uma espécie de resposta?*

Sim, uma resposta do Nordeste, a seu modo. Quando se diz que fui o pioneiro, respondo que fui simplesmente o mais ousado. Até essa hora a literatura do Nordeste tinha pouco eco além da região, salvo no passado, com José de Alencar, Domingos Olímpio e poucos outros. Quando a *A Bagaceira* apareceu foi saudada por Tristão de Athayde, pontífice da crítica literária, como uma consagração. Depois vieram Rachel de Queiroz, José Lins do Rego, Jorge Amado, Graciliano Ramos, todos maiores do que eu.

Dado esse êxito, não se sentiu tentado a dedicar-se exclusivamente à literatura?

Bem, se tivesse ficado apenas na literatura, teria sido mais feliz, pois esse é em minha vida o único título que perdura. Fui também administrador e posso dizer, sem falsa modéstia, que realizei. No entanto, essa obra vai sendo esquecida.

E o José Américo político prejudicou o escritor?

Quando me dediquei à política, deixei de ser escritor, o que Tristão de Athayde lamentou numa conferência feita na Paraíba. Mantive o estilo. Fazendo um discurso no Senado, o Ivo de Aquino, para me menosprezar, aparteou dizendo-me que aquilo era literatura. Insinuava que, sendo literatura, era inócuo.

Pejorativo, não é?

Respondi que só sabia expressar-me assim, literariamente. Repito, meu título que resiste ao tempo é o de escritor. Depois de cinquenta anos de publicação, *A Bagaceira* é atual. Agora mesmo acaba de ser traduzida em inglês e castelhano.

Mas a perspectiva do tempo revela muita coisa que na época passa despercebida, não é?

É verdade, e também nos tornamos críticos, tudo se aprofunda e esclarece.

Qual a influência particular que sofreu do modernismo? Mário de Andrade, Oswald?

Eu disse no meu discurso de posse na Academia Brasileira de Letras que sou estupidamente pessoal. Meu pouco valor talvez se resuma nessa originalidade. Nunca imitei.

O que mais apreciou como resultado da Semana?

Sempre fui grande admirador de Mário de Andrade. Acho que ele foi sobretudo um crítico. Hoje é que estamos compreendendo-o melhor. Conheci-o quando veio à Paraíba e achou que tínhamos uma grande riqueza de ritmos. Oswald de Andrade merece também o conceito que conquistou ao ser reestudado.

Como explicaria o fato de nos últimos decênios não ter surgido aqui no Nordeste nenhum grande escritor de expressão nacional?

A Paraíba deu José Lins do Rego, grande figura. Deu Augusto dos Anjos, um dos maiores poetas do Brasil. Há muito talento desaproveitado, é só haver oportunidade para que surjam novas revelações. O certo é que aqui mesmo temos bons jornalistas e bons escritores que poderão figurar em qualquer meio.

8 de outubro de 1978

16 A liberdade é mais importante que a ordem

Entrevistadores:
*Villas Boas Corrêa,
Lourenço Dantas Mota,
Antônio Carbone,
Frederico Branco,
Nilo Scalzo e
Hélio Damante*

Alceu Amoroso Lima (Tristão de Athayde)

Nasceu no Rio de Janeiro em 1893. Faleceu em 1983. Professor de Sociologia e Literatura, distinguiu-se principalmente como crítico literário e líder católico. Em ambos os casos, exerceu poderosa influência. Autor de vasta obra, em que explora vários campos do conhecimento.

É sabido que começou muito cedo na crítica literária. O mesmo não ocorre com os motivos e circunstâncias que o levaram a escolher esse caminho. Quais foram eles?

Meu primeiro pecado literário foi cometido aos 9 anos, num exercício escolar, quando falei do "preclaro Shakespeare". Vejam só: comecei com aquela adjetivação que o Mário de Andrade tanto detestava. O "preclaro Shakespeare"! É o meu primeiro pecado. Todos os homens têm pecado, a não ser o sr. Paulo Maluf, que declarou, recentemente, quando lhe perguntaram se ia confessar-se, que não, porque não tinha pecados.

Mas isso não é crítica literária. A esta realmente cheguei cedo, o que se explica pelo esforço que os professores sempre exigiram de mim. Além disso, duas pessoas tiveram também uma grande influência nessa relativa precocidade, digamos assim. Foram dois primos meus. Um foi Manuel Amoroso Costa, grande matemático, e o outro Cipriano Amoroso Costa, um desses *gentlemen writers* que tinha um tão grande gosto da perfeição que não escrevia. Correspondia inteiramente àquela frase de Sully Prudhomme: *Le goût de la perfection stérilise*. Dizia não ter talento literário. E alegava ainda, para não escrever, que tudo que se devia fazer já estava feito. Levava essa posição a extremos. Tinha horror a mesas e as evitava, para não ter a tentação de escrever. Afora isso, tinha um enorme gosto literário e musical. Os dois muito me estimularam intelectualmente.

Em 1919, Renato de Toledo Lopes teve uma desinteligência com Félix Pacheco, no *Jornal do Commercio*, e resolveu fundar um novo jornal — o O *Jornal*. Esse nome foi escolhido por picuinha, porque todo mundo chamava o *Jornal do Commercio*, de O *Jornal*. Lembro-me que meu pai me disse nessa ocasião: "Isso é um desaforo, um meninote como esse querer fundar um jornal e dar esse nome". Acabei participando do nascimento de O Jornal, e foi nele que comecei a fazer crítica literária.

Em 1917, já me cansara da advocacia e entrei para o Itamaraty, onde, juntamente com Ronald de Carvalho, fiquei um ano classificando papéis e fazendo literatura. No ano seguinte quis me casar e, como no Itamaraty não se ganhava quase nada, meu pai arranjou-me a consultoria jurídica de uma empresa. Foi nessa época que Renato Lopes se encontrou comigo e me perguntou se não queria ser crítico literário do seu novo jornal. Respondi que nunca havia feito crítica literária e não podia aceitar. Mas ele argumentou que queria justamente fazer um jornal com pessoas que nunca tinham sido jornalistas. Queria um novo tipo de jornal. Comecei com uma seção cujo título era "Bibliografia". E durante muitos anos, aos domingos, publiquei esse rodapé de crítica, inteiramente por acaso.

Perguntei a meu pai se a seu ver havia incompatibilidade entre a crítica e a minha posição na empresa. Ele me respondeu que sim, e realmente existiam esses preconceitos naquele tempo. Aventei a hipótese de um pseudônimo e ele achou que assim as coisas ficavam bem. Meu primeiro artigo foi sobre Lima Barreto. E estava então cheio de ideias socialistas. Aliás hoje estou de novo.

Renato me havia pedido, em março, que preparasse vários artigos, pois o jornal deveria sair em junho e ele precisava de material pronto. Durante um mês publicaria uma crítica diária. Mais tarde, Afrânio Peixoto me disse que um dia alguém lhe perguntou assustado: "Mas quem é esse Tristão que escreve crítica literária todos os dias?" Mal ele sabia que eu levara três meses preparando tudo aquilo.

Escolheu para pseudônimo o nome de um pirata. Foi coincidência?

Foi sim. Só mais tarde é que vim a saber que existiu esse Tristão de Athayde, um capitão português nas Índias, que fazia as piores estripulias. Aliás, comecei por Vasco de Athayde. Com esse pseudônimo, escrevi uns sonetos, que mandei para a revista *Apolo*. Não foram naturalmente publicados, porque eram péssimos. Quando novamente tive de escolher um pseudônimo, decidi evitar o Vasco de Athayde, pois corria o risco de algum dia publicarem aqueles versos.

Começando a sua atividade de crítico em 1919, pôde então assistir e viver a fermentação que precedeu a Semana de Arte Moderna de 1922, em São Paulo.

Sim, e a esse propósito devo lembrar que era muito amigo de Graça Aranha, por intermédio de seu filho, Temístocles, futuro embaixador, que participava da minha roda, do meu grupo. Em 1913, Temístocles e eu estávamos em Paris passando férias e, é claro, tínhamos contato com Graça Aranha. Certa vez, pouco antes de nossa volta ao Brasil para terminarmos nosso curso, o velho Graça nos convidou para tomar chá no Ritz. Lembro-me, como se fosse hoje, do que nos disse então, o que mostra com clareza que não é certo afirmar-se, como muitos fazem, que o Graça foi arrastado para o modernismo como Tobias Barreto para o naturalismo.

"Vocês vão voltar agora para o Brasil — disse-nos ele — e, como estão ligados ao meio universitário, acho que devem sacudir aquela nossa literatura, ajudá-la a produzir novos poetas e romancistas, pois está num marasmo horroroso." Aconselhou-nos e animou-nos vivamente a ajudar a renovação da literatura brasileira. Vejam bem que isso foi em 1913. Mais tarde, em 1922, como o Graça era muito ligado ao grupo de São Paulo — Yolanda Penteado, Mário de Andrade, Oswald de Andrade, Guilherme de Almeida — participou do movimento da Semana de 22 e além disso arrastou o grupo do Rio, que estava meio tímido. Era o caso de Ronald de Carvalho, por exemplo.

Afora aqueles sonetos de Vasco de Athayde, que renegou, não fez nenhuma outra incursão pela literatura antes de se dedicar à crítica?

Na época da Faculdade de Direito, fui diretor da revista da escola, *A Época*, que existe até hoje. Era uma revista jurídica que, com um grupo de companheiros, modifiquei, para lhe dar uma vocação mais literária. Publiquei nessa revista, em 1911, alguns contos. Depois da desilusão com a poesia, portanto, tentei outro gênero, que foi o conto.

Após uma experiência curiosa, da qual participou indiretamente Afonso Arinos, o velho Afonso Arinos de *Pelo sertão*, tio do atual, abandonei também esse gênero. Ele era muito amigo de meu pai e frequentava a nossa casa. Aliás, o meu primeiro livro é justamente uma biografia dele. Era uma figura notável. Belo homem, como Nabuco, e ao mesmo tempo extrovertido, de uma grande simpatia.

Em 1915, estava meio doente, hospedado na casa de meus pais. Certo dia me viu sentado numa poltrona, escrevendo, e me perguntou: "Ô Alceu, o que você está fazendo aí?" Respondi-lhe que terminara de escrever um conto, e ele pediu para ver o original. Chamava-se *A vingança da torre*. Estava muito influenciado pela guerra e a ação do conto se passava numa cidade da França ocupada pelos alemães. Toda tarde, os alemães vinham com sua banda tocar música ao pé da igreja. Um belo dia a torre impacientou-se com aquela coisa e desabou, matando os soldados alemães.

Fiquei parado, na expectativa da opinião do dr. Arinos, como eu o chamava. Vocês estão desenterrando coisas do meu passado, das quais nem me lembrava mais! Estou me vendo, sentado na poltrona e ele de pé, lendo. Ao terminar a leitura, virou-se para mim: "Seu Alceu, está uma porcaria!" A torre desabou em cima dos alemães e depois em cima de mim. Explicou-me que o Brasil estava precisando de escritores que tratassem de temas nossos, o que sempre foi uma grande preocupação dele: "E vocês aqui escrevendo sobre coisas lá da Europa! O que quer dizer isto?"

Nunca mais me meti a escrever nem poesia nem contos. De maneira que cheguei à crítica por exclusão, e porque sentia uma vocação literária em mim, um impulso para escrever.

> *Apesar de ter adotado a crítica por exclusão, como diz, é claro que aos poucos deve ter ido procurando os seus caminhos próprios, as suas bases teóricas. Quais foram as influências dominantes que recebeu?*

Quem me influenciou enormemente foi Benedetto Croce. Mas, quando Renato Lopes me convidou para fazer crítica no *O Jornal*, não tinha nenhuma posição definida. Tinha apenas o impressionismo do leitor que gostava de literatura e que tinha lido bastante, sobretudo Machado de Assis, Eça de Queirós e Anatole France, que foram os três pilares da minha formação literária inicial. Comecei a ler então muitos trabalhos de crítica, mas da linha subjetivista, impressionista. Nessa fase, as minhas influências dominantes foram Anatole France e Jules Lemaitre, que eram os dois mestres da crítica francesa. Só quando, mais tarde, me convidaram para fazer uma biografia de Afonso Arinos é que procurei dar mais consistência às minhas ideias críticas e vi então que quem mais me marcara fora Benedetto Croce, ou seja, já não estava mais na linha da crítica impressionista. E lancei no prefácio ao meu *Afonso Arinos* a ideia da crítica expressionista.

O que me marcou em Croce foi a ideia da unidade literária. Ele se colocava acima da separação dos gêneros. Chamava tudo de poesia. Tudo era poético. Levou o seu hegelianismo à crítica literária, ao que se pode chamar de a crítica liberal, humanista. Suas ideias eram baseadas sobretudo na liberdade de composição. Croce, aliás, não era um modernista. Conta-se que foi levado uma vez a uma exposição de pintores modernistas e ficou olhando tudo aquilo, meio espantado, até que perguntou a um dos pintores: "O que quer dizer esse quadro?" Quando o pintor lhe respondeu que aquilo era uma *tentativa,* aconselhou-o a deixar de lado as tentativas e a começar logo a fazer alguma coisa. Estava muito dentro da tradição clássica italiana.

Mas, como crítico literário, Croce foi realmente importante, principalmente ao desenvolver a ideia da poética como unificadora de todas as escolas, de todos os gêneros literários. Num prefácio que escrevi para uma nova edição de meu livro sobre Afonso Arinos, procurei desenvolver, um pouco na base da crítica croceana, esse "expressionismo crítico", em oposição ao "impressionismo crítico".

Anatole France dizia que a crítica é apenas a descrição das impressões de leitura. No estudo sobre Afonso Arinos, pelo contrário, a minha tentativa não é de descrever minhas impressões sobre a sua obra ou a sua figura, mas integrar-me na obra para assim procurar descobrir o seu sentido e trazê-lo para o leitor. Foi o que procurei fazer durante todo o meu período de crítica militante, ou seja, a crítica como uma forma de criação. Em outras palavras: a crítica como expressão e não apenas como impressão, a crítica como criação, ou melhor, como recriação. Acho que o crítico também deve ser um criador. O que fica do crítico não é a sua impressão, ou juízos subjetivos, mas aquilo que cria por si mesmo. Deve haver numa primeira fase uma subordinação do crítico ao criticado e, em seguida, deve-se procurar fazer uma recriação da obra do criticado. Nesse processo, há uma criação autônoma do crítico.

Para se entender melhor isso, é preciso lembrar a diferença entre *criticism* e *reviewing*. O *reviewing* é uma exposição o mais objetiva possível (a subordinação do crítico ao criticado) da obra, para apresentá-la ao leitor e despertar nele a vontade de ler o livro. Depois vem o *criticism*, que é a parte criativa do crítico, aquilo que realmente fica de sua atividade. Como o poeta cria um poema e o romancista cria um romance, também o crítico cria, ao exercer a crítica no sentido do *criticism*. É nessa última parte, ou seja, naquilo que ele cria através das obras dos outros, que reside a dignidade do crítico. Embora não seja nem um jurado nem um juiz, ele cria alguma coisa, não com o material que lhe fornecem a natureza ou a vida — como é o caso do poeta e do romancista — mas com o material que lhe fornecem aqueles que já trabalharam sobre a vida e a natureza.

O crítico não trabalha sobre a vida e a natureza, mas sobre obras de arte criadas a partir das duas. A crítica é uma nova vida, assim como o é também a arte, pois o artista é um competidor do Criador.

A crítica estruturalista dá mais importância ao texto do que ao autor, a ponto de Roland Barthes separar um do outro. Não é o meu caso. Diz Afrânio Coutinho — prefiro deixar que ele fale a meu respeito — que tenho procurado, ou pelo menos procurava no tempo em que fazia crítica, não separar o texto do autor, mas procurar no autor, na sua vida, na sua psicologia, nas suas ideias, e também no ambiente que o cerca, o sentido da obra, adotando o que ele chama de "globalismo crítico", isto é, uma tentativa não de isolar, mas de congregar todos os elementos.

Não lhe parece que a crítica estruturalista, ao privilegiar exageradamente o texto, a ponto de dissociá-lo totalmente do autor, acaba por nivelar todos os textos, os bons e os medíocres?

Sim. Considero esse um erro da crítica estruturalista. Acho que o isolamento, a falta de globalismo, leva a esse nivelamento a que se referem, e que está em total contradição com a realidade criadora das obras. Porque quando o autor cria uma obra — um poema ou um romance

— ele o faz com base em elementos de sua vida pessoal, de sua psicologia, de seu temperamento, das influências do meio em que vive. Não me parece certo, portanto, isolar o texto como se ele fosse algo totalmente independente do autor que o criou.

Isso não quer dizer que eu negue que o texto tem uma vida própria. Ele a tem incontestavelmente. O autor acaba mesmo sendo obra de sua obra, de tal maneira ele é influenciado pela sua inspiração. Há realmente essa relação interessante: a obra não é apenas fruto do autor, mas também o autor é fruto da obra. Ulisses nunca existiu, historicamente, mas é, ao mesmo tempo, a maior das existências possíveis.

Quando Chaplin morreu, escrevi um artigo exatamente sobre esse tema, chamado "O autor e o personagem". Lembro-me muito bem de estar em Paris, quando Chaplin recebeu o título de *Sir*, e de ouvir os estudantes gritando: *"Vive Charlot, à bas Chaplin"*. Chaplin tornara-se importante, mas Chariot — Carlitos — a sua criatura, que era justamente a imagem do homem destituído de tudo, passara a ser um personagem vital no sentido de Balzac, ou seja, passara a integrar o registro civil. Por isso, os estudantes parisienses distinguiram muito bem o criador da criatura. Mas a morte os reuniu harmoniosamente, na pontualidade dos cemitérios.

Essa distinção entre o criador e as personagens nos faz lembrar Nelson Rodrigues...

Sim, o meu antigo amigo Nelson Rodrigues, que brigou comigo por causa de um simples mal-entendido. Admiro Nelson Rodrigues, de quem fui amigo, e esse é também o caso de Gustavo Corção. Fui grande amigo de Corção e depois nos separamos, por divergências de ideias, mas a morte dele nos reuniu de novo. Com o Nelson Rodrigues acontecerá uma coisa parecida. Também a minha morte, ou a dele, nos reunirá de novo.

A seu ver, quais são as características básicas do atual momento da literatura brasileira? Comparado com a produção da década de 30, por exemplo, no romance e na poesia, acha que esse momento apresenta a mesma vitalidade?

Não. Mas acho que há uma coisa curiosa no momento literário brasileiro, que é a revivescência da poesia. Atribuo isso a uma necessidade de libertação, que a censura forçou. Ao mesmo tempo em que o teatro está violentamente reprimido, que o romance está indiretamente reprimido, que o jornalismo esteve durante algum tempo diretamente reprimido, vemos uma série de poetas que se distinguem.

Mas a literatura de uma forma geral não tem hoje aquele fulgor, aquela tempestividade que teve no momento em que o modernismo trouxe a ideia de liberdade para o centro da literatura. Considero mesmo que hoje os estudos críticos, por exemplo, têm-se desenvolvido em desproporção com a criação em prosa. Vejam que dois grandes prosadores modernos, como Clarice Lispector e Guimarães Rosa, que criaram obras que ficam, já estão mortos.

E Pedro Nava, por exemplo?

Sim, mas Pedro Nava é memorialista e não ficcionista. Aliás, o memorialismo é um gênero importante atualmente, e a meu ver ressurgiu entre nós como um fruto tardio da censura. Esse fenômeno ocorre em toda a literatura universal, pois assistimos a um desenvolvimento muito grande do memorialismo nas literaturas americana, inglesa e francesa, por exemplo. Devo acrescentar, por isso, que o fenômeno do memorialismo entre nós não é apenas uma consequência da censura, mas corresponde também a uma tendência geral. Quanto ao caso específico de Pedro Nava, considero-o o príncipe dos memorialistas brasileiros.

Não lhe parece que essa voga do memorialismo denota uma certa exaustão do romance?

Não, não creio na exaustão do romance. O romance é uma forma que tem crescido no sentido da integração de outros gêneros. Isso sim. A tendência do romance moderno é de *accaparer* — a palavra francesa é que exprime bem o sentido do que quero dizer — de tomar conta de tudo. A poesia, a memória, a política, a literatura, a filosofia estão dentro do romance. É o que Proust e Joyce, os grandes anunciadores do romance moderno, fizeram. Eles trouxeram a unificação ou a reunião de todos os gêneros no romance.

Não acha que as artes estão dando sinais de um certo cansaço, digamos assim, como no caso da pintura, da escultura, da arquitetura?

Acho que o que está acontecendo é aquilo que disse Otto Maria Carpeaux, há uns 10 anos, mais ou menos, num artigo em que se despediu da crítica literária. Dizia ele que os problemas do mundo moderno — da violência do Estado e do indivíduo, por exemplo — são tão graves que o problema da arte, que é a transcrição da vida através da criação estilística, tornou-se marginal. E Carpeaux despedia-se então da arte, entrando na política, com as tremendas limitações que tinha como naturalizado.

Ele foi sempre muito perseguido.

Sim, e esse foi um drama terrível em sua vida. Era um crítico e um historiador literário extraordinário, e no fim da vida ainda fez esse sacrifício terrível de abandonar tudo, porque achava que a arte se estava marginalizando, ou melhor, tornando-se menos importante diante dos angustiantes problemas do mundo moderno.

Há qualquer coisa disso na minha própria evolução. Passei por três fases na minha vida intelectual: chamo de *formalista* a primeira; *ideológica* a segunda; e *realista* a terceira. Na primeira dominavam as formas, na segunda as ideias e na terceira dominam os acontecimentos. No princípio de minha vida intelectual, toda a minha preocupação era com a literatura e as artes. Isso durou até a minha conversão ao catolicismo, em 1928.

A partir de 1930, até 1950, minha preocupação dominante foi o problema religioso e filosófico. Em seguida, e hoje de forma especial, minha preocupação concentrou-se no que chamo de "os acontecimentos". Estou na crítica social, porque sinto como reflexo do ambiente que me cerca, que os problemas estéticos e filosóficos estão hoje subordinados ao problema social, ao problema da subsistência, da sobrevivência. Nós, que nos preocupamos com a cultura literária, estética, filosófica e religiosa, sentimo-nos ameaçados hoje pela civilização tecnológica e pelo desenvolvimento indefinido do poder, que ameaça a liberdade.

Há 50 anos preocupava-me com a autoridade; hoje preocupo-me com a liberdade, porque esse é o grande valor ameaçado no mundo moderno — a liberdade artística, a liberdade de crença e as liberdades civis, que são todas expressões da personalidade humana. Vivemos ameaçados pela sobrevivência do atual regime político brasileiro. Até que ponto poderemos reagir, por meio desse levante natural da opinião pública, contra a crença de que o Brasil só se realizará por meio de uma luta implacável contra as tendências liberalizantes? Quando vejo um candidato à Presidência, como o general Figueiredo, dizer que o liberalismo é um inimigo, e quando vejo os doutrinários do totalitarismo dizerem a mesma coisa, e mais — que o liberalismo leva ao comunismo ou à anarquia — sinto de forma aguda a necessidade que temos de defender o direito à discordância.

No mundo moderno os acontecimentos estão dominando. Por que, no princípio de minha vida intelectual, o que me interessava eram as formas, no meio às ideias, e agora são acontecimentos? Porque vejo aquelas formas e aquelas ideias ameaçadas. Vivemos numa sociedade dominada pela hipertrofia da ideia de ordem e autoridade. Por isso, considero fundamental a luta pelo direito e pela liberdade. Mas nessa luta pela liberdade não podemos seguir o exemplo do liberalismo econômico que acabou criando uma classe proprietária — os capitalistas — e uma classe proletária, ou não proprietária dos meios de produção. Nesse caso, foi o abuso da liberdade, o seu mal uso, que transformou a liberdade econômica no direito de espoliar o próximo. A burguesia não sentiu que estava traindo os ideais pelos quais se batera. E o socialismo que não respeita a liberdade comete o mesmo erro da burguesia.

A burguesia desrespeitou a liberdade, ao hipertrofiar a liberdade econômica, pelo enriquecimento individual, e abolir a liberdade política, pelo crescente autoritarismo. Ainda há pouco, li nos jornais que um grande técnico em imposto de renda, examinando as declarações deste ano, concluiu que no Brasil há má distribuição de renda. Puxa vida! Então foi preciso que o sujeito estudasse as declarações de imposto de renda para ficar sabendo disso?

Voltando ao plano da cultura e da literatura, não lhe parece que a palavra escrita está seriamente ameaçada de ser substituída pelos audiovisuais?

Bom, o perigo evidentemente existe. A oralização está realmente ameaçando a palavra escrita, porque ela vai no sentido da nossa tendência à improvisação e à indolência, digamos assim. Essa tendência ameaça fazer com que a imagem substitua a ideia.

Por outro lado, não se deve esquecer que a televisão é como o computador. Sem o gênio individual, o computador não faz nada. O computador só erra, na medida em que são erradas as premissas nele colocadas pelo homem, que portanto mantém a primazia.

Não se deve ser pessimista. Afinal, a invenção da imprensa matou a iluminura, mas possibilitou a ressurreição do mundo clássico. A técnica é uma arma de dois gumes. Hitler inventou Auschwitz, que é o mal absoluto, mas também o Volkswagen que é, pelo menos, um bem relativo.

Conheceu Machado de Assis, quando criança. A sua opinião sobre ele como literato pode ser encontrada em seus livros, mas que impressão guarda do homem Machado de Assis?

A rigor, não posso dizer que conheci pessoalmente Machado de Assis. Quando tinha uns seis anos e brincava no jardim de minha casa, muitas vezes o vi passar, primeiro com Carolina, depois sozinho. Parecia-me um homem tímido e recatado, mas muito afável, e sempre brincava com a gente, acariciando nossas cabeças. Meu pai e meu padrinho eram amigos dele, tanto que no dia de meu batizado ele até escreveu versos que foram recitados por minha irmã, que tinha uns quatro anos. Fui ao enterro de Machado, levado por meu padrinho. Mas a isso se limita o que se pode chamar de meu conhecimento pessoal de Machado.

Tal como no caso de Chaplin, sua obra excede a pessoa. Leon Bloy dizia, com um certo exagero, que, quando queria saber das novidades do dia, lia as Epístolas de São Paulo. Quanto a mim, quando quero ter um momento de *relax* intelectual, leio alguma coisa de Machado de Assis. Até seu jornalismo, secundário no conjunto da obra, é inteligente. Mas nas obras maiores ele é realmente imortal.

O talento humano é realmente imortal. Não se sujeita a épocas, fases ou ditaduras. Aliás, as coisas mais belas do mundo foram publicadas sob ditaduras, que são superadas pela grandeza do gênio humano. A arte tem uma soberania que é semelhante à da fé. A fé vence os períodos mais incrédulos da História, e ressurge mais tarde. Com o mal também acontece isso. A Igreja ensina a comunhão dos santos, e há também a comunhão dos pecadores. Acho uma das coisas mais notáveis do atual mundo político brasileiro o surgimento do homem impecável. É realmente uma coisa formidável: 14 anos dessa política para criar o homem impecável!

Voltando a Corção, a divergência que teve com ele foi mais...

Mais substancial, ideológica, metafísica, política, envolvendo visão da vida, das instituições, da própria Igreja. Não digo da fé, propriamente, mas da Igreja, da consubstanciação ou da presença da fé católica na sociedade. Da mesma forma, e de certo modo, eu também me separei, *post-mortem,* de Jackson de Figueiredo. Com Corção, isso aconteceu em vida. Ninguém mais influenciado por Jackson de Figueiredo do que eu. E, no entanto, tínhamos uma oposição nítida na vida política. Essas contradições são curiosas. Já fomos levados, neste depoimento, do Nelson Rodrigues ao Corção e do Corção ao Jackson. São figuras que chamo de meus companheiros de viagem, alguns mortos, outros vivos. Fui apresentado ao Jackson pelo Afrânio Peixoto, que era um puro agnóstico, mas que tinha por ele grande apreciação, assim como o Jackson por ele. Começamos nossa aproximação com um debate pela imprensa, em 1918. Eu defendia João Ribeiro, ele o atacava. Começamos a trocar correspondência, debatemos durante cinco anos problemas filosóficos e religiosos. O Jackson era um autoritário, nitidamente autoritário.

Em confronto com um liberal.

Um liberal exatamente. Debatemos durante cinco anos, ele com seu autoritarismo político, eu com meu liberalismo. Minha parte da correspondência com o Jackson deve ficar inédita, pois é muito medíocre. Está com minha filha, que é religiosa em São Paulo. Há pouco, ela me disse: "Papai, faz 50 anos que o Jackson morreu, não seria o momento de publicar a sua parte?" Respondi que não, que minha parte é muito modesta, muito inferior à dele. Mas voltando ao Jackson, fui escolhido, à minha revelia, para dirigir o Centro Dom Vital. O Jackson tinha morrido em novembro e eu, que era um recém-convertido, reentrara na Igreja em junho. Quase que subconscientemente, o sentido de responsabilidade no exercício dessas funções, refletindo-se sobre minhas convicções, minhas ideias, minhas preferências, minhas tendências políticas ou sociais, atuou de tal maneira que passei alguns anos, como ainda hoje passo, por ser amigo do autoritarismo. E por ser integralista, o que nunca fui...

Trata-se de uma escolha entre a ordem, mesmo injusta, e a justiça, ainda que com desordem.

Prefiro a desordem com justiça, pois a ordem geralmente é uma desordem institucionalizada.

Fizemos há pouco uma entrevista com Miguel Reale e ele citou um dos seus textos, em que há uma revelação de certa simpatia pelo integralismo.

Certo, não há dúvida alguma. Escrevi isso em *Indicações políticas*, onde trato da atuação da Liga Eleitoral Católica. Minha posição foi de simpatia pelo integralismo no que ele tinha de antiburgués. Mas ele era também reacionário no sentido antiliberal. O horror de Mussolini por Croce, por exemplo, era realmente o horror de um reacionário, ex-socialista, através do antiburguesismo e do antiliberalismo. Hoje pelo menos, no fim da vida, reconheço que sou burguês e que não gosto da burguesia porque não gosto da filosofia burguesa da vida. E acho que a burguesia, por meio do capitalismo, desviou a democracia de seu sentido autêntico. A Igreja começa a libertar-se desse processo pela volta às origens, à pureza fundamental. Mas, voltando ao integralismo, eu via nele exatamente uma tentativa de superar o capitalismo burguês. Nessa altura, o problema da confusão entre burguesia e liberalismo, democracia e capitalismo, já me preocupava, o que acontece até hoje. Então, via no reacionarismo integralista algo daquilo que o Jackson defendia, como posição da Igreja na sociedade, como elemento de ordem, de equilíbrio, de pacificação. Mas também percebia, dentro do integralismo, uma exagerada exaltação da autoridade, que nos tornava incompatíveis. Nessa época é que foi criada a Liga Eleitoral Católica.

Que ajudou a eleger candidatos extremamente medíocres.

Como o Adhemar de Barros, não é?

Vários, vários...

É, mas a posição da LEC deve ser compreendida: ela apenas apresentava seu programa, a ser ou não aceito pelo candidato. Então, muitos aceitavam o programa apenas para serem eleitos. E houve até episódios pitorescos, como o de Miguel Couto, que era divorcista. Procurei dom Sebastião Leme para tratar com ele do caso e o cardeal me disse: "Deixe comigo". Ele conversou com Miguel Couto. Não sei do que trataram, mas quando foi debatida a questão do divórcio, na Constituinte, o Miguel Couto levantou-se e saiu. Não votou nem a favor nem contra.

Por falar nisso, já temos o divórcio há quase um ano e seus efeitos não foram o que se imaginava, não é verdade?

O importante não é a lei, mas o costume. Este é que faz a lei. Sou antidivorcista, como católico que procura seguir a orientação da Igreja, mas acho que esse é um problema secundário em relação aos costumes. Não somos um povo muito legal, somos sobretudo um povo social. Estou de acordo com Calógeras, que sustentou a tese de que a lei fundamental da História brasileira é o paralelismo entre a lei e o fato. Há o fato e a lei. Por exemplo, toda a proteção aos índios era fundada em leis, algumas muito protetoras, mas que jamais foram obedecidas pelos colonos. Sempre houve uma grande diferença entre o Brasil legal e o Brasil de fato. Assim, com ou sem a lei, o que vale no caso do divórcio é o costume. Quando a gente vê o candidato a governador de São Paulo dizer que é católico e não tem pecado, realmente isso é uma contradição total, absoluta. Ele se compara à Virgem Maria, por exemplo, a única criatura sem pecado original.

Um pouco de pretensão, não é?

Sim, pretensão um pouco exagerada.

É necessário que o Brasil volte ao seu estado jurídico. Devemos lutar para isso. Mas precisamos introduzir na sociedade brasileira a convicção do respeito à lei, desde que ela seja justa. Quando injusta, é muito bom que se a descumpra, mas quando é justa deve ser cumprida. Só assim eliminaremos um terrível ranço de ceticismo jurídico. Isto é terrível. É como o caso da violência. Todos os povos são violentos e o brasileiro também é. Mas temos uma tendência natural à não-violência, que atenua os exageros. Ainda assim, a História do Brasil está cheia de exemplos de violência. É verdade que sem luta nada se consegue. Mas devemos evitar que a luta seja pela violência, especialmente a violência militar, pois ela cria dois terrorismos, o da subversão e o da repressão. Há 15 anos vivemos sob um regime de violência, que finge ser não-violento e abusa da tendência brasileira à tolerância para aplicar a violência através de instituições iníquas, arbitrárias e artificiais.

Não teria chegado a hora de rever a chamada tendência à não-violência do brasileiro?

Não há dúvida. Não há povo que não seja violento, alguns mais, outros menos. Um dos perigos do regime sob o qual vivemos é a exploração de uma certa tendência lírica que o Brasil herdou de Portugal, ao contrário da tendência épica, que os demais latino-americanos herdaram da Espanha. Somos mais facilmente cloroformizados e isso explica como há quase 15 anos vivemos sob o signo da violência. Vivemos, desde 1964, sob o conceito de que só a força, a disciplina, a violência podem evitar a desordem. De fato, a História do Brasil está repleta de violências: Canudos, Farrapos, incontáveis levantes, a República do Equador. Naturalmente, não se pode excluir de vez a violência. Mas institucionalizá-la é algo antibrasileiro. Daí a necessidade de estimularmos o espírito jurídico no Brasil, instituir a ideia de que pela lei, pelo entendimento, pelo diálogo, poderemos resolver nossas divergências. É nesse sentido que eu acho que o cristianismo, por meio da cordialidade, do amor, da paz, da não-violência, poderá levar a uma sociedade em que se possa viver em harmonia, aceitando a contribuição dos contrários. Não sou contra o uso da força, mas da violência. É importante não confundi-las. A violência, que é a hipertrofia da força, barra a passagem da coexistência à convivência, que é a civilização. A distinção é importante. Vejam o caso do sindicalismo brasileiro. Até há pouco ele estava desvirtuado, desfibrado, desfigurado por uma falsa compreensão do paternalismo e da alegada necessidade de uma ordem a todo transe. Então, quando surge o Lula e ataca o Campista é porque este é partidário de uma falsa concepção de força, acha que é preciso subordinar, aceitar a autoridade, o autoritarismo. Ao passo que os outros querem que os trabalhadores se levantem. É o que nós precisamos fazer: levantar o povo brasileiro, que está confundindo paz com um pacifismo desfibrado, raciocinando apenas em termos de intervenção militar, do espírito castrense, disciplina imposta, repressão que se opõe violentamente à subversão. Acho que um dos ensinamentos fundamentais do cristianismo, que nos vem da religião e da mensagem de Cristo, teocêntrica, é o de que os fracos, os oprimidos, os cordiais devem deixar-se conduzir pela lei do amor, da pertinácia, daquilo que a Igreja está fazendo hoje. É exatamente por tal razão que o regime político atual vê com suspeição as Comunidades de Base, que a Igreja começa a organizar, pois é nelas que o povo começa a unir-se para discutir suas necessidades, as iniquidades que sofre. E delas poderá surgir um grande movimento de opinião pública, espontâneo, capaz de destruir o castelo dos disciplinadores, dos que acham que é apenas pela ordem e pela disciplina impostas que poderá ser superada a tendência que o brasileiro tem à improvisação anárquica. O cardeal Leme, que tinha um espírito extremamente prático, já dizia que no Brasil só são bem feitas as coisas improvisadas, pois aqui tudo que é muito planejado acaba mal.

Mas sozinha a improvisação também não é positiva, não é mesmo?

Claro que não. É a responsável pela inexistência de cultura, de erudição no Brasil. Não temos paciência de dissecar textos, preferimos tomar conhecimento pela rama. Lembro-me ainda que em minha juventude consultei um dominicano europeu, que aqui viera fazer conferências, sobre a sua impressão dos brasileiros. Sabem o que respondeu? *"J'ai l'impression que personne ici n'a fait le tour d'une idée..."* Acho que geralmente contornamos as ideias, sem penetrá-las.

Voltando um pouco às questões político-religiosas, como vê a teologia da libertação?

Com a maior simpatia. Ela estabelece perfeitamente que não há dissociação entre o espiritual e o real. Distingue o que é espiritualidade, o homem voltado para sua salvação eterna, e a realidade do homem vivendo no meio, no centro da História. A teologia da libertação ressalta, justamente, a mensagem sobrenatural de que um homem é um ser livre e que pode ter até mesmo a liberdade de não crer em Deus; é um ser que pode e deve realizar sua salvação por meio do combate, da luta, na terra e na História, contra os inimigos dessa salvação. É a teologia que realiza aquilo que Marx situou no centro de sua concepção filosófica. Marx dizia que os filósofos tratavam de investigar a História e que a Filosofia devia procurar modificar a sociedade, mudar a História. É exatamente o que se procura fazer agora, através da teologia da libertação, que é a verdadeira mensagem divina, mensagem de Deus, mensagem de Cristo, que não trata apenas da Igreja voltada para a salvação individual das almas, depois da morte, mas da Igreja da realização na Terra daquilo que é a base de todo convívio social, da justiça e da paz. Essa teologia não situa a liberdade como valor supremo — porque acima da liberdade está a verdade — mas como valor indispensável para a obtenção daquilo que é realmente a nota típica de uma mensagem cristã, isto é, a permanência da vida depois da morte, com justiça e amor situados além da História. Mas, pretender isolar a Igreja de sua missão temporal, histórica, de sua posição na vida política, do convívio social, de sua missão de pregadora da vida que sucede à morte, é realmente separar, seccionar, dividir, reduzir a globalidade da mensagem cristã. Assim, a meu ver, a teologia da libertação não pretende, de forma alguma, que a Igreja assuma as funções do Estado ou desempenhe funções estranhas à sua missão, mas, ao contrário, demonstrar que a pregação da justiça social faz parte dessa missão, como no que se refere à transformação das instituições e no combate às iniquidades.

E a violência pode ser um instrumento dessa luta?

A violência não. A força sim, pois ela é necessária para a luta. A força, o debate, o combate, mas evitando-se a violência, pois ela só se justifica na legítima defesa.

Daí sua condenação ao terrorismo?

Exatamente. Combato tanto o terrorismo de cima como o de baixo. Um faz o outro, são ambivalentes. É inútil tentar descobrir quem dá início ao círculo vicioso. É como o debate sobre quem surgiu primeiro — o ovo ou a galinha.

Afirma-se que as ideologias tendem a substituir a religião, no mundo moderno. Qual sua opinião a respeito?

Um filósofo alemão já disse que o homem adora Deus ou adora os ídolos. É comum a busca de substitutivos para a existência de um absoluto, único. Assim procuramos atribuir valores absolutos ao que é realmente relativo: sexo, dinheiro, prazer, técnica, cultura, que às vezes hipertrofiamos. É assim que a fé se transforma em fanatismo. A diferença entre uma e outra é a mesma que existe entre força e violência. O fanatismo religioso é uma deformação da fé. E não há fanatismos mais terríveis do que os religiosos. As lutas dos *Camisards*, por exemplo, eram aquelas em que tudo se justificava em nome de uma crença que tanto poderia ser verdadeira como falsa. Protestantes e católicos também lutaram pelo fato de cada um transformar sua fé, isto é, crença numa verdade sobrenatural, numa necessidade de esmagar o adversário através dessa fé. Assim, de fato, o fanatismo equivale à negação da fé. Trata-se de uma hipertrofia da verdade. Creio que foi Chesterton quem disse que a mentira é uma hipertrofia da verdade. Como o orgulho que, levado ao extremo, é uma negação do respeito que cada um deve ter por si próprio. Da mesma forma a avareza é a negação da economia. Levados ao extremo, os próprios pontos do Decálogo levam também à sua própria negação.

Dessa forma, a hipertrofia...

Acaba por negar tudo. O capital, por exemplo, é perfeitamente justo, como a propriedade. Mas, quando o capital subordina o trabalho, temos o capitalismo, não o de hoje em dia, racionalizado, mas o capitalismo clássico. O mesmo se aplica ao socialismo, que se nega a si próprio, como no caso do marxismo soviético, do tipo stalinista, que reprime a dissidência e o direito à contestação. Trata-se do socialismo no poder, usando os mesmos métodos contra os quais lutou, fora do poder. Daí a descrença, a decepção de tantos com o socialismo no poder.

Vê alguma exceção, no campo do socialismo no poder?

Creio que Tito será considerado no futuro um dos grandes restituidores do socialismo, assim como o eurocomunismo e o socialismo tal como são realizados na França e na Espanha. Temos de considerar o socialismo em face do comunismo. Este já é considerado limitado pelos "brigadisti" e isto porque o "brigadismo vermelho" é uma hipertrofia de tudo o que havia de justo em toda a luta do socialismo e que representou, na Revolução Russa, um dos pontos capitais da História da Humanidade, assim como a Revolução Industrial britânica representou o mesmo em relação à técnica e a Revolução Francesa em relação aos direitos humanos. Mas, quando essas revoluções se hipertrofiam, transformando os direitos individuais numa exaltação do indivíduo contra a sociedade, ou do Estado contra a pessoa, o resultado é o que encontramos hoje em dia.

E o que o leva a sentir-se hoje mais perto do socialismo?

Bem, a teologia da libertação, por exemplo, está tentando estabelecer, por meio de elementos mais adiantados ou mais esclarecidos, aquilo que Aristóteles já dizia, isto é, que sendo o homem um ser político a coletividade tem direitos sobre ele, mas também ele tem direitos sobre a coletividade. Exaltando os direitos das elites, o paganismo justificava a escravidão. A própria Igreja, na Idade Média, considerava-a uma instituição natural, quando é antinatural, exatamente por negar o que deveria afirmar — o direito de cada pessoa, seja ela qual for.

Nesse caso, a teologia da libertação seria exatamente o oposto do triunfalismo?

Totalmente. O termo triunfalismo foi cunhado por um bispo de Bruges, a velha Ouro Preto da Bélgica. Hoje, depois do Concílio, a Igreja está sendo chamada a olhar menos para seus triunfos do que para suas fraquezas, suas fragilidades. É o que frei Leonardo Boff, um franciscano e professor do Seminário de Petrópolis, está fazendo em relação à História do Brasil e ao papel da Igreja.

Como se situa em relação ao liberalismo no mundo moderno?

Para mim ele representa uma hipertrofia da liberdade, pois coloca a liberdade acima de todos os valores. Assim, para mim é falso, na medida em que a liberdade é excelente e o liberalismo ambíguo, como o capital é excelente e o capitalismo ambíguo, o indivíduo é excelente e o individualismo ambíguo. Como o sufixo generaliza, é preciso aceitá-lo condicionalmente, dentro da relatividade.

Quer dizer que aceita um liberalismo político, embora com uma omissão no campo social?

Perfeitamente. Assim como aceito o socialismo político, com liberdade. Já se fala até em socialismo cristão. De fato, a subordinação do indivíduo à coletividade está nitidamente na filosofia de Aristóteles e na de São Tomás de Aquino, que é a mais ortodoxa dentro da Igreja. É nesse sentido que nego a filosofia marxista, uma vez que ela nega a existência da natureza humana, considerando o homem um mero projeto, fruto gradativo da evolução da sociedade. Ora, o ser humano tem natureza própria, imortal, com direitos e deveres, e uma natureza relativa em relação ao meio, à hereditariedade, à educação, à cultura e à propriedade. Dessa forma, negar a natureza humana equivale a negar os próprios direitos humanos. Daí a gravidade da hipertrofia do poder, que considero o grande problema do mundo moderno. Maior que o do sexo, maior que o da liberdade. Daí minha simpatia para com o anarquismo, os dissidentes, os contradizentes, que exercem sua natureza humana perante o poder hipertrofiado.

Nesse mesmo campo, a tendência a compatibilizar socialismo e liberdade...

O grande problema, precisamente, é superar a contradição entre democracia e socialismo, ou entre capitalismo e comunismo. As contradições surgem quando, por exemplo, a democracia se transforma em individualismo, no direito absoluto que teria o homem sobre seus bens, negando-se assim a função social da propriedade. Por outro lado, o eurocomunismo, em minha opinião, corresponde ao reconhecimento de que o socialismo, na prática, degenera numa negação dos seus próprios ideais. Atualmente, os marxistas estão em pleno desacordo com Marx, pois hipertrofiam o Estado, algo que Marx sempre considerou transitório, a ser eliminado. Veja, quando defendemos o Estado de Direito e patrocinamos a teologia da libertação, estamos procurando demonstrar que na natureza humana há a necessidade de ser respeitado e, ao mesmo tempo, de respeitar.

Nessas condições, como prevê o desfecho da crise brasileira?

Temos que lutar com paciência contra os resquícios de um longo período de colonização, contra o neocolonialismo, contra o neofascismo, contra o neomilitarismo. Temos que lutar contra o conformismo, que vem do colonialismo. Temos que lutar por nossa independência, pois, não sendo economicamente independentes, não somos politicamente independentes. Temos de lutar contra a hipertrofia do Estado, que gerou essa filosofia da segurança nacional, que nasceu do Renascimento, com a criação do Estado-Nação e, com a limitação das liberdades, transformou-se na doutrina do Pentágono. Outra hipertrofia, dessas que ganham corpo rapidamente, é a do progresso tecnológico. A rapidez deste é assombrosa. Vejam, eu nasci no ano em que foi fabricado o primeiro automóvel. Tive oportunidade de vê-lo no Museu de Tecnologia, em Washington, com a data, 1893, o ano em que nasci. Aos seis anos, fui a Paris e perguntei a meu pai o que vinham a ser aqueles buracos nas ruas. Ele me explicou que eram para uma coisa chamada metropolitano, o metrô.

Primeira visão do milagre brasileiro?

Pois é. Então papai me disse que em Londres eu iria ver o "tube", o metrô de lá, que já estava funcionando. Em 1909 eu estava em Berlim quando Blériot fez o primeiro cruzamento aéreo da Mancha. Logo depois fui assistir em Rouen à primeira Semana da Aviação do Mundo, onde um biplano de um senhor chamado Curtiss venceu um circuito de velocidade, de três quilômetros e pouco (sic). Tudo isso numa existência humana, na vida de um velho que não está tão decrépito... É como assistir à *Guerra nas Estrelas*.

E quanto à sua participação direta na política?

Bem, atuei como membro da Liga Eleitoral Católica. Posteriormente, participei da campanha do brigadeiro Eduardo Gomes. Realmente, essa foi a única campanha em que tive participação direta, no sentido de falar até em praça pública. Até então, as campanhas de que participara tinham sido da L. E. C. que não implicavam a indicação de qualquer candidato, limitando-se a apoiar os que apoiavam nosso programa.

Que impressão lhe causou, como contemporâneo, a campanha de Rui Barbosa? Seriam ainda válidos os postulados da Campanha Civilista?

Naturalmente. Acompanhei e deixei-me empolgar pela campanha, como estudante de Direito. E o civilismo ficou marcado em mim. Até hoje o militarismo me inspira grande temor, pois não considero, entre as funções militares, a de dirigir instituições civis. De qualquer forma, para mim os postulados de Rui permanecem absolutamente válidos. Evidentemente, eles devem ser considerados dentro de seu contexto, pois estavam numa posição muito tímida em relação ao desenvolvimento que o socialismo vem tendo no mundo moderno. Entretanto, o socialismo tem engrossado mais do que melhorado. E tem engrossado tanto para o bem como para o mal. O sovietismo, por exemplo, em relação ao marxismo, demonstra o engrossamento do socialismo. Está claro que as ideias de Rui, no terreno social, eram ainda bastante paternalistas, digamos assim. Agora, os seus postulados básicos continuam sendo absolutamente aplicáveis.

Afinal, a política também sofre aquela influência que a literatura sofre do próprio tempo, não é verdade?

Naturalmente. No passado, nunca tivemos no Brasil partidos realmente extremistas. Foi justamente a partir do integralismo e do comunismo que o radicalismo político aqui se estabeleceu. Até então, os radicalismos eram essencialmente locais, circunscritos. As rivalidades locais eram, às vezes, muito violentas, mas sempre localizadas, nunca generalizadas. Ocorriam na razão inversa do próprio âmbito político. Então, no âmbito geral, havia mais entendimento, a ponto de os liberais e conservadores realizarem, quando no poder, os ideais dos adversários. Havia uma espécie de entendimento. Por outro lado, à medida que se descia do âmbito nacional para o local, a coisa mudava. Estou relendo, agora mesmo, as terríveis polêmicas religiosas travadas naquela ocasião. Quando a gente verifica como os jornais se digladiavam... Mas isto é preferível à imprensa censurada, não há dúvida alguma, que é um grande obstáculo ao restabelecimento do Estado de Direito.

O qual não seria um fim em si, não é mesmo?

Não, é um instrumento de respeito aos direitos individuais e alheios. Herdamos isso dos gregos, que viam na prudência uma das virtudes supremas. O verdadeiro sentido da prudência foi deturpado, a ponto de nela vermos hoje um sinônimo de covardia.

Bem, a hipertrofia, de que falou reiteradamente, pode ser um sinônimo de desmedida. E, sendo como é um homem de medida, num mundo dominado pela desmedida...

Bom, procuro manter tanto quanto possível certa equidistância, pois continuo achando que no meio não se encontra a mediocridade, mas a virtude, no sentido de equilíbrio. A ideia do equilíbrio é ateniense, ao passo que a ideia de Esparta é a do desequilíbrio, do poder. Essa ideia do equilíbrio era também dos chineses. Eles não se baseavam na teoria do domínio de uma classe, por exemplo. Não estabeleciam que a classe dominante tem o direito de eliminar as demais. Ela pode ter todos os direitos, mas tem o dever de respeitar as demais, até o momento em que estas desrespeitem o seu. Nesse mesmo contexto, a classe proletária tem o direito e o dever de lutar contra a classe proprietária, que tem os meios de produção. Por quê? Porque a classe proprietária desvirtuou completamente o equilíbrio necessário entre a elite e a massa, levando ao elitismo e à massificação. Nós, por exemplo, estamos vivendo há quase

15 anos no elitismo político. A participação da coletividade é negada por uma aristocracia ou autocracia. Mas, se amanhã formos dominados por uma ditadura de esquerda, como temos sido dominados pela ditadura de direita.... Creio que na América Latina as ditaduras de direita são muito mais perigosas do que as de esquerda, pois a tendência ao elitismo ditatorial é muito maior do que a possibilidade de uma autocracia proletária, numa sociedade em que o proletário vive exclusivamente pensando no dia de amanhã e sem nenhuma possibilidade de reagir. Então, acho que o sentido da medida, do equilíbrio, do acordo, da compreensão, do diálogo, é indispensável. Foi o que me encantou na primeira encíclica de Paulo VI, baseada na ideia do diálogo, que é a negação do triunfalismo. Creio que o mundo moderno só se salvará por meio do diálogo. Não há dúvida de que estamos realmente sujeitos a holocaustos. A tecnologia assumiu tal importância, que já se sustenta que a única paz possível é a paz pelo terror.

A propósito, como vê nosso futuro?

Parece que devemos partir da constatação de que o Brasil ainda é um reflexo, que a grande lei de nossa evolução é a lei da repercussão. Infelizmente, vamos sendo um reflexo do que se passa no eixo da História, que vai da Rússia ou da China aos Estados Unidos, passando pela Europa. Isto explicaria todas as tentativas que foram feitas de baixo para cima para vencer a reflexividade de nossa História. Consideremos a história literária brasileira, que é toda ela um produto das histórias literárias francesa, alemã, inglesa, portuguesa, que chegaram para refletir aqui, através do barroco, do romantismo, do simbolismo, do modernismo, o que estava acima do Equador. Estando abaixo do Equador, sob esse peso fundamental, vivemos ainda numa economia, numa filosofia, numa literatura que partem de um dado fundamental: não somos independentes. Agora, lutamos e devemos lutar pela independência. Isso é outra coisa. Essa é a luta que temos de vencer dentro de nós mesmos. Trata-se de uma luta semelhante à que devemos travar contra o pecado original — salvo o sr. Maluf, que não precisa vencer o pecado, porque não tem pecado...

23 de outubro de 1978

17 Sou francamente paradoxal

Entrevistadores:
*Lourenço Dantas Mota
e Carlos Garcia*

Gilberto Freyre

Nasceu no Recife, em 1901, onde morreu em 1987. Diplomou-se pela Universidade de Baylor, nos Estados Unidos, em 1920, concluindo seus estudos de pós-graduação na Universidade de Colúmbia. Em seguida realizou viagens de estudos pela Europa — Inglaterra, França, Alemanha, Portugal. Sociólogo, historiador, escritor. Seu livro mais famoso — Casa-Grande e Senzala — já nasceu clássico, quando publicado em 1933. Teve breve e destacada atuação política constituinte em 1946 e deputado federal.

Saiu do Brasil quase menino para estudar nos Estados Unidos e na Europa e voltou já homem feito. O contraste entre o que viu nesses países e o que encontrou no Brasil o chocou muito?

Esse realmente é um ponto importante de minha formação. Saí daqui quase menino, como se diz, e voltei homem feito, depois de uma variedade de contatos em meios universitários e extra-universitários nos Estados Unidos e na Europa. Ao voltar ao Brasil, depois dessa ausência de 5 anos, deparei-me com um meio que me desnorteou: ao qual me senti totalmente estranho. Não encontrei aqui sequer sombra do meio universitário. Não havia meio universitário no Brasil de então: em 1923. Meu meio de integração na vida intelectual brasileira foi o *Diário de Pernambuco*, dirigido então por Carlos Lira Filho, homem inteligentíssimo. Convidara-me para tornar-me colaborador permanente do jornal, ainda quando estudante no estrangeiro, e — coisa extraordinária para a época — começou a pagar-me pelos artigos. Afora isso, no entanto, minha sensação ao voltar ao Brasil foi a de não me ajustar a coisa nenhuma. A de estar sobrando. A de ser um estranho. Um intruso. Tanto é assim que alguns jornais da época — e também de épocas posteriores — começaram a me chamar de meteco, que é a velha designação clássica do indivíduo intruso. Porque se houve um Carlos Lira Filho, por outro lado houve também outros elementos — inclusive jovens — de minha geração que me hostilizaram. É certo que o fato de meus artigos no *Diário de Pernambuco* serem publicados com grande destaque irritava jovens de minha geração que também tinham pretensões intelectuais. Essa irritação se devia também ao fato de eu falar de assuntos que eram inteiramente novos para o Brasil, como as ideias de Franz Boas, por exemplo, que ninguém conhecia aqui. Falava também das minhas relações com os poetas imagistas dos Estados Unidos e da Inglaterra. Chegou-se a pensar que tudo isso de imagismo era invenção minha. Invenção minha o expressionismo, com o qual eu entrara em contato na Alemanha.

Eu falava também do movimento anarco sindicalista do francês Sorel, e pensou-se que eu confabulara com anarquistas dos que atiram bombas. Ao mesmo tempo, no entanto, falava do movimento de Charles Maurras, muito interessante do ponto de vista intelectual, e que era simultaneamente monárquico, federalista e regionalista. Províncias, regiões, descentralização, federalismo e anarquismo e, ao mesmo tempo, Ganivet e Maritain eram perspectivas que me seduziam e encantavam e que haviam atuado sobre minha formação. Mas falava delas para um público para o qual tudo aquilo soava como ecos de um outro mundo. É fácil ver, portanto, por que fui classificado de meteco. Fui acusado de esnobismo sobretudo por me vestir à inglesa. Talvez houvesse em mim um pouco dessa atitude. Mas o fato é que trajava à inglesa, principalmente, por causa da minha situação de jovem pobre. Era obrigado a aproveitar as minhas boas roupas inglesas em pleno calor tropical: meias inglesas e tudo. Aquilo escandalizava um bocado. De modo que não deixava de haver uma certa base para as acusações de esnobe, meteco e pedante.

No meu tempo de estudante, tanto nos Estados Unidos como na Europa, tive um grande amigo brasileiro como que exilado voluntário, Oliveira Lima, uma das maiores figuras intelectuais do Brasil. Facilitou-me o acesso a gente da maior importância social e intelectual. Mas a minha grande experiência na Europa, vindo dos Estados Unidos já com o grau de Mestre da Universidade de Colúmbia, que era na época um grau importantíssimo — ainda não havia o avassalador "peagadeísmo" — foi o meu contato com uma Oxford que também começava a desaparecer na sua pureza como grande centro não só de vida social, como de vida intelectual do que havia de melhor na Inglaterra. Fui convidado para o *Oxford Spanish Club* e admitido em outra instituição importante, que é a *Oxford Union*. Esta última é uma instituição política. Fala-se hoje no Brasil sobre se o estudante, como tal, deve ou não fazer política. Creio que a resposta está no exemplo britânico: deve fazer. Fiz um grande amigo na *Oxford Union,* que foi Esme Howard Júnior, filho de Lord Howard. Viria também a admirar Stafford Creps, a quem dediquei meu livro *Ingleses no Brasil.* Ele me escreveu uma carta que funcionou como uma espécie de defesa minha num Brasil em que fui por vezes acusado de subversivo, comunista ou anarquista. Com o comunismo nunca tive afinidades políticas. Sempre fui e sou um grande admirador de Karl Marx como intelectual e como pensador político e menos como idealizador de uma revolução a meu ver simplista. Com o anarquismo foi diferente. Ainda hoje me considero filosoficamente — mas uma filosofia para ser aplicada em tempo oportuno — anarquista. Anarquista construtivo, à maneira de Sorel. Temo muito todas as burocracias, todas as tecnocracias, e vejo no anarquismo, construtivo ou criativo, a longo prazo — sei que em termos imediatos isto é impossível, pois vivemos hoje, em países como o Brasil, sob um jogo de superpotências que torna ridículo um brasileiro se dizer anarquista — a solução para a qual caminhamos. O Brasil vai ter um papel importante a desempenhar num mundo em que, se não dominarem por completo, as diretrizes anarquistas terão uma grande influência. Acho que a própria miscigenação brasileira, para tocar em assunto que me é tão caro, já é uma explosão socialmente anárquica, criativa, no sentido do melhor anarquismo.

O que é a miscigenação? É uma quebra dos tabus que tendem a bitolar todas as relações sociais à base não só de classes como de raças. Ora, o Brasil vem sendo, desde os primórdios, um país de miscigenação, o que constitui uma atitude anárquica para com a uniformização de relações inter-raciais paralelas às relações entre classes. É errado bitolar as relações entre raças. O indivíduo deve ter a maior liberdade para passar de uma raça para outra, de uma religião, de uma classe ou de uma filosofia para outra. Essa é a grande liberdade anárquica que não existe nem no comunismo nem no capitalismo, que são ambos regimes bitoladores. Essa tendência filosoficamente anárquica foi estimulada em mim pelos meus contatos com Oxford e com o anarco sindicalismo de Sorel em Paris.

> *Como se explica que, tendo recebido uma formação cosmopolita, tenha se transformado num dos maiores especialistas em problemas brasileiros? Parecia ser justamente a pessoa de quem não se esperava isto.*

Isto resultou do fato de voltar a um Brasil que eu não compreendia e que ninguém me explicava. Procurei ler muita coisa sobre o Brasil. Já lera antes, nos meus tempos de estudante no estrangeiro, autores brasileiros ao lado dos estrangeiros. Livros de brasileiros sobre o Brasil. Ainda como estudante travei conhecimento — não pessoalmente, é claro — com Monteiro Lobato, por exemplo. E já conhecia bem Joaquim Nabuco, Alencar, Machado, Rui Barbosa, Eduardo Prado, Graça Aranha. Mas nenhum deles me explicara o Brasil. De volta ao meu País senti-me tão estranho, tão meteco, considerado tão de fora — e sob certos pontos de vista essas críticas tinham a sua base — que concluí pela necessidade de eu próprio descobrir o Brasil. Dediquei-me a essa espécie de descoberta pessoal da minha própria nação, com verdadeiro ardor tolstoiano. Como? Misturando-me com a gente do povo, o que se criticou muito na época. Era visto com frequência, por exemplo, num restaurante inteiramente boêmio chamado "Dudu", no Largo do Mercado, no Recife. Diziam que esse Dudu era um antigo facínora. O que sei é que era um brasileiro autêntico, com quem fiz muita amizade. Aprendi muita coisa com ele e com os frequentadores do seu restaurante. Fui frequentador também do "Bacurau". Comecei a ir a todos os Pastoris de que tinha notícia, a todos os bumbas-meu-boi, e também a festas religiosas, embora sem ser católico. Tornei-me sócio do Clube das Pás — coisa que causou certo escândalo — e do Clube Vassourinhas.

Como chegou ao movimento regionalista, do qual foi o inspirador e fundador?

Exatamente através dessa curiosidade pelo que era espontaneamente popular. Primeiramente em Pernambuco e nos Estados limítrofes, Alagoas e Paraíba. Fui-me interessando por todas as manifestações da vida e da arte popular. Por xangô, por exemplo. Fiz então amizade, uma verdadeira amizade, com um babalorixá chamado Pai Adão, com quem também aprendi muitíssimo, não apenas sobre xangôs, como sobre a vida popular brasileira em geral. Além desses contatos populares, fiz também várias excursões pelos engenhos. Sobretudo na antiga região dos Wanderleys, meus avós. Tive na época um grande amigo, Pedro Paranhos Ferreira, da geração de meu pai, mas com o qual me dava muito bem, como se fôssemos da mesma idade. Era senhor do Engenho Japaranduba, que na época era um mundo, com uma verdadeira floresta virgem. Era neto do Visconde do Rio Branco e sobrinho do Barão. Dono de bons cavalos. Saíamos juntos a cavalo. Tivemos uma afinidade importante: ele tinha passado, como eu, grande parte da mocidade no exterior. Foi assim, por intermédio de Pedro Paranhos, que entrei em contato direto com o que restava dos velhos engenhos patriarcais de Pernambuco, Alagoas e Paraíba. Com relação especificamente ao problema do regionalismo, não se deve esquecer que, em Paris, frequentei as conferências da *Action Française* de Maurras, nas quais se dava muita ênfase às províncias da França, à sua cultura e à resistência que elas opunham à centralização e à absorção por Paris. Isso me impressionou muito. Também nos Estados Unidos mantive alguns contatos que me marcaram muito. Um deles foi com o grande poeta irlandês William Butler Yeats, talvez o maior poeta que a língua inglesa já teve. É a opinião de vários críticos. Tinha eu 18 anos quando o conheci e ele me causou uma profunda impressão. Era não apenas um poeta como um verdadeiro líder intelectual, que lutava pela preservação das tradições irlandesas ameaçadas pela presença inglesa: pela extraordinária influência inglesa.

Fui amigo de outro poeta de língua inglesa, Vachel Lindsay, este americano, que era também um poeta extraordinário e muito ligado ao regionalismo. Mantive contatos ainda com outro grande poeta, Amy Lowell, do movimento Imagista, que teve muita importância nessa época nos Estados Unidos e na Inglaterra. Ela era também muito interessada pelo problema do regionalismo. Considerava que nos Estados Unidos as regiões tinham tido uma grande influência na formação da nação e reagia contra o metropolitanismo de Nova York. Tudo isso concorreu para o meu futuro regionalismo. O meu regionalismo surgiu junto com o meu populismo, digamos assim, ou seja, junto com o meu interesse por tradições e valores teluricamente brasileiros e por tudo o que fosse popular sem ser popularesco. A certa altura, comecei a sentir que devia dar uma expressão mais ou menos sistemática, teórica, a um regionalismo brasileiro. Nessa época, o professor Odilon Nestor, colega de meu pai na Faculdade de Direito, que estivera na França e ali adquirira uma especial simpatia pelas ideias federalistas de Maurras, fundou um

Centro Regionalista no Recife, do qual me fez secretário-geral. Isso criou para mim como que uma responsabilidade de sistematizar o que já vinha antevendo sobre regionalismo, no Brasil, como uma expressão básica da realidade brasileira. Porque o Brasil sendo de fato, sobretudo, uma constelação de regiões, sendo os Estados criações políticas artificiais, a verdadeira cultura brasileira estava — foi a conclusão a que cheguei — nas suas várias regiões.

Começamos então a nos reunir, Odilon Nestor, meu pai, Pedro Paranhos, eu e Carlos Lira Filho, que fez do *Diário de Pernambuco* uma espécie de órgão oficial do movimento regionalista, e alguns outros. Esse movimento veio a culminar em um Congresso Regionalista, no qual foi lido um pronunciamento — que depois veio a se chamar "manifesto regionalista" — feito por mim, no qual se expunha, pela primeira vez no Brasil, a ideia de um regionalismo adaptado às nossas condições: inclusive ao nosso cotidiano. Um regionalismo, o surgido no Recife, existencial, concreto, de acordo com a diversidade de situações existentes no Brasil. Esse pronunciamento, depois chamado manifesto, é um marco na vida intelectual, artística e até política de nosso país, pois a partir dele se começou efetivamente a pensar em termos regionais. Começou-se a aceitar a ideia, lançada pelo movimento do Recife na década de 20, de que o Estado, no Brasil, representa uma imitação do Estado na União norte-americana, e que a Constituição republicana de 89 foi uma Constituição não brasileira, mas imitada ou copiada. Mais: que o regionalismo na sua projeção política poderia ser a inspiração de uma nova Constituição. A oportunidade para isso surgiria em 1945. Nessa ocasião, a União Democrática Nacional ofereceu aos estudantes do Recife um lugar em sua chapa de candidatos à Constituinte. Surgiram dois ou três candidatos entre eles e, para evitar choques, decidiram os jovens exigir que eu fosse o seu candidato. Relutei, porque a perspectiva dessa atuação política não me atraía, mas acabei aceitando para atender ao apelo dos jovens. Eleito, toda a minha atuação na Constituinte teria um sentido regionalista.

Disse ter sido influenciado pelas duas correntes federalistas francesas: a de Charles Maurras, de inspiração monárquica e conservadora, e a inspirada pelos anarquistas como Sorel e, principalmente, Proudhon. A influência que sofreu do anarquismo estende-se, como disse, além do problema do federalismo. Essa influência anarquista exclui a de Maurras — que é um dos ideólogos da direita francesa — em outros setores além do federalismo? Como concilia o anarquismo com o autoritarismo de Maurras?

Compreendi o monarquismo de Maurras, como compreenderia mais tarde a atitude de de Gaulle — a meu ver, um maurrassiano prático — ao fortalecer o Executivo na França, que precisava acabar com a proliferação de partidos no Parlamento e com a influência exagerada, retórica, do parlamentarismo, perigosa para o prestígio francês, sem dúvida em crise. Nesse sentido, admirara a filosofia realista de Maurras — realista não por ser monárquica, mas por ser objetiva — nas soluções que propunha para a França. E que de Gaulle à sua maneira realizara. Como conciliei essas duas influências de Sorel e Maurras? Eles próprios tinham grandes afinidades. Frequentei os dois grupos: os anarco sindicalistas de Sorel e a Action Française. Não para me ligar sectariamente a qualquer um deles, mas para sentir como aquelas duas expressões da mocidade ou da inteligência francesa ligavam seu idealismo a propostas que, embora referentes a situações francesas, podiam ser transpostas para outras situações nacionais nas circunstâncias internacionais de após-guerra de 1914/18. Nesse sentido, creio que houve sobre mim uma dupla influência de Maurras: a influência federalista e a influência no sentido da valorização dos Executivos, contra os excessos parlamentares, em circunstâncias internacionais críticas.

O Manifesto Regionalista foi uma resposta à Semana de 22, ou a seu ver ele surgiria fatalmente mesmo se a Semana não tivesse ocorrido?

Creio que o Manifesto tem uma origem específica, que não se confunde com a Semana de 22. Quero aproveitar essa pergunta para esclarecer as minhas atitudes com relação à Semana de 22 e as de alguns de seus representantes para com o Movimento Regionalista do Recife. Oswald de Andrade, por exemplo, depois de uma atitude hostil a esse Movimento e a mim, tornou-se meu amigo, mais tarde, e dizia estar inteiramente de acordo comigo em vários pontos essenciais. Inicialmente, no entanto, considerara o regionalismo e o tradicionalismo do Recife inteiramente arcaicos, coisas a serem desdenhadas. Chegara mesmo a fazer alguns comentários irônicos a meu respeito. Exemplo: quando soube da notícia da morte de Lampião, consta que teria dito: "Ora, não adianta nada matarem o Lampião, porque o Gilberto Freyre continua vivo". Uma coisa muito de Oswald, humorista, esse comentário. Depois, como disse, ficamos amigos, amicíssimos. Quando eu chegava a São Paulo, ficava comigo o tempo todo. Entre Mário de Andrade e eu sempre houve uma distância, que nunca foi superada por nenhuma das duas partes. Mas eu o considero uma das grandes forças renovadoras que já houve no Brasil: na arte, na literatura e até na política brasileira. Porque tanto o movimento de São Paulo quanto o do Recife tiveram projeções políticas. Gostaria também de citar a posição de Blaise Cendrars, suíço de formação francesa, que esteve no Brasil na época dos movimentos, o do Recife e o de São Paulo, sendo muito cortejado pelos grupos modernistas da Semana de 22 de São Paulo e do Rio. No entanto, quando deu seu depoimento sobre as experiências de renovação da arte, letras e estudos sociais que presenciara no Brasil, deixou bem claro que a sua simpatia maior era pelo Movimento Regionalista do Recife: mais do que pela Semana de 22. Por quê? Segundo Cendrars, os modernistas de São Paulo quase não fizeram outra coisa senão copiar o modernismo europeu, sem se preocuparem muito com as particularidades regionais.

É verdade que, principalmente por influência do próprio Cendrars, Tarsila pintou certas coisas de Minas Gerais. E Mário de Andrade tinha um interesse por folclore, que não deixava de ser também um interesse regionalista. Mas a grande ênfase deles foi a introdução aqui dos modernismos que grassavam na França, sobretudo, e um pouco na Itália; esquecendo o Expressionismo alemão, o Imagismo anglo-americano e o Irlandismo. Absorveram mais o modernismo francês do que o futurismo italiano. Cendrars concentra sua crítica à Semana de 22 no fato de não ter sido tão brasileira no sentido de valorizar as nossas coisas, quanto o regionalismo do Recife. Essa valorização das coisas brasileiras Cendrars encontrou de fato no movimento do Recife. E o seu testemunho, por ser o de um observador de fora, é importante. Realmente, o movimento do Recife operou uma revolução no sentido modernista, mas a seu modo, isto é, combinando renovação e apreço pelas fontes regionais e tradicionais da cultura do nosso país. Isto não se deu em São Paulo com o mesmo afã que no Recife. Com relação à língua portuguesa, por exemplo, que os dois movimentos tomaram como um de seus objetivos revolucionários, as posições foram discordantes. Houve uma renovação da língua literária no Brasil partida do Recife, mas que não importava no exagero a que se chegou em São Paulo, com o próprio Mário de Andrade, no seu afã antigramatical da colocação dos pronomes, chegando quase a extremos burlescos. Houve no Recife o afã de superar a gramática, mas não de hostilizá-la. A Semana de 22 hostilizou a gramática de um modo exagerado que não pegou. Um modo artificial. Hoje ninguém escreve como queriam Mário de Andrade e Oswald de Andrade que se passasse a escrever literariamente no Brasil.

Logo após o Manifesto Regionalista, entra na política como secretário particular do governador Estácio Coimbra. Foi uma experiência rica essa?

Sim, tão rica quanto a experiência da Constituinte e da Câmara. As duas experiências me possibilitaram entrar em contato com dois laboratórios magníficos: o do Executivo e o do Legislativo brasileiros. Na Constituinte, entrei em contato com representantes de várias tendências e de diferentes regiões do Brasil. O contato com os comunistas do então famoso Prestes, por exemplo, foi muito interessante. Prestes me impressionou como um místico. Interessante como aquele matemático me impressionou como um místico. Acho que ele foi vítima não do misticismo, mas da matemática. Muito esquemático ele. Muito geométrico. E é mais fácil fazer política sendo místico como o padre Cícero do que sendo matemático como era e talvez ainda seja Prestes. Quanto à experiência no Executivo, minha posição junto ao governador Estácio Coimbra foi singularíssima, porque, embora muito mais jovem do que ele e do que os demais secretários do seu governo, era muito ouvido por ele numa série de assuntos. Quis-me fazer deputado numa época em que o desejo de um governador era, nesse sentido, uma vitória, mas recusei, dizendo-lhe que isso me interessava tão pouco que nem eleitor era. Considerava os partidos de antes de 30 inteiramente ridículos, artificiais, postiços. Nada me diziam, mas ele insistiu e me disse várias vezes: "Minha ideia é fazer de ti governador de Pernambuco e assim talvez chegues à Presidência, como eu gostaria de chegar".

Realmente, a Presidência esteve ao alcance das mãos de Estácio Coimbra, com a experiência de vice-presidente. E dada por quem? Por Getúlio Vargas, por Antônio Carlos e Afrânio de Melo Franco. Quando começaram aquelas grandes agitações da Aliança Liberal, chegou ao Recife um emissário misterioso, Felipe de Oliveira, um gaúcho que era ao mesmo tempo poeta, industrial e *playboy* frequentador do *society* carioca. Um encantador intelectual transformado em político. Sua missão era oferecer a Presidência a Estácio Coimbra, em nome de Getúlio Vargas e Antônio Carlos. Os dois estavam convencidos de que a candidatura de Júlio Prestes era um erro — como Estácio também estava — e queriam fazer do governador de Pernambuco o candidato de conciliação nacional ou pacificação. Mas Estácio era político ligado a Washington Luís e, por dever de lealdade, ficou ao lado da candidatura de Júlio Prestes. O episódio é mal conhecido, embora revelado em livro de memórias por Elói de Souza, que soube do fato pelo próprio Getúlio Vargas.

Acompanhou Estácio Coimbra no exílio após a Revolução de 30?

Sim, a pedido dele. Depois de uma série de peripécias, tomamos na Bahia um vaporzinho francês, meio de carga, meio de passageiros, chamado "Belle Isle", que ia para a Europa, passando pela África, onde devia ficar algum tempo. Vejam como são as coisas: essa viagem de exílio foi ideal para o tipo de estudos a que eu passaria a me dedicar. O navio parou em Dakar, onde ia pegar uma grande carga de amendoim e lá ficamos vários dias. Tive então a oportunidade de pela primeira vez entrar em contato direto com a África Negra. Conheci o Museu Antropológico do Senegal, que era e é muito bom, e através de alguns franceses africanologistas mantive contato também com as populações nativas. Seguimos depois para Lisboa, onde fiquei alguns meses. A vida era dura, porque quase não tínhamos dinheiro algum: Estácio era rico, mas suas contas estavam bloqueadas no Brasil. Aproveitei mais uma vez o exílio para estudar. Repito que o exílio foi duro. Cheguei a passar fome! Então, inesperadamente, recebo um convite da Universidade de Stanford, uma das melhores dos Estados Unidos, para ser professor-visitante. Foi a primeira cátedra que me foi dado ocupar. Foi nessa época que comecei realmente a escrever *Casa-Grande e Senzala*.

Foi aí que nasceu Casa-Grande e Senzala, *ou já tinha nascido durante a viagem para o exílio?*

Antes já tinha a ideia de um livro sobre a formação brasileira, mas foi durante os cursos que dei na Universidade de Stanford exatamente sobre esse tema que as minhas ideias começaram a ser sistematizadas.

Os grandes autores em geral têm uma ideia básica em torno da qual gira toda obra, da mesma maneira que, na música, um tema se presta a muitas variações. Esse é o seu caso? A ideia básica de toda a sua obra científica e literária está em Casa-Grande e Senzala? *É lá que se encontra a essência de seu pensamento?*

Sim, esse foi o meu livro germinal. Acho que tenho escrito outros livros igualmente de alguma importância, mas *Casa-Grande* se apresenta como o germe de tudo o mais. Porque é um livro, em essência, autobiográfico. Um livro que responde àquela ânsia, de que já falei, de descobrir-me como brasileiro. De descobrir um Brasil que ninguém ainda tinha me explicado satisfatoriamente. Faltava-me uma explicação em profundidade do Brasil. O livro *Casa-Grande e Senzala* representa um homem a se autobiografar através de seu próprio povo: pessoal e coletivamente. A mesma busca está presente em *Sobrados e Mocambos, Ordem e Progresso, Além do apenas moderno*, em todos os meus outros livros enfim.

Euclides da Cunha é um precursor seu?

Sim. Acho que ele é um meu precursor. Um precursor genial, porém parcial, porque nunca chegou a uma abrangência do Brasil como suponho ter chegado. Ele encarou o sertanejo, por exemplo, de uma maneira mais retórica que antropológica. Aquela sua expressão famosa — "O sertanejo é antes de tudo um forte" — é muito mais retórica do que científica. É exemplo de que como nele a eloquência por vezes o desviava. Por que o sertanejo é antes de tudo um forte, quando o Brasil foi construído principalmente por não sertanejos? O sertanejo acrescentou-se a um Brasil que já tinha sido, vamos dizer assim, fundado e criado por gente do litoral, igualmente forte, e pelo bandeirante. O homem do litoral lutou contra doenças e contra ataques de corsários, enfim, contra uma série de obstáculos que o sertanejo de Euclides da Cunha não teve de enfrentar. No entanto, ele opõe o sertanejo — e aí é que está, a meu ver, a sua retórica — ao que chama de "raquitismo exaustivo do homem do litoral". Acho que a gente do litoral é digna do maior respeito brasileiro. Há uma frase de Joaquim Nabuco sobre o jangadeiro, igualmente eloquente, em que ele diz quase a mesma coisa que Euclides afirmou do sertanejo. Temos vários brasileiros regionais que são, "antes de tudo", fortes. O seringueiro é um e o gaúcho outro, só para citar dois exemplos. De maneira que a parcialidade de Euclides, fazendo do sertanejo o supremo homem forte, construtor do Brasil, não corresponde a uma realidade total.

O Brasil que descobre em Casa-Grande *pode ser generalizado, ou é mais a expressão de uma determinada região, no caso o Nordeste?*

Em sociologia se dá muita importância às formas sociais, que podem se acomodar a substâncias diferentes. O primeiro engenho de açúcar do Brasil foi em São Vicente. Mas onde se estabilizou uma civilização do açúcar foi na casa-grande do Nordeste. Essa casa-grande, símbolo da primeira sociedade estável do Brasil, se transferiu depois para outras regiões, para outras culturas regionais e economias. Mas a forma social seria sempre a mesma. Toda a civilização do café, tão importante, foi uma transferência da casa-grande do Nordeste açucareiro para o Brasil cafeeiro, que não é só paulista, mas fluminense e também paranaense. O fenômeno se repete ainda no Brasil quanto à estância, porque há uma casa-grande patriarcal também na fazenda de gado.

A região da mineração não seria uma exceção?

Não. A região da mineração começou a ser uma exceção, porque foi uma antecipação de uma espécie de supremacia da indústria de mineração sobre a lavoura. Mas logo que o minerador enriquecia procurava tornar-se fazendeiro, quer dizer, procurava ajustar-se ao sistema agrário da casa grande, que lhe dava *status* mais nobre que o de mineiro, no sentido literal de mineiro. A casa-grande típica é agrária. Assim, a civilização da casa grande veio a florescer também em Minas, através da transformação do minerador em fazendeiro. Por tudo isso é que afirmo que a grande unificação do Brasil se fez através da casa-grande, da família patriarcal, da forma patriarcal de vivência e convivência. Através do complexo casa-grande e senzala, com o negro africano como colonizador do Brasil.

Uma das críticas que lhe é feita é a de que viu muito mais o Brasil da casa-grande do que o da senzala.

Acho que a crítica é injusta, porque creio que ninguém deu tanta importância ao negro da senzala como eu comecei a dar em *Casa-Grande e Senzala*. Não separo a senzala da casa grande. Dou muita importância à influência do negro da senzala sobre a casa-grande. Considero a mucama, por exemplo, o primeiro grande tipo de mulher produzida pela civilização brasileira; ao lado da sinhazinha. Disse isso há pouco, num ensaio a propósito de Sônia Braga, de quem me tenho ocupado com bastante atenção... sociológica. Houve uma interpenetração daqueles dois tipos de mulher brasileira para formar um terceiro. A mucama era um tipo de brasileira bonita e sobrecarregada de joias, porque era por meio dela que o senhor da casa-grande ostentava a sua riqueza. A mucama era mais fácil de ser exposta do que a sinhazinha, que era mais resguardada. Ora, esse tipo de mulher adornada, que era uma africana ou semi-africana, é um produto da senzala aristocratizado pela casa-grande. De modo que essas duas influências estiveram sempre presentes. São modelos, para o Brasil, clássicos, de dois tipos de beleza de mulher a se completarem. O que não posso é satisfazer aos meus críticos, deixando de reconhecer a importância da casa-grande, para dizer demagogicamente: "Que pena a senzala não ter sido maior do que a casa-grande!" Não podia ter sido. A civilização que o Brasil desenvolveu é predominantemente europeia, embora felizmente não o seja de forma exclusiva. A grande glória do Brasil é ter dado ao negro vindo da senzala a possibilidade de se exprimir. Como se exprime, por vezes, aristocraticamente e africanizando a cultura brasileira nas suas formas básicas.

Muitos veem no sr. uma contradição. Tendo de certa forma reabilitado o negro e exaltado a miscigenação, colocou-se claramente ao lado da grande massa da população brasileira, dos seus estratos mais desfavorecidos. Ao mesmo tempo, no entanto, adota em muitas circunstâncias uma posição conservadora, o que o coloca ao lado dos estratos mais favorecidos.

Bem, eu me considero um conservador revolucionário.

Mas como é possível conciliar essas duas posições antagônicas?

Como Nabuco as conciliou antes de mim. Creio que não houve até hoje no Brasil figura de político mais revolucionária que Joaquim Nabuco. Um exemplo ainda mais expressivo de conservador revolucionário é o de José Bonifácio, que juntou à causa da independência a forma monárquica: garantia de unidade dos vários brasis. Um conservador revolucionário é aquele que é revolucionário mas admite a necessidade de conservar certos valores, modernizando-os, adaptando-os às condições atuais e, portanto, conciliando-os com o ânimo ou o propósito revolucionário. Foi o que fez José Bonifácio nesta obra-prima de revolução conservadora que foi — repito — a independência brasileira, diferente de todas as outras que ocorreram tanto na América espanhola como na América inglesa. Ele tornou o Brasil independente conservando uma forma monárquica de governo, portanto uma forma tradicional, mas dando a essa monarquia características brasileiras. Tanto assim que dentro dessa monarquia foi possível desabrochar um novo sentido de "poder moderador" que já era uma sugestão política francesa, mas que aqui se tornou um verdadeiro brasileirismo, dentro daquela perspectiva de uma revolução conservadora, como foi a nossa independência. Essa revolução foi uma das mais significativas do século XIX. Uma revolução que conservou um vastíssimo país unido, respeitando ao mesmo tempo as suas diferenças regionais. Isso mostra como é possível e desejável que as revoluções sejam, em parte, conservadoras, mantendo algumas tradições características de uma comunidade, de um sistema de convivência humana já predisposto a ser, como no caso do Brasil colonial, um sistema de convivência nacional. Vocês sabem que o Brasil monárquico constituiu-se na maior democracia político-social da parte latina do continente americano no século XIX?

Apesar da marginalização do negro e da maior parte da população?

Apesar disso. O modelo democrático pode ser implantado de baixo para cima ou de cima para baixo. O modelo democrático brasileiro representado pela monarquia foi sem dúvida alguma elitista. A mim não repugna de modo nenhum nem o conceito, nem a palavra elite. Creio que todas as sociedades e culturas são caracterizadas pela existência de uma liderança, o que significa uma elite. No caso desse regime, que o argentino Sarmiento chamou de "democracia coroada", foi sem dúvida um modelo aplicado de cima para baixo, mas adaptado ao povo brasileiro de então, que era em grande parte analfabeto. E permitindo ao brasileiro que estava embaixo, quando de talento ou de virtude, subir. Numerosos são os exemplos. Não sou dos que desdenham uma população por ela ser analfabeta. Tenho convivido, por exemplo, com populações castiçamente espanholas que, mesmo quando analfabetas, apresentam uma inteligência, uma sabedoria e mesmo uma intuição política superiores às que se podem encontrar entre os rotarianos americanos, tão alfabetizados e, às vezes, tão letrados. O que mostra que o analfabeto, em si, não pode ser considerado um ente inteiramente negativo. Há um lado positivo no analfabeto, porque ele é todo intuição no conhecimento e no trato das coisas, inclusive no seu sentido político da vida local e nacional. Não se venha, portanto, com esses fantasmas de população analfabeta para me impressionar, porque não impressiona. Continuo predisposto a aceitar o lado positivo de uma população analfabeta.

É portanto favorável ao voto do analfabeto?

Claro. Por que ele não está apto a votar, se, como penso, o voto não depende do sujeito ser ou não alfabetizado? O voto é uma manifestação política elementar que independe de instrução literária, como a fornecida pela alfabetização. Não é a iniciação alfabética ou literária que confere a uma pessoa a capacidade de manifestar-se politicamente. Mas voltemos à monarquia democrática brasileira. Compare-se o que foi a monarquia brasileira, conservadora e revolucionária, com as tentativas puramente revolucionárias de independência nacional bolivarianas, ou mesmo a san-martiniana na Argentina, e vê-se que a superioridade do modelo brasileiro é evidente. Bolívar foi realmente uma extraordinária figura de revolucionário, mas não se mostrou sensível à necessidade de aproveitar, além das sugestões ecológicas vindas das próprias populações telúricas ou mestiças que quis beneficiar com o seu revolucionarismo, as tradições da América espanhola vindas da Europa. Esse objetivo tampouco foi conseguido por San Martin.

Desse caudilhismo o Brasil esteve inteiramente livre durante o século XIX. E não o tivemos graças à nossa solução revolucionário-conservadora, que nos levou à independência sem os extremos do revolucionarismo bolivariano. Não só no setor político, como também em outros, pode-se ver a conveniência dessa conciliação do elemento conservador, no seu aspecto positivo, com o impacto revolucionário, sem dúvida necessário para as renovações sociais e culturais. Tomemos o exemplo da revolução artística no Brasil representada pela nossa arquitetura moderna, uma variante daquela com que Le Corbusier revolucionou essa arte na Europa. Sem dúvida alguma, meus amigos Lúcio Costa e Oscar Niemeyer foram brilhantes discípulos — e eu diria que até em demasia — de Le Corbusier. Não tiveram, assim, um critério ecológico na transferência das ideias de Le Corbusier para um ambiente ou espaço tropical como o Brasil. O resultado foi o, em grande parte, fracasso da revolução arquitetônica no Brasil, representado por Brasília em seus aspectos extra-estéticos. Pois nos estéticos Brasília é maravilhosa.

Brasília representa sem dúvida uma vitória do revolucionarismo artístico, mas representa ao mesmo tempo uma prova da inconveniência de um revolucionarismo puro, em artes plásticas como em outras artes. Inclusive na arte política, digamos assim. O que representou o revolucionarismo arquitetônico no Brasil, que sobretudo Niemeyer quis que fosse puro? Na imposição de um modelo renovador, revolucionário, vindo da Europa e não adaptado à ecologia tropical brasileira. Não adaptado à nossa tradição arquitetônica, que era válida e devia ser conservada no que tinha de suscetível de ser conservado. Que melhor inspiração que a barroca em seus abrasileiramentos vindos do Aleijadinho? O próprio Niemeyer chegou à conclusão de que o seu revolucionarismo puro tinha de ser temperado com uma contemporização com certas tradições: portanto com um elemento conservador. Quem conhece a casa que Niemeyer fez para ele próprio em Brasília sabe que isso é verdade. Interessante é que toda vez que Oscar Niemeyer visitava o Recife vinha a esta casa aqui de Apipucos. E a elogiava muito, dizendo: "Esse é o meu ideal de casa". Como já estava construindo Brasília, de cujo revolucionarismo puro eu discordava, achava aquilo um tanto insincero. Mas, quando conheci a casa do próprio Oscar em Brasília, vi que ele estava sendo inteiramente sincero. É um grande artista. Como grande artista é Lúcio. Como grande artista foi Portinari. Mas faltando aos três o que não faltou a Villa-Lobos: o sentido do ecológico. Sentido que não falta a Burle Marx e a seu jardim para casa brasileira.

A tentativa de conciliação de conservadorismo e revolução não é simplesmente uma forma de ser reformista? Por que evita a palavra?

Evito a palavra reformista, porque é preciso dar valor à palavra revolucionário, como uma palavra suscetível de ser misturada ao sentido renovado das palavras tradição e região. Como veem, estou tentando fazer uma espécie de teoria dessa conciliação de aparentes contrários como modernidade, região, tradição. Se me considerasse reformista, desapareceria o sentido de convergência que estou procurando dar àquelas palavras.

Parece ter horror às quantidades puras.

É, creio que sou um maníaco da miscigenação: mistura de sangues, de valores, de estilos, de métodos. Na própria sociologia e na própria antropologia, ciências nas quais se presume que eu tenha sido um renovador, minha tendência tem sido para misturar métodos e abordagens. Tanto que o livro *Casa-Grande e Senzala* — temos que quase sempre voltar a ele — foi duramente criticado pelos ortodoxos de sociologia, quando apareceu, inclusive pelos americanos dos Estados Unidos, por não usar um método sociológico puro, mas misturar, ao método sociológico, os métodos antropológico, histórico e folclórico e até a abordagem humanística, isto é, literária ou poética. Hoje, essa tendência para misturar métodos ou interpretações sociais é vitoriosa: é o que se chama "pluralismo metodológico". De modo que se pode dizer que o Brasil foi pioneiro na introdução, nos estudos sociais, de um pluralismo metodológico inspirado na miscigenação.

Foi o primeiro no Brasil a defender a miscigenação como um fato altamente positivo.

Fui o primeiro a defender de forma sistemática, porque antes de mim Sílvio Romero já se mostrara predisposto a encontrar vantagens na mistura de raças. Mas desdizendo-se: ora exaltava o mestiço, ora — muito à sua maneira — achava que ele era a desgraça do Brasil. O que não deixou de ser também a atitude do nosso grande Euclides da Cunha, que não procurou ver o negro na população brasileira, mas apenas o índio, o tapuio. Houve precursores não sistemáticos da ideia de ser válida para o Brasil a mistura de raças — aí estão os exemplos de Sílvio Romero e Euclides da Cunha aos quais poderá ser acrescentado o de José Bonifácio — mas de uma maneira não sistemática e sem uma base científica. Suponho ter trazido para essa ideia uma base científica, adquirida como discípulo que fui, na Universidade de Colúmbia, de Franz Boas, um grande revolucionário, talvez o maior renovador de todos os tempos na história da antropologia. Foi a figura de mestre que me causou a maior impressão. Trouxe para a antropologia a ideia de que o meio e a alimentação influem poderosamente sobre o ente humano. Essa não foi uma afirmação puramente teórica, mas baseada numa pesquisa que, realizada por ele, pode ser repetida por outros.

A forma da cabeça, por exemplo, era considerada uma forma fixa, característica de raça. Dizia-se então: tal raça é braquicéfala ou dolicocéfala, segundo a forma da cabeça. Numa pesquisa realizada na Sicília — um ponto antropologicamente estratégico — Franz Boas mostrou, apoiando-se em documentação referente a mais de uma geração de sicilianos, a influência do meio sobre a forma da cabeça. E estendeu à alimentação essa possibilidade do meio afetar formas antropológicas consideradas fixas. Isso representou uma grande revolução em antropologia, porque a partir dessa constatação foi possível concluir não haver raças inferiores ou superiores. Aplicando cientificamente ao Brasil os resultados da revolução operada por Franz Boas na antropologia, desenvolvemos nova perspectiva da miscigenação. Boas formou talvez a maior escola de revolucionários em antropologia em todo o mundo. Embora sua ação se tivesse desenrolado através de sua cátedra da Universidade de Colúmbia, ele também atuou através da direção do Museu de História Natural de Nova York. Boas era um judeu alemão e de formação médica — sua primeira especialidade foi a antropologia física, que estendeu depois à antropologia cultural. Discípulo de Boas, pude me valer assim de um lastro sólido, para entender e explicar o que vinha acontecendo no Brasil em termos de mistura de raças e interpenetração de culturas. Isto sob nova perspectiva: outra revolução. Porque aqui uma coisa corre paralela à outra, desde o século XVI: a mistura de raças, que é um processo biológico, e a interpenetração de culturas, que é um processo antropossocial ou sociológico, atuam de modo que se pode dizer criativo. O Brasil é o maior exemplo dessas duas expressões de transformação social. O português não demorou a se ligar à mulher ameríndia, primeiro, e depois à mulher africana.

Nesse processo, a cultura europeia será necessariamente dominante?

Vem sendo a dominante, o que se explica, pois era a cultura civilizada ou civilizadora. As culturas africana e ameríndia não tinham, dentro de uma classificação convencionalmente antropológica, atingido o nível de civilizações. Eram culturas, sem a complexidade de civilizações. A cultura europeia era a mais complexa, tendo atingido o grau de civilização, podendo portanto ser civilizadora, como é a tendência de todas as civilizações, dado que parte de sua complexidade é a superioridade econômica ligada à tecnologia.

A seu ver, então, o Brasil é um país predominantemente europeu?

É, mas o que distingue o Brasil é que, dentro dessa predominância, as culturas ancilares, que são a ameríndia e a africana, têm tido a oportunidade de se juntarem à cultura dominante, afetando-a, sendo igualmente criativas.

Ao contrário do que aconteceu nos Estados Unidos?

Sim, e ao contrário do que tem acontecido de uma forma geral nos contatos entre europeus e não europeus, quando o europeu domina imperialmente através do poder econômico e do poder tecnológico, alongados em poder político. Houve o imperialismo europeu no Brasil, mas ele não foi absorvente, pois se sentiu obrigado, por circunstâncias várias, a se compor com os supostos dominados absolutos, que desde o século XVI começaram a influir sobre os dominadores. Isso é que caracteriza e individualiza o processo de encontro do europeu com o não europeu no Brasil.

A miscigenação sugere imediatamente o problema do racismo que, apesar de não existir no Brasil em termos norte-americanos ou sul-africanos, nem por isso parece deixar de existir.

Há, sem dúvida, preconceito de raça no Brasil, mas ele é muito mesclado aos preconceitos de classe, de cultura e de região, que têm existido sempre. Como a cultura europeia se julga superior por ser civilização, e como a classe dominante no início foi, não exclusiva, mas predominantemente branca, cristalizou-se a ideia de que a superioridade cultural estava ligada a uma superioridade racial do europeu. Isso ocorreu indubitavelmente no Brasil, mas não de modo inflexível como nos Estados Unidos. Mesmo hoje há projeções desse preconceito que é a meu ver preponderantemente de classe, mas que inclui o preconceito de raça. Como inclui, por vezes, o preconceito de região.

O preconceito no Brasil é de raça ou de cor?

É difícil separar raça de cor, até mesmo porque são raros os elementos puros das raças africana e ameríndia. O que temos em grande número são decorrências de sucessivas misturas, produzindo tipos intermediários em vários graus de miscigenação. Vários desses tipos intermediários têm sido mais aceitos pela cultura, pela raça e pela classe e, ainda, pela região dominante do que os tipos puros. E aí entramos num problema muito complexo, que é o seguinte: por que existe hoje uma situação de inferioridade do chamado negro puro no Brasil? O 13 de maio foi feito de maneira retórica, resultando numa abolição incompleta. Faltou ao abolicionismo brasileiro um transabolicionismo que preparasse o ex-escravo para o *status* de homem livre. Essa foi uma grande falha da República, que sucedeu quase imediatamente à abolição. Sustentei, na minha tese de mestre na Universidade de Colúmbia, que a situação do escravo negro no Brasil agropatriarcal foi superior à do seu sucessor proletário livre, na República de 89. Porque dentro da família patriarcal o escravo era sempre amparado: numas famílias mais, noutras menos, mas sempre amparado, no próprio interesse econômico dos senhores. E, quando a criança negra se revelava superdotada, era educada pelos mesmos mestres dos filhos do senhor, em geral o capelão do engenho. Aspecto nada insignificante da relação casa grande-senzala no Brasil. Daí por que, no Império, houve um número considerável de brasileiros de origem escrava que se tornaram homens eminentes em vários setores. Homens como Rebouças e Teodoro Sampaio, por exemplo. O mesmo sucedeu com Cruz e Souza, José do Patrocínio, Luís Gama, Juliano Moreira — que se tornou um dos mais eminentes cientistas brasileiros, como psiquiatra — e muitos outros. Por que essa tradição não continuou depois da abolição? Um motivo: as famílias patriarcais terem ficado econômica e financeiramente impedidas de continuar a dar essa assistência a trabalhadores agora livres. Os novos empresários e o governo não se mostraram à altura dessa responsabilidade. Tampouco por parte da Igreja houve qualquer movimento a favor do escravo tornado livre. Abandonado, esse ex-escravo se tornou um marginal nas cidades.

Os empresários industriais, que constituíram a nova elite econômica do Brasil, não tinham o senso de responsabilidade que é característico das boas elites como foi, de certo modo, a elite agrária-patriarcal no nosso país. A empresarial era uma elite de novos ricos ou de recém-chegados ao poder econômico. Não prepararam os ex-escravos para os trabalhos nas novas indústrias, quase todas urbanas. Aí é que vemos a grande clarividência de Joaquim Nabuco, pois era essa adaptação do afro-negro brasileiro a uma nova situação que ele queria. Foi uma pena que a implantação da República tivesse impedido Joaquim Nabuco — que continuou fiel à monarquia — de continuar a sua obra de político, com uma visão da questão social à qual foram alheios liberais como Rui Barbosa e os positivistas, que no entanto falavam tanto na necessidade de incorporar o proletariado à sociedade burguesa. Falavam retoricamente. Quanto ao clero, ainda não encontro uma explicação para o fato de não ter surgido um só bispo, um só sarcedote e que só Carlos de Laet se tornasse um paladino dessa valorização do negro livre, dessa educação do negro superdotado, como tinha havido no período escravocrata.

Por que não existe no Brasil uma classe média negra como nos Estados Unidos? Isso não é um elemento agravante da situação do negro e seus descendentes?

Esse problema está ligado ao da educação. Se tivéssemos preparado o nosso afro-negro pela educação para uma nova condição, ele teria formado a sua classe média. Quantos superdotados se perderam por causa desse alheamento! Assim educados, os ex-escravos poderiam ter-se tornado, no Brasil já republicano, os fundadores de uma classe média de descendentes de afro-negros libertados.

A seu ver, então, nos altos círculos do Império havia maior preocupação com os afro-negros e maior participação deles na vida do País do que hoje?

Exatamente. Houve nesse caso uma falha das elites republicanas. Já ouço alguém dizer a meu respeito: "Ele é tão reacionário que é monarquista". Não temo a acusação de reacionário por reconhecer que a monarquia no Brasil teve muito mais o sentido social dos problemas brasileiros — graças em grande parte a Joaquim Nabuco — do que a República.

Como vê a evolução do preconceito racial no Brasil? É otimista ou pessimista?

Otimista. Basta, por exemplo, que haja uma grande campanha entre nós para se dar bolsas de estudo a filhos dos chamados negros puros. Não apenas aos superdotados, mas aos de inteligência comum. Eles continuam deixados quase inteiramente à margem do processo educativo. A nossa explosão demográfica nas universidades está acolhendo que elementos? Principalmente filhos de papais ricos, que em geral são péssimos estudantes. Quando surge um superdotado de origem humilde, ele se distingue porque estuda: porque sabe o quanto lhe custou chegar à universidade. Mas não lhe é fácil esse acesso, não por motivo de preconceito de raça, porém de preconceito de classe. Este é um ponto no qual estou inteiramente de acordo com um homem hoje muito caluniado, injuriado e combatido, que é o reitor da Universidade de Brasília, José Carlos Azevedo. Ora, o que defende o "monstro" Azevedo? Uma universidade seletiva. É, por isso, acusado de querer uma universidade elitista. De certo modo, a universidade existe mesmo para preparar elites, intelectuais ou científicas. Ela existe não para abaixar, mas para elevar níveis de cultura, através da preparação de elites. E não se preparam elites sem se exigir muito dos estudantes. Há grandes obstáculos à ação de um reitor de uma universidade numa cidade como Brasília, pois ela está cheia de filhos de papais poderosos, que querem que seus filhos sejam a sua continuação de qualquer maneira, estudando ou não, mas obtendo um diploma. A atitude do reitor Azevedo foi dizer um basta a isso. O que ele diz é que uma universidade digna desse nome não existe para dar diplomas, mas para exigir dos seus estudantes um verdadeiro empenho em aprender e assimilar o que lhes é ensinado.

Recentemente, numa entrevista concedida na Venezuela, manifestou-se favorável à censura à televisão. Mantém essa posição?

Declarei-me favorável à censura à televisão, não à imprensa. Deixei muito claro que a imprensa gráfica devia ter toda a liberdade de expressão, embora com uma lei de responsabilidade específica. Temos hoje, no Brasil, relativa liberdade de expressão, mas nenhuma lei de responsabilidade para o jornalista ou dono de jornal. Acho absolutamente necessário fixar-se tal responsabilidade. Agora, quanto à televisão, mantenho o meu ponto de vista. Referi-me naquela entrevista de um modo particular aos filmes de violência. A meu ver, eles têm uma influência nefasta sobre a criança e o adolescente. É preciso também uma censura à televisão, não ao teatro, para os excessos de pornografia. Não sou de modo algum moralista com relação ao sexo. Sou um apologista de Eros, da literatura e da arte eróticas, da valorização do sexo, embora distinga essa valorização, esse apreço pelo sexo, do seu acanalhamento, que é outra coisa. Até esse acanalhamento admito que seja permitido no teatro. Mas não na televisão. Sou absolutamente contrário à censura ao teatro e aos livros. O caso da televisão é diferente, pois ela entra pelas casas adentro a qualquer hora. É um problema de educação — que cabe ao Estado dirigir — e não de cultura, que não é para ser especificamente dirigida por governo ou Estado.

Conviveu com os comunistas na Constituinte de 46 e depois, na Câmara, até 47, quando o partido foi declarado ilegal. Pôde sentir de perto, portanto, a atuação de um Partido Comunista legal. Seria favorável hoje, à luz dessa experiência, à legalização do PC?

Sou. Acho muito democrático um Partido Comunista legal e organizado. Seria sempre vantajoso para a democracia brasileira a existência desse partido. Quanto à minha convivência com os comunistas em 46 e 47, repito que o meu contato com Luís Carlos Prestes foi decepcionante. Ele era um linear em política, um homem de linhas traçadas a serem rigidamente seguidas. Acho que a arte política se aproxima muito da arte da dança, na qual são necessárias as formas curvas de preferência às formas retas. Acho que devido à sua formação matemática — dizem que foi brilhante aluno nessa disciplina — era um homem todo dado a soluções rigidamente lineares, das quais não se afastava. Daí o imenso erro que foi 35. Aliás, essa não é apenas a minha opinião, mas a de vários comunistas amigos meus, entre eles Astrojildo Pereira, que era tão inteligente que foi várias vezes expulso do partido. O PC quase sempre acompanhou Prestes nessas concepções lineares.

As suas posições com relação ao Portugal de Salazar provocaram sempre muitas controvérsias. É acusado por muitos, por exemplo, não só de defender o regime salazarista em Portugal como a sua política na África.

Não creio que esta tenha sido a reação predominante às minhas atitudes ou posições, quer com relação ao Portugal europeu de Salazar, quer com relação ao Portugal ultramarino. Fui um crítico da política de Salazar na África e no Oriente. Um crítico aberto perante ele, perante o Portugal europeu e perante o Portugal ultramarino. Critiquei a completa falta de objetividade da política de Salazar na África. Há um livro meu chamado *Aventura e rotina* — diário de uma viagem por Portugal e pelo ultramar português — em que exponho críticas que chegam, em certos casos, a ser veementes. Tanto é assim que os jornais patrocinados pelo salazarismo fizeram ataques violentíssimos contra mim, quando do lançamento desse livro. Critiquei, por exemplo, a política salazarista com relação à Companhia das Minas de Diamante na África. A chamada Companhia dos Diamantes, que era em grande parte belga, desenvolvia uma política inteiramente racista. Critiquei tudo isso, dizendo que iam tais práticas contra a melhor tradição portuguesa. Isso me custou, repito, ataques violentíssimos mesmo, sendo chamado pelos articulistas de jornais favorecidos pela censura salazarista de "defensor do mulatismo". O que me honrava, porque correspondia exatamente ao meu ponto de vista. O que faltou aos portugueses foi justamente serem mais mulatistas na África. Tive encontros com Salazar e falei-lhe do modo mais franco sobre vários assuntos relativos à África, inclusive esse. Uma dessas críticas referia-se ao fato de os negros e mestiços estarem afastados das Forças Armadas, nas quais seu ingresso era proibido; um erro e uma cretinice. Nesse ponto, pelo menos, Salazar ouviu as minhas ponderações. Faço-lhe justiça. Fez que tal orientação fosse modificada. Desmentindo as críticas que me são feitas de ter sido salazarista, pronunciei-me o mais claramente possível, naquele livro a que já me referi, sobre a própria pessoa de Salazar. *Encontro em Portugal* — digo em *Aventura e rotina* — dois Antônios eminentes: um é o professor Oliveira Salazar, e outro é Antônio Sérgio. Se fosse português, estaria sem dúvida com Antônio Sérgio e não com Oliveira Salazar." Antônio Sérgio, que foi sem dúvida o maior pensador político português durante a época de Salazar, com cuja ditadura nunca transigiu, disse-me algum tempo depois que Salazar jamais me perdoaria aquela observação.

Foi favorável à independência das antigas colônias portuguesas?

Fui e sou. Mas acho que essa independência deveria ser feita de outro modo. Angola, quando ainda era disputada por três grupos, foi dada de presente à facção de Agostinho Neto, que estava inteiramente a serviço da União Soviética. O mesmo aconteceu em Moçambique. Essas não foram vitórias do comunismo, pois não creio que a União Soviética esteja interessada em comunizar o mundo: foram vitórias da União Soviética.

A União Soviética está mesmo é interessada no seu papel de potência imperial em competição com os Estados Unidos. Muita gente pensa que sou violentamente anticomunista, o que sempre neguei. Nem sou, de modo algum, antissocialista, embora tema muito no socialismo a burocratização da vida, como vem acontecendo nos países escandinavos e, de forma muito mais grave, nos países dominados pelo totalitarismo soviético. Não há ditadura do proletariado na União Soviética, mas sim uma ditadura superburocrática, e é isso que me repugna de todo na potência russo-soviética. Não temo o comunismo em si, mesmo que ele chegasse ao Brasil, pois acho que seríamos capazes de abrasileirá-lo e de torná-lo inteiramente adaptado ao nosso país. É uma possibilidade: creio muito no poder abrasileirante do Brasil. Mas o que seria realmente terrível para o Brasil seria a sua sovietização, a sua redução à condição em que se encontra Angola hoje. Ou a Checoslováquia.

Parece ser o homem da nuance, dos matizes, pois não gosta das quantidades puras nem das linhas retas.

Não sei se me interpreta bem quem diz que sou o homem dos matizes. Sou, antes, o homem dos paradoxos. Creio que sou chocante sobretudo pelos paradoxos. Acredito muito na verdade que os paradoxos apresentam. Acho que quase todas as verdades estão em paradoxos. Sou francamente paradoxal e, com isso, tenho tendência a escandalizar os bem-pensantes. Os paradoxos chocam os bem-pensantes, e chocam também os matemáticos.

5 *de novembro de 1978*

18 João Goulart suicidou-se politicamente

Entrevistadores:
*Villas Boas Corrêa,
Lourenço Dantas Mota,
Frederico Branco,
e Antônio Carbone*

Barbosa Lima Sobrinho

Nasceu no Recife em 1897, onde se formou pela Faculdade de Direito em 1917, e faleceu no Rio de Janeiro em 2000. Político, historiador e jornalista. Deputado federal entre 1935 e 1937 e constituinte em 1946 por Pernambuco. Foi em seguida governador desse Estado. Pertenceu ao Partido Socialista Brasileiro.

A gente se habitua, com o correr do tempo, à força de repetição, a empregar certas denominações nem sempre apropriadas. Muitos usam, por exemplo, a expressão revolução para definir o que aconteceu em 64. Os governos que desde então se sucedem fazem questão de popularizá-la, usando até o R maiúsculo. Mas o que ocorreu em 64 pode, a rigor, ser classificado de revolução, em seu entender?

Não, foi um golpe de Estado. Aliás, quantas revoluções tivemos na História do Brasil? Das vitoriosas, só tenho ideia de uma, que foi a de 30. Fora dela, entre os movimentos que tiveram êxito, só golpes de Estado.

Eu lembraria a pernambucana.

Não estamos tratando de revoluções fracassadas, mas de movimentos que venceram. E estes, com exclusão de 30, não passaram de golpes de Estado. Da Inconfidência Mineira aos Farrapos, o número das revoluções fracassadas é grande. E nelas pode ser incluída a de 32, de São Paulo. Daí a má impressão que me dão os estudos sobre as tais salvaguardas constitucionais. Salvaguardas para quê? Para evitar golpes de Estado? Isso não faz sentido nenhum. A verdade é que a revolução de 30 teve realmente objetivos e conseguiu realizar alguma coisa, sobretudo no domínio político. O voto secreto, por exemplo, foi uma grande conquista. Quanto às demais, ou fracassaram ou não foram além de golpes de Estado.

Na verdade, o que está acontecendo não deixa de ser uma revolução, mas na semântica, isto é, os sentidos das palavras são mudados, em função dos próprios fins.

Exatamente, e isso é comprovado por um aspecto também semântico: nunca uma revolução poderia ser contrária a subversivos. Os que fizeram o movimento de 64 admitem eles próprios que revolução é subversão. Esse movimento, por si mesmo, demonstra então que não é revolucionário.

Um processo paralelo ao que se verifica na União Soviética, em relação aos subversivos de lá, que são os dissidentes...

Entretanto, lá ocorreu realmente uma revolução, em 1917. Agora, de lá para cá, os acontecimentos que ali se registraram não têm mais caráter de revolução.

E mesmo a revolução de 30 parece algo discutível, bastando lembrar a expressão famosa atribuída a Antônio Carlos: "Vamos fazer a Revolução antes que o povo a faça". Não lhe parece que essa tendência da elite, de antecipar-se à reação popular, como no caso de 30, anulou muito do impacto que a revolução teria?

Se considerássemos a revolução de 30 sob o ângulo exclusivo de seus promotores, ela não teria sido revolução. O que foi? Pouco mais, de início, que uma dissidência entre Estados, disputando realmente o poder político. Mas ela se converteu em revolução pela adesão total da população, pelos levantes que se registraram em vários pontos do país, por parte do próprio povo, para sufragar aquele movimento.

Dessa forma o movimento teria ganho um dinamismo não percebido de início por seus próprios organizadores?

Essa dinâmica própria refletiu-se justamente nas medidas que foram adotadas. E isso acontece porque as revoluções têm uma dialética interna. Essa dialética interna não existe nos golpes de Estado, pois as forças que os promovem têm poder e autoridade sobre as medidas que vão sendo adotadas. Assim, não estão sujeitas, como as que emergem de revoluções populares, a essa dialética que vai orientando as medidas tomadas.

Talvez o exemplo mais marcante desse processo dinâmico, no caso de 30, e que transcendeu as próprias lideranças, tenha sido a legislação trabalhista, instituída a despeito e não em virtude das intenções iniciais.

Sim, era comum, no início da revolução de 30, a ideia de que uns e outros eram "farinha do mesmo saco". E ninguém contradizia isso, uma vez que as diversas situações que se registravam nos diversos Estados tinham as mesmas origens. Após a coligação entre essas várias situações é que se registrou o apoio da adesão popular, produzindo-se então um verdadeiro movimento revolucionário, com caráter mais amplo até, em meu entender, do que uma verdadeira insurreição nacional. Eu não fui revolucionário em 30, não tive participação, nem fui muito favorável a ela, pois desconfio muito de revoluções — nunca se sabe ao certo o que vão produzir. Assim, quando irrompem, a gente tem a ideia de que se trata de um salto no escuro, não se sabendo se para pior, se para melhor.

Mas depois, com a perspectiva que o tempo...

Com essa perspectiva e quando nos colocamos na posição de quem pretende realmente historiar os fatos, chegamos à conclusão de que um movimento com todas aquelas origens políticas, talvez até suspeitas, acabou sendo transformado num grande movimento popular, numa revolução. Basta levar em conta os movimentos populares que se registraram. O governo de Estácio Coimbra, por exemplo, foi deposto pelo povo que saiu às ruas, depois de armar-se num arsenal militar. E isso aconteceu do Rio Grande do Sul ao Norte, em todo o Brasil praticamente.

Parece que a única tentativa organizada de resistência à revolução de 30 ocorreu em São Paulo, onde o governo chegou a mobilizar forças para enfrentá-la.

Talvez a revolução de 30 não tenha sido muito popular em São Paulo, mas isso pode ter sido um reflexo de peculiaridades estaduais. O mesmo ocorreu em Minas, onde ela não chegou a ser uma revolução popular.

Os dois Estados estavam em jogo, não é verdade?

Justamente. A revolução de 30 foi desfechada contra a situação, representada pelo poder sob o controle de dois Estados, Minas e São Paulo.

O movimento de 64 foi um golpe de Estado, certo, mas não concorda em que ele teve apoio popular pelo menos no início?

Não sei, pois ocorreram manifestações de um lado e do outro e não houve tempo para que se pudesse aferir propriamente o apoio popular. E, se partirmos disso para considerar depois dos próprios resultados eleitorais, verificaremos que o movimento de 64 nunca chegou a ter o apoio da maioria do povo brasileiro. Logo na primeira eleição, desde que computássemos os votos nulos e em branco, verificaríamos que os governistas não obtiveram maioria. E nas eleições de 74, para o Senado, registrou-se aquela maioria de quatro milhões e seiscentos mil votos. De forma que é um pouco difícil fazer aferições das adesões reais ao movimento, pois as manifestações populares, tanto de um lado como do outro, foram muito bem organizadas, tanto o comício de 13 de março como aquelas manifestações e marchas da família, aqui no Rio de Janeiro. Justamente por terem sido bem organizadas, tais manifestações não permitem aferir realmente quem contava com o apoio maciço do povo, representado tanto no comício de 13 de março na Central do Brasil como nas marchas da família.

Quer dizer que não se pode distinguir o que era espontâneo do que era organizado?

Sim, e desde essa época conservo a impressão, que nunca consegui deixar de lado, de que João Goulart suicidou-se politicamente. Foi ele quem deu início a tudo que poderia suscitar reações, concentrando tudo em março, ao longo de um mês, culminando com o comício da Central e com o caso dos sargentos, que representava uma revolta contra a hierarquia, contra todos os princípios militares. Aproximo muito a decisão de João Goulart do suicídio de Getúlio. A atitude dos dois nessas duas ocasiões provocou as mesmas forças.

Especialmente as militares.

Sim. Creio que João Goulart devia estar prevendo que o fim de seu período presidencial levaria não apenas ao fim do seu poder administrativo, mas também à perda da liderança do Partido Trabalhista para o Brizola, que a estava conquistando. De forma que pode ter concluído que não lhe restava perspectiva alguma. Nesse caso, para ele, a deposição seria até um bom negócio, podendo valer mesmo como uma espécie de recomendação para seu retorno.

Com grande popularidade.

Como foi o desfecho da crise de 45.

A tese é originalíssima.

É uma mera suposição de minha parte, mas admito que tenha sido realmente a razão de ser da atitude de Goulart. E é por isso que sou levado a crer que ele tomou todas aquelas providências, agiu daquela forma de caso pensado, levando em conta que momentaneamente iria perder tudo. A partir daí, entretanto, as coisas são diferentes. O suicídio de Getúlio foi o de um homem que não queria passar pela vergonha, que seria para ele, depois de tudo perdido, de ter de comparecer à República do Galeão. E, para evitar essa vergonha, cometeu um ato que iria salvar a Petrobras, pois, não fora seu suicídio, a Petrobras teria sido revogada imediatamente. E não somente a Petrobras, a Eletrobrás também.

A Eletrobrás?

Sim, pois considero a criação da Eletrobrás mais importante do que a da Petrobras. Foi a Eletrobrás que realmente permitiu ao Brasil sair de uma situação de precariedade de energia elétrica e chegar ao volume que atualmente é consumido. Não sei se sabem, mas, depois da morte de Getúlio, a Eletrobrás chegou a sofrer o risco de sustação. Ele tinha enviado à Câmara dois projetos. Um deles criava a Eletrobrás e o outro criava uma taxa sobre consumo de kilowatts, isto é, os fundos necessários à sobrevivência da empresa. O processo relativo à criação da taxa foi retido — não sei se na Câmara ou no Senado — até 1961.

História Vivida

> *E foi um dos processos mais controvertidos. Parece que teve participação direta no caso.*

Tive e ele realmente foi dos mais controvertidos, a começar pela Semana da Eletricidade, promovida em São Paulo exatamente com a finalidade de evitar que se criasse a Eletrobrás, e de destinar os recursos que já vinham sendo acumulados, com a taxa de eletrificação, à Light. E para isso estavam em São Paulo Eugênio Gudin, Roberto Campos e o homem que teve o grande mérito de promover a construção da hidrelétrica do São Francisco — Octávio Marcondes Ferraz.

> *Sabemos que durante os debates travados na ocasião manteve uma polêmica em termos até um pouco ásperos, com Dario de Almeida Magalhães.*

Não só com o Dario, mas com vários outros advogados. Tudo girava em torno da reversibilidade de bens. E da gratuidade. E isso ocorreu porque, quando a Light firmou seus contratos com o Estado, ofereceu a reversibilidade gratuita após sua expiração. Mas, à medida que os prazos se aproximavam, a Light foi pouco a pouco procurando vender os bens que tinha comprado, os imóveis que adquirira. Mas eu era procurador da Prefeitura do Rio, dei meu parecer e demonstrei que esses bens realmente tinham sido comprados sem investimento de capital, com a própria receita da concessionária. Quer dizer, à custa, consequentemente, de uma tarifa exagerada. E a empresa tinha sido posteriormente amortizada, por meio de remessas para o exterior, pois uma vez que era reversível tinha o direito inegável a isso. Mas acontece que no fim ela pretendia vender os imóveis, apurando pela terceira vez o valor dos próprios bens reversíveis. Era um processo que não se podia compreender. Então, como advogado da Prefeitura, insurgi-me contra isso, preparei um longo parecer — cerca de oitocentas páginas — na Revista da Procuradoria, examinando e esmiuçando todos os aspectos da questão.

> *E acontece que a réplica de Dario de Almeida Magalhães, de ordinário um homem muito fino e bem-educado, foi, para se dizer o menos, bastante dura.*

Não só a dele. Os outros advogados da Light também reagiam da mesma forma quando se tratava de defender os interesses da empresa.

Mas eu estava cumprindo minha obrigação, defendendo o interesse público e pouco me importava com o que eles dissessem. Achava que meu dever era aquele e o cumpri. Além disso, tenho uma peculiaridade que não sei ao certo se é qualidade ou defeito — tenho memória muito fraca para os desaforos que me fazem. Acho que pensar nessas coisas apenas amargura fundamente a vida das pessoas que ficam imaginando o que pode ou não estar sendo dito a seu respeito por terceiros, movidos por outros interesses. De modo que o melhor é a gente esquecer. Até porque acho que perdoar não tem mais importância do que esquecer. O essencial não é perdoar, é esquecer.

Bem, mas já que tratamos do caso da Petrobras, agora verificamos que temos pouco petróleo mesmo. E hoje, com a perspectiva da distância, não acha que a campanha foi um belo gesto inútil?

Mas era o único que o Brasil poderia tomar naquela ocasião, porque, na verdade, ninguém queria explorar o petróleo brasileiro. E o Brasil, afinal, tinha de verificar, de comprovar se tinha ou não petróleo. Já que ninguém se arrojava nesse empreendimento e o país se situava em posição secundária, quando procurava interessar terceiros em fazer essa verificação, nós nos antecipamos. E aqui deve ser lembrado que adotamos, à margem da Petrobras, uma série de medidas muito interessantes e comprovadoras da capacidade brasileira, pois construímos os oleodutos, organizamos as frotas de petroleiros, montamos as refinarias.

A própria indústria petroquímica se situa entre essas medidas paralelas.

Sim, são produtos altamente positivos e relacionados à existência da Petrobras. Entretanto, acho que ela exagerou, errou quando começou a tomar sob seu poder uma série de subsidiárias.

Até converter-se no que é hoje, numa espécie de Estado dentro do Estado.

E a intervenção da Petrobras nesse campo tornou-se antipática. Como as empresas estrangeiras já faziam aqui, a Petrobras passou a exigir participação em outras empresas que pretendiam fornecer-lhe equipamento e material. Trata-se de uma praxe semelhante à das indústrias de automóveis no Brasil. Elas, pouco a pouco, apoderam-se das empresas que são suas subsidiárias, como acontece no caso das fabricantes de autopeças, que delas passam a depender realmente. Mas se tal prática deve ser condenada nas empresas estrangeiras, deve consequentemente ser evitada também nas nacionais. Trata-se de um aspecto antipático, ligado à estatização. Mas, em determinados setores, a estatização é mais que uma necessidade, é uma fatalidade. Queira ou não, o Brasil tem de estatizar vários setores, em que o capital particular não dá realmente para o empreendimento. Ou não se interessa por ele.

Itaipu não estaria entre esses casos?

Quem mais poderia construir Itaipu e as demais empresas que foram estabelecidas com o produto de uma taxa criada pelo Estado? Evidentemente, a forma mais interessante de promover tais obras é através da taxa, uma vez que ela representa uma economia feita pelo próprio Estado, por meio de um imposto criado.

E que, em princípio, reverteria em benefício direto da população.

Sim, pois a outra solução seria entregar isso que foi feito à exploração de empresas particulares, quer dizer, à Light e a outras multinacionais. Ou caberia ao próprio Estado fazer os investimentos. Agora, o que realmente demanda correção são os exageros em outros setores, que não têm significado algum, nenhuma importância, e decorrem de um processo capitalista que, embora frequente e habitual na empresa privada, não devia existir na empresa pública. Nesse ponto, justamente, reside uma correção que está sendo demandada em relação a certos aspectos da estatização.

Voltando um pouco à política, parece que vai prevalecer, ou está prevalecendo, a opinião de que o Brasil, sob o governo do general Figueiredo, vai depender em grande parte do temperamento dele. Não lhe parece extremamente precário e perigoso que o país fique dependendo do temperamento de um homem?

Ora, mas desde 1964 o que mais temos sido além de dependentes do temperamento de governantes? Isso acontece desde 64. É o que deve ser levado em conta em qualquer cálculo ou previsão que se pretenda fazer a partir da atual situação.

Bem, esse mesmo fenômeno já se registrava antes de 64.

Mas antes contávamos com órgãos de controle, que deixaram de existir.

Sim, sob o regime antigo havia algumas reações, os Estados tinham certo poder, o Supremo funcionava.

A imprensa contava com ampla liberdade para pronunciar-se. E era atendida, ao passo que hoje a imprensa é considerada adversária, não sei por que, uma vez que defende ideias, como qualquer outra instituição.

Ainda revertendo um pouco ao plano político, poderia tratar do populismo como fenômeno? Nós sabemos que conheceu bem Agamenon Magalhães, que conviveu com ele. Ele foi um dos pais do populismo, principalmente pela artimanha, ainda sob a ditadura, de promover a inscrição eleitoral ex-ofício dos sindicalizados, o que garantiu ao situacionismo uma imensa massa de eleitores. Como analisaria hoje, esse fenômeno do populismo, que persiste?

Bem, creio que há uma forma de populismo legítimo, quando se trata de um esforço de aproximação das correntes operárias. Temos aí, ante nossos olhos, o caso da Suécia, que não deve ser esquecido. A Suécia é um país que viveu muito tempo sob regime socialista. Entretanto, em que se baseia a força do socialismo sueco? Nos sindicatos livres. O partido tem de viver de acordo com os sindicatos, embora a força destes não chegue a ser realmente tão grande que permita impor uma solução a todos os problemas. Assim, sempre foi preciso aos socialistas suecos entrar em composição com outras forças, algumas das quais suas adversárias. Ora, isso resulta em certo equilíbrio nas soluções encontradas. Voltando ao caso brasileiro, em grande parte o populismo não chega a ser uma doutrina; parece-me que muitas vezes é uma questão de sentimento. Eu atribuo esta posição a Getúlio Vargas, que era menos doutrinário que sentimental. Uma tendência natural o levava a aproximar-se de determinadas classes, a protegê-las.

Era um patriarca, à velha moda.

Tratava-se, realmente, de um determinado tipo de patriarcalismo. Envolvendo até mesmo a figura do caudilho, que muitas vezes é patriarcal. E Getúlio Vargas não estava longe nem de uma coisa nem da outra. No fundo, era um caudilho, com tendência patriarcal.

Passemos a outros problemas. Como a nova Lei de Segurança Nacional, cujo artigo 50 tem sido alvo de suas críticas frequentes.

Não só o artigo 50, mas também a própria inclusão da imprensa na Lei de Segurança. Hoje, eu me inclino a sustentar que deveria haver uma lei especial, de imprensa, contendo artigos sobre os aspectos da segurança, mas excluindo a imprensa da legislação geral de segurança. Isso porque o exercício da atividade de imprensa é o de uma profissão diferente, específica, que demanda uma legislação também específica, com sua exclusão de uma lei geral que se destina a diversas outras atividades. Podemos até exemplificar. Não há nem pode haver paralelo entre um homem que em sua casa escreve uma carta, para injuriar um vizinho do qual não gosta, ou até mesmo para provocá-lo, e um homem que, por dever profissional, tem a obrigação de informar. Empenhada em sua obrigação de informar, uma pessoa pode, com os melhores intuitos, sem ser subversiva, nem ter o propósito de injuriar ou caluniar, incorrer num dos artigos da lei geral de segurança. Ora, seria injusto aplicar as sanções da lei a esse homem que está, de boa-fé, convencido de que presta um serviço à Nação. Portanto, em meu entender, haveria realmente necessidade de elaboração de uma nova lei de imprensa, que levasse em consideração tais fatos. Admito até mesmo que poderia haver agravação de pena, quando se verificasse, comprovadamente, propósito de dolo, de prejuízo, intenção de conturbar deliberadamente o país. Noutros casos a penalidade deveria ser mais branda, partindo-se do princípio de que o indiciado agira de boa-fé, convencido de que prestava um serviço à comunidade. Isso corresponderia à tendência da ampliação do dever de bem informar, que se registra atualmente. A imprensa durante muito tempo foi essencialmente opinativa. Tivemos os grandes jornais do passado, mas eles eram jornais de opinião. Continham raras notícias, situando-as geralmente no condicional. No passado remoto, por exemplo, era preciso procurar notícias no *Correio Braziliense*, publicado em Londres. Ali, às vezes, eram publicadas notícias de fatos que aqui se registravam e que não tinham sido noticiados pela imprensa local.

Sim, e até um período relativamente recente a figura em torno da qual o jornal girava era a do articulista. Hoje praticamente não há mais articulista.

Bom, de qualquer forma, o dever de informar hoje é a função predominante da imprensa. No entanto, vejamos o que acontece na prática. O profissional tem conhecimento de um acontecimento. Não quer ser "furado" por outros que também podem ter obtido a informação. Parte do princípio de que conta com todos os elementos para fazer uma denúncia. A própria profissão demanda pressa, uma aplicação imediata do que foi colhido. Dessa forma, a pessoa é levada naturalmente ao que amanhã pode ser classificado de crime contra a segurança, pois todos os aspectos que acabei de expor não são levados em consideração. E a rigor, sob uma lei geral, esses aspectos de fato não contariam. Mas numa lei específica de imprensa esses aspectos teriam de ser examinados.

Pois são altamente relevantes, não é verdade?

A gente pode exemplificar com o caso do futebol. Para quem gosta de futebol, um pontapé pode ser parte de uma disputa pela bola. Ao contrário, um pontapé dado na rua, a um sujeito que vai passando, de propósito, deliberadamente, tem outro sentido, muito diferente.

O sentido de agressão.

De verdadeira agressão. São coisas diversas. E é pensando nisso que pergunto — por que não reivindicar uma lei específica para a imprensa? Não acham que é uma causa comum, que deve preocupar-nos?

Sim, parece que o exemplo é muito bom, tanto assim que existe uma justiça desportiva especial. Mas haveria clima no Brasil, atualmente, para transformar em lei uma reivindicação desse tipo?

Isso não se pode saber, mas sei que é algo que nos deve levar a lutar juntos. Acho que devemos lutar desde já pela nova lei.

Se a questão for levantada agora, o presidente Geisel pode baixar a sua lei de imprensa completa e acabada.

Sim, mas na lei de imprensa de que trato a segurança e questões a ela relacionadas poderiam ser consideradas.

E não se pode esquecer também que o próprio governo comete seus deslizes em matéria de informação. Há pouco, o *Jornal do Brasil* saiu com uma página sobre o caso do Rubens Paiva, que é um exemplo de mentira na informação oficial, e até mentira contada com todos os requintes da farsa.

Pois é, mas para que a autoridade coatora seja punida, a condição básica é que deixe de ser autoridade.

Sim, essa é uma coisa muito triste. Como sabem, há uma proposta da Costa Rica à Declaração de Direitos Humanos, estabelecendo que além da justiça comum haveria uma outra instância à qual caberia recursos em casos de atentados contra esses direitos. Acontece que o texto proposto pela Costa Rica não foi aceito pelo Brasil. E o mais estranho é que hoje a proposta conta com a adesão de quase todos os governos da América do Norte, da Central e de alguns da América do Sul. Entre estes últimos há seis que não quiseram aceitar a proposta costarriquenha. Esses seis países são a Argentina, o Uruguai, o Chile, o Paraguai, o Brasil e a Bolívia.

Estaremos em má companhia ou seremos nós a má companhia?

Só receio, por exemplo, que neste momento os argentinos estejam concluindo que se encontram em má companhia.

Acha que o movimento ou ciclo iniciado em 1964, seja qual for o nome que se lhe dê, está realmente exaurido, encerrado? Ou tem condições para revigorar-se?

Parece-me que não está extinto pois de uma maneira ou de outra poderá recrudescer, poderá adotar novas medidas restritivas. Essa é a insegurança que nos ameaça a todos. Não, não está terminado, na medida em que não há remédio definitivo para coisa alguma; estamos entregues a forças do acaso, da incerteza, do temperamento. Há também os fatores temperamentais, não esqueçam. Vamos penetrar no regime do Figueiredo com todas essas perspectivas, de certa maneira angustiantes, pois não há certeza de nada, não há segurança de nada.

Estamos no desconhecido.

Numa situação semelhante à definida por Voltaire: "O problema da França é o dia em que Richelieu acorda com prisão de ventre".

Por falar nisso, em que medida se alterou a "alma do Catete", a que atribuiu numa de suas obras a hipertrofia do poder presidencial?

Creio que ela se sentiu mais forte, mais imperativa e muito mais exigente. Ela continua a existir. E, naturalmente, quanto mais forte se sente o poder, mais ele exige dos que são destinados a obedecer.

Consequentemente, à medida que o poder se torna absoluto, as possibilidades de corrupção são maiores.

Sim, mesmo porque governar é difícil. Rousseau sustentava que para ser governo é preciso ser quase Deus, pois o próprio ambiente que cerca o governo cria uma noção distorcida da realidade. O caso das sinopses aí está, é recente. Quantos governos terão da realidade a mesma noção do presidente Geisel em relação à realidade mineira, via sinopse? Junte-se a isso a influência dos aduladores, dos homens que cercam os governantes apenas para exaltar tudo o que é feito. É natural que os governantes se sintam pouco a pouco deslumbrados, e é preciso que desenvolvam uma autocrítica muito eficiente e poderosa para reagir a essas tendências que levam à deturpação de sua própria ação, seu critério e até seu juízo crítico.

Como imagina que funcione a "alma do Planalto", para usarmos uma expressão mais atualizada que Catete?

Conheço alguma coisa sobre isso, pois vivi num pequeno Planalto, uma colina, vamos dizer assim, em Pernambuco. Quando fui governador, senti perfeitamente o clima do poder. E foi por senti-lo e por duvidar de tudo que se vinha dizer ao governador a respeito de sua ação que eu me via na obrigação de dizer-me todos os dias: "Eu sou apenas o inquilino deste palácio e não o seu dono. Esta função vai desaparecer e eu voltarei à coletividade a que pertenço e devo pertencer sempre; não deixarei nenhum agravo do período que passei aqui, nesta culminância que é reduzida, mas não deixa de ser culminância". Creio que essa autocrítica, embora necessária, raramente é feita.

Em Pernambuco, podia contar com um bom amigo para informá-lo: Rafael Correia de Oliveira.

Rafael não apenas foi um grande amigo meu, homem que me prestou grandes serviços, mas ajudou-me muito em muitas coisas. E eu tinha outros bons amigos em Pernambuco, inclusive o Octavio de Moraes, que foi correspondente de *O Estado*, um grande repórter. E ele me dizia tudo, com grande franqueza, tudo o que achava que poderia interessar ao governo. Além dos amigos, eu também procurava ler os jornais da oposição — sinopse não me bastaria —, e era neles que eu encontrava muitas das informações que me auxiliariam. Nesse ponto, compreendo bem a reação de Pedro II, quando lhe sugeriram que restringisse a liberdade de imprensa. O imperador perguntava: "Mas, depois, quem me contará o que os antigovernistas estão fazendo?" Se os que governam considerassem realmente a imprensa de oposição como se considera um amigo dedicado a contar o que seus ministros estão fazendo, teriam possibilidade de conhecer e penetrar essa realidade que comumente lhes escapa.

Atribui a essas distorções alguns dos nossos atuais problemas?

Creio que deve haver uma série de outros fatores, pois toda sociedade está motivada a distorcer algumas realidades. A questão da distribuição de renda é um bom exemplo. Mas há também pessoas interessadas em desviar a atenção do governo para problemas que lhes parecem mais urgentes. Essa distorção me parece quase inevitável. É difícil encontrar quem supere essas distorções, um homem que desdenhe os aduladores, que leia Swift, quando ele trata, nas *Viagens de Gulliver*, daqueles que lambiam o acesso aos locais em que se situavam os donos do poder.

Falando em distorção, isso não traz à lembrança a gradativa perda de autonomia dos Estados, dentro de um regime teoricamente federativo como é o nosso?

Essa distorção decorre da própria União, que desencadeou um processo de hipertrofia formidável em relação a todos os recursos e todos os poderes financeiros. Daí decorreu a defasagem consequente, que se agravou tremendamente. Na prática, mesmo um Estado poderoso, como São Paulo, não pode mais deixar de viver na dependência do poder central. As soluções mais importantes estão agora ao alcance da União e não dos Estados.

Quando governou Pernambuco, o Estado ainda tinha autonomia financeira?

De certa forma. Mas tive de obter um empréstimo do Banco do Brasil.

Embora o governo atual possa ser responsabilizado por muitos por descalabro administrativo parece estar aplicando um esquema político traçado a régua e compasso.

É, mas um esquema já nas suas origens desastrado. Como a decisão de eleger governadores por processo indireto. Se o objetivo era reservar-se maior margem de ação, por que não nomear simplesmente interventores? Quando estes se tornassem impopulares — e a norma, no Brasil, é o governo tornar-se impopular em pouco tempo —, bastaria trocar um interventor por outro, o que de certa maneira recomporia a popularidade. E, ao mesmo tempo, permitiria manter os populares. Seja como for, o número dos governadores incapazes ou desastrados tem-se revelado maior do que os que acertaram.

Acredita nas intenções atribuídas ao governo de "mexicanizar" o Brasil, ou seja, institucionalizar um sistema autoritário apoiado num grande partido populista?

É difícil dizer, dado o número de medidas contraditórias que têm sido adotadas. Além disso, a oposição criada no Brasil é muito maior do que poderia desejar quem nutrisse um projeto dessa natureza.

A simples existência dos biônicos demonstra que as coisas não correm de acordo com as ideias iniciais, não acha?

Sim, pois foi uma modificação das regras do jogo, para garantir a maioria no Senado. Se isso não fosse feito, não há dúvida de que a maioria passaria a ser do MDB.

Como vê o futuro, a partir de sua posição, que sempre foi ligada aos setores considerados mais progressistas? Um novo partido socialista, de que se cogita, teria condições de se transformar num verdadeiro partido de massas?

Nas atuais circunstâncias, acho que talvez seja mais conveniente manter o bipartidarismo. Enquanto persistir a atual situação e não houver liberdade para defender todos os programas e todas as ideias, conviria manter o sistema bipartidário, que faz as vezes de plebiscito, para definir se o governo deve continuar, ou se o caminho a seguir é outro. Só depois de recuperadas todas as liberdades é que se poderia pensar realmente na criação de outros partidos e, especialmente, num partido de massas, apoiado em sindicatos realmente livres. Poderia ser um Partido Trabalhista ou Socialista. Pessoalmente, eu me inclinaria pela denominação Trabalhista, pois é difícil arrancar, no Brasil, o rancor que há muito se registra contra a expressão "Socialista". Foi muito difundida a tese de que o socialismo pretendia a dissolução das famílias, o combate a todo o tipo de propriedade, além da sua associação com os que gostam de beber sangue das crianças. Essa concepção não está muito afastada do Brasil e é difícil desfazê-la, especialmente nos meios militares, onde essa tecla é batida com insistência por meio das escolas criadas nos Estados Unidos. Já a expressão Trabalhista poderia realmente aliciar elementos de tendências socializantes, dentro de programas progressistas, reunindo as massas populares por intermédio dos sindicatos livres, e não dos pelegos, que refletem a influência do Ministério do Trabalho.

Um Partido Trabalhista autêntico excluiria um Socialista?

Creio que sim. Fiz parte do Partido Socialista. Não era um dos seus membros, mesmo porque fui um dos fundadores do PSD, do qual redigi o programa.

Uma confissão de culpa?

Não propriamente, pois tive um grande trabalho ao defender a ideia da possibilidade de intervenção do Estado.

Ideia um tanto inexequível, para dizer o menos, dentro do PSD.

É, o Benedito Valadares, por exemplo, revoltava-se contra essa ideia. Acontece que acabei por desligar-me do PSD, para continuar no governo, pois achava que não podia presidir uma eleição presidencial e para o governo do Estado como integrante de um partido. Fazia questão de assegurar liberdade geral e, se pertencesse a um partido, seria difícil resistir à pressão que encontraria dos elementos de meu partido. Dei garantias completas à lisura do pleito em Pernambuco. Depois, em 58, fui eleito para a Câmara Federal por uma coligação de partidos: UDN, PTB e PSB. San Thiago Dantas insistiu muito comigo, queria que me filiasse ao PTB. Os que dirigiam o PTB em Pernambuco não eram homens cuja companhia me honrasse muito. De forma que acabei optando pelo PSB, que tinha uma bancada de apenas dez deputados na Câmara.

> *O que se diz, e que não deixa de refletir certa verdade, é que quando o PSB se deslocava, a Comissão Central ia num ônibus, à frente, e o eleitorado seguia em outro ônibus, atrás.*

Parece-me que o João Mangabeira, como candidato a senador, não teve mais de 5 mil votos.

Por quê? Era um partido excessivamente intelectualizado, de elite?

Acho que não. É que nunca chegou mesmo a contar com apoio. Além disso, o PSB já era esvaziado pela simples existência do PTB. Tanto assim que, frequentemente, ambos defendiam as mesmas teses, como foi o caso da Petrobras. A UDN era de início contra a Petrobras e o PSD dividiu-se. O substitutivo acabou sendo do udenista Bilac Pinto.

O Rafael Correia de Oliveira também atuou.

Era justamente o Rafael quem comandava a ala da UDN favorável à Petrobras.

Mas ele militava mais na imprensa do que no Congresso.

Sim, mas era muito atuante e talvez tenha sido uma das influências decisivas, das que levaram a cúpula da UDN a aceitar o substitutivo do Bilac Pinto. Ele atuava em dois times poderosíssimos, que eram *O Estado de S. Paulo* e o *Diário de Notícias*, na ocasião os dois maiores jornais de São Paulo e do Rio.

Em sua opinião, Getúlio Vargas queria ou não o monopólio estatal do petróleo?

Tenho impressão de que o Getúlio não pensava, não ousava chegar até isso. De fato, o projeto não chegou a ser dos mais populares. E foi para popularizar-se que a UDN apresentou o substitutivo Bilac Pinto. Mas o Eusébio Rocha também tinha o dele, consultou o Getúlio e foi autorizado a apresentá-lo, pois aquela seria uma forma de aglutinar forças. Se houvesse apoio, ele aceitaria de bom grado, caso contrário, não criaria problema, evitando opor-se ao que seria uma manifestação da maioria do Congresso. É como interpreto a atitude dele, concordando com um e outro. E, como o Eusébio Rocha era do PTB, convinha ao Getúlio que o projeto emanasse da UDN, que era a oposição. Assim, seu governo ficaria inteiramente livre, até de críticas, pois um projeto desses sempre provoca restrições.

E já que estamos falando em Petrobras e combustível, não foi de sua autoria o plano apresentado em 1934, propondo o aproveitamento do álcool-motor, como substitutivo dos combustíveis fósseis?

Foi. Aliás, o Instituto do Açúcar e do Álcool foi criado justamente para resolver o problema desses dois produtos. Tínhamos, no início da década de 30, um excedente de 3 milhões de sacas, e os preços estavam muito baixos no mercado internacional. O mercado nacional não tinha possibilidades de absorção. E o nosso plano era aproveitar os excedentes das colheitas e transformá-los em álcool, ou melhor, em álcool-motor. Muita gente imagina que a criação do IAA visava a defender apenas os interesses dos plantadores nordestinos, mas não foi bem isso. O Rio Grande do Sul participou, pois o açúcar amparado daria aos plantadores condições de comprar charque do Rio Grande. O mercado interno seria reforçado, disporia de maiores contingentes e melhores condições de prosperidade. E quando fui para o IAA o aproveitamento do álcool-motor estava sendo estudado por um homem que precisa ser recordado, um representante de São Paulo, filho do grande banqueiro que foi o Numa de Oliveira. Era o Eduardo Sabino de Oliveira, que não tinha a vocação do pai, mas um interesse enorme pela tecnologia. Ele veio trabalhar no Rio, chegou a meter-se de macacão debaixo de automóveis para estudar realmente o aproveitamento do álcool. Foi com base em seus estudos que se chegou à conclusão de que esse álcool teria de ser anidro, que se mistura perfeitamente com a gasolina. Uma cota que variava entre 20 e 25% era perfeitamente utilizável, chegando a melhorar o próprio rendimento dos motores, por ser antidetonante. O programa chegou a ser desenvolvido, tanto assim que foram montadas aqui uma usina francesa, uma checoslovaca e nacional, a dos Irmãos Dedini, em Piracicaba. E os resultados se fizeram sentir por ocasião de uma grande falta de gasolina, em que boa parte da frota brasileira foi acionada por álcool.

Associado à gasolina?

Não. Houve um período, creio que durante a guerra, em que o álcool foi usado puro.

Mas hoje há técnicos sustentando a tese de que para obtermos todo o álcool necessário para a movimentação da frota de automóveis do Brasil seria preciso usar mais ou menos dois terços da área cultivável para plantação de cana, mandioca, mangaba. A proporção seria realmente essa?

Não sei, pois só chegamos a trabalhar com álcool produzido a partir da cana. Dava mais ou menos de 75 a 80 litros por tonelada de cana.

Possivelmente, a extensão dessa área especialmente cultivada teria de ser grande, mas afinal o Brasil tem muita gente e tem grandes áreas. Ao longo do São Francisco, por exemplo, entre as represas que ali foram construídas, haveria vastas áreas...

Talvez, sob o ponto de vista dos interesses nacionais, esse plano viesse a ter maior importância do que a Petrobras.

O fato é que o problema do álcool-motor foi sendo, pouco a pouco, relegado a plano secundário. Tanto que a questão não foi confiada ao IAA. Cheguei a escrever um artigo, protestando, pois se existe um Instituto do Açúcar e do Álcool, por que atribuí-lo a uma comissão especial e não a ele, que tem os planos e os estudos, tradição e experiência? O plano foi desvirtuado por uma série de fantasias, que evitava a solução que propúnhamos: converter em álcool os excedentes, o que eliminaria a possibilidade de crises na produção de açúcar.

Saltando diretamente do álcool para a política, qual a sua opinião sobre a campanha de 74, da qual participou na qualidade de anticandidato a vice-presidente. Foi uma campanha das mais ativas, ao passo que a última do MDB, com candidatos, não movimentou coisa alguma, não produziu pronunciamentos importantes. O que aconteceu?

Desde 62 eu estava afastado das atividades partidárias, por entender que o exercício amplo da função jornalística exige libertação de vínculos partidários. Em 74, eu me dava muito com o Nelson Carneiro e tive oportunidade de insistir com ele sobre a necessidade de uma anticandidatura, por parte do MDB, pois a oportunidade era boa. Na situação que vivíamos, com a imprensa sob terrível censura, não se podia dizer nada, não se podia revelar coisa alguma. No fundo, talvez a anticandidatura fosse um trunfo para o regime, que lhe permitiria demonstrar que no Brasil havia certa democracia. De qualquer forma, as anticandidaturas podiam ser usadas para abrir brechas na censura prévia.

E aproveitar para se dizer o que não se permitia que fosse dito.

Mas mesmo assim, de início, a ideia encontrou resistência dos "autênticos". Eu pretendia manter-me à parte, defendendo a tese de que os candidatos deveriam ser do MDB, mas tanto insistiram comigo para que fosse candidato a vice, como anticandidato, que tive de render-me e disse ao Tancredo Neves que não encontrava argumentos para resistir a um convite de tanta gratuidade. Mas eu via a perspectiva de levantar um quadro das promessas não realizadas, da opressão, de dizer tudo isso em público. E havia ainda a novidade de enfrentarmos candidatos militares. Dois civis, desarmados, enfrentando candidatos militares, era quase inconcebível não é mesmo?

E chegou a dar certo, sob esse ponto de vista, como o grande comício dos anticandidatos em Natal.

Foi um grande comício, que eu classificaria de surrealista. Havia mais de dez mil pessoas reunidas pelo filho do Aluísio Alves e eu pensei: dez mil que não vão votar vieram para ouvir dois anticandidatos que não se vão eleger, que são apenas contestadores do processo eleitoral que marginaliza o povo na escolha do presidente da República.

E agora, por que não houve tanta repercussão, com candidatos de verdade e representando a oposição?

Em parte porque já há certa liberdade de imprensa, não há maiores revelações a fazer em praça pública. Naquela época, foi uma novidade fazer em público a crítica dos 12 por cento do Delfim. O Ulysses Guimarães e eu chegamos a ouvir gente que nos assegurava que podíamos contar com seus votos. Íamos abrindo caminho, vencendo a censura prévia, mas não podíamos avaliar o rendimento alcançado. Agora, foi diferente. E não havia programa, a coisa funcionava mais ou menos de acordo com as condições locais. E acho que o que mais funcionou foi a denúncia dos 12 por cento do Delfim. Desta vez, parece que a atual candidatura do MDB foi apresentada visando ao colégio eleitoral, através da influência das Forças Armadas. Aparentemente, foi adotada mais com essa intenção do que com a outra, que visava mais propriamente ao eleitorado nacional.

História Vivida

O que prevê para o governo Figueiredo?

É difícil, pois tudo vai depender do temperamento dele se ajustar ao que acontecerá. Ele é veemente demais. Não sei como reagirá à realidade. Até agora, nada tenho visto que me anime. O artigo 50, da Lei de Segurança, por exemplo, faz ressurgir o AI-5, que aliás vigorará até janeiro. Isso permite mantê-lo por um período crucial deste governo. É isso, justamente, que me leva a defender a Constituinte como uma solução mais natural que as reformas políticas: despertaria o país para um grande movimento, como as anteriores despertaram. O simples ato da promulgação repercutiria em todo o país. Depois disso, seria muito mais difícil violentar uma Constituição por meio de um Ato Institucional do que seria alterar esse ato com outros, ainda que para corrigir uma situação resultante de outros atos institucionais. E um Congresso Constituinte começaria por não ter cassados. O próximo, se convertido em Constituinte, já ganharia novo sentido.

E o general Figueiredo poderia transformar o Congresso em Constituinte?

Poder, poderia. Pode achar até mesmo que deva convocar um novo Congresso Constituinte, mas o problema a ser considerado é a influência do homem do governo, que nunca foi tão forte como agora. Quem escolheu o Figueiredo? O Geisel, evidentemente. O Geisel escolheu e pouco a pouco as coisas se acomodaram. E, dentro do sistema, quem é candidato à Presidência? Ou o ministro do Exército, ou o chefe do SNI. Foi o que vimos, na sequência dos governos militares, como no caso do Costa e Silva, de um lado, e do Médici e do Figueiredo de outro. Por que o Geisel foi escolhido? Porque seu irmão era o ministro da Guerra. E o Médici? Porque era do SNI. E, de certo modo, na vida republicana do Brasil há um precedente, pois o Washington Luís já foi para o Catete com a ideia de fazer o Júlio Prestes presidente de qualquer maneira, o que não deixa de ter inconvenientes, pois, se o candidato em potencial é excelente, talvez não o seja na hora de ascender ao poder; pode não ser mais conveniente a quem o escolheu e que chega ao fim do mandato. Deve ser escolhido no momento certo, considerando-se todos os fatores do momento, não de uma realidade registrada há anos.

Acha que a Constituinte seria uma solução para a reconciliação nacional?

Acredito que sim, desde que precedida das devidas medidas, como a anistia. Esta seria essencial, pois no Brasil foram cometidos tremendos erros nas cassações, que nunca tiveram explicação. Creio, aliás, que a anistia é uma fatalidade, muito conveniente ao governo, que seria dispensado de expor os motivos que determinaram as próprias cassações. Uma simples revisão de cassações comprometeria muito mais o regime que a própria anistia. Há centenas de casos de cassações totalmente injustificadas. Não creio que o regime possa fazer revisões, assim como não creio que poderá manter indefinidamente as próprias cassações. O regime está numa encruzilhada, e a anistia me parece a melhor saída. Especialmente para o regime.

O abrandamento das restrições que pesavam até há pouco sobre a imprensa escrita e a preservação, para não se falar em agravamento, da imposta à televisão e ao rádio, não demonstraria o início de um processo de liquidação da imprensa, como meio de divulgação da palavra escrita?

Não, acho que sempre haverá oportunidade para a imprensa, mesmo com a redução do número de profissionais, fenômeno que está ocorrendo em todo o mundo. Mas não acredito que a televisão e o rádio acabem com os jornais. Os telespectadores correspondem a uma categoria, os leitores de jornais a outra. E esta continuará a existir enquanto persistir o gosto pela leitura. É coisa que se observa nas crianças — algumas gostam de ler e outras não.

Tem observado diferença de comportamento das crianças, em relação à leitura?

Não tenho notado muito gosto por ela entre as crianças. A tendência, realmente, é deixar-se atrair pelo que chega através dos olhos e ouvidos...

Nesse caso, não lhe parece que nós, profissionais da imprensa escrita, estamos sujeitos a sofrer o mesmo processo que liquidou os iluministas, depois de Gutenberg?

Acredito que de certa forma se procura preservar a leitura, cultivá-la. A ilustração depende da leitura, os outros meios não podem proporcioná-la. Os que são levados a aplicar-se ao exercício da profissão são obrigados a ler e constituirão sempre um público acessível à leitura dos jornais. Uma coisa puxa a outra. Não posso crer que um tecnocrata, por exemplo, pretenda ser um bom especialista sem a leitura de livros. Assim, enquanto houver quem dependa de preparo e ilustração, haverá também quem dependa da palavra escrita. E pessoas com tendências ao gosto literário. Isso garantirá sempre um público natural para os jornais e os livros.

Quer dizer que está tranquilo quanto ao destino dos jornais?

A concorrência da televisão e do rádio contribui e contribuirá para melhorar os jornais, ressaltando seu dever de informar bem. Isso, por sua vez, demandará uma legislação própria para os meios de informação, pois ninguém informa apenas pelo prazer de informar, já que este é um dever. É um problema a ser seriamente considerado pelo governo, pois ele conta, diariamente — e gratuitamente — com uma imensa massa de informações, que deveria servir para orientá-lo, pô-lo a par das realidades nacionais e estrangeiras. Isso tudo é oferecido de graça ao governo, é uma benemerência da imprensa, que não se reconhece. Como se orientaria um governo que contasse apenas com as tais sinopses? Ou com órgãos oficiais? A imprensa desempenha uma função essencialmente pública; considero a função do jornalista de interesse público. Não se trata da natureza da publicação — pode ser de propriedade privada ou não —, mas o exercício do jornalismo é função pública, em benefício da coletividade.

Mas a ênfase dada à censura imposta ao rádio e à televisão não significa um reconhecimento tácito do governo de que a nossa taxa de alfabetização continua sendo baixíssima?

De certa forma, esse tipo de censura até beneficia a imprensa, que se sente compelida a informar melhor, trabalhando com maior margem de segurança. Essa e outras razões me levam a crer que, ao contrário do que muitos imaginam, a palavra escrita persistirá — e com ela os jornais.

26 de novembro de 1978

19 Universidade atual massacra os mais inteligentes

Entrevistadores:
*Lourenço Dantas Mota,
Oliveiros S. Ferreira
e Frederico Branco*

Mário Schemberg

Nasceu no Recife, em 1916 e morreu em São Paulo em 1990. Formou-se em Ciências Físicas e Matemáticas pela Faculdade de Filosofia, Ciências e Letras de São Paulo, em 1936, onde passou a ser professor de Física Teórica a partir de 1937, até ser aposentado pelo AI-5 em 1969. Estudou e pesquisou na Europa e nos Estados Unidos. Publicou importantes trabalhos de Física Teórica que o tornaram mundialmente conhecido. Desenvolveu paralelamente intensa atividade política, tendo sido deputado estadual pelo Partido Comunista Brasileiro após a reconstitucionalização, em 1946. Foi também crítico de arte.

Foi por deliberação consciente que se tornou ao mesmo tempo homem de ciência, político e crítico de arte, ou foram as circunstâncias da vida que o levaram a isso?

Sempre tive o ideal de desenvolver a minha personalidade de maneira multilateral. É claro que, até para ganhar a vida, tinha de ter alguma profissão e a minha sempre foi a de físico. Quanto à política, acho que é indispensável tomar posição nesse terreno, o que não significa ser um político profissional. Tenho tido atuação política, mas ligada a posições éticas. Para mim é um imperativo moral tomar posição diante dos acontecimentos. Mais caracterizadamente, sempre fui um nacionalista. Por exemplo: é uma coisa pouco sabida, mas quem começou a campanha de "o petróleo é nosso" aqui em São Paulo fui eu, uma semana depois de o general Horta Barbosa ter lançado o movimento no Rio. Na ocasião era deputado estadual e fiz vários discursos sobre esse tema. Tive uma atuação muito grande também na campanha em defesa dos minerais atômicos, desencadeada pelos cientistas logo depois da posse de Juscelino Kubitschek, durante uma reunião da SBPC no Rio. Dessa luta nasceu a proibição de exportação dos minerais atômicos. Enfim, tenho procurado manifestar-me sempre que posso sobre todos os grandes problemas nacionais. Ultimamente, tenho me manifestado sobre o acordo nuclear e a respeito de uma questão que está me preocupando muito, que é a situação universitária brasileira. Acho que toda a orientação da questão universitária está errada.

Assistiu a todo o processo de criação da Universidade de São Paulo. A seu ver, o projeto dessa Universidade, de 1934, que girava sobretudo em torno da Faculdade de Filosofia, traduz uma concepção de vida universitária válida ainda hoje?

Acho que ela está mais certa do que a que vigora hoje em dia. A concepção de universidade que imperou em 34 era mais adaptada às nossas condições do que a que foi imposta agora em 1969.

Não lhe parece que demos um salto de um extremo a outro, passando de um certo elitismo para a massificação sem critério?

O que existe hoje é pior que a massificação sem critério: é o massacre dos mais inteligentes. Hoje em dia, por exemplo, quem quiser chegar ao doutoramento tem de ficar até quase os 30 anos na universidade. Se, se ficasse fazendo pesquisa, muito bem, mas não. Fica-se muitas vezes fazendo exercícios, cursos, coisinhas assim de rotina. O que temos aqui é um tipo de universidade americana medíocre. Nos Estados Unidos há universidades excelentes, que estão sem dúvida entre as melhores do mundo. Mas, em consequência dos acordos MEC-USAID, não se introduziu aqui a universidade americana do melhor tipo, mas a do tipo medíocre. O resultado é que essa universidade massacra o talento no Brasil.

É favorável, portanto, à volta ao esquema de 34?

É claro que de 34 para cá já se passaram mais de 40 anos e muita coisa aconteceu. Não creio que se deva voltar exatamente àquele esquema.

Mas ao espírito de 34?

Sim, ao espírito de 34. Acho sobretudo que se deveria reduzir a duração dos cursos. Uma das coisas mais perniciosas que vêm acontecendo com o ensino brasileiro é a longa duração dos cursos. Isso aconteceu primeiro com o secundário, de tal forma que o jovem já entra na universidade com 19 anos, mais ou menos. É um tempo perdido, porque os fatos mostram que esse alongamento do curso secundário não corresponde, de maneira nenhuma, a uma melhor qualidade do ensino. Pelo contrário. Acho que, quanto mais tempo o estudante permanece nesse curso secundário, mais deformado fica. Quando entrei na Faculdade de Filosofia, por exemplo, o curso de Física, fazia-se em três anos. E o tempo total do ginásio e da universidade era muito menor. Hoje, a duração do secundário, considerando o cursinho, equivale ao que era antes o secundário mais o superior juntos.

O ensino está se tornando cada vez mais ralo. Matérias que estudei no terceiro ano — o último — de Física, o aluno de hoje só vai estudar na pós-graduação. Toma-se tempo do jovem, sobrecarrega-se a família com despesas às vezes enormes e, como resultado, não se pode dizer que as coisas estão melhores do que antigamente. Para os mais inteligentes o prejuízo é ainda maior. É um desperdício de tempo e de talento. Temos uma universidade que sacrifica os mais talentosos, com uma rotina de anos e anos de estudos desnecessários. Acho isso da maior gravidade. Outro dia li um artigo muito curioso de Gilberto Freyre sobre o que chama de "peagadeísmo". Divirjo dele em muitas coisas, mas nesse ponto estamos de acordo. Ele foi para os Estados Unidos, fez uma tese de mestrado e deveria fazer, em seguida, uma de doutoramento. Mas aí um de seus professores, Mencken, talvez a inteligência crítica mais penetrante que havia nos Estados Unidos, naquele tempo, convenceu-o a não fazer o doutoramento. Aconselhou-o a ampliar a tese de mestrado, pois era a melhor coisa que tinha feito, e a permanecer um certo tempo numa universidade em vez de ficar amarrado fazendo curso de pós-graduação e doutoramento. Aquela tese, ampliada, deu *Casa-Grande e Senzala*. Se fosse fazer o doutoramento, perderia vários anos inutilmente. Se já tinha atingido o nível necessário para escrever *Casa-Grande e Senzala*, que sentido teria fazer um doutoramento? Essa coisa de PhD nem mesmo nos Estados Unidos dá muito resultado.

Mas confere status.

Confere falsamente, porque é um status que frequentemente não corresponde ao valor. É um status burocratizado. O professor Rogério Cerqueira Leite me deu um dado impressionante: aproximadamente 90% das pessoas que fazem tese de PhD, nos Estados Unidos, não escrevem mais nenhum outro trabalho durante o resto da vida.

A filosofia imperante no Brasil sobre o que deve ser a universidade parece-me completamente falsa. É uma filosofia profissionalista, segundo a qual a finalidade da universidade é simplesmente criar profissionais. A finalidade da universidade, como a da escola em geral em todos os níveis, deve ser basicamente educacional. Não se deve confundir educação com instrução. Instrução é a transmissão de conhecimentos para o estudante, ao passo que a educação é o desenvolvimento das faculdades humanas. O importante não é o volume de conhecimentos que a pessoa adquire, mas o desenvolvimento das qualidades mentais. Aliás, o volume de conhecimentos pode contribuir até para o atrofiamento daquelas qualidades. A propósito, há uma frase conhecida de um escritor inglês sobre um colega: "A fraca luz de sua inteligência foi abafada pelo volume dos estudos que fez".

Há a frase famosa de Montaigne: "Mais vale uma cabeça bem formada que uma cabeça cheia de coisas".

É exatamente isso. A pessoa vai para a universidade para aprender a pensar, para adquirir espírito crítico, para desenvolver todas as suas qualidades — estéticas, filosóficas, científicas. Por isso, a concepção profissionalista é mediocrizante. Ela tem sentido como é feita nos Estados Unidos, não aqui. É bom lembrar que essa não é a concepção das grandes universidades americanas. Há uns 15 anos atrás foi publicado um livro nos Estados Unidos, *Organization Man*, que fez muito sucesso na época. O autor mostra que muitas das maiores indústrias norte-americanas foram fundadas por pessoas formadas em letras, não em engenharia ou administração. O mesmo ocorreu na Inglaterra. Dependendo das possibilidades econômicas do país, sou favorável a que o ensino universitário seja facultado a todos. Mas isso não quer dizer que todos devem sair com um diploma profissional determinado. Deve ser um diploma genérico, de tipo mais cultural que tecnológico.

Nos Estados Unidos existem universidades de vários níveis, inclusive para pessoas com QI abaixo do normal. Se o país é rico, por que não dar a pessoas assim a oportunidade de seguir um curso superior, que será mais do tipo profissional? Na França, também existe um grande número de escolas de vários tipos, mesmo escolas de engenharia. Há evidentemente a *École Polytechnique* que, junto com a *École Normale Supérieure*, são as duas grandes escolas aristocráticas, que abrem todas as portas. Mas além da *Polytechnique* há muitas outras escolas de engenharia de vários níveis. Isso está certo: devem existir mesmo escolas de nível mais elevado, de nível intermediário, cursos mais longos, mais curtos, etc. Não pode haver uma padronização rigorosa.

A seu ver, a intuição é um elemento importante dentro da pesquisa científica?

É o elemento preponderante. O que é um grande físico? Não é o sujeito que sabe mais Física que o outro, mas o que tem mais imaginação. É muito frequente um cientista apresentar uma teoria, que lhe parece importante e interessante, e ter de esperar trinta, quarenta anos para vê-la reconhecida e aplicada. Vejam o caso do raio Laser, por exemplo. Dezenas de anos atrás, creio que em 1917, Einstein, com base em cálculos puramente teóricos, falou sobre a emissão estimulada da luz. Pois bem: só cerca de 50 anos depois é que o raio Laser se tornou uma realidade prática.

Conviveu, entre as duas guerras, com os grandes cérebros da comunidade científica, principalmente no setor da energia atômica, não é verdade?

Convivi apenas com alguns deles, para ser preciso. E, entre estes, minha convivência maior foi com Enrico Fermi e Wolfgang Pauli. Trabalhei 10 meses com Fermi em Roma e depois, já no tempo da guerra, tive muitos contatos com ele nos Estados Unidos. Com Pauli trabalhei alguns meses na Suíça e voltei a me encontrar com ele, também no tempo da guerra, nos Estados Unidos, em Princeton. Isso no campo da Física pura. No campo da astrofísica, trabalhei com duas das suas maiores figuras, que foram George Gamow e S. Chandrasekhar, com os quais aliás fiz trabalhos importantes.

Teve contatos com Einstein?

Pouco. Ele trabalhava em Princeton nessa época da guerra e já era então uma pessoa muito pouco acessível. Além disso, tinha uma certa dificuldade no plano da língua, cercando-se principalmente de pessoas que falavam alemão. Sabia, além do alemão, apenas francês e um pouco de italiano, que eram as línguas que tinha estudado quando jovem. Só foi aprender inglês depois de uma certa idade e não falava muito bem.

Em todos eles sentiu a força da intuição mais que a do raciocínio?

Sim. Essa é uma coisa óbvia em todos os grandes cientistas. Aliás, há uma grande diferença entre o Ocidente e o Oriente quanto à avaliação das faculdades humanas. No Ocidente, pelo menos do século XVII para cá, houve uma tendência a valorizar muito mais o raciocínio do que a intuição. Foi a grande época do racionalismo. Mas está-se descobrindo agora que as maiores figuras de cientistas dessa época não foram racionalistas. Newton, talvez o maior físico que jamais houve, foi um cientista mágico por excelência, justamente ele que passava por ser o grande racionalista. A última edição da *Enciclopédia Britânica* dá conta de estudos recentes feitos sobre ele, os quais mostram que se inspirava na magia mesmo, e na alquimia. Hoje em dia a concepção do primado do raciocínio mudou muito e já se vai admitindo que a intuição é a qualidade maior do homem. O raciocínio é importante, não há dúvida. Mas primeiro a pessoa "bola", como se diz, uma certa coisa, e depois é que desenvolve aquilo racionalmente, ou seja, prova o que "bolou". Não é só na ciência que a intuição tem esse primado. Nenhum estadista, por exemplo, pode dispor de todas as informações necessárias para prever o que acontecerá num grande número de casos e, por isso, tem de ter intuição para sentir o que vai ocorrer. Na medida em que tiver essa intuição, será um grande estadista. A faculdade mais importante do homem é a intuição, que se liga com a fantasia. Agora é que se começa a estudar mais atentamente a vida dos homens do passado e se vê quanto essa fantasia é importante. Em Einstein isso é claríssimo.

No Oriente essa fantasia tinha uma importância maior?

Sim, no Oriente sempre se deu mais valor às faculdades intuitivas do que à faculdade simplesmente racional. Vejam mais um exemplo do que estava dizendo. Todos os grandes matemáticos deixam um certo número de teoremas formulados mas não demonstrados. Só muito tempo depois é que se consegue demonstrá-los, com base nos novos recursos advindos do desenvolvimento da matemática. Como então os grandes matemáticos chegam a esses teoremas? Não pode ser pelo raciocínio, porque nesse caso conseguiriam também fazer a demonstração. Eles "veem" o teorema. Qualquer um, mesmo que não seja um grande matemático, sabe que isso ocorre. Essa é uma faculdade sintética, não analítica.

Se a intuição tem essa importância por que a ciência oriental se desenvolveu menos que a ocidental?

O fato de haver ou não desenvolvimento científico não é uma questão de método, mas de estrutura social. Por que houve um grande desenvolvimento científico e tecnológico na Europa? Por causa do surgimento do capitalismo. Vejam, ao contrário, o exemplo dos gregos. Em Alexandria, eles já sabiam o princípio da máquina a vapor. Diz-se até que chegaram a construir lá uma pequena máquina a vapor. Mas isso era um brinquedo, uma coisa sem nenhuma utilidade numa sociedade escravocrata como aquela, com mão-de-obra tão barata. Como veem, não é que os europeus pensassem melhor que os gregos de Alexandria.

Karl Popper, em grande parte com base na observação dos métodos de trabalhos de Einstein, há já alguns anos começou a chamar a atenção para a importância das qualidades imaginativas, e chega mesmo a dizer que o desenvolvimento de uma grande teoria científica baseia-se às vezes na metafísica. O exemplo mais conhecido disso é a teoria atômica. A teoria atômica dos gregos não era uma teoria científica, mas metafísica. Dois mil anos depois, essa teoria metafísica tornou-se a base da ciência ocidental. A metafísica foi erradamente subestimada no Ocidente e só agora ela está sendo reconsiderada, porque pode estar ligada à faculdade intuitiva.

Voltemos à obra de Newton, que é ainda mais surpreendente que a de Einstein. O próprio Einstein ficou estarrecido, porque algumas de suas descobertas já tinham sido pressentidas por Newton. E o tipo de pensamento de Newton é estranhíssimo. Duas de suas maiores descobertas — a segunda lei da mecânica e a lei da gravitação universal — foram muito influenciadas pela filosofia hermética. Diz a *Enciclopédia Britânica* que ele copiou de próprio punho vários tratados de filosofia hermética. Nessa filosofia, que vem do Egito antigo, há uma teoria sobre simpatias e antipatias existentes entre as coisas. Newton transformou então essas simpatias e antipatias em atrações e repulsões, vindo daí a ideia da atração universal. Uma ocasião, estava em Moscou e lá me encontrei com o professor Ivanenko, que voltava de um congresso sobre filosofia da ciência. Contou-me que ele e Heisenberg tinham relido o *Timeu*, de Platão, e que ambos tinham observado que existia ali qualquer coisa como o germe do princípio de incerteza do próprio Heisenberg. A intuição humana pode voar muito mais longe do que o raciocínio. Quem poderia pensar que Platão fosse ter, há milhares de anos atrás, alguma ideia sobre o princípio de incerteza?

Tudo isso não levaria à conclusão da falibilidade da ciência, ao contrário do que imaginavam os racionalistas?

Não. Tudo se resume no seguinte: é preciso ter ideias novas e não há nenhuma receita para isso. Pode-se dar uma receita sobre como, tendo-se uma ideia nova, é possível desenvolvê-la e verificá-la. Mas desconheço qualquer receita sobre como ter ideias novas. Aliás, acho que a maioria dos mortais não tem nenhuma durante toda a vida.

Todas essas suas ideias não se chocam com a tradição positivista das ciências exatas?

Há muitas surpresas no estudo da vida dos grandes cientistas. Tomemos o caso do grande matemático francês Henri Poincaré. Ele tinha qualidades estranhíssimas, o que hoje em dia se chama de paranormais: *via* as ideias. E o mais engraçado é que *via*, por exemplo, duas ideias colidindo uma com a outra, como se fosse o choque material de duas bolas. Convenhamos que esse é um processo de pensamento curiosíssimo. Poincaré foi também um dos maiores psicólogos e um dos homens que mais contribuíram para mudar a ideia de ciência. Ao que sei, foi o primeiro a formular uma teoria sobre a criação matemática, baseada em sua experiência pessoal. Conta que quando jovem começou a pensar num tipo de função, que viria a descobrir mais tarde e que ficou famoso — as funções fucsianas — mas não conseguiu nenhum resultado. Durante vários anos, não pensou mais no assunto. Um dia, no momento em que ia subir num ônibus, passou pela sua cabeça a solução do problema. Percebeu que a criação científica devia estar em grande parte ligada a um processo inconsciente. Formulou então a sua teoria da criação científica que, segundo ele, tem 4 etapas. Na primeira, pensa-se numa determinada coisa. Em seguida, esquece-se aquilo durante algum tempo, que às vezes dura anos. Numa terceira etapa, aparece na cabeça a solução. Ou seja: há uma fase de pensamento consciente, uma de elaboração inconsciente e uma terceira em que a solução aparece de repente. Só na fase final — quarta etapa do processo — é que há uma elaboração racional, depois que a solução já está descoberta. Esse último momento é aquele em que se deve tornar rigoroso o raciocínio e é aí que, frequentemente, o matemático fracassa, quer dizer, ele vê o teorema, descobre tudo e não é capaz de demonstrá-lo. Muitas vezes é só numa próxima geração que a demonstração é feita.

Compreendeu, por isso, que há um processo inconsciente de extrema importância, no qual, evidentemente, ninguém sabe o que se passa, pois do contrário seria consciente. Essa fase inconsciente é a decisiva, pois é nela que o problema é resolvido. Muitos psicólogos procuraram tomar esse esquema de quatro etapas como uma base geral para todo o processo de criação, não apenas para o processo de criação matemática. Poincaré foi realmente um homem genial. E um dos fundadores da teoria da relatividade. As contribuições que deu para essa teoria não foram apreciadas em sua época, mas adquiriram muito valor agora, 40 anos depois, quando se descobre toda a importância do chamado "Grupo de Poincaré". Desde rapazinho sempre tive um interesse muito grande pelos problemas do inconsciente e comecei a ler livros sobre psicanálise. Só muitos anos depois é que tomei conhecimento dessa teoria de Poincaré, mas sempre senti que realmente havia uma elaboração inconsciente que fazia aparecer de repente na cabeça a solução de um problema. É claro que Poincaré fez uma elaboração mais perfeita e completa, mas a grosso modo já tinha percebido isso. Quando lecionava na universidade, não gostava de preparar aulas. Depois, meus alunos me disseram que as minhas melhores aulas eram as que não preparava. O mais engraçado é que nessas aulas eu aprendia coisas que não sabia. De repente, percebia que estava dizendo uma coisa que desconhecia. Deviam ser coisas que estavam em elaboração inconsciente e que estouravam naquele momento. Quando acabava a aula, talvez tivesse aprendido mais que os alunos.

Seria possível fazer uma síntese, tanto quanto possível, acessível aos não-especialistas, de seus principais trabalhos científicos?

Trabalhei sobretudo, no campo da Física teórica, embora tivesse participado também de alguns trabalhos de Física experimental e de trabalhos de Matemática relacionados com a Física. Meus dois trabalhos que tiveram maior repercussão foram feitos, um com S. Chandrasekhar sobre a evolução do sol e de outras estrelas semelhantes, e outro com George Gamow sobre as estrelas supernovas, mais conhecido como "processo Urca". Em 1941 fiz um trabalho nos Estados Unidos, em Princeton, sobre a possibilidade de haver inteirações que não conservassem a paridade. Naquela época, essa ideia passou despercebida. Só 20 anos mais tarde é que, com base em fatos experimentais, se comprovou que podem existir inteirações que não conservam a paridade. Essa ideia foi então reintroduzida por dois físicos chineses — Iang e Lee — que na ocasião ganharam o prêmio Nobel por causa disso. Mas, sem nenhuma fase experimental, eu já tinha introduzido o princípio dessa ideia 20 anos antes. O curioso nessa história é que, embora tivesse passado despercebido nos Estados Unidos e na Europa, no Japão esse trabalho chamou a atenção do professor Yakawa, que depois ganhou o prêmio Nobel. Ele se interessou pela minha ideia na época e chegou a colocar alguns de seus assistentes para desenvolver pesquisas naquela direção.

Um outro trabalho que fiz e que também teve bastante repercussão foi sobre a teoria da ionização e a emissão de radiação de Cherenkov: aprofundei a teoria que Fermi tinha feito sobre isso, a qual por sua vez estava ligada à teoria que os russos tinham feito sobre a radiação de Cherenkov. Fui também a primeira pessoa que discutiu o que se chamou de momento angular no campo gravitacional. Aliás, quase toda a minha obra científica teve a característica de levar mais ou menos 20 anos para ser reconhecida. Isso, é preciso dizer, não ocorre apenas no meu caso, mas de uma forma geral com muitos dos trabalhos no campo da Física. Já estou acostumado então a esperar uns 20 anos ou mais, depois de publicar um trabalho, para vê-lo reconhecido. Tenho, por exemplo, uns trabalhos sobre mecânica estatística que acho que se tornarão bastante importantes um dia.

A Física teórica é uma coisa muito estranha, porque às vezes a gente imagina e desenvolve um certo esquema matemático e não pode sequer interpretar muito bem o que aquilo representa experimentalmente. Isso acontece com muita frequência na história da ciência. Maxwell, por exemplo, quando formulou a teoria prevendo a existência das ondas eletromagnéticas, não dispunha de nenhum elemento experimental que lhe permitisse comprová-la. Só mais ou menos 20 anos depois é que Hertz fez experiências e provou que existiam as ondas eletromagnéticas, que aliás ficaram conhecidas, por isso mesmo, como ondas hertzianas. Mas na verdade o descobridor das ondas hertzianas foi Maxwell, pois foi quem previu que elas deveriam existir, com base em considerações teóricas. Frequentemente, o pensamento teórico está muitos anos à frente do pensamento experimental. Por meio de certos cálculos e raciocínios lógicos podemos chegar à conclusão de que deve existir uma certa coisa, que no fundo não sabemos direito o que é, embora tenhamos razão para crer que os cálculos estão bem baseados e que, portanto, suas consequências devem estar igualmente bem baseadas.

Essa longa espera para o reconhecimento não acarreta uma certa frustração?

Muitas vezes sim. O introdutor do conceito probabilista de entropia na termodinâmica, Boltzmann, ficou tão frustrado que acabou se suicidando. É provável que estivesse deprimido por outros motivos também, mas certamente um dos fatores que o levaram àquele gesto foi o não reconhecimento do trabalho que tinha feito. Vários outros cientistas se suicidaram em virtude dessa frustração. Também na ciência há muitos preconceitos. Não se deve esquecer que a própria teoria da relatividade de Einstein não foi aceita com muita facilidade. Demorou anos para que ela fosse reconhecida.

Está fazendo algum trabalho científico atualmente, ou parou desde que foi afastado da universidade?

Trabalho principalmente na teoria da relatividade geral e já tenho alguns estudos prontos sobre isso. Um deles foi publicado no começo do ano. E tenho outro ao qual estou dando a redação final. Mas tenho trabalhado com uma certa dificuldade nos últimos anos, por falta de biblioteca e revistas. Isso realmente me tem atrapalhado bastante.

Após seu afastamento da universidade, em 69, não pensou em sair do Brasil para continuar suas pesquisas no exterior?

No próprio ano de 69, ia fazer conferências na Suíça, na França e no México e recebi três convites para ir trabalhar fora. Mas não pude sair do Brasil, porque não tinha passaporte. Só consegui tirar passaporte em fins de 72. Nesse meio tempo, no entanto, surgiram vários problemas particulares que recomendavam minha permanência aqui.

Foi o interesse pela História, de uma maneira geral, que o levou à política?

Meu interesse pela política surgiu quando eu tinha uns dez anos, na época da Coluna Prestes e da Aliança Liberal. Eu ouvia os discursos do Maurício de Lacerda, do Assis Brasil... Não sei explicar por que, mas já naquela época tinha um interesse muito grande pelas coisas da China. Lia as notícias sobre o que ocorria lá. Era um interesse político. Em 1929, tive os primeiros contatos com ideias marxistas, por meio de uma revista chamada *Cultura,* publicada, se não me engano, pelo Francisco Mangabeira. Ele defendia certas teses marxistas. Foi o que me levou ao marxismo como uma filosofia da História, explicação de fatos sociais. Li muito sobre História. Preferia História aos romances e ela continua sendo para mim um assunto de muita reflexão, para que se possa procurar uma intuição do que acontecerá, de como as coisas se desenvolverão, de procurar entender os acontecimentos.

Mas a sua visão intuitiva da ciência não conflita com um certo positivismo do marxismo? Engels dizia que Darwin tinha descoberto as leis da evolução biológica e Marx as da evolução da História.

Acho que o próprio Marx não tinha essa pretensão. Dizia que tinha generalizado a experiência de três séculos de História europeia. Ele tentou generalizar o passado para ter uma visão do futuro. Mas quando uma revolucionária russa lhe escreveu, perguntando se suas previsões se aplicariam à Rússia, não soube dar resposta. Aquele era um problema diferente do que tinha estudado, o de uma História que começava a se entrosar com a europeia. Quase até o fim da vida, teve uma espécie de horror pela Rússia, que para ele era sinônimo de barbárie, despotismo asiático. E, de fato, mesmo depois disso creio que a Revolução russa nunca foi muito bem compreendida pelos comunistas nem pelos anticomunistas. Ela foi um processo muito complicado, que ocorreu num país que era muito pouco europeu. Compreendi isso ao ler um livro escrito por Nehru, quando ele estava na prisão. Ele disse que a Revolução russa foi recebida com grande simpatia por todas as classes sociais da Índia, pois ali foi considerada uma vitória de um povo oriental sobre o imperialismo. Anos depois, Mao-Tsé-tung diria mais ou menos a mesma coisa. O próprio Sun-Iat-sen via as coisas dessa forma. Em minha opinião, a grande novidade do século XX não foi a generalização feita por Marx de três séculos de História europeia, mas a entrada na cena da História de povos que estavam marginalizados e colonizados, principalmente os povos asiáticos. Aliás, é curiosa a preocupação que tinha a respeito da China um homem de grande visão, como foi Napoleão. Ele dizia: "Quando esse gigante despertar, será um perigo..."

Sim, mas o Japão já destruíra o mito da superioridade branca, em 1905.

Ainda assim persistia uma concepção falsa da História, da qual os próprios marxistas não estavam imunes, e que só terminaria com a guerra do Vietnã. Essa concepção vinculava tudo ao poder econômico. Os mais desenvolvidos, assim, teriam um poderio militar superior e, automaticamente, poderiam vencer. Já no século passado essa concepção se revelou falsa, quando Napoleão, na Rússia, foi derrotado por um povo mais primitivo. Também no século passado a Inglaterra fez três guerras para conquistar o Afeganistão. Conseguiu conquistar a Índia, mas nunca o Afeganistão.

Mas, voltando à Revolução russa, diria que o fato mais importante não consistiu na derrota da burguesia, mas no triunfo dos povos asiáticos?

Não, essa Revolução é um fenômeno extremamente complexo. No Ocidente foi considerada uma luta antiimperialista. Ela também contém um aspecto que na época não foi compreendido. Em determinado momento, os bolcheviques dominavam apenas dez por cento do território russo. A fome em Moscou era terrível, havia lutas, intervenção externa. No entanto, a despeito da inferioridade material manifesta e sem armamento adequado, eles ganharam a partida. Foi um fato que o próprio regime não tinha previsto, nem mesmo Lenin pensara que isso pudesse acontecer. Nunca houve um aprofundamento claro disso.

Trotsky dizia que o que importou foram as ideias de outubro. Teria havido a vitória sem as ideias de outubro?

É, mas isso me parece muito superficial. Como a Antropologia está agora começando a descobrir, a superioridade tecnológica não significa superioridade de organização. Aliás, nas últimas décadas a Antropologia tem feito descobertas surpreendentes, como a de que os povos primitivos são geralmente muito bem organizados. Lévi-Strauss foi diretamente aos povos mais atrasados do mundo, que eram os aborígenes australianos, e descobriu que eles tinham uma organização social matemática. Nunca tinha sido possível entender seus sistemas de estrutura, que eram complicadíssimos. Pois, com a ajuda de um grande matemático francês, Lévi-Strauss conseguiu finalmente deslindar o problema. Verificou que aquela sociedade, das mais primitivas do mundo, era organizada numa base matemática perfeitamente rigorosa. Chegou a concluir que os aborígines australianos foram os precursores do uso dos métodos matemáticos nas ciências sociais. Assim, parece-me que Trotsky não fez referência a toda a verdade. Acho que a superioridade de organização, por parte dos bolcheviques, equilibrou a situação a seu favor. Agora, é fato que essa superioridade de organização não pode ser conseguida sem uma base ideológica. O exemplo mais surpreendente disso é a guerra do Vietnã. Quem poderia imaginar que ele saísse vitorioso daquela guerra com os Estados Unidos? Contudo, a organização do Vietcong revelou-se muito melhor do que a do Pentágono, o que o Pentágono não conseguia entender. Ainda me lembro de quando os americanos entraram no Cambodge e chegou a notícia de que tinham ocupado uma caverna que era onde funcionava o Estado-Maior do Vietcong. Eu duvido até da existência de um Estado-Maior do Vietcong, mas o fato é que os americanos ficaram muito surpreendidos por não terem encontrado lá nem mesmo um único computador. Não podiam compreender. Como poderiam os vietcongs organizar suas ofensivas se não tinham computador? Somente agora começamos a compreender certas coisas, que escaparam tanto à burguesia quanto aos marxistas. Uma delas é a de não haver necessariamente uma ligação entre poder militar e poder econômico. Tudo depende dos períodos históricos. Em alguns deles, a superioridade econômica garante a superioridade militar, noutros não garante. Houve época em que os grandes impérios acabavam destruídos pelos nômades, justamente quando o poder econômico não garantia mais o poderio militar. Creio que estamos num desses períodos. Acho que isso já se manifestou na Revolução russa, na Revolução chinesa, na guerra do Vietnã e possivelmente manifesta-se agora na África, como já se manifestara na Argélia, onde os franceses contavam com um bom exército moderno.

No século XX surgiram novas formas de organização, que alteraram uma série de fatores e daí vivermos numa época de grandes transformações históricas — a meu ver, imprevisíveis. É difícil prever o que vai acontecer, dado o número das novidades com que nos defrontamos. Pode-se ter uma intuição, muito mais importante nesta época do que em qualquer outra. Em todas as coisas. Se a gente se guiar apenas pelo raciocínio, que se baseia somente na experiência do passado, concluirá que amanhã será igual ao que foi ontem. Se não for... Mas, felizmente, há uma outra faculdade humana que nos permite compreender certas coisas. Ao deparar-nos com um acontecimento histórico, podemos identificar nele o novo que está se manifestando. Isso é intuição.

Como cientista, realmente vê no marxismo uma ciência, como a da História?

Vejo-o, como uma teoria ou instrumento de ação. De resto, toda teoria científica é um guia para a ação durante determinado tempo. Depois, deve ser substituída por outra, ampliada ou modificada.

E isso se aplica ao marxismo?

Acho que se aplica. Ao dizer que tinha generalizado a experiência de três séculos de História europeia, Marx provavelmente dava a entender que tinha certas dúvidas sobre o passado e o futuro. Por exemplo, não se entenderia nada do que está ocorrendo na África se considerássemos os acontecimentos como uma luta entre a burguesia e o proletariado, pois lá muitas vezes não há nenhuma dessas classes. Trata-se de um fenômeno diferente. Como é diferente o que está ocorrendo no Irã. Toda interpretação que se quiser dar à questão do Irã sem levar em conta o fator cultural-religioso será falsa, pois ele está em primeira linha, ainda que relacionado com fatores econômicos e outros. Naturalmente, o dogmatismo e a inércia dificultam a compreensão. De qualquer forma, não acredito em leis eternas, nem mesmo nas ciências físicas. Agora, por exemplo, há muita coisa na Astrofísica que desconhecemos, pois talvez ainda não tenha chegado o momento de entendermos o que venham a ser os quasares.

Seria uma falha de concepção básica?

Acho que essa falha é não compreender que o homem — ainda que se considere o homem uma máquina — é algo infinitamente mais aperfeiçoado do que as máquinas que temos por aí. Somente em função de sua complexidade, o cérebro humano bate qualquer computador; o sistema nervoso humano envolve bilhões de neurônios. A partir daí, acho que a civilização do Ocidente subestima o homem, mesmo vendo-o apenas como uma máquina mais aperfeiçoada do que as outras.

> *Sem fugir muito do assunto, como explicaria a atual mudança de estratégia chinesa? Mao Tsé-tung sempre enfatizou o valor moral, o valor da massa, o valor do homem. No entanto, a China agora parece disposta a fazer grandes sacrifícios para comprar equipamentos militares sofisticados, justamente dos países mais industrializados.*

Disponho de pouca informação a respeito. Acho que após a morte de Mao a China começou a entrar no período stalinista de sua história.

Consequência da industrialização?

Com ênfase nela. Evidentemente, a China terá de industrializar-se. Mas me parece que está incidindo num erro básico. Tenho a impressão de que o Mao tinha mais gênio do que essa gente que está lá agora. O Deng pode ser um administrador de grande capacidade, mas não me parece ser um homem de grande visão histórica, tende à tecnocracia. Tanto que tomou a si toda essa parte de responsabilidade de desenvolvimento científico e tecnológico. Ora, uma das preocupações de Mao era preservar a estrutura camponesa da China. Achava que a força da China, o que lhe permitira resistir durante milhares de anos, era exatamente essa estrutura camponesa. Não queria que as cidades crescessem muito, de vez em quando mandava gente que morava nas cidades de volta para o campo, imaginou o sistema de distribuir as indústrias junto às fazendas. Segundo comentários que ouvi de esquerdistas no Japão, o período de stalinismo chinês está começando agora.

Com todas as consequências?

Bem, não quero dizer que seja uma repetição do stalinismo da Rússia mas, digamos, da concepção fundamental do stalinismo, que foi exatamente essa de promover a industrialização.

Concepção com a qual não concorda, ao que parece?

Não, acho que certa industrialização deve ser admitida, mas creio que esse tipo de sociedade industrial que se desenvolveu não vai subsistir; acho que ela desaparecerá. Deve dar lugar a outra coisa, que nós ainda não sabemos o que será. O sistema industrial não está mais melhorando o padrão de vida em parte nenhuma do mundo, a não ser, talvez, em alguns países muito subdesenvolvidos.

Mas como conciliaria esse alegado declínio com o que poderíamos chamar de emancipação de nações em desenvolvimento, como o Brasil?

Creio que é justamente o Brasil que está tomando o caminho errado. Acho que esses planos de desenvolvimento econômico adotados não funcionam justamente por causa disso. Na Europa, de acordo com os especialistas do Clube de Roma, a rápida industrialização não levou à melhora do padrão de vida nos últimos trinta anos. Eu mesmo pude constatar esse sentimento na Europa. Ali ele é mais agudo justamente nos países considerados mais ricos, como a Suíça e os da Escandinávia. Na França, o fenômeno é visível: basta comparar o que se comia em Paris, há trinta anos, com o que se come hoje. Isso é incrível e não se limita à alimentação; envolve também moradia, educação, saúde em geral. O que houve, de fato, foi certa deterioração.

Mas isso não seria consequência de explosão demográfica?

Ela não houve na França e, ao que eu saiba, só se registra atualmente nos países subdesenvolvidos. O fator determinante, então, não é esse. Deve ser em algo mais profundo, que se situa o erro fundamental. Admito que se trata de uma tese muito difícil de provar, mas acho que o erro reside justamente na industrialização, que está substituindo o homem por máquinas menos aperfeiçoadas. Isso já vinha sendo discutido há muito tempo e Galbraith já tratara desse tema no *A Sociedade Afluente*. O problema todo reside em se aferir o custo social de uma transformação dessa ordem. E como ele não pode ser calculado, o que determina a introdução da máquina destinada a substituir o homem é a vantagem que ela oferece em determinado setor, mas não à sociedade em conjunto. O custo social pode ser negativo, não é mesmo? Resultado: diminuição de eficiência social. Ela tende a diminuir, pois a planificação não leva em conta o custo social, que é indeterminável. Nos próprios Estados Unidos, um economista não chegou a ser levado a sério quando previu, depois do aumento do preço dos combustíveis, que a mecanização, em muitos casos, resultaria mais cara e que o emprego do homem tornaria certas operações menos onerosas. Ele previa também que, em consequência, haveria nos Estados Unidos uma certa redução da taxa de desemprego — o que os fatos parecem indicar — mas que, por outro lado, cairia a renda nacional real. Isso também me leva a crer que já ultrapassamos a idade da máquina. Daí, por exemplo, o grande surto que o movimento ecologista vem tomando. É o fim de um determinado período histórico. Então, acho que não há nenhuma racionalidade no que foi feito aqui no Brasil. Seria racional por exemplo, concentrar a população imensa que temos em São Paulo, despovoando o Nordeste?

Despovoando o próprio interior do Estado.

O próprio interior. Não há racionalidade econômica nisso e todos os problemas se tornam mais difíceis, infinitamente mais difíceis. Quanto maior é uma cidade, mais difícil se torna resolver os seus problemas. Sob o ponto de vista da racionalidade, parece que o ideal seria a cidade média, ou mesmo pequena, onde todos os problemas se resolvem com muita facilidade. Vejam o caso na Noruega. Tenho lá um grande amigo, muito a par dos problemas de desenvolvimento econômico. Perguntei-lhe qual tinha sido a razão da recusa do povo norueguês a ingressar no Mercado Comum Europeu. Ele respondeu que o povo não queria mais desenvolvimento industrial, que se a Noruega entrasse no MCE isso atrairia novos capitais e que, em última análise, o padrão de vida seria reduzido. Lá, eles já tinham essa visão. E acho que a decisão foi certa, pois os noruegueses têm hoje um padrão de vida e uma renda per capita superior à dos alemães ocidentais, dos norte-americanos, dos japoneses. E há os que foram mais longe: ao que parece na Suécia só há hoje 27 zonas onde as indústrias podem ser implantadas.

Mas como conciliar a tecnologia com a valorização do homem, aqui no Brasil?

Achei que não faria sentido manter a estrutura agrária e promover a industrialização urbana. Eu já não estava de acordo com a política econômica do Juscelino. Aliás, acho que o Juscelino foi o precursor da atual política desenvolvimentista, da política econômica em curso. Ao que parece, quando pensou em concorrer de novo à presidência, pretendia dar mais ênfase ao desenvolvimento rural que ao industrial. Soube disso por intermédio de industriais ligados a ele.

Sim, mas uma parte da intelectualidade brasileira combateu a ideia de que o Brasil deveria desenvolver-se com base na agricultura, alegando que a exportação de produtos primários caracteriza subdesenvolvimento.

Se isso fosse verdade, os Estados Unidos seriam um país subdesenvolvido. Isso é besteira.

Mas foi uma tese que prevaleceu aqui por muito tempo, a ideia de vendermos produtos brutos a serem industrializados e que depois nos seriam revendidos como produtos acabados, a preço muito superior...

Bem, acho que deve haver alguma indústria, é claro. Tem de haver um certo equilíbrio. Mas estou certo de que o excesso de desenvolvimento industrial é nocivo. Quanto a essa tese de que o fato de exportar produto bruto é sinal de subdesenvolvimento, nem se discute. Basta lembrar que os Estados Unidos e a França são grandes exportadores de produtos brutos. Isso talvez fosse válido antigamente, mas não é mais hoje. Quando falo em desenvolver a agricultura, não quero dizer que se deva manter o feudalismo, ou restos de estruturas feudais. Acho que esse desenvolvimento deve ser também acompanhado de uma reforma social no campo, com a criação de pequenas propriedades, ou cooperativas. Oferecer à população condições de ficar presa à terra. Só o fato de com isso se evitar a concentração excessiva nas grandes cidades seria uma tremenda vantagem econômica. Vários problemas seriam resolvidos localmente, sem os brutais investimentos que aqui são necessários. Enfim, acho que o mito da industrialização caiu. Aqui, deu-se mais ênfase à industrialização e, mais ainda, ocorreu uma deformação voluntária da distribuição de renda, para que se criassem uma indústria automobilística e outras de bens duráveis. A indústria automobilística foi superdimensionada em relação às necessidades brasileiras e foi preciso criar um mercado para essa indústria. O grande erro cometido, do ponto de vista econômico — e naturalmente agravado pelo autoritarismo político que impedia as discussões, os debates — foi não se ter compreendido que estamos já numa outra época histórica e econômica.

Qual foi o resultado, para a Universidade, das demissões e aposentadorias de uma série de cientistas e professores, depois de 64?

Acho que elas causaram um grande prejuízo, levando-se em conta a importância cultural dos atingidos. E o curioso é que, examinando-se as listas, a gente não encontra, muitas vezes, nenhuma razão política. Basta ver que aqui em São Paulo a lista começava com o nome do reitor da Universidade, que era uma pessoa ligada ao Ulhoa Cintra. Em geral, todas as pessoas ligadas a ele opunham-se ao Gama e Silva. O Fernando Henrique Cardoso, por exemplo, não fazia política na Universidade, mas era o representante dos assistentes no Conselho Universitário, onde se opôs várias vezes ao Gama e Silva. Ora, ele, assim como em geral todos os que se opunham ao Gama e Silva, entrou na lista. Não se tratou, portanto, de política, ou, pelo menos, de política com P maiúsculo. Eu poderia citar ainda o caso do Luís Hildebrando da Silva, que fez uma carreira brilhantíssima. Foi-se também e ocupou em Paris um lugar que tinha sido de um francês laureado com o Nobel de Biologia. Hoje, dirige a seção de Biologia molecular, que é a mais transcendente do Instituto Pasteur. As Faculdades de Filosofia, de Medicina, de Sociologia, todas elas foram atingidas. E houve também a sórdida politicagem contra o pessoal do Instituto Oswaldo Cruz, de Manguinhos, pavorosa. De lá foram demitidos dez, entre os quais o filho do Oswaldo Cruz, que quase morreu de desgosto. Foram não apenas demitidos, mas tiveram os direitos políticos cassados.

Em que consiste no momento sua atividade e militância política?

Não exerço atividade nem militância política. Tive alguma militância depois de 1964, mas não depois de 68. Agora, ultimamente, tenho manifestado minha opinião em conferências, sobre questões de ensino na Universidade. As críticas que tenho formulado são críticas à situação da Universidade ou à sua reforma — que acho que deve ser re-reformada com a maior urgência — à planificação econômica e ao acordo nuclear.

A partir das denúncias de caráter policialesco, autoritário, repressivo do regime da União Soviética, a sua concepção, ou adesão ao socialismo, sofreu alguma modificação?

Acho o seguinte: cada revolução deve ser considerada uma revolução nacional do país onde se verifica. Elas têm características muito diferentes. Por exemplo, as da revolução russa foram muito diferentes da chinesa, como estas foram da revolução cubana e outras. O Fidel Castro era até um político burguês, não era muito de esquerda. O que quero dizer é que não há um modelo de revolução universal. A revolução russa, entre outras coisas, envolveu o problema de muitas nacionalidades, várias das quais não eram nem mesmo europeias. O próprio Stalin era mais asiático do que europeu. Assim, é preciso levar em conta toda a complexidade desse fenômeno de uma revolução num país que não tinha a menor tradição democrática. Tanto assim que até hoje as dissensões na União Soviética são mais rigorosas nos círculos intelectuais. São os cientistas, são os escritores que manifestam sua insatisfação. A própria denúncia de Stalin parece não ter sido muito bem recebida pelo povo russo. Lembro-me que quando eles comemoraram o quinquagésimo aniversário da Revolução um jornalista americano entrevistou, na rua, um homem do povo, pedindo-lhe a sua opinião sobre o caso. O homem respondeu que era moda atacar Stalin, mas que, se não fosse ele, os alemães estariam em Moscou... Quer dizer, a visão popular era essa, compreendem? É coisa difícil de se entender. O mesmo se aplica aos problemas africanos. Para começar, os países da África são artificiais, pois reuniram várias tribos, uma vez que as fronteiras foram traçadas pelo colonialismo. Agora, dentro dessas fronteiras há várias tribos, que são inimigas de morte umas das outras. E hoje, em vez de estarem unidas por um sentimento nacional, odeiam-se mutuamente. Quase sempre, no fundo, todo governo africano é um governo tribal. Ora, se a gente analisar uma sociedade dessas, tribal, pretendendo julgar os acontecimentos políticos de que participa utilizando critérios europeus, dos Estados Unidos ou latino-americanos, não se entende nada. O problema ali é outro.

Não podemos atribuir-lhe caráter ideológico?

Alguns podem ter, não nego a existência de algumas tendências ideológicas. Mas o fato, a grande realidade social, é o tribalismo. Cada uma das grandes tribos poderia, por exemplo, assimilar uma nação. Mas o pior é que essas tribos se odeiam mutuamente, de forma que os problemas que representam são difíceis de entender. É coisa de que não temos a menor ideia. Nem mesmo os europeus têm ideia disso. Acontece que nesses países, como na Rússia e como na China, quase sempre os governos fortes foram muito populares, exatamente porque não havia unidade nacional. A própria China é prova disso, uma vez que não havia uma língua nacional chinesa. Há séculos não se estabelecia na China um governo que dominasse todo o país, pois certas regiões periféricas e outras escapavam ao controle central. Então, um governo forte, de maneira geral, era o que preservava o país de invasões, que eram consideradas a pior desgraça. Aliás há um discurso famoso do Stalin, num dos congressos do PC, em que ele tratou exatamente disso.

A tese das nacionalidades?

Não, ele tratava de invasões. Lembrou que a Rússia tinha sido conquistada pelos mongóis, pelos suecos, pelos alemães, pelos poloneses, enfrentara diversas invasões, inclusive a francesa. Afirmou, entretanto, que a Rússia não voltaria a ser conquistada. Acho que toda sua política sempre girou em torno do problema de resistir à invasão e que isso estava ligado ao problema da industrialização. Esta se destinaria a garantir o poderio militar, para preservar o país de uma invasão. E de fato, se ele não tivesse desenvolvido a indústria, não teria resistido à invasão, é óbvio. Aliás, ainda há pouco estive conversando com um professor italiano, que visita frequentemente a Rússia. Ele me disse que é impressionante a atitude do povo russo, meio apático, politicamente — até o momento em que alguém fala nos chineses. O ódio aos chineses é manifesto. E não é consequência de fatos recentes, é coisa que vem de longe, para eles os chineses são ainda Gengis Khan. E, quando se fala em China aos russos, a coisa se inflama, aí há unanimidade, é uma coisa atávica. Ora, a persistência desses fenômenos atávicos é uma realidade histórica. Pode-se perguntar: mas um povo socialista estará recordando invasões que ocorreram em outras épocas? O fato é que recorda. É um fato, a gente encontra comunistas poloneses que são violentamente antissoviéticos, por exemplo. Eu mesmo presenciei em Varsóvia uma discussão de que participavam vários intelectuais do PC e outros que não eram, mas o antissovietismo era geral. Indaguei-lhes a razão dessa atitude e todos eles disseram que, embora os poloneses tivessem um padrão de vida superior ao soviético, estavam sendo prejudicados pela URSS, que os obrigava a dar ajuda ao Vietnã. Argumentei que, se tinham um padrão melhor do que os soviéticos, poderiam dar alguma ajuda ao Vietnã, que estava em guerra. Mas isso eles não admitiam, achavam que a história do auxílio ao Vietnã deveria ser só da União Soviética.

Esse antissovietismo não é semelhante ao dos que fizeram a Primavera de Praga e que não deixaram de ser comunistas?

Não, a Checoslováquia não tem uma tradição antirrussa, como a Polônia. Esta dominou muitas vezes a Rússia e a recíproca foi verdadeira. Isso também deve ter sido acirrado por diferenças religiosas, pois a Rússia era o país da ortodoxia, ao passo que a Polônia é um país católico. Quando a Polônia era mais forte, dominava uma parte do território russo, quando os russos eram mais fortes, dominavam a Polônia — e a Rússia dominou-a num passado recente. Então, há um sentimento antirrusso no povo polonês. Não sei se a recíproca se aplica aos russos. Mas a Checoslováquia é diferente, pois sempre foi filo-russa, ao contrário da Polônia. Agora, pode ter desenvolvido sentimentos antissoviéticos. Há coisas curiosas nesse campo. Por exemplo, certa vez os chineses deixaram os russos furiosos, pois resolveram — foi, aliás, uma coisa inteiramente arbitrária — elogiar Gengis Khan, classificando-o de "grande estadista chinês". Os russos ficaram tremendamente irritados. Enfim, há essa persistência de sentimentos históricos por parte do povo.

Isto tem um peso muito grande?

Muito grande.

Então, é contrário à generalização de qualquer modelo de revolução?

Sim, na medida em que se analisa a revolução francesa e, por exemplo, se conclui que ela foi essencialmente a revolução burguesa. Não foi. Foi *uma* revolução burguesa, como as que já tinham ocorrido na Inglaterra, na Holanda e em outros países, que seguiram modelos bastante diferentes da revolução francesa. Esta foi realmente francesa, como a russa foi russa e a chinesa foi chinesa. Não digo que fatores internacionais não tenham pesado. Pesam sempre. Mas essas revoluções foram nacionais, dentro de determinados países. Como sabem, onde a revolução francesa suscitou maior horror foi exatamente nos Estados Unidos, onde já se tinha processado a revolução burguesa. Tanto assim que ninguém queria classificar-se de republicano nos Estados Unidos, nem mesmo Jefferson, que era o maior simpatizante da revolução francesa. Creio que foi só a partir de Lincoln que essa fobia de republicano desapareceu, mudou de conotação. E na revolução francesa ocorreram de fato muitas brutalidades, muitas violências que não podiam ser justificadas. Em todos os grandes processos revolucionários, quase sempre há muita violência que não é justificada quando a gente se atém somente aos objetivos políticos. São violências, pois há um descontrole. E a tradição pesa. Vejam: na Rússia as personalidades históricas que o povo admira são as dos construtores da nação, justamente as figuras às quais vocês fazem muitas restrições. De Ivan, o Terrível, a Pedro, o Grande, todos eles foram homens assim, considerados realmente terríveis no Ocidente, mas que o povo russo mais respeita. Até hoje, quando se vai a Moscou, há gente que indica o lugar em que Ivan, o Terrível, fez isso, ali onde Pedro, o Grande, mandou enforcar não sei quantos. Na Rússia, o Ivan que o Ocidente chama de o Terrível é classificado de o Grande. Os acontecimentos históricos não seguem o mesmo modelo. Por exemplo, como explicar que na própria Europa, num país com a civilização da Alemanha, tenha triunfado um fenômeno como o nazismo? Quem iria acreditar? Eu mesmo duvidei daquelas atrocidades, quando me falavam delas, de início. Só depois das provas é que me convenci da realidade. Como é que isso foi acontecer? E isso me convence de que não há modelo universal de coisas.

Especialmente de revoluções.

Sim, pois estas são sempre processos nacionais. Li um livro de um ex-ministro de Chang Kai-chec, que depois foi lecionar numa Universidade da Califórnia, onde ele analisa a revolução chinesa, não à luz do marxismo, mas das tradições chinesas. E conclui que Mao foi uma das maiores figuras da história da China por ter conseguido unificá-la, por ter imposto o dialeto de Pequim como língua nacional. Antes dele não havia língua nacional, era como ainda acontece na Índia. Esse mesmo professor conclui, embora tenha sido associado de Chang Kai-chec, que há séculos a China não tivera um governo tão eficiente como o de Mao. E o curioso é que sua análise foi feita à base dos pontos de vista da História chinesa, das tradições chinesas, dos problemas que a China sempre teve. O que quero dizer é que cada país tem seus problemas típicos. Nós mesmos não podemos comparar nossos problemas com os da Argentina, apesar de sermos vizinhos latino-americanos.

São muito diferentes?

Completamente diferentes. Aqui, por exemplo, temos um problema para o que são quase dois países, o Nordeste e o Sul. É um problema que tem resistido a todos os governos, todas as soluções. Outros países, certamente, têm outros problemas...

10 de dezembro de 1978

20 A arte atual reflete a crise do próprio homem

Entrevistadores:
*Lourenço Dantas Mota
e Ferreira Gullar*

Mário Pedrosa

Nasceu em Tambaúba, Pernambuco, em 1900, e morreu no Rio em 1981. Formou-se pela Faculdade de Direito do Rio de Janeiro. Estudou também na Suíça e na Alemanha, onde fez cursos de Filosofia, Sociologia e Estética. Começou desde cedo sua militância política, primeiro no Partido Comunista, depois na dissidência trotskista e finalmente, após 1945, no Partido Socialista Brasileiro. Mais importante que sua atividade política foi a que exerceu no domínio da arte, como crítico.

Quando a sua atenção foi despertada para o problema político e que influências sofreu nessa época?

O primeiro ato político a que assisti — lembro-me bem — foi um discurso de Rui Barbosa, que voltava de Buenos Aires onde participara de uma conferência em que defendera os pontos de vista dos Aliados, durante a Primeira Guerra, em 1916. Fiquei empolgado. Nessa época havia uma intensa propaganda para que o Brasil entrasse na guerra. Nos cafés que havia então no Rio, tocava-se sempre a "Marselhesa" e todo mundo cantava. Eu era muito patriota, muito a favor dos franceses e exaltadamente contra os alemães. Comecei a mudar com a poderosa influência que Romain Roland, o grande escritor francês, exerceu sobre mim e meus amigos. É curioso: alcancei o aspecto político de Romain Roland — o seu pacifismo — através de sua crítica musical. O primeiro texto dele que li era sobre música, no qual dizia que não era daqueles franceses que achavam que os alemães eram bárbaros, pois não se podia esquecer que existia a Alemanha de Beethoven. Tornei-me um pacifista ardente e, do pacifismo, passei para a crítica social. Empolguei-me pelo feito da Revolução Russa. Recebia muitos livros e revistas principalmente de Paris e, em pouco tempo, estava lendo o *Manifesto Comunista* de Marx e Engels. Assim se deu a minha evolução política nessa fase de juventude. Depois da guerra, já no começo dos anos 20, um primo meu, operário gráfico que trabalhava na Imprensa Oficial, colocou-me em contato com o Partido Comunista. Ingressei no partido em 1926. Chegamos, meus amigos e eu, a fazer uma pequena revista nessa época, com a qual a direção do partido concordou. Mas ela não passou do primeiro número, porque foi fechada pela polícia.

Em 1927, fui mandado para Moscou, por indicação de um membro da direção do partido. Saí daqui com o pretexto de ir para a Alemanha. Cheguei em Berlim no inverno, e lá adoeci. Nessas condições, o pessoal achou melhor não me deixar partir para Moscou, para onde acabei não indo. Comemorava-se então o 10º aniversário da Revolução e ao mesmo tempo começava também a perseguição contra Trotsky, que algum tempo depois foi expulso da União Soviética. Em Berlim recebia os jornais do partido e também os da oposição de esquerda trotskista. A plataforma da oposição de esquerda me abalou muito e participei de encontros com esses grupos de oposição. Aliás, não fui para Moscou justamente porque tomei posição ao lado desses grupos. Regressei ao Brasil e aqui, juntamente com alguns amigos, fundei a oposição trotskista.

Já tinha rompido com o partido?

Não. A linha de oposição de esquerda que Trotsky traçou ao ser expulso da União Soviética era de luta pela regeneração do partido contra a deformação burocrática. Os camaradas que fossem ganhos para a linha trotskista não podiam sair do partido, mas defender dentro dele as suas posições. Essa era uma linha muito rígida. Quando voltei para o Brasil, fundei com alguns companheiros um jornalzinho chamado *A luta de classes*, que representava a oposição internacional de esquerda. Mas não podíamos fazer nenhuma manifestação pública independente. Os atos do Partido Comunista tinham de ser obedecidos. A crítica se fazia, mas a linha tinha de ser seguida e as decisões respeitadas.

Mas depois houve a ruptura.

Sim, porque a partir de certo momento o partido não aceitou mais esse tipo de divergências.

Houve uma expulsão formal de todo o grupo trotskista?

De forma geral, não. Alguns foram expulsos formalmente, outros não.

Manteve contatos com Luís Carlos Prestes naquela fase em que ele não decidira ainda aderir ao Partido Comunista, logo depois da Coluna?

Já tinha havido o rompimento do nosso grupo com o partido, quando foi divulgado o manifesto de Prestes, rompendo com a Aliança Liberal e declarando-se mais ou menos pró-comunismo, mas não membro do partido. A popularidade dele era fantástica. Houve então uma corrida. Astrojildo Pereira foi logo encontrá-lo, em nome do partido. Alguns simpatizantes nossos também foram. Prestes recebeu, assim, representantes das várias tendências e ficou sem saber quem tinha razão. Foi nessa época que recebi um convite para ir a Buenos Aires conversar com ele. Lembro-me que recebi três contos para a viagem. Prestes estava impressionado, entre os vários partidos que participaram da Revolução Russa, com os socialistas revolucionários. E levantou então a hipótese de o melhor caminho para ele não ser o Partido Comunista, mas um Partido Socialista Revolucionário, para liderar um movimento camponês. Falava-se muito em reforma agrária naquele tempo. Eu era contrário a que ele fizesse um partido independente. Isso iria prejudicar profundamente o Partido Comunista, pois com seu enorme prestígio iria arrastar muita gente. O Partido Comunista era um partido novo ainda, sem grande expressão a não ser nos meios operários mais adiantados. Opunha-me àquela ideia, porque éramos bolcheviques e leninistas. Como já disse, nosso objetivo era repor o partido em sua verdade histórica leninista. Éramos todos fiéis a esse princípio. Prestes recebeu-me muito bem e ouviu minhas opiniões, como estava fazendo com os outros que o procuravam. Ele estava em contato com o secretariado sul-americano da Internacional, que então tinha sede em Montevidéu. Recentemente ele escreveu um artigo que foi publicado em Paris, dizendo que encontrou naquela época um líder que o guiou, salvando-o dos oportunistas, dos trotskistas, e que era conhecido pelo nome de Rusticus. Confessa que deveu muito a ele, mas não conta o fim da história: Rusticus foi liquidado porque pertencera à oposição de esquerda. Mais tarde muita gente me perguntou por que eu fui contrário a que Prestes formasse um partido independente do comunista.

É a pergunta que queríamos fazer também.

Na época não podia aceitar que se fizesse um partido que não fosse o bolchevique. Fui contra por sustentar posições doutrinárias rígidas que tinha aprendido.

Hoje acha que foi um erro?

Acho.

Aquele poderia ter sido um grande partido de massas, coisa que o Partido Comunista nunca conseguiu ser no Brasil.

Poderia sim. O nosso erro é que éramos todos homens que se agarravam à doutrina, aos princípios. O Partido Socialista Revolucionário de Prestes poderia ter sido um partido realmente importante, de massa, com outras consequências.

Não lhe parece que Prestes, isolando-se dentro de um partido pequeno, de certa forma jogou fora o grande prestígio que tinha?

Hoje admito que se faça esse raciocínio. O Rusticus atacou qualquer tentativa de Partido Socialista Revolucionário independente, porque defendia os mesmos princípios que eu. Todos defendíamos esses princípios. A minha posição era realmente ortodoxa e hoje acho que havia um excesso de doutrinarismo em todos nós. Na época, não tive audácia de pensamento para aconselhar Prestes a fazer aquele partido.

Para além das divergências ideológicas, muita gente vê Prestes hoje como uma figura moralmente inatacável, mas deficiente do ponto de vista do senso de oportunidade. Partilha essa opinião?

Sim, ele também participou daquele nosso doutrinarismo a que me referi há pouco. É uma figura importante. E acho válido que tenha feito um apelo para que se votasse no MDB nas últimas eleições. Sei que houve críticas a essa tomada de posição, mas penso que ela foi perfeitamente justa. Não há por que se impedir que um homem com a importância política dele, como chefe do Partido Comunista, se manifeste e peça para se votar no MDB. É preciso acabar com esses tabus, com essas proibições que ninguém sabe por que são feitas. Não se renova a concepção da História. Os militares querem impor aos eleitores do Brasil de hoje a mesma ideia que tinham quando fizeram o golpe ou a revolução deles em 64. Em 64, os militares brasileiros, sob a influência dos americanos, resolveram que o governo de João Goulart não podia continuar, porque ele tinha em mente uma República Sindicalista, ameaça essa que é uma abstração, um abuso, uma idiotice. A verdade é que, depois de suas derrotas em guerras coloniais, uma série de coronéis franceses quiseram refazer a guerra, mostrando que ela não podia mais ser levada a efeito como antigamente, que o exército francês não estava preparado para impor o seu domínio a uma nação que se levantava contra a sua vontade. Criaram então a teoria da guerra revolucionária. Os Estados Unidos se inspiraram nessas ideias dos coronéis franceses e formularam uma nova tática de guerra, que chamaram, literalmente, de luta contra a insurgência. Não vamos nos opor em bloco à Rússia, porque não queremos a guerra, diziam eles. O inimigo não está lá fora, mas internamente, em cada país.

Quando havia a Terceira Internacional, os partidos comunistas a ela ligados mandavam a Moscou líderes capazes de analisar a situação em todo o mundo, constituindo-se assim numa espécie de Estado-Maior da Revolução. Há já alguns anos, fez-se nos Estados Unidos também uma espécie de Estado-Maior para examinar a situação em todo o mundo. Se o camponês, safado da vida, dava uma foiçada num capataz de uma fazenda em São Paulo ou no Amazonas, começava-se a estudar se a partir desse incidente não havia a possibilidade de se desenvolver uma insurgência. No Brasil foi adotado esse processo. Todos os países latino-americanos mandaram oficiais para se formar em escolas americanas no Panamá. Um dos homens que implantaram essa doutrina no Brasil foi o marechal Castello Branco. E a importância dessa doutrina aqui foi de tal ordem que se criaram escolas de guerra, campos de experimentação nos quais os oficiais sofriam as consequências duríssimas de uma guerra revolucionária, para saberem como era feita e se prepararem para ela. Foi na época em que se dizia não haver fronteiras territoriais, mas ideológicas. É em nome dessa teoria absurda, que aqui não é oficial, mas oficiosa, que se quer impor a continuação do regime. A crise do regime está aí e uma de suas causas é o desmantelamento dessa teoria, que foi exposto inclusive pelo próprio Carter, que declarou que não há mais medo do comunismo e que é preciso fazer um acordo geral internacional. Mas o governo brasileiro continua a assegurar que devemos ter medo do comunismo. Ainda há pouco, o general Figueiredo saiu-se de seus cuidados para alertar os brasileiros contra a ditadura do proletariado. Passa pela cabeça de alguém que exista qualquer ameaça de ditadura do proletariado no Brasil? É uma loucura. Acho que a crise brasileira existe e é das mais profundas. E ela repete todas as crises por que o Brasil passou desde a sua descoberta. Não se pode admitir — e hoje já há generais que não admitem — que o Brasil tenha de seguir uma política que foi imposta pelos Estados Unidos.

A saída para a crise seria uma Constituinte, por exemplo?

Pode ser. Realizou-se há pouco em São Paulo o Congresso pela Anistia, ao qual assisti. Durante a abertura do congresso, as massas que lá foram manifestaram-se com um extraordinário sentimento de unidade. Não havia mais divergências. Todo mundo aclamava, como eu aclamei e aclamarei em toda parte, heróis como Lamarca, por quem tenho especial simpatia em face da grandeza com que se comportou em seu trágico fim. Tenho o maior respeito também por outra figura que se levantou ao lado de Lamarca, como Marighella. Sei que Lamarca e Marighella estão errados.

Acha que eles estão errados?

Sim, mas aclamei com entusiasmo.

Por que então?

Porque Marighella era um patriota que deu a sua vida por uma ideia que achava justa.

O regime alega, no caso de Lamarca e Marighella, que ambos se colocaram em luta contra ele e nela foram mortos.

Antes de voltar ao Brasil, ainda quando estava em Paris, comecei a escrever um livro no qual quero mostrar que precisamos refazer a nossa História, ou seja, reestudá-la. Temos ainda uma historiografia incompleta, por motivos de classe ou deformações profissionais. O Brasil se formou na guerra holandesa e gostaria de dizer aos jovens que participaram das guerrilhas que, se tivessem estudado a nossa História, teriam tido pelo menos fontes mais legítimas nas quais se inspirar. Quem retomou Pernambuco e a Bahia dos holandeses não foram os guerreiros do Estado português, mas a guerrilha brasileira. Quem pôs isso em voga, aprendendo as lições dos índios, foi um bispo de 80 anos a quem foi entregue a direção da luta para retomar Salvador das mãos dos holandeses. E o que ele fez? Não foi formar um exército, mas pequenas guerrilhas com as quais tornou insuportável para os holandeses a manutenção da cidade. E aí surgiram heróis como Lamarca. Alguns desses guerrilheiros modernos nada sabiam sobre isso, porque foram procurar aprender a guerra revolucionária na Rússia, na China, na Indochina, quando tinham aqui exemplos que lhes poderiam dar uma legitimidade extraordinária. Os militares brasileiros, imbuídos dessa ideia de guerra revolucionária — muitos deles são homens valentes —, entraram na luta, brigaram e mataram sem trégua. Alegaram que não praticaram torturas nesse caso. Posso aceitar isso. Cheguei a propor que houvesse uma anistia recíproca. Hoje retifico isso.

A seu ver, por que o trotskismo se tornou um movimento residual, digamos, sem grande expressão entre a massa operária, apesar da grande capacidade de liderança e organização de Trotsky?

Não sou mais trotskista, mas parece-me que hoje o movimento trotskista é muito maior do que no meu tempo. Na França e nos Estados Unidos ele é muito maior do que era antes. É assim em vários outros países.

O que o levou a se afastar do trotskismo?

Várias coisas, inclusive o meu ceticismo com relação à ideia de se fazer uma Quarta Internacional.

Entre essas várias coisas a que se refere estaria a posição adotada por Trotsky logo que se iniciou a guerra, de apoio total à União Soviética?

Não, porque a posição dele, de defesa incondicional da União Soviética, por ser ela ainda um Estado operário, era a posição de todos nós.

Difundiu-se muito hoje a crítica do regime soviético como um sistema policialesco. Concorda com essa crítica?

Não respeito nem defendo o stalinismo. Ele foi uma deformação terrível do marxismo. Foi o stalinismo que desmoralizou o marxismo como força revolucionária. Acho que a Rússia é hoje um Estado com algumas características socialistas, mas também um Estado imperialista. A vantagem da Rússia é ter forças para se opor aos Estados Unidos e assim manter a paz.

Acha então que a Rússia é um Estado imperialista?

No fundo ela tem alguns traços imperialistas. Mas acho muito importante que a Rússia exista mesmo tal como é, pois essa é a única maneira de manter a paz. A oposição que a Rússia faz aos Estados Unidos tem alguns aspectos importantes. Ambos são necessários para a paz no mundo.

A seu ver, trata-se de um equilíbrio de imperialismos?

É um equilíbrio de imperialismos.

Internamente, como vê hoje o regime soviético?

Não gosto. Acho que há ausência de liberdades fundamentais, e elas são importantes para o socialismo, para a educação do povo.

Não vê mais na Rússia a ditadura do proletariado?

Não, há muito tempo que não vejo.

E os Estados Unidos?

Acho que o papel mais reacionário ainda é desempenhado pelos Estados Unidos. A manutenção da Rússia é em si mesmo um fato progressista, para opor uma grande resistência aos Estados Unidos. Os Estados Unidos dizem defender a liberdade e a democracia. Para os americanos, internamente, isso é verdade. Mas a meu ver eles têm perdido um pouco o ritmo histórico. Vêm deixando de lado a modernidade. Pode ser que seja ignorância minha, mas não conheço também concepções novas que tenham saído da Rússia. E o que os Estados Unidos propõem é o fim do mundo. A política americana com relação a Somoza é uma vergonha nunca vista. Por outro lado, acho boa a campanha de Carter pelos direitos humanos, inclusive na União Soviética, que já deve ter força suficiente para aceitar esses princípios, que são importantes para o mundo inteiro. Devo dizer ainda que a perspectiva do socialismo é uma perspectiva mundial. Não vejo outra saída, a não ser na forma socialista de Estado e de governo.

Ao voltar dos Estados Unidos depois da guerra, em 1945, que posição política assumiu?

Não entrei para a Esquerda Democrática, que era então uma ala da UDN, porque o meu objetivo era fazer um partido socialista independente, o que não consegui. Tinha muitas ligações com a Esquerda Democrática, mas não entrei nesse movimento. A UDN tinha escolhido como seu candidato presidencial o Eduardo Gomes, por ser independente e não ter relações com a ditadura. Ele defendia um programa democrático — foi o primeiro a levantar o problema do direito de greve, dos sindicatos livres e da liberdade para todos os partidos, inclusive o comunista — e por isso, embora defendesse posições socialistas, participei de sua campanha pela redemocratização. Houve uma Constituinte, mas uma das formas fundamentais da democracia não se realizou, porque continuou a legislação trabalhista de Getúlio, reacionária e fascista, fundada na "Carta del Lavoro". Os sindicatos continuaram a depender do Estado, por meio do Imposto Sindical, descontado dos trabalhadores. O oportunismo político fez com que não se lutasse pela real restauração de um movimento sindical independente, daí nascendo o peleguismo, ao qual o Partido Socialista se associou, inclusive por motivo de ordem tática. O Partido Comunista também fez acordo nesse sentido. Quanto ao Partido Socialista Brasileiro, a verdade é que ele não teve grande importância, porque já nasceu morto. Entre Prestes e Getúlio, ele não conseguiu encontrar uma posição independente.

Fala-se muito hoje na criação de um novo Partido Socialista. Acha que ele poderia transformar-se num partido de massa, ao contrário de seu antecessor, que como disse ficou espremido entre o PTB e o PCB?

Quem sabe? Acho que nunca houve melhores condições para isso do que hoje. Estamos assistindo ao nascimento de um movimento operário com base na independência e na liberdade sindical. Esse movimento que surge em São Paulo, e de que Lula é o representante, vem com uma força e uma independência política muito importantes. Parece-me um elemento novo na luta contra o peleguismo. Nunca houve um movimento como esse, que inscrevesse em uma bandeira a luta contra o peleguismo. Por isso digo que existem elementos novos que favorecem um Partido Socialista. O que faltou ao Partido Socialista, antes, foi exatamente um movimento operário independente. Não estou dizendo que vai sair daí um partido. O que digo é que esse é um elemento novo favorável ao Partido Socialista. No meu tempo não existia nada disso.

O que pensa da possibilidade da social-democracia europeia influir na formação desse Partido Socialista?

Possibilidade de influir ela tem, mas não estou seguro de que tenha êxito, porque os problemas aqui são outros, muito mais profundos do que os que ela enfrenta na Europa.

Vamos entrar agora na sua outra paixão, que é a arte. A impressão que se tem, nos últimos anos, é que manifestações como a Bienal de São Paulo estão definhando. É essa a sua impressão também?

A Bienal de São Paulo, que se inspirou na Bienal de Veneza, é hoje uma ideia acabada. A ideia de se mostrar, a cada dois anos, o que se passa em matéria de arte no mundo não tem mais razão de ser. Esse é um assunto esgotado. A arte moderna nasceu em fins do século passado e começo do atual, depois do impressionismo. Para dar uma ideia clara, embora chocante do fenômeno, diria que ela nasceu com a expansão do imperialismo no mundo. Ela surgiu com as grandes exposições internacionais, nas quais eram mostradas obras de países situados na periferia europeia. Isso encantou homens como Van Gogh, por exemplo, que buscavam descobrir e sentir o que se passava para além do mundo europeu. A exposição realizada em Paris, na passagem do século, exerceu uma grande influência sobre o povo e em particular sobre os artistas de então. Todos tinham uma curiosidade imensa em saber o que se passava em matéria de arte na África, na América do Sul, na Ásia. Esse interesse por civilizações existentes fora da Europa cresceu quando começaram as grandes incursões pela África: atrás dos imperialistas, que iam explorar as riquezas da região, iam os naturalistas. E surgiram os museus de história natural, na Europa e nos Estados Unidos, assim como lojas de objetos exóticos, principalmente em Paris e Londres. Essas eram as atrações dos jovens artistas, que se transformariam depois nos criadores da arte moderna: Picasso, Matisse, os futuristas italianos, os expressionistas alemães. Esses artistas davam as costas aos museus, às exposições das Escolas de Belas Artes, para concentrar-se nos museus de história natural e nas lojas de objetos exóticos. Sem a arte negra, por exemplo, a arte moderna não teria tido o impulso que teve nessa época. Esse fenômeno ocorreu em todos os velhos países europeus. Daí surgiram os movimentos futurista, cubista, expressionista, construtivista. Pode-se dizer, portanto, que a origem da arte moderna está no avanço do imperialismo ocidental sobre os países da periferia do Velho Continente, situados portanto fora da civilização clássica.

O primitivismo foi um dos motivos fundamentais de toda arte moderna, inclusive da Semana de Arte Moderna de São Paulo. Aliás, Paulo Prado dizia que Oswald de Andrade tinha descoberto o Brasil em Paris. O fundamento desse fenômeno era a busca de novas informações por parte dos artistas, cansados da velha cultura burguesa da Europa. Todos estudavam, discutiam, trocavam ideias e, nas Bienais, fazia-se então a revista de tudo isso. Fundou-se uma Associação Internacional de Críticos de Arte que teve um papel muito importante: ela possibilitou que artistas e críticos estudassem essas novas formas e expressões de arte. O movimento se espalhou por todo o mundo e criou-se a convicção de que a arte moderna seria a arte de uma civilização mundial. Mas a proposição é uma coisa e a sua realização é outra. Houve uma certa saturação, da qual a primeira manifestação foi a "Pop Art" americana, que aliás no começo foi mais inglesa que americana. Essa foi uma nova manifestação de arte, que não tinha o objetivo de contestar a sociedade de que provinha. Pelo contrário, muitos dos artistas da "Pop Art" curvaram-se diante dessa sociedade e criaram uma série de coisas da publicidade americana. Depois, o movimento ganhou também a Europa e acabou sendo consagrado na Bienal de Veneza. Mas voltemos à arte moderna. Nos anos 20, 30 e 40, os artistas ditos de vanguarda não tinham acesso aos grandes prêmios. As vanguardas tinham apenas o privilégio de ter a crítica a seu lado. Mas depois começaram a ganhar os grandes prêmios, a serem reconhecidas, e com isso acabou o seu papel heróico. A coisa chegou a tal ponto que os artistas de vanguarda não tinham mais nada a fazer senão romper com os preconceitos e ter a audácia de fazer o que bem quisessem. Houve então uma grande crise envolvendo o realismo socialista na Rússia e a arte moderna na Europa, porque um e outro terminaram na mesma posição. Na Rússia, o realismo socialista esmagava, liquidava tudo sem contemplação e, na Europa, os liberais aceitavam qualquer coisa. Tinha passado o tempo em que Van Gogh e Gauguin, por exemplo, morriam de fome. Passou-se a aceitar qualquer coisa, com medo de ser reacionário. Os críticos de arte admitiam tudo: podia-se jogar estrume no quadro que isso era aceito.

Isso caracteriza então uma crise na arte?

Sim, pode-se falar numa crise geral da arte, uma crise de saturação.

Essa crise persiste ainda hoje?

Persiste. Ela começou quando a arte moderna chegou ao seu fim e não havia mais nenhum lugar do mundo onde se apresentassem obras importantes. Houve uma saturação geral e um sentimento de que as experiências da arte moderna estavam se esgotando.

Qual a seu ver pode ser o desfecho dessa crise? Como encarar o futuro?

Quando voltei ao Brasil, vindo da Europa, propus que se fizesse uma exposição sobre o índio. O objetivo era mostrar a comunidade indígena em seu processo de trabalho, em seu modo de viver, com a sua alegria de viver, entre aspas, para que o Brasil retomasse um pouco as suas origens, para mostrar que essa arte, desligada de tudo, é importante, porque é feita por uma comunidade capaz de vencer o fascínio do capitalismo. O índio tem uma cultura rica em criações artísticas.

A crise de arte ocorre apenas nos países capitalistas?

Não. Vejo a crise no mundo inteiro. Nos países socialistas, quando se reclama do artista uma arte aceitável para burocratas, está se negando o que Marx falou sobre o artista como ser criador e produtivo. A crise é geral, porque o próprio homem está em crise.

Há alguma forma de arte que não esteja em crise?

Não vejo onde está essa arte que não está em crise.

E liga a crise da arte à crise do homem, de forma geral?

Sim, ligo. Não acredito na arte nessa sociedade em que vivemos, por muitos motivos. Não há condições para a arte e pouca gente se interessa por ela. Hoje, o futebol é muito mais importante do que a arte, não é?

De onde viria esse desinteresse do homem moderno pela arte?

A vida moderna não oferece às obras de arte o mesmo espetáculo, o mesmo interesse que oferece às grandes manifestações coletivas: festas como o carnaval, o futebol, coisas dessa ordem. Mas não sei qual é a razão profunda de tudo isso. Tudo está organizado demais. O próprio lazer, que também está em crise. Há uma máquina publicitária, uma máquina de dominação, que estende o seu poder por toda a parte e não deixa o artista se livrar facilmente desse processo. É por isso que a crise não se manifesta apenas na arte. A ciência está em crise. Há uma crise da medicina, por exemplo, porque também ela está dominada pelo mercado nos nossos países. Nos países socialistas não sei qual é o processo.

Vê algum caminho, alguma saída?

Estou com a retaguarda.

Se alguém disser que está com a vanguarda, todo mundo entende imediatamente. Mas com a retaguarda? O que significa isso?

Antigamente, os artistas traziam coisas novas. Havia um permanente aprofundamento do problema da arte. Hoje isso está parado. Ao mesmo tempo, o que se passa? Há um movimento imenso que passa e arrasta tudo para o mar do capitalismo. A retaguarda é uma defesa contra esse movimento. Ela resiste à presença brutal dessas forças. A retaguarda resiste à retirada fantástica que está ocorrendo. O seu papel é de resistência.

Ela resiste em nome de que valores?

Não dos valores da arte, mas dos valores permanentes do homem.

Afirmou recentemente que o Brasil é o país onde existe talvez a maior confusão conceitual e ideológica. O que entende por isso?

É isso mesmo. O Exército, por exemplo, disse que fez uma revolução. Depois ele próprio pegou essa revolução e subordinou-a ao RDE, ou seja, ao Regulamento Disciplinar do Exército. E daí criou uma confusão na qual ninguém entende mais nada. Nem eles mesmos, nem as pessoas que estão mais ou menos subordinadas a esse processo. A confusão conceituai é total e completa no Brasil.

Como se define hoje politicamente?

Sou socialista, por achar que o capitalismo é a máquina mais monstruosa que já se montou para liquidar o homem. Não há solução enquanto durar o capitalismo. Não posso admitir uma sociedade como a nossa, que aceita que centenas de milhares de homens morram de fome. Devo dizer ainda que aceito o progresso muito duramente.

O tipo de progresso que existe no Brasil, ou o progresso de uma forma geral?

Esse progresso, esse desenvolvimento que se faz por aí. Vocês acreditam que seja uma economia racional a que domina hoje? Acham que esse projeto de Angra dos Reis seja uma coisa que entre na cabeça de uma pessoa normal? De um modo geral, a crise dentro do capitalismo gera uma crise cultural, e lamento que a Rússia ainda não tenha sido capaz de trazer um remédio para ela.

A seu ver, a Rússia também está em crise?

Sim.

Então a crise é geral e não apenas do capitalismo?

Sim, ela existe também nos países socialistas. Pode ser que dali saia alguma coisa, mas até agora não vi nada. Não admito que se negue ao dissidente o direito de dizer a verdade.

24 de dezembro de 1978

21 Nós maestros somos quase como os que amam

Entrevistadores:
*Ethevaldo Siqueira
e Frederico Branco*

Eleazar de Carvalho

Nasceu em Iguatu, Ceará, em 1915, e morreu em São Paulo em 1996. Formou-se pela Escola Nacional de Música da Universidade do Brasil e doutorou-se pela Julliard School of Music de Nova York, onde posteriormente lecionou. Fundador e regente titular da Orquestra Sinfônica Brasileira. Um dos maiores maestros brasileiros e o mais conhecido internacionalmente em sua época.

Tendo nascido no interior do Ceará, como foi acabar sendo regente?

Nasci no Iguatu, porque meu pai trabalhava naquela época nessa cidade, numa função muito delicada e até pejorativa: a de delegado de polícia. Na época, havia uma espécie de guerra no Ceará, com intervenção federal. Meu pai era do Exército. Os problemas envolviam o Padre Cícero, na cidade do Crato, próximo a Juazeiro do Norte. O Padim Ciço reuniu todos os jagunços lá do Sul (não estou bem certo desses episódios). Acho que havia até canhões para acalmar os jagunços. As forças federais foram fazer manobras e acamparam nas proximidades da cidade do Crato. Mas os jagunços cercaram as tropas federais e prometiam atacar no dia seguinte. E realmente foi um desfecho engraçado. Os jagunços chegavam e tomavam as armas dos soldados à unha: "Me dá cá esse canhão". E os soldados entregavam até os canhões. A tropa, para não morrer, voltou de lá (morreu apenas o capitão Frota da Penha). Meu pai assumiu, então, o comando. E, nessa época, foi para Iguatu, onde eu nasci. Minha idade artística é contada a partir de 1915. Mas, na verdade, eu nasci a 28 de junho de 1912.

Mas como foi que aconteceu o seu ingresso na carreira artística?

Entrei para a carreira musical por gulodice. Fui um menino muito sadio. Com treze anos, parecia um homem de vinte. E, sendo sadio, era também muito levado e peralta. Pintando o sete, não parava em escola alguma. Tive colegas que ainda estão por aí, em postos importantes: almirantes, ministros e outros. Outro dia, encontrei um almirante que me disse: "Fui seu aluno na Escola Naval".

E os ministros?

O Falcão, por exemplo, foi meu colega. Sim, o Armando Falcão. O Paulo Sarasate, que foi governador do Ceará. Parsifal Barroso. Todos colegas de grupo escolar, vejam só. Sim, meus coleguinhas em Fortaleza. E, como eu ia sendo expulso de tudo quanto era escola, meu pai resolveu me colocar na Escola de Aprendizes Marinheiros. Aí a coisa mudou. A escola, naquela época, era semicorrecional. Meu pai advertia: "Agora você toma jeito". Éramos 14 irmãos, dos quais eu era o quinto, pela ordem. Família pequena, como veem. Oito homens e seis mulheres. O fator genético não funcionou. Eu fui o único músico. Estudei os meus antepassados, escrevi um livro, e não encontrei nenhum músico em minha família. E meu filho, que está agora numa universidade nos Estados Unidos, que é filho de pai e mãe musicistas, não seguiu também a carreira musical. Ele está estudando Ciências Políticas em Harvard. Logo, o fator genético não funcionou nem antes nem depois. Resta-me um garoto de pouco mais de dois anos, que parece gostar de música. Mas nessa idade toda criança parece ter tendência para a música.

Na Escola de Aprendizes Marinheiros, no primeiro rancho, eu vi a diferença entre a comida de minha mesa e a vizinha. "De quem é essa mesa?" — perguntei. Disseram-me que era dos músicos. Ora, não tive dúvidas, passei para o lado dos artistas. O responsável pela banda me perguntou: "Qual é o instrumento que você sabe tocar?". Respondi que não sabia nenhum. "Quero aprender a tocar qualquer um. Aquele grande ali está bom". E me deram uma tuba. Fui aprendendo e comecei a tocar na banda da Escola de Aprendizes Marinheiros do Ceará, em Fortaleza. Lembro-me que, num mês de março, comecei a tocar. No dia em que morreu o almirante Alexandrino, ministro da Marinha, estreei minha primeira partitura. Havia missas na Capital e no Rio. Meu instrumento tinha três pistões: um, dois, três. A posição "zero", ou nota solta, eu já sabia. Assim, eu numerava: zero-zero-zero-dois-um, etc. Ou 12, 13, 23, etc. E toquei até o fim do ano "de ouvido", só usando esses números. Então, fui para a música por gulodice. De lá fui para a Escola de Grumetes, de Angra dos Reis, onde passei todo o ano de 1927. Já grumete, escolhi minha especialidade. Continuei na música. Todos os Estados brasileiros mandavam seu contingente para a Escola de Grumetes. A grande rivalidade lá era entre a banda do Ceará e a banda da Bahia.

Dessa competição, formava-se o grupo que iria constituir a banda da Escola de Grumetes. E eu fiz a escola direitinho. De lá, fui para o Rio, assentar praça na Marinha, lembro-me bem. Foi no dia 2 de dezembro de 1927. Há pouco, minha turma comemorou 50 anos. Quando lá cheguei, fui para aquela banda famosa, de homens feitos, vestidos de branco reluzente, instrumentos brilhantes. Tudo aquilo me fascinava. Para ficar na banda, precisava fazer um teste. Foi aí que eu comecei a estudar o solfejo com o homem que era o segundo trombone da banda (e que mais tarde foi ser o primeiro trombone da Orquestra Sinfônica Brasileira, no Rio). Em 1930, na Revolução, o almirante Avelino de Magalhães Padilha — pai do major Padilha, e avô do Pedro de Magalhães Padilha, que, como secretário de Cultura, me trouxe para São Paulo — me concedeu licença para estudar no Instituto de Música, na Lapa, Rio de Janeiro.

Até então, que formação teórica tinha?

Só comecei a estudar seriamente em 1930. Tudo que sabia antes era para tocar o trombone e a tuba. Ingressei no Instituto de Música em 1930 e de lá saí em 1941, com 18 diplomas. Nesse tempo todo, fui por minha conta. A promoção da Marinha não era por merecimento. Era apenas por antiguidade e não por sabedoria. Ora, eu já tinha diplomas de contraponto e fuga, mas quem ganhava a promoção era um sujeito que não sabia nada, só porque já tinha tempo para isso. Em 1936, fiz um concurso para ingressar na orquestra do Teatro Municipal. Tinha 9 anos já de Marinha, mas para deixá-la precisava ter 10. Pedi baixa. "Para que você quer baixa?" — perguntaram-me. Expliquei que queria prestar o concurso do Municipal. Nessa ocasião eu já tocava tuba fora da Marinha em pequenas orquestras, jazz etc. Mas eu tinha tanta certeza que passaria no concurso que sai da Marinha. E quase não passo.

Por quê?

Na prova de leitura à primeira vista, diante da mesa, com Francisco Mignone me examinando, errei diversas vezes. Passaram, então, ao outro candidato, um italiano, que iria ler o trecho escrito na hora. Desconfiei do desembaraço do opositor, que se esqueceu de virar a página, porque já sabia de cor a matéria do exame. Gritei: "Alto lá". E apanhei a mesa no flagrante da fraude. E ganhei por isso. Entrei para a orquestra do Teatro Municipal do Rio de Janeiro. Em 1939, saí da minha cadeira de tuba e fui reger uma ópera, a minha primeira ópera, chamada "A Descoberta do Brasil", no Municipal do Rio com orquestra de cordas e tudo. Logo, eu já estava saindo em 1941 da escola, com título de compositor e regente, com uma ópera levada no Municipal do Rio. Em 1941, escrevi a segunda ópera, "Tiradentes", em quatro atos, longa, que ia sempre à cena no dia 7 de Setembro, nos anos seguintes.

Num dia de ensaio, fui assinar o livro-ponto e vi que meu nome estava riscado. Irritei-me e disse: "De agora em diante, só entro aqui para reger vocês". Nessa época, Toscanini passava pelo Rio de Janeiro. Eu estava sem emprego, sem nada para fazer. Toscanini trouxera a Sinfônica da NBC. Ficamos boquiabertos com aquela orquestra. E decidimos fundar uma. E o pessoal que estava lá na escola de música não poderia acumular. Formou-se então a nova orquestra. Havia músicos excepcionalmente bons. Entre eles, um húngaro, Eugene Szenkar, que chegara ao Rio, em 1939, como refugiado, por ser judeu. Assim, nascia a Orquestra Sinfônica Brasileira, por iniciativa do maestro José Siqueira. Íamos para a porta das boates, de madrugada, convencer os músicos para que fossem para o ensaio. E o pessoal saía meio tonto de sono e ia para o teatro. O húngaro foi o regente e eu o substituto. Em 1943, estreei na temporada lírica, uma temporada séria. São Paulo sempre esteve em segundo plano, em matéria de ópera, embora houvesse mais italianos aqui do que lá, no Rio. Mas o Rio era a capital e pronto. Eu fiquei nessa de ópera e Orquestra Sinfônica Brasileira mais três anos.

E quando foi para os Estados Unidos?

Foi em 1946. Resolvi fazer a América, de repente, sem bolsa, naquela época não havia bolsa de estudos.

Como foi?

Juntei dinheiro na Urca, isto é, no Cassino da Urca. Fui diretor da orquestra do cassino, durante três anos, ganhando um ordenado maior do que o do Szenkar na OSB. Trabalhei na Urca de 42 a 46. Fui estrear o Quitandinha, com a Orquestra do Teatro Municipal. Num daqueles arroubos da mocidade, não gostei do barulho dos talheres, e disse: "Pare a orquestra". E os músicos pararam de tocar. Os convidados estavam jantando. Havíamos sido convidados para tocar e não para dar concerto. Mas eu insisti. Suspenderam o jantar e a orquestra recomeçou. Mas umas senhoras da chamada alta sociedade tornaram a fazer barulho de talheres e então eu parei a orquestra e disse aos músicos: "Sigam-me". Eles todos me seguiram e foi aquele escândalo. Interveio a embaixatriz Regis de Oliveira mas eu não voltei atrás. No dia seguinte, me aparece um emissário do Rollas, do Cassino da Urca, dizendo: "O Rollas quer falar com você". Respondi-lhe: "Comigo? Se ele quiser que venha até aqui, porque eu não quero falar com ele". E o Rollas foi, acompanhado de seu advogado, Evaristo, um rapaz fino, e me disse: "Olha, gostei muito da sua atitude. Então, quero ver se o senhor aceita trabalhar para mim na Urca. Gostei da sua disciplina". Rollas era semi-analfabeto ou completamente, não sei. Mas era um sujeito de grande visão.

Recusei inicialmente o convite para trabalhar no Cassino da Urca. Rollas deixou o advogado para tentar convencer-me. Fui dizendo logo, para encerrar a conversa: "Sou muito caro. Seu patrão me pagaria um conto de réis por dia?" O advogado respondeu à queima-roupa: "Negócio fechado: um conto por dia". Assim, eu fui trabalhar, por 30 contos de réis mensais em 1942, no Cassino da Urca. O maestro húngaro continuava ganhando 2 contos na Sinfônica Brasileira, como maestro titular. Esses dois contos já eram considerados um ordenadão, porque os músicos ganhavam de 60 a 100 mil réis por mês.

E, com tanto dinheiro, nunca lhe ocorreu jogar alguma coisa na roleta?

Não. Nunca toquei numa ficha. Atravessava o salão sem olhar para os lados, duro, segurando o dinheiro no bolso. Mas não jogava um tostão. Outros músicos perdiam quase tudo na mesma noite. Não aceitei jamais receber o ordenado em fichas de roleta, como alguns empregados da Urca. Linda Batista era uma das que recebia em fichas o seu cachê. E perdia tudo.

E qual era o seu trabalho na Urca?

Depois de algum tempo só regendo a orquestra, desentendi-me com o novo gerente do cassino e passei apenas a escrever os arranjos. Orquestrava as valsas de Lehar. O pessoal dançava e gostava. Era um sucesso. Havia valsas novas que chegavam a ser executadas durante seis meses. Eu tentava rescindir o contrato, mas havia uma cláusula que impunha uma multa do valor total de 5 anos. Por isso, permaneci na Urca até 1946. Foi quando o ministro João Alberto, que gostava muito de música (frequentava concertos e chegou a me apresentar solistas como Guiomar Novaes), me disse que ia para os Estados Unidos e brincou: "Quer aproveitar? Vamos juntos"? Respondi-lhe que ia pensar no assunto. E comecei a preparar os papéis, passagem, passaporte e tudo mais. Ele me avisou: "Na quarta-feira, vai sair um avião da FAB. Vamos nesse avião. Eu lhe arranjo uma passagem".

Dias antes da viagem, estou caminhando pela Cinelândia, meio preocupado com a decisão repentina de ir para os Estados Unidos, quando vi a grande manchete de todos os jornais: "Dutra fecha os cassinos". Atravessei a rua, fui ao edifício Brasília, onde estavam os escritórios do Cassino da Urca, e disse ao gerente: "Seu Francisco, a que horas começamos nosso trabalho hoje à noite"? O homem, assustado, me pergunta de volta: "Então, o senhor não leu os jornais? Não sabe que o governo fechou os cassinos"? Retruquei-lhe, seco: "Eu não tenho nada com isso. Meu contrato é de 5 anos. O governo fechou o jogo. Meu negócio é música e não jogo. Não tenho nada com isso". Naquela discussão, chegamos à conclusão de que o assunto deveria ser resolvido por nossos advogados. "Vocês têm que me pagar a indenização total, porque eu resolvi agora ir para os Estados Unidos". Ganhei a indenização. Era uma fortuna. E fui para a América.

E, lá chegando, já foi reger alguma orquestra?

É uma longa história. Mas, em resumo, cheguei lá e fui dizendo: "Quero reger uma das três grandes orquestras americanas: Boston,

Filadélfia ou Nova York". Acharam-me um pouco ambicioso. Alguns brasileiros mais influentes me propuseram contratar um concerto da Filarmônica de Nova York, depois de uma vasta campanha em que o meu retrato seria levado pelas ruas anunciando que um índio iria reger a orquestra. Imaginem: eu teria que me vestir de índio, com cocar e tudo, e subir ao palco para reger a Filarmônica de Nova York. Eu disse que não poderia, que havia esquecido a indumentária no Brasil e desisti. Quem tivera a iniciativa de me transformar em índio-regente foi Iberê Goulart. Ele imaginava que seria grande o impacto de um anúncio do tipo "índio brasileiro rege a Filarmônica de Nova York". Descartei: "Isso não. Não tenho tanga, esqueci meu cocar e ainda estou um pouco sem treino para esse espetáculo".

De Nova York viajei para Washington e compareci a um concerto com o ministro João Alberto. Fui apresentado ao maestro Eugene Ormandy. "Carvalho? Não foi o senhor que compôs uma ópera, há pouco? Ah, sim. Que pretende fazer aqui nos Estados Unidos?" Disse-lhe que queria estudar e, se possível, reger grandes orquestras. Era 27 de junho de 1946. Eu já havia iniciado a comemoração de mais um aniversário. Ormandy lamentou que as aulas do curso de regência já tivessem terminado. Lembrou-me, contudo, que eu poderia ser apresentado ao maestro Sergei Koussevitsky, diretor de um curso de verão da Escola de Regentes de Nova York. As aulas iam começar no dia 1º de julho. "É uma pena, pois as matrículas também já estão encerradas" — disse-me Ormandy. A lista de alunos inscritos (apenas três nomes) já estava até impressa. Um deles era o Leonard Bernstein. Volto-me para João Alberto: "Temos que ir para Nova York. Ele está me chamando. Ele me diz que tenho que sair já e que dará tempo". O ministro e o maestro se voltam para mim: "Ele, quem?" Respondo: "Um espírito. Estou recebendo uma mensagem, avisando-me que tenho que ir depressa para Nova York, para conseguir uma vaga no curso de verão para regentes".

Ormandy e João Alberto descobriram o endereço de Sergei Koussevitsky. Chamamos pelo telefone dele e fomos informados de que o maestro russo estava viajando. Quem é o substituto? É Aaron Copland. Descobrimos o telefone, em Nova York, e ligamos para lá. Copland disse-me que ele não podia receber ninguém nos próximos dias.

Revido: "Diga-lhe que trago uma mensagem do presidente da República do Brasil, o marechal Eurico Gaspar Dutra". O homem me pediu que ligasse mais tarde. Chamei à noite e Koussevitsky acabou me atendendo ao telefone. Corremos para o aeroporto. Estava acompanhado de um médico brasileiro que também ia de Washington para Nova York. Ele pediu duas passagens de ida e volta. Eu corrigi: "Apenas uma. Eu quero só de ida. Eu vou ficar em Nova York. Tenho certeza".

No dia seguinte, fui procurar Koussevitsky, que me comunicou secamente não haver mais possibilidade de me incluir no curso de verão, porque o prazo já havia terminado há muito tempo. Recitei a "mensagem verbal" que o presidente lhe havia mandado e, diante de sua negativa em me aceitar para o curso, fiz um discurso inflamado: "O senhor está cometendo uma injustiça sem tamanho. Não vê que eu atravessei o Hemisfério, que voei durante três dias, que fiz uma dezena de escalas pela América do Sul, que cruzei a América Central e o Caribe, que saí de uma região pobre e sofrida como o Nordeste brasileiro, que deixei a família distante e aflita em busca de uma única oportunidade e da decisão de um homem? E esse homem, o grande regente e compositor, Sergei Koussevitsky, me recusa? Vou fazer-lhe uma proposta simples e razoável: deixe-me demonstrar num teste que sou capaz de reger uma grande orquestra, que tenho jeito para o ofício, que tenho capacidade. Depois disso, dê-me a simples oportunidade de fazer o seu curso, como ouvinte".

Ele pensava. Eu insisti: "Se depois do teste o senhor achar que eu não dou para a coisa, voltarei para meu país e lá viverei, entre índios, da caça e da pesca, para sustentar minha família". Koussevitsky retrucou: "Nem que eu quisesse não lhe poderia dar essa oportunidade, porque você não teria onde ficar". Respondi que havia levado uma barraca comigo e seria capaz de acampar no Central Park para fazer o curso. Na segunda-feira seguinte, fiz o teste. Koussevitsky gostou. Eu fiquei hospedado no quarto de um amigo dele, que estava ausente de Nova York nas férias. Fiz esse curso e muitos outros, passei para Boston, Cleveland, e fui parar em Saint-Louis, depois de reger praticamente todas as grandes orquestras americanas.

E dessa experiência, o que recorda?

Bem, a partir daí trabalhei para a conquista de meu objetivo, que era ser regente de categoria internacional. Meu diploma brasileiro, da Universidade do Brasil, foi revalidado no grau de doutor em Música pela Julliard School of Music, de Nova York. Posteriormente diplomei-me em Regência pelo Berkshire Musical Center, em Tanglewood, Massachusetts. Fui fundador e diretor-geral da Juventude Musical Brasileira, fundador e ex-diretor artístico e regente titular da Orquestra Sinfônica Brasileira. Sou membro da Academia Brasileira de Música. Entre as condecorações que recebi estão a de Cavalheiro da Ordem do Mérito Naval (Brasil), a de Oficial da Legião de Honra (França), oficial da Ordem de Leopoldo II (Bélgica), Cruz da Inconfidência. Medalha da Imperatriz Leopoldina e outras.

E que orquestras regeu?

Um número muito grande. Entre elas a Orquestra Filarmônica de Berlim, a Filarmônica de Viena, a Orquestra Nacional Francesa, a Orquestra da Sociedade de Concertos do Conservatório de Paris, a Orquestra de Concertos Colônia, a Orquestra Nacional da Bélgica, a Orquestra Sinfônica da Radiodifusão Belga, a Orquestra Filarmônica de Antuérpia, a Orquestra Sinfônica de Boston, a Orquestra Filarmônica de Nova York, a Orquestra Sinfônica de Chicago, a Orquestra Sinfônica de Cleveland e inúmeras outras dos Estados Unidos, a Sinfônica de Londres, a Orquestra Filarmônica de Londres, a Philarmonia Orquestra, também de Londres, a Orquestra da BBC, a Orquestra do Teatro Scala de Milão e diversas outras da Itália, Noruega, Dinamarca, Suécia, Finlândia, Suíça, Holanda, Iugoslávia, Israel, França, Alemanha e Japão.

Das que regeu, em seu entender, quais são as melhores?

Por razões diversas, eu apontaria a Sinfônica de Boston e a Filarmônica de Viena.

Que acha dos progressos do som gravado e dos avanços da eletrônica na reprodução de alta-fidelidade?

É inegável que as gravações estão hoje muito aperfeiçoadas. Imagine que já existem, até aqui em São Paulo, equipamentos que permitem a gravação em 16 canais simultâneos, o que facilita extremamente a distribuição dos microfones e instrumentos. A reprodução depende de bons aparelhos também, que felizmente já existem no Brasil. Eu tenho um desses aparelhos, cujo som, praticamente, só os puristas são capazes de identificar como reprodução de discos. Parece música viva. Aqueles que chegam aqui menos avisados pensam até que há uma orquestra tocando, ao vivo. Com mais frequência, quando ouço um solo de piano ou de violino, tenho a impressão real de que estou diante desses instrumentos. Logo, as duas coisas se harmonizam: a gravação e a reprodução de alto padrão. São dois conjuntos, um deles só para ouvir rádio FM e outro para discos. Estou realmente muito satisfeito com o desempenho desses equipamentos. Mas eu não sou um especialista, um purista, do som gravado. Minha especialidade foi sempre a de cuidar do som vivo, instrumental. Muitos de meus colegas maestros se dedicaram também ao som gravado e são capazes de distinguir um trecho gravado de um ao vivo. É claro que todos os regentes precisam ter um ouvido apurado.

Nunca fui dos mais ambiciosos em matéria de som gravado. Só recentemente disponho de bons equipamentos. A minha aprendizagem foi feita por meio de solfejo. No meu tempo, não se utilizava evidentemente a reprodução eletrônica do som com os aparelhos de alta-fidelidade. Existia apenas aquele Grammophone da Victor. "a voz do mestre". Depois que eu terminei o curso de regência, fazíamos gravações em acetato de grande formato, aqueles discos que produziam mais barulho do que música. Ouço discos para aferir a interpretação de outros regentes. É interessante ouvir outros maestros. Mas nunca tenho muito tempo para sentar-me numa poltrona e ouvir uma obra inteira. Meu tempo é escasso. Normalmente, abro uma partitura, leio e, mentalmente, vou ouvindo a peça. Não é preciso tocá-la nem executá-la. Nós, maestros, conseguimos "ouvir" a música que lemos apenas com os olhos. Somos quase como os que amam, segundo Bilac, aqueles que têm ouvidos capazes de ouvir estrelas. E isso temos que ensinar aos alunos. Aconselho-os a treinar sua capacidade de "ler" a música escrita, ouvindo-a, da mesma forma que, diante de um texto escrito, num jornal, por exemplo, possamos "ver" as cenas descritas, imaginando-as.

E para que serve o disco no caso dos músicos e maestros em geral?

Servem para que possamos aferir uma ou outra passagem. O disco presta um serviço à aprendizagem. Mesmo os maestros iniciantes podem comparar regências, ouvindo-as em boas gravações. No meu caso, não, é um simples prazer estético. Não iria, agora, depois de ter completado meio século de vida, aprender a reger ouvindo Bruno Walter ou Karajan. Quando um jovem estudante de regência me pergunta se deve ouvir discos, para aferir e comparar regências, digo-lhe que deve, sim, usar esse recurso moderno. De preferência quando não se conhece a partitura escrita. É bom lembrarmos que há muitos estudantes que nunca ouviram, por exemplo, uma Quarta Sinfonia de Beethoven ou uma Oitava. É claro que a Quinta e a Nona são muito mais populares. Em 1977, executamos Beethoven o ano inteiro aqui em São Paulo. Logo aqueles estudantes que quisessem ouvir outros autores teriam que recorrer ao disco.

Não há inconvenientes no som gravado, a seu ver?

Talvez haja alguns. Por exemplo: um disco permite, com os recursos técnicos de hoje, destacar passagens de instrumentos que, numa sala de concerto, praticamente não se ouvem. Uma flauta que não conseguia atravessar a barreira dos demais instrumentos pode ser elevada a um nível audível atualmente, graças aos equalizadores e às mesas de controle de dezenas de canais. Ora, quem está acostumado a ouvir o disco vai para a sala de concerto esperando ouvir aquela flauta ou aquele trecho que, em seu aparelho, soa tão nítido e destacado. E não ouve. Isso é bom ou é mau? Não sei. Outro dia, conduzindo uma gravação, percebi que a solista se adiantou um pouco. Parei tudo e ia recomeçar quando um dos técnicos me disse: "Não é preciso repetir, nós corrigiremos na fita, com misturador e equalizador". E foi isso que aconteceu. No resultado final, ninguém percebia nada.

Mas o senhor considera isso um problema? Não é uma vantagem a mais?

Reconheço que há muitas vantagens. Lembro-me do caso de uma gravação da *Carmen* de Bizet em que o tenor dizia para o técnico: "Olha aí, não ouço a minha voz. Neste trecho fui engolido pelos instrumentos". A isso replicou o técnico, com algo parecido a: "Vamos corrigir a falha. Elevemos o canal 13. Mais tenor e menos trompas". E no final deu tudo certo.

A gravação do som não irá nunca substituir a música ao vivo, por mais avanços técnicos que consiga. Concorda?

Há dias eu disse que os sons eletrônicos não pretendem substituir os sons tradicionais. Não existe realmente essa pretensão. Nenhum disco poderá substituir o concerto ao vivo. Em 1925, quando surgiu o disco "ortofônico", ou seja, as primeiras gravações elétricas desenvolvidas pelos laboratórios Bell nos Estados Unidos (hoje uns discos inaceitáveis para os ouvidos comuns), muita gente chegou a afirmar que a gravação não poderia ser distinguida da música ao vivo. Temos de lembrar também que os instrumentos tradicionais, para os quais a maioria das obras foi escrita, terão de continuar ainda por muitos anos. Há ainda a ressurreição de certos instrumentos, como o cravo. Outros que desapareceram têm seu repertório executado por instrumentos diferentes. Peças de Bach para alaúde são tocadas em violão. Então será muito difícil imaginar-se o dia em que a orquestra tradicional irá desaparecer.

Considera-se um audiófilo?

Não. Descobri o som gravado de alta-fidelidade recentemente. Mas conheci pessoas no Rio de Janeiro que eram verdadeiros fanáticos. Saíam do concerto e iam para casa, para ouvir outra vez, em seus equipamentos sofisticados, as mesmas peças, executadas por outras orquestras, outros solistas ou regentes. E lá ficavam, mais duas ou três horas, compenetrados, absortos, ouvindo as mesmas obras que tinha ouvido no teatro. Eu estudei música solfejando. E solfejava andando 10 ou 15 quilômetros por dia. Comecei a estudar música na Marinha, porque me mandaram. Mas levei a sério. Por isso, sempre fui um estudioso solitário. Nunca me interessei muito por equipamentos de som. Um belo dia, me aparece um clarinetista do Municipal, aqui de São Paulo, e me disse: "Você já ouviu o som do equipamento X?". Eu disse: "Não". Ele me convidou, então, para ouvir esse som eletrônico. E lá fui. Já mais treinado para avaliar a reprodução do som gravado, fiquei realmente impressionado com o aparelho. E conclui: esse som corresponde às necessidades de um regente exigente, que deseja ouvir os instrumentos.

Já regi todas as grandes orquestras, as mais renomadas do mundo: a de Boston, Nova York, Chicago, Filarmônica de Berlim, Londres. É muito interessante ouvirmos aquilo que regemos. Reger é uma coisa. Ouvir a gravação do que regemos é outra. Estou esperando para ouvir os discos que gravei em novembro. As gravações são da Orquestra Estadual. Algumas dessas sinfonias de Schubert que tocamos em 1978 eu nunca havia regido antes. As mais conhecidas, a Quarta, Quinta, Oitava e Nona. Mas a Primeira, Segunda e Terceira raramente são regidas e executadas. Intencionalmente programamos essas sinfonias mais raras. A Sétima provocou polêmica. Bem, ouvi a Primeira Sinfonia de Schubert num desses aparelhos de alta-fidelidade, seguindo a execução gravada com a partitura. É uma facilidade nova. Não precisaria da gravação para saber qual a música, a melodia. Poderia ouvi-la mentalmente, simplesmente pela leitura da partitura. Mas, ouvindo o disco neste aparelho, vou acompanhando como se estivesse diante da orquestra, regendo-a.

Fiquei convencido de que esse equipamento de som corresponde às exigências de um regente. É claro que, para o público, a questão se resume no mero prazer de ouvir a música com essa fidelidade. Tenho curiosidade de verificar se um instrumento conseguiu realmente atravessar a orquestra e ser ouvido no disco, porque no teatro sabia que era impossível percebê-lo. Muitas vezes, de antemão, lendo a partitura, digo: "Podemos cortar esta nota, esta passagem, este instrumento, porque ninguém irá ouvi-lo, no conjunto". E o autor se espanta: "Como você sabe?" Isso prova que a técnica pode dar ao ouvinte uma reprodução melhor do que aquela que ele ouviria ao vivo. O disco e o equipamento de som não poderiam substituir jamais a orquestra e a sala de concerto, mas podem melhorar certas condições especiais. Ainda porque no teatro temos o sentido da vista, para completar a sensação musical. Ver é muito importante. A figura do regente ainda é a do homem que fica de pé, sozinho, diante dos músicos sentados e de uma plateia, também sentada. Dessa forma, o regente fica entre *(inter)* o músico e a plateia e, assim, *inter-preta*. Esse conteúdo visual, vivo, é que os discos ainda não podem dar.

Mas já temos um grande avanço. Há muitas vantagens na utilização do disco e da alta-fidelidade. É muito cômodo para a gente solfejar, ouvindo a gravação de boa qualidade. É muito mais fácil para o estudante captar o significado de certas passagens e da escrita musical.

Para os ouvintes, que buscam apenas o prazer estético, o disco já oferece algo extraordinário: às vezes, é possível que ele ouça mais sons — tudo que o autor escreveu — do que se estivesse numa sala de concertos, com a orquestra tocando ao vivo. Já tive casos de um coro de 300 vozes não ser ouvido em alguns trechos, em conjunto com banda e orquestra sinfônica, na execução ao vivo, como na Abertura 1812, de Tchaikovsky. Acho que, no futuro, poderemos até levar o coro para a frente da orquestra, por meio de som eletrônico, sem distorções, sem nenhuma percepção do ouvinte que está no concerto. Que mal terá essa execução, se chegarmos quase à perfeição da interpretação exata do que o autor escreveu? Até por necessidade de afinação, para que todos os artistas ouçam uma introdução, e entrem no tom certo, acho que teremos de utilizar o som eletrônico. Qual é o mal?

A seu ver, tem havido evolução significativa na técnica de execução da maioria dos instrumentos? A técnica de Fritz Kreisler, por exemplo, teria acrescentado muito ao que Paganini já demonstrara?

De modo geral, creio que sim. Não posso afirmar especificamente no caso de Kreisler se houve avanço. Kreisler estava pensando mais na parte estética. Já no caso de Jascha Heifetz, posso afirmar que houve realmente acréscimo. Isso ocorreu também em relação a violoncelistas e outros solistas. É claro que homens como Chopin, Liszt ou Paganini foram extraordinários e insuperáveis em sua época. Ou mesmo Rachmaninoff ou Paderewsky. Conheci Hoffman, que era um pianista extraordinário. Há pouco ainda tocou entre nós o cubano Jorge Bolet, em Campos do Jordão. Lá peço aos artistas que, em contato com os jovens estudantes, falem sobre sua experiência e sobre a vida de solistas. Bolet dizia que, na época dos grandes nomes do piano, eram os intérpretes que se distinguiam. E citou, entre outros, Hoffman, um pianista que tinha seus traços marcantes. A gente ouvia a música e dizia, com certeza: "Este é Hoffman". É claro que alguns outros também tiveram sua técnica pessoal e inconfundível. Hoje, contudo, há uma certa uniformidade de estilos que dificulta a distinção dos pianistas. Prevalece a velocidade e nada mais. Mas a onda passa.

E que acha dos discos de gravação direta? Seriam eles uma inovação vantajosa, para corrigir aqueles abusos de edição e mixagem que parecem equivaler a uma segunda regência?

Acho que esse purismo começa a renascer. Mas há sempre alterações de níveis, e que são necessárias em muitos casos para destacar aquela flauta ou a outra viola, para melhorar realmente o resultado final da execução. Na sala de concertos, o que procuramos — e nem sempre conseguimos — é o equilíbrio sonoro. Uma das coisas que mais nos propomos é atingir essa meta da dinâmica dos sons. Temos quatro elementos principais da regência. A dinâmica é um deles, os outros são o fraseado, a articulação e o equilíbrio sonoro. Em matéria de dinâmica sonora, eu converso com as cordas como se falasse com cantores. E digo-lhes ainda: "Esta frase precisa ser iniciada com uma sílaba dental". Um dia desses, a concertista Ana Stella, tocando num concerto, tinha uma passagem das cordas que precisava exatamente dessa mudança de articulação. Só a consciência do conjunto muito aperfeiçoada pode realmente conduzir a esse equilíbrio de fraseado, articulação e dinâmica. Seria preciso que os músicos de orquestra conhecessem toda a partitura da orquestra, o que não é possível, especialmente entre nós. Só depois de um mês de ensaio é que esse músico descobre que a nota seguinte é do oboé, que precisa ser tocada com certo nível, ligando-se à sua frase.

Quanto tempo uma orquestra ensaia para tocar uma peça em concerto?

Umas 15 horas. Então, nesse tempo disponível de 15 horas, temos que detalhar tudo, estudar com cada instrumentista a correta execução de sua parte. E às vezes não conseguimos chegar aos pormenores. Por isso, os músicos de quartetos ou pequenos conjuntos de câmara tocam melhor do que o instrumentista de orquestra. Este tende a ser menos estudioso, mais preguiçoso, esperando tudo do regente. É natural que o integrante de um quarteto se dedique mais, tenha mais tempo para estudar e alcance maior noção de conjunto que o músico da orquestra. Nesta, temos programas semanais. E muitas vezes precisamos, realmente, de mais ensaio para tocar bem cada peça.

E qual é a situação dos quartetos no Brasil?

Muito má. O quarteto brasileiro, de forma geral, vai mal. O quartetista tem que se profissionalizar, tem que trabalhar demais para sobreviver e não encontra aquelas 4 ou 5 horas diárias para tocar em conjunto.

Qual seria a solução?

Teoricamente, o quartetista teria que ser pago para ensaiar. Mas não existe nenhuma instituição que faça isso. Uma exceção positiva é o Quarteto de Cordas Municipal, formado por solistas como o Gino Alfonsi, Calixto Corazza, Alexandre Oelsener, que são aposentados e tocam mais por amor à arte do que em função do que ganham como estímulo. Daí, não termos quartetos de projeção internacional. Provavelmente, no próximo governo, as Secretarias de Estado criarão um departamento de artes com autonomia para destacar músicos exclusivamente para isso, para formar conjuntos de câmara. Mas teremos que ficar em cima dos músicos, para ver se eles ensaiam mesmo. Sem supervisão, eles vão dar aulas particulares e ganhar um dinheiro extra, o que é muito natural.

Logo, é preciso dar apoio e exigir trabalho?

Sim. E é o nosso caso. Nós exigimos do músico exclusividade. Quando cheguei a São Paulo, o músico da Sinfônica Estadual ganhava em média 800 cruzeiros. Os maiores salários eram de 1.400 cruzeiros. Isso aconteceu em 1973. Só aceitei a tarefa de dirigir a orquestra depois que dobraram os salários, partindo no máximo, isto é, duas vezes 1.400. O nosso *spala* da Sinfônica Estadual ganha hoje Cr$ 53 mil. Não é uma fortuna, mas demonstra a evolução da mentalidade. Mas temos de ensaiar três horas por dia. A gente dá tempo para que eles descansem, mas, em lugar de ficar em casa, estudando, ou repousando, eles vão para os estúdios de gravação, arrumam casamentos para tocar, e tudo mais para ganhar um pouco além dos salários. Assim, eles saem das gravadoras, da missa ou do casamento, correndo para chegar ao concerto. E além disso ainda dão aulas. Mas há exceções. Desde os que só abrem a caixa do instrumento um minuto antes do concerto até aqueles que estudam, pesquisam, preparam tudo com antecedência e dedicação. Lembro-me que na Sinfônica de Boston a gente chegava uma hora antes. Parece-me que, quanto melhor a orquestra, mais cedo chegam os músicos. Toda sexta-feira era uma fila diante do arquivo para retirar as partituras do ensaio de segunda-feira, o que significava estudo em casa, no sábado e no domingo. Morei em casa de um músico que estudava mais de 5 horas por dia. Era um dos violinistas da Sinfônica de Boston.

E que achou da experiência e do trabalho de Arthur Fidler com a Orquestra Boston Pops?

A Boston Pops é a Sinfônica de Boston sem os solistas. Fidler é um prático, um didata. É o Armando Belardi de lá. Mas não é o grande regente. Tem bom ouvido, conhece o básico, tem boa disposição e rege. A orquestra é de excelente padrão e tudo fica fácil, a começar do repertório escolhido pela Pops, que inclui até "La Cumparsita". Esta orquestra só toca um mês por ano. Assim, quando é contratado um regente, ele sabe que terá 32 semanas de Sinfônica de Boston, mais 4 semanas de Pops, 4 semanas de gravação e mais 4 semanas de festival. Hoje são pagas 52 semanas aos contratados, embora se tenha de trabalhar bem menos. As orquestras de St. Louis, de Nova York e outras quiseram seguir o exemplo das 4 semanas de festival da Pops mas não conseguiram. O maestro Kostelanetz tentou.

E a experiência de Campos do Jordão?

Acho que temos feito algo diferente, em outras proporções, durante o mês de julho em Campos do Jordão. A meu ver, é uma boa experiência. Estamos até planejando algo semelhante, como festival de verão. Teríamos, assim, dois festivais por ano. O de inverno e o de verão. Não sei onde será o de verão. Pode ser no Rio. Aqui se reclama de tudo. Se fazemos, reclamam. Se não fazemos, reclamam. Já há os que se queixam do "excesso de concertos" em Campos do Jordão. Dizem que isso é um luxo a que não podemos nos dar.

7 de janeiro de 1979

22 Receio de recessão paralisa as autoridades

Entrevistadores:
*Robert Appy,
Lourenço Dantas Mota,
Frederico Branco,
e Ítalo Ramos*

Octávio Gouvêa de Bulhões

Nasceu no Rio de Janeiro em 1906, onde morreu em 1990. Formou-se pela Faculdade de Direito da Universidade do Brasil em 1930, onde foi posteriormente professor da Faculdade de Ciências Econômicas. Vice-governador do Fundo Monetário Internacional em 1954 e um dos criadores da Superintendência da Moeda e do Crédito (Sumoc), onde exerceu o cargo de diretor executivo neste mesmo ano. Ministro da Fazenda no governo Castello Branco.

De onde provém seu interesse por economia e finanças?

Meu interesse pela economia e finanças públicas foi despertado por Francisco Tito de Souza Reis, quando este introduziu o imposto de renda no Brasil. Era uma organização peculiar, um contrato de prestação de serviços, modalidade escolhida para imprimir flexibilidade à implantação de um imposto ignorado no país. O imposto de renda requer conhecimentos econômicos, se, se desejar utilizá-lo como instrumento orientador da economia, além do desempenho de supridor de recursos orçamentários. Felizmente, ao ingressar no serviço do imposto de renda, depois de um estágio de rotina burocrática de receber declarações dos contribuintes e de instruir os declarantes no preenchimento dos formulários, foi-me dada a oportunidade de analisar os métodos de implantação, examinar reclamações e prestar informações ao Conselho que apreciava os recursos dos contribuintes. Durante esse período, muito me valeram as sugestões de Leopoldo Bulhões, Souza Reis, Benedito da Costa, notável funcionário da Fazenda, assim como a excelente biblioteca de Nuno Pinheiro, também funcionário do Tesouro, conhecido jornalista e, por seus méritos, escolhido mais tarde diretor do Banco do Brasil.

De lá para cá, quais foram as principais modificações introduzidas no imposto de renda?

Concluída a fase de implantação, deu-se término à peculiaridade da organização, sendo os serviços do imposto de renda incorporados ao Ministério da Fazenda. Respeitou-se, integralmente, a estrutura do tributo. No curso do tempo surgiram as inovações. Mas, como diz Stigler, inovação não é sinônimo de melhoria. Algumas modificações trouxeram progresso; outras, evidenciaram retrocesso.

No primeiro grupo, podemos citar o pagamento do imposto na fonte de recebimento da renda, maneira apropriada de simplificar a arrecadação e diminuir as exigências burocráticas para grande número de contribuintes. No segundo grupo, assinala-se a exclusão de alguns rendimentos da incidência do imposto progressivo.

Ao implantar-se o imposto de renda, houve necessidade de imprimir-se ênfase à generalização do tributo. A isenção reside exclusivamente no nível de renda. Quem aufere renda abaixo de determinado limite acha-se isento, seja qual for a origem de sua renda. Quem aufere renda acima do limite estabelecido deve ser contribuinte, seja qual for a origem de sua renda. A ênfase na generalização decorria do argumento corrente de que o salário não deveria ser considerado renda ou que os salários dos funcionários estaduais e os juros de títulos estaduais não deveriam estar sujeitos ao imposto da União, por força de dispositivo constitucional de preservação da autonomia financeira das unidades da federação. Depois de repetidos esclarecimentos, conseguiu-se incutir a compreensão do mérito da generalização da exigência tributária e o consequente reconhecimento da iniquidade das exclusões de renda da incidência do imposto. Constitui, portanto, grave injustiça fiscal a atitude do governo de permitir a isenção da renda de títulos ao portador do imposto progressivo.

Com o desenvolvimento do pagamento na fonte passou-se a adotar o princípio da restituição. É uma prova de eficiência administrativa. Tenho, porém, dúvidas sobre a validade dessa inovação. Seria mais prático manter-se o imposto proporcional para toda a renda excedente ao limite de isenção. Ao imposto proporcional seria adicionado o imposto progressivo que recairia sobre um segundo nível de renda, superior ao primeiro. Esse o motivo da denominação de imposto "complementar progressivo." Desse modo, o número de declarações ficaria consideravelmente diminuído e reduzidas as restituições. Seria, também, oportuno considerar a vantagem de se aliviar o imposto para faixas de renda maiores que as atualmente consideradas e as excedentes poderiam sofrer taxação pesada, desde que se admitisse uma dedução significativa para a formação de poupanças. Um país como o nosso deve utilizar o imposto de renda como instrumento de estímulo ao acréscimo de recursos não inflacionários, destinados a investimentos. Em resumo: a implantação do imposto de renda não somente favoreceu o aperfeiçoamento de nosso sistema fiscal como está apto a servir de veículo ao desenvolvimento de nossa economia. O nome de Francisco Tito de Souza Reis merece maior destaque na história de nossa vida econômica e financeira.

Eugênio Gudin chegou a ser seu professor?

Deixou de ser meu professor universitário pela simples razão de ter sido ele o pioneiro mais destacado de devotados homens públicos que porfiavam na criação de Faculdades de economia. Quando estas foram estabelecidas, notadamente a do Rio de Janeiro, Eugênio Gudin convidou-me para participar do grupo dos que se prontificaram a lecionar. O convite foi feito depois de vários anos de troca de ideias, depois de eu ter recebido de Gudin preciosos ensinamentos, além dos de professores de renome que Gudin convidara a vir ao Brasil, como diretor da Fundação Getúlio Vargas e fundador do Instituto de Economia.

Algumas das palestras dos referidos convidados tornaram-se célebres universalmente, pelas ideias originais que encerravam. Assim, o professor Nurkse falou do círculo vicioso da pobreza e, portanto, da falta de poupança para investir e gerar o progresso. Suas observações para o rompimento desse círculo despertaram grande interesse. A racionalização da análise dos termos de troca entre os países, tratada subjetivamente e com errôneas conclusões, serviu de tema original desenvolvido pelo professor Jacob Viner. Muito se destacou, também, em realçar o valor da produção agrícola, numa fase de nosso desenvolvimento em que dávamos atenção apenas à industrialização. Extraordinariamente oportunas foram as observações do professor Harberler ao demonstrar, naquele período, que existia excesso de procura de dólares e não escassez de sua oferta. Sua palestra, realizada no Rio de Janeiro, contribuiu para reorientar a política monetária dos países europeus.

Vamos fazer um corte no tempo. Como, antes da difusão do ensino da economia, admitindo-se, portanto, falta de conhecimentos básicos, as autoridades conseguiam manter uma inflação abaixo de 15% e hoje os go-

vernantes, dotados de tantos conhecimentos de economia e dispondo de instrumental tão fabuloso (em comparação com o passado), mostram-se incapazes de impedir surtos inflacionários sensivelmente maiores?

A falta de conhecimento não chegava ao ponto de ignorar-se a influência da quantidade da moeda sobre os preços, nem a influência do déficit do Tesouro sobre a quantidade da moeda. Quando o déficit atingia proporções elevadas, provocando excessiva expansão monetária, eram tomadas medidas restritivas que impediam um processo inflacionário cumulativo. Além disso, é de reconhecer-se a maior complexidade da economia de nossos dias. O mercado financeiro, com recursos internos e externos, apresenta um quadro de requisitos orientadores e controladores de larga envergadura. Mas, acima de tudo, não existia, no passado, a obsessão do desenvolvimento. Nestas condições, ao se observar um surto inflacionário de perigoso efeito cumulativo, aplicavam-se medidas restritivas, às vezes drásticas. Hoje, o receio de recessão paralisa as autoridades. O mérito do reconhecimento da necessidade de se impulsionar a economia trouxe o demérito de não se medir a pressão desse impulso e, pior ainda, provocou o medo de freá-la mesmo em pleno reconhecimento da necessidade de reequilibrar suas forças e eliminar suas distorções.

Não lhe parece que, com o tipo de regime que temos hoje, isto é, de 14 anos para cá, a adoção de medidas corretivas poderiam ser mais fáceis?

A pergunta é interessante e oportuna. Está relacionada com a pressão ao desenvolvimento e o receio de freá-la, mesmo reconhecidos seus exageros. Um instrumento de correção, introduzido ao tempo da Sumoc e mais intensamente adotado nos últimos anos, reside nos depósitos compulsórios dos bancos comerciais no Banco Central. O depósito compulsório tem por finalidade restringir a capacidade expansionista da rede bancária, expansão essa que gera novos depósitos à vista e, portanto, novos suprimentos de meios de pagamento. Na gestão do ministro Eugênio Gudin esse instrumento foi ostensivamente utilizado. Digo ostensivamente porque o ministro recomendou a conservação desse depósito em cofre destacado no Banco do Brasil, advertência de que tais recursos deveriam ficar guardados. Não poderiam ser postos em circulação. Essa providência do ministro Gudin, a par de cortes orçamentários, trouxe como resultado a cessação do surto inflacionário, durante sua chefia no Ministério. Hoje, os depósitos compulsórios são em maior proporção, mas com a enorme desvantagem de voltarem à circulação, por meio de empréstimos realizados pelo Banco do Brasil. Anula-se o instrumento de absorção dos meios de pagamento.

Outro instrumento de absorção, de maior requinte, não previsto ao tempo da Sumoc, mas, agora, em grande uso pelo Banco Central, consiste nas operações de mercado aberto, ou seja, na venda e na compra de Letras do Tesouro. Ao vender Letras do Tesouro, o Banco Central recolhe cruzeiros; ao readquiri-las, o Banco restabelece o nível anterior de moeda. Todavia, se o Banco Central utiliza a soma de cruzeiros em repasses de crédito à rede bancária, a absorção é anulada. A despeito, pois, da intensificação do uso de instrumentos controladores da inflação, o governo, na preocupação de alimentar o desenvolvimento econômico, impede o Banco Central de exercer sua função, tornando-o uma fonte de suprimento de moeda. Além de devolver todas as importâncias que recolhe, adiciona novas doses de emissão de papel-moeda. Expande os meios de pagamento e eleva a taxa de juros, porquanto as absorções via depósitos compulsórios e venda de Letras do Tesouro forçam o aumento do custo do crédito.

Poderia acrescentar informações sobre a Sumoc e o Banco Central?

A Sumoc, Superintendência da Moeda e do Crédito, surgiu pela dificuldade de se criar um Banco Central. Sob um regime de déficit orçamentário não seria muito apropriado criar-se uma instituição que não poderia oferecer resultados satisfatórios. Por outro lado, tornou-se evidente que deveríamos dar início à fiscalização do sistema bancário e à melhoria do entrelaçamento do mercado de câmbio com o mercado interno e, também, à conjugação da política orçamentária com a política monetária. Já vimos que na administração do ministro Eugênio Gudin a Sumoc assumiu papel de relevo. Podemos dizer que a instituição criada pelo ministro Souza Costa, a quem o Brasil deve inestimáveis serviços, mostrou-se útil. Claro está que o desenvolvimento da economia brasileira exigia organização melhor consolidada.

O Banco Central está bem estruturado. Dispõe de excelentes informações sobre as operações internas e externas e dispõe de adequados instrumentos de controle monetário. Entretanto, pelos motivos já expostos, o Banco Central está deixando de desempenhar sua missão. É relativamente fácil restituir ao Banco Central a faculdade de disciplinador do mercado monetário. Em 1964, sem o instrumental hoje disponível, conseguiu-se impor severas restrições ao orçamento do Tesouro e rigorosa política monetária. Quando o presidente Castello Branco assumiu o governo, as despesas representavam o dobro da receita prevista; a taxa de inflação prometia superar o nível de 100%, a despeito da inflação reprimida; o mercado com o exterior entrara em colapso.

Já que se mencionou esse período, há outra curiosidade que gostaríamos de satisfazer. Como se dava o seu relacionamento com o presidente Castello Branco?

Roberto Campos foi indubitavelmente, o primeiro ministro, coordenando a política dos Ministérios. Raramente o presidente Castello Branco discutia os problemas econômicos sem a presença de Roberto Campos. Ele e eu procurávamos encontrar uma solução de comum acordo. Frequentemente, essa concordância era espontânea, isto é, sem prévia troca de ideias, pois, na verdade, o bom senso, aliado à mesma fonte de conhecimentos, conduz a conclusões semelhantes. As conclusões, em geral, eram feitas em termos de alternativas. Procurávamos apresentar ao presidente soluções com seus aspectos negativos e positivos. Desse modo o presidente, ao fazer consultas em outros meios, achava-se informado das possibilidades das alternativas, podendo, assim, no final, decidir com maior segurança. O presidente ouvia empresários, outros economistas, políticos, inclusive os da oposição. Se o assunto fosse de âmbito maior, a resolução era tomada depois de uma reunião do Ministério.

Como surgiu a ideia da reforma bancária e a do mercado de capitais?

O propósito da preservação do valor da moeda — pelo combate à inflação — não constitui uma finalidade e sim tão-somente um meio de assegurar a capitalização da renda e inspirar confiança nos investimentos. Tendo sido adotada uma política de combate à inflação em termos graduais, impunha-se manter o estímulo à poupança, por meio da correção monetária, e favorecer sua aplicação na compra de ações. A correção monetária foi sugerida por José Luís Bulhões Pedreira nas dívidas fiscais do Tesouro e da Previdência Social. Parcela importante do déficit provinha da demora no pagamento do débito fiscal. A soma do débito era retida como capital de giro. No fim de um ou dois anos, às vésperas de uma execução judicial, o devedor pagava a importância em valor tão depreciado que compensava todas as multas. Estas não chegavam a acompanhar a intensidade da inflação. Com a correção monetária, a vantagem da delonga de pagamento desaparece. O reequilíbrio do orçamento do Tesouro e da Previdência foi, em parte, conseguido com a correção monetária. Bulhões Pedreira, além da mencionada sugestão, ofereceu notáveis contribuições à correção monetária do capital das empresas e sugeriu a reformulação de grande número de dispositivos no imposto de renda. Mais recentemente, trouxe sua notória contribuição à reforma da lei das Sociedades Anônimas e lançou a ideia da "Comissão de Valores Mobiliários". Não conheço pessoa que tenha cooperado mais com o governo.

Voltando à correção monetária, julguei acertado estendê-la à poupança, e estimular sua aplicação na subscrição de ações e cogitar do preparo de um ambiente propício à venda de ações. Daí a ideia da criação dos Bancos de Investimento, instituições que deveriam facilitar a colocação de ações novas no mercado. Mas o desastre na Bolsa de Valores, em 1971, seguida da retomada da inflação, em 1974, e, sobretudo, a concessão do crédito subsidiado estão retardando o desenvolvimento do mercado de capitais.

Não acha que houve deturpação da correção monetária, principalmente quando se estabeleceu a correção monetária a priori?

A correção monetária funciona satisfatoriamente quando a taxa de inflação é sistematicamente cadente. Persistindo, mês após mês, o declínio da taxa inflacionária, ainda que em doses modestas, cria-se um clima de convicção na estabilidade progressiva do valor da moeda e, dessa forma, as distorções das correções prefixadas desaparecem, como também qualquer ideia de ajuste do valor da correção. Todavia, quando ocorre o ressurgimento inflacionário, muda-se a expectativa e a correção monetária é debilitada pela própria perda de confiança na recuperação da estabilidade monetária. Contudo, devemos combater as causas e não os efeitos. Seria mais desastroso suprimir-se a correção monetária. A correção monetária prefixada volta a ser aceita, ainda que rejeitada pelo Fisco.

Entrando em outro assunto, gostaríamos que falasse sobre o acordo de Bretton Woods e a participação da delegação brasileira nos entendimentos.

Desde o início, o Brasil participou das reuniões destinadas à criação de um Fundo Monetário Internacional. Os encontros preliminares tiveram lugar no Departamento do Tesouro, nos Estados Unidos, sob a presidência de Harry White. Aí compareceram os delegados britânicos, com um plano mais ambicioso: uma "Câmara de Compensação" de balanço de pagamentos, "Clearing Union". Pareceu-me ser a "Câmara de Compensação" esquema muito superior ao projeto do Fundo Monetário. Mas nessa oportunidade — ainda não terminara a guerra — poder-se-ia prever uma situação de enorme disparidade entre os Estados Unidos e os demais países. O sistema de compensações exige um clima de certo grau de equivalência entre os componentes. A meu ver, poder-se-ia preparar a recuperação com uma organização mais acanhada, o Fundo Monetário, e, posteriormente, adotar-se a "Câmara de Compensação". Ao manifestar-me com esses argumentos, um delegado inglês, meu conhecido de viagens anteriores, perguntou se minha manifestação era sincera ou diplomática. Respondi-lhe estar convencido de que "Clearing Union" era uma instituição de tal modo bem imaginada que não deveria expor-se à fragorosa inadaptação às circunstâncias, do mesmo modo como suspeitava de que o Fundo Monetário, adaptável às circunstâncias, não seria a única solução para o futuro.

Vejam como é o destino. Depois de 1965, o déficit do balanço de pagamentos dos Estados Unidos passou a ser sistemático e, de quando em vez, acentuadamente pronunciado. Tendo sido o dólar aceito como moeda internacional, em vez de impor-se a moeda do Fundo Monetário, os Estados Unidos como que adotaram a "Clearing Union". Seu déficit redundava em crédito dos países que obtinham saldos em relação aos

Estados Unidos. Com a finalidade de reduzir a tendência deficitária do balanço de pagamentos dos Estados Unidos, enveredou-se pela revalorização de várias moedas, principalmente o marco alemão e o ien. Tais revalorizações provocaram um clima perturbador de taxas flutuantes, deixando-se de lado a disciplina do Fundo Monetário e não se alcançando o esquema da "Clearing Union". De toda essa confusão, é de esperar-se a concordância da instituição de uma moeda internacional, já iniciada com as "SDR", e o aproveitamento das vantagens do Fundo Internacional e da "Clearing Union".

Os Estados Unidos tiveram influência na Revolução de 1964? Presenciou alguma interferência norte-americana no campo da economia?

Não participei de movimento algum. Como funcionário do Tesouro não me foi impedida a manifestação jornalística contrária à política econômica do presidente João Goulart. Aliás, conhecia o presidente e seus ministros, pois ocupara o cargo de diretor da Sumoc. Discordava profundamente de um projeto de lei, de drástica limitação à remessa de lucros para o exterior e desnecessárias exigências burocráticas no registro de capitais na Sumoc. Solicitei ao ministro da Fazenda e indiretamente ao presidente que não dessem apoio ao projeto, uma vez que o desenvolvimento do país requeria, como ainda requer, certo apoio financeiro do exterior. A lei passou no Congresso, votada por mero subterfúgio. No dia seguinte, fui convidado a fazer uma palestra pelo rádio. Em meio da exposição, declarei que alguns representantes do povo tinham cometido um ato de lesa-pátria. Sabia bem que seria chamado por meu amigo Hermes Lima, e sumariamente despedido. Não fui, porém, além desse limite. Não tinha conhecimento da revolução. Ao regressar de São Paulo, após uma conferência proferida na Câmara de Comércio Suíça, fui informado que estava sendo aguardado no quartel-general. Ouvira dizer que meu amigo Mazzili iria ocupar a Presidência da República. Imaginei que ele precisasse de alguns dados para um discurso. Como chefe de gabinete do ministro Guilherme da Silveira eu estava acostumado a preparar-lhe relatórios. Encontrei, entretanto, o general Costa e Silva, que, de sopetão, declarou que no dia seguinte eu deveria ir para o Ministério e ocupar a Pasta da Fazenda.

Como membro do Conselho Monetário Nacional, considera que ele deveria ser mais independente do Executivo?

Os participantes que representam a área particular são independentes. Os demais membros, sendo parte do governo, não podem ser contrários às recomendações governamentais. A lei que instituiu o Banco Central atribuiu plena autonomia a seus diretores, com mandatos por prazo superior ao das autoridades do Executivo. Mas essa autonomia não foi reconhecida. Seja como for, as boas soluções dependem de bons entendimentos entre pessoas capazes.

21 de janeiro de 1979

23 Integração significa destruição para os índios

Entrevistadores:
*Ethevaldo Siqueira
e Frederico Branco*

Orlando Villas Boas

Nasceu em Santa Cruz do Rio Pardo (SP), em 1914, e morreu em São Paulo em 2002. Um dos criadores do Parque Nacional do Xingu. Durante 30 anos lutou pela sobrevivência dos índios brasileiros e de sua cultura.

Como foi que começou a expedição Roncador-Xingu?

Há uma diferença entre a história que se ensina nas escolas e as causas reais da "marcha para o Oeste". Eu diria que o Brasil caminhou para Oeste porque um chefe da guarda pessoal do presidente da República resolveu caçar patos no Centro-Oeste. E dessa caçada de patos nasceram Brasília, a Transamazônica e outras obras da "conquista da Amazônia" e do Planalto Central.

Como?

Eu conto e explico. Getúlio ficara altamente impressionado com o vazio do Oeste do país numa viagem que fizera à região em 1940. Paul Reynaud, primeiro-ministro francês, fizera um discurso dizendo que os vazios do Brasil Central deviam ser ocupados por excedentes populacionais da Europa. Getúlio Vargas, em sua viagem, queria conhecer o Brasil ignorado que o europeu pretendia invadir. Essa é a versão da história mais difundida nas escolas. Mas, na realidade, Getúlio havia-se desentendido com o chefe de sua guarda pessoal. E resolveu tirá-lo de lá, do Catete. Como nunca demitia ninguém, passou a criar situações incômodas. E convidou o homem para ser ministro no Vaticano, no Paraguai, no Chile, onde ele quisesse. O chefe da guarda não aceitou. Foi aí que o ministro João Alberto resolveu convidar o coronel Flaviano de Matos Vanique para a caçada de patos no Brasil Central. Vanique foi incumbido de chefiar a expedição Roncador-Xingu.

Qual era o objetivo da expedição?

Era caminhar num roteiro em direção a Manaus, abrindo uma espécie de picada pelo país adentro. Pretendiam reservar 100 quilômetros de cada lado da picada e fundar povoações ao longo do caminho. João Alberto, ministro da Mobilização Econômica, criou outro organismo, que se chamava Fundação Brasil Central.

E quem era esse coronel Vanique?

Matos Vanique tem um anedotário curioso. Esse homem ainda vive. Ele pretendia, na expedição Roncador-Xingu, cruzar o rio das Mortes e enfrentar os xavantes, que eram, naquela época, uma espécie de "barreira ao avanço civilizatório". E, ao cruzar Goiás, a expedição entrou em contato com o grupo político de Ludovico e com a polícia goiana. Encontrando índio era só passar fogo. Foi aí que Rondon impediu o pior, interferindo e opondo-se aos métodos da expedição. O ministro João Alberto aceitou as ponderações de Rondon e não permitiu que se utilizassem soldados contra os índios.

E quando entram em cena os irmãos Villas Boas?

Foi nessa época, princípios de 1943. João Alberto nos convidou — Cláudio, Leonardo e eu — para assumirmos a vanguarda da expedição à qual já nos havíamos integrado na altura do Triângulo Mineiro, contra a vontade do coronel Vanique.

E que experiência vocês tinham de índios até então?

Nenhuma. Só tínhamos a nossa vida de homens do interior. Embora morássemos numa cidade grande, nossa formação era típica de interior. Estávamos empolgados com o que íamos ver no sertão. Havíamos procurado o coronel Vanique no Hotel Esplanada, aqui em São Paulo, e ele nos disse que só pretendia "contratar analfabetos, que têm mais resistência". Ele queria dizer sertanejo, mas falava sempre em analfabetos. E não fomos contratados em São Paulo. Quando a expedição passou por Uberlândia, estava caminhando em direção a Aruanã. Teria que passar por Leopoldina, reduto dos Caiado, opositores de Ludovico. Foi aí que Ludovico prometeu tudo ao ministro João Alberto para que a expedição desviasse seu rumo e fosse em direção a Barra do Garça, exatamente na confluência do rio das Mortes com o Araguaia. E João Alberto concordou. O lugar se chamava Barra Goiana. Mais tarde, João Alberto batizou a vila com o nome de Aragarças *(Ara* de Araguaia; e *garças* de rio das Garças). Foi lá que nos apresentamos, como analfabetos, que era condição para ingressar na expedição. Eu fui ser auxiliar de pedreiro. Cláudio e Leonardo foram trabalhar na enxada, na abertura do campo de aviação.

E como vocês deixaram de ser "analfabetos"?

A Fundação Brasil Central era chefiada, em seu escritório de Barra do Garça, por um engenheiro de São Paulo, o dr. Lane, sobrinho do Horácio Lane, que doara os terrenos da Universidade Mackenzie. E, no campo de aviação, atola avião daqui e dali. Como trabalhadores braçais, fomos chamados para desatolar o avião. E, na conversa, puxa daqui, puxa dali, alguém disse: "Garanto que esses dois (Cláudio e eu) não são analfabetos". A partir de então, viramos burocratas. Eu passei a secretário da base. Leonardo foi promovido a chefe de almoxarifado. E o Cláudio virou chefe do pessoal. Mas tínhamos que avançar na vanguarda da expedição.

E o coronel Vanique?

Continuava lá. Teimoso pra danar. Fizemos a viagem, descendo o Araguaia para subir depois o rio das Mortes. Vanique pôs 29 toneladas de carga num barco que só aguentava 25. E o barco foi ao fundo. Arrumamos outro barco, o "Capitariquara", e descemos o Araguaia. O rio das Mortes passou a ser o ponto mais avançado da expedição. Quando acabaram os incentivos e donativos paulistas, especialmente os da Antárctica, os homens do coronel Vanique voltaram para o Rio para reassumir suas funções na guarda de Getúlio. Gregório já era o titular. No trajeto, esse pessoal cometia atos de arbitrariedade e violência. Eram os verdadeiros homens sem lei. Passaram por Rio Verde, em Goiás, e prenderam o prefeito no xadrez de marginais. Noutra cidade menor, trancafiaram o delegado e jogaram a chave fora num jardim. O delegado ficou três dias em cana porque não havia uma serradeira metálica na cidade. Tiveram que mandar vir de Goiânia.

Era essa gente que foi com o coronel Vanique. Tivemos que recrutar mão-de-obra para substituí-los, no garimpo. E lá achamos gente à altura de seus antecessores. Eram sujeitos perseguidos pela polícia e que passaram imediatamente a ser funcionários públicos na Brasil Central. Um com 28 mortes, outro com 14, outro com 16. O mais humilde era o Antenor, que só tinha 8 mortes. No total, eram 18 homens. Todos eles armados de mosquetão, com 50 tiros, que o coronel Vanique lhes havia dado, com a velha ordem: "Se aparecer índio, passem fogo".

E vocês admitiam que se atirasse contra índio?

É claro que não. Nós nos víamos numa situação difícil. Já tínhamos tido contato, por correspondência, com o marechal Rondon, quando ele nos pediu que tentássemos refrear o ímpeto do nosso sertanejo, que era muito belicoso. Então, passamos a adotar o seguinte sistema: em lugar de entrar em conflito com aqueles sujeitos, começamos a doutriná-los, à medida que a expedição caminhava, à noite ou depois do jantar.

Fazíamos uma fogueira e ficávamos conversando longo tempo, ensinando aquela gente.

E eles aceitaram a doutrinação?

Aceitaram. Conseguimos transformar essa gente, completamente. E eles foram postos à prova. Um dia os xavantes atacaram nosso acampamento a paus e pedras. E foi aquela correria. Todos de mosquetão na mão. E eu gritando: "Não, senhor. Largue o mosquetão. Não atire". E todo mundo largou o mosquetão. Os xavantes continuaram jogando paus e pedras e fazendo aquela gritaria. Amarramos os cachorros. Os burros da tropa também estavam amarrados, mas no punho da rede. Foi aí que um trabalhador mais afobado, o Mariano, muito nervoso, apanhou o mosquetão e, quase sem querer, disparou um tiro para cima. E houve um silêncio incrível. Os xavantes fugiram. Ficamos enraivecidos, a princípio, e também consternados. E, curioso, todos os demais trabalhadores começaram a repreender o Mariano: "Onde se viu uma coisa dessas?" Tomamos-lhe a arma e dissemos: "Se você quiser, pode voltar amanhã mesmo".

Um maranhense quis dar uma lição, em seu português empolado e sonoro. Na manhã seguinte, falando em nome de todos os companheiros, passou a seguinte reprimenda no colega:

— Ó Mariano, pegar uma arma temerosa e dar um tiro no meio da sociedade é muito susceptível!

E todos aplaudiram. Ganhamos a consciência do problema. Entre os 18 homens, havia representantes de vários Estados. O pernambucano, que era o pomo da discórdia, garantia de briga por 24 horas por dia. O maranhense era o intelectual e orador (o "susceptível"). O baiano Ubelino da Nepomucena era um cabeça-dura. Quando, num 21 de abril, falamos de Tiradentes, ele admirou-se:

— Então esse dentista enfrentou o rei? Mas era um homem muito influído. Eu conheço um dentista da Barra do Garças, por nome Maurílio, que é um homem tão calmo, oxente.

Ele confundia confraternização dos povos com a "dos ovos". E interrompia uma saudação no dia da Independência para dizer: "Eu conheci ela, sim. *A Independença,* a minha cadela, sim senhor".

E a expedição teve problemas?

Tivemos diversas escaramuças com os xavantes. Tínhamos que acampar muitas vezes às 3 da tarde para fazer paliçadas, atrás das quais dormíamos. Porque os xavantes chegavam à noite e metiam flechas. E tínhamos que dormir no chão. Com guarda vigiando, para dar o alerta. Mas nunca atiramos num único índio. Numa ocasião apenas tivemos que dar um tiro para cima, porque os índios nos acompanhavam durante dias e nos cercavam. E levamos assim 8 meses cruzando território xavante.

E o coronel Vanique continuava?

Agora ele só andava de avião. E nos acompanhava, num avião vermelho. Dava-nos instruções sobre o que iríamos ter na frente: "Olhem, vocês vão encontrar uma várzea muito grande. Convém desviar pela direita. Ou bem pela esquerda".

Pelo rádio?

Não. Lá do avião ele atirava mensagens dentro de garrafas. A garrafa caía amarrada num pedaço de pano, geralmente vermelho. Um dia recebemos uma mensagem esquisita do Vanique: "Procurem meus óculos". Ele fora olhar para fora do avião e o vento derrubou-lhe os óculos *rayban*, um dos primeiros deste tipo a chegar ao Brasil. E ele mandando garrafas: "Procurem mais para cá. Mais para a direita". Fingíamos que procurávamos, mas acabamos desistindo. O piloto dava vôos rasantes, com aceleradas rápidas do motor para orientar-nos. E o Vanique: "Os meus óculos. Mais para cá".

E quais foram os resultados positivos dessa expedição Roncador-Xingu?

Chefiava o departamento de Rotas da FAB o já brigadeiro Eduardo Gomes. O general Francisco Borges de Oliveira, homem de valor, era o presidente da Fundação Brasil Central. Por acordo geral, vimos que a expedição caminhava muito mais rápido do que a pretendida abertura e formação de núcleos populacionais na rota de Manaus. E passamos a abrir campos de pouso, no Brasil Central. Assim, nasceu Cachimbo. Sofremos muito na abertura desse aeroporto. Fomos acossados por índios o tempo todo. Mas hoje é um dos principais do interior do Brasil, capaz até de servir de alternativa para grandes aviões de rotas nacionais ou internacionais.

Até o Concorde poderia hoje descer em Cachimbo, numa emergência. E foi Getúlio que inaugurou o campo de pouso. Para construí-lo, no entanto, sofríamos com os índios (eram já os krenhankârores) que nos cercavam, com o calor terrível e com as nuvens de borrachudos. Tínhamos que trabalhar de madrugada. Ninguém aguentava o calor do lugar, nem os borrachudos. Mesmo de madrugada, tínhamos que nos proteger, enfiando um saco de estopa na cabeça e amarrando-o na cintura. Enxergávamos por um buraco. Mas o calor aumentava. E os índios nos cercando sempre.

O primeiro pouso foi feito pelo brigadeiro Décio Leopoldo, um oficial exemplar, que morreu muito cedo. Todos os brigadeiros de hoje devem lembrar-se dele. Getúlio foi muito atencioso conosco na inauguração de Cachimbo. Alguém lhe contou, durante a viagem, que nós havíamos construído o campo de pouso. E ele nos abraçou e nos homenageou no momento da cerimônia. Eu sempre fui inimigo figadal do Getúlio. Mas, com aquele gesto, ele se redimiu pessoalmente para mim.

Em que época vocês, irmãos Villas Boas, começaram a implantação do Parque do Xingu?

A ideia do Parque nascera mais ou menos em 1952 ou 53. Mas só se concretizou no governo de Jânio Quadros. Com essa brincadeira, acabamos conhecendo pessoalmente todos os presidentes da República, de Getúlio até hoje. Só não tivemos conversa sobre índios com o presidente Geisel. Mas já falamos até com o próximo presidente, o general Figueiredo. Um dia, falávamos com Juscelino pedindo-lhe que nos arranjasse o Parque do Xingu, dizendo que isto seria fácil, por um decreto ou por uma mensagem ao Congresso. Era o final de sua gestão. Juscelino nos respondeu, então, com certa tristeza e humor:

— Villas Boas, vocês estão enganados. Em fim de governo, até o presidente toma café frio.

E não há muitas vezes quem o sirva.

Não conseguimos o Parque. Aí veio Jânio. Eu o conheci de calças curtas. Quando prefeito de São Paulo, ele havia visitado o Xingu. E, pouco antes de deixar a Presidência da República, tinha outra viagem marcada para o Parque recém-criado.

E a ideia do Parque, de quem foi?

Não foi apenas nossa. A sugestão incorporava ideias do dr. Noel Nutels, o emérito médico sanitarista, do Darcy Ribeiro, do Eduardo Galvão, do Luiz Alberto Torres, do José Maria Malcher e de muitos outros. Numerosos antropólogos defendiam a criação do Parque, não apenas pelo significado do estudo da cultura indígena, mas, também, por ser aquela área uma faixa de transição do Brasil Central para a Hileia Amazônica. Realmente, o Parque é algo único em matéria de fauna e flora brasileiras. Numa área relativamente pequena, ocorre transição acentuada e brusca de características geográficas. Mais interessante ainda é o fato de estarem ali segregados representantes de famílias linguísticas indígenas tão diversas. E o índio em estado de cultura pura, recebendo o civilizado de braços abertos.

Mas a ideia a princípio foi polêmica, não?

Foi, porque nós começamos a lutar por ela em 1952, com a primeira visita oficial de Getúlio Vargas feita ao local do futuro Parque. E continuamos enfrentando todos os obstáculos até 1961, para ver nascer o Parque. Até o marechal Rondon acabou defendendo a ideia do Parque, já nos últimos anos de sua vida. Foi conosco até o Catete falar com Getúlio, em companhia de Darcy Ribeiro, ainda muito jovem, em 1954.

Que sentido tem essa segregação do índio, no Parque, deixando-o numa área de cultura pura, com o menor contato possível com o branco civilizado?

É isso mesmo: mantê-lo com o menor contato possível, mas dando ao índio tudo aquilo que nossa tecnologia pode oferecer para melhorar gradativamente sua maneira de viver. Sem mudanças repentinas ou quebra brusca de padrões. Sempre pensamos assim.

E a participação do índio na sociedade brasileira?

Essa participação deve ser o resultado de um processo muito lento. Na realidade o nosso índio não está preparado. Cada vez que se pretende integrar o índio à sociedade brasileira, o índio desaparece. Vejam que, só neste século, desapareceram no Brasil 93 nações indígenas que falavam 35 línguas diferentes.

Extintas?

Sim. Extintas para sempre, sem deixar o menor sinal, o menor vestígio. Então, é claro que até hoje a gente mantém um pé à frente e outro atrás com relação a qualquer projeto de integração do índio à sociedade brasileira. O processo é aculturativo. E isso é inexorável. Tem que acontecer. No momento em que o índio recebe um machado de ferro, ele abandona o de pedra. Ele dá um passo nesse processo de aculturação.

Mas o machado de aço e a camisa de pano que possa ganhar não irão "domá-lo" nem tampouco alterar seu mundo social, nem seu mundo mítico. Temos receio é do processo integrativo, porque nesse caso ocorre a substituição total dos valores indígenas por outros valores, e a gente não sabe se ele, índio, terá condições de absorvê-los. Na verdade, sabemos bem isso, hoje: o índio não tem condições de resistir à integração quando esta lhe é imposta.

Aculturar é coisa diferente. É um processo não-violento, que caminha gradativamente, sem destruir as bases da cultura, sem levar a doença, o vício e a miséria ao índio. Vestir uma camisa, depois do contato com o civilizado, não é a mesma coisa que beber aguardente. No entanto, para desalojar tribos e tomar-lhes as terras, no processo de ocupação que se desenvolveu ao longo da história, o branco sempre utilizou métodos cruéis. Durante a construção da Estrada de Ferro Noroeste, tudo que era construído durante o dia os índios destruíam à noite. Eles vinham de madrugada e arrancavam os trilhos. Pois houve quem sugerisse e, pior, pusesse em prática a violência numa de suas formas mais cruéis: deixar camisas contaminadas com vírus do tifo junto à estrada. Foi uma epidemia devastadora. Milhares de índios morreram nessas condições. Essas desgraças longínquas acabaram sendo utilizadas internacionalmente para acusar o Brasil de genocídio, há alguns anos. É claro que nenhum governo patrocinou qualquer tipo de matança de índio. Mas tudo isso foi explorado largamente.

> *Há pouco, a revista* Isto É *publicou reportagem mostrando a invasão tecnológica das tribos por rádios, motores de popa, tratores.*

Esse é o despreparo incrível que o Brasil enfrenta no relacionamento com o índio. São aberrações. Os fatos existem, como mostrou a reportagem. Aliás, um editorial do *Estado* sugeria uma coisa muito interessante e bem pensada. Com essa briga de substituição de chefe lá no Parque, os índios do Xingu não queriam que tirassem o chefe da base. O editorial disse, mais ou menos, o seguinte: ora, se no momento em que nos encontramos todos reconhecem que a emancipação do índio é impraticável, como admitir que estejam capacitados para, dentro do mundo administrativo, muito mais complexo, escolher seus administradores? É algo que não tem sentido mesmo. Então, o que ocorreu foi a politização do índio e não a sua conscientização como índio, com seus valores próprios. Essa politização serve a interesses puramente individuais de reivindicações de funcionários ou políticos.

E que significou até hoje a experiência do Parque do Xingu?

Foi uma bela experiência, porque a política indigenista brasileira era simplesmente a da integração do índio à sociedade brasileira. Então, no Xingu, nós iniciamos algo diferente, ou seja, a demonstração de que o índio só sobrevive em sua própria cultura.

Essa era também a concepção de Rondon?

Não. Rondon, na maior parte de sua vida, foi contrário a essa tese. Mas, no fim da vida, aceitou-a. Tanto assim que aderiu à ideia da criação do Parque. Sabemos que não se poderá manter eternamente a segregação de nenhum grupo indígena. Mas, enquanto for possível, estamos mantendo. Foi assim que pensamos no Parque. E, sorrateiramente, fomos levando novas tribos para o Parque. Para salvá-las.

E a FAB sempre os apoiou, no Parque do Xingu?

Sempre apoiou. Nós sabemos que dentro da Aeronáutica tinha um grupo que hoje está na reserva e que vê com olhos diferentes o problema do índio. Eles acham que os índios deviam ser tratados como são tratados os índios da Missão do Rio Negro. A Missão do Rio Negro tem a sua maneira, a sua política com relação ao índio. Tira a criança, traz para cá, educa e depois a faz retornar à aldeia. Quer dizer, enquanto isso há um desmantelamento da família. Nós achamos que não: o índio tem que se manter como índio. A estabilidade tribal está exatamente na unidade da família.

No após-guerra a FAB saía e participava da expansão das nossas fronteiras econômicas. Então, há cidades no interior que conheceram o avião antes do boi. No Xingu conheceu-se o avião antes de se conhecer boi, de se conhecer cavalo. E algumas cidades do interior do Acre conheceram o avião antes do caminhão. O trem continua sendo o trem de cozinha, na língua do Oeste e da Amazônia. Isso tudo foi obra da Aeronáutica.

E a disputa entre o caboclo e o índio?

No Paraná, há áreas em que o caboclo chegou junto com o índio. E a disputa caminha palmo a palmo. Mas o caboclo tem, em todo o país, uma arma formidável. É a bebida alcoólica, que submete o índio à vontade do invasor. Porque, quando se dá bebida ao índio, a desgraça é total. O índio não sabe parar de beber, enquanto encontra bebida à sua disposição. Mas, curiosamente, se lhe tirarmos toda bebida de uma vez, ele volta à vida normal, sem o vício, sem o desespero que o civilizado normalmente demonstraria nesse caso.

Qual é a sua estimativa sobre a população indígena atual do Brasil?

Aceito o cálculo de 180 mil. O Darcy Ribeiro a estima em apenas 80 mil. Há 20 anos, pouco antes de morrer, Rondon dizia que os índios brasileiros eram 800 mil. Mas acontece o seguinte: a América do Norte tinha até há pouco 450 mil índios. Hoje, foram arrolados, nos Estados Unidos, 2 milhões. Por quê? Porque eles estão fazendo uma coisa inteligente. Incluem mestiços de segunda e terceira geração, considerando-os índios, para aumentar o poder de reivindicação do grupo. Se os nossos continuarem a lutar, com esse espírito semelhante ao do americano, poderão eleger até um senador índio. Ou pelo menos deputados.

Como nasceu a suspeita de que os kalapalos foram os matadores do explorador inglês coronel Percy Fawcett?

Comecei a ouvir algumas referências a respeito no final da expedição Roncador-Xingu. Havíamos encontrado o rio Kulueni e os índios que habitam a região, que formam esse tipo de mosaico linguístico indígena xinguano. Um dos primeiros grupos que encontramos foram os kalapalos.

E tem fundamento a suspeita?

Tem muito fundamento, sim. Eu garanto que os ossos que nós tiramos lá eram do Fawcett. Cheguei a essa conclusão depois de conversar com os kalapalos por mais de 4 anos.

Mas por que eles mataram o explorador inglês?

Os kalapalos mataram Fawcett porque ele era um chato. No contato com os índios, havia sido extremamente inábil. Aparecera lá na aldeia em companhia de dois civilizados. Usou como contato um índio de tribo vizinha para localizar os kalapalos. Os kalapalos receberam o Fawcett muito bem. O inglês levava uma caixinha, na qual — segundo disse — havia colares que seriam dados de presente aos índios. Mas não cumpriu a promessa e guardou os colares, mesmo tendo sido bem recebido e bem tratado pelos kalapalos. Mais ainda: não pagou o guia indígena que o havia levado até lá. E houve um pequeno desentendimento entre ambos. O pior foram dois outros conflitos na aldeia kalapalo. Primeiro, Fawcett matou um pato. Uma criança saiu correndo e foi apanhar o pato para trazer-lhe, por gentileza. Fawcett não entendeu o gesto e bateu no menino. Segundo erro: Fawcett mostrou uma pequena faca, muito bonita, aos kalapalos. Até então, esses índios nunca haviam visto uma faca. Um menino, aí de 14 ou 15 anos, apanhou a faca, por simples curiosidade, para examiná-la. Fawcett tomou-lhe a faca, rudemente, e ainda bateu no jovem índio, porque pensou que ele lhe estava roubando o objeto.

O índio nunca age coletivamente. Suas decisões são puramente individuais. Cada um é responsável pelo que faz. Mas, com tantos problemas de relacionamento, os kalapalos começaram a olhar Fawcett com desconfiança e antipatia. A única coisa de que eles gostavam mesmo era ver o inglês tirar a dentadura e lavá-la no rio. Era a atração geral. Na hora de ele ir à lagoa ou ao rio, ia todo mundo atrás, naquela festa. Fawcett seguia a rota que leva à Serra do Roncador. Mata densa. Ao partir, em direção à serra, havia caminhado apenas uns 300 metros junto a uma lagoa que dava muito peixe. Os índios usavam uma canoa muito pequena para cruzar a lagoa. Essa canoa não dava para levar Fawcett e seus dois acompanhantes, um filho e o secretário. O inglês passou primeiro, na frente, levado por um menino na canoa. E chegou do outro lado, numa barranca íngreme. Subiu a barranca e, ao atingir o alto, foi atacado por um índio que estava escondido atrás de uma árvore. Mas o resto da aldeia não sabia nada desse índio, que se chamava Kamukini. O índio deu uma porretada na cabeça de Fawcett. O inglês caiu e gritou com dificuldade. Os dois acompanhantes ainda estavam distantes, na canoa pequena, cruzando a lagoa.

Filho e secretário tentaram correr em socorro de Fawcett, mas aí surgiram dois outros índios que também estavam escondidos na barranca alta. Esses índios — Kuinholl e Aracon — vieram por trás e os atacaram. Feridos, eles caíram na lagoa. Fawcett, ferido, agarrou-se à árvore e seu corpo deslizou, circundando o tronco. E caiu no rodilhado da árvore. Aí, os kalapalos que estavam na beira da lagoa saíram correndo, com medo do que havia acontecido. Resolveram dar sumiço nos corpos.

Chamaram primeiro o índio responsável pela morte de Fawcett e disseram: "Agora você vai lá e faz sumir o corpo. Se não vamos ter problemas". Então o índio que matara o inglês, dias depois, voltou ao local e encontrou o corpo de Fawcett enrodilhado no tronco da árvore. Abriu uma cova de mais ou menos meio metro, justamente no contorno do corpo. E depois, com um pedaço de pau, empurrou-o para dentro do buraco. E puxou terra em cima. Os outros dois corpos, dos acompanhantes de Fawcett, já estavam putrefatos. Os índios apanharam uma vara comprida, furaram a barriga de cada cadáver e os prenderam no fundo da lagoa. Como a lagoa era limbosa, de águas semiparadas, só entrando em contato com o rio no tempo das águas, havia muitos peixes ali. Essa era a grande vantagem da lagoa para os kalapalos.

E como se comprovou tudo isso?

Quando fomos lá, muitos anos depois (Fawcett foi morto em 1927), depois de muito conversar, os kalapalos resolveram mostrar-me o local. Era em 1952. O assunto era difícil porque apenas alguns índios já velhos é que conheciam a história da morte de Fawcett. Aí fomos. Eu quis levar biju e preparar alimentação, porque me haviam dito que era muito longe. Mas um índio velho olhou para o outro e disse: "Não precisa alimento. É perto". Atravessamos o rio, chegamos à lagoa verde. Eles levaram uma canoinha para a travessia da lagoa. Subimos a barranca íngreme. Eu quieto. E um grupo de mais ou menos 40 índios em torno de nós. Só então acreditei que a viagem não seria longa, porque havia até crianças entre os índios. Mas fui o último a atravessar a lagoa, com a canoinha. Meio impaciente reclamei: "Vamos embora pessoal. Nós vamos ficar aqui até quando?" E todos sentados no alto da barranca. Nesse ponto, o índio mais velho levantou-se e disse: "Não vamos continuar a viagem. O homem (Fawcett) morreu aqui". Não acreditei no que ele disse e retruquei: "Ah, deixe de conversa". E o índio velho insistiu, em sua língua: "Você está pisando em cima do Fawcett". Eu estava com a mão apoiada na árvore. O índio continuou: "O homem está embaixo dessa árvore aí".

Abaixei e, com as mãos, comecei a cavar. E logo fui encontrando os ossos. Ao surgir o esqueleto, houve uma gritaria. Porque, exceto os poucos velhos, o resto da aldeia não sabia dos fatos. E foram ficando apavorados a ponto de fugirem. Uma gritaria, uma confusão incrível.

E os ossos?

Eu tirei a camisa para servir de abrigo aos ossos. Ia recolhendo os ossos e pondo-os dentro da camisa aberta no chão. E encontrei ainda um facão velho, cor de creme.

Havia fratura grande do crânio?

Não. A pancada dada pelo índio atingira a nuca. E o esqueleto estava completo. Todos os ossos lá. Arrumei-os na camisa com cuidado. Nessa altura, só ficaram por perto três ou quatro índios velhos. Os outros haviam fugido. Quando chegamos à aldeia, de volta, uma surpresa nova: as mulheres haviam fugido para o mato.

Por quê?

Porque os índios sabiam que seus antepassados haviam feito mal e temiam que eu fosse contar o crime aos civilizados. E temiam que os civilizados viessem para matá-los. Mandei interditar o campo, mas a notícia se espalhou. Eu trouxe os ossos. Aí o Assis Chateaubriand passou a mão nesses ossos e levou-os para Londres. Lá fizeram os exames e os resultados não coincidiram com a estatura de Fawcett.

Então não eram os ossos de Fawcett?

Não é isso. Naquela época se fazia o levantamento da altura de um homem pelo comprimento da tíbia. E, por esse método, a altura de Fawcett deu 1,75 ou 1,76 metro. Mas, segundo os registros, Fawcett tinha 1 metro e 82. Mais tarde, aqui em São Paulo, um técnico resolveu apurar por novos métodos a estatura de Fawcett a partir dos ossos. Mediu e calculou com exatidão: 1 metro e 82. Mas o assunto não poderia ser divulgado, porque esse técnico pretendia ser reintegrado nos quadros da Polícia Técnica e, enquanto isso não acontecesse, ele não divulgaria o laudo pericial. Em troca do trabalho, ele queria voltar à polícia. Adhemar de Barros, então governador, não concordou.

E como ficou?

Chateaubriand levou os ossos para a Inglaterra e veio com novo laudo. Houve celeuma. Só não puderam negar que a dentadura e alguns trabalhos dentários encontrados no esqueleto achado não poderiam ser feitos no Brasil naquela época. E, depois de toda discussão, os ossos foram parar no Museu Nacional. Ocorreu, então, a visita de Jacques Fawcett, outro filho do explorador inglês, que vinha ao Brasil a convite de Chateaubriand. Estivemos juntos no Rio de Janeiro. E, na conversa, ele me confessou que o pai, quando tinha cerca de 22 anos, sofrera fratura do maxilar num jogo de futebol. Apanhamos o maxilar e levamos para um técnico, no Rio. E ele identificou a fratura. A dentadura andou de lá para cá e não pudemos fazer o teste de adaptação. Era apenas a dentadura da arcada superior, porque a inferior era natural. Aí, diante de tudo isso, me aborreci ao extremo, especialmente porque *A Noite Ilustrada* dissera que aquilo era osso de boi e outras bobagens. Um jornalista americano, do *Times*, chegou e disse que a família de Fawcett havia prometido um prêmio de não sei quantas mil libras esterlinas para quem achasse o esqueleto do homem. E sugeriu que eu estava interessado no prêmio. Abri mão publicamente de qualquer suposto prêmio, disse que não queria coisa alguma e acabei criando um horror dos ossos. Muitos anos depois, Chateaubriand me chamou e disse: "Vamos voltar aos ossos do Fawcett outra vez". Mas eu não tinha mais os ossos. Eles estavam no Museu Nacional.

E continuam lá?

Não. Eu os "roubei". Fui ao Museu Nacional e "roubei" a caixa de ossos. Está debaixo de minha escrivaninha aqui em São Paulo. E mais um detalhe: o facão foi identificado como sendo alemão. E, segundo soube, toda produção desse tipo de facão era vendida em Londres.

E sua opinião de Rondon?

A opinião que eu tenho do Rondon é a melhor possível, não só porque eu o conheci bastante, como porque, na realidade, o Rondon teve dois grandes aspectos: primeiro, o grande trabalho da linha telegráfica de 6 mil quilômetros, que foi um trabalho altamente ingrato. Porque na hora que ele plantou o último poste começou a funcionar o sem-fio. Mas o outro aspecto do Rondon, que é muito maior, foi a implantação da verdadeira política humanística com relação ao índio. Rondon era de origem indígena, a avó dele era Terena.

Rondon se projetou em todos os sentidos. Primeiro pela força patriótica e depois pelo extraordinário trabalho humanístico de integração. Porque já existia uma lei que protegia o índio, que reconhecia o índio como gente. Mas havia o Serviço que vigorava na Amazônia: o Serviço Nacional de Proteção aos Trabalhadores da Amazônia — que era exatamente contra o índio. Rondon fez o Serviço de Proteção aos índios. Foi de 1910 a 1927, quando ele criou o Conselho Nacional de Proteção aos índios. Então essa foi a fase áurea do serviço de índios. Depois vieram as revoluções de 30 e 32 e houve uma certa parada nesse negócio. Quando o governo entrou na década de 40 o Serviço Nacional de Proteção ao índio já tinha sido assaltado por dezenas de interesses estranhos. Os índios tinham a posse de glebas enormes. Por exemplo: todos os pinheirais do Paraná eram dos índios. Que interesses podiam despertar, em 1910, os pinheirais do Paraná? Apenas folclore e beleza, para constar das folhinhas como araucária brasileira. Mas na década de 40 isto mudou e veio o Klabin. Aí aquela coisa começou a virar papel. Mas a figura do Rondon foi uma figura altamente reconhecida.

E politicamente? Poucas vezes se discute isso. Ele era positivista e detestava revoluções. Discordou da Revolução de 30.

Discordou da Revolução de 30.

E de 32 também.

De 32 também.

E foi combater a Coluna Prestes?

Foi combater a Coluna Prestes. E o engraçado é que a expedição Roncador-Xingu foi criada pelo João Alberto, um dos comandantes da Coluna Prestes, e seguiu exatamente o seu roteiro. Tem histórias muito engraçadas a respeito disso. Mas o Rondon, quando fez aquela expedição do rio Roosevelt, que era o rio da Dúvida — ninguém sabia para onde o rio caía —, da qual Theodore Roosevelt participou, houve um quiproquó: o cozinheiro matou um participante, membro da expedição. E o Theodore Roosevelt achava que estavam em campanha e que o cozinheiro devia ser fuzilado. Rondon se opôs, absolutamente, disse que não. "Aqui há leis brasileiras." E não permitiu de forma alguma que se levantasse um dedo contra o criminoso, dizendo que ele responderia a processo quando chegasse. O criminoso, contudo, fugiu e mais tarde foi encontrado morto.

E a situação do índio hoje, como está?

Muito ruim. Não em consequência da ausência dos serviços de proteção. Nada disso. Mesmo porque o índio é dividido hoje entre o Estado, que é o tutor nato, e as missões religiosas. Nós temos 53 missões religiosas operando no Brasil. Existe uma falha geral com relação ao índio. Ao mesmo tempo estamos vivendo um fenômeno muito importante: os índios estão começando a tomar consciência do valor da terra. A grande preocupação do índio, hoje, é a terra. Não querem saber de outra coisa a não ser a terra. Isso é muito bom. É bom que isso aconteça, que se respeite aquilo que constitui para o índio algo de significação muito maior que a pátria. Porque, para o índio, aquilo é a sua origem. A terra é o antepassado. É nela que foram sepultados seus ancestrais. É a terra onde se passa todo o seu mundo religioso e seu mundo mítico. A terra tem essa significação muito maior para o índio do que para o civilizado.

É preciso conduzir com muita cautela essa questão da emancipação do índio. Eu também participo desse ponto de vista: os índios ainda não estão em condições de serem emancipados. E muito menos de se reunirem em confederação. Acho que o nosso trabalho, no Xingu, de trazer a paz para aquelas aldeias, criar algumas aldeias, fazer a atração de inúmeras delas, foi a parte mais fácil, um pouco gostosa. Entrar em contato com tribos desconhecidas não é parte mais difícil. O passo mais difícil é o que vem agora: é preparar o índio para o contato com o mundo novo. Embora ele não se vá integrar a essa coisa nova, vai ter uma vizinhança com a civilização, que é uma ameaça constante à sua unidade tribal. Porque pode acontecer lá o que aconteceu em outras partes do país, onde o índio passou a ser o boia-fria do fazendeiro. Esse é o grande perigo. Então, é nesse sentido que nós chegamos e entregamos a tarefa para a Funai: "Agora está na hora de vocês chamarem o antropólogo". Dizem que não deveríamos ter saído. Deveríamos ter saído, sim. Nós estaríamos avançando num terreno que não é nosso. O terreno do sertanista não é esse. É atrair, é fazer o índio conviver bem com o civilizado e com outro índio. Depois a tarefa é do antropólogo.

Mas não há hoje uma consciência mais profunda do problema do índio? A opinião pública não o apoia?

Há. Mas a minha esperança, a minha grande esperança, é essa nova geração que está chegando aí. Porque a minha geração jamais compreendeu o índio como os garotos de hoje. Você sente isso nas escolas, nos lares, nas universidades, mas principalmente entre os meninos e jovens. Aliás, os universitários pensam que sabem tudo, têm solução para tudo e nem sempre são capazes de ouvir. Sou muito mais ouvido com interesse e atenção pelos meninos de 10, 15 ou 17 anos. O universitário acha que tem resposta para qualquer questão universal.

E por que isso aconteceu agora? Por que os meninos se interessam mais pelo índio?

Porque começaram a contar-lhes e a trazer-lhes ao conhecimento, deles e de toda a sociedade brasileira, a existência de um povo estável, que se dá ao luxo de viver sem chefe, que pode sobreviver sem a presença dos civilizados. Mas que passa a depender do civilizado, quando este invade a cultura indígena.

Na medida em que o civilizado também cria necessidades para o índio.

A definição é de Lévi-Strauss: não estamos diante de um povo de cultura primitiva. Não estamos diante de um povo de cultura paralela. Estamos diante de outra humanidade. Outros valores, outra ética. E cada vez que essa sociedade mais forte, que somos nós, levantamos o braço de proteção àquela, nós a destruímos. Então, a única solução do índio-gente, do índio-povo, do índio-criatura, para sobreviver, teria que ser a sua manutenção, não digo dentro de reservas intocáveis, não, mas sim dentro de suas áreas, o mais possível. É claro: dando-lhes tudo aquilo de nossa tecnologia que possa melhorar a sua vida. Mas nunca pensando em integrá-los à sociedade mais forte, porque, nessa transição, ele desaparece como povo. E é como povo que ele deve interessar-nos. Não vamos destruir todo um povo para que o índio vire motorista do Ministério da Agricultura. Eu não falo de integração, mas de aculturação. De integração não, porque não há um único índio ainda que tenha condições de sobreviver por conta própria. Eles necessitam de um órgão-tutor. É preciso que esse órgão-tutor seja operante, precisa ser um órgão independente, um órgão prestigiado pelo governo, pelo poder central.

Não é o caso da Funai?

Não é o caso da Funai. A Funai não tem essa autoridade. E não há essa preocupação por parte do poder central em apoiá-lo. Não. O problema está nas injunções políticas do próprio Ministério do qual depende.

Não é um problema de competência dos presidentes da Funai?

Não. É muito limitada a ação deles.

E o atual presidente da Funai, general Ismarth de Oliveira, ele está culturalmente preparado para o trabalho?

Ele está. Eu acho que a parte positiva do general é que ele está enfrentando o problema a que todos os presidentes da Funai fugiram, mas fugiram escandalosamente — que é defender a terra. É muito difícil a defesa da terra do índio, porque as injunções políticas e as lutas judiciais não são poucas, são inúmeras.

Para não se falar em ocupação ilegal.

Para não se falar em ocupação ilegal. Vejam o exemplo dos índios nhambiquaras. Eles foram reduzidos a pequenos grupos, dentro do seu mundo, que era enorme. E hoje enormes companhias, nacionais e multinacionais, agem dentro da área. É malvadeza, uma judiação. É verdade que a terra é muito grande, e de certa forma, o Estado não pode prescindir dessa terra para a sua expansão, o seu desenvolvimento. Mas é preciso que haja uma maneira de conciliar esse desenvolvimento com a sobrevivência daqueles que têm direito de viver também — participando e tendo a vida que bem lhes aprouver. Porque não podemos dizer que os nossos valores são melhores e que temos todas as soluções, quando sabemos que não é assim. Qual é o lugar que caberia ao índio entre os participantes da sociedade brasileira? Na Amazônia, abaixo do seringueiro. No litoral, abaixo do caiçara. Na cidade, na favela. Então se não temos condições mínimas, por que integrá-lo? Por que falar em emancipação? Não há razão para isso. Agora, defender a terra ocupada por eles, de toda forma — é essa luta realmente corajosa dos mártires.

E isso a Funai tem feito?

Tem feito. Embora o governo tenha prometido recursos muito maiores, cortaram depois quase dois terços. Dentro daquilo que foi medido, um terço correspondia a mais ou menos umas 40 ou 50 glebas de áreas, às vezes, razoáveis. Para medir o Parque Nacional do Xingu, em 1974, bastariam 1 milhão a 2 milhões de cruzeiros. Mas em 1977/78, ele foi medido mediante o pagamento de 28 milhões.

Encaremos outra coisa: as áreas que nós temos que medir ainda são perto de 200. O que provocou essa celeuma toda foi que o Estatuto do índio determinou que as áreas indígenas deveriam ser medidas no prazo de 5 anos. Perfeitamente. Mas a Funai não pode ser criticada por isso. Não houve recursos para cumprir essa tarefa. Talvez o presidente — aliás, é uma coisa que pode ficar até registrada —, quando eu estive conversando com o novo presidente, ele me disse que o problema do índio vai ser o problema dele.

Figueiredo?

Figueiredo. Que o problema vai ser problema dele. Ele me perguntou: o que falta ao serviço do índio? Eu lhe respondi: o apoio do poder central. E, naturalmente, irradiando esse apoio a todos os Ministérios e organismos públicos que venham a agir na área do índio.

Na questão de estradas, por exemplo, que conflitos foram mais sérios? Os da BR-080?

Na BR-080, na Transamazônica, os índios paracanans e inúmeros outros foram sendo descobertos com o correr das estradas. Nem conhecimento nós tínhamos deles. E há outras que ainda estão sendo abertas: a Perimetral Norte, que está ameaçando agora uma área na qual, segundo se supõe, existem mais ou menos 30 mil índios: os yanomani, que vivem em pequenas aldeias. Acontece que a estrada torna a área altamente vulnerável.

Há grandes áreas que não foram ainda violentadas, não entraram no plano de expansão. Mas, no momento que entrassem no plano de expansão, seria preciso que a Funai fosse advertida com antecedência e dotada de recursos. Porque não basta advertir para o que vai acontecer. Os outros recursos de que a Funai dispôs este ano para o desenvolvimento da assistência são irrisórios: cerca de 170 milhões de cruzeiros para manter 176 postos. E tem outra coisa: é preciso gente. O quadro da Funai não é exagerado, como se poderia imaginar. Ela tem 12 delegacias. Cada delegacia tem um número grande de postos. A infraestrutura para manter a assistência desses postos é enorme e cara, porque são os mais distantes possíveis: nos confins do Acre ou então no extremo do Rio Grande do Sul. Há problemas, por exemplo, de ocupações. Em 1955 começou a invasão das terras de Guarita, Nonoai, no Rio Grande do Sul. Naquela época, o colono chegava, confraternizava com o índio e ia ocupando as suas terras. Hoje, o que acontece? Hoje nós temos invasões em Tenente Portela, invasões em Nonoai, em Guarita. Em todas as áreas indígenas do Sul, temos a presença do civilizado em número tal que a Funai, hoje, enfrenta situações muito difíceis para atuar na área. É preciso que o Incra trabalhe ao lado da Funai. Além disso, as soluções apresentadas muitas vezes não são as ideais. Por exemplo: onde estão os índios krenhânkarore, em pleno Brasil Central, já fugindo pela Amazônia, há uma área enorme. Quando foi feita a Cuiabá-Santarém, aquela área toda foi fechada pelo Exército. No começo houve até quem censurasse. Mas os militares insistiram: "Não, não, aqui não entra ninguém". E manteve aquela área. Agora, contudo, liberam-na para o Incra jogar ali colonos do Sul. Vejam só!

Agora índio é tema de novela. Qual é sua opinião sobre isso?

Sem entrar no mérito artístico ou no desempenho de cada ator, acho que o roteiro da novela é saudável. Saudável do ponto de vista do índio, porque vai mostrar, de casa em casa, a luta incrível que esse índio tem para manter sua própria terra, e mostrar também a pressão do governo sobre a sua terra. Porque a novela gira só em torno disso. A novela não foi rodada efetivamente no Xingu; não, foram rodados no Xingu apenas 15 minutos aproveitáveis. Ela tem 145 capítulos de meia hora cada um. Pode-se ver que o que se tirou do índio foi apenas um fundo de paisagem. Eu acho que ao presidente da Funai foi levado o roteiro da novela, mas não foi levado o conteúdo. Porque o conteúdo visual não interessa se passa no Embu ou em outro local. O roteiro diz o seguinte: há uma aldeia nessas terras; vem o governo e diz que os índios precisam sair delas. Agora vamos fazer uma trama para mostrar para o povo que o índio não tem direito, que o índio vive incomodado com o Estado.

O roteiro explora esse tema. Agora, se na forma final aparece uma porção de besteira, isso é problema de direção. O presidente da Funai aprovou o roteiro. Conclusão: o Ibope está grande, a crítica diz que é a novela mais bem conduzida e que está adquirindo aspecto humanístico altamente interessante. Porque em cada capítulo há uma mensagem que mostra, mais ou menos, como é o índio. Inclusive há uma cena em que um sujeito quer dar uma bebida alcoólica a um índio, e o índio diz: "Não, eu não faço isso; o nosso povo não bebe". Há uma outra cena em que aparece um grupo que vai caçar garça. O índio chega lá e tira todos os cartuchos para não matar a garça. Quer dizer: é um recado, uma mensagenzinha.

E pra que mais serve a novela?

Para tirar da criança, dos escolares, essas imagens e essas figuras estereotipadas de Ceci, Bartira, Peri e outras.

E sua opinião sobre essa discussão do aproveitamento da madeira da Amazônia, do que fazer com a floresta, dos contratos de risco?

Até agora eu estou achando isso uma piada. E piada de mau gosto. Porque já chega, em nome de projetos, em nome da expansão e do desenvolvimento da Amazônia, o que estamos fazendo, essa devastação absurda. Embora a Sudam tenha imposto novas restrições na concessão de recursos para o desenvolvimento dos projetos, assim mesmo há burlas. A Sudam é ludibriada, é passada para trás. O Brasil continua derrubando mais de um milhão e meio de árvores por dia. Continuam fazendo implantação de fazendas de gado, de pastagens, em áreas agricultáveis. Continuam transformando florestas milenares em pastagens. Tudo isso com incentivos fiscais, com planos de economia totalmente empresariais, sem levar em conta que o Brasil está explodindo demograficamente.

E isso afeta o índio?

Nem sempre. Mas há muitos projetos próximos de áreas indígenas. Acontece o seguinte: violentamos o Jari. São 34 mil quilômetros quadrados. Era realmente uma área que não tinha índios. Mas, por outro lado, criamos uma das maiores aberrações que se pode imaginar, aquela de se criar uma favela flutuante em torno do Jari. É uma favela maior que as de São Paulo ou do Rio. Quer dizer: nesse caso, a defesa da natureza já preocupa o país inteiro. Acho até que está superando a preocupação com a defesa do índio. A Funai tem que defender a terra do índio, a sua área de influência, de perambulação. E despertar assim, no homem civilizado, o respeito ao direito do índio à terra.

4 de fevereiro de 1979

24 As formas clássicas da poesia jamais morrerão

Entrevistadores:
*Frederico Branco,
Lourenço Dantas Mota
e Nilo Scalzo*

Vinícius de Moraes

Nasceu no Rio de Janeiro em 1913, onde morreu em 1980. Formou-se pela Faculdade de Direito do Rio de Janeiro e logo ingressou na carreira diplomática. Um dos maiores poetas de sua geração. Foi também um importante compositor de música popular.

Já se disse que você é o maior talento poético do Brasil, mas que a partir de determinada fase jogou esse talento pela janela. É verdade?

Olhem, eu acho que o pessoal fica um pouco grilado pelo fato de eu fazer música, achando que a canção popular é uma arte menor. Puro preconceito. A mesma coisa me foi dita por várias pessoas. Muita gente acha que desperdicei meu talento poético fazendo canções. Acho que não, em absoluto. As duas coisas fazem parte de um todo, de um mesmo todo. Não faço distinção entre a poesia de livro e a da canção. É claro que poesia de livro no mais das vezes não pode ser musicada, e a canção exige um tratamento especial, é mais um casamento de sons musicais com sons de palavras. Mas, do ponto de vista da poesia propriamente dita, pode-se chegar, dependendo do poeta, à mesma sublimidade na canção.

Nesse caso, o que tentou foi fazer uma conciliação da poesia escrita com a audiovisual?

De certo modo, sim. Era uma insatisfação minha verificar que a poesia de livro atingia um número tão reduzido de pessoas. Realmente, aquele pequeno retângulo do livro é limitador, do ponto de vista de comunicação. Edições de 5 mil exemplares não representam muito, embora eu não possa me queixar, sou um poeta que vende bem. Mas, no meu caso, a canção vem de longe. Desde os 15 anos habituei-me a fazer canções com os irmãos Tapajós. O meu primeiro sucesso foi justamente aos quinze anos, com *Loura ou Morena* e *Canção da Noite*. Não me lembro mais se foram feitas com o Paulo ou o Haroldo Tapajós. Os irmãos faziam uma dupla vocal de bastante sucesso na época.

Pois as gerações mais novas têm a ideia de que você começou a fazer música bem depois disso, quando já tinha dobrado os 40. Não é verdade?

Não é. Comecei a fazer música desde cedo, menino ainda, na época do ginásio. Era um grupo que tínhamos organizado no colégio, para apresentar-se em caráter amador em festinhas e reuniões em casas amigas. Creio que sempre tive vocação para música, embora ache que sou mais poeta que músico. A minha vocação fundamental, definitiva, digamos assim, é lírica.

Na medida em que os meios determinam os fins, naturalmente algo se modificou quando você passou a dar mais ênfase ao audiovisual do que ao escrito, não é mesmo?

É possível. Mas o fato, em primeiro lugar, é que eu não queria repetir-me como poeta, e a canção deu-me uma grande abertura, já que a palavra está tão em moda. Acho que me entrosei num movimento que perdura até hoje.

Uma análise de sua obra indica que a fase inicial teve características quase místicas, cristãs. Já a segunda fase parece mais direta, mais concreta. Concorda com essa divisão?

Não só concordo como fui eu mesmo que a fiz, nos títulos das partes de minha Antologia. Na editada pela Aguilar, eu mesmo estabeleci essas fases.

A impressão que se tem é a de que você procurou libertar-se de antigos modismos e preconceitos. Noutras palavras, não escolheu outro caminho, aproximando-se mais do povo?

É possível. A bem da verdade, eu estava achando que o que tinha feito na minha primeira fase era muito complicado, as coisas saíam muito sem pé na realidade. Era mais uma celebração, tinha muita influência da poesia simbolista francesa, de poetas como Rimbaud e Baudelaire, que não são poetas da mesma linha, mas que me tocaram muito, ambos. Talvez inconscientemente eu procurasse mergulhar dentro daquela linha, daquele esquema, daquele tipo de linguagem, em busca do essencial da "visão", em busca de um mistério meio "inventado". Muito de repente, comecei a achar tudo aquilo um pouco falso. Não digo que rejeite essa parte de minha poesia, ela para mim teve importância, mas é a que menos aprecio, aquela em que menos me sinto hoje em dia.

É a parte anterior à música?

Foi justamente essa: primeira fase mística, metafísica.

Mas ela correspondia à atmosfera da época, à própria linguagem da época.

E não se deve esquecer a influência dos amigos, dessa ocasião. Na Faculdade de Direito, por exemplo, o Otávio de Faria e o San Thiago Dantas eram gente muito dessa linha transcendental.

Depois disso, o San Thiago Dantas mudou.

Sim, mudou muito. Para mim, ele evoluiu. Mas outros menos, como o Otávio, que é um homem de princípios, aliás de uma grande coerência. Mas são princípios rígidos que hoje, a meu ver, pouco têm a ver com a realidade. E eu, naturalmente, fui influenciado por esses amigos, mais velhos e mais cultos, com os quais convivia, e que me deram os primeiros livros sérios para ler. Sobretudo o Otávio, pelo qual tenho até hoje uma grande estima e admiração.

No Empalhador de Passarinhos, Mário de Andrade, já em 1939, tocava exatamente nesse ponto. As influências que você recebeu de Otávio de Faria provavelmente não eram apenas dele, mas de sua própria geração. Parece que você apanhou a ideia e desenvolveu-a, escolhendo um caminho próprio, que supunha tudo aquilo, mas que implicava uma tomada de posição diferente.

Bem, a primeira pessoa que me colocou nos devidos termos foi o João Ribeiro. Ele escreveu um artigo sobre meu primeiro livro de versos, que se chamava O *caminho para a distância*. O título já mostra o que o livro é: o poeta achando que sua missão no mundo é de importância transcendental. E acredito que seja transcendental mesmo, mas não naqueles termos irrespiráveis. Pois ele disse que eu precisava praticar mais o verso livre, que os sonetos não eram bons.

Mas foi um bom estímulo?

Foi, para mim foi muito bom. Mas na época doeu-me bastante. Eu realmente me considerava um Poeta, com *P* maiúsculo e tudo.

A sua primeira influência poética foi a de seu pai?

É, meu pai fazia poesia e fazia bem. Era um pós-parnasiano, com um pé no simbolismo, tinha sido amigo de Bilac. E Bilac tinha insistido com ele para que publicasse. Mas ele não queria ouvir falar nisso. Era um homem muito modesto, omisso, reservado. Depois, com aquela fascinação própria da idade, eu remexia nos seus papéis. Descobri suas poesias. Lembro até que ocorreu uma coisa engraçada: roubei um poema dele, para dar a uma namorada.

Como se fosse seu?

Como se fosse meu, claro. Eu devia ter uns 13 ou 14 anos. Era uma écloga, a menina não entendeu nada e eu fiquei depois com um remorso terrível. Mas quando contei tudo a meu pai, mais tarde, ele riu, achou muita graça, e disse que eu tinha feito muito bem.

Mas, voltando mais uma vez aos problemas da poesia e da música, é comum a afirmação de que certas pessoas põem na vida o gênio e na obra só o talento. Seria esse o seu caso?

Sou o menos indicado para julgar minha própria vida e obra. Creio mais na vida do que na arte, isso é certo. Nisso eu acredito, fora de qualquer dúvida. Para mim, é muito mais importante viver plenamente do que ser artista, mesmo um Shakespeare.

Mas, na medida em que optou pelo audiovisual, escolhendo outro tipo de linguagem, estava visando a uma audiência maior? Ou acredita na decadência da palavra escrita?

Não. O Prudente, no depoimento que prestou a vocês, tratava desse problema. Disse, entre outras coisas, que a poesia e o romance estão mortos. Eu não acredito nisso, sinceramente.

Mas não tem notado que é cada vez mais restrito o círculo de pessoas dadas à leitura, especialmente a partir da difusão dos meios eletrônicos de comunicação, como a TV?

Sim, é menor o número dessas pessoas, especialmente em se tratando de leituras que são importantes, fundamentais. Mas isso é natural, após a tremenda aceitação das historietas em quadrinhos, da televisão em seu aspecto mais popularesco, e dos chamados livros de consumo imediato.

Nos Estados Unidos, por exemplo, eles produziram em doze dias dois livros de bolso sobre a tragédia da Guiana.

Pois é, tenho a impressão de que esse pessoal já está com os livros prontos. E já pensando no que vão ganhar com a venda dos direitos para o cinema. Confesso que acho essas coisas intoleráveis. Nunca consegui ler um desses livros. Já tentei o tal *Aeroporto* ou coisa assim. Não deu mesmo.

Sim, mas uma vez que a ênfase é transferida da palavra impressa para o som e a imagem, como consequência do tipo de comunicação, o próprio tipo de poesia tende a mudar, não é mesmo?

É, acho que estamos entrando numa época mais robotizada. Assim, talvez se crie um outro tipo de literatura, para o futuro. Mas a respeito disso confesso que nada sei e não quero arriscar-me, pois não sou futurólogo e não tenho a menor vocação para fazer previsões.

E que futuro estaria reservado às formas clássicas de poesia? Não arrisca um palpite?

Creio que as formas clássicas de poesia jamais morrerão. A música, em meu entender é muito importante para a poesia. Isso, naturalmente, sem qualquer demérito para o verso livre, que, aliás, não exclui a música. Não sei se, se trata de minha natureza particular, pois também sou músico, mas a música para mim é de toda importância.

A métrica ainda tem peso?

Claro que tem, é uma certa música interior, um certo "tempo" musical. Toca mais o ouvido.

Não acha significativo o fato de Carlos Drummond de Andrade ter começado a gravar seus poemas?

Acho maravilhoso. É o que está fazendo, e com grande entusiasmo. Está trabalhando com minha filha, Susana de Moraes, o projeto é dela. Ensaiou com ele, incentivou-o muito. E o Drummond, no final, acabou ficando encantado com a ideia. Será um Lp eterno.

Aliás, por falar em Drummond, parece que uma das grandes invejas dele é você, como compositor.

Disseram-me que ele já afirmou isso, o que muito me desvanece. Não me lembro quando nem onde foi, mas recordo que teria dito que eu sou o único poeta brasileiro que tem coragem de viver como um poeta.

Isso faz lembrar seu depoimento no Museu da Imagem e do Som, quando declarou que seu ideal é ser vagabundo. O que você entende por vagabundo? E como consegue ser?

Consigo, trabalhando naquilo que gosto e que me faz bem. Mas eu gostaria de ser como aqueles menestréis da Idade Média, que saíam vagueando pelos caminhos de viola na mão. Mas são apenas sonhos.

Sem maiores compromissos?

Sem maiores compromissos, apenas cantando e criando alguma coisa: essa noção romântica evidentemente é idealista, mas se isso pudesse ser possível eu bem que gostaria. Entretanto, hoje a vida e os anos pedem mais conforto. Um bom uísque, voar pelo *Concorde*, essas coisas. É só por estas coisas que o dinheiro é bom.

Você dá a mesma importância à sua obra publicada em livro e à música?

Exatamente a mesma. Sendo que a música me diverte muito mais.

Mas veja: os poetas brasileiros contemporâneos, os novíssimos, geralmente são considerados mais músicos do que poetas. A gente poderia citar o Caetano e o Chico Buarque, por serem os exemplos mais em evidência. Como é que você os classificaria?

Olhem, eu acho que há um preconceito muito grande nesse enfoque, um preconceito elitista, ao qual não escapam os escritores nem a crítica. Tenho a impressão de que consideram a questão com certo desprezo, partindo do princípio de que a música popular é uma arte menor. Eu próprio achei isso, quando estava no auge da minha soberba de poeta premiado. Isso acontece aqui. Na França uns poucos letristas são considerados poetas de verdade. O Georges Brassens, por exemplo, foi premiado pela Academia. As Edições Seghers dos "Poètes d'aujour-d'hui" incluíram tanto as obras do Brassens como as do Jacques Brel. E é a coleção de poesia mais prestigiosa do mundo.

E, por falar em música, você acha que houve uma evolução na música popular brasileira, em termos qualitativos?

Sim, a partir da bossa-nova, houve. Não quero dizer que os velhos mestres do samba não tenham uma importância fundamental, mesmo porque entre eles havia e há grandes poetas como Cartola, Ismael Silva, Nelson Cavaquinho, Heitor dos Prazeres. Poetas da música, como Noel, Ary e outros. Mas quando se chega a um Chico, a um Caetano, a coisa já é mais depurada.

Parece que antigamente havia uma preocupação maior com o pitoresco na música popular. Hoje há um certo sentido social, que há anos passava quase despercebido.

Não sei. Veja, você poderia contar a história do Rio de Janeiro através do samba. Sempre havia um sambista comentando o fato social do momento. Não ocorreu uma manifestação social, a partir da República, que não tenha sido traduzida em samba.

Sim, mas depois da fase áurea da bossa-nova registrou-se um certo declínio. O que aconteceu com ela? Qual foi a causa principal desse declínio?

Isso ocorre sempre, em todas as áreas culturais. Aparecem sempre os "palitos de jacaré", aqueles passarinhos do Amazonas que palitam os dentes dos jacarés, com sua plena aquiescência, depois que eles comem. Isso é normal e faz parte da coisa. A bossa-nova degenerou, tornou-se chata, com muita gente querendo ser inocente, pura, e viver em paz. Alienação total.

Refletindo um artificialismo flagrante.

Total. Depois, o Edu Lobo, o Francis Hime, o Milton Nascimento e outros poucos partiram para novos caminhos. O Edu foi remexer um pouco a região de sua família, em Pernambuco; o Milton Nascimento começou a pesquisar a toada mineira, e assim por diante. Bastante gente fez isso, seriamente, e a música popular brasileira voltou a melhorar.

Falar em música é quase falar em lirismo. O seu estaria mais ligado a um fundo português?

Sim, e tenho a impressão de que essa ligação é importante: Camões, a lírica dos trovadores, as baladas, para mim isso sempre foi muito importante.

E quanto às influências dos poetas nacionais?

Bem, Manuel Bandeira. Não o daquela fase minha da mudança de pele, pois não acho minha poesia parecida com a do Bandeira. O que houve por parte dele foi, por assim dizer, uma influência vital, o oposto do que representava a Faculdade de Direito. Era um homem mais ligado à vida, ao cotidiano, que fazia uma poesia mais simples, se bem que formalmente admirável. Para mim, a grande dificuldade foi aceitar as palavras novas. Estava muito ligado às retumbantes, àquela antiga terminologia claudeliana, metafísica e bem soante. Aquela história de achar que estava com a graça pairando sobre mim, que era "o inquilino do sublime", como disse o Otto Lara Resende.

Você já foi classificado de poeta de transição, pois tem muito da velha escola e, ao mesmo tempo, é realmente um poeta contemporâneo. Concorda?

Não apenas concordo, como acho que isso também se aplica à música. Sou dos poucos compositores brasileiros que atravessaram várias gerações. Compus com Pixinguinha, com Ary Barroso, posteriormente com o Edu, o Francis, o João Bosco, o Toquinho, o Eduardo Souto Neto, com o pessoal da última geração musical. Assim, tenho raízes em todas essas épocas.

Voltando ao início de sua carreira, gostaríamos de saber se entrou para o Itamaraty logo após a conclusão de seu curso de Direito.

Não. Estudei Direito como os outros rapazes de minha idade. Quem tinha boa redação, ia para Direito, os que gostavam de Ciências Naturais iam para Medicina, os matemáticos para Engenharia. O importante, naquele tempo, não era tanto ter uma carreira, como aquele canudo do diploma. Mas de fato, como digo sempre, fui ser diplomata porque não sabia fazer outras coisas. A experiência de Direito foi lamentável. Antes disso, porém, ganhei a primeira bolsa, para a Universidade de Oxford. Ali, como bolsista, pelas leis da Universidade, eu só poderia ser casado depois de fazer 25 anos. Mas não estava disposto a esperar. Casei-me por procuração. Eu vivia em Oxford e minha mulher em Londres. Três vezes por semana eu fugia da Universidade, descia três andares por uns canos de ferro, me escondia na estação e tomava o trem, para ir encontrar-me com ela em Londres. Um negócio bastante perigoso. Estava apaixonadíssimo, é claro.

Na sua geração não é das mais comuns a influência inglesa que você deve ter sofrido. Na época, a maior influência aqui era francesa.

Sim, foi muito importante, na medida em que a partir dos ingleses eu procurei simplificar meu verso, minha forma. Queria torná-la mais simples e significativa, mas sem perda de substância. Mas, de fato, a influência que aqui predominava era a francesa. Vocação para *poète maudit* ainda que um tanto artificial. Mas voltei para o Brasil e depois de ingressar no Itamaraty verifiquei que o meu posto seria Moscou. Isso aconteceu logo depois do estabelecimento de relações, após a guerra. Foi o Orlando Leite Ribeiro, chefe do Departamento de Administração, que me ofereceu o lugar. Fui para casa, pensei um pouco e resolvi recusar. Era início de relações diplomáticas, fiquei com medo de não ter liberdade para me mover. Fui ficando na Casa e acho que cheguei a ser um bom funcionário. Batia aqueles ofícios, aquelas minutas, aprendendo o jargão do ofício. Realmente, aprendi a fazer e não achava o trabalho aborrecido. Depois fui para Los Angeles. Com a experiência, a coisa ficou monótona. Era um meio extremamente afetado. Compreendi que não tinha nada a ver com aquilo.

Ficou no Itamaraty até quando?

Até 1968, quando fui aposentado compulsoriamente.

Por problemas políticos ou desentendimentos pessoais?

A parte política deve ter pesado um pouco, mas não fundamentalmente, pois nunca cheguei a ser um ativista. Sou de esquerda mais por inclinação existencial. Nunca tive grande militância política. Quer dizer, eu assinava os manifestos, mas nunca fui para a rua, nunca participei de passeatas, a não ser a dos 100.000, e coisas assim. Acho que o embaixador Pio Correia, então secretário-geral do Itamaraty, ficou realmente furioso com o fator *show* — eu estava fazendo um com e Caymmi, no *Zum-Zum*. Acharam que não pegava bem para um diplomata, que um homem de gravata não podia andar por aí fazendo *shows*. Lembro que nem o embaixador nem o chanceler estavam satisfeitos. Olhe, para mim, a aposentadoria foi uma satisfação tão grande que nem pensei no faturamento que diminuiu muito, é claro. Eu tinha um problema moral: estava lá a contragosto, mas eram 24 anos de carreira, filhos, aposentadoria, etc. Mas, como a iniciativa partiu deles, achei genial. Pude começar a fazer o que queria: viajar, fazer temporadas, cantar, participar de *shows*, tirar a gravata. O mesmo que estou fazendo agora e, ainda por cima, ganho muito mais do que ganhava. No fundo, foi um bom serviço que me prestaram. Tenho um orgulho especial do despacho com que me enquadraram: "Ponha-se esse vagabundo para trabalhar".

Foi nesses termos?

Foi assinado pelo Costa e Silva, que nem me conhecia. Deve ter sido coisa de terceiros, intrigas. Mas faço questão de um dia botar esse despacho na minha parede.

Não era exatamente o que você queria ser? Vagabundo?

Lógico, nesse sentido — porque eu sempre trabalhei toda a minha vida. Tanto assim que o Chico Buarque e o Toquinho fizeram um samba que me dedicaram e que diz: "Poeta, poetinha vagabundo..." Parece que o Chico achou que a expressão podia ser considerada um pouco grosseira, mas eu pedi que ela fosse mantida, que estava certo e eles deixaram ficar.

Um poeta tem condições de viver no Brasil?

Não só de poesia. No meu caso há também a música, que é o que me mantém. Olhem, vivo com bastante comodidade. O dinheiro começa a escassear, faço um *show*, uma temporada e tudo bem. E não apenas no país. A Europa está começando a ser para mim um mercado de trabalho muito bom. Paris, Roma. Recentemente fizemos um sucesso incrível em Londres. Foi o ponto alto da última temporada.

A língua não é barreira?

Para mim, não é. Na França e na Itália, por exemplo, quebro o galho. O Tom menos, mas em Londres ele me dá um banho, fala melhor inglês que eu.

E na América Latina? Vê barreiras no plano da música e da poesia?

De maneira alguma. Aliás, acho que somos todos parecidos. Há diferenças de língua, de costumes, está claro, mas fundamentalmente somos a mesma gente. Os problemas são parecidos, as reivindicações semelhantes. As diferenças estão na maneira de reagir e se comportar. Os argentinos, por exemplo, são muito mais politizados do que nós. De certa maneira, são também mais ingênuos, no plano existencial. Têm menos malícia que a gente. Mas, voltando à música, acho que a nossa, dentre as latino-americanas, é a que reúne mais possibilidades de êxito no exterior.

Tem mais ritmo, que é a contribuição negra. A variedade de ritmos, no Brasil, é inacreditável. Somos o país do "balanço".

Mas você não acha que a poesia de suas letras se dilui na música, juntamente com o significado?

Olhe, depois do Ferreira Gullar, que é para mim o último grande poeta brasileiro, os que estão fazendo poesia válida são os músicos, o Chico, o Caetano, o Gil, o Milton, o Cacaso, o Fagner, o Aldir Blanc, que estão realmente transmitindo alguma coisa. Conheço alguns poetas jovens, mas eles não parecem ter a menor penetração. A culpa, é claro, não é só deles. Os editores...

Por falar em jovens, você não chegou propriamente a ser um modernista, não é?

Não. Do ponto de vista crítico eu e meus amigos da época "gozávamos" o modernismo. Só mais tarde, por meio das leituras, fui rever essa posição. Fui muito amigo dos dois Andrade, o Mário e o Oswald. Foi a minha verdadeira iniciação literária. Mas tudo era ainda literatura. A vida pouco entrava nisso. Foi com o aprendizado da vida, com as discussões com Deus, como diz a letra do Chico, que aprendi as coisas mais ou menos.

Sim, mas isso era geral. Vinte anos depois da Pauliceia Desvairada *pouca gente entendia o Mário de Andrade em São Paulo.*

Pois é. E o Mário era um homem sério, um estudioso.

E como vê as vanguardas, na poesia?

Sinceramente, embora sejam movimentos sérios, o concretismo e os movimentos como o dos irmãos Campos e do Decio Pignatari não me tocam, não me dizem nada, em absoluto. De comum comigo têm absolutamente nada. Para mim, o Gullar foi o único concretista com sangue. Mas sua contribuição foi breve, felizmente.

Para você há uma dissociação entre o viver e o fazer?

Acho que é um pouco isso. Nesses grupos, o pessoal parece ter mais curiosidade pela arte do que pela vida. O resultado é artificial, fica tudo cerebrino, sem sangue, sem sêmen, sem suor, sem nada.

Há pouco, numa entrevista, o Alceu de Amoroso Lima disse que no Brasil os estudos críticos tendem a ser mais volumosos do que a obra criticada.

Veja você, em 1942, quando publiquei um poema que tinha um palavrão foi um escândalo, alegavam que era vulgaridade, mau gosto, sei lá. Encontrei-me com o Alceu na porta da casa do Otávio de Faria, do qual ele é cunhado, submeti-lhe o problema. E ele me disse para não tirar o palavrão de jeito algum, que devia deixar. Para mim foi uma surpresa, pois eu estava certo de que no mínimo ele me passaria um sermão. Sabem como eram as coisas naquele tempo, ele era daquela revista. *A Ordem*... Discípulo do Jackson de Figueiredo.

Como é que você vê a função do intelectual na sociedade?

Neste tipo de sociedade ela é praticamente nula. O consumo absorveu tanto a sociedade que as coisas são feitas quase que apenas para serem vendidas.

E como seria a sua sociedade ideal?

Um socialismo brasileiro, vital, alegre, com "balanço". Mas isso pode ser uma utopia minha.

E o soneto? Seu nome também está associado ao soneto, como lírico brasileiro.

É verdade. Eu fui quase um ressuscitador do soneto. Acontece que ele tem uma estrutura admirável. Gosto de soneto, acho que ele proporciona uma grande liberdade interna e essa me interessa. A *prison sans barreaux* é uma das formas poéticas mais válidas, até hoje.

Você foi um dos valorizadores do erótico na poesia brasileira. Como explica isso? É uma tendência natural sua?

Sim, eu sou um ser erótico, naturalmente. Problema existencial, é claro. Mas tenho horror à licenciosidade, à pornografia.

Talvez tenha alguma relação com a música. Por exemplo, ao ouvir o Armstrong a gente o imagina como um ser sensual.

Sensualismo é isso, o verdadeiro. Não se pode ser sensual apenas com as mulheres, num sentido puramente sexual. A gente deve ser sensual em relação à vida, a tudo.

Num sentido abrangente, que não se limita a sexo?

Muito mais, vai muito mais longe. E, dentro do sensualismo, o erotismo é uma arte maior, como era concebida na China, por exemplo. Esse aspecto também sempre me interessou.

É curioso só agora descobrirem isso, quando a sua poesia já tinha realizado esse mesmo aspecto há muito tempo, quando isso ainda causava espécie.

Escandalizava, realmente. É o caso de minha poesia, de uma maneira geral. Acho que deve haver por aí muito pai de família que me considera autor proibido para menores de 18 anos.

Não, hoje deve ter baixado para 15 anos. E quanto à prosa atual, Vinícius? O que aprecia mais?

Leio cada vez menos. Uma ou duas páginas, antes de dormir. Parece-me que a falsidade ou o artificialismo são muito flagrantes, evidentes, por parte da maioria das pessoas que escrevem. Não me interessa apenas um retângulo branco escurecido de palavras.

Quer dizer que não consegue passar da segunda página?

Na maioria dos casos, confesso que não consigo mesmo, não me interesso. Continuo achando que a literatura deve ser profundamente ligada à vida e os autores, sei lá, não vivem, não se expõem. Não têm orgasmos. E nada escapa a esse processo, seja poesia, seja prosa.

E como interpreta esse fenômeno?

Como um fenômeno de decadência geral da sociedade. Parece-me que a sociedade entrou num processo terrível de decomposição. Há lutas e dissensões mesmo entre as esquerdas. São tentativas do mundo para se encontrar, mas não vejo vitalidade nas coisas, tal como estão.

Essa falta de vitalidade transcende os regimes?

Acho que sim. E totalmente. O comunismo primitivo tinha vitalidade, mas acabou por diluir-se, por necessidades de sobrevivência e equilíbrio, dentro dessa tremenda e internacional luta pelo poder econômico. Além disso, o problema da esquerda é também um pouco o da torre de marfim. É fácil — sobretudo entre os sectários — encastelar-se no socialismo para poder justificar a própria alienação à vida. O jeito, então, é inventar um sistema, como esse que eu acabei de inventar, o socialismo brasileiro com "balanço".

Você teve problemas com a censura?

Quem não teve? Claro, todos tivemos. Eu estive proibido de trabalhar durante um mês, feito um menino de colégio. E o triste é que essa questão é fundamentalmente de falta de inteligência. Agora, com essa abertura, vamos ver... Não custa nada ter esperança. Eu sempre digo que a esperança é um bem gratuito. Não se paga nada para ter e é melhor ter que não ter.

Em matéria de música, no que ficaram os seus projetos mais ambiciosos, como o da Pobre Menina Rica?

Fizemos várias tentativas, alguns *shows*. O Carlos Lira fez um, com a Nara e comigo. Depois montou um repeteco, que não funcionou. Mas os projetos mais ambiciosos não puderam ser realizados, por falta de produção. Falta de interesse dos produtores.

E como foi que conseguiu produtor para o Orfeu Negro?

Foi um golpe de sorte. Ele era um grande produtor francês, o Sacha Gordine. Produziu aqueles filmes lindos do Marcel Carné, *Quai des*

Brumes etc... Produziu *La Ronde, Les Visiteurs du Soir*... Tínhamos um amigo comum interessadíssimo pelas coisas do Brasil. Esse amigo insistiu muito com Gordine para que fizesse um filme com motivo brasileiro. Como não tinha nada de muito importante a fazer no momento, o Gordine aceitou a ideia, falou com a Mary Merson da Cinemateca Francesa, que era muito minha amiga, na época em que servi em Paris. Ela me procurou, disse que conhecia um produtor interessado e me perguntou se eu tinha alguma boa história a oferecer. Eu tinha o *Orfeu*, engavetado, pois na ocasião não havia teatro negro organizado aqui no Brasil. Fui jantar com eles e na saída lembrei que tinha o *Orfeu* no fundo da gaveta. Tinha escrito a história em Los Angeles, durante os cinco anos em que vivi lá. O Gordine interessou-se e pediu-me imediatamente uma sinopse. E a sinopse foi feita no castelo D'Eu, onde nasceu, se não me engano, o nosso conde. O castelo nessa altura pertencia ao Assis Chateaubriand, que permitia aos nobres da família de Orleans e Bragança que morassem numa ala da edificação. A castelã era minha amiga Maria Olivia Fraga, que trabalhava na embaixada e tomava conta das coisas dos dois chatos em Paris: o Castelo e o Assis. Pois eu me instalei lá e escrevi a sinopse em 15 dias. Tive que aturar alguns turistas visitantes, mas foi um período agradável. Quando apresentei a sinopse ao Gordine, ele gostou e me pediu para fazer o roteiro. Enquanto isso, ele tratava da produção. Trabalhei duro no roteiro durante um mês. O Gordine concluiu que era pouco comercial e providenciou uma readaptação, que foi feita pelo Jacques Viot. Acho que essa comercialização foi que enfraqueceu o filme.

É a diferença entre o feijão e o sonho, não é?

Exatamente. Do ponto de vista comercial foi um excelente filme, que ganhou uma porção de prêmios, inclusive a Palma de Ouro de Cannes e o Oscar de Hollywood. Mas quando vi o filme fiquei...

Decepcionado.

Muito. Lembro-me de tê-lo assistido ao lado do Juscelino e sua família, no palácio. Nem fiquei até o final, de tão irritado. Fiquei decepcionadíssimo.

E o Juscelino gostou?

Nem sei. Fui embora no meio, furioso. Depois, caí em mim. Evidentemente, não era o que eu tinha sonhado. Mesmo assim, um bom filme comercial, como é atestado pelos muitos prêmios que ganhou. E está sempre sendo reapresentado, em Buenos Aires, Nova York, Paris, Londres. O engraçado é que agora é exibido em cinemas de arte. Em tudo a gente precisa fazer um pouco de concessão, mas no caso achei demais. Essa história de se puxar demais pelo "exotique" não pegou nada bem.

Mas a partir daí não surgiu nenhuma nova oportunidade no cinema?

Sim. Uma vez um outro francês, Antoine d'Ormesson, encomendou-me uma história. Escrevi o roteiro para ele. Era um negócio meio feito nas costas do *Orfeu*, para aproveitar a onda. Uma modernização da história de Tristão e Isolda, adaptada. Ele me pagou 20 mil dólares e fez um filme horrível, nunca vi coisa pior em minha vida.

Mas você ainda tem projetos com relação ao cinema?

Claro. É uma história minha, a *Ópera do Nordeste*, que tenho o maior interesse em fazer. Meus filhos estão quase todos metidos em cinema. Susana está fazendo documentários, o Pedrinho fazendo câmera muito bem. Estou com vontade de pegar a família e rodar esse filme.

Em termos de cinema, o que acha das grandes produções que têm surgido, como Dona Flor?

Acho que são úteis, pois a conquista do mercado interno era fundamental. Era preciso interessar o povo no cinema brasileiro. Mesmo não entrando no mérito da qualidade dos filmes, isso está sendo conseguido. Acho que filmes como *Dona Flor* e *Chica da Silva* são importantes, pois são eles que estão garantindo a conquista desse mercado.

Boa diversão.

Acho fundamental as pessoas se divertirem com as coisas. Olhem, na medida em que a literatura não me diverte — não quero dizer que me faça rir, necessariamente — não me interessa. Mas não faço questão de gênero, pode ser um drama, uma tragédia. Só depende de qualidade. Quero entretenimento com qualidade. Acho que a função da arte é um pouco essa.

Não abre mão do aspecto lúdico da vida?

Nunca.

E carrega com dor o que ela tem de não-lúdico?

Hoje em dia, para dizer a verdade, eu nem carrego mais. Joguei fora mesmo.

E quanto ao Cinema Novo? Filmes que visavam mais do que apenas divertir?

Acho que isso poderá ser eventualmente retomado. O que não adiantava era fazer filmes para um público inexistente. Vocês sabem como era, naquela época. Falar em fita brasileira era para não ir ver mesmo. Nesse particular, sob o ponto de vista técnico, acho que a coisa melhorou muito.

Você disse que tem lido pouco, que raramente passa da segunda página. É mesmo verdade?

Bem, foi um pouco de exagero. Os últimos livros que li foram os do Pedro Nava. Desses eu gostei muito. E há escritores que releio com prazer: o Rubem Braga, o Dalton Trevisan, o Rubem Fonseca e pouco mais.

Mas o Nava não é novo.

É relativamente novo. Gosto também de policiais. O Simenon, a Agatha Christie. Mas somente para divertir, embora ache o Simenon um bom romancista.

Em que está trabalhando, no momento?

Estou preparando um novo livro de poesia, há anos. São os poemas feitos de 60 para cá. Meu último livro de poesia foi *Para viver um grande amor,* que contém poemas e crônicas. Esse em que estou trabalhando — e é apenas um deles — será *O Deve e o Haver.* Ainda não é um título definitivo, mas é uma boa possibilidade. Trata das coisas que foram feitas e das que me escaparam. É uma autocobrança das coisas que a vida me ofereceu e que eu deixei fugir.

Uma espécie de balanço geral?

Isso. Está quase pronto. Falta apenas uma aparafusada geral. Quero ver se agora, no mês de fevereiro, vou para Punta Del Este. Lá eu tenho uma casinha que me garante ambiente tranquilo, do qual gosto muito. Lá eu posso escrever. Música eu posso fazer em qualquer circunstância ou ambiente. Até uma certa agitação pega bem. Mas para escrever, não. Preciso de tranquilidade. Não bebo uma gota. Tem sido sempre assim.

Vai ser o seu Baú de Ossos?

Olhem, pode até ser. No fundo, vai ser uma limpeza geral da casa. Se não tiver mais nada para dizer, paro. O problema de escrever por escrever não existe para mim. Forçar a barra, jamais.

Você não precisa forçar.

Eu sei, eu sei, mas é que sempre há gente cobrando. Como é, não escreve mais? O que está produzindo?

E continua fundamentalmente lírico?

O lirismo, para mim, faz parte do ar que eu respiro. Mas tem que ser real.

Sente-se muito solicitado pelo social?

Sempre que me senti solicitado, fiz. Tenho vários poemas relacionados com o social em arte. Acho fundamental é a qualidade. Quando algo válido me ocorre — como *O operário em construção* — muito bem. Mas não sou particularmente voltado para o social. As únicas coisas que me solicitam sempre são a vida e as pessoas. São poucos os meus trabalhos, os meus poemas, que não têm uma conotação humana.

Deu a entender que também está trabalhando em outro livro.

Sim, este para mim tem a maior importância. É um livro sobre o Rio de Janeiro. Faz 25 anos que comecei a escrevê-lo. Agora, já não é mais apenas o Rio de Janeiro, do ponto de vista do espaço urbano. São minhas experiências na cidade, nos locais onde vivi, sofri, amei.

Falta muito para terminá-lo?

Não, mas ainda está por terminar. Tive que acrescentar alguns poemas. São importantes na medida em que se prendem à minha vida, ao meu relacionamento com as pessoas e com a minha cidade. Tanto assim que esse livro vai ter um título enorme:

Roteiro lírico e sentimental da cidade de São Sebastião do Rio de Janeiro onde nasceu, vive em trânsito e morre de amor o poeta Vinícius de Moraes. Os dois livros estão quase prontos. Só falta mexer um pouco neles.

Você se aborrece quando os amigos começam a cobrar, perguntar se não escreve mais?

Não, nada mesmo, eu já superei essas coisas. Mas eles continuam cobrando. Às vezes a gente está num bar e vem gente saber, perguntar, indagar. O brasileiro tem esse vício da cobração de contas.

Talvez seja um vício herdado do português comerciante.

Talvez. Acontece que quem exige muito dos outros em geral não faz nada. Quanto mais alienada a pessoa, maior a intensidade de sua cobrança.

E há um fenômeno que é quase o inverso. À medida que o escritor realmente se populariza, como é o caso de Jorge Amado, passa a ser considerado comercial, mau escritor. Isso acontece com frequência.

Sim, é o que tenho observado. Mas não concordo de forma alguma com esse tipo de crítica. A forma do Jorge é desleixada quando ele quer, por imposição do tema. Jorge é um grande escritor. Sumarento, tem substância.

Perguntamos isso porque você dá um grande valor à forma.

Justamente, a forma para mim é muito importante. Gosto muito de equilíbrio entre forma e conteúdo.

E a crítica, Vinícius, o que acha da crítica que prevalece hoje em dia? Segundo muitos, tem contribuído para afastar o leitor da literatura, em lugar de aliciá-lo.

É exatamente o que eu acho. Tenho a impressão de que, com as exceções de praxe, os críticos brasileiros são todos escritores frustrados. São raríssimos os críticos como o Antonio Candido, como o Alceu, como o Sérgio Buarque, como era o velho Prudente, o Octávio Tarquínio de Souza, o Afrânio Coutinho, o próprio Álvaro Lins. Hoje é comum encontrar os que procuram apenas destruir os outros. Não se limitam a criticar, agem como dedos-duros, denunciam. A grande função do crítico deveria ser justamente dimensionar a qualidade da obra literária, devia ser um homem em princípio a favor e não contra. Além disso, são de uma terrível petulância. Os críticos de alguns desses semanários agem como se fossem os únicos donos da verdade.

Acha que atuam como barreiras entre o autor e o leitor e não como uma ponte natural?

Nunca como uma ponte. E a função do crítico deveria ser justamente a de orientar o público em relação à obra criticada. Apontar as qualidades e os erros, mas não mutilar nem destruir.

Entre a crítica estruturalista e a impressionista, com qual você ficaria?

Com a impressionista, sem sombra de dúvida. Quando estive em Oxford, havia um professor que já era naquele tempo um grande crítico. Como é que se chamava mesmo? Ah. Richards. Eu frequentava as aulas dele. E o homem era de uma inteligência realmente excepcional. Mas ao fim ele escreveu um livro que se chamava *The meaning of meaning*. Um seca pimenteira total.

Levou a crítica às últimas consequências?

Isso, passou a dissecar tudo. Aí eu deixei de comparecer às aulas dele, desinteressei-me. A partir daí, qualquer relação com a obra analisada era mera coincidência.

Qual o tipo de expectativas que você tinha em relação aos caminhos nacionais, quais as influências que mais sofreu nesse campo, quando era jovem?

Bem, depois do Otávio de Faria, devo muito a um homem chamado Waldo Frank, um escritor americano que veio ao Brasil. Viajei com ele e descobri que o Brasil não era apenas o eixo Rio-São Paulo que eu conhecia. Fomos para o interior, para as cidades pequenas, para o Nordeste, para Manaus. Ali, tomei conhecimento da realidade do país e sofri um choque tremendo. Além disso, eu tinha a companhia do Waldo Frank, homem de muita vivência, muito conhecimento, especialmente da América Latina. Participara de vários movimentos de protesto em vários países. Chegou ao Brasil todo quebrado. Quase foi arrebentado pelos gorilas argentinos. Sofreu muitas fraturas. E sua experiência não se limitava à Argentina. Era muito amigo de Maria Rosa Oliver e de Gabriela Mistral. Eu o conheci num coquetel oferecido pelo José Olympio e ao qual compareceram o José Lins, o Marques Rebelo, o Tarquínio, o Graciliano, o Bandeira, meio mundo. Notei logo que o velho estava impaciente. Achava aborrecidas as reuniões de intelectuais. Não sei por que, começamos a conversar e nos tornamos amigos. Era dia de São Jorge. E assim que pudemos nós escapamos do tal coquetel. Eu já estava meio "calibrado" e ele também. E o levei diretamente para o Mangue. As mulheres estavam muito loucas, festejando a data, cantando e dançando, na maior vibração. O Waldo Frank ficou impressionadíssimo. Eu também — e foi o nascimento da minha *Balada do mangue*. Disse que aquele era o Brasil que ele desejava ver. Levei-o para uma favela. Sabem, naquele tempo a gente podia subir a uma favela e voltar vivo. Aquela era uma do Leblon, a da Praia do Pinto. Pois entramos favela adentro, fomos parar numa birosca, pagamos algumas cervejas e os crioulos cantaram até de madrugada para nós.

E aí vocês foram viajar?

Não, espere um pouco. Aí o Waldo Frank foi para a Argentina, andou se metendo na política local e apanhou tanto dos gorilas que teve de passar uns três meses no hospital, com braços, costelas e pernas quebrados. Quando voltou ao Brasil, conversou com o Oswaldo Aranha, que era o chanceler, e disse que gostaria de ter um acompanhante na visita que faria pelo Brasil. E gostaria que esse acompanhante fosse eu. Lembro que a costa do Brasil, que subimos, era quase invisível à noite, pois estávamos em tempo de guerra e o *black-out* era estrito. De modo que havia um lado de aventura na coisa. Eu levava um revólver comigo, pois correra a notícia de que tinham despachado tiras da Argentina para "fechar" o velho. Assim, em cada lugar que chegávamos eu me comunicava logo com o chefe de polícia e ele punha dois ou três tiras locais atrás da gente. O velho achava muita graça nisso, pois era um tipo destemido, atlético, despachado, no estilo de Hemingway, de quem era aliás amigo. Era socialista, mas seu socialismo era engraçado, misturado com essas coisas de hinduísmo.

Místico?

Isso, místico. Mesmo assim, os esclarecimentos que me deu foram muito valiosos. Conversávamos muito durante a viagem, especialmente sobre política.

Quer dizer que o Waldo Frank o ajudou a descobrir o Brasil?

Claro. A despeito de nossas muitas brigas. Evidentemente, para haver uma mudança de perspectiva em minha vida, àquela altura, eu teria de descartar-me de muito passado. Não foi fácil. Ficaram muitos pedaços pelo caminho. Mas também foi uma mudança de 360 graus em cerca de um mês. Comecei a viagem como um homem de direita e terminei como um de esquerda. Era um mundo novo que se abria.

Esse período então foi uma espécie de divisor de águas?

Totalmente. No plano político, principalmente. Comecei a ver as coisas. Vi a miséria do Nordeste, os mocambos do Recife, as palafitas do Amazonas, as casas de habitação coletiva da Bahia, a lama, a podridão, o abandono. Aquilo me escandalizou, precipitou uma tomada de consciência. Eu nunca tinha visto antes disso uma criança com barrigão, com verminose. Foi um choque terrível. Então, comecei a pensar. Achei que o socialismo oferecia as melhores perspectivas para resolver a longo prazo os problemas que eu começava a descobrir no Brasil. Tanto assim que quando o Luís Carlos Prestes saiu da prisão eu o procurei, dizendo que queria ingressar no PC. Pois ele me disse que não. "Fique fazendo o que faz, escreva as suas crônicas, os seus poemas, pois acho que você é mais verdadeiro assim." Foi o que me disse. Lembro que fiquei um tanto escandalizado. Sabem, àquela altura da vida eu queria martirizar-me, ser queimado em praça pública... Hoje...

As coisas mudaram.

Mudaram. Hoje em dia não sou mais um intelectual, pensar "inteligente" me chateia, não me sinto mais um intelectual. O que me interessa basicamente hoje é o convívio humano. Acho os intelectuais cada vez menos interessantes. Antigamente era outra coisa. Pelo menos uma vez por semana eu ia à casa do Rodrigo Mello Franco, à casa do Prudente, a gente se reunia, batia aqueles longos papos e tal. O Afonso Arinos, o Gastão Cruls e o Pedro Nava também compareciam. Era uma conversa séria, mas não se limitava à literatura. A gente ia para tomar *whisky*, para ouvir o que as pessoas tinham a dizer, para falar também. Eram pessoas que tinham espírito para conversar, o que se poderia chamar de "esprit de finesse". Hoje não há mais isso, só raramente. As coisas são menos agradáveis, mais agressivas. Agora, converso muito mais com mulheres do que com homens. Muito mais com elas. As mulheres são a maioria entre os meus amigos.

Intelectuais?

As mulheres naturalmente não são intelectuais. As que se dizem são ainda mais chatas do que os homens.

Você vem muito a São Paulo? Gosta?

Venho e gosto. São Paulo melhorou muito, perdeu aquele provincianismo, deixou de ser tão interiorana. São Paulo é hoje uma grande cidade. Mas, vejam bem, não gosto de São Paulo durante o dia. Disso realmente eu não gosto, pois o que vejo de gente de testa franzida e falando sozinha na rua não tem tamanho. É terrível.

Sim, mas o Rio, a despeito de todas as transformações, conserva muitas de suas características, conserva a memória.

Eu hoje em dia acho menos. Vocês acham? Olhe, até os bares estão desaparecendo, a Lapa sumiu. Hoje é uma cidade violenta, tremendamente violenta. Sair à noite é um perigo, o Rio de Janeiro à noite não é brincadeira. Mas acontece que eu sou carioca, e tarado por ela...

Daí o seu livro sobre o Rio de Janeiro?

Justamente. Acho que há certas coisas que devem ser preservadas, pelo menos no papel, e é a isso que me proponho. Pelo menos em parte.

18 de fevereiro de 1979

25 Dutra era o líder da corrente germanófila do Exército

Entrevistadores:
Antônio Carlos Pereira,
Oliveiros S. Ferreira
e Villas Boas Corrêa

Umberto Peregrino Seabra Fagundes

Nasceu em Natal, Rio Grande do Norte, em 1911, e morreu no Rio de Janeiro em 2003. Desenvolveu sempre intensa atividade intelectual paralelamente à carreira militar. Publicou várias obras sobre História, Literatura e assuntos militares. Dirigiu a Biblioteca do Exército de 1954 a 1960. No governo Costa e Silva, dirigiu o Instituto Nacional do Livro.

Quais as suas origens? Como chegou à carreira militar?

Somos de família muito humilde e tradicional de Natal. Meu pai era funcionário da Alfândega, um homem muito simples, e nós vivíamos com muita dificuldade. Tanto que meus irmãos estudaram todos trabalhando. Eu fui o único beneficiado porque, vindo para a carreira militar, tive casa e comida. Os outros tinham que prover isso para estudar. O meu interesse pela vida militar decorreu de que fui criado por um tio que era oficial da polícia do Estado. Fiquei órfão de mãe muito cedo, e os filhos foram dispersos. Cada um ficou com um parente. Então me criei naquele ambiente: quando meu tio estava de serviço, me levava para o quartel. Eu adorava ir para o quartel, ouvir corneta. Os soldados brincavam comigo. E me criei nesse ambiente de militares, com um soldado como ordenança e cavalo para montar. E, antes de meu pai adotivo, meu avô havia sido militar.

Como ocorreu sua ida para o Rio de Janeiro e seu ingresso na Escola Militar?

Quando terminei o meu curso de Madureza ginasial, em Natal, vim para a Escola Militar, direto. Como eu não tinha recursos para fazer o que todos faziam quando pretendiam a Escola Militar, que era a matrícula no Curso Frei Siné — o curso do Sinésio Faria —, muito caro, eu me matriculei no "Anexinato", como chamávamos o Curso Anexo da Escola Militar. Tinha o curso de Madureza completo e pedi matrícula no terceiro ano. Quem entrava nesse curso era apelidado pejorativamente de "anexim". Era pejorativo, mas a gente topava. E entrei, assim, na

História Vivida

Escola Militar, sem pedir favor a ninguém, na base da coisa séria, porque eles realmente asseguravam a quem fazia esse terceiro ano a matrícula automática no curso fundamental.

E fiz minha carreira com muito gosto, porque tinha um grande entusiasmo e uma verdadeira paixão pela vida militar. E levei esse entusiasmo a tal ponto que, quando tive que escolher Arma, escolhi a Cavalaria. O que representava meu exílio, porque eu não poderia servir no Nordeste como oficial. É que naquele tempo não havia unidades de Cavalaria no Nordeste. De maneira que, escolhendo a Cavalaria, eu, mais uma vez, dava razão às minhas inclinações, a meu idealismo, ao meu entusiasmo pela vida militar.

Esta passagem pelo Anexo e a vinda de muitos rapazes do Nordeste eram constantes no Exército?

Não eram muito constantes, não, porque no Nordeste havia um estabelecimento que captava os alunos para a Escola Militar — o Colégio Militar de Fortaleza, que praticamente só tinha alunos do Ceará, Piauí e Paraíba. Tanto que, quando eu vim para a Escola Militar, só havia dois cadetes do Rio Grande do Norte. Um, considero um dos maiores oficiais que conheci na vida militar, o hoje general Dióscoro Gonçalves do Valle. General histórico, comandava Belo Horizonte quando houve o movimento militar de 64. Foi ele quem marchou sobre Brasília e a seguir comandou aquela guarnição durante um longo período. Entretanto, apesar de ter tido este papel, este decisivo desempenho na Revolução, na hora de ser promovido a quatro estrelas foi preterido. Aí se magoou e saiu. Hoje ele é presidente do Centro Norte Rio-grandense. Mas não é desses que foram dirigir empresas particulares ganhando bom dinheiro. Está ganhando o seu salário de oficial-general reformado. É dos raros assim que conheço.

Qual era o clima, a atmosfera da Escola, nesse tempo? Como teve seu interesse literário despertado?

Eu já trazia esse interesse literário da minha vida de estudante no Ateneu Norte-Rio-grandense. Já levava algumas fumaças literárias para a vida de cadete.

Quando foi isso?

Vim para a Escola Militar em 1930. E me interessei logo pela Sociedade Acadêmica Militar. Era uma sociedade literária. Toda semana havia sessão, no intervalo entre o jantar e a revista. Nesse período, os cadetes saíam pelo Realengo para conversas e namoros. Mais um grupo ficava num determinado dia para as reuniões da Acadêmica. Essas reuniões eram rigorosamente literárias e filosóficas. Havia os cadetes filósofos. O Manuel Rudge, por exemplo, fazia grandes digressões de natureza filosófica, ainda assumindo o Positivismo, que se prolongava em certos elementos. Havia os que eram puramente literários. E um dos mais ativos nessa oratória literária era o Danilo da Cunha Nunes, hoje ministro do Tribunal de Contas do Rio.

O Golbery... Conheci o Golbery na Escola: quando eu entrava ele saía. Então eu vi o Golbery atuando na Acadêmica, muito respeitado por sua condição de primeiro aluno da turma. O Exército sempre consagrou muito, em termos de tabu, os primeiros alunos. Eu faço, porém, muitas restrições a essa graduação. Isto porque o primeiro aluno, na vida militar e talvez em outros cursos, não é mais do que o sujeito que apreende bem as coisas que o professor quer. E na Escola Militar havia um tipo de ensino que se fazia sobre uma documentação chamada "polígrafo".

Era uma apostila.

Exatamente. Então, o cadete que assimilava bem aquilo, e na hora da prova colocava tudo no lugar certo, esse obtinha os graus máximos, tornava-se "primeiro aluno". O Golbery — embora seja um homem extremamente inteligente e de alto valor intelectual — era um primeiro aluno típico, e sob essa credencial preliminar gozava de admiração na Acadêmica. Não era, porém, orador muito assíduo. E seus discursos eram de fundo filosófico, revelando preocupações culturais que o levariam necessariamente às posições em que se projetou.

Qual era o clima da Escola na Revolução de 30?

Era o de revolução. A Escola ficou contida, de prontidão, sob vigilância: a reserva, onde se guardam os armamentos, sob controle muito rigoroso. Os cadetes, muito inquietos, iam-se reunindo e conversando, alguns liderando atitudes. Quando houve o estouro da Junta, tendo à frente o general Tasso Fragoso, a Escola se rebelou imediatamente. Foi guarnecer o Palácio do Catete. Passei vários dias ali acantonado, guarnecendo o Palácio do Catete, desde a deposição de Washington Luís até a chegada de Getúlio Vargas. Vi a chegada de todos os líderes revolucionários, aquela aglomeração danada na rua do Catete. Vi chegar Juarez Távora, que era o ídolo, o grande líder. E pude sentir que, se fosse pela vontade popular, era Juarez que teria assumido o governo depois da Revolução.

E em 32 ainda era cadete?

Sim. A Escola ficou também sob uma tensão muito grande. Mas aí prevalecia o espírito contrarrevolucionário, contra a Revolução Constitucionalista. Prevalecia o espírito dos tenentes. Nós estávamos em maioria, inclusive me perdoem vocês, paulistas — depois eu fiz uma revisão desta minha posição —, mas naquele tempo eu era tenente. Eu estava contra.

Estava contra por quê? Como é que vocês viam o tenentismo naquela época?

Nós víamos o tenentismo como um ideal revolucionário, como a reforma, como a mudança, como a moralização, como a democracia, embora nós estivéssemos tendo o oposto disso em termos formais. Mas nós víamos o tenentismo como a expressão daquilo que queríamos antes de 30. Era uma mudança geral das estruturas políticas, sobretudo traduzida em verdade eleitoral, sobretudo traduzida em governos populares.

E viam no tenentismo algum conteúdo social?

Não. Aí a ingenuidade era total. Pelo menos eu, sinceramente, confesso que não tinha nenhuma preocupação a respeito. A minha preocupação era puramente liberal. Eu era um liberal-democrata. Achava que era preciso fazer eleições boas e corretas, ter governos democráticos.

E daí, como é que o sr. se coloca contra São Paulo?

Porque eu não tinha a compreensão exata do que se passava — errei muitas vezes a esse respeito; mais adiante também... Eu não tinha a compreensão do que significava substancialmente aquele movimento de São Paulo. Para mim, a insurreição de São Paulo era a contrarrevolução de 30.

Meio oligárquica...

Oligárquica, aristocrática, exatamente. Era uma revanche das forças aristocráticas de São Paulo, do poder econômico de São Paulo. Eu não tinha nenhuma sensibilidade para aquela idealização.

E era isso o que se pensava na Escola?

Era. Entretanto, alguns cadetes — não foram muitos, talvez uns dez ou doze — fugiram e foram unir-se às forças de São Paulo. Para mim, grande desgosto. Alguns eram sujeitos que eu queria bem, amigos, e não conseguia entender sua deserção.

Quais as motivações que levaram esses rapazes a esse gesto? Eram ligações paulistas ou eram...

Não, não eram paulistas, não. Eles eram apenas... melhores do que eu. Eles estavam mais bem informados, estavam mais identificados com a problemática política do Brasil. Não eram homens de São Paulo, não. Eram rapazes aqui do Rio e de outros Estados.

Qual era o nível de discussão política na Escola?

Para o que eu exijo hoje, era muito baixo, muito pobre. Nós não éramos, em geral, habilitados. Tínhamos umas preocupações instintivas, de natureza política. Em 30 foi muito fácil, porque havia um incêndio geral, havia uma explosão popular. Mas depois disso, não.

Como o sr. e o Exército reagiram à Intentona Comunista de 35?

Em 1935 eu estava em Três Corações. Era tenente e servia no 4º Regimento de Cavalaria Divisonária e, quando escondeu o sol, nós entramos em prontidão.

E se sabia que era um movimento comunista?

Informações mínimas: movimento comunista no Rio de Janeiro, um tanto violento; era tudo o que sabíamos. O trem estava dentro do quartel e esperávamos o deslocamento a qualquer momento. Mas o movimento foi debelado e ficamos.

Mas nessa ocasião eu sofri algumas dificuldades. Porque foi nesse regimento que comecei a desenvolver um pouco de trabalho cultural dentro dos quartéis. Havia um comandante com boa qualidade intelectual e propus a ele organizar a biblioteca do regimento. Fiz uma biblioteca moderna. Além de livros, havia revistas e jornais, e assim a biblioteca ficou sendo o ponto mais atraente do regimento. Quando veio a revolução comunista, houve uma denúncia contra mim, seguida de um atentado contra a biblioteca, da qual retiraram Tolstoi, Dostoievski, autores desse tipo.

A História continua a mesma.

Eu achava aquilo um absurdo! E reagi, estrilei até em jornais, escrevi artigos. E isso me valeu, naquela ocasião, a pecha de comunista. Eu não era comunista, nunca fui comunista. Eu sou um homem aberto, de ideias progressistas. Quero melhorar as coisas, simplesmente isso. E tenho ideias sociais bastante claras, aprendidas metodicamente em autores, etc. Mas comunista eu não era. E andei, assim, de sentinela à vista, me observando, sendo vigiado.

Mas continuou dirigindo a biblioteca?

Não. Logo a seguir, por motivos de promoção, fui transferido para Juiz de Fora, e lá fiz outra biblioteca. O comandante do Esquadrão onde fui servir tinha notícia do meu trabalho e me encarregou de fazer outra biblioteca, nos mesmos moldes.

Com Tolstoi e Dostoievski?

Com Tolstoi e Dostoievski. Mas no caso de Três Corações eu esperneei e esbravejei porque achei a coisa extremamente burra. Mas eram sinais desse tipo de repressão. E isso me valeu ficar um tanto marcado, injustamente marcado, mas nunca me preocupei com isso, porque sei bem o que eu quero, sei bem o que sou.

E como reagiu o Exército diante do comunismo?

O Exército sempre foi muito, rigorosamente, anticomunista. Muito, muito. É uma coisa preconceituosa. E acho que este é o grande erro em relação ao comunismo: a atitude preconceituosa. Porque se pode ser contra ou ser a favor, todo mundo tem esse direito. Mas não se pode ter uma atitude preconceituosa, em bloco, sem se examinar o problema. É, assim, um pavor, um medo.

Esse medo já existia antes de 35?

Existia. Sempre existiu. Em 35 ele se manifestou explosivo e repressor, implacavelmente repressor. E isso é que eu acho negativo. Porque entendo que devia haver uma atitude consciente, uma atitude de saber o que se quer e o que não se quer, até que ponto se aceita ou não se aceita. Agora, a atitude preconceituosa, aquela que exclui e elimina o sujeito simplesmente porque ele pode ter alguma ideia que se relacione ou que se aproxime do comunismo, é uma coisa inaceitável para um homem com minha formação.

Qual era a influência da revista Defesa Nacional *dentro do Exército?*

A *Defesa Nacional* foi lançada no começo do século por oficiais que fizeram cursos na Alemanha, os "Jovens Turcos", que renovaram o Exército em termos profissionais. Entre eles estava Bertoldo Klinger, uma figura curiosa e rica que conheci muito, e Leitão de Carvalho, um homem ilustre, um homem de bem e politicamente muito afirmativo. Quando eu era tenente, a *Defesa Nacional* era dirigida pelo coronel Lima Figueiredo, um bom intelectual, historiador e geógrafo. E o Lima Figueiredo me colocou na redação da revista para redigir os editoriais, e, com carta branca, fazer uma coisa um pouco incômoda: a crítica dos livros militares. Isso deu problemas do diabo. Porque eu, tenente, às vezes criticava o livro de um major, de um coronel. Mas o Lima Figueiredo aguentava a mão. Naquele tempo, as edições da Biblioteca do Exército eram, às vezes, muito fracas, feitas sob empenhos, sob critérios menos intelectuais e mais pessoais. E eu dava em cima, malhava o livro, mostrava que não merecia ser editado. Sobre Lima Figueiredo vale recordar que veio a ser enviado pelo ministro Dutra, do qual era oficial-de-gabinete, como observador militar ao Japão, que estava invadindo a China. Ele ficou lá mais de um ano e escreveu dois livros. *Um ano de observações no Extremo Oriente* trata das observações de ordem militar. O outro livro, *No Japão foi assim*, é um livro político, em que ele, naturalmente trabalhado por aquele ambiente, ficou muito "japonês", muito entusiasmado pela organização nipônica. Enfim, fez um livro de apologia, mas ele não era um fascista, não era propriamente um reacionário. Era muito conservador, mas um conservador com boas aberturas. Tanto assim que me aguentava como articulista inconveniente na nossa revista militar.

Qual foi o comportamento dos militares diante do golpe de 37?

A Polaca me surpreendeu num quartel em Palmira, hoje Santos Dumont, em Minas. Pessoalmente, intimamente, recebi aquilo com extrema revolta, achando que era o fim da picada aquela interrupção brusca da vida democrática. Até porque eu estava muito engajado nas minhas conversas, nas minhas posições políticas. Eu estava do lado de José Américo. Mais uma vez...

Contra São Paulo...

O José Américo era revolucionário de 30. Era a minha coerência, a minha linha ainda. Eu estava muito impregnado do espírito de 30. Assim, o José Américo representava para mim o homem puro, moralizador, o revolucionário de 30.

Quando veio aquela coisa, fiquei numa agitação tremenda, mas não havia nada a fazer. Realmente, a coisa foi feita em termos de rolha: não havia condição para nenhuma reação. De maneira que a minha posição em relação a 37 foi uma posição de inconformidade pessoal, íntima.

Tinha muitos companheiros militares comungando dessa mesma agitação?

Tinha, havia muita gente que detestou o que aconteceu, mas...

Mas, posteriormente, houve engajamento das Forças Armadas no apoio à ditadura do Getúlio. E ela só se sustentou por isso.

Bom, que houve, houve. As irritações internas eram apenas de conversas. Na realidade, eu nunca participei, nem tomei conhecimento de conversas mais objetivas contra o Estado Novo. Tomei parte, sim, naqueles almoços de fim de ano com que as Forças Armadas testemunhavam solidariedade ao chefe do Estado Novo e cujo comparecimento, para as representações de unidades, tinha caráter compulsório.

Articulação não havia.

Exato. Nunca participei nem vi o transcorrer de nenhuma articulação.

Como é que chegou a ajudante-de-ordens do Dutra?

De uma forma muito curiosa, sem nunca ter pretendido, sem nem esperar por isso. Eu queria ser professor, queria passar para o magistério militar. Estivera sempre na tropa, havia sido promovido a capitão... e queria ser professor. Inscrevi-me para um concurso para a Academia Militar das Agulhas Negras, cadeira de Direito. Na véspera do concurso, suspenderam as provas. Constou que havia pessoas que queriam ser aproveitadas, e que através de concurso não teriam muita chance. Fiquei extremamente decepcionado e raciocinei então que teria que tentar outros caminhos. Procurei o general Firmo Freire, que era o chefe do Gabinete Militar do Getúlio, e que tinha por mim uma simpatia paternal, e pedi-lhe que falasse com o ministro da Guerra para me arranjar uma nomeação interina, a título precário, no Colégio Militar. Dias depois ele me chamou e disse que o Dutra não concordava que eu fosse para o magistério. Disse que o ministro estava precisando de mim e que eu deveria ir a seu gabinete para falar-lhe. Bati lá. Cinco horas da manhã era a hora em que o Dutra recebia os oficiais.

Já o conhecia pessoalmente?

Nunca tivera contato pessoal com ele. Ele me chamou com aquela voz peculiar e me disse que sabia o que eu estava pretendendo, mas não queria que eu fosse para o magistério. Queria que eu continuasse combatente e que tinha um lugar para mim. O filho dele, tenente, o Antônio João, ia cursar o Instituto de Engenharia, e ele queria colocar-me como ajudante-de-ordens no lugar do filho. O convite foi um choque para mim e pedi um prazo de 24 horas para pensar. Estava com outros planos. Ele me olhou meio assombrado por eu não ter resolvido na hora, concordou com o prazo. Então, raciocinei, em casa, com tranquilidade: se não aceitasse, ia ter minha pretensão prejudicada de qualquer maneira, porque ele não se interessaria em me colocar no magistério. Se aceitasse, teria a chance de, posteriormente, realizar o meu ideal de passar para o magistério. Então voltei lá e aceitei. Dutra me nomeou imediatamente.

Isso foi quando?

Em meados de 1944. Tempos depois, veio a candidatura Dutra e continuei com ele. Como eu tinha certas aptidões intelectuais, era ajudante-de-ordens, mas funcionava como secretário.

Assistiu à conspiração para afastar a candidatura Dutra?

Assisti de fora. Participar, não. Mas eu recebi as sobras. Foi o seguinte: é que, quando o Dutra já estava instalado, a candidatura oficialmente lançada, o PSD quis largá-lo. Mas Dutra fez finca-pé. Não aceitou sair da jogada. E o Israel Pinheiro, que chefiava a campanha eleitoral do Dutra, na qualidade de tesoureiro do PSD, me chamou e disse: "Olha, nós estamos em dificuldades e você vai ter que assumir a propaganda do Dutra". Eu não entendia nada disso, mas tinha uma certa intuição da coisa e tomei conta da propaganda do Dutra no Rio de Janeiro. Nessa ocasião, por sinal, já fiz valer as minhas predileções pela literatura de cordel. Providenciei lá para as bandas de Taubaté um poeta de cordel, de nome Bento Palmiro. Entreguei a ele uma nota sobre a personalidade do general Dutra e encomendei uns versos enaltecendo o candidato. Depois de receber os versos, fiz um trabalho de Estado-Maior. Estudei as áreas de passagem e maior aglomeração da cidade e a cada dia mandava o Bento Palmiro para um desses pontos cantar os versos. Um dia, fui verificar como ele estava trabalhando, ali na praça Serzedelo Correia. Quando cheguei, havia uma pequena multidão em torno dele, o poeta lá, muito sério, cantando, de óculos escuros. Achei estranho e, no dia seguinte, perguntei-lhe por que estava usando óculos. Ele respondeu: Ah! meu capitão, é que em cego ninguém bate.

Na verdade, a sua posição não chega a ser muito compreensível. Há uma certa incoerência nela, porque, naquela altura, pela sua linha tenentista, deveria estar com a candidatura do Brigadeiro.

Vocês tocaram num ponto em que eu tocaria fatalmente. É que houve sempre em mim uma grande angústia, durante a campanha presidencial do Dutra. Porque eu, por dentro, era um udenista — equívoco que hoje repudio completamente. Eu era, porém, um udenista, no sentido de que adotava politicamente as suas posições. Mas, por uma questão de lealdade, de gratidão, engajei todas as minhas forças para que o Dutra chegasse ao poder, como chegou, embora por dentro, ideologicamente — não sei se é tanto — de acordo com minhas inclinações, que prevaleciam naquele tempo, eu era um udenista. O que eu queria era aquilo que a UDN estava pregando. E fui para o Dutra, que representava na ocasião algo que eu gostaria que não prevalecesse, não se prolongasse, por uma questão de lealdade.

É parte da História do Brasil que a volta da Força Expedicionária Brasileira teve uma influência muito grande na queda de Getúlio.

É fato histórico. Ultimamente houve um Simpósio Internacional sobre a Segunda Guerra Mundial, no Instituto Histórico e Geográfico Brasileiro, que reuniu estudiosos de várias partes do mundo e os melhores do Brasil. E lá defendi uma tese em que mostro que o Exército foi extremamente germanófilo. Havia, pelas suas elites, pelos seus dirigentes, uma posição fortemente germanófila.

Da qual o Dutra participava?

Mais do que participava, ele era o capitão desse grupo. O Góes Monteiro também. Mas sobretudo o Dutra, que tinha convicções germanófilas, ou simpatias.

Era germanófilo ou era nazista?

Germanófilo. Sinceramente, eu acho que eles eram germanófilos, não nazistas. Pelo seguinte: os militares sempre tiveram grande admiração pela organização militar alemã. Isso vinha de longe. Os melhores militares da reforma do Exército — a grande reforma que o marechal Hermes empreendeu — eram homens de formação germânica, do ponto de vista profissional. Eram homens que acreditavam na grandeza do exército alemão, acreditavam na excelência da doutrina militar alemã. Enfim, tinha uma grande admiração, tanto formal como intrínseca e doutrinária, pelo exército alemão. De maneira que o germanofilismo brasileiro era de fundo essencialmente profissional. Tanto assim que, quando o Brasil teve que romper com a Alemanha, foi muito fácil para esses homens se voltarem contra o nazismo.

E foi fácil fazer a FEB nesse quadro?

As informações são contraditórias a esse respeito. Há até informações um pouco contundentes sobre isso. As do general Lima Brayner, por exemplo, expostas em livro. Mas a verdade é que a FEB se organizou, as dificuldades decorrendo mais, creio eu, das deficiências de estrutura do que das dificuldades criadas por aqueles que se opunham à FEB ou tinham por ela menos interesse ou entusiasmo, digamos assim. Porque, depois que o Brasil entrou na guerra, depois dos torpedeamentos de nossos navios, não havia mais ninguém de boa-fé que pudesse admitir que a gente ficasse a favor da Alemanha, ou fizesse qualquer contemporização. As dificuldades provinham em parte das próprias estruturas deficientes. Nós estávamos despreparados. E, por outro lado, talvez houvesse um pouco de retranca, menos entusiasmo do que seria desejado. Mas a FEB se organizou e teve um comportamento magnífico, extraordinário, na Itália.

Mas sustento a tese, que não é só minha — o coronel Newton de Andrade Melo também tem um estudo muito interessante a respeito —, da participação da FEB nos acontecimentos que levaram à deposição de Getúlio e à extinção do Estado Novo. Primeiro, houve a atitude germanófila do Exército. O Dutra sentia e ele próprio participava de uma atitude resistente em relação à nossa participação na guerra. Mesmo quando houve o ataque do Japão aos Estados Unidos, e uma atitude de solidariedade continental, ele se opôs a que o Brasil rompesse relações com a Alemanha. Numa reunião do Ministério, teve mesmo atitude contrária ao rompimento. Ele tinha uma atitude de franca resistência a qualquer vinculação mais profunda com os americanos e, sobretudo, que representasse hostilidade aos alemães. Mas depois fez-se a FEB, Dutra foi ao teatro de operações e, quando voltou, ficou convencido de que era preciso acabar com o Estado Novo, redemocratizar o país. E tomou providências nesse sentido.

O que fez a redemocratização foi uma convicção, a participação da FEB como ideia, ou foi a necessidade de o Brasil se fazer representar na conferência de paz?

Esta foi a colocação do Dutra. Mas os oficiais da FEB que têm escrito a respeito dizem, todos eles, que a FEB estava muito impregnada das ideias democráticas. A FEB levou realmente o que havia de bom no Exército para os campos da Itália. E eram homens que fatalmente se sensibilizariam com um clima democrático. Além disso, não era apenas uma questão de clima. Havia os fatos. A partir daquele momento, daquele fim de guerra, o nazismo estava liquidado e o que prevalecia era a democracia. Não havia como não sentir estas coisas.

Agora, diz o Newton de Andrade Melo, que é um bom historiador da FEB, que nunca surpreendeu, nunca fixou reuniões de oficiais para discutir, lá na Itália, as coisas do Brasil. Mesmo quando as ações de combate estavam mais calmas, ele nunca surpreendeu conversas, reuniões, objetivamente destinadas a formular uma declaração, fosse através do que fosse, a favor da redemocratização. Mas todos eles estavam, evidentemente, imbuídos do espírito democrático. De qualquer maneira, o Exército teve uma participação nítida, direta e bastante objetiva na desagregação do Estado Novo.

Dona Alzira Vargas, em seu depoimento, disse que Góes Monteiro deu o golpe de 29 de outubro para que ele fosse o candidato à Presidência, alijando os outros dois.

Olha, isto é uma especulação impossível de justificar ou negar. Tanto pode ter sido como pode não ter sido. Pessoalmente, acho que o Góes sempre aspirou à Presidência da República. Ele quis a Presidência na Constituinte de 34. Em 45 ele devia estar atento à possibilidade de Dutra renunciar, de haver uma modificação no quadro político e ele poder entrar. Ele sempre aspirou a isso, e com direito, porque o Góes foi realmente o homem mais inteligente que o Exército teve nos tempos modernos. Ele era um homem de inteligência extraordinária, de uma flexibilidade política enorme.

Matreiro...

Matreiro, oportunista, tudo isso é verdade. Mas que era um homem extremamente inteligente, extremamente capaz e culto, era. E mais o seguinte: o Dutra nunca se entendia diretamente com o Getúlio, em matéria política. Era sempre ao Góes que ele delegava o problema. O Dutra conversava com o Góes. Mas o articulador, o homem que manobrava e atuava, era o Góes Monteiro.

Isso acontecia por deficiência do Dutra ou...

Deficiência do Dutra? Eu chamaria de outra coisa... talvez malícia. Dutra sabia que, para lidar com a sagacidade e as manhas do Getúlio, ele não era o homem mais indicado; era o Góes, que tinha aquela extrema flexibilidade.

Para isso ele tinha que partir da preliminar, da confiança no Góes.

Eu acho que ele confiava. Tanto que, quando chega do *front* e quer desencadear o processo de redemocratização, é ao Góes que recorre.

Quando se instala o Estado Novo, a gente sente que as coisas se operam da seguinte maneira: faltava para o Estado Novo um executor, um homem de ação. Quando o Dutra surge como ministro da Guerra, dá ao Exército ordem, disciplina, bota todo mundo nos seus lugares. O Ministério vinha de uma fase em que estava muito malbaratado. Dutra põe tudo nos lugares e faz valer os valores da vida militar. Tinha chegado aquele de quem se precisaria para poder realizar o Estado Novo. Porque já havia o intelectual, o idealizador, o artífice, o organizador do golpe — que era o Góes Monteiro. Então, o Estado Novo se fez à base de uma dupla militar: um intelectual, que pensou e organizou todas as providências de ordem intelectual e prática, e um executor, que assegurou aquela unanimidade.

E a interferência e atuação de Getúlio no golpe foi apenas a de catalisador?

Quando se fez o Estado Novo, o Getúlio não era o homem que devia ficar no governo. Ficou porque soube armar as coisas nesse sentido. Parece certo que o Góes pretendia assumir o poder. Mas não houve unanimidade, não houve condições de aglutinação suficientes. Fez-se o Estado Novo com o Getúlio porque era mais fácil fazer com ele, que já estava no poder. Assim, o golpe de Estado ficava mais manso e suave.

Acha que Getúlio aderiu ao golpe de Estado depois?

Não, ele não aderiu, ele esteve à frente do golpe de Estado. Mas, segundo numerosos depoimentos que pude recolher, havia a preocupação de substituí-lo. Não era pacífica a permanência de Getúlio. Ela se tornou efetiva porque o desdobramento dos acontecimentos mostrou que era melhor ficar com Getúlio. Até porque se esperava reação, que houvesse luta e dificuldades. Como não houve, ficou tudo como estava; para evitar que surgissem essas reações que não haviam aparecido.

Gostaríamos de seu depoimento sobre a personalidade do marechal Dutra, que é uma figura contraditória. Qual é a sua verdade sobre o presidente Dutra?

A minha verdade talvez seja uma verdade comprometida por uma posição afetiva. Fui homem da estima do Dutra e o estimei muito.

Entretanto, meu espírito crítico me dá condições de dizer alguma coisa sobre aquilo que pude ver no Dutra. E vi no Dutra um homem extremamente coerente consigo mesmo. Ele tinha uma formação militar normal. Era um militar da linha média e, por isso mesmo, muito bem aceito. Porque os militares da linha média é que prevalecem, assumem as grandes posições; os mais abaixo ou mais acima não têm vez, fatalmente sobram. Ele, estando na linha média, era um representante autêntico dos valores que comandam a vida militar. Como ministro, foi excelente: era trabalhador, enérgico, controlava todo o Exército muito bem.

Sua coragem pessoal contava muito?

Era um homem de grande coragem. Sobre isso direi apenas uma coisa que presenciei, como seu ajudante-de-ordens. Quando ele assumiu o governo, houve muita agitação no Rio de Janeiro, muito quebra-quebra. O povo quebrava tudo: botequins, casas comerciais, veículos. Pois bem, o Dutra tinha, como presidente, uma segurança moderada como se usava na época e à qual, mesmo assim, ele não dava muita importância. Assim é que, no auge do quebra-quebra, mandava encostar o carro com chapa particular e sozinho, com o motorista, ia ver os pontos críticos. Quando voltava, tomava providências. Vi isso mais de uma vez.

Hoje isso é impossível de se ver. Um presidente não sai mais do Palácio.

Dutra saía, não tinha medo do povo, com o qual tinha até contato fácil. Quando fui dirigir o SAPS, quantas vezes Dutra apareceu por lá, sem avisar... Misturava-se com os trabalhadores, bandeja na mão. Comia, conversava, sem nenhuma formalidade, com a maior amplitude de aproximação. Era um homem corajoso, bastante aberto, mas corajoso e valente. E um grande trabalhador. Calado, mas, se, se perguntasse, respondia, dizia coisas, se manifestava. A meu ver, o grande segredo do governo Dutra foi sua extrema atenção aos problemas administrativos, tanto assim que se cercou de ministros excelentes. Tinha gente muito boa em sua equipe. E ouvia muito o seu pessoal. Podia-se dizer a ele as coisas mais desagradáveis que ele ouvia e indagava. Gostava de saber das coisas e não somente de receber boas notícias.

Viu funcionar a famosa e anedótica copa-e-cozinha de Dutra?

Isso é verdade. Nunca pude entender como é que aquele grupo prevalecia tanto junto ao Dutra, porque ele era um homem de bem, um homem muito austero na sua conduta pessoal, com seus familiares. No entanto, deixava-se envolver por pessoas que, pelo temperamento dele, a gente tinha a impressão de que ele não devia aceitar. Por exemplo, um homem que tinha grande acesso ao Dutra, que almoçava com ele diariamente e que convivia na maior intimidade do Palácio, era o compadre Vitorino Freire.

E o Georgino Avelino?

O Georgino era outro tipo, era o homem sutil, de conversa ao pé do ouvido. E ele acatava muito o Georgino, tinha por ele um respeito político muito grande. Havia pessoas assim, um pequeno grupo que tinha franco acesso à família e que obtinha do Dutra favores, ou pelo menos situações, que permitiam que essas pessoas influíssem por fora. Mas isso é humano. O Dutra tinha predileções afetivas por pessoas que não combinavam com o seu feitio tão austero.

Não era também efeito da solidão?

Não, porque ele não era tão solitário.

A partir da viuvez...

A partir da viuvez a coisa se complicou um pouco, embora ele tivesse muito apoio das filhas, que eram admiráveis. Mas com dona Santinha, não. A casa vivia cheia, o Palácio estava repleto de visitas todas as noites.

O general Dutra não faltou a essa noção de lealdade, ao participar do golpe que derrubou Getúlio em 45?

Não, porque no caso a deslealdade era do Getúlio. Era o Getúlio que queria fazer com ele o que já tinha feito com o José Américo. Ele ia rifar os candidatos, ia repetir 37, eliminando as eleições presidenciais conforme a pregação da campanha "Constituinte com Getúlio". Então, Dutra ficou desligado de qualquer compromisso de lealdade, já que Getúlio queria interromper um processo com o qual estava comprometido. Dutra tinha que reagir à altura, e foi o que aconteceu.

Diante do quadro de anticomunismo do Exército, como foi aceita a libertação de Prestes e a anistia?

Olha, o Exército aceitou, apenas. Havia um clima de explosão. O Exército perdeu o controle da situação e aceitou.

Parece que um dos erros políticos mais lamentáveis da História brasileira foi o encaminhamento da sucessão de Dutra. E isso se deve muito à teimosia de Dutra. Porque, àquela altura, era facílimo articular a candidatura de Nereu Ramos — uma candidatura que teria o apoio da UDN e do PR. Foi o gesto de Dutra que despencou a sucessão e acabou escancarando as portas para uma volta do Getúlio que estava fora de cogitação no princípio do episódio.

Exatamente. Essa colocação é perfeita. E eu tenho a impressão, por tudo o que senti na convivência palaciana, que houve uma luta interna. Parece que o Pereira Lira, chefe do Gabinete Civil, tinha veleidades presidenciais e então torpedeou o processo sucessório. Daí o Nereu não ter vingado.

Voltando um pouco atrás, como o problema da repressão e das torturas do Estado Novo, do Filinto Muller, chegava ao Exército?

Chegava como chega hoje.

E qual era a reação do Exército?

Nos círculos que eu frequentava, de quase alheamento, não havia nenhuma preocupação a respeito. Eram considerados problemas policiais, dos quais a tropa se distanciava muito. Não havia também — hoje está havendo, mas naquele tempo não havia — escândalo público em torno de casos clamorosos. A verdade é que as torturas do Estado Novo foram muito menos notórias do que as atuais. Elas tinham sido, algumas, muito cruéis, mas foram menos notórias, houve menos badalação; talvez porque fossem menos numerosas, sei lá, e se passassem exclusivamente na área policial.

Voltando à sucessão, não acha que é na eleição de Getúlio que o Exército começa a se dividir, politicamente?

Sim, é nessa ocasião que se começa a identificar uma ala progressista no Exército, atuante. Quando o Getúlio vem, os militares que chegam com ele, ou que tomam as posições principais, são em geral militares de esquerda, ou homens com posições bastante progressistas.

Qual era a profundidade desse grupo no Exército?

Uns tinham bastante prestígio, eram profissionais muito bons e tinham exercido funções de grande relevo. A começar pelo chefe deles, que era o Estillac Leal.

Eles eram maioria no Exército?

Não. Sempre foi um pequeno grupo. A maioria do Exército sempre foi de oficiais conservadores. Conservadores no bom sentido: homens que não estão dispostos a encampar ideias avançadas. Sobretudo, muito contidos pelo preconceito anticomunista.

O governo de Getúlio foi marcado por crises e uma das mais graves foi a do "Manifesto dos Coronéis".

O Manifesto foi talvez um rebate longínquo das posições dos grupos militares que viriam a prevalecer no nosso tempo. Um rebate remoto do grupo que assumiria posições de luta, de reação, contra reformas de natureza social, pelo menos em tempos passados, como a política trabalhista e a maneira pela qual ela se vinha desenvolvendo. Enfim o "Manifesto dos Coronéis" foi uma amostragem do que viríamos a ter depois, organizadamente.

Esse grupo se consolidaria ao longo do governo de Juscelino, para vir a explodir no governo de Jango?

Essa é a minha impressão. É o mesmo grupo, composto por oficiais de muito valor, mas com posições ideológicas muito nítidas, no sentido de não admitir reformas de certa profundidade e, sobretudo, de certa orientação.

Como viu o fim do governo de Getúlio? Como situa o Exército diante dos acontecimentos que o levaram ao suicídio?

Houve, evidentemente, um clima emocional muito forte, mas a reação contra ele era muito grande. Nos dias que antecederam o suicídio do Getúlio, participei de uma reunião na casa do general Fiúza de Castro. Estavam presentes os generais Canrobert Pereira da Costa e Nicanor Nascimento, o coronel Golbery do Couto e Silva e outros. Esta foi a reunião final, foi o golpe de misericórdia no Getúlio. Estavam lá os generais mais importantes da época, liderados por esses militares que citei. E entre os oficiais não generais estava o Golbery, que redigiu o manifesto exigindo a renúncia do Getúlio. O Golbery sentou à máquina e fez um longo documento, que foi achado excessivo. Excessivo pelo tamanho, não pelos termos. E ele redigiu outro, recondicionou a coisa e fez o documento.

Era o Manifesto dos Generais?

Era. E guardei o original. Entre os presentes, estava o Odylo Costa, filho, que era o único civil, ao que me lembre.

O Exército de hoje é muito diferente daquele de seu tempo? É melhor ou pior?

Se é melhor ou pior, não sei. Agora, que é diferente é. O Exército em que me fiz era um Exército, digamos, humilde. Os oficiais lutavam muito para se manter na vida prática. A Escola Militar era muito procurada pelos civis; havia uma multidão na porta da Escola Militar, disputando vagas. Isso mudou. Hoje, ao contrário, já não há aquele entusiasmo e aquela afluência espontânea. Antes, os cursos da carreira militar não ofereciam oportunidade de enriquecimento cultural amplo, mas apenas de aprender coisas que seriam exigidas nas provas. Se o sujeito não tivesse muita curiosidade, ficaria culturalmente limitado. Hoje, mudou muito a respeito. Os oficiais, hoje, têm mais abertura de natureza cultural. São muito mais informados.

O Exército de hoje é mais político?

Fatalmente será mais político, porque cada vez que o indivíduo se enriquece culturalmente se torna mais político. O engajamento político e o interesse político aumentam na razão direta do enriquecimento cultural.

O Exército é mais conservador? Mais ou menos democrático?

Olha, democrático o Exército sempre será, porque apesar de tudo ele é recrutado principalmente dentro dos quadros da classe média. Mas, na medida em que os oficiais tenham oportunidade de ingressar em indústrias, em organizações empresariais ou estatais poderosas e de grande rentabilidade, eles começam a se distanciar um pouco das suas origens.

Sim, mas isso acontece apenas no fim da carreira.

Exato. No início, eles ficam na base de seus soldos, que melhoraram também consideravelmente em relação aos padrões que nós tínhamos anteriormente. Esta melhora do *status* econômico certamente leva o oficial a ter muito mais amor por determinadas situações, determinados padrões políticos, administrativos e governamentais, do que teria em outras condições. Em suma, o que quero dizer é que o *status* do oficial de hoje é muito melhor do que o *status* daquele oficial que eu fui, servindo em lugares onde não havia casa para morar, com os vencimentos muito limitados, com o automóvel sendo uma coisa excepcional na vida do militar. Hoje isso mudou. Há residências para todos os oficiais, os vencimentos, em geral, permitem ter automóvel, etc. Enfim, um *status* melhor. E o *status* melhor gera certo conformismo.

> *Mesmo assim, o quadro de oficiais de carreira nunca está completo, e o Exército é obrigado a recorrer cada vez mais aos oficiais da reserva para preencher as fileiras. Como se explicaria isso?*

É fato. Não tenho dados maiores a respeito, mas isso talvez se explique pelo fato de a carreira militar não ter mais certos atrativos de antigamente. Houve uma coisa que prevaleceu muito naquele período: os estudantes pobres, os filhos de pais pobres, procuravam o Exército como forma de cumprir uma carreira superior. E o Exército era atraente, bonito. Os cadetes tinham prestígio quando saíam às ruas; as paradas militares eram concorridíssimas e as tropas eram ovacionadas. Os desfiles em paradas no Rio de Janeiro mostravam muito a identidade do Exército com o povo.

Como vê a doutrina de segurança nacional da Escola Superior de Guerra?

Tenho um estudo sobre isso, em que focalizo o caráter da guerra total, mostrando as exigências da segurança em função dos novos dados que a guerra total trouxe para a humanidade.

Uma concepção de guerra total não participa do preconceito que condena?

A guerra total não é uma questão opinativa. É uma realidade. Mesmo as guerras localizadas incluem técnicas da guerra total. A guerra não é mais um fenômeno de choque entre dois exércitos. É um fenômeno abrangente, que engloba o território, as tradições, a economia, etc. Se a guerra inclui tudo isso na sua preparação, evidentemente a concepção da segurança tem que levar em conta essa amplitude, essa globalização. Daí a concepção de segurança ter-se ampliado. Segurança não é mais um exército em condições de fazer face a outro exército. Exército hoje é para assegurar a ordem interna, porque em caso de conflito o que menos importa é um exército com seus canhões e metralhadoras. Tem que haver uma mobilização geral da nação, de seus recursos humanos, técnicos e econômicos. É por isso que a segurança, na sua concepção atual, é abrangente de tudo aquilo que corresponde ao Poder Nacional designado pela Escola Superior de Guerra. Agora, é preciso levar em conta, também — e esse é o problema crítico —, que por conta da segurança nacional vai tudo nos nossos dias.

Mas, no instante que coloca a guerra psicológica como integrante da guerra total, está escolhendo um inimigo político.

Não é escolher. É admitir que exista.

Aí a doutrina de segurança nacional é resultado da má leitura de uma coisa que até tem sua lógica. Se a guerra é total, os recursos para enfrentá-la têm que ser totais. Acontece que transformaram a guerra total na guerra permanente. E aplicam esse conceito no plano interno, a ponto de hoje o país precisar ter sempre um inimigo, senão a doutrina não subsiste.

Mas isso é outra coisa. Isso está dentro daquela observação que cheguei a formular. O que pode acontecer, e o que vem acontecendo, é que a doutrina de segurança é usada como arma de política interna. É assim um pretexto, uma forma de criar um cerco em torno de valores e interesses de grupos que se querem impor ou manter. Então a doutrina de segurança serve para isso: qualquer coisa afeta a segurança nacional, e é logo proibida e reprimida.

Essa insistência em ampliar o conceito de segurança nacional teve repercussões restritivas na vida nacional?

Claro que teve.

A seu ver a doutrina vale em caso de guerra externa...

Mas admito que haja guerras revolucionárias. A guerra externa é, digamos, a expressão maior da guerra, mas ela pode ter uma base preparatória de guerra revolucionária, guerra psicológica, guerra fria, pode exercer um trabalho de desagregação interior. Agora, fazer disso um pretexto para coibir tudo, vigiar tudo, manter o cidadão sob pressões permanentes é que é errado.

Compreendendo melhor, o sr. coloca sempre como inimigo hipotético um país adversário, e não um movimento de ideias.

Não, jamais um movimento de ideias.

Nas vésperas de 64, caracterizou-se algum estado de guerra revolucionária?

Não. De maneira nenhuma.

Aquelas manifestações de rua...

Eram manifestações sociais, normais, que se desenvolviam na base de uma estrutura que estava tentando articular-se. Não vi guerra revolucionária.

Pela sua colocação, parece que não está muito à vontade como um dos teóricos da segurança nacional, como foi apontado recentemente em um artigo.

Não estou à vontade. Fiz realmente um estudo sobre a doutrina da Escola Superior de Guerra e focalizei conceitos de segurança nacional, os quais se identificam, em boa parte, com os da própria Escola. Mas faço pessoalmente restrições a certos aspectos da atividade da *ESG*.

Nas escolas militares se estudava política e ideologia?

Na minha Escola, zero. Não se cogitava disso. Tudo o que aprendíamos era na Acadêmica, através de discursos, ou em revistas. Lembro-me que escrevi um artigo político na revista da Escola Militar do Realengo, defendendo a participação do militar na vida política. E aquele que viria a ser o general Moniz de Aragão, que na época era instrutor de Cavalaria, me repreendeu severamente, ficou bravíssimo. Ele gostava de mim, mas me chamou a atenção, fez uma preleção perante o Esquadrão de Cavalaria porque eu tinha escrito um artigo político.

Defendia a participação militar na política em que base?

Foi em 30 que fiz isso. Defendia na base de poder opinar, poder influir.

E hoje, como é o ensino da ideologia nestas mesmas escolas?

Não tenho informações muito completas sobre isso, mas sei que há muita doutrinação política na formação militar contemporânea. Tanto que desde a Academia das Agulhas Negras o futuro oficial recebe preparação política, em termos de informações e orientação doutrinária.

No governo Dutra, o sr. foi diretor do SAPS. Não lhe parece que comandou um certo equívoco, uma certa reminiscência paternalista e demagógica do governo Vargas? Ou o SAPS estava apenas mal definido e estruturado, tanto que depois ele ressuscitou nesse plano de alimentação que se dissolveu num escândalo?

A trajetória do SAPS foi extremamente contraditória mas, como idealização, era algo que valia a pena. O SAPS correspondia a uma ideia generosa, uma maravilhosa antecipação de soluções para a urbanização excessiva. Era uma obra extremamente válida, do ponto de vista social. Porque se propunha a alimentar o operário na sua área de trabalho, onde ele pudesse almoçar confortavelmente, com boa alimentação e a preço acessível, em vez de comer em marmita.

Mas o serviço era deficitário?

Mas era uma obra de assistência social. Depois, ele se propunha a fazer também a pesquisa científica no plano de alimentação. Tinha também um papel cultural, porque não se podia desperdiçar a oportunidade de se congregar diariamente milhares e milhares de operários e não lhes oferecer uma oportunidade de aperfeiçoamento humano. E todo restaurante do SAPS passou a ter, sistematicamente, uma biblioteca e uma discoteca, irrepreensivelmente montadas, com acervo atualizado e decoradas com objetos do artesanato local. Se a experiência tivesse sido mantida, teríamos hoje, no Brasil inteiro, resolvido o problema da alimentação do trabalhador. Porque chegamos a fazer restaurantes em 13 Estados. Só em São Paulo fizemos 3.

Quando o SAPS foi extinto?

No governo Castelo Branco. Para enfrentar o déficit, mecanizamos o serviço para diminuir a obra e passamos a produzir gêneros. Montamos uma granja em convênio com a Universidade Rural do Km 47 e tínhamos uma produção abundantíssima e barata. Depois que saímos do

SAPS, começou a decadência, por duas coisas que martirizam o serviço público. Primeiro, é preciso estar à frente, para que tudo funcione bem. E no serviço público ninguém quer fazer força. A outra coisa mortal é o empreguismo. Basta dizer que nós tínhamos três procuradores que faziam perfeitamente todo o serviço. Depois que saímos, foram admitidos mais 40. Essa falta de espírito público inutiliza qualquer possibilidade de sobrevivência correta de certos serviços. De degradação em degradação os restaurantes foram parando, até que tudo terminou.

Como chegou à Presidência do Instituto Nacional do Livro?

Quando o marechal Costa e Silva foi candidato à Presidência da República, fiz duas coisas para ajudá-lo. Uma foi aliciar homens descomprometidos da área intelectual — escritores, professores — e levar o grupo ao Costa e Silva, ainda no Palácio da Guerra, para que ele se aproximasse dessa gente. Depois, havia um gabinete chefiado pelo Reis Veloso, que promovia seminários diários sobre determinados assuntos que eram depois transformados em documentos chamados "Diagnósticos Preliminares". Fui ao Veloso e propus fazermos o "Diagnóstico Preliminar da Cultura", e ele me encarregou de organizar um grupo de trabalho. Eu me pus em campo e convoquei Afrânio Coutinho, Eduardo Portela, Américo Jacobina Lacombe e José Paulo Moreira da Fonseca. Elaboramos o primeiro Plano de Cultura que se fez nesse país. Por esse Diagnóstico, o Instituto Nacional do Livro sofreria uma grande transformação, para que pudesse atuar nacionalmente, no sentido de levar o livro a toda parte, estimular os autores. E, quando o Costa e Silva assumiu, nomeou-me diretor do INL.

O meu esforço consistia em duas coisas: estimular o criador e difundir o livro ao máximo. Para estimular o escritor, foram criadas premiações especiais, uma para livros publicados (autores feitos) e outra para autores inéditos em livros. E havia uma outra coisa que foi abandonada e era uma beleza: o Instituto comprava livros para distribuir às bibliotecas; então, passou a comprar livros no original. Com o contrato de compra de quinhentos exemplares, o autor conseguia editar o livro em qualquer esquina, porque o capital de giro estava coberto e o editor nem discutia. Acho que essa é a grande solução para a edição de autores novos. Também fizemos antologias de autores novos, o que era outra fórmula para lançá-los. Para a difusão do livro, nosso esforço abrangeu dois planos de trabalho. Um foi o das bibliotecas volantes. A biblioteca era montada numa Kombi, com capacidade para 1.500 livros. Com o serviço em funcionamento, procuramos interessar as Prefeituras em convênios: uma Kombi para cada 10 municípios; isso dava 3 mil cruzeiros para cada Prefeitura. Essa Kombi ficava sediada no município geograficamente mais central, e cada dia ela saía para uma das 10 cidades. Em 10 dias ela servia toda a região. No 15º dia ela retornava ao primeiro município, com acervo trocado, para emprestar livros novamente e receber os que já emprestara. Esse sistema funcionou maravilhosamente no Nordeste, sem que se perdesse um só livro. Mas a minha sucessora, uma bibliotecária, acabou com isso. Se tivesse tocado esse processo, o Brasil estaria hoje coberto de bibliotecas volantes, nesse sistema simples, mas de eficiência a toda prova.

Além disso, planejamos um sistema que chamamos de "Unidades Culturais". Partia-se do princípio de que o homem é uma entidade complexa e que precisa ser atendido em todas as suas necessidades sensíveis e intelectuais. Então, fazer uma biblioteca não é suficiente. É preciso que ele encontre a oportunidade da arte, do cinema, do teatro. Planejamos 15 Unidades Culturais que seriam localizadas não por Estados, mas por regiões geoculturais, tomando cidades como centros de irradiação. Por exemplo, na Bahia, a sede não seria em Salvador, mas em Vitória da Conquista, cidade sertaneja com uma forte irradiação para o sul da Bahia.

Mandamos este projeto para a Unesco. De lá, mandaram o Robert Escarpit, um dos maiores especialistas em livro que existe no mundo. Ele passou aqui 10 dias me sabatinando e examinando o projeto. Ao voltar, declarou em relatório que e projeto era excelente, era o projeto para a América Latina. Enquanto isso, comecei a construção da unidade-piloto em Natal. Mas o presidente Costa e Silva adoeceu e morreu, deixei o cargo de confiança e tudo isso foi interrompido. As Kombis (carros-biblioteca) foram doadas e não se salvou tampouco a ideia, já virada realidade, das Unidades Culturais. Até hoje me causa espanto que isso tenha acontecido.

4 de março de 1979

26 Governo Goulart caiu por suas qualidades, não por seus defeitos

Entrevistadores:
*Frederico Branco,
Ferreira Gullar
e Lourenço Dantas Mota*

Darcy Ribeiro

Nasceu em 1922 em Montes Claros, Minas Gerais. Morreu em 1997. Antropólogo e educador. Primeiro reitor e organizador da Universidade de Brasília. Figura de destaque no governo João Goulart, foi ministro da Educação e chefe da Casa Civil. Após ter publicado importantes obras de antropologia, Darcy Ribeiro se dedicou à literatura. Foi eleito senador (PDT) pelo Rio de Janeiro em 1991.

O que o levou à antropologia?

O acaso. Encantei-me pelos índios e resolvi estudá-los. De fato, foi com eles que aprendi a estudar gente, que é o meu ofício.

Quando tomou essa decisão?

Em São Paulo, depois de obter uma bolsa para estudar sociologia e política. De fato, eu queria trabalhar como sociólogo, pois na época estava mais interessado na sociedade nacional, como um todo, do que apenas nos índios. De qualquer forma, fui dos primeiros antropólogos a estudar a fundo os nossos índios. Mesmo Lévi-Strauss, cujas pesquisas etnológicas foram tão fecundas, não passou mais que uns dias com os nambiquaras. Eu, como o Eduardo Galvão, meu colega, exagerei nisso. Fiquei nisso muito tempo, pois curti muito os índios.

E quanto à sua formação?

Era fraca quando vim de Belo Horizonte, meio acanhado, onde erudição era confundida com cultura, e transferi-me para São Paulo. Já nessa época eu era um jovenzinho intelectual, comunista, esquerdista, feroz. Tinha a impressão de que o papel que me cabia devia ser o de revolucionário profissional. Cheguei a tentar filiar-me ao PC, como integrante da Juventude Comunista. Mas foi-me ponderado que o partido já contava com intelectuais dos mais ilustres, como Jorge Amado, Portinari, Niemeyer, e que eu seria mais útil como futuro cientista do que como jovem militante. Assim, fui liberado do ativismo. Mesmo assim, permaneci influenciado por minhas leituras juvenis, como um resumo de

História Vivida

O Capital, de Marx, e *Origem da Família, da Propriedade e do Estado,* de Engels. Naturalmente, eu era muito romântico e produto de um meio em que os principais veículos de divulgação eram o *Minas Gerais,* órgão oficial que minha mãe, professora primária, recebia em casa, além de uma revistazinha chamada *Ave Maria.* Foi por meio desta que comecei a acompanhar a Guerra Civil Espanhola e, naturalmente, não entendia nada, ficava pasmo com aqueles comunistas que só pensavam em violentar freiras. Mais tarde, descobri e decorei um exemplar de uma revista chamada *Pan,* editada em Buenos Aires. Aprendi espanhol, achei que tinha aprendido o mundo e cheguei a ficar encantado com a tradução espanhola do *Cavaleiro da Esperança,* que, naquela altura, me pareceu uma obra política de valor inexcedível.

Fui para Belo Horizonte, cursei o pré-médico e tomei três "bombas". Também acompanhava uma série de outros cursos, como os de Filosofia e História. Só mais tarde é que viria a compreender que a enfermidade mais grave do espírito é a erudição. Ela é a inteligência que se devora e que leva o homem apenas a fruir o mundo, em lugar de considerá-lo objetivamente, para entendê-lo e nele atuar. Nessa altura, a cultura brasileira — e a mineira em particular — era desfocada e obsoleta, num sentido muito pior do que é hoje. Mesmo na visão de um bisonho intelectualzinho mineiro, como eu era. Assim que cheguei, articulei-me politicamente. Tinha uma carta de apresentação para o Mário de Andrade. Ele era muito importante para a cultura brasileira. Tinha publicado a *Revista do Arquivo,* participado de inúmeros congressos, todos reconheciam não apenas a extraordinária importância de sua obra crítica, de *Macunaíma,* como ainda sua coragem intelectual. Acontece que levei algum tempo para procurá-lo. E acabamos marcando um encontro na sala dos fundos da Livraria Jaraguá, às quatro da tarde de um dia qualquer. Acontece que quando cheguei ele estava em companhia do Germinal Feijó e do Paulo Emílio Sales Gomes. Eu estava em guerra com eles, pois o artigo 13 dos estatutos do PC proibia estritamente qualquer contato com trotskistas, até mesmo aos que como eu eram simples simpatizantes. Besteira total, naturalmente. Quem poderia deixar de gostar do Ermínio Saccheta, ou dos Abramo, que vinham de uma tradição trotskista? Era fácil falar mal deles, pois atuavam como os intelectuais da direita. Escreviam os editoriais de quase todos os grandes jornais, e a burguesia sabia usar de forma muito sagaz o antissovietismo deles. Mas a verdade é que a erudição e a cultura dos trotskistas eram imensas frente à nossa ignorância. E sua adesão revolucionária, ainda que intelectual, era encantadora e verdadeira. Era por meio deles que a gente tomava conhecimento de algumas obras importantes, que líamos meio às escondidas, publicadas pela editora Flama.

Mas o que mais me surpreendeu em São Paulo foi a atmosfera universitária, que era exatamente o oposto da que eu tinha deixado em Minas. Em lugar da erudição, prevalecia o funcionalismo, o praticismo, a pesquisa e o treinamento para a preparação de cientistas. Estes tendem a especializar-se, fixar-se em detalhes para a partir deles fazer suas especulações e experienciazinhas. Isso torna a ciência a atividade mais irracional do mundo no plano organizativo. São milhares trabalhando sobre um mesmo tema, e as descobertas se dão por mero acaso, sem que se possa prever onde. A possibilidade que cada um deles tem de contribuir para o progresso da ciência é insignificante. Vivem do prestígio da ciência, posam como homens que vão renovar o saber, mas a imensa maioria não renova coisa alguma. Entretanto, é preciso aceitar que seja assim, porque a ciência é a linguagem da civilização emergente e estamos a desafiá-la como condição mesmo de poder conviver com os povos do mundo contemporâneo. Mas tudo isso era difícil de perceber e de aceitar naqueles tempos.

Aceitar e compreender.

Sim, eu estava vinculado à Escola de Sociologia e Política, e naquela época algumas das maiores figuras mundiais da antropologia estavam em São Paulo. Tanto a escola como o ambiente de São Paulo eram extraordinariamente avançados com relação ao Brasil. Gente do mais alto gabarito como Lévi-Strauss e Radcliffe-Brown, luminares da antropologia, viveram anos e anos em São Paulo. Foi nessa atmosfera que me formei.

Talvez o ambiente tenha influído mais sobre mim do que todas as sumidades citadas. De fato, eu nunca as vi. Tive, é certo, uma quantidade de professores estrangeiros competentíssimos. Baldus, Willems, Pierson, e outros e outros. Obviamente tudo era muito mais avançado do que o ambiente tacanho de Minas. É até provável que em modernidade o ambiente de São Paulo fosse mais avançado e melhor para se estudar sociologia ou antropologia do que qualquer outro na França ou noutro país da Europa.

Suspeito mesmo, e não estou brincando, que o Lévi-Strauss veio aprender antropologia no Brasil, com os nossos índios e os livros da Escola de Sociologia e Política que tinha então uma biblioteca admirável, doada pela Fundação Rockefeller. Lá eu vi as fichas de revistas consultadas pelos professores estrangeiros. As mesmas que eu compulsava tinham fichas com aqueles nomes ilustres. O jovem sábio Lévi-Strauss era mais filósofo do que antropólogo, que saía de sua vertente cultural franco-alemã para passar naqueles anos à vertente norte-americana. Esta mistura feita em São Paulo é que, depois, entroncada com a linguística, deu no estruturalismo. Eu, pobre estudante mineiro, querendo ser aplicado, mergulhei naquilo que, para mim, era a própria sabedoria. Na verdade, depois percebi, tratava-se de uma técnica moderna com respeito à erudição arcaica de que eu saía, mas era igualmente alienadora. Nessa época, o risco que corri foi o de ficar tão empolgado pela doutrina nova, em moda, que não pudesse nunca mais me libertar dela. O fato é que claudiquei — me entregando, inteiramente ao sociologismo funcionalista extremado. Gosto de comparar a temática dos meus estudos de então sobre a arte plumária, o parentesco, a religião e a mitologia dos índios com a dos estudos do Florestan Fernandes sobre a organização social ou sobre a guerra na sociedade tupinambá. Ele era um engenho de tirar sumo teórico daquela palha funcionalista. Só se salvou pela reconstituição que nos deu do viver tupinambá. Alguém disse que atuávamos como tratores de esteira, usados para colher alfaces. De fato, parecia absurdo tanto esforço de pesquisa direta ou bibliográfica, tanta construção metodológica de andaimes maiores que a própria obra para versar temas que não tinham a menor relevância social e se situavam a uma imensa distância de nossa problemática. O interesse do Florestan trotskista e o meu interesse de estudante comunista eram a sociedade nacional, a revolução. Mas que lugar havia para nos ocuparmos dela naquela máquina de domesticação acadêmica? A Escola e a Faculdade de Filosofia me tiravam da revolução e me metiam a estudar arte plumária Kaapor e o Florestan a reconstituir as guerras tupinambás, de antes de

1500. Dopados, doutrinados sem o saber, estávamos empolgadíssimos com as tarefas que nos levariam um dia a ser quadros acadêmicos e científicos iguais aos melhores do mundo. Aparentemente só queríamos dominar sua linguagem, o funcionalismo. Na verdade nos esterilizávamos num cientificismo que se esgotava como uma finalidade em si, desligado de qualquer problemática social. Quero reiterar, porém, que ainda hoje acho que é muito legítimo estudar qualquer tema, só movido pelo desejo de saber. Afinal, nosso ofício de cientistas tem por fim melhorar o discurso humano sobre a natureza das coisas. Mas o que desejo assinalar aqui é o caráter alienador de uma escolástica científica que fechava nossos olhos para o contexto circundante, nos desatrelava do ativismo político para fazer de nós futuras eminências intelectuais e acadêmicas. Em nome da neutralidade científica estávamos sendo doutrinados para aceitar como despolitização nossa contrapolitização com sinal invertido. E gostávamos.

Era outro mundo.

E tudo isso ocorria num mundo convulsionado de guerra e após-guerra. Um mundo novo que nascia cheio de promessas, mas também de ameaças. Ainda hoje, uma coisa que me irrita um pouco é a facilidade com que a esquerda e a direita estão de acordo em serem anti-stalinistas. Meus sentimentos fundados nas vivências daqueles anos é de que, se não fosse Stalin, Hitler teria implantado a ordem milenar que pretendia. Teríamos hoje barões teutos nos pastoreando em feudos no Brasil. O nazismo era uma ameaça concreta, e eu vi essa ameaça no dia-a-dia. Está claro que a sociedade russa, tal como foi organizada sob Stalin, nada tem de desejável, e às vezes dá pena o destino dos netos de Lenin, mas isso já é outro capítulo. Entretanto, não se pode negar mérito a quem, como Stalin, teve tão grande importância naquele conflito e merece tanto crédito por aquela extraordinária vitória. Ademais, as culpas de tanta iniquidade, atribuídas a Stalin, não podem caber nos ombros de um homem no mundo. Só se satisfaz com a crítica anti-stalinista quem quer fugir à crítica, ao caráter despótico da ditadura do proletariado.

Como ia dizendo, nessa época duas coisas me salvaram do academicismo fútil. Primeiro, o fato de ser comunista na ocasião, impedindo que eu me desvinculasse da História e me desinteressasse do mundo real, concreto, meu. Continuei interessado. Mas aí, e por isso mesmo, começou a cisão de minha consciência, coisa de que só iria tomar conhecimento mais tarde, no exílio. Tive duas consciências que se ignoravam ao longo dos anos, teimando em não se conhecer. Uma cientificista, perfeita para fazer pesquisas primorosas sobre assuntos de nenhuma relevância social, humana ou brasileira. Era meramente acadêmica. Sob esse ponto de vista, alcancei o êxito, com artigos publicados em várias línguas. Poderia ser um grande etnólogo, antropólogo. Etnógrafo, pelo menos. E sou.

Isso no plano acadêmico.

No outro plano era minha consciência política, desinformada, pois eu nem ao menos continuara a leitura iniciada com O *Capital* e com a *Origem da Família*. Ficava tudo naquela discussão de café, conversa de esquerda. Eu era o que se chamaria hoje de esquerdinha. E era com essa consciência irresponsável que tomava posição na problemática nacional, era com ela que me situava politicamente. E as duas consciências nunca se encontravam, pois minha ciência não servia para a revolução e a minha revolução não queria saber de minha ciência.

Aspectos contraditórios.

Pois é, mas o segundo fato que impediu minha alienação completa foi puramente acidental. Minha bolsa na escola em São Paulo era de trabalho. Assim é que, ainda estudante em São Paulo, tive de ler um número enorme de obras de interesse social, toda literatura que envolvesse sociologia. E li não apenas o ciclo de romances regionalistas e coisas do gênero, como também Sílvio Romero, Capistrano, Oliveira Vianna e outros autores. Isso foi muito importante, pois assim tomei contato com o pensamento brasileiro que no meu curso jamais seria objeto de interesse, senão, talvez, como exemplos desprezíveis de filosofia social. Obrigado pela bolsa, tive de me inteirar dos estudos brasilianos. Não somente no campo da ficção, mas também na ensaística, inteirando-me assim de algum modo — ainda que precariamente — dos esforços dos brasileiros para compreender-se a si mesmos.

Como veem, o ativismo político, a herança brasilianista e o interesse literário provavelmente impediram que eu me convertesse num acadêmico completo, perfeitamente idiota. Desses que só servem para pôr ponto e vírgula nos textos de seus mestres estrangeiros e cujo ideal é viver no exterior, fazer um doutorado e voltar, depois, para capitalizá-lo e papagaiando o que aprendeu. Percebi depois que, compensando o caráter alienador da própria pesquisa etnológica que me isolava no meu mundo, ela própria me devolvia a um Brasil só recuperável por esta via. Aqueles longos, belos, gratos dez anos que vivi com os índios da Amazônia, vendo o Brasil do lado de lá, me devolveram ao Brasil real. O fato de ter vivido tanto tempo com os índios, tentando entrar no couro deles para entender o mundo com seus olhos, teve dois efeitos sobre mim: deu-me uma visão mais solidária dos próprios índios, que tornava visíveis seus problemas de sobrevivência, e deu-me a capacidade de ver o Brasil de uma perspectiva que não se tem de São Paulo, que não se tem do Rio, que não se tem do litoral. Isso tudo somado foi-me levando a uma temática que rompia com a etnografia acadêmica. Eu queria saber por que alguns índios mestiçados de São Paulo, os mamelucos, deixaram de ser índios para se converterem em paulistas. Queria entender como, onde e por que esse processo se interrompeu: porque essa possibilidade está desde então fechada aos índios. Queria compreender como se estabeleceu a etnia brasileira. Estas e muitas outras questões surgiram nesse período, para só tomar forma mais tarde, ao adquirir consciência de minha alienação como cientista, quando optei pela América Latina em 1964. Poderia ter ido, então, para Paris, aceitando o convite que generosamente me foi feito pelo Lévi-Strauss, para trabalhar na Escola de Altos Estudos. Teria virado um superdoutor em índios, provavelmente indiferente ao destino da indianidade real, vivente, mas encarregado de orientar programas de doutorado em etnologia indígena para asiáticos e africanos. E teria partido também para a alienação total.

Quando você tomou consciência disso?

No exílio. Só então tomei conhecimento de que tinha duas consciências alienadas. Tive de pensar, como cientista, minha experiência de político, de participante de um governo como o do Jango, em que tinha responsabilidade intelectual, política, de toda ordem. E tinha de reavaliar, como político, minhas vivências de cientista.

Tese, antítese e síntese?

Esses chavões geralmente não servem bem para descrever situações. No meu caso, porém, cabem bem. Verifiquei que as minhas posições de esquerda, de vanguarda, eram desarticuladas, desarmadas intelectualmente. Eu tinha lido muito, porém mais para ser antropólogo do que para ser político. Dou um exemplo. Meus colegas cientistas, entre os quais há amigos queridíssimos, poderiam aplicar, com grande facilidade, um milhão ou cinco milhões de dólares em pesquisas sobre qualquer tema. Na reforma agrária, por exemplo. E para quê? Para dentro de dois ou cinco anos apresentarem relatórios competentíssimos, pois nada mais poderiam oferecer. No exercício do poder, verifiquei, na prática, a inutilidade do saber acadêmico. A futilidade da pesquisa universitária é quase total do ponto de vista da escolha de opções políticas. Na política, por exemplo, em termos práticos, um Tancredo Neves vale dez politicólogos. Jango Goulart era mais competente — pasmem — do que todos os sociólogos brasileiros juntos. Tinha um prodigioso conhecimento da política, da política real, da trama de pressões em que se tomam as decisões, das dificuldades que se enfrenta para viabilizar o praticável mais favorecedor dos pobres, dos obstáculos opostos à preservação da lealdade para com os trabalhadores assalariados, sobretudo para com os sindicatos — objeto do ódio militante de todos os partidos de direita. O intelectual, vivendo longe disso tudo, isolado na redoma acadêmica, não compreende nada, fica em sua fatuidade autossuficiente, crendo que é a fonte de todo o saber. Entretanto, tal como se exerce, a atividade científica nas universidades é quase inútil, senão como treinamento de novos quadros acadêmicos. E eu quero assinalar bem que isso não decorre da natureza da universidade. A impressão que eu tenho é que nossas universidades são muito mais coniventes do que necessitariam ser. Isso não só no plano da pesquisa científica, mas também no plano prático da formação profissional. Tome-se, por exemplo, o caso dos economistas. Para ser economista graduado, o jovem tem de levar em conta uma imensa parafernália, tem de se submeter a uma verdadeira lavagem de cérebro, que acaba por desvinculá-lo dos problemas reais do seu país. Simula-se fazer dele um analista científico isento, mas de fato ele é treinado para servir como contador zeloso da pecúnia patronal ou como eficiente sonegador de impostos. Se acaso ele se dedica à pesquisa científica, raramente terá coragem de enfrentar qualquer problema relevante no plano social. Pensar numa economia que garanta uma prosperidade generalizável a todos pareceria a ele uma coisa que oscila entre o utópico e o subversivo.

Mas, retomando a linha de raciocínio, dizíamos que eu tinha duas consciências, a politiqueira e a cientificista, que se desconheciam. Pode-se dizer o mesmo dos nossos melhores quadros universitários? Não. Muitos deles estão tão acomodados que têm apenas consciência cientificista. São cegos. Outros só têm a consciência política da direita. São coniventes. E uns e outros não sabem disto. Chega-se assim à conclusão sombria de que as classes dominantes nada têm a temer de nossas universidades. Sua eloquência, sua combatividade, sua agitação é apenas um *modus vivendi* que mal esconde a conivência da maior parte dos universitários para com o sistema e para com o próprio atraso do país. Ouvindo universitários, lendo textos acadêmicos, às vezes tenho a impressão de que há uma certa nostalgia deles com respeito às causas do nosso atraso. Prestando bem atenção se pode ver que eles estão choramingando de saudade daquelas teorias tão cômodas que atribuíam o atraso do Brasil ao clima tropical, às raças inferiores, à mestiçagem, à herança portuguesa. Como gostariam que tivesse de fato acontecido isso. Esses nostálgicos senhores já não afirmam que em lugar dos portugueses o colonizador ideal seria o holandês — aí está o Suriname. Aí estão os Surinames e Java para dissuadir. Nem pretendem mais que a culpa caiba ao catolicismo. Só mesmo em voz baixa é que ainda indagam se não há mais o que pesquisar cientificamente sobre estas causas. O que jamais afirmam, nem chegam a saber conscientemente, é que se a culpa não cabe ao negro, nem ao índio, nem ao português, nem ao catolicismo não caberá ela a nós, universitários, aos intelectuais, que sempre atuamos como serviçais da classe dominante que organizou este país tal como ele está estruturado? E o organizou e está organizando de forma a preservar a prosperidade dos ricos à custa de uma penúria acrescida dos pobres. Nós, universitários, sempre estivemos cegos para estas questões, ocupados que estávamos com nossas carreiras acadêmicas. Só incidentalmente os grandes problemas sociais nos batiam à porta pedindo atenção. Isso é o que ocorreu quando a UNESCO, sôfrega para exibir ao mundo duas situações exemplares do Brasil — a democracia racial e a assimilação dos índios —, convocou vários cientistas para as respectivas pesquisas comprobatórias. Foi um desastre. Florestan e Oracy Nogueira em São Paulo e Costa Pinto no Rio de Janeiro demonstraram, com base em exaustivas pesquisas de observação direta e controlada, que não só havia e há hediondo preconceito de raça no Brasil, como ele tende a recrudescer e assumir formas cada vez mais discriminatórias. E eu, chamado a exibir a alegria com que os índios se incorporavam à comunidade nacional, demonstrei que nenhum se assimilou jamais, todos permanecem índios, enquanto não são dizimados.

O mesmo não ocorrerá, provavelmente, com a nova iniciativa das Nações Unidas, que instituiu o Ano Internacional da Criança. O efeito aqui foi esse espetáculo terrível, a que todos assistimos. Milhões de pessoas adultas, num país como este que tem um dos problemas infantis mais graves do mundo — 14 milhões de crianças abandonadas —, participaram desse carnaval vergonhosamente montado pela TV Globo. No momento em que a própria Igreja Católica, no passado tão conivente, chega à conclusão de que acabou o tempo da caridade, pois chegou o tempo da fraternidade, monta-se um espetáculo em escala nacional, para que os integrantes da classe média e alta peguem seus carros — que custam de cinco a dez anos de trabalho em salários de um trabalhador comum — para ir doar cem, duzentos, mil cruzeiros, diante de uma câmara de televisão, para ajudar a criança pobre... Em lugar de pressionar o governo, para fazermos o mínimo que seria, por exemplo, dar um litro de leite a cada criança, para que o Brasil não tenha milhões de débeis mentais amanhã, monta-se um espetáculo televisivo. O governo fica desonerado, pois a TV Globo já montou seu grande show, e as classes médias estão contentes com a caridadezinha que fizeram. Na vez anterior a incitação produziu os referidos estudos desmascaradores. Desta vez não ficará nada, porque pior que o saber acadêmico é a insciência televisiva.

Mas como foi que você ingressou de fato na política?

Isto vem depois. Primeiro tive de tirar meu couro de etnólogo acadêmico. Convivendo com os índios, comecei a quebrar por dentro minha antiga concepção, deixando de me interessar apenas pela mitologia ou pela arte plumária, para incluir na temática dos meus estudos os problemas da existência dos índios, seu destino. Percebi isso durante uma discussão, em São Paulo, ao compreender a burrice etnológica. Vi que todos estávamos tentando reconstituir a cultura indígena como se ela tivesse existência fora do tempo. A situação dos índios pode ser comparada à de Berlim no fim da guerra, sob as bombas. Ninguém se lembraria de estudar nessa Berlim a estrutura da família alemã ou a métrica da poesia germânica. Naquela instância dramática e terrível, os habitantes de Berlim não eram mais representantes da cultura alemã, ou da sociedade alemã. E os antropólogos não levavam em conta que a situação dos índios, que pretendiam estudar em seu estado de miserabilidade e opressão total, era pior do que a de Berlim bombardeada. Não se podia abstrair tal condição para estudá-los. Foi a compreensão desse fato e a minha adesão ao índio que me levaram a romper com o SPI (a FUNAI de então) e abandonar o Museu do Índio, que eu criara e do qual era o diretor.

Voltei a ser um intelectual disponível, procurando o que fazer. Nessa ocasião tive o encontro intelectual mais importante em minha vida. Foi com Anísio Teixeira. Ele nutria um desprezo total pelos índios. Mas, certa vez, se viu obrigado a ouvir uma conferência minha sobre os índios, em que eu tratava da estrutura social dos Canela, do Maranhão. Enquanto falava daqueles índios, vi que o Anísio murmurava alguma coisa que eu não entendia. Só depois fui entender o que ele dizia: são uns gregos, são uns gregos! Através de sua organização social complexa, os índios tinham entrado na cabeça de Anísio. Mas entraram via Grécia. Anísio ficou encantado com a sociedade Rancocamecra, aceitando o índio como um espartano. Depois disso é que surgiu a possibilidade de diálogo.

Tornamo-nos amigos e eu fui trabalhar com ele, coordenando um programa de pesquisas socioantropológicas, destinado a levantar as bases do planejamento da educação. Queríamos chegar a um conhecimento mais aprofundado dos fatores sociais e culturais que mais afetam o processo educativo. Focalizávamos nessas pesquisas principalmente o processo de urbanização e de industrialização que estavam fazendo surgir do Brasil antigo uma nova sociedade brasileira. Tudo isto tendo em vista projetar adequadamente as reformas da educação. Desse modo resultou um amplo programa de estudos sociais, talvez o mais ambicioso realizado no Brasil até hoje, de que participaram mais de 30 sociólogos, antropólogos e psicólogos. Mais de dez livros foram publicados, como resultado dessas pesquisas, e vinte pelo menos estarão esperando publicação. As ambições de Anísio eram muito maiores. Ele queria de fato era engajar o melhor da inteligência brasileira, o melhor da universidade brasileira na problemática da educação, da educação popular, da educação primária, da educação comum. Não se tratava, evidentemente, de melhorar a neblina pedagógica, que a universidade difunde por aí, mas de ver o que ela poderia fazer num sentido instrumental. Ajudei Anísio nessa época, a partir de minha posição de vice-diretor do INEP, que estava sob a direção dele (o INEP era o Instituto Nacional de Estudos Pedagógicos). A partir dessa posição, Anísio foi criando uma rede de centros de pesquisa e experimentação educacional sediados em São Paulo, Rio de Janeiro, Recife, Porto Alegre e Belo Horizonte. A ideia era vincular, através deles, os intelectuais mais capacitados a aplicar as ciências sociais à problemática da educação. Assim é que foram criados núcleos orientados por Gilberto Freyre, Fernando de Azevedo, Abgar Renault e outros para empreender regionalmente os estudos que permitiriam refazer o sistema educacional brasileiro. Anísio era um intelectual formidável, o único verdadeiro filósofo que conheci, de uma lucidez tremenda. Eu, que vivia cheio de verdades, custei a compreender a atitude dele, quando reiterava que não tinha compromisso com suas ideias. Custei a compreender que a única forma de se ter um compromisso com a busca da verdade é não estar junto a verdade alguma, para poder reexaminar qualquer ideia. Não que ele não tivesse...

Coerência.

Sim, coerência, ele buscava sempre a coerência. Mas a coerência de Anísio era com a busca da verdade e, se sua cabeça indicasse outra maneira de ver as coisas, ele estava em liberdade para examinar tranquilamente o outro lado. A beleza do convívio com Anísio estava nisso: era um exercício permanente de inteligência, de indagação, de contestação. Juntos trabalhamos intensamente para criar aquela rede de centros, estávamos chamados a dar uma contribuição muito concreta à construção de um aparelho educacional democrático no Brasil. Acontece que nisto também o Brasil fracassou, nossa geração intelectual fracassou, fracassamos de 64 para cá em tantas coisas. Veja este exemplo: implantamos dentro daquele programa o Centro de Pesquisas Educacionais de São Paulo, que contava com uma boa equipe nascente e com uma das melhores bibliotecas especializadas do país. De que serviu isso? A universidade é tão alienada que esse centro e seu acervo, que se destinavam ao estudo da problemática educacional do ensino primário, ao treinamento do professorado de São Paulo, são hoje a sede da Faculdade de Educação, que, não tendo compromisso real nenhum com a educação popular nem vinculação orgânica com as ciências sociais, virou uma bobagem. Aquilo que está lá agora é uma tolice completa, um outro aspergidor de neblina pedagógica. Desapareceu o espírito com que o Anísio tinha feito.

Falávamos de sua carreira.

Sim. Trabalhando com Anísio, eu fui-me enfronhando na educação e tendo vínculos com Juscelino, com Victor Nunes Leal, chefe da Casa Civil, que era meu colega na Faculdade, e com Cyro dos Anjos, subchefe, que era meu conterrâneo, e comecei a ajudar na preparação do capítulo referente à educação da Mensagem Presidencial. O certo é que, a partir dessa atividade, aprofundei meus estudos de educação e acabei por integrar a equipe encarregada do planejamento educacional de Brasília. Por essa via, um dia eu me vi encarregado pelo Juscelino de projetar a Universidade de Brasília. E isso me levou a viver a grande aventura espiritual e intelectual de minha vida e de minha geração. Nós ousamos repensar radicalmente a universidade e refazê-la como uma utopia, não para reproduzir as classes dirigentes, mas para renovar toda a sociedade brasileira. Assim é que fui tomando um interesse crescente pela educação, que chegou a ser tão grande quanto o que tinha e ainda tenho pelos índios. E fui ser ministro da Educação.

Por falar em ministro, não poderia descrever o movimento de 1964, visto de dentro para fora, da posição de quem está no governo?

Posso fazer um comentário geral. Não estou disposto a compor memórias, mesmo porque tudo isto é muito vivo ainda para ser apenas objeto de evocação. Ademais, como intelectual, meu papel é interpretar, tentando entender o mundo. Bom, o discurso que faço hoje sobre tudo aquilo é o seguinte: o Brasil, naquela altura, teve com o Jango uma oportunidade histórica de refazer seu projeto básico de estruturação. A História nos colocou diante de opções que não chegaram a ser totalmente tomadas. Fracassamos. Por quê? Quais teriam sido as causas? Não se tinha estruturado uma esquerda para chegar à Presidência da República. O sistema, a duras penas, só consentiu que um homem que ocupara reiteradamente a Vice-Presidência da República chegasse à Presidência, em consequência do episódio Jânio Quadros. Ocorre que este homem levava ao poder sua vinculação com os trabalhadores que constituíam sua base de apoio. Levava à máquina do Estado compromissos populares que antes jamais se haviam acercado dela. Esta base de apoio, em consequência, passa a operar como uma força de pressão, cujas reivindicações concretas de salário justo e liberdade sindical não podiam ser escamoteadas. Para atender a estes desafios, Jango levou ao primeiro plano intelectuais e pensadores que, no governo, representavam concepções totalmente diferentes das dos seus antecessores e sucessores. Acho que há uma diferença entre San Thiago Dantas, Celso Furtado, Almino Afonso, eu e demais assessores de Jango em relação às equipes anteriores, muito mais ligadas às classes dominantes e aos grupos de interesses. São dois padrões. Depois essa diferença se manteve e até se aprofundou — basta comparar os estadistas San Thiago Dantas, Carvalho Pinto e Celso Furtado com os antiestadistas Roberto Campos, Simonsen e Delfim, que são homens de negócio. Para eles, lucrar é legítimo. Sua filosofia e sua moral são a do lucro. Eles são ora ministros, ora diretores de bancos, e até o são simultaneamente. Ora, ninguém imaginaria convidar o Celso Furtado, por exemplo, para dirigir uma empresa, pois ele é um estadista ou um professor. Está empenhado em planos de interesse nacional, de defesa da população, de desenvolvimento de toda uma região, nunca num negócio. O padrão, portanto, é diferente. O que todos sentíamos no governo, apesar das ambiguidades, é que havia uma possibilidade real, concreta, de se passar o Brasil a limpo, tanto em função de vínculos externos de dependência como de interesses internos de caráter espoliativo. Nossa base política para essa luta era, porém, muito precária. Só podíamos contar realmente com o PTB e com a frouxa aliança com o PSD, dentro das instituições. E, fora, com a esquerda anárquica, irresponsável, dividida, imatura. A base real foi o PTB. Sua importância cresceu muito desde que surgiu com vinte deputados e foi crescendo até se aproximar de duas centenas, no mesmo passo que a UDN e o PSD perdiam cadeiras no Parlamento em cada eleição. Ao longo dos anos de 1946 para 1964, verificou-se uma identificação crescente dos assalariados e da população urbana, em geral, com o PTB que, sendo embora uma estrutura partidária cheia de defeitos e pouco apta para conduzir o programa de reformas, o era muito menos que os outros partidos. Eu creio mesmo que era melhor, por suas vinculações populares, do que qualquer outro partido com que o Brasil tenha contado em qualquer tempo de sua História. Ele, de fato, era uma coisa nova, comprometida com os assalariados e não com os patrões. Só para exemplificar, recordo que tive oportunidade de acompanhar debates de Jango com Celso Furtado ou Carvalho Pinto sobre a inflação. Ambos demonstravam a gravidade do problema e apresentavam programas e planos de controle dos preços. Jango aprovava, mas advertia: "Se os preços aumentarem, eu aumento os salários". De fato, ele não tinha alternativa, tais eram os seus compromissos com a classe assalariada. Não podia hostilizá-la, como depois tanto e tão facilmente se hostilizou com a política do arrocho salarial. Se hostilizasse, outro líder surgiria. Nesta conjuntura, as reivindicações salariais se sucediam e a elas se somavam as pressões pelas reformas de base, pondo em crise o pacto com o PSD. Como ministro e depois como chefe da Casa Civil, pude verificar que tanto a conjuntura mundial como a estrutura de poder interna, apesar de contraditórias, criavam oportunidades, jamais logradas no passado, de se levar a cabo as reformas de base, principalmente a reforma agrária, de que o Brasil precisa, a gritos, há mais de um século. Para compreender isto, é preciso compreender os fatores internos e externos que operavam na época. Era preciso oferecer uma alternativa à revolução cubana de Fidel Castro, que aparecia como uma grande ameaça. O sr. Kennedy dos primeiros dias propunha energicamente que fizéssemos reformas sociais antes que o comunismo viesse. João XXIII, por sua vez, desde Roma, libertando a Igreja da servidão para com as classes dominantes, atuava no mesmo sentido, propugnando reformas sociais. Acontece que, no meio do caminho, nosso papa morre, o sr. Kennedy é assassinado, deixando Jango a pé. Dentro daquela conjuntura eram viáveis muitas operações políticas que depois seriam inviabilizadas.

Para apreciar bem esta situação, contarei um caso que hoje deve parecer incrível. Em princípios de 1962, o Juscelino, que pensava reeleger-se em 65, convidou-me para ser seu futuro ministro da Agricultura. Achava que para eleger-se teria de dar um conteúdo social e humano à sua campanha. Para isto devia falar da reforma agrária, que era o grande tema colocado em pauta no Brasil e em todo o Terceiro Mundo. O que ele me pedia era que exercesse, então, junto dele, o papel desempenhado antes por Lucas Lopes, quando se formulou o Programa de Metas. E o que ele me oferecia no fim da linha na eleição de 65 era aquele cargo de ministro. Assim se vê que, naquela conjuntura, o que Jango tentava fazer não tinha nada de muito ousado nem de radical. Ele dizia sempre que, se o número de proprietários rurais fosse elevado de 2 para 10 milhões, a propriedade seria muito melhor defendida, e simultaneamente possibilidades maiores seriam abertas a mais gente de comer mais, de educar-se melhor, de viver mais dignamente. Por isso é que Jango, latifundiário, queria fazer a reforma agrária para defender a propriedade e assegurar a fartura, evitando o desespero popular e a convulsão social. De fato, não se queria mais do que revogar a legislação de terras, que data do século passado, segundo a qual a forma de obter a propriedade da terra é a compra. Exatamente o contrário do que foi nos Estados Unidos, onde o colono, indo para o Oeste, como se vê nos filmes de *Far West*, metia-se pelo sertão para fazer uma posse. E podia demarcar 116 acres para ali estabelecer-se com sua família, em seu próprio chão. Aqui, com a proibição da posse, promove-se é a expansão do latifúndio, tornando-se lícito deixar a terra improdutiva por força da propriedade. Apropriada a terra, obriga-se a força de trabalho a optar entre este ou aquele fazendeiro, uma vez que não encontra terra livre para ocupar em parte alguma. O Brasil foi construído dentro da estreiteza desta trama agrária, tão dura, tão brutal, que onde quer que a rede monopolista seja ocasionalmente afetada acorrem logo multidões para fazer sua posse.

Este foi o caso do Contestado, entre o Paraná e Santa Catarina, onde colonos se estabeleceram aos milhares nas terras de ninguém, cujo domínio não estava ainda definido entre os dois Estados. Coube aos soldados o triste papel de tirar de lá os que se haviam estabelecido, para que os latifundiários ali também se instalassem. O mesmo ocorreu na região contestada entre Minas e Espírito Santo. O mesmo ocorre na Amazônia. São os caboclos maranhenses, piauienses, cearenses que vão chegando ao que é o nosso Faroeste e marcam pedaços de terra, com a esperança de lá ter uma vida mais tranquila, como pequenos proprietários. Mas não adianta nada se arranchar, trabalhar a terra, pois o cartório governamental é que dirá de quem é a terra. O colono que chegou primeiro, que ali trabalhou anos e anos, é considerado invasor. O dono é a grande empresa milionária de impostos devolvidos pelo governo, que vai lá viver sua aventura amazônica. Se produzirá alguma coisa no futuro, não sabemos. Hoje, o que produz é mais e mais boias-frias.

Mas estávamos falando de 1962.

Justamente, queríamos abolir a legislação responsável pelo atraso brasileiro, queríamos escrever na Constituição que a ninguém é lícito manter a terra improdutiva por força do direito de propriedade. Se os Estados Unidos puderam industrializar-se rapidamente, isso em grande parte se deveu ao fato de as pessoas não serem expulsas do campo. E a população rural tinha estímulos para permanecer no trabalho, em sua própria terra, com suas culturas e seu gado, enquanto surgiam empregos na cidade. Tinham a terra. Aqui, não. O povo foi sendo expulso dos campos pelo latifundiário. E continua sendo, para acumular desempregados nas áreas urbanas. Na minha região, quando eu era menino, as fazendas de meus parentes tinham dezenas de famílias, de agregados, com gado próprio. Faziam rapadura, queijo, criavam galinhas, leitões, faziam caldo de cana, mel. Essa gente acabou sendo posta para fora; eram mineiros, mas foram mandados como baianos para São Paulo. As fazendas foram transformadas em imensos pastos.

História Vivida

O governo do Jango tratava de enfrentar dois problemas que eram: primeiro, a criação de uma estrutura agrária, capaz de alimentar tanto a população do campo como a das cidades; segundo, estabelecer normas de convivência com o capital estrangeiro, impedindo que ele se tornasse destrutivo. Na Mensagem de Março de 1964 está formulada a proposta de reforma agrária, pela qual sou co-responsável. Além de viável e generosa no plano econômico, era uma proposta libertária, no plano político. Levava em conta principalmente o meeiro e o posseiro que são os microempresários do campo. Naquele tempo, calculávamos que a reforma agrária beneficiaria dois milhões de famílias. No fundamental, o projeto estabelecia que o preço máximo da terra ocupada por posseiros ou rendeiros, atuais e futuros, seria de dez por cento da colheita comercializada. Portanto, a meia e a terça que se pagava. O fundamental, porém, é que o projeto criava uma vasta área para colonização interna, que seria entregue em arrendamento a quem quisesse cultivá-la. A preocupação era criar uma reforma agrária tanto quanto possível autoaplicável pela própria população, desburocratizada e capaz de efeitos imediatos. O efeito político principal seria desatrelar a enorme massa de microempresários rurais das máquinas eleitorais da UDN e do PSD, libertando-os para defender seus próprios interesses. Ela seria para o campesinato brasileiro uma alforria, tal como a conferida aos operários pela legislação trabalhista de Getúlio, que os desatrelou das clientelas coronelísticas e das vinculações urbanas espúrias, de tipo populista, para lhes permitir ir aprendendo a votar segundo seus próprios interesses.

E o outro problema a que se referiu?

Era a Lei de Remessa de Lucros, aprovada no Congresso e que o Jango levou um ano para regulamentar. O primeiro esboço da regulamentação foi feito por Carvalho Pinto. Com base nele Waldir Pires e eu redigimos o decreto que foi publicado. Hoje, parece espantoso o que a lei continha, frente ao retrocesso que o Brasil sofreu nos últimos anos, no campo da preservação de seus bens, interesses e direitos. A lei votada pelo Congresso estabelecia que o capital estrangeiro era constituído de dois componentes: o capital estrangeiro propriamente dito, que teve ingresso no país em qualquer época, na forma de dinheiro e de maquinaria, por exemplo. Esta parcela aqui aplicada efetivamente deveria ser registrada com o montante e a data de ingresso no país, para que gozasse do pleno direito de retorno, quando os interessados achassem conveniente, e para que pudesse remeter dez por cento dos lucros anuais para o exterior. O outro componente, que crescera aqui com apelo ao sistema financeiro local e com a exploração do mercado local, este era o capital nacional pertencente a estrangeiros, que receberia sempre o mesmo tratamento dado ao capital nacional de cidadãos ou empresas do Brasil. Esse não podia retornar pelo simples fato de não ter entrado e, consequentemente, não poderia também produzir lucros exportáveis. Assim é que se atendia na lei ao reclamo da carta-testamento de Getúlio Vargas que reclamava contra cruzeiros produzindo dólares. Esta lei evitaria situações como a da Light elétrica, que entrou no Brasil com menos de 100 milhões de dólares, para conseguir, posteriormente, que um governo insensato pagasse por ela mais de um bilhão de dólares. O mesmo ocorreu antes — do mesmo vendedor prodigioso — com os ramos de bondes e telefones da Light. Tudo porque o capital nacional estava junto ao estrangeiro. Essa distinção entre as duas ordens de capital não agradou, obviamente, ao governo norte-americano, embora eles mesmos tivessem feito coisa muito parecida no século passado. Assim é que seu embaixador aqui, o...

Lincoln Gordon.

Lincoln Gordon tentou primeiro influenciar o Waldir Pires. Vendo que isso não seria possível, foi falar com o Jango em nome do presidente Johnson. O Waldir e eu estávamos presentes. Gordon propunha que não se estabelecesse distinção entre os dois capitais, reduzindo-se a remessa de lucros para quatro e meio por cento. Se Jango tivesse aceito, já seria uma grande vitória, pois as multinacionais, agora, só poderiam retirar quatro e meio por cento ao ano, quando mandam presentemente 30, 40 e até mais do capital inflacionado que elas conseguiram registrar como sendo capital estrangeiro. Parece inverossímil. Mas Jango não podia aceitar o trato, pois isso seria traficar, uma vez que a lei tinha sido votada pelo Congresso e promulgada, e aquela distinção estava na lei. Ocorre que, aplicada, ela liberaria o Brasil da exploração do capital estrangeiro de caráter mais aventureiro e voraz e teria um enorme efeito na América Latina, que tenderia a adotar prontamente a mesma medida. Assim, na realidade, estávamos comprando uma briga com os Estados Unidos, de dimensão muito maior do que imaginávamos. De fato, naquele dia em que o Jango disse que não poderia voltar atrás, o Lyndon Johnson decidiu apoiar a articulação do golpe, que se deu segundo as reconstituições que andam por aí pelos jornais, pelos livros e que será descrita cada vez mais copiosamente, dada a capacidade que os norte-americanos têm de conviver com a informação, qualquer que ela seja. O adido militar norte-americano de então, hoje chefe da CIA, se pôs em campo para articular os governadores, de Magalhães Pinto a Carlos Lacerda e Adhemar de Barros, com o grupo militar conspiratório da Escola Superior de Guerra, que tramava golpes desde o tempo do Getúlio.

Este grupo militar udenoide na realidade não representava perigo algum, se continuasse atuando sob o seu próprio comando. Ele era constituído por conspiradores habituais que nunca tinham feito mal a ninguém e apenas merecia alguma atenção dos órgãos de segurança por não ser perigoso. Este grupo só se tornou perigoso de fato a partir do momento em que começou a funcionar assessorado pela embaixada americana em ação conjugada com os governadores que estavam apavorados com as reformas, articulados todos pela CIA. Hoje é notório que se aplicou no Brasil em 1964 o primeiro plano de *desestabilização* de um governo na América Latina, porque os próprios autores o confessam. Antes, porém, já as revistas *Fortune* e *Seleções* mostravam como empresários unidos e devidamente assessorados podem impedir o comunismo. Aí se descreve copiosamente como se mobilizou a fé religiosa em massa, os meios de comunicação de massa em campanhas para criar na classe média um medo histérico do perigo comunista. Quem fazia a guerra revolucionária, hoje sabemos, era Adhemar de Barros, vendendo metralhadoras para os latifundiários, eram os provocadores parlamentares, era a conspiração militar em marcha contra Jango. Ele sentia isso, via isso, sabia disso, tanto que tentou o estado de sítio, como forma de sair dessa situação. Quando é que foi? Setembro?

Sim, setembro de 63.

Nessa altura já se achava no plano inclinado. Ou aderia à direita, desistindo do programa de reformas e se liquidaria rapidamente como liderança, ou ia para a esquerda fazer uma revolução impossível, que não era a revolução dele. Paralisou-se. Era uma situação muito difícil, pois nem a esquerda compreendia a dimensão do que estava em jogo. Muitos deixaram o governo nessa ocasião, como o Paulo de Tarso, sustentando que Jango não era suficientemente avançado. Estavam no mundo da lua. Reconheço que o governo de Jango tinha muitos defeitos — um dos piores era eu —, refletindo de certa forma a imaturidade da intelectualidade brasileira para a revolução praticável então e que estava sendo promovida debaixo de nossos narizes e que muitos não viam. Mas não caímos forçados por nossos defeitos e deficiências. Fomos derrubados por nossas qualidades. O governo de Jango não caiu, foi derrubado. E assim sucedeu porque ele era considerado uma ameaça inadmissível para a direita e inaceitável para os norte-americanos. Daí a contrarrevolução preventiva, feita contra a reforma agrária e contra o controle do capital estrangeiro.

Alguns intérpretes acadêmicos brasileiros afirmam o caráter de contrarrevolução do golpe de 64 e atribuem o insucesso do governo de Jango ao seu caráter populista. Só a tolice total, a cegueira acadêmica, torna possível afirmar uma coisa dessas. A expressão populista foi adotada por um sociólogo francês, olhando-nos de longe, nada entendendo de América Latina, tomando alhos por bugalhos. Nossos politicólogos do populismo bebem água desta fonte. Vendo todas as nações latino-americanas como um bloco, aquele francês pretendia que Getúlio e Perón eram a mesma coisa. Está bem, nesse caso há um certo denominador comum entre eles. Mas o francês ia adiante, e atrás dele os nossos teóricos do populismo, pretendendo situar no mesmo bando populista, além de Getúlio e Perón, Adhemar de Barros e Jânio Quadros. Aí a coisa se complica. Mas alcança-se o ridículo quando a todos eles se acrescenta ainda Cárdenas e Fidel Castro, por exemplo. É o samba do crioulo doido. Admite-se que a qualificação de populista possa ter utilidade na análise acadêmica para designar demagogos que, para conquistar o governo, recorrem ao processo eleitoral utilizando todos os procedimentos espúrios. Como ocorreu com os dois vulcões populistas de São Paulo, que foram Adhemar de Barros e Jânio Quadros, e que, uma vez no poder, faziam a política das classes dominantes tradicionais. Mas João Goulart e Getúlio Vargas não cabem nesse quadro, porque estavam tão profundamente comprometidos com reivindicações operárias e dos assalariados em geral que não podiam desatendê-los com gestos de efeito e com demagogias. Em minha opinião, para resumir, o governo de Jango não caiu por seus defeitos, foi derrubado por suas qualidades. Por isto mesmo, as bandeiras com que caímos voltarão a ser erguidas.

Que bandeiras?

Vocês se lembram daquela história de deixar o bolo crescer, como pregava o Delfim? Crescer para depois dividir. Pois bem, o bolo cresceu, de fato, chama-se dívida externa. E agora? Vão chamar as empresas estrangeiras, que levaram tanto com o crescimento do bolo, para ajudarem a pagar? Inevitavelmente, a Lei da Remessa de Lucros ou alguma coisa equivalente terá de ser considerada, e do mesmo modo a questão agrária. Esses problemas estão voltando à tona e vão ressurgir inexoravelmente, pois estão ligados aos interesses orgânicos da sociedade brasileira e ao destino mesmo do país. Ou o Brasil toma conta de si mesmo e organiza sua vida para que os brasileiros possam comer, vestir-se e educar-se, para chegar ao ano 2000 como um povo livre e minimamente próspero, ou se continua pelo caminho do desenvolvimento associado e do latifúndio irresponsável para fracassarmos na futura civilização. Fracassaremos, a menos que ocorra uma ruptura e se estabeleça um novo pacto que permita à sociedade brasileira abrir seus quadros para permitir que mais gente tenha empregos, produza, coma e viva melhor.

Acredita nessa ruptura, ou melhor, numa abertura a partir de agora?

Acredito. Em termos, está claro. Não creio que se possa retomar exatamente o que se fazia em 64.

Não se volta ao passado.

Não se volta, mas a reabertura política significa que essa problemática voltará a ser posta na mesa. Deixemos de ingenuidades. As questões estão postas. Trata-se de saber como é que se vai permitir que mais gente coma. A política de produzir soja para pagar os lucros da Volkswagen e importar feijão vai-se tornar inadmissível, porque ela é suicida e criminosa para uma população de 120 milhões e que brevemente será de 200 milhões. Políticas assim só podem ser impostas com muita repressão. Ter como critério fundamental da política econômica o incentivo do lucro empresarial, sem qualquer critério de responsabilidade social, além de ser um crime, é uma loucura. O Brasil sempre foi muito próspero para os ricos. A empresa mais próspera do mundo no Século XVII foi a do açúcar nordestino — e nesse sentido o Delfim poderia nos consolar muito dizendo que a renda *per capita* mais elevada do mundo, aí por volta de 1700, era a dos escravos que produziam açúcar no Nordeste. E depois foi a dos negros que produziam ouro em Minas — uma renda *per capita* ótima no critério de Delfim, apesar de que os escravos duravam cinco anos no eito. A política empresarial vigente hoje é a mesma. Assim como ontem os escravos eram queimados como carvão humano, para que os seus senhores e os banqueiros deles lucrassem, hoje o povo todo é sacrificado pela filosofia empresarial de Roberto Campos e do Delfim. Essa gente devia ser proibida de aproximar-se do governo, por sua irresponsabilidade social e pelo caráter obsoleto do seu pensamento. Tanta brutalidade só é admissível na ditadura. Quando volta a liberdade e as bocas se abrem, essas questões têm de ser consideradas. Hoje, nossa causa é a democracia, o voto, a liberdade para que o povo tenha possibilidade de decidir em que tipo de sociedade quer viver e de eleger os governos que vão dirigir o país. Não se trata de nenhuma conquista. Simplesmente voltamos a essa coisa elementar que é a normalidade democrática. Saindo da anormalidade e da exceção, é claro que as questões nacionais mais importantes voltarão a ser discutidas. As soluções que se encontrarão para elas não serão mais as mesmas, pois o país mudou muito nestes quinze anos. Não será a reforma agrária que propugnamos, nem será o mesmo tipo de controle de capital estrangeiro, mas alguma solução terá de ser dada. E esta não será dirigida contra pessoa alguma, nem mesmo para perseguir grupo social nenhum, mas se oporá à situação asfixiante, que não pode mais ser mantida. De fato, já passou o tempo da ditadura militar, que reprimia a ferro e fogo todo esforço de renovação e concentrava poderio infecundo.

Que forças abrem essas perspectivas?

Bem, as Forças Armadas podem assumir as responsabilidades do poder para servir a interesses internacionais, grupos minoritários internos, mas por períodos limitados. Isso levou os Estados Unidos a modificar sua posição, pondo fim à era das intervenções. Isso também repercutiu no Brasil. Basta ver o que aconteceu aqui, depois que *O Estado de S. Paulo* recobrou a liberdade de defender os interesses que encarna. O mesmo ocorre em outros países latino-americanos há muito submetidos à tutela militar, até mesmo na Argentina e no Chile. Foi-se o tempo em que os Estados Unidos concentravam sua estratégia levando em conta um conflito direto com a URSS e tentavam limpar o terreno, eliminando o que viam como possibilidades de subversão nas áreas sob seu controle. Os militares latino-americanos assumiram o papel de tutores, e nós, intelectuais, arcamos com grande parte da culpa do que aconteceu, pois em nossa miopia acadêmica não nos dávamos conta do que ocorria no mundo. Isso abriu o caminho aos militares, que aceitavam a subserviência perante a potência hegemônica, o papel de representantes de potências de segunda classe, mera força auxiliar. Esperava-se que depois de limpa a casa o capitalismo internacional brotaria brilhantemente, fazendo do Brasil um grande Canadá. Os trabalhadores amariam seus patrões e estes os trabalhadores; seria tudo um mundo de flores. Isso demandava, contudo, mão forte na repressão. E assim foi imposta à América Latina a tutela que hoje chega ao fim. E finda pelo fato de Washington estar mudando sua estratégia, em função da conjuntura mundial que, de bipolarizada, tende a transformar-se em multipolarizada. Os norte-americanos sabem que terão de conviver não apenas com os chineses, mas também com os latino-americanos e outros povos. Tais mudanças na conjuntura internacional são de importância crucial. Basta lembrar o exemplo de Volta Redonda. Sem Hitler e a ameaça que ele representava ao Ocidente, contaríamos hoje com ela? Assim, a estratégia que era determinante ainda há alguns anos está sendo rapidamente modificada, sendo influenciada também pelas transformações internas que se registram nos próprios Estados Unidos. O tempo das Repúblicas das Bananas passou. Mas uma República Volkswagen, como a nossa, é muito pior, pois empresas desse tipo exploram o mercado interno em cruzeiros, mas ganham em dólares.

Como não os produzem, exigem que o governo exporte mais e mais, que tome dinheiro emprestado lá fora, a juros altíssimos, para pagar os lucros dessas empresas. E o contraste entre o enriquecimento das multinacionais que aqui operam é estupendo, se comparado ao nosso empobrecimento, traduzido numa dívida externa que em 1985 deverá chegar a 100 bilhões de dólares. Um irresponsável poderia sustentar que isso não tem importância, que não pagaremos mesmo. Mas uma nação não pode raciocinar nesses termos. Teremos de pagá-la, é preciso reconhecer e enfrentar esse compromisso. E, no ritmo em que vamos, como pagá-la? Nem vendendo tudo o que temos poderíamos pagar uma dívida gerada pela estrutura colonial de nossa economia, que faz com que ela cresça cada vez mais. Teremos, pois, de redefinir a política econômica que deu no atual desastre, pensando agora não no lucro das empresas — à moda dos Delfins —, mas nos interesses dos brasileiros como seres humanos que têm direito a emprego, alimentação, abrigo, educação e liberdade. Principalmente liberdade. Com ela, todas essas questões serão postas no lugar, pois em lugar da ótica da minoria rica e privilegiada começará a pesar também a ótica dos pobres, que são a imensa maioria.

25 de março de 1979

27 Paulo Afonso evitou uma explosão social no Nordeste

Entrevistadores:
*Robert Appy,
Lourenço Dantas Mota
e Frederico Branco*

Octávio Marcondes Ferraz
Nasceu em 1896 em São Paulo, onde morreu em 1990. Estudou na Escola Politécnica de Bruxelas e no Instituto Eletrotécnico de Grenoble. Projetou e dirigiu a construção da Usina de Paulo Afonso. Ministro da Viação no governo Café Filho e presidente da Eletrobrás no governo Castello Branco.

Deve ter ressentido muito a mudança de Grenoble para Itajubá, logo que se formou como engenheiro, não é verdade?

Realmente, foi uma mudança muito grande de ambiente, mas eu não a ressenti. Tinha saído do Brasil ainda menino, voltei homem feito e fiquei muito agradavelmente surpreendido pelo que encontrei no interior de Minas Gerais: gente extremamente acolhedora, culta, estudiosa, intelectualmente curiosa. E extremamente liberal, mesmo naquela ocasião em que voltei, a despeito dos regimes oligárquicos sob os quais vivíamos. Fui lecionar em Itajubá e lá me receberam muito bem. Um dos professores que também ali lecionava compareceu ao hotel em que me hospedara e convidou-me para dar um passeio pela cidade, depois do jantar, aquele jantar cedo, do interior do Brasil todo. Depois do passeio, convidou-me para ir ao cinema. Adiantou-se, comprou a entrada e eu fiquei meio embaraçado, pois comprara apenas uma. Achei que ele devia ser sócio do cinema. Mas não era isso. Como seu convidado, sentei-me na primeira fila. Apagaram-se as luzes, começou a exibição da fita e o professor que me convidara senta-se ao lado da tela, junto da orquestra. Era o violinista da orquestra do cinema. Isso me agradou muito e senti-me muito feliz por ter tido a oportunidade de iniciar em Itajubá minha vida profissional no Brasil.

Bem diferente da Europa?

Sim, muito. Fui estudar na Europa, na Politécnica de Bruxelas e, por causa da guerra de 14, transferi-me para Grenoble, por decisão de meu pai, que era homem de poucas posses, mas muito inteligente e que sabia que lá os meus estudos ficariam menos onerosos do que aqui no Brasil. Desde que se vivesse modestamente, sem extravagâncias, a Europa era mais barata. Lá havia um fator que não sei direito como classificar. Talvez seja resignação. Eu não excluo a ambição, de forma alguma, pois ela promove o progresso, dinamiza o homem. Convivi com gente muito pobre, na Bélgica, mas que se sentia feliz. Hoje, vou ao Jóquei Clube, o ascensorista lastima-se do custo de vida, dos problemas da condução. Lá em cima, encontro um banqueiro que se queixa dos impostos, das despesas financeiras. Com todas as vantagens de que dispõe, o homem de hoje me parece menos feliz que o do início do século. Eu mesmo sou menos *blasé* do que os meus sobrinhos-netos que, tendo tudo, não têm o que desejar. Eu desfruto a gentileza de tudo o que me dão. Eles, por educação, agradecem muito, mas não ficam propriamente eufóricos com o que ganham. Não quero um indivíduo sem ambição, pois ele seria incapaz de produzir. Mas há um limite para as coisas. E conhecemos homens riquíssimos e que são infelizes para ficar mais ricos ainda, o que é um contrassenso, falta de inteligência.

Acredita que o fato de ter-se formado em Grenoble influiu posteriormente na sua escolha para construir a usina de Paulo Afonso?

Não creio. Olhem, a vida tem uma porção de imponderáveis. Num certo sábado, eu estava em meu escritório conversando com um companheiro, o dr. Ferreira, já falecido. Bateu à porta um desenhista, oferecendo seus serviços profissionais. Não estávamos precisando, mas anotamos o endereço do rapaz para quando se fizesse necessário. À saída, ele me disse que trabalhava na Divisão de Águas e eu lhe perguntei do diretor, dr. Alves de Souza. Fui informado de que ia bem e que chegaria no dia seguinte a São Paulo. Como era um velho amigo, fui esperá-lo e ele me pediu que o pusesse em contato com dirigentes da indústria, comércio e personalidades locais. Consegui marcar para ele uma reunião na Federação das Indústrias, que estava sendo dirigida pelo dr. Mariano Ferraz. Este convidou-me a participar da mesa, ao ter início a reunião. Fiquei meio encabulado. Foi então que o dr. Souza e seus colaboradores expuseram o projeto que os tinha trazido a São Paulo. Terminada a exposição, o dr. Mariano Ferraz surpreendeu-me declarando: "Seria interessante saber o que este nosso eletricista, nosso engenheiro, Octávio Marcondes, pensa do projeto apresentado".

Tratava-se do aproveitamento de Paulo Afonso?

Justamente. Expliquei que viera apenas para acompanhar uns amigos, que não tinha prévio conhecimento do projeto, mas que talvez fosse útil expor as restrições que eu tinha a fazer-lhe. Em suma, parecia-me que dificilmente o projeto seria rentável, pois não entrevia na região demanda para aquela massa de energia que seria lançada no mercado. O dr. Souza, quando terminei, disse que estava de pleno acordo com minhas observações, notando, entretanto, que a região era uma das mais pobres do país e que sem energia ela não teria condições para melhorar o padrão de vida de seus habitantes. Ante tal ressalva, manifestei meu acordo, uma vez que a finalidade do projeto era melhorar a sorte de brasileiros. Sendo um investimento dessa natureza, a economicidade absoluta do projeto ficava relegada a segundo plano. Em se tratando de uma perspectiva de melhora de vida da população regional, achei que devíamos empreender o projeto, mesmo com sacrifícios. Já no elevador, ao nos despedirmos, pedi desculpas ao dr. Alves de Souza por ter manifestado de início minhas restrições ao plano. Ele replicou-me que gostava de ser contraditado, de debater e discutir opções. Era um homem muito inteligente e muito culto. Depois disso, eu o encaminhei à Associação Comercial. Cerca de um mês depois, chamou-me ao telefone: Queria convidar-me a fazer parte da Diretoria da Hidrelétrica de Paulo Afonso.

Quando foi isso?

Em 1948. Fevereiro de 1948. Repliquei que gostaria de conversar mais longamente com ele sobre o projeto, para verificarmos em que medida minha colaboração seria realmente útil. Dias depois fui ao Rio, conversamos e aceitei o lugar de diretor que ele oferecera. Evidentemente, ao convidar-me ele visava ao técnico, pois considerava excelentes, bem tratados, os projetos que saíam de nosso escritório. No dia seguinte, juntamente com os demais diretores, fomos recebidos pelo ministro da Agricultura, que era Daniel de Carvalho, do qual naquele tempo dependiam as concessões. Senti que o ministro estava um pouco preocupado pelo fato da obra daquele porte ser entregue, tecnicamente, a um engenheiro praticamente desconhecido, de São Paulo. Perguntou-me se eu já fizera usinas e expliquei-lhe que tinha feito algumas, pequenas, e estudado muitas não apenas no Brasil como na Europa. Depois disso, voltei a São Paulo e preparei o regulamento interno da empresa a ser constituída, com uma seção administrativa, uma seção comercial e outra técnica.

De quem partiu a ideia da importância primacial de Paulo Afonso? De Daniel de Carvalho?

Não, do sr. Antônio José Alves de Souza, o presidente da companhia então organizada. Ele conhecia bem o problema, pois seu primeiro emprego como engenheiro foi na Divisão de Águas. Estudou o São Francisco e fez um levantamento hidrográfico e energético da área, incluindo a capacidade da cachoeira. O ministro Daniel de Carvalho tinha em seu programa construir Paulo Afonso e nos deu todo apoio. Alves de Souza já havia, ao tempo de Apolônio Salles, convencido o governo de que o aproveitamento de Paulo Afonso era a solução preferível.

Nesse caso, que importância teve no processo a atuação do coronel Delmiro Gouveia?

Era um grande empreendedor. Tinha um negócio de peles de cabrito, a única criação possível naquela área de terras sáfaras. Ele exportava as peles. E construiu a primeira usina destinada a explorar a potencialidade da cachoeira. Uma pequena usina, coisa aí de mil cavalos, com uma turbina, que alimentava uma fábrica de linhas. A fábrica ficava num lugar chamado Pedra, que atualmente tem o nome de Delmiro Gouveia, a vinte quilômetros da cachoeira. Ele puxou uma linha de energia. Mais importante ainda, puxou água de irrigação para alimentar a pequena cidade. Com o correr do tempo, quer por acidente, quer como consequência deliberada, o cano foi furado. Um pequeno furo. E a água que escapava desse orifício criou um oásis naquele deserto, a meio caminho entre Paulo Afonso e Pedra, demonstrando que as terras daquela região não eram realmente sáfaras. Eram apenas áridas, demandando água. E a água que escapou, criando um oásis, demonstrou as verdadeiras condições da região, sua potencialidade. Mesmo assim, o dr. Alves de Souza teve de lutar muito pelo aproveitamento de Paulo Afonso, pois políticos influentes da região, como Apolônio Salles, estavam mais interessados em outros locais, como Itaparica. Mas, afinal, o dr. Alves de Souza conseguiu convencer o ministro Daniel de Carvalho de que Paulo Afonso seria o local ideal e este foi aproveitado.

Qual era a capacidade inicialmente prevista para a usina?

Inicialmente, 448 mil quilowatts. Mas eu achei que o projeto inicial e oficial não era satisfatório. Além disso, não havia um projeto único, mas vários. Um engenheiro da "Tennessee Valley Authority", por exemplo, aprovava tudo, mas pretendia que, em lugar de abrir túneis, abríssemos canais. Vários outros projetos foram apresentados, de forma que quando chegamos a questão já estava situada em clima meio emocional. Procurei os autores de todos os projetos, conversei com eles. Depois, estudando o terreno, cheguei à conclusão de que não eram viáveis. Pareceu-me que a possibilidade da queda era muito maior do que previam. Preparei cinco estudos e o dr. Alves de Souza acabou optando justamente pelo número 5, que era o meu. Naturalmente, isso causou grande ressentimento; os dois autores do primitivo projeto oficial brigaram com o dr. Souza. Mas, voltando a Paulo Afonso, quando cheguei para estudar o terreno, fiz um esquema da topografia, mandei fazer um levantamento em grande escala. Depois de tudo examinado, chegamos à conclusão de que se deveria construir uma usina subterrânea. Por acaso, tínhamos em nossa equipe Domingos Marchette, que era um especialista em túneis. A partir daí, fui malhado sem piedade, pois era grande o número dos que afirmavam que uma usina subterrânea não funcionaria, por excesso de umidade, curtos-circuitos, o diabo. É nessas ocasiões que a gente constata como, neste país, tanta gente se pronuncia enfaticamente sobre coisas que desconhece. De qualquer forma, depois de seis meses de trabalho concluímos o projeto e convidamos o presidente Dutra a comparecer ao escritório, para receber a primeira via.

Ele tinha visão, conhecimento da real importância da obra?

História Vivida

Isso é um tanto subjetivo, não é verdade? Mas o fato é que acompanhou a obra e por lá apareceu uma dúzia de vezes. O chefe da Casa Civil dele era um nordestino, o Pereira Lira, pai do Paulo Lira, um São Franciscano que se batia há muito tempo pela construção da usina. Mas a influência básica, decisiva, foi mesmo o dr. Alves de Souza. Bem, o projeto que apresentei ao presidente Dutra era de 900 mil quilowatts, o dobro do inicialmente previsto. O projeto era mais um esquema, em suma, o projeto básico, e deixei de lado os detalhes, pois tinha experiência no ramo e fui resolvendo os detalhes à medida que a obra avançava e no fim deu tudo certo. Era a única maneira de garantir continuidade à obra. Era a primeira dessas dimensões que o governo fazia no Brasil. Garantimos os recursos. Faltavam apenas 15 milhões de dólares para a compra de equipamentos que não eram produzidos aqui na época: linhas de transmissão, isoladores, fios, cabos, turbinas, geradores, transformadores, aparelhagem de alta tensão, era tudo importado. Fomos aos Estados Unidos, Canadá e Europa, visitamos os fabricantes, distribuímos as especificações. Não houve uma única reclamação. E compramos todo o equipamento necessário, por pouco mais da metade do preço inicialmente previsto. E com o que sobrou dos 15 milhões de dólares pudemos comprar torres para 850 quilômetros de linha, assim como 2.500 quilômetros de cabo de alumínio adequado ao caso. A encomenda do cabo foi feita à Suécia, que nunca tinha recebido um pedido dessa natureza e volume, para transporte de energia. E aquela era uma obra genuinamente nacional. A outra grande que se fez na ocasião foi Volta Redonda, mas a técnica desta era completamente diferente, importada em sua parte industrial.

Concorda em que somente o Estado tem capacidade para suprir determinadas necessidades como Paulo Afonso e Volta Redonda?

Não necessariamente. Acontece que o Estado não tem dinheiro. Quem tem dinheiro somos nós. O Estado tem a faculdade de vir buscar no nosso bolso. Vejam o caso de Bangladesh. O primeiro ato do governo, após a fundação do Estado, foi fazer um empréstimo para comprar mesas e cadeiras, destinadas aos seus funcionários. Assim, vê-se que o Estado não tem dinheiro. E, se o governo não o tirasse do nosso bolso para empregá-lo mal, como acontece com quase todas as aplicações governamentais, o mundo andaria muito melhor. De fato, as coisas iriam bem melhor se o governo cumprisse as leis que ele mesmo aprova. Aqui, por exemplo, quando fizeram as leis trabalhistas, ficou acertado que o governo arcaria com um terço das verbas da Previdência Social, o empregado com outro terço e o empregador com o terço restante. Mas acontece que o governo nunca pagou. Se eu tivesse uma questão trabalhista, diria: "Não pago enquanto o governo não pagar a parte dele". Certa vez sugeri ao meu ilustre amigo Octávio Bulhões, que, sendo o Estado devedor inadimplente, a dívida dele para com a Previdência fosse perdoada, mas a mesma ficasse somente entre empregado e empregador. O governo se limitaria a promulgar as leis e fiscalizar sua execução. A meu ver, tudo funcionaria melhor. Com efeito, o patrão quer que tudo funcione bem para ter paz social. Por sua vez, o empregado não quer malversações, pois sabe que está tirando de si, de sua mulher ou de seus filhos. Digo isso, porque as Caixas de Pensão, estabelecidas antes das leis trabalhistas, como a dos ferroviários, criada pela Lei Elói Chaves, funcionavam maravilhosamente bem. Só depois da intervenção governamental é que surgiram os pelegos, hospitais que não funcionam, pensões que chegam às mãos dos herdeiros quando metade da família já morreu. Isso não vale apenas para o Brasil, vale para o mundo. Se os governos cumprissem as leis que aprovam e que existem, tudo correria muito melhor. No entanto, é como se vivêssemos em permanente estado de calamidade pública, pois o governo faz o que bem entende com o que arrecada. Os defensores do governo mostram que ele faz e ficam maravilhados por verem que fizeram alguma coisa. A questão não é essa. O que se quer saber é se com a enorme arrecadação fizeram tudo que se esperava e sem desperdícios.

Nós nos afastamos um pouco do assunto inicial. Quais foram os resultados práticos de Paulo Afonso?

Tive a grande satisfação de ligar o primeiro circuito elétrico de Paulo Afonso no dia 1º de dezembro de 1954, no Recife. A construção tinha durado quatro anos. E aí entra um detalhe importante. Recife tinha uma rede de 50 ciclos e a energia de Paulo Afonso era de 60, de acordo com o atual padrão. Fizemos a mudança sem qualquer dificuldade ou problema. Isso levou ao Nordeste a possibilidade de reerguimento. Se o desenvolvimento regional não tem correspondido, isso é outro problema. Mas, se Paulo Afonso não estivesse funcionando há quase trinta anos, o Nordeste teria explodido. Os Juliões teriam proliferado. Nem as Forças Armadas poderiam conter essa explosão, pois como costumo lembrar a Bastilha foi tomada a tapas e alguns forcados. As condições hoje são diferentes, mas isto é válido para os dois lados. Ambos dispõem dos mesmos recursos. Se hoje há tanques e rádios para comunicações, há também bombas, coquetéis Molotov e afins. Assim, o Estado, o governo, deve compreender que só há uma maneira de manter a nação em paz: fazendo justiça, cumprindo a lei e informando honestamente a nação.

Durante a construção de Paulo Afonso surgiram problemas com o Banco Mundial, não é verdade?

Sim. O nosso projeto básico era muito simples. Mas, por mais simples que seja um projeto, não se pode evitar que apresente problemas. Tivemos dois deles. Um era representado pelo desvio do rio para construção da barragem. O outro era a qualidade das rochas. Eu tinha projetado o eixo da usina perpendicular ao rio, pois achava que havia uma estratificação geológica e não queria deparar com uma fenda naquele sentido. Um especialista francês consultado examinou a formação e eliminou a possibilidade de estratificações. Assim, poderíamos situar a usina como quiséssemos. Imediatamente modifiquei a posição da usina em 90 graus. O esquema se simplificou e curvas foram suprimidas, tanto na adução como na descarga das turbinas. Fiz um adendo ao projeto para aprovação da Divisão de Águas e aproveitei o ensejo para mencionar umas 60 usinas subterrâneas em funcionamento eficiente.

E a usina foi instalada subterraneamente?

Sim, e isso levou a um adendo ao projeto original, no qual aproveitei para rebater as críticas técnicas que me tinham sido feitas. Mas restava o segundo problema do desvio do rio, para secar seu leito e erguer a barragem. Adotamos o processo clássico com "células de estacas-pranchas". Dada porém a grande velocidade da água no local, a montagem das células era praticamente impossível. Imaginamos então um caixotão flutuante, que a gíria da obra denominou "navio". Ele formava um escudo que afundado permitiu que as células fossem montadas em águas quase tranquilas. Quando uma célula era completada, o "navio" era posto a flutuar e era deslocado para montar a célula seguinte. Dentro da ensecadeira, formada pelas células, foi construída a primeira metade da barragem na margem esquerda. Evidentemente, a correnteza aumentou a velocidade na margem direita. Estudamos então um *processo diferente e original* para trabalhar nesta margem, que denominamos "estrutura flexível enrocada".

Em que consistia?

Consistia em duas armações metálicas, verdadeiras "gaiolas" colocadas, com o auxílio de guindastes, no leito do rio e enrocadas com "pedras de mão" (pedras de 6 a 8 quilos). Estas estruturas seriam executadas a jusante do local onde se projetava montar as células. As águas aquietadas por esse dispositivo permitiriam montar as células faltantes e completar a barragem no leito do rio completamente seco. Acontece que o Banco Mundial, que havia emprestado 15 milhões de dólares, vetou a solução, conforme lhe permitia o contrato.

E aí?

Aí, o engenheiro Alves de Souza, presidente da Companhia, foi chamado a Washington, para ouvir a opinião do Banco, na qual foi manifestada a sua ideia de que nós fecharíamos o rio; e que, além do mais, tinha o parecer formal de um especialista de São Francisco, Califórnia, considerado um dos maiores peritos no mundo naquele tipo de obra, que aprovara integralmente o plano que eu apresentara. Fizeram entrar o perito que disse haver-se enganado e que retirava o seu parecer. Não sei como o dr. Souza, que mais tarde veio a falecer de um colapso cardíaco em Paulo Afonso, não faleceu naquele momento. Homem de rara inteligência, declarou que, embora fosse engenheiro, nada mais tinha a dizer, pois os assuntos técnicos na empresa eram tratados pelo diretor técnico.

O que aconteceu então?

Fui chamado a Washington onde, diante do general Wheller, *technical adviser* do Banco, e de seu *staff*, comecei declarando que pela primeira vez ia expor o nosso plano que era criticado sem que os críticos conhecessem os detalhes e mecanismos. Esta reunião verificou-se na Sexta-Feira Santa de 1954. Na véspera, conversando com o dr. Souza e amigos, declarei: "Há 1954 anos foi crucificado Jesus Cristo, amanhã quem vai ser crucificado serei eu". No final do meu relatório verbal, o general declarou que estava impressionado com a minha exposição e perguntava se nós permitiríamos que ele enviasse um observador para assistir à operação. O observador veio e no fim de nove dias controlamos o rio com um dispêndio de 120.000 dólares, ao passo que uma operação análoga no rio Colômbia requereu seis semanas e custou 1,318 milhão de dólares, conforme relatório do "US Army Engineers", que me foi dado pelo general Wheller.

A operação foi feita a um custo mínimo?

Claro, o custo era apenas o de jogar as pedras. E o ferro das gaiolas que tínhamos usado para colocar as pedras no leito também voltou a ser usado, depois de cortado com maçarico. Assim, as 40 toneladas de ferro que usamos foram reaproveitadas. O custo, de fato, limitou-se quase à mão-de-obra que empregávamos para jogar as pedras.

E se o Banco Mundial tivesse vencido a batalha, de quanto seria a capacidade instalada de Paulo Afonso?

Bem, acho que provavelmente seria a mesma. Eles certamente teriam seguido um projeto semelhante. A dúvida manifestada pelo Banco limitava-se ao modo de desvio do rio.

Mas o custo de produção...

Está claro que o custo de produção, se a obra ficasse parada, representaria talvez um ano de dinheiro não remunerado.

E se levarmos em conta a inflação, a elevação dos custos do material e mão-de-obra...

Bem, a adoção de outro método teria atrasado a obra de no mínimo um ano, os lucros cessantes da energia não vendida e os custos indiretos aumentariam, onerando o custo da obra.

E qual é atualmente a capacidade da usina de Paulo Afonso?

A mesma que projetei, isto é, um milhão e meio de quilowatts.

Deixando de lado as questões técnicas e entrando na política, qual foi a impressão geral que lhe ficou da deposição de Carlos Luz e do episódio Tamandaré? Como integrante do governo, deve ter tido uma participação especial nesse episódio histórico.

É verdade.

Gostaria que nos esclarecesse a respeito, pois são raros os depoimentos de quem viu o episódio de dentro para fora. Queríamos que nos fizesse um relato vivo, como se estivesse trabalhando como repórter. O que aconteceu, de fato? Como aconteceu?

Há um depoimento a esse respeito do general Lyra Tavares, homem que muito aprecio, pois é muito culto, muito inteligente, fez um excelente trabalho como embaixador em Paris e é autor do *Cinco Séculos de Relações Franco-Brasileiras*, muito interessante. É um grande brasileiro. Mas discordo da versão dele. Em suma, o que ocorreu foi o seguinte: O brigadeiro Eduardo Gomes achava que as eleições tinham sido defeituosas e queria a convocação de outras. Essa ideia não era apenas do brigadeiro, mas de várias outras pessoas, como o almirante Amorim do Vale.

O princípio da maioria absoluta?

Não, embora quase todos fossem a favor da maioria absoluta, o problema era outro. Em suas memórias Café Filho cita graves irregularidades (número de eleitores maior que a população alistável). Prado Kelly e Prudente de Moraes, neto, também se referem a esses fatos, em vários locais, sobretudo em Minas Gerais, onde o número de eleitores não correspondia ao de votos. E era no que se estava pensando quando o coronel Mamede fez aquele discurso no enterro do general Canrobert Pereira da Costa e que era, quase integralmente, uma reiteração do discurso do próprio Canrobert. Aí, o marechal Lott achou de prender, de punir o autor do discurso. E pediu ao presidente Carlos Luz que pusesse o Mamede à sua disposição. Naquela época ele estava destacado na Escola Superior de Guerra.

E, como tal, escapava à jurisdição de Lott?

Bem, de qualquer maneira, estava subordinado à Presidência da República. E o Luz, como bom mineiro, bom político, um dos nossos melhores, decidiu fazer umas consultas e ouviu seu assessor jurídico. Depois, falou com amigos, políticos. E, no fim, chegou à conclusão de que não devia entregar o Mamede. Então, o marechal Lott foi procurá-lo e disse-lhe que, se não pretendia devolver o Mamede, era compelido a apresentar sua demissão. O Carlos Luz não vacilou: "Não posso. Diante dos pareceres que recebi, não posso devolver o Mamede". Então, o Lott pediu demissão. E, aí, entramos num ponto histórico muito importante. Aliás, ainda ontem lia o livro de memórias do general Mourão.

Ele trata do assunto?

Sim, e diz que o Lott esperou três horas, que aquilo teria sido uma desconsideração a um general do Exército.

Que era ministro de Estado.

Pois bem, estou em condições de assegurar que isso não é verdade, pois o último despacho do Luz foi comigo. E o ato mais importante da administração é o despacho do ministro com o presidente. Não se interrompe um despacho. O oficial de gabinete que me acompanhou tinha ordem de anotar o tempo que eu passava com o presidente, todas as vezes que eu despachava, para que eu pudesse verificar se estava sendo muito cacete, atrapalhando o chefe do Executivo. E naquele último despacho fiquei com o presidente trinta minutos. Quando entrei, o Lott ainda não estava na sala de espera.

Já tinha saído?

Não, não tinha chegado ainda. E quando terminei o despacho e saí ele estava lá. De forma que não esperou nem trinta minutos. E presidente não é obrigado a receber uma pessoa, seja quem for, enquanto está despachando com um dos seus ministros.

Especialmente fora da hora do expediente, o que parece ter sido o caso.

Foi mesmo.

Nesse caso, em sua opinião, o pretexto alegado pelo marechal Lott não é verdadeiro? A afirmação do general Mourão de que ele teria esperado três horas?

Nem o pretexto alegado nem a ofensa de que pretendeu ter sido vítima. Isso eu sei, pois, como disse, o último despacho do presidente Carlos Luz foi comigo.

E o que aconteceu depois que deixou o presidente?

Bem, fui para casa. Tinha um compromisso naquela noite, já confirmara que participaria de um jantar na Embaixada da Inglaterra. Fui e voltei para casa pouco depois da meia-noite. Estava começando a dormir, quando o telefone tocou. Era dona Eliane, a irmã do brigadeiro Eduardo Gomes, que me chamava pelo telefone oficial para dizer: "Dr. Marcondes, o Eduardo manda avisar ao sr. que o Lott está adotando uma atitude suspeita". Imediatamente avisei meu oficial de gabinete e fui para o Catete, em meu carro particular. Preferi usá-lo ao oficial.

O que pretendia fazer?

Colocar-me à disposição do presidente, naturalmente. Cheguei, encontrei o presidente, o ministro Prado Kelly, os generais Fiúza e Etchegoyen, o coronel Canavarro e... o Tenório. Estavam discutindo e examinando a situação. Como ninguém tinha pensado em golpe, não estávamos preparados. Nem ao menos sabíamos com certeza quem comandava as diversas unidades.

Surpresa completa?

Completa. Então, chamei o Canavarro à parte, para perguntar-lhe: "Coronel, o que acontecerá se formos atacados aqui?" Ele respondeu que não contávamos com o mínimo dispositivo de defesa. "Se formos atacados, em cinco minutos estaremos liquidados." Considerando essa situação, aproximei-me do grupo formado em torno do presidente e declarei: "O chefe da Casa Militar acaba de revelar-me que não contamos com o menor dispositivo de defesa. Acho, portanto, que não devemos ficar aqui, pois seríamos presos imediatamente". Então fizeram uma série de ligações telefônicas — para o Eduardo Gomes, para o Amorim do Vale. E ficou decidido que seguiríamos para o Ministério da Marinha. E lá fomos, no meu carro particular. Como eu achava que o pessoal do Lott chegaria pela rua do Catete, fomos pela praia.

Isso na madrugada de...

De 11 de novembro. E foi assim que nos desencontramos dos que tinham sido destacados para nos prender. No Catete ficaram o Fiúza e o Etchegoyen, que foram detidos. No meu carro foram o presidente, o Kelly, o Ronaldo Moreira da Rocha, que era meu oficial de gabinete, e eu.

Mas a Marinha oferecia garantias?

Foi a pergunta que fiz ao ministro, o almirante Amorim do Vale, assim que chegamos ao Ministério. Como estaríamos defendidos? O dispositivo com que se contava era pouco mais que simbólico. Questão de quinze, vinte minutos, estaríamos liquidados. Aí eu disse: "Presidente, não podemos ficar aqui. Temos de seguir para local mais seguro". Aí aproximou-se o almirante Pena Boto, comandante da Esquadra, sugerindo: "A Esquadra está ao seu dispor. Vamos para o fundo da baía". Discordei imediatamente: "Vamos para fora da baía, almirante, para ganharmos liberdade de movimentos". Aí, embarcamos no "Tamandaré", que estava em reparos. Tinha oito caldeiras, mas todas elas estavam sendo reparadas e nenhuma estava ligada às turbinas.

Todas desligadas?

Todas. A custo conseguiram ligar uma delas e partimos, precariamente.

E quem tinha embarcado, como integrante do governo?

O próprio presidente Carlos Luz, os ministros Kelly e Munhoz da Rocha e vários membros das Casas Civil e Militar, inclusive seus chefes, Monteiro de Castro e Canavarro. Na hora da partida apareceu o deputado Carlos Lacerda. Prova que um golpe não estava previsto é que a partida demorou cerca de duas horas para que ao menos uma caldeira fosse ligada. Assim pudemos desatracar e sair barra afora a apenas 8 milhas por hora... A bordo, mantivemos uma conferência e decidimos seguir para Santos.

Com que finalidade?

Para resistir.

Resistir? Mas com quem? Com Jânio Quadros?

Com ele. Antes de partirmos, do próprio Ministério da Marinha, telefonei para o Jânio Quadros e disse: "Há um levante comandado pelo ministro da Guerra, que não quer entregar a Pasta. Nós vamos para o 'Tamandaré', estamos embarcando para resistir". Foi o combinado.

E qual foi a reação de Jânio?

Agradeceu e disse: "Vou tomar as providências".

Quer dizer que ele concordou em organizar a resistência em São Paulo?

Não, não concordou. Não disse mais nada.

Ao partir, contavam com a Base Aérea da FAB e com o Forte de Itaipu, em Santos?

Sim, e lá tínhamos um homem que era de nossa confiança, o Bulcão Viana, que era o capitão dos Portos e que assegurou que providenciaria tudo, inclusive alojamento para o presidente e seus ministros. Depois disso, saímos com apenas uma turbina ligada, precariamente, barra afora, no meio de uma cerração muito densa. E a artilharia de costa fez alguns disparos, por ordens do Lott, tiros para valer, visando à linha d'água do "Tamandaré". Depois, disseram que não era para valer. Mas era. Tiro por instrumento. Nossa sorte foi nos deslocarmos a oito milhas por hora, pois somente uma turbina funcionava. Assim, os artilheiros, que não sabiam disso, faziam fogo levando em conta nossa velocidade normal, que deveria ser de 32 milhas. Mas que era para valer não há dúvida: as explosões derrubavam copos de cima da mesa. E os rapazes da tripulação queriam reagir, pois o poder de fogo de um cruzador da classe do "Tamandaré" é tremendo.

Mas não houve reação?

Não, o Silvio Heck queria reagir. Mas tinha de falar com o Boto, que era o comandante da esquadra.

Ele também queria?

Não sei. É uma questão subjetiva.

O Heck queria...

Ele estava preparado, com o pessoal todo a postos, em posição de combate. Mas a decisão final foi do presidente Carlos Luz, que nos disse: "Não vamos derramar sangue de brasileiros".

E o Pena Boto concordou?

Disse isso num manifesto. Alegou que era ordem do presidente. Se eu conhecesse o Heck, como conheci depois, teria prendido o presidente e o comandante da Esquadra e assumia o comando com o Heck, pois o poder de fogo do cruzador era enorme. Tendo uma blindagem leve que só é espessa na proteção de órgãos vitais, o ganho de peso na couraça é utilizado em armamentos. Se o "Tamandaré" reagisse, as fortalezas seriam silenciadas.

Bem, aí estamos entrando no imponderável. O fato é que seguimos viagem para o destino estabelecido e a meio caminho percebemos que não tínhamos mais contato com nosso homem em Santos. O brigadeiro Eduardo Gomes voou para São Paulo, a despeito das péssimas condições atmosféricas. Quando conseguimos contato com Santos, a notícia foi desalentadora: "A coisa aqui virou. Estão todos contra vocês". Então, mantivemos uma conferência a bordo. Decidimos que nada mais havia a fazer e o Carlos Luz ordenou que cessasse a resistência. Não contávamos com gente no Rio e em Guaratinguetá o brigadeiro Muniz deixou passar o Falconièri, que foi levantar as guarnições de Caçapava para a frente. Alegava que estava ao nosso lado. Noutras palavras, foi uma traição coletiva.

Ministro, ouvindo seu relato, parece que o "Tamandaré" foi apenas um refúgio improvisado.

Claro, improvisado, pois não havia nada preparado e não nos queríamos deixar prender em questão de minutos. Mesmo o Jânio nada poderia fazer, pois o Falconièri levantara toda a tropa do Vale do Paraíba, enquanto o Zerbini agia no interior.

A que atribui a atitude tomada por Lott? Ele não era um oficial legalista por excelência?

É, mas de uma hora para a outra ele deu o golpe, alegando a necessidade de voltar à *ordem constitucional vigente,* o que virou uma piada famosa. Mas parece que ele entrou na coisa sem querer. Pelo menos é o que dizem. Sua residência era perto da casa do comandante do I Exército, na Vila Militar. Vendo as luzes acesas por lá, ao regressar do Catete, ele teria telefonado, para perguntar: "Denys, o que há?" E o Denys teria respondido: "As tropas estão na rua, vamos defender a legalidade". Ou coisa assim. E nessa altura o Lott teria decidido assumir o comando.

Mas, voltando às origens desse movimento, parece que tudo começou com a defesa da tese da maioria absoluta. Acontece que esta não constava de textos legais.

Não se tratava propriamente de maioria absoluta. Negava-se a legitimidade do resultado obtido, em consequência de fraudes. O brigadeiro Eduardo Gomes, de fato, defendia a maioria absoluta, mas não foi o que prevaleceu. O que se pretendia, em função de consenso, era contestar aquele resultado. Como fraudulento. A diferença entre os dois primeiros colocados foi relativamente muito pequena. E uma ou mais fraudes podem ter alterado o resultado. A maioria absoluta era uma tese, uma filosofia, defendida pelo brigadeiro e outros. Ali, entretanto, contestavam-se os resultados, como fez o próprio Café Filho em suas memórias.

Bem, mas depois disso, afinal, Juscelino tomou posse e gostaríamos de conhecer sua opinião a respeito do governo dele. Não do ponto de vista administrativo, mas do respeito à legalidade.

Se respeito à legalidade é não cometer certos atentados frontais à Constituição, foi um governo legal. Mas determinadas maneiras de fazer as coisas, fora da alçada do Executivo, também atentam contra a legalidade. Refiro-me às emissões, por exemplo.

O estímulo à inflação?

Em minha opinião, isso é um atentado à legalidade. E de ilegalidade a ilegalidade, o pessoal acaba ficando saturado e um dia reage como em 31 de março de 1964.

Deu apoio aos levantes contra Juscelino?

Fui o civil acusado com mais frequência de ter dado apoio a esses levantes. Mas tudo o que fiz foi contribuir para ajudar as famílias dos que estavam em situação difícil e pedi a um ministro paraguaio que acolhesse com hospitalidade os que ali se tinham exilado.

Bem, considerando a perspectiva do tempo, gostaríamos de saber o que pensa hoje do governo Juscelino.

Foi semelhante a outros que tivemos. Fez muita coisa boa e muita coisa errada. Mas é responsável por tudo isso que está acontecendo, dada sua associação com João Goulart, quando o parceiro natural do presidente eleito em 1960 deveria ter sido o Milton Campos. Mas o apoio do Juscelino foi decisivo na segunda eleição de Goulart para a vice-presidência.

De lá para cá, parece que nenhum governo brasileiro contou com poderes tão vastos e discricionários como o do regime instalado a partir de 1964. No entanto, há vários problemas que eles não conseguiram resolver. Qual seria o principal desses problemas?

Estabelecer uma organização que funcione, como a inglesa, francesa, alemã, americana. Ter uma organização política. Vejam, o Carter pode ser derrotado nas próximas eleições. Aqui, esse problema de organização não se resolve. Creio que logo depois de 64 deveria ter-se iniciado um proselitismo em base municipal, para conscientizar a população. Os munícipes sabem quem são os melhores e os piores. E, a partir das eleições municipais, poderíamos partir para as estaduais, levando em conta o peso municipal. Só, então, talvez via eleição indireta, poderíamos partir para o plano federal.

Não acha que foi um erro a extinção de todos os partidos e criação da Arena e do MDB?

Acho que não temos partidos com ideologia política, com filosofia política. Há os partidos dos senhores beltranos, ou sicranos. Isso explica o fato de um homem com o carisma de Vargas ter fundado um partido conservador e outro socialista. Na verdade, nenhum dos dois existia. Essa dicotomia, a partir do mesmo fundador, é inconcebível. E foi ele quem organizou, apoiou, entregou ministérios a pessoas mas se reservava o direito de escolher os assessores dos nomeados. É o processo usado para derrubar o ministro na hora desejada pelo chefe; é um dispositivo desagregador montado na organização. Daí eu ter sempre feito questão fechada de escolher os meus assessores diretos, de confiança.

Bem, de qualquer forma, acho que o governo do Juscelino fez muita coisa, como todos têm feito, pois, com o tributo que nos cobram, não é possível que nada façam. Mas ele contribuiu para a situação em que nos achamos. Aliás, a culpa foi nossa de apoiar o Jânio. Mas, se ele tivesse o Milton Campos como companheiro de chapa, não estaríamos nesta situação.

Parece que deveria ter ido para a China, mas João Goulart acabou indo em seu lugar.

De fato, cheguei a ser convidado pelo Itamaraty. E teria ido, se tivesse podido escolher meus assessores. A lista já estava feita. Escrevi uma carta expondo as razões de minha recusa ao Jânio e ao Afonso Arinos. Eles ficaram muito aborrecidos. Mas não aceitei.

Quer dizer que a ida de Goulart à China não foi o início de um golpe deliberado por parte de Jânio?

Não, acho que foi puramente ocasional. Ele estava lá por mero acaso na época da renúncia.

O ministro Gabriel Passos encomendou a meu Escritório um *estudo preliminar* sobre o aproveitamento de Sete Quedas. Hesitei, pois sabia que os saltos praticamente desaparecem nos períodos de cheia. Como ele insistisse, aceitei, cobrando honorários mínimos, julgando que entregaria um resultado negativo, dado que um desnível com estas características não se presta para utilização industrial. Fiz com o Serviço Geográfico do Exército um convênio para fazer o levantamento aéreo da região. (Nunca, nem o Exército, nem eu ou meus assessores, invadimos o território paraguaio, como se disse. Não havia a menor necessidade.) Nos estudos de compra, verifiquei que entre Guaíra e Porto Mendes, 60 quilômetros a jusante dos saltos, havia um desnível da ordem de 100 metros. Neste caso, as quedas tornavam-se aproveitáveis e tínhamos uma situação semelhante à de Paulo Afonso. Fiquei entusiasmado e dediquei-me ao problema, tendo fornecido não um estudo preliminar, mas um verdadeiro anteprojeto, com dimensões das máquinas, das casas de máquinas, com despesas que não esperava e que me deram grande prejuízo. Em 1962 o presidente Goulart conversou comigo e entusiasmou-se com minha exposição e declarou (o que depois confirmou em entrevista) que iria entregar-me a obra, apesar de ser eu seu adversário político. "Quero que o projeto seja executado sem maiores formalidades, *às caneladas*". Foram suas palavras.

Qual seria a potência e o custo calculado?

Dez milhões de quilowatts e um bilhão de dólares. Agora dizem que a potência será de doze milhões, o que é discutível, e o custo é calculado em seis bilhões, mas como faltam cinco ou seis anos para completar os trabalhos, considerando o custo, os juros, a inflação... Bem, mas logo depois o governo do Jango caiu e, quando fui nomeado presidente da Eletrobrás, verifiquei que as coisas iam de mal a pior. Havia dois problemas: reabilitar o setor energético e fazer Sete Quedas. Mas o setor energético era o que demandava maior prioridade. Reabilitei o setor energético, coisa que não foi fácil, pois uma usina qualquer engenheiro faz, mas dizer não, arrostar impopularidade, não é fácil. De qualquer forma, mandei parar tudo em Sete Quedas, pois, como o Banco Mundial achava que o setor energético ia muito bem, deveríamos procurar dinheiro para as obras noutra parte. Mas, quando mudou o governo, Costa e Silva pôs todo mundo para fora. Trocou tudo. E, no Brasil, qualquer empreendimento esbarra sempre na mesma dificuldade, o homem. Substituir os 800 ou mil que exercem cargos de confiança não é brincadeira. É uma paranoia.

Solicitei demissão ao presidente Castello, antes de ele sair. Agora, fala-se muito em Conselho de Energia. Sou absolutamente contrário. A menos que seja um órgão decisório e estável e não coisa que se possa mudar de uma hora para outra, como mero capricho. Foi depois disso que surgiu a ideia de Itaipu. O que eu mais sinto, lamento e contesto em relação a Itaipu é o seu caráter de sociedade paritária. Não conheço uma que funcione bem. Tenho uma verdadeira obsessão por comando único. Os aliados só começaram a ganhar a Primeira Guerra Mundial quando constituíram um comando único. E, no caso de Itaipu, tínhamos na mão grandes trunfos, como o controle do próprio fluxo do rio.

O que proporia então para Itaipu?

Um empreendimento essencialmente nacional. Se a solução proposta fosse rejeitada, poderíamos fazer o que os americanos e canadenses fizeram no Niágara: cada qual ficou com sua parte. Agora, não sei como ficarão as coisas. Quando um sujeito quer suicidar-se e dá um tiro no ouvido, não adianta chamar o médico depois. É irreversível. Mas continuo lutando para que pelo menos os técnicos, os técnicos brasileiros, possam trabalhar sem enfrentar diariamente as dificuldades criadas por essas condições paritárias.

Criadas não apenas pelos paraguaios, mas também pelos argentinos.

Não, não, o problema argentino é diferente, pois eles quiseram tornar permanente algo que é temporário. Às vezes, talvez a cada 50 anos, o nível do rio sobe a 105, 106 metros naquela região e inunda as margens. Isso também acontece no Nilo, é proverbial, como todos sabem. Nos anos de cheias normais, as margens não inundadas — que são muito férteis — são cultivadas pelos ribeirinhos.

Quer dizer que vê em Itaipu um pecado original?

Precisamente. Foram fazer a ata das cataratas. Sempre achei que se tratasse de trabalho do Itamaraty, por envolver questões internacionais. Nunca pensei que o Ministério das Minas e Energia estivesse tomando parte nas discussões, pois se soubesse teria pedido demissão imediatamente. Em suma, eu, que era a autoridade máxima no setor, não fui ao menos consultado, tudo se fez à minha revelia. Vim a saber do que sucedia por um aparte do Luís Viana Filho no Senado. Soube por acaso.

Pode dizer-nos algo sobre a operação AMFORP, que foi tão polêmica?

O que se queria resolver no caso AMFORP era um impasse que prejudicaria extraordinariamente o Brasil. No Rio Grande do Sul o governador Brizola tinha feito uma desapropriação tipo confiscatória de uma empresa elétrica americana do grupo AMFORP. Em virtude da lei Hickenlooper, os créditos para o Brasil foram praticamente cortados. Foi decidido então que o governo brasileiro compraria *todas* as empresas do grupo que operavam no Brasil. Foi este problema melindroso que eu enfrentei como presidente da Eletrobrás. Durante as negociações eu me impus duas condicionantes: saber se havia um compromisso formal do governo brasileiro e se a operação era lesiva aos interesses nacionais. Note-se que a situação era tal que o professor Octávio Bulhões, ministro da Fazenda, procurou-me para saber da velocidade das negociações. Verifiquei que havia compromisso sob forma de cartas trocadas entre os presidentes Goulart e Kennedy. Examinadas por uma comissão interministerial que eu presidia, as condições eram não só aceitáveis como até vantajosas. Tomando por base um *memorandum* de condições rubricado pelo Roberto Campos, à época em que era nosso embaixador em Washington, discutimos com a AMFORP um contrato que foi aprovado pelo governo, isto é, pelo presidente Castello e todos os ministros e ratificado pelo Parlamento. As condições foram 135 milhões de dólares, sendo 25% pagáveis em 25 anos e 75% aplicáveis na Eletrobrás e pagáveis em prestações em 45 anos. A última promissória que eu assinei em Nova York vence em 30 de julho de 2.009. Os senhores que são jovens assistirão a este histórico pagamento. Foi interessante ficar estabelecida a aplicação na própria Eletrobrás, pois as aplicações prioritárias escolhidas de comum acordo iriam, certamente, dar aborrecimento por ocasião do pagamento das diversas prestações.

É interessante notar que tudo foi feito às claras, as discussões foram feitas por pessoas competentes e conhecedoras do assunto. Finalmente, amplamente discutidas e depois aprovadas no Parlamento em presença dos ministros Vasco Leitão da Cunha e Mauro Thibau. A avaliação final do acervo foi feita por firma especializada e neutra (sueca), contratada de comum acordo pelas partes. Em 1964, mais exatamente, fins de 1964. Uma operação desse tipo a 45 anos de prazo e 6,5% de juros com carência é negócio nunca feito no Brasil. A aquisição foi feita por 135 milhões de dólares, como se disse, e no primeiro ano da gestão brasileira do acervo houve um lucro líquido de 30 milhões de dólares. Isto consta de meu último relatório como presidente da Eletrobrás e nunca foi contestado. Como se vê, foi um bom negócio, feito às claras como convém a negócios públicos.

Foram 30 milhões de dólares de lucro líquido?

Está aqui no meu relatório 30 milhões de dólares, nesse primeiro ano, em relatório publicado por todos os jornais. E há mais. A operação foi negociada, estudada por nós, proposta e assinou-se um contrato com os americanos. Estabeleciam-se precisamente as condições de pagamento. A avaliação do ativo foi feita por um grupo neutro, uma firma neutra. Um grupo de técnicos suecos, 25 ou 30, esteve aqui, examinou tudo, peça a peça, contestou pontos menores e chegou ao cálculo do valor do acervo: 151 milhões de dólares. Tudo isso foi feito e submetido ao Congresso. O Vasco Leitão da Cunha, o Thibau e eu fomos sabatinados no Senado, para justificar a operação. Sofri ataques como o do dr. Oswaldo Lima, que disse: "O sr. Marcondes Ferraz, presidente da Eletrobrás, ou, melhor dizendo, diretor da Light"... Do sr. José Ermínio, dizendo que estávamos "comprando ferro velho"; ferro velho que deu 30 milhões de lucro. De fato, tratou-se de uma operação que não se sabe como foi feita. Apesar da avaliação ter sido de 151 milhões de dólares, só pagamos os 135 milhões convencionados.

Ante o que expõe, a recente compra da Light parece ter sido um escândalo?

Absoluto. Não compreendo, por exemplo, esse valor de 50 centavos por ação... Se dividirmos o número de ações pelos 400 mil pagos praticamente a vista, não se sabe se está incluído o bilhão de dólares que o Banco Central diz que é a dívida da Light no Exterior.

E isso o deixa escandalizado?

Deixa. Ninguém foi consultado. Havia uma proposta de um grupo mineiro do Ivan Botelho, interessado em comprar. Tenho todos os documentos, com os estudos de viabilidade, preparados por economistas e técnicos. A proposta nem chegou a ser considerada. Pior que isso, afirmou-se que a dívida era de 800 milhões. Depois, quando apareceu o bilhão, veio o ministro e disse: "Bem, partimos do balanço fechado a 30 de junho"... Ora, acho que, quando se faz uma compra, se verifica, se apura... Tínhamos apurado tudo, inclusive as dívidas. Quando assinei as promissórias, em Nova York, já tínhamos uma lei aprovada. E o emprego das prestações já empenhadas na Eletrobrás evitou o que se queria evitar desde o início, isto é, criar áreas de atrito. Tudo estabelecido previamente, não se tratava de reinvestir na indústria, na agricultura, nisto ou naquilo, mas no setor estabelecido.

E a que atribui a diferença entre os casos da liquidação da AMFORP e o recente, da Light?

Não há o que discutir, não se discute nem se discutiu. É como o tal projeto, esse negócio de Itaipu, que foi feito em segredo. Caiu em cima da gente. Imaginem, algo dessas proporções não chega às associações de classe, não é discutido. Há uma carta do general Kruel na qual ele afirmava, depois de ter estado no Paraguai com o Jango, que eles aceitavam a proposta de Sete Quedas. Pelo menos, naquela ocasião. Agora, estão inventando que era preciso conquistar a amizade do Paraguai. Eu sei disso e acho que devo continuar alertando para esse problema. Além disso, não se resolveu o problema político com o Paraguai. O chefe, o papa da eletricidade no Paraguai, que é o De Bernardi, vive pedindo revisão do tratado. Então, o tratado não satisfez a situação paraguaia. Os deputados oposicionistas vivem reclamando. Quer dizer, o acordo não agradou governo nem oposição do Paraguai.

E isso para não falar na Argentina.

A Argentina é outro problema, aliás, muito mal conduzido. Conversei com o próprio embaixador Camillión que se queixou que se estava criando um clima emocional nos dois países e que isto prejudicaria ambos.

Em suma, o Brasil deu de presente o que não podia dar?

Não, não é bem assim. A potência de um desnível é dada *grosso modo* pelo produto de um volume d'água por uma altura. Ora, o volume da descarga é do rio. Mas a altura é entre dois pontos determinados. Acontece que entre os dois pontos está a nossa fronteira com o Paraguai. É evidente que o desnível entre o ponto de cota máxima no Brasil e a cota na fronteira é integralmente brasileiro. Assim sendo, ele não é divisível e toda potência, e correspondente energia, é toda nossa. Dando-se a metade dessa energia sem uma contrapartida, fez-se uma liberalidade. E a potência assim cedida era da ordem de três milhões de kW. Foi uma completa capitulação. Não creio que se tivéssemos, em troca da liberalidade, pedido, por exemplo, o comando exclusivo da obra, não o tivéssemos obtido.

História Vivida

E com isso manteríamos o controle?

Claro. E com isso não teríamos os atritos, as contestações, as discussões que ocorrem e que prosseguirão, com a criação de um problema que poderia perfeitamente ter sido evitado.

22 abril de 1979

28 O que me atrai é a curva leve e sensual

Entrevistadores:
*Ferreira Gullar,
Villas Boas Corrêa,
Lourenço Dantas Mota
e Frederico Branco*

Oscar Niemeyer

Nasceu no Rio de Janeiro em 1907, onde morreu em 2012. Formou-se pela Escola Nacional de Belas Artes. Mundialmente reconhecido como um dos mais importantes arquitetos contemporâneos. Entre seus trabalhos se destacam o projeto da Pampulha e os principais edifícios públicos de Brasília, cidade cuja arquitetura é dominada pelas formas que criou. Tem importantes projetos no Exterior.

Quais foram as principais influências que atuaram na sua formação intelectual?

Leituras que fiz, amigos que encontrei, minha curiosidade permanente, esse mundo absurdo que tanta coisa nos ensina. Confesso que foi um pouco tarde que me dediquei à leitura, mas com tal disposição e interesse que sinto ter recuperado em parte esse tempo perdido. E li ordenadamente de Diogo do Couto, Herculano e Gil Vicente ao Eça e Machado de Assis, e destes aos escritores de hoje. E o fiz atentamente, procurando compreendê-los nas suas formas tão variadas.

Foi muito intensa a sua fase do Eça de Queirós?

O Eça ocupou um espaço enorme nos jovens da minha geração e, se foi criticado por alguns, hoje todos o aceitam e admiram. Você quer livro mais atraente que *Os Maias* ou a *Ilustre casa de Ramires*? Conheço razoavelmente a literatura portuguesa e brasileira, autores antigos e atuais, aceitando-os nas suas características próprias. No seu diário, Gide pontifica que o escritor necessita de imaginação e cultura e dentro desses princípios podemos apreciar coisas diferentes, como o *Quincas Berro D'Água*, do Jorge Amado, e *Ninguém Escreve ao Coronel*, do García Marquez. O primeiro, cheio de fantasia, e o outro conciso, áspero como a miséria que relata. Meses atrás, na minha casa das Canoas, disse a García Márquez que aquele livro era, para mim, o melhor que ele escrevera. "Penso o mesmo, respondeu ele. Escrevi esse livro 11 vezes".

Mais ligados à cultura europeia, é com a literatura francesa que naturalmente nos identificamos, embora dando aos velhos escritores russos

— Dostoievski principalmente — a escala que merecem. Quando um escritor me atrai, particularmente, procuro conhecê-lo melhor, lendo sua biografia e correspondência. E isso me fez ver Gorki, por exemplo, com outra dimensão. Que figura extraordinária! E foi lendo *Les Mots*, de Sartre, que compreendi seu pessimismo invariável e suas posições políticas tão contraditórias.

Acha que esse tipo de conhecimento literário é importante para o arquiteto?

Sou favorável a uma formação mais humanística. Lendo, mesmo romances, se aprende muita coisa. Foi lendo Freud, Jacques Monod e François Jacob que comecei a dar mais valor à informação genética e a me fazer tolerante diante dos homens, certo de que de muita coisa, boa e ruim, não são responsáveis.

Só tomando contato com o mundo em que vivemos, com a miséria e a discriminação, é que o arquiteto pode sentir como é importante sua tarefa. E isso o leva a uma posição mais participante, consciente de que das reformas sociais depende o conteúdo da sua profissão.

Infelizmente nem sempre isso acontece. Preocupados apenas com a arquitetura, alguns ficam à margem da vida, alheios aos problemas que tanto interferem no seu trabalho. Se você perguntar a dez arquitetos o que pensam das favelas, cinco dirão com certeza que a solução é substituí-las por casas modernas, pré-fabricadas, extensíveis, etc. Esquecem-se de tratar do problema social, do homem do campo que, cansado de tanta exploração, invade as cidades, nelas construindo, perto do local de trabalho, o seu pequeno barraco. Não sabem que a ideia de casa operária sempre foi tida como solução paternalista que procura parecer revolucionária e que todas as medidas protelatórias, parques operários, etc, visam apenas a conter a revolta inevitável. Para nós, que acreditamos na luta dos contrastes, preferimos vê-los onde estão, nos morros, à vista de todos nós. Um dia eles descerão para a cidade que também lhes pertence.

Você se formou na Escola Politécnica do Rio?

Não. Na Escola Nacional de Belas Artes, mas ligada às artes plásticas e à beleza, na qual se inclui também a arquitetura.

Qual foi a sua participação no projeto do prédio do Ministério da Educação, que é geralmente considerado um marco na arquitetura brasileira?

Tive o privilégio de pertencer à equipe do Lúcio Costa que colaborou no projeto do Ministério. Mas não considero esse prédio como o marco da arquitetura brasileira e, sim, como um dos melhores exemplos da obra de Le Corbusier. Compreendo porém que a esse edifício devemos o início da arquitetura moderna entre nós, cujos princípios, antes combatidos, ele esclareceu definitivamente. Dizia-se que a arquitetura contemporânea não se adaptava ao nosso clima, aos nossos hábitos, à tradição da velha arquitetura colonial. Até de comunista a classificavam, sem saber que naquela época ela era recusada na União Soviética como expressão decadente do mundo burguês. E com a mesma suficiência, ou melhor, com a mesma ignorância, se contestavam os "pilotis", a estrutura independente, as fachadas de vidro, o *brise soleil*, etc.

Sobre a nossa participação, lembraria o projeto anterior do Lúcio, que em parte serviu de guia ou programa para o velho mestre, e os pilotis de 10 metros, que tive a oportunidade de sugerir. Se vocês pararem diante do edifício, recordando que nos dois projetos de Le Corbusier os pilotis tinham apenas 4 metros de altura, sentirão diante daquele pórtico magnífico que esta foi uma boa contribuição.

Que importância atribui à participação de Gustavo Capanema nesse projeto do Ministério?

Graças a Capanema, à sua sensibilidade e exemplar espírito público, é que foi construído o prédio do Ministério. Obra que Capanema levou avante com o maior entusiasmo, consciente de que constituiria etapa importante na evolução da nossa arquitetura e das artes plásticas no Brasil. Trabalhei muito tempo com Capanema e, até hoje, somos velhos e queridos amigos. Lembro-o sempre com a maior admiração: culto, correto, inatacável. De espírito aberto e criativo, Capanema não se limitou a construir a sede do Ministério, incentivando as artes plásticas, intervindo no ensino — revolucionando-o —, criando o SPHAN que, entregue à total dedicação de Rodrigo Melo Franco de Andrade, tanto contribuiu para a defesa do nosso patrimônio Histórico e Artístico. Cercado dos melhores representantes de nossa cultura, Capanema resistiu a todas as interferências. Estabeleceu um programa de trabalho e dele nunca se afastou.

Interferência da ditadura do Estado Novo?

Não. Getúlio dava aos seus ministros toda a liberdade. Interferências dos mais reacionários. Lembro-me de um general que vivia a protestar pelo jornais, dizendo que o prédio do Ministério lembrava a foice e o martelo e outras besteiras semelhantes. São os reacionários de sempre, apavorados com o "fantasma do comunismo", que o DIP e o Departamento de Estado inventaram e a burrice da burguesia nacional até hoje adota.

Existe continuidade naquela colaboração entre artistas plásticos e arquitetos que Capanema iniciou?

Sim. Mesmo em Brasília, onde os problemas de tempo e dinheiro nos limitavam, procuramos mantê-la. E Bruno Giorgi, Ceschiatti, Saldanha, Di Cavalcanti, Atos Bulcão, Pedrosa, Paulo Werneck e outros dela participaram. Agora, com o apoio de Petrônio Portella e Marco Maciel, acertamos interiores do Congresso, que os vitrais de Marianne Peretti, tão bonitos, enriqueceram.

Depois do Ministério foi a vez da Pampulha. Como foi o convite para essa obra e que importância dá a ela?

Um dia Capanema me indicou a Valadares, que desejava construirum cassino no "Acaba Mundo". Fui vê-lo em Belo Horizonte, surpreso com o clima semifeudal em que vivia, mas também com a cordialidade que sempre me dispensou. Convidou-me para almoçar em companhia de seus secretários e foi nesse almoço que conheci Israel Pinheiro e Juscelino Kubitscheck. Meses depois, já prefeito, JK convocou-me. O plano era o mesmo, embora em outro local e muito mais ambicioso. Já não se tratava de um cassino, mas da urbanização da represa da Pampulha, com a previsão de cassino, igreja, clube e um restaurante popular. Confiante e otimista, JK explicou-me o problema: "O cassino deve ficar ali, naquela elevação, e, lá na curva do lago, a igreja, o clube e o restaurante popular. Vamos dar à cidade um bairro diferente, o local de lazer e esporte que lhe falta. Vai ficar formidável! Imagine os prédios, já prontos, refletidos nas águas da represa!" E concluiu: "Olha, Niemeyer, preciso do projeto para amanhã". No dia seguinte, ele explodiu: "Que beleza! Vamos começar isso agora". Em dois anos JK concluiu Pampulha, como em 4, vinte anos depois, terminou Brasília, seu sonho predileto.

Acha que a moderna arquitetura brasileira nasce na Pampulha, já que considera o Ministério basicamente uma obra de Le Corbusier?

Não digo que nasce na Pampulha, mas foi na Pampulha que ela se fez mais livre e desenvolta, como até hoje se apresenta. O importante para mim é que a Pampulha foi a primeira contestação ao funcionalismo: o funcionalismo ortodoxo que imperava, impedindo qualquer concessão ou fantasia. Hoje todos o contestam, e as opções mais variadas surgem por aí, como a "liberdade-tradição", desse trêfego Phillips Johnson, dos Estados Unidos. Contestam, vejam bem, o que a Pampulha contestou há 40 anos atrás! Durante os tempos da Pampulha, até Brasília, fui obrigado a dar explicações que detestava. Combatia o funcionalismo, mas sempre explicando que a liberdade plástica não excluía o bom funcionamento da arquitetura. E dava exemplos, explicando que as curvas da marquise do restaurante popular da Pampulha abrigavam as mesas ao ar livre e depois, muito depois, que as cúpulas do Congresso da Nova Capital se adaptavam às conveniências internas de visibilidade, etc. Um dia resolvi assumir-me, como se diz por aí, e, como o assunto me interessava, nele me detive um pouco mais, escrevendo um pequeno livro, *A forma na arquitetura*. Nele, já traduzido para o italiano e o francês, deixo claro meu pensamento que se resume nesta frase: *"Toda forma que cria beleza tem uma função"*.

Um dia, sentado diante do Palácio dos Doges, em Veneza, ocorreu-me a ideia de que um grande equívoco persiste entre os analistas da arquitetura, equívoco que esclareço neste diálogo, socrático e irrecusável:

"— O que você pensa do Palácio dos Doges?

— Muito bonito.

— E das suas colunas cheias de curvas?
— Belíssimas.
— Mas você não acha que elas poderiam ser mais simples e funcionais?
— Acho. Mas se elas fossem mais simples e funcionais não criariam, sem suas curvas, o contraste esplêndido que estabelecem com a parede lisa e extensa que suportam?
— Isso é verdade.
— Então, você tem de aceitar que quando uma forma cria a beleza ela tem uma função e das mais importantes na arquitetura.

É claro, e isso explico no meu livro, que não pretendo uma volta ao adorno — hoje impossível —, mas ao mesmo *elan*, à mesma preocupação com a beleza, com as formas diferentes e inesperadas que o concreto nos oferece.

Quando esteve no Brasil, Sartre declarou numa entrevista que seus trabalhos pareciam uma continuação do Aleijadinho. Você concorda?

O que retive da visita de Sartre é que, quando esteve em Brasília, se mostrou entusiasmado com a sua arquitetura. Um dia, na praça dos Três Poderes, ele me disse: "Como é bonito o Palácio do Planalto. Daqui suas colunas parecem-nos abraçar em leque". Malraux foi mais longe: "As colunas do Alvorada são os elementos arquiteturais mais importantes depois das colunas gregas". É claro que havia amizade e boa vizinhança, mas é bom, nesse ambiente de mediocridade em que vivemos, ouvir isso de homens inteligentes como eles.

Sente-se mais ligado a Sartre ou a Malraux? Essa resposta pode ajudar a compreendê-lo melhor.

São tão diferentes! Em Malraux admiro sua erudição e talento, sua vida de aventuras. Em Sartre essa preocupação constante com o mundo em que vive e com a miséria e a desigualdade. Acho seu pessimismo pouco construtivo, mas como ele me parece realista ao dizer: "Toda existência é um fracasso!"

Não acha que está sendo um pouco contraditório? Ainda há pouco mostrou-se entusiasmado com o otimismo de JK.

É claro que a vida tem aspectos diversos, cheia de alegrias e tristezas. E que vale a pena vivê-la quando se faz amena e feliz. Nesses momentos existe entusiasmo e, quando se trata de um entusiasmo como o de JK, contagiante e generoso, só o podemos seguir e louvar. Nietzsche dizia que o importante não é a vida eterna, mas a vivacidade, e JK vivia em vivacidade. Nos momentos de euforia e trabalho heróico, como foram os velhos tempos de Brasília, a gente esquecia muita coisa e o mundo parecia melhor. Lembro-me como Brasília mudou depois da inauguração e como essa metamorfose odiosa me revoltou. E a arquitetura me pareceu, outra vez, vã e secundária.

Como você vê a arquitetura?

Vejo-a como Balzac via sua literatura: "A arte e a literatura fazem parte da vida e eu sou um homem que vive e nada mais". Vejo-a como um homem que dela se ocupou demais e hoje a sente como um obstáculo incômodo que dele afastou coisas muito mais importantes. Vejo-a como uma ocupação paralela, como uma coisa que não é o que deveria ser. Vejo-a, enfim, como um passatempo que me distraiu enormemente, a imaginar formas e volumes, embora certo de que poucos, muito poucos, delas iriam usufruir.

Um dia, no começo do governo JK, fui chamado ao DOPS: JK interveio: "Você não pode ir lá". E telefonou para o Amaury Kruel. Meses depois eu tive que ir. E no interrogatório de praxe: "O que você pretende?" E eu: "Mudar a sociedade". Esta é a medida preliminar para que a vida e a própria arquitetura se façam humanas e generosas.

Como responde às críticas — muitas delas feitas por colegas seus — às suas concepções arquitetônicas?

Como os conheço e desculpo! Vocês já pensaram como deve ser penoso combater uma coisa que intimamente gostaríamos de poder fazer? Nunca respondi a eles. Às vezes, no exercício da profissão, sou obrigado a falar de arquitetura, mas, de um modo geral, sem pretender convencer ninguém. E são poucos, pouquíssimos, esses críticos tão frágeis em seus argumentos que em geral se limitam a frases vagas, atribuindo a outros o que gostariam de dizer. Nunca os nossos princípios estiveram tão sólidos, tão comprovados, tão seguidos, principalmente. A velha conversa do barroquismo, da gratuidade, do formalismo já acabou. O que resta do funcionalismo é uma minoria com muita mágoa e nenhuma imaginação. O Bauhaus foi o início de tudo isso. Bastava aprender as regras e seguir a "escola". E depois pontificar. O velho Le Corbusier um dia desabafou: "É o paraíso da mediocridade".

Você chegou a sonhar com uma arquitetura feita para o povo, não é? A ideia inicial de Brasília não foi, por exemplo, fazer com que morassem no mesmo prédio, lado a lado, o patrão e o empregado?

Arquitetura feita para o povo não existe num país onde ao pobre falta dinheiro até para comer. Arquitetura popular, arquitetura social, etc. são frases que aqui ninguém pode levar a sério. Nas cidades brasileiras o pobre só tem uma alternativa: construir na favela o seu barraco. E depois lutar para ficar, porque os parques proletários são muito piores. São horríveis. E repito: se algum arquiteto se comover com a miséria, a solução não está na prancheta, mas nos movimentos progressistas capazes de modificar a sociedade. A burguesia não está interessada nos problemas da classe operária.

Por que as curvas o atraem tanto?

Um dia escrevi este pequeno texto: "Não é a linha reta que me atrai, dura, inflexível, criada pelo homem. O que me atrai é a curva leve e sensual, a curva que encontro nas montanhas do meu país, no curso sinuoso dos seus rios, nas nuvens do céu, no corpo da mulher amada. De curvas é feito todo o universo. O universo curvo de Einstein".

A reabilitação ou valorização da curva seria um dos elementos essenciais do seu trabalho?

A curva não é uma obsessão. Muitas vezes é o próprio concreto que a insinua. Se você tem um espaço grande a vencer, a curva é o caminho indicado, e ela permite uma forma mais leve, como que solta no ar. Por que temer a curva, se o universo é todo feito de curvas? Se a sabemos criar, estruturando-a, esbelta, feita de curvas e retas? Mas nem todos sabem lidar com a curva e a fazem vulgar e desfibrada. Como é difícil a arquitetura mais leve que preferimos!

> *Qual foi exatamente a sua contribuição para o edifício da ONU em Nova York?*

Éramos dez arquitetos e cada um devia apresentar seu projeto. Durante algum tempo, nada fiz, ajudando Le Corbusier no seu Estudo nº 23. Mas um dia, Harrison convocou-me. Eu tinha, como os outros, de apresentar a minha sugestão. Tentei evitar, expliquei que preferia continuar colaborando com Le Corbusier. Mas ele foi inflexível. Eu tinha o problema bem na cabeça, sentindo a conveniência de liberar a praça, de criar a grande Praça das Nações Unidas, que no projeto de Le Corbusier era dividida em duas pelo grande bloco destinado à Assembleia e aos Conselhos. Mantive o bloco administrativo, coloquei os Conselhos num bloco baixo e extenso junto ao rio, recuando a Assembleia para o canto do terreno. E a praça desejada surgiu na escala adequada, imponente como devia ser. Na reunião decisiva, Harrison propôs a escolha do meu projeto, aceito por todos os presentes. Até Le Corbusier levantou-se dizendo estar de acordo, que o projeto era elegante, etc.

Mas, no dia seguinte, ele me chamou pedindo-me para localizar a Assembleia no centro do terreno: "É o elemento hierarquicamente principal e aí é o seu lugar". E o atendi, apresentando com ele o projeto 23-32. O 23 do seu Estudo e o 32 que eu acabara de apresentar. O projeto sofreu modificações e foi desenvolvido sem a nossa assistência. Mas, se vocês o examinarem, verão o bloco administrativo, os Conselhos, junto ao rio, e a Assembleia no centro do terreno. Hoje eu talvez não transigisse, mas naquele tempo a minha preocupação era apenas apoiar o velho mestre.

> *Como foi feito o convite de Juscelino para que você se encarregasse da arquitetura de Brasília?*

Um dia, JK, já presidente, passou de carro pela minha casa das Canoas e levou-me para a cidade, explicando-me sua ideia de construir Brasília e o desejo de que eu com ele colaborasse. Nossa primeira tarefa foi preparar os dados para o concurso do Plano Piloto, constituir a comissão julgadora, escolher os que viriam de fora, etc. Depois, a pior, foi decidir o concurso, cujo resultado, não fosse a minha intervenção, teria sido outro. É melhor ser mais claro. Um dia, quando o concurso já estava praticamente decidido, Israel Pinheiro telefonou-me dizendo que o presidente do IAB queria falar comigo. A decisão era minha. Conversei e recusei terminantemente o que propunha: suspender o concurso e entregar o projeto a uma comissão de dez arquitetos.

Tempos depois, eu seguia para Brasília, fechando o meu escritório no Rio de Janeiro. Como Brasília se fazia longe, naquele descampado! Como o silêncio nos perturbava. Parecia o fim do mundo. Mas eu desejava atender ao meu amigo e dar à minha arquitetura a escala de que precisava. E lá fiquei vários anos, naquele desconforto enorme, longe dos amigos e da família. Que tempo! Que experiência formidável! Ver a cidade surgir pouco a pouco, como num passe de mágica. E os prédios a crescerem e a vida a se organizar, onde antes, pouco antes, só existiam abandono e solidão.

É claro que houve obstáculos, obstáculos que aumentaram quando a reação sentiu que a cidade seria construída, que não se tratava de uma fantasia do nosso presidente. Mas, tanto para ele como para nós, esses obstáculos se convertiam em incentivo diante da grandeza da obra a realizar.

O que o atraiu desde a primeira hora em Brasília? Foi apenas a possibilidade de construir a cidade ou ficou também solidário com a ideia política de que uma nova Capital era importante para a ampliação das fronteiras do desenvolvimento?

Primeiro, como lhe disse, atender ao amigo. Um amigo que vinha acompanhando há mais de 20 anos; depois, foi a minha arquitetura. É claro que a ideia me atraiu, que aceitava os objetivos expostos por JK, o progresso caminhando para o Interior e principalmente a ocupação desse imenso território, tão perdido e cobiçado! Depois, as dificuldades surgiram, unindo-nos numa grande cruzada. E a cidade foi inaugurada na data fixada por JK.

Oscar Niemeyer

Quando da construção de Brasília, afirmava-se que ela seria uma Capital isolada no centro geográfico do país, uma cidade sem pressões populares, onde o Congresso, por exemplo, teria muito mais liberdade e independência para se afirmar. Vinte anos depois de sua inauguração e de quinze de um regime de exceção, que parece estar chegando ao fim, não lhe parece que esse argumento a favor de Brasília estava errado? Se Brasília não concorreu para isso, também não ajudou em nada. O debate sobre Brasília não merecia uma revisão à luz dessa experiência? O projeto de se fazer de Brasília uma cidade igualitária, onde o diretor da Câmara, por exemplo, moraria ao lado do taquígrafo, não falhou também?

Eu vejo a mudança da Capital como uma medida importante. Criar um novo pólo de desenvolvimento, levar o progresso para o Interior, fazer estradas, barragens, etc, dar aos brasileiros um pouco de otimismo e esperança. Com relação aos outros problemas, a mudança nada poderia fazer. O golpe de 64 já estava preparado há muito tempo. O governo de Jango, progressista demais para os reacionários daqui e do exterior, foi o pretexto. Quanto à cidade equitativa, ela surgirá um dia, não em função de uma nova Capital, mas da própria estrutura do país que será melhor organizada, igual para todos.

Outro argumento a favor de Brasília era o da funcionalidade burocrática. O país tinha uma imensa máquina burocrática, que precisava ser enxugada, para se dar a ela mais racionalidade e eficiência. Com a mudança para Brasília, seria levada para lá apenas a máquina necessária. Ora, o que se vê hoje é que a burocracia e a ineficiência nunca foram maiores. Uma criação típica de Brasília é a mordomia, que adquiriu proporções de escândalo nacional.

Vocês sabem o que é a atração do poder. E todos, a partir de um momento, nela se incorporaram.

Não estamos brigando com Brasília em si, como arquitetura, mas com a mudança da Capital.

Eu a compreendo e defendo. Acho que Brasília foi muito importante para o nosso país, que até hoje o promove por todo o mundo.

> *Pela rapidez com que Brasília foi projetada, no ritmo pioneiro imposto por Juscelino, tem-se a impressão de que as formas básicas de sua arquitetura já estavam amadurecidas em sua cabeça.*

Não. A arquitetura surge do programa proposto, das condições locais, das possibilidades econômicas, etc. Geralmente, ao projetar um edifício, começamos por tomar contato com o problema. Depois, a cabeça trabalha sozinha e, de um momento para o outro, surge a solução. É possível que o nosso subconsciente tenha compreendido também a urgência de se construir a nova Capital. Projetei o teatro, por exemplo, durante um carnaval. Mas essa pressa inadiável, se por um lado nos criou limitações, por outro permitiu que os projetos não fossem modificados. Não havia tempo para isso. E, assim, eles se fizeram mais espontâneos, com as qualidades e defeitos do traço inicial.

> *Sem querer contestá-lo, a verdade é que é difícil acreditar que as formas do Palácio do Itamaraty, por exemplo, tenham nascido assim de repente.*

Tem razão. Os arcos são antiquíssimos e com eles nada inventei. Dei-lhes uma forma mais delgada e elegante, desejoso de manter no Palácio a leveza arquitetural que preferimos. E tudo caminhou nesse sentido. Para terem uma ideia de como é importante a leveza arquitetural, basta contar o espanto do filho do engenheiro italiano Nervi ao olhar no *hall* do Itamaraty a laje finíssima da sobreloja que Joaquim Cardozo calculou: "Na Itália fizemos uma ponte com um vão de 1 quilômetro e acho mais difícil fazer esta laje". E foi a leveza arquitetural, essas formas mais finas que preferimos, que deram ao trabalho do engenheiro maior importância, integrando-o na própria arquitetura.

> *Por que, depois dessa extraordinária renovação da arquitetura brasileira, na qual você ocupa o lugar principal, com a sua ênfase na beleza das formas, a nossa arquitetura caiu nessa monotonia que hoje enfeia Copacabana, Leblon, Ipanema, São Paulo?*

A nossa arquitetura apresenta ótimos exemplos, é inventiva e se expande por todo o mundo. Isso não impede que examinada de um modo mais amplo apresente um nível técnico e artístico bem desanimador.

Caminha de mãos dadas com o urbanismo, na linha do lucro imobiliário. De tudo isso o principal responsável é a propriedade da terra, que criou essa colcha de retalhos que constitui o tecido urbano de nossas cidades, limitando o urbanismo a fixar gabaritos, sem condições de criar os volumes e espaços livres que um plano em escala maior exige. Em cada área a construir o proprietário levanta seus blocos de apartamentos, sem nenhuma preocupação com o que se constrói ao lado, e a cidade em pouco tempo se desvirtua nessa confusão urbana pela qual a propriedade privada é responsável.

Ninguém levanta o assunto que parece coisa proibida, embora, entre arquitetos, as discussões prossigam com o brilho de sempre, como se o que estivesse ocorrendo — em São Conrado, por exemplo — fosse problema menor, de importância relativa.

Copacabana não ensinou nada a ninguém?

Copacabana... Até do mar nos afastaram. Antes o Rio era a cidade à beira-mar, e o povo a passear junto à água, tranquilo. O passeio público era debruçado sobre a Baía da Guanabara. E o mar recuou e os aterros se repetiram e as estradas de tráfego rápido se estabeleceram entre o homem e o mar. Agora, o vemos de longe, além das pistas que de nós tanto o afastaram. E não havia razão para o que ocorreu. Já em 29, Le Corbusier propunha um extenso edifício junto às montanhas e sobre ele uma pista de automóveis. Era uma fantasia, mas nela se sentia a ideia da pista recuada para não cortar a ligação das casas com o mar. Anos depois, o velho Agache repetiu a mesma sugestão. Construir essa avenida, junto às montanhas, era a solução correta, mas demorada demais. Entre nós, só vai adiante um plano que seja realizado durante um único período de governo. Isto é, aquele que o governante possa iniciar e inaugurar. E surgiram as pistas, a poluição e a praia longe demais.

Velhos tempos... Lembro-me de uma casa na praia, onde passei alguns meses, lá pelos anos 30. Pela manhã o mar se refletia na parede do meu quarto, sentia-se o bater das ondas na areia branca da praia; a maresia entrava pela casa adentro como a nos anunciar que o mar estava ali à nossa espera. Hoje, para saber se estamos na praia de Copacabana, é preciso abrir a janela e olhar o mar.

Acha que Brasília é a sua obra-prima?

Meus melhores projetos estão sendo construídos na Europa, na Itália e na França, e na Argélia, e isso me satisfaz intensamente. Fui para o exterior porque aqui não havia condições de trabalho. Lembram-se do aeroporto de Brasília? Ao saber que o projeto era meu o ministro da Aeronáutica não se conteve: "Lugar de arquiteto comunista é em Moscou". Depois veio o Estádio de Brasília, o Museu da Terra, do Ar e do Mar, a Universidade de Brasília... Não havia condições de trabalho e foi melhor, levei para fora a minha arquitetura que lá está explicando as nossas ideias e convicções. Como é bom para mim ver construída a sede da Editora Mondadori e ler no *Le Monde*: "A sede da Mondadori é uma maravilha da arte contemporânea, ligando a expressão arquitetônica de Brasília ao renascimento italiano de Brunelleschi".

Não se irrita quando chega em Brasília e desembarca naquele aeroporto que é o contrário de tudo o que propunha em seu projeto que foi rejeitado?

Não. Um dia terão de fazer outro melhor. Foram contra o meu projeto com o pretexto de que era circular, e eu expliquei pelos jornais que devia ser circular, porque extensível. Como pretendiam era fora de época. Disseram então que era um aeroporto militar. E novamente expliquei pelos jornais que aeroporto militar não tinha alfândega, nem comércio, etc. Tiraram então a placa da obra e, como tinham as armas na mão, concluíram-na correndo. Mas no Galeão fizeram circular como se impunha.

Consegue imaginar Brasília construída por outra pessoa que não fosse Juscelino?

Seria difícil encontrar um homem como ele com tanta visão e entusiasmo.

Vocês eram duas pessoas que pensavam de forma diferente numa gama enorme de assuntos. Seu relacionamento pessoal nunca foi prejudicado por isso?

Não. Os assuntos que nos podiam dividir eram naturalmente evitados. A política externa, por exemplo.

Sua atual exposição no Centro Pompidou, em Paris, dá uma ideia exata de toda sua obra de arquiteto?

A exposição que realizo no Centro Pompidou é um retrospecto de todo o meu trabalho. De Pampulha a Brasília e desta à minha atuação no exterior. Pampulha foi o ponto de partida, a ideia inicial que coordenou meus projetos. Brasília lhes deu a escala de que precisavam, incorporando-os aos problemas estruturais. No exterior foi a disseminação de tudo isso com maior grandeza e apuro técnico. Minha exposição mostra essa evolução e como, em meus projetos, de 39 a 76, a forma plástica predominou, sem interferir na função, como alguns supõem, mas dela surgindo naturalmente. E mostra, nos textos que apresenta, como me mantive revoltado com a discriminação arquitetural existente. Trata-se de uma exposição didática e contestatória. Contestatória com relação ao velho e finado funcionalismo; contestatória com relação aos programas e às finalidades que tanto desvirtuam a arquitetura. E mostra também como incorporei a técnica do concreto armado aos meus projetos, como isso lhes dá uma nova escala e a surpresa arquitetural desejada. No painel da Universidade de Constantine os visitantes se surpreendem com os vãos enormes que adotei — 50 metros de vão e 25 de balanço! — lendo no texto que isso não representa ginástica nenhuma, mas a técnica do concreto armado utilizada em toda sua plenitude. Ainda nos painéis de Constantine, eles se deparam com o grande vão livre do auditório, posado no terreno como um imenso pássaro branco, e lêem outra vez: "Diz o calculista que este auditório representa um vão recorde neste tipo de estrutura, o que para nós tem pouca importância. Mas com que orgulho os argelinos o comentam". Mais adiante é o painel do Centro Musical do Rio de Janeiro, e os jovens dele se aproximam curiosos, fazendo croquis, surpresos com o apoio central e os balanços laterais de 80 metros. E o texto esclarece: "É o emprego do concreto de forma lógica e arrojada. Um exemplo do avanço de nossa engenharia".

Depois surge a sede da Editora Mondadori, na Itália, diante da qual muitos se detêm, vendo os arcos tão variados. E novamente a legenda explica: "Queria um ritmo diferente e fiz os arcos desiguais, numa cadência nova, quase musical. Nenhum problema técnico. Uma extensa viga longitudinal e vigas transversais em vãos regulares, sustentando os tirantes e todo o edifício!"

E os visitantes vão caminhando, vendo as obras da França: a sede do PCF, a Bolsa de Trabalho de Bobigny, o conjunto cultural do Havre, as urbanizações de Ville-Juif, Dieppe e Grasse. Muitos se aglomeram diante da televisão que passa filmes sobre os meus trabalhos e gostam tanto que, segundo me contam, ao terminar o filme, batem palmas com entusiasmo.

E voltam aos painéis explicativos da entrada, lendo os textos tirados do meu livro *A Forma na Arquitetura*, curiosos diante da fotografia das favelas do Rio de Janeiro. E lá está escrito: "Foi a vida que me ensinou com suas misérias: o patrão oprimindo o empregado; o amigo mais pobre esquecido; o desamparo que aflige nossos irmãos e a burguesia ignorante a oprimi-los. Num país onde 70% da população sofre a miséria, eu não podia ter dúvidas sobre a posição a seguir".

A exposição esclarece muita coisa, entre outras a de que não sou um arquiteto alienado, que mostro os meus trabalhos consciente da pouca importância que representam neste mundo capitalista em que sou obrigado a trabalhar. A exposição teve a melhor repercussão na imprensa de Paris, nos jornais *Le Monde*, *Le Matin*, *La Vie Ouvrière*, *Option*, *L'Humanité*, etc. De *Le Monde*, o mais importante, permito-me transcrever trechos do artigo de Jacques Michel, crítico de arquitetura e artes plásticas. Sobre a apresentação da exposição: "É simples, um ovo de colombo que os apresentadores de exposições de arquitetura ainda não tinham encontrado, condicionados pela tradição". Sobre a arquitetura: "A invenção de Oscar Niemeyer é luxuriante, como uma selva emaranhada, com suas formas ondulantes cantando uma liberdade poética que só nele encontramos (...). Com Oscar Niemeyer o sonho que faz nascer as formas continua vibrando depois do projeto realizado. A graça nunca o abandona. É o milagre Niemeyer".

O que o levou ao marxismo?

O mundo em que vivemos. Vocês acham que num país com tanta miséria pode haver dúvidas sobre a posição a tomar?

É curioso que tenha tantos projetos realizados no mundo ocidental e nenhum no mundo socialista.

Encontro a maior receptividade no mundo socialista. Há 4 anos fui à Polônia receber uma medalha do Instituto de Arquitetos de Varsóvia. Mas o problema deles é diferente, e os programas são tão econômicos que não se justifica convocar um arquiteto do exterior.

Não acha estranho que Cuba nunca o tenha convidado para fazer algum projeto?

Acho estranha a pergunta, porque todos sabem com que interesse fui convocado para Cuba. Fidel chegou — como blague — a dizer que enviaria um navio para me apanhar. É uma construção na Praça de Havana. Preciso ir. Primeiro, por se tratar de Cuba, cujo exemplo de coragem e idealismo espanta o mundo inteiro. Depois, pelo próprio Fidel, a meu ver uma figura extraordinária.

Que apreciação faria da arquitetura soviética?

Num país como o nosso, onde o pobre não tem casa para morar, saber que na nova Constituição soviética cada cidadão tem direito a uma casa é espetacular, e dispensa comentários.

Que importância teve em seu trabalho Joaquim Cardozo, encarregado de fazer os cálculos para a maioria de seus projetos?

Antigamente as estruturas eram mais modestas, repetidas e regulares. Os vãos menores, e pequenos os balanços. Com a arquitetura mais desenvolta que preferimos, o trabalho do engenheiro assumiu outra escala. Terminada uma estrutura viam-se apenas lajes e vigas, pois a arquitetura vinha depois, como se nada tivesse a ver com a estrutura. Agora, arquitetura e técnica estão unidas, nascem juntas e juntas se completam. Concluída uma estrutura, a arquitetura também está pronta, com suas formas inovadoras integradas no sistema estrutural. É a síntese técnica-arquitetura que se realiza.

E tudo isso deu ao trabalho do engenheiro outra dimensão, incorporado que ele foi à arquitetura. Agora não é apenas a arquitetura que conta, mas os vãos enormes, os balanços espetaculares, a leveza arquitetural com que foi concebida. E Cardozo compreendia bem esses problemas. Com que carinho estudou as colunas do Alvorada e do Palácio do Planalto, examinando a forma mais eficaz de fazê-las bem finas, como que apenas tocando o chão. Com que entusiasmo estudou as cúpulas do Congresso a dizer-me: "Encontrei a tangente que vai dar à cúpula da Câmara o aspecto que você deseja. Solta sobre a Esplanada". Mas a técnica evoluiu muito e os que se habituaram com prédios menores custam a aceitá-la, livre e arrojada como a preferimos.

O que acha da formação do arquiteto no Brasil? Tem muitos defeitos?

Acho melhor que na Europa, onde o ensino é muito teórico e o arquiteto muitas vezes aprende apenas a discutir arquitetura. O que falta entre nós são algumas disciplinas que o coloquem melhor dentro do mundo em que vive e dos problemas do seu país.

O que pensa do momento político brasileiro?

Acho que no momento o objetivo deve ser de unificar a oposição, lutando pela ordem jurídica democrática, pelos poderes que o Congresso reclama, para bem cumprir os mandatos populares. E junto com isso a anistia ampla, a Constituinte, o congraçamento de todos os brasileiros e sua participação na vida do país.

Você está filiado a algum partido, já que defende a participação ativa do arquiteto na política?

Eu não defendo apenas a participação do arquiteto na política, mas a de todo brasileiro, pois os que se calaram concordaram com tudo que ocorreu nesses longos e sombrios tempos. Sempre me interessei pelos problemas sociais. Sem mudar de posição. Lembro-me que tendo o meu visto para os Estados Unidos recusado em 47 (quando fui convidado para lecionar na Universidade de Yale) tentei em 65 consegui-lo, mas a funcionária do Consulado dos Estados Unidos em Roma confirmou nova recusa. Respondi, então: "Fico satisfeito, pois se vocês depois de 25 anos recusaram novamente o meu visto é porque continuo o mesmo". Sou comunista. E, se o PCB for legalizado, estou nele.

Você já foi chamado de poeta do concreto armado. Essa definição o agrada?
Acho que sim.

6 de maio de 1979

29 Nosso mal foi querer crescer depressa demais

Entrevistadores:
Robert Appy,
Lourenço Dantas Mota
e *Frederico Branco*

Antônio Ermírio de Moraes

Nasceu em São Paulo em 1928, e morreu na mesma cidade em agosto de 2014. Formou-se engenheiro metalúrgico, em 1949, na Colorado School of Mines, nos Estados Unidos. Dirigiu o Grupo Votorantim, desenvolvido por seu pai, José Ermírio de Moraes. Foi um dos principais líderes empresariais brasileiros e destacou-se também pelas posições assumidas com relação aos problemas nacionais.

Representando um dos grupos econômicos mais importantes do País, altamente diversificado, que engloba mais de 40 empresas, poderia fazer um breve histórico dele? Explicar como se conserva sendo um grupo de família?

Perfeitamente. Somos hoje a terceira geração na história da Votorantim, fundada por meu avô, Antônio Pereira Inácio. Na época, o forte da Votorantim era a indústria têxtil, de fato a única instalada e existente no Brasil. Quando nosso pai, que era engenheiro de minas, formado na Escola de Minas do Colorado, casou-se com a filha de meu avô, já se interessava muito pelo subsolo brasileiro. Nosso pai era um homem de ideias muito avançadas para a época, 1921, quando o nosso subsolo era ainda um mistério. Ele achava que a indústria têxtil tradicional não tinha futuro. E foi aí que começou a diversificação da Votorantim, com a industrialização de bens do subsolo brasileiro. Por volta de 1934, instalamos a primeira indústria nacional de cimento, em Sorocaba. Os ideais de papai proliferaram por intermédio dos filhos: sempre nos preocupamos com a diversificação da Votorantim. Foi assim que, partindo da indústria têxtil e do cimento, entramos na área da metalurgia: ferrosa e dos não-ferrosos. Hoje eu diria que os quatro sustentáculos principais da empresa são representados pelo cimento, pelo alumínio, pelo zinco. E, futuramente, pelo níquel. Temos outras indústrias, que seriam colaterais, como a química. Esta tem suas origens no complexo químico estabelecido pela Votorantim, em 1936, para fabricação do *rayon*. Esse complexo também foi diversificado, com a fabricação posterior de mais de 40 produtos, como ácido sulfúrico, ácido nítrico, nitrocelulose, celulose etc.

Já nessa ocasião, há mais de trinta anos, estávamos testando o metanol, como forma de diversificar o setor energético. Tanto assim que fui daqui para os Estados Unidos, em 1949, para estudar engenharia de petróleo. Após o primeiro ano, considerando o desenvolvimento da Petrobras e não querendo ser funcionário público, mudei para a metalurgia.

Falou em rayon. Quer dizer que o setor têxtil não foi inteiramente abandonado?

Não, não foi. Quando começamos, o *rayon* era um truste. Só uma indústria o fabricava no Brasil, dominando o campo, e foi o que nos levou a entrar no setor. Para a Nitroquímica, por volta de 1936, o *rayon* já representava cerca de 50 por cento de seu faturamento. E a instalação da indústria, como lembrei, deu margem à produção de ácido, celulose e demais matérias demandadas pelo País. Não se podia pensar em abandonar o setor têxtil pois o Brasil praticamente não produzia mais nada. Lembro-me que, quando a indústria mecânica pesada se instalou no Brasil, produzia principalmente betoneiras. E isso durante dois anos, pois não tinha mais o que fazer. Estou lembrando isto apenas para que a gente não perca de vista o Brasil da época — uma imensa fazenda, enorme, mas com poucas perspectivas. Enfrentamos o truste do *rayon* e quebramos o monopólio. Foi uma luta muito grande, pois o outro grupo era o maior do Brasil. Posteriormente, sempre consideramos muito a sério a diversificação. Na siderurgia, por exemplo, os planos existentes eram os estatais, isto é, o governo ficaria com o mercado dos planos. Partimos para o dos não-planos. Mais tarde, ocorreram algumas intervenções indébitas no mercado dos não-planos e isso nos desanimou um pouco em relação à siderurgia, pois, se o governo continuar interferindo na área dos não-planos, pouco restará para nós, representantes da indústria privada. Estamos lutando para manter o setor dos não-planos, mas a luta não é e não será fácil. Para dizer a verdade, não acredito na desestatização muito rápida, acredito mais na não-proliferação da indústria estatal do que propriamente na desestatização.

Acredita em contenção, por parte do governo?

Exatamente, uma contenção momentânea para que possamos dar os próximos passos, fazer um balanço e verificar o que pode ser feito na área da desestatização. A tendência natural do governo é desestatizar o que não lhe serve. Por outro lado, endividada como está, dificilmente a indústria privada teria condições de absorver a curto prazo o ônus que seria representado pela privatização de determinadas indústrias estatais. Se isso fosse tentado e não desse certo, teríamos a instauração da República Socialista do Brasil. Assim, nossa responsabilidade, como empresários privados, é enorme, pois teremos de agir com muita cautela antes de assumir determinadas empresas do governo. A Companhia Siderúrgica de Moji das Cruzes — Cosim — é um exemplo. Foi explorada durante 25 anos por um grupo particular. Não deu certo e foi à concordata por volta de 65, quando seu controle acionário foi transferido para uma empresa estatal. E essa empresa, por sua vez, nunca conseguiu resultados positivos. Pergunto, portanto, se não seria mais adequado fechar essa indústria, uma vez que ela não funciona, quer sob o regime privado, quer sob o estatal. A razão disso é simples: seu equipamento é completamente obsoleto e com ele não há Cristo que a ponha a funcionar economicamente. Ora, seria profundamente injusto, por parte do governo, jogar uma indústria nessas condições sobre particulares.

Sendo obsoleto como é.

Exatamente, e numa época de progresso muito rápido, como a que vivemos. Temos uma certa experiência, pois implantamos nossa indústria de alumínio no momento em que ela era um truste mundial. Tínhamos conhecimento do assunto apenas através da literatura especializada. Lembro-me bem disso, porque eu era recém-formado, participei muito dessa luta e dediquei os meus primeiros 15 anos de vida profissional praticamente ao alumínio e ao aço. Mas apenas para citar um exemplo: o equipamento que instalamos em 1955, para produção de 10 mil toneladas, foi totalmente demolido 12 anos depois, em 1967. Se não o demolíssemos, teríamos nos convertido no museu nacional do alumínio. E o que foi demolido não era brincadeira: 15 mil metros cúbicos de concreto e 128 fornos eletrolíticos. Tivemos de refazer tudo, para acompanhar o progresso.

Partindo do marco zero, como a Alemanha e o Japão após a guerra?

Foi isso mesmo. Com ajuda americana, particularmente do Plano Marshall, o parque industrial alemão, italiano e o japonês foi totalmente remodelado. Resultado: hoje, por exemplo, eles têm as siderúrgicas mais modernas do mundo. Ora, é uma grande vantagem partir do marco zero, com indústrias muito mais modernas. Ironicamente, os que financiaram o processo continuam com sua indústria antiga, produzindo a custos mais elevados.

Sim, mas retornando à diversificação do grupo Votorantim, quando foi que a diversificação e a expansão se tornaram mais intensas?

Eu diria que foi a partir de 1955, com a implantação do complexo industrial do alumínio, que nos deu margem para partirmos para os não-ferrosos, como o zinco, em Três Marias e Vazante, e agora o níquel, em Niquelândia. Foi uma espécie de injeção de coramina aplicada ao grupo, pois nos levou a ver longe, a considerar ainda com maior interesse a diversificação, uma vez que hoje em dia o Brasil ainda é um mercado pequeno. Graças à diversificação, a Votorantim conta com alguns mercados fortes, no momento em que outros estão fracos, o que nos permite manter o equilíbrio.

A posição oligopolística, no caso do alumínio, não lhes foi vantajosa?

Sinceramente foi, pois não estamos enfrentando amadores, mas concorrendo com o primeiro e segundo entre os maiores produtores do mundo, a Alcoa e a Alcan. Naturalmente, não podemos brincar na concorrência com grupos tão especializados. Fabricamos alumínio há 25 anos, ao passo que eles têm mais de um século de experiência e especialização. Assim, enquanto eles têm de trabalhar oito horas por dia, nós trabalhamos dezesseis. Possivelmente não teríamos alcançado os progressos que logramos se não nos defrontássemos com concorrência desse porte, ainda que o João Paulo dos Reis Velloso não concorde com esse ponto de vista. Ele disse que a Votorantim recusou a empresa Vale Sul, quando ela foi estabelecida, pois preferia crescer à razão de 5% ao ano. Começamos produzindo 10 mil toneladas e hoje, 24 anos depois, chegamos às 80 mil.

Ora, 80 sobre 10, elevando-se a raiz à vigésima quarta potência, indica que crescemos à base de 12% e não 5% conforme ele disse. E 12% ao ano, num setor do qual não conhecíamos absolutamente nada, contávamos apenas com boa vontade e coragem... Parece-me que foi mais que razoável. E tenho orgulho em dizer que nesses 24 anos em que produzimos alumínio não conseguimos distribuir um centavo em dividendos. Tudo o que ganhamos foi reaplicado na empresa, para torná-la mais sólida, em condições de competir com os maiores produtores do mundo. Estamos tratando com profissionais e isso requer uma grande seriedade administrativa. Sou liberal, vejo os concorrentes com bons olhos, pois os bons concorrentes nos ajudam a progredir mais rapidamente.

Seu pai tentou impedir a implantação da Reynolds no Brasil?

Tentou não, nós conseguimos de fato impedi-la. Ela fez uma proposta profundamente desonesta ao governo. Queria energia a dois milésimos de dólar, por kW/hora, na época em que a energia única e disponível no Nordeste era a do São Francisco. Na época, a *Reynolds* pediu algo como 250 mil kW de potência instalada, a um preço de 2 milésimos de dólar por kW/hora, para a produção de alumínio. Isso seria profundamente lamentável, pois os preços energéticos para produção de alumínio na costa Oeste dos Estados Unidos é de 5 e vai pular para 15 milésimos de dólar. Foi daí que ocorreu uma séria divergência do presidente Geisel comigo. O governo sustenta que devemos encher os famosos espaços vazios. E uma vez que descobrimos uma imensa reserva de bauxita, a terceira do mundo, no Pará, por que não explorá-la, enchendo dessa forma um dos espaços vazios? Não importa que a empresa seja estrangeira ou estatal — acho que o investimento lá seria caríssimo, muito acima de nossas possibilidades. Talvez isso coubesse então ao Estado. O importante, no caso, seria atender a um povo como o da região, que há muito espera desesperadamente por alguma coisa nova. Por isso, fui contra a Vale Sul. Disse ao presidente Geisel que era contra, pois considero o eixo Copacabana-Ipanema muito prejudicial ao Brasil. Então perguntou-me se eu sabia que ele vivia em Copacabana. Só pude replicar que tinha dito aquilo mesmo e não tinha mais nada a repetir.

O caso da Albrás também é notório. Durante o governo Médici, os ministros Delfim Netto e Dias Leite, além do dr. Lauro Marinho, da Vale do Rio Doce, nos convocaram para uma reunião em Brasília, onde discutimos por várias horas o projeto da Albrás. Chegamos à conclusão de que a produção de 150 mil toneladas lá em cima, no Amazonas, seria realmente muito benéfica ao Brasil. De lá para cá, já sob o governo Geisel, o projeto subiu a 640 mil toneladas, ou seja, 50% a mais que a da maior empresa produtora de alumínio do mundo, a Alcan, do Canadá. Entretanto, alguma coisa está errada nisso, pois a Albrás promete dar aos japoneses energia por volta de 8 milésimos de dólar o kW/hora. Ora, se no Japão o kW/hora, custava na ocasião 36 milésimos e custa agora 40 milésimos de dólar, estamos dando de presente aos japoneses pelo menos 24 milésimos de dólar por kW/hora. Cada tonelada de alumínio demanda 16.000 kW/h, o que representa, em termos de comercialização, praticamente 400 dólares por tonelada. Ora, se somos pobres e temos de contrair vultosos empréstimos no Exterior, arcamos com inflação, com juros, com desvalorização da moeda, não podemos nos dar ao luxo de fornecer um kW baratíssimo aos nossos colegas japoneses. Temos que rever isso, urgentemente.

A que atribui o erro?

À incompetência e ao espírito do "é preciso fazer a qualquer custo". Não havendo condições econômicas de produzir, o ato de comércio é o recurso normal. Vejam o caso do cobre de Caraíba. Deus queira que eu esteja errado, mas tenho a certeza de que vai ser um desastre nacional. Se transformássemos e vendêssemos todo o cobre da jazida de Caraíba apuraríamos cerca de 1 bilhão e 200 mil dólares. No entanto, só na implantação da usina seriam gastos 850 milhões de dólares. Há senso nisso? É um erro persistir em procurar fazer a todo e qualquer custo. É muito mais racional comercializar, vender e comprar produtos em condições interessantes. O caso da Alemanha é exemplar. O país não tem uma gota de petróleo, mas seu saldo é assombroso. Uma questão de saber usar a cabeça.

Voltando ao tema do início, como explica a preservação do grupo Votorantim, como empresa familiar que cresceu? Vocês representam uma das raras exceções no mundo.

Acho que fomos bem criados. Com humildade e seriedade. Espero que saibamos transmitir o mesmo à próxima geração, assim como a competência profissional. Acho que é preciso educação, cultura, que são os únicos bens realmente importantes. O resto tudo é passageiro. Com um bom preparo, com seriedade e humildade, teremos oportunidade de continuar o crescimento. Naturalmente, a família crescerá também. Mas vejo a família apenas como o detonador do processo do início da empresa. O ideal seria termos uma abertura total, da qual a nação possa participar. Seria motivo de orgulho para todos nós. Infelizmente, todas as tentativas de abertura foram lamentáveis, dada a mentalidade empresarial brasileira, voltada para os lucros rápidos. Vejam, se quiséssemos abrir a Siderúrgica Barra Mansa, por exemplo... Na época, chamei meus irmãos e disse: "Se vocês quiserem abrir a Barra Mansa, podemos fazer um lucro imediato de 100 milhões de dólares. Mas acho que seria desonesto, pois as ações estão sendo vendidas oito vezes acima de seu valor nominal". Nunca mais voltamos a tocar no assunto. Muita gente fez isso, ganhou muito dinheiro, de forma profundamente desonesta. Mas, se amanhã houver um movimento sério de abertura das empresas, quem o contestará? Acho que a função da empresa é essencialmente social. E, por ser social, é preciso que o povo dela participe. Agora, é preciso que haja condições para a abertura, para que amanhã os que a promoverem não sejam desmoralizados.

Como foi que seu grupo conseguiu manter-se e crescer sem deixar de ser nacional?

Persistência, convicção de que temos uma missão a cumprir. O desejo de demonstrar ao mundo do que são capazes os brasileiros. Teria sido mais cômodo se nos encostássemos numa multinacional, mas isso nunca nos seduziu, quer no caso do alumínio, níquel ou mesmo do zinco. Neste caso, mesmo depois de termos nossos pedidos de empréstimo negados pelo BNDE. Duvidando de que pudéssemos desenvolver tecnologia própria para tratar o minério oxidado, como é o nosso, o BNDE nos negou o empréstimo. Antes e depois de 1964. Terminamos a fábrica em 1969, sem um centavo de empréstimo do BNDE. Este alegou então que não conseguiríamos produzir. Mas aceitamos o desafio, achando que o BNDE deveria preocupar-se com garantias para o empréstimo e não com o resultado técnico. O que significa essa atitude? Falta de confiança na capacidade de realização de brasileiros. Nós tivemos confiança, humildade e disposição de investir e trabalhar. Hoje, estamos produzindo 60 mil toneladas de zinco, ou seja, mais de 85% da produção nacional. Não creio em heroísmos, mas acho que o bom planejamento, a seriedade administrativa são essenciais. Vejam, eu não creio em incentivos, que a longo prazo tendem a eternizar-se. Quando são cortados, há uma grita enorme dos que se sentem vítimas de uma injustiça. Assim, partimos para o zinco em Três Marias e Vazante sem incentivos, sem um centavo de empréstimo. Agora, estamos abordando da mesma forma o níquel. Temos a obrigação de transformar os bens minerais, as nossas riquezas. Não é possível continuarmos indefinidamente exportando minério. Eu afirmaria até que a linha de nosso grupo tem sido ousada, pois geralmente encontramos o dedo do governo, do Estado, na indústria do aço e dos metais não-ferrosos. Nós somos a exceção e temos orgulho disso.

Pessoalmente, nada tenho contra a empresa estatal. Mas acho que ela é muito prejudicada pela política. Aí está o caso da Cesp, uma das maiores empresas do Brasil. Muda o governo e todos os diretores, sem exceção, são trocados. Por mais inteligentes e sérios que sejam os novos, terão de trabalhar durante uns seis meses só para inteirar-se do que acontece na empresa. Isso é catastrófico, em termos de continuidade. Os bons técnicos são raros e acho que não deveríamos ter grande preocupação com sua filiação partidária. O que interessa é saber se são ou não úteis à nação. É preciso tolerar a opinião alheia. Mas o que acontece aqui não é isso. Quem não participa das mesmas ideias automaticamente é excluído do processo administrativo. Em meu entender, esse é um erro dos mais grosseiros. A experiência deve ser devidamente valorizada, mesmo porque custou até à nação. Minha própria experiência custou caro à nação. Se eu somente acertasse dentro da empresa, seria ótimo. Mas não é o que acontece. Para a empresa estatal ainda é mais difícil, muito mais difícil, preparar um bom administrador, um bom técnico, pois custam caro à nação. De repente, simplesmente pelo fato dele não participar de determinados ideais políticos, é alijado. E para o seu lugar vai um rapazinho recém-formado, que não entende coisa alguma. É aí que começa a degringolada estatal, como temos visto acontecer. Estamos vendo isso mesmo agora. Tivemos dois casos típicos de empresas estatais que me pareciam bem administradas: a Vale do Rio Doce e a Usiminas. Os técnicos estão saindo e sendo substituídos por políticos. Foi o que aconteceu na Vale do Rio Doce sob o governo Geisel e todos nós conhecemos as consequências. Acho que isso deve ser discutido, debatido, para que o povo possa chegar a conclusões sobre o que está certo e o que está errado. Por outro lado, reconheço que num país pobre como o Brasil seria muito difícil viver sem as empresas estatais. Acho realmente muito difícil, pois há campos em que não se dispõe de capital suficiente para empreendimentos que são necessários ao desenvolvimento de nossa economia.

Parece que uma das funções do Estado é suprir justamente a falta de capital.

Não há dúvida, e é uma das funções mais importantes. Mas acontece que não nos defrontamos apenas com falta de capital, mas também com falta de experiência empresarial.

Seu grupo nunca foi tentado pelo sistema financeiro?

Olhe, isso é uma coisa engraçada. Talvez pelo fato de sermos todos engenheiros — nosso pai era engenheiro de minas, tenho um irmão que é engenheiro de petróleo, eu e o José somos de metalurgia — a parte financeira nunca nos atraiu, embora seja especialmente lucrativa.

Apesar da participação?

Refere-se à nossa participação no Banco Comércio e Indústria? Realmente, ela tem sua origem no início da Votorantim. Enfrentamos terríveis dificuldades financeiras e naquela ocasião foi o Banco Comércio e Indústria que nos deu apoio, particularmente na fase da indústria têxtil. Não fosse pelo banco, a indústria não teria subsistido. Em sinal de reconhecimento, posteriormente, a Votorantim adquiriu uma pequena parcela das ações do banco e, naturalmente, isso deu início à nossa participação acionária. Mas nossa participação nunca chegou a ser realmente muito grande, embora extremamente lucrativa. Não sei, talvez essa história de nosso desinteresse pelas finanças seja parte de um processo cultural, pessoal, de formação. Pessoalmente, acho que o mais importante na vida é termos um ideal. E ele é muito mais importante que ganhar dinheiro. O que nos interessa são os grandes desafios, que representam mais que dinheiro, ainda que este não possa ser desprezado nem descartado, pois é um instrumento importante no desenvolvimento nacional. Mas o fato é que nunca nos sentimos atraídos, particularmente, pelo setor financeiro.

Seu pai transmitiu a grande vocação política que tinha aos filhos?

Não. A política reduziu muito a vida de meu pai. Ele morreu vítima de um derrame cerebral, consequência de dissabores políticos. Era um homem pragmático que não se conformava com a pouca atenção dada às "leis aprovadas, depois de discutidas pelo Congresso. Chegou a nos dizer: "A política foi a maior decepção de minha vida e peço a vocês que não ingressem nela, pois dada a atual estruturação nacional, vocês também não resistiriam, sucumbiriam, pois ela é, no momento, uma desgraça nacional". E é verdade. Papai foi morto pela Transamazônica. Foi ao Senado e fez um discurso condenando aquele empreendimento, que na ocasião era uma coqueluche nacional. Disse que era sobretudo um ato de burrice, pois estávamos às voltas com prioridades mais urgentes. Tentei ler umas quatro ou cinco vezes esse pronunciamento de nosso pai, mas não consegui. Sinto-me mal, fecho e paro de ler. Só não sei como ele não morreu ao pronunciá-lo. Se estivesse vivo, ele comprovaria a certeza de sua tomada de posição, pois aí está o resultado da Transamazônica. Meu pai foi um grande lutador. Embora eleito por Pernambuco, era classificado de "o outro senador por São Paulo", pois estava convencido de que, se São Paulo parasse, o Brasil também pararia. Daí a razão de meu desencanto com a política.

Foi convidado a ser prefeito de São Paulo?

Fui. E não aceitei. Para se entrar no campo da política, acho que é preciso termos os mesmos ideais.

Considera-se mais útil à nação permanecendo em seu setor?

Modestamente, com toda humildade, acho que temos um papel muito importante no desenvolvimento do Brasil. Pensei muito antes de recusar, mas cheguei à conclusão de que não se tratava do momento propício para aceitar.

Como vê o atual processo de abertura?

Acho que a liberdade com responsabilidade levará à verdadeira democracia, ao passo que com irresponsabilidade ela nos levará a um golpe de direita ou de esquerda, os quais seriam absolutamente indesejáveis no que se refere à nação. Conseguimos — e acho que coube aos empresários um papel bastante importante nisso — uma abertura bastante razoável no que se refere à democracia. No início, nossas declarações foram consideradas audaciosas, quase subversivas. Chegaram a interrogar-me a respeito. Respondo sempre que não acredito em comunismo, pois, se Deus nos deu inteligências diferentes, nada pode ser dividido equitativamente. Ponto final. Imagine que por meio de computadores se pudesse fazer uma divisão equitativa, igualzinha, para todos. Mas como, se há os que querem trabalhar menos, os que querem trabalhar mais, os que querem ir para o Guarujá e os que preferem Salvador? A coisa aqui me parece mais na base de "vou tomar o que é seu, mas não dou o que é meu". O importante é que o povo participe cada vez mais do enriquecimento da nação, participe das regalias. Se a nação prospera, o povo deve participar dessa prosperidade. Se isso é socialismo, para mim é um processo absolutamente normal, que vejo com tranquilidade. Mais ainda, acho que esse processo de participação do povo não é apenas inevitável, mas desejável.

Mas em que medida, em sua opinião, a responsabilidade deve restringir a liberdade?

Olhem, ao falar nisso eu recordo a época em que vivi nos Estados Unidos como estudante, de 1945 a 1949. Era uma democracia quase pura, sob uma justiça excepcional. Os feitos eram julgados rapidamente e isso consolidava, enraizava a democracia. A partir do momento em que a justiça americana começou a ser infiltrada, começaram a surgir os primeiros sinais de decadência na democracia americana. Hoje, ela não é a mesma, as influências políticas pesam mais. A pior coisa que se pode fazer no mundo é julgar alguém. Mas, ao mesmo tempo, reconheço que alguém deve julgar. Daí, voltando ao Brasil, acho que a abertura deve ser firme, mas não excessivamente rápida. Caso contrário, não estaremos preparados para recebê-la e teremos movimentos como o de 64, que realmente em nada resultou para a nação. Como sou liberal por natureza, acho que devemos receber com o devido preparo e tranquilidade essa abertura, pois não adianta acelerarmos o processo e depois fechar tudo novamente por mais quinze anos. Esse é meu temor, o da transformação desta abertura em baderna. Eu, por exemplo, defendo, e não é de hoje que o faço, o direito de greve. Acho muito normal. Agora, se a greve ou as reivindicações de trabalhadores devem ser consideradas com respeito pelas empresas, o mesmo não se aplica à depredação ou vandalismo. Daí meu temor, pois depois de 15 anos de fechamento uma abertura brusca não se produziria sem consequências. Acredito que será preciso um pouco de tempo, um período de ajustamento, para as coisas voltarem à normalidade.

Acredita num processo da descompressão, como o dos escafandristas?

Exatamente. Vejam os casos típicos dos que ganham na loteria esportiva. Geralmente, a coisa não dá certo, pois passar de 8 a 80 é difícil. Temos de absorver a abertura. Absorver talvez seja a expressão exata.

Segundo a posição que defende, a democracia deve basear-se fundamentalmente no respeito à lei?

Evidentemente. É para isso que existe um Congresso. Ele pode mudar a lei. Mas, enquanto esta existir, deve ser respeitada. A justiça séria e correta, bem implantada e ágil, é indispensável para o nosso desenvolvimento democrático. Veja-se o que aconteceu em matéria de justiça nos últimos quinze anos. Um desastre total. Creio que, se fosse militar, torceria por uma abertura civil, porque é realmente muito difícil administrar um país como o Brasil. O pior é que se o administrador permanece muito tempo nessas funções tende a desmoralizar-se no quadro da administração brasileira. Aí, na hora em que for preciso recorrer a ele, não teremos como fazê-lo. Isto viraria uma Argentina, onde as Forças Armadas pertencem a uma burguesia. Agora, é preciso colocar as coisas nos trilhos e vigiar, para que não se perca o crédito. Como brasileiro, acho que deveríamos procurar um sistema que nos levasse realmente a retornar à democracia. Ela vem, gradualmente. Acho que muita coisa já foi feita. Cabe agora aos políticos imporem respeito, fazendo do Congresso Nacional um organismo digno e respeitado, ainda que isso lhes custe caro. Precisam fazer-se respeitar.

Parece que estamos vivendo uma situação paradoxal, com greves declaradas ilegais pela justiça, mas toleradas pelo governo, o que é inusitado.

Vejam: o presidente Geisel, que era um líder, indiscutivelmente, baixou um decreto-lei, proibindo greve em vários setores, entre os quais o dos transportes coletivos. Duas semanas depois irrompeu no Rio uma greve no transporte coletivo.

Estava errada a greve ou a lei?

Acho que a lei estava errada. Lei deve ser pensada, amadurecida, e não decidida num fim de semana, improvisada. Daí meu respeito pela justiça que conheci nos Estados Unidos, fundada numa Constituição muito simples. Para os grandes juristas brasileiros, trata-se de uma Constituição infantil, uma vez que se restringe ao que é absolutamente necessário. Não entra em detalhes. Por exemplo, se a Constituição estabelece que quem empresta dinheiro a juros superiores a 1% é agiota e que o lugar de agiota é na cadeia, eu pergunto: "Conseguiremos fazer isso?" Estou convencido de que a Constituição deve tratar dos fatos normativos, básicos, sem perder-se em detalhes. Caso contrário, as leis passam a ser feitas em fins de semana por homens que não são juristas mas que resolvem, dado o poder que detêm, determinar o que se faz e o que não se faz. A consequência é o desrespeito pelo povo, compelindo o governo a tolerar — como tolerou — a greve dos coletivos no Rio, uma semana depois da publicação do decreto.

História Vivida

Nesse caso, o que faltaria às nossas Constituições seria uma flexibilidade como a permitida pela Constituição americana?

Justamente, é preciso ser dinâmico, não se pode ser estático. Se planejamos hoje um negócio perfeito, amanhã talvez ele já não o seja. A vida é um processo contínuo, não pára, como a nação não pára. Dessa forma, o que é bom hoje pode ser péssimo daqui a duas semanas.

Mas, voltando à abertura, é otimista ou pessimista a respeito?

Otimista. Acho que temos de partir para ela. O Brasil é mais um continente que um país. Com as possibilidades que temos, tenho a impressão de que sob um regime democrático, onde os nossos problemas possam ser realmente discutidos, em profundidade, levando toda a nação a participar deles, chegaremos a um resultado correto. Nosso mal foi querer crescer depressa demais. Acontece que com o crédito fácil obtido no exterior nossa dívida externa cresceu violentamente e os nossos projetos ficaram por concluir: energia nuclear, Caraíbas, ferrovia do aço.

Guardadas as proporções, poderíamos até estabelecer uma comparação com o caso do Irã, não é?

E do que adiantou? O Irã tinha preparo cultural para converter-se numa superpotência? Basicamente, o que acho é o seguinte — estou fazendo uma autocrítica — toda vez que o poder financeiro ultrapassa o poder cultural, a tendência é incidir em erros. É perigoso. É o caso da Loteria Esportiva. A primeira coisa que o ganhador geralmente faz é arrumar mais duas ou três famílias por aí, achando que o resto vai dar certo. Temos que evoluir, é claro, é o que desejo, mas não com excesso de pressa, esquecendo o passado, o sofrimento, querendo "curtocircuitar" tudo. As consequências, nesse caso, são inevitavelmente funestas. E vejo sinais de evolução. A escolha dos atuais ministros, por exemplo, indica que foram nomeados titulares competentes. Dirigir o Brasil não é fácil, repito. Sou industrial, para mim é meio difícil falar nisso, mas há três anos comecei a defender estoicamente a agricultura, como grande solução para o Brasil, para depois disso sofisticarmos nossos processos industriais. Como sou industrial e tenho noção do setor energético atual do Brasil...

É insuspeito.

... afirmo com absoluta tranquilidade: nossa solução será agrícola. Que mal haverá em exportar, alimentar o resto do mundo? Uma agricultura sólida nos daria a devida base para a industrialização. Mas invertemos o processo e promovemos a sofisticação da indústria no Brasil à custa da pobre agricultura nacional. Se o governo Figueiredo der prioridade absoluta à agricultura, estará inteiramente correto. Como industrial, compreendo as consequências dessa prioridade, mas tenho que apoiá-la, pois, se não corresponde precisamente aos meus interesses, corresponde aos da Nação. Como sabem, o poderio industrial dos Estados Unidos teve por base uma sólida agricultura. Acontece que os americanos também têm um subsolo riquíssimo, com petróleo, gás natural, carvão, urânio.

Com relação a eles, talvez nossa única vantagem seja a ausência de invernos rigorosos.

Discordo. Somos de fato um país privilegiado, pois não estamos sujeitos a grandes enchentes, terremotos, tornados. Mas, em contrapartida, um dos resultados de nossos 365 dias de sol por ano é um certo comodismo. Quando eu estudava nos Estados Unidos, a viúva em casa da qual nós vivíamos pedia três meses de aluguel adiantado. Sabem para quê? Para pagar o carvão destinado ao aquecimento, no inverno. Isso, em si, determina um importante critério de poupança. É simples, mas as coisas importantes da vida são simples, traduzem a mentalidade dos que se dispõem a fazer alguma coisa. No interior da França, pude observar a mesma coisa, isto é, gente trabalhando com seriedade e previsão, levando em conta a poupança. Aqui, há uma certa acomodação, a tendência é ficar sentado, contemplando o Viaduto do Chá. É verdade que o aquecimento, sob inverno rigoroso, representa uma despesa brutal. Por outro lado, em relação aos Estados Unidos, o Brasil, infelizmente... Vamos tomar como exemplo o setor siderúrgico. Os americanos sempre tiveram minério de ferro e carvão de alta qualidade em grande quantidade. Só a sua reserva nacional de carvão é de 2 trilhões de toneladas. Assim, no dia em que o petróleo acabar e o problema da poluição estiver resolvido, eles terão energia garantida por mais 200 anos. Nós não temos petróleo, não temos carvão de boa qualidade, não temos gás natural e o pouco de urânio de que dispomos já está sendo arriscado...

Sim, e daí a ênfase e importância que empresta à produção agrícola. Mas nos desviamos um pouco do que nos interessa. Como vê o surgimento de um novo sindicalismo brasileiro?

Sempre que houver um movimento, com raízes sérias, nada vejo de errado no processo. Como o atual, por exemplo. Agora, é preciso evitar que amanhã a coisa caia no outro extremo, como aconteceu na Argentina, levando à CGT que, por sua vez, levou o país à ruína. Creio que um sindicalismo bem organizado, com raízes sérias, é absolutamente normal. Mas, como tudo que é básico na vida, esse movimento deve crescer de baixo para cima. Aliás, a CGT argentina foi o maior aliado do Brasil. Há trinta anos, a Argentina era a única nação que se projetava na América Latina. Graças à CGT, o Brasil cresceu e liquidou com a Argentina.

O movimento do ABC, em sua opinião, está nascendo de baixo para cima?

Parece que sim. Não conheço o Luís Inácio, nunca estive com ele. Apenas leio suas declarações nos jornais. Sinceramente, o que se fez no ABC parece-me o mais sério que já se fez em matéria de sindicalismo no Brasil.

Entretanto, ainda que este seja o caminho, não vê a necessidade de uma reformulação?

Sem dúvida. E ela já se esboça. Estão modificando a CLT. Eu diria que quando comecei a trabalhar a legislação trabalhista tinha erros, evidentemente, mas eram menores. Tanto assim que sob essa legislação o Brasil cresceu.

Sim, mas agora a situação é diferente e justamente o que se tenta no momento é pôr fim ao paternalismo do Ministério do Trabalho.

Acho que é isso mesmo. Mas repito que isso não é uma questão a ser resolvida num fim de semana, demanda tempo e estudo. Repito também que a legislação básica não deve entrar em detalhes excessivos, pois, do contrário, no primeiro fim de semana tudo estará perdido.

Teme uma recessão?

A pergunta é boa. Não temo. Pode-se prever que haverá uma pequena recessão, no mercado interno. E, como estamos muito endividados no Exterior, teremos de criar novos incentivos à exportação, de forma a torná-la mais agressiva. Isso é imprescindível. Para evitar fracasso no mercado interno precisaremos enxugar um pouco o externo, pois é evidente que, sob o peso de suas dívidas, o Brasil não pode dar-se o luxo de ter capacidade ociosa. Esta deve ser eliminada, paralelamente a um maior esforço na conquista do mercado externo. Não vejo outra saída. Seria inadmissível chegarmos, por exemplo, a trinta por cento de capacidade ociosa nos setores básicos. Daí a necessidade de aumentar nossa produtividade. E é aí que volto a insistir na importância da responsabilidade. Vejam o caso dos 22% dos incentivos do governo à exportação. Recentemente, corri toda a Europa, para saber como as grandes multinacionais de alumínio podem sobreviver. E foi na Noruega que um velho amigo me disse: "Olhe, Antônio, no alumínio, a energia é fundamental. O governo local convoca os produtores e anuncia: se conseguirem suportar X milhões de dólares, nós lhes forneceremos energia a dois ou três milésimos de kW/hora". Isso é subsídio disfarçado. O mesmo ocorre no setor de transportes. São práticas conhecidas na Europa e nos Estados Unidos. Assim, parece-me que precisaremos reformular os incentivos. Temos de pensar nisso, pois não há no mundo quem não queira partir para a exportação. O problema não é apenas nosso, é mundial. Naturalmente, os incentivos criam barreiras defensivas.

Ao que parece, uma das preocupações do momento consiste em evitar a industrialização artificial, que não leva em conta os custos.

Sim, acho que não se deve repetir o erro de produzir a qualquer custo. E aí entra o planejamento. Ele é essencial. O caso dos fertilizantes é típico. Consegue-se importar fertilizantes a bom preço e cinquenta por cento de nossa exportação é agrícola. Alguns produtos são gravosos. Então, o que nos impede de fixar o preço do açúcar vendido a determinados países, fixando também o dos fertilizantes que eles nos vendem? No entanto, não é o que se faz. O balanço da Petrobras, por exemplo, é impressionante. Mas eu perguntaria: ela resolveu o problema do petróleo no Brasil? Não. Mais ainda, passou a ingressar em outras áreas, onde não deveria, armando empresas fictícias. Se há condições de implantar verdadeiras empresas, muito bem. Caso contrário, de que valeriam elas? Desculpem citar um caso particular, mas a nossa implantação da indústria do alumínio, em 1955, foi um ato de coragem. Tínhamos uma reserva em Poços de Caldas. Mas não era suficiente. Sabíamos que teríamos de pesquisar o resto do Brasil. As pesquisas foram feitas e hoje estão comprovadas as imensas reservas de bauxita do Brasil. Estávamos dispostos a produzir a soda cáustica no Norte e trazê-la para o Sul. Faltava, entretanto, um elemento para pôr a funcionar a indústria do alumínio. É um mineral chamado criolita, cujas jazidas conhecidas se situavam na Groenlândia e que deveriam durar 20 anos. Então fizemos pesquisas por nossa conta em Santa Catarina e descobrimos um minério chamado fluorita, que permite a fabricação da criolita e do fluoreto de alumínio, ambos sintéticos. Assim, em caso de crise internacional, a indústria nacional do alumínio não dependerá de matérias-primas importadas para continuar funcionando. Trata-se, no caso, de aproveitamento racional de matéria-prima nacional. Entretanto, insisto em que não se deve procurar produzir a todo custo. O caso dos pólos petroquímicos é ilustrativo. Quando eu era menino, matávamos pernilongo a tapa. Hoje, usamos inseticida. Mas o inseticida vem de fora, custa dólares, pois não temos petróleo. Ora, é evidente que sem petróleo nós não poderíamos partir de forma agressiva para os tais pólos petroquímicos. E o desenvolvimento descontrolado destes poderá levar o Brasil a um desastre total. O caso do acrílico também é típico e não vale a pena brincar com ele. Nesse caso, devemos procurar industrializar as matérias-primas que realmente existem em nosso subsolo. Só assim se pode implantar uma verdadeira indústria. Em relação ao que nos falta, é muito mais inteligente comerciar. Se o mundo vive assim, por que haveríamos de ser a exceção? Produzir a todo custo é um erro básico que pode nos levar à desgraça.

E do ponto de vista da energia, como vê a situação?

Péssima. Do ponto de vista energético, somos privilegiados em relação ao potencial hídrico. Há 10 anos, a Eletrobrás descobriu que o Brasil tinha 150 milhões de kW para instalar. Naquela ocasião, o kW estava na base de 250 dólares. Se levarmos em conta o aumento do custo do petróleo, diria que a bacia hidrelétrica do Brasil poderia ser ampliada para 250 milhões de kW. Alegava-se que ficaria caro demais. Mas convém lembrar que nesse caso só se faz um investimento inicial, o resto é questão de juros. Sob esse aspecto, como disse, somos privilegiados. Mas com relação a outros tipos de energia e combustível, somos muito pobres. Temos carvão em Santa Catarina, no Rio Grande do Sul e um pouco no Paraná, mas nossas reservas são pequenas e o carvão é de má qualidade. O petróleo e o gás natural, até o momento, são dois desastres. Nossas reservas de urânio são pequenas. É possível que venhamos a descobrir bastante urânio. Acho que vamos descobrir. Entretanto, nós nos lançamos imediatamente à produção de energia nuclear, justamente quando esta está nos seus primordios.

Engatinhando.

Sim. Mal começou. Não sou físico nuclear, mas tenho estudado bastante essa questão. Tanto os reatores nucleares que funcionam com água leve como os que usam água pesada deixam muito a desejar. O aproveitamento atual do urânio consumido é praticamente nulo. Já os franceses, quando acionarem o Super Phénix, contarão com um aproveitamento de urânio pelo menos 50 vezes maior. E nós, o que pretendemos? Usar uma pequenina parcela de urânio e jogar o resto fora? Isso é para país muito rico, que já conta com muito urânio e não para nós. Do urânio, apenas o 235 é físsil, que representa apenas 0,7%, ou seja, 7 quilos por tonelada de urânio, sendo o restante representado por outros dos isótopos, o 238 e o 234. Usados os 0,7%, a grande massa de urânio 238 utilizada fica sem ser bombardeada e é apertas armazenada. É isso que condeno.

Além disso, os cientistas ainda estão insatisfeitos com os progressos nesse campo. Jogando com preços da matéria-prima violentamente elevados, estamos no plano atômico em relação ao que eram nossas incipientes indústrias convencionais em 1925. Calcula-se que grandes progressos no setor serão logrados por volta de 1990. Então, se temos uma grande disponibilidade hidrelétrica, por que não desenvolvê-la, digamos, até 1990, para então aproveitar a experiência de terceiros? Dentro de cinco anos as usinas em instalação estarão obsoletas, tendo custado uma fortuna à Nação. Isso, para mim, é algo mais que estupidez. É verdade que desconheço os projetos militares. Mesmo assim, acho que há outras maneiras de obtermos nosso plutonio ou até nossa bomba atômica, para falar português claro. Investir 30 bilhões de dólares numa bomba é demais, não acham? Esses recursos nos fazem imensa falta em outros setores. Administrar uma nação de mais de 8 milhões de quilômetros quadrados é um problema sério, que demanda recursos.

Eu estava no Nordeste, pesquisando magnesita, antes de 1964. E fiquei profundamente chocado com a pobreza da região. E, se aparecesse por lá um verdadeiro líder, eu o seguiria qualquer que fosse a sua bandeira, pois pior do que estava não era possível. Basta dizer que nem boi sobrevive naquelas condições áridas. O único animal que se mantém é o cabrito. E a alimentação local passa a ser a chamada "casca de bode". O que segura a região é uma imensa fé religiosa. Andei por lá, senti o problema e acho que a única coisa que segurou foi a fé, pois, se estivesse vivendo no Nordeste, era capaz de sair por aí, clamando por justiça. Ora, se pensarmos que o Brasil joga 30 bilhões de dólares num projeto, no momento dispensável, negligencia toda uma área e uma população, como aquelas, devemos concluir que isto é mais que lamentável. Guardadas as proporções, como me disse o prefeito Olavo Setúbal, em nosso meio são muitos os que imaginam que São Paulo é o Jardim América, o Jardim Paulistano, o Jardim Europa. Nem suspeitam da miséria da periferia. O mesmo se aplica, no resto do País, ao Nordeste.

Voltando à energia, o que acha da medida de racionamento de 10% de óleo?

Absolutamente inócua. O importante, neste momento, para o Brasil, é a manufatura. Ora, para se manufaturar qualquer produto, gasta-se energia, óleo combustível. Então, devemos começar por um levantamento sistemático da indústria nacional, para calcular as possibilidades de substituição do óleo combustível. Por exemplo, por ter iniciado sua industrialização mais tarde, o Brasil começou mais certo na indústria do cimento. Hoje, 70% do cimento brasileiro é produzido por via seca, que importa em menos gasto de combustível. Ora, o governo poderia dar três, quatro anos para a adaptação da produção da via úmida à seca. Depois desse período, seria suspenso o fornecimento do óleo às indústrias que não se adaptassem. Na indústria siderúrgica, dados os progressos logrados, a substituição do óleo combustível, utilizado pelos fornos Siemens-Martin, pelo oxigênio é mais que viável. Aqui também o uso do óleo combustível nos altos-fornos deveria ser proibido. Uma vez estabelecido o volume de óleo realmente demandado pelas indústrias, os economistas determinariam a curva do desenvolvimento desejável e importaríamos somente o necessário para os manufaturados, levando-se em consideração a necessidade de incrementarmos a nossa pauta de exportação.

Sabendo-se que as parcelas de óleo diesel e gasolina variam muito pouco na destilação de petróleo, pelo consumo de óleo combustível sabemos imediatamente o que iremos obter em matéria de óleo diesel, gasolina, querosene etc. Também devemos trabalhar visando à substituição gradativa da gasolina pelo álcool etanol ou mesmo metanol. Isso seria agir com racionalidade. Mas, naturalmente, dá trabalho. Então, é mais fácil baixar uma Portaria, tirânica e irreal, estabelecendo uma redução de 10%. Tudo aqui é analisado, menos a macroeconomia. Temos de considerar as viabilidades, as potencialidades, tomar decisões técnicas e não burocráticas. Todo mundo poderia e deveria participar. Discordei muito dos métodos de Juscelino, mas lembro que quando a Usiminas foi criada, sob seu governo, a implantação foi antecedida de dois anos de estudos. Houve um debate. E aí está a Usiminas, que durante muitos anos foi um exemplo de administração. Agora, a ir como vamos, no campo da energia, vamos chegar a um ponto de estrangulamento. Admitindo-se um crescimento mínimo de 6% ao ano, no setor hidrelétrico, o Brasil terá instalado, até o ano 2000,

80 milhões de kW. Pessoalmente acredito que no setor hidrelétrico poderíamos prever um crescimento anual da ordem de 10%, para compensar a fraca performance de outros setores energéticos. Assim mesmo chegaríamos ao ano 2000 com um potencial hídrico instalado da ordem de 170 milhões de kW, o que seria tecnicamente possível. Mesmo assim, para que viéssemos a crescer 10% anualmente no setor energético da hidreletricidade nestes próximos 21 anos, seria necessário um gasto, a custos de hoje, da ordem de 150 bilhões de dólares. Já este programa tomaria uma enorme parcela do orçamento nacional.

O importante é que este programa seria realizado em mais de 80% dentro do Brasil, sem necessitar de desperdício de divisas. O Brasil se preparou durante vinte anos para o desenvolvimento de sua energia hídrica e, de repente, vemos toda esta planificação seriamente realizada ser colocada num segundo plano, o que considero lamentável. Isso quer dizer que ainda temos tempo para pensar em outras formas de energia. É preciso planificar, estabelecer o mínimo de petróleo que realmente necessitamos. No setor atualmente ocupado pela gasolina, creio que o álcool seria de fato a solução. Mas, evidentemente, fica difícil justificar o incentivo à indústria de álcool e exportar gasolina a Cr$ 1,80.

É uma contradição.

Chocante. Indica algo errado no planejamento. Temos algum tempo, temos muita terra e muita água. O que nos impede de partir para uma solução permanente no setor energético? Os recursos não permanentes são perigosos, pois um dia podem faltar. No Uruguai, em Portugal ou na Suíça, um projeto dessa natureza seria um suicídio. No Brasil, pelo contrário, seria uma solução, pois garantiríamos mais e maiores oportunidades de trabalho, além de tranquilidade. É uma forma de garantir emprego. Vejam, há algum tempo fiz um cálculo de nossos gastos de gasolina por ano e cheguei a 15 bilhões de litros. Se quiséssemos, poderíamos substituir essa gasolina por álcool. Estou partindo da terra não adubada, pois o adubo é um fator importante. Um hectare produz 50 toneladas de cana e de uma tonelada de cana tiraríamos aproximadamente 80 litros de álcool. Calculando-se dessa forma, contaríamos praticamente com 4 mil litros de álcool por hectare cultivado. Então, partindo do volume total de 15 bilhões de litros, poderíamos dividi-lo por 4 mil e teríamos o número de hectares necessários. Levando-se, por exemplo, em consideração que apenas 80% desta área seria aproveitada, concluímos que para os 15 bilhões de litros consumidos necessitaríamos plantar uma área equivalente a apenas 0,6% do território nacional. Este cálculo serve apenas para desmentir como não é tão difícil ou impossível mesmo a solução da substituição gradativa da gasolina pelo álcool. As parcelas então resultantes da substituição gradativa poderiam ser trabalhadas para serem exportadas. Tudo isto gradativamente, gastando-se um mínimo de divisas, desenvolvendo uma tecnologia nacional, e fortalecendo a nossa economia.

E ainda poderíamos exportar e vender essa tecnologia.

Claro, pois não é apenas o Brasil que está às voltas com esse problema. Não excluo o etanol e o metanol. Este último será mais dispendioso e é por isso que me inclino para a solução do álcool etílico. Mas teremos de fazer tudo isso até 2000, pois a partir daí a coisa vai ficar realmente violenta, em termos de energia. Em todos os países do mundo, a despeito de todos os esforços dos governos e da elevação dos preços do produto, o petróleo continua sendo consumido em escala crescente. É assustador, não é? Então, devíamos considerar uma solução brasileira, para eliminar essa dependência e esquecer o que o resto do mundo faz. Não vamos copiar, mas usar um pouco de criatividade. Quando a Escola Superior de Agricultura Luís de Queiroz desenvolveu pequenas destilarias para produzir 1.000 litros de álcool por dia, todo mundo achou o plano ridículo. Não vi nada de errado nisso, a começar pelo respeito à nossa natureza. Creio que é uma solução. Pequenas cooperativas de produtores, por exemplo, poderiam tornar autossuficiente em matéria de combustível uma cidade das dimensões de Americana, por exemplo. Isso daria empregos, criaria riqueza, permitiria descentralizar, garantir estabilidade de mão-de-obra. Caso contrário, se não planejarmos com atenção nosso desenvolvimento, quem dará emprego aos jovens brasileiros em 2000, quando seremos mais de 200 milhões? Daí minha insistência na solução agrícola, mesmo porque a tendência no mundo moderno é cortar emprego. Aqui na Votorantim, por exemplo, temos 45 mil homens. Continuamos crescendo. Mas é claro que a concorrência nos compele a aumentar nossa produtividade e então a gente luta para reduzir o pessoal para 43, 42 mil. É uma aberração, como poderão observar. Mas é o que acontece na prática. Todos nós, naturalmente, trabalhamos para diminuir nossos preços de custo. Todo mundo fala em bem-estar social, mas no fundo todos consideram a produtividade, isto é, como produzir mais por homem/hora. Nisso, o governo Figueiredo está atuando bem melhor do que o de seu antecessor. Ele já chamou os bispos, de vez em quando vai a uma missa, convida alguém para almoçar. E isso é bom, pois tem de haver um entendimento, uma campanha educacional, que envolva a televisão, a imprensa, para reduzirmos nossa taxa de crescimento demográfico, que é de 3% ao ano. Assim, é preciso um entendimento com a Igreja, para educarmos através da imprensa e principalmente através da televisão, sem quebrarmos os dogmas da própria Igreja. A grande massa ignora quais sejam até mesmo os períodos de fertilidade do sexo feminino.

A Igreja se opõe intransigentemente ao controle da natalidade.

Sim. Prega: "Crescei e multiplicai-vos". Mas dentro dos próprios dogmas da Igreja, utilizando-se a imprensa e a televisão, é possível educar o povo brasileiro.

Não se deveria fixar uma prioridade a respeito?

Para mim, em termos de prioridade, o governo deveria considerar o nosso solo, subsolo, saúde e educação. Isso sem se falar da Justiça, que é necessariamente o carro-chefe, pois sem ela nada se faz democraticamente. Solo é produto agrícola, que se deve respeitar; subsolo envolve combustíveis e riquezas minerais. Depois a saúde, pois sem saúde não há produção. E a educação, que é básica.

Qual sua opinião sobre o papel dos bancos, taxas de juros, lucros?

Acho o lucro uma necessidade total, ninguém se estabelece sem visar lucro. Agora, num país pobre como o Brasil, os exageros criam distorções. Antigamente, logo após 64, os setores privilegiados eram os bancos e as empresas hidroelétricas. O setor energético foi altamente privilegiado. Posteriormente, os preços da energia foram achatados e os bancos continuaram como privilegiados. Tenho muitos amigos na área financeira e acho que eles deveriam unir-se, para imprimir outra diretriz — que não lhes traga prejuízo — aos juros. Lembro quando o ministro Delfim Netto fixou o juro a 1,6%. Algum banco foi à falência? Houve uma gritaria geral, pois envolvia uma medida adotada ditatorialmente, mas a verdade é que nenhum banco foi à garra e continuam todos mantendo lucratividade. Agora, para as grandes empresas, os juros estão por volta de 4% ao mês. Ainda assim, acho que os bancos não estão ganhando o que ganharam em 70, 71 e 72, por exemplo, pois essa facilidade no ganho de juros gerou desordens dentro da própria estrutura bancária. O número de assessores que a gente vê agora dentro dos bancos, ganhando rios de dinheiro sem fazer nada, é coisa que assusta qualquer empresário capacitado. Essa situação é prejudicial até mesmo para a própria área bancária e financeira, pois, quando tiverem de retornar a uma taxa de 1,6%, 2% de juros, terão que passar o bisturi, reformular a própria área financeira. Cresceu a taxa de juros e cresceu a má administração financeira. Isso é perigoso, em função do futuro, da hora da verdade no setor financeiro.

E quanto à obrigatoriedade da demonstração dos preços à vista e a prazo?

Teoricamente, é bem pensada. O que pode acontecer é que no preço à vista seja englobada previamente a parcela de juros. Aqui à nossa frente, temos um homem que é um grande comerciante e que transformou sua empresa de comércio em financeira, cobrando juros de 10% ao mês no crediário. Um grande negócio. Nesse caso, não interessa vender à vista. Claro que um país não pode sobreviver dessa forma. Está na hora de acabar com isso. Muita gente vai gritar. Mas é evidente que isso tem de mudar.

Como empresário nacional, por que se desinteressou das entidades de classe?

Uma vez abordei o assunto na Fundação Getúlio Vargas e o pessoal ficou com medo, pois eu disse que as entidades de classe estavam a serviço das multinacionais. Ora, isso, para mim, é normal. O mais forte comanda. Acontece que após 64 o governo procurou desestimular as associações de classe. Uma boa parcela de seus líderes desapareceram.

São poucos os que falam. Ora, acho que se deve fazer falar, temos a obrigação de falar o que se está pensando, no sentido de bem informar o governo. Precisamos de capital estrangeiro para desenvolver o Brasil, é claro. Mas ele deve começar das fundações e não chegar aqui para nos comprar. Infelizmente, há muito empresário nacional procurando vender a sua empresa, seja para o governo, seja para o estrangeiro. Para enfrentar tal situação, é preciso ter um ideal na vida, querer algo mais que ganhar dinheiro. Agora, quando se critica a atual situação, como ocorreu várias vezes, quando se critica uma situação sem o intuito de ferir pessoa alguma, levanta-se logo o representante de uma multinacional, que geralmente é brasileiro, e desanca o autor das críticas.

A propósito, o que tem a dizer sobre a transferência de tecnologia?

O que mais me preocupa é a absorção de tecnologia. É onde se fazem as maiores patifarias no Brasil. Transfere-se tecnologia, paga-se transferência, registra-se contrato no INPI e não se aprende nada. Fica-se na eterna dependência do capital estrangeiro. Importar tecnologia é simples, o difícil é absorvê-la. Na hora de operar, ninguém sabe, pois não há gente competente para absorver essa tecnologia. É difícil, pois são muitos os que copiam e poucos os que criam. Os japoneses aprenderam a absorvê-la, educando-se de forma correta, a partir do preparo cultural da nação. Resultado: hoje pode-se comprar um relógio *Seiko* pela décima parte do preço de um *Rolex*.

Não acha que há uma grande desorganização entre nós, quer no setor patronal, quer no operário? Isso não dificulta qualquer negociação?

Claro, e acho, como disse ao ministro Camilo Penna, que o governo tem de vir a público, dirigir-se a todos nós, ao povo. E não adianta falar em termos de trigonometria, equação diferencial. É preciso coragem para falar, explicar, redefinir. Até para abandonar projetos, compromissos assumidos pela administração anterior. E explicar. Explicar coisas que poucos podem entender, como a exportação da gasolina a Cr$ 1,80. Um motorista de táxi pediu-me que explicasse isto a ele. Tive de dizer que não sabia. O que sentimos é o reflexo de uma desgovernança. Na classe trabalhadora e na classe patronal, um grande desentendimento. É preciso diálogo, mas não há com quem dialogar. Reúnem-se 10 empresários, há 10 ideias e não se chega a consenso. É mais que tempo de se estabelecer uma autoridade moral e cívica. O povo reclama, quer liderança. É o que nos falta. Sempre digo que ocupar uma cadeira de diretor é uma imensa responsabilidade. Não se compra um título de diretor. Pode-se comprar temporariamente o título de diretor de uma empresa, mas, no momento em que se começa a agir de forma impensada e tola, também se começa o processo de desmoralização perante até mesmo os nossos contínuos. Os decretos são baixados e os contínuos, lá fora, ficam rindo, achando graça. É o que me parece que está acontecendo. E é a isso que devemos pôr fim.

20 de maio de 1979

30 O tenentismo é mais fantasia do que realidade

Entrevistadores:
Villas Boas Corrêa,
Lourenço Dantas Mota,
e Antônio Carlos Pereira

Cordeiro de Farias

Nasceu em Jaguarão, no Rio Grande do Sul, em 1901, e morreu no Rio de Janeiro, em 1981. Um dos mais famosos "tenentes", começou sua atividade de revolucionário em 1922 e participou em seguida de todos os grandes acontecimentos políticos e militares da vida do País. Na Coluna Prestes, comandou um dos quatro destacamentos de que ela se compunha. Comandou a Artilharia da Força Expedicionária Brasileira na Itália. Interventor no Rio Grande do Sul durante o Estado Novo e governador de Pernambuco. Fundador e primeiro comandante da Escola Superior de Guerra. Ministro do Interior no governo Castello Branco.

Quando começa a sua longa atividade de revolucionário e conspirador, se nos permite a provocação do último adjetivo? E quando toma a decisão de seguir a carreira militar?

Sou filho de militar. Nasci no Rio Grande do Sul e vim para o Rio de Janeiro aos seis anos. Na época havia duas grandes escolas de ensino médio: o Pedro II e o Colégio Militar. Três de meus irmãos foram para o Pedro II e três para o Colégio Militar, entre os quais eu. Talvez por involuntária influência de meu pai, ao terminar o curso médio resolvi cursar a Escola Militar, onde ingressei bem cedo, aos 15 anos, em 1917. Concluí o curso em 1919. Sou uma turma após o Prestes, o Siqueira Campos e o Eduardo Gomes. Algum tempo depois, começou a crise da "reação republicana" — a luta pela Presidência entre o candidato de Minas Gerais, de um lado, e o Nilo Peçanha, de outro. A crise se agravou por ocasião da volta da Europa do marechal Hermes, ex-presidente, recebido festivamente pelos amigos, e com o escândalo das chamadas "cartas falsas" de Arthur Bernardes. Apoiavam a reação republicana, ou seja, a campanha de Nilo Peçanha, o Rio Grande do Sul, o Estado do Rio, a Bahia e Pernambuco. Era a primeira vez que o Rio Grande tomava uma atitude contra a alternância de mineiros e paulistas na Presidência, a famosa política do "café com leite". Minhas simpatias iam para Nilo Peçanha.

Quando, nesse clima de agitação, se agravou a crise político-militar em Pernambuco, o marechal Hermes passou um telegrama para o comandante da tropa naquele Estado, dando-lhe uma série de conselhos, que podem ser resumidos assim: a política passa e o Exército fica e, consequentemente, não se envolva nos problemas políticos de Pernambuco. O marechal Hermes foi repreendido e, inconformado com isto, enviou uma carta ao presidente. Como consequência, foi preso. Houve então a junção da agitação militar com a agitação política, agravando a crise. Não hesito em dizer que teve mais força a agitação militar. Daí a explosão da revolta de 22 no Forte de Copacabana e na Escola Militar.

Estava então na Aviação. Tínhamos muito contato com unidades da Vila Militar e ficara assentado que um batalhão viria ajudar-nos, pois não tínhamos a menor segurança no Campo dos Afonsos. Realmente esse batalhão veio, mas, como ocorre muitas vezes em ocasiões como essa, em vez de se colocar do nosso lado, ele ficou do lado oposto. Consequentemente, nós que servíamos na Aviação, e que estávamos prontos para voar, fomos presos. Não fui preso nesse mesmo dia, mas dois dias depois. Essa foi a minha primeira prisão, em 1922. Coincidência curiosa: fui mandado para a Fortaleza de São João, ou seja, fiquei preso no mesmo lugar onde hoje se ergue a Escola Superior de Guerra, de que fui fundador.

Depois de seis ou sete meses presos, eu e uma porção de oficiais da Aviação fomos mandados para o Rio Grande do Sul, onde havia uma unidade de Aviação em Santa Maria. Enquanto isso, preparava-se a Revolução de 24 em São Paulo. A data marcada para o início do movimento era 5 de julho, mas, uns cinco ou seis dias antes, recebemos um aviso para que não fizéssemos nada, porque o levante ia ser adiado. Por isso, fomos surpreendidos pelo movimento de São Paulo e, como o governo tomara conhecimento de nosso envolvimento, fomos imediatamente transferidos. Assim, só conseguimos aderir à Revolução em outubro de 24.

O levante das unidades que se solidarizaram com o movimento de São Paulo recebeu a adesão de muitos chefes políticos que tinham comandado tropas na luta contra o governo do Rio Grande. Problemas locais. E eles apareciam com mil, dois mil homens. Em virtude disso, o meu primeiro comandante nessas andanças revolucionárias foi Honório de Lemos, homem de grande valor, mas um caudilho. Estavam conosco nessa ocasião, entre outros Juarez Távora e Ari Salgado Freire. Depois de um combate com tropas chefiadas por Flores da Cunha, que nos pegara de surpresa, houve o esfacelamento da turma que acompanhava Honório de Lemos. Fui então na direção de Uruguaiana, com três ou quatro elementos, e daí passei imediatamente para a Argentina, para me reunir a uma tropa que se tinha levantado ao norte do Ijuí. Dirigi-me para São Luís, uma cidade na fronteira com o Rio Grande, onde me encontrei com Prestes.

Apareceram lá, em seguida, João Alberto e Siqueira Campos. Reunia-se assim o nosso grupo da Escola Militar, do qual Prestes — de quem era amigo desde 1913 — era o líder. Fizemos umas escaramuças lá pelo Rio Grande e tivemos um combate sério quando marchávamos para o Norte. Eu invadi Santa Catarina e procuramos atingir uma região deste Estado que possibilitasse uma ligação com os elementos que se tinham revoltado em São Paulo e que tinham ido para Foz do Iguaçu. Foi preciso abrir uma picada para conseguirmos atingir o objetivo traçado e, quando chegamos a Foz do Iguaçu, depois de uma marcha a pé muito dura e difícil, tinha havido um desastre na posição mais forte que defendia Foz, que era Catanduvas, comandada por Nelson de Mello e Estillac Leal. O Estillac e o Filinto Müller, que também estava lá, conseguiram sair. O Nelson quis ficar, porque os homens que comandava já o acompanhavam há vários meses. Foi então cercado e preso. Restava-nos descobrir caminhos para sair dali. Prestes foi até Foz do Iguaçu representando todos os elementos do Rio Grande, para levar aos chefes da Revolução nossa decisão de continuar de qualquer jeito o que tínhamos decidido fazer.

De quantos homens era constituído esse grupo?

Quando saímos do Rio Grande tínhamos entre 2.000 e 2.500 homens. Mas, à medida em que as coisas iam-se tornando difíceis era natural que os mais fracos ou com outras responsabilidades que não lhes permitissem as andanças que pretendíamos fazer pelo Brasil fossem saindo. Chegamos a Foz do Iguaçu com 800 a 900 homens.

O núcleo do comando era todo constituído de tenentes?

Todos eram tenentes, com exceção do Prestes e do Siqueira Campos, que já eram capitães.

Djalma Dutra já estava nesse grupo?

Não. Nós o encontramos em Foz do Iguaçu. Houve lá uma reunião durante a qual determinados revolucionários decidiram juntar-se a nós com o restante dos elementos vindos de São Paulo. O Miguel Costa e o Djalma estavam nesse grupo.

Decidimos então fazer um pequeno desvio pelo Paraguai, porque não havia possibilidade de subirmos o rio. As tropas do governo já estavam lá e o Rondon, que as comandava, fez um manifesto dizendo que estávamos engarrafados e que a rolha da garrafa estava bem apertada. Fizemos um manifesto às autoridades paraguaias, dizendo que íamos atravessar o seu país até atingirmos Mato Grosso, e garantindo que nada tiraríamos e não molestaríamos os paraguaios que encontrássemos. E assim foi feito. Fomos sair mais ou menos em Ponta Porã.

Aí começou a Coluna Miguel Costa-Prestes. Vinha com o nome de Prestes do Rio Grande, mas demos o comando a um elemento vindo de São Paulo, de grande valor como combatente e homem extremamente decente, que era Miguel Costa. Prestes ficou como chefe do Estado-Maior. Juarez Távora, que também estava nessa região, juntou-se a nós e ficou como subchefe do Estado-Maior. Organizamos então a Coluna Prestes, em princípio com uma divisão entre paulistas e os homens que tinham vindo do Rio Grande. Logo no início da nossa jornada, entretanto, verificamos que eram dois núcleos que não se casavam. Por isso, fizemos um remanejamento e organizamos quatro destacamentos mistos de elementos de São Paulo e do Rio Grande. Eu comandei o primeiro destacamento, João Alberto o segundo, Siqueira Campos o terceiro e Djalma Dutra o quarto.

Como era o processo de tomada de decisão na Coluna? Havia um colegiado?

Mais ou menos, porque éramos incrivelmente amigos. Mas indiscutivelmente o responsável era Prestes. Tudo era combinado com o comandante geral Miguel Costa, mas Prestes era o homem das decisões. Nossas decisões eram tomadas, tanto quanto possível, em reuniões deles dois com os chefes de destacamento. Quando a Coluna foi organizada, com essa hibridez de paulistas e gaúchos, uma coisa ficou estabelecida e era seguida normalmente: um destacamento ficava na vanguarda, outro na retaguarda e dois no centro. Cada destacamento ficava quatro dias na vanguarda e passava para a retaguarda. Esse rodízio era uma matemática. Não me lembro de ter sido quebrado.

A formação dos quatro destacamentos não obedeceu a nenhum critério tático, tendo sido decidida apenas para melhor conciliar os elementos de origens diversas que compunham a Coluna?

A pergunta é muito curiosa. Houve as duas coisas. Para formar a Coluna precisávamos fazer um amálgama desses elementos diversos. O meu subcomandante de destacamento, por exemplo, era um grande oficial da Força Pública de São Paulo.

Diria então que a coesão do grupo era naquele momento o maior dos imperativos?

Sim. Vejamos algumas coisas simples que esclarecem isso. O paulista era mais disciplinado que o gaúcho. Mas não sabia potrear, não sabia carnear, coisas imprescindíveis para os destacamentos. Se ficasse isolado, o paulista não teria meios para se alimentar e conseguir cavalos.

A Coluna nasceu com um projeto definido, objetivos nítidos, em suma, com um programa político?

Não lhes diria que havia um programa determinado, quando iniciamos a marcha. A ideia que tínhamos na cabeça então era a de que não nos entregaríamos enquanto o presidente fosse aquele que criara a situação que levara à insurreição. Queríamos levar ao Brasil uma mensagem de fé, de transformação, queríamos persuadir os brasileiros de que precisavam ter confiança em nós que representávamos a mocidade do País.

Queríamos que esclarecesse melhor o que era essa mensagem.

Nossa mensagem dizia aos brasileiros que era preciso reagir, que as eleições eram uma falsidade, e o governo do Brasil, em vez de ser um governo para todo o país, era um governo apenas para São Paulo e Minas Gerais. Aí há uma coisa interessante a ser lembrada. Pode-se perguntar: "Por que o Rio Grande do Sul, que tinha muita importância na época, concordava com essa situação?" Porque o Rio Grande tinha Pinheiro Machado, que era o grande chefe político nacional. Isso satisfazia o Rio Grande. Mas, quando Pinheiro Machado foi assassinado, o Rio Grande começou a mudar de atitude e acabou aderindo à reação republicana.

Mas, voltando à mensagem da Coluna. As pessoas votavam sem saber bem por que, nem em que estavam votando. Quem sabia disso era o chefe político, que fazia todo mundo votar. Não havia na época um Poder isento que examinasse a lisura das eleições. Elas eram examinadas pelo Congresso aqui no Rio: era o famoso reconhecimento de poder. Era o Congresso que determinava se o eleito era eu ou você. E ele podia decidir-se por mim, mesmo que eu tivesse muito menos votos do que você. O povo do interior do Brasil não recebia a menor orientação ou ajuda, quer do governo estadual, quer do governo federal. Era uma situação lamentável. Daí o problema dos chamados "coronéis", que eram os senhores de baraço e cutelo, os homens que faziam a política, que orientavam, recebendo instruções dos governadores dos Estados. Essa era uma coisa que discutíamos muito com o povo. Onde era possível, fazíamos reuniões para tratar desses problemas. Tínhamos como uma espécie de secretário da Coluna um bacharel, Moreira Lima, que fazia os discursos. O Juarez também gostava de discursar. Quando eles não estavam presentes, nós mesmos nos encarregávamos dessa parte.

Tinham consciência da grandeza do que estavam fazendo? Porque acabaram realizando uma proeza militar maior do que a Longa Marcha de Mao Tsé-tung, e antes dela. Ou isso simplesmente aconteceu?

Isso simplesmente aconteceu, porque conseguimos fazer o que queríamos. E o que queríamos? Não tínhamos nenhuma pretensão de vencer militarmente as forças do governo, mas queríamos percorrer o Brasil levando a nossa mensagem.

Como era a rotina da vida na Coluna? Onde dormiam? O que comiam? Como sobreviviam e tinham forças para o combate?

Encontra-se gado no Brasil inteiro, e os gaúchos principalmente sentiam-se bem, porque dispúnhamos de carne. Conseguíamos arroz, porque havia plantações em muitos dos lugares por onde passávamos. Às vezes atravessávamos períodos de vários dias em que a comida era escassa. Muitas vezes a vida na Coluna se tornava áspera. Um dia li um livro sobre a vida dos pára-quedistas franceses em suas guerras na Ásia, onde se dizia que às vezes eles marchavam dormindo. É talvez um exagero, mas em muitas ocasiões tirava minha pestana de alguns minutos cavalgando, quando o cansaço era grande. Quando não tínhamos cavalos ou quando eles diminuíam, nós todos apeávamos — o Prestes e os comandantes de destacamento — para dar força moral à tropa.

A Coluna andava o dia inteiro?

Não. Dependia da situação. Passamos, por exemplo, dias muito bons e felizes em Goiás, com algumas tropas sem grande valor nos perseguindo. Aí a vida foi calma. Tanto que as únicas fotografias existentes da Coluna são de Porto Nacional. As pessoas aí nos trataram muito bem. Não pude gozar muito essa fase da marcha, porque estava fazendo a vanguarda e tive de ir logo embora.

Dormiam em barracas?

Principalmente em redes, muito usadas nas regiões que atravessamos. Aparentemente éramos uns vândalos com relação às populações das regiões por onde passávamos. Mas como frequentemente voltávamos aos lugares por onde havíamos passado, constatamos que não era bem assim. Passávamos meteoricamente pelas cidades e as tropas do governo, que vinham atrás nos perseguindo, não usavam os mesmos procedimentos nossos. Daí porque o pessoal chamava os elementos da Coluna de "pente grosso" e as tropas do governo de "pente fino". Pegávamos apenas aquilo de que precisávamos: uma calça para substituir a que estava rasgada, por exemplo.

E os combates?

Só combatíamos quando éramos obrigados, ou quando sentíamos que a tropa que nos perseguia era muito fraca.

Como chegaram ao conceito da guerrilha?

Por necessidade, por inteligência. Aliás, por mais que dê tratos à bola, até hoje não entendo a campanha que o Exército pseudamente fez contra nós. O grande segredo da Coluna era a velocidade e a tropa do Exército que nos perseguia, se era de Infantaria, marchava a pé. Nunca compreendi isso, e só encontro uma explicação: eles não queriam nos combater. Eles tinham, por exemplo, o Góes Monteiro, que era uma cabeça privilegiada. Como ele não percebeu isso?

Mas o que explica esta falta de vontade?

Determinados oficiais de cima, bem de cima, eram talvez contrários a nós, mas a massa da oficialidade era a nosso favor. O Castello Branco, que participou de muitos combates contra nós, dizia que não era falta de vontade. Não concordava com essa minha ideia. Alegava que eles não tinham meios.

Quanto tempo andou na Coluna?

A marcha toda. Saímos do Rio Grande, em 1924, e nos internamos na Bolívia, em 1927.

A impressão que dá o seu relato é de que as coisas referentes à Coluna obedeceram a um certo espontaneísmo.

Não. Houve primeiro a ideia preconcebida de levar a nossa mensagem a todos os cantos do Brasil onde fosse possível. Encontrando facilidades, percorremos uma distância que é maior que a distância de um pólo da Terra a outro.

Referíamo-nos ao plano militar, ou seja, as coisas parece que foram sendo improvisadas, espontaneamente. A própria necessidade é que teria forjado muitas das táticas, das decisões.

Certo. Combatíamos de uma maneira contra as tropas provisórias, formadas por aqueles "coronéis", e, quando nos defrontávamos com uma tropa regular, agíamos de outra forma. Só aceitávamos o combate quando ele podia trazer-nos vantagens, ou quando não podíamos evitá-lo. As condições do momento é que indicavam o comportamento de cada destacamento. Às vezes nos engajávamos a fundo, outras vezes não, conforme a força da tropa que nos perseguia. Tínhamos um serviço de informações muito melhor que o das tropas quer do Exército, quer dos "coronéis". Como tínhamos necessidade de cavalos, havia o que chamávamos de potreadas: um grupo de quatro a oito homens que se lançavam para a direita ou para a esquerda para conseguir cavalos. Faziam uma dezena de quilômetros nessa operação e, em consequência, sabíamos de tudo o que estava acontecendo em redor. Raramente fomos surpreendidos.

A direção da marcha era traçada com base em mapas?

Não. Se só agora estamos conseguindo mapas mais ou menos reais, imaginem que naquela época não podíamos dispor de mapas confiáveis. Tínhamos mapas do Brasil e dos Estados, mas eles eram inexatos. Assim, uma das funções da vanguarda era fazer o levantamento do que existia pela frente. Quando deixávamos a vanguarda, entregávamos ao Estado-Maior o levantamento do que chamaria, não de estradas, mas dos caminhos que podiam ser seguidos.

A mensagem política que a Coluna levou ao interior do Brasil teve grande repercussão entre a população, ou foi limitada?

Foi limitada, como não podia deixar de ser. Falávamos para homens que não tinham noção nem do Estado e às vezes nem mesmo do município em que viviam.

Essa mensagem teria tido maior repercussão, se tivesse um conteúdo mais social?

O problema social só foi surgir no Brasil, como tema de discussão, muito tempo depois. Naturalmente, fazíamos campanha nesse sentido, mostrando a vida desgraçada que aquelas populações levavam, sem escolas, sem médicos, sem nenhum recurso. Se quiserem, havia nisso o problema social. Não se usava a expressão "problema social", mas falávamos na miséria em que elas viviam.

A Coluna, por assim dizer, engordava e emagrecia durante a sua marcha, isto é, tinha adesões e defecções, não é?

Sim. Havia defecções também. Mas de uma maneira geral os elementos que tinham vindo do Rio Grande e de São Paulo eram homens que tinham uma ideia clara de que estávamos tentando fazer uma transformação, e por isso entre eles houve poucas defecções. Era muito comum passarmos na frente deles quando estávamos combatendo, e normalmente eles nos seguravam e diziam: "Não fique aí, o sr. não pode morrer". Digo isso para mostrar qual era o sentimento desse pessoal.

A Coluna teve muitas baixas?

É difícil fazer um cálculo, mas devemos ter tido, desde a saída do Rio Grande e de São Paulo, até o início da marcha da Coluna propriamente dita, mais de um milhar de baixas. Vejam bem que não estou falando da Coluna mesmo, mas dos combates travados antes de sua formação pelos grupos vindos de São Paulo e do Rio Grande. Era duro quando a gente tinha baixas. Eu um dia perdi uns vinte homens. Esses soldados da Coluna, pelo exemplo, pelo sofrimento, tinham-se tornado homens conscientes.

Mas vocês queriam saber como era a rotina de vida na Coluna. Disse-lhes que dormíamos em redes. Mas, antes de adotarmos essa solução, dormíamos no chão, usando como colchão o coxinilho, aquelas mantas que os gaúchos colocam em cima da sela do animal. Quando as noites eram calmas, havia muita viola, e a gente se distraía. Havia também os períodos de vacas magras, é claro, quando os cavalos eram poucos e a comida escasseava. Quando se está cumprindo uma missão, essas coisas doem, mas a gente vai se acostumando. Quando precisávamos de roupa ou calçado, tirávamos das casas e deixávamos um documento em nome do governo federal. Munição a gente tirava do inimigo, e transformamos muito o nosso armamento, pegando aquelas carabinas que existiam em grande quantidade no Nordeste naquela época, o chamado "papo amarelo". Os fuzis Mauser nós entregávamos para os atiradores mais hábeis. Munição para metralhadoras só podíamos conseguir tomando das tropas que nos guerreavam. Acabamos a luta com 10 ou 15 metralhadoras, não mais do que isso.

Qual foi o efetivo médio da Coluna?

No Nordeste, uma média de 800 a 900 homens. Às vezes subia para mil e tantos. Em alguns Estados havia muitas adesões, mas em geral esses homens não aguentavam muito tempo. Entravam na Coluna e depois de um ou dois meses iam embora. O rodízio dos destacamentos, como lhes disse, era uma coisa matemática. O destacamento da vanguarda conseguia alimentos, calças, camisas, botinas e alpercatas para seus homens, enfim, ficava farto e passava para a retaguarda. Sofria aí quatro dias e mais oito no centro e voltava à vanguarda.

E a disciplina?

Era uma disciplina fraterna, digamos assim. Houve casos de soldados violarem mulheres, por exemplo, e então uma comissão composta de elementos do Estado-Maior e dos destacamentos julgava o culpado. Nunca fuzilei ninguém e tenho a impressão de que os outros comandantes de destacamento procediam da mesma maneira. Esse era um código secreto existente entre nós. Não conversávamos um com o outro sobre esses casos. Simulávamos o fuzilamento e abandonávamos o soldado à sua própria sorte.

Esse abandono significava uma condenação à morte?

Sim, ele estava condenado a morrer.

Por quê? Não havia condições de sobreviver?

Era muito difícil sobreviver, porque sempre tinha gente atrás da Coluna.

Não lhe parece que essa condenação era até mais cruel?

Talvez fosse, mas dava-se ao homem pelo menos uma chance de se safar. Quando os outros comandantes de destacamento gostavam muito do homem que havia sido condenado, e não queriam matá-lo, eles me entregavam esse elemento. Sabiam que eu não matava. Não tinha coragem de fazer isso, pois se tratava de homens que tinham prestado serviços, que tinham saído do Rio Grande ou de São Paulo conosco. Mas, como eles tinham cometido um enorme erro, não podíamos também permitir que permanecessem na Coluna. Daí aquela solução de simular o fuzilamento e abandoná-los. Era muito duro.

Há um episódio curioso da Coluna, ocorrido na cidade de Piancó, na Paraíba, onde me acusam de ter matado um padre. Recebi uma carta do chefe político dessa cidade, dizendo que a população nos receberia com festas. Fui conversar com Prestes, porque, se seguíssemos o itinerário que passava por Piancó, cortaríamos muito caminho, e ele me perguntou: "Será que não é uma armadilha?" Respondi-lhe: "Acho que pode ser, mas devemos tentar". Ele concordou comigo e me deu permissão para passar por lá, dizendo-me: "Vou soltar um destacamento logo atrás de você, para o caso de haver problemas". Do alto, avistei a cidade toda cheia de bandeiras brancas. Mas na descida até lá fiquei convencido de que era uma armadilha, porque não encontrei homens no caminho. Batia nas casas por onde passava, para ver se havia alguém que pudesse indicar-me o caminho, e só encontrava mulheres.

Quando entrei na praça da cidade, foi uma fuzilaria danada. Perdi uns dez homens que tinham vindo comigo do Rio Grande. Isso era de manhã. Só consegui tomar a cidade, por sorte, mais ou menos às 3 horas da tarde. O último reduto de resistência era constituído por uns 15 homens refugiados numa casa onde estava o padre. Alguém se lembrou de ter visto uma lata de gasolina. Mandei pegar essa lata, fiz nela um buraco e com um lençol fiz uma bucha bem grande que coloquei ali. Arrombamos as janelas, pusemos fogo na bucha e jogamos a lata lá dentro. Houve um estrondo danado e, aproveitando o choque causado, invadimos a casa e prendemos os que estavam lá dentro. Não podíamos fazer tantos prisioneiros e disse ao Djalma Dutra, que tinha chegado com o seu destacamento para me ajudar: "Vamos embora. Você sai com o seu destacamento e abandona esses homens por aí". Era a única solução, pois havia muito nervosismo no meu destacamento por causa da morte daqueles companheiros. Depois, aqueles homens apareceram mortos. Tenho a impressão de que quem mandou matá-los foi um rapaz que é vivo até hoje. E eu passei por assassino do padre. Realmente acabei levando o homem à morte, mas nunca tive o feitio de matar ninguém. Deixar aqueles homens lá, entregues ao seu próprio destino, era a única solução.

Vocês talvez achem isso uma coisa horrorosa, mas é a guerra. E há determinados momentos nos quais ou se faz isso, ou se perde a autoridade sobre os comandados. Principalmente quando se trata da morte de elementos muito queridos na corporação. Nesses casos a reação é grande, o homem se torna bárbaro. As mortes em consequência de um combate normal, e não de uma armadilha como aquela, são sentidas de forma diferente.

Mas vamos continuar com as andanças da Coluna, para terem uma ideia do que foi a marcha. Fizemos todo o Nordeste com essas lutas normais, atravessamos o São Francisco, fomos para a Bahia, chegamos aos limites de Minas Gerais, estivemos aí muito pouco tempo e voltamos sobre os nossos passos, seguindo mais ou menos o mesmo itinerário que havíamos feito, e fomos depois para o Norte para nos exilarmos. Entrei na Bolívia no dia 13 de fevereiro de 1927. Eu e o João Alberto fomos escalados para seguirmos pelo interior da Bolívia até a primeira cidade, que era Santa Cruz de la Sierra, na fralda dos Andes. Permaneci ali, enquanto o João Alberto e o Miguel Costa seguiam para a fronteira com a missão de conseguir dinheiro, que eu deveria levar para Guaíba onde estava o Prestes. Passei lá um mês e meio, muito bem recebido pela oficialidade boliviana, até receber o dinheiro, 80 contos de réis.

Como situaria a marcha da Coluna entre os feitos militares da História do Brasil?

Não é possível uma comparação entre a Coluna e esses feitos. Falemos um pouco mais da Coluna para esclarecer esse ponto. Havia uma dedicação integral aos elementos que comandavam a marcha. Porque a nossa maneira de proceder era no sentido de inspirar confiança absoluta e integral. Quando não havia cavalos em número suficiente, os comandantes entregavam os seus aos elementos feridos, e marchavam a pé. Tínhamos de ser comandantes dando o exemplo: não mandávamos ninguém executar uma tarefa dura sem participar dela. De modo que criamos indiscutivelmente uma liderança. Quanto ao problema propriamente militar, o que fizemos? O nosso objetivo era percorrer o máximo possível o território brasileiro, e o cumprimos. Não podemos comparar isso com nenhum feito de guerra normal. Acho praticamente impossível fazer paralelo entre a Coluna e qualquer outro feito militar do Brasil.

Cumprimos a missão a que nos propusemos. Criamos um clima de simpatia para conosco. Quando passávamos pelas cidades, elas estavam vazias e, quando voltávamos, estavam todos lá para nos receber, inclusive as autoridades. Era o reconhecimento da conduta correta que tínhamos. E ao final ficamos com a fama de ter feito a maior marcha militar conhecida da História. A Coluna fez pouco mais de 20 mil quilômetros, mas cada destacamento fez seguramente 30 mil. Tínhamos de nos afastar frequentemente da Coluna, de modo que a nossa marcha foi maior que a dela propriamente dita.

Depois da Coluna criou-se toda uma legenda em torno de Prestes, que foi na época o grande herói brasileiro. Que perfil traça hoje, com o recuo do tempo, de Prestes e também dos demais comandantes?

Prestes sempre exerceu um fascínio sobre a nossa geração. Era o homem que centralizava todas as decisões da Coluna, embora mostrasse tudo ao Miguel Costa por uma questão de consideração. Todos os demais comandantes de destacamento foram homens excelentes, companheiros maravilhosos. Éramos como irmãos. Sempre faço ao Prestes, como é normal, os maiores elogios. Sou hoje contrário ao que ele defende, mas nunca cortamos as nossas relações. É tal a minha ligação com Prestes que, em 1935, depois de eu ter combatido a Intentona Comunista, mesmo assim a Polícia cercou a minha casa. E fez muito bem, porque se Prestes chegasse lá em casa teria a minha última camisa, os meus últimos dois réis. Quem publicou o manifesto comunista de Prestes, numa hora em que não podia fazê-lo, fui eu. Recebi o manifesto com uma carta em que ele dizia mais ou menos o seguinte: "Como último favor que lhe peço, publique esse manifesto num desses quatro jornais". Esses jornais eram o *Correio da Manhã*, o *Diário Carioca* e dois outros que não me lembro. Passei-lhe um telegrama, pedindo-lhe para adiar a publicação, porque o corpo do Siqueira Campos, morto naquele desastre de aviação perto do Uruguai, estava chegando exatamente naquele dia no Rio. E ele respondeu que não, que a data tinha de ser aquela mesma.

A que atribui essa rigidez na data, que não podia ser alterada?

Nunca pude compreender bem, porque ele era ligadíssimo ao Siqueira. Devia ter compromissos muito firmes para que o manifesto saísse naquele dia. E fiz o que me pediu. Quando voltei da guerra, onde hoje é a avenida Presidente Vargas, vi um sujeito furar aquela multidão e correr para o meu carro. Era o Prestes. À noite, esteve comigo lá em casa. Quer dizer, nunca cortamos as nossas relações. Tenho pelo Prestes uma admiração incrível. Como disse, sou contrário aos seus pontos de vista, mas isso nunca atingiu nossas relações pessoais.

Isso só torna mais valioso o seu depoimento sobre ele.

Mas essa é uma coisa normal. Fomos ligados tantos anos. Fizemos toda a Coluna juntos. Muitos companheiros, inclusive o Juarez Távora, romperam pessoalmente com Prestes, quando ele aderiu ao comunismo. Eu não. O Prestes sabe o que penso, mas nunca publiquei nada pessoal contra ele. Quando foi publicado o manifesto comunista, muitos companheiros romperam até as relações pessoais com ele. Rompi com ele em termos ideológicos, não pessoalmente. No final da vida, o Juarez começou a ter a mesma atitude que eu. Só tive relações meio duras com Prestes, quando ele estava preso.

É curioso. Por quê?

Porque tinha permissão para visitá-lo e ele tinha autorização para falar comigo pelo telefone em caso de necessidade. Mas nessa época ele devia estar muito traumatizado e disse-me: "Ah, não. Amigo meu é aquele que pensa como eu". Respondi-lhe então: "Nesse caso, não venho mais aqui. Você tem o meu telefone para o caso de necessitar de alguma coisa. Posso vir aqui para trazer isto ou aquilo, conversar sobre coisas amenas. Não discuto seus pontos de vista; respeito-os. Mas quero que você também respeite os meus". Mas nem isso fez com que rompêssemos pessoalmente, pois toda vez que nos encontrávamos tínhamos o mesmo carinho um pelo outro.

Como surgiu essa grande amizade?

Já era amigo de Prestes mais de 10 anos antes da Coluna. Fomos companheiros de Colégio Militar, ele um ano na minha frente, e tínhamos afinidades. Antes disso, tinha muitos contatos com a família dele. De modo que esses laços pessoais nunca foram interrompidos.

Se ele hoje procurasse sua casa, agiria como em 35?

Lógico. Por que não? Por que ele pensa de uma maneira e eu de outra? Na minha vida nunca discriminei um homem por pensar diferente de mim, mesmo que fosse meu amigo. Vocês sabem que penetro no MDB por tudo quanto é lado. Por quê? Porque respeito os pontos de vista de todo mundo. Eu sei que não sou dono da verdade. Eu tenho uma verdade, eles devem ter a deles.

A seu ver, o que explica essa ascendência de Prestes sobre a Coluna?

Porque ele tinha sido o primeiro aluno da turma, era um estudante maravilhoso. E todo estudante maravilhoso como ele é respeitado por todos. Ele fazia "cola" para os preguiçosos. Dava aula para o pessoal que chegava mau ao fim do ano. Era um homem que tinha o respeito e a amizade de todo o Colégio Militar e de toda a Escola Militar. Conheci a vida de Prestes na intimidade, frequentava a sua casa. E vi o sofrimento por que passou: foi aluno externo do Colégio Militar para poder dar aulas e arranjar dinheiro para a família não morrer de fome. Tudo isso fazia com que ele fosse muito querido. Prestes tinha uma inteligência fora do comum. Era um homem aparentemente não militar — pelo seu feitio, pelo seu gênio — que tinha uma cabeça privilegiada para problemas militares. Amicíssimo nosso. Um homem que nunca vi num desvio propositado. Antes de aderir ao comunismo, era uma pessoa aberta a todas as discussões.

A partir do momento em que adere ao comunismo, não lhe parece que ele perde um pouco o senso de oportunidade que demonstrara ter em alta dose na Coluna? Há o malogro de 35 e a equívoca aliança com Getúlio Vargas em 45, por exemplo.

O problema aí é que ele se ligou a elementos que não tinham as características necessárias para vencer nas missões que recebiam. Mas vou contar-lhes um outro episódio envolvendo o Prestes e eu. No dia em que rebentou a revolução comunista, recebi a visita de uma pessoa, cujo nome não darei porque ainda é viva. Essa pessoa esteve em minha casa com sua mulher e saiu de lá por volta de dez e meia, onze horas. O movimento eclodiu por volta de onze e meia, meia-noite. Recebi um telefonema do Ministério da Guerra, pedindo-me para ir até lá e conseguir, pelo caminho, alguns oficiais dispostos a me acompanhar. Lá recebi uma missão: ir para a frente do 3º Regimento de Infantaria e não deixá-lo sair do quartel. Deveria receber uns 60 homens da Fortaleza de São João. Pedi que esses homens viessem com muitas armas automáticas, para dar a impressão de uma tropa grande. Cumpri a missão até chegar o general Dutra, que era o comandante da Divisão aqui no Rio, isso ao clarear do dia. Apresentei-me a ele, passei-lhe o comando e contei-lhe o que se tinha passado durante a noite, ou seja, que ninguém tinha saído do quartel.

Passaram-se os dias. Aquele oficial que tinha ido à minha casa, em visita, na noite do levante, fora preso. Eu e o Eduardo Gomes o defendemos no Tribunal de Segurança e ele foi solto. Um dia fui chamado à polícia, e mostraram-me então — nunca entendi por que os comunistas guardam todos os documentos — uma carta do Prestes a ele, dizendo-lhe que devia permanecer lá em casa até tantas horas, porque tinha certeza de que o defenderia no Tribunal.

> Não duvido nem um pouco da verdade do que diz sobre o Prestes que conheceu. Mas o Prestes que conheci como repórter político era rigorosamente o oposto desse de que fala: uma das lideranças mais canhestras e inábeis que já vi. Presenciei Prestes fazer aquela famosa declaração de que no caso de uma guerra entre o Brasil e a URSS ficaria ao lado desta última, durante uma conversa gratuita na sala do café da Câmara. Aquilo me pareceu uma provocação na qual não cairia nem mesmo um vereador do PSD mineiro.

O Prestes era o homem de raciocínio mais rápido que conheci. Mas desde que ele voltou de sua primeira viagem à Rússia, onde ficou alguns anos, passei a acreditar em lavagem cerebral. Mesmo assim, ao ser procurado por uma porção de senadores, quando ele foi eleito após a redemocratização, disse-lhes: "Vocês vão ter um companheiro maravilhoso, um sujeito aberto". Mas o Prestes que conheço hoje é um homem inteiramente fechado, bitolado, que vem sempre com aqueles chavões em cima da gente. Mas posso lhes dizer que foi uma das maiores inteligências que tenho conhecido.

Como explica a passagem dele para o comunismo?

Não compreendo. Fomos para a Bolívia em 27 e já em fins de 28 recebi uma comunicação de que não havia nenhum processo contra mim, a não ser o de deserção, no qual seria facilmente absolvido. Isto porque tinha sublevado um regimento que não me pertencia. Só foram processados os oficiais pertecentes ao regimento. Ficou combinado então que o Prestes iria para a Argentina e eu viria para o Brasil, porque se me pegassem não haveria problema.

Quando Prestes saiu de Guaíba, na Bolívia, era o elemento mais infenso ao problema comunista. Ouvi muitas conversas de Prestes com os jornalistas que o procuravam, nas quais dizia que de maneira nenhuma o Brasil comportava o comunismo. E declarava-se anticomunista. Foi depois para a Argentina e, trabalhador como era, começou a fazer serviços de engenharia. Morava com trabalhadores europeus, quase todos eles comunistas. Tínhamos uma correspondência muito grande. Até a metade de sua permanência em Buenos Aires, suas cartas eram normais. Mas a partir de certo momento comecei a sentir que ele estava mudando, mas não podia adivinhar a razão. Foi a catequese que sofreu. Sinceramente, não sei como se tornou comunista.

Acha que foi a miséria que ele constatou durante a marcha da Coluna pelo interior do Brasil que o impressionou?

Não, porque nesse caso na Bolívia ele já teria manifestado isso. Não sei explicar, mas hoje é triste conversar com Prestes. Por isso tudo, a sua observação sobre ele é perfeitamente exata, como o retrato que traço dele também é perfeitamente exato. Estamos considerando duas épocas de Prestes.

Até agora só se falou da Coluna Prestes, e não da Coluna Miguel Costa-Prestes. Como era a figura de Miguel Costa, que costuma ficar um pouco apagada?

O Miguel Costa era uma figura singular, sem muita base militar, de uma outra geração que não a nossa, mas que sempre mereceu o maior respeito, o maior carinho, a maior amizade pelo comportamento que teve. Nunca foi isolado das decisões tomadas pela chefia do Estado-Maior, que eram todas levadas a ele para serem aprovadas. Aliás, foi o único dos comandantes feridos na campanha. Não se pode esquecer também que ele foi a alma do levante em São Paulo. Enfim, era um chefe que merecia de todos nós o maior acatamento.

Qual foi a sua participação na Revolução de 30?

Tocou-me o problema do Rio, Minas Gerais e Espírito Santo. Felizmente consegui sair-me bem, embora a luta lá em Minas tivesse sido mais árdua que a do Sul. Levamos cinco dias para tomar o quartel do Exército sediado em Belo Horizonte. Esse é um problema delicado, porque os militares mais graduados que eu — não vou citar nomes — eram homens que não podiam compreender o tipo de luta que estávamos travando. Se a tropa do Exército tivesse marchado sobre Belo Horizonte, teríamos sido esmagados. E volta aí aquela minha tese de que os militares na verdade não nos queriam combater. No período de 22 a 30 havia uma série de oficiais mais graduados que eram indiscutivelmente de nosso lado, mas não se definiam. E, quanto aos nossos camaradas, só mesmo quando não tinham alternativa é que nos combatiam. Mas nunca nos moveram perseguição.

O ano de 22 marca uma transformação no Exército, porque até então um número muito grande de oficiais não tinha feito cursos. Eram homens que vinham das guerras de Floriano, logo depois da proclamação da República. Homens de grande valor como combatentes, mas em geral incapazes de compreender o Exército como instituição e o que se deveria fazer por ele. Antes da Primeira Guerra, um grupo de oficiais — que ficaram depois conhecidos como "jovens turcos" — esteve na Alemanha. Eram homens muito capazes. Depois, tivemos os elementos que participaram da guerra. Mas era um grupo pequeno. Depois veio a Missão Francesa. O Estado-Maior fez um concurso, e muitos daqueles homens capazes foram ser instrutores na Escola Militar. De modo que a minha geração teve a sorte de sair da Escola Militar com capacidade de ir para a tropa sem maiores problemas. Mas, até fins de 1919, a Escola ministrava um ensino eminentemente teórico.

Os oficiais de minha geração que foram servir fora do Rio e São Paulo sofreram muito, porque ao se apresentarem em determinadas unidades ouviam mais ou menos o seguinte do comandante: "Isto aqui é uma família, e não venham com essa história de instrução de tropa, porque isto só serve para agitar o quartel". Aqueles homens que fizeram o concurso para a Escola Militar, na época da vinda da Missão Francesa, e foram ser os nossos instrutores, formaram o grupo da chamada "missão indígena". Essa "missão indígena" transformou inteiramente a Escola Militar. De modo que todas as turmas a partir de então podiam ir para os quartéis aptas a exercer qualquer função. Em consequência, houve uma separação entre esses oficiais e os antigos chefes militares, uns de grande valor, mas que não tinham apreço pela instrução das unidades. Essa revolução se processou a partir de 1919.

É verdade que em 30 chegou-se a oferecer o comando da Revolução a Prestes?

Não. Isso ocorreu entre os elementos revolucionários — Siqueira Campos, João Alberto, enfim, todos os que tinham contato com ele naquela ocasião — e o Prestes. Nunca houve no Rio Grande uma ideia assentada sobre isso. Mas creio que se Prestes não se tivesse tornado comunista teria uma situação fora do normal.

Poderia ter sido o presidente da República?

Aí já é meio difícil. Vocês conhecem bem o problema de Getúlio, que era um homem com umas características muito boas, mas com um amor verdadeiramente enorme à Presidência.

Getúlio Vargas já saiu como o chefe natural da Revolução?

Exatamente. Mas Prestes poderia ter tido uma importância muito grande, mesmo com Getúlio presidente, e talvez não tivéssemos algumas daquelas coisas que se passaram depois.

Qual foi a sua posição com relação à Revolução Constitucionalista de 32?

Cheguei de Minas no dia da posse de Getúlio e já estava nomeado para o gabinete do ministro da Guerra. Fui depois promovido e transferido para São Paulo, onde cheguei depois da saída de João Alberto, quando já era interventor o Laudo de Camargo. Um dia, talvez por ordem do Rio, o secretário de Segurança convidou-me para ser chefe de Polícia. Deixei esse cargo antes de rebentar a Revolução. Pedro de Toledo já era o interventor, e aliás insistiu muito comigo para aceitar uma missão do Estado de São Paulo no Exterior. Não aceitei, é claro. Depois voltei para o Rio. Quando rebentou a Revolução, o ministro da Guerra deu-me ordens para seguir para o Paraná para de lá agir contra São Paulo. Fiz toda a campanha. Quando terminou a luta, estava perto de Itapetininga. Tive uma pena tremenda daqueles meninos de São Paulo e nunca fiz um ataque frontal a eles, porque eram rapazes que nunca tinham pego num armamento. Fazia um envolvimento e prendia todos. Só combatíamos mesmo quando encontrávamos uma tropa regular.

Quando percebeu que eles estavam tão despreparados militarmente?

Logo nos primeiros combates. Vi que eram meninos que não tinham a menor instrução militar, filhos das melhores famílias. Tratamos esses rapazes com um carinho fora do comum. Mas fui contra a Revolução de São Paulo. Por quê? Porque era a volta da politicagem de São Paulo. Eles queriam voltar à "política do café com leite". Os velhos políticos paulistas é que fizeram toda a agitação.

Voltei para o Rio e algum tempo depois fui novamente nomeado chefe de Polícia em São Paulo. Acho que foram os dias mais difíceis pelos quais passei em minha vida. O interventor nomeado ainda não tinha chegado e por algum tempo fui a única autoridade lá. E São Paulo pegando fogo. Houve ataque à polícia uma vez, brigas de rua, mortes de lado a lado. Mas eu era muito amigo dos estudantes, desde a primeira vez que chefiara a Polícia lá. E um dia me deu um estalo que foi muito benéfico para São Paulo. Mandei chamar uma porção de estudantes que se tinham evidenciado na luta e conversei com eles praticamente uma noite inteira, convencendo-os de que São Paulo não podia continuar naquela situação. Disse-lhes que só via uma solução: que eles tomassem conta do policiamento da cidade. Eles concordaram e dei-lhes uma braçadeira de identificação. Naturalmente havia fiscalização sobre eles, o que qualquer um em meu lugar faria. E esses meninos foram de uma utilidade verdadeiramente incrível. Acalmaram São Paulo. Quando vi que a situação se acalmara, e como o interventor já tinha chegado, disse a ele que estava muito cansado e fui para o Rio Grande. De lá pedi demissão do cargo de chefe de Polícia. Mas estou convencido de que a Revolução de São Paulo seria uma desgraça para o Brasil, porque era um revanchismo dos elementos que estavam viciados pela maneira de agir do período anterior a 30. Assim vejo 32.

Gostaríamos que fizesse uma apreciação do tenentismo, que falasse da sua importância e das ideias do grupo.

O tenentismo teve uma grande importância no Nordeste. Quase todos esses jovens foram um sucesso político, como é o caso de Juracy Magalhães, na Bahia. Outros passaram meteoricamente por alguns governos de Estados nordestinos. Houve muita agitação em torno do tenentismo, que não tem a significação que lhe dão. O tenentismo, de forma geral, é uma coisa mais de fantasia do que de realidade. A menos que consideremos tenentismo a reunião dos tenentes das épocas anteriores a 30, incluindo os elementos que tomaram atitudes políticas de 22 até a Coluna Prestes. Mas não existia mesmo nesse caso nenhuma base de união. Grande parte de nossos companheiros não conhecia determinados grupos que podiam ser intitulados de tenentistas.

Não havia ideias gerais comuns?

Formaram-se várias organizações, como o Clube 3 de Outubro, para discussão de problemas, mas elas nunca pesaram como grupo para coisa nenhuma.

Não havia uma ideologia ou um programa?

Não, nada disso existia.

O levante comunista de 35 marcou muito o Exército, como se sabe. Foi porque ele se sentiu ferido em sua honra, como afirmam os que combateram o levante?

Feriu sim, e essa é uma singularidade do movimento de 35. Aliás, foi a única vez em que vi praticamente todos os generais que serviam aqui no Rio indo para a frente de combate.

Está convencido de que realmente o procedimento comunista foi excepcional ou — como afirmam outros — teria sido a propaganda anticomunista que envolveu esse movimento na capa com a qual entrou para a história?

Foi uma barbaridade mesmo o que aconteceu. Não posso concordar que tenha sido um problema de escândalo criado pelos anticomunistas, porque as mortes ocorreram. Na Escola de Aviação, onde o Eduardo Gomes foi ferido, o número de mortos não chegou a uma dúzia, mas ficou perto. E houve oficiais que foram mortos dormindo. Aqui no Rio, houve uns dois casos desses no 3º Regimento.

Em 35 houve essas coisas miseráveis, que não chamo de deslealdade, porque foram feitas por homens treinados para aquilo. Posso achar que o Antônio — para usar um nome qualquer — é um salafrário, porque fez isso. Mas o Antônio estava embebido de uma orientação e convencido de que estava salvando o Brasil. Os comunistas perderam muita coisa no Brasil por causa daquele levante.

O que chocou no levante de 35 foi o fato de ser comunista, ou de usar os métodos que usou?

Pelas duas razões, mas principalmente pelos métodos.

No caso do integralismo, tanto quanto no do comunismo, houve a inclusão do elemento ideológico e doutrinário. Como explica então que não se tenha criado no Exército a mesma ojeriza pelo integralismo?

Explico isso pela seguinte razão: o integralismo fez o seu movimento, mas não cometeu nenhum dos excessos dos comunistas em 35, quer dizer, o seu impacto na população foi diferente. E não se pode esquecer que o integralismo era uma força que tinha conseguido muitos adeptos na elite.

> *O ataque integralista ao Palácio Guanabara, em 38, não teve também aspectos chocantes? Atacou-se a residência do presidente da República e houve um tiroteio que visou toda a sua família, além dele próprio. Tanto que a repressão posterior aos integralistas parece que foi muito mais violenta.*

Afirma-se que o Bejo, irmão do presidente, matou vários revoltosos numa guarita situada numa elevação perto do Palácio. Não é verdade, e posso dar um depoimento exato do que se passou. Eu era interventor no Rio Grande do Sul e tinha vindo ao Rio, depois de uns quatro meses de governo, para alguns contatos. Hospedei-me num hotel pegado ao Hotel Glória. No mesmo dia, encontrei-me com o ministro da Justiça, Francisco Campos, que me disse: "Hoje completamos seis meses no novo regime e vou fazer um discurso com um relato do que tem sido o governo. E, como todo mundo afirma que você foi levado à força para a interventoria do Rio Grande pela sua amizade por Getúlio, mas que é contra o Estado Novo, gostaria que fosse me ouvir". Repondi-lhe: "Você sabe que sou contra, nunca deixei de declarar isso, mas vou".

À noite, já no hotel, sou acordado por um amigo que me dizia que rebentara a rebelião integralista. Cheguei a pensar que se tratava de uma arapuca qualquer para mim, pois achava estranho que esse movimento surgisse poucas horas depois de um discurso no qual o ministro da Justiça afirmara que o Brasil vivia num regime de ordem e tranquilidade. Mas quando abri as janelas do quarto ouvi uns tiros lá pelos lados do Arsenal de Marinha. Fui para a chefia de Polícia, para tentar saber de alguma coisa. O chefe nessa época era o Filinto Müller, que me disse: "Fomos inteiramente surpreendidos. Não tenho nem guarda-costas aqui na Polícia hoje". Pouco depois chegou o general Dutra, então ministro da Guerra, com um pequeno ferimento na orelha, fruto de sua tentativa de entrar no Palácio. Pediu-me que fosse para a frente do Palácio e lá esperasse alguns homens que ia me mandar para que eu entrasse. O general Dutra enviou-me uns quarenta homens. Um dos telefones do Palácio não fora cortado e falei com Alzira Vargas que nos indicou uma entrada existente pelo campo do Fluminense. Quando entrei no Palácio, encontrei o presidente, Bejo e um outro rapaz armados apenas de revólveres. O tiroteio já era pequeno e disse ao presidente que ele podia ir deitar-se, porque a situação estava sob controle. Uns 35 a 40 homens dos que participavam do assalto ao Palácio se entregaram. O comandante do ataque, Severo Fournier, não estava mais lá. Digo-lhes que não houve nada com esses prisioneiros, porque não saí do Palácio antes de colocá-los num caminhão e mandá-los para a Polícia. Fui até aquela guarita onde se diz que Bejo fuzilara vários homens e nada constatei.

Parece que a vingança foi depois, na Polícia, não é?

Ah, esse é um outro problema. Não posso dizer nada sobre isso, porque não sei.

Há pouco declarou que numa conversa com o ministro da Justiça disse-lhe que não concordava com o Estado Novo, ou seja, sua posição com relação a esse ponto era muito clara. Por que então continuava no cargo de interventor?

Essa história de interventoria é muito curiosa. Estava servindo no Rio Grande, como chefe do Estado-Maior do general Daltro Filho, que era o comandante da região. O Daltro estava muito doente, já morrendo, e nessa ocasião Getúlio visitou o Rio Grande. Tive então de fazer-lhe as honras da casa. Numa festa oferecida ao presidente, disse-lhe durante uma conversa: "Conheço todo o Rio Grande, mas não a cidade em que nasci, que é Jaguarão". E ele perguntou meio surpreso: "Mas você é do Rio Grande? Pensei que gaúcho fosse um irmão seu, o Gustavo". Expliquei-lhe que não, que Gustavo era de Vassouras, no Estado do Rio. Nesse momento a conversa foi interrompida, porque recebo um recado de que o general Daltro tinha piorado. Pedi licença para retirar-me e o presidente disse que no dia seguinte, às 9 horas iria ao hospital fazer uma visita ao general Daltro. Encontramo-nos então outra vez no hospital e a certa altura ele pediu que lhe arranjassem uma sala onde pudesse conversar reservadamente comigo sobre problemas militares. "Não quero conversar nada sobre problemas militares, disse-me logo que nos fechamos na sala. Quero conversar sobre a política do Rio Grande. O general Daltro está muito mal e os médicos não têm esperança de salvá-lo. Por isso, quero saber qual a sua impressão sobre os problemas do Rio Grande." Respondi-lhe mais ou menos o seguinte: "Presidente, o sr. precisa nomear um substituto para o general Daltro que seja capaz de conservar esse secretariado de governo que está aí, porque ele é formado por elementos capazes e representa uma junção das forças políticas gaúchas. Outra coisa: o sr. não nomeie gente de fora. Deve ser alguém do Rio Grande." E fui por aí afora, praticamente indicando-me para interventor, sem me dar por isso. "É por essa razão, disse ele, que quero conversar com o sr. O sr. é que vai ser o interventor." Respondi, completamente surpreso: "Eu? Não, presidente, não ouvi o que o sr. disse. Não aceito e peço-lhe o obséquio de pensar em outro nome do Rio Grande, que seja capaz de manter o secretariado que aí está, que não tenha partido e seja um homem de grande gabarito". Mas ele continuou irredutível: "Não, a minha decisão está tomada".

O general Daltro morreu ainda quando o presidente estava no Rio Grande. Ele voltou em seguida e 30 dias depois fui chamado ao Rio. O decreto de minha nomeação como interventor já estava publicado no *Diário Oficial*, e Getúlio disse-me: "Agora, você não pode recusar, porque senão vai me desmoralizar". Não ia fazer isso, porque gostava muito dele. E devo ter me sentido vaidoso com a nomeação também. Tinha 35 anos e ia governar um Estado como o Rio Grande. Devo ter tido fraquezas.

Como começou sua amizade com Getúlio Vargas?

Conheci toda a sua família no Rio Grande. Tinha com ele uma intimidade que me deu antes mesmo de ter sido governador. Sempre tive dele as maiores delicadezas possíveis. Suas qualidades contrabalançavam com uma vantagem muito grande os seus defeitos.

Parece ter conservado no Estado Novo um status *especial, em função dessa amizade e de outras circunstâncias.*

É verdade. Por exemplo: havia censura jornalística em todo o Brasil, menos no Rio Grande. Governei o Estado no meu estilo de mandar. Vocês vão perdoar-me a falta de modéstia, mas acho que fiz um grande serviço no Rio Grande e consegui agrupar como meus auxiliares homens de posições antagônicas e de grande valor. Vocês vão espantar-se com isso, mas a minha impressão do Estado Novo é a melhor possível. Passei cinco anos e meio no governo do Rio Grande e nunca recebi nenhuma solicitação do presidente da República, nem observações sobre se o que eu estava fazendo era ou não do agrado do governo federal. Tive, por exemplo, liberdade total e absoluta para resolver o problema alemão durante a guerra. Quando pedi que fossem retirados do Rio Grande vários funcionários diplomáticos alemães, inclusive o cônsul-geral, recebi uma carta do general Góes Monteiro, então chefe do Estado-Maior do Exército, dizendo que eu estava atrapalhando a política internacional do Brasil. Respondi-lhe com uma carta muito dura, afirmando que não mudava de forma alguma a política que estava seguindo. Como ele era membro do governo, aconselhava-o a levar sua queixa ao presidente, para que eu fosse exonerado de meu cargo.

Passaram-se uns meses e, quando vim ao Rio conversar com o presidente, contei-lhe o que se havia passado. Colocou as mãos para trás, e começou a andar, como fazia quando ficava nervoso, e perguntou-me, tratando-me formalmente dessa vez: "Coronel, eu algum dia lhe fiz a menor censura ou lhe dei conselhos para agir de maneira diferente de como vem fazendo no Rio Grande?" Respondi que não e ele observou: "Então, o sr. receba cartas de quem quer que seja, responda se quiser e se não quiser não responda. Acho que o sr. está procedendo muitíssimo bem e consequentemente não mude sua conduta".

Quem integrava o grupo germanófilo do governo?

Era o triângulo Dutra, Goes Monteiro e Filinto Müller.

Eles eram decididamente pró-alemães, ou apenas simpatizantes?

Apenas simpatizantes. Eram muito frequentadores da Embaixada alemã. Mas não posso dizer se essa simpatia era especificamente pelo tipo de governo da Alemanha de então. A simpatia do Góes Monteiro, por exemplo, era mais pela parte militar, sobretudo no período de vitórias da Alemanha. Sou dos que pensam que Getúlio não torcia pela Alemanha. Vocês não podem se esquecer que ele governava um país fraco. De modo que a sua orientação era a de não criar nenhum problema com a Alemanha, para o caso de ela sair vencedora do conflito. Mas vejam que ao mesmo tempo ele tinha a seu lado, como ministro do Exterior, um homem abertamente antigermânico, como Oswaldo Aranha. É muito difícil alguém poder afirmar isso de forma taxativa, mas a minha impressão é que Getúlio foi sempre mais do lado dos Aliados. Acredito que, daqueles três germanófilos, talvez por um problema de descendência, o maior torcedor da Alemanha fosse realmente o Filinto Müller. Mas essa é também uma impressão, não uma certeza.

O fato de não fazer nenhuma ressalva ao Estado Novo deve-se apenas à posição especial de que gozava no Rio Grande do Sul?

Sim, à conduta que tiveram comigo no Rio Grande.

Passados já tantos anos, e abstraindo o seu caso pessoal, que julgamento faz do Estado Novo?

Mas eu estou muito dentro do meu caso pessoal, porque governava o Rio Grande, Estado natal do presidente, e sempre tive liberdade completa e absoluta. E não tenho uma ideia correta do que se passou nos outros Estados.

Quando entra para a FEB?

Exatamente quando deixei o governo do Rio Grande. Havia pedido oficialmente ao presidente da República, ao ministro da Guerra e ao chefe do Estado-Maior, desde que rebentou a guerra, que, se fosse haver alguma ação concreta do Brasil, queria participar dela.

Já era general?

Sim, fui general aos 40 anos e estive como general-de-Exército durante 14 anos. Sou contrário a essa lei existente hoje no Exército, que limita o tempo de permanência no serviço ativo, em cada posto, porque quando o homem está maduro vai para casa, quer dizer, deixa o serviço muito moço ainda. E não se formam mais lideranças. Tenho a impressão de que as lideranças no Exército terminaram há muito tempo. Há bons elementos que nunca tiveram oportunidade de exercer liderança.

Entrou para a FEB na fase de organização?

Sim.

Qual era a situação operacional do Exército na época?

Má. Há as armas coletivas, que dependem exclusivamente dos quadros de oficiais, ou seja, nas quais o comando tem uma ação muito grande, como é o caso da Artilharia e da Engenharia, e existe a grande arma de sacrifício, que é a Infantaria, porque sua qualidade depende basicamente dos homens que compõem seus escalões mais baixos. Por isso a Infantaria é uma arma incrivelmente difícil de ser preparada. A Artilharia, a Engenharia e o Batalhão de Saúde estavam numa boa posição. Mas a Infantaria se fez realmente durante os combates. Depois do inverno na Itália, ela já estava bem preparada.

Mas aqui no Rio, durante a preparação, as coisas foram feitas da maneira mais desastrosa possível. Nunca compreendi a razão disso. Como sabem, uma divisão de Infantaria tem três regimentos. O normal seria que reuníssemos imediatamente esses regimentos aqui no Rio. Mas eles foram distribuídos da seguinte forma, sendo reunidos apenas uns dois ou três meses antes da partida para a guerra: um no Rio, que era o Regimento Sampaio, outro em São João Del-Rey, em Minas Gerais e outro em Caçapava, em São Paulo. Consequentemente, não se formou um amálgama dessas três unidades. No Rio ainda se tentou fazer alguma coisa, mas nos outros regimentos a instrução foi precária.

Quem teve a ideia de separar os regimentos?

O general Dutra, ministro da Guerra. Argumentava que queria enviar elementos de todas as partes do Brasil. Essa era uma coisa que tinha sua razão de ser, mas não naquelas circunstâncias, com o pouco tempo de que dispúnhamos para treinar a tropa.

Quer dizer que a instrução foi muito precária?

No caso da Infantaria, sim. No das outras armas, não.

Para quem fez a Coluna Prestes, nas condições que narrou, a vida na Itália foi muito dura?

Comparada com a da Coluna Prestes, a vida na Itália foi a mais gostosa que se poderia ter: boa comida, posto de comando com cama, todas as coisas programadas. Uma vida de príncipe.

E o moral do soldado comum na Coluna Prestes e na guerra?

Indiscutivelmente o moral na Coluna Prestes era melhor, porque todos viviam os dramas de todos, desde os comandantes até o último soldado. Por causa da dedicação, do amor dos elementos que faziam parte da Coluna havia um sentimento maior de agremiação, de confiança ilimitada entre aqueles homens que se viam todos os dias, todas as horas, o que não acontecia na Itália.

Mas o moral da tropa foi bom na guerra?

Foi sempre bom. Tivemos um desastre no começo, o que era normal, mas isso aconteceu apenas uma vez: uma tropa de Infantaria que teve um momento de pânico.

Apesar de seus feitos, que ninguém contesta, a FEB não teve nenhuma importância militar decisiva no quadro geral do conflito, não é?

Nenhuma, nenhuma, embora tivéssemos sido empregados nas operações militares mais duras. Não estávamos lá exclusivamente para fazer presença, não.

Então, por que o envio da Força Expedicionária à Europa?

A primeira ideia foi a de o Brasil enviar um corpo de Exército, mas com a organização que tínhamos na época, e sobre a qual lhes falei, enviar uma divisão como fizemos já foi muita coisa. Quando terminou a guerra, tínhamos uns 25 mil homens, contando as reservas que deviam substituir os mortos e feridos. Mas, respondendo mais diretamente à sua pergunta: acho que o envio da FEB obedeceu a motivos políticos, ao fato de o Brasil querer crescer no conceito dos americanos. Isto não quer dizer que o Exército não quisesse enviar tropas à Europa, pelo contrário. E não se esqueçam que já na Primeira Guerra nossa Marinha participara do conflito. Enfim, após a Segunda Guerra conseguimos um lugar ao sol. ainda que pequeno. E só não conseguimos maiores vantagens quando se fez a paz, porque na ocasião não tínhamos ministro das Relações Exteriores, tínhamos um ministro interino.

Só por isso?

Lógico. Se tivéssemos um ministro como Oswaldo Aranha, que sabia movimentar-se na cena internacional, as coisas teriam sido diferentes.

Quais foram as razões que levaram o governo, após todo o sacrifício da FEB, a criar uma situação como essa, retirando Oswaldo Aranha do Ministério das Relações Exteriores?

Por incrível que pareça, acho que isso estava ligado ao problema da sucessão presidencial. O Oswaldo era o candidato natural e invencível. É a minha impressão.

Já se tramava a permanência de Getúlio Vargas no poder?

O grupo no poder já sentia naquela época que a mentalidade com que voltariam da Europa os oficiais que participaram do conflito atrapalharia os seus planos. E há também um outro aspecto a considerar, no qual entra indiretamente o ministro da Guerra, general Dutra. Já naquela época ele almejava a Presidência da República e era de seu interesse retirar o Oswaldo da disputa antes de nossa volta da guerra.

Oswaldo Aranha, pela posição que assumira desde o início do conflito, francamente contra o Eixo, era o candidato preferido dos Aliados?

Não acredito que tenha havido uma intervenção dos Aliados nesse sentido. Independentemente de sua ação interna no Brasil, o Oswaldo era um nome universal, pelo menos na perspectiva americana. Porque durante todo o período da guerra ele dirigiu as reuniões interamericanas havidas aqui, além de tomar parte saliente nas reuniões de caráter internacional realizadas fora do Brasil. E internamente a sua posição era a de um homem que foi um orientador seguro do governo naquele período difícil que o Brasil atravessou.

> *Diz-se com insistência que os oficiais que participaram da FEB voltaram da Itália com o propósito de derrubar o regime de Estado Novo e instaurar a democracia no País.*

Não havia essa ideia. Ao que eu saiba, nunca houve na FEB conversas de oficiais nesse sentido. Não se esqueçam que já havia então duas candidaturas presidenciais lançadas, a do Dutra e a do Eduardo.

> *Mas concorda que a participação brasileira na guerra foi um fator determinante na queda do Estado Novo, independentemente de ter havido ou não um acordo entre os oficiais para provocar esse desfecho?*

Sim, esse foi um fator determinante da abertura política que era necessária por vários motivos, inclusive pelo contexto internacional da época.

Mas essa pergunta me faz entrar num outro assunto paralelo a esse. Quando chegamos da Itália, o presidente esteve a bordo — fizera a mesma coisa quando fomos — e, ao sair, disse-me: "Preciso falar com o sr. (ou você, não me lembro, pois ele me tratava das duas maneiras)". Respondi-lhe que não: "Não posso conversar com o sr. porque não tenho a menor ideia do quadro político brasileiro no momento. Esperarei passar uns dez dias e depois o procurarei".

O Eduardo Gomes e eu somos como irmãos. De modo que lhe contei logo o convite que me havia feito o presidente e perguntei-lhe se, como candidato, concordava que eu tivesse contatos desse tipo com Getúlio Vargas. Ele me pediu para não deixar de fazer esses contatos e, depois da minha primeira visita ao presidente, estabelecemos uma maneira de agir:

nas vésperas de ir ao encontro de Getúlio, eu lhe comunicaria os assuntos que tinha a intenção de tratar e, depois do encontro, eu lhe faria um relato do que pensava o presidente. Evidentemente, comuniquei também ao presidente que agiria assim, pois outro não poderia ser o meu comportamento. Tive uns dez encontros com Getúlio nessas condições. O tema dessas conversas era a sucessão presidencial, e eu colocando cada um a par do que o outro pensava sobre o problema. O presidente achava que, talvez, a melhor solução fosse a retirada dos dois candidatos. Um dia o Eduardo pediu-me: "Verifique que nomes de outros candidatos ele cita, no caso das duas atuais candidaturas serem retiradas". Transmiti-lhe essa pergunta do Eduardo, ele pensou bastante e respondeu: Salgado Filho, Góes Monteiro, João Alberto, e acrescentou: "O quarto nome é o do sr.". Reagi imediatamente: "O sr. por favor não pense nesta hipótese de maneira alguma, pois, como sabe, sou como irmão do Eduardo Gomes. E não iria manter esses entendimentos com o sr., se passasse pela minha cabeça a ideia de que eu pudesse ser candidato. Não sou homem capaz de fazer isso com o Eduardo". Mas ele se limitou a responder: "Aja como quiser, mas o sr. é o meu candidato". Disse-lhe que agradecia muito, mas que nunca seria candidato.

Acreditou na sinceridade do presidente ao lhe dizer isso?

Não, absolutamente. Ele estava querendo fracionar o nosso grupo. Quando contei o caso ao Eduardo ele explodiu com a liberdade de linguagem de um amigo íntimo: "Mas você é um cretino, por que não aceita?" Respondi-lhe: "Porque não sou burro. Mesmo que eu quisesse ser candidato, e não quero, não teria nenhuma possibilidade, pois o que Getúlio está querendo é criar embaraços". As conversas continuaram e um dia o Eduardo pediu-me para perguntar ao presidente se eram procedentes os rumores de que o governo pretendia antecipar as eleições estaduais, em vez de realizá-las, como já estava previsto, juntamente com as eleições presidenciais e para o Congresso. Se as eleições estaduais fossem realizadas antes, sob o governo dos interventores, com a máquina governamental pesando sobre os resultados, o desfecho das outras eleições estaria indiretamente comprometido. "Absolutamente isto não é verdade e pode dizer ao Eduardo que nada vai ser modificado no calendário eleitoral", respondeu o presidente, acrescentando uma expressão gauchesca: "A gente não muda de cavalo ao atravessar o rio". Contei isso ao Eduardo, mas pouco depois de nossa conversa ele me telefonou para dizer que o calendário eleitoral ia mesmo ser mudado. Disse-lhe que não podia acreditar naquilo, tendo em vista a garantia do presidente, e pedi-lhe que verificasse melhor a informação. Uma hora mais tarde ele ligou dizendo que um de seus informantes, funcionário da própria Imprensa Oficial, vira o ato modificando o calendário, que devia ser publicado ainda na tarde daquele dia.

Em vista dessa nova situação, pedi uma audiência ao presidente. Não consegui a audiência e, então, mandei-lhe um recado dizendo que não o procuraria mais. Tinha de buscar, consequentemente, uma nova forma de acompanhar de perto os acontecimentos e procurei João Alberto, então chefe de Polícia, meu amigo e companheiro da Coluna. "Não acredito que Getúlio vá continuar, disse-me ele. Mas se eu deixar a Chefia de Polícia este será um sinal de que não tenho mais confiança no que estou lhe dizendo." E ele prometeu avisar-me antes, se fosse deixar a Chefia de Polícia. Dois dias antes de deixar aquele posto ele me avisou. Perguntei-lhe a quem iria passar o cargo e disse-me que era para o Bejo Vargas. Comuniquei o fato imediatamente ao Góes Monteiro e ao Eduardo. Antes disso, com o crescimento do movimento "queremista", tinha conseguido de Góes a realização de reuniões periódicas dos generais servindo no Rio. Ao saber da próxima saída de João Alberto, Góes disse que ele se demitiria no dia em que Bejo tomasse posse. Fizemos uma reunião e, quando o Góes comunicou aos generais que estava demissionário — nessa época já era ministro da Guerra — levantei-me e disse que concordava com a sua decisão, mas que fazíamos um apelo para que ele deixasse de ser ministro de Getúlio e aceitasse ser ministro das Forças Armadas. Já tínhamos preparado tudo para que essa sugestão recebesse apoio integral e ele aceitou. Na mesa estavam o Góes no centro, o Dutra de um lado e o Eduardo de outro. Dutra fez um apelo ao Góes para que não colocasse nenhum militar na Presidência e indicou o nome de José Linhares, presidente do Supremo Tribunal Federal. O Góes virou-se para mim: "Você vá ao Getúlio e diga-lhe (a essa altura já havia tropas na rua) que ele não é mais presidente da República. Diga-lhe que ele terá todas as garantias para ir para onde quiser, mas que tem de sair do

Rio". E coube-me essa missão danada de comunicar a Getúlio a sua saída. Mas não havia outra solução.

Como se passou essa entrevista com o presidente?

Estava lá no Ministério da Guerra o ministro da Justiça, Agamenon Magalhães, e pedi-lhe que me acompanhasse ao Palácio. Chegando lá, ele entrou e anunciou ao presidente que eu trazia a decisão tomada na reunião dos generais. Ficou lá uns cinco minutos e depois eu entrei. Lá estavam o presidente e Bejo, sentado num canto. O presidente recebeu-me friamente. Transmiti-lhe a mensagem de que era portador. Bejo interveio, mas não respondi.

Intervenção malcriada, irritada?

Digamos que foi uma intervenção não afetiva. Logo em seguida disse a Getúlio: "Presidente, o sr. precisa enviar uma pessoa ao Ministério da Guerra para dizer para onde deseja ir. Não há necessidade de que o sr. saia amanhã, nem depois de amanhã. Mas a guarda do Palácio já não é a mesma. E as pessoas que estão aqui, ao saírem, não poderão mais voltar". Perguntou ele: "Mas o sr. não quer me representar?" Respondi-lhe que não podia, porque estava do outro lado.

Ele ouviu tudo isso álgido, gelado, sem comentários?

Exatamente: álgido, gelado, sem comentários. Limitou-se a dizer: "Então é uma deposição sem sangue?" Ao que respondi: "Sim, sem sangue, a menos que seus partidários resolvam defendê-lo, pois nesse caso vamos lutar contra eles. Mas a sua pessoa é intangível". Sugeri-lhe que enviasse seu ministro da Justiça como representante ao Ministério da Guerra e ele concordou.

A seu ver, por que Getúlio Vargas torpedeou sistematicamente a candidatura de Oswaldo Aranha?

É difícil responder, mas a minha impressão é que Getúlio temia que, com um homem íntegro e fascinante como Oswaldo Aranha na Presidência, seu prestígio político diminuísse muito.

> *No governo Dutra, o sr. foi o fundador e o primeiro comandante da Escola Superior de Guerra, cujas doutrinas, a partir de 64, passaram a ter uma influência muito grande na política brasileira. Qual foi a origem da ESG?*

Ela foi pensada pelo chefe do Estado-Maior na época, general Salvador César. Ele foi aos Estados Unidos e ficou sabendo que por ocasião da Primeira Guerra a indústria desse país tivera grandes dificuldades para se converter em indústria de guerra. Criou-se então, no princípio da década de 20, o "Industrial College", que reunia engenheiros militares e empresários com capacidade de, no caso de um novo conflito, converter rapidamente suas indústrias em indústrias bélicas. Os resultados dessa iniciativa não tardaram: por ocasião da Segunda Guerra, os Estados Unidos transformaram-se do dia para a noite nos fornecedores de material bélico para todos os Aliados, inclusive os russos, no período difícil que atravessaram logo após a invasão nazista. Mas na Segunda Guerra os americanos sentiram que havia uma outra dificuldade a ser vencida, que era a falta de entrosamento entre o Departamento de Estado e os chefes militares. Criou-se então o "War College", reunindo militares, políticos e diplomatas. O general Salvador César achou interessante e importante essa experiência americana e decidiu fazer algo semelhante aqui. Estava comandando a guarnição do Paraná, quando recebi a visita de um emissário do general Salvador César que me contou toda essa história e me disse que o governo, por indicação do EMFA, escolhera o meu nome para a organização de uma escola brasileira naqueles moldes. Recuei diante dessa imensa responsabilidade. Mas logo em seguida recebi um telegrama do Rio dizendo que o presidente Dutra já assinara o ato que me transferia para o Rio com a incumbência de organizar a Escola.

Vim para o Rio e aqui recebi a visita de três oficiais americanos — homens de grande valor, principalmente o da Aeronáutica — mas que queriam transplantar para o Brasil o "War College". Discordei dessa ideia, pois achava que as nossas condições eram diferentes. Para convencê-los, viajei com eles um mês pelo País, do Amazonas ao Rio Grande, para que sentissem a realidade brasileira. Aceitaram o meu ponto de vista de que aqui deveríamos fazer uma escola inspirada, mas não copiada do modelo americano. Pedi ao EMFA um ano para organizar a Escola, em lugar dos seis meses que me queriam dar. E tracei as normas básicas: a Escola seria um centro de estudos, com igualdade de elementos civis e militares; os problemas seriam discutidos numa situação de absoluta igualdade e não existiria a figura de alunos, pois todos os que frequentassem esse centro de estudos estariam num mesmo nível. A julgar pela qualidade dos homens que entraram na Escola no ano seguinte ao da sua inauguração, acho que ela foi um sucesso. Principalmente porque era uma coisa nova: uma escola pluridisciplinar e sem a figura do aluno. Um centro de estudos, em suma.

Como viu a volta de Getúlio Vargas ao poder em 50, por meio de eleições, e como reagiu a isso?

Nessa época comandava a região militar que com base no Recife — não existia então o IV Exército — englobava uma área que ia da Bahia à Amazônia. Um dia fui procurado pelo governador de Pernambuco e, numa longa conversa, ele se mostrou muito preocupado com o governo de Getúlio. Já nessa época afirmava-se no Rio que o presidente estava com problemas que diferenciavam em muito a sua ação da do período precedente em que estivera no governo. Dizia-se que ele não era mais o orientador do governo em sua magnitude e que estaria sendo influenciado pelas pessoas que o cercavam, muitas das quais eram partidárias de que ele permanecesse no governo além do período normal. Muitos afirmavam que deveríamos tomar cuidado para que isso não acontecesse e que, em consequência, deveria ser levado para o governo de Pernambuco alguém que tivesse uma visão mais ampla dos problemas do Brasil. Ou seja: era um convite para que eu me candidatasse. Não aceitei, mas a pressão sobre mim continuou. Vim ao Rio pouco depois, conversei com muitas pessoas e vi que havia um sentimento generalizado em todas elas com relação à necessidade de que tínhamos de nos preparar para agir na hora certa, se os acontecimentos tomassem o rumo que temíamos. E acabei aceitando a candidatura. Mas nesse meio tempo houve todos aqueles acontecimentos aqui no Rio, culminando com o suicídio do presidente e, em vista dessa nova situação, tendo desaparecido os motivos que haviam motivado a minha candidatura, fiz uma proclamação propondo ao meu opositor a nossa desistência conjunta. Ele não concordou, tive de continuar e fui eleito. Mas, como disse, o objetivo de minha candidatura tinha sido o de criar uma vanguarda em Pernambuco para comandar um movimento que não permitisse o continuísmo, para fazer com que o presidente Getúlio cumprisse o seu mandato e deixasse o poder.

Como governador de Pernambuco participou, ainda que indiretamente, da administração de Juscelino Kubitschek. Que juízo faz hoje desse governo?

Ele fez muita coisa. E Brasília, que muita gente achava uma verdadeira desgraça quando estava sendo construída, fez muito bem ao Brasil. Juscelino era um homem que tinha seus defeitos, mas que tinha também suas qualidades. E era muito humano. Tirar a Capital do Rio e levá-la para o interior do país foi algo que trouxe um desenvolvimento fora do comum. Fortaleceu a unidade do Brasil. Muitas das ações dos governos que se sucederam seguiram um caminho baseado no procedimento de Juscelino. Fui contra a sua candidatura, mas nunca fui perturbado por ele no governo de Pernambuco por essa razão. Teve erros, como quase todos os presidentes, mas foi o iniciador de uma série de coisas maravilhosas.

Teve influência na sucessão de Juscelino?

Não. Apenas fui torcedor de Jânio Quadros. Não me arrependo de ter votado nele. Somos amigos até hoje.

Como explica a renúncia?

Sinceramente, só posso entendê-la como fruto de um homem que não estava raciocinando no dia em que fez isso, e que não tinha a seu lado pessoas capazes de contê-lo.

Não acha que foi uma tentativa de golpe branco? Ele poderia ter renunciado para provocar um movimento de reação contra a posse de João Goulart e negociar em seguida com as Forças Armadas a sua volta com poderes excepcionais.

Tenho a impressão de que vocês estão fantasiando. Aquilo foi um acesso de loucura de Jânio, que teria sido neutralizado se ele tivesse a seu lado homens capazes de contornar a situação. Ele não teve habilidade para se juntar ao Congresso. Achava que o Congresso o torpedeava em todas as coisas. Mas tinha facetas verdadeiramente admiráveis. Durante seu governo estava na chefia do Estado-Maior das Forças Armadas e naturalmente levava-lhe problemas e sugestões. Percebi que tinha um defeito: queria fazer tudo logo. Ponderava-lhe que era preciso tempo e fazia-lhe enormes relatórios, que ele devorava rapidamente, anotando todas as dúvidas. É um homem que tinha vontade de levar este Brasil para a frente. Mas seus auxiliares, principalmente os mais ligados a ele, eram homens que estavam fartos de Brasília. E Jânio não os deixava sair de lá. Brigavam muito comigo quando lhes dizia isso, mas penso que eles receberam aquilo com alívio e por isso não forçaram Jânio a mudar de ideia. Estive em Brasília na véspera da renúncia, para tratar com os ministros da Aeronáutica e da Marinha dos problemas da aviação embarcada, o caso do porta-aviões "Minas Gerais". Depois de resolvidos os problemas, falei com o presidente pelo telefone. Para vocês verem como não existia nenhuma ideia de renúncia na cabeça dele nesse dia, disse-me que queria fazer a primeira experiência com o porta-aviões durante a visita do presidente do Uruguai, que deveria chegar ao Brasil dia 1º de setembro. E, sem perceber que esse não era um problema meu, ainda me disse: "O sr. (ele sempre tratava a gente cerimoniosamente) prepare o problema do protocolo". Expliquei-lhe que não podia fazer isso, porque essa parte competia ao Itamaraty. Deixei Brasília às 9 horas da noite e quando cheguei ao Rio o Lacerda já estava fazendo o seu famoso discurso pela televisão. Nessa noite tentei falar com os auxiliares de Jânio e não consegui.

Logo depois, houve a surpresa do gesto da renúncia. Ele estava num acesso de loucura ao renunciar. Já lhe disse isso. E disse mais: "Se eu estivesse em Brasília naquele dia, não poderíamos mais estar aqui conversando, pois o sr. estaria brigado comigo até hoje. Eu o teria prendido". Ele se assustou, e eu expliquei: "Prender no caso teria sido não deixá-lo vir para São Paulo, mas levá-lo para a casa de Pedroso Horta ou de outro de seus auxiliares para ficar lá até voltar à normalidade". Era um presidente de ideias muito interessantes, mas que queria avançar violentamente e sem entrosamento com o Congresso. Eu não tinha nada a ver com política, porém conversei com ele sobre isso, fazendo algumas ponderações. Sua resposta foi: "Deixe passar esses três primeiros meses de governo, depois começo a fazer o entrosamento com o Congresso. Foi o que fiz em São Paulo".

Não concede nada à hipótese da tentativa de golpe?

Não, porque não posso compreender que ele quisesse dar um golpe sem conversar com elementos militares, pelo menos com os que estavam mais próximos. Se alguém — qualquer que seja o seu valor e a sua posição — vai para a rua tentar uma coisa dessas, sem que ninguém esteja preparado, fica sozinho. Não, não houve conspiração. Ele teve uma crise mental e tomou aquela atitude. Pelo menos esse é o meu ponto de vista.

Não deixa de ser curiosa a sua versão.

Jânio é assim mesmo em suas agitações. Mas em seus períodos de calma, que são a regra geral, é um homem fora do comum.

Entrou na conspiração subsequente à renúncia para impedir a posse de João Goulart?

Não tive nenhuma participação nisso. Achei que os ministros militares de então fizeram uma tolice e tinham de aguentar com as suas consequências. Não se podia ferir a Constituição, pois iríamos assim criar situações muito delicadas. Por isso fui completamente contrário ao que queriam os três ministros militares e disse-lhes isso.

Mas mesmo assim aceitou a determinação dos ministros militares para tentar assumir o comando do III Exército, que se tinha rebelado.

Sim, porque fizeram um movimento no Sul para trazer João Goulart à força para a Presidência. Achava que se devia cumprir o que estava na Constituição, pois afinal ele fora eleito, mas me opunha a que isso fosse conseguido pela força.

Acha que mesmo sem a resistência organizada no Sul João Goulart tomaria posse?

Tomaria posse, sim. Não tenham dúvida quanto a isto.

Vamos passar agora para as origens, vida, paixão e morte do Movimento de 64. Quando começa efetivamente a conspirar?

Comecei a conspirar mesmo, efetivamente, em 63. Na época eu era general-de-Exército sem função. Digo sempre aos meus amigos que tenho uma condecoração que não aparece: fui o único general das três Forças Armadas que, sendo o oficial superior mais antigo desse posto, não teve um único dia de punição durante o governo Goulart.

Teve tempo integral para conspirar?

Exatamente. O Exército tirou-me tudo: ajudante-de-ordens, carro oficial. Não tomei conhecimento de nada disso e senti-me livre para andar por onde quisesse. A não ser o Norte, percorri o Brasil inteiro. O movimento não engrenava no setor militar, porque havia muita incompreensão, e por isso passei a trabalhar entre os civis. Sou dos que defendem a tese de que a Revolução foi feita pelas mulheres brasileiras, principalmente as de Minas e São Paulo. Todas as pessoas que não estiveram, como eu estive, nesse setor, poderão achar a minha afirmação fora de propósito. Mas a verdade é que o Exército acompanhou aquilo. Acho que nunca ouvi tantos desaforos na minha vida como os que me foram ditos pelas mulheres de São Paulo na antevéspera da Revolução. Elas me diziam então o seguinte: "Mas o que os srs. querem mais que façamos para que tenham a coragem de vir para as ruas?" Baixei a cabeça, porque elas estavam absolutamente certas. Mas fiz-lhes um pedido: "Façam uma outra marcha, mas só admito essa marcha se conseguirem colocar umas duzentas mil pessoas na rua, para fazer uma grande agitação em São Paulo".

Pois bem, uma hora depois do início dessa marcha, nosso maior trabalho era pedir pelo amor de Deus para que não viesse mais gente para o centro da cidade. Elas levaram mais de um milhão de mulheres para a marcha. E em frente aos quartéis faziam os apelos mais candentes.

Por que a seu ver a Revolução estourou em Minas primeiro?

Essa é uma coisa pouco clara ainda. E também houve depois a disputa entre os generais Mourão Filho e Carlos Luiz Guedes, que discutiram até o fim da vida sobre quem tinha efetivamente iniciado o levante. De qualquer forma, tudo aquilo foi feito em combinação com o então governador Magalhães Pinto. Mas voltando um pouco atrás, o primeiro governador de Estado que me procurou foi Adhemar de Barros, que determinou ao comandante da então Força Pública do Estado que se colocasse à minha disposição e passasse a receber instruções minhas, ou seja, praticamente entregou-me o comando da polícia paulista. Além de Adhemar de Barros, também os governadores de Minas, Paraná, Santa Catarina e Rio Grande do Sul deixaram-me o campo livre para agir.

E Carlos Lacerda?

Grande conspirador, mas nunca tive muito jeito de conspirar com ele. Era um homem com o qual, para mim, era um pouco difícil tratar. Por isso, tinha mais contatos com seus auxiliares do que com ele próprio.

Mas, voltando a Adhemar, eu o conhecera bem na época em que éramos ambos interventores, ele em São Paulo e eu no Rio Grande. Antes de praticamente entregar-me o comando da polícia paulista, ele me telefonou dizendo que queria muito falar comigo aqui no Rio. Contou-me então que no dia em que fizera o primeiro comício em sua campanha para voltar ao governo paulista recebera um emissário do presidente João Goulart, pedindo-lhe que fosse a Brasília. Hospedou-se no Hotel Nacional e lá cruzou com Prestes e toda a cúpula do Partido Comunista, que também tinham entrevista marcada com o presidente. Goulart disse a Adhemar que precisava fazer modificações na estrutura brasileira, mas de maneira vaga, sem esclarecer bem as coisas. Em vista disso é que Adhemar me disse que desejava entregar-me o comando das articulações em São Paulo, para que começasse a trabalhar no sentido de evitar a concretização dos planos do presidente. Magalhães Pinto também conversava comigo todas as vezes que tinha entrevista com Goulart. Dizia-me: "O Jango prometeu-me isso e aquilo, mas não acreditem porque ele não vai fazer nada disso. Preparem-se porque Minas está à disposição de vocês".

Coordenou então uma parte importante das conspirações durante muito tempo.

Sim, até o final, quando passei tudo para o Castello Branco. Aliás, nos documentos que fazíamos para ser distribuídos nas guarnições militares, já o pintávamos como o chefe da Revolução, embora sem dar o seu nome.

Como funcionava a conspiração no terreno prático, ou seja, dispunham de recursos humanos e financeiros?

Recebi muito dinheiro de São Paulo, de modo que dispunha de recursos para enviar gente para todo o Brasil. A direção de O *Estado de S. Paulo* organizou um comitê de civis para angariar fundos. Recebemos muito dinheiro desse comitê. Aliás, depois da Revolução, sobrou um milhão de cruzeiros da época, que devolvemos. Para que precisávamos de dinheiro? Exclusivamente para pagar viagens e estadas de pessoas que enviávamos para todo o Brasil.

Derrubado o governo de Goulart, como é que se formou o consenso em torno do nome de Castello Branco?

O consenso militar já estava formado quando o governo caiu. Isto não impediu a existência de algumas disputas aqui no Rio, porque apareceu uma porção de candidatos, entre eles os generais Kruel e Mourão Filho. O Costa e Silva também devia ter suas veleidades, porque estava no Ministério da Guerra. De qualquer forma, tenho a impressão de que haveria agitação, se o escolhido não tivesse sido o Castello.

Foi solidário com Castello Branco durante todo o período de seu governo, ou chegou a divergir dele em algum ponto fundamental?

Divergimos apenas num ponto: eu achava que Castello não podia ter cedido às pressões de Costa e Silva, por ocasião da sucessão. Castello tinha alguns candidatos à Presidência, a maioria civis. Bilac Pinto, por exemplo, era um dos que ele mais apreciava.

Daniel Krieger também?

Também ele. Fui amigo de Costa e Silva até o fim, mas considerava-o despreparado para a Presidência e consequentemente fui contrário à sua candidatura. No auge da crise, Castello disse-me: "Estou numa situação difícil e acho que devemos evitar um movimento militar". Fui franco na resposta: "Castello, eu preferiria que você fosse deposto a aceitar um compromisso desses". Mas isso nunca abalou nossas relações pessoais.

Chegou a ter atritos com Costa e Silva?

Nunca. Mas ele fazia uma campanha danada contra mim, porque me considerava candidato do Castello.

Não havia um pouco de verdade nisso?

Pode ser, mas o Castello nunca conversou comigo sobre isso. Castello havia marcado uma data para começar a cuidar da sucessão e o Costa e Silva se antecipou a ela.

A técnica do fato consumado?

É isso. O Krieger, por exemplo, que era muito amigo do Costa e Silva, danou-se comigo por causa de minha posição. Mas depois, com aquela sua enorme generosidade, procurou-me: "Aqui estão as minhas mãos para a palmatória". Porque alertei todos para o que era o Costa e Silva. Mas com relação a ele devo fazer uma ressalva, para se ser justo: era uma figura humana muito boa.

Castello Branco tinha um projeto político definido e esse projeto era a Constituição de 67?

Castello queria entregar o poder a um civil.

E encerrar o ciclo revolucionário?

Exatamente. Encerrar o ciclo revolucionário com a Constituição de 67.

Como explica essa mudança tão grande havida no quadro brasileiro depois de Castello, em consequência da qual foram eleitos mais quatro presidentes militares?

Castello não conseguiu o que queria e os que vieram em seguida tinham uma mentalidade diferente.

Apenas uma questão de mentalidade?
Bom, talvez tenha havido aí também a pressão do elemento militar.

Costa e Silva também tentou fazer uma Constituição democrática antes de adoecer.
Sim, e essa é uma homenagem que se deve prestar a ele.

A seu ver, o AI-5 faz parte da própria dinâmica do Movimento desencadeado em 64, ou foi um desvio dele?
Não. O AI-5 já é do tempo do Costa e Silva e, portanto, não pode ser considerado como coisa do programa da Revolução.

A Revolução propriamente dita termina com Castello?
Sim.

Como definir então o que veio depois dele?
Governos militares que se sucederam. Felizmente veio Geisel, que teve a coragem de deixar o Exército em sua função maior, prestigiado, mas nunca como elemento de pressão sobre o governo. Geisel sempre considerou muito as Forças Armadas, mas não se sujeitava a elas. É preciso dizer, em defesa do Exército, que eram poucos os elementos que agitavam para que se fizesse isto ou aquilo.

Há uma questão à qual é impossível fugir: é a acusação de tortura envolvendo os órgãos de segurança e uma parte do Exército.
Nunca me envolvi nisso, porque sempre fui inteiramente contrário a esse tipo de prática. Essa minha posição, bastante conhecida, é atestada por um fato que vou lhes contar. Esse episódio ocorreu durante o governo Médici. Uma noite apareceu lá em casa um elemento, ex-combatente, não sei se da Infantaria ou Engenharia, e de cuja fisionomia não me lem-

brava. "Estou condenado, não aguento mais viver escondido e por isso vim me entregar ao sr." — disse-me ele. "A mim?", perguntei surpreso. "Sim, porque se eu for apresentado pelo sr. tenho certeza de que vão me respeitar. E então posso cumprir minha pena." Tive um trabalho danado naquela noite, pois minha impressão era de que essa pessoa estava meio fora de si.

Telefonei ao general Sylvio Frota, então comandante do I º Exército, e expliquei-lhe a situação. "Olhe, marechal — disse ele — vou verificar se esse homem está mesmo condenado ou mentalmente perturbado e volto a ligar-lhe daqui a pouco". Logo depois ele telefonou: "Esse homem está mesmo condenado. O que deseja que eu faça?" Pedi-lhe então: "Mande buscá-lo em minha casa. Mas quero que assuma tais e tais compromissos". Sua resposta veio prontamente: "Não precisa se preocupar com isso. Sou contra violências e pode ficar tranquilo". No dia seguinte recebi a visita de um oficial, que veio vestido à paisana. Olhei-o meio surpreso e ele explicou: "Como o sr. está estranhando que eu esteja assim, aqui estão minhas duas identidades". Uma era da polícia e outra de oficial do Exército. Nunca mais vi aquele homem que me procurara, mas sei que o respeitaram devidamente. Mas tive uma tristeza muito grande com tudo isso. Havia muitos oficiais do Exército que se tinham transformado em espiões.

Não teve nenhum outro contato com pessoas torturadas?

Não, a não ser o caso desse homem, que me disse que havia apanhado muito da primeira vez que fora preso. Aliás, devo dizer que consegui soltar muita gente aqui desta sala.

A que atribui o desvio nesse sentido de uma parcela do Exército?

Deu-se poder de mando a pessoas jovens ainda e esses homens passaram a se considerar os garantidores, os defensores do Brasil.

Acha que se pode dizer que também esses elementos sofreram uma lavagem cerebral?

Devem ter sofrido, ou então já eram assim.

É otimista com relação às perspectivas que se abrem nesse início do governo Figueiredo?

Sou um eterno otimista. Estou convencido de que vamos atravessar um período muito difícil, mas que, se houver compreensão dos dois partidos e a inflação for contida, vamos ter momentos felizes. O general Figueiredo esteve bastante tempo no governo e deve ter uma tarimba muito grande. Creio que a inclinação dele é para a abertura. Digo mesmo que ele só não a fará se não tiver forças para isso. E acredito até que, se ele não conseguir isso, é um homem capaz de abandonar o governo.

Ele "arrebenta", como disse?

Sim, ele arrebenta, quer dizer, deixa o governo espontaneamente.

Teve dois grandes feitos militares em sua vida: a Coluna Prestes e a participação na Segunda Guerra. Qual desses dois momentos lhe toca mais o coração?

A Coluna Prestes. Tenho também uma alegria fora do comum por ter participado, como brasileiro e como militar, da Segunda Guerra. Mas o que me toca mais, porque me deu uma visão maior do Brasil, é a Coluna Prestes.

Teve algum contato com Arthur Bernardes — seu grande inimigo na época da Coluna — depois que ele deixou a Presidência?

Sim, na Revolução de 30. Foi um encontro tranquilo e ouvi de Arthur Bernardes a declaração de que tinha cometido um erro muito grande — o de não nos conhecer. Foi a única vez que conversei com ele lá em Minas Gerais.

3 e 17 de junho de 1979

31 Poesia e cinema, as artes que sobreviverão

Entrevistadores:
Frederico Branco,
Nilo Scalzo e
Lourenço Dantas Mota,

Lívio Barreto Xavier

Nasceu em 1900 em Granja, no Ceará, e morreu em São Paulo em 1988. Formou-se pela Faculdade de Direito do Rio de Janeiro em 1923. Foi militante trotskista até meados da década de 30. Ensaísta, crítico musical, crítico literário e jornalista, trabalhou nos Diários Associados *de 1929 a 1948 e, depois, em* O Estado de S. Paulo.

Vamos recuar um pouco no tempo para apresentar-lhe a primeira pergunta, Lívio: como era o mundo intelectual paulistano, quando você arribou em São Paulo?

Bem, parece que vocês querem saber dos intelectuais que conheci em 1929, antes da Revolução. Já tinha trabalhado no *Diário da Noite*, em 1926, como redator, uns três ou quatro meses. O jornal era dirigido pelo Plínio Barreto, e o secretário era Pedro Ferraz. Como veem, era uma espécie de edição vespertina do *Diário de S. Paulo*. E fui ficando. Estou aqui há mais de 50 anos.

Meio século.

Pois é, de nordestino ou de carioca, pouco me resta: questão de sotaque e alguma preferência de paisagens urbanas e de culinária. No mais, sou paulista, é verdade, de Macaé.

O que queríamos era que nos desse sua impressão do quadro intelectual paulista, do mundo que aqui encontrou ao chegar.

Olhem, não pretendo dizer que a atual *intelligentsia* de São Paulo seja boa ou ruim. Mas pode-se admitir que a de antes de 30 era gente mais fina. A vida também era mais restrita. Tive de viver por pura necessidade profissional entre essa gente toda: isso desde 1926, pois o meu primeiro emprego de jornal foi o de crítico de teatro, o que me valeu certa notoriedade, por ter desancado o Dario Niccodemi, autor e diretor de grande cartaz na Itália e na França. Mas desde 1926 conheci o Mário de Andrade e o Oswald de Andrade, que eram chefes de fila, chefes de grupo. Vocês sabem, naquela época persistiam razões para o Movimento Modernista, como coisa nova, como produto de uma evolução. Talvez por isso a situação me contentava, aquela agitação intelectual me satisfazia. Depois da Revolução de 30, porém, tudo mudou. São Paulo, principalmente, mudou muito. Parece que mudou completamente o ritmo de vida, não só do intelectual, mas o viver de todo mundo. Em São Paulo, essa transformação foi marcada pela Revolução de 30. Daí ela parecer-me fundamental, não apenas na História de São Paulo, mas na do Brasil. A partir de então, passaram a prevalecer duas ideologias: ou bem o sujeito era comunista ou simpatizante, como se dizia então, ou era de direita. Foi a partir daí que se formou o integralismo.

E, nessa divisão, situou-se à esquerda?

Claro. Eu era comunista. Não com rótulo de trotskista — não existia trotskismo nessa época, viria muito mais tarde —, mas mais como oposicionista. Entrei na política como comunista, como oposicionista.

Quanto ao trotskismo?

Está claro que não existia pelo menos fora da Rússia. Isso quer dizer que Trotsky teve ainda a particularidade de ter sido exilado dentro do próprio país.

Antes dessa fase, houve em São Paulo um movimento anarquista substancial, que posteriormente foi engolido e devorado pelos comunistas. Assistiu a essa transformação?

De perto. Quando cheguei, em 29, o PC praticamente não tinha a menor importância. O movimento operário era controlado, de fato, pelos anarquistas.

De origem italiana?

Eu diria que de origem europeia em geral. Isso pode ser explicado, pois o grande e rápido desenvolvimento da indústria demandou muita mão-de-obra e o operariado cresceu. As organizações operárias apareciam como coisa do anarquismo: os sindicatos eram praticamente corporativos, pois sua constituição era quase espontânea.

Como a "União das Classes Laboriosas"?

Não. Como "A Liga Lombarda". Eram ambas sociedades civis, organizações culturais e beneficentes, mas a maioria dos seus sócios era italiana ou descendente, ligada assim ao velho e tradicional liberalismo peninsular. O anarquismo era, de fato, em São Paulo, uma grande força no meio operário. E até entre os intelectuais. Basta dizer que o Partido Comunista foi fundado aqui por militantes anarquistas que constituíram a sua primeira direção. Caso único na Terceira Internacional e provavelmente no mundo inteiro. Depois de 30 o papel de Luís Carlos Prestes foi muito grande, pois ainda era tido como o Cavaleiro da Esperança, por causa da façanha da Coluna que percorrera todo o Brasil. Quando ele se exilou na Bolívia e depois na Argentina, o PC aproveitou-se muito bem disso, mandando-lhe enviados, livros, literatura...

Doutrinadores?

Sim, mas o Prestes não se decidia. Tanto que nós, os oposicionistas, mandamos para lá o Aristides Lobo, que tinha sido expulso pela polícia do Rio. Aí o Prestes já se achava na Argentina. Além do Aristides, também pedimos ao Mário Pedrosa que fosse falar com ele, convencê-lo. Mas ele não se decidia, ia ficando por lá.

Vacilava?

Não. Não sei precisamente qual era o objetivo dele. Um ano depois mudou completamente de atitude, foi para a Rússia.

Onde se enquadrou.

Acho que essa fase é importante. Fui indicado pelo Aristides, nessa ocasião, para fazer um jornal em Buenos Aires, que seria controlado pelo próprio Prestes. Por felicidade — ou infelicidade, não sei ao certo — eu estava de bagagem pronta quando rebentou a Revolução de 30 e recebi instruções do Prestes para não partir. Então, fiquei em São Paulo, para prosseguir aqui meu trabalho, sem perspectivas imediatas. Olhem, isso é uma reflexão à parte, para mostrar como era fluida a situação, mesmo politicamente, para o movimento revolucionário.

Mas acho que demos um pequeno salto, estávamos tratando do movimento anarquista, que chegara a ser tão forte e que no entanto foi engolido pelos comunistas.

Foi porque não era tão bem organizado. Tratava-se de uma organização pouco mais que instintiva do operariado. Havia, de fato, uma organização básica, que era a *Federação Operária de São Paulo*, controlada pelo nosso amigo Edgard Leuenroth. Controlada teoricamente, pelo menos. O Everardo Dias também teve papel importante nesse movimento. Ideologicamente, o movimento anarquista tinha suas razões, mas aqui em São Paulo a organização era precária. Ainda assim, tinha raízes sólidas.

Foram anatematizados pelo PC?

Não, pelo Batista Luzardo, pela polícia, que perseguia os comunistas no Rio. Então, a direção visível do PC transferiu-se do Rio para São Paulo e empolgou o movimento que era dos anarquistas. Sob a interventoria do João Alberto, o PC viveu durante quase um ano livremente, às claras. Os anarquistas compreenderam que não dispunham de meios para liderar o movimento operário. E, justamente em consequência disso, nós, oposicionistas dentro do PC, chegamos a ter influência sobre o operariado de São Paulo. Depois, a partir da Revolução de 32, houve um aperto geral, envolvendo tanto os anarquistas como os comunistas. O anarquismo afundou-se, porque não tinha bases, e o PC passou para a clandestinidade e sobreviveu como pôde. Com a ajuda da Internacional. Tinha um secretariado sul-americano, que primeiro funcionou em Buenos Aires e depois transferiu-se para Montevidéu. Aí, o anarquismo foi liquidado de vez, sobrando apenas os históricos, os teóricos, ao passo que o PC, com a influência da Internacional e de seu auxílio material, em dinheiro, crescia.

Nessa altura já se registrava de fato a cisão entre o comunismo ortodoxo e o trotskismo, não é mesmo?

Aqui no Brasil, não. Não se dizia nem trotskismo. A expressão usual era oposição de esquerda.

Dentro do PC?

Dizíamos que éramos fiéis à doutrina e procurávamos sempre aparecer como oposicionistas. A função histórica, naquele tempo, era investir com muita oposição dentro do partido. Quer dizer, fora e dentro, os que não podiam aguentar funcionavam como oposicionistas de esquerda. Só depois da partida de Trotski para o exílio é que a coisa se organizou, institucionalizou-se.

Hoje, com o recuo do tempo, poderia dizer que algo tenha restado do trotskismo?

Não posso falar nisso, pois sou trotskista. Ou melhor, fui trotskista.

Mais teórico que ativista?

Não sei dizer, mas a verdade é que tentamos, pelo menos, de verdade. Agora, entretanto, parece-me que há uma renovação.

Uma recuperação?

Olhem, acho que o próprio Trotsky, se estivesse vivo, não entenderia. São reações naturais, que se registram na França, na Inglaterra, onde há formações ou grupos que se denominam trotskistas, pois são contrários a esta ou aquela diretriz ou norma.

Seria uma sofisticação do comunismo, digamos assim?

Principalmente na Europa. Talvez um pouco em todo o mundo.

Se fôssemos tentar situar o trotskismo no Brasil, tentando estabelecer uma linha mestra, chegaríamos a uma aproximação dele com o socialismo?

Ora, isso é uma questão de tática. Aqui no Brasil não existe propriamente trotskismo. Não conheço organização alguma que seja dele representativa. Agora, as ideias de Trotski evidentemente ainda pesam. Mas eu seria a pessoa menos indicada para tratar do assunto, pois sou ruim na caracterização de situações políticas. Olhem, aqui ocorreu uma cisão entre os trotskistas. O Aristides Lobo e o Mário Pedrosa acabaram por indispor-se, por questão de tática. Acho que o movimento trotskista, propriamente dito, reunia uns 50 militantes. O resto era influência.

Pois bem, o Aristides ficou aqui e o Mário, que tinha relações mais amplas, tinha ido várias vezes à Europa, tinha maiores possibilidades de organizar, de arregimentar, seguiu para o Rio. Essa cisão interessou-me historicamente. E individualmente também, pois ocorreu na época em que me desliguei, organizatoriamente, da oposição de esquerda. Nunca mais voltei a militar ativamente, pois cheguei à conclusão de que seria uma coisa inócua. O próprio Aristides também acabou por desinteressar-se do nosso movimento oposicionista. Enquanto isso, o Mário fundava dois ou três partidos... De fato, nenhum deles era ligado à IV Internacional, que surgiu muito posteriormente, às vésperas da Segunda Guerra Mundial. Mesmo depois disso, a questão suscitou muitas facções. Entre nós, de esquerda, também ocorreram muitas divisões. Uns diziam que Trotski era louco, pois insistia em colocar a Rússia no caminho que ele considerava certo, outros achavam que era simplesmente inócuo. Mesmo depois de iniciada a Segunda Guerra, Trotski nunca deixou de defender, certa ou erradamente, a tese do movimento operário internacional, pois pretendia regenerar a Rússia e reconduzi-la ao que, segundo ele, era o verdadeiro caminho. Assim, sua influência ficou, não há dúvida. Todo mundo me conhece ou me toma por trotskista, por exemplo, mas não tenho mais nada com isso, embora tenha sido intimado a depor na polícia, para ser interrogado a respeito.

É capaz de precisar exatamente quando acabou sua militância?

Depois daquele choque com os integralistas, na Praça da Sé. Ainda nos reunimos, mas o Mário foi para o Rio, o Aristides ficou trançando por aqui, mas foi nesse tempo, lá por volta de 35, que deixei de militar.

Deixando de lado esse aspecto essencialmente político, gostaríamos de saber se pode precisar quais foram as maiores influências que contribuíram para formar o seu perfil intelectual.

Sempre digo que foram principalmente Spinoza, Marx, é claro, e Freud. Costumo observar aos meus amigos que se um dia ocorresse um absurdo, isto é, a erradicação de toda a cultura, restando apenas as obras desses três, o mundo continuaria, sem maiores trepidações. Uma vez li uma entrevista do Aldous Huxley, na qual lhe foi feita aquela pergunta inevitável: se tivesse de transferir-se para uma ilha deserta, que livro levaria? E ele respondeu, sem vacilação, que levaria a *Enciclopédia Britânica*.

Você também a levaria, além dos três citados?

A Enciclopédia? Não, é enorme, muito pesada...

Ficaria com Spinoza, Marx e Freud?

Com eles. Naturalmente, isso é uma noção um pouco romântica, pois sem os gregos não poderia haver nada do que surgiu depois. Trata-se de uma brincadeira, também romântica, mas o fato é que eu ficaria com os três.

Quer dizer que como pensadores, como influenciadores de sua vida cultural, foram basicamente aquelas as três influências mais fortes que recebeu?

Justamente.

Mas, do ponto de vista puramente literário, sempre teve uma especial predileção por Stendhal, não é mesmo?

Sim, não nego. Mas acho que isso também ocorreu um pouco incidentemente. Com relação à literatura, aos grandes romances, os que prefiro são mesmo os de Stendhal e os de Dostoievski. Também não posso negar a influência shakespeariana. E incluo Shakespeare porque ele é universal. Mas não se trata de excluir outros. Dante, por exemplo, como poeta...

História Vivida

No início da entrevista, Lívio, você disse que, dado o largo período de sua vida que passou em São Paulo, sente-se mais paulista do que outra coisa.

Claro, sou mais paulista que nordestino ou carioca. A maioria das pessoas com quem me dou, como quase todos vocês, por exemplo, é constituída por paulistas. Afinal, cinquenta anos... Trata-se de uma constatação de fatos.

Deve ter uma boa perspectiva para julgar o papel de Gilberto Freyre, cujo depoimento publicamos, e no qual ele trata da influência do movimento regionalista do Recife. Como o vê no quadro da literatura brasileira?

Historicamente, a Escola de Recife, principalmente o Tobias Barreto, sempre teve uma grande importância, pois era uma espécie de ilha, naquele tempo.

Sim, mas falávamos do regionalismo nordestino a partir de 1920. Como você sabe, Gilberto Freyre estabelece um paralelo entre esse movimento regionalista e a Semana de Arte Moderna em São Paulo.

Acho que não há relação. Em termos de literatura recente, o regionalismo tem de fato mais ligações com o Movimento Modernista de São Paulo. A este se liga a fase mais brilhante do romance brasileiro, que ocorreu após a Revolução de 30. Com todos os seus defeitos, afinal, José Américo foi o iniciador, sendo seguido pelo José Lins, o Graciliano e a Rachel. Foi a época dos nossos grandes romancistas.

E não inclui Jorge Amado nesse ciclo, justamente o da literatura nordestina? A primeira fase dele, pelo menos.

Eu diria que ele é um bom escritor, um autor importante, pois seus primeiros romances são de fato interessantes, como *Cacau* e *O País do Carnaval*. Ele é muito primitivo e isso é importante. Acho que a melhor fase do Jorge vai até *Jubiabá*.

Você teve oportunidade de conhecer e de conviver bastante tanto com o Mário de Andrade como o Oswald de Andrade. Em sua opinião, o que restou da obra e da influência de ambos?

Evidentemente, não se pode negar a importância do Mário, embora o Oswald me parecesse mais inteligente do que ele. Era realmente formidável.

Sim, mas parece ter-se dedicado muito mais à iconoclastia, em regime de tempo integral, do que a qualquer outra coisa.

É verdade, nunca deixou de fazer brincadeiras, nem mesmo durante a Semana foram capazes de controlá-lo. Já o Mário era pé-de-boi, um homem dos mais sérios que conheci.

Pois é, e o Oswald atrapalhou-se um pouco na vida por causa das mulheres.

Pode ser, mas talvez elas também tenham ajudado.

Mas, retornando ao Mário, acha válida essa revisão da obra dele que está sendo feita, por muitos especialistas e pesquisadores?

O Mário é um valor à parte. Mesmo que tirassem o nome dele da Biblioteca Municipal, isso não teria importância. Para mim, *Macunaíma* é um marco da literatura nacional. E é claro que a gente não pode nem deve ignorar sua importância e seu papel como crítico.

Não seria exagerado classificá-lo como o que tivemos por aqui que mais se aproximasse de um scholar, *não é mesmo?*

Ele era essencialmente um autodidata, um estudioso, como todos daquele tempo. Felizmente, não havia ainda a Universidade...

Há uma tendência da crítica, atualmente, a situar o Oswald num plano superior ao do Mário, como poeta.

Não. A poesia do Oswald nunca foi lá essas coisas.

Tudo brincadeira?

Sim, coisas de momento, sem maior sentido, ao passo que a poesia do Mário era séria. O que limita um pouco a obra poética do Mário é sua preocupação constante em promover uma aproximação dos elementos mais característicos que entraram na formação do Brasil, do Modernismo, e que de certa maneira contribuíram para a forma, para a expressão...

Como uma forma de valorização geral de todos os componentes, uma espécie de caldeamento, não é?

Sim, é transparente a preocupação permanente do Mário de juntar, algumas vezes artificialmente. E é justamente isso que afeta sua poesia. Eu prefiro em termos de poesia — e certamente vocês três vão achar engraçado — o Vinícius, o Schmidt e o Murilo Mendes. Acho que o Murilo decaiu, mas o Vinícius é muito bom.

É bom ouvir isso, pois sempre achamos o Schmidt muito bom e todo mundo achava graça. Agora, contamos com o seu apoio.

Claro, o Schmidt foi muito bom, acho sua poesia muito boa e sou grande apreciador dela.

Ainda com relação à literatura e especialmente em relação à paulista e paulistana, você deve ter conhecido bem o Antônio de Alcântara Machado. Como vê a obra dele?

Um bom cronista e especialmente um bom jornalista.

Um retratista de fases, de uma determinada época, que fotografou literariamente o que via e sentia?

Sim, o que hoje é muito comum. Mas, em sua época, o Antônio de Alcântara Machado foi realmente um precursor.

Tratando agora da literatura em geral, você aceita a tese de que ela se acha em crise?

Eu já tinha opinião formada a respeito e depois verifiquei que Sartre compartilha dela. Em seus últimos escritos, ele diz que o rádio e demais invenções modernas vão liquidar a literatura.

Noutras palavras, você acredita na morte gradativa da palavra escrita?

Bom, falar assim em morte envolve um pouco de exagero. Mas é evidente que no mundo inteiro a literatura está indo por água abaixo. Talvez até se possa dizer que Gide e Thomas Mann foram os últimos romancistas. Isso, apesar da afirmação de Gide de que não se considerava um romancista, a não ser como autor de Moedeiros Falsos. Os demais tiveram de fazer mais alguma coisa, como Malraux, que passou à ação e à política. Mesmo assim, embora convindo que os surrealistas conseguiram construir um grupo muito bom, não produziram grande coisa. Chegaram a esboçar, alguns produziram obras interessantes. Breton, por exemplo, é formidável como homem de ação e mesmo como escritor. Mas tem limites.

Como avalia, dentro desse memo quadro, a atual situação da crítica?

Ela não existe.

Não existe mais?

Não, pois existia em função de uma literatura que deixou de existir.

Você tinha dito que Stendhal e Dostoievski são os seus prediletos. Julga então que foi a partir deles que a literatura começou a autodestruir-se? Nesse caso, Joyce e Kafka, por exemplo, já representariam de certa maneira a antiliteratura, ou pelo menos a destruição do romance, dentro de sua concepção clássica.

Quem lê Joyce percebe isso claramente. Kafka é mais construtivo, mais construído, mas vocês sabem que ele determinou ao seu testamenteiro a destruição de toda sua obra. Não tinha interesse por sua preservação. Pode ter sido um gesto de suicídio.

Em sua opinião, o que deverá substituir esse vazio, como arte?

Bem, deverá haver alguma coisa. Claramente ainda não sei o que possa vir a ser. Vocês sabem, sou um homem do passado. Mas acho que o que pode continuar existindo é a poesia. Ela tem passado e tem futuro, não se trata de algo artificial. É um dado humano. Vejam, sabemos de analfabetos que são poetas. E alguns deles bons poetas, grandes poetas.

Então você situa a poesia no plano da espontaneidade da criação?

Sim. Há teorias que se propõem explicar o fenômeno da poesia. Mas, de fato, parece que ele não tem explicação. Ela continua. O resto, a arquitetura, por exemplo, tem limitações. É a casa de morar, por assim dizer. Não tem muita importância, é ligada ao dia-a-dia.

E a música?

Acabou. Ao tratar disso, a gente entra necessariamente num critério de valores. Vejam, estamos de acordo em que a literatura tende a acabar. No caso, digamos, seria literatura com *L* maiúsculo, pois em termos de simples produção nunca acabará, está até crescendo. Vejam o caso do romance brasileiro. Sai um atrás do outro, nunca tivemos tantos. É mais que mera produção; hoje escrever romances é uma profissão. Mas qual é o grande escritor, hoje? Não existe. A gente procura... Eu não sei. Sartre, talvez, que é um grande agitador de ideias...

E sobre sua experiência profissional, como jornalista, que tem a dizer?

Fui redator, jornalista, por acidente. Agora, depois de tantos anos, se tivesse que dizer alguma coisa a respeito, diria que sou jornalista por profissão, pois o pratiquei quando tinha quase 30 anos e isso foi determinado por necessidade. É mais ou menos como se diz em linguagem popular: a ocasião faz o ladrão.

No seu caso, a ocasião fez o jornalista?

Depois de tanto viver, com quase 80 anos, acho que na origem eu já deveria ter uma predisposição.

O que é ser jornalista? Uma curiosidade permanente?

É isso. Justamente. Sou como uma criança. Vocês sabem que esse dado da curiosidade infantil foi demonstrado pela psicologia. Vocês também sabem que quem tem disposição de pesquisar nunca pode ser jornalista, porque tem a necessidade de controlar ou bitolar um assunto. É a grande vantagem do técnico, do especialista, sobre o genérico, pois sempre pode afirmar: não entendo nada além de tal e tal assunto.

E fica nisso, na dele.

Precisamente. De fato, não tenho vocação alguma além do que vejo em minha trajetória. Sou uma pessoa inocente, que quer ver. Há muitos anos tenho de controlar minha necessidade íntima de ver, de espiar. Vocês se lembram do Oswald de Andrade, que se definiu como homem que nunca teve profissão? Parece que o título ou subtítulo das *Memórias* dele é esse mesmo: um homem sem profissão. Eu diria que sou o contrário: um homem sem vocação.

A não ser a curiosidade permanente?

Como sabem. Diria que a maioria dos jornalistas não teria paciência de juntar informações... Olhe, querem ver? Vamos espiar o que tenho aqui, bem ao lado. É uma face, um lado da loucura, talvez. Mas eu preciso mostrar-lhes o que tenho aqui...

(*Entrevistado e entrevistadores seguem para a sala vizinha e Lívio indica caixas de papelão, das grandes, repletas de páginas de jornal.*)

Às vezes, não sei se estou louco ou não. Mas pelo que tenho aqui vocês podem avaliar o que foi para mim a mudança do *Estadão* para a Marginal, uma tragédia...

Sim, mas isso a gente compreende. Você vai juntando material, vai arquivando, por gosto, por curiosidade, para ter uma informação bem à mão. Para chegar a ver, verificar, ainda que não tenha utilidade imediata.

De fato, não tenho razão alguma para guardar. Acho que sou apenas um arquivista. Destaco a página inteira. No entanto, não dependo dos recortes, entendem? Vejam este livro aqui, por exemplo. Ele contém tudo o que se pode querer saber a respeito de Trotski, cronologia completa, e é de fácil manuseio e verificação. Deve estar ainda à venda, pois eu o comprei há pouco.

História Vivida

Ainda teríamos umas questões a levantar, sem querer cansá-lo demais.

Eu até gosto de falar, pois ultimamente, às vezes, nem falo...

No âmbito do jornalismo, o que fez de mais gratificante?

Minha atuação de crítico literário dos *Diários* e minha colaboração crítica no Suplemento Literário do *Estado*.

No caso da seção Revista das Revistas *do Suplemento, você selecionava alguma coisa e desenvolvia, interpretava, analisava.*

Sim, no fundo não passava de pesquisa. Pesquisa aliada a um pouco de curiosidade.

Também fez crítica musical, não foi?

Muito fracamente. Não me considero um crítico de música. Fui ouvinte de música, desde menino, mas nunca fui músico. E acho que a música também parou.

Tal como a literatura?

É. E como as artes plásticas. Veja a pintura. Meu Deus, as extravagâncias das Bienais não têm mais sentido, não têm mais razão. A única coisa que realmente fica é a poesia, porque é uma coisa que faz parte da natureza humana.

E acha que tem condições de subsistir?

Sempre houve e acho que continuará a haver um bom número de grandes poetas, ainda que nós os desconheçamos. O movimento surrealista francês foi muito generoso, legou-nos dois ou três grandes poetas. O Benjamin Péret, por exemplo. Como poeta, era genial. Éluard e mesmo o Breton, muito bons... Aliás, os três grandes poetas modernos são de língua inglesa: Pound, Eliot e Dylan Thomas.

E como vê a imprensa hoje em dia, no Brasil e na mundo?

Acho que a desgraça da imprensa é a sua mecanização. Não há mais jeito. Os perfuradores não têm o devido preparo, além do técnico. Não se trata do fato deste ou daquele jornal publicar coisas erradas. Todos erram. E o processo não se limita ao Brasil. É mundial, sendo a diferença apenas de intensidade.

Nesse caso, estabelece uma grande diferença entre o antigo gráfico e o atual perfurador?

Sim, mas não há dúvida que os perfuradores que trabalham em Londres ou em Paris são mais bem preparados, sob o ponto de vista intelectual. Daí a diferença de intensidade...

E o cinema? Tem condições de converter-se em arte maior?

Ele sim, pois é diferente, é movimento, ação. Não fora a ganância do empresário, no mundo inteiro, e a rigidez do controle do Estado, poderia ter ido muito além do que já foi.

Sintetizando, vê futuro para duas formas artísticas: a poesia e o cinema. Uma mais antiga, outra mais contemporânea. Mas a conjunção dessas duas formas de arte não seria chapliniana?

Chamar Chaplin de genial é recorrer a um chavão batido. Ele é realmente admirável, único, um que soube realmente criar. Talvez surgissem outros como ele, se não fossem, como disse, os interesses dos empresários e o controle do Estado. Ainda assim, continuo achando que Chaplin chegou à forma ideal de conciliação de dois tipos de manifestação artística, a poesia e a imagem.

E o resto?

O resto a gente deixa. Vocês sabem, às vezes, tenho a memória fraca para certas coisas...

1º de julho de 1979

32 É preciso realizar reformas para evitar a revolução

Entrevistadores:
*Lourenço Dantas Mota,
Oliveiros S. Ferreira,
Antônio Carlos Pereira
e Frederico Branco*

Olavo Egydio Setúbal

Nasceu em 1923 em São Paulo, onde morreu em 2008. Formou-se pela Escola Politécnica da Universidade de São Paulo, da qual foi professor até 1948. Destacou-se primeiro como empresário na área industrial e financeira. Foi prefeito de São Paulo (1975-1979) e ministro das Relações Exteriores (1985-1986) no governo José Sarney.

Quando toma contato direto, pela primeira vez, com a realidade política e social?

Desse ponto de vista, o grande impacto da minha vida se deu quando entrei para a Escola Politécnica. Vinha de uma família muito fechada, o que se agravou com a morte de meu pai, quando eu tinha 14 anos. Na casa de minha mãe vivia-se uma vida muito austera, muito rígida e muito religiosa. Quando saí desse mundo e entrei na Politécnica, podem imaginar o choque que isto me causou. Lá encontrei professores e colegas brilhantes e pela primeira vez tive contato com a luta política. Isto foi em 1939, no curso preparatório. Meu ingresso efetivo na Escola se deu em 1940 e lá fiquei até 1945, exatamente durante o período da guerra. Encontrei na Politécnica homens de outras culturas, com outros valores, pessoas não só com visões do mundo totalmente diferentes da que conhecia como de origens as mais diversas. Convivi com colegas comunistas. A Universidade de São Paulo tem essa grande vantagem de ser um caldeirão de todas as culturas. Isto me marcou tão profundamente que acho que a grande decisão de minha vida foi ter entrado para a Politécnica.

Foi uma espécie de divisor de águas?

Sim. Sendo uma escola de alto nível de formação, deu-me uma visão completamente diferente dos problemas do Brasil. Estávamos na época do Estado Novo e eram muito ativos os movimentos estudantis. Os alunos da Politécnica, que eram apenas 200, mantinham estreita ligação com seus colegas da Faculdade de Direito, onde era mais intensa a agitação estudantil.

História Vivida

Chegou a conspirar contra a ditadura?

Conspirar, propriamente, não. Mas participava dos movimentos e muitos de meus amigos e conhecidos, como o Abreu Sodré e o Franco Montoro, que depois vieram a se destacar na política, sofreram represálias. Minha atuação nos movimentos estudantis foi muito discreta, embora estivesse integrado neles. Outro aspecto que julgo importante na minha formação é a visão técnica que recebi. Meu primeiro contato com ela também me causou um choque, como poderão ver pelo que lhes vou contar. O patriarca da família era o Alfredo Egydio e, como meu pai tinha morrido, sofri muito a sua influência. Ele era tipicamente um homem brasileiro, fazendeiro de origem paulista tradicional e advogado. Dizia-me coisas assim, que me impressionavam muito: "Meu filho, o aço é um segredo que os alemães e os americanos passam de pai para filho e nós aqui não conseguimos saber o segredo deles". E olhem que era um homem de uma cultura excelente, embora uma cultura exclusivamente humanística como a da época. E era um homem bem informado, advogado de grandes companhias, banqueiro. Mas de uma total falta de visão técnica, como o eram, aliás, todos os homens de sua geração. Pois bem, no início de 1942, vieram uns professores americanos dar aulas lá na Escola e me interessei muito. Nunca mais me esqueço da primeira aula de um deles, que era professor de técnica siderúrgica na Universidade de Pittsburgh: sua bibliografia de 20 livros sobre o assunto começava com um cujo título era *The making of steel*, ou seja, *A fabricação do aço*. Arregalei os olhos, surpreso.

Era o grande segredo que ia ser revelado.

Isto marcou o contato, sem dúvida surpreendente, da minha turma com a indústria moderna. Muitos dos meus colegas são hoje diretores de empresas automobilísticas ou siderúrgicas. Esse foi o segundo choque que tive na Politécnica. Recebi lá uma clara visão da indústria moderna, da possibilidade de com esforço nós brasileiros, alunos de uma boa escola, termos acesso à formação técnica. Isto também foi muito importante em minha vida.

Pode-se dizer então que no seu caso pelo menos a Universidade cumpriu o seu papel, abrindo novos horizontes e transmitindo conhecimentos sólidos?

Sem a menor dúvida. Só tenho um reparo a fazer: a Politécnica na época talvez tivesse um excesso de tecnicismo. A minha formação literária e humanística foi feita antes de entrar lá e completada muito depois de ter saído.

Mas, até por uma circunstância de influência familiar, deve ter tido em casa uma boa formação humanística, não é?

Sem dúvida. Aos 16 anos, quando entrei na Politécnica, tinha lido muita literatura francesa e alemã e acho que possuía uma formação humanística muito boa para a idade. Mas a verdade é que só muitos anos depois é que voltei a me interessar pelas ciências sociais.

O que foi feito dos comunistas que foram seus colegas na Politécnica?

Poucos eram realmente militantes. A maioria era mais simpatizante. Muitos se tornaram conservadores depois. Não faz muito tempo, estava ouvindo um colega da Politécnica, que desenvolvia uma violentíssima catilinária de direita. Ao terminar, virou-se para mim e disse: "Lembra-se de meus discursos nas escadarias da praça da Sé?" Respondi-lhe: "Lembro-me bem e estou vendo que mudou muito".

Esses contatos políticos da juventude exerceram alguma influência durável, ou seja, marcaram sua formação?

Sim, acredito que conservei alguns traços daquela convivência. Depois de formado, afastei-me da militância política. E aconteceu comigo uma coisa muito curiosa. Quando assumi a Prefeitura, fui à casa de Paulo Egydio em Campos do Jordão e lá encontrei o Afrânio de Oliveira, que se virou para mim e disse: "Olavo, há 30 anos que não nos encontramos" Perguntei-lhe se, se lembrava da última vez em que nos tínhamos encontrado. Ainda nos lembrávamos os dois desse encontro: tinha sido no antigo "Ponto Chic", no largo do Paissandu, durante uma manifestação. Muitos daqueles colegas que hoje militam na política só voltei a encontrar quando assumi a Prefeitura. Isto mostra um aspecto curioso de nossa sociedade: o quanto aquele grupo universitário, principalmente da USP, era pequeno e como dominou o cenário político e cultural de São Paulo, durante 30 anos, de forma extraordinária. Naquela época devia haver uns mil e poucos alunos nas Faculdades de Filosofia, Direito, Medicina e na Politécnica.

Acha que a formação dada hoje pela USP é tão boa quanto a que teve?

Acho que ela é excelente, na Politécnica e mesmo em outras faculdades. A formação brasileira de cúpula é muito boa, o problema é que ela é pequena demais. Vejo com preocupação o fato de não constatar no Brasil uma grande vontade de manter pontos de formação universitária de alto nível. Devemos ter uma educação geral boa — o razoável que o país pode dar —, mas precisamos ter também pontos de alto nível.

Acha que é necessário cultivar elites?

Sim. E essas elites não precisam ser fechadas. A Universidade de São Paulo é aberta, tanto assim que 12% de seus alunos são descendentes de japoneses. Acho indispensável a criação de pontos para a formação de homens de alto gabarito. Não se pode esperar que escolas médias dêem as lideranças, a elite técnica, intelectual e social de que o país precisa. Do contrário, continuaremos num elitismo falso.

Em suma, prega a criação de um sistema de "grandes escolas" ou "grandes universidades" como existe na Inglaterra, na França e nos Estados Unidos?

Sem dúvida. O governo deve preocupar-se em manter grandes escolas para a formação da elite nacional. Às vezes isto é visto como um crime, como uma coisa antidemocrática. A nação deve pegar seus filhos mais qualificados e dar-lhes uma chance maior, pois eles terão também uma capacidade muito superior de multiplicar seus conhecimentos.

Não se criaria assim uma situação em que os mais pobres não passariam pelo filtro dessas grandes escolas, ou seja, a elite intelectual ficaria circunscrita a uma elite econômica?

Não, porque isso só ocorreria se o acesso à Universidade fosse restrito, mas como no Brasil ele é amplo, aberto, esse não é um fenômeno a ser temido. Não creio que haja o perigo de uma segregação econômica, pelo menos em termos amplos. E não vejo como a nação pode deixar de dar uma formação especial aos seus filhos mais qualificados.

Não lhe parece que nos últimos anos houve no Brasil uma opção pela quantidade em detrimento da qualidade, no ensino superior?

Os defeitos de nosso ensino superior são gritantes. A curva da oferta não coincide com a das necessidades do país nem com a da demanda. Mas, a meu ver, o fato de a quantidade ter sido enfatizada, talvez até em detrimento da qualidade, torna ainda mais evidente a necessidade de a qualidade ser concentrada em alguns pontos, sob pena de não termos qualidade em ponto nenhum. Porque é incompatível com o atual estágio de desenvolvimento do país a intenção de dar quantidade e qualidade para todos.

Quando entra para a indústria?

Logo depois de formado. E acho que o itinerário que segui dificilmente poderá ser repetido: dois engenheiros de boa formação técnica começarem uma indústria num barracão de 10 por 30 e obter êxito. Era uma indústria de fundição sob pressão. Tínhamos lido em revistas americanas que aquilo era um desenvolvimento promissor que começava e decidimos tentar. Levantamos entre nossas famílias 200 contos de réis (10 mil dólares na época), formamos essa indústria numa ruazinha de Vila Maria, que naquele tempo se chamava Rua dos Amores, e começamos a trabalhar modestamente. Depois de 4 anos, éramos os que tinham obtido menos resultados de todos os nossos colegas de turma. Os outros tinham conseguido empregos nos campos tradicionais e estavam bem.

As dificuldades eram de crédito, de mercado ou de mão-de-obra?

Não. Era o despreparo total dos engenheiros para a gestão da empresa. Tínhamos uma boa visão técnica, mas nenhum preparo de gestão administrativa. Quando ao fim de um ano e meio o contador trouxe-me

História Vivida

o balanço com um prejuízo enorme, tomei uma outra decisão fundamental em minha vida: jamais chegar ao fim do ano para só então estudar o balanço. E aprendi contabilidade e gestão empresarial. Mas, como dizia, é curioso verificar o número dos que como nós começaram a vida numa indústria de dimensões modestas. Hoje é impossível repetir essa experiência, porque a indústria mudou demais. A difusão da tecnologia levou à formação de empresas de outra dimensão.

E que fim levou aquela pequena indústria?

Ela virou a Deca, que hoje é uma grande empresa com dois mil empregados, depois foi incorporada pela Duratex, empresa de oito mil empregados, da qual fui presidente até vir para a Prefeitura.

Quer dizer que a rigor, nunca se afastou da indústria?

Nunca. Durante todos os meus anos de banqueiro, aos sábados era industrial. Tenho mais entusiasmo pela área tipicamente de engenharia, a área técnica — e por isso aceitei a Prefeitura —, do que pela área financeira.

A impressão que se tem é que, a seu ver, a era do self made man acabou, com a própria natureza da indústria moderna restringindo o campo das iniciativas.

Nas áreas industriais, cujas tecnologias estão difundidas, a iniciativa só é possível para a grande empresa que mobiliza desde o início uma escala de fabricação compatível. Nesses campos, não é mais possível partir de uma escala muito pequena, competindo com indústrias cujas tecnologias são conhecidas. O único campo que resta para o mesmo tipo de carreira que eu fiz é o da tecnologia de ponta, da tecnologia inovadora.

Nos Estados Unidos, jovens engenheiros saídos das grandes universidades têm tido um extraordinário sucesso na montagem de indústrias naquele campo. Mas aí o capital que empregam não é o financeiro, mas o de conhecimento. É o caso das famosas indústrias que nasceram no chamado "Silicon Valley", perto da Universidade da Califórnia. Elas desenvolveram a tecnologia do silício, que é o elemento de ruptura na área eletrônica de microcircuitos. A propósito, há certas coisas em matéria de indústria no Brasil que me deixam horrorizado. Aqui, em vez de se criarem indústrias perto das grandes universidades, como foi o caso na Califórnia, implantou-se uma sofisticada indústria eletrônica em Montes Claros, no interior de Minas, por uma deformação de facilidades de incentivos fiscais. Acho uma coisa trágica, porque Montes Claros está a centenas de quilômetros do centro mais desenvolvido do país. Os técnicos que trabalham lá ficam sonhando em vir para cá, onde têm um ambiente mais propício ao seu aperfeiçoamento. Vejam agora uma coisa curiosa: o presidente Giscard d'Estaing diz em seu livro, *A democracia francesa*, que os três grandes problemas da França moderna são urbanismo, educação e informática, que são exatamente os que estamos discutindo nessa conversa.

Um dos grandes temas em discussão hoje é o da estatização da economia. A seu ver, ela resultou da fraqueza econômica ou de gestão da sua geração de empresários, ou é um desígnio do Estado brasileiro?

Minha geração tinha de ter aparecido 100 anos antes para que não houvesse estatização. Se no século XIX o Brasil tivesse rompido o ciclo agrário e ingressado no ciclo industrial, a estatização não teria ocorrido, porque ela veio em função do atraso do nosso desenvolvimento industrial. A meu ver, a grande tragédia do século XIX no desenvolvimento brasileiro está consubstanciada na falência de Mauá. Quando Mauá faliu e o governo e a sociedade civil da época não viram em sua sustentação um objetivo nacional, preferindo tratá-lo como a um mero especulador, ficou patente que o Brasil não tinha uma visão moderna de seu desenvolvimento. Isto acarretou um grande atraso, tanto assim que nossa industrialização só começou, timidamente, com a Primeira Guerra, recebendo novo impulso por ocasião do segundo conflito mundial. Por ocasião da Segunda Guerra, a ruptura industrial se deu por meio das empresas multinacionais, que trouxeram imediatamente, como consequência inelutável, as estatais. Porque a escala de acumulação de recursos e experiências das indústrias nacionais era pequena demais para que elas pudessem antepor-se às multinacionais. É o caso da indústria siderúrgica, que não pôde ser montada pela iniciativa privada, o que levou o Estado a criar a usina de Volta Redonda.

Não lhe parece estranho que o grupo dirigente do governo que iniciou a estatização para suprir as deficiências da iniciativa privada seja originário do Sul? Getúlio Vargas é originário de uma sociedade agrária. São Paulo não participou desse processo de estatização.

Não creio que a origem da estatização possa ser ligada a uma área geográfica. Ela já nasceu de uma incipiente tecnocracia existente no país. A tecnocracia brasileira não nasceu agora. Suas raízes estão muito atrás, na fundação das Escolas Militares. Acho que se pode dizer que são de origem militar as raízes da estatização industrial. Os militares foram os primeiros a incentivarem a industrialização, tendo em vista a fraqueza do aparelho militar brasileiro, que não tinha bases industriais. Os militares, dentro desse contexto, é que plantaram as primeiras raízes da tecnocracia e da estatização.

Disse há pouco que as multinacionais trouxeram as estatais. Que relação existe entre elas? É a relação de grandeza?

É a relação de grandeza. Na medida em que as multinacionais dominaram certos setores, numa reação meramente política, não econômica, houve incentivo às estatais, como nos campos da eletricidade, dos transportes, do petróleo, da indústria pesada. Nos últimos anos, principalmente durante os governos a partir de 64, houve um grande esforço no sentido de desenvolver as empresas estatais e também as empresas privadas nacionais, para se anteporem às multinacionais.

Esse auxílio às empresas privadas nacionais, prestado basicamente por meio do BNDE, não as colocou de certa forma sob o controle do Estado?

O Brasil tem uma economia tipicamente administrada, não uma economia de mercado. Isto me parece claro e é neste contexto que temos de analisar o comportamento de nossa economia.

Esta situação parece-lhe irreversível?

Sim. E vou mais longe e mais fundo na análise desse problema. Uma das surpresas de minha experiência como prefeito — que me colocou em contato com uma sociedade mais ampla do que aquela em que vivia no mundo empresarial e técnico — foi a descoberta das profundas raízes burocráticas do povo brasileiro. A propósito de tudo o que acontecia na cidade, grupos sociais vinham ao prefeito pedindo maior intervenção do Estado. Um dia um grupo de cidadãos veio aqui reclamar do seguinte: eles tinham comprado apartamentos num condomínio e alegavam que a Prefeitura era responsável pelo fato de os sistemas elétricos, de distribuição de água, etc. não funcionarem. Espantado, perguntei por quê. Responderam-me que "o financiamento foi da Caixa Econômica Federal e quem aprovou as plantas foi a Prefeitura, logo, ela tem obrigação de fiscalizar". Quem acompanha o noticiário dos jornais vê logo que, para tudo que acontece na cidade, é proposta maior fiscalização do poder público. A hierarquização e o grau de burocratização que existem na cultura brasileira só podem ser bem avaliados por quem está dentro de uma grande unidade administrativa como a Prefeitura de São Paulo, por exemplo. A sociedade competitiva e moderna do setor empresarial privado na qual vivi durante muitos anos não é representativa do conjunto da sociedade brasileira.

Demos um salto de uma sociedade agrária para uma sociedade burocrática?

Não. Acho que a sociedade agrária leva à sociedade burocrática. Viemos dessa tradição portuguesa, cartorial, e nos mantivemos nela. A nossa estrutura jurídica contribuiu também enormemente para isso. A estrutura funcional da Prefeitura de São Paulo é muitíssimo menos permeável do que a do Banco Itaú. As grandes universidades dos Estados Unidos é que introduziram no mundo o conceito da administração científica. E nossas empresas privadas sofrem basicamente uma influência americana. A tal ponto chegou essa influência que a nossa atual lei de sociedades anônimas foi feita sob o seu influxo. Ela está muito mais de acordo com os valores do Direito Consuetudinário anglo-saxão do que com os do Direito Romano. E, a meu ver, é uma lei muito boa, porque bastante flexível. No entanto, nos setores mais conservadores da área jurídica, ela foi recebida com muitas suspeitas, reservas, críticas. Essa influência americana atingiu também as empresas estatais, na medida em que elas absorveram valores das empresas privadas, o que não aconteceu, no entanto, nas áreas da administração direta. É curiosíssimo ver os comportamentos totalmente diversos da administração direta e de uma empresa municipal na realização de tarefas iguais. É que as raízes culturais são diferentes. Na administração direta há uma tremenda dificuldade de se tomar iniciativas, como por exemplo pegar um avião e ir ao Rio de Janeiro discutir um assunto junto a outro órgão público. E também não se escrevem cartas em hipótese alguma. O funcionário da administração direta oficia, jamais envia carta. A administração direta também não telefona. Só oficia e despacha processos. O resultado é que às vezes homens saídos de uma mesma escola, com objetivos muito semelhantes, um na administração direta e outro numa empresa estatal, têm comportamentos diferentes em situações análogas. É que eles pertencem a culturas diferentes: as raízes culturais de um vão bater em Harvard e as de outro em Portugal.

Vê alguma relação entre esse aspecto burocrático do Estado brasileiro no plano da administração e a sua tendência autoritária no plano político? Afinal, a burocracia é uma das piores formas de ditadura.

Sem dúvida. E acho que tudo isso está ligado também às origens religiosas e agrárias do Brasil. A Igreja Católica é profundamente burocrática, centralizadora, hierarquizada, e não tem nada de competitiva. Para ela há o preço justo, o comportamento ideal. De maneira que as raízes católicas do país também contribuíram muito para esse tipo de comportamento. Acho que isto é visível na nossa estrutura de Estado, oriunda de uma sociedade agrária e patriarcal.

A influência da agilidade administrativa e modernos métodos de gestão exercida pela empresa privada conseguirá transformar os valores burocráticos da administração pública e das empresas estatais?

O meu medo é que com o tempo as empresas estatais comecem a assimilar certos valores burocráticos da administração direta. Já se pode notar alguns sintomas disso. Já não é mais fácil para a administração de empresas estatais demitir ou admitir funcionários, enfim, tomar decisões de acordo com valores puramente empresariais, valores competitivos, porque sofrem influência da política. É fácil ver que os políticos descobriram que o melhor campo de manobra é constituído pelas empresas estatais e não mais pela administração direta. Os políticos não almejam mais ser diretores de um departamento qualquer da administração direta, mas preferem cargos numa empresa estatal, onde também a remuneração é diferente. Mas de qualquer forma as diferenças persistem entre a administração direta e as empresas estatais, que formam dois conjuntos de valores que caminham inexoravelmente para o choque: os valores burocráticos e os valores empresariais.

A seu ver, quais são os reflexos desse tipo de estrutura nas instituições políticas?

Estou de acordo com um político, cujo nome não me lembro, segundo o qual a maior surpresa do MDB, se assumisse o poder, seria constatar a sua incapacidade para diminuir a concentração de renda ou o poder das empresas estatais. Porque a tecnocracia já formou um núcleo de poder extremamente forte no país. É uma realidade.

Acha que os tecnocratas têm mais força que os políticos?

Não diria isso. Pode ser que, no momento, tenham, mas não será assim no futuro. Porém, em face da complexidade da sociedade moderna — da máquina estatal, da indústria, etc. —, os políticos não conseguirão mais voltar a administrar sem dar uma participação aos tecnocratas.

É favorável à criação de um Comitê de Planejamento, com a participação de políticos e tecnocratas, mais ou menos como existe na França?

Sim. Aliás, acredito que o modelo político brasileiro ainda continuará sendo influenciado pelas raízes francesas. A nossa formação cultural, religiosa, burocrática, jurídica, ainda tem muito da França. De modo que alguns aspectos do desenvolvimento político e social francês terão influência no Brasil. Senti isso tão claramente que após ter saído da área empresarial, quando minhas leituras eram basicamente inglesas e americanas, passei a ler muito as revistas e livros políticos franceses. E acho interessantíssimo, por exemplo, analisar as diferenças entre os partidos socialistas francês e alemão. O alemão, muito pragmático, abandonou os tabus socialistas e adotou o que havia de bom no conceito de mercado. O francês não consegue isso. Mitterrand continua a afirmar que o mercado é inaceitável. E o socialismo, ou trabalhismo, brasileiro será influenciado pelo socialismo francês, que está mais próximo da realidade brasileira do que o alemão.

Voltando um pouco ao tema da burocracia, acha que a longo prazo poderemos ter no Brasil um Estado burocrático?

Se as empresas privadas nacionais — não apenas em São Paulo, mas em todo o país — não adquirirem maior importância, a tendência no Brasil é mesmo no sentido de um Estado mais burocrático.

Quer dizer então que, a seu ver, a responsabilidade pela estruturação democrática da sociedade cabe ao empresariado?

Sim, na medida em que entendemos a democracia como intimamente ligada à liberdade individual, que, por sua vez, está intimamente ligada à liberdade de iniciativa econômica. Dentro dessa visão, o desenvolvimento da empresa privada nacional é fundamental para que tenhamos uma sociedade democrática.

Como disse há pouco que o Brasil tem uma economia administrada, deve ser então bastante pessimista.

É por isso que estou na política, procurando evitar aquela que a meu ver é a tendência de vastos setores do país. Não vejo para mim uma luta fácil. É ainda muito jovem essa corrente política ligada à modernização de nossa economia na linha da empresa particular e na da formação de uma classe média que o Brasil ainda não possui.

Acha possível a formação de uma classe média numerosa sem uma política de distribuição de renda?

Acho fundamental a distribuição de renda. Nem tanto pelo "efeito perverso", em termos econômicos, que talvez nem exista, mas pelo efeito demonstração em termos de estabilidade social. Acho impossível conservarmos um processo de concentração de renda da forma como ele existe no Brasil e queremos ao mesmo tempo uma sociedade democrática de livre iniciativa. Mas é preciso também definirmos com maior precisão a concentração de renda. Todo mundo é contra ela, mas, quando eu disse a funcionários da Prefeitura que eles estavam na concentração de renda, só faltou eles me baterem. Porque a concentração de renda na visão popular é a existência de meia dúzia de milionários. Eu, por exemplo, levo uma vida sem luxo, só tenho o necessário: um automóvel para trabalhar, outro para meus filhos irem à escola, uma viagem cultural à Europa para eles a cada dois ou três anos. Isto não é concentração de renda.

Os grandes responsáveis pela concentração de renda hoje, no conceito popular, são os bancos. O que acha disso?

Acho que se deve separar o problema da concentração de renda do dos bancos. Que a imagem dos bancos esteja extremamente deteriorada é um fenômeno nacional e inegável. E sinto da parte de meus colegas banqueiros até um certo desespero por não saberem o que fazer a respeito disso. Consideram-se injustiçados pela sociedade. Mas o fenômeno da concentração de renda é muito mais amplo e diz respeito a outras faixas expressivas da sociedade. Com relação ao problema dos bancos, vou analisar um aspecto no qual poucas pessoas fazem referência. Se os bancos brasileiros formassem um cartel e captassem recursos a valores muito baixos e emprestassem a valores baixos, seriam aplaudidos. O fato de estarem atuando num dos campos de maior competitividade do Brasil — mas uma competitividade que leva a pagar muito caro pelo dinheiro, competir em oferta abundante e sofisticada de serviços e agências — dá uma péssima imagem dos bancos, porque a nossa sociedade não é competitiva, não vê nenhum valor na competição. Ela aceitaria muito melhor um conluio entre os bancos do que uma competição entre eles. Mas quero deixar claro que não estou defendendo os bancos; estou analisando as causas do fenômeno.

O banco ao qual pertence, o Itaú, não é contra a competição, na medida em que seu slogan publicitário é: "Seja cliente de um banco só"?

Não, porque esse é um tipo de competição pela propaganda, pela oferta de serviços. Aliás, o problema da competição precisa ser compreendido de uma forma diferente da usual. É comum ouvirmos dizer que as multinacionais não competem entre si. No entanto, algumas morrem ou quebram, como é o caso da "Rolls Royce". A competição entre elas, ao contrário do que se pensa, é violentíssima. Apenas, muitas vezes ela não se manifesta na forma clássica do século XIX, por meio do preço. Ela se faz por meio de serviços, *marketings* e uma série de outros dispositivos, e também dentro de certas regras de comportamento, porque as multinacionais não são suicidas, procuram pelo menos sobreviver. Mas a competição entre os grandes é muito mais violenta do que entre os pequenos. É uma competição de intensidade, de mobilização de fatores muito poderosos que decorrem da própria escala da empresa. Quando as fábricas de cigarros competem pelo anúncio e pela forma de apresentar o produto etc, e não pelo preço, alguns dizem que elas não são competitivas. Há um acordo tácito, implícito e às vezes até explícito, entre elas, mas na verdade sempre competem em certos setores, como no de uma maior penetração no mercado. Também os bancos são altamente competitivos, mas isto não lhes dá na sociedade brasileira nenhuma imagem favorável. Há outro fato curioso. Os bancos particulares são muito criticados, mas o Banco do Brasil, que representa 50% do mercado bancário e apresenta a maior taxa de lucro de todos os bancos do mundo, é bem aceito pelo país. Todos os bancos estatais têm uma imagem favorável. Isto porque, como já disse, o povo brasileiro tem raízes profundamente burocráticas.

Não será porque os bancos estão competindo na área do supérfluo e não na do essencial? Nenhum deles está oferecendo meio por cento a menos por mês. Todos estão oferecendo ou um cheque mecanizado ou uma agência mais luxuosa.

Pois é, mas a competição moderna é assim mesmo e a sociedade brasileira não está preparada para ela. Também a multinacional oferece, por exemplo, uma pasta de dente que tem apenas um risquinho vermelho a mais. A verdade é que a competição, numa sociedade burocratizada como a nossa, choca. Não temos valores competitivos, não vemos valor na competição. Uma parte muito grande de nossa sociedade tende a querer maior fiscalização do Estado e a aceitar uma burocratização crescente. Isto está no contexto de nossos valores de uma sociedade patriarcal e burocrática na qual a competição choca. Vejam a posição da Igreja Católica, que há 100 anos critica a competição como uma violência contra o homem. Não quero dizer que a competição não tenha defeitos, quero mostrar apenas que o brasileiro aceita com maior facilidade o cartel, principalmente se ele for nacional. O tabelamento de preços feito pelo CIP, por exemplo, tende a levar a uma cartelização da sociedade. E, quando o governo quis liberar certos produtos do controle de preços, muitos industriais fizeram pressão para que isto não ocorresse. No Brasil a competição gera uma imagem negativa e os bancos são um exemplo disso.

Uma competição que só eleva custos é meio estranha, não acha?

O banco também compra o dinheiro a preços altos. Ele não paga nada pelo depósito, mas em contrapartida oferece um serviço gigantesco à sociedade, como por exemplo a cobrança de impostos. Enfim, não vamos descer a pormenores, porque este não é o momento para discutirmos todos esses problemas. O que acho importante no caso dos bancos, no momento em que estamos analisando problemas políticos e sociais, é assinalar que competição é um valor que o brasileiro não aprecia. De 40 empresas na área financeira, 7 têm um lucro enorme e 33 estão numa situação extremamente difícil, devendo quantias gigantescas. Como veem, o problema é complexo, pois a competição leva alguns a uma situação brilhante e outros a serem massacrados. E uma sociedade que não aprecia a competição sempre defende os que estão em situação difícil. Assim, o fato de o governo proteger qualquer empresa que quebre não é tão absurdo. No fundo, o brasileiro tende a dar apoio àquele que a competição afetou negativamente.

Mas um fato permanece irredutível: a taxa de juros no Brasil é anormalmente alta.

Certo, indiscutivelmente. Isto quer dizer que as regras do mercado levaram a esse resultado, que os valores da competição levaram a um preço alto. A competição moderna não é por preços baixos. A coisa menos importante — e as multinacionais já descobriram isto há muito tempo — é a competição pelo preço. Esta é uma visão do século XIX.

Quer dizer então que a competição moderna é antissocial?

É possível, porque a sociedade prefere outros valores, como o *design*, a publicidade. Não é só na área bancária que esse fenômeno ocorre. O Brasil é o país em que a porcentagem de publicidade para a venda de um apartamento é a maior do mundo. É muito mais fácil gastar 10% do preço de um apartamento em publicidade do que vendê-lo 10% mais barato. Não estou defendendo situações como esta, estou apenas analisando um fenômeno. A forma pela qual se deve interferir nesses problemas é assunto que deixamos para os banqueiros, o Banco Central e o ministro Simonsen. Estamos é analisando um fenômeno político e social ligado a tudo isso.

Houve alguma relutância de sua parte em aceitar o cargo de prefeito de São Paulo, quando ele lhe foi oferecido?

Não. Aceitei imediatamente. Talvez um dos meus defeitos, ou qualidades, seja o de tomar decisões muito rapidamente, pois o grau de risco é muito maior. Paulo Egydio convidou-me e não hesitei. Antes correram notícias de que ele me convidaria para secretário das Finanças ou outros cargos financeiros. Disse então a amigos que não aceitaria nenhum cargo nessa área. Curiosamente, minha atração na vida pública não é a área financeira. Aceitei a Prefeitura pelas minhas raízes de engenheiro e pelo fato de viver nesta cidade, onde nasci e vou morrer, se Deus quiser. É um desafio dirigir esse gigante incontrolável que é São Paulo. E agora, ao deixar a Prefeitura, acho que minha decisão foi extremamente válida, principalmente em termos de realização pessoal. Não era a realização política que eu buscava, mas uma realização íntima. Ter a oportunidade de dirigir São Paulo é realmente algo de fascinante. A cidade tem dificuldades enormes, mas por outro lado reage, tem respostas a toda provocação. E quando a provocação é no bom sentido a resposta é tão intensa que surpreende.

Encontrou uma máquina administrativa predisposta à mudança?

O professor Carvalho Pinto, com quem conversei muito sobre funcionários públicos, sempre dizia que no funcionalismo existe gente dedicadíssima, que carrega o serviço público nas costas. É verdade. O mal do serviço público é que os que não fazem nada, que são encostados, recebem igual tratamento. No caso, a falta de possibilidade de diferenciar o tratamento é uma grande tragédia. Outra imensa tragédia da vida pública é que os responsáveis pela administração sempre entenderam, na mais perfeita tradição patriarcal, que a administração é uma coisa secundária. Que isso cabe ao contador e ao funcionário modesto organizar. Não é comum a visão de que a administração é uma técnica moderna, difícil, que deve ser entregue a homens da mais alta capacitação. A administração pública ainda é muito influenciada pelas origens portuguesas e empíricas da formação brasileira. Estamos muito longe ainda de romper com essa tradição e não é um prefeito que passa quatro anos no cargo que pode acabar com isso. Ele apenas deixa a sua contribuição.

A seu ver, quais são os problemas mais dramáticos da cidade de São Paulo?.

Em primeiro lugar, o crescimento. E ela vai continuar a crescer. O crescimento por migração, que é apenas um dos aspectos do problema, pode ser diminuído. Mas o crescimento vegetativo — resultado da conjugação de alta taxa de fecundidade e mortalidade decrescente, como é o caso de São Paulo — é alto e levará inexoravelmente a uma expansão da cidade. Por isso é que fico muito preocupado com a visão simplista dos que querem resolver os problemas da cidade por meio da descentralização industrial. Acho isso uma tragédia. O crescimento da população de São Paulo é inevitável e temos, portanto, de preparar condições para dar empregos aos seus habitantes e uma economia saudável à cidade. A economia urbana de São Paulo precisa ser preservada. É certo que, na medida em que melhorarem as condições de vida aqui, a cidade atrairá mais gente. Mas não existe nenhuma medida que tenha apenas aspectos positivos. O importante é observar o saldo das medidas tomadas. Preocupa-me muito, por exemplo, a Resolução 14, pois estancar o desenvolvimento industrial da cidade de São Paulo é algo que pode acarretar no futuro problemas como os que enfrenta hoje Nova York.

Por outro lado, a legislação brasileira que regula a posse da terra é de origem rural, o que conflita fundamentalmente com uma sociedade urbana de massa como é a de São Paulo. O migrante que chega aqui e vai comprar um lote não é um dono de terra do interior que, acompanhado de seu advogado, entra em contato com outro proprietário, também acompanhado de seu advogado, para negociar a propriedade. O resultado são os problemas do loteamento clandestino, de retenção do terreno para valorização, dos vazios urbanos. O conceito de propriedade urbana precisa ser atualizado. Ele não pode mais guiar-se por uma legislação de terra rural, quando a propriedade urbana, inclusive, se transformou em reserva de valor. O solo urbano passa a ser reserva de valor, sendo retirado do processo produtivo.

Como encara as críticas que alguns lhe fazem de que suas teses tendem a violentar o direito de propriedade?

O direito de propriedade clássico não é compatível com uma cidade de 9 milhões de habitantes que cresce nas condições de São Paulo. Não podemos manter os valores de uma sociedade rural e ao mesmo tempo termos um desenvolvimento urbano como o que estamos vivendo.

Admitiria uma extrapolação de suas teses para atingir o direito de propriedade em geral?

Ou somos capazes de regular a propriedade de forma adequada à época em que vivemos, ou ela não sobreviverá em virtude de fatores mais violentos. Não adianta querermos ficar parados no tempo. Isto não existe. Não podemos manter os mesmos valores do século passado e imaginar que nossa sociedade possa resistir a toda a evolução tecnológica moderna. Não é viável. Se não tivermos coragem para fazer essa reforma de maneira racional, ela se fará de maneira revolucionária. Acho muito importante adequar os conceitos à evolução técnica do mundo. Não podemos manter, no tipo de sociedade em que vivemos, os mesmos conceitos do século passado, sem adaptá-los. Não podemos tratar gigantescos conglomerados empresariais da mesma forma que uma pequena unidade comercial, porque o interesse social é diferente. Igualmente, não podemos tratar a cidade de São Paulo da mesma forma que uma pequena cidade do interior, imersa numa área de baixa densidade demográfica e de utilização agrícola do solo.

Ou se faz a reforma ou se espera a revolução?

Ou a sociedade adota uma atitude reformista, que faça com que ela se vá adaptando passo a passo às novas necessidades decorrentes da evolução cultural, tecnológica e social de sua época, ou ela gera tensões que levarão a uma ruptura. Para mim, não há dúvida com relação a isto. É por esta razão que acho inevitáveis tanto a evolução como a reforma. Basta ver que as sociedades estáveis, mesmo já estratificadas, do Ocidente sofrem uma reforma permanente. Quem imaginaria, há 100 ou mesmo 50 anos atrás, que a sociedade francesa legalizaria o aborto?

Como vê e explica o processo de sua afirmação política?

Acho que essa afirmação política decorre de tudo o que falei de minha vida. Acredito ser um fruto típico dessa megalópole, integrado nas suas origens, na sua formação. Acho que representei de fato os valores da cidade. Isto me parece muito importante em política. O líder político tem de ser a expressão de sua época, de seu meio, das condições que prevalecem no momento em que atua.

Qual a sua visão do processo político de 64 para cá?

Vejo a Revolução de 64 como a ruptura de uma sociedade que foi incapaz de evoluir integrando os valores contemporâneos. A evolução populista foi ineficiente em seu sentido mais amplo. Ela estava sendo conduzida por forças antagônicas, inspiradas umas em valores imediatistas e demagógicos e outras em valores extremamente conservadores. A situação era inviável, houve a ruptura e o país caminhou para o pacto militar-tecnocrático, que assumiu o poder e desenvolveu as linhas de ação conhecidas por todos nós. E chegou um momento em que a liderança política do país — o ex-presidente Geisel e o presidente João Baptista

Figueiredo — viu que havia necessidade absoluta de abrir caminho para as novas gerações e às novas forças criadas por todo o processo econômico, tecnológico, cultural e urbano por que passou o país. E chegamos ao processo de abertura política.

Vê grupos capazes de elaborar um novo projeto político?

Acho que eles existem, porque o país evoluiu muito em todos os aspectos. Mas vejo um elemento negativo em todo esse processo, que é a crise energética. Enfrentar essa transformação, no momento em que a própria estrutura do sistema de desenvolvimento vai ter que se modificar profundamente devido à crise energética, não será fácil. Se a crise energética continuar agravando-se tanto quanto nos últimos anos, realmente o processo de abertura não será fácil.

Acha que a classe empresarial e a classe operária têm condições de pôr em prática essa sua ideia de uma reforma para se antecipar à revolução?

Acho que as duas enfrentam um problema semelhante. É só uma pequena faixa da classe operária, aquela que atua numa área de maior desenvolvimento, que estamos vendo desenvolver uma ação política. Na verdade um líder sindical como Lula só se tornou possível numa indústria automobilística. Jamais poderíamos imaginar esse tipo de liderança numa indústria açucareira do Nordeste. De outro lado, também a liderança empresarial é mínima no país. É por isso que no atual processo de reformulação a tecnocracia terá uma influência enorme. Na verdade, o empresariado brasileiro divide-se em três categorias. O empresariado que está integrado nas multinacionais, o empresariado propriamente brasileiro, que é pequeno e muito fragmentado regional e tecnologicamente, e o terceiro é o grupo da tecnocracia, que na verdade é um empresariado, pois conduz as empresas estatais com grande independência.

E a posição política de São Paulo? Muitas vezes São Paulo deu a impressão de ser como era a Alemanha Ocidental de alguns anos atrás, ou seja, um gigante econômico e um anão político.

Vejo o fenômeno político de São Paulo de outra forma. Todas as épocas em que houve uma concentração de poder na área federal — a época de Vargas de 30 a 45 e a época posterior à Revolução de 64, para citar apenas dois exemplos — o pacto político se fez com o governo central apoiado pelos Estados econômica e socialmente menos desenvolvidos. Nos momentos em que o processo político se descentraliza e se torna mais aberto, predomina a influência dos Estados mais fortes e então São Paulo tem um papel mais importante. Na República Velha, na política dos governadores, São Paulo teve um papel importante. No período populista, um homem oriundo de São Paulo, como Jânio Quadros, assumiu o poder federal. Só em São Paulo seria possível uma carreira política como a de Jânio Quadros. O próprio Adhemar de Barros, se não chegou à Presidência, teve pelo menos condições de disputá-la por duas vezes. Em suma, num período de abertura política como agora, cresce o poder de São Paulo, porque o pacto político não se estrutura em termos de governo e antigoverno, como acontece nas épocas de centralização do poder. Quanto à reformulação política que estamos vendo chegar, ela vai conduzir o Brasil ao século XXI. E talvez essa reforma fixe as raízes de uma estrutura partidária que não temos. Nossos partidos são recentíssimos, ao contrário dos partidos europeus e mesmo alguns argentinos, que vêm do século passado ou do começo deste. Creio que os partidos que vierem a se formar conduzirão o processo político brasileiro por um longo período.

Todos parecem estar de acordo que o sr. é uma das raras revelações políticas do período posterior a 64. Portanto, é importante saber como se define em termos ideológicos, ou programáticos, se preferir.

Pretendo integrar-me num partido que tenha condições de realizar aquilo que procurei demonstrar ao longo desta entrevista. Antes de mais nada, que tenha raízes na realidade histórica do país e assim consiga mobilizar a sociedade para as reformas que modernizem o Brasil e o conduzam ao fim do século XX. Modernizamos muitas áreas — a técnica, a administrativa, a econômica — mas politicamente estamos ainda atrasadíssimos. Enfim, um partido capaz de fazer a transformação do país dentro dos valores que entendo como corretos. Esses valores são eminentemente os de uma sociedade conservadora, ou seja, aquela que deseja fazer a transformação por meio de uma evolução não apenas pacífica como ordenada, mantendo os conceitos democráticos que já estão integrados pelo menos na elite brasileira. São os valores de uma economia de livre iniciativa. Mas acho que se deve integrar nesse processo um grau razoável de planificação, pois não vejo condições para que se tenha no Brasil, num futuro próximo, uma sociedade altamente competitiva de caráter capitalista clássico.

Voltemos à cidade de São Paulo. Não lhe parece que ela se foi descaracterizando com o correr do tempo, destruindo seu passado histórico e chegando hoje a não dispor mais de pontos de referência?

Não estou de acordo, porque a rigor São Paulo é uma cidade que nasceu há menos de 100 anos. Em 1870, São Paulo tinha 37 mil habitantes. Nessa mesma época, o Rio de Janeiro tinha mais de 150 mil habitantes e Nova York um milhão e 700 mil. Não destruímos nosso passado, construímos nosso presente. E isto fez com que a cidade não tenha passado, ou apenas um passado recente. As características de São Paulo são as que nasceram de 1910 em diante, e muitas destas estão aí: o Teatro Municipal, a avenida Paulista e o próprio centro histórico, que se tornou centro financeiro como acontece em todos os países. De modo que não creio que São Paulo se tenha descaracterizado, porque só se caracterizou a partir do começo do século. São Paulo é uma cidade que só pode ser entendida em função de seu próprio dinamismo. O que a cidade tem de fascinante é exatamente esse dinamismo que não se encontra em nenhuma outra em todo o mundo. E ele se manifesta desde o ritmo de construção e mudança permanente — da rua ao prédio — até a vida noturna em termos de restaurantes, teatros. No ano passado, num dado mês, o meu secretário da Cultura, Sábato Magaldi, disse-me que havia 40 peças sendo encenadas ao mesmo tempo na cidade, das quais 20, em sua opinião, eram de excelente padrão, culturalmente importantes. O que caracteriza São Paulo não são as marcas físicas que são, talvez, fracas com relação à importância da cidade, mas o seu próprio dinamismo.

É a favor ou contra as eleições diretas nas capitais?

Nas capitais, sou contra. Acho que o prefeito deve ser nomeado por um governador, este sim eleito diretamente. No caso dos governadores, acho inviável o processo de eleições indiretas. Enquanto elas eram simplesmente o *referendum* de uma nomeação, mantinham uma certa unidade no processo. Certo ou errado, havia um critério. Mas, na medida em que passou a ser uma disputa de mil e poucos votos dentro de uma sociedade como a nossa, desestruturada, o processo perdeu as poucas vantagens que poderia ter e adquiriu todos os defeitos da ação de um grupo inexpressivo decidindo os destinos do Estado. Por isso, acho inevitável a volta das eleições diretas para governador. Quanto às capitais, o caso é diferente. Dada a importância da ação do Estado em problemas de interesse da cidade — como é o caso de águas, esgotos e educação, por exemplo — acho inconveniente a criação de um pólo de alternância de poder entre o governador e o prefeito, o que ocorreria se este último fosse eleito diretamente. Aliás, a nomeação dos prefeitos de capitais não é uma novidade da Revolução de 64. Em São Paulo, a reforma política que estabeleceu a nomeação dos prefeitos é da década de 20. Paris ficou 100 anos com prefeitos nomeados e só agora resolveu implantar a eleição direta, gerando imediatamente um conflito político.

O sistema de tributação em vigor não torna a Prefeitura altamente dependente do Estado e da União?

Não. O que gerou a dependência foram as exigências da população. Hoje as prefeituras têm mais recursos e talvez até mais liberdade do que lhes dava a legislação no passado, mas perderam essa liberdade na medida em que as exigências cresceram demais. Quando Washington Luís foi prefeito de São Paulo, podia asfaltar ruas e abrir avenidas, sem se preocupar com educação, saúde, esportes, lazer, etc. Se hoje tivéssemos de cuidar apenas do que cuidava Washington Luiz, seria uma tranquilidade administrar a cidade.

Qual a seu ver a prioridade principal de uma cidade como São Paulo: obras ou serviços?

Essa pergunta me deixa feliz, porque acho que fui o primeiro prefeito a colocar esse problema. Acho que com o tempo os serviços se tornarão cada vez mais importantes. Nas pesquisas de opinião pública, os serviços têm uma preponderância total sobre as obras. A população exige cada vez mais serviços. Mas, curiosamente, ela tem dado notas a seus dirigentes, principalmente em função das obras. É que o serviço é invisível. Fiz a manutenção do Parque do Ibirapuera, que estava numa situação lamentável, e ninguém em São Paulo sabe disso. Ao mesmo tempo, a população se sensibiliza com uma nova avenida. Numa pesquisa recente, constatou-se que o grande mérito que a população me atribui é o relativo à abertura de avenidas e à construção de viadutos, o que não foi a principal prioridade da minha administração. Preocupei-me mais com a melhoria dos serviços, a ampliação das áreas verdes, o lazer. Aliás, o lazer tem uma boa colocação naquela pesquisa, porque a atividade de meu ex-secretário de Esportes, Caio Pompeu de Toledo, promovendo passeios a pé. etc., marcaram a cidade mais do que se imaginava.

Mas o interessante de tudo isso é que o que a cidade diz desejar não coincide com o seu comportamento. O que apenas confirma uma conhecida pesquisa de produto. Certa vez uma grande indústria americana fez uma pesquisa sobre o automóvel ideal e com base nela lançou um modelo, em 1938 ou 39. Foi um fracasso total, porque o ideal do homem é o sonho, mas a sua realidade é o automóvel que ele vende bem depois e pelo qual opta na hora da compra. A conclusão do homem de *marketing* foi a seguinte: "O homem descreve a amante, mas casa-se com a mulher que ama". Na cidade, a população descreve o sonho, mas quer a realidade.

22 de julho de 1979

33 O importante é aplicar as Constituições

Entrevistadores:
*Frederico Branco,
Lúcio Asfora e
Lourenço Dantas Mota*

Pontes de Miranda

Nasceu no Engenho Mutanga, Alagoas, em 1892, e morreu no Rio de Janeiro em 1979. Formou-se pela Faculdade de Direito do Recife. Autor de uma vasta obra, na qual se destaca o Tratado de Direito Privado, *em 60 volumes. Um dos maiores juristas brasileiros.*

O que o levou a estudar Direito? Tradição familiar?

Não. Meu avô, Joaquim Pontes de Miranda, constituinte da República, foi o autor da primeira obra de Matemática escrita por e para brasileiros. Tanto ele quanto meu pai — somos de Alagoas — preparavam nordestinos que vinham para o Sul fazer concursos que envolviam Matemática. Só meu pai preparou 34 professores, que foram lecionar de Minas Gerais ao Rio Grande do Sul.

Então não havia tradição jurídica?

Não havia. Tanto meu avô como meu pai formaram-se em Direito, pois era uma maneira de ganharem melhor, mas o que realmente os interessava era Matemática. Meu avô fez uma grande fortuna. Quando me casei e fui com minha mulher a Alagoas, ela — que é paulista, paulistana — ficou admirada ao deparar com uma casa de três andares. Era a do meu avô. Bem, criado nesse ambiente eu não poderia deixar de ser influenciado. Meu pai decidiu então que eu iria estudar Matemática e Física na Inglaterra. Só não chegou a comprar passagem. Eu devia embarcar num navio inglês que faria escala no Recife.

Mas não embarcou?

Espere aí. Antes disso, resolvi despedir-me de minha tia-avó. Eu queria tão bem a ela que a chamava de mamãe-outra. Foi a ela que dediquei a *História e prática do habeas corpus*, que escrevi quando ainda era jovem. Nessa dedicatória eu digo que lhe dedico o livro pois a ela devo o meu amor à liberdade e à democracia. Pois fui e ela me disse: "Chico

— nunca me chamou de Francisco, para ela eu era sempre Chico —, se fosse no tempo do Império você estaria certo. Voltaria da Inglaterra formado em Matemática e Física, criaria um problema e a Corte daria uma solução. Mas, Chico, quantos livros estrangeiros você compra? Você não é gastador? E na República só há três espécies de ricos: industriais ligados à política, agricultores e criadores de gado ligados aos bancos e os ladrões. Quando estamos na Casa Grande (tínhamos uma mesa com tantos lugares quanto as cartas de baralho, então sentava toda aquela gente para almoçar e jantar) e se fala num assunto que envolva Direito, você sempre presta atenção. Então, por que é que não vai para o Recife estudar Direito?" Fiquei um pouco surpreso.

E desistiu da Inglaterra?

Na hora. E olhem que eu já falava, lia e escrevia bem em inglês, aos 15 anos. Voltei a Maceió e contei tudo a meu pai. Estava chuviscando, ele meteu o chapéu na cabeça e saiu, não me disse nada. No dia seguinte vou à casa de meu avô e conto tudo a ele. "Está bem — disse meu avô —, acho que a dona Chiquinha é muito inteligente." Então, fui estudar Direito.

E quer dizer que foi o inglês que predominou em sua formação?

Não, inglês eu já dominava. Foi o alemão.

Tradição do Tobias Barreto?

Absolutamente. Do alemão, mas não dele. Tanto assim que em minha obra, mais de trezentos volumes, são raríssimas as referências ou citações de Tobias Barreto. No Recife, fui estudar com um senhor alemão chamado Paul Wolf. Depois prossegui esses estudos no convento dos franciscanos. Gosto muito deles, gosto muito de São Francisco, acho que ainda não se avaliou bem o que ele fez pela humanidade.

Sabemos que é um especialista em hagiologia.

Mas, como estava dizendo, fui ao convento a convite de frei Matias. Ele era alemão e disse que eu poderia entrar em contato com frades, não para desenvolver conversação, mas para tratar de outras questões de interesse, inclusive filosofia. Garantiu-me que o meio era científico e que eu o apreciaria. De fato, não só apreciei como aprendi muita coisa com eles. Vocês gostam desse *scotch* paulista?

Paulista? Mas é President, escocês.

É paulista. Eu explico. O Júlio Prestes era um exímio conhecedor de *whisky*. Eu privei com ele, pois era aparentado com minha mulher e eu sempre o encontrava, às vezes, no Catete. Colocavam uma bandeja com doses de *scotch* na sua frente, ele tomava um golinho e identificava imediatamente o produto. Não errava uma vez. Pois, quando já estava eleito presidente, os amigos paulistas quiseram fazer-lhe uma surpresa e encomendaram à Escócia um *blend* especial, não comercializado. E no dia do aniversário dele ofereceram um cálice e pediram que identificasse o *scotch*. Ele vacilou: "Não é *House of Lords,* não é *Johnny Walker,* não é *Dimple*... Francamente não sei..." Então todos bateram palmas e explicaram a ele que se tratava de um *scotch* especial, feito sob encomenda. Pois esse *blend* acabou tendo tanta aceitação que os escoceses resolveram comercializá-lo. E, como o destinatário da encomenda era o presidente eleito, não vacilaram em chamar de *President* o novo *scotch*. Deve ter causado espécie na Escócia, pois lá não há presidentes. Quando muito há *Chairman of the Board.* Daí a gente poder dizer que se trata de um *scotch* paulista, feito na Escócia...

Não sabíamos. Mas foi no convento que se tornou perito em hagiologia?

Não, isso vem de mais longe, do avô de minha avó, um homem curioso, que todos os anos fazia 96 anos.

Sempre 96?

É. Em Freicheiras, deitado na rede, ele abria um tratado em latim e lia para mim, em português, as vidas dos santos. Aprendi tanto que depois causei admiração aos frades. Quando eu estava no Recife, às vésperas de minha formatura, ele morreu. Mandei uma carta urgente, para saber a idade de vovozinho, que era como o chamava. Morreu com 107 anos.

Aliás, fui um homem privilegiado no que se refere à família. No Recife, estudei Direito de verdade, mas sem esquecer a Matemática. E, sempre que me defrontava com uma questão jurídica, eu a considerava matematicamente. Ainda há pouco, estava preparando um parecer, pedido de São Paulo. Vali-me de uma obra alemã de consulta. A partir de meu fichário, verifiquei que o procurado estava no volume tal, página tal. Comecei a redigir o parecer quando me chamaram para almoçar. Estava uma ventania danada, uma chuva como a de hoje. Pois quando voltei do almoço para completar o parecer, o vento tinha virado as páginas do volume e lá encontrei *Pontes de Miranda*. Pensei que estivesse sofrendo alguma perturbação mental. Mas era realmente o meu nome. Tratava-se de uma referência a um curso que dei em Berlim, em 1930, onde analisava o relacionamento entre Matemática, Filosofia e Direito.

Quando foi que encontrou a referência?

Foi há pouco, há coisa de dois meses. Mas isso acontece, pois há 52 anos classifico sistematicamente sentenças, usando a lógica matemática. O meu *Tratado de ações* tem sete volumes, o *Tratado de direito privado* tem 60 e eu o preparei em pouco menos de 20 anos. Mas o *Tratado de ações* demandou 52 anos. Trata-se da classificação de sentença a partir da lógica matemática. Há pouco, um especialista italiano que deu um curso em São Paulo veio visitar-me e fez uma porção de perguntas a respeito, gravando tudo. Queria saber o que me levara a fazer essa classificação. Acho que tudo começou com um trabalho que escrevi sobre a Teoria da Relatividade. Einstein pediu-me que desenvolvesse alguns pontos, a despeito das retificações que eu fazia à sua teoria. Desenvolvi e mandei. Ele não me deu resposta. Mais tarde, fui informado, por diplomatas alemães, que Einstein desejava que eu apresentasse meu trabalho à Conferência Internacional de Filosofia, em Nápoles.

Quando foi isso?

Em 1924. Minha conferência foi publicada em alemão — *Vorstellung von Raume* —, pois o Brasil não estava inscrito. Mais tarde, por meio de uma revista norte-americana, constatei que minha tese tinha sido aprovada por unanimidade.

E a tese tratava da aplicação da Matemática ao Direito?

Não, versava apenas sobre a Teoria da Relatividade.

Mas como foi que relacionou uma e outra?

Espere, chegaremos lá. Einstein veio ao Brasil em 1925, veja, tenho nosso retrato aqui, com data e dedicatória. Ficamos grandes amigos. Quando fui para Nova York, Einstein já estava em Princeton. Era o tempo de Hitler. Almoçávamos juntos com frequência, num restaurante chamado *Canadiram,* em Nova York. Não sei se existe ainda. Era francês e muito bonito, com um cenário dourado. Ali almoçávamos e conversávamos longamente. Expliquei-lhe então que estava começando a fazer a classificação matemática das sentenças, até hoje divididas entre ações de conhecimento e ações executivas. Mostrei a Einstein o que estava fazendo há 16 anos. Ele então me disse: "Olhe, não perca tempo na diplomacia (nessa época eu estava na carreira diplomática, tendo servido na Colômbia e, naquela ocasião, nos Estados Unidos). Nem com assuntos de guerra. Isso que está fazendo é muito mais importante para a humanidade". Naturalmente, fiquei encantado com esse estímulo e prossegui. Nessa ocasião eu já tinha feito a classificação matemática das sentenças brasileiras, das francesas e das alemãs e estava empenhado nas norte-americanas. E meu trabalho estava sendo muito facilitado pelo governo dos Estados Unidos, que colocara à minha disposição a Biblioteca de Nova York, que me enviava todas as obras de que eu necessitava para estudo. De forma que prossegui.

E lá completou o trabalho?

Bem, um dia recebi um telefonema de Einstein, que informava que eu havia sido convidado para um almoço na Universidade de Princeton. Fui, almoçamos e depois saímos a passear, por alamedas lindas, flanqueadas por árvores maravilhosas. Não me contive e disse que me sentia muito feliz, por estar em lugar tão bonito ao lado do maior cérebro do mundo. Ele protestou imediatamente, disse que o primeiro cérebro do mundo, que situava numa categoria superior à de Leibniz, estava ali mesmo, em Princeton, e que me apresentaria a ele. Apenas pediu-me segredo, pois o tal professor fazia absoluta questão de sigilo. Tanto o seu cozinheiro como a arrumadeira da casa eram professores de Psicologia. De fato, levou-me à casa do tal professor. A primeira coisa que ele me disse foi: "Albert me disse que sua vocação é a Matemática. Nesse caso, por que está perdendo tempo com Direito?" Respondi que já o conhecia de nome e de leitura, particularmente sua obra publicada em alemão e francês sobre proposições existenciais, declarativas. Expliquei-lhe então que estava dedicado à classificação das sentenças, constitutivas positivas ou negativas. Ele notou que não compreendia um arresto secreto, tal como os praticados na Alemanha nazista, por não se tratar de ação de conhecimento nem executiva, pois o juiz não diz que existe, nem que não existe, nem executa contra A ou B — o juiz só manda. "O senhor diz que nesse caso é preciso criar uma nova classificação — acrescentei —, a sentença de mandamento. Pois bem, depois das declarativas, das constitutivas, das condenatórias vem esse arresto secreto a que se referiu. Mas eu já fiz as classificações."

Bem, de qualquer forma voltei para Nova York e prossegui em minhas pesquisas. Foi quando verifiquei que todos os elementos constam das sentenças e que eu estava fazendo a classificação por preponderância. Tinha de pesquisar tudo. Preparei os quadros. Mandei ao Einstein uma carta de três páginas datilografadas. Não sei datilografar. Nunca aprendi a datilografar e a guiar automóvel. Mandei datilografar e entregar ao Einstein. Ele não respondeu. Uns dois ou três meses depois, quando nos encontramos no restaurante, tratei das cartas. Aí ele contou que tinha lido e levado ao seu amigo matemático. Este, depois de examinar o meu trabalho, observou apenas: "Só tinha de ser assim". Assim, quem compulsa o *Tratado de ações* encontra no final os cinco elementos. Eu tinha chegado a uma conclusão: quando uma sentença tem três, quatro ou cinco declaratividades, faz coisa julgada. Se não tem, não faz. Agora, estão faltando dois volumes dessa obra, que se esgotaram completamente. Pretendo tratar com a *Revista dos Tribunais,* para mandar passar aquilo na nova ortografia e tirar as novas edições que estão sendo demandadas.

E quem era esse matemático que Einstein achava maior que Leibniz?

Kirk, parece. Era um judeu alemão, naturalizado norte-americano. Estava em Princeton, ganhava como catedrático e nunca fez uma conferência que não redundasse numa descoberta. Quando ele morreu, um homem da Saraiva enviou-me um recorte a respeito, de uma revista alemã ou norte-americana. Eles devem ter o nome completo dele, lá na Editora. De qualquer forma, foi depois disso que completei os sete volumes do *Tratado de ações*. Fazer os 60 volumes de *Direito privado* foi uma coisa, mas esses sete foram outra, muito diferente...

Fugindo um pouco ao assunto, gostaríamos que tratasse do Direito Constitucional brasileiro. Que teria a dizer a esse respeito?

É bom. Mas devem compreender, com a ditadura... Eu fiz os comentários às Constituições. Da de 37 restam apenas dois volumes. O resto mandaram queimar.

Era Constituição mesmo ou Carta Constitucional?

Não sei ao certo o que era aquilo. Mas em 67 eu pensei que tivéssemos mudado realmente e fiz comentários à Constituição. Veio depois a Emenda número 1 e fiz os comentários. Mas depois não podia mais fazer. Sabe quantas leis e decretos-leis fez o Geisel? Milhares e milhares. Nem fazem ideia. Resultado: uma confusão terrível, pois a própria Constituição não foi respeitada. Agora, estamos na expectativa. E eu estou com 87 anos. E, se me perguntarem como cheguei a tal idade e como trabalhei tanto, respondo facilmente: nunca traí minha consciência.

Como explica o fato de ser um jurista renomado, reputado, e nunca ter sido realmente benquisto pelos governantes?

Eles não gostam de mim, mas acontece que não me podem cassar. Nunca aceitei os horríveis atos que aplicaram. Mas agora, de alguma forma, eles parecem estar arrependidos.

Acontece que não raro atos dessa natureza têm origem num jurista. Há o caso da participação do Francisco Campos na Constituição de 37.

Francisco Campos dava-se comigo, mas eu dizia coisas muito duras a ele. Nunca cedi a ele uma única obra. Para mim, não existia. Nesta mesma casa, o Maurício de Lacerda, pai do Carlos, pediu-me que falasse com ele, pois achava que tinha tendências comunistas. Eu dava muitas festas em casa, sempre fui muito alegre, e convidava o Carlos Lacerda. Pois numa delas o Chico Campos estava falando, falando, e aí o Carlos Lacerda o interrompeu para observar: "Puxa, como o senhor ignora Direito!" Desancou o Chico Campos, foi quase um escândalo. Anos mais tarde, quando o Carlos lançou um dos seus livros, compareci, ele agradeceu, deu-me a obra com dedicatória e me disse: "O sr. nunca traiu sua consciência e espero que não a traia nunca".

Mas não foi convidado a participar de um golpe, na época do Getúlio?

Ah, isso foi coisa do Góes Monteiro, pouco antes de 45.

O Góes era seu primo?

Era. Como o Getúlio, gostava muito de mim. Ambos me tratavam com grande deferência. Mas nunca aceitei nem aceitarei ser ministro de uma ditadura, seja ela qual for. O Góes me convidou, dizendo que a junta de governo a ser estabelecida precisava ter um civil, que seria eu. Respondi-lhe que é preciso que o povo vote e que os eleitos façam as leis, que devem corresponder ao que o povo espera delas. "Ah, Pontes — replicou-me ele — você é mesmo burro!" Ele morava aqui em Ipanema, numa rua com nome de gaúcho.

Júlio de Castilhos?

Exatamente. Era onde morava e eu frequentava a casa dele. Mas, como ia dizendo, dediquei-me ao Direito Constitucional e sempre dei pareceres. Recentemente, dei um parecer a favor do Banco Nacional de Desenvolvimento Econômico, contra o Lutfalla. É um parecer longo. Curiosamente, os próprios advogados dele não tocaram em meu parecer. Não conheceram o assunto. O Alfredo Buzaid, advogado da Lutfalla, sustenta que o ato de confisco foi inconstitucional. Eu digo que não, pois a Constituição de fato proíbe confisco, mas não confisco cautelar, como é o caso. Dei o meu parecer e dormi bem.

De todas as nossas Constituições, qual lhe pareceu a melhor?

Olhem, acho que não se trata de estabelecer qual a pior ou a melhor, mas de aplicá-las. Se querem fazer emendas, que as façam, mas é preciso uma Constituinte para emendá-las. Ainda assim, a despeito de todas as pressões, tenho confiança no João Baptista Figueiredo. A lembrança do pai influirá muito sobre ele. Estava no Exército e não podia botar fim à ditadura. Mas agora tem a oportunidade de restabelecer a democracia. Tenho confiança nele.

Concorda com a anistia ampla, geral e irrestrita?

Sou favorável à anistia, mas acho que o governo deve submeter alguns casos a exame judicial. Que fazer? Libertar todos os terroristas?

Essa figura existe, no Direito?

Para efeitos de Direito Penal. Mas a verdade é que o terrorismo foi apreciado sem que a Justiça fosse ouvida. Os que são apontados como terroristas talvez não o tenham sido.

E quanto aos condenados pelos chamados crimes de sangue?

É preciso verificar, judicialmente, as razões do ato. Uma pessoa pode cometer um crime de sangue em legítima defesa, defesa da honra, defesa de terceiros. Assim, não se pode deixar de submeter à Justiça a verificação de tais crimes. À Justiça caberia estabelecer os que serão beneficiados ou não pela anistia. Noutras palavras, os excluídos devem pedir exame à Justiça. O mesmo se aplica a reparações, salários atrasados, etc. Se o anistiado ainda está em condições de exercer suas funções, que as exerça. Caso contrário, tem de ser tratado como aposentado.

Fala-se muito em país real e país legal. Em sua opinião, há uma diferença muito grande entre um e outro?

Primeiro, essas expressões não são jurídicas. Real, em Direito, é o relativo à coisa. Direito real, por exemplo, é o de propriedade. Em caso de dúvida, o que se deve verificar é se a causa em julgado está de acordo com a Constituição ou de acordo com a lei. Mas todo Direito deriva de uma regra jurídica e quando se trata de uma regra jurídica é preciso verificar se foi a lei ou a Constituição que incidiu. E, se a lei incidiu e não devia incidir, é inconstitucional.

O problema que mencionamos — o da existência de um país real e de um país legal — não está indiretamente relacionado com o problema do bacharelismo?

Eu diria apenas que o Direito brasileiro era magnífico — sob muitos pontos de vista melhor do que o Direito em qualquer outro país do mundo — mas, recentemente, a manifesta estupidez demonstrada pelos legisladores resulta de pretensos juristas e até mesmo dos que fingem ser juristas. Agora mesmo, em relação à Lei do Inquilinato, cometeu-se um erro grave. Se fosse erro de um estudante de primeiro ano de Direito eu daria nota zero. Vou apresentar apenas um exemplo: de acordo com a tradição brasileira, há existência ou inexistência de um direito. Existe a nulidade ou anulação de uma regra jurídica. Existe também a resolução e a resilição. Depois vem a denunciação e depois a rescisão. Pois bem, essa Lei do Inquilinato chama tudo de rescisão, quando o vício é redibitório. Resolver é uma coisa, resilir é outra, decretar nulidade é outra, declarar a existência ou inexistência é outra. Nada disso, entretanto, é rescisão. Só se rescinde o que existe, o que é irresolúvel, o que é irresumível. Ora, chamar tudo de rescisão é mais que burrice, é incapacidade de estudar.

Está preparando um estudo a respeito?

Estou. E pretendo falar disso, pormenorizadamente, na Academia Brasileira de Letras, pois o Austregésilo de Athayde pediu-me para fazer uma conferência sobre as ideias jurídicas no Brasil. Pretendendo ressaltar alguns aspectos importantes, do que o Brasil herdou dos visigodos, algo que não foi herdado nem pelos alemães. Herdamos essas coisas importantes via Portugal antigo. Hoje, o Direito português não é mais o que foi, refletindo influência francesa, italiana e outras. No Brasil, porém, persiste essa tradição. Tanto assim que os Códigos Civis não entraram em execução, pois eram monstruosidades. A propósito dos visigodos, por exemplo, eu lembraria que foi deles que herdamos o princípio do casamento com comunhão de bens.

No caso específico da Lei do Inquilinato não lhe parece que a emoção foi sobreposta à razão?

Parece que sim. Vejam, fiz um primeiro estudo sobre os processos oficiais de adaptação. O homem adapta-se à sociedade e esta ao homem. No momento, a economia está trepidando muito, afetando até a religião. E não é apenas em economia que se deve pensar, se bem que um amigo meu negue a existência de economistas no Brasil — para ele há apenas egonomistas, gente que pensa mais em si. De qualquer modo, o que se precisa é de estabilização. Isso de fazer três, quatro, cinco mil leis é uma calamidade. Em função da Economia pretende-se mudar tudo. Mas, em se pedindo a um dos atuais economistas brasileiros algo relacionado com ciência, nada se obterá. A maioria deles nada sabe de aritmética, nem de álgebra, nem de geometria. Sabem, sim, fazer discursos e ter os seus retratos nos jornais...

O que tem a dizer sobre a reforma da Magistratura e do Judiciário?

Não pretendo criticá-la, pois não estou a par de sua atual situação. Para indicar como seria possível fazer uma boa reforma da Magistratura seria preciso ter um conhecimento de que não disponho, isto é, saber o número de processos em cada Vara, lugar de cada Vara e de cada Tribunal, número dos juízes dos Tribunais, qual o horário que fazem e a distribuição dos feitos. É um assunto que deve ser estudado a fundo. E, antes de qualquer outra coisa, seria preciso consultar diretamente os ministros do Supremo Tribunal, do Tribunal Federal de Recursos, e de todas as demais fontes, até chegar-se a uma conclusão. Não é possível recorrer à improvisação para fazer a reforma.

O mesmo se aplicaria aos Códigos?

Quando se trata de reformar ou até mesmo de emendar Códigos, é indispensável que os encarregados do trabalho sejam capazes. O que se está fazendo é uma calamidade, que jamais ocorrera no Brasil, pois as tais reformas envolvem até mesmo erros de terminologia. Quase tudo o que foi feito é pernicioso.

A proliferação das Faculdades de Direito, como essas escolas de fim de semana, não seria responsável em grande parte pelo que está acontecendo?

Estou de acordo. E digo mais: estou bem a par desse problema. Olhem, quando tenho de estudar coisas urgentes, determino à secretária que ninguém será recebido. Mas há sempre uma exceção. Se é estudante de Direito, recebo. Os estudantes sabem disso e vêm aqui. Quase sempre estão à procura de coisas que os professores disseram e que eles não encontraram nos livros. Respondo a todos eles, até mesmo aos de lá de sua terra, São Paulo. O número de professores que dizem tolices é enorme. Não tratam o Direito como ciência, preferem tratá-lo de acordo com seus interesses, como professores ou advogados, como políticos. Ora, o Direito deve ser encarado e estudado cientificamente. Um exemplo recente de despreparo é o dos que usaram rescisão, quando os casos de que tratavam não envolviam qualquer forma de rescisão.

Isso também corresponde, em sua opinião, à perda de prestígio do Direito no Brasil?

Sim, ele está submetido a pressões, interesses diversos. Antigamente não era assim.

É possível que seja um reflexo da situação que estamos vivendo.

Espero que o Brasil mude.

É otimista em relação ao futuro?

Espero que dentro de uns dois anos a gente esteja em situação bem diferente. Mesmo porque, se isso não acontecer, o povo brasileiro vai fazer sua revolução, inesperadamente. Eu sei, pois costumo fazer muitas perguntas aos jovens. Quando vou ao banco, por exemplo, que fica ali atrás, pertinho, e encontro um garoto na rua, paro e pergunto: "Então, menino, o que você quer ser? Gosta do Brasil como é?" Se o pai ou a mãe dos pequenos estão por perto, eles não respondem. Quando estão sozinhos, respondem. Onde tive as melhores respostas foi no Rio Grande do Sul, Santa Catarina e São Paulo. Estão gravando?

Estamos.

Posso contar isso?

Claro que pode, não há problema.

Estava no Rio Grande do Sul, dando um curso, e encontrei na rua dois garotos com livros debaixo do braço. Teriam uns 10 e 12 anos. Ao de 10, perguntei: "O que pretende ser, quando crescer?" Ele respondeu: "Engenheiro eletrônico". Já o segundo me respondeu: "O que eu quero ser não, o que eu vou ser". E, quando lhe perguntei o que seria, ele replicou: "Governador do Rio Grande do Sul, para acabar com as porcarias do governo". Depois disso, aconteceu uma coisa curiosa. Fui jantar naquela noite na casa do presidente da Ordem dos Advogados e contei o caso. Algumas pessoas ouviram. No dia seguinte, abro um jornal de Porto Alegre e deparo com o caso publicado. Depois me explicaram que um dos convidados era amigo íntimo do governador e contou-lhe o que eu dissera. E o governador achou tão interessante que mandou publicar.

Uma boa perspectiva?

Foi como vi o caso. Depois disso, ao fim de uma aula que dei, um advogado procurou-me para dizer que eu era esperado no domingo, para almoçar na casa do Rossi. Uma beleza de casa. Havia muitos professores, desembargadores. De repente, apareceu um garoto, de uns 8 ou 9 anos, e aproveitei a oportunidade para perguntar-lhe o que queria ser. Ele ficou inibido e fugiu. Depois do almoço, tornei a avistar o menino, que estava deitado no gramado perto da piscina. Desci até onde ele estava e perguntei mais uma vez, achando que longe dos velhos ele falaria. Pois tornou a correr para longe.

Era inibido mesmo?

Esperem. Quando voltei ao salão, uma moça procurou-me para dizer que tinha um recado do filho para mim. Explicou-me que o garoto era seu filho, que o advogado que me havia convidado era seu marido e que o pai dela era o Rossi. Aí ela me deu a resposta do menino, por escrito: "Não quero ser dono de *boutiques* para homens nem de *boutiques* para mulheres, como meu avô, nem quero fabricar armas, pois armas só servem para matar. Nem quero perder tempo e ficar plantado por aqui. Quero convencer o governo a que me entregue o problema do petróleo, para eu mandar para o inferno os que não nos deixam explorá-lo". Isso aconteceu há muitos anos, mas ainda lembro bem. Estranhei apenas aquela história de *boutique* para mulher ou para homem. Então me explicaram que o avô do menino é o dono das "Casas José Silva". Curioso, não é?

Especialmente em se tratando de criança.

Sim, mas isso não respeita faixa etária. Nesse mesmo inverno estava fazendo muito frio e fui dar uma volta a pé pelo centro de Porto Alegre. Deparei com uma moça bem vestida, colar, bota até aqui, de livro na mão. Expliquei-lhe que estava fazendo uma pesquisa e perguntei o que pretendia ser. Ela respondeu, sem vacilação: "Plantador e lavrador". Não disse no feminino, não, usou o masculino. E deu-me seu cartão, com dois telefones. Naquela noite, eu estava jantando na casa de Justino Vasconcelos quando ele me disse que queriam falar comigo ao telefone. Explicou que era o pai da moça com que eu conversara pela manhã e que se tratava de um dos homens mais ricos do Rio Grande do Sul. E quando cheguei ao telefone, ele disse: "Muito obrigado pela pergunta que fez à minha filha. Eu sempre a amei, mas passei a adorá-la pela resposta que lhe deu". E sabem por que a moça pretendia plantar e lavrar? Pois ela me disse: "Sabe, as pessoas vão precisar cada vez menos dessa coisa sórdida que é o dinheiro, vão precisar de comida". Bonito, não é?

Sim, dessas coisas que dão esperança.

Em São Paulo eu também faço perguntas. Um menino me disse que pretendia estudar todas as raças do mundo. Respondi com outra pergunta: "Mas você, que é paulista, a que raça pertence?" Ele então retrucou: "A minha não interessa, pois aqui em São Paulo temos todas as raças".

Quantos anos tinha?

Uns 9, no máximo. E queria estudar raças. Outro me disse que queria ser investigador de Ciência. Procurei simplificar, perguntando se queria ser cientista. "É isso mesmo — respondeu ele — mas investigando, pesquisando." Lembrei que Campinas é um local em que há muitos cientistas trabalhando; perguntei-lhe se queria ir para lá. Ele replicou: "É uma de minhas hipóteses".

Quer dizer que é otimista em relação à juventude?

Ah, sou. Muito mesmo. Tenho confiança nesses jovens. Esta juventude é muito melhor que a minha ou do que a de vocês. Muito melhor. A gente percebe que todos esses jovens que encontramos na rua estão preocupados com o futuro, muito mais do que a gente pensa. E são os pais e as mães desses jovens que erram muito, por não compreendê-los.

A que atribui a resistência que se criou ao seu ingresso na Academia Brasileira de Letras? Parece que sua entrada foi realmente algo acidentada, não é verdade?

Bem, isso remonta a coisa antiga. Há mais de meio século eu já tinha sido contemplado com um prêmio pela Academia. Prêmio de Literatura. Depois, obtive um prêmio de Erudição. Além desses prêmios, o segundo livro que escrevi no Brasil, quando tinha 21 ou 22 anos, foi muito elogiado por José Veríssimo, Rui Barbosa, João Ribeiro.

Bom respaldo para entrar, não é?

Claro, e foi o que me levou a inscrever-me. E perdi. Perdi para um ginecologista.

Coisa pior aconteceu ao Lêdo Ivo. Ele diz que perdeu para um tanque, pois seu concorrente era o general Lyra Tavares.

Boa essa, mas o fato é que perdi mesmo para um ginecologista, o Fernando Magalhães. Mais recentemente, considerando que tenho muitos amigos acadêmicos, alguns dos quais são meus amigos íntimos, decidi inscrever-me novamente. Ao saberem disso, eles me advertiram: "Mas, Pontes, você não sabe que agora há uma candidata?"

Era a Rachel de Queiroz?

Era. Respondi que não tinha importância. Se não me quisessem, não me queriam. Fiz várias visitas e muitos acadêmicos adiantaram que eu poderia contar com seus votos. Mas esse Geisel, que foi o pior presidente do Brasil, interferiu. Pessoas que me tinham assegurado voto...

Deixaram de dá-lo.

É. Estavam sob ameaça de perda de seus postos, coisas assim.

Identificou esse núcleo de resistência? Era gente ligada ao Conselho Federal de Educação?

Adonias Filho. Havia de tudo. Perdi. Aí então decidi que, acontecesse o que acontecesse, voltaria a candidatar-me, a despeito do Geisel. Não esperava mais nada. Assim, limitei-me a fazer a inscrição, não visitei mais ninguém e segui para Brasília, quando me convidaram a ser patrono de uma turma de Direito. A festa foi uma maravilha. Foi na Universidade de Brasília e, no lugar que me haviam reservado, meu nome estava escrito com letras deste tamanho: Pontes de Miranda. Pois, no dia seguinte fomos à missa mandada celebrar pelos formandos. Um frade irlandês fez o sermão e começou por dar a notícia de minha eleição para a Academia. Foi assim.

Diria que no Brasil o Direito, como o Jornalismo, foi vítima de uma proliferação excessiva, de uma troca de qualidade por quantidade? O que funciona por este país afora, sob a rubrica de curso superior, é uma enormidade.

Digo mais ainda. A maioria fica lendo livros de autores franceses e italianos em lugar de estudar devidamente as origens do Brasil, de ir a fontes como Pimenta Bueno. Este paulista foi um dos maiores juristas de seu tempo, não apenas do país, mas do mundo. Em termos de Direito Internacional Privado, nem nos Estados Unidos foi feito o que ele fez. Pois vejam: fui convidado a dar um curso em São Paulo. Chego à Academia e vejo os retratos, encabeçados pelo de Clóvis Bevilácqua. Observei então aos que me recebiam: "Com licença, antes de partirmos para assuntos agradáveis, permitam-me tratar de um assunto desagradável. Onde está o retrato do maior jurista nascido em São Paulo?"

E eles?

Ficaram perplexos. Então, falei-lhes durante uns quinze minutos sobre a importância da obra de Pimenta Bueno. No dia seguinte, compareci para dar a aula e encontrei na parede o retrato de Pimenta Bueno. Ele foi um homem cuja vida é indecifrável. Não se sabe, por exemplo, quem foram seu pai e sua mãe.

São dados como desconhecidos.

De fato, não se sabe quem foi a mãe nem quem foi o pai dele. E um homem genial, como era, imaginem. Não é mais lido. Como aconteceu com o Dirceu de Freitas.

Foram esses os autores que mais o influenciaram, no início dos seus estudos?

Estão entre os que me influenciaram. Hoje, em lugar dele, os lidos são os italianos.

Além deles, foi também influenciado por outros juristas brasileiros conhecidos?

Li-os todos e não deixo de citá-los. Na verdade, eu os cito tanto como os alemães e os antigos portugueses. Na verdade, o que esses portugueses antigos fizeram é inacreditável. Com menos de um milhão de habitantes, Portugal projetou-se no mundo, dominou a África e parte da Ásia. Tenho os livros deles. Pena hoje não podermos subir à biblioteca; as paredes estão sendo pintadas e tudo está numa grande desarrumação.

É curiosa a restrição que faz aos autores italianos. Tem realmente razão para fazer-lhes restrições?

Não. Digo mais: alguns deles são bons, outros maravilhosos.

Mas, nesse caso, como se explicaria a sua maior inclinação pelos mestres alemães?

Bem, se eu ficasse no italiano não faria nada, absolutamente nada, sobre Direito e especialmente Direito Processual. O nosso antigo Direito Processual assim como o alemão continuam sendo grandes.

Daí o fato de ter-se afastado dos autores italianos, em termos de Direito?

Sim, eles ficaram na retórica e na discurseira. Os que têm influência italiana são os que fazem discursos, não aprendem coisa alguma, são os que andam por aí falando em rescisão.

De qualquer forma, deve considerar fundamental o seu prévio conhecimento de alemão, para o desenvolvimentodos dos seus estudos.

Estudei ainda no Recife. Dediquei-me muito ao alemão. Mas depois veio Hitler, que me aborreceu. Continuo recebendo livros alemães, revistas alemãs. Mas não é mais a mesma coisa.

Acha que a partir de Hitler a Alemanha perdeu muitas de suas antigas características?

Não chego a fazer essa crítica, mas o fato é que a Alemanha de hoje não é mais o que foi, o que era.

Por outro lado, em sua formação, parece ter sofrido também uma grande influência anglo-saxônica.

Eu diria que o Direito norte-americano é inglês. Essa influência pode ter-se feito sentir no âmbito do Direito Constitucional, pois o Direito Privado norte-americano não é lá essas coisas.

Varia de Estado a Estado.

De Estado a Estado. E mesmo a Inglaterra não tem um Código como o do Brasil. Nós temos. Mas um dia quero ter o prazer de mostrar-lhes as obras dos portugueses antigos. Pois há muitos anos, antes da guerra, eu estava em Berlim e fui à casa de um conhecido jurista. Na biblioteca dele vi a obra de um português antigo, um tratadista, que eu procurara em vão em Portugal, nos antiquários da França e da Holanda. Pois ele me disse: "Tenho. E, quando quiser, está à sua disposição, para ler ou tomar notas. Se eu não estiver em casa, será atendido da mesma forma, por minha mulher ou minha filha". Fui lá algumas vezes, tomei várias notas, que posteriormente usaria em citações. Muitos anos depois, fui avisado, aqui no Rio, de que uma senhora norte-americana viria visitar-me. Sabem o que veio fazer? Pois quando o jurista estava à morte, apontou o livro e disse: "Levem para o Pontes de Miranda".

Mandou entregar?

Foi. A moça veio com o marido, dos Estados Unidos, para entregar-me o livro. Olhem, é incrível, deste tamanho, desta largura, tem seiscentas e tantas páginas. Antigamente se escrevia muito e bem. Tenho aí, entre outros, o Pedro Barbosa. Em se querendo um *Tratado de execuções*...

Século XIX, não é?

Justamente. Mas, em meu entender, o melhor *Tratado de execuções*, em todo o mundo, ainda é de português, escrito em latim, três grossos volumes: Silvestre Gomes de Moraes.

Parece nome de alagoano, Silvestre, Tratado de execuções?

Pois é, tenho aqui em casa. Pena estarem pintando a biblioteca; além da desarrumação, o cheiro de tinta é horrível.

Não lhe parece que há um certo exagero na centralização da Justiça?

Qualquer organização do Judiciário depende muito de uma cuidadosa verificação.

Mas essa centralização não é exceção. Os poderes da União, por exemplo, crescem dia a dia, ao passo que os Estados se tornam cada vez mais fracos e mais dependentes da União, não é mesmo?

Não há dependência do governo federal. Há dependência da ditadura. Temos de acabar com ela. Quando não houver mais ditadura, o Senado, a Câmara e as Assembleias dos Estados vão exercer grande influência. Em todos os setores.

Atualmente, a parte do leão da arrecadação, em todos os níveis, é absorvida pela União.

Aprovaram impostos demais. Passaram muitos, como esse de Circulação, que é uma burrice, coisa que nunca houve no Brasil. Não é possível que produtores que se situam a pequena distância do Rio de Janeiro, como os de São Paulo, não possam vender aqui, livremente. O mesmo se aplica ao Rio de Janeiro e ao Espírito Santo.

Em lugar de unir o país, esse imposto não contribui para desuni-lo?

É, mas em compensação criaram o tal porto livre de Manaus. Se alguém traz alguma coisa, diretamente da Europa ou dos Estados Unidos, paga impostos. De lá. o que se compra sai diretamente para o Rio de Janeiro, para venda sem impostos.

Trata-se de uma contradição, em seu entender?

Justamente, mas agora, se me permitem e se quiserem esperar-me um pouco, vou subir. Com licença, são sete e trinta, está na hora da minha novela.

5 de agosto de 1979

34 Getúlio e Juscelino reconciliaram o governo com o povo

Entrevistadores:
*Frederico Branco
e Lúcio Asfora*

Nelson de Mello

Nasceu em Santana do Livramento (RS), em 1899, e morreu em 1989 no Rio de Janeiro. Um dos mais famosos "tenentes", tomou parte nas revoluções de 22, 24 e 30. Participou da Força Expedicionária Brasileira que lutou na Itália na Segunda Guerra. Chefe da Casa Militar no governo Juscelino Kubitschek e ministro da Guerra no Gabinete Brochado da Rocha, durante o parlamentarismo.

Sua participação no ciclo revolucionário brasileiro começou cedo. Poderíamos até classificá-lo de revolucionário histórico, não é verdade?

Sim, comecei cedo, já em 22. Depois, vocês sabem, o Arthur Bernardes assumiu a Presidência, negou anistia e manteve um regime de dura perseguição aos seus adversários políticos. Foi a sementeira para a Revolução de 24. O clima era muito hostil, de franca perseguição aos revolucionários de 22. Bernardes não pôde, ou melhor, não quis pacificar o Exército. Continuou adotando a mesma linha de legalidade. E quem era revolucionário vivia isolado, como um pária.

Regime duro.

Duro e injusto. Intransigente. Isso transformou uma questão política numa questão político-militar. Daí a Revolução de 24, que irrompeu a 5 de julho, em São Paulo, sob o comando do general Isidoro Dias Lopes.

Mas por que a Revolução eclodiu em São Paulo?

Por uma questão ocasional. Na guarnição de São Paulo havia muitos oficiais simpáticos à Revolução. Não se tratava de escolha, tinha de ser lá. E foi assim que me incorporei aos revolucionários comandados pelo general Isidoro, um homem da mais alta inteligência e cultura, que deixaria em São Paulo um nome muito simpático. Não foi por acaso, a propósito, que participou mais tarde da Revolução de 1932.

E em 24 os revolucionários também eram populares em São Paulo?

Tão populares quanto eram impopulares as forças federais que cercaram e bombardearam a cidade. Podiam ter evitado ou, pelo menos, ter dado menos intensidade ao bombardeio. Não foi o que aconteceu. O bombardeio contribuiu para tornar os revolucionários mais simpáticos. E, vejam bem, o intuito da Revolução de 24 foi justamente politizar o povo, chamar-lhe a atenção para os problemas do Brasil. De São Paulo, especialmente.

Mas nada conseguiram.

Depois de vinte e tantos dias de luta, percebemos que não poderíamos esperar mais tempo em São Paulo. Tínhamos planejado tomar São Paulo e marchar diretamente para o Rio de Janeiro. Mas isso não foi possível, pois os legalistas resistiram durante cinco dias. Isso deu tempo ao governo federal para enviar forças contra nós, cercar a cidade e começar a bombardeá-la. O movimento ficou praticamente circunscrito ao Estado de São Paulo. Como aconteceria mais tarde, em 32. Depois de toda a luta, compreendemos que devíamos partir. Ficar seria impossível, pois nossa retirada acabaria sendo cortada pelas forças federais. Além disso, não éramos Somozas, a população civil estava sendo duramente castigada pelo bombardeio e esse aspecto pesou muito em nossa decisão. Promovemos uma retirada disciplinada, em boa ordem, com cerca de 5 mil homens, artilharia e material de guerra. Com o que levamos de São Paulo foi possível manter a luta contra o governo por mais um ano. Saímos de trem, pela Noroeste, no momento oportuno, pois dois dias depois as comunicações com o Sul já estariam cortadas. Ao sair nós ainda dominávamos o Sul do Estado, com exceção de Itapetininga. Em Bauru, reorganizamos a tropa que tínhamos conosco em destacamentos bem armados e municiados. Passamos quase dois meses na Alta Sorocabana, entre Presidente Prudente e Porto Epitácio. Nesse meio tempo, o governo tinha reforçado a guarnição de Mato Grosso e, quando tentamos invadir o Estado, fomos batidos. Tivemos de regressar, pois a verdade é que ninguém adere a revoluções derrotadas militarmente. Decidimos então descer para Iguaçu, onde poderíamos interditar as fronteiras com a Argentina e o Paraguai, abertas para o Rio Grande do Sul.

Deram cobertura às forças revolucionárias do Rio Grande?

Exatamente. O movimento delas foi um filho de nossa Revolução. Eu avancei com meus homens rumo ao oeste do Paraná, até o eixo da estrada Guarapuava — Foz do Iguaçu. Fomos além de Catanduvas. Tentamos tomar a Serra do Medeiros, um verdadeiro baluarte, mas não conseguimos. E estávamos contando com a sublevação de outras unidades, no resto do País.

Conseguiram a adesão do Rio Grande do Sul?

Sim, o Juarez Távora foi para lá e promoveu a Revolução. Nós ficamos em Iguaçu, resistindo às forças federais, o que não foi fácil, pois o governo tinha organizado uma poderosa Divisão, sob o comando do general Rondon, com um efetivo enorme. De forma que só podíamos atuar defensivamente, com o objetivo quase apenas político de manter viva a Revolução. Havia uma possibilidade de revoltas em outros locais, pois o governo era realmente muito impopular. Então, ficamos lutando. Assumi o comando na região de Catanduvas.

Qual era o seu posto, nessa época?

Primeiro-tenente do Exército. Mas não correspondia ao meu posto revolucionário, pois eu desempenhava as funções de major. Vocês sabem, era preciso ter uma hierarquia própria, os sargentos eram promovidos a subtenentes e assim por diante. Eu era o mais jovem oficial revolucionário na região, comandando um destacamento. Outro era comandado pelo Estillac Leal. Nossas patrulhas revelavam que estávamos sendo cercados. Mas também recebíamos apelos dos companheiros, para que esperássemos a Coluna Prestes. Pretendíamos unir nossas forças às da Coluna, mas não foi possível. Acabamos completamente cercados, depois de muita morte, muita luta. Eu não podia abandonar a minha tropa, eram soldados que tinham saído comigo de São Paulo. Achei que fugir seria uma indignidade. Assim, fiquei com os meus até o fim. Eu tinha compromissos com a tropa, que combatia comigo há meses. E, lutando, nós tínhamos atingido um dos nossos objetivos, que era dar cobertura à Coluna Prestes. Mantivemos a Revolução viva. Mas acabamos sendo esmagados pelas forças de Rondon. Ainda fiz parte da expedição que saiu de Porto Epitácio para tomar Guaíra. Acontece que o governo tinha grandes efetivos na região. Fomos cercados e, depois de combater dia e noite, não tivemos alternativa senão a da rendição. Fomos aprisionados e levados para São Paulo, onde nos jogaram no depósito da Imigração. Depois de dois anos e tanto de prisão, fomos julgados. Nossos advogados foram o Marrey Júnior, o Morato, o Vicente Rao. Fomos julgados e condenados a dois anos de prisão... Logo depois de libertados, fomos novamente presos, pois o país vivia em estado de sítio. Passamos outra temporada presos, na Fortaleza de Santa Cruz e na de São João. Finalmente, fomos libertados.

E reintegrados no Exército?

Reintegrados não, pois não tínhamos sido excluídos, não tínhamos perdido nossas patentes. Quem era condenado a pena de até dois anos ou menos de prisão conservava a patente. Acontece que, embora tivéssemos sido condenados a dois anos, passamos presos três anos e sete meses. Fui solto em 1928. Voltei ao Exército, mas sem função. E aí veio a outra sucessão presidencial, o Júlio Prestes deveria substituir o Washington. Percebemos então que só se poderia mudar a situação com uma Revolução, pois, caso contrário, continuariam mandando os que mandavam em São Paulo e Minas Gerais. Os políticos que eram contrários a essa situação uniram-se a revolucionários, como o Cordeiro de Farias, o João Alberto, o Juarez. Também fui chamado a colaborar.

E quando a Revolução de 30 irrompeu a única resistência encontrada foi a do Nordeste.

Isso mesmo. Embarquei pela Central do Brasil com um grupo de oficiais revolucionários para Belo Horizonte. O Cristiano Machado, que era o secretário da Segurança, nos acolheu muito bem. De Belo Horizonte fomos para Barbacena, onde já se encontravam o Eduardo Gomes, o Maynard, o Falconiere. O Zezinho Bonifácio também estava lá. Teve, aliás, uma atuação brilhante. Afinal, a guarnição que estava com o governo decidiu render-se. No dia seguinte, o Washington foi deposto e ocorreu a pacificação.

Com anistia?

Muito diferente da que está sendo proposta agora. Anistia houve, mas para regulamentar a situação de alguns que, como eu, tinham sido condenados por sentença judiciária. Mas, vejam bem, a situação era completamente diferente da atual. Não havia terrorismo. Eu não sou revolucionário subversivo cassado, certamente contestaria minha identificação como terrorista. Para mim, seria uma injúria.

E depois disso?

Fui convidado a ser secretário da Segurança de Pernambuco. Fiquei lá dois anos. Quando irrompeu a Revolução Paulista, em 32, apresentei-me e fui comandar, no Vale do Paraíba, forças federais mobilizadas contra o movimento. E isso me faz lembrar mais uma vez a anistia. Em 22, 24, 30 e 32 não havia terrorismo. Consequentemente, não se cogitou de anistia ampla e irrestrita. Hoje, o mundo é outro, o fenômeno do terrorismo é mundial.

As situações são diferentes.

É impossível compará-las. A coisa realmente começou a se agravar com o levante comunista de 35, que marcou muito o Exército. Ele é até hoje muito anticomunista, pois ficou chocado com a barbaridade do levante. E depois ocorreu o outro levante, de 38.

O integralista?

O integralismo, no caso, era mero pretexto. A bandeira foi essa, mas àquela altura qualquer bandeira servia. Assaltaram o Palácio Guanabara, residência do presidente. Foi um erro grave. O palácio deveria estar bem guardado. Eles deveriam ter procurado ocupar o Catete, que era a sede do governo. Mas o que queriam era afugentar o Getúlio, a única figura representativa do governo, pois não havia Congresso, não havia mais coisa alguma.

Já era o Estado Novo. Onde estava por ocasião do golpe de 37?

Eu fazia parte do Estado-Maior do general Daltro. Fomos para Porto Alegre e encontramos o Exército quase à mercê dos *provisórios* de Flores da Cunha. Ele estava conspirando. A guarnição federal estava dispersa por todo o Estado, moral baixo. Assumi o comando de um batalhão e o Denys, que era então coronel, o de outro. Controlamos a situação e, quando veio o golpe de 37, não foi preciso disparar um só tiro. O Exército deu o golpe, menos contra o comunismo do que contra os conspiradores, como o Flores da Cunha. O golpe não foi democrático, estou de pleno acordo, mas garantiu a união nacional ao acabar com o regime dos grandes Estados. Vocês estão surpresos com minha franqueza, não é mesmo? Ninguém fala mais nisso, não é? A verdade é que nada se fazia sem São Paulo, sem Minas Gerais. Era mais uma confederação que uma federação de Estados importantes, que se revezavam no poder. Basta dizer que éramos Estados Unidos do Brasil e não República do Brasil. Tirando Rio Grande do Sul, São Paulo e Minas, nada mais contava. Agora, não há mais preponderâncias estaduais. São Paulo é que saiu perdendo.

Perdeu a preponderância?

Perdeu contra todas as regras, pois em todo o mundo quem tem poder econômico tem poder político. No Brasil, é o contrário. São Paulo não tem poder político. A esse propósito, com licença, eu gostaria de lembrar que o pessoal antigo de São Paulo era o mais reacionário do Brasil.

Mais que o mineiro?

Era mais consciente, pois São Paulo era dirigido pelos antigos bandeirantes, que eram os homens do café. Tratava-se realmente de uma formidável elite, à qual o Brasil deve muito e São Paulo deve tudo. Mas isso acabou em 30. Vejam vocês, São Paulo hoje é do Maluf. E quem é o culpado disso? A Revolução? O Piauí? Não, é quem mora em São Paulo. Antes dele o Brasil já tinha eleito Jânio Quadros, com o endosso de São Paulo. E o que fez o Jânio?

Deixou o país numa situação muito difícil, em plena crise.

Olhem, quando eu comandava o II Exército, em São Paulo, o Carvalho Pinto me disse que, quando era secretário da Fazenda, foi chamado ao palácio pelo Jânio, que lhe disse: "Renunciei, está renunciado, vou embora..." O Carvalho Pinto não tinha maior intimidade com ele, ficou surpreso, telefonou ao secretário da Viação, que era o Faria Lima. Este conseguiu dissuadir o Jânio. E salvou a situação.

É. Salvou e não salvou. Muitos pensam que o ideal teria sido que ele renunciasse naquela ocasião, para evitar o que viria depois.

Mas ninguém poderia adivinhar. Na verdade, São Paulo foi muito infeliz nas escolhas. Vejam a história dos partidos. Primeiro teve o PRP, que era muito reacionário, depois o Partido Democrata, muito intelectualizado, depois a UDN, a UDN paulista, contrapondo-se ao PSD. Um era o partido burro de homens inteligentes, o outro, o partido inteligente de homens burros. Mas o fato é que ninguém sabe direito o que acontece em São Paulo. Tirando a Argentina, não há nada na América Latina que se possa comparar a São Paulo, que é um verdadeiro país, mais importante que o Chile ou que o Peru.

São Paulo acha que foi e está sendo deliberadamente esvaziado, em função de outros Estados, como o Rio Grande do Sul, que é quem faz os presidentes de 64 para cá.

Nada disso, vocês estão completamente enganados. Vejam, o Rio Grande do Sul tem tanto com Costa e Silva como tem com a China. O Rio Grande do Sul nem ao menos foi consultado sobre as designações a partir do Castello Branco, que, como se sabe, era cearense. Acontece que ele estudou no Colégio Militar de Porto Alegre. Depois veio o Costa e Silva. Foi presidente não em virtude, mas apesar de ser rio-grandense.

Geisel, Médici, Costa e Silva, afinal todos eram gaúchos...

Mas quem decidiu foi o Exército, trata-se de uma questão militar. Se um deles fosse piauiense, seria a mesma coisa. E vocês ficam falando do Rio Grande... Ele não manda mais nada, coitado. Esses gaúchos que vocês citaram não têm nada a ver com o Rio Grande do Sul. Nasceram lá, simplesmente. O que tem a ver o Guazelli com o Costa e Silva? Absolutamente nada. O Rio Grande do Sul não manda em seu próprio domínio, está dominado, como os outros Estados.

Tanto assim que os partidos tradicionais desapareceram, não é?

Justamente. O Libertador acabou, mesmo o PSD, que chegou a ser forte, acabou também. Restam o trabalhismo, o getulismo, o brizolismo... Mas tudo isso foi liquidado a partir da morte do Getúlio. No Exército, há muitos gaúchos, mas ninguém funcionou lá no Rio Grande do Sul em 64, ninguém depôs ninguém, estava todo mundo aqui no Rio. Notem bem, os tempos mudaram, tudo passou a ser diferente. Antigamente, os governadores de São Paulo e de Minas Gerais eram políticos realmente representativos de seus Estados. Agora, não são mais. Vejam a diferença. O Washington representava de fato São Paulo, Bernardes representava Minas Gerais, eram reflexos das sociedades locais. Estes, de agora, não são mais. E a coisa não é tão recente assim. O Cordeiro de Farias, por exemplo, foi interventor no Rio Grande. Mas não tinha nada de representativo, é gaúcho simplesmente porque nasceu lá no Rio Grande do Sul, como poderia ter nascido noutro lugar. E foi governador de Pernambuco também, fez carreira lá, foi eleito. Mas é um homem nacional, não é produto de forças locais, como seria o Júlio Prestes e foi o Washington Luís. Quanto aos presidentes militares, de 64 para cá, também nada têm de ligações políticas com seus Estados, são produtos mais do Exército do que de outra coisa. Fizeram carreira no Exército. A Escola Militar de Porto Alegre deu quatro presidentes — Castello Branco, Costa e Silva, Médici e Geisel. Mas foi pura coincidência.

E ainda temos o Figueiredo, que é de formação gaúcha.

O pai dele foi da Cavalaria e ele mesmo, quando rapaz, serviu em Alegrete, passou algum tempo no Rio Grande do Sul, tomava chimarrão, andava a cavalo, essas coisas. Sempre gostou muito do Rio Grande do Sul. Mas acontece que o Rio Grande do Sul o ignora completamente. Aliás, não se trata apenas do Rio Grande do Sul, mas do Brasil. Até ser eleito, era um desconhecido. E depois de eleito ele me surpreendeu, para dizer a verdade, pois parece que se está saindo muito bem.

Estávamos falando de presidentes representativos. Acha que o Juscelino era?

Conheci-o bem, desde os tempos em que comandei a Infantaria Divisionária, em Belo Horizonte. Acho que foi um bom prefeito, um grande governador e um excelente presidente. Foi muito injustiçado, mas ninguém como ele contribuiu para o desenvolvimento do Brasil. Foi muito atacado, sob o pretexto de corrupção, tentaram impedir sua posse. Mas não conseguiram, pois nessa ocasião ele teve o apoio do Exército. Em 1955, eu comandava a 5ª Divisão de Infantaria, em Ponta Grossa, Paraná. Mobilizei a Divisão e fui até Capão Bonito. E estava disposto a prosseguir, mas quando cheguei lá já estava tudo acabado, não havia necessidade de prosseguir, tudo sob controle. Tanto assim que parei. Foi a Novembrada, que propiciou a democracia. Juscelino governou mantendo plena liberdade. Construiu Brasília. E enriqueceu São Paulo.

Com a implantação da indústria automobilística?

Fui testemunha disso, das pressões que ele recebeu para implantá-la noutros Estados. Eu vi. E não ficou nisso. Para a construção de Brasília, tudo era feito em São Paulo. Ainda me lembro bem que isso chegou a causar ressentimentos. Certa vez, um conhecido meu manifestou admiração. "Mas vem tudo de São Paulo?" Não perdi a oportunidade de responder-lhe que só poderia vir de lá. Se só havia em São Paulo o que era preciso, onde mais se poderia ir buscar? No Nordeste? Só São Paulo tem condições para essas coisas. E foi por tal razão que Juscelino não levou em conta Minas Gerais quando se tratou de instalar as indústrias automobilísticas. Também lembro que costumavam interpelar o Juscelino a respeito, perguntando por que ele havia situado essas indústrias em São Paulo. Ele replicava que não havia situado nada, que as próprias indústrias é que haviam escolhido o local de sua instalação. O Brizola, por exemplo, foi um dos que ficaram indignados, pois queria, pelo menos, uma indústria automobilística no Rio Grande do Sul.

Queixou-se, e o Juscelino replicou-lhe: "Está enganado, não mandei instalar nada em São Paulo, foram as próprias empresas que examinaram as condições do mercado, as possibilidades de produção e tomaram sua decisão. Sabem onde fica o Rio Grande, se quiserem podem instalar-se lá também". Até agora, nenhuma quis. Naturalmente, a construção de Brasília foi muito criticada. Mas o que me dizem da ponte Rio-Niterói, que até hoje estamos pagando? Não sou contra a ponte, notem bem. Mas ela não resolveu coisa alguma. Só o que se paga em pedágio... Na verdade, estamos ainda pagando a construção da ponte. É uma grande obra, inegavelmente, mas não para o povo. Nem para a classe média. Considerando o pedágio cobrado, é coisa para milionários. Mas estávamos tratando de Brasília. Construí-la e mudar a capital para lá não foi brincadeira, não seria coisa de homem comum. Eu sei, pois acompanhei tudo, desde a época em que lá só havia uma fazenda arruinada, uma tapera. Pois o Juscelino não apenas construiu como transferiu tudo para lá: os Ministérios, o Congresso, o Supremo Tribunal Federal. E em regime de plena liberdade, sem arranhar nem de leve a democracia, a despeito de uma formidável resistência. Digo isso porque é o que sinto. Estou convencido de que foi um bom prefeito, bom governador, grande presidente. E concedeu prontamente anistia aos militares que se levantaram contra seu governo.

E como se explicaria, nesse caso, a aversão dos militares a Juscelino?

Bem, a Aeronáutica e a Marinha sempre foram muito contra ele. Lá ele não tinha ninguém. Na Marinha, por exemplo, oficial que se declarasse juscelinista era posto de lado, congelado, ninguém falava com ele. Tenho a impressão de que seus adversários o identificavam muito com o Getúlio. Mas, meu Deus, ele foi candidato e se elegeu livremente. Eleições livres, libérrimas, democráticas. Ganhou nos principais centros do país, inclusive aqui no Rio, que era ainda a Capital Federal.

Mas não obteve a maioria absoluta.

Foi quando entramos na moda do casuísmo. Antigamente era uma expressão rara, um preciosismo. Depois, caiu em uso corrente. Acho que quem vulgarizou o casuísmo foi o Afonso Arinos, num dos seus livros. De qualquer forma, trabalhei com o Juscelino durante cinco anos e acho que fez um ótimo governo. Em 1964, participei da conspiração. E não se pode negar que a Revolução de 1964 trouxe um grande progresso para o Brasil. É verdade que boa parte desse progresso foi vegetativo. Mas ninguém poderia sustentar que de lá para cá o Brasil não progrediu, e muito.

Um momento, marechal, estamos saltando diretamente do Juscelino para 1964. Nesse meio tempo ocorreu a crise provocada pela renúncia do Jânio, o João Goulart foi empossado...

É verdade. O Jânio foi eleito. Quem me procurou aqui, logo depois da eleição, foi o chefe de seu gabinete civil, quando era governador do Estado. Um homem decente, corretíssimo.

Quintanilha Ribeiro?

Isso. Entrou aqui em casa preocupado com a posse do Jânio Quadros. Mas eu logo o tranquilizei, dizendo: "Pode ficar tranquilo, garanto que o Jânio tomará posse. Não tenha a menor dúvida a respeito. Não se trata de minha opinião pessoal. É opinião do governo".

O Jânio temia um golpe?

Sei lá, não se pode saber o que passava na cabeça dele. Representava a oposição, não é? Seja como for, ele queria garantias, desejava estar seguro de que tomaria posse.

Pretendia contar com um dispositivo.

É claro. Mas eu assegurei que tudo transcorreria normalmente, como de fato transcorreu. Depois, foi o que se sabe. O Jânio saiu, entrou o Jango e fomos desembocar em 1964.

Até que ponto o movimento de 64 correspondeu aos seus desígnios?

Acho que correspondeu. A rigor, acho que continua correspondendo. Observo apenas que a Revolução deveria ter-se democratizado, restaurado os direitos, há muito tempo, em seu próprio benefício. Contava com todos os poderes, com maiorias fortíssimas, e poderia ter redemocratizado o Brasil nas melhores condições. Hoje, defronta-se com grandes dificuldades nesse campo. Mas, se tivesse feito há 2, 3 anos, o que está fazendo agora com dificuldades, teria sido muito mais fácil, e ela teria imposto os seus princípios, objetivos e ideais integralmente.

O momento ideal não teria sido 1972/73, quando vivíamos a fase do triunfalismo, com a abertura da Transamazônica, construção da ponte Rio-Niterói, vitórias no futebol? Naquele clima, o governo poderia sair beneficiado por uma eleição popular, não lhe parece?

Pois é claro. Não pretendo que a Revolução não tenha perseguido e atingido boa parte de seu objetivo, pois continuou administrando o progresso material. Agora, é preciso reconhecer que, em 72/73, ela estava realmente na plenitude de sua força política e poderia popularizar-se e traduzir a redemocratização, impondo seus princípios pacificamente, facilmente.

Mas deixaram passar o que se poderia chamar de momento histórico.

Deixaram e hoje encontram grandes dificuldades para a redemocratização. Vejam o caso dos cassados, por exemplo. Não seria preciso cassar tanta gente por dez anos. Três teriam bastado, ou dois, ou mesmo um ano. Um dos erros da Revolução foi justamente esse. Impopularizou-se e perde eleições. Se as eleições tivessem sido convocadas em 72, teria ganho.

Os que a dirigem afirmam que o processo de redemocratização deve ser lento e gradual.

Eu não sou lento nem gradual. Se estivesse no lugar do Geisel, teria anistiado e deixado outra situação para meu sucessor. Mas o alemão não tem espírito pragmático, é formalista, um prussiano.

Casuístico, já que usou a expressão.

Também. Pouco se preocupa com popularidade. Era o dono da verdade e estava acabado. Mesmo assim, posso assegurar-lhes que obteve certa popularidade no Brasil. Não digo que seja popular como o Lula, entre o povo. Mas obteve certa popularidade.

Todos dizem que é um homem pessoalmente honrado, franco, correto. Mas impermeável.

Certamente. Foi o que concluí das conversas que tive com amigos da Escola Superior de Guerra. É realmente um homem notável por seus conhecimentos, pelos critérios que impõe e que se impõe. Mas tem uma coisa: é um prussiano.

Mentalidade?

Mentalidade e formação muito rígidas, realmente alemãs. Nem a carreira militar mudou seu feitio intrínseco, desde que era tenente. Foi sempre o mesmo. Uma outra pessoa não deixaria para o sucessor o que ele deixou. Afinal, o legado que deixou...

Para o sucessor.

Para o João. Um homem mais arejado não deixaria as coisas como estavam. Tudo o que o João está fazendo agora ele poderia ter feito já no início do seu governo. Deixaria tudo pacificado.

Especialmente por ter autoridade para impor.

Para impor, pois não, e teria feito tudo com uma extraordinária facilidade. Mas o que se pode concluir é que ele pouco se preocupou com a popularidade do governo, com o fato de o povo estar ou não gostando do que se fazia.

Falta de sensibilidade?

O Geisel não tem a menor sensibilidade política. Acha que está sempre agindo corretamente, que está certo, embora todo mundo esteja em desacordo. Ora, política não é isso.

É preciso ouvir, discutir.

Precisamente. Mas ele não tem a menor preocupação pela opinião dos outros. Noutras palavras, não é um democrata. Foi o caso da redemocratização, que ele acabou deixando para o João. Este sim, está fazendo. Jurou que ia dar a anistia e ela está saindo. Não para os terroristas, é claro, mas até aí isso é natural. Devo confessar que estou surpreendido, agradavelmente surpreendido, para dizer a verdade. Não contava com isso. Imaginem, ele só tirava retrato a cavalo. E de chicote na mão! Isso é coisa que se faça?

A estreia foi meio desanimadora, com reações muito tempestivas.

Sim, mas ele não mudou muito, não? De qualquer forma, fiquei agradavelmente surpreendido com o que está fazendo.

Mas qual é o verdadeiro João? O que andava montado a cavalo ou o de agora?

Os dois são verdadeiros. O antigo não era candidato a coisa nenhuma. Esse era o João a cavalo. Mas ele teve sensibilidade política suficiente para compreender que não era simpático. Tanto assim que agora está ajeitando as coisas.

Projetando nova imagem?

Realmente, trata-se de nova imagem. Mas não se iludam, se não conseguir o que deseja, ele estoura.

O marechal Cordeiro de Farias também pensa assim. Acha que, se tentarem ir além do que ele quer, reagirá com violência e ninguém pode prever as dimensões da reação do Figueiredo.

É a imagem do pai. O Euclides também era assim. Gosto muito do João, pessoalmente é muito decente, muito correto. Mas é estourado.

Parece que é de família. O irmão — o Guilherme Figueiredo —, que era candidato à Academia Brasileira de Letras, escreveu um livro contra ela. Candidatou-se e, naturalmente, perdeu, foi rejeitado.

Não devia ter-se candidatado. Sim, deve ser um pouco coisa de família. Conheci bem o velho Figueiredo, um grande soldado. Conheci-o quando era ainda instrutor de Cavalaria. Em 1930, estava inspecionando uma Divisão quando ocorreu a Revolução. Era legalista, foi cercado e preso no hotel em que se achava, por um grupo armado muito grande. Aquilo o magoou para sempre. Daí a participação dele na Revolução Paulista de 32. Para ele foi, mais que outra coisa, um desagravo. Era muito exaltado e brigava facilmente mesmo com os amigos, como aconteceu com o Júlio de Mesquita Filho, do qual foi grande amigo. Bravo como o diabo, um atleta que sabia dar saltos mortais, fortíssimo. Sim, acho que isso é de família.

Considerando os vários governos que se seguiram a 64, qual foi o melhor dos presidentes, em sua opinião? Castello Branco, Costa e Silva, Médici ou Geisel?

Acho que foi o Castello, pois a ele coube a fase inicial, a mais difícil. Impediu o pior. Dos quatro presidentes, ele foi o melhor, em minha opinião. Naturalmente, encontrou muita oposição, uma situação das mais difíceis, e foi compelido a cometer certos atos que intimamente condenava.

Chegou a interceder por Juscelino junto ao Castello?

Muitas vezes, mas não havia condições. A reação era muito forte, particularmente a do Costa e Silva. E a coisa perdura: até hoje, o nome do Juscelino, é eliminado quando se faz menção à fundação de Brasília.

Mas o Figueiredo vai ajudar a criar o monumento em homenagem a ele.

Sim, é verdade. O tempo apaga certas coisas. Para o Geisel não apagava, mas apaga para os outros. Agora, é incontestável a popularidade do Juscelino, negá-la seria negar a evidência. Não era uma popularidade local, era nacional. Onde quer que ele fosse, o povo se identificava rapidamente com ele.

Marechal, um dos nossos companheiros, o Carlos Chagas, que foi secretário de imprensa do Costa e Silva, afirma que ele estava disposto a restabelecer a democracia, quando foi acometido pela enfermidade.

Acredito firmemente nisso. Ele era muito ligado ao Pedro Aleixo, homem declaradamente a favor de uma abertura.

No entanto, a Junta formada após o impedimento do Costa e Silva impediu a posse do Pedro Aleixo.

Pois é. Um dos presidentes mais populares depois de 1964 foi o Médici. No entanto, foi o que dirigiu o governo mais...

Violento?

Violento. Mas ninguém queria saber disso. A simpatia dele é contagiante.

Sim, mas a gente deve-se lembrar do futebol. Naquela época, o Brasil foi campeão. Ele comparecia aos estádios, cigarro na boca, radinho na mão.

É, mas naquele tempo as pessoas eram sequestradas na rua e as maiores barbaridades eram cometidas. Olhem, o Sizeno Sarmento, que comandava o Iº Exército, é pessoalmente um rapaz muito bom. Mas o fato é que, nessa ocasião, o Iº Exército prendia todo mundo.

Foi a época da institucionalização da violência?

Sim, e, no entanto, a pessoa do Médici continuou sendo simpática, popular até. Há mais ou menos um ano, encontrei-me com ele, que mora aqui perto. E ele me disse que durante seu governo nunca tinha pago tanto por combustível importado. É verdade. Mas isso demonstra que o governo está enfrentando dificuldades que procedem de fora, inexistentes naquela época em que ele era presidente.

Isso também envolve poderes?

Poderes? Pois o Getúlio teve poderes muito maiores. Teve poderes que nem o Mussolini e o Hitler tinham, governou sem Congresso, sem partidos, contava apenas com a vontade dele. E foi falho, falho. Sem programa, sem coisa nenhuma. Olhem, depois da guerra eu fui para o 6º RI, em Caçapava, São Paulo. Pois, nessa época, as duas maiores cidades do Brasil, Rio e São Paulo, duas capitais da maior importância, eram servidas pelo que não chegava a ser uma estrada, era uma boiadeira. Horrível. Isso causava uma profunda impressão a todos nós, que tínhamos chegado da Europa e circulado pelas autoestradas de lá. Pois, em 15 anos de governo, o Getúlio não cogitou sequer de retificar a estrada, de alargá-la, asfaltá-la. Foi o Dutra quem fez, Getúlio fez apenas política, nunca chegou a se preocupar com administração. Fez muito pouco. Com exceção do plano social.

A legislação trabalhista?

Justamente. Foi o Lindolfo Collor quem botou na cabeça dele a importância da legislação. Depois, ele achou a coisa gostosa e prosseguiu, mesmo após a saída do Lindolfo. Eu sou velho, vi o Epitácio Pessoa, o Arthur Bernardes, o Washington Luís. E posso assegurar que foi o Getúlio quem promoveu a conciliação entre o governo e o povo.

Mas julga que até então havia uma separação?

Mais que isso. O Washington Luís, por exemplo, não dava importância a ninguém. O Júlio Prestes, o Bernardes, eram todos assim. Era uma separação completa, bem ilustrada pela atitude do PRP, em São Paulo. Uma gente riquíssima, reacionaríssima, que trabalhou muito, fez muita coisa, mas sempre guardando aquela distância profilática do povo. Trabalhavam para o progresso do Estado, e não do povo. Naturalmente, este lucrava com o que era feito. Mas, que havia a separação, havia. O Getúlio soube reconciliar o governo com o povo, e depois dele o Juscelino também.

O Geisel restabeleceu o isolamento.

Realmente, mas hoje em dia é um fenômeno universal. Medidas excepcionais de segurança são, sem dúvida, antipáticas, mas no mundo inteiro é assim: França, Inglaterra, Espanha. Nesta, as pessoas são metralhadas saindo de casa...

Mas estávamos falando da separação. Nunca vi maior do que a mantida em Portugal.

Esteve lá com o Juscelino?

Sim, ainda no tempo do Salazar. Era uma separação absoluta. E o Juscelino chegou sem polícia, sem um único investigador ou encarregado de segurança, surpreendeu toda aquela gente. E, lá, vocês sabem como era — governo para cá, povo para lá, a dez metros de distância.

Por falar em segurança, as coisas mudaram muito em São Paulo. O general Dilermando Monteiro pacificou a área.

De fato. Depois do que aconteceu em São Paulo, o Ednardo foi demitido, pessoalmente, pelo Geisel. O Ednardo é uma pessoa igual a todos nós. Boa pessoa, mas carecia de energia.

Para controlar de fato?

Sim, para chamar os subordinados e dizer que não queria aquilo. E o que aconteceu? Um preso foi enforcado, o outro também. Ora, isso não é possível, ele tinha de tomar todas as providências e não tomou nenhuma. Naturalmente, ele não mandou matar ninguém, é evidente. Mas, depois, não puniu. Com isso, não quero justificar os que andam por aí debochando de tudo. Esse tal Glauber Rocha, por exemplo, que vi outro dia na televisão tratando um ministro de *você*... Ora, é preciso ter um mínimo de respeito. Isso não está direito.O tratamento de *você* é íntimo, não se pode usá-lo tratando com um ministro na televisão, na vista de todo mundo. É uma maneira desaforada de falar. Ele alega que foi muito maltratado pela censura, eu sei. E não é só com ministro, não. O que ele fez no funeral do Di Cavalcanti não se justifica, especialmente num momento que exige respeito.

Mudando um pouco de assunto, marechal, conheceu Luís Carlos Prestes?

Realmente, não. Apenas de vista. Sei que foi brilhante, formidável em matemática. Pessoalmente, muito correto. Mas o fanatismo dele estraga tudo. Vejam: depois que virou comunista, não falava mais com burguês... Sob certo ponto de vista, é um homem admirável, que sofreu muito. Especialmente no tempo do Getúlio. Mas também é um intolerante, um fanático, ainda preso ao comunismo, que é coisa que já morreu.

O chefe de polícia do Getúlio, Filinto Müller, foi muito criticado por violências durante o Estado Novo. O que pensa disso?

Foi. E eu também fui chefe de polícia. Mas nunca recebi ordem de cometer nenhuma barbaridade. E não se diga que o Getúlio foi generoso. No tempo dele, foram cometidas as maiores barbaridades no Brasil.

O Filinto sempre alegou que estava apenas cumprindo ordens.

Creio que era realmente um instrumento. Deixava acontecer, mais por comodismo do que por outra coisa. O Getúlio, naturalmente, sabia de tudo. Era o responsável. Mas era incapaz de ordenar o que se fazia. A gente precisa conhecer as circunstâncias. Vejam, a gente não mata galinha, mas come galinha, não é verdade?

Mas eles sabiam o que a polícia estava fazendo.

Pois é claro, a política deles era essa mesma. E o Müller reprimiu os democratas, reprimiu os comunistas, reprimiu os integralistas, como chefe de polícia. Atuou em todos os golpes e sublevações — 35, 37 e 38. E encampou tudo, todo mundo sabendo do que se passava. E há gente que diz que o Getúlio era muito bom, mas era isso que acontecia. No entanto, eu também fui chefe de polícia do Getúlio, e ele nunca me deu ordem para que cometesse arbitrariedades. Coisas da política. Vejam, aquele negócio do comunismo foi horrível, o caso Berger chegou a revoltar até a população.

O Prestes trazia e levava estrangeiros à vontade, e os comunistas eram de uma intransigência e de uma petulância inacreditável. Agora, o que se fez na polícia do Rio de Janeiro é incrível, inimaginável. O menos que se pode dizer é que os responsáveis não tomavam providências. E o Getúlio, com toda aquela capangada dele...

Era impossível que não soubesse.

Impossível. Pois não chegou a nomear o Bejo, um jogador, valentão, debochado, provocador, para a chefia de polícia? Foi o que levou à sua queda. Mas estávamos falando do comunismo, não é? Agora está provado, demonstrado, que o comunismo não leva a coisa alguma. Mesmo na Rússia, com aquele Exército fabuloso, petróleo e tudo o mais. E o povo russo? Coitado, não se pode nem ao menos compará-lo com o povo francês, o povo inglês, o povo alemão. O comunismo fracassou. Os comunistas viviam dizendo que onde não há igualdade econômica não pode haver liberdade política. No entanto, a Rússia não conferiu liberdade econômica nem política. Lá, as classes continuam.

Só o PCUS manda.

Pois é, ao passo que o indivíduo... Também é uma questão de época. Vejam esse Lula, por exemplo, que nem pensa em comunismo. Se fosse em 35, 37, ele e outros seriam comunistas. Acontece que o comunismo perdeu o crédito, pois tudo o que prometia já foi dado pelo capitalismo. Mesmo com relação aos socialistas, vejam o que aconteceu recentemente na Inglaterra. Os sindicatos abusaram e o governo que eles tinham eleito perdeu as eleições. E olhem que o socialismo inglês é aceitável, por ser pacífico, democrático. Além disso, há determinadas diferenças que jamais poderão ser eliminadas, pois, à medida que o tempo passa, o mundo tende a hierarquizar-se cada vez mais. E a ilusão suscitada pelo comunismo já morreu.

Houve fraturas irreversíveis.

De fato, foram irreversíveis. Mas acontece que o comunismo continua sendo a maior tirania que o mundo já conheceu. Não há nem houve coisa igual, nunca. Basta ver o que acontece na Checoslováquia, na Hungria. No entanto, os nossos esquerdistas não falam na tirania russa, só falam em Pinochet. Ora, perto de Brezhnev, Pinochet é pinto. E lá dentro, então, nem se fala. Criticou o governo? O regime liquida, manda para a Sibéria, trancafia num hospício. E isso acontece porque a Rússia está longe, fora do mundo, geograficamente isolada. Além disso, os russos sempre foram tiranizados. Vinha um czar depois do outro. Finalmente, o comunismo foi imposto e entronizado no Kremlin, que é o próprio símbolo do absolutismo czarista. No entanto, estão lá dentro. Não mudaram nem de casa. A intolerância é a mesma.

A única substituição foi a da cruz pela estrela.

É claro. E a Rússia é militarmente fortíssima. Não fosse os norte-americanos terem aperfeiçoado a bomba atômica antes da Rússia, eles teriam invadido e colonizado toda a Europa. Foi a bomba que os deteve. Depois, conseguiram fabricá-la e desde então a coisa está empatada, 1 a 1. Mas lá, onde eles mandam, nada mudou, absolutamente. O maior atestado do fracasso comunista, a meu ver, foi a recepção que o povo polonês proporcionou ao papa. Ele foi à Polônia, sua terra, e milhões de pessoas saíram às ruas para recebê-lo, para aplaudi-lo. Quando um Brezhnev conseguiria reunir 50 mil pessoas que se apresentassem voluntariamente, na Polônia? Nunca. A Polônia tem uma antiga tradição, salvou a Europa do que poderia ter sido a liquidação da civilização. Olhem, logo depois da guerra, fui ao Vaticano, para comparecer a uma audiência coletiva do papa. Entre os que ali se achavam, estavam uns 600 ou 700 combatentes poloneses das forças do general Anders. Pois quando o papa entrou, acompanhado por sua guarda, ouvi um estampido tão repentino que a minha primeira ideia foi a de que a igreja estava vindo abaixo. Só depois disso me dei conta de que a igreja não estava caindo, eram os soldados poloneses que se tinham ajoelhado na presença do papa. Extraordinário.

Marechal, estávamos tratando de sua pessoa e do Brasil e acabamos resvalando para o plano internacional. Voltando um pouco para cá, sente-se realizado em sua carreira?

Perfeitamente. Sinto-me completamente realizado. Nunca recusei uma missão, cumpri todas as funções que me foram atribuídas, participei de uma guerra, cheguei ao posto mais elevado da carreira.

Viver sua experiência na Itália, aceitando a rendição de forças inimigas, deve ser o sonho de todo oficial de carreira, não é verdade?

Claro. Tive a grande satisfação de comandar na Itália o 6º RI. Fizemos milhares de prisioneiros, entre os quais um general alemão e outro italiano. Os italianos, quando se viam atrapalhados, iam para casa. Os alemães também iriam, se pudessem, se estivessem em seu próprio país.

Mas não podiam ir, pois, se desertassem, os *partigiani*, que eram os guerrilheiros, acabavam com eles. Lembro que, quando passei por Parma, pensei que fosse morrer, tal a intensidade do tiroteio. Uma fuzilaria tremenda. Eram os *partigiani* que estavam atacando os fascistas, casa a casa, iam buscar os fascistas para matá-los.

Uma guerra particular, dentro da grande guerra.

Justamente. Era noite, estávamos no escuro e não sei como não morremos todos, dada a intensidade do fogo.

E era preciso prosseguir na outra guerra.

Foi o que fizemos. Depois vieram as compensações, medalhas, condecorações. Entre outras, recebi uma que tem uma história curiosa. Quando chegamos a um rio caudaloso, recebi ordens de construir uma ponte, pois a única ligação naquele local era uma ponte ferroviária que os alemães tinham dinamitado em sua retirada. Faltava o vão central. Estava examinando o problema quando um capitão alemão, de sapadores, cruzou o rio de barco. Queria render-se, com seus homens. Aceitei a rendição, explicando a ele por que estava ali. Então o capitão revelou-me um segredo: o vão central da ponte não tinha sido destruído, como pensávamos. Os engenheiros alemães usavam um guindaste, todas as noites, para recolocar o vão em seu lugar e garantir as ligações pela ponte. De madrugada, o vão era novamente retirado. E quando os aviões de observação passavam, fotografando a ponte, parecia realmente ter sido destruída, pois o vão central estava faltando. Assim que me inteirei da história, cruzei o rio de barco, com o capitão, e providenciei a recolocação do vão central da ponte. Minha missão estava cumprida. Fiquei tão satisfeito que dei ao capitão alemão e a outro oficial um pacote de cigarros, que, naquelas circunstâncias, valiam ouro. Depois, dei a cada soldado alemão que se entregara um maço. Mais tarde, recebi uma condecoração, com comenda e tudo, por ter cumprido a missão que me tinha sido atribuída. Curioso, não é verdade?

Muito, nunca tínhamos ouvido falar nisso. Assim, sob o ponto de vista profissional, a guerra também contribuiu para sua realização?

E muito. Que mais eu poderia pretender? Creio que um dos dias mais felizes de minha vida foi o da parada da vitória, quando marchei à frente de meu Regimento, de volta da Itália, pela avenida Rio Branco, sob os aplausos do povo. Foi realmente muito emocionante, um dia inesquecível.

Uma última pergunta, marechal: como vê o futuro?

Já lhes disse que fui muito e agradavelmente surpreendido pelo João Figueiredo. E faço votos sinceros de que continue assim, para nosso bem e o bem do Brasil.

19 de agosto de 1979

35 O acordo nuclear é mais do que um escândalo

Entrevistadores:
*Ethevaldo Siqueira,
Lourenço Dantas Mota
e Frederico Branco*

Marcelo Damy de Souza Santos

Nasceu em Campinas, em 1914, e morreu em 2009 em São Paulo. Formou-se em Física pela Universidade de São Paulo em 1936. Estudou na Inglaterra e nos Estados Unidos, logo se destacando como um dos grandes físicos brasileiros. Especializou-se em energia nuclear, área na qual publicou vários trabalhos. Foi presidente da Comissão Nacional de Energia Nuclear.

Como vê o atual programa de energia nuclear brasileiro? Gostaríamos que manifestasse sua opinião em dois planos, isto é, tratando das suas raízes, ou inspiração, e de seus desdobramentos práticos e eventuais resultados.

Conheço bem esse problema, pois fiz parte do primeiro grupo de brasileiros que realmente se interessou por ele e começou a agitá-lo por volta de 1955, por ocasião da I Conferência Internacional Sobre Usos Pacíficos da Energia Atômica, em Genebra. Nessa conferência, um especialista indiano, o professor Babba, divulgou os primeiros cálculos sobre o esgotamento das fontes convencionais de energia, com base num levantamento efetuado por peritos da ONU. Assim, já então sabíamos que, se os países industrializados continuassem gastando energia no ritmo dos últimos 10 anos e os países não-desenvolvidos deixassem de industrializar-se, as reservas de combustível fóssil (carvão, petróleo, etc), seria possível a manutenção de um nível médio de crescimento correspondente a 3,5% por ano, até o ano 2000, quando as reservas se esgotariam. É claro que se os subdesenvolvidos aumentassem seu consumo — tendência que já se configurava, por parte de nações como o Brasil — o esgotamento dessas fontes seria ainda mais rápido. Na II Conferência de Genebra, em 1958, calculou-se que o esgotamento se verificaria por volta de 1980, o que foi um cálculo extremamente bem feito, como se comprovaria mais tarde. Estabeleceu-se também, nessa conferência, que a única outra forma de energia que poderia corresponder às necessidades da humanidade seria a energia atômica.

Ainda como fissão?

Sim, embora já se conhecesse o processo da fusão. As dificuldades práticas da aplicação desta também eram conhecidas e ainda não foram superadas. A técnica experimental da fusão é tão difícil que não poderemos contar com resultados práticos nesse campo, antes do ano 2000.

Os problemas técnicos são complicados?

Muito, e o processo é oneroso. Por outro lado, a reação explosiva, ao contrário da controlada, estava perfeitamente dominada e já se apresentava como alternativa ao emprego da combustíveis fósseis. Isso é facilmente explicável. Uma nação em desenvolvimento, cujo índice de crescimento se situe a um nível de 12% ao ano, como já foi o caso do Brasil, tem de dobrar o potencial de energia elétrica instalada a cada 6 anos. Produzimos hoje cerca de 40 milhões de kW. Dentro de seis anos, precisaríamos ter 80, dentro de 12, 160 e dentro de 18 teremos esgotado todo o nosso potencial hidrelétrico, sem exclusão da Amazônia. Não é muito o tempo de que dispomos, especialmente considerando que são precisos 6 ou 8 anos para a construção de uma hidrelétrica. A construção de uma usina nuclear também demanda esse tempo, aproximadamente. Então, já estamos perdendo essa corrida, tratando do problema com grande atraso. E a culpa disso não pode ser atribuída aos cientistas brasileiros, que há muito se preocupavam com isso. Já em 1956, em artigos publicados no *Estado,* o professor Goldemberg e eu insistíamos na necessidade imperiosa de dotar o país, até 1980, de uma infraestrutura científica e tecnológica para resolver esse problema com nossos próprios meios. Chamamos a atenção do governo para a necessidade de formação de químicos, engenheiros, biólogos e físicos especializados.

E de onde vieram os entraves a esses projetos?

A incompreensão veio de várias fontes. De um lado, possivelmente, o receio dos que se dedicavam a outros setores de produção de energia, que temiam ver sua atividade superada por outra. Ora, isso não teria sentido, pois as diversas formas de energia são sempre complementares. Nenhuma delas exclui uma forma alternativa. Mas sofremos uma violenta reação por parte das grandes empresas produtoras de energia elétrica, de empresas fornecedoras de equipamento e das firmas que construíam barragens. Além desses interesses afetados, havia também os que não aceitavam nossa constatação de que o caminho mais barato e mais rápido rumo à autossuficiência é a utilização do urânio natural e da água pesada. Foi o caminho que seguiram os canadenses, os ingleses, os franceses...

E a Índia.

Sim, e a Índia também. Essas nações se tornaram autossuficientes e são as que produzem a energia elétrica mais barata. Ainda há pouco estive comparando dados que recebi de uma revista britânica, os quais indicam que se gera energia atômica, na Inglaterra, importando o combustível, pela metade do preço da energia gerada com o carvão inglês.

Que é abundante, barato e de alta qualidade.

Justamente. Mas nós defendíamos a utilização do ciclo de urânio natural. E não ficamos apenas no plano de declarações platônicas, lutamos e muito até conseguir a instalação do Instituto de Energia Atômica, que seria um órgão governamental, encarregado de orientar e iniciar o desenvolvimento dessa nova tecnologia. O Instituto começou a funcionar em 1957. Três anos depois, já tínhamos resolvido dois problemas fundamentais para a implantação de qualquer ciclo de utilização de energia atômica. Partindo de métodos próprios e usando minérios nacionais, produzimos urânio nuclearmente puro, o que era um dos grandes segredos da época. O grau de pureza desse urânio foi constatado nos melhores laboratórios da França e dos Estados Unidos, os quais verificaram que ele era tão bom ou melhor que o do urânio norte-americano e equivalente ao francês. Numa segunda fase, passamos à metalurgia do urânio, produzindo os primeiros elementos combustíveis. Posteriormente, montamos um reator de pesquisa, atualmente em Pernambuco, com elementos combustíveis projetados, partindo do minério nacional. O grupo do Instituto que trabalhou em metalurgia do urânio teve tal sucesso que foi convidado a estudar aqui no Brasil, mediante contrato com o governo da França, protótipos para os elementos combustíveis do reator de alto fluxo franco-alemão.

História Vivida

Isso, até 1964. Depois, nós sabemos o que aconteceu no Instituto de Energia Atômica. Foi convertido numa repartição burocrática, todos os cientistas de valor foram dele expulsos e ocorreu uma completa paralisação em todas as atividades de pesquisa atômica. O mesmo aconteceu nos outros centros que funcionavam no país, como o de Minas Gerais, onde havia um excelente grupo de pesquisadores brasileiros, físicos e engenheiros que se tinham especializado no exterior e estavam desenvolvendo o protótipo de um reator a urânio natural, com a colaboração de peritos franceses que passaram alguns anos no Brasil. Lembro que um dos primeiros pronunciamentos do ministro de Minas e Energia, Costa Cavalcanti, logo depois do movimento de 1964, foi a afirmação de que o Brasil tinha excesso de energia hidrelétrica, que não precisaria de energia atômica, que o esforço até então desenvolvido deveria ser adiado para o futuro, coisas assim. E, durante dez anos, a partir de 1964, a energia atômica deixou de fazer parte de qualquer cogitação oficial, a despeito da insistência com que alguns cientistas brasileiros indicavam que os recursos hidrelétricos eram limitados, assim como as reservas de combustíveis fósseis. Ninguém os levava a sério. Então, por volta de 1974 ou 1975, o Brasil passou a depender realmente de energia atômica, sem ter mais tempo de desenvolver a indispensável infraestrutura.

Isso aconteceu após a crise de 73?

Sim, e então o Brasil comprou seu reator de Angra-I, da Westinghouse. Era um reator baseado no emprego de urânio enriquecido. De todos os reatores que podiam ser escolhidos, era o que menos nos convinha. Em primeiro lugar, seria alimentado por um combustível que não poderíamos produzir no Brasil. Teríamos de importá-lo. Em segundo lugar, era um reator que apresentava e apresenta os maiores problemas do mundo — está quase inteiramente superado, é antieconômico e perigoso. Na época, já se sabia que o governo inglês tinha feito um acurado estudo dos reatores em funcionamento, chegando à conclusão de que justamente esse era o mais perigoso deles. Esse mesmo reator, vetado na Inglaterra, foi instalado em Angra.

Como se explica um erro tão clamoroso?

Pela eficiência das pessoas que vendem reatores.

Voltando um pouco no tempo, sabemos que participou da Comissão Nacional de Energia Nuclear no governo Jânio Quadros. Como estava orientado nessa ocasião o programa nuclear?

Quando assumi a Comissão de Energia Nuclear, o Brasil ainda não dispunha de um programa. Pretendia-se adquirir um reator de urânio enriquecido no exterior. Mas esse desejo não estava concretizado em propostas efetivas. Reunimos os elementos mais significativos no setor nuclear do Brasil, físicos e engenheiros nucleares, e elaboramos um programa a ser desenvolvido a longo prazo, que previa a formação de especialistas com a colaboração da França e dos Estados Unidos. Também tratamos de atrair professores estrangeiros. Em segundo lugar, tratamos da formação de um grande centro de pesquisas nucleares, cuja função seria desenvolver nossa tecnologia para que na década dos 80 estivéssemos habilitados, pelo menos, a contar com o protótipo de um reator nacional em funcionamento, a partir do qual se passaria à fase de desenvolvimento seguinte.

Na linha do urânio natural?

Sim, a partir de minérios nacionais, o que nos garantiria completa autonomia. Deu-se uma grande ênfase à prospecção. Quando assumi, a Comissão de Energia Nuclear dispunha de dois geólogos. O mais moço já estava com 65 anos e nenhum dos dois tinha condições de fazer pesquisa de campo. Concluí um acordo com a França, que nos enviou um grande número de geólogos, imediatamente contratados. Ao fim de algum tempo, o grupo de geólogos da Comissão era o segundo do Brasil, sendo superado apenas pelo da Petrobras. Com a colaboração francesa, formamos excelentes especialistas. Chegamos a ter mais de 40 geólogos no campo. Esse grupo trabalhou ativamente, com ótimos resultados, até 1964.

E o que aconteceu depois? Os geólogos foram expurgados?

Não, não. Que eu saiba, nenhum. Acontece que a partir de então a própria Comissão Nacional de Energia Nuclear praticamente desapareceu. Teve um grande número de presidentes que a dirigiram por curtos períodos. O problema nuclear deixou de ser importante. Uma parte desses geólogos foi transferida para o Departamento Nacional de Produção Mineral e os que se tinham especializado na pesquisa e prospecção de urânio passaram a trabalhar como geólogos comuns, lidando com problemas totalmente diversos, que não estavam habilitados a resolver.

Entre 1950 e 60 acompanhou o problema dos minerais atômicos, que envolvia as areias monazíticas. Como sintetizaria essa questão?

Eu vivi muito de perto esse problema. Vejam: a explosão das primeiras bombas atômicas já tinha despertado a atenção de todos os cientistas do mundo, levando-os a concluir que a energia atômica desempenharia um papel fundamental no futuro. E já em 1946 havia boas evidências de que o tório poderia ser transformado num combustível equivalente ao urânio, por meio de uma reação de captura que levaria ao urânio 233 e apresentando uma série de vantagens sobre o urânio 235. Sabíamos, como resultado dos trabalhos fundamentais desenvolvidos por Fermi, Seaborg e vários outros, que o tório se prestaria a uma utilização muito boa, quer como arma, quer como combustível para fins pacíficos. Na ocasião, em colaboração com os professores Leite Lopes e Goldemberg, escrevemos uma série de artigos no *Estado,* nos quais essa questão era levantada. Nossas previsões, que não chegaram a ser levadas a sério no Brasil, foram plenamente confirmadas pelos norte-americanos, três anos depois. E, para nossa surpresa, quando os Estados Unidos detonaram uma bomba atômica a grande altitude, sobre a Aleutas, o responsável pelo projeto, que era o professor Albert, deu uma entrevista ao *New York Times,* dizendo que a prova tinha sido um êxito, pois permitira que se medisse pela primeira vez a multiplicação dos nêutrons numa reação em cadeia de urânio 233. Segundo dizia, ainda, a experiência demonstrara a plena confirmação das teses dos cientistas brasileiros, de cujos trabalhos tinha tomado conhecimento por intermédio do *Estado.* Foi uma coisa muito curiosa. Já nessa ocasião, sabíamos que o tório apresentava diversas vantagens. Por exemplo, se para separar o urânio 235, que é físsil, do urânio comum, é necessário recorrer a um método isotópico, quer dizer, um método físico e caro, na irradiação do tório por nêutrons e a sua produção de urânio separamos o urânio do tório. É uma separação extremamente simples, que qualquer menino pode fazer, rotina de laboratório.

E que é menos onerosa?

Muito menos, pois separa por solvente. Basta sacudir com um pouco de éter. O urânio sai no éter e o resíduo fica. Trata-se, portanto, de um método simples, direto, barato, que realmente convém a um país em desenvolvimento. Ora, já sabíamos que o tório abria essa enorme potencialidade. Não se tinha descoberto nenhuma jazida significativa de urânio no país, mas conhecíamos os depósitos de tório. Se não tínhamos urânio mas tínhamos tório, este não poderia ser exportado, uma vez que se o fizéssemos estaríamos abrindo mão do único combustível que poderia garantir nossa sobrevivência depois do ano 2000. Iniciamos então uma campanha contra as exportações de tório. E como sabíamos que este estava sendo exportado? Por meio de notícias que chegaram à Comissão Nacional de Pesquisas, da qual eu era membro. Soubemos que o presidente Vargas tinha concluído um acordo secreto, por intermédio de Valentim Bouças, que na ocasião nem pertencia ao Ministério das Relações Exteriores, por meio do qual o Brasil se comprometia a ceder aos Estados Unidos 150 mil toneladas de concentrado de tório.

Isso no segundo governo de Getúlio?

No segundo. O pagamento dessas remessas seria feito com sobras de trigo dos Estados Unidos. Verificamos que dentro do prazo de vigência desse contrato, que era de cinco anos, teríamos exportado mais que o total das reservas nacionais conhecidas, que eram da ordem de 80 a 90 mil toneladas. E tínhamos o compromisso de exportar 150. A exportação era justificada com a necessidade de defesa do Hemisfério e da civilização ocidental. Em troca disso, recebíamos sobras de trigo. O preço era vil, pois, se bem me recordo, a tonelada de areia monazítica era vendida por coisa de 1 dólar e meio. Fazendo os cálculos, verificamos que o total a ser recebido pelo Brasil em dólares, pela exportação de todas as suas jazidas de tório, seria inferior ao que se gastava na importação de whisky em 6 meses, naquela época. E foi antecipando a importância que para nós teria o tório que desfechamos a campanha para impedir a liquidação das jazidas. Naturalmente, todos os cientistas e parlamentares brasileiros que na época defenderam esse ponto de vista foram imediatamente classificados de comunistas.

> *E havia uma empresa, a Orquima, que teve um papel destacado nesse contexto, não é verdade?*

Eu diria que a Orquima teve papel destacado num contexto ainda mais vasto de problemas brasileiros. Era constituída por um grupo de poloneses que havia emigrado para o Brasil por volta de 1934 ou 35. Químicos da mais alta competência, liderados pelo professor Paulo Krumoutz, um dos maiores químicos que já tivemos no Brasil. Inicialmente, essa empresa fazia o tratamento da areia monazítica, separando a monazita da areia, por processos físicos. Outras companhias faziam o mesmo no litoral do Espírito Santo, empresas brasileiras e outras associadas a empresas estrangeiras.

> *A exportação era apenas de concentrados?*

Só de concentrados de monazita. Mas a Orquima foi além. Pesquisou e conseguiu separar o óxido de tório das terras raras. Portanto, em lugar de fazer a exportação da matéria-prima bruta, já imprimia certa elaboração ao que enviava. Mais tarde, com a proibição de exportar monazita, procurou-se prestigiar a Orquima, pois o nível de competência de seus cientistas e técnicos era extremamente elevado. E eles passaram a estudar um método de produção de urânio nuclearmente puro. Desenvolveram um método muito bom, por solventes, enquanto nós, no Instituto de Energia Atômica, utilizávamos resinas. Então, mais ou menos por volta de 1960, o Brasil passou a dispor de dois métodos alternativos de produção de urânio nuclearmente puro, que se adaptavam a todos os tipos de minério existentes no país.

> *E isso significa que, basicamente, o problema da obtenção de combustível atômico tinha sido resolvido?*

Tinha. Tanto assim que a França se interessou por comprar o método, o nosso método de reprodução. E também o método de fabricação de elemento combustível. Mas, voltando à Orquima, seus especialistas passaram a trabalhar no setor de terras raras e fizeram uma separação por técnicas originais de todos os componentes desse grupo de terras raras. Estas têm uma importância fundamental na indústria, seja para a produção de tubos de televisão, seja para a de componentes eletrônicos, para não se falar da própria indústria nuclear, onde certos elementos são usados como absorventes de nêutrons. E nessa época só havia uma empresa no mundo que separava esses isótopos, a "Lindsay", norte-americana. Lembro-me que, por volta de 1960, a Comissão de Energia Nuclear dos Estados Unidos abriu uma concorrência para a aquisição de 10 quilos de európio, que é uma das terras raras. Até aquela ocasião, o európio só era produzido em quantidade de gramas e seu preço era elevadíssimo, cerca de 250 dólares por grama. Bem, o pessoal da Orquima conseguiu aperfeiçoar um método de extração de európio a partir das terras raras da monazita que permitiu vender o európio aos norte-americanos e europeus a 10 dólares o grama, com um lucro de mais de 90% sobre o custo da separação. E, o que era talvez mais importante ainda, o grau de pureza obtido pela "Orquima" era 100 vezes mais elevado que o obtido pelos norte-americanos. A "Orquima" obteve tal êxito nesse campo que a empresa norte-americana faliu, perdendo as condições para competir no mercado internacional de terras raras. Então, todo esse *know-how* acumulado passou à Comissão Nacional de Energia Nuclear.

A comissão brasileira?

Sim, que comprou a Orquima e mudou seu nome, o qual passou a ser "Administração da Produção da Monazita". A aquisição da Orquima e a transferência de seu *know-how* acumulado foi um problema que começou a ser estudado sob minha administração. Mas, em consequência do movimento de 1964, os entendimentos preliminares estenderam-se e dois anos se passaram. Mas, a essa altura, grande parte dos cientistas da Orquima, que haviam sido transferidos para o Instituto de Energia Atômica, começaram a se afastar. O professor Peroni afastou vários deles. No fim, todos os cientistas que tinham chegado da Orquima para trabalhar no Instituto foram afastados, por razões não científicas.

Como se explicaria essa iniciativa?

Trata-se de um velho problema. Um administrador incompetente sempre teme um subordinado competente.

E qual foi o desfecho do caso?

Foi suspenso o trabalho de separação de terras raras. Hoje, quando poderia competir com outros produtores mundiais, o Brasil importa terras raras. Do grupo original da Orquima, que aperfeiçoou o método, alguns faleceram, outros trocaram de atividade, outros estão por aí, em indústrias farmacêuticas. Em suma, perdeu-se o que tinha sido conseguido.

Em Minas chegou a ser constituído um grupo de cientistas, o grupo do tório, não é mesmo?

Sim, eles pretendiam fazer um reator alimentado a tório. Chegaram a fazer um protótipo do reator, isto é, um anteprojeto que permitiria a construção desse reator. O projeto, de fato, previa dois tipos de reatores: um trabalharia com urânio natural, no ciclo plutônico, e o outro com tório, usando o plutônio que seria produzido pelo primeiro. Mas, quando o projeto ficou pronto, decidiu-se adquirir o reator de urânio enriquecido, da Westinghouse. E a primeira coisa que se fez depois disso foi dissolver o grupo do tório e despedir todos os cientistas. E esse grupo era constituído por cientistas dedicados. Inicialmente, ele foi mantido pela Comissão de Energia Nuclear, ainda no meu tempo. Depois, os cientistas franceses manifestaram interesse pelo projeto. Ele continuou trabalhando sob os auspícios da Comissão e da Universidade de Minas Gerais. Quando houve o abandono da pretensão brasileira de termos um programa autônomo, para nos filiarmos à linha do urânio enriquecido, todo esse esforço foi paralisado, os cientistas mandados embora e voltou-se à estaca zero.

A partir de sua exposição, parece que 64 marcou uma ruptura do programa nuclear brasileiro.

Uma ruptura calamitosa, pois marcou o fim de uma tendência nacionalista de utilização de nossas potencialidades no campo da energia atômica. Houve o que os economistas chamam de "desaquecimento". Paralisou-se todo o esforço nuclear que vinha sendo feito. A partir daí, algumas autoridades, que nada entendiam do assunto, passaram a referir-se a ele com ironia. Lembro-me, por exemplo, de um ilustre senador, líder do governo no Senado, que chegou a classificar os cientistas brasileiros que se opunham ao acordo com a Alemanha (entre os quais, eu) de "poetas". Respondi-lhe, nessa mesma ocasião, que nutria um respeito muito maior pelos poetas do que por ele, uma vez que os poetas, pelo menos, produzem algo de original e criativo, de útil para a humanidade, enquanto o trabalho dele era puramente negativo e destrutivo.

Ainda assim, o assunto foi sendo esquecido.

Justamente, pois parecia que o Brasil não precisava de energia nuclear.

Até a crise do petróleo.

Justamente. Então, de uma hora para a outra, descobriu-se que se precisava da energia atômica. Tão urgentemente que não se poderia mais desenvolver uma infraestrutura.

O desaquecimento após 64 foi consequência de desconfiança com relação à posição política dos cientistas ou há outros elementos que não conhecemos?

Bem, acredito que se tenham registrado algumas pressões externas. Isso é inegável, pois durante o período em que tentamos desenvolver o programa nacional de energia nuclear sofremos pressões das mais violentas por parte de empresas do exterior, interessadas em vender reatores ao Brasil, como de fato algumas conseguiram. Tratava-se, substancialmente, de um problema comercial, isto é, em minha opinião eles tinham o direito de lutar para tentar vender seus reatores, mas o fato é que tiveram um sucesso extraordinário, pois conseguiram paralisar o programa nacional.

E somente a partir de 1973 é que se voltou a cogitar do problema.

Sim, mas é curioso observar que até 1964 todos os cientistas brasileiros que se interessavam por energia atômica estavam engajados no esforço comum. Nós pedíamos e recebíamos a colaboração do Brasil inteiro. Nossa preocupação era utilizar a energia atômica para o desenvolvimento nacional, mas sem criar um monstrengo nuclear. Pretendíamos recorrer às universidades para colaborar nas pesquisas; recorrer à indústria nacional para resolver problemas técnicos decorrentes da industrialização nuclear, e assim por diante. Noutras palavras, não estávamos pensando em criar fábricas próprias.

Como a Nuclebrás criou.

Nem pensávamos nisso. Em consequência, contávamos com o decidido apoio dos industriais brasileiros e o apoio dos cientistas. Após 64, quando foi paralisado o esforço nuclear, o governo ficou sem ter a quem recorrer, ainda que fosse para apresentar uma alternativa, pois o que tínhamos feito havia sido conseguido com o apoio de todos ou, pelo menos, dos elementos mais significativos. Desde então entramos numa fase de paralisação que se estendeu até 73 e 74. Subitamente, então, descobriu-se que era urgente e necessário fazer depressa um acordo com a Alemanha e comprar reatores em grande escala, porque o Brasil não mais podia prescindir da energia atômica.

Com relação ao acordo ou pelo menos ao que dele se conhece, quais os pontos que considera totalmente inadequados a uma política nuclear brasileira?

Creio que as diretrizes fundamentais desse acordo com a Alemanha são contrárias ao interesse nacional e não correspondem àquilo que desejamos. Vejam bem o que quero dizer com isso: temos um potencial hidrelétrico, levando em conta a Amazônia, que se situa em torno de 250 milhões de kW. Ora, partindo desse cálculo fundamental, não é difícil concluir que caberá à energia atômica um papel imprescindível em relação à nossa sobrevivência a partir de 1990, 1995. Até lá, a contar de agora, disporemos de 15 ou 20 anos. Na ocasião em que foi feito o acordo com a Alemanha, em 1976, teríamos quase um quarto de século pela frente. Ora, contando com tal prazo, o Brasil poderia ter-se dado ao luxo de desenvolver um programa nacional sem prejuízo do programa original, procurando valer-se da experiência acumulada por outras nações nesse setor. E, se considerarmos a experiência de outros países, o que nos chamará a atenção? Verificaremos, por exemplo, que muitos deles produzem energia elétrica barata a partir de usinas atômicas.

Onde ela é produzida a preço mais baixo?

Na Inglaterra, que produz a energia mais barata e em condições de maior segurança. A Inglaterra utiliza fundamentalmente reatores alimentados por urânio natural. Só nos últimos anos é que passou a utilizar urânio ligeiramente enriquecido, mas nunca refrigerado a água, mas a gás. Naturalmente, isso se deve à necessidade de justificar seu programa e suas instalações militares. De qualquer forma, isso demonstra que lá o urânio é tomado como uma linha fundamental. Outro país que produz energia elétrica a uma das tarifas mais reduzidas do mundo e nas melhores condições de segurança é o Canadá, que trabalha com urânio natural e água pesada. A França é exemplo de outra nação que partiu do urânio natural, chegou ao plutônio, produziu o reator super-rápido e hoje é a nação líder na tecnologia mundial de reatores. A Índia, que partiu também do urânio natural, optando por reatores do tipo usado no Canadá, chegou a produzir armas atômicas, seguindo um caminho totalmente autônomo, sem ter concluído qualquer acordo humilhante com outros países e mantendo a sua integridade. Pois bem, quando consideramos o Brasil e lembramos que ele não fica atrás da Índia cientificamente e que tecnologicamente é incomparavelmente mais desenvolvido, concluímos que não há razão alguma para que o milagre hindu não possa assumir aqui a forma de autêntico milagre brasileiro. Mesmo porque já tivemos outros milagres.

Milagres algo fugazes, não é verdade?

Meio fugazes, mas, enfim, sempre os tivemos. Este seria certamente um milagre factível, pois tinha bases fundamentais, representadas pela obtenção do combustível e do elemento combustível — parte metalúrgica —, problemas que já haviam sido positivamente resolvidos em 1960, isto é, há praticamente vinte anos. Em lugar disso, conclui-se esse acordo que me parece totalmente despropositado por várias razões. Em primeiro lugar, ele vincula a linha de futuro desenvolvimento do programa de energia nuclear ao emprego de urânio enriquecido. Isso determinou a total dependência da futura produção de energia, que ficará à mercê do fornecedor de combustível.

Isso nos situaria na mesma linha de importadores de combustíveis fósseis, como acontece agora?

Exatamente, com uma agravante: o combustível nuclear é o combustível da bomba. Portanto, em caso de conflito, eventualmente se poderia importar petróleo, mas jamais urânio. Em segundo lugar, é conveniente lembrar que para dourar a pílula da dependência vendeu-se ao Brasil a tecnologia de separação de urânio pelos jatos. Essa tecnologia foi a primeira imaginada para separar o urânio. É um processo que foi criado por especialistas da Universidade de Cambridge, ainda durante a Segunda Guerra Mundial, como parte do Projeto Manhattan, que levaria à produção das primeiras bombas atômicas a serem utilizadas. Os especialistas da Universidade de Cambridge, trabalhando sob a direção do professor Dirac, verificaram que havia dificuldades muito sérias, do ponto de vista técnico, na equação da hidrodinâmica de gases muito rápidos, indispensáveis ao cálculo teórico do problema e desenvolvimento posterior do processo. Posteriormente, os cientistas fizeram progressos significativos na técnica de enriquecimento a jato. A maior contribuição foi dada pelos norte-americanos e franceses, que demonstraram alguns dados fundamentais. Em primeiro lugar, que esse processo só é viável em velocidades supersônicas. Entretanto, em velocidades supersônicas, surgem sempre problemas. Um deles é a corrosão rápida dos orifícios. Estes são da ordem de dois mícrons de platina, duram muito pouco e sua fabricação é complexa e onerosa. Em segundo lugar, é preciso exercer uma imensa pressão para obter uma razoável passagem do gás através dos orifícios. A partir daí, fazendo-se um estudo termodinâmico do processo que independe de máquinas, tipo de motor, etc., chega-se à conclusão de que, em condições ideais de funcionamento — em laboratório, que sempre serão piores industrialmente —, a aplicação desse processo no setor da energia exigiria o dobro dos investimentos demandados pelo processo de difusão gasosa, que é o empregado pelos norte-americanos, ingleses, chineses e soviéticos. Disso se conclui que nos venderam um processo extremamente oneroso. Mais grave ainda: além de ser excessivamente caro, o processo que nos foi vendido até hoje não se prestou à utilização industrial.

Nesse caso, parte da culpa caberia à Alemanha?

Ao fazer essa afirmação não formulo qualquer crítica à Alemanha, muito longe de mim tal intenção. Pelo contrário até, parece-me que os alemães foram extremamente honestos ao anunciar que se associariam ao Brasil nas pesquisas de um método que estava em desenvolvimento, não em método industrial de produção, que eles nem ao menos usam. Usam outro. Agora, aqui no Brasil, ao ser anunciado o acordo com a Alemanha, houve um esforço para apresentá-lo como método definitivo e econômico, que levaria a uma solução nacional. Ora, isso é absurdo! Trata-se de uma atitude profundamente desonesta por parte de todos que fizeram afirmações nesse sentido, uma vez que se trata de um método que jamais terá condições para competir com os demais, persistindo até mesmo dúvidas muito sérias sobre a viabilidade no que se refere à sua aplicação em escala industrial. É absurdo, a partir de nossa colocação sob a total dependência de combustível importado. Não teremos alternativa além da importação de combustíveis do exterior. Mais ainda, o reator escolhido pertence a um tipo já superado há muito tempo. É um reator perigoso, o mesmo do acidente que ocorreu em Three Mile Island, e deve-se lembrar que esse reator é relativamente pequeno. O reator alemão é muito maior, tem o triplo da potência. E até hoje não existe um protótipo desse reator alemão funcionando com segurança.

O princípio de funcionamento do reator de Three Mile Island é o mesmo do alemão?

É o mesmo, uma vez que o norte-americano se inscreve entre os primeiros fabricados para funcionar com urânio enriquecido. Seu protótipo foi feito para o submarino nuclear. Era um projeto de reator destinado à propulsão, posteriormente convertido em reator para produção de eletricidade, isto é, para finalidade completamente diferente. Ele foi apresentado à Conferência de Genebra, em 1956. Lembro que na época o projeto foi muito criticado, uma vez que não se tratava de um reator destinado a produzir eletricidade, mas de um reator consumidor de dólares, dado o alto custo do kWh gerado.

> *O que teria levado o governo brasileiro a concluir um acordo desses com a Alemanha, envolvendo um reator que nem ao menos tinha sido testado, em lugar de desenvolver um projeto nacional em colaboração com a Inglaterra ou a França, para dar apenas dois exemplos?*

Eu diria que a isso se deveria acrescentar o fato de a Alemanha não ser o país tecnologicamente mais adiantado nesse setor. De fato, em se considerando todas as nações que têm contribuído para nossa formação e nossa cultura, a contribuição alemã tem sido mínima. Temos ligações muito mais estreitas com outros: França, Itália, Estados Unidos, Inglaterra.

> *Então, por que a Alemanha?*

Não sei. São mistérios a que não têm acesso os que estão fora do governo. Desejo de agradar ao presidente Geisel, talvez, por ser descendente de alemães. Mas ao certo, não sei.

> *Ainda com relação ao acordo: julga que há uma possibilidade do projeto ser aperfeiçoado, em termos de tecnologia?*

Não, não vejo. Sou absolutamente cético a esse respeito. Eu o tenho acompanhado de perto, tenho seguido os resultados das pesquisas publicadas a esse respeito no exterior. Mas, de qualquer maneira, vejo uma dificuldade de natureza física, isto é, o processo sempre envolverá custos muito elevados.

> *Refere-se ao princípio do projeto?*

Justamente, ao próprio princípio. Explico: é preciso transformar o urânio em gás, comprimir esse gás sob alta pressão, trabalhando com um grau extremo de vácuo. Gasta-se muito em compressão, em eletricidade para obter esse tipo de vácuo, indispensável, no caso, a uma separação parcial. É um processo muito complicado e altamente oneroso. Com um reator de urânio natural, este é queimado e depois, numa separação química, obtém-se o plutônio praticamente de graça quando se compara o custo de um com o outro.

A própria implementação do acordo não estaria sendo de alguma forma decepcionante até mesmo para os que são diretamente interessados?

É o que me parece. Alguns dos meus amigos cientistas visitaram a Alemanha, estiveram no laboratório, trocaram ideias com cientistas alemães e notaram que estes estão muito decepcionados com o acordo. Não no que diz respeito ao processo comercial propriamente dito, pagamento dos *royalties* e afins. Isso parece que vai bem e os administradores estão muito satisfeitos. Mas os cientistas não estão preocupados com esses aspectos. O que mais os preocupa é o baixo nível do pessoal que tem sido enviado ao exterior. Aí, voltamos ao mesmo e antigo problema original: foi a destruição da comunidade científica ligada à energia nuclear até 64 que provocou uma queda de nível nos institutos que se dedicavam ao setor. Naturalmente, isso passou mais ou menos despercebido em função da própria paralisação do programa. E, quando se decidiu, de uma hora para outra, mandar cientistas ao exterior, verificou-se que alguma coisa estava faltando: cientistas. Com honrosas exceções, foi preciso recorrer a pessoas despreparadas que nem de longe poderiam corresponder ao que delas se esperava. Era outra dificuldade que se criava. O próprio *know-how* que a Alemanha poderia transferir ao Brasil seria obtido com vantagem em outras nações, em condições mais vantajosas, e parte dele poderia ser obtida aqui mesmo. Mas, de qualquer forma, nem mesmo esse *know-how* alemão pode ser transferido para o Brasil, tendo em vista justamente a falta de qualificação do próprio pessoal que deveria promover a transferência.

Com relação a Angra, quais são as perspectivas ante a contratação de novos reatores e a instalação do primeiro? Acha que ele terá algum significado, em termos de desenvolvimento?

Bem, eu diria que o Angra I é um reator histórico. Quando sua construção foi decidida, optou-se pela Westinghouse e pelo reator a urânio enriquecido, uma vez que sua instalação alegadamente daria ao Brasil o *know-how* que garantiria sua independência, em termos de produção de urânio enriquecido.

Quem decidiu essa contratação?

O atual presidente da Comissão de Energia Nuclear. Agora, para nossa surpresa, alguns anos depois, em 76, quando foi anunciado o acordo com a Alemanha, concluiu-se que seria necessário fazer um novo acordo, que envolveria gastos de dezenas de bilhões de dólares, exatamente para obter o que nos tinha sido prometido no negócio com o primeiro reator. Mas, ainda segundo informações disponíveis, o *know-how* alemão não será obtido por intermédio da compra dos quatro ou seis primeiros reatores. Teremos de comprar pelo menos oito, depois dezesseis, provavelmente. É uma dessas coisas que vai longe.

Então, ficaremos com um verdadeiro elefante branco nas mãos?

Precisamente, e será um elefante branco de grande significação para o futuro do Brasil: os reatores de Angra ali ficarão como um marco permanente, demonstrativo da incompetência e da prepotência que caracterizaram todas as decisões que foram tomadas no setor.

Mas teríamos condições, teríamos tempo disponível para rever o atual programa e ajustá-lo às nossas verdadeiras condições e necessidades? Seria tarde demais para pensarmos nisso?

Não, em minha opinião, ainda teríamos tempo. Nossa situação, evidentemente, não seria tão boa como a que desfrutaríamos se tivéssemos dado continuidade ao programa, em lugar de abandoná-lo como ocorreu em 64. Hoje, provavelmente, já teríamos um protótipo em pleno funcionamento, dele poderíamos passar a um protótipo melhor e por volta do fim do século contaríamos com o *know-how* industrial indispensável e com uma experiência baseada em reatores de porte médio, o que nos permitiria extrapolar e prosseguir com segurança.

E contaríamos também com o apoio de uma infraestrutura técnica e industrial devidamente preparada.

Justamente. Assim, em última instância, esse acordo atômico com a Alemanha, na realidade, atrapalhou o desenvolvimento nacional, impingindo-nos a linha tecnológica do urânio enriquecido, que não nos interessa. Não interessa do ponto de vista industrial, pois produz energia cara, compelindo-nos ainda a fazer grandes investimentos em usinas de separação e usinas de produção de hexacloreto de urânio; não tem significação alguma no que se refere a conferir mais *status* ao Brasil, com o peso político de potência nuclear, pois esse método de enriquecimento de urânio só leva a um grau muito baixo, que jamais serviria para se cogitar da produção de explosivos nucleares para fins pacíficos ou militares. Também sob esse aspecto foi uma despesa inútil. E isso por várias razões, pois envolve investimentos imensos, não reprodutivos, que se transformarão noutros tantos elefantes brancos, como a tal fábrica de reatores, essa indústria famosa que agora está querendo fabricar carros de combate e até usinas para produção de álcool, de forma a cobrir sua capacidade ociosa. Parece-me simplesmente inconcebível que coisas assim possam acontecer no Brasil em pleno 1979.

Caracterizaria tal situação como um grande escândalo?

A expressão que eu escolheria seria muito mais forte que mero escândalo. Seria preciso inventar uma palavra nova. Não é concebível que o Brasil, que afinal tem alguma tradição científica e técnica, muito maior do que as dos demais países que se encontram nas mesmas condições, tenha aceito uma fábrica dessas, que não tem finalidade. Para que montar uma fábrica, para fazer um produto que não foi planejado? Que seria feito por pessoas que não existem? Como preparar gente para começar a trabalhar sobre um projeto ainda não testado, quando sabemos que qualquer máquina fica ultrapassada em 10 anos? Construímos em 1979 uma usina que deverá fabricar reatores de tipo desconhecido, que serão projetados e construídos depois de 1995. Isso é simplesmente uma loucura. Nem saberia ao certo como classificar isso, talvez seja um caso de paranoia. Não, não se trata de um simples escândalo, é muito pior que isso.

> *Tratando de outro problema, que é invariavelmente levantado quando se trata de energia atômica: há um temor geral, que não se limita aos ecologistas, com relação às ameaças à segurança e à saúde. A destinação do lixo atômico também é um grave problema, tanto na Europa como nos Estados Unidos. Isso não inviabiliza inevitavelmente uma série de projetos nucleares?*

Não, creio que não condena nem inviabiliza. Naturalmente, o lixo atômico representa um problema sério: o próprio funcionamento seguro dos reatores também é um problema. Entretanto, devemos nos capacitar de que não há alternativa, fora da energia atômica, para a sobrevivência da humanidade, nem para a manutenção de seu nível de desenvolvimento. Infelizmente, não há outra saída. Mas, ao considerar os riscos provenientes da utilização da energia atômica, devemos ter em mente que todos eles têm origem em fenômenos conhecidos, todos eles podem ser controlados. Não se trata de lutar contra incógnitas, contra uma epidemia produzida por vírus desconhecido. Nós nos deparamos com problemas físicos bem conhecidos e para os quais temos soluções. O que se faz necessário é adotar medidas que impeçam os efeitos maléficos dos subprodutos da geração de energia. Um magnífico exemplo de como isso pode ser feito é dado pelas condições de funcionamento das usinas atômicas, na Inglaterra, França e Canadá, onde grande quantidade de energia foi e é gerada sem o menor acidente, sem o menor risco.

> *E não vê a possibilidade de substituição da energia atômica por outra forma de energia?*

Não, o que se pensa hoje em matéria de utilização de energia solar, energia das marés, energia eólica, energia geotérmica, por exemplo, envolve muito de fantasia. Todas essas formas de energia poderiam contribuir com apenas 10 ou 20% para as necessidades mundiais de energia, a um preço unitário por kWh gerado muito mais caro do que o da energia nuclear ou daquele que estamos habituados a pagar hoje em dia. Portanto, essas formas não constituem solução para o futuro. Quando falo no futuro, refiro-me ao ano 2000. Nessa altura, ou utilizaremos a energia atômica ou a humanidade simplesmente parará. E, em consequência, atravessaríamos um período de convulsões inimagináveis. Isso não é bem compreendido por grande número de pessoas, tanto no Brasil como no exterior. Daí sua oposição ao emprego da energia atômica. Entretanto, parece-me que o importante não é criticar ou condenar essa forma de energia, mas propor uma forma alternativa. Infelizmente, essa não existe. Ademais, toda forma de produção de energia envolve riscos. Lembro-me muito bem do início de nosso processo de eletrificação. Os cabos de transmissão eram considerados perigosíssimos, tão perigosos quanto se imagina hoje que o plutônio o seja. Quem tinha eletricidade em casa passava por ter a própria morte na tomada. Mas, com o correr do tempo, todos se acostumaram a viver com eletricidade, constatando que ela não é a mesma coisa que a cadeira elétrica.

Mas já se pensa em passar da fissão à fusão atômica, como fonte de energia.

Sim, mas possivelmente o controle da fusão só será logrado por volta do ano 2000. E, a partir daí, serão necessários mais uns vinte anos para pôr o processo em produção industrial.

E não será mais perigoso que a fissão?

O reator de fusão apresentará uma grande vantagem sobre o de fissão: não deixará resíduos, como o chamado lixo radiativo. Por outro lado, não será uma bomba atômica em potencial, como são os reatores de fissão, mas uma bomba de hidrogênio em potencial, o que é muito mais sério, pois em tese poderia dar origem a explosões muito mais violentas do que as produzidas por um acidente com um reator comum. Mas, voltando a tratar da questão de segurança, não se pode esquecer que a Inglaterra opera reatores de potência desde 1956, isto é, há 23 anos, sem acidentes. Essa experiência é razoável e não podemos esquecê-la.

Como se explicaria a grande aversão que se registra atualmente em vários países ocidentais à aplicação da energia atômica para fins pacíficos?

Uma boa parte dessa aversão, pelo menos, é de fundo emocional. Posso citar um exemplo ilustrativo, que envolve um caso parecido com o do Brasil, isto é, que ocorreu num país onde vários problemas básicos — alimentação, educação, sistema sanitário — ainda não foram resolvidos. Quando o professor Babba estabeleceu as bases para o programa nuclear na Índia, ninguém acreditava que ele daria ao país um extraordinário incremento a prazo curtíssimo: ao fim de pouco mais de 15 anos, os indianos chegaram não apenas à utilização pacífica da energia atômica, como produziram também armas atômicas. Entretanto, por volta de sua implantação, o programa foi muito questionado. Tanto na Índia como no exterior. Alegava-se que, num país onde tantos morriam anualmente de inanição, e outros tantos de moléstias contagiosas ou falta de assistência elementar, desenvolver a energia atômica seria dar-se ao luxo com o qual a nação não podia arcar. Não seria mais interessante aplicar a verba consignada ao programa a leite para crianças e medicamentos para os doentes? A réplica de Babba foi simples: "O que vou dizer é duro, mas do ponto de vista analítico, racional, não pode ser contestado. Se aplicarmos essa verba em leite ou medicamentos, apenas agravaremos o problema, pois muitos dos que de outra forma morreriam serão salvos e amanhã produzirão outros tantos indivíduos que morrerão também de inanição, doenças e falta de assistência. Em consequência, o problema com que já nos defrontamos será apenas agravado exponencialmente. Prefiro raciocinar com lógica".

Lógica dura.

Mas sempre lógica, pois, se do ponto de vista emocional é um absurdo defender essa tese, do ponto de vista matemático a realidade é inescapável. E ele acrescentava: "Se aplicarmos essa verba no desenvolvimento da energia atômica, como pretendo, criaremos empregos e daremos um imenso desenvolvimento à indústria nacional. E dentro de dez anos a faixa da população beneficiada será muito maior que a faixa de população parasita que seria criada se esses recursos fossem aplicados para outros fins". A experiência demonstrou que Babba estava certo. E como também temos sérios e graves problemas a resolver, o primeiro dos quais consiste em vencer a barreira do subdesenvolvimento, creio que se dependesse de mim nossa opção seria por um programa semelhante ao adotado na Índia. Naturalmente, uma melhor atribuição de verbas beneficiaria toda a comunidade. Por exemplo, em lugar de gastar fortunas para acender as luzes do *Jockey Club* à noite, para iluminar todo um bairro, num país carente de energia, faríamos melhor empregando essa verba em comida e medicamentos para crianças carentes. De qualquer maneira, o que quero enfatizar é que uma prioridade não exclui a outra.

E, já que tratamos de problemas comuns à Índia e ao Brasil, como se situa em relação ao problema do controle da natalidade?

A despeito de nossa enorme extensão territorial, eu o vejo como uma necessidade. Uma grande porcentagem de população improdutiva pode constituir até mesmo uma ameaça à segurança nacional, longe de ser uma garantia de ocupação territorial e de integração.

Tratando de segurança e desenvolvimento, voltamos à imprevidência brasileira com relação às fontes de energia. Parece que ela não se limitou à energia atômica.

De forma alguma. Uma das alternativas sugeridas é o álcool e, francamente, não me considero competente para emitir opinião segura a respeito. Mas não posso deixar de levar em conta a imensa extensão territorial que seria preciso cultivar exclusivamente para obtermos o combustível que nos falta. E eu pergunto: teria o Brasil condições para cultivar uma extensão aproximadamente igual à do Estado de São Paulo e instalar usinas de beneficiamento dentro de, digamos, dez anos? E se nesse meio tempo se descobrir que é mais barata a gasolina sintética obtida a partir do carvão? Se o processo de extração de óleo do xisto revelar-se mais econômico? Raciocinando mais ou menos como português de venda, eu sustentaria que, se a verba a ser aplicada na produção de cana para obtenção de álcool fosse destinada à produção de alimentos que o mundo demanda, poderíamos exportar esses alimentos e comprar onde quiséssemos a melhor gasolina do mundo. Mesmo porque não existe propriamente uma crise mundial de energia, mas sim uma crise geral de alimentos. Naturalmente, temos também no Brasil uma crise financeira, resultado de nosso endividamento, destinado a produzir um falso desenvolvimento, que não se baseia no que é fundamental e lógico. Hoje as nossas dívidas são de tal vulto que temos de atribuir nossas dificuldades financeiras à crise do petróleo, quando na verdade elas têm origem muito diferente. O que nos falta não é petróleo, mas dinheiro para importar petróleo.

É fácil atirar a culpa de tudo sobre os produtores árabes.

Naturalmente. E faríamos melhor vendendo alimentos, que não dependem de usinas nem de adaptações onerosas, pois o problema não consistiria apenas em plantar e colher cana. Já não falo nas usinas, mas a simples adaptação dos motores disponíveis já envolveria um imenso investimento.

Bem, mas há outras formas de energia, como o hidrogênio...

Este depende de energia para ser produzido. O custo da transformação é elevadíssimo e o processo complicado. Além disso, trata-se de um produto altamente explosivo. Carros circulando por São Paulo, abastecidos por tanques de hidrogênio, seriam verdadeiras bombas em movimento. Seria quase o mesmo que instalar o reator de Angra aqui na cidade. Quem desejaria voluntariamente correr tal risco?

Certo, mas há pesquisas bastante avançadas sobre o aproveitamento de outras formas de energia, que nos seriam úteis.

Olhem, já me cansei de ler uma infinidade de sugestões, entre as quais algumas bastante antigas, cuja adoção é defendida com grande entusiasmo. Entre outras, fala-se muito em energia das marés, energia geotérmica, energia eólica e, mais recentemente, a energia solar ganhou um grande número de defensores. Cada qual pretende que sua forma especial de energia seja uma espécie de panaceia universal, destinada a resolver todos os problemas com que se defronta a humanidade.

E não seriam soluções?

Sabemos perfeitamente que nenhuma dessas formas de energia corresponde a algo de sério. Delas, talvez a que venha a dar a maior contribuição seja a energia solar, que eventualmente, no futuro, poderá suprir de 10 a 20% das necessidades mundiais de energia.

E quando poderíamos contar com ela?

Segundo uma previsão otimista, lá por volta do ano 2000, quando o progresso tecnológico permitir que ela se converta numa forma de energia competitiva com as que estão atualmente sendo usadas. Hoje o preço da energia solar ainda é absurdamente elevado. Ainda recentemente, li num jornal — creio que foi no próprio *Estado* — uma notícia procedente do Japão a esse respeito. Tratava-se de uma avaliação feita por cientistas que se dedicam a esse setor, envolvendo uma apreciação sobre a evolução dos custos da energia solar em função das esperanças dos leigos e dos custos reais, matematicamente calculados. A conclusão a que chegaram esses cientistas não é das mais otimistas: segundo os seus cálculos, muito dificilmente antes do fim do século a energia solar poderia ser mais barata do que a energia mais cara de que dispomos, que é a fornecida pelo petróleo. E isso é apenas natural, nada tem de extraordinário, uma vez que a energia solar é um sistema de conversão baixa. Noutras palavras, trata-se de uma questão de termodinâmica, um problema de leis físicas sobre as quais não se pode interferir — a menos que se resolva finalmente o problema do moto-contínuo. Aí, a solução seria realmente excelente... Mas, enquanto isso não for resolvido, teremos de considerar soluções mais práticas.

A energia e o próprio processo de desenvolvimento envolvem também a questão de transferência de tecnologia, não é mesmo?

São indesligáveis. Vejam: o próprio acordo nuclear com a Alemanha constitui um exemplo ilustrativo e calamitoso de suposta transferência de tecnologia. E nós importamos tecnologia em escala imensa. Não sei se a expressão *importar* seria a mais correta.

História Vivida

Consumimos?

Consumimos, talvez. A pretexto de transferência de tecnologia, o que me parece é que as empresas estrangeiras têm procurado promover uma forma de remessa clandestina de lucros, pois o tipo de tecnologia que consumimos é algo tão evidente e primário que não precisaria ser transferido. Que tecnologia envolve a fabricação de pentes, escovas de dentes, dentifrício, sabonete? Isso não faz sentido. Mesmo em se tratando de tecnologia mais avançada, como a de telecomunicação ou de indústrias mecânicas de transformação, todos os problemas estão ao alcance de técnicos brasileiros. Assim, em meu entender, o que ainda predomina não é propriamente a transferência de tecnologia, de algo importante para nosso desenvolvimento, mas principalmente a transferência de lucros para o exterior. Acredito que 60 por cento do que passa por tecnologia importada é mais que desnecessária, pois gira apenas em torno do óbvio ou de sistemas e técnicas já amplamente dominados no Brasil. Conclusão: poderíamos estar produzindo muito do que consumimos sem pagar a ninguém por direitos de fabricação.

E em função da pesquisa básica, da pesquisa aplicada, há um programa consequente, com objetivos realmente sérios no Brasil?

Observo nesse setor duas linhas conflitantes. De um lado há jovens cientistas egressos das universidades, dedicados às pesquisas básicas. Entre esses moços, há muitos seriamente empenhados no aperfeiçoamento e controle de tecnologia básica, demandada pelo desenvolvimento brasileiro e pela necessidade de nos tornarmos autônomos e independentes de importação. Entretanto, de maneira geral, as possíveis aplicações da tecnologia no Brasil só podem ser feitas pelas grandes empresas, que são justamente as multinacionais aqui estabelecidas. E estas jamais recorrerão à tecnologia nacional enquanto puderem adquirir a de suas matrizes, o que lhes permite remeter lucros aqui conseguidos. São inúmeros os exemplos de excelentes componentes produzidos no Brasil e que não podem ser utilizados simplesmente por não interessarem às matrizes das multinacionais envolvidas. Estas compelem as filiais a importar tecnologia inferior, mas que lhes permitirá remeter lucros. O governo deveria criar um órgão destinado a impedir que um componente nacional de boa qualidade fosse substituído por um de qualidade pior, resultante de tecnologia importada. Com a participação da indústria nacional, o governo poderia estabelecer pré-requisitos, normas técnicas padrões, para que os produtos de boa qualidade fossem obrigatoriamente utilizados quer pelas empresas nacionais, quer pelas multinacionais aqui instaladas. Se não adotarmos medidas desse tipo, jamais contaremos com uma industrialização nacional e jamais a transferência de tecnologia terá sentido.

Isso também não se aplicaria ao acordo atômico com a Alemanha?

Claro. Como os alemães não têm experiência no setor, não poderiam transferir-nos o *know-how* necessário, ainda que o pretendessem. Pouco sabem do enriquecimento de urânio e menos ainda da separação de plutônio. Isto é, compramos uma coisa que não existe, de quem insinuou que poderia vender o que não faz. A rigor, não se trata bem disso, não exageremos, pois os alemães são muito honestos e os brasileiros não são tão ingênuos. Confesso que não entendo o processo. Se estivéssemos interessados nos fins militares da energia atômica, teríamos desenvolvido um programa totalmente nacional e já contaríamos com as armas requeridas a custo muito mais baixo e sem maiores problemas. A resposta, então, não é essa. Seria o preço da energia a ser produzida pelas usinas atômicas importadas da Alemanha? Também não, pois não há vantagem em contar com reatores obsoletos, que amanhã estarão totalmente superados pelos reatores regenerativos, reprodutores. Realmente, não compreendo, a menos que se tenha visado a uma negociação internacional que poderia ser classificada de "acordo diplomático do século". Pena que nenhum cientista tenha sido previamente ouvido a respeito de um acordo essencialmente científico. Se tivessem sido ouvidos, o acordo não sairia e não estaria custando o que custa, não redundaria numa loucura como essa fábrica de reatores da Nuclep. Mas não se poderia esperar outra coisa de um país que se caracteriza por investir o mínimo possível em recursos humanos, isto é, em educação e pesquisa. O Japão, carente de todos os recursos, investiu maciçamente em recursos humanos e o resultado é o que agora se conhece, salta aos olhos.

E onde situaria o ponto nevrálgico do desenvolvimento brasileiro?

Na educação, no preparo, no aperfeiçoamento — e ele só foi entrevisto claramente no Brasil por Armando Salles de Oliveira e por Júlio de Mesquita Filho, os fundadores da Universidade de São Paulo. Foram as primeiras pessoas com a visão e a coragem de vir a público e reconhecer que o Brasil não estava cuidando devidamente da educação de seu povo. O máximo que se fazia, naquele tempo, era manter um punhado de escolas reservadas às elites, mas a ciência era descurada e o ensino superior estava longe de ser democrático, pois só era acessível a uma diminuta camada da população. A criação da Universidade de São Paulo — e das que posteriormente tentaram seguir seu exemplo — constituiu um passo importantíssimo. Infelizmente, essa tendência deu lugar a outra, com a reforma universitária que se seguiu à criação da Universidade de Brasília. Essa segunda tendência, a propósito de ampliar a democratização do ensino superior, resultou apenas no abastardamento da universidade, a partir da eliminação dos exames de seleção, com o aumento inacreditável de candidatos a cursos universitários, inteiramente despreparados. Esse aumento de volume de universitários despreparados demandou também o correspondente aumento do número de docentes, em sua imensa maioria também totalmente desqualificados. E será a partir dessa conjuminação de docentes de baixo nível e alunos também de baixo nível que poderemos promover nosso desenvolvimento humanístico, científico e tecnológico?

Ocorreu uma troca de qualidade por quantidade?

Precisamente. Não digo que o problema tenha sido causado essencialmente pela criação da Universidade de Brasília, mas foi a reforma subsequente que levou à situação em que nos achamos. Na prática, foram fenômenos praticamente concomitantes no tempo. Agora, a tragédia é total. As disciplinas que nos eram ministradas logo após a criação da Universidade de São Paulo, onde me formei na primeira turma de Física, hoje só podem ser ensinadas nos cursos de pós-graduação, pois os alunos carecem de capacidade, de base elementar para aprender nos cursos regulares de graduação. O número de graduados aumentou, é claro, mas a qualidade caiu tremendamente. A elite universitária persiste, mas é a mesma, numericamente, que tínhamos por ocasião da criação da Universidade de São Paulo, pois ela representa uma flutuação estatística no meio da mediocridade, quando antes era o resultado de uma formação sistemática. O número de diplomados cresce, mas não corresponde a uma melhora de nosso desenvolvimento científico e tecnológico.

Nesse caso, seria favorável ao restabelecimento do projeto que norteou a criação da Universidade de São Paulo?

Sem dúvida. Sem dúvida alguma. Acho que seria a coisa mais sensata a fazer no Brasil. Inclusive com a recontratação de professores estrangeiros de competência renomada, como aconteceu aqui. A maioria de nossos professores universitários é constituída por jovens que fizeram seu mestrado ou doutoramento no exterior e regressaram no topo da carreira, mas carecendo de formação sistemática, despreparados para o ensino da disciplina que lhes caberá, pois nem sabem qual será. Ninguém mais é especialista em coisa alguma. Temos especialistas em generalidades. No fundo, um grande número de professores não tem uma formação acadêmica compatível com a posição ocupada no corpo docente universitário. Assim, teríamos necessidade de trazer um grande número de professores qualificados do exterior e formar novos quadros. Antes da reforma universitária esse problema não era tão grave, pois contávamos com a tradição da Universidade de São Paulo, o quadro era reduzido e tínhamos condições de formar os quadros que futuramente ocupariam as posições-chave no ensino. Mas, com a inflação de universitários e o aumento quase inacreditável do número de docentes, a capacidade de preparação revelou-se insuficiente.

Resumindo, em sua opinião o projeto da Universidade de São Paulo, tal como foi traçado, ainda é o mais válido?

Indubitavelmente. O que tenho a dizer provavelmente provocará uma tempestade de protestos. Mas o fato é que a reforma universitária teve consequências desastrosas para o desenvolvimento de nosso ensino superior. No que pese a elevada competência e excepcional inteligência do professor Darcy Ribeiro, que é meu amigo e do qual sou admirador, uma das consequências mais desastrosas da reforma foi a abolição da cátedra.

A vitaliciedade era importante?

Era fundamental, especialmente num país como o Brasil que carece de estabilidade política. Somente a vitaliciedade garantia a continuidade e independência de opinião. Antigamente, um professor tinha de submeter-se a concurso público, a ser julgado por seus pares e assumia perante a universidade a plena responsabilidade pelo desenvolvimento da disciplina cujo ensino lhe cabia, com total liberdade de escolha de assistentes. Em consequência, em caso de dúvida era fácil identificar o responsável e adotar as medidas adequadas para correção, previstas na legislação em vigor. A reforma diluiu a autoridade do catedrático e a responsabilidade do professor, que passou a ser intercambiável, o que seria excelente se dispuséssemos de mestres de alto nível e extrema versatilidade. Infelizmente, não é o que acontece, sendo frequentes os casos dos docentes que não se interessam pelo que eventualmente ensinam, pois seu campo de atividades, pesquisas e interesse é outro, completamente diferente. Nas nações desenvolvidas da Europa e nos Estados Unidos, esse sistema funciona a contento, pois corresponde às condições gerais. No Brasil, revelou-se prematuro.

> *E, já que estamos tratando do problema do ensino universitário, talvez fosse possível estabelecer um confronto entre o que nos disse e o que o professor Mário Schemberg nos declarou. Ele privilegiou a intuição com relação ao raciocínio no homem de ciência. Embora não relegando o raciocínio, ele empresta primazia à intuição, no que se refere ao cientista criativo. Partilha dessa opinião?*

A opinião de Schemberg coincide com a de Dirac. Mas o problema consiste em saber até que ponto a intuição é ou não uma manifestação do raciocínio. Noutras palavras, a intuição de um indivíduo altamente racional talvez seja uma manifestação inconsciente de seu raciocínio, já que a intuição de um Dirac certamente é diversa da intuição de um homem comum. Noutras palavras, é muito difícil estabelecer onde termina uma e começa a outra, e vice-versa. Naturalmente, a intuição, sob forma de sugestão, não raro é acompanhada de raciocínio. De qualquer forma, a sugestão e a intuição só têm sentido em termos de racionalização dedutiva do trabalho, em confronto com uma experiência que tenha dado resultados positivos. Mas aí a intuição original deixa de ser intuição, para passar a ser trabalho racional, traduzido em termos práticos. Assim, a rigor, a intuição me parece ter um alto valor, uma importância muito grande, como sugestão, como criatividade. Mas termina aí. O processo de transposição de uma vaga e tênue sugestão a experiência comprovada, via realidade lógica de raciocínio, não é um mero e pequeno passo. Noutros termos, a intuição pode quando muito servir de ponto de partida.

Nesse caso, o poeta que sabe matemática não seria um cientista?

Não. Acho que o poeta que sabe matemática poderá imaginar uma lei, mas não saberá se é certa ou não. Somente o físico experimental terá condições de estabelecer se o papel rabiscado faz ou não sentido, pois a comprovação é indispensável. E é exatamente aí que reside a tragédia do físico teórico. Ele imagina, calcula, projeta, preenche resmas de papel sem saber se o que faz dará ou não certo. Será outro que se encarregará da comprovação dos seus cálculos. E, infelizmente, um horrível fenômeno pode destruir irremediavelmente a mais linda das teorias.

Isso também funciona em termos políticos.

Evidentemente. Mas, voltando à física, lembro-me de uma conversa que tive com Fermi nos Estados Unidos, ainda durante a guerra. Na ocasião, discutia-se o caso de um físico que acabara de lançar uma teoria muito interessante sobre raios cósmicos, mas que por azar cometera alguns erros de cálculo. Citei o caso e Fermi replicou: " *É vero. L'ho saputo anch'io. Quel famoso físico ha fatto una teoria sbagliata su un'effetto che non esiste*". E isso aconteceu porque o tal físico tinha partido da premissa de uma experiência errada, apenas para chegar inevitavelmente à teoria inexata. Conclusão: fez a teoria errada do efeito que não existia, uma fantástica definição para o físico teórico sujeito a tais percalços.

Conviveu com muitos representantes eminentes da comunidade científica mundial, não é?

Alguns. Americanos e europeus, especialmente: Fermi, Seaborg, Openheimer, Compton, Bohr, Strassmann, Einstein. Com este, aliás, tive contatos apenas sociais, muito rápidos.

E que cientista causou-lhe a mais viva impressão?

Um deles foi o professor Blackette, de Cambridge. Pode não ser o maior cientista vivo, mas é um homem que impressiona profundamente pela sua segurança de raciocínio, pela criatividade. É um verdadeiro torvelinho de ideias. Tem mil hipóteses, mil explicações, mil suposições sobre qualquer coisa de que se converse. É um universalista, por excelência. Talvez, acima dele, eu situasse apenas o Fermi. Este era um verdadeiro gênio universal, que reunia duas qualidades que rarissimamente se encontram juntas: era um excelente físico teórico e um estupendo físico experimental. Essa é uma das associações de qualificações mais difíceis do mundo. Além disso, era um representante típico da cultura europeia, um universalista, com inclinações, cultura e conhecimentos altamente diversificados. Homem profundamente simples, profundamente humano. Assim, era mais que um professor: era o companheiro de convívio e palestra diária quer com seus colegas da Universidade de Chicago, quer com seus alunos, atendia com a maior boa vontade e satisfação todo e qualquer estudante que o procurasse. Também passou bastante tempo lecionando em Colúmbia, Nova York. Lembro-me perfeitamente dele nessa época, sentado na cafeteria da universidade, em mangas de camisa, como qualquer outro, cercado por um grupo imenso de estudantes, com os quais debatia, discutia, dialogava. Dominava qualquer assunto que se pudesse levantar, era um homem realmente excepcional, que jamais se furtava ou se omitia.

O que, aliás, parece ser um aspecto importantíssimo da universidade, isto é, o contato oficioso, a palestra, o entendimento, a troca de ideias entre mestres e alunos, em termos extracurriculares.

Justamente, foi o que também sucedeu aqui, por ocasião da criação da Universidade de São Paulo. Vejam, o professor que se isola e se situa em sua torre de marfim e depois foge do aluno é tão inútil quanto nocivo, em meu entender.

Poderia ser substituído por um gravador-reprodutor?

Com todas as vantagens oferecidas pela eletrônica, à qual só falta o essencial, que é calor humano.

Ainda tratando da questão do ensino — que de certa forma é indesligável do contexto político e social —, que acha da reabilitação plena dos cientistas que foram afastados depois de 1964? Considera viável a reintegração de homens como Leite Lopes e Mário Schemberg, apenas para mencionarmos dois nomes dos mais conhecidos e respeitados?

Já me manifestei várias vezes a respeito, não apenas tratando da viabilidade, mas da própria necessidade de reintegração do Leite Lopes, do Schemberg e de outros que tiveram o mesmo destino. E fiz isso muito antes desta chamada abertura, de forma que me sinto perfeitamente à vontade para reiterar meu ponto de vista. Num país como o Brasil, altamente carente de especialistas de alto nível, não podemos nos dar ao luxo de abrir mão, estupidamente, do reduzido número de cientistas competentes de que dispomos, compelindo-os a emprestar sua colaboração a nações altamente desenvolvidas como a França e outras. Assim, a reintegração desses quadros é de uma importância fundamental para a nação e para seu futuro.

Em sua opinião, a iniciativa da reintegração deveria partir dos atingidos?

Não, absolutamente. De forma alguma. A iniciativa tem de partir do governo, pois eles foram afastados das universidades sem ao menos saber por que, sem qualquer processo regular, arbitrariamente. Solicitar a própria reintegração seria para eles uma humilhação injustificável. Não, uma vez que as autoridades são responsáveis, a responsabilidade pela reintegração dos afastados cabe apenas a elas.

Recentemente, um grupo de professores e cientistas publicou uma carta no Estado, *defendendo justamente essa tese.*

Li a carta e achei-a excelente. Quando mais não fosse porque estou a par de casos que são perfeitamente caracterizados como de perseguição puramente política, o que é inadmissível.

Assim, favoreceria um processo de reintegração automática?

Não apenas automática. Isso, na verdade, seria pouco. É necessário que se estabeleça claramente que esses indivíduos, esses cidadãos, foram vítimas de uma injustiça. Assim, não basta reintegrá-los, mas pedir-lhes desculpas por terem sido humilhados, afastados, por terem tido suas carreiras prejudicadas e até truncadas.

Talvez, nesta altura, os responsáveis não estejam mais em condições de pedir desculpas.

Pode ser, mas acontece que ainda há alguns filhotes soltos por aí, em circulação. Seja como for, no que se refere à reintegração, acho que isso cabe ao governo, como também lhe cabe o dever de pedir desculpas pelo que foi feito.

9 e 16 de setembro de 1979

36 É preciso interiorizar a medicina no Brasil

Entrevistadores:
*Ethevaldo Siqueira e
Lourenço Dantas Mota*

Euryclides de Jesus Zerbini

Nasceu em Guaratinguetá (SP) em 1912 e morreu em São Paulo em 1993. Formou-se pela Faculdade de Medicina de São Paulo, onde foi professor. Fez vários estágios nos Estados Unidos, especializando-se em cirurgia cardíaca. Chefiou a equipe que realizou os primeiros transplantes de coração no Brasil.

O que o levou a estudar Medicina? Foi uma vocação sentida desde muito cedo?

Não. Comecei meus estudos em Guaratinguetá, onde nasci, e fui terminar o curso secundário em Campinas, em 1929. Como não fazia outra coisa senão estudar, sempre fui bom aluno. Ao terminar o secundário, tive uma conversa com meu pai da qual nunca me esqueci. "Bom, disse ele, agora precisamos saber o que deseja fazer. Que profissão quer seguir? Qual é a sua vocação?" Respondi-lhe: "Olha, eu na verdade não tenho vocação nenhuma. Nunca pensei nisso e não tenho tendência para nenhuma profissão em especial. Para mim é um problema decidir o que fazer". E ele, espantado: "Mas como? Um moço estudioso como você não tem vocação?" Disse-lhe que realmente não tinha nenhuma. E foi ele então quem me ajudou a entrar para a Faculdade de Medicina. E tem mais: no primeiro ano da Faculdade não gostei nada da coisa. Um dia decidi ir até a Santa Casa — a Faculdade era na Brigadeiro Tobias —, andar pelas enfermarias e observar. Acabei chegando a uma sala de cirurgia, que tinha um anfiteatro onde ficavam os estudantes, lá em cima, observando o trabalho dos médicos. Quase desmaiei vendo a operação. Saí de lá horrorizado. "Isto aqui é o fim do mundo", disse para mim mesmo, e pensei seriamente em abandonar a Faculdade.

Participou, quando estudante, da Revolução de 32?

No dia 9 de julho de 1932, quando começou a Revolução, tive uma crise de malária. Mas logo que me recuperei fui enviado para a área de Paraibuna. Depois me mandaram para Ubatuba. Fiquei servindo uns três meses.

Esse foi um engajamento político ou emocional?

Era estudante de Medicina e fui convocado para prestar serviços médicos. Fui como estudante, integrei-me num batalhão e só voltei quando a Revolução acabou.

O clima de atividade política que devia existir então em sua turma não o influenciou?

Com relação a isso devo fazer um comentário que talvez seja interessante para explicar minha posição. Meu pai era um intelectual e um homem muito exigente. Não queria que os filhos passassem pelas mesmas dificuldades por que passou, por ter chegado ao Brasil como emigrante. Por isso, educava os filhos pessoalmente. Então, além da escola, tínhamos aulas com ele. E aprendemos a estudar no sistema europeu, ou seja, desde a hora em que acordávamos até a hora em que íamos dormir. Por tudo isso, sempre fui uma pessoa ligada ao trabalho, técnico e intelectual. Estava sempre preso aos estudos e nunca tive tendência para movimentos associativos. Tive uma participação muito pequena na vida universitária em termos políticos e associativos. Dedicava-me inteiramente aos estudos.

O que o encaminhou para a especialização em cirurgia?

A única disciplina pela qual eu realmente me interessei nos primeiros anos foi anatomia. Dessa eu gostava e, estudando-a, acostumei-me à Faculdade. E tornei-me médico por hábito. Depois da Revolução de 32, passei a ter aulas, na Santa Casa, com o professor Alípio Correia Neto, um homem esclarecido e muito bom cirurgião. Adaptei-me ao seu grupo, com o qual aprendi a fazer as primeiras operações. Em qualquer lugar em que o indivíduo se dedique ele progride, e foi o que aconteceu comigo. Sempre conto esta história para os estudantes de Medicina, para mostrar-lhes que não é o Q.I. que distingue um indivíduo do outro. De jeito nenhum. É a dedicação ao trabalho. Se o indivíduo quiser ser bailarino ou pianista, basta dedicar-se 18 horas por dia ao trabalho. É claro que as pessoas são diferentes, mas os que passam pela seleção de um exame vestibular para entrar numa universidade têm um Q.I. praticamente igual. A dedicação ao trabalho é que vai distinguir um do outro. Todos os grandes homens do mundo foram grandes trabalhadores.

Dá mais importância ao trabalho e à disciplina do que ao talento?
Não acredito muito no talento. Desde que se trate de um indivíduo com Q.I. normal, se ele se dedicar, sem dúvida terá sucesso. Mais do que outro que, cheio de confiança em si, se descuida.

Isto tanto no campo das ciências como no das artes?
Antigamente gostava muito de discutir isso, hoje não. Sou um técnico, não discuto mais isso. Mas sempre defendi a tese de que a arte é a sublimação da técnica, ou seja: um indivíduo que seja bem qualificado, normal enfim, e que sublime sua técnica, produzindo coisas, transforma-se no que se chama de "gênio". Não acredito muito no que se chama de talento.

Há alguma forma da arte que o atrai em especial?
Gostava muito de música, especialmente piano, mas de uns anos para cá fui derivando para as artes plásticas, porque ela é o resultado de um trabalho realizado com as mãos. Esta pode ser uma maneira simplista de ver as coisas, mas afinal não tem nada de mais que um trabalhador manual goste de coisas feitas com a mão.

Foi logo fazer estágio no exterior, depois de formado?
Depois de formado tive de tomar uma decisão com relação à especialidade a seguir. Aliás, acho que os médicos se especializam muito precocemente. Muitos de meus colegas agiram assim. Naquela época a tendência era ir para a Alemanha. Depois, com a guerra, a situação mudou, é claro. Evitei essa especialização precoce e resolvi dedicar-me à carreira universitária, sendo estimulado a isso pelo professor Alípio Correia Neto, que me colocou como seu assistente. Fiz cirurgia geral durante 10 anos. Com 28 anos fiz livre-docência. Por influência do professor Alípio Correia Neto, encaminhei-me para a cirurgia torácica. Só depois disso é que fui para os Estados Unidos, ou seja, depois que já era livre-docente em cirur-

gia geral e já me tinha encaminhado para cirurgia torácica. Por isso, tive muito mais facilidade nos estudos, pois já cheguei lá sabendo bastante cirurgia. Fui recebido por um homem muito capaz e muito bondoso, o professor Evarts Graham, pioneiro de cirurgia torácica, que trabalhava no Barnes Hospital em St. Louis, Missouri. Durante a Primeira Guerra ele contribuiu muito para o progresso da cirurgia torácica. Fui para os Estados Unidos em 1944, durante a guerra, e nessa época eles tinham muita necessidade de médicos, porque muitos haviam sido convocados. Isto facilitou as coisas e meu aprendizado em cirurgia torácica foi muito rápido. Depois desse período com o professor Graham, percorri outros centros médicos e trabalhei com todos os grandes pioneiros da cirurgia torácica. Fiz muitas ligações nos Estados Unidos e passei a viajar para lá todos os anos e, quando aqueles grupos de cirurgia torácica evoluíram para cirurgia cardíaca, fiz a mesma coisa, dedicando-me apenas a ela. Depois criamos um grupo de cirurgia cardíaca aqui no Brasil.

Quando mais ou menos?

A partir de 1947, no Hospital das Clínicas, consolidando-se esse grupo em 1950. Desde então, tínhamos o sonho de criar este Instituto do Coração, que conseguimos com um enorme esforço. Começamos os entendimentos no último período de governo de Adhemar de Barros e todos os governadores que vieram depois dele — Abreu Sodré, Laudo Natel, Paulo Egydio — foram extraordinariamente receptivos à ideia e contribuíram muito. Abreu Sodré teve um grande empenho em dar o impulso inicial. O Instituto está funcionando há um ano e meio, mas na verdade estamos ainda num período de organização. É um Instituto para 270 leitos, com uma organização moderna, muito dispendioso e, por isso, ainda não funciona senão em parte. Estamos utilizando apenas 40 leitos e fazendo 1 ou 2 intervenções por dia, além de vários outros serviços funcionando. Como sabem, por motivos econômicos, o governo teve de sustar a nomeação de funcionários e médicos e os que temos aqui são poucos para as necessidades. Mas, tão logo passe esse período, estamos preparados para desenvolver uma grande atividade. É uma pena que isso aconteça agora, mas enfim o país passa por uma fase difícil e todo mundo tem de colaborar. Este é um Instituto equipado com o que há de mais atual em cardiologia, cirurgia cardíaca e atividades afins. E temos também o melhor material humano. Todos os médicos aqui foram treinados nos melhores centros do mundo e têm enorme capacidade. Há grandes filas de doentes precisando de nosso trabalho e não conseguimos atendê-los. Por isso, o Instituto não pode desenvolver-se. Tão logo passe a crise, poderemos fazer catorze operações por dia e a parte clínica poderá atender um número enorme de pessoas.

Gostaríamos que fizesse uma reavaliação crítica do problema dos transplantes cardíacos, que provocaram tanto entusiasmo e tanta polêmica na época e que hoje estão meio esquecidos.

Em 1967, quase todos os grupos de cirurgia cardíaca do mundo estavam fazendo trabalhos experimentais na área de transplantes cardíacos. Nós também. Especialmente o dr. Schamway em Palo Alto, nos Estados Unidos, e sabia-se que era possível transplantar um coração. E naquele ano o dr. Christian Barnard realizou o primeiro transplante. Mas, como disse, todos os grupos estavam preparados para isso, embora nem todos achassem que a operação fosse oportuna. Com a demonstração feita na África do Sul, e como também estávamos preparados, logo realizamos o transplante. Fizemos três transplantes cardíacos e a parte técnica foi muito bem. Todos sobreviveram. Um deles viveu um ano e tanto trabalhando normalmente. Acontece, porém, que problemas tardios, como infecção, rejeição, etc., mostraram que a manutenção do doente por muito tempo é difícil. Sobretudo por causa da rejeição. Foi por isso que suspendemos os transplantes, esperando que progridam os estudos sobre a rejeição. Resolvido esse problema, voltaremos a fazer transplantes. Paralelamente, têm-se desenvolvido, agora com maior impulso, os estudos e pesquisas sobre coração artificial, que é outra maneira de substituir o coração. Temos aqui neste Instituto, no setor de bioengenharia, um grupo chefiado pelo dr. Kenji Nakiri, que está trabalhando em coração artificial. Aliás, pertencemos também à Associação Internacional de Órgãos Artificiais. Estamos ainda numa fase experimental, mas um belo dia surgirá um coração artificial com possibilidade de transplante. Mas tudo isso é reservado para doentes muito especiais, que não têm possibilidades de viver com seus corações.

Neste caso, trata-se da substituição total do coração do paciente, e não apenas de partes dele, por um coração artificial?

Sim. Pode ser usado também um coração artificial "só esquerdo", como se diz, para ajudar a recuperação do coração. Darei um exemplo. Operamos um doente com circulação extracorpórea e, quando ela é desligada, o coração tem que bater, manter as funções vitais. Há pacientes que não têm um ventrículo esquerdo capaz de manter a pressão arterial e pode-se então usar um coração esquerdo para ajudar o coração do doente durante um período de recuperação. Um doente que tem um grande enfarte do miocárdio pode morrer, porque nesse caso o ventrículo esquerdo não mantém a pressão arterial. Instala-se então um coração artificial esquerdo para ajudar. Estas são medidas mecânicas de circulação assistida, equipamentos que ajudam o coração. Mas é possível também tirar-se todo o coração e substituí-lo por um artificial. Isto está sendo feito em bezerros, que têm o tamanho do corpo humano. Já tivemos aqui bezerros vivendo algumas horas com coração artificial. Nos Estados Unidos tem-se conseguido que bezerros vivam mais de cem dias com coração artificial. Mas existem muitos problemas e esse recurso ainda não pode ser aplicado em seres humanos.

Alguns anos antes dos primeiros transplantes cardíacos, os russos anunciaram a realização de determinados tipos de transplantes feitos em animais: cachorros com duas cabeças, por exemplo. Que significado tiveram esses estudos e experiências para os transplantes cardíacos?

Todas as vezes que colocamos alguma coisa no organismo ocorre uma determinada reação. Se colocarmos, por exemplo, dentro do organismo órgãos feitos de determinados plásticos e determinadas ligas de metais, pode não haver nenhuma reação. O organismo aceita. Há muitas pessoas usando válvulas artificiais sem nenhum problema. Se colocarmos uma substância orgânica morta, como válvula de porco, o organismo aceita também. Mas, quando colocamos no organismo um tecido vivo, os problemas começam, porque a célula viva tem muitas propriedades diferentes das coisas mortas. Elas são portadoras de antígenos de histocompatibilidade que são característicos de cada pessoa. Em termos mais simples:

a química individual de cada um de nós difere de um para o outro. Há alguns anos atrás trouxeram-nos um homem que tivera um braço arrancado num acidente e o dr. Euclides Marques, que é um grande interessado nesses problemas e estava no Pronto-Socorro, mandou procurar o braço decepado lá no lugar do acidente, lavou-o bem e, durante dois dias, realizou a operação de reimplante. Deu certo, o homem ficou bom. Por quê? Porque foi um transplante, ou autotransplante, de um órgão da própria pessoa. Os antígenos são os mesmos. Se, se fizer um transplante entre irmãos gêmeos homozigotos, isto é, gêmeos perfeitos, que possuem portanto os mesmos antígenos de histocompatibilidade, dá certo. Mas se, se pegar duas pessoas diferentes, mesmo gêmeos não homozigotos, os antígenos de histocompatibilidade provocam no receptor a formação de anticorpos que rejeitam e eliminam aquele corpo estranho. Isto, em termos simples, é que é rejeição.

Quanto mais diferentes forem receptor e doador maior a intensidade e mais precoce a rejeição. Se, se colocar o coração de um macaco numa pessoa, o que já foi feito, a rejeição se dá em questão de minutos. Em Marselha, na França, conseguiu-se um doador perfeito e a pessoa que sofreu o transplante cardíaco sobrevive parece que há 9 anos. Mas foi um caso de sorte conseguir um doador nessas condições. Aqui no Brasil conseguimos manter um paciente de transplante vivo por um ano e meio. Mas, em grau maior ou menor, sempre existe rejeição. Por isso, o que mais se estuda hoje é como controlar a rejeição. O grupo do professor Schamway, de Palo Alto, é o que se tem distinguido mais neste setor. É o único grupo que ainda faz transplantes sistematicamente. Em resumo, não é que tenhamos proscrito o transplante, mas estamos esperando que progrida o controle da rejeição. Não vamos arriscar a vida do doente. Ele pode estar mesmo perdido, mas não é por isso que vamos fazer uma coisa que sabemos que acarretará problemas.

A atenção do povo se fixou no transplante, mas a verdade é que há muitas doenças cardiovasculares que não exigem transplante e que são responsáveis por um número enorme de mortes, não é mesmo?

O professor Rui Laurenti, da Faculdade de Higiene, forneceu-me há pouco tempo alguns dados interessantes sobre o coeficiente de mortalidade em consequência de doenças cardiovasculares em todo o Brasil e em São Paulo em especial. O decréscimo da mortalidade é nítido. Em São Paulo, o número de mortes tem diminuído consideravelmente com relação a certas doenças. Com relação à febre reumática, por exemplo, o coeficiente está quase a zero. Por quê? Porque há muito tempo está-se fazendo a profilaxia dessa doença. Hoje, se o indivíduo tem febre reumática, faz tratamento com penicilina até a vida inteira se preciso. Ou seja: graças à medicina preventiva a febre reumática está deixando de ser o problema que foi no passado e que ainda é em parte. Um dia o problema vai desaparecer. Com relação à hipertensão arterial, os gráficos do dr. Laurenti mostram que as mortes provocadas por ela — em número elevado por volta de 1943/44 — estão diminuindo. Hoje todo mundo que tem hipertensão arterial sabe que, se não se tratar, morre e por isso toma os medicamentos apropriados, que são cada vez melhores. A principal causa de mortes ainda é a incidência de lesões cardiovasculares. É a doença que mais mata, mais do que o câncer. Ela se apresenta sob várias formas. No que diz respeito à cirurgia cardíaca, temos vários grupos de doenças muito frequentes. O primeiro é o grupo das cardiopatias congênitas: indivíduos que nascem com deformidades no desenvolvimento do coração e dos grandes vasos. Há um número fantástico de exemplos dessas doenças: comunicações do lado direito com o esquerdo do coração ao nível dos átrios, ao nível dos ventrículos, estenoses de todo tipo, doenças que produzem cianose — as das "crianças azuis" —, as que não produzem cianose mas outras coisas, etc. Um grande número dessas doenças pode ser corrigido por operações. É muito difícil conseguir-se diminuir a incidência das doenças congênitas.

É grande a incidência dessas doenças? Há alguma quantificação?

Não me recordo de números agora, mas sei que é grande a incidência. O outro grupo é o das cardiopatias adquiridas, ou seja, casos de pessoas que nascem normais mas apanham doenças como reumatismo. Há um grande número de doenças decorrentes de reumatismo, de endocárdio, sífilis, traumatismos do coração e principalmente arteriosclerose.

A incidência de arteriosclerose é grande principalmente entre as pessoas mais velhas?

A incidência é grande entre pessoas de 40 a 60 anos principalmente. Mas observamos que pacientes cada vez mais jovens estão chegando aqui com deficiências coronárias. Tivemos de colocar pontes de safena num moço de 22 anos.

Acredita que, no caso dos jovens, isto seja provocado pelo estilo da vida moderna?

Não conhecemos todas as causas da arterosclerose coronariana. O que sabemos é que, desde que se começou a cuidar corretamente do controle da hipertensão arterial, da diabete, da obesidade, do fumo, diminuiu a incidência. Existe agora a tendência para um platô, ou seja, a curva está ficando horizontal, porque aqueles quatro elementos foram muito combatidos pela medicina profilática. Todo mundo sabe hoje que não deve fumar. Os hipertensos sabem que têm de se tratar. O mesmo acontece com o diabético. Em suma, é a medicina preventiva que tem de diminuir a incidência dessas doenças. Posso operar 10 doentes por dia, mas não posso operar um milhão. O que a medicina curativa faz é importante e resolve o caso de indivíduos isolados. Mas para a sociedade o importante é a medicina preventiva, quer dizer, não ter doenças. Agora, é fora de dúvida que a cirurgia cardíaca desenvolveu-se extraordinariamente. Estamos fazendo aqui coisas que demonstram um progresso muito grande. O Instituto do Coração tem, dentro desse contexto que expus, três finalidades: assistência ao povo que está doente, é claro; o ensino, porque está dentro da Universidade de São Paulo; e a pesquisa, para desenvolver coisas novas.

A seu ver, só o governo tem condições de desenvolver a medicina preventiva na escala necessária?

Todos podem contribuir. Existem evidentemente certos problemas que são muito mais socioeconômicos do que médicos. É o caso, por exemplo, da doença de Chagas, cuja erradicação é um problema governamental. Trabalha-se muito nisso. A mesma coisa é válida para a esquistossomose. Agora, se o indivíduo tem estenose mitral, é diferente, pois trata-se de um problema limitado a ele: pode vir aqui que nós o tratamos. Mas se, se quiser que não exista estenose mitral então a coisa já vira problema de medicina preventiva: é preciso educar a população para os perigos da febre reumática.

A medicina preventiva é frequentemente confundida pela opinião pública, sobretudo da classe média para cima, com o check-up: *as pessoas acham que devem fazer periodicamente, de ano em ano pelo menos, uma série de exames. Pode-se estender isto a toda a sociedade? O que acha desse tipo de* check-up?

Podemos estender isto a toda a sociedade, por que não? O que confunde é o rótulo bonito de *check-up*, em inglês. Mas as coisas ficam mais claras quando colocadas de outra forma: ninguém entra em nenhum emprego sem que, a empresa ou instituição contratante submeta o interessado a um exame clínico completo. É um *check-up*. Se o interessado tiver uma doença que desconhecia, descobre e é tratado. Todas as pessoas que trabalham submetem-se a esse exame clínico.

Não lhe parece que o custo da medicina está cada vez mais alto?

Realmente, o custo da medicina está subindo. Mas, por outro lado, ela se estendeu a enormes setores da população, a quase toda a população, graças à Previdência Social. Operamos um número enorme de doentes pelo Inamps. E é facílimo: basta o doente nos procurar que será operado. Todos os médicos e cirurgiões cardíacos do Brasil estão organizados para esse tipo de atendimento. E o paciente não gasta um tostão. O país está-se organizando para uma assistência médica moderna, eficiente e extensiva a todos os brasileiros. É evidente que há problemas difíceis ainda, pois afinal somos 120 milhões, mas a organização atual é melhor do que há 10 anos.

É favorável à extensão cada vez maior dos serviços do Inamps?

É claro, pois não há outra maneira de atender à população brasileira de poucos recursos. Uma cirurgia cardíaca particular custa uma fábula. E isto pode ser feito pelo Inamps sem se pagar nada.

É favorável ou contrário à socialização da medicina no Brasil?

Não creio estar qualificado para opinar sobre a conveniência ou não da socialização da medicina. Sou um técnico, um trabalhador braçal. Outros conhecem melhor esse problema. O que sei de concreto é que, por meio da Previdência Social, do Inamps, prestamos serviço a um grande número de pacientes. Fazemos dentro desse sistema cerca de 10 operações por dia. Existem problemas difíceis, como a relação médico-hospital-Inamps, por exemplo, que estão sendo resolvidos aos poucos. Mas, considerando a população brasileira como um todo, só podemos responder afirmativamente à pergunta sobre se a ação do Inamps é boa. Como dar assistência a um operário que ganha pouco mais do que o salário mínimo senão por meio do Inamps? Ele não pode pagar nada. E uma grande parte da população de São Paulo, por exemplo, está nesta situação. Estamos satisfeitos aqui no Instituto do Coração por poder prestar uma colaboração ao país por meio do Inamps.

O que acha da concentração dos médicos nas grandes cidades brasileiras, como vem ocorrendo ultimamente? Não acha que é necessário tomar alguma medida para fazer com que os médicos cheguem a regiões mais carentes de assistência?

Peguemos o caso de uma pequena vila no interior do país, no norte de Goiás ou de Mato Grosso, digamos. Se ela recebesse um grupo de indivíduos que terminaram seus cursos — um médico, uma ou duas enfermeiras, um advogado, um engenheiro — é claro que esta vila se beneficiaria. A meu ver, esse grupo deveria ficar lá dois anos, dando assistência à população, podendo depois retornar aos grandes centros. Um bom número deles provavelmente ficaria por lá, contribuindo para o desenvolvimento do país. Muitos responderão: "Ah, mas aquelas pessoas não concordarão em ir". Mas, meu Deus, como é feito o recrutamento militar? Ele é obrigatório. Se nosso filho for chamado para prestar serviço ao Exército, tem de ir, não tem história. E irá para onde o Exército mandar. O número de médicos que sai das faculdades hoje é enorme, excessivo, e eles deveriam ser lotados no país inteiro.

Aliás, o número excessivo de médicos é outro problema. O Ministério da Saúde deveria estudar a situação do país, determinar o número de médicos necessário e propor ao Ministério da Educação que não permita a formação de médicos em número superior àquele que precisamos. O país está crescendo, mas as pessoas se formam e querem ficar em São Paulo. O importante é saber o que o país precisa. É tão difícil assim fazer isto? Não pode ser. Por que não se pode mandar um médico ou outro profissional recém-formado para uma cidade do interior? Basta que se negue a entrega do diploma até o cumprimento daquele estágio para que ele vá tranquilamente. É claro que se perguntarmos a eles se querem ir fazer um estágio de dois anos no interior a resposta será negativa. Mas se for convocado terá de ir, e prestará um serviço à nação. Há certos problemas de ordem geral como esse que não consigo entender. Talvez por ficar trancado numa sala de operação certas coisas me escapem.

Há médicos ganhando fortunas e outros — a maioria — proletarizados. A seu ver esse problema está ligado à questão que estava tratando, da descentralização da medicina?

Sim, porque os médicos que ganham pouco estão em grandes cidades onde já não há mercado de trabalho para eles. O cardiologista que se forma e fica em São Paulo terá evidentemente de competir comigo. O interior está cheio de cidades formidáveis. Tenho viajado por esse Brasil afora, este é um país maravilhoso. Não há nenhum outro igual a ele. E viver no interior é uma coisa deliciosa. Por que não se vai para lá? O médico que chega ao interior é respeitado, apreciado e contribui para o bem-estar. Mas não, eles querem ficar aqui. Então têm de ter cinco empregos, ficar correndo de um para outro, sem tempo para nada. Têm de competir com outros 10 mil colegas.

Embora a especialização seja benéfica e inevitável, não lhe parece que está havendo excesso neste setor no Brasil?

A tendência dos jovens é para a especialização precoce. Mas, se, se aprovasse um programa de interiorização da medicina nos termos em que falávamos, isto seria evitado.

Não está fazendo falta o antigo "médico de família"? Nos Estados Unidos e outros países desenvolvidos tenta-se hoje recuperar o "médico de família".

Se fizermos a interiorização da medicina, o "médico de família" vai reaparecer.

Ou seja: a interiorização da medicina pode corrigir defeitos da especialização excessiva.

Sim, porque terá de haver médicos onde o especialista não tem vez. Eu, por exemplo, se fosse me instalar numa vila do Norte de Goiás, teria de fazer outro tipo de medicina. Não iria fazer transplante cardíaco lá. Teria de atender gente com gripe e coisas assim. Eu seria um fracasso total, um péssimo médico. Mas, se eu fosse um recém-formado que tivesse passado pelo Pronto-Socorro aqui, a coisa seria diferente, estaria lá atendendo normalmente aquela população.

30 de setembro de 1979

37 O Brasil escapa às soluções simplistas

Entrevistadores:
*Oliveiros S. Ferreira,
Lourenço Dantas Mota
e Antônio Carlos Pereira*

Paul Arbousse-Bastide

Nasceu na França em 1899, onde morreu em 1985. Formado em Filosofia pela Sorbonne em 1921, integrou o grupo de professores franceses, alemães e italianos que vieram para o Brasil em 1934 organizar a Universidade de São Paulo. Aqui lecionou Sociologia e Política. Especialista em positivismo e sua influência no Brasil, temas aos quais consagrou duas teses.

Ruy Galvão de Andrada Coelho

Nasceu em São Paulo em 1920, onde morreu em 1990. Pertenceu a uma das primeiras turmas da Faculdade de Filosofia da USP, pela qual formou em Filosofia em 1941 e Ciências Sociais em 1943. Estudou também nos Estados Unidos e deu cursos em universidades francesas. Chefiou o Departamento de Sociologia e Política da USP.

> *Como viu o Brasil de 1934, vindo da França juntamente com outros colegas, para organizar a Faculdade de Filosofia, Ciências e Letras, que foi o germe da Universidade de São Paulo, e que impressão lhe causaram os primeiros alunos?*

Arbousse-Bastide — Fiz parte da primeira turma de professores estrangeiros — franceses, italianos e alemães — que vieram para iniciar as atividades da Faculdade de Filosofia. Nesse tempo não sabíamos muita coisa sobre o Brasil. Por isso, nossa primeira impressão foi um pouco poética, mítica, sem saber muito bem diante do que estávamos. Todos os professores franceses foram encaminhados ao Brasil pelo prof. Georges Dumas. Ele falava do Brasil com grande conhecimento, mas também com grande imaginação, deixando assim a cada um a possibilidade de realizar suas próprias experiências. Em 34 a Faculdade só existia teoricamente. Nem prédio próprio possuía. Para nós, habituados ao rígido sistema de ensino francês, isto foi uma coisa ao mesmo tempo encantadora e assustadora. Nossa primeira preocupação foi procurar os estudantes: saber que cara, que tipo, que estilo tinham eles. Impressionou-nos o fato de que nem todos eram moços. Muitos eram pessoas de responsabilidade e algumas mesmo de projeção. Havia médicos, engenheiros, advogados. Todos eram muito distintos, com muito boa vontade, mas não correspondiam ao estereótipo do que se pode chamar um estudante.

> *O que o fez decidir-se a vir para o Brasil?*

Arbousse-Bastide — A França vivia uma situação bastante confusa em 34. Começava um tempo duro, que ia desembocar na guerra alguns anos depois. E nós, jovens ainda, tínhamos o desejo de conhecer um povo mais vivo, um país novo, em ebulição. Assim, quando o prof. Dumas ofereceu-me a oportunidade de vir para o Brasil, não hesitei, embora estivesse então bem instalado com minha família em Besançon.

Disse que saiu da França em busca de um país que estivesse em ebulição. Não lhe parece que a França, nessa época, estava mais em ebulição do que o Brasil?

Arbousse-Bastide — A França dava-me a impressão de estar num estado de ebulição de panela fechada, digamos assim, e essa não me interessava. São Paulo também vivia uma situação difícil em 34, pois estava saindo da Revolução de 32. Mas o tipo de efervescência, de ebulição política do Brasil, era diferente da efervescência "fechada", do marasmo francês.

Como se deu a transformação daqueles médicos, advogados e engenheiros em estudantes?

Ruy Coelho — Entre outras pessoas, começaram a frequentar os cursos da Faculdade, em 34, Oswald de Andrade, Caio Prado Júnior, os irmãos Ferraz Alvim, ou seja, pessoas eminentes. Dois ou três anos depois, o prof. Fernando de Azevedo começou a encaminhar para os cursos de Ciências Sociais a nata dos estudantes formados como normalistas no Instituto de Educação Caetano de Campos. Em seguida, em 38, entrou a minha turma.

Quando, em 1940, portanto já no Estado Novo, o prof. Arbousse-Bastide e o prof. Lourival Gomes Machado começaram o curso de Ciência Política, houve alguma restrição por parte do governo ao ensino então ministrado?

Arbousse-Bastide — Não, nunca tive conhecimento de nenhuma interferência no programa do ensino que ministrávamos.

Quais eram os principais autores estudados?

Arbousse-Bastide — Rousseau e Montesquieu, por exemplo. O prof. Fernando de Azevedo insistia na necessidade de os alunos conhecerem antes de tudo os grandes clássicos do pensamento político. Não houve curso sobre o pensamento de Marx, talvez porque na época não existisse um interesse muito grande por ele.

Quais eram as relações dos professores estrangeiros com os fundadores e inspiradores da Faculdade — Armando de Salles Oliveira e Júlio de Mesquita Filho?

Arbousse-Bastide — No início, nosso contato com Júlio de Mesquita Filho era quase diário. Ele acompanhou atentamente os primeiros passos da Faculdade. Aliás, uma das primeiras e mais simpáticas expressões que aprendi no Brasil me foi revelada por amigos brasileiros, quando falavam das relações de Júlio de Mesquita Filho com a Faculdade: "A Faculdade de Filosofia é a menina dos olhos dele". Achei bonita essa expressão "menina dos olhos".

Houve dificuldades no relacionamento entre os professores estrangeiros e os brasileiros?

Arbousse-Bastide — Dificuldades, propriamente, não. Apenas alguns mal-entendidos sem importância. Por exemplo, o prof. Fernando de Azevedo insistiu muito comigo para que eu me encarregasse, durante um ano, do curso de "Metodologia do Ensino Secundário", no Instituto de Educação Caetano de Campos. Devo confessar que para mim esta expressão "metodologia do ensino secundário" não significava nada. Nesse tempo — agora o sentido da palavra ficou mais amplo — metodologia para mim estava ligada à própria noção de "método". Assim, metodologia correspondia um pouco à epistemologia. E não via relação entre a epistemologia e o ensino secundário. Mas, talvez por causa do meu espírito de aventura, aceitei o encargo. Alguns colegas viram nisso uma certa leviandade. Alegavam ainda que estavam no Brasil para cuidar do ensino superior e não do secundário.

O prof. Arbousse-Bastide falou sobre como os professores viam os alunos. Seria interessante saber agora como os alunos das primeiras turmas viam os professores e o método de ensino por eles implantado.

Ruy Coelho — Víamos tudo isso com um certo deslumbramento e também com apreensão. Saíamos do ensino secundário brasileiro que na época estava em decadência. Aliás, qualquer que seja a época considerada, o nosso ensino secundário está sempre em decadência. Isto é uma lei sociológica. Embora ele fosse então melhor do que hoje, não estávamos absolutamente preparados para ficar diante de um professor cheio de brilho e ironia, que nos disse: "Vamos ao essencial da filosofia. Vou dar-lhes um curso sobre Hegel".

Esse curso era dado em francês ou português?

Ruy Coelho — Em francês. Vivíamos uma fase da educação brasileira em que o francês era uma segunda língua. Nossos pais falavam francês. Portanto, a dificuldade não vinha tanto da língua, mas da súbita imersão num método e num estilo de aulas a que não estávamos habituados. Era também em francês o curso de geografia humana com Pierre Monbeig, um homenzinho terrível, todo queimado de sol, que viajava pelo Brasil inteirinho e dizia: "Não quero saber se são estudantes de Ciências Sociais ou o que quer que seja. Geografia tem de ser comigo e vocês têm não apenas de ler coisas como também interpretar a paisagem geograficamente". Antonio Candido e eu tivemos notas baixas com Monbeig nos primeiros tempos. Tínhamos cursos de estatística em italiano. E muitos, entre os quais Lourival Gomes Machado e eu, assistíamos ao curso de Radcliffe-Brown na Escola de Sociologia e Política, em inglês.

Os alunos reagiam, aceitavam passivamente ou acreditavam que aquele era o melhor método de aprender?

Ruy Coelho — Os alunos estavam deslumbrados, fascinados e um pouco atônitos. Tentávamos descobrir o que havia de comum naquilo tudo. De repente, descobrimos. E essa descoberta foi bem colocada por Lourival Gomes Machado, que já havia concluído o curso: "Vocês não estão percebendo que no Brasil há sempre e apenas ciência aplicada e que estamos aprendendo aqui uma coisa igualmente importante, que é a ciência pura?"

Este foi, a seu ver, o espírito que orientou a criação da Faculdade?

Ruy Coelho — Exatamente. O objetivo era fazer-nos encarar a realidade brasileira de maneira mais aguda, prover-nos de armas críticas. Por exemplo, consideramos o primeiro curso dado por Roger Bastide tenebrosamente obscuro e cacete. Era sobre Le Play, ou seja, sobre o início da sociologia de observação, factual, na França. Falava-nos sobre quantos centavos a família tal gastava com velas de sebo. Tínhamos uma vaga ideia de Le Play, por meio de um livro de Fernando de Azevedo. Era uma teoria da metade do século passado, e achávamos aquilo obsoleto e sem interesse. Pois bem: Roger Bastide percebeu isso, ficou muito acanhado e disse-nos: "Se querem alguma coisa de maior interesse para o Brasil, fiz umas viagens por Minas e vou dar-lhes um curso sobre sociologia do barroco". E deu um curso deslumbrante. Lembro-me da observação de Lourival: "Há coisas que eu quero entender há anos e esta formiguinha francesa encontrou". O prof. Jean Maugué foi direto ao ponto: "Aqui no Brasil o único filósofo que vocês conhecem é o Auguste Comte. Vamos, portanto, dar um curso sobre ele".

Nesta altura seria talvez conveniente voltar outra vez à impressão que os professores tinham dos alunos.

Arbousse-Bastide — Eu pelo menos fiquei muito impressionado com a espontaneidade, a sinceridade e, mais do que tudo, com o desejo dos alunos de conseguir alguma coisa que não entendia bem o quê. Este foi um problema que preocupou muito também o meu amigo Roger Bastide e conversamos bastante a respeito. Queríamos entender o que havia por trás daquele desejo de nossos alunos. E concluímos que, se não conseguíssemos compreender os nossos alunos, seria impossível também dar-lhes algo importante. Queríamos compreender melhor os nossos amigos brasileiros, porque isto era necessário para a eficiência de nosso ensino.

Tratava-se no caso de entender apenas a motivação psicológica dos alunos ou era antes uma compreensão da realidade brasileira que buscavam?

Arbousse-Bastide — Da realidade brasileira, não há dúvida. E compreensão individual dos alunos também. Não se pode esquecer que essa compreensão individual estava estreitamente ligada ao Brasil, à situação brasileira.

E o que compreendeu da realidade brasileira nesse período?

Arbousse-Bastide — É uma realidade complexa, multidirecional, que escapa às soluções simplistas, nunca se sujeita à verdade que vale para todas as situações. Essa riqueza é um dos traços do Brasil. Outro é a constante mudança. Chamou-me logo a atenção essa capacidade do brasileiro de se apaixonar por um projeto, por uma visão positiva de seu país assim como de seu destino pessoal, essa capacidade de apostar no futuro com muita paixão, com uma imprudência total.

Qual a sua impressão desse homem brasileiro descrito pelo prof. Arbousse-Bastide?

Ruy Coelho — Não sei se estou bem situado para responder. Éramos sujeitos da observação e não observadores. A impressão que me ficou desses primeiros tempos de curso é a seguinte: estávamos interessados na Europa e os professores estrangeiros interessados no Brasil. Nosso esforço era no sentido de entender o interesse que eles tinham pelo Brasil e de imbuir-nos da ideia de que, como nação, tínhamos de nos estudar e conhecer para podermos agir mais conscientemente sobre as coisas. Esse era o sentido essencial dos cursos de Filosofia e Ciências Sociais. Éramos naquela época um grupo de estudantes como creio que existiam vários outros no Brasil. No Nordeste, existiam grupos semelhantes com os quais tínhamos contatos. Queríamos assenhorear-nos de técnicas que nos dessem uma visão mais profunda da realidade. Havia uma preocupação constante com o Brasil e também uma preocupação constante de não sermos provincianos.

Sentíamo-nos terrivelmente provincianos e subdesenvolvidos e perguntávamo-nos se algum dia chegaríamos a entender as coisas em nível de Europa. Uma posição de humildade, não é? Tínhamos uma ideia de que tudo estava começando. Ao mesmo tempo, percebíamos que havia gente que não só nos trazia uma nova visão das coisas, uma possibilidade de ingresso num universo superior, mas que também se interessava pelo que nós éramos, o que nos dava uma certa confiança. Foi nesse ponto que senti, como raras vezes, a possibilidade de diálogo. Existem, por exemplo, politicólogos americanos que vêm aqui estudar um problema determinado. O caso daqueles professores era diferente: homens como Pierre Monbeig, Arbousse-Bastide, Roger Bastide, Jean Maugué e outros vieram aqui não só para dar cursos como também para estudar e compreender o Brasil. Consequentemente, sabíamos que afinal o nosso ensaio de compreensão do Brasil era alguma coisa que poderia ter uma repercussão maior.

O projeto dos fundadores da USP foi válido, então?

Ruy Coelho — Acho que foi extremamente válido.

Arbousse-Bastide — Eu, pelo menos, não percebi de imediato esse projeto em toda a sua clareza. Só depois, conversando com brasileiros mais chegados à orientação de Júlio de Mesquita Filho, é que percebi o que se queria, ou seja, preparar uma elite com espírito crítico e ampla cultura, capaz de dar um impulso cultural às classes mais deficientemente preparadas. Esse projeto não levava — e talvez não pudesse mesmo levar — em consideração o que aconteceu depois, isto é, a rápida promoção das classes médias e baixas, que pouco a pouco ocuparam um espaço cultural e político. Mas ele era perfeitamente válido. Apenas aquele aspecto elitista o tornou um pouco superado.

Ainda quando era professor aqui, escrevi uma série de artigos no *Estado* sobre problemas de educação no Brasil, especialmente na área do ensino secundário. Nesse tempo, minha posição era também um pouco elitista, próxima da de Júlio de Mesquita Filho. Mas os tempos passaram, as coisas tomaram outro rumo e hoje o problema não pode mais ser colocado nos mesmos termos. Devo dizer ainda que alguns aspectos do projeto original da Faculdade continuam válidos para combater certos abusos produzidos pela massificação do ensino. Massificação que não deve ser tomada no sentido pejorativo, mas que é o resultado de uma ascensão altamente positiva da maioria da população, e que se processou numa rapidez que ninguém poderia prever.

Esse problema não terá surgido porque a Faculdade de Filosofia não teve condições de formar quadros em número suficiente para atender à explosão demográfica?

Ruy Coelho — Certamente. O projeto inicial previa recursos e facilidades materiais de forma geral para se enfrentar os problemas futuros. Havia uma ideia de previsão para o crescimento em decorrência do aumento do número de alunos. Mas o crescimento demográfico foi de tal ordem, foi tão grande o número de estudantes que queriam entrar para a Faculdade, que todas as previsões ficaram superadas.

Isto aconteceu por que o projeto não foi redimensionado no nível de grandeza exigido pela nova situação, que não poderia ter sido prevista pelos que o formularam em 34?

Ruy Coelho — Provavelmente. Acho que uma grande parte de culpa cabe a nós, professores, que não conseguimos imaginar um outro tipo de curso além daquele no qual nos tínhamos formado.

Arbousse-Bastide — Não se pode deixar de dizer que o projeto inicial vigorou o tempo suficiente para dar frutos de alta qualidade. Lembro-me de quando voltei ao Brasil no início dos anos 70 e mantive contatos com alguns elementos que estavam acabando de se formar. Minha impressão é que entre os alunos das turmas de 34 e dos anos seguintes e os formados mais tarde, entre os anos 65 e 70, havia uma diferença muito grande, favorecendo estes últimos. Nos primeiros anos da Faculdade, os alunos tinham muito boa vontade, mas, como muitos deles já eram homens feitos, achavam um desaforo tirar notas um pouco inferiores a 10. "O que vai pensar a minha família?" — perguntavam. Uma reação sem dúvida infantil que desapareceu completamente entre os estudantes formados entre 65 e 70, por exemplo. Estes últimos achavam perfeitamente natural um julgamento um pouco rigoroso, duro mesmo, por parte dos professores. Encaravam isto como uma ajuda, um apoio, e não um "desaforo".

Ruy Coelho — A minha geração ainda tinha muito de diletante. Nossa profissionalização foi muito mais lenta. Atualmente, os alunos entram para a Faculdade sabendo que têm uma carreira pela frente, sérias tarefas a cumprir. Aceitam e fazem críticas com muito mais facilidade. Sabem que a vida intelectual está sujeita a críticas, e têm mesmo uma certa desconfiança do "brilho". Pergunto-me se o professor Jean Maugué, que era brilhantíssimo, mas não muito profundo — custamos a perceber isso —, teria hoje o mesmo sucesso. Em contrapartida, o curso do professor Arbousse-Bastide — e não é por ele estar aqui — certamente teria hoje maior audiência, porque era mais sério, mais sedimentado, mais articulado. A grande diferença entre a minha geração e os estudantes de agora está nisto: hoje espera-se uma formação mais rigorosa, mais articulada e com maior dose de crítica.

Essa expectativa dos alunos é correspondida pelos professores?

Ruy Coelho — Acredito que nos esforçamos para dar-lhes em menos tempo aquilo que conseguimos por um caminho muito mais longo. Muitos dos que procuraram a Faculdade nos primeiros tempos eram autodidatas que buscavam alguém com quem conversar sobre o que lhes interessava. Um Cruz Costa, por exemplo, não tinha muitas pessoas com as quais conversar sobre filosofia: apenas Caio Prado Júnior e alguns outros. Os críticos literários da época estavam muito fechados. Mário de Andrade de repente viu a sua casa invadida por todos nós. Íamos lá conversar com ele. Tentamos fazer, então, com que essa experiência servisse aos nossos alunos, isto é, abreviar o seu caminho para a maturidade.

Havia em São Paulo um grupo de intelectuais de grande valor, mais ou menos estruturado em torno dos ideais da Semana de Arte de 22, e curiosamente a Universidade não conseguiu integrá-los em seus quadros. Por que um homem como Mário de Andrade nunca foi incorporado à Universidade?

Ruy Coelho — Sérgio Milliet deu aulas na Escola de Sociologia e Política e Oswald de Andrade tentou duas vezes entrar para a Universidade, primeiro para a cadeira de Literatura Brasileira e depois para a de Filosofia. Quanto ao Mário de Andrade, tanto Antonio Candido como sua mulher Gilda, eu e vários outros achávamos que era impossível um homem como ele ficar fora da Universidade e por isso insistíamos para que entrasse. Fomos falar com Fernando de Azevedo, que respondeu: "Mário de Andrade? Ele escolherá a cátedra que quiser. Já fala do alto de sua tribuna para todo o Brasil, e falará da cátedra para São Paulo". Fomos então ao Mário, que perguntou: "Tenho de fazer concurso?". Respondemos que sim e o tranquilizamos: "Você se inscreve com base em seu notório saber, não precisa apresentar títulos, e faz o concurso". Mas ele ficou irredutível contra a ideia do concurso: "Não, concurso de jeito nenhum. Imaginem um pouco: despem a gente e ficamos lá em cima da mesa. Depois vêm aqueles franceses todos dizendo: 'Olhem a verruguinha dele! Mas como é barrigudo!' Não, não faço concurso". Pensamos então na cláusula que permitia nomear professor diretamente, sem concurso, uma pessoa de notório saber. Mas sobreveio uma série de coisas e em 45 Mário morreu, subitamente, ainda moço.

Não houve no caso de Mário de Andrade algum problema ligado a preconceito racial?

Ruy Coelho — Preconceito de cor com relação ao Mário? Santo Deus! Isso nunca. Em primeiro lugar porque com a nossa famosa "democracia racial", que já definimos dentro da Sociologia como a famosa "hipocrisia racial", ninguém considerava o Mário negro, mulato ou coisa que o valha. A mulatice que ele se arrogou, que assumiu, foi um protesto, na época que era o poeta do protesto social no Brasil. Havia vários professores mulatos na Universidade, entre eles o Pinto Pereira, a propósito de quem há uma história interessante. Quando Pinto Pereira teve uns ímpetos reacionários, observou o Brás de Souza Arruda: "Parece que agora a grande moda nesta Universidade é fazer-se a apologia do ariano. Talvez o prof. Pinto Pereira se intitule um ariano *oxidado*".

Toda essa gente — Mário, Oswald, Sérgio Milliet e outros — se tinha feito por si mesma, era de uma categoria intelectual extraordinária, mas supervalorizava a Universidade e tinha também um certo pavor da vida acadêmica, sobretudo dos exames, dos professores com as togas. Eles tinham a impressão de não estarem à altura daquilo. Era um pouco o complexo do subdesenvolvimento. Um homem como Mário de Andrade tinha pavor de passar pelas provas de um concurso. "Imagine se me perguntam coisas que não sei!" Eu tentava argumentar: "Você responde com tranquilidade que não sabe. Agora, o que você sabe é tão grande que o resultado só poderá ser aprovação". E ele: "Não sei se é tão grande assim. Estou meio confuso". Eles tinham timidez e consideravam a Universidade uma coisa espantosa.

Sob o Estado Novo, Getúlio Vargas tentou alguma coisa contra a Faculdade?

Arbousse-Bastide — Getúlio Vargas propriamente não. Mas o jornal *A Gazeta* iniciou uma campanha contra os professores estrangeiros.

Ruy Coelho — A intensificação do nacionalismo ocorrida nessa época levou certos círculos a afirmarem mais ou menos o seguinte: "Os professores estrangeiros vieram aqui para formar pessoal brasileiro. Muito bem, esse pessoal já está formado e agora manter aqui esses professores é um luxo excessivo, um esnobismo desnecessário. Vamos colocar brasileiros em seus lugares, pois é preciso valorizar o elemento nacional". E Adhemar de Barros, então interventor, nomeou diretor da Faculdade de Filosofia Antônio Ellis Júnior, que veio com a missão de transformá-la numa escola de professores brasileiros, sem as "notabilidades francesas", que, aliás, dizia-se, "não ficam muito acima da prata da casa". Usava-se muito então essa expressão "prata da casa". E ocorreu algo extraordinário: aquele homem, perrepista, tradicionalista, bairrista, nacionalista, de repente tomou consciência do que era a Faculdade e colocou-se numa posição radicalmente contrária à do início. Salvou a Faculdade.

O prof. Fernando de Azevedo dizia que nos primeiros anos da Faculdade era muito comum, em São Paulo, a confusão de sociologia com socialismo.

Ruy Coelho — A equipe que fez a primeira pesquisa da Faculdade, sobre os lixeiros de São Paulo, foi toda presa, mas libertada logo depois, ou seja, havia a ideia de que pesquisar assuntos como esse era "coisa perigosa". Não havia uma ideia muito clara do que fosse a Sociologia, e por isso ela era encarada *a priori* como algo que cheirava a enxofre.

Prof. Arbousse-Bastide, a sua grande obra é sobre o positivismo. A ideia de fazê-la foi sugerida pela influência do positivismo no Brasil, ou surgiu de seus estudos na França?

Arbousse-Bastide — Já me interessava pelo positivismo quando vim para o Brasil, mas o fato de que esta ideologia tenha "pegado" tão bem aqui pareceu-me extremamente interessante. Por que ocorreu isto? — perguntei-me. Procurei achar um aspecto do positivismo capaz de possibilitar um estudo mais aprofundado do caso e escolhi a sua influência na educação. Iniciei então um estudo global do positivismo e concluí que a ideia da transformação política por meio de uma educação no sentido universal, uma educação permanente como se diz agora, era um problema fundamental no positivismo. Depois desse estudo global do sistema de Comte, voltei à experiência brasileira e fiquei convencido de que aqui se entendeu melhor o positivismo do que na França. E aí surgiu uma pergunta importante. Como os brasileiros conseguiram apreender esse pensamento em sua totalidade tal como o seu fundador desejava e sonhava, se eles não tinham um preparo filosófico prévio, se não tinham um aparelho conceitual adequado?

A seu ver, subsiste algum traço de influência positivista em nossa organização política?

Arbousse-Bastide — Sim, o federalismo. Sob a influência de Rui Barbosa, ele se tornou uma imitação do federalismo norte-americano, mas inicialmente era uma ideia positivista.

O autoritarismo e a tendência centralizadora do governo federal são então antipositivistas?

Arbousse-Bastide — Sim, são antipositivistas.

Mas não a tendência ao fortalecimento do Executivo, não é?

Arbousse-Bastide — Fortalecimento do Executivo apenas no sentido de que o positivismo é antiparlamentarista. Os positivistas pregavam o fortalecimento do Executivo, porque namoravam a ditadura republicana. Mas o Executivo forte dos positivistas recusa-se a empregar a força para impor suas ideias. Seu meio de ação é a educação, não a força.

Ruy Coelho — Pergunto-me se não devemos considerar a existência de diferentes positivismos, mesmo no Brasil. Havia positivistas francamente liberais, em São Paulo, como Pereira Barreto, que contrastavam com o positivismo autoritário de Júlio de Castilhos no Rio Grande do Sul.

Arbousse-Bastide — Será que o positivismo gaúcho foi realmente fiel à ideia fundamental de Auguste Comte? Ao estudar o positivismo brasileiro, fiquei impressionado com a sua insistência na noção de liberdade espiritual, expressão que aparece com frequência, e ao mesmo tempo na ideia de ditadura republicana. Como conciliar ditadura republicana com liberdade espiritual? Parece-me que isto pode ser explicado da seguinte maneira: todas as instituições que detêm o poder devem trabalhar para que ele seja capaz de manter uma certa ordem cívica, para que seja possível a propaganda inteiramente livre de qualquer ideologia. Ao mesmo tempo, os positivistas têm a certeza de que a única ideologia que pode prevalecer, pelo poder da ideia, é a deles.

Mas esta não é uma visão totalitária?

Arbousse-Bastide — Não, porque o totalitarismo implica a imposição de uma ideologia, o que não se dá com o positivismo, que é uma espécie de liberalismo autoritário, se se pode dizer assim. Para os positivistas, a vocação das instituições que detêm o poder é manter ordem suficiente para que todas as ideologias possam manifestar-se.

Mas com a convicção de que só pode prevalecer a positivista.

Arbousse-Bastide — É uma convicção puramente filosófica e subjetiva. O poder não deve fazer nada para impô-la, deve abster-se de qualquer intervenção em favor desta ou daquela ideologia.

Vamos voltar a uma questão que o sr. mesmo colocou: como um país sem tradição filosófica como o Brasil conseguiu assimilar tão bem uma filosofia complexa como a positivista?

Arbousse-Bastide — É exatamente esta a pergunta que continua sem resposta satisfatória. A minha ideia a respeito disso levanta um problema de ordem geral. A meu ver, toda filosofia é uma expressão do temperamento humano, do homem em situação social. A armação, a estrutura conceituai, vem depois. Então, não há impossibilidade — como de fato não houve — de um país como o Brasil assimilar uma filosofia como a positivista.

Como comentaria esta visão do positivismo no Brasil?

Ruy Coelho — Encaro-a sobretudo como um problema. No plano político, histórico, observável, aferível, tomemos o caso de Getúlio Vargas. Ele se criou no Sul, tendo como chefe espiritual Júlio de Castilhos. Até que ponto Vargas foi positivista, não em termos de adesão formal, mas no sentido de que exprime um positivismo infuso, menos formalizado como estrutura lógica do pensamento? Acho que esse é um dos problemas mais sedutores na história política do Brasil. Acho importante compreender Vargas para compreender o Brasil. Quem foi este homem, o que quis, o que fez? Acho que as muitas contradições de Vargas exprimem um pouco as contradições do positivismo brasileiro apreendido de maneira intuitiva. A tentativa de "compreender o Brasil" nos faz entrar num terreno perigoso, porque não sabemos exatamente qual é o caráter nacional brasileiro. Uma das grandes expressões da literatura brasileira — *Macunaíma* — é o herói sem nenhum caráter. E talvez isto defina muito bem o povo brasileiro que, não tendo nenhum caráter, parece ter todos. Que é o Brasil? É uma coisa amorfa, indefinida, invertebrada.

Não lhe parece que ele é mais heterogêneo do que propriamente amorfo, ou seja, é formado por elementos diferentes que se mantêm como tais, mas não se excluem?

Ruy Coelho — Exatamente. Amorfo não é bem a palavra. O Brasil é um pouco como a Espanha: vários regionalismos, várias tradições, várias concepções de vida diferentes nele convivem, mas subsiste alguma coisa essencial, que é ser brasileiro e que não se sabe muito bem o que é.

Talvez por ele ser uma multiplicidade de coisas.

Ruy Coelho — Certo. Acho que isto é um indício de nossa fragilidade, mas ao mesmo tempo um sinal de riqueza, de possibilidades que estão aí para se desenvolver. Uma vez disse uma frase, da qual me arrependi muito, e que foi registrada na França como um *mot d'esprit*. É a seguinte: "O meu grande medo é que o Brasil tenha um grande futuro atrás de si". Mas há um aspecto muito importante, *mot d'esprit* à parte, para se entender o caráter do brasileiro: uma grande flexibilidade decorrente da existência de possibilidades ainda não aproveitadas. Acredito ser muito fecunda também a aproximação entre o caráter nacional brasileiro e a filosofia positivista. Não sou especialista em filosofia, mas conheço alguma coisa e posso dizer que nenhuma filosofia me deu a impressão de uma concatenação tão rigorosa.

Não terá sido isso que seduziu os brasileiros, ou seja, justamente porque não tínhamos tradição filosófica é que preferimos uma filosofia tão clara, tão bem ordenada, tão "acabada"?

Ruy Coelho — O positivismo é um sistema prodigiosamente nítido e, em face da nossa indefinição, procuramos aquilo que é mais definido, não é o que querem dizer? É possível que sim.

Voltando um pouco a Vargas, uma coisa espantosa é que durante o Estado Novo a arte e a cultura de uma maneira geral tiveram um desenvolvimento extraordinário. E Gustavo Capanema fez então uma das reformas mais sistemáticas do ensino brasileiro, elitista, mas ao mesmo tempo extensiva.

Ruy Coelho — O prof. Arbousse-Bastide publicou um artigo na época mostrando que a reforma de Capanema se baseava na classificação das ciências de Auguste Comte. Estabeleceu-se uma seriação de matérias. Foi o regime em que estudei. Matemática no primeiro ano, depois Ciências Naturais, Física, Química, etc. Nenhum brasileiro tinha percebido isso e o artigo do prof. Arbousse-Bastide foi uma revelação para nós.

Arbousse-Bastide — Participei em 35 da Comissão Capanema. De fato, a reforma que então foi feita tinha influências da didática positivista. Lourenço Filho, membro da comissão, era próximo do pensamento positivista. Também Anísio Teixeira, que conheci nessa época, foi marcado por alguns aspectos do positivismo, sem se deixar enquadrar. Devo dizer também que a meu ver outro aspecto importante do positivismo brasileiro é que ele contribuiu para a tomada de consciência da nacionalidade. Neste caso, ele tem um ponto em comum com o romantismo, que aqui não representou apenas uma mudança de concepções literárias. O romantismo brasileiro contribuiu para afirmar a consciência nacional, e o positivismo, que veio depois dele, continuou este movimento de despertar do povo brasileiro.

Não lhe parece que a partir de certo momento o positivismo brasileiro passou a representar uma posição conservadora?

Arbousse-Bastide — O positivismo é antirrevolucionário, no sentido de que não aceita a solução de derrubar tudo para que se implante uma sociedade inteiramente nova. Embora não queiram conservar o passado, os positivistas desejam aproveitá-lo. Para eles, não se deve dizer passado, presente, futuro, mas sim passado, futuro, presente.

E a famosa tradição positivista do Exército brasileiro? Na prática ela já deixou de existir?

Ruy Coelho — Não creio que o Exército que hoje está no poder no Brasil conserve os ideais positivistas.

Mas a ideia da ordem, sim.

Arbousse-Bastide — Para os positivistas, como disse, a ordem deve favorecer todas as ideologias, sendo que apenas uma permanecerá fatalmente — a positivista. A ideologia positivista não pode, contudo, ser imposta, mas afirmar-se pela sua força, e aí está toda a diferença entre positivismo e autoritarismo. Talvez seja utópica essa ideia de uma ordem inteiramente infensa à influência das ideologias. Será possível existir uma ordem sem a ideologia desta ordem?

14 de outubro de 1979

38 A filosofia que orientou a criação da USP continua válida

Entrevistadores:
*Lourenço Dantas Mota
e Antônio Carlos Pereira*

Pierre Monbeig

Nasceu na França em 1908, onde morreu em 1987. Formou-se em História e Geografia pela Universidade de Paris, por onde também se doutorou em Letras. Participou do grupo de professores estrangeiros — franceses, italianos e alemães — que ajudou na criação da Universidade de São Paulo, onde foi professor de Geografia Física e Humana de 1934 a 1946. Dirigiu por muitos anos o Instituto de Altos Estudos da América Latina da Universidade de Paris. Publicou vários trabalhos sobre geografia brasileira.

Em que circunstâncias se deu o convite para vir a ser um dos iniciadores da Faculdade de Filosofia, Ciências e Letras de São Paulo?

Era professor em Caen, na Normandia, quando um belo dia recebi o convite para vir para aqui. Nesse tempo, as relações culturais entre o Brasil e a França não eram organizadas e patrocinadas pelo serviço diplomático, como acontece hoje entre todos os países do mundo. Era uma coisa muito mais espontânea, e isto talvez correspondesse melhor à psicologia dos brasileiros e dos franceses. Júlio de Mesquita Filho e Teodoro Ramos — lembro-me bem — foram incumbidos pelo governador Armando de Salles Oliveira de procurar alguns professores na Europa — franceses, italianos, alemães — para a nova Faculdade de Filosofia, Ciências e Letras. Na França, foi o prof. Georges Dumas, psiquiatra e psicólogo que conhecia São Paulo há muito tempo, que se incumbiu de descobrir os candidatos para vir ao Brasil.

Nesse tempo, 1934/1935, vir da França para o Brasil ainda era de certa forma uma viagem de exploração. Lembro-me que, quando falei para minha avó que vinha para São Paulo, ela comentou: "Ah, sim, São Paulo... Há algum tempo um tio nosso passou por Santos. Lá é o país do 'vômito negro', da febre amarela". Essa ainda era a fama do Brasil para algumas pessoas mais velhas.

Depois de consultar seus colegas especialistas em geografia, o prof. Georges Dumas fez-me o convite. Para convencer-me, usou dois argumentos inteiramente falsos. Primeiramente, disse-me que São Paulo era *Nice toute l'année*, ou seja, que o clima era ameno e agradável. Verifiquei logo que isto não era verdade. Disse-me, também, que com dois anos de trabalho aqui poderia ganhar um dinheirão, uma soma fantástica que me possibilitaria tirar um ano de licença para terminar uma pesquisa que tinha então começado na Espanha. Ao chegar aqui, constatei que o contrato não era de dois, mas de três anos. Mas, para um jovem, um ano a mais ou a menos não faz diferença, e não liguei para isso. Depois verifiquei que, se o ordenado não era ruim, também não dava para economizar o suficiente para, ao fim do contrato, ficar um ano sem ganhar na França. Um elemento que me ajudou a ficar foi a guerra civil espanhola, começada em 36, e que tornou impossível a minha pesquisa. Se voltasse para as ilhas Baleares, onde a pesquisa devia ser feita, corria o risco de ser fuzilado. Além disso, gostei do Brasil e resolvi ficar.

O que o motivou a aceitar o convite?

Além dessa visão do "Eldorado" brasileiro? Dois motivos. Um deles estava ligado a razões puramente pessoais. Minha mulher conhecera o Brasil quando solteira e me falara muito do país. Além disso, como estudante de Geografia e História, interessei-me pela América do Sul e, naturalmente, pelo Brasil, que é o país mais importante da região. O outro motivo está ligado à própria vocação da Geografia: o geógrafo aceita viajar porque deseja conhecer outras terras. Hoje, muitos geógrafos pensam que podem ficar trabalhando sobre estatísticas em seus escritórios. Acho que não é assim que se conhece o mundo. No meu tempo, os geógrafos tinham o desejo de viajar, de entrar em contato com outros povos.

E o ambiente cultural que encontrou em São Paulo em meados dos anos 30? Como era ele?

Acho que a maneira mais fácil de defini-lo é compará-lo com o que me parece ser o ambiente cultural do Brasil de hoje. E direi primeiramente que naquele tempo o Brasil não era tão brasileiro como é hoje. A melhor prova disso é que para se implantar a nova Faculdade de Filosofia de São Paulo apelou-se para professores estrangeiros. Não havia, por exemplo, professores de Geografia, a não ser o prof. Delgado de Carvalho, que dizia com toda a razão que a Geografia aqui, naquele tempo, limitava-se a ensinar os alunos a decorarem a lista telefônica. Hoje, existem geógrafos. Com raras exceções, não existiam também historiadores no Brasil, no conceito moderno de História, que não é uma lista de datas de batalhas, tratados de paz, revoluções, etc. Havia também poucos sociólogos. Naquela época, os brasileiros estavam sempre procurando modelos estrangeiros. Conheciam muito melhor a literatura francesa do que a brasileira. O desejo de todos os que tinham um pouco de dinheiro era viajar para Paris, Londres, Genebra, para abastecer-se nas fontes europeias. As editoras brasileiras eram poucas. Os alunos das Faculdades de Direito e Medicina estudavam em livros publicados na França ou Alemanha. A cultura brasileira estava circunscrita a um grupo muito inteligente, mas restrito — o dos que haviam feito a Semana de Arte Moderna. A cultura era privilégio de uma pequena elite, em geral formada na Europa. Hoje toda essa situação mudou completamente. Há uma generalização da cultura. Entre os professores brasileiros de então havia homens de grande valor, como por exemplo Fernando de Azevedo e Plinio Airosa, para citar apenas dois. Estabelecemos logo ótimas relações com os nossos colegas brasileiros, apesar das diferenças de idade. Os professores estrangeiros, especialmente os franceses, eram muito jovens, mais jovens do que alguns de seus alunos.

A língua não foi uma barreira entre professores e alunos?

Não, porque os jovens brasileiros daquela época entendiam perfeitamente o francês. E também logo começamos a aprender o português. Para mim, a melhor escola de português foram as "excursões" de Geografia. Essa palavra não é muito apropriada, porque dá a impressão de passeio, de divertimento. É melhor adotar a fórmula americana de "trabalho de campo". Conversávamos muito durante essas viagens pelo interior. Os alunos descreviam-me a sua terra tal como a conheciam. E creio que da minha parte ajudei-os a descobrir — digo isso porque mais tarde eles disseram a mesma coisa — qual era o conteúdo das paisagens. Uma paisagem não é simplesmente um morro, uma chapada, um vale — dizia-lhes —, más é também o produto de uma certa sociedade e da sua evolução através do tempo — evolução econômica, técnica, social. Dessa forma, os dois elementos — professor e alunos — ensinavam um ao outro, como deve ser.

Nessa época havia uma preocupação marcante em estabelecer uma "brasilidade" no ensino, digamos assim, ainda que através de professores estrangeiros?

Sim, pois isso correspondia exatamente a uma das finalidades da Faculdade de Filosofia: ajudar pelo ensino, e mais ainda pela pesquisa, os alunos a terem uma melhor compreensão da realidade e das possibilidades brasileiras. Tenho a impressão de que nessa época ocorreu no Brasil o que havia acontecido em alguns países da Europa em meados do século XIX: o descobrimento da nacionalidade. Isto não quer dizer que não existia antes um sentimento patriótico brasileiro, mas a meu ver naquela época foi particularmente grande o interesse pelas raízes da civilização e da sociedade brasileira — as raízes históricas, geográficas, sociológicas e artísticas.

O mesmo fenômeno ocorreu, como disse, em meados do século XIX na Europa, com a Romênia e alguns *Länder* da Alemanha. E foi também um pouco o que se passou na França, quando Michelet publicou a sua *História da França*, ajudando os franceses a entender, por exemplo, o que foi Joana d'Arc como figura da nação. Aqui, a partir dos anos 30, talvez como uma espécie de consequência feliz da crise econômica, os brasileiros passaram a se preocupar mais consigo mesmos do que antes. E os professores estrangeiros, animados pelo desejo de pesquisa sobre o Brasil, contribuíram aqui em São Paulo para essa espécie de descoberta e de tomada de consciência de uma realidade.

Acha que o modelo que orientou a criação da USP permanece válido?

A melhor prova de que aquele modelo não é mais válido é que a Universidade tem evoluído, que não é hoje a mesma de ontem. O que é perfeitamente normal, pois o que não evolui morre, se fossiliza. Em todos os países as universidades evoluem. Vejam o caso da Faculdade de Filosofia, embrião da Universidade. Ela se chamava Faculdade de Filosofia, Ciências e Letras, uma reunião um pouco ambiciosa, mas que não estava errada na época. Depois houve a inevitável separação: as Ciências para um lado e as Letras para outro. Hoje há vários departamentos na Faculdade, que correspondem à formação das Unidades de

Ensino e Pesquisa — UER — na França. O problema, a meu ver, é que esses departamentos não devem constituir unidades fechadas ao mundo exterior. O problema aqui como em todos os outros países é organizar a pluridisciplinaridade, as relações entre as várias disciplinas, pois se os geógrafos, por exemplo, ficarem isolados, permanecerão exclusivamente geógrafos, não progredirão. O mesmo é válido para o sociólogo, o historiador, etc. Este não é um problema fácil de resolver, nem administrativa nem psicologicamente. Nesses últimos anos tive sob minha responsabilidade um grupo reunindo geógrafos, historiadores, sociólogos e economistas, todos pesquisando problemas latino-americanos. Confesso que, ao fim de 10 anos, não consegui organizar realmente a pluridisciplinaridade. Em tese é fácil, mas quando passamos para a prática as coisas se complicam.

E quanto à contratação de professores estrangeiros, que houve na época da fundação da USP, acha que ela continua válida?

Sem dúvida. Ela é válida para todos os países. Os professores franceses, por exemplo, são todos professores eminentes em seu país, não há dúvida nenhuma. Mas às vezes nem todos são tão eminentes, e seria bom para eles verem chegar um professor alemão, brasileiro, mexicano, etc. A Universidade — seu próprio nome indica — deve ser universal e não uma igrejinha fechada. Os professores estrangeiros, por isso mesmo, são de grande utilidade em qualquer universidade. Na França, temos os professores associados, e foi nessa condição que Antonio Candido lá esteve durante algum tempo dando cursos para os alunos da seção de Civilização Brasileira. Quem poderia fazer isso melhor do que ele? Nenhum francês conhece melhor o Brasil do que ele.

No Brasil atual, assim como em vários outros países, há uma grande preocupação com a democratização do ensino. Muitos alegam que essa democratização assumiu aqui um caráter de massificação do ensino, no pior sentido, ou seja, caricaturando-se a situação pode-se dizer que se abre uma Faculdade em cada esquina como se abre uma quitanda. É dentro desse contexto que gostaríamos de saber se a seu ver a filosofia que orientou a criação da USP, e não propriamente o modelo, ainda é válida.

Não creio que se trate de democratização, mas de massificação, de um aspecto negativo da nossa civilização de consumo. Muitos querem ganhar dinheiro organizando o que chamam de "Universidade", de "Faculdade", sem condições de dispor de um corpo de professores capazes de ensinar bem tanta gente, nem talvez tanta gente com preparo intelectual suficiente para acompanhar um curso superior. Isto não significa que as pessoas que não dispõem de capacidade de seguir bons cursos superiores sejam seres humanos desprezíveis. De modo algum. É que, da mesma maneira que existem pessoas mais baixas ou mais gordas que outras, existem também as que são mais ou menos inteligentes. Sem esquecer os menos inteligentes, é preciso ajudar os mais inteligentes, no ensino secundário ou no superior, qualquer que seja a sua situação social e econômica. Há filhos e filhas de gente rica que não têm capacidade intelectual para acompanhar um curso superior, ou seja, esse problema existe em todas as classes.

Dentro desse contexto, acho que permanece válida a filosofia que orientou a criação da USP. O modo de aplicá-la é que a meu ver tem de ser diferente, porque a sociedade brasileira, especialmente a paulista, não é mais a mesma de 1934 ou 35. O que chama a atenção de uma pessoa que vem ao Brasil depois de alguns anos é, entre outras coisas, o gigantismo das cidades, o tremendo desequilíbrio entre o campo e a cidade. A situação era totalmente diferente há 45 anos e, portanto, os problemas do ensino, em qualquer nível, não podem mais ser tratados como antigamente.

Depois de ter passado uma boa temporada no Brasil, voltou aqui regularmente. Que impressão lhe causaram as mudanças na paisagem brasileira acarretadas pela ação do homem, particularmente intensa nesse período?

Antes de mais nada, é preciso dizer que não há uma, mas várias paisagens num país tão vasto como o Brasil. De uma forma geral, mas pensando sobretudo nos Estados do Sul, acho que a paisagem natural que existia há 40 anos hoje quase desapareceu. A mata que existia naquele tempo no interior de São Paulo quase não existe mais. Aliás, a mata já desapareceu em boa parte do Brasil. Este é um fenômeno que aconteceu há tempos em outros países, mas que ocorre aqui nos últimos 40 anos. A transformação devido às inovações técnicas é muito forte. Embora a enxada ainda seja o instrumento de trabalho da maioria dos brasileiros da zona rural, a verdade é que a mecanização progrediu muito nos Estados do Sul. E uma das consequências principais dessa mudança técnica é que o sistema de colonato praticamente acabou. E o que veio em seguida, como sabem melhor que eu, é o fenômeno dos "boias-frias".

Com relação à cidade de São Paulo, durante algumas décadas o seu crescimento foi, digamos assim, normal. Mas a partir de 1960 começa uma fase de gigantismo. Quando vejo as profecias dos demógrafos sobre o aumento da população de São Paulo e das cidades vizinhas, confesso que isto me parece algo capaz de apavorar. O que acontecerá no campo? Aliás, esse é um problema que se levanta em vários países. Há alguns meses houve uma reunião de sociólogos, agrônomos e especialistas de economia rural em Paris, quase todos vindos dos países chamados subdesenvolvidos. Insistiu-se então na necessidade de os países subdesenvolvidos abandonarem progressivamente o modelo de industrialização dos países desenvolvidos, seja do Ocidente, seja do mundo comunista. Houve depois uma outra reunião, com um maior número de participantes, e as conclusões foram idênticas: a necessidade de se mudar o rumo da evolução dos países subdesenvolvidos, não evidentemente no sentido de acabar com o progresso, mas de repensar a sua orientação.

As diferenças regionais são mais ou menos comuns a todos os países, embora em graus diferentes. Mas não lhe parece que aqui o fenômeno adquire uma tal dimensão que se pode falar na existência de tempos históricos diferentes, o que faria parte da especificidade brasileira?

A meu ver, o desequilíbrio regional é uma característica de todos os países em vias de desenvolvimento. E não me refiro à falta de harmonia entre as várias regiões apenas do ponto de vista econômico, pois a ela correspondem desníveis históricos, sociais, técnicos. Embora essas diferenças sejam consideravelmente mais acentuadas nos países em vias de desenvolvimento, nem por isso deixam de existir também nos países altamente desenvolvidos. Nos Estados Unidos, em algumas regiões dos Montes Apalaches, os mineiros de carvão vivem numa miséria comparável à dos favelados do Rio e de São Paulo. Na França, em algumas regiões do Maciço Central, o nível de vida e o nível cultural são muito baixos.

Acha viáveis os esforços que são feitos hoje para a eliminação das desigualdades regionais?

É claro que se deve eliminar a miséria nas regiões menos favorecidas, mas o problema das "diferenças regionais" é outro. Acho que elas não devem ser eliminadas, porque são criativas. Elas não só ajudam o intercâmbio econômico como criam relações humanas e intelectuais importantes. Um dos fatores que ajudaram a formação da nação francesa mais cedo do que outras na Europa foi justamente a existência de unidades regionais, com características físicas e humanas diferentes. Estabeleceu-se uma rede de comunicações entre elas, surgindo daí uma certa unidade.

O sr. conhece bem não apenas o Brasil como também a América Latina como um todo. Como vê o Brasil dentro do contexto latino-americano? Acha que o Brasil e seus vizinhos hispano-americanos constituem entidades justapostas ou perfeitamente harmônicas?

Estou convencido de que é errada a expressão América Latina. Acho mais correto dizer Américas Latinas, pois no caso o plural convém mais do que o singular. Entre o Brasil e os demais países latino-americanos há a diferença da língua, e entre os hispano-americanos existem também diferenças econômicas, de composição étnica, culturais, etc. De maneira que reunir todos esses países dentro de uma única fórmula não me parece muito correto. O mesmo ocorre com relação à Europa, que é também uma variedade, bastando para isso verificar as diferenças entre os países escandinavos e os mediterrâneos. E é justamente essa variedade que pode ser um fator positivo para uma certa unidade. Sei que não é muito original dizer isto, mas a verdade é que o maior fator de unidade latino-americana é o contraste entre a América Latina e a América do Norte, que são duas áreas culturais acentuadamente diferentes.

Aliás, sempre pensei que seria interessante estudar como apareceu e se generalizou o uso da expressão América Latina. Em que circunstâncias isto se deu? Por que motivos? A quais circunstâncias históricas isso corresponde? Antigamente a América era o continente de todos os que habitavam desde o Canadá até a Argentina. Depois é que a palavra começou a ser aplicada apenas à América do Norte, enquanto a outra parte do continente recebia a designação de América Latina.

Dentro das várias Américas Latinas, como prefere, vê alguma diferença nítida, marcante, capaz de distinguir o Brasil dentro do conjunto?

Bom, antes de mais nada, há a diferença evidente do tamanho. Isto parece uma daquelas verdades de Monsieur de la Palice, ou verdades acacianas, como se diz no Brasil, verdade do tipo "dois mais dois são quatro". Essas verdades são tão verdadeiras que ninguém se lembra delas. Sim, o peso do Brasil, de sua área, de sua população, etc. em relação aos demais países latino-americanos lhe dá uma posição especial. Provavelmente, os cidadãos das nações vizinhas sentem isso perfeitamente. O pequeno sempre fica preocupado ao lado do grande. A preocupação pode ser injustificada, mas é sempre assim.

Tendo em vista o peso do Brasil dentro do contexto latino-americano, peso ao qual se referiu e que se deve em grande parte às suas características geográficas, acha que a vocação brasileira seja expansionista, não em termos territoriais, mas de projeção política e econômica?

Estão querendo atrair-me para o terreno da geopolítica, não é? Desculpem-me, mas desconfio muito da geopolítica, porque aprendi quando moço que ela era uma arma do imperialismo germânico. Mas admito que pode haver uma geopolítica praticada com finalidades de paz, harmonia e cooperação entre os povos e faço votos para que a geopolítica brasileira seja assim.

A situação geográfica de uma nação varia através dos tempos. Na época dos navios a vela e dos navios a vapor, a situação brasileira era diferente da de hoje. Como veem, tudo isso é muito relativo, depende de circunstâncias. O Brasil tem uma posição forte com relação a seus vizinhos e, tendo em vista a extensão de suas fronteiras, é normal que ele se preocupe em defendê-las, se pensa que elas podem ser ameaçadas. Aliás, essa preocupação com as fronteiras é uma tradição portuguesa, e, portanto, anterior à própria independência do Brasil. Nos arquivos de Lisboa há várias cartas escritas por Pombal e seus ministros a propósito da política portuguesa de defesa das fronteiras da então colônia brasileira. A política brasileira de hoje com relação ao problema não difere muito da de Pombal. Interessante, não é?

> *Não lhe parece que além da fronteira hispano-americana o Brasil tem uma outra que nem sempre é levada na devida conta e que é a fronteira africana?*

O mar não é uma fronteira natural. Aliás, não existe fronteira natural, isto é invenção da diplomacia do século XVII. Qual é a fronteira entre o Brasil e a África? É o mar. Ora, o mar é um traço de união, por ele é que os povos se juntaram. O Mediterrâneo ajudou a formação de uma civilização. O Atlântico, depois que foi atravessado pela primeira vez, ajudou a formação da civilização ocidental. O Atlântico deve ser, e parece-me que já é, um traço de união entre o Brasil e os países africanos. Mas se continuarmos por esse caminho vamos cair nos problemas da geopolítica e das relações estratégicas entre as grandes potências. O Atlântico Sul, tendo em vista as armas desenvolvidas ultimamente e a situação política mundial, pode ter uma importância estratégica que não teve no passado.

> *Ao contrário do europeu, o brasileiro é o homem dos grandes espaços. Como vê a influência dessa característica geográfica sobre o brasileiro? Aliás, essa característica está presente também no americano, no canadense, no russo, no australiano.*

Todos esses povos dispõem ainda de espaço a ocupar. O norte do Canadá, por exemplo, é um pouco como a Amazônia. É inegável que há no Brasil uma tradição pioneira que desapareceu na Europa. A Europa é um beco sem saída. Vejam o mapa: ela está na ponta ocidental dessa enorme massa de terra que começa na China e vai-se tornando cada vez mais fina no sentido do Oeste. Os povos que habitam a Europa deslocaram-se de Leste para Oeste até chegar às margens do Atlântico. Ficaram lá, dentro de um espaço pequeno. Foram obrigados a instalar-se, a sedentarizar-se, a cuidar bem do solo de que dispunham. No Continente americano a situação é diferente. Como a população era pequena com relação ao espaço disponível, os europeus que aqui chegaram, especialmente espanhóis e portugueses, não tiveram necessidade de cuidar muito do solo, de tornar-se camponeses. É difícil traduzir para o português algumas palavras do vocabulário rural francês, e por isso vou usar uma delas no original mesmo. Não existe o *paysan* no Brasil. O índio peruano e boliviano da encosta oriental é um *paysan*. No Brasil não existe *paysan*. Não se trata de um problema linguístico. Os primeiros agricultores, que depois se tornaram grandes proprietários de terra, tanto no sul dos Estados Unidos como na América espanhola e portuguesa, foram chamados de "plantadores". O plantador nada tem a ver com o agricultor, com o *paysan*. O agricultor cuida intensamente da terra, porque não tem espaço. Vou dizer uma heresia, mas às vezes eu me pergunto se não seria melhor para o Brasil não ter tanto espaço. Não seria mais razoável e racional tornar mais densas as populações das regiões tradicionais do Brasil, nas zonas rurais, implantando uma agricultura e uma pecuária mais intensivas?

Mas, como há muito espaço no interior, é mais fácil ir para lá. Custa menos ir para a Amazônia, onde a terra é muito barata, do que melhorar a produção aqui em São Paulo. Por que houve tantos progressos na cultura do café? Porque ele atingiu as zonas de geada no Paraná e não pôde ir mais além. Foi preciso então cuidar melhor das terras já cultivadas. Houve inclusive o renascimento das antigas fazendas de café. Quando cheguei aqui pela primeira vez, muitos fazendeiros de café diziam-me: "A terra está esgotada, não presta mais para nada". No entanto, hoje o café é replantado com melhores resultados do que antes, ou seja, é perfeitamente possível fazer-se uma agricultura mais intensiva com bons resultados. Por isso é que me pergunto às vezes se não seria melhor para o Brasil não ter tanto espaço.

Como vê o problema da Amazônia, que é hoje um dos mais controvertidos do Brasil, além de criar polêmicas também no exterior?

A meu ver, o problema foi mal colocado, porque colocado em termos políticos. Os que são a favor da política do governo brasileiro afirmam que a destruição da mata não tem consequências muito importantes. Os outros afirmam exatamente o contrário, ou seja, que será o fim do mundo se, se destruir a floresta amazônica. É muito difícil ter uma opinião científica sobre uma questão colocada nesses termos. Gostaria de fazer duas reflexões sobre esse problema, reflexões, aliás, que não são exclusivamente minhas, pois são produto de conversas com outras pessoas que também estudaram e fizeram pesquisas sobre a Amazônia brasileira e peruana.

Ninguém pode afirmar que a destruição da mata amazônica mudará totalmente o clima mundial. Há uns dois ou três anos, em reuniões de meteorologistas, muitos afirmaram que a situação não mudaria tanto assim. A Europa Ocidental e Central também era coberta de matas antigamente e, embora essa cobertura vegetal tenha sido destruída em boa parte, isto não modificou o seu clima. Por outro lado, é evidente que uma ofensiva generalizada contra a floresta amazônica teria consequências muito graves para a própria região. Quer dizer, deixo de lado um dos argumentos principais dos que se opõem à ação do governo brasileiro e que dizem: "Isto vai destruir o clima mundial por causa da evaporação, etc". Este argumento não me parece válido. O que é certo é que, ampliando-se a destruição da mata amazônica, haverá consequências muito graves para a própria região. Isto é um fato conhecido e estabelecido. Todos os ecólogos, botânicos e geógrafos que já trabalharam nas várias regiões tropicais sabem perfeitamente que a destruição da mata traz consequências negativas para a região em que elas se encontram.

A outra observação é a seguinte. É claro que nenhum governo brasileiro poderia deixar a Amazônia fora da coletividade nacional, mas ao mesmo tempo confesso que tenho uma certa desconfiança dos planos destinados a ocupar uma superfície muito extensa. Acho que seria preferível não uma ofensiva geral, mas ofensivas localizadas e apoiadas num conhecimento aprofundado da região, o que se tornou possível por causa do projeto Radam.

Finalmente, o problema tem um outro aspecto importante, que é o da população que vive na Amazônia. Não vou falar dos índios, porque isto é da competência dos etnólogos. Quero falar do caboclo da Amazônia. São uns cinco ou seis milhões de brasileiros que moram ali e, francamente, não vi muita coisa nos projetos para a região elaborados nos últimos tempos que favoreça essa população. Fala-se em povoar e colonizar a Amazônia com gente vinda do Nordeste e do Sul. Muito bem. Mas não se fala do que poderia ser feito para melhorar as condições de vida das populações caboclas da Amazônia. O resultado é que essa gente está indo para as cidades. Belém, Manaus e outras cidades menos importantes, mas que têm um papel administrativo na região, estão crescendo de uma maneira louca. E o grande responsável por isso é o êxodo rural. Ora, numa região na qual a densidade demográfica é de 0,2 ou 0,4 habitante por quilômetro quadrado, é absurdo haver êxodo rural.

Para se compreender melhor o problema da Amazônia, acho muito importante conhecer a situação existente em outras regiões similares do mundo. Toda a região da África Equatorial é bastante parecida com a Amazônia. Não são rigorosamente iguais, porque só em Matemática existe a igualdade. Mas as semelhanças são muito grandes: média de temperatura, curva pluviométrica, tipo de vegetação, etc. E a Amazônia é privilegiada com relação à zona equatorial africana, que apresenta as piores formas de paludismo, como a doença do sono. Pois nessas regiões encontramos os *paysans*, que cultivam intensivamente a terra, que tratam bem de suas roças de mandioca. As plantações dos africanos dessa região são muito bem cuidadas, e eles não mudam de lugar a cada 3 ou 4 anos, como fazia e ainda faz às vezes o caboclo brasileiro. Em alguns pontos da floresta congolesa, a densidade da população rural é de 20 habitantes por quilômetro quadrado. Na região litorânea da Nigéria, com floresta densa de tipo amazônico, a densidade populacional chega a ser de 200 a 300 habitantes por quilômetro quadrado. Em outras regiões semelhantes, como o sudeste da Ásia, a Ásia das monções, o sul da Índia, Sri Lanka, Java e Borneo, mesmo antes da colonização europeia, já se havia conseguido desenvolver boas técnicas agrícolas e elas apresentavam densidade populacional superior à da Amazônia.

Sem necessidade de destruir a floresta?

Eles cultivam a floresta, fazem plantações de cacau, enfim, têm uma agricultura racional com boas técnicas agrícolas.

História Vivida

Esta é a solução que proporia para a Amazônia?

Não vou propor soluções para a Amazônia, porque este não é o meu papel. Acho que o papel do cientista é estudar, descrever situações, explicá-las e, se a pergunta lhe é feita pelos responsáveis pela política no sentido nobre da palavra, deve então apresentar sugestões. Cabe ao político escolher entre as várias sugestões e não deixar a responsabilidade da escolha ao homem de ciência, o que é uma solução fácil demais.

Se lhe fosse feita uma pergunta desse tipo e nos termos em que coloca a questão, o que sugeriria?

Sugeriria, eventualmente, várias soluções, mas sugeriria antes de tudo ir devagarzinho. Estou de acordo com meu amigo Sancho Pança, que dizia: *Despacio que tengo prisa*. Não vou dizer que a Amazônia é uma fonte de riqueza, porque isso pode interessar a algumas pessoas, mas não à comunidade brasileira. Se a Amazônia apresenta possibilidades muito boas, não somente para a economia, mas também para o homem, então ela tem de ser estudada e aproveitada com o máximo de cuidado. Não foi com tratores que os camponeses de Java conseguiram a sua produção de arroz. O seu nível de vida, que piorou depois da colonização, ainda é superior ao das populações da Amazônia.

4 de novembro de 1979

39 Todos melhoraram, mas alguns muito mais

Entrevistadores:
*Antônio Carlos Pereira e
Lourenço Dantas Mota*

Roberto de Oliveira Campos

Nasceu em Cuiabá, Mato Grosso, em 1917, e morreu em 2001 no Rio de Janeiro. Diplomata, serviu nos Estados Unidos durante a Segunda Guerra, onde estudou Economia nas Universidades George Washington e Columbia. Um dos criadores do BNDE, banco do qual foi superintendente e depois presidente. Participou da formulação do Programa de Metas do presidente Juscelino Kubitschek. Ministro do Planejamento do governo Castello Branco, foi o idealizador do Paeg. Articulista e autor de diversas obras de economia e política. Foi embaixador em Washington e em Londres.

Seu interesse dominante foi sempre a economia? Por que escolheu a carreira diplomática?

Acontece que meu interesse dominante não era realmente a economia. Toda a minha formação acadêmica fora conduzida em seminário católico, orientando-se portanto para a filosofia, teologia e letras clássicas. Fui um bom filósofo escolástico e um razoável teólogo. Em matéria de línguas clássicas considerava-me um respeitável latinista, passável helenista e péssimo exegeta de textos bíblicos em hebreu.

Quando fiz o concurso para o Itamaraty, em que tive de absorver várias outras disciplinas, imaginei que minha destinação na carreira fosse ou o Departamento Político, ou o Cultural, ou o Jurídico, ou alguma outra atividade condizente com meu embasamento beletrista. Com essa extraordinária capacidade que têm os Ministérios do Exterior de deslocar pessoas de sua vocação natural para artes estranhas, fui colocado primeiro no Almoxarifado, depois na Divisão de Códigos (onde me transformei num perito em criptografia, antes que surgissem as máquinas criptográficas) e, finalmente, no Departamento Econômico. Nenhum desses departamentos correspondia à minha vocação.

Saindo do seminário, o que motivou a ir para o Itamaraty?

As motivações eram estritamente de sobrevivência. Fui lecionar inicialmente, após deixar o seminário, numa cidade do interior de São Paulo, Batatais, num ginásio aliás bastante bom, cuja clientela era principalmente de filhos de fazendeiros. Ali lecionava latim, gramática histórica e, por uma dessas bizarrias resultantes exatamente da escassez de professores no Interior, também astronomia. Mas consegui um feito singular — o de deixar os alunos intelectualmente virgens ao fim do ano. Não pareciam interessados nessas disciplinas. Resolvi então mudar-me para o Rio de Janeiro, à procura de um emprego público, pois àquela ocasião eram muito limitadas as possibilidades no mercado privado de trabalho. Três concursos se abriram durante esse meu período de espera no Rio de Janeiro. O primeiro concurso do Dasp foi para oficial administrativo, mas isso exigia perícia datilográfica, coisa que não figurava entre as sofisticadas disciplinas que havia absorvido em meu treinamento eclesiástico. O segundo concurso era de técnico de educação. Para esse sentia-me preparado, mas acontecia que apenas metade dos créditos eram dados por provas competitivas e metade por títulos. Àquela altura o ensino seminarístico não era oficialmente reconhecido pelo governo, de sorte que os meus diplomas de filosofia e teologia me mantinham na ridícula posição de analfabeto legal. O terceiro concurso que se abriu, extremamente severo, mas que não exigia qualificação prévia em termos de títulos, era o concurso do Itamaraty. Nele me inscrevi assim *faute de mieux,* sem ter nenhuma especial vocação para a carreira diplomática. Sucedeu então o fenômeno que descrevi: uma total desadaptação entre o meu *background* acadêmico e as funções que o Itamaraty teimosamente me atribuiu. Meu primeiro posto no exterior foi Washington, em plena guerra (1942). Imaginei então que ali encontraria minha redenção humanista, abandonando os "secos e molhados", como derrogatoriamente se libelavam os assuntos econômicos. Entretanto fui novamente consignado, sob protesto resignado, à Seção Comercial da Embaixada. Percebi haver uma conspiração adversa do destino, contra a qual era inútil lutar. Passei a estudar economia, fazendo cursos à noite, na Universidade George Washington. Depois, quanto fui transferido para as Nações Unidas em Nova York, continuei meus estudos na Universidade de Columbia.

> *Assistiu ao desenrolar de boa parte da guerra numa das capitais mais importantes envolvidas no conflito e num país do qual o Brasil era aliado. Como viu a guerra a partir de Washington e como vê hoje os acordos que então se firmaram entre Brasil e Estados Unidos?*

Washington, à época da II Guerra Mundial, era realmente a capital mundial, e um palco extremamente excitante para a ação diplomática, inclusive em seus aspectos menos saborosos, a saber, os aspectos de "espionagem". A partir de Washington, a guerra se apresentava em dois planos. O primeiro plano era o de cruzada ideológica em defesa da democracia. É claro que essa cruzada não era "quimicamente pura", pois que, após a invasão da União Soviética, se formou uma aliança de conveniência entre o carro-chefe da democracia ocidental — os Estados Unidos — e a União Soviética, defensora da ditadura do proletariado. O sentido inicial de cruzada em defesa de valores democráticos foi assim algo esmaecido por uma aliança de conveniência. Num segundo plano, a postura de Washington era essencialmente geopolítica, pois visava a denegar à Alemanha nazista o domínio do *heartland* europeu, e, no Extremo Oriente, evitar uma expansão hegemônica da influência japonesa. Ainda aqui a História evolui por vezes num sentido de complicar soluções, que originalmente pareciam simples. Eliminado o perigo geopolítico alemão e japonês, surgiu um novo perigo geopolítico — a emergência da Rússia como superpotência. Assim o conflito geopolítico se instalou no coração do continente europeu, já agora com coloridos ideológicos mais marcantes. Na confrontação entre os Estados Unidos e a União Soviética, no palco geopolítico da Europa e na franja asiática, houve vários estádios. O primeiro foi de clara e incontrastável superioridade americana, pois havia um *monopólio* nuclear. Subsequentemente, com a nuclearização da União Soviética, passou-se a uma fase de apenas *supremacia* nuclear. Esta se converteu, gradualmente, em *equilíbrio* nuclear. Hoje, em alguns setores da panóplia nuclear, configura-se mesmo uma superioridade tópica da União Soviética, e a doutrina americana passou a admitir uma situação de simples *suficiência* nuclear.

Como era o Brasil visto de Washington? Na fase inicial da guerra a política norte-americana era de cortejo e namoro. O que se visualizava era separar o Brasil do Eixo e estimulá-lo a aderir à aliança ocidental. Elemento-chave nesse processo, pois que o governo brasileiro estava fundamentalmente dividido, foi a ação do chanceler Oswaldo Aranha, que nunca titubeou em suas convicções democráticas e correu riscos para afirmá-las. Logo que o Brasil, por provocações imprudentes da Alemanha, ingressou na guerra, abriu-se amplo leque de formas de intercâmbio e cooperação entre o Brasil e os Estados Unidos. A cooperação brasileira passou a ser considerada sob vários ângulos: o Brasil como supridor de matérias-primas; o Brasil como base aérea para facilitar as campanhas africanas e mesmo europeias; finalmente o Brasil como supridor de contingentes armados, papel que exercemos com distinção na campanha da Itália. Contribuição importante do Brasil seria também a denegação de suprimentos e o bloqueio do comércio com as potências do Eixo. Isso se fazia principalmente por meio da famosa "Lista Negra", pela qual se excluíam do intercâmbio permitido firmas que fossem de propriedade de residentes de países do Eixo, ou que com eles tivessem uma tradição de transação. Ao longo de diversos anos — 1942/43/44 — foram firmados vários acordos envolvendo aspectos diferentes da cooperação brasileira. No campo econômico, talvez aquele que teve maior ressonância, na época, foi o "Acordo da Borracha" pelo qual os Estados Unidos se empenhariam num esforço de desenvolver a produção nativa da borracha, de vez que várias das fontes tradicionais de suprimento na Ásia haviam sido bloqueadas pela guerra. Em contrapartida à disposição brasileira de fornecer matérias-primas — isso não incluía apenas borracha, mas também os chamados "materiais estratégicos": minério de ferro, manganês e quartzo, por exemplo —, os Estados Unidos se comprometiam a manter um fluxo regular de abastecimentos para a economia brasileira, abastecimentos que iam desde combustíveis até veículos e equipamento industrial.

Foi secretário da delegação brasileira à Conferência de Bretton Woods. Que julgamento faz hoje do sistema então criado? Quais foram a posição e a contribuição do Brasil?

Minha participação na Conferência de Bretton Woods foi praticamente ao nível assessorial, porque era apenas um jovem secretário de embaixada, que não tinha ainda completado curso de economia. As estrelas da delegação brasileira eram realmente os professores Gudin e Bulhões. A conferência envolvia uma panóplia interessante de sumidades acadêmicas, diplomatas e gestores econômicos. A delegação mais brilhante talvez fosse a inglesa, onde se notavam duas figuras exponenciais, Lord

Keynes e o professor Denis Robertson. Dizia-se, com alguma crueldade e malícia, que a diferença entre os dois era que Keynes era demasiado inteligente para ser coerente, e Robertson demasiado coerente para ser inteligente... A delegação brasileira teve participação bastante destacada nos debates, participação até certo ponto meramente colaborativa e até certo ponto crítica. A nossa crítica principal era que o sistema, como foi finalmente concebido, excluía um dos dispositivos importantes do plano Keynes, que era a "punição ao credor". O plano Keynes da "Clearing Union" era simétrico. Se exigia obrigações de ordenamento econômico dos devedores (e isto envolvia a desvalorização ordenada das moedas), de outro lado impunha responsabilidades aos credores, porque facultava aos países devedores impor restrições, até mesmo comerciais, a mercadorias do país credor, a fim de que este contribuísse para o reequilíbrio. São as famosas provisões do art. 14 sobre "moedas escassas", que permaneceram, entretanto, teóricas. Essa simetria de responsabilidades não era interessante para os Estados Unidos àquela época, porque eram fortes credores e esperavam assim continuar indefinidamente. O sistema nasceu, dessarte, um pouco desbalanceado, sem que se tenha realmente criado mecanismos de pressão sobre os países credores para compeli-los a fazer a reciclagem dos saldos.

Mais recentemente, há poucos anos, quando se desenhou a crise de balanço de pagamentos norte-americana, acredito que Washington se tenha arrependido da atitude então adotada em Bretton Woods, pois foram os Estados Unidos que passaram a pressionar os países credores para desempenharem o seu papel, a saber, expandir suas economias e revalorizar suas moedas, a fim de evitar que a responsabilidade do ajustamento repousasse exclusivamente sobre o país devedor. Voltou-se, então, após um longo e tortuoso caminho, à ideia original de Keynes de que deveria haver uma certa simetria: o país credor deve colaborar para o ajustamento, liberalizando o seu comércio e valorizando sua moeda, e o país devedor deve para isso cooperar, disciplinando sua economia e desvalorizando sua moeda. Na medida em que os dois movimentos, valorização e depreciação, sejam simultâneos, o ajustamento é mais fácil e menos penoso. A segunda crítica que a delegação brasileira fazia, então, era o fato de que o sistema que fora concebido não incluía um aspecto fundamental do equilíbrio econômico internacional, de direto e profundo interesse para os países subdesenvolvidos produtores de matérias-primas.

Era o problema dos produtos de base. Entendiam os professores Gudin e Bulhões que seria conveniente, e útil, a criação, simultaneamente com o Banco Mundial, encarregado de reconstrução e desenvolvimento, e o Banco Monetário, encarregado de transações financeiras e balanço de pagamentos, de uma "Organização de Produtos de Base", porque para os países de produção primária o produto de base é sinônimo de moeda. No caso dos países industrializados, as fontes de receita são muito mais diversificadas e os desequilíbrios tratáveis adequadamente por simples fluxos financeiros. Para um país subdesenvolvido, o determinante essencial do equilíbrio ou desequilíbrio de balanço de pagamentos são realmente os preços de matérias-primas e a acessibilidade aos mercados. Sem portanto se conceber algo que se poderia chamar — foi esse o nome que então propusemos — uma "International Commodity Organization", o sistema de Bretton Woods ficaria capenga. Essa ideia era aceita intelectualmente, e chegou mesmo a ser proposta, a título de estudo, pela delegação britânica, mas prevaleceu então o ponto de vista de que, sendo já extremamente difícil e desgastante o processo de montagem das duas organizações, Banco Internacional e Fundo Monetário, a criação de uma nova organização para produtos de base deveria ficar para uma segunda rodada dos exercícios de cooperação internacional. Saímos de Bretton Woods algo desapontados com esse resultado. Subsequentemente, o tema foi retomado, já então na Conferência de Comércio que se realizou em Havana em 1947, para a qual fui também designado, aliás acidentalmente.

A essa época já era um "master" em economia e tinha sido transferido da embaixada em Washington para a delegação das Nações Unidas. Fui vítima de um equívoco: havia sido designado para o Comitê Administrativo das Nações Unidas, que era um dos menos interessantes e mais modorrentos da Organização. Tratava de problemas administrativos, política de pessoal, política de dispêndio, enfim, a copa e cozinha da Organização. Como neófito idealista, e procurando realmente tornar a missão um pouco mais excitante, resolvi pressionar o secretário-geral da época, que era Trygve Lie, para que desse cumprimento ao dispositivo da Carta das Nações Unidas que prevê que na tripulação dos diversos órgãos das Nações Unidas se dê adequada atenção à representação geográfica. Àquela época as Nações Unidas estavam ameaçadas de se transformarem numa espécie de "Clube Anglo-Franco-Americano", como havia sido a Liga das Nações, na qual ao nível de secretariado havia pouquíssima participação de países não europeus e sobretudo não anglo-saxões. Elaborei complicadas análises estatísticas do funcionalismo das Nações Unidas, sublinhando ironicamente que o Criador, apesar de bastante generoso com os países anglo-saxões e a cultura francesa, não havia distribuído os talentos tão desbalanceadamente como resultava do recrutamento da ONU. Era cabível assim um esforço mais amplo para atrair a participação de funcionários de outras regiões, evitando-se a característica de "Clube Fechado" como a Liga das Nações.

Trygve Lie àquela ocasião estava absorvido em graves problemas políticos, particularmente o dramático debate sobre a criação do Estado de Israel, assunto que empolgava Oswaldo Aranha, então presidente da Assembleia. Alguns funcionários do secretariado persuadiram o secretário-geral de que havia na delegação brasileira um jovem radical, esquerdista, senão mesmo comunista, o qual estava criando graves dificuldades ao secretariado-geral, suscitando problemas de tripulação e distribuição de funcionalismo, de discussão incômoda naquela hora tão grave. Oswaldo Aranha, sem grande investigação, entendeu que eu me havia comportado um pouco como agente provocador. Apesar de termos um bom relacionamento pessoal e intelectual, achou ser mais prudente enviar-me para uma missão algo neutra, mais técnica que política — a Conferência de Comércio em Havana. Mandei-me para Havana, então sob o governo Prio Socarrás, e na Conferência de Comércio voltei a suscitar a temática da criação de uma organização de produtos de base. Efetivamente, a Carta de Havana incluiu todo um capítulo sobre produtos de base, visualizando-se a criação de uma agência internacional de mercadorias. Novamente, o esforço ficou frustrado, porque a essa altura os países industrializados estavam bem mais interessados no disciplinamento do comércio, por via de tarifas e acordos de pagamento, não lhes parecendo dramaticamente urgente o disciplinamento dos produtos de base.

Criou-se então o GATT — General Agreementon Tariff's and Trade — que incorpora apenas um dos aspectos da Carta de Havana, a saber, o desarmamento tarifário. O enfoque do GATT, que prestou relevantes serviços no disciplinamento do comércio mundial, é centrado sobre o problema de tarifas, muito mais relevante para o comércio de produtos manufaturados, de vez que no comércio de produtos de base os obstáculos são frequentemente de outra natureza: cotas de importação, subsídios à produção interna e coisas quejandas. Hoje, as reivindicações sobre tratamento e comércio internacional de produtos de base se veiculam por meio de vários foros, principalmente a Unctad — Conferência das Nações Unidas sobre Comércio e Desenvolvimento. Esta já manteve quatro reuniões, sem a rigor chegar a resultados particularmente encorajadores, conquanto uma das reivindicações mais antigas dos países subdesenvolvidos, a saber, a criação de um fundo de financiamento de estoques-tampão, tenha sido recentemente aceita em forma ainda tímida e incipiente.

Presenciou o nascimento de praticamente todas as organizações de controle e normas do comércio e das relações econômicas internacionais — Gatt, FMI, Bird. Que apreciação faz do desempenho desses organismos?

Vamos por partes. O Fundo Monetário Internacional e sua agência irmã, o Banco Mundial, prestaram certamente serviços na montagem do sistema econômico internacional de após-guerra. E revelaram surpreendentes resiliências: afinal de contas o após-guerra assistiu a um explosão sem precedentes do comércio internacional e a uma elevação generalizada do nível de desenvolvimento. Atravessamos mesmo uma *deuxième belle époque,* cuja culminância foi o período de 1968/73, anterior à crise depetróleo. O Banco Mundial, com recursos limitados, tem feito uma tarefa bastante importante, não só no financiamento de projetos, como num enfoque mais variegado dos problemas do desenvolvimento econômico, por exemplo, mudando gradualmente do enfoque sobre projetos para o enfoque sobre programas, mudando do enfoque estritamente industrial para um leque mais variado, que inclui educação, agricultura, combate à poluição e formação de recursos humanos. Isso tudo tem contribuído para que os próprios países financiados reavaliem suas experiências e não se deixem seduzir tanto pelo mito obsessivo da industrialização, com desapreço ao apoio à agricultura, à formação de recursos humanos, a questões ambientais e mesmo a problemas importantes, porém extremamente delicados politicamente, como é o do planejamento familiar.

Agora, o curioso é que toda a conceitualística que presidiu à formação do Fundo Monetário Internacional presumia que o mundo atravessasse um período de recessão. A experiência relevante, à época da constituição do Fundo Monetário Internacional, era a experiência da grande depressão a saber, queda no nível de atividade econômica, desemprego e desvalorização competitiva de moedas. Refletia-se assim, na conceitualística original, a problemática dos anos trinta. Entretanto, aquilo a que assistimos no após-guerra foi inteiramente diverso. O problema grave não foi a deflação e sim a persistência da inflação, uma inflação que se tornou quase sistêmica. Não se experimentaram a rigor fenômenos sérios e importantes de depressão, senão após a crise do petróleo, a saber, já nos anos de 1974/75. De outro lado também a problemática monetária foi inteiramente diferente da prevista. Imaginava-se que o grave problema de uma agência internacional, como o Fundo Monetário, seria evitar a depreciação competitiva das moedas para melhorar a posição de comércio externo, coisa que havia acontecido nos anos trinta. Ora, o que se observou foi o contrário — os países relutarem, retardando, até demasiadamente, a desvalorização de suas moedas. O caso típico foi o dólar que, apesar da inflação interna e dos déficits de balanço de pagamento, não experimentou realmente desvalorização até 1971, quando a crise já estava avançada. Foi curiosa realmente esta discordância entre a previsão e o desenlace da problemática, que se revelou inteiramente distinta, tornando pouco confiável a capacidade de previsão, mesmo de gigantes econômicos como eram Lord Keynes, ou Robertson, ou Harry White, este o principal delegado americano na ocasião.

Hoje o Fundo Monetário tem evoluído bastante, e eu próprio posso sentir muito essa evolução. Em diversas vezes que fui advogar acomodações financeiras em favor do Brasil, no Fundo Monetário Internacional, sempre encontrei uma atitude didática, pedagógica, soberba, como se o Fundo Monetário e seu *staff*, os diretores executivos, que representam, pelo sistema de voto ponderado, predominantemente os países mais fortes contribuintes, conhecessem um receituário adequado e confiável de combate à inflação e à crise de balanço de pagamentos. Mesmo em 1964/65, quando fui ministro do Planejamento no governo Castello Branco, as reuniões com o Fundo Monetário Internacional eram algo difíceis, porque eles partiam de uma convicção infundada, e a meu ver ingênua, de que poderiam ditar regras de comportamento econômico e financeiro, cuja observância teria resultados razoavelmente previsíveis e quantificáveis. Não havia nenhum sentido de humildade e a minha dificuldade, minha e do professor Bulhões, era de persuadir os representantes do Fundo Monetário de que não existia um receituário econômico cientificamente válido e suficientemente confiável para nortear políticas de desinflação. Não se poderiam ignorar variáveis políticas bastante relevantes: o grau de tolerância à inflação e o grau de tolerância à recessão, sem falar em perturbações climáticas e imponderáveis de comércio exterior, que tornavam o tipo de previsão, que o Fundo queria que se impusesse à economia, extremamente inconfiável.

Nós pleiteávamos que houvesse um acordo sobre princípios, em vez de um acordo sobre magnitudes, mas o Fundo Monetário entendia que era preciso haver aferições numéricas de comportamento, em termos de taxa de expansão monetária, equilíbrio orçamentário, e assim por diante. Vimo-nos obrigados a aceitar algumas limitações desse tipo e a fixar certos quantitativos, que a nosso ver eram imprudentes, porque de outra maneira não obteríamos a "luz verde" do Fundo Monetário para a negociação da consolidação das dívidas brasileiras com outros países credores. Hoje é muito mais fácil negociar com o Fundo Monetário. Os países que no começo da década de 60 pareciam ter fórmulas confiáveis — Estados Unidos, França e Inglaterra, por exemplo, e que se sentiam na ocasião encorajados a ditar regras de comportamento — verificaram, depois, com grande desapontamento e insatisfação, que as coisas não eram bem como supunham. Tiveram de enfrentar várias crises de balanço de pagamentos e nenhum deles, até hoje, curou-se realmente do vírus inflacionário. Há, portanto, muito mais flexibilidade, muito maior humanidade, muito mais incerteza sobre o receituário a ser seguido em questões da espécie. Além dessa evolução, digamos conceitualística, houve uma dilatação da sua faixa de atividade, porque o Fundo Monetário foi obrigado a reconhecer aquilo que desde Bretton Woods muitas delegações enfatizavam, a saber, que para os países subdesenvolvidos o sinônimo de desequilíbrio de balanço de pagamentos é crise no mercado de matérias-primas e produtos de base. Foi por isso que se criaram os sistemas de financiamento compensatório no Fundo Monetário, que são laterais às cotas. Entende-se que as cotas sejam devotadas principalmente a compensar oscilações cíclicas de comércio exterior, mas que, no caso específico de países com grande dependência de produtos de base, não são suficientes para assegurar viabilidade cambial, tornando-se necessário, além das cotas normais, a concessão de créditos específicos destinados a obviar o desequilíbrio gerado pelo desfalecimento, seja de colheitas, seja de preços no mercado internacional.

O sr. teve uma participação de primeiro plano no BNDE, desde a sua fundação. Qual foi exatamente o papel desempenhado por ele no financiamento da infraestrutura industrial brasileira?

Exerci três posições no BNDE. Fui o primeiro diretor econômico na fase de organização (1952/53). Demiti-me por discordar da orientação politizante que, supostamente por injunções do presidente Vargas, se procurava dar ao Banco. Regressei em 1955, como diretor-superintendente, reconduzido pelo professor Gudin, então ministro da Fazenda. As mesmas peripécias sucederam ao nosso grande geólogo Glycon de Paiva, demitido por Vargas como diretor-técnico e depois reconduzido como presidente do BNDE. O Banco nasceu por inspiração dos trabalhos da Comissão Mista Brasil Estados Unidos de Desenvolvimento Econômico, que entre 1949 e 1951 fez extenso planejamento da reabilitação de nossa dilapidada infraestrutura e, incidentemente, implantou no país a técnica de análise e avaliação econômica de projetos. Tinha dois objetivos: a) ser o provedor da contrapartida em cruzeiros dos empréstimos internacionais recomendados pela Comissão Mista; b) dar execução ao programa de reaparelhamento econômico.

Seu balanço de realizações ao longo de quase três decênios foi vastamente positivo. Cumpriu inicialmente sua função de *banco de infraestrutura,* obrigando autarquias e empresas do Estado a justificar projetos econômicos para financiamento, em vez da simples requisição de verbas.

Subsequentemente, ampliou seu campo de ação para cobrir indústrias básicas, desenvolvimento tecnológico, e, mais recentemente, modernização de indústrias tradicionais de bem de consumo de massa, e modernização agrícola. Foi importante *centro de treinamento* para nossa tecnocracia. E esteve ligado a algumas das mais importantes iniciativas de planejamento e modernização institucional dos últimos decênios — o Programa de Metas, a criação da Sudene, o Finame. Lucas Lopes e eu fomos os secretários-gerais do Conselho de Desenvolvimento, quando se elaborou o Programa de Metas de Kubitschek, e boa parte de nossa legislação de modernização institucional foi preparada no BNDE: o Fundo de Reaparelhamento da Marinha Mercante, o Fundo Portuário, o Fundo de Eletrificação e a Legislação do Imposto Único Sobre Combustíveis (compreendendo o Fundo de Reaparelhamento Ferroviário e o Fundo Rodoviário). Datam da mesma época os grupos executivos que presidiram à implantação da indústria automobilística (Geia) e da construção naval (Gecon). Na indústria do aço, Usiminas e Cosipa foram criações do BNDE.

Menos conhecido é o fato de que a Sudene também nasceu no BNDE. Como diretor-superintendente persuadi Juscelino Kubitschek a autorizar-me a convidar Celso Furtado, então bolsista na Universidade de Cambridge, a retornar ao Brasil como diretor do BNDE, encarregado especificamente de desenvolver um plano para o Nordeste. O plano foi assim de Celso Furtado, mas a organização administrativa e o nome — Sudene — foram supridos pelo embaixador Sette Câmara, então subchefe da Casa Civil, e um dos membros do Grupo de Trabalho do Conselho de Desenvolvimento que, dentro do BNDE, se dedicou ao problema.

Já o Finame e outros instrumentos financeiros satélites do BNDE (Fipeme e Finep) são muito mais recentes, criados que foram no governo Castello Branco.

Quais as falhas do BNDE e como evoluiu ao longo do tempo?

A primeira falha a meu ver foi não se ter independizado dos recursos do Tesouro, criando seu próprio acesso ao mercado de capitais. Em 1959, pouco antes de deixar a presidência do Banco, apresentei um projeto, depois engavetado no Congresso, que criava pioneiramente um papel precursor dos papéis com correção monetária, que seria emitido por uma corporação subsidiária exclusivamente devotada a apoiar o desenvolvimento industrial do setor privado: as Obrigações de Desenvolvimento Industrial. Teriam um rendimento fixo garantido — 6% ao ano — e um rendimento variável correspondente ao rendimento médio das ações em carteira, da Corporação industrial (principalmente ações das empresas financiadas). Com isso se acresceria ao rendimento *fixo* um rendimento *variável*, que refletiria em certa medida os efeitos da inflação sobre a lucratividade nominal das empresas. Inexistindo àquela época qualquer papel com correção monetária (inventada esta cinco anos após, já no governo Castello Branco), os títulos do BNDE teriam tido posição privilegiada no mercado, desonerando o Tesouro do provimento de recursos.

Em anos mais recentes, o BNDE vem sendo acusado, talvez exageradamente, de um duplo vezo — o vezo *nacionalizante* (que, excedidos certos limites, se torna irracionalizante) e o vezo *estatizante*. Ambos teriam resultado em delongas ou abandono de projetos úteis, além de revelarem tendência de discriminação por arbítrio administrativo, com questionável amparo legal. Não tenho adequados elementos de juízo, mas conheço de experiência própria a tentação irresistível dos tecnocratas de transformarem a missão *supletiva* que a Constituição confere aos agentes públicos no campo econômico, em missão *tutelar* ou comando *gerencial*.

Como se situou no grande debate havido então entre a escola estruturalista da Cepal e a escola monetarista do professor Gudin?

Nunca morri de amores por esse "conúbio" de *ismos* — *populismo, estruturalismo, nacionalismo* — de que nos contagiamos ao ponto do "fanatismo", ao longo da década dos cinquenta e começo dos sessenta. Quer por convicção teórica, quer pela análise de correlações estatísticas da experiência brasileira sempre propendi mais para o monetarismo do professor Gudin, ainda que divirjamos em alguns pontos, pois ele acredita mais no "mercado puro", enquanto eu tenho certa simpatia pelo "mercado corrigido" (em outras palavras, considero útil um planejamento *indicativo*, coisa que Gudin consideraria petulância burocrática). Não é este o momento de penetrar na controvérsia teórica, que discuti alhures. Empiricamente, ao nível de *senso comum* (que é o menos comum dos sensos, segundo Rui Barbosa), não consigo atribuir influência causal na inflação a fatores estruturais — a chamada "rigidez estrutural" —, porque países da mesma estrutura podem ter variados níveis de inflação, e um mesmo país, sem mudanças de estrutura, pode experimentar ritmos dramaticamente diferentes de carestia, em função da política monetária. Há maior ou menor vulnerabilidade *estrutural* à inflação, mas vulnerabilidade é um *condicionante* e não uma *causa*.

Curiosamente, ainda que discordasse de três das tendências da Cepal — o estruturalismo, o pessimismo em relação ao comércio exterior e a propensão ao "dirigismo" governamental — sempre considerei útil sua doutrinação sobre planejamento setorial e compatibilização macroeconômica. Ainda quando no BNDE, recrutei a colaboração da Cepal, por meio de um grupo dirigido por Celso Furtado, para fazer projeções decenais macroeconômicas do desenvolvimento brasileiro, a fim de complementar a visão estritamente setorialista do "Programa de Metas". Quando no Ministério do Planejamento, recorri à Cepal para treinamento de pessoal, particularmente em técnica orçamentária. Curioso é também que as pessoas se estratificam em "escolas de pensamento", quando sob indumentária acadêmica. Na vida prática, há maior convergência. Por isso é que alguém disse que os acadêmicos se aperfeiçoam esmerilhando suas divergências, e os políticos, embaçando-as. Raúl Prebisch, papa do *estruturalismo*, quando retornou à Argentina como conselheiro econômico de Frondizi, preparou um programa de estabilização que qualquer monetarista assinaria sem constrangimento. E o Plano Trienal, preparado por Celso Furtado para João Goulart, nada contém de escandaloso para os monetaristas. Por isso costumo dizer que um estruturalista é um monetarista sem responsabilidades práticas de governo. E um monetarista é um estruturalista que não pode aguardar o longo prazo...

> *Não é a partir das posições que assumiu durante esse debate que começa a ser uma espécie de* bête noire *da esquerda brasileira, que o acusa de "entreguista"? A que atribui isso?*

Talvez. Com minha idiota mania de objetividade, recusei-me a aderir ao clima emocional da época e sofri o duplo impacto da intolerância dos *pseudo-informados* e da arrogância dos *desinformados*. Contemplado em retrospecto, o rótulo "entreguista" — que amargurou alguns de nossos mais talentosos e patrióticos homens públicos — provou-se de um ridículo atroz. Nada havia que entregar, pois importamos mais minerais do que exportamos e continuamos tributários do subsolo alheio. Não sei se me tornei, como vocês dizem, a *bête noire* da esquerda brasileira... Se isso ocorreu, é porque me sobrestimaram, imaginando que tinha suficiente capacidade e teimosia para fazer o sistema (capitalista) funcionar, devendo portanto ser sacrificado no altar da ideologia. Ou talvez seja simplesmente uma exsudação do vezo acusatório do marxismo-leninismo, que, tendo criado uma inquisição, precisa de um abastecimento de hereges. Pobre Marx! Ele planejou uma ciência. Mas o leninismo criou uma religião... completa, aliás, com um dogma (*Das Kapital*), um Vaticano (o Kremlin) e uma Inquisição (os Comitês de Defesa do Estado). E, o que é pior, de tipo irreversível, contrariamente aos autoritarismos de direita, ou centro-direita, que parecem ser biodegradáveis. Assistimos recentemente à redemocratização pacífica da Grécia, Espanha, Portugal, e nós mesmos atravessamos uma fase de liberalização. Mas quem é que já logrou emigrar pacificamente do Ártico leninista para as zonas temperadas da democracia?

Como se colocou na campanha de "o petróleo é nosso"? Que avaliação faz hoje, passados mais de 20 anos da criação da empresa, dos resultados obtidos pela Petrobras?

A solução correta teria sido o projeto enviado por Getúlio Vargas ao Congresso (preparado na Assessoria do Catete por Rômulo de Almeida e Jesus Soares Pereira). Esse projeto visualizava a criação da Petrobras para marcar a presença e a participação do Estado, sem entretanto caráter monopolístico. Foi a UDN, supostamente conservadora e privatista, que, não por convicções ideológicas, mas talvez no intuito de inviabilizar a proposta presidencial, inseriu o conceito do monopólio. A UDN encontrou estranho aliado no Partido Comunista que trouxe à refrega um condimento ideológico: dificultar nosso desenvolvimento segundo o modelo capitalista. Assim, num casamento de contrários o pensamento *desiderativo* e o preconceito *ideológico* expulsaram o pensamento realista. Razões boas havia para uma presença do Estado no setor. Primeiro, não se tinha certeza de que, detentoras alhures de fontes baratas de petróleo, as grandes empresas se interessariam em fazer, no ritmo por nós desejado, investimentos na busca de um petróleo provavelmente caro e para um mercado interno, então, mesquinho. Segundo, conviria adquirirmos tecnologia e experiência até mesmo para podermos fiscalizar o comportamento e aferir a atividade das empresas estrangeiras. Terceiro, a presença do governo, provocando associações e dividindo riscos, poderia até mesmo ser agente catalítico para atrair capitais externos. Mas a presença do Estado, para ser eficaz, não precisa ser monopolística, pois ele dispõe de imenso poder regulatório que pode ser utilizado para temperar, com motivação social, a dinâmica do lucro privado.

Vitoriosa a tese do monopólio, minha especulação intelectual se orientou no sentido de excogitar fórmulas de compromisso que nos permitissem absorver capital e tecnologia estrangeiros, dividindo riscos e resultados de forma conciliável com o que há de essencial (e não de simplesmente fanático) na tese do monopólio. Adumbrei, então, em conferência no Fórum Roberto Simonsen da Federação das Indústrias de São Paulo, em 1954, a ideia de "contratos de participação". Sem êxito, obviamente, pois havia uma maré montante de fervor ideológico, cuja intensidade só hoje, em retrospecto, nos é dado entender. A tal ponto que o geólogo Walter Link, recrutado por Juracy Magalhães para a Petrobras e organizador de seu Departamento de Exploração, se viu mais tarde transformado em *bête noire*, simplesmente por ter feito um relatório cientificamente honesto, ainda que infelizmente pessimista, sobre o caráter ingrato das estruturas geológicas brasileiras interioranas.

Voltei ao tema dos contratos de participação quando presidente do BNDE em 1958, a propósito das concessões brasileiras de petróleo na Bolívia, que adormeciam há 20 anos, desde o Tratado do Roboré. Visto que o ingresso de empresas estatais estrangeiras, como a Petrobras, era vedado pela lei boliviana, as empresas privadas brasileiras careciam de tecnologia e capitais, e o governo carecia de divisas, a única solução possível *parecia* ser a organização de companhias mistas, em que os capitais estrangeiros participassem por meio daquilo que eu descrevia como "empréstimos aleatórios", isto é, só reembolsáveis em caso de sucesso.

Algo semelhante aos atuais contratos de risco. Parecia ... porque era tão grande o nível de fanatismo que, liderada por Carlos Lacerda, espoucou uma campanha nacionalista para impedir empréstimos aleatórios, não no Brasil, mas — *excusez du peu* — na própria Bolívia, que não estabelecia restrições a capitais de qualquer origem! Juscelino intimidouse, fiquei eu de "bode expiatório", Lacerda voltou-se depois contra a Petrobras, e perdemos as concessões na Bolívia...

Fiz ainda um esforço para aproveitamento do gás boliviano, já como ministro do Planejamento, em 1965/66. Atraía-me a perspectiva de, por meio de um gasoduto Santa Cruz/São Paulo, sangrado em pontos intermediários do Oeste brasileiro como Campo Grande e Bauru, interiorizar boa parte da indústria petroquímica e de fertilizantes. A essa altura, havia mudado a lei boliviana e a participação da Petrobras seria admitida e até mesmo desejada. A Petrobras não se entusiasmou, entretanto, pela solução, receosa de instabilidade política e das crescentes exigências bolivianas em termos de contrapartida de investimentos, de sorte que, ao longo dos anos, as negociações foram periodicamente retomadas, mas permanecem inconclusas, e as exportações de gás boliviano se vêm orientando exclusivamente para a Argentina.

Segundo entendo, de fontes oficiosas, o tema dos "contratos de participação", "empréstimos aleatórios", ou, para utilizar a terminologia atual, *contratos de risco,* reapareceu em fins de 1969 ou começo de 1970, quando, após o Acordo de Teerã (que elevou preços) e a nacionalização de empresas pela Líbia, algumas companhias petrolíferas, notadamente a *Occidental,* nos propuseram contratos de participação em termos assaz generosos. O ministro das Minas e Energia, Dias Leite, e o da Fazenda, Delfim Netto, apoiavam a ideia, mas não lograram vencer a resistência da Petrobras. Somente em 1975, quando já haviam surgido ou expandido outras áreas produtoras (Mar do Norte, Alaska, Nigéria, Indonésia, Austrália), viemos relutantemente a reconhecer méritos na fórmula dos contratos de risco. A ideia de dividir riscos, ainda que dividindo resultados, é tão óbvia que parece escandalosa. Entre nós gestou mais de vinte anos. E nasceu serôdia. O que me leva a acreditar no humorista: "Nada tão obscuro como o óbvio..." Hoje felizmente encaramos o assunto com mais maturidade e racionalidade. Talvez haja chegado o momento de invertermos os termos do problema. Em vez de a Petrobras escolher as *áreas de licitação,* deveria escolher *suas áreas preferenciais de exploração,* com base numa avaliação realista de sua capacidade de investimentos, liberando as demais áreas para que os Estados as pusessem em licitação aberta a capitais nacionais, estrangeiros ou mistos, dentro de certas salvaguardas, para assegurar razoável padronização dos contratos.

Quanto a avaliar os resultados da Petrobras, é tarefa que exigiria informação de que não disponho. Tenho hoje suficiente perspectiva, mas insuficiente informação. A Petrobras foi excessivamente idolatrada antes. Hoje é excessivamente vergastada. Moderação no julgamento não é o forte de nossa raça!

Acredito que 1967 tenha sido o ponto de inflexão. Até então a política da Petrobras de alocar a maior fatia de recursos, cerca de 3/4 do orçamento de investimentos, a atividades outras que a pesquisa e exploração — refinarias, petroquímica, transportes, distribuição —, tinha um certo "rationale". De um lado, o petróleo importado era barato. De outro, investindo em áreas de retorno certo, aumentar-se-ia a lucratividade da empresa e seu ritmo de capitalização. Entretanto, a Guerra dos Seis Dias, o embargo petrolífero que se lhe seguiu, e o fechamento do canal de Suez prenunciaram a politização do produto e demonstraram a capacidade manipulatória dos produtores, quer em termos de preços, quer de estabilidade de suprimentos. É estranho que, como Baltazar na fábula bíblica, não tenhamos tirado conclusões desse *Mane, Techel, Pharés* na parede da sala de banquetes... Era o tempo de modificarmos a composição dos investimentos — enfatizando pesquisa e exploração — e efetuar uma abertura para contratos de risco. Aliás, dois anos antes da crise de 1967, uma comissão interministerial designada pelo presidente Castello Branco, em relatório por ele aprovado, formulara diretrizes, apenas parcialmente seguidas, que teriam minorado o problema. A Petrobras foi instruída a: 1) só aplicar na distribuição os lucros gerados pelo sistema já existente, sem mobilizar recursos novos; 2) confinar seu papel na petroquímica a uma atividade meramente *supletiva;* 3) para dividir riscos, em face da incerta geologia brasileira, começar a investir em prospecção no exterior, em áreas geologicamente favoráveis, *com prioridade para as áreas contíguas da América do Sul,* e, sucessivamente, África Ocidental e Oriente Médio. Essas diretrizes foram descumpridas no caso de distribuição, que se ampliou rapidamente, com o objetivo de captura de pelo menos 1/3 do mercado, sob a alegação de seivosa lucratividade do ramo. Parcialmente cumpridas, no tocante à petroquímica, porque a Petrobras, em vez de se limitar ao *quantum satis* para viabilizar os projetos privados, passou a exigir "participação não menor do que a do maior acionista privado" e, em alguns casos, a monopolizar os insumos básicos, relegando a iniciativa privada para a indústria de transformação secundária.

A diretriz sobre prospecção no exterior visava a um efeito pedagógico — desmistificar a busca de petróleo, como ato econômico internacional não infringente das soberanias nacionais — e a um efeito *econômico*: diminuir a área do investimento em prospecção. Por meio da Braspetro, foi dado cumprimento a essa diretriz. Mas as prioridades foram invertidas, revelando a Petrobras pouco interesse pela prospecção na América Latina, nenhum pela África Ocidental e muito pelo Oriente Médio, onde, reconhecidamente, as possibilidades são geologicamente mais promissoras, mas também a segurança de continuidade do abastecimento mais exposta ao jogo de incertezas políticas e militares. Se a visão estratégica da Petrobras foi deficiente — o orgulho corporativo a impediu de advertir a Nação sobre a crise iminente, já perceptível em 1967/69, e sobre a necessidade de buscar alternativas — sua eficiência operacional concreta não deve ser subestimada. Possui excelente corpo de geólogos, que adquiriram respeito internacional. Boa parte do insucesso da pesquisa revela apenas a pouca fertilidade de nossa estrutura geológica, menos prenhe de riquezas do que imaginavam nossos "nacionaleiros". Na atual crise, o sistema de abastecimento operou com razoável eficácia, pois que conseguimos até agora evitar compras substanciais no "mercado spot", o que teria sido um "desastre dentro do desastre".

Apenas para completar, com justiça, esse "record" histórico, gostaria de sublinhar que, apesar de sempre ter considerado a fórmula não-monopolista de Getúlio Vargas muito superior ao produto híbrido da UDN-PC (a lei nº 2.004), coube-me bizarramente a tarefa de salvar a Petrobras de impasses financeiros. Sem a revisão da Lei do Imposto Único, em que trabalhei como secretário-geral do Conselho do Desenvolvimento do governo Kubitschek, os recursos tributários da Petrobras teriam minguado, pois que se baseavam numa taxa específica (e não *ad valorem*), sujeita à rápida erosão inflacionária. Subsequentemente coube-me promover e defender, com desgaste político, várias desvalorizações cambiais, sem as quais novamente teriam minguado as receitas da Petrobras, relacionadas à taxa cambial do produto importado. Finalmente, a regularização do regime financeiro da Petrobras foi estruturada pelo decreto-lei nº 61, do governo Castello Branco. Diga-se a bem da verdade que a Petrobras foi muito mais prejudicada pelo fervor dos fanáticos que pela sobriedade dos realistas...

> *Temos já, com relação ao governo Kubitschek, um recuo razoável, que permite avaliações e julgamentos serenos. Como teve uma participação importante na formulação eelaboração do Programa de Metas, está bem situado para fazer um balanço crítico desse plano.*

O Programa de Metas foi útil, porém parcial. Não em concepção, porém em execução. O motivo é que Lucas Lopes e eu, ainda antes da posse de Juscelino, havíamos concebido um tríptico: *um programa de metas* (eu próprio sugeri a designação de "programa", sem a pretensidade e especificidade da palavra "plano", e "metas" para dar uma impressão de aproximação dinâmica e não precisão executiva); um plano de *estabilização monetária* e uma proposta de *reforma cambial*. O plano de estabilização monetária visava a disciplinar o crédito, cortar certas despesas públicas e aumentar impostos, tudo com vistas a financiar o "programa de metas" por métodos não inflacionários. A reforma cambial, que consistia simplesmente na adoção de taxas flutuantes de câmbio, visava a preservar o incentivo às exportações e conter importações, pois que as taxas fixas (e sobrevalorizadas) de câmbio tinham efeito perverso: tributavam as exportações (principalmente agrícolas) para subvencionar importações.

Juscelino nunca se entusiasmou pelo programa de estabilização monetária, pois por temperamento era mais um "empreiteiro" que um "contador". Seu primeiro ministro da Fazenda, José Maria Alkmim, considerava politicamente negativo o programa de estabilização monetária, preferindo reduzir despesas por um processo empírico e caótico:

autorizava os processos de despesa, com isso agradando os políticos, e depois arquivava-os seletivamente numa das grandes gavetas de sua escrivaninha. "Esta gaveta é meu secreto plano de economia, dizia ele. Vocês não têm sensibilidade política"...

Quanto à *reforma cambial,* cheguei a persuadir Juscelino a autorizá-la, em tumultuosa reunião do Gabinete, à qual compareci como superintendente do BNDE. Mas Alkmim, que havia concordado "em princípio", amedrontou-se depois, receoso do impacto da desvalorização sobre preços de trigo e combustíveis: "Estava tudo deliberado, disse ele quando lhe recordei a autorização presidencial, porém, nada decidido". Do tríptico restou apenas o Programa de Metas, acolhido entusiasticamente por Juscelino, com uma única ressalva. Desejava adicionar uma nova meta, à qual Lucas Lopes e eu nos opúnhamos, por não considerá-la prioritária: a construção de Brasília. Foi o próprio Juscelino quem proclamou, a despeito de não se haverem programado recursos adequados, a nova "Meta-Síntese" — Brasília. Curiosamente, o partido da oposição, a UDN, deu unanimidade à votação da lei sobre a mudança da Capital, na esperança de desmoralizar o presidente pelo fracasso executivo da ideia. Isso constituiu grave subestimação do vigor executivo de Juscelino, o melhor "tocador de obras" que já conheci. Ele contornou a austeridade financeira que Lucas e eu havíamos procurado dar à programação das metas, utilizando recursos dos Institutos de Pensões e Aposentadorias e recorrendo a um empréstimo externo, aliás modesto, do Eximbank. E aplicou-se à tarefa com um fervor apostólico, que acabou contagiando não só a administração, mas o povo em geral. Os conselhos de prudência financeira passaram a ser vistos como mesquinharia reacionária.

Quanto ao restante do Programa de Metas foi executado com grau surpreendente de aproximação dos objetivos. Mas à custa de considerável aceleração da inflação e de séria crise cambial, que afligiram os governos seguintes. Esse foi o preço de termos abandonado os dois outros elementos do tripé — o programa de estabilização monetária e a reforma cambial. Lucas Lopes e eu, como tecnocratas, queríamos disciplinar o presente. Juscelino preferiu sacar sobre o futuro. E fê-lo com notável êxito político.

História Vivida

Não teria sido um erro orientar naquela época a economia brasileira para a dependência do petróleo, que não tínhamos, na medida em que se privilegiou a indústria automobilística?

Houve alguns erros de implantação, mas não o que vocês indicam. Em primeiro lugar, não se "privilegiou" propriamente a indústria automobilística, pois data do mesmo tempo a criação da indústria de construção naval e o plano de reaparelhamento ferroviário. Em segundo lugar, àquela altura ainda havia grande otimismo "ufanista" quanto às riquezas petrolíferas do país, que procurávamos preservar da sanha cúpida dos "trustes" estrangeiros. E nada fazia prenunciar a crise altista de preços de petróleo, que só ocorreu 16 anos depois, precisamente porque todo o mundo, com igual imprevisão, se reorientou, rapidamente, da economia do carvão e lenha para a economia do petróleo. O programa da indústria automobilística se tornou mais visível e dramático, em parte por causa do dinamismo da empresa privada, e em parte porque respondia à necessidade brasileira de penetração pioneira do interior, para a qual o transporte automotor é o mais flexível e adequado.

Mas o passo de implantação da indústria poderia ter sido um pouco mais moderado, com exigências de nacionalização mais gradual dos componentes, a fim de evitarmos escalação de custos. Isso é particularmente verdadeiro no tocante a tratores, cujo preço se tornou demasiado elevado para a renda dos agricultores, como resultado da estreiteza do mercado e da excessiva exigência de nacionalização dos componentes. O relativo descaso pelo transporte ferroviário e marítimo é problema posterior ao Programa de Metas, o que revela nossa incapacidade de adaptação dinâmica a mudanças de conjuntura.

Um dos episódios de maior repercussão, durante o governo Kubitschek, foi o famoso rompimento com o Fundo Monetário Internacional. Como se passaram os fatos e como eles acabaram adquirindo uma conotação marcadamente política?

Houve culpa dos dois lados. Juscelino não consentia em moderar o ritmo de investimentos e relutava em aceitar os conselhos de austeridade orçamentária e realismo cambial de Lucas Lopes, então ministro da

Fazenda. Cresceram as tensões internas do governo, e os resultados foram os previsíveis: agravamento da inflação e penúria cambial. Um ataque cardíaco afastou Lucas do Ministério e reforçou, junto a Juscelino, a influência das "forças nacionalistas e desenvolvimentistas". Para atender ao problema cambial passamos a adotar o perigoso sistema de *swaps* (troca de cruzeiros por moeda estrangeira, para reconversão futura com garantia da taxa) e da venda antecipada de câmbio (as chamadas PVCs — promessas de venda de câmbio futuro). Ambos os processos representavam uma forma de endividamento um pouco anárquica e a curto prazo. Os apuros cambiais levaram-nos a recorrer ao FMI, mas na ausência de Lucas Lopes o diálogo se tornou áspero e difícil. O FMI, como de costume, subordinou os saques, além das duas primeiras "tranches", precisamente às duas medidas que Juscelino havia rejeitado no início do governo: o programa de estabilização e desvalorização cambial. E fê-lo com excessiva rigidez, sem sensibilidade para dois "fatos políticos": Juscelino se havia comprometido demasiado com uma linha "nacionalista-desenvolvimentista" e estava avizinhando-se de uma campanha eleitoral.

O primeiro fato impedia-o de fazer uma reviravolta de política econômica, sob pena de expor-se à acusação de passividade face ao "imperialismo do FMI". Assim, qualquer programa teria de ser necessariamente genérico, mais em termos de enunciação de doutrina do que de compromissos concretos, para evitar a impressão pública de "viagem a Canossa". O segundo fato dificultava a desvalorização cambial imediata, cuja impopularidade era patente por se traduzir em elevação imediata dos preços de trigo e combustíveis. Declarava Juscelino, "intramuros", que compreendia a necessidade da desvalorização cambial, mas que só a faria depois das eleições... mas não é claro que essa mensagem tivesse sido compreendida pelo FMI, que era, aliás, àquela época, uma instituição muito mais rígida e dogmática, e muito mais confiante em sua ortodoxia, do que hoje. Não fosse a moléstia de Lucas Lopes e talvez o diálogo não tivesse sido rompido.

Absorvido nas tarefas do BNDE, não participei diretamente dos entendimentos com o FMI. Minhas relações funcionais com Juscelino haviam aliás esfriado um pouco, seja pela minha conhecida reticência em relação aos investimentos em Brasília, seja porque, intimidado o governo por uma campanha pseudonacionalista liderada por Carlos Lacerda, me senti injustamente desapoiado ao dar cumprimento a instruções interministeriais de montagem de contratos de risco (empréstimos aleatórios), para exploração das concessões petrolíferas do Brasil na Bolívia. Estas vieram a ser subsequentemente perdidas, pelo irrealismo das nossas posições. Os fatos posteriores são conhecidos. Em face do que considerava a "intransigência do FMI", Juscelino habilmente transformou o rompimento externo em crédito político interno, empunhando uma bandeira "nacionalista". Isso culminou no episódio da passeata ao Catete, com forte presença comunista e pitorescos *placards,* como: "Abaixo o FMI" e "Abaixo o custo de vida"... (sic).

Inexoravelmente, o sistema de *swaps* e de venda antecipada de câmbio (PVCs), num contexto de taxa cambial sobrevalorizada (e portanto desincentivadora de exportações), teria de desembocar numa bancarrota cambial.

> *Durante o breve governo de Jânio Quadros — que poderíamos mesmo chamar de interregno janista — foi à Europa como embaixador itinerante cuidar do problema da dívida externa e tentar conseguir novos créditos.*

Em março de 1961, o embaixador Moreira Salles e eu fomos comissionados pelo governo Jânio Quadros para renegociar dívidas e obter crédito nos Estados Unidos e Europa. Retomamos então contato com o FMI, cuja luz verde era necessária para que os governos e bancos europeus e norte-americanos consentissem na grande montagem financeira de 1961, baseada em duas premissas, infelizmente de curta duração: — *realismo cambial* (temporariamente assegurado pela liberação do câmbio por meio da Instrução 204 de 1961) e *austeridade orçamentária* (que não sobreviveu ao governo Jânio). A consolidação de dívidas na Europa se configurou num acordo com o chamado "Clube de Paris", confrontação de credores e devedores, que serviu de modelo posteriormente às operações de saneamento financeiro relativas a vários outros países do Terceiro Mundo.

A missão à Europa Ocidental não transcorreu sem incidentes. É que Jânio Quadros decidiu enviar paralelamente uma missão aos países da Cortina de Ferro, inexpressivos no contexto de nossas relações financeiras, ainda que potencialmente úteis como diversificação comercial. Isso não teria maiores percalços a não ser pelo fato de que o último dos países visitados foi a Alemanha Oriental, cujo *status* jurídico e diplomático, em plena guerra fria, era fortemente impugnado pela Alemanha Ocidental, ainda esperançosa de reunificação. Havíamo-nos até então limitado a acordos interbancários, e a notícia de um acordo "intergovernamental" com o regime de Panikow representava algo novo e traumatizante para o governo de Bonn, nosso principal credor e maior contribuinte do Clube de Paris. A intervenção do embaixador Leitão da Cunha, secretário-geral do Itamaraty, foi decisiva para tranquilizar o governo de Adenauer e evitar o colapso de uma delicada montagem financeira, sem a qual seria inevitável uma moratória cambial do Brasil em 1961.

Quando lançou a Aliança para o Progresso, Kennedy criou inegavelmente esperanças. Muitos chegaram mesmo no início a pensar que tinha chegado a vez de uma espécie de Plano Marshall para a América Latina. Por que ela fracassou?

Foi um problema de *legitimidade,* de um lado, e de *idealismo irrealista,* do outro. De *legitimidade,* porquanto, se bem que a Aliança para o Progresso não fizesse mais que corporificar aspirações reformistas enunciadas por diversos líderes latino-americanos, nunca ela logrou transformar-se num "projeto nacional" desses países. Persistiu, sendo considerada como uma tardia acomodação americana a desafios seja *negativos* (como o castrismo), seja *positivos,* (como a Operação Pan-Americana de Kubitschek). De *idealismo irrealista,* porque postulava a consecução simultânea de vários objetivos nem sempre conciliáveis no tempo: democracia representativa, reforma social, estabilização monetária e desenvolvimento econômico. A verdade é que a profissão de fé democrática de vários dos países era meramente retórica. De outro lado, há às vezes real dificuldade em efetivar profundas reformas sociais (reforma agrária, tributação progressiva), sem interregnos autoritários que desmontem as estruturas existentes (pseudo-democráticas) de poder. A dificuldade de se conciliar, no curto prazo, estabilização monetária e desenvolvimento são conhecidas.

Houve ainda outros erros de percepção. Da parte dos Estados Unidos, havia sobreestimação do poder de alavancagem da ajuda externa em promover reformas nos países recipientes. Ora, em alguns países essas reformas só poderiam advir por processos revolucionários (não democráticos) e não por processos evolutivos. Os montantes de ajuda externa eram em geral insuficientes como incentivo e inadequados como recompensa. De outro lado, a ajuda externa pressuporia um esforço de planejamento a longo prazo do país recipiente e isso: a) estimularia o dirigismo governamental, contrariando o objetivo de enfatizar a iniciativa privada no processo de desenvolvimento; b) exigiria regularidade e previsibilidade no aporte de recursos externos, condição rejeitada pelo Congresso norte-americano, que insistia em alocação anual de recursos. Do ponto de vista americano, a Aliança para o Progresso permaneceu um projeto do Executivo, encarado com tibieza e ceticismo pelo Legislativo. Do lado latino-americano, foi percebida como um ato de paternalismo condescendente e não uma *corporificação* de velhas aspirações de lideranças reformistas.

Registrem-se ainda dois *acidentes de percurso*. Primeiro, a instabilidade política em alguns dos países-chave, notadamente o Brasil e a Argentina, precisamente no momento da implantação da Aliança para o Progresso. Segundo, a malfadada coincidência entre o lançamento da iniciativa e uma aguda deterioração nos preços internacionais dos produtos primários, de sorte que o aumento do auxílio externo foi anulado pela estagnação ou queda da receita de exportações. Apesar dos pesares, não diria que a Aliança para o Progresso foi um "fracasso". Ela teve um efeito metodológico: encorajar planejamento em perspectiva. E uma contribuição política: conscientizar os diversos países da necessidade de reformas sociais.

Como o governo americano viu a ascensão de João Goulart ao poder? Mais uma vez o encontramos numa posição privilegiada para opinar, ou seja, a embaixada brasileira em Washington.

A ascensão de Jango foi encarada com apreensão. Havia suficiente sofisticação em Washington para se perceber que, latifundiário com saudável instinto de propriedade privada, ele não era comunista. Mas receava-se que, como muitos outros líderes, Jango tivesse a ilusão de "calvagar o tigre", utilizando impunemente o apoio comunista na captura servação do Poder. E a experiência revela que quem cavalga tigres acaba na barriga do tigre... Receava-se, outrossim, que se abriria um período de instabilidade política, ante a conhecida resistência de importantes setores militares. No contexto mais específico das relações Brasil-Estados Unidos, havia apreensão e ressentimento ante nosso namoro cubano, iniciado ao tempo de Jânio Quadros, e depois estimulado, mais por Brizola, aliás, que pelo próprio Jango. Para Kennedy, ainda complexado em face do desastre da Baía dos Porcos, Cuba era um *punctum dolens*. Àquela ocasião se superestimava a capacidade de contágio da experiência castrista, e Kennedy uma vez me confidenciou que passara mais de uma noite insone a pensar que a "perda do Brasil", na hipótese de uma nossa inflexão marxista, seria revés político para o Ocidente comparável à perda da China para o maoísmo, no imediato pós-guerra.

Acho que fiz um bom trabalho, talvez bom demais, pois gradualmente, como embaixador em Washington, logrei construir uma imagem de Jango como líder "reformista" antes que "revolucionário".

Como transcorreram as negociações entre João Goulart e Kennedy, por ocasião da visita do presidente brasileiro a Washington?

Quando, convidado por Kennedy, Jango Goulart aportou a Washington, em visita oficial, em abril de 1962, o ambiente havia melhorado muito. Kennedy simpatizava com certas similitudes: ambos jovens, políticos populares, casados com mulheres bonitas, ambos com capacidade de comunicação popular, Jango com a vantagem adicional de "diálogo com as massas operárias". Kennedy entreteve fugazmente a ideia de fazer de Jango o líder sul-americano da Aliança para o Progresso, atividade demasiado programática para o estilo instintivo e indeciso de Jango e incompatível com sua atávica suspicácia em relação às intenções norte-americanas.

Os contatos pessoais foram amenos, mas o diálogo permaneceu formal, já que por inibição pessoal e linguística delegou-me Jango, com a aprovação de San Thiago Dantas, a tarefa de explicitar as opiniões e postulações brasileiras. O elenco de reivindicações brasileiras era o habitual: financiamentos, acesso a mercado, apoio a produtos de base. Kennedy tinha quatro preocupações. A primeira era encontrar uma solução para

História Vivida

as encampações, pelo governador Brizola, de concessionárias de serviços públicos (Amforp e ITT), mediante fórmula, que não interrompesse o fluxo de capitais privados, não gerasse reações em cadeia na América Latina e não induzisse o Congresso americano a reações restritivas em relação à ajuda externa.

Eu havia preparado, junto com San Thiago Dantas, uma fórmula de nacionalização pacífica por compra negociada. Kennedy aceitou-a e prometeu induzir as empresas a uma negociação generosa, e a dar lateralmente financiamentos mais que suficientes para aliviar quaisquer ônus financeiros da transação. Sua outra preocupação era advertir Jango para os perigos da infiltração comunista em diversos escalões do governo, causando uma paralisia decisória, coisa a que Jango denegou qualquer gravidade. Explicou, também, longamente, sua posição em relação a Cuba e sua visão do cenário internacional. Discretamente procurou estimular Jango a explicitar seu apoio e mesmo a assumir a liderança na execução do breviário reformista da Aliança para o Progresso. Àquela altura, o ideário de Washington era promover "reformas" como antídoto à "revolução". O encontro dos dois líderes, se cordial, não foi efusivo. Havia-se criado simpatia, porém, não empatia. Jango convidou Kennedy a visitar o Brasil, mas a crise dos mísseis em Cuba, em outubro de 1962, perturbou todos os planos.

E as negociações entre Kennedy e San Thiago Dantas? Além disso, gostaríamos de saber também como analisa o papel desempenhado por San Thiago no governo Jango e que perfil traça dele, já que ele foi uma peça-chave nesse período tumultuado e tendo em vista que o conheceu bem.

San Thiago Dantas esteve em Washington três vezes. Primeiro, como ministro do Exterior, acompanhando o presidente Goulart em sua visita presidencial. Depois, como ministro da Fazenda, para difíceis negociações financeiras. Finalmente, já doente, para fazer uma biópsia do pulmão, de que resultou um veredicto de câncer que, numa conspiração com os médicos brasileiros e americanos, consegui ocultar a San Thiago, pois receávamos que o golpe psicológico, quando ele estava ainda esperançado de uma carreira política, lhe diminuísse a sobrevida.

As negociações financeiras de San Thiago foram difíceis porque nossa situação se deteriorara rapidamente após a visita presidencial. De retorno ao Brasil, Goulart descurou o prosseguimento das negociações de nacionalização pacífica, deixou acentuarem-se posturas xenófobas no governo, desinteressou-se pelo funcionamento do regime parlamentar, que acusava de responsável pela abulia administrativa (apesar dos meritórios esforços de Tancredo Neves para formular um plano racional de governo). Jango passou a concentrar todos seus esforços na luta pela restauração dos poderes presidencialistas. Foi num contexto de desintegração econômica e crise cambial que, já ministro da Fazenda do presidencialismo restaurado, San Thiago Dantas chegou a Washington. A atitude do governo americano foi, como era de esperar, cautelosa. A esperança colocada por Kennedy no exercício, por Goulart, de uma efetiva liderança reformista havia esmaecido ante a clara evidência de desordem administrativa e aceleração inflacionária. Restava, entretanto, a esperança de que a restauração dos poderes presidenciais e a presença de San Thiago Dantas na Fazenda, como elemento de moderação e racionalidade, ensejassem a execução de um programa coerente de saneamento econômico-financeiro.

Conseguiu-se, apesar de fatores negativos em Brasília — indecisão administrativa, retórica antiamericana, infiltração radicalista no governo —, mobilizar recursos de empréstimo da ordem de 400 milhões de dólares, em várias "tranches", com liberação vinculada a certas normas de comportamento. As negociações foram difíceis e por vezes ásperas. Àquela altura, nem os Estados Unidos nem os países europeus mais influentes na diretoria do FMI haviam experimentado a humilhação da impotência em face da inflação e do desequilíbrio do balanço de pagamentos. Inflação e crises cambiais eram, até certo ponto, laxidão moral e moléstia de subdesenvolvidos. Chegamos, San Thiago e eu, a pensar mesmo numa rutura dramática das negociações, desfechando uma "crise mobilizadora", que levasse a população a aceitar um regime de sacrifício e introversão. Mas carecíamos para isso de liderança, de disciplina e da inspiração de uma ideologia motriz!

No jantar de despedida que nos deu Douglas Dillon, secretário do Tesouro, comemorando o desfecho satisfatório de uma negociação difícil, brindou ele a San Thiago Dantas e destacou sua afinidade com o ministro na admiração pela cultura francesa, servindo-nos um excelente "Chateau passe *financeiro* (inflação galopante), um Haut-Brion", das vinhas que comprara na França, e um não menos excelente "crêpe Suzette". "O ministro gosta de 'crêpe Suzette'?" perguntou Dillon. Ao que San Thiago, retorquiu: "Há três tipos de homens: os que gostam de 'crêpe Suzette', os que gostam de 'Suzette sans crêpe', e eu que gosto de ambos"... Foi uma das últimas vezes que vi San Thiago alegre e descontraído. Regressou ao Brasil inconsciente de sua doença, mas já por ela minado. E encontrou o campo político minado por radicalismos, dos que queriam botar "lenha na fogueira" à busca de uma captura de poder por via de um anarco-sindicalismo.

Poucos meses depois, em agosto de 1963, San Thiago se demitia, frustrado e doente. Percebi também que minha estada em Washington não fazia mais sentido, pois me tinha tornado como eu próprio disse a Robert Kennedy, um "arauto sem voz" e um "intérprete sem doutrina". Solicitei também demissão mas meus telegramas ficaram irrespondidos até que me decidi a ir ao Brasil, sem autorização, para pedir imediata substituição. Precisamente ao me avistar com Jango Goulart estourou a notícia do assassinato de Kennedy. Concedeu-me ele a demissão, mas pediu-me que voltasse a Washington para os funerais e que assistisse aos primeiros dias da administração Johnson.

Quais, a seu ver, foram as causas do malogro do Plano Trienal, elaborado por Celso Furtado durante o governo Goulart?

As causas do malogro do Plano Trienal de Celso Furtado não foram imperfeições técnicas, que as havia (particularmente a ausência de diretrizes de política salarial), mas pura e simplesmente a falta de coragem política dos governantes para enfrentar a temporária impopularidade das medidas desinflacionárias. O fenômeno é assimétrico. A inflação é impopular, mas a dor é difusa e afeta mais pungentemente os menos capazes de vocalizar seu protesto. Já as medidas antiinflacionárias são concretas e atingem grupos extremamente vocais, como políticos e empresários. Pela mesma razão falharam outros planos antiinflacionários. O plano de estabilização de Lucas Lopes não teve o apoio de Juscelino. O programa de austeridade de Jânio Quadros soçobrou com sua renúncia. O plano de governo de Tancredo Neves, como primeiro-ministro, sofreu os embates da impotência de um governo parlamentar atuando sob um presidente obcecado com a restauração presidencialista. O Plano Trienal de Celso Furtado durou três meses, pois mais que isso não duraram os bons propósitos de austeridade orçamentária. O PAEG só funcionou porque Castello Branco foi uma personalidade singular, disposto a se sacrificar no altar da impopularidade política, na esperança de que a história o reabilitasse como restaurador econômico.

Castello Branco disse, num documento famoso do início de seu governo, que era "o síndico de uma massa falida". Como geriu essa massa, na condição de ministro do Planejamento, e que filosofia o orientou?

Em vez de "massa falida" prefiro a expressão "safra de impasses". Pois em 1964 havia um impasse *institucional* (paralisia do Legislativo), um impasse *econômico* (crescimento negativo *per caput*), um impasse *cambial,* um impasse *sindical*. As prioridades tinham de ser, como o foram, o combate à inflação, o saneamento financeiro, e uma série de reformas institucionais: agilização do Legislativo, reforma fiscal, reforma bancária, reestruturação agrária, reforma do comércio exterior, e, no campo social, reformas educacional, habitacional e previdenciária.

Qual a filosofia? Ela emergiu mais dos tecnocratas que dos líderes políticos ou militares, pois estes no início se uniram mais por um ideário *negativo* — combate à subversão e corrupção — do que por um ideário *positivo* de reestruturação econômico-social. Os princípios, intuídos mais que explicitados, e observados com variado grau de fidelidade ao longo do tempo, foram: opção por sistema de economia mista, segundo princípios de *mercado* em vez de um sistema centralista, de economia de *comando;* opção por um sistema extrovertido, com ênfase sobre comércio exterior e aceitação de investimentos externos; realismo econômico, pela implantação de um elenco de verdades — a verdade tarifária, a verdade cambial, a moeda corrigida; produtivismo, como precondição e prólogo de um distributivismo eficaz.

História Vivida

O atual modelo econômico definiu-se em suas linhas básicas, quando ocupava o Ministério do Planejamento? Como definiria esse modelo e quais as suas características fundamentais?

A expressão *modelo* econômico denota uma precisão determinística que nunca se procurou alcançar. Prefiro falar numa "estratégia de crescimento sustentável". *Estratégia,* porque pressupõe adaptações dinâmicas, sem o rigor articulatório dos modelos. *De crescimento sustentável,* porque o desenvolvimento não deve ser um salto ou um episódio, e sim uma marcha e um desígnio... Objetivaram-se três coisas. *Mudanças atitudinais* — abandono da mentalidade paternalista de subsídios, da *non chalance* inflacionista, da assimetria entre direitos e deveres. *Reformas institucionais,* destinadas: 1) a modernizar o aparelho do Estado (reforma fiscal, por exemplo); 2) a criar nova instrumentação (Banco Central, BNH, Bancos de Investimentos); 3) a disciplinar a interação dos aparelhos político-econômicos (disciplina da votação orçamentária, por exemplo). *Programas executivos* específicos de combate à inflação, saneamento cambial e desenvolvimento econômico.

No caso do Fundo de Garantia, não lhe parece que se acabou passando de um extremo para o outro?

O FGTS foi a meu ver uma brilhante "trouvaille", sem a qual não teríamos a flexibilidade exigida pelas rápidas mutações industriais dos últimos tempos. O regime de estabilidade após 10 anos de serviço era um ilusório "prêmio de desastre", pois que o "prêmio" (indenização) só se materializava com o "desastre" (cessação do emprego). Ilusório, porque segundo dados estatísticos relativos a São Paulo, apenas 3% dos operários adquiriam estabilidade, sendo o restante despedido antes de completar 10 anos de emprego. O FGTS é uma *formação constante de patrimônio,* o qual pode ser transferido de emprego para emprego, e que portanto não escraviza o operário a nenhuma empresa. É hoje possível no Brasil comprar e vender empresas, pois inexiste o fantasma do "passivo trabalhista". Nem há mais interesse das empresas em despedir empregados antes de atingirem o fatídico limiar da estabilidade (sacrificando às vezes o treinamento já adquirido), pois que a contribuição para o

FGTS independe desse limiar. De outro lado a conjugação do FGTS com o BNH abriu novos horizontes para a construção residencial no país. Apesar de alguns desvios e ineficiências, poucos países podem exibir, no campo de habitação popular, o dinamismo brasileiro.

Ultimamente, têm-se avolumado críticas à excessiva rotatividade de mão-de-obra, imputada ao FGTS. A motivação dos empresários seria reciclar mão-de-obra mais barata. Salvo casos excepcionais essa medida pareceria pouco inteligente, pois há perda de produtividade na contínua adaptação e treinamento de novos contingentes. De qualquer maneira, essa prática pode ser desencorajada, aumentando-se a penalidade aplicável às "demissões sem justa causa". O que me parece mais provável é que esteja havendo um bizarro conluio, em que o próprio operário se interessa na despedida, para levantar os depósitos no FGTS, negociando com o patrão um retorno parcial da penalidade paga. Se o mercado de trabalho é dinâmico, a circulação entre vários empregos de curto prazo pode tornar-se interessante. Mas pode ser também que se tenham apresentado fenômenos recessivos em algumas indústrias, particularmente na da construção, forçando uma rotatividade maior. Mas trata-se de um fenômeno conjuntural, que criaria dificuldades qualquer que fosse o sistema adotado.

Distante, há alguns anos, da realidade brasileira, careço entretanto de vivência e informação para ajuizar da validade das críticas ao FGTS.

Como avalia os resultados obtidos pela implantação da correção monetária? O professor Bulhões diz que, no momento atual, ela passou a ser inflacionária. Concorda?

Afino-me tão bem com o professor Bulhões, que me admiraria se divergíssemos sobre a correção monetária. Não acredito que ela tenha, no momento atual, passado a ser "inflacionária". Ela apenas registra, como termômetro, a inflação passada. E impede, incidentemente, várias distorções inerentes ao processo inflacionário. Há, entretanto, duas coisas verdadeiras: 1) a correção monetária funciona assimetricamente — é psicologicamente mais aceitável numa inflação cadente que numa ascendente; 2) aplicada a medicina antiinflacionária, a desaceleração dos preços é mais lenta do que ocorreria numa economia não-indexada (o que incidentemente exige gradualismo e impossibilita um "tratamento de choque", politicamente traumatizante). Mas esse "coeficiente de realimentação" não deve ser exagerado. As expectativas são função de confiança na coerência e firmeza das medidas antiinflacionárias. Entre 1965 e 1967, a inflação baixou apesar da implantação da correção monetária. O mesmo sucedeu entre 1968 e 1973. Em 1975 e 1976 ela foi abrandada, presumivelmente para exercer um efeito favorável sobre as expectativas, e a inflação recrudesceu, pois se tornaram visíveis discrepâncias no governo quanto ao grau de prioridade da luta antiinflacionária, comparativamente a certos objetivos — crescimento, nível de emprego, distribuição de renda. A correção monetária habituou as empresas a pensarem em termos reais — lucros reais, reservas realistas de depreciação. Abandonar a correção monetária seria descapitalizar as empresas e destruir um dos aspectos do milagre brasileiro — o aumento da poupança individual numa idade de inflação.

Em 1952, num discurso numa reunião da Cepal, disse que, "infelizmente, a lua-de-mel da inflação com o desenvolvimento é assaz curta". Continua pensando dessa forma?

Não mudei de ideia. Nada há que se possa fazer com a inflação que não se possa melhor fazer sem ela. A inflação é uma forma de tributação. Mas, injusta e grosseira. A inflação cria empregos. Mas apenas no curto prazo. A inflação cria estímulo para investimentos. Mas investimentos do tipo errado. A inflação permite extrair "poupança forçada". Mas apenas enquanto os assalariados não se organizam para resistir. Se fosse possível, como acredita o professor Arthur Lewis, ter inflações autoliquidantes — curtas e não antecipadas —, de modo a transferir renda para investidores, tudo iria bem. Mas as inflações que se pretendem autoliquidantes acabam degenerando em espiral. Impaciento-me quando se fala no "custo social do combate à inflação". Como se a inflação não tivesse seu próprio custo social... Com uma diferença — aquele é temporário e este é permanente.

Como explica o chamado "milagre brasileiro"? Muitos dizem que o ministro Delfim Netto colheu nele os frutos que o sr. e o prof. Bulhões semearam a duras penas no governo Castello. Concorda?

Na definição, teológica, milagre é "efeito sem causa". No nosso caso, causas existiram: as mudanças *atitudinais* e as reformas *institucionais*. O professor Bulhões e eu temos a tranquila consciência de termos deixado o país bem melhor que o encontramos. Botamos a casa em ordem. O país cresceu pouco na época, porque tínhamos de atravessar o deserto, com dieta de gafanhotos. Mas legamos a Delfim um orçamento saneado, uma taxa cambial realista, uma política salarial austera, uma posição cambial confortável e *last but not least* estoques já pagos de café e açúcar, que depois puderam ser monetizados. A economia, após dois expurgos recessivos, estava ascética, pronta para crescer sem inchar, com capacidade ociosa que podia ser ativada sem consequências inflacionárias.

Mas Delfim teve enorme mérito em saber aproveitar a conjuntura e flexibilidade bastante para retificações de rumo. E quando, após 1968, houve uma explosão mundial do comércio internacional, transformou o que para nós ainda era um *slogan* — "exportar é a solução" — numa realidade palpável. Acredito não ser pretensioso dizer que Bulhões e eu soubemos *administrar o aperto*. Delfim soube *administrar a prosperidade*. Há mérito em ambas as coisas. O astuto Nicolau Maquiável dizia que o governo é uma combinação de *fortuna e virtù*. Feliz o governo que consegue essas coisas em partes iguais. Talvez para o "milagre brasileiro", em 1968, Bulhões e eu tenhamos trazido um aporte de "fortuna". Mas Delfim trouxe os seus 50% de "virtù". E crédito lhe deve ser dado.

> *Um dos problemas mais controvertidos e discutidos hoje é o da estatização da economia. A seu ver o processo da estatização pode ser estancado, ou é irreversível?*

O estatismo é animal de muitas patas ou árvore de múltiplas raízes. Seu fundamento pode ser *ideológico*, com o objetivo de implantar um criptosocialismo. Ou pode resultar de uma percepção *errônea da capacidade e limitações do Estado*. Entre nós, há crônica propensão para se subestimar a capacidade *regulatória* do Estado; e para se sobrestimar sua capacidade *operatriz*. Há vários graus de intervencionismo: o Estado como *regulador*, o Estado como *investidor* sem controle patrimonial, o Estado *controlador e gerente*, o Estado *monopolista*. Em princípio, quanto mais o Estado se confina à intervenção indireta, meramente regulatória, tanto melhor. Admitem-se outros tipos de interferência, mas com motivações específicas e, tanto quanto possível, temporárias: pioneirismo, investimentos supletivos, monopólios em áreas de segurança nacional, etc.

Mas o criptosocialismo é insidioso. Fala-se muito hoje, por exemplo, no preenchimento de "espaços vazios". Mas a maioria desses espaços só estão vazios porque foram esvaziados por prévia ação governamental, desencorajadora de investimentos. Há uma terceira motivação: o jogo de poder. O burocrata ou tecnocrata é um imperialista nato. Detesta ceder fatias de poder, quer político, quer econômico. Se tem acesso a recursos, busca utilizá-los diretamente na ampliação da área estatal e só relutantemente os recicla à empresa privada. Sou privatista, não tanto por considerações de eficiência — pois há setores estatais mais eficientes que os privados — como por considerações de liberdade política. A concentração de poder econômico no governo faz do eleitor um cliente. E, como dizia Getúlio Vargas, "voto não enche barriga". Emprego, sim...

Apesar dos protestos privatizantes de sucessivos governos, continuo pessimista sobre a reversão da onda estatizante. O art. 157 da Constituição Federal continuará a mais violada das virgens, o hímen mais complacente do planeta...

Que pensa sobre a distribuição de renda? É válida a acusação de que a política econômica da Revolução tornou os ricos mais ricos e os pobres mais pobres?

Essa acusação não é válida. Todos melhoraram, mas alguns melhoraram muito mais que outros... Houve ao mesmo tempo agravação das desigualdades e melhoria global, devido esta à rápida criação de novos empregos e à ampliação de benefícios indiretos. Mas é válida a crítica de que a distribuição de renda no Brasil encerra excessivas desigualdades. Vai além do que seria economicamente útil para premiar o esforço e a capacidade. E tornou-se politicamente explosiva pelo contraste entre a penúria de muitos e o exibicionismo de uns poucos. A pergunta não é se devemos ou não melhorar a distribuição de renda. A pergunta é "como fazê-lo"? Como fazê-lo sem cair nas soluções "populistas" que levam, de um lado, à inflação (que destrói salários), e, de outro, à estagnação (que destrói empregos)...

Quais são, a seu ver, os caminhos para a distribuição de renda?

Os caminhos são vários, e a solução tem de ser orquestral e não monocórdica. Existem várias vias: a via *fiscal*, a via *assistencial*, a via *patrimonial*, a via *estrutural*.

A via *fiscal* pode ser vista sob dois ângulos: captação e redistribuição. Nosso sistema tributário se tornou regressivo; com as deduções de incentivos, o privilegiamento fiscal dos ganhos de capital, o tratamento leniente para heranças e doações e, sobretudo, a regressividade do ICM, os ricos pagam pouco e a classe média paga demasiado. Chegou o tempo de repensarmos em seu todo o sistema fiscal, à luz de mais de um decênio de experiência após a grande reforma tributária de 1966/67. Talvez se possa pensar em duas coisas. Primeiro, um conceito *integrado* do Imposto de Renda, que permitisse compensar (por meio de um orçamento de consumo-padrão) o impacto regressivo dos impostos indiretos (ICM e IPI) sobre os consumidores de baixa e média renda. Segundo, um imposto sobre o patrimônio líquido, modular e moderado, de modo a desencorajar formas de patrimônio menos diretamente ligadas ao processo produtivo.

O outro aspecto da "via fiscal" é a redistribuição de renda por intermédio dos investimentos socialmente produtivos de que falava Myrdal: educação, habitação, nutrição, saúde e saneamento, que constituem uma espécie de *salário indireto*. Sendo menos visível, o salário indireto é psicologicamente menos satisfatório para o trabalhador e, não resultando de confrontação com empregadores, dá menor sensação de poder político ao líder sindical. Mas tem duas vantagens sobre o *salário direto*. Primeiro, independe da agressividade individual dos sindicatos, evitando assim desníveis injustos entre assalariados. Segundo, não sendo conceptualizado pelo empresário como custo de produção, minimiza a tentação de adicioná-lo ao preço do produto.

A via *assistencial*, baseada em contribuições parafiscais, teve enorme desenvolvimento ao longo do período revolucionário, e particularmente no governo Geisel. Aumentou dramaticamente a área de cobertura do

INPS e melhorou apreciavelmente a qualidade dos serviços. Mas remanescem vários problemas: o custo da burocracia administrativa engole parte exagerada da receita de contribuições, o que tornaria talvez aconselhável um esforço de privatização, reduzindo-se as contribuições das empresas que conduzam programas assistenciais adequados. Há também indícios de que o sistema se tenha tornado atuariamente inviável. E há um problema conceitual básico: o Brasil despende muito mais em assistência (medicina curativa) do que em saúde e saneamento (medicina preventiva).

A via *patrimonial* representa imaginoso esforço de criar um salário futuro, pela formação de patrimônios geradores de receita. É o conceito básico do FGTS, depois complementado pelo PIS e Pasep. O novo passo será o desenvolvimento de fundos privados de pensões.

O sr. foi um dos autores do Estatuto da Terra. A seu ver, a reforma agrária é um bom método de redistribuição de renda?

A expressão "reforma agrária" se tinha tornado impopular no Brasil por se lhe atribuir conotação espoliativa. Por isso o Estatuto da Terra enfatiza três técnicas. Uma, de aplicação geral, a *tributação* sobre a terra, visando a punir o latifúndio improdutivo, mas reconhecendo o valor da grande empresa rural. Outra, a *colonização* visando a dar oportunidades de acesso à terra sem deslocação dos patrimônios existentes; sua aplicação é condicionada à existência de amplos recursos de investimento.

A terceira é a *desapropriação,* habitualmente associada à *reforma agrária* convencional. Felizmente, o Brasil não tem um problema nacional e sim apenas regional de acesso à terra, e por isso precisamos *globalmente* de "política agrária" e só *localmente* de "reforma agrária". Esta última principalmente nas zonas de confrontação entre latifúndio e minifúndio, como em algumas regiões do Nordeste, do Rio Grande do Sul, e na Zona da Mata, em Minas.

Como explica a oposição ao Estatuto da Terra? Será essa a via estrutural?

Os oponentes com quem conversei, ao tempo da votação da lei, eram do tipo irredutível. Limitavam-se, como na piada de Oswald de

Andrade, a dizer: "Não li e não gostei". Obcecavam-se com o tema de desapropriação, quando esta seria apenas um, e o menos usado, dos instrumentos. Alegando corretamente não existir um problema nacional de estrutura agrária, esqueciam-se de que existem bolsões regionais de tensão. E alegavam, também corretamente, que muitas experiências de reforma agrária resultaram em perda de produção e produtividade, coisas altamente desaconselháveis num país subnutrido como o nosso. Mas se esqueciam de que essa acusação só é válida contra as reformas agrárias de tipo coletivista — Cuba, União Soviética, Peru —, porém não contra as reformas agrárias do tipo capitalista — Japão, Coreia do Sul, Formosa. E a reestruturação agrária proposta no Estatuto da Terra era de tipo capitalista: a tributação era o grande instrumento, a colonização um instrumento intermediário e a desapropriação um instrumento excepcional. A tributação seria progressiva em função do tamanho da propriedade, mas se atenuava em função do seu grau de utilização, de modo que o desincentivo não era à grande empresa rural, mas apenas ao latifúndio improdutivo. Continuo pensando que em várias regiões brasileiras o problema agrícola não é apenas de crédito, insumos e armazenamento. É também um problema de incentivo pessoal e de modificação na estrutura de propriedade. Estes últimos aspectos vêm sendo esquecidos, ou, pelo menos, desenfatizados.

Seria a política salarial a melhor forma de distribuição de renda, como pensam muitos?

Sim, nos países de economia integrada. Mas o Brasil é um país de economia *dualista*, com largos bolsões de subemprego, e populações emigrando do setor de subsistência. Em nossa política salarial deve-se levar em conta não apenas a melhoria de renda dos atuais empregados, mas não "fechar a porta" aos desempregados. Além disso, a política salarial não atinge os autoempregados, e é de dificílima implementação em áreas rurais. Por isso é que eu disse antes que precisamos de uma solução orquestral e não monocórdica, envolvendo os diversos caminhos redistributivos — as vias fiscal, assistencial, patrimonial e estrutural. E é sempre preciso atentar para o perigo de *antofagia*. Quando os salários excedem o crescimento da produtividade, exaurindo o lucro empresarial, as vantagens salariais podem ser anuladas pela estagnação ou perecimento da indústria. Mesmo num país de industrialização madura, como a Inglaterra, a indústria automobilística está sendo liquidada pelo irrealismo reivindicatório dos sindicatos.

Tudo posto e dito, entretanto, os assalariados têm razão de queixa contra nossa política econômica. Durante um longo interregno autoritário — cuja vantagem seria precisamente conter pressões salariais e distributivas, a fim de combater a inflação — os salários se tornaram um fator passivo e reflexo graças à fórmula salarial. Apesar disso, não só não contivemos a inflação mas também deixamos que ela se agravasse. Demos ênfase a investimentos principalmente econômicos, mas em parte sociais, esquecendo que para essas tarefas mais agradáveis o autoritarismo não é particularmente útil.

Existe hoje uma reação contra os tecnocratas. Os políticos estão em ascensão. Como fundador do BNDE, o sr. foi o patrono dos tecnocratas. Como se sente agora?

Sinto-me como Mr. Sammler na novela de Saul Bellow: "Eles puseram um rótulo nos meus problemas, o que soa como conhecimento". "Tecnocrata" e "político" são rótulos que presumem um produto puro que, ou não existe, ou é irrelevante. O tecnocrata não formula nem executa num vácuo intergalático. Vive no mar de sargaços do sentimento humano. Por isso tem de fazer alguma política. E o político tem de ter consciência das limitações técnicas e financeiras. Senão é mero demagogo. E a demagogia é uma espécie de moléstia venérea da democracia. Transforma a fertilização em infecção...

Acho que tanto os tecnocratas como os políticos se devem avaliar pelos resultados. Há certas tarefas para as quais os tecnocratas estão melhor equipados. Tomemos, por exemplo, a fase reformista do governo Castello Branco. Dificilmente um político, com votos na cabeça, comícios no sangue e eleições nos nervos, teria tomado medidas impopulares como a abolição da estabilidade, a implantação da correção monetária, a reforma cambial. Quando o problema prioritário é a acumulação de capital e o disciplinamento do investimento, o tecnocrata tem melhores condições de liderança. Mas durante esse processo se acumulam tensões e nasce a urgência do problema de distribuição de renda. Isso faz ressurgir a liderança do político, que tem mais sensibilidade para os conflitos, mais ouvidos para as tensões, melhor avaliação do ponto de ruptura social. O tecnocrata é bom para organizar a produção. Mas não para administrar seus conflitos. Esta é a suprema arte — e a razão mesmo de ser — do político.

Concorda então que chegou a hora da reafirmação dos políticos?

Sim. Até porque enfrentamos dois problemas, para os quais os tecnocratas não estão sobejamente equipados: o problema da motivação social e o da institucionalização política. Parafraseando Dahrendorf, diria que o tecnocrata às vezes só pensa em *expansão*. Mas o político tem de pensar em *melhoramento*...

O sr. se considera um tecnocrata ou um político?

Nem um nem outro. É um dos poucos casos em que considero o hibridismo fértil. Preferiria ser um *policrata*, com o realismo técnico financeiro do tecnocrata, mas com um pouco da sensibilidade do político. Sensibilidade, obviamente, para perceber e explicar, não para iludir e escamotear. E misturando, em adequada dose, uma visão de curto e longo prazo, porque não adianta ser agradável com paliativos de curto prazo, quando se exigem fundas reformas de longo prazo.

De todos os grandes líderes mundiais com os quais manteve contatos — de Gaulle, Adenauer, Kennedy — qual deles o impressionou mais?

Conheci de Gaulle e Adenauer, mas só privei com Kennedy. Adenauer sobressai, a meu ver, por ter a tarefa mais difícil — administrar a derrota, num país dividido e destruído, enquanto aos outros coube administrar a vitória. Liberou as energias da economia de mercado, contra toda a tradição cameralista. Dedicou-se à grande tarefa de reconciliação com a França. Transformou o desejo alemão de vindita num desejo de sucesso. Quando o visitei em Bonn, como emissário de Jânio Quadros para pedir o reescalonamento de dívidas, disse-me ele duas coisas, com uma ponta de ironia que, partindo de um jovem seria agressão, mas de um velho patriarca ressuma experiência: "O Brasil não necessita de empréstimos pois teve dinheiro para construir Brasília"; e "sua tarefa de pedir dinheiro, meu jovem embaixador, é desagradável; mas não se assuste porque tenho experiência; outra coisa não fiz como prefeito de Colônia, até ser demitido pelos ingleses, por incompetência".

Visitei de Gaulle, com o mesmo objetivo, em pleno conflito da Argélia, quando os *plastiques* estouravam em Paris. Ele ressumava uma visão profética e escandia as palavras como peças de ourivesaria. Declarei esperar da França mais liderança política que auxílio econômico, consignando a outros países, com os quais tínhamos dívida maior, o ônus principal da acomodação — distribuição de tarefas que ele considerou "justa e perspicaz". Lembro-me que via com aprovação o esforço de Jânio Quadros de afirmar um certo distanciamento em relação aos Estados Unidos, acentuando que o que o preocupava mais não eram as diferenças entre os dois colossos — o americano e o soviético — e sim sua semelhança. Sobre o Brasil, sentenciou: "O Brasil tem muitos problemas e muitos recursos. No fim, são os recursos que contam". Weber falava nas lideranças carismáticas. De Gaulle era "carisma concentrado".

Com Kennedy privei bastante como embaixador em Washington. Jovem, belo, rico, com monumental apelo político, parecia um favorito dos deuses e como tal provocava a um tempo admiração e ressentimento. Sentia nele uma mistura de idealismo, um pouco juvenil, com um travo áspero de vontade de poder e um toque de crueldade, mais perceptível aliás em Robert Kennedy. Era um soberbo inspirador, ainda que um executivo inferior a Johnson, este mais rude e brutal, porém mais paciente na manipulação política. A combinação ideal seria Kennedy como inspirador e Johnson como executor. A aparência risonha de Kennedy escondia uma constante dor física. Amadureceu rapidamente na adversidade. Após a derrota traumatizante do episódio da Baía dos Porcos, que destruiria psicologicamente qualquer outro governante sem perspectiva histórica, cresceu na confrontação com Kruschev em Viena e, depois, ao enfrentar o risco cataclísmico da crise de mísseis em Cuba. Washington em seu tempo era uma cidade esfuziante de intelecto, com admiráveis, ainda que ingênuas, receitas de exportação de reformas sociais.

Todos os três figuram entre os tipos de líderes que James Burham chama de "transformadores", ao invés de "transacionais". Aqueles transformam seus povos, estes apenas os gerenciam.

25 de novembro e 9 de dezembro de 1979

40 O Brasil não se desenvolveu, modernizou-se

Entrevistadores:
*Lourenço Dantas Mota,
Brás José de Araújo,
Antônio Carlos Pereira
e Frederico Branco*

Celso Monteiro Furtado

Nasceu em Pombal, Paraíba, em 1920 e morreu no Rio de Janeiro em 2004. Formado em Direito pela Universidade do Brasil, em 1944, e em Economia pela Universidade de Paris. Integrou o grupo pioneiro de economistas da Cepal. Idealizador, criador e primeiro superintendente da Sudene, depois de ter sido diretor do BNDE. Primeiro ministro do Planejamento do Brasil, no governo Goulart, e autor do Plano Trienal. Foi professor na Universidade de Paris. Autor de várias obras sobre Economia, entre elas o clássico Formação Econômica do Brasil.

Qual é, em linhas gerais, a apreciação crítica que faz do modelo econômico implantado no país após 1964, que a rigor não é um modelo rígido, mas que sofreu alterações ao longo desse período?

Diria que o modelo só se definiu a partir de 1967. De 64 a 67 viveu-se um período que se pode chamar de preparatório. Em 64, a economia brasileira estava numa fase de subutilização de sua capacidade. Nos anos 50, ampliara-se a base do sistema industrial brasileiro. A criação do BNDE obedeceu exatamente a esse objetivo: ampliar a infraestrutura, financiar grandes siderúrgicas, a construção naval, enfim, criar um sistema industrial moderno, em grande parte com financiamento estatal e amplos subsídios, particularmente cambiais. Essa base industrial representava um leque de possibilidades. Que fazer com ela, em que direção orientá-la? Por isso, de 60 a 64, houve um período de busca. Que produzir? Automóveis ou caminhões? Equipamentos para a indústria ou bens de consumo? A partir de 64, houve um esforço de modernização, mas a rigor não foi tomada nenhuma decisão com relação à orientação do desenvolvimento. A impressão que se tem é que se esperava que a coisa brotasse da lógica do próprio sistema industrial. A partir de 67 é que se define o sentido do desenvolvimento, quando se privilegia o setor de bens de consumo duráveis. Aquela base industrial vai ser então canalizada para a grande expansão da produção desses bens. As grandes indústrias que se dedicam a esse tipo de atividade representam hoje um segmento fundamental da economia brasileira. Já existia uma base segura, criada nos anos 50, sobre a qual se erigiu e expandiu esse andar superior. Portanto, falar de modelo econômico brasileiro depois de 64 significa de certa forma referir-se ao modelo de 67/68, quando se define plenamente a sua orientação e segue-se uma expansão que dura até os anos de 73 e 74.

Em virtude da existência de uma capacidade ociosa do sistema, à qual me referi, foi possível a enorme expansão que se conhece: num período relativamente curto, multiplicou-se por três a produção de bens de consumo duráveis. Aliás, hoje volta-se a falar de capacidade ociosa e possibilidade de expansão, porque a partir de 73 houve uma nova tentativa de ampliação da base industrial brasileira, com os financiamentos do BNDE orientados diretamente para o setor de equipamentos. Hoje temos um sistema sobredimensionado no que diz respeito à produção de equipamentos, setor onde a capacidade ociosa pode ser avaliada em 50%. Ampliou-se a estrutura do ponto de vista físico, porque o Estado a financiou por meio do BNDE. Mas não se pode ampliar a capacidade de produção de equipamentos, ou bens de capital, sem ampliar simultaneamente a capacidade de financiamento, pois ninguém vende equipamentos senão a prazos longos — cinco, dez anos. É preciso, portanto, aumentar também a taxa de poupança. E o curioso é que na evolução desse modelo, de 64 para cá, a, única coisa que não se fez efetivamente foi modificar a taxa de poupança. Ela é hoje da ordem de 18%, não muito diferente da de 61. A diferença fundamental entre hoje e 61 está na taxa de investimento, que tem alcançado 24, 25, 26%, quando antes era de 18, 19, 20%.

A que atribui essa estagnação da taxa de poupança?

Na realidade, ela decorre em parte do próprio modelo de desenvolvimento. Na medida em que ele é orientado para bens duráveis de consumo, uma parte considerável da capacidade de poupança é aplicada na compra daqueles bens. De certa forma, existe uma capacidade de poupança maior, só que ela não aparece na contabilidade nacional, na medida em que o dinheiro é gasto na compra de bens duráveis. Um bom exemplo é o das financeiras, que chegaram a captar entre 15 e 20% de toda a poupança nacional, mas para financiar a compra de bens duráveis. O que é estranho é o seguinte: o esforço feito por meio da poupança compulsória apenas compensou o desvio da poupança do setor privado para o consumo. Hoje em dia uma grande parte da poupança vai para o consumo. E o que o Estado conseguiu foi, por meio do PIS, do Pasep e todos esses fundos da chamada poupança compulsória, compensar aquela perda, mantendo assim o mesmo nível de poupança. Vocês podem perguntar: mas como se alcançou uma taxa de investimento tão elevada com uma taxa de poupança tão fraca? É simples: pelo endividamento externo e pela inflação, que é uma forma de poupança compulsória. Tanto é assim que agora, para utilizar plenamente a capacidade produtiva do sistema industrial, que cresceu em virtude da ampliação do setor de bens de capital, o governo necessita acionar aqueles dois motores, isto é, a inflação e o endividamento externo.

Esse modelo — no qual a inflação e o endividamento externo é que na verdade proporcionam a poupança e no qual se privilegia o consumo de bens duráveis — favorece o verdadeiro desenvolvimento ou apenas uma modernização?

Para os homens que estão no governo isto é desenvolvimento, porque eles o identificam com a acumulação de bens. Para eles, o que importa é que o sistema industrial produza bens, ainda que supérfluos, e mesmo que isso crie enormes distorções sociais. Para os economistas que se limitam a manipular seus indicadores isto é desenvolvimento. Quanto a mim, tenho insistido na diferença entre modernização e desenvolvimento. Penso que a primeira não é mais do que um desenvolvimento mimético: primeiramente a sociedade cria hábitos novos em certos setores de consumo e em seguida adapta sua estrutura a eles.

Poderia dar um exemplo concreto?

O Brasil é um ótimo exemplo. Há outros, que estão também na posição de economia dependente. Nesses países, a "expansão do consumo", o "crescimento", o "desenvolvimento" ou o "aumento da renda *per capita*", como queiram chamar, fundou-se inicialmente numa elevação da produtividade econômica, não da produtividade física. Explico-me: quando passamos de uma agricultura de subsistência para uma agricultura comercial de exportação — pelo fato de participarmos da divisão internacional do trabalho — elevamos nossa produtividade. Produzir café para exportar dá mais do que produzir milho para o consumo interno. É o que os economistas chamam de "vantagens comparativas". A vantagem comparativa eleva a produtividade econômica de um sistema sem modificar sua técnica de produção, sem mudar sua forma de produção. Aí está a origem da nossa forma de desenvolvimento. Primeiramente, elevamos a produtividade econômica, em decorrência da inserção no sistema da divisão internacional do trabalho. Assim, obtemos maior renda. Com esse excedente, modernizamos a sociedade, criamos uma vida urbana moderna, uma fachada moderna. Assimilamos uma forma de viver que, lá fora, correspondia a uma acumulação efetiva. O progresso tecnológico, necessário à produção das coisas mais simples, até o automóvel, realizava-se lá fora. Ali, onde há uma expansão da renda, um aumento da produtividade econômica, mas não uma modificação nas formas e nas técnicas de produção, o que existe na verdade é modernização e não desenvolvimento.

Quando um país se moderniza nesses termos, coloca-se logo o problema da nova demanda, que vai condicionar a locação de recursos dentro do sistema. E porque ela está sendo teleguiada de fora, tentando ficar a par do que se faz lá fora, essa nova demanda exige recursos crescentes do sistema. E no momento em que ele, por causa da divisão internacional do trabalho, já não fornece esses recursos, como foi o caso da crise do café no Brasil, aí então tem de se buscar esses recursos noutro lugar. Esse "outro lugar" é a substituição das importações, é a industrialização a serviço da modernização, que foi exatamente o que aconteceu no Brasil. Como se dá a industrialização brasileira? Primeiro surge a demanda provocada pela modernização da sociedade, construindo-se depois as indústrias — como a automobilística — para uma demanda já existente. É um pouco o inverso da forma tradicional de desenvolvimento, na qual é a oferta que vai produzindo coisas novas e condicionando a evolução da demanda.

O nosso então é um caso original?

É um caso histórico específico. Ele não reproduz a forma tradicional de desenvolvimento. É um novo tipo de desenvolvimento, que tem sua lógica própria e precisa ser estudado como caso à parte. Este foi o tema de um dos grandes debates dos anos 50, isto é, saber se o desenvolvimento brasileiro exigia ou não uma teoria própria. Daí surgiu o confronto com o professor Gudin, que dizia mais ou menos o seguinte: "Esses meninos não sabem economia e por isso imaginam que pode haver uma ciência econômica para o Brasil. Isto não é possível, porque a ciência, por definição, tem de ser universal".

Foi em consequência de sua atuação na Cepal que chegou àquela conclusão com relação ao caso brasileiro?

Desde que estudava economia na Europa, buscava entender o problema brasileiro, o Brasil e suas características distintivas. Essa ânsia de entender o Brasil, que Gilberto Freyre conta que o assaltou quando estudava nos Estados Unidos, eu a senti também quando estava na Europa. Por que o Brasil se mantém atrasado? Por que o Brasil é assim? Essas eram as perguntas que eu me fazia. Casei-me com esse problema, se posso dizer assim, e escrevi dez livros sobre o Brasil, buscando uma explicação.

Quando fui para a Cepal, aos 28 anos, encontrei lá um grupo de jovens de toda a América Latina, que haviam estudado nos Estados Unidos, principalmente em Harvard. Creio que o único que havia estudado na Europa era eu. Desse grupo, os que tinham uma experiência mais rica e uma visão mais nítida dos problemas eram os da Argentina, que era indiscutivelmente o país mais adiantado da América Latina. A Argentina tinha uma experiência mais rica que a nossa. Pelo estudo do comportamento atípico da economia argentina em face da economia internacional, Raul Prebisch, que era o líder do grupo e já mais velho, começou a levantar hipóteses novas, criando a teoria do centro-periferia. O capitalismo, de acordo com essa teoria, não é homogêneo, nem obedece a uma lógica linear. Ele apresenta rupturas, descontinuidades importantes. Também a teoria que distingue modernização de desenvolvimento nasceu das discussões e trocas de experiências dentro da Cepal. Tudo isso é fruto do debate que então iniciamos lá sobre o desenvolvimento atípico, ou específico, da América Latina. Essa é a gênese da escola estruturalista latino-americana.

História Vivida

É nessa época que começa o grande debate entre os estruturalistas e os monetaristas?

O primeiro trabalho teórico da escola estruturalista latino-americana foi escrito por Raúl Prebisch, como consultor da Cepal, e chamava-se "A América Latina e seus principais problemas". Traduzi-o imediatamente para o português e o fiz publicar na *Revista Brasileira de Economia*, que era dirigida pelo professor Gudin. Isto pode causar uma certa perplexidade. A explicação é que o professor Gudin, que eu conhecia bem nessa época, era grande admirador de Prebisch. Quando fui para o Chile, disse-me: "Celso, peça ao Prebisch que abandone essas bobagens de Nações Unidas e venha para o Brasil, pois precisamos dele aqui para fazer a reforma do Banco Central. Precisamos criar um sistema monetário e bancário moderno". Prebisch tinha sido o presidente do Banco Central argentino desde a sua criação até a chegada de Perón ao poder e formara a primeira equipe latino-americana de economistas de alto nível. Por isso, tinha o respeito do professor Gudin, que leu o texto de Prebisch e mandou publicar imediatamente. No ano seguinte, trouxe novo material sobre o mesmo assunto, um trabalho da equipe da Cepal, mas redigido no essencial por Prebisch. Traduzido por mim, foi também publicado na revista. Aí, o professor Gudin reagiu: "Celso, essa nova doutrina heterodoxa leva ao corporativismo, ao obscurantismo, ao protecionismo exacerbado". Como veem, foi no Brasil que essas novas teorias foram veiculadas pela primeira vez. Por terem o prestígio do nome de Prebisch e porque o professor Gudin, como homem de tradição acadêmica, tinha respeito pelas ideias. Mas, a partir da publicação do segundo trabalho, ele resolveu abrir um debate. Convidou para vir ao Brasil discutir aquelas ideias alguns dos economistas de maior prestígio internacional na época, todos ortodoxos. Vieram aqui, leram os trabalhos da Cepal e rebateram nossas teses. Consideraram que tudo aquilo era bobagem, coisa de quem não sabia economia de verdade. Aquela arrogância dos professores universitários anglo-saxões quando lêem qualquer coisa que venha da periferia.

Isto não impediu, contudo, que esses homens se interessassem pelo problema da teoria do desenvolvimento e que seja justamente deles a primeira literatura importante sobre o assunto. Lembro-me ainda da observação do professor Robinson, que era o diretor da London School of Economics: "Tudo isso é bobagem. Para o problema da inflação, por exemplo, que vocês enfrentam aqui, basta criar um Banco Central e controlar a emissão de papel-moeda. E, quanto ao problema do desenvolvimento, é uma besteira. Isto não existe. O que existe são os problemas propriamente ditos de racionalidade econômica, ou seja, da locação racional dos recursos". Vejam, então, que foi no Brasil que se realizou o primeiro grande debate moderno sobre desenvolvimento, suscitado pelas reflexões da Cepal. As teses da Cepal nasceram lá em Santiago do Chile, mas proliferaram aqui. E elas são importantes, tanto assim que durante um quarto de século dominaram o pensamento econômico latino-americano. E vou mais longe: em todo o mundo, o problema do desenvolvimento é discutido a partir das ideias surgidas aqui na América Latina.

Em que momento se passa da reflexão teórica à formulação de uma política?

Como é normal, houve primeiro um debate a nível propriamente teórico, para saber se o quadro conceitual que se tentava criar era ou não consistente, se tinha ou não validade explicativa. Em seguida, passou-se para uma fase mais difícil, quando se começou a discutir as implicações daquelas teorias na política. Tratava-se então de determinar o que fazer. Posto que tínhamos aquela visão do processo de desenvolvimento da América Latina, devíamos marchar diretamente para uma política condizente com ela. Até então o esquema era simples e pode ser resumido assim. O que é desenvolvimento? É a elevação do nível de vida de uma população. É a diversificação do consumo. O que é diversificação do consumo? Um aumento relativo dos bens manufaturados, dos bens duráveis. Esse modelinho era conhecido. Portanto, quem pensava em desenvolvimento pensava em termos de aumento da oferta de bens manufaturados. Que possibilidades existem para isto? Duas. Uma é a importação. Mas por volta de 1950 estávamos com a nossa capacidade de importação estagnada há 20 anos. O coeficiente de importação do Brasil, isto é, a importação sobre a renda, que ficava entre 11 e 12% em 1930, havia baixado para 6%. A outra possibilidade é a industrialização. Esta se apresentou então para nós como uma necessidade inelutável e não como uma opção de gosto. E, concomitantemente, nasceu na América Latina uma teoria original da industrialização, diferente da teoria clássica da industrialização retardada.

A consequência disso tudo foi a necessidade de se criar uma infraestrutura, mais precisamente um sistema financeiro adequado, pois sem ele não existe industrialização. Começamos a estudar como preparar os países da América Latina para se equiparem com os meios necessários a enfrentar a industrialização inevitável. O debate provocado por nossas propostas cresceu ainda mais. Muitos afirmavam que se tratava de intervencionismo estatal, que se tentava entregar a economia ao Estado. Os integrantes da escola do professor Gudin afirmavam mais ou menos o seguinte: "O Estado deve limitar-se a utilizar seus instrumentos mais simples e clássicos, como as políticas monetárias e fiscal, etc." Os professores Gudin e Gouvea de Bulhões escreveram vários artigos criticando nossas propostas. Prebisch e eu respondemos. Enfim, houve um grande debate público sobre esse problema na primeira metade da década de 50. É interessante observar que nessa época Roberto Campos estava conosco e também foi muito criticado, é claro.

A quem a seu ver deve caber a tarefa principal do desenvolvimento: ao Estado ou à sociedade?

Não posso conceber o Estado senão como parte da sociedade e o governo senão como expressão dessa mesma sociedade. O Estado em si é um conjunto de instituições. O comando do Estado, que é o governo, tem de ser a expressão, a representação das forças reais da sociedade da forma mais ampla possível. Portanto, não separo uma coisa da outra. O projeto de desenvolvimento que uma sociedade assume tem de resultar de um amplo debate, de uma consciência crítica. Naquele momento, houve um debate que elevou o índice de percepção crítica, ou seja, foi possível tomar decisões dentro de um horizonte rico de opções.

O Brasil tem uma história original. Não pode e não vai imitar ninguém. As nossas condições de subdesenvolvimento, de dependência, levam nosso país a uma história que lhe é própria. Num país como o Brasil a política exige muita imaginação, muita criatividade, e isso só é possível numa sociedade aberta, que se pode manifestar. A tecnocracia pode ser muito eficiente, mas nunca imaginativa. O modelo de sociedade fechada destinado a acelerar o desenvolvimento foi em parte inventado nos Estados Unidos para ser exportado para os países dependentes. Foram os cientistas políticos americanos que formularam a tese que poderíamos simplificar assim: "Vocês precisam é de eficiência. Tudo já foi pensado antes, por nós. Os computadores podem ampliar sua capacidade de eficiência, de ação, etc." Esse modelo corresponde a uma certa visão do mundo, na qual apenas nos adaptamos às necessidades do sistema global, tais como elas são vistas por eles. Assim, não vamos criar a nossa História. Nossa História só pode ser criada se nossa sociedade tiver capacidade de se autocriticar, de se pensar, de inventar.

Como vê hoje o atraso da economia brasileira, questão que, como disse, sempre mereceu seu maior interesse?

Com relação ao Brasil, seria mais apropriado falar de atraso ao nível da sociedade, em primeiro lugar, e não da economia. O atraso é da matriz social do Brasil que, na realidade, mudou muito pouco. Particularmente quando vamos a certas regiões, constatamos que só agora a sociedade brasileira dá mostras de transformações qualitativas de certo significado. Ela sempre evoluiu dentro de um sistema paternalista de dominação social muito estrito. E essa evolução é caracterizada ainda por uma tendência ao corporativismo, que vem de nossas origens portuguesas. Agora, com relação à economia propriamente dita, uma de suas características é a heterogeneidade, decorrente do fato de que primeiro houve uma modernização e só em seguida a economia se aparelhou para atender às exigências dessa modernização. Foram as exigências de determinados setores da sociedade que induziram à instalação de um sistema econômico moderno. Os demais setores, que não apresentaram aquelas exigências, ficaram acoplados ou ligados a uma economia de grande atraso.

Por outro lado, uma economia que se desenvolve para responder às exigências da modernização tende a aplicar técnicas já comprovadas. É claro que se preciso de automóvel não vou inventá-lo de novo. Verificarei quem sabe fazer automóvel e, naturalmente, aproveitarei sua técnica já comprovada. É mais barato e mais fácil. Agora, isso conduz a quê? O sistema produtivo desenvolve-se em sua fase final, ou seja, primeiramente no que diz respeito a bens finais. Quanto aos equipamentos para essa indústria, é muito mais fácil importar. Nesse sistema, não existe a criação de tecnologia.

Foi o que aconteceu com a indústria automobilística?

Foi o que aconteceu com toda a indústria de bens de consumo duráveis no Brasil. Desenvolvemos uma indústria que hoje em dia tem uma dimensão mundial e uma economia de escala que está na vanguarda da utilização das técnicas, etc., mas a concepção de todas as máquinas dessa indústria não pode ser reproduzida aqui, porque foi pensada lá fora. É por isso que digo que o sistema industrial brasileiro não é propriamente atrasado, ele é capenga, desequilibrado. Colocarei o problema de uma forma diferente, para tentar explicar melhor. A verdadeira industrialização que se deu no mundo, na Inglaterra e no Japão, para citar apenas dois exemplos, se fez a partir da ideia de um sistema e não de uma indústria. Não se tratava de ter indústrias, mas um sistema industrial. O Japão, antes mesmo da Restauração Meiji, já começara a instalar a sua indústria de base. Partiu diretamente para a indústria mecânica, até porque na época tinha ela um interesse militar fundamental para o país. É por isso que lá a evolução subsequente vai ser desse sistema e não de indústrias isoladas. Numa economia como a nossa, primeiro há a modernização, ou seja, alguns setores da sociedade exigem um determinado tipo de produção. Como existe escassez de recursos, de divisas, trata-se de otimizar a utilização dos recursos disponíveis e, assim, importar tudo o que se pode. Nesse caso, a parte mais complexa do sistema, que é a produção de equipamentos e de tecnologia, fica de fora. Tem-se então apenas uma parte do sistema industrial. Daí por que falei em desequilíbrio. Isto não é uma crítica à nossa industrialização, é uma tentativa de compreendê-la. É preciso entendê-la tal como ela é. Não diria que o Brasil tinha opções muito diferentes das que adotou.

Quando comecei a pensar no nosso país e escrevi a *Formação Econômica do Brasil*, eu me coloquei essa questão muito seriamente: por que acumulamos atraso no século XIX? Afinal, o Brasil tinha um Estado estruturado, estável, e dispunha de recursos, de meios. Apesar disso, não chegou a formular um projeto, a formar uma liderança. Ou melhor, houve o caso de Mauá, mas ele não chegou a fazer escola. Se o Brasil, nos anos 80 do século passado, quando enveredou pelo caminho da industrialização, tivesse tido uma política como a que Hamilton formulou para os Estados Unidos no início do século XIX, se Mauá tivesse tido apoio suficiente e se tivesse criado a matriz de um sistema industrial, hoje seríamos um país diferente. Uma matriz, bastava isso. E surge então um problema diretamente ligado à divisão do Brasil em regiões e a uma espécie de tempos históricos diferentes existentes no país. A região que tinha mais condições para o desenvolvimento, porque a mais rica, era São Paulo. Ao mesmo tempo, era a menos preparada para isso, porque tinha todas as facilidades da modernização. O pensamento que imperou parece ter sido: "Quem pode importar não vai fabricar". Havia condições para se instalar na modernização, e foi o que aconteceu. A vitória dessa política, que se dá com Campos Salles e Joaquim Murtinho, levou o Brasil a transformar a sua industrialização apenas num complemento da economia de exportação de produtos primários e não numa matriz. Este é um elemento fundamental para se entender o que virá depois.

É um ponto de ruptura?

Exatamente. E não deixa de ser significativo o fato de Murtinho ser o economista, o político econômico mais apreciado e elogiado do Brasil, notadamente pelo professor Gudin e sua escola. As demais regiões, como Minas Gerais e o Nordeste, por exemplo, não tinham as mesmas opções de São Paulo e consequentemente não podiam pesar seriamente na definição da política de desenvolvimento. Prevaleceu, portanto, a política de São Paulo, que era a região mais rica.

Não se deve esquecer que todas as industrializações tardias do século XIX resultaram de uma resposta a uma determinada situação histórica. Acho um equívoco imaginar que se possa explicar o desenvolvimento das modernas economias capitalistas por meio da própria lógica do capitalismo. Ele só se explica por meio da História, da situação específica de cada região. A economia capitalista tal como a conhecemos é apenas uma das manifestações possíveis do desenvolvimento capitalista. Sempre fomos um pouco levados por várias escolas de pensamento a imaginar

História Vivida

que o capitalismo é como uma planta que tinha de nascer e se desenvolver, de acordo com uma rígida e predeterminada lógica própria de acumulação, para chegar a ser o que é. Os marxistas, particularmente, foram levados a pensar assim, ou seja, que o capitalismo conduzia necessariamente a esse modelo social.

A minha reflexão levou-me a um pensamento muito diferente, ou seja, que o capitalismo, ao privilegiar a acumulação e o setor social diretamente interessado nela, abriu um leque de possibilidades. Tanto assim que hoje em dia vemos uma enorme diferença entre as nações capitalistas. Basta que se comparem a sociedade inglesa, ou as da Europa Ocidental de uma maneira geral, com o Japão para se verificar isso. O Japão não conheceu a revolução burguesa e o seu capitalismo, no começo, veio realmente do Estado. O Estado é que permitiu o surgimento daquele tipo de capitalismo, e o resultado disso é uma sociedade diferente das da Europa Ocidental. Como não houve revolução burguesa no Japão, o seu capitalismo não está baseado na competição individual.

Na medida em que o nosso capitalismo também é um pouco dirigido e orientado pelo Estado, não se pode fazer uma aproximação com o caso do Japão?

O nosso também é um caso original, que talvez ainda não entendamos completamente, e no qual o Estado desempenhou um papel fundamental. Mas não creio que se possa aproximá-lo do caso japonês, porque lá houve uma classe que controlou e dominou o Estado e que tinha um projeto nacional: sobreviver como nação independente. No caso do Japão, tem-se de levar em conta a existência dos chamados "acordos desiguais", que os europeus impunham às nações mais fracas, aos turcos, aos japoneses, etc. Esses acordos prevaleceram até o início do século XX. Foi somente nessa época que eles conseguiram livrar-se dessa tutela. E quando eles viram, por ocasião da Guerra do Ópio, a China — que sempre consideraram uma nação inconquistável — ser invadida, os japoneses formularam o projeto de sobreviver como nação independente. O seu capitalismo é uma manifestação desse espírito.

Mas voltando ao nosso tema inicial: o leque de possibilidades que a História abriu ao desenvolvimento do capitalismo, que é muito rico, nunca foi estudado adequadamente, porque prevaleceu uma concepção linear, quase unívoca do desenvolvimento desse sistema econômico e social. Partindo dessa premissa, temos de começar a identificar o que é específico de cada realidade social e histórica. Em todos os casos de capitalismos tardios do século XIX — como os da Alemanha prussiana, do Japão, da Rússia czarista, que teve um importante desenvolvimento capitalista antes da Revolução de Outubro — existia um projeto nacional. Em todos houve o controle do Estado por um segmento da sociedade — a burguesia nacional. Burguesia nacional não é apenas uma classe burguesa, porque esta existe em toda parte. É uma classe de "marchands" que transacionam, fazem negócios. A burguesia nacional é mais do que isso, pois pretende controlar e controla efetivamente o Estado, e define uma política concebendo a nação como um mercado para ela. Isto é específico de certas nações, constitui o elemento político essencial na definição dos sistemas capitalistas tardios do século XIX.

Dentro dessa perspectiva, como vê o caso brasileiro?

Aqui, dada a diversidade regional, dada a diferença de tempo histórico existente nas várias regiões, não se chegou a definir um projeto global.

Não houve consenso?

Não, não houve. Quando se estuda a história das estradas de ferro no Brasil, temos um exemplo disso que estou dizendo. Havia grupos interessados em estradas para unificar o mercado nacional, e outros que estavam pensando em traçar estradas estritamente para servir a um produto de exportação, como era o caso do café em São Paulo. Vemos então que no Brasil a própria continentalidade do país e a diferença de tempos históricos nele existente não permitiram que, num momento decisivo, ou seja, no último quartel do século passado, se chegasse a um projeto no qual o Estado fosse o instrumento de uma política de unificação do mercado e de sua proteção para privilegiar a acumulação em função dele.

A História é o que é. Não posso imaginá-la como um determinismo nem como uma necessidade lógica. Naquele momento em que se abriram várias possibilidades para o Brasil, prevaleceram as forças que levavam à modernização e não ao desenvolvimento. E isso vai marcar no Brasil no século XX como uma nação subdesenvolvida.

> *Houve um grande "boom" da economia brasileira, que terminou em 73/74, que ficou conhecido como o "milagre brasileiro" e foi ligado ao nome do ministro Delfim Netto. Agora, o ministro Delfim, desta vez no Ministério do Planejamento, está novamente criando um ambiente de otimismo no país, e gostaríamos de saber se acredita na possibilidade de repetição do "milagre".*

É fácil explicar o "boom" da economia brasileira a partir da segunda metade da década de 60. Foi a base industrial que o Brasil criou a partir de meados da década de 50 — expansão da indústria de bens de capital, que foi em grande parte financiada pelo BNDE — que permitiu a expansão que veio depois. Quando, a partir de 67, se toma a decisão de privilegiar a expansão da produção de bens de consumo duráveis, a economia brasileira tinha uma capacidade ociosa considerável, isto é, o nível de eficiência do sistema era muito baixo, ele subutilizava seu capital. Em consequência, a eficiência do sistema pôde ser multiplicada por dois num período relativamente curto. A relação produto-capital passou de 0,25 para 0,50, o que é fantástico. Foi possível multiplicar por dois o produto nacional com um estoque de capital que praticamente já existia. Essa foi como a primeira fase de um foguete. E a rapidez e o ângulo dessa primeira fase vão determinar todo o percurso subsequente. O multiplicador atua em todas as direções, porque se cria um clima de otimismo, possibilidades enormes de expansão se abrem. O grave com relação a esse período é que se criou uma certa paranoia, a ideia de que o Brasil poderia manter, como normais, aquelas taxas de crescimento que eram extraordinárias. Confundiu-se o excepcional com o normal, a aceleração com a velocidade, como se o Brasil fosse o Japão. Ora, a sociedade japonesa poupa espontaneamente 30% ou mais de sua renda, enquanto a nossa, orientada para o consumo, para o estilo de vida que adotamos, nunca conseguiu poupar mais do que 18%.

Como o governo vai atuar agora, como o ministro Delfim Netto encara tudo isso, eu não sei. Não conversei com ele. O que me parece claro é que o problema agora é totalmente distinto do de 67.

Parece estar implícito no que diz que o fim do "boom" não se deveu em absoluto à crise do petróleo, mas que ele ocorreria com ou sem ela.

É exato. A crise do petróleo até hoje não teve propriamente efeitos sobre a economia brasileira, no plano em que estamos discutindo. Até agora, o Brasil financiou todo o aumento do petróleo endividando-se. O aumento do petróleo refletiu-se apenas no passivo da economia brasileira lá fora. Esse problema pode também ser colocado de outra forma: a partir de 73, os financiamentos externos tiveram de ser desviados em quantidades maiores do que antes para as importações de petróleo. Antes não, eles podiam ser usados para outras finalidades. Em 73, aparentemente o Brasil imaginou que a crise do petróleo era um fenômeno passageiro. O Japão, que depende totalmente do petróleo importado, que não tem os recursos de energia hidrelétrica que temos, estabilizou o seu consumo de petróleo desde 74. E isso não o impediu de continuar a aumentar as suas exportações e equilibrar-se. Mas aqui a primeira reação, em 73, foi estritamente a de pensar em termos de endividamento. As importações brasileiras praticamente dobraram entre 72 e 75, passando de 6 a 7 bilhões de dólares para 12 bilhões. Nosso país jogou de imediato a carta do endividamento e não a da reciclagem. E o resultado está aí, pois essa é sempre uma solução de emergência. Hoje ela já é uma carta queimada.

Mesmo assim o Brasil parece que continuará jogando a carta do endividamento, o que cria um problema complicado. O endividamento é um jogo bilateral. Ele decorre de um confronto de vontades. E quem se endivida negocia evidentemente em condições mais difíceis. Lá fora não existem problemas de recursos disponíveis. O problema lá fora é com os agentes que administram esses recursos. É preciso saber, portanto até que ponto eles estão dispostos a nos continuar emprestando. Pelo que sei de conversas com banqueiros na Europa, muitos deles consideram que o Brasil está alcançando o ponto-limite de endividamento.

Não lhe parece que especialmente a sociedade ocidental, que estava fundada em duas premissas — a abundância do petróleo e seu baixo custo —, está passando por uma profunda alteração, em consequência da elevação do preço e da redução da oferta?

Este é apenas o aspecto mais grave do tipo predatório de nossa civilização, que está baseada na destruição do ecossistema, isto é, na destruição dos recursos não-renováveis de forma geral e não apenas do petróleo. Isto está levando a Europa e os Estados Unidos a repensarem esse modelo de civilização, o que é extremamente positivo, pois não pode haver nada mais penoso, absurdo e irracional do que fundar a vida do homem na destruição do próprio meio onde ele vive. O movimento ecologista é a manifestação mais ruidosa dessa nova tendência.

Provavelmente seremos levados a repensar a forma de urbanização adotada nesse tipo de civilização, assim como a organização espacial da atividade econômica e a orientação do progresso tecnológico. A tecnologia foi orientada principalmente para as economias de escala, para a grande unidade de produção, que leva à concentração do poder. Ninguém hoje em dia está em condições de demonstrar que essa é a melhor ou a única forma de tecnologia. É perfeitamente possível a existência de um sistema industrial muito mais descentralizado do que o que temos hoje, de uma nova forma de urbanização e de uma nova relação do homem com a natureza. No atual modelo de civilização, o homem sofre um desgaste crescente até mesmo em termos de equilíbrio mental. Calcula-se que 20% da população dos países mais adiantados ou são desequilibrados ou vivem só para tratar dos desequilibrados mentais. Estamos entrando numa nova fase de reflexão e debate sobre tudo isso. Vivo na Europa e percebo esse movimento. A fase que vivemos pode ser comparada com a do Renascimento. Ela pode ser um renascimento ou uma decadência, como a do Império Romano a partir do século IV.

O que é hoje a Ciência senão uma escrava, uma auxiliar da tecnologia? E o que é a tecnologia senão uma auxiliar da acumulação, do *marketing,* da ânsia de vender mais, de produzir para o desperdício? Houve uma espécie de tirania da lógica dos meios, da racionalidade instrumental. Os meios se transformaram em fins.

Se na Europa e nos Estados Unidos já se chegou à fase da reflexão e do debate sobre essas questões, no Brasil nem ao menos se cogita disso.

Sim, e no entanto a reflexão e o debate são aqui ainda mais urgentes do que lá. Nossa economia não pode deixar de acumular muito, pois ainda não satisfez as necessidades fundamentais da população. Só muito recentemente uma cidade como São Paulo teve o essencial, que é água para a população. Em Salvador, que é hoje uma grande cidade, nem um quinto da população tem acesso a serviços de água e esgotos. Estamos ainda por instalar o país e já entramos na época do desperdício. Não podemos em nenhum momento pensar em parar a acumulação, o desenvolvimento concebido em seu sentido mais amplo, mas temos também de pensar já e já em reorientá-lo. Não podemos continuar a acumular problemas. Temos de repensar o nosso modelo de civilização.

Vejam o seguinte: por que um país que tem a capacidade do Brasil de criar biomassa não possui um sistema de produção descentralizada de energia? Por que cada sub-região, cada fazenda, não tem sua produção própria de energia por meio de biomassa? Devemos evitar que os mecanismos de mercado desarticulem tudo isso, porque evidentemente quem estiver produzindo álcool no interior do Maranhão ou em qualquer outra parte dificilmente poderá concorrer com a gasolina barata que chega por caminhão. É perfeitamente possível descentralizar a produção de energia no Brasil, a partir da biomassa, para atender todo o setor rural. Isto para não falar da energia solar, setor em que somos privilegiados, pois temos seguramente a maior plataforma de absorção do mundo. Tudo isso abre enorme possibilidade de descentralização da produção de energia por meio de fontes não poluidoras, de um novo tipo de urbanismo, enfim, é todo um modelo de desenvolvimento e toda uma orientação tecnológica que precisam ser repensados. O Brasil vai ter de assumir a liderança em muitos desses setores. Não poderá esperar que as coisas venham de fora. Estamos vivendo um momento de grandes desafios e seria um erro imaginar que poderemos voltar a esquemas e formas de acumulação que conhecemos no passado.

Ao mesmo tempo em que o Brasil não pode deixar de acumular, ele se vê diante de um comércio internacional onde o protecionismo é cada vez maior.

Não creio que a situação seja essa. O Senado norte-americano aprovou recentemente um *trade act* que representa o fim de um longo processo de desmantelamento tarifário. A economia capitalista já está numa fase avançada de integração global. Refiro-me aos países do centro do sistema, os industrializados, que apresentam hoje em dia coeficientes de comércio exterior muito mais elevados do que há 50 anos atrás. Nesses últimos quatro ou cinco anos de relativa estagnação da economia industrial, o comércio internacional continuou a se expandir. O único elemento da economia mundial que continua a se expandir é ele, o que não deixa de ser impressionante. Parte disso decorre do aumento do preço do petróleo, que criou meios de financiamento para os países do Terceiro Mundo, e do fato de que estes últimos estão numa ofensiva de exportação de produtos manufaturados. Na França, estudos recentes demonstraram que a importação de manufaturas provenientes do Terceiro Mundo tem criado mais emprego do que desemprego. Não conheço estudos similares sobre outros países industrializados, mas é possível que se constate neles o mesmo fenômeno.

Um dos temas mais debatidos hoje é o da estatização. Ela não começou agora, pois tem raízes históricas profundas no Brasil. Como vê esse fenômeno? Acha que ele pode criar uma pletora burocrática inconveniente ao país? É evitável? Como se poderia estancar o processo, se é que a seu ver isto deve ser feito?

Todos os países de capitalismo tardio tiveram uma ou outra forma de estatização. No caso brasileiro, a expansão do setor estatal nos últimos 25 anos é particularmente notória. A meu ver, o problema nem sempre é visto com objetividade. A ninguém deveria ocorrer criticar uma empresa porque ela é possuída por A ou B, o Estado ou uma família, mas sim pelo fato de ela ser ou não eficiente. Em muitos países — nos Estados Unidos o fato é notório — muitas das grandes empresas têm seus ativos mais importantes nas mãos de sindicatos. Que esses ativos estejam nas mãos de sindicatos ou de 500 mil pessoas desconhecidas pouco importa, pois a verdade é que eles estão nas mãos da sociedade. A ideia de que a empresa privada deve pertencer a uma família ou a uma pessoa é coisa de uma certa fase do capitalismo. Agora a tendência é no sentido de que as empresas estejam nas mãos da sociedade. É o que se tem chamado de capitalismo popular. Não acredito muito neste capitalismo, mas é indubitável que a tendência é aquela a que me referi.

Com relação às empresas que estão nas mãos do Estado, direta ou indiretamente, tudo depende de se saber o que é o Estado. Se o Estado é uma burocracia centralizadora, a estatização é dificilmente aceitável. Mas vejam o caso de uma cadeia de televisão como a BBC — na Europa é muito vivo o debate sobre se as televisões devem ser estatais ou privadas — que está nas mãos do Estado: ela é uma instituição independente, sujeita à crítica permanente, submetida ao Parlamento e de uma forma geral aos órgãos ou instituições que formam a opinião pública. Nada indica que o fato de a BBC pertencer ao Estado crie rigidez ou monopólio de opinião na Inglaterra. Aliás, isto não impede que ela tenha uma televisão concorrente nas mãos de um grupo privado. Ambas devem igualmente explicações à sociedade sobre as razões pelas quais adotam tal ou qual linha, se possível dentro do Parlamento.

Esse debate sobre as explicações devidas à sociedade é atualmente muito grande nos Estados Unidos, porque uma grande empresa não é senão uma instituição pública. Para imaginar que a General Motors é uma instituição privada, é preciso estar realmente com a cabeça cheia de direito privatista brasileiro. Na concepção anglo-saxônica, a "corporation" tanto podia ser uma cidade como uma empresa. Tanto assim que uma cidade americana pode falir, e Nova York quase faliu. A "corporation" inglesa tradicional era criada por um ato do rei, passando a sê-lo depois pelo Parlamento. Só no século XIX é que surgiu a possibilidade de um grupo de pessoas poder criar uma "corporation". Antes isto era tarefa exclusiva do Estado, porque se entendia a "corporation" como uma instituição pública. A grande empresa capitalista é também uma instituição pública. Consequentemente, ela tem de prestar contas à opinião pública. É por isso que os americanos têm toda aquela parafernália de meios de controle. Em suma, a discussão sobre as empresas públicas e privadas tem de levar em conta a maneira pela qual nós concebemos o Estado. Talvez estejamos fixados aqui no Brasil num certo estereótipo do Estado que se confunde com o do Estado tal como ele existe nos países socialistas.

Um exemplo gritante da diferença enorme entre as "corporations" americanas e as grandes empresas estatais brasileiras é o da Petrobras, que se converteu num Estado dentro do Estado e não dá satisfações a ninguém. Não se sabe como ela opera ou deixa de operar.

Levada por ideias de segurança nacional, talvez a Petrobras se tenha transformado num caso extremo de empresa fechada, que não está exposta, como as empresas privadas americanas, a todas aquelas formas de controle que conhecemos. Esses controles são indispensáveis, pois sem eles como evitar que uma empresa como a General Motors exerça uma influência importante sobre a sociedade americana, desde a criação de empregos à orientação do consumo? Agora, com a crise na Chrysler, a General Motors e a Ford poderão ficar praticamente sozinhas controlando a indústria automobilística americana. Diante desse quadro, como não reconhecer que essas empresas devem satisfações à sociedade, que devem ser controladas como instituições públicas? O professor Adolfe Berle, que nunca foi amigo da estatização, foi um dos grandes advogados do debate público das ações e da orientação das grandes corporações nos Estados Unidos. É nesse sentido que temos de conduzir o debate no Brasil, para que as grandes empresas, estatais ou não, se legitimem pela eficiência e pela exposição à crítica de tudo o que diz respeito às suas ações e aos seus fins últimos. Crítica que pode ser feita no Parlamento, na imprensa, etc. Elas não se podem fechar como se o Estado brasileiro devesse ser como o Estado monolítico dos países socialistas, nos quais uma burocracia fechada, secreta, dirige e toma as decisões sem dar nenhuma satisfação à sociedade.

Como sabe, uma das coisas que os defensores da livre iniciativa mais criticam nas empresas estatais é a ineficiência. Alegam eles que o nível de eficiência é muito maior nas empresas privadas.

Acho que, se uma empresa não alcança os padrões de eficiência necessários, deve ser condenada, seja ela pública ou privada. Por que meios evitar que as empresas sejam ineficientes? O primeiro meio que os economistas imaginaram é o de evitar o monopólio.

Como a observação que fizeram ainda está inscrita dentro da querela da estatização, é preciso dizer que o crescimento do setor empresarial estatal no Brasil não resultou de uma intenção ou de um projeto, mas correspondeu a uma imposição da realidade. O setor de serviços públicos, por exemplo — transporte urbano, transporte ferroviário, etc. — entrou em rápida decadência a partir dos anos 30. Como o financiamento não era mais possível pelos meios clássicos, foi preciso o financiamento público, ou seja, a sociedade teve de assumir essa tarefa. Consequentemente, apresentou-se o problema da organização daqueles serviços como setor empresarial. Os franceses, que se defrontaram com o mesmo problema, inventaram uma gama de formas de empresas que não são nem estatais nem privadas. Aqui ocorre a mesma coisa. Buscou-se um mecanismo pelo qual essas empresas possam ser controladas como tais e não como repartição pública.

Proporia a imposição de limites à iniciativa privada?

De nenhuma forma. Exceto os limites que a própria sociedade considerar necessários. Há setores, como o de saúde pública, por exemplo, que todas as sociedades reservam para o Estado, por não querer submetê-los às incertezas da iniciativa privada. No Brasil, houve uma época em que a iniciativa privada esteve em recuo no que diz respeito aos setores infraestruturais e consequentemente o Estado foi chamado a assumi-los. A meu ver, quando as empresas públicas, em suas várias formas, são regidas em condições de igualdade com a empresa privada, elas não representam uma ampliação do poder da estatização, no sentido em que ela é entendida no Brasil.

Em resumo, não vê perigo na estatização, desde que tenhamos uma sociedade aberta, que permita um controle eficiente sobre as empresas públicas?

Esta seria uma condição *sine qua non*. O essencial é ter uma sociedade aberta que controle tanto as empresas públicas como as privadas e também que ambas sejam eficientes. Se um determinado espaço não é coberto pela iniciativa privada, tem de haver iniciativa pública, se isso corresponder a uma necessidade da sociedade. Não pode haver dogmatismo nessa questão. Temos de nos orientar pela eficiência e pela crítica, pela transparência daqueles que tomam decisões, para evitar que se crie um sistema feudal de privilégios e que se formem burocracias fechadas.

A centralização do poder econômico é uma lei da evolução do capitalismo. É o que se verifica nos Estados Unidos, onde o grande problema é como evitar que empresas que dispõem de tanto poder sejam opacas, impermeáveis à crítica e ao controle social.

Quais a seu ver seriam os interesses mais prejudicados, se é que seriam, com essa ampla democratização da sociedade que no fundo o sr. coloca como condição sine qua non *até mesmo para a eficiência das grandes empresas, públicas ou privadas?*

Não colocaria o problema nesses termos. Diria que o modelo brasileiro, na medida em que concentrou a renda, privilegiou certos grupos, deixando amplos setores da sociedade fora dos benefícios do desenvolvimento. E estes setores são os mais interessados em participar de um sistema de maior representação. O nosso problema é como ampliar as bases de representação do Estado, como fazer a sociedade adquirir uma presença efetiva nos órgãos de decisão, nas instituições do Estado.

Mas é possível também, como vocês fizeram, colocar a questão da seguinte maneira: quais seriam os setores mais prejudicados com uma mudança do sistema atual? O desenvolvimento, na forma como ele se apresentou no Brasil, com base em grandes unidades de produção, utilizando mimeticamente tecnologia já experimentada lá fora, beneficiou muito os que tinham essa tecnologia. Isto permitiu que as grandes empresas multinacionais aumentassem rapidamente seu espaço na economia brasileira. É claro, então, que, se quiséssemos reorientar o desenvolvimento, subordinando-o a um modelo de sociedade que foge à linha de facilidade daquelas grandes empresas, elas seriam as primeiras prejudicadas. Mas isto não impede também que elas se reciclem, que se adaptem à nova situação. Se amanhã reorientássemos a nossa indústria de meios de transporte para privilegiar o transporte coletivo de massa, as multinacionais poderiam adaptar-se com facilidade a essa nova realidade, porque têm uma enorme experiência nesse terreno. Elas se beneficiariam e haveria menos incompatibilidade entre os seus interesses e os da coletividade.

O que temos de evitar é que elas, buscando a linha de menor resistência, a linha da facilidade, imponham uma solução antissocial. Sei que vamos conviver por muito tempo com as multinacionais. Elas vão continuar a participar da economia brasileira, terão uma presença importante aqui. Ao mesmo tempo, acho que não é possível que o nosso estilo de desenvolvimento seja decidido pelo *marketing* delas. É desse ângulo que faço a minha crítica, porque sei que elas têm uma imensa experiência e um patrimônio tecnológico do qual não abrem mão facilmente. Elas são uma realidade da economia moderna e não podemos nos isolar e pensar no Brasil fora desse contexto. Hoje em dia o Brasil é suficientemente grande e importante para poder buscar a interdependência e não o isolamento.

A abertura democrática tal como a entendo, ou seja, a ampliação da representação da sociedade nas instituições do Estado, é fundamental para que se eliminem os aspectos negativos da estatização. Numa sociedade tradicionalmente autoritária tendendo ao corporativismo e elitista no pior sentido como é a brasileira, a expansão das empresas estatais acumula todos os aspectos negativos dessa tendência sem a contrapartida dos positivos. A prosseguir assim, teremos a burocratização no pior sentido, com os grupos se prevalecendo do controle de meios que não lhes pertencem para exercerem o poder em seu próprio benefício, sem termos o outro aspecto positivo da estatização, presente em outros países, e que é uma integração do setor estatal com o espírito público. Lá fora a estatização é justificada em grande parte pelo fato de a empresa estatal ser guiada por uma política que é a do povo, pelo Parlamento. Na França, por exemplo, discutem-se anualmente os planos das empresas públicas e sua política é ditada pelo Parlamento. Elas não se autodirigem. Sua política, assim, é um reflexo do interesse público. Há aspectos negativos na estatização, mas existem também esses aspectos positivos.

No Brasil, o setor estatal dissociou-se em grande parte do interesse público, porque se fechou, não se submetendo a uma verdadeira crítica, a um debate. Orientado pela burocracia, a tendência naquele setor foi no sentido da rivalidade entre grupos e a luta pela demarcação de zonas de influência, como ocorre em toda burocracia. O que acontece hoje dentro do setor das empresas públicas brasileiras é a luta entre grupos burocráticos para defender o seu espaço, numa espécie de feudalismo. O Estado autoritário, ao limitar a possibilidade de transparência do setor público, assim como o controle que sobre ele deve exercer a sociedade, permitiu que se criasse no Brasil um segmento social importante, que reúne o pior do setor privado com o pior do setor público.

Há uma crítica a se fazer à estatização brasileira pela forma que ela assumiu, mas ao mesmo tempo não podemos ignorar que nosso país tinha de buscar formas de organização de sua produção, pois ele não teve a mesma evolução de outros países capitalistas. Não teve, por exemplo, a formação de um setor empresarial com a dimensão necessária, como ocorreu com outros países desde o século XIX. O Brasil ficou numa situação particular e teve de criar suas próprias soluções. Sabemos perfeitamente — e fui em parte responsável por isso — que muitas vezes foram criadas empresas estatais, porque não havia nenhuma possibilidade de termos uma empresa privada, como foi o caso de Volta Redonda. Ninguém criou Volta Redonda como empresa pública por gosto. Nenhum grupo nacional ou internacional se interessou pelo empreendimento. E para o Brasil o problema que se colocava na época era ter ou não siderurgia. Aliás, muitos outros países tiveram também sua indústria siderúrgica por iniciativa do Estado.

Hoje a situação é diferente. Se quiséssemos desmantelar o setor público, as empresas internacionais poderiam em grande parte assumir a responsabilidade por ele. Mas esta evidentemente seria uma decisão de caráter político, que teria de ser tomada com transparência, ou seja, não deveria ser ocultada. Se se pretendesse desmantelar o setor público, no todo ou em parte, para entregá-lo a empresas multinacionais, a meu ver a sociedade deveria tomar conhecimento do caso e manifestar-se sobre ele.

Um dos problemas mais discutidos ultimamente é o da concentração da renda, com a particularidade de que não são apenas os grupos de esquerda que pedem uma distribuição mais equitativa. Parece haver uma quase unanimidade com relação à necessidade de se promover uma melhor distribuição da renda, embora haja grandes divergências entre os vários setores políticos sobre a forma e a extensão dessa distribuição. Como se situa diante desse problema?

O que caracteriza o desenvolvimento brasileiro, particularmente na sua fase mais moderna, é que ele privilegia um segmento da sociedade, ou seja, uma grande parte da população não tem acesso aos seus benefícios. O próprio desenvolvimento acarreta amplas mudanças na sociedade. Tomemos como exemplo uma de suas consequências, que é a urbanização. Todos sabemos que ela gera uma quantidade de problemas, nos setores de saúde pública, higiene, educação. Houve uma ampla insuficiência do setor público com relação à satisfação das necessidades básicas da população e, ao mesmo tempo, os frutos do desenvolvimento convergiram para um segmento da sociedade. O salário mínimo, por exemplo, representa hoje apenas 60% ou no máximo dois terços do que era há 20 anos. Nesses 20 anos, a produtividade média do trabalho no Brasil aumentou duas vezes e meia. Seria de se esperar, portanto, que o salário mínimo — que é a remuneração dos desprivilegiados — também fosse multiplicado por 2,5. E a situação é tal que, em vez de se discutir por que o salário mínimo real não foi multiplicado por 2,5, o que se discute é por que ele diminuiu um terço.

É preciso reconhecer também que essa situação não é da exclusiva responsabilidade do governo militar que está aí. É que o nosso modelo de desenvolvimento, baseado na modernização e na assimilação de tecnologia que vem de fora, tende necessariamente a concentrar renda. Reproduzimos aqui um modelo, um sistema de vida que tem por trás dele, lá fora, um nível de acumulação muito alto. Para se chegar ao sistema de vida da classe média brasileira, houve lá fora um nível de acumulação que representa de 5 a 10 vezes o que houve no Brasil. E, em última instância, o que determina tudo na sociedade é o esforço que ela fez no passado, ou seja, o nível de acumulação. Ora, se adotamos aqui um estilo de desenvolvimento que corresponde a um nível de acumulação muito maior do que o nosso, o resultado é que só podemos fazer isso para uma parte da sociedade. A maior parte fica de fora. Essa é a lógica intrínseca do sistema, contra a qual se deve lutar permanentemente.

O que proporia para reverter essa tendência?

Primeiramente, acho que se teria de reordenar as necessidades da sociedade. De alguma maneira já se está fazendo isto hoje, na medida, por exemplo, em que o transporte urbano se transforma numa necessidade prioritária. Mas ele é apenas uma delas. Em segundo lugar, há o problema do salário mínimo. Não se pode deixar que a lei do mercado regule o que é essencial à sobrevivência da população. Todas as sociedades modernas aceitaram esse princípio. E, evidentemente, o salário mínimo não pode ser o que está aí. Tem de ser muito mais alto. Se partíssemos para uma solução desse tipo, verificaríamos que a renda que a sociedade produz teria de ser aplicada com critérios diferentes dos atuais. O nível de consumo do segmento médio da sociedade brasileira teria de ser modificado para que a sociedade fosse mais homogênea. No nosso tipo de desenvolvimento privilegia-se uma forma de consumo que leva à concentração de renda. A classe média brasileira já está lutando pelo segundo ou terceiro automóvel. Mesmo no Nordeste, a classe média já está lutando por uma segunda residência, na praia ou no campo.

Repito: quando se aceita um estilo de vida que tem por trás de si, lá fora, uma acumulação que não temos aqui, exclui-se dele uma grande parte da sociedade. Os mais fracos não podem participar dele, são empurrados para baixo. E o primeiro sacrificado é o setor agrícola, o que se verifica de imediato quando se comparam os preços relativos da indústria e da agricultura. Os preços são estabelecidos de tal forma que os trabalhadores agrícolas são sempre os mais explorados.

Uma saída seria então o fortalecimento do setor agrícola?

O problema está nos preços relativos da economia como um todo e não no fortalecimento do setor agrícola. Os preços relativos de uma economia refletem a relação de forças dentro da sociedade. Quem detém um monopólio, por exemplo, aumenta seus preços porque tem poder para isso. A indústria farmacêutica tem um grande poder, porque ninguém pode viver sem remédios, e em função disso poderia fixar preços exagerados, o que não acontece porque o Estado exerce um certo controle. No mundo inteiro acontece isso. Como veem, os preços relativos refletem relações de força dentro da sociedade e não o equilíbrio do mercado. Portanto, quem olha para uma sociedade e vê os preços relativos nela existentes já sabe quem tem e quem não tem poder. Uma coisa que salta aos olhos numa sociedade como a brasileira é que os preços do setor agrícola, com raras exceções, são muito mais baixos do que os preços internacionais, o que faz com que o trabalho no campo seja muito mal pago. Já temos assim uma grande parte da população lá embaixo, excluída dos benefícios do desenvolvimento. No setor urbano, um terço da população ativa das grandes cidades também vive fora da lei do mercado e das garantias sociais.

A distribuição de renda no Brasil está condicionada, primeiramente, por essa relação de força mais ampla que permite excluir grande parte da população dos benefícios do desenvolvimento, e em segundo lugar — dentro da minoria privilegiada — pela estrutura corporativista existente nos setores profissionais. Vemos surgir aí novamente o problema da estatização, porque a empresa estatal pode fixar seus salários com uma margem de liberdade bastante grande, já que quase sempre ela está diante de uma demanda totalmente inelástica. O custo dela é o custo da folha de salários. E isto não ocorre apenas nas empresas estatais. Muitas empresas que trabalham para o Estado estão na mesma situação, como é o caso dos escritórios de projetos de engenharia, por exemplo. Como eles definem o custo dos projetos? Pelos custos dos salários, mais uma porcentagem para os gastos gerais, etc. Em suma: os custos é que determinam o preço. E quem determina os custos, quem determina os salários dos elementos dessas grandes empresas, se elas quase não enfrentam concorrência? São os próprios engenheiros, economistas e advogados que as integram. Eles podem multiplicar os seus salários por dois, aumentar os custos e apresentar o projeto que ele será aceito. Como então se distribui a renda? A partir da relação de forças dos que controlam a informação, a técnica e detêm certas posições.

Na luta pela repartição da renda entre os grupos que têm poder, que exercem posição de monopólio, que controlam a informação, etc., eles no fundo dividem um todo que já foi previamente estabelecido pela exclusão da maioria. Portanto, a primeira providência seria ampliar a parcela de recursos que vai para os excluídos, tendo em vista que eles não participam da luta. Quando se fixa o salário mínimo, isto já é feito com o objetivo de tirar da disputa uma parte dos recursos. O mesmo ocorre quando são criados seguros sociais e quando são destinados recursos para a educação de base. A distribuição da renda não é, então, um problema estritamente econômico, mas que envolve uma concepção da própria sociedade. E só poderemos resolvê-lo, se a sociedade participar da luta para isso, pois é muito difícil imaginar que se pode modificar essa situação apenas em função da lucidez e do esclarecimento dos que estão por cima. As pressões para se apropriar do excedente são enormes por parte dos que estão por cima. Basta ver que os que são privilegiados no Brasil estão dizendo que o seu nível de vida está baixando, que enfrentam dificuldades com a alta dos preços, etc.

O regime autoritário, ao excluir a possibilidade de mobilização dos setores prejudicados, agravou a tendência estrutural do sistema para gerar desigualdades, para ser socialmente injusto. O salário mínimo não acompanhou a produtividade média, porque grande parte das forças que podiam lutar por isso foram excluídas. Muitos dirão que a razão pela qual o salário mínimo era muito mais alto há 20 anos atrás é que agora se deve pensar mais numa política de criação de empregos do que em fazer subir aquele salário. Mas por que criar empregos tirando dos que não têm quase nada? Por que não criar empregos tirando dos que têm muito mais, dos que têm o supérfluo? E aí entramos no debate político.

Um dos grandes temas discutidos no início da década de 60, inclusive durante o período em que era ministro do Planejamento, foi o da reforma agrária. Agora ele começa a voltar. Como via a questão no passado e como a vê hoje?

Vejo-a de forma similar, no passado e no presente. No passado, nunca me deixei iludir pela ideia de que a reforma agrária é uma panaceia. Se ela não se inscreve no contexto de outras medidas, pode frustrar-se totalmente. Aprendi isso desde cedo nos países em que vivi e que tinham feito grandes reformas agrárias. O caso mais significativo é o do México, que só no governo Cárdenas distribuiu mais de 17 milhões de hectares e, num período mais amplo, mais de 40 milhões. E hoje, quando estudamos a repartição da renda no México, vemos que ela não é muito diferente da dos países que não fizeram reforma agrária. Evidentemente, a reforma agrária pode ser a solução para uma série de problemas urgentes. É o caso dos pequenos arrendatários, que pagam uma forte renda pela terra e não recebem, pelo duro trabalho que realizam, sequer o salário mínimo. Mas a verdade é que, se a reforma agrária não contribui para um uso mais racional dos recursos de terra e água no campo, seu preço social é muito grande.

Para mudar a situação de vida da massa rural brasileira — trabalhadores rurais, pequenos arrendatários, meeiros, etc. — é preciso encarar globalmente o problema da repartição da renda, porque, se a sociedade brasileira continuar a exigir que os recursos se concentrem nas cidades, não há reforma agrária capaz de mudar o quadro. Nesse caso, pode-se mudar a estrutura agrária, mas os intermediários comerciais e financeiros, aqueles que bem ou mal fixam os preços, vão continuar ditando as regras, e a situação no campo ficará não propriamente igual, mas não muito diferente. Portanto, o primeiro passo para se abordar corretamente o problema do campo é saber por que os benefícios do desenvolvimento se concentram na cidade, por que os preços relativos são contra a população rural. E, se quisermos modificar essa situação, será preciso ter muito cuidado para evitar que as medidas tomadas agravem a concentração da renda no campo. Porque é possível, por meio de crédito e outras facilidades, melhorar os preços relativos no campo e beneficiar apenas a minoria que controla os canais de comercialização ou os grandes proprietários.

Seria transpor para o campo o modelo existente nas áreas urbanas?

Exatamente. Nesse caso, se favoreceria um segmento da população rural que já é beneficiado, embora se deva reconhecer que isto possa conduzir a um aumento da produção agrícola, na medida em que se induza um setor do empresariado a aplicar mais recursos no campo. Como veem, todos esses problemas são interdependentes. Essa questão tem duas faces: uma social e outra propriamente econômica, que diz respeito à eficiência no uso dos recursos. É nesses termos que eu conceberia uma política agrária, ou de desenvolvimento, para falar em termos mais amplos, a fim de eliminar a miséria no campo.

Quando fiz o Plano Trienal, procurei separar certos problemas que me pareciam altamente prioritários de outros que julgava de menor urgência. Coloquei no primeiro caso a questão da população mais miserável e desprivilegiada do campo, aquela que não tem acesso à técnica, aos financiamentos, etc., porque não tem sequer base para ser cadastrada. Calculei o volume de recursos necessários para resolver o problema da miséria dessa gente e concluí que a sociedade poderia perfeitamente assumir essa responsabilidade, porque para isso não era necessário um esforço financeiro tão grande quanto se poderia imaginar à primeira vista. Deveríamos portanto tentar elevar o nível de vida daquela camada da população, que é a que se situa mais abaixo. Seria um bom começo para melhorar a distribuição da renda, porque a situação dos que estão embaixo é que condiciona a dos que estão em cima. É o salário mínimo que de alguma maneira condiciona a escala de salários.

Por tudo isso, imaginei um ataque maciço, concentrado e imediato a um problema — o da miséria das populações rurais — que podia ser apresentado como de interesse nacional e que ao mesmo tempo não era de solução tão difícil assim. Bastaria, por exemplo, que aqueles que pagam pela utilização da terra, aqueles que são pequenos arrendatários, tivessem as terras em que trabalham desapropriadas e a eles vendidas ao preço de custo. Poderiam pagar, porque aquelas terras não seriam tão caras assim. A meu ver, o problema era muito mais social que econômico ou financeiro. A reforma agrária devia ser atacada primeiramente pelo seu lado social e ligada a um projeto global, e nunca se deveria partir dela isoladamente, como se fosse a chave da solução dos problemas brasileiros. Gomo disse, tinha a experiência da observação do fenômeno em outros países para não cair na solução fácil que geralmente seduz as pessoas que entendem muito pouco dos problemas agrários.

O Plano Trienal foi engolido pela crise do governo Goulart?

Totalmente. Hoje eu me pergunto às vezes por que aceitei fazê-lo. Aí entram razões pessoais...

Quando começou a elaborá-lo, já via os sinais da crise que levaria o governo ao colapso?

Sim, estava vendo a crise, as tremendas limitações do governo. É preciso ter em mente que desde a renúncia de Jânio o Brasil não teve propriamente um governo, no sentido corrente do termo. O poder do governo foi extremamente limitado. A possibilidade de tomar decisões foi-se encolhendo como uma *peau de chagrin*. Foi nesse ambiente que se tratou de fazer um Plano Trienal. Havia uma primeira justificativa para ele, que era a luta pela restauração do sistema presidencialista. Era preciso dar credibilidade ao governo. Jango ia apresentar-se à opinião pública reivindicando poderes, mas poderes para quê? Para aplicar uma política. Que política? Essa foi a discussão que tive com San Thiago Dantas. E foi San Thiago quem convenceu Jango de que se deveria elaborar um plano, ter uma política definida, e de que a pessoa indicada para fazer isso a curto prazo seria eu, pela minha experiência no trabalho de planejamento.

Seria uma proposta ao país?

Sim, seria uma indicação de intenções: se ganhamos o plebiscito e assumimos o poder presidencial, temos uma política a executar e com ela nos comprometemos. Essa era a visão de San Thiago, que compartilhei e à qual dei minha contribuição, elaborando o Plano Trienal. Foi um trabalho difícil, levando em conta os meios limitados da época e o tempo que tive para prepará-lo — apenas três meses. Mas, como disse, houve também razões pessoais que me levaram a aceitar a tarefa e a assumir uma responsabilidade tão grande. Durante o período parlamentarista, a minha situação na Sudene tornou-se complicada. Passei a ter dois patrões: o presidente e o primeiro-ministro, pois o poder estava dividido entre eles. Quando das eleições de 1962, sofri grandes pressões para mudar a política até então aplicada, para atender a interesses políticos lá no Nordeste. Recordo-me que quando voltei de uma viagem à Alemanha o ministro da Viação, Virgílio Távora, chamou-me para uma conversa. Disse-me que minha situação era insustentável. Não tinha outra opção senão deixar a Sudene, pois para ficar teria de mudar a minha linha de ação, para atender a interesses eleitorais, e ao mesmo tempo ele sabia que eu não faria isso.

Saí desse encontro e telefonei para Jango, que estava no Palácio das Laranjeiras, e disse que gostaria de vê-lo urgentemente. "Venha agora, pois queria mesmo falar com você" — foi a resposta. Jango era uma pessoa muito especial: muito afetivo, mas ao mesmo tempo muito pouco explícito, pouco comunicativo. Conversamos sobre vários assuntos de ordem geral e em seguida expus-lhe a situação, contando a conversa que havia tido com Virgílio Távora e o recado do primeiro-ministro Tancredo Neves que ele me transmitira sobre o problema da Sudene e da situação política no Nordeste. "Celso, você quer continuar a sua luta no Nordeste?" Respondi-lhe que, depois de tantas lutas, estava evidentemente disposto a continuar. "Bem, para tirá-lo da Sudene são necessárias duas assinaturas — a do primeiro-ministro e a minha. E a mim cortam-me a mão, mas não assino a sua demissão" — foi a sua resposta. Voltei para o Nordeste e meu poder cresceu consideravelmente. Pude executar meus planos, tinha todos os recursos de que necessitava e não fiz concessão a ninguém. Tinha essa dívida pessoal com Jango.

Por isso, não hesitei quando ele me convidou para fazer o Plano Trienal: "Celso, agora preciso de sua ajuda, porque temos essa batalha a vencer e sei que você é a pessoa que pode fazer esse plano". Eu era um especialista em planificação econômica. Fui o autor do primeiro manual de técnicas de planificação das Nações Unidas. Ele sabia de tudo isso. Como podia negar-me a atender a seu pedido?

Mesmo sabendo que teria um tempo excessivamente curto para elaborar um plano de tal importância?

Tinha o dever de aceitar essa incumbência e me empenhei da melhor forma possível, mesmo sabendo que o tempo de que dispunha era absurdamente curto e que as possibilidades de levar avante o plano seriam muito limitadas. Tanto que para mim não foi surpresa quando San Thiago teve de abandonar o Plano e a coisa veio abaixo.

Como foi o processo de degringolada do governo Jango, visto por alguém que estava dentro dele e numa posição privilegiada de observação?

Desde a renúncia de Jânio, houve no Brasil um vazio de poder, em razão do tipo esdrúxulo de parlamentarismo que se criou. Jango insistia sempre: "Não aceito essa situação. Estou sentado aqui por cortesia. Mas não admito a ideia de estar aqui sem ser realmente presidente da República, com todos os poderes que a Constituição me deu". Assisti a quase todas as reuniões do Ministério e vi o quanto era difícil, nesse clima de tensão, estabelecer diretrizes. Jango canalizou todas as forças para restaurar seus poderes de presidente. Ele era uma pessoa suspeita aos olhos das Forças Armadas. Uma grande parte dos militares achava que ele nunca deveria ter assumido o poder. Para mim o que simbolizou o grande enfraquecimento do Poder Executivo nessa fase foi a vinda de um chefe de Estado estrangeiro ao Brasil, que era nada menos que uma figura da importância histórica do marechal Tito, e que não pôde descer em nenhuma capital de Estado, exceto Goiânia. O presidente da República não tinha meios de dar segurança a ele para que visitasse o Rio, São Paulo, Belo Horizonte, etc.

Não havia governo, mas uma situação de transição para alguma outra coisa. Não era possível pensar em termos de governar, de manipular meios para alcançar certos objetivos. Isto era muito visível para mim, porque fui um pouco uma ilha dentro do governo a partir daquele momento em que Jango me deu mão forte na Sudene. Tinha muita autoridade porque vinha de governos anteriores, entendia-me muito bem com os ministros da Fazenda, participava de todos os centros de decisão, era membro do Conselho da Sumoc e, enfim, era a pessoa mais articulada dentro do governo, porque estava há muito tempo na cúpula da administração.

Essa desorganização decorria apenas da situação que o parlamentarismo criou, ou era resultado também do choque de tendências ideológicas opostas dentro do governo?

Acho que havia uma interação dos dois elementos. Naquela situação, intensificou-se a luta das distintas facções para ocupar posições. Era impressionante ver, por exemplo, como muitos ministros estavam mais preocupados com a sobrevivência e com a sucessão, com o que viria depois, do que com a continuidade política. Houve momentos em que tive a impressão de que tomar decisões de governo era algo quase impossível.

San Thiago Dantas não era uma das raras pessoas no governo que tinha uma visão global do processo e tentava ordená-lo?

Não é propriamente que as pessoas não tivessem uma visão global do que se passava. Além de San Thiago havia pessoas de primeira ordem no governo. Mas governar significa poder coordenar decisões e fixar diretrizes e objetivos. E o governo não tinha meios para alcançar certos objetivos. Era como se as questões táticas, as questões de sobrevivência esgotassem as energias. Utilizavam-se os meios do governo não para governar, mas para se dirigir à opinião pública. Nessa situação, cada um no fundo tratava de defender o pouco que tinha nas mãos. O ministro da Fazenda passava então a ter um poder imenso, porque era ele quem distribuía o dinheiro aos outros. Eu tinha trabalhado nos governos de Juscelino e Jânio e podia sentir a diferença.

O Brasil é um país que tem bases institucionais para que o poder seja exercido, mas elas se diluíram quando setores militares levantaram uma suspeita com relação ao presidente. Esse homem se viu então na necessidade de lutar permanente e exclusivamente pelo poder, para reassumir seus poderes, e não lutar pelo seu governo. Quando ele finalmente recuperou seus poderes, já estava tudo minado. Pode-se perguntar: por que, quando ele recuperou seus poderes, não utilizou todos os meios de que dispunha para sanear a situação e jogar tudo no seu governo? Ele poderia dizer: "Agora vou exercer o poder como presidente e terei os auxiliares de que necessito, inclusive o ministro da Guerra que quero. Se me tirarem daqui, a responsabilidade será de quem fizer isto, e não porque fui incapaz de exercer o poder". Mas, aí, o temperamento de Jango e o problema da sucessão passaram a pesar enormemente. A luta pela sucessão já estava aberta, com Lacerda de um lado usando de todos os meios para desacreditar o governo e, de outro, Juscelino tratando de ocupar um espaço maior. A luta pela sucessão passou a dominar as discussões, absorvendo o melhor das energias.

Darcy Ribeiro, que foi ministro na mesma ocasião, afirmou em seu depoimento que o governo Goulart caiu por suas virtudes e não por seus defeitos. Partilha essa opinião?

O governo Jango, a rigor, nunca existiu. Essa é que é a pura realidade. Foi demasiadamente contestado pelo sistema de poder no Brasil, seja pelos setores privados, seja pelos setores militares.

E considerado desde o início como meramente transitório.

Ele nunca conseguiu sair dessa situação de transitoriedade. No começo sua luta foi fundamentalmente para restabelecer o poder do presidente e em seguida foi absorvido pelo problema sucessório. A possibilidade de entregar o governo ao seu maior adversário seguramente preocupou muito Jango. Repito: o governo Jango nunca existiu. Ele não pode ser comparado com um governo normal. Nunca dispôs de suficiente poder. Na verdade, Jango durante quase todo o seu governo foi uma espécie de candidato a alguma coisa e não propriamente um presidente que tivesse assumido o poder de verdade.

Como vê hoje a atuação das forças de esquerda durante o governo Goulart?

No Brasil, as forças de esquerda têm um papel muito superficial, porque o próprio sistema de poder é extremamente alérgico à sua influência ou penetração. Quando pensamos em quem controla o poder institucionalizado, o poder de fato, ou seja, quem controla, por exemplo, as Carteiras do Banco do Brasil, vemos que a influência da esquerda é mínima. Nunca conheci nenhuma instituição importante no Brasil que não fosse dominada por grupos mais ou menos conservadores. Infiltração esquerdista no poder? Tomemos o exemplo da Sudene. Fui acusado de colocar esquerdistas lá. Quando foram feitos os inquéritos depois de 64, encontraram cinco ou seis pessoas que julgaram suspeitas.

A influência da esquerda se exerceu dentro de um certo intelectualismo. Por isso encontravam-se pessoas de esquerda nos *mass media* e entre as que prestam serviços de assessoria. Que instituições importantes Jango entregou a pessoas de esquerda? A Petrobras? O Banco do Nordeste? O DNOCS? O DNER? O Banco do Brasil ou qualquer outro órgão que manipule dinheiro? O poder são essas instituições. A pergunta então é: o que era a esquerda no Brasil? O PC, que é uma instituição circunscrita, limitada, mais ou menos conhecida, mapeada. Não era difícil conhecer as pessoas mais ou menos ligadas ao PC e que buscavam ocupar posições, mas sem uma política definida com respeito ao uso dos cargos. Se, se entregasse a Sudene ao PC, o que ele iria fazer? Empreguismo. Mas que política eles teriam para o Nordeste? Nenhuma. O PC levantou, é claro, o problema da reforma agrária. Mas foi por meio de pessoas como

Josué de Castro e outros intelectuais, que nunca souberam bem o que é reforma agrária, porque nunca viram uma de perto, que transformaram isso em discurso. "Você não está pensando em reforma agrária" — era a crítica que me faziam muitas pessoas de esquerda.

Agora, havia também uma outra esquerda, que não se confunde com essa perfumaria toda de hoje. Havia pessoas mais ou menos ligadas a uma certa ideia de desenvolvimento orientado pelo Estado. Porque eu participava desse grupo é que me chamavam de esquerdista. Não poderiam dizer que eu era do PC, porque simplesmente nunca fui ligado a ele ou a qualquer de suas instituições, nem na juventude nem na velhice. Mas criticavam-me dizendo que eu era estatizante. Fui diretor do BNDE e achava que o dinheiro que o banco emprestava a juros negativos a grandes empresas como a Light devia ser transformado em participação acionária. E por que não? Por que dar dinheiro do povo à Light? Se ela precisava de recursos e a coletividade precisava de seus serviços, por que esta última não podia ter um pacote de ações da empresa? Cerca de 1 ou 2% de ações não iam fazer o Estado mandar na Light. Por isso, briguei dentro do BNDE para que o dinheiro, nesses casos, fosse transformado em participação societária e não dado de presente.

Lutávamos naquela época pela criação de uma base industrial no Brasil e pela ação do Estado nesse sentido, por meio do BNDE. A criação do banco foi apoiada por Octávio Gouvea de Bulhões, Roberto Campos, por mim e vários outros, porque sabíamos todos que o Brasil necessitava de recursos financeiros para grandes projetos. A verdade é que o BNDE foi criado a partir dos trabalhos da Comissão Mista Brasil-Estados Unidos e não se pode dizer que o foi com espírito estatizante.

> *A esquerda brasileira, na época de Goulart, formava um grupo organizado e com objetivos precisos, ou era mais fogo de artifício, agitação superficial? Porque a facilidade, pelo menos aparente, com que Goulart foi derrubado é algo que até hoje espanta.*

A esquerda no Brasil é um estado de espírito de insatisfação por parte de muita gente, e gente de sentimentos nobres. Diante de um país cheio de injustiças sociais como o nosso, muita gente parece dizer a si mesma: "Não posso fazer muita coisa para mudar isto, mas não me entrego completamente, e adoto uma espécie de resistência ao nível da consciência". Esse tipo de postura tranquiliza a consciência de muita gente. Não podemos dizer que as pessoas que assim pensavam exerciam poder ou representavam uma ameaça no sentido de que tinham um plano para tomar o poder no Brasil.

A seu ver, então, não se conseguiu formar naquela época nem mesmo um germe de pensamento de esquerda coerente?

Nunca houve um pensamento de esquerda coerente e estruturado no Brasil. Houve, isto sim, um pensamento ligado à ideia de industrialização, de modernização, de desenvolvimento do país, que se opunha à tendência antiga de pensar que o Brasil era prejudicado pelo clima, que seria sempre atrasado, que a nossa raça era inferior. Ao contrário da geração que via as coisas por esse ângulo, a minha é otimista, acredita no Brasil. Tomemos o caso do professor Gudin, que é o símbolo da geração pessimista que antecede a minha. Ele é um homem de grandes qualidades, fui seu amigo e o respeito muito. Mas a verdade é que ele jamais se preocupou com uma coisa positiva no Brasil. Sei a gravidade de se dizer isso, mas qual foi o projeto importante, positivo, que ele advogou no Brasil? Não saberia dizer. Mas por outro lado sei de muitos projetos importantes para o nosso país e contra os quais ele se colocou. Quando se quis fazer Paulo Afonso, ele foi contra, achou que era inviável; quando se quis fazer a indústria automobilística, foi contra, achou que era uma besteira; quando se quis fazer Brasília, foi mais uma vez contra, achou que era uma insensatez. E assim por diante.

Estou tentando dar indicações sobre uma determinada mentalidade e não criticar a pessoa do professor Gudin, até mesmo porque, sob todos os aspectos, ele é um homem nobre. Mas a verdade é que a atitude de sua geração foi sempre a de negar uma saída ao Brasil, a de passividade diante de nossa realidade. A minha geração se revoltou contra isso, dizendo: "Não, este país vai transformar-se de uma maneira ou de outra, pois há possibilidades para isso e, portanto, temos de assumir os destinos do Brasil".

Não lhe parece que várias gerações de militares, a partir dos anos 20, tiveram a mesma postura de sua geração diante dos problemas brasileiros, apesar de uma ou outra diferença menor de enfoque? Por que houve um desencontro?

É evidente que grande parte dos militares que participaram dos movimentos sociais dos anos 20, os do ciclo do Tenentismo, eram pessoas que se revoltaram contra essa ideia de que o Brasil não tem saída. Quanto ao desencontro a que se referem, na verdade a escola de pensamento predominante no Exército, a partir da criação da Escola Superior de Guerra, não é fruto daquelas inquietações e daquela maneira de ver do Tenentismo, à qual me referi. Ela está demasiadamente preocupada com os problemas de segurança global e com a posição internacional do Brasil, elementos que passaram a ser privilegiados na análise. Passou-se a deduzir a posição do Brasil a partir da confrontação do mundo ocidental com a União Soviética, privilegiando-se em consequência o problema da segurança. A reflexão sobre as lutas dos anos 20 não chegou a produzir uma corrente de pensamento. Esse grupo não deu intelectuais. O maior intelectual deles teria sido Juarez Távora, que não chegou a formular uma teoria sobre os problemas brasileiros.

Vê então uma inspiração comum entre as inquietações dos militares revoltosos dos anos 20 e as da sua geração?

Sim, existe um paralelismo entre os militares que se revoltaram contra o *status quo*, contra as velhas oligarquias, como eles diziam, e a minha geração. A diferença é que a revolta deles esgotava-se em si mesma, ou seja, fizeram seus movimentos, mas nunca elaboraram, com base nessa experiência, um pensamento estruturado.

Não lhe parece que a preocupação deles era muito mais política do que social?

Como separar completamente as duas coisas? Também para a minha geração o problema era em grande parte político. Mas nós vimos que, sem estudar a fundo a economia, sem um pensamento econômico, não seria possível avançar. Essa é a grande diferença entre a minha geração e as anteriores. Fomos os primeiros a dar atenção aos aspectos econômicos. Para nós os problemas sociais e políticos estavam intimamente ligados aos problemas econômicos. Os militares revoltosos dos anos 20 pensavam que o ataque aos problemas políticos levaria à solução das questões sociais. Como homens de poder, eles pensaram a partir do político. Os da minha geração, não. O que nos apaixonou foi o entendimento da engrenagem econômica da dependência. Fomos os primeiros a levantar o debate nesse plano. A verdade é que grande parte do que aconteceu depois decorre das decisões tomadas nos anos 50, pois, como já disse, a base industrial foi feita nessa época. Inclusive a expansão do Estado foi preparada na mesma ocasião. Não pensávamos então que em consequência disso certos grupos iam ser privilegiados, que se criariam injustiças adicionais. Víamos nesse projeto um tipo de correção ao nível da infraestrutura para completar o sistema industrial e lançar as bases de uma verdadeira economia moderna.

No tipo de cronologia invertida, digamos assim, adotada nessa entrevista, chegou a hora de falarmos um pouco da Sudene. Qual foi a sua gênese, como surgiu a ideia de um projeto como esse e qual foi a sua participação nele?

A ideia de uma reformulação da política para o Nordeste liga-se à tentativa de pensar o Brasil tendo em conta a sua realidade econômica. Sou nordestino, criado no Nordeste com aquela ilusão de que a pobreza da região decorria da instabilidade do clima, da seca, enfim, com tendência a ver apenas os aspectos externos da realidade nordestina. Tudo isso fazia parte da mitologia que eu havia absorvido desde a minha infância. Na medida em que começamos a pensar o Brasil economicamente, compreendemos que grande parte do esforço que realizava a sociedade brasileira frustrava-se totalmente, porque não estava ligado a nenhum projeto de reconstrução do Nordeste. Ali as soluções propostas eram sempre paliativas, e a tendência era a de os meios dominarem os fins. A açudagem, por exemplo, passou a ser um fim em si mesma. Ninguém acumula água como um fim, mas para ser usada. Numa reunião nas Nações Unidas fui chamado a explicar como era possível ter vários bilhões de metros cúbicos de água armazenados no Nordeste, se não havia áreas irrigadas e se a água não era também usada para gerar energia. Naquela época não havia no Nordeste mais do que quatro mil hectares irrigados.

História Vivida

Voltando ao Brasil depois de quase 10 anos nas Nações Unidas, pensei em ir para o Nordeste, pois lá tudo estava por se fazer. Recordo-me que estava na Inglaterra quando o presidente Juscelino Kubitschek mandou-me chamar, por indicação de várias pessoas daqui. Queria que eu voltasse para ser diretor da Sumoc. Felizmente, na hora em que ele chamou, eu não estava, porque é muito difícil a gente resistir pelo telefone internacional a um convite feito pelo próprio presidente da República. "Meu Deus — pensei eu —, o que vou fazer na Sumoc?" Quando finalmente voltei foi para uma curta estada, pois estava de passagem para o Chile, onde ia reassumir meu posto, do qual estava apenas licenciado para um curso em Cambridge, dois colegas meus — Cleanto de Paiva Leite e Ewaldo Correia Lima — foram ao aeroporto esperar-me e disseram-me: "Queremos que fique no Brasil e venha reforçar a nossa equipe no BNDE". Lucas Lopes tinha ido para o Ministério da Fazenda e Roberto Campos para a presidência do banco, deixando a superintendência, de modo que se abrira uma vaga. Tive uma reunião com a diretoria do banco e disse que aceitaria o convite feito pelos meus dois colegas, se pudesse ficar encarregado apenas dos assuntos do Nordeste. Minha proposta foi aceita e fui nomeado diretor do BNDE para o Nordeste.

Eu sabia que o banco não tinha nenhum projeto para o Nordeste e que, portanto, teria tempo bastante para estudar os problemas da região. Participava das reuniões, relatava projetos, etc, mas na verdade estava concentrado nos problemas nordestinos. Em 58 houve uma seca e fiz uma viagem pela região. Juntei bastante informações e decidi preparar um estudo sobre o Nordeste. Um dia, Juscelino, aperreado com o problema da seca, resolveu fazer uma pequena reunião para discutir o assunto, lá no Palácio Rio Negro, em Petrópolis. Ele queria mostrar que desejava fazer alguma coisa. O PSD perdera as eleições de 58 em Pernambuco, Bahia e outros Estados, e os políticos estavam preocupados. Havia também muita pressão por parte dos militares, inquietos com a gravidade do problema. Consta mesmo que alguns elementos do Exército pensaram numa intervenção federal no Nordeste. Tudo isso me foi dito depois pelo Juscelino.

Já no Palácio Rio Negro, antes de entrarmos para a reunião, Cleanto de Paiva Leite, diretor do BNDE e também nordestino, disse ao nosso grupo: "Olha aqui, eu não estou preparado para falar sobre o Nordeste, pois há muito tempo estou desligado da região. O Celso tem estudado o problema e delego poderes a ele para falar em meu nome". Todos concordaram. Entramos e só então fui conhecer Juscelino pessoalmente.

Ele gostava de causar impacto e disse mais ou menos o seguinte, ao abrir a reunião: "Gostaria de dar prioridade a qualquer medida, a qualquer coisa que possa atenuar a grave situação do Nordeste assolado pela seca". E continuou nesse tom. Logo em seguida passou-me a palavra e fiz um grande esforço para, em 20 minutos, traçar um quadro da situação do Nordeste e sugerir um diagnóstico. Disse que a política até então seguida tinha sido equivocada, que era preciso repensar tudo e partir para uma política global, que não se fixasse apenas na seca, mas abrangesse todos os aspectos fundamentais do problema do Nordeste: incorporação de terras úmidas, utilização da água represada para irrigação, criação de uma infraestrutura, unificação do mercado da região, etc.

Qual foi o impacto produzido pela sua exposição?

Juscelino ficou siderado, perplexo mesmo, e me disse: "Mas por que você não me apresentou essas ideias antes? Gostaria de ter iniciado um plano como esse que sugere no meu primeiro ano de governo. Daria então ao Nordeste a mesma prioridade que dei a Brasília. Mas nunca é tarde para se começar uma obra como essa e quero que meu governo fique marcado por ter iniciado uma grande e nova política para o Nordeste. Você quer quanto tempo para pôr tudo isso no papel? Porque vou lançar essa política". Pedi três semanas, porque já tinha quase todo o material pronto. Ele concordou e pediu a Sette Câmara, que aliás foi quem articulou e organizou toda a coisa: "Para tal dia, convoque todos os governadores do Nordeste, todos os deputados e senadores da região, todo o Ministério e todo mundo interessado nos problemas fundamentais do país, porque quero fazer uma declaração pública anunciando que o Nordeste vai ter prioridade no meu governo. E você, Celso, está encarregado de fazer nessa ocasião uma exposição sobre a política que vou executar no Nordeste". A partir desse momento, não tive mais sossego porque, ao ser divulgada a notícia, todos os políticos do Nordeste começaram a me procurar para saber o que eu ia propor em termos práticos.

A minha sorte é que, como diretor do BNDE, tinha meios de me trancar, de me esconder. E foi o que fiz. Trabalhei dia e noite. E minha sorte foi que, como houve o carnaval no meio das três semanas que Juscelino me dera, consegui aumentar o prazo para cinco semanas. Quando finalmente se realizou, no Palácio do Catete, a grande reunião que queria, Juscelino leu uma rápida exposição que tinha preparado para ele e me passou a palavra. Fiz uma exposição de 40 minutos, apresentando um diagnóstico do problema e mostrando as soluções propostas. "De onde saiu esse sujeito?" — era uma das perguntas que mais se ouvia na reunião. E da noite para o dia transformei-me no centro das atenções e das pressões de todos os interessados nos problemas do Nordeste. E assim nasceu a chamada "Operação Nordeste". Juscelino gostava do termo operação, tanto que já havia lançado a "Operação Pan-Americana". Criou-se imediatamente o Conselho de Desenvolvimento do Nordeste — Codeno — e publiquei um trabalho de 110 páginas sintetizando o que se pretendia fazer, com o título "Uma política para o desenvolvimento do Nordeste". Assim é que nasceu a Sudene, em condições excepcionais do ponto de vista político.

Acha que Juscelino estava preparado para o resultado da reunião de Petrópolis?

Acho que sim, porque queria fazer alguma coisa pelo Nordeste. "Lamento muito — disse-me ele — que só tenha ainda um ano de governo, mas farei tudo o que estiver ao meu alcance, no tempo que me resta, e que você sugerir." Passei então realmente a ter um poder enorme.

Ele lhe deu então todas as facilidades?

Sem dúvida. O problema é que no curto espaço de tempo de um ano de seu final de governo não foi possível fazer muita coisa. Como diretor do BNDE, consegui mobilizar recursos para começar uma série de estudos, pois primeiramente era preciso saber exatamente o que era o Nordeste. Enquanto o Congresso discutia a nova política para o Nordeste e a lei que criava a Sudene, o que durou vários meses, tive tempo para reunir as informações necessárias e coordenar as ideias e projetos. Tratava-se de atacar simultaneamente uma série de frentes, para traçar uma política global para o Nordeste. Tive total apoio de Juscelino, da mesma maneira que tive total apoio de Jânio Quadros e, como já disse, também de Jango. O que constituiu um verdadeiro milagre. Passou-se o seguinte. Conseguimos fazer valer a tese de que os problemas do Nordeste eram demasiadamente importantes para serem colocados em termos de política partidária. O nosso partido deveria ser o Nordeste. A região é tão fraca dentro do Brasil que tem de ser ela própria o seu partido — argumentava eu. Assim, quando das eleições presidenciais, reuni todos os governadores, que eram meus amigos, e expliquei-lhes a situação. Não poderíamos correr o risco de perder as eleições, em nenhuma hipótese. Portanto, qualquer candidato eleito tinha de ser o nosso candidato. Para tanto, estabeleceu-se que cada governador apoiaria naturalmente o candidato que quisesse, mas deveria exigir dele prioridade para a nova política para o Nordeste. Assim, tanto Lott como Jânio comprometeram-se em praça pública. Explica-se assim que Jânio Quadros não tenha tido nenhuma dúvida em me convidar para ficar em meu posto. Aliás, fui a única pessoa do governo Juscelino que, ocupando um cargo de alta responsabilidade, recebeu esse convite. A vassoura dele não tocou na Sudene.

Como vê a Sudene hoje, passados 20 anos? Ou melhor ainda, como vê o Nordeste?

Vamos primeiramente ao caso da Sudene. Ela continua lá, tem muitos técnicos de boa qualidade que fazem estudos interessantes, mas não têm nada mais a ver com a Sudene que criamos. Porque a Sudene que criamos era, na verdade, a manifestação de uma vontade política do Nordeste. O órgão supremo da Sudene era o Conselho Político, constituído pelos governadores, que se reuniam todos os meses para definir a atuação do órgão, acima das divergências partidárias. E o superintendente tinha grandes poderes, porque representava o presidente da República no Nordeste. A nossa teoria era a seguinte: o Brasil deve ser pensado também a partir do Nordeste. Não se tratava, pois, de arranjar uma ajudazinha para a região, mas pensar o Brasil a partir do Nordeste. E só em termos de vontade política isto seria possível. Assim era a Sudene. Hoje em dia ela é uma repartição do Ministério do Interior, com a sua agenda decidida em Brasília. São os funcionários que estão na capital federal que dizem o que se vai fazer ou não. Enfim, é um órgão da burocracia federal centralizada em Brasília. E o Conselho da Sudene, evidentemente, só tem sentido na medida em que existe um processo político aberto, no qual os governadores têm um poder real, porque eleitos diretamente. Não é que a Sudene hoje seja boa ou ruim, apenas ela é outra coisa.

Vamos agora à pergunta sobre o Nordeste. Hoje ele é bastante diferente do que era na minha época. Não digo que ele melhorou como esperávamos, mas que é diferente. Houve na região um forte processo de modernização. Hoje existe uma fachada moderna nas zonas litorâneas. O governo realiza importantes despesas por meio das universidades, o que permite a criação de empregos qualificados, de um terciário importante. O sistema de produção nordestino também sofreu mudanças, pois a indústria da região não tem mais quase nada a ver com a do passado. Antes ela era em grande parte reflexo do próprio Nordeste, ligada ao mercado local, a condições específicas da região. Hoje, ela é essencialmente um complemento, uma parte da indústria do Sul.

Por outro lado, como a industrialização criou relativamente poucos empregos, e ainda assim nos setores terciário e informal, o resultado é que a matriz social nordestina propriamente dita não se modificou quase nada. O mundo rural nordestino não é muito diferente do que era naquela época. O Nordeste está a exigir hoje um novo diagnóstico, um novo estudo global, uma nova reflexão, que não pode ser deduzida do que eu disse 20 anos atrás. A região continua a ser um grande problema para o Brasil, porque a massa da miséria do país está concentrada lá, onde as disparidades sociais são muito mais graves do que no Sul. O Nordeste é apenas um apêndice do Sul. Tudo o que acontece lá é mais ou menos um reflexo do que acontece no Sul. A indústria reflete o que se passa no Sul, e a sociedade vive mais ou menos em função dessas transferências que são realizadas. Hoje em dia grande parte da sociedade nordestina, sem ser integrada na sociedade brasileira — porque ela é sob muitos aspectos diversa —, é totalmente dependente, e não em termos estritamente econômicos.

Como foi um pioneiro da política de incentivos fiscais para o Nordeste, gostaríamos de saber que distinção estabelece entre a concepção que existia deles na sua época e a existente hoje.

Os incentivos fiscais não podem ser considerados senão no quadro de todos os incentivos, ou melhor, de todos os recursos que o governo utiliza como instrumento de política. A ideia dos incentivos fiscais surgiu em 1961, no governo Jânio Quadros, quando houve a reforma cambial e a instrução 204 da Sumoc eliminou todos os incentivos cambiais. O Brasil é um país que sempre utilizou incentivos, particularmente para o setor industrial. Nos anos 50, os incentivos cambiais chegaram a representar uma parte substancial do esforço de acumulação no setor industrial. Muitos projetos industriais tinham cerca de 50% do valor dos equipamentos cobertos por aqueles incentivos. Havia também os incentivos creditícios, pois o BNDE emprestou muito a taxas de juros amplamente negativas. A indústria do Sul criou-se com base numa bateria considerável de incentivos. No primeiro Plano Diretor da Sudene, que redigimos, orientamo-nos muito pelos incentivos cambiais. Como o Nordeste é uma região que tem saldo cambial, que sempre deu divisas ao Brasil, é natural que reivindique incentivos — na época cambiais — mais que qualquer outra. Com o fim dos incentivos cambiais em 61, mostrei ao presidente Jânio Quadros que o Nordeste não podia ficar sem um outro tipo de incentivo. Foi então, em função disso, que surgiram os incentivos fiscais, inspirados na lei italiana de recuperação do Mezzogiorno.

Mas a lei que criou a Sudene, feita e regulamentada a partir de sugestões minhas, era muito clara sobre um ponto: o incentivo, qualquer que ele fosse, não era um "direito" de ninguém, mas sim parte de uma política de desenvolvimento. Incentivo fiscal pode ser expectativa de direito de um empresário, mas não um direito. Ninguém tem direito a incentivos, porque o dinheiro pertence à coletividade e tem de ser aplicado dentro de um plano, como dizia a lei da Sudene, em projetos considerados prioritários do ponto de vista do desenvolvimento do Nordeste. O que se passou posteriormente foi que se imaginou que o incentivo era um direito. As pessoas faziam projetos e saíam por aí arrebanhando incentivos. Consequentemente, criaram-se intermediários, que iam buscar os recursos e, em contrapartida, ganhavam grandes comissões. Dessa forma, os incentivos foram dissociados de uma verdadeira concepção do desenvolvimento da região.

> *Há uma grande insistência de sua parte naquilo que é transparente e democrático, ou seja, no controle e na crítica que a sociedade deve exercer, tanto no terreno político como no econômico. Que possibilidades vê hoje de que isso se torne algo concreto e efetivo no Brasil?*

Sou otimista a esse respeito, porque há múltiplas indicações de que a sociedade civil brasileira se está estruturando progressivamente e de que a tradição paternalista e a velha tendência corporativista que prevaleceram na História do Brasil podem ser superadas por essas novas forças, essas novas tendências estruturais que se manifestam. São Paulo é um bom exemplo disso, com as várias manifestações de um corpo social estruturado, capaz de produzir pensamentos, ideias, e lutar por elas. As velhas instituições brasileiras decorrem de uma estratificação social muito rígida. Não podemos esquecer que o Brasil não é um país de tipo comum. Nossa sociedade formou-se a partir de interesses muito definidos da Coroa portuguesa. Não tivemos o benefício dos Estados Unidos, onde um grande número de dissidentes políticos da metrópole instalou-se na Nova Inglaterra, preocupado com seus próprios interesses, com uma visão própria do mundo e da organização social. O Brasil foi inicialmente uma organização econômica para a produção de açúcar, etc., a partir de um projeto muito claro de uma aliança entre uma classe burguesa e a Coroa portuguesa. Nossa sociedade tampouco surgiu da evolução de velhas culturas tribais, o que tem aspectos positivos e negativos. Um dos principais fundamentos da sociedade brasileira foi desde o início a hierarquia, elemento sempre presente em toda a estrutura econômica. Uma usina de açúcar é, por definição, hierarquizada. Nossa sociedade foi demasiadamente marcada por essa hierarquização, essa estratificação e esse sentido de unificação, elementos que fazem com que a definição dos objetivos venha de cima para baixo.

O que é extraordinário no Brasil — e acho que deveríamos refletir mais sobre isso — é que as elites, os que pensavam nesses termos "de cima para baixo", herdaram dos portugueses uma grande ideia, uma concepção muito clara de que existe um interesse nacional acima de todos. Portugal existiu como uma afirmação contra uma potência maior que sempre negou sua existência. A maior ameaça era contra a própria existência de um Estado português. Essa ideia aparentemente foi transmitida ao Brasil. Vemos então que, desde os primórdios da Independência, as elites tiveram uma forte consciência nacional. Se o Brasil se manteve unido e atravessou tantos percalços, foi porque existiu uma continuidade daquela visão herdada dos portugueses. Consequentemente, para elas a Nação brasileira existe, o povo não. O povo era outra coisa. Para elas existia e existe a Nação brasileira e seus interesses, sendo que o Estado é uma das expressões maiores desses interesses.

Isso não teve aspectos apenas negativos. O processo de formação do Estado nacional no Brasil foi muito mais fácil do que o de outros países da América Latina. A Argentina, por exemplo, para citar apenas um caso, viveu meio século de guerra civil. A facilidade com que se formou o Estado nacional brasileiro é um aspecto positivo da herança portuguesa, que se transmitiu às elites brasileiras. Diria mesmo que o Brasil existe tal como é, porque essas elites guardaram a ideia de que o interesse comum da Nação era a sua responsabilidade maior. Em contrapartida, esse elitismo excluía completamente a participação do povo, a ideia de que o Brasil fosse um povo com aspiração à mudança.

Apesar disso, o povo foi-se formando. Escravos, não-escravos, imigrantes, todos esses grupos foram-se caldeando e formando um povo, que de vez em quando explodia aqui e ali, mas sem muita ideia de interesse global. Progressivamente, contudo, essa massa tende a se homogeneizar e verifica-se então que esse povo, que sempre foi deixado de lado, tem uma tremenda força criadora. Pelo fato mesmo de que ele não interiorizou os valores da elite. Ao contrário de outros, nosso povo não foi domesticado pelas elites. No Brasil houve uma espécie de dissociação. No século XIX, nossa elite estava voltada para a Europa, lia em francês, pensava o mundo a partir da *Revue des Deux Mondes,* enquanto o povo continuava a se formar, separadamente. E verificamos, curiosamente, que toda vez que surge algo de realmente original na cultura brasileira isto tem raízes no povo, não na elite. Diria que até há pouco o Brasil produzia um gênio por século. O século XVIII produziu o Aleijadinho, que é um gênio incontestável e estritamente um homem do povo. No século

XIX, temos Machado de Assis, que é também um homem que vem do povo, embora envernize a sua fachada. E, se Machado se sobressai entre os escritores de sua época, é porque sempre duvidou dos valores da elite. O seu humorismo ferino reflete exatamente uma crítica profunda do sistema de valores estabelecidos naquela época. E na primeira metade do século XX temos Villa-Lobos, que vai buscar sua inspiração no povo.

Hoje, na medida em que a sociedade civil vai-se estruturando, o povo vai-se manifestando e reclamando a sua participação na vida nacional e na definição do Estado. Estou convencido de que, se a evolução continuar nessa direção, o Brasil será um dos centros de criatividade cultural importantes no próximo século. Porque será difícil encontrar outro povo com tantos elementos de originalidade como o nosso, que bebeu em tantas fontes e não se transformou numa colcha de retalhos. Nosso povo ainda está rompendo a crista que foi sempre estabelecida como uma espécie de isolante para que ele não chegasse até o alto. Isto em termos políticos. A cultura das classes superiores, por sua vez, era em grande parte vinda de fora e ignorava o povo. Mas o Brasil será finalmente assumido por seu povo e se transformará num espaço de criatividade significativo. A minha ideia sobre o processo atual — a manifestação de uma sociedade real, num espaço que era antes controlado de cima para baixo, tutelado — é a indicação de que imagino para o povo brasileiro algo muito profundo, que vem de muito longe e que talvez nenhuma força possa mais deter.

Só para terminar. Dos livros que escreveu, qual considera mais importante ou, se preferir, de qual gosta mais?

Gosto de três livros. Um ninguém conhece — um livro de contos que escrevi quando jovem. São contos passados na Itália, durante a guerra, quando fui pracinha. Por sorte minha, o editor faliu. Perguntaram-me o que fazer com o estoque e mandei queimar. O outro é o meu livro sobre o Brasil, que levei dez anos para fazer — *A Formação Econômica do Brasil*. Meu grande desafio, desde a universidade, era entender o Brasil. E finalmente o último livro que escrevi — *Criatividade e Dependência* —, porque é uma crítica global da civilização atual. Quando digo que o Brasil será um dos centros de criatividade, isto significa que ele vai criar uma civilização de transição, com a possibilidade, portanto, de exercer um papel paradigmático. Digo civilização de transição, porque a atual, queiramos ou não, está em crise. Esse é um livro de maturidade, ou seja, daquela fase em que já esgotamos grande parte dos mitos de que nos alimentávamos. Isto não significa que não tenha uma visão otimista do futuro, mas que se trata de um livro de denúncia de uma civilização que se deixou dominar progressivamente pela lógica dos meios. Por isso, ele é meio nietzcheano, na medida em que se baseia na ideia de que o homem está-se criando, está-se autoinventando.

A criatividade e a força deste país são qualquer coisa de impressionante. O Brasil foi invadido pela música de discoteca. Chega-se em Orós, no inferno do Nordeste, e lá está a "Discoteca Orós". Mas no Nordeste já se começa a falar novamente em forró, e aqui no Sul em gafieira. Esse tipo de reação não existe em outras partes do mundo. Vai-se aos países chamados socialistas, por exemplo, e verifica-se que lá eles só reproduzem a música ocidental, que não têm nenhuma criatividade nesse plano. Sou professor na Europa, já lecionei nos Estados Unidos e posso avaliar o que é a capacidade de imaginação dos jovens brasileiros, assim como a facilidade que têm de encontrar meios de adaptação a situações novas. Pode-se ver nisso o nosso lado macunaímico, mas a verdade é que o brasileiro viveu numa sociedade tão rígida, num sistema de decisões tão estruturado, que desenvolveu tais meios de adaptação, um tal gênio de sobrevivência, uma tal capacidade de fazer das tripas coração, tem uma tal inventividade à flor da pele, que tudo isso não deixa de constituir um traço cultural. Estou convencido de que dificilmente se encontrará um povo com a inventividade do brasileiro.

Vivi muitos anos fora, observando, e estou certo de que temos diante de nós um novo período de emergência do povo, de estruturação da sociedade, de manifestação dela e de invenção do aparelho institucional. Eu, pelo menos, me agarro a esse otimismo. Não vejo o Brasil em nenhuma linha suicida.

6 e 20 de janeiro de 1980

41 A legislação sindical deve ser mudada

Entrevistadores:
*Antônio Carlos Pereira e
Lourenço Dantas Mota*

Ivete Vargas

Nasceu em São Borja, Rio Grande do Sul, em 1927, e morreu em São Paulo em 1984. Formada pela Faculdade de Filosofia Santa Úrsula. Foi eleita em 1950 deputada federal pelo PTB de São Paulo, permanecendo na Câmara até 1969. Ocupou posição de destaque no antigo PTB, cuja seção paulista dirigiu por vários anos.

11. A legislação sindical deve ser mudada

Entrevistadores:
Antônio Carlos Pereira e
Lourenço Dantas Mota

Como resumiria o processo de formação ideológica do trabalhismo brasileiro? Tendo conhecido de perto Getúlio Vargas e seu meio social e familiar, ao qual pertence, e tendo militado no PTB desde muito jovem, quando ele se formou, pode dar informações importantes sobre esse problema e tentar uma interpretação.

Quero colocar, logo de início, uma coisa que acho fundamental. São Borja, de onde são originários Getúlio Vargas e sua família, é uma pequena cidade situada na fronteira do Brasil com a Argentina, o que já significa um enfoque nacionalista diferente do de outras regiões do país. Em outras regiões o sentido de pátria tem mais a característica de profundidade local; na fronteira ele tem mais um sentido de extensão horizontal. No fim do século passado ainda continuavam as incursões de fronteiras, pequenas invasões, digamos assim. Não eram coisas oficiais, que justificassem guerras ou tomadas de posição governamental. Eram os próprios habitantes da região que *tinham de resolver esses problemas*. Por outro lado, no Nordeste, onde imperava o sistema da Casa-Grande, mesmo depois de abolida a escravidão, os empregados ficaram a distância, no que equivalia mais ou menos à senzala. No Rio Grande, ao contrário, o grande senhor de terras era o homem que se sentava com a peonada, acocorado ao redor do fogo, quando o chimarrão passava de boca em boca. Era a democracia social. O empregado não era apenas o assalariado, o homem que ajudava a ganhar dinheiro, a lavrar a terra, a cuidar do gado. Havia um sentido de profunda fraternidade entre o senhor de terras e seus empregados, forjada nos embates de fronteira, nos quais os assalariados formavam o piquete de cavalaria do dono da fazenda. Todos se uniam como um pequeno exército para resistir ao invasor. Havia consequentemente um sentido comum de preservação da vida, da honra, da propriedade e de luta contra o estrangeiro, de quase nenhuma diferença social nos momentos de luta. Todos se reuniam para defender o que era seu, tanto os que tinham mais como os que tinham menos. Isto é uma coisa que marcou muito a democracia social do Rio Grande.

Isto marcou muito a formação de Getúlio Vargas?

Demais, e não apenas de Getúlio Vargas, mas de todo gaúcho fronteiriço. Na hora do chimarrão, da marca do gado, da luta, não havia empregado e patrão. Essas características de fronteira exacerbam o sentimento de patriotismo. Estão em oposição duas línguas diferentes, dois conceitos de soberania, duas bandeiras. Em segundo lugar, São Borja foi uma das capitais dos Sete Povos das Missões. Como sabem, os jesuítas que colonizaram essa região fizeram uma experiência política pioneira no Rio Grande. Eles não queriam propriamente fazer um império jesuítico independente de Portugal. O que desejavam é que não se escravizasse os índios, o que queriam era criar uma democracia social.

É a famosa república "comunista" cristã dos guaranis, como já foi chamada.

Exatamente. Essa experiência marcou muito os hábitos dos habitantes da região, que foram sendo transmitidos de geração em geração. O jesuíta ensinou a responsabilidade do forte diante do fraco, assim como a necessidade de prever para prover. E, quando os padres foram expulsos das Missões, já tinham conseguido criar toda uma consciência social e política entre os povos da região.

Em terceiro lugar, devemos considerar também a atmosfera do castilhismo. Toda a minha família participou muito do republicanismo castilhista, baseado na sociocracia comtista. Nas outras regiões do Brasil lutou-se por uma república liberal-democrática, enquanto no Rio Grande se lutou por uma república sociocrática comtista. Quando veio a República, a vitória foi de todos os republicanos que achavam que ninguém pode nascer ungido por Deus, mas prevaleceu em seguida o pensamento liberal-democrático e não o sociocrático comtista, o que a meu ver causou uma certa frustração ideológica no Rio Grande. Frustração que se acentuou na medida em que o grupo sociocrático comtista, além de ter uma maneira mais igualitária de encarar a sociedade, vamos dizer, tinha também um sentido mais marcado de reivindicação nacional, ao passo que o grupo liberal-democrático sofreu exageradamente a influência do imperialismo. Na hora em que se fez a República no Brasil, o imperialismo teve uma ação preponderante. Embora a República fosse ótima como forma de governo, a verdade é que em 1930 o Brasil estava numa posição negativa com relação a 1889, quando a nossa moeda estava a par com a libra esterlina, a moeda padrão da época. No Império, tínhamos a segunda maior esquadra do mundo e, por meio de Mauá, tínhamos iniciado a industrialização. Os ingleses tiraram da noite para o dia o crédito a Mauá e, nesse episódio, d. Pedro II foi fraco, não lhe dando o apoio de que necessitava. O Império poderia ter acompanhado os Estados Unidos, se tivesse dado mão forte a Mauá e, hoje, a nossa situação seria idêntica à dos norte-americanos. E a República não fez a reversão dessa situação, de tal modo que chegamos a 1930 como um país subdesenvolvido e superespoliado, com uma moeda inteiramente desvalorizada, como um mero exportador de matérias-primas e importador de tudo o que necessitava para o seu consumo.

Mas, voltando um pouco atrás, o fato é que Getúlio Vargas foi criado naquela ambiente positivista e castilhista, o que o influenciou demais. Sempre ouvi de meu avô, que era seu irmão: "O capital é social na sua origem e deve ser social na sua destinação e nos seus benefícios". Esta não era uma maneira de pensar particular dele, mas fruto de sua formação, de seu ambiente, de sua educação, que eram os mesmos de Getúlio. Todos eram sociocráticos comtistas. Meu avô era um homem de esquerda, mas ao mesmo tempo anticomunista, antimarxista, o que só aparentemente é uma contradição ou talvez fosse efetivamente naquela época. Hoje está cada vez mais claro que aquela não é uma posição contraditória. O trabalhismo significa luta pela justiça social, num clima de liberdade. Não vou entrar no mérito da questão, mas a realidade é que o marxismo aplicado aos países da Europa do Leste mostra que o que prevaleceu ali foi a ditadura de uma classe política. Todas aquelas influências e ideias estavam bem enraizadas na formação de Getúlio Vargas, embora ele, como de resto toda a nossa família, integrasse os quadros do Partido Republicano, um partido conservador. Mas não podemos esquecer também que, se em São Paulo o Partido Republicano — o famoso PRP — correspondia a uma oligarquia, tradicional, rica e elitista, no Rio Grande ele correspondia também a uma elite tradicional e com recursos, mas com um certo sentido social de solidariedade. E, no Rio Grande, a Revolução de 30 não foi um mero ato político de tomada do poder. Correspondeu a uma tentativa de transformação de conteúdo social. Em resumo, o trabalhismo vem de Getúlio Vargas, desde longe, como produto de sua formação, de seu ambiente familiar e geográfico. E a Revolução de 30, a meu ver, é o passo inicial da execução no Brasil de uma política trabalhista.

Além da contribuição pessoal de Getúlio Vargas ao trabalhismo, que é inegavelmente enorme, existem outras, como a de Lindolfo Collor, por exemplo.

É evidente que, com a posição preponderante por ele ocupada na Revolução de 30, Getúlio Vargas tinha de marcar o processo político que se desenrolou a partir de então. Agora, é claro que ele não era o único a pensar e sentir os problemas sociais daquela maneira que lhes falei. Lindolfo Collor, que vocês citam, que era um homem inteligente e culto, trouxe efetivamente a sua contribuição, e foi um colaborador intimamente identificado com a intenção de Getúlio Vargas de promulgar uma legislação social, para que as questões de que ela trata deixassem de ser consideradas, como antes de 30, como "um caso de polícia".

O castilhismo, tal como o expõe, gerava liberalidade social ou paternalismo?

O que vocês chamam de paternalismo?

Digamos que se trata de uma relação benévola ou benevolente de subordinação. Como no caso dos peões que citou, é o chefe, o senhor de terras, que concede a igualdade.

Certo, é o chefe que concede. Mas esse chefe não surge e se mantém pelo consenso? E não é verdade que, na medida em que ele não corresponde à expectativa, deixa de inspirar aquele sentimento de segurança, de respeito, de solidariedade? Afinal, em toda organização tem de haver uma liderança.

Há uma perigosa confusão entre chefia e liderança. Na medida em que a minha função não é apenas política, mas também econômica — sou o proprietário da terra —, não preciso ser líder. É desejável que o seja, mas não indispensável. Eu preciso é ser chefe.

A liderança é válida desde que ela seja exercida em nome do sentimento do grupo. Na medida em que você não estiver à altura das suas responsabilidades, poderá ter competência para ter assalariados, mas possivelmente não os terá — dentro daquele quadro que tracei, em que a solidariedade se torna necessária — porque eles podem sempre partir para outras fazendas. Quanto ao paternalismo propriamente dito, é possível que tenha havido, dado o estágio de desenvolvimento socioeconômico do país. Mas não creio que tenha existido apenas o paternalismo.

A consequência de tudo isso não é que o trabalhismo no Brasil foi algo que surgiu de cima para baixo?

E qual a inconveniência de ter surgido de cima para baixo?

Estamos apenas apontando aquilo que nos parece um fato e esperando seu comentário.

Foi um movimento descendente, em vez de ser ascendente.

A legislação referente à Previdência Social também foi algo imposto de cima para baixo.

Foi uma concessão, se querem dizer assim.

Na Revolução de 30 há uma frase famosa, que não foi pronunciada por nenhum membro da família Vargas, mas por um Andrada, Antônio Carlos, então presidente de Minas, que parece definir bem o espírito de tudo isso:

"Façamos a revolução antes que o povo a faça". É como se, se dissesse: "Façamos a legislação trabalhista antes que o povo a faça".

Em 1930, tínhamos um parque industrial bastante incipiente. Éramos meros exportadores de matérias-primas. Getúlio entendeu que era preciso quebrar os grilhões do subdesenvolvimento e incentivar a industrialização, e pode ser posto ao lado de Mauá como patrono do nosso desenvolvimento industrial. Foi ele quem fomentou efetivamente a industrialização. E, se não tivesse caído em 45, talvez a situação do desenvolvimento industrial e tecnológico do Brasil tivesse sido outra. O mercado de trabalho e a classe operária, consequentemente, também iriam crescer. Vocês podem dizer: aqueles trabalhadores que antes não tinham quase nenhum direito, e que quando se reuniam eram dispersados à pata de cavalo, iam fazer como na Europa — morrer, sofrer, lutar, mas terminar arrancando os seus direitos.

Criariam um movimento sindical independente, o que é algo de enorme importância, não lhe parece?

Vou lhes dizer uma coisa: os operários europeus sofreram demais para arrancar lentamente algumas coisas, ao passo que no Brasil, onde até mesmo pelo estágio de desenvolvimento do país eles custariam muito a tomar consciência de seus direitos, foi-lhes feita justiça. Não considero isso propriamente uma concessão, mas justiça, ou seja, o reconhecimento de seus direitos. Tanto que, morto Getúlio Vargas há 25 anos, entre os mais velhos ainda há um reconhecimento total de que lhes foi poupado muito sofrimento e de que lhes foi feita justiça. Por tudo isso, considero o paternalismo uma questão de enfoque. A meu ver, não houve paternalismo, mas justiça. Vocês falam de movimento sindical independente. Com relação à legislação social, a prova da humildade de Getúlio é que ele não lhe quis dar o nome de Código do Trabalho. Por que ela se chama Consolidação das Leis do Trabalho? Consolidação é uma etapa para o Código. Foram feitas leis para atender aos problemas mais imediatos e, em certo momento, houve a necessidade de consolidar tudo aquilo. Esta é uma clara indicação de que aquilo era o reconhecimento do que era devido aos trabalhadores, mas não o ideal, que se tratava de uma etapa intermediária, de experiência, que devia conduzir ao Código. Agora, Getúlio não tem culpa de que, em 40 anos, a CLT quase não tenha sofrido mudanças. E não cabe culpa ao PTB também, que ficou extinto nos últimos 15 anos.

> Há um fato curioso que merece ser mencionado. A sra. diz que o que se procurava era a justiça. No entanto, naquela época o que predominava era o operariado rural e não o urbano. E a legislação social não atingiu o setor rural. Como explica isso?

Em seu retiro em Itu, antes do retorno em 50, Getúlio Vargas manifestou-me a mágoa de não ter tido tempo para fazer tudo o que desejava, sobretudo por não ter levado a legislação social ao trabalhador do campo, e a sua firme determinação de, voltando ao governo, fazer isso. Mas os fatos se atropelaram e não foi possível concretizar aquela intenção. A verdade é que os 15 anos de seu primeiro governo representam um fragmento de segundo em termos históricos. Levando-se em conta tudo o que precisava ser modificado, as estruturas que precisavam ser revolucionadas, até que foi feito muito naquele período. Justifica-se, pois, que em alguns setores a sua obra tenha ficado aquém do que era desejável. Em 15 anos, mudaram-se auxiliares em vários setores, mas a obra manteve sempre um sentido inflexível de unidade, caracterizado por três elementos. Em primeiro lugar, tentativa de libertação nacional, de emancipação do Brasil. Em segundo lugar, tentativa de justiça social, com a incorporação dos trabalhadores à sociedade. Finalmente, por incrível que pareça, num período em que houve oito anos discricionários, de exceção, de ditadura, buscou-se efetivamente um regime democrático, com atenção aos problemas da maioria e solidariedade nacional, sem distinção de regiões. Pensou-se sobretudo, quando voltasse a possibilidade para tal, numa democracia que não fosse apenas de fachada, com atas a bico-de-pena e o predomínio de oligarquias, mas com o voto feminino, incorporando assim metade da população no processo político, voto secreto e principalmente justiça eleitoral.

> Parece que do seu ponto de vista a legislação trabalhista foi realmente paternalista, mas naquele momento não podia ser de outra forma, dadas as condições socioeconômicas e culturais do Brasil. É isto?

Não considero que ela tenha sido paternalista; considero, como já disse, que se fez justiça. Agora, se insistem em que houve um certo paternalismo, eu o justificaria pela necessidade do governo de fazer justiça àqueles que não reivindicavam, não reclamavam, talvez pelas condições socioculturais do povo brasileiro. Não há dúvida que a legislação trabalhista foi feita de cima para baixo. Acho um pouco de diversionismo criticar uma coisa certa por não ter sido feita a pedido dos beneficiados.

Fala-se muito na influência da Carta del Lavoro *fascista na legislação trabalhista brasileira. Em que medida houve essa influência?*

Devo aprofundar mais meus estudos sobre esse problema, porque ele me vem sendo colocado com frequência ultimamente. Mas vejam uma coisa. Gramsci é considerado hoje a figura que revolucionou a conceituação do marxismo e inspirou o eurocomunismo. Pois bem: encontramos nele o reconhecimento de que, apesar de sua inspiração fascista, a *Carta del Lavoro* tinha aspectos altamente vantajosos para o operariado italiano. Pergunto-lhes então: não é um pouco de diversionismo e casuísmo a gente procurar as origens das coisas e não se ater às coisas em si mesmas, no efeito prático que elas produzem? Que importa que a *Carta del Lavoro* tenha influído, se foi bom para os trabalhadores terem tido uma legislação social? O importante é a realidade dos direitos concedidos aos trabalhadores brasileiros.

Como a sra. prefere falar mais dos resultados do que das origens das coisas que os produziram, o que acha do imposto sindical, que é um dos resultados da legislação trabalhista?

Acho um mau resultado. A intenção foi a melhor possível, mas a consequência não foi boa. Quando foi estabelecido o imposto sindical, o que se pretendeu foi dar recursos aos sindicatos para a sua organização, para que eles não ficassem dependentes do patrão. Antigamente o sindicato era reprimido como um pecado contra Deus e a sociedade. De repente ele não só foi autorizado a funcionar como incentivado, e esse é um aspecto importante que também não devemos esquecer. Por outro lado, reconheço que só no Brasil e na Rússia existe essa contribuição sindical obrigatória. Acho que devemos buscar uma maneira de reformular esse imposto.

Por que, a seu ver, o sindicato foi organizado no Brasil como um apêndice do poder público, com o qual mantém uma relação da subordinação, como se fosse um órgão do Ministério do Trabalho, podendo até sofrer intervenção?

É verdade que no Brasil o poder público tem preponderância sobre os sindicatos. Quem sabe se isto não foi fruto do momento social que o país estava vivendo? Mas, 25 anos depois da morte de Getúlio Vargas, não se pode atribuir a ele a responsabilidade por isto não ter sido corrigido.

Tem alguma proposta de reforma sindical que eliminaria aspectos negativos como esse?

Faz parte da proposta do novo PTB uma reforma sindical.

Como encara a ausência de pluralidade sindical existente no Brasil?

A pluralidade sindical parece-me profundamente perigosa. Por outro lado, acho que o sindicato deve ter autonomia, deve ser o mais livre possível da influência do Estado e representar efetivamente os trabalhadores. Acho que o Estado não deve ter o poder de intervir nos sindicatos. Mas insisto em que vejo como uma coisa muito perigosa a pluralidade sindical, porque ela pode desvirtuar o sindicato. Já pensaram nas consequências de se ter quatro ou cinco sindicatos de metalúrgicos? Poderá assim haver sindicatos autênticos e pelegos, sem que seja possível a unidade para traduzir o pensamento da categoria. Para mim, a unidade sindical é muito importante para a melhor defesa dos interesses da categoria. O que se deve estudar é uma forma de maior participação dos trabalhadores nos sindicatos, e uma mais intensa sindicalização.

Seria favorável a que o sindicalismo brasileiro fosse totalmente desvinculado do Estado, mais especificamente do Ministério do Trabalho?

Sim, creio que dessa forma ele seria muito mais autêntico.

Tem alguma proposta concreta com relação ao imposto sindical, por exemplo?

Não tenho ainda nenhum estudo feito nesse sentido. Estamos numa fase de organização partidária, que é justamente quando começam a se discutir todos esses problemas. Queremos corresponder à expectativa popular sobre o que deve ser o PTB. Resolvido o problema do registro provisório do partido, devemos partir para a sua organização. Nessa fase teremos comissões permanentes para examinar a fundo problemas como o do imposto sindical.

Nos 20 anos de vida do PTB, o que ele fez de concreto para resolver problemas como os acarretados pela tutela do Estado sobre o sindicalismo?

Em 1945, ao convocar eleições, Getúlio Vargas fundou o que se pode chamar de partido oficial do governo, que foi o PSD. Para ele foram todos os que eram co-responsáveis pelo governo. Quanto ao PTB, foi fundado por dirigentes sindicais, por gente nova que nada tinha a ver com o passado. Embora Getúlio Vargas tivesse muitos amigos no PSD, o partido incondicionalmente solidário com ele foi o PTB. E por quê? Porque ele era formado por pessoas que nada lhe deviam, que não tinham obrigação de entrar para o partido — como não foi o caso do PSD — por questões de responsabilidade comum em seu primeiro governo. O PTB rendeu-se à evidência do que Getúlio Vargas representava naquele instante para a realidade brasileira: o nacionalismo, o trabalhismo e a democracia. Mas ele não nasceu como um partido oficial. Seus primeiros dirigentes nos Estados foram operários. Em 46, éramos um pequeno partido com 30 deputados na Constituinte, e por isso, pode-se mesmo dizer que ele não conseguiu exercer quase nenhuma influência nela, embora os trabalhistas tivessem se comportado galhardamente durante seus trabalhos. Isto pode ser comprovado com uma consulta aos anais, onde estão as propostas e tomadas de posição dos trabalhistas.

Teria havido então um esforço malogrado por parte dos trabalhistas para tentar reformar determinados aspectos da legislação trabalhista vinda do Estado Novo?

Sim, mas apenas 30 deputados nada conseguiriam fazer, como não conseguiram. Na Constituinte de 46, os partidos conservadores é que predominaram maciçamente, ou seja, o PSD e a UDN, que tinham as maiores bancadas. A opção de Getúlio Vargas pelo PTB foi feita em 1947, quando da campanha de Alberto Pasqualini para o governo do Rio Grande do Sul. E, nesse instante, ele não estava mais no poder, não tinha mais o Ministério do Trabalho, nem as autarquias, nem recursos. Durante o governo Dutra, os inimigos de Vargas, que constituíam a UDN, fizeram um acordo partidário com o PSD. O PTB foi perseguido e até acusado de conspirar contra o governo. Por tudo isso, é uma injustiça dizer que o PTB nasceu no Ministério do Trabalho, bafejado pelas benesses do poder. Pode até ter havido inspiração do Ministério do Trabalho na criação do PTB, mas na prática o partido foi feito pelos trabalhadores, pelo povo, por gente nova, por dirigentes sindicais. Essa gente pobre, afastada do governo, conseguiu formar apenas uma pequena bancada. E em 47 Getúlio Vargas só pôde dar ao PTB o prestígio de que desfrutava em função da obra que havia realizado. É só quando ele volta ao poder, em 1950, que o partido cresce espantosamente. Mas a maioria conservadora do Congresso foi mantida, por meio do PSD e da UDN. O PTB era apenas a terceira bancada e, apesar de seu crescimento, estava longe de poder chegar próximo à soma dos grupos conservadores, que podiam até ter posições políticas antagônicas, mas no fundamental, que era a transformação das estruturas socioeconômicas do país, uniam-se. Lembro-me que brincávamos muito que não podia haver nada mais parecido do que o PSD e a UDN.

Isto em termos de realização legislativa. Mas, em termos de mobilização da opinião pública, houve esforços sérios por parte do PTB em favor de mudanças substanciais na estrutura sindical e na estrutura socioeconômica do país?

Houve mobilização da opinião pública, sim, e endossada por Getúlio Vargas. Tanto que João Goulart foi obrigado a se demitir do Ministério do Trabalho pelo famoso Manifesto dos Coronéis, porque atribuíam a ele a tentativa de criar uma República Sindicalista, o que era uma fantasia. Ele nunca pretendeu criar uma República Sindicalista. O PTB vinha desenvolvendo uma grande discussão sem nenhum desejo de quebrar as estruturas do país, mas tão-somente com um objetivo reformista. Essa era a intenção da ampla discussão que promovia a nível nacional e popular com a classe trabalhadora. Essa discussão foi identificada por setores reacionários, que manipularam os coronéis e providenciaram aquele manifesto contra João Goulart. Vejam então que, mesmo aparentemente no governo, o PTB sofreu o impacto de uma contestação partida dos setores conservadores.

Vamos falar do problema do pelego, essa figura que é indissociável do sindicalismo brasileiro. Há muita gente que diz com toda franqueza: "O pelego foi necessário numa certa fase e por isso sua criação não foi errada". Está de acordo?

Confesso a vocês que não sei bem o que é um pelego.

Tomemos então a expressão no seu sentido gaúcho, onde aliás está mesmo a sua origem.

No sentido gaúcho é a pele do cordeiro colocada entre a sela e o corpo do animal, para ficar mais macio quando se senta. O pelego seria então o elemento "amaciador" entre a reivindicação da classe obreira e os interesses da maioria dominante. Pois bem: muita gente que foi considerada pelego teve atitudes magníficas, como por exemplo Clodsmith Riani, que sofreu muito e foi perseguido. Acho que no setor sindical existiu gente mais acomodada que talvez pudesse ser classificada de pelego, menos por vocação do que em função de circunstâncias. Mas existiu também gente ótima, que sempre procurou ser o mais autêntica possível. Acho pelego um termo vago, uma pichação que pode atingir alguns de forma muito injusta. Não acho que o pelego tenha sido uma necessidade. Mas admito que possa ter havido pelegos, mais em função de seus próprios temperamentos, ou de seu desejo de servir, do que de um interesse em criar um sistema sindical peleguista. Sou contra o operário que perde a perspectiva do que deve fazer para corresponder à aspiração de sua categoria, como sou contra também o radical que quer queimar etapas, fazer provocações vazias. Acho que todo dirigente sindical deve procurar, sem desafios desnecessários, ser o mais intransigentemente fiel às reivindicações de sua categoria.

A atual estrutura, que estabelece a ligação entre o movimento sindical e o Ministério do Trabalho, não é um campo fértil e quase inevitável para o surgimento do peleguismo?

É possível. Embora, quando de sua implantação, essa estrutura pudesse ser válida no sentido de organizar e disciplinar a atividade dos sindicatos, já houve tempo nesses 40 anos para a situação ser alterada. Nós, do PTB, consideramos um absurdo que ela não tenha sido mudada. Do nosso programa consta a imediata reformulação de toda a legislação atinente ao sindicalismo. Não vamos justificar nem defender a interferência do Ministério do Trabalho no setor sindical. Jamais.

Durante muito tempo houve uma convivência entre petebistas e comunistas, imposta pela circunstância de atuarem ambos num mesmo setor. Como se deu essa convivência?

Essa convivência foi posterior à morte de Getúlio Vargas. Antes havia uma hostilidade completa. Em 1945, quando veio a redemocratização e foi criado o PTB, os comunistas, por uma questão de economia interna deles que não posso apreciar, defenderam a "Constituinte com Getúlio". Isto estava dentro do contexto lá do programa deles. Mas este fato não ensejou uma aproximação. Derrubado Vargas em 45, sem que tenha havido a "Constituinte com Getúlio", os comunistas e petebistas partiram para a luta, cada um com a sua proposta. Brigavam nas fábricas e nos sindicatos. Contudo, quando cassaram os mandatos dos deputados comunistas e colocaram na ilegalidade o PC, o PTB como um todo se voltou contra essas medidas, porque se tratava da defesa intransigente da liberdade democrática. Nós do PTB continuamos a defender a legalização do Partido Comunista. Muitos dizem: "Se o Partido Comunista chegar ao poder, acabará com a democracia". Acredito que a democracia tem força suficiente para comportar um partido que não seja democrático. Acho que a legalização do PC possibilitaria o diálogo e a discussão que permitem esclarecer melhor o povo. Muitas vezes certas pessoas mais simples e mais humildes podem pensar que o Partido Comunista traduz uma proposta que ele na verdade não traduz. E da nossa parte não gostamos de agredir quem não se pode defender. Por tudo isso achamos que o diálogo é muito importante.

Por falar nas relações entre petebistas e comunistas, houve um fato muito importante na crise de 1954, que merece ser lembrado. Não sei se por incompetência, a verdade é que o PC teve então uma atitude muito suspeita. Ele foi um dos grupos que mais atuou no combate a Getúlio Vargas. E quando ele morreu, na manhã de 24 de agosto, o jornal do PC no Rio, cujo nome não me lembro agora, estava nas bancas com a manchete: "Vargas, lacaio do imperialismo ianque". Diante da carta-testamento, pode-se imaginar o bafafá que houve para recolher os jornais. A partir daquele instante, os comunistas sentiram efetivamente que Vargas tinha adquirido uma tal dimensão, com sua carta-testamento e com o seu sacrifício, que o problema não era mais combatê-lo, mas entender-se com o PTB. Foi só a partir de então que, lentamente, começou a haver uma certa aproximação.

No início dos anos 60, Leonel Brizola foi eleito deputado federal pelo Rio de Janeiro, em função da atuação que teve na campanha da legalidade em 1961, que foi magnífica, em função do prestígio da legenda do PTB e também de um substancial apoio de João Goulart, Jango queria que ele se elegesse com uma grande votação, porque sentia que precisava de alguém que se antepusesse ao seu grande adversário político, que era Carlos Lacerda, em seu próprio terreno. Mas todo mundo ainda está lembrado que, em vez de se antepor a Lacerda, Brizola inundou o país com o *slogan* — "Cunhado não é parente, Brizola para presidente". E, sentindo que o PTB era muito mais próximo de Jango do que dele, tornou-se o coordenador das forças de esquerda, no sentido de pressionar tanto o PTB como Jango.

Segundo soube recentemente, por meio de Samuel Wainer, em vez de assumir a Presidência e ignorar aquilo, Jango partiu para não aceitar o esvaziamento de sua liderança, procurando então o apoio do Partido Comunista. Dessa confusão surgiu o clima que conduziu aos acontecimentos de 64. Depois de 64, não fomos mais poder. Duramos como partido pouco mais de um ano. Em seguida, veio o MDB, que foi uma frente ampla que facilitou todos os convívios. Agora, os trabalhistas querem assumir a sua identidade política e estão fazendo todos os esforços para que a oposição entenda que, mais importante do que um combate imediatista, é uma posição de longo alcance. Se cada partido assumir a sua própria identidade, a oposição, como um todo, terá maior êxito na sua luta pelo restabelecimento da democracia do que mantendo-se agrupada numa frente ampla, essa, sim, perigosa. Está em Lenin a afirmação de que a democracia será o último estágio do Estado burguês e que, na medida em que os comunistas, como uma minoria organizada e ativa, puderem promover uma frente ampla, com uma maioria não comunista e teses igualmente não comunistas, sensibilizando assim a opinião pública e conduzindo ao momento insurrecional, poderão então assumir o poder.

E a convivência entre petebistas e comunistas ao nível propriamente sindical, como ela se deu?

Ao nível dos sindicatos a convivência não era assim tão fraterna. Havia sindicatos em que ganhávamos e outros em que os vencedores eram os comunistas. Nesse nível procurávamos não nos hostilizar. Fora dos sindicatos, como eles não tinham legenda partidária, eram naturalmente mais fracos do que nós. Procuravam, vamos dizer assim, aceitar a nossa linha, sem nos tentar impor o marxismo ou induzir-nos a acelerar o nosso passo. Essa convivência existiu porque da parte deles houve um desejo de coexistir conosco sem nos criar problemas nem nos forçar a alterar a nossa linha. Não houve assim propriamente uma aliança, mas uma trégua, o que significava encontrarmos algumas coisas em comum, excluindo-se igualmente duas hipóteses: a de assimilarmos os comunistas e a de irmos a reboque deles.

Por que o PTB sempre foi mais forte no Rio Grande do Sul e no Rio de Janeiro do que em São Paulo, onde estava e está concentrada a maior parte da massa operária?

Um partido pode ter uma grande mensagem, uma grande ideia, mas precisa também de meios para se organizar. Quando há a junção dessa grande ideia e dos meios, o êxito é certo. O PTB de São Paulo sempre foi jejuno de poder. E, sejamos francos, pois chegou a hora de dizer as coisas claramente: sempre houve um receio de que o PTB de São Paulo, forte e organizado, gerasse uma liderança capaz de empolgar a direção nacional do partido.

Por parte de quem houve esse receio?

Por parte do PTB nacional.

O PTB de São Paulo foi sufocado pelo do Rio Grande do Sul e pelo do Rio de Janeiro?

Tranquilamente. É por isso que hoje luto para termos um PTB que não seja sufocado. Que o Rio Grande do Sul e o Rio de Janeiro atinjam a sua plenitude, mas que deixem São Paulo atingir também a sua. Não queremos sufocar ninguém, mas também não queremos ser sufocados.

São Paulo não deveria ser naturalmente a grande base do PTB?

Parece-me que sim. E a prova de que fomos sufocados é que, quando fui eleita presidente do PTB de São Paulo, em 1958, o partido já existia há 13 anos e nenhum diretório paulista tinha conseguido cumprir o seu mandato. Somados os dias de comissão de intervenção e de comissões de reestruturação, tínhamos um tempo maior do que o de vida legal do partido. Naquela época São Paulo tinha 426 municípios e só tínhamos diretórios em 90. Gosto do Jango, conservo-o na minha saudade, acho que foi uma grande figura, mas ele também participava do receio de o PTB de São Paulo crescer demais.

A intenção de conter o PTB paulista era de quem mais?

De todos, sempre.

De Getúlio Vargas também?

Não, ele jamais tentou impedir que o PTB paulista crescesse. Ele apenas tentou impedir que pessoas que queriam desviar o partido de sua linha assumissem o PTB paulista. Depois dele, a direção nacional do partido reagiu sempre negativamente com relação a São Paulo.

Nunca sentiu em Getúlio Vargas, em seu segundo governo, o que poderíamos chamar de complexo de ditador, ou seja, a vontade de livrar-se da pecha de ditador que vinha do Estado Novo?

Ele nunca me deu a impressão de ter esse complexo.

De uma forma ou de outra, antes ou depois da queda em 45, ele deve ter tido conhecimento das violências praticadas sob o Estado Novo.

Deve ter tido depois, porque tinha um tal sentido de solidariedade humana que jamais seria conivente com a violência. Com relação à ditadura, acho que ele a justificava pela necessidade de quebrar estruturas de forma mais rápida. Sabia o que estava fazendo e esperava que o povo e a História lhe dessem a quitação que lhe deram. Afinal, ele voltou ao poder nos braços do povo. Ele não tinha, no segundo período, nenhuma angústia por ter sido ditador. Cumpria com naturalidade a Constituição de 46. A sua grande preocupação era a de não desiludir o povo. Pensava permanentemente na opinião pública não apenas como respaldo para o seu governo, mas no sentido de corresponder aos seus anseios e traduzir as suas expectativas.

Quais, a seu ver, as razões profundas da crise de 54, que culmina com o suicídio do presidente?

Acho que está tudo explicado na carta-testamento. Não discordo de uma linha do que ele diz ali. Acho que Getúlio estava contrariando os interesses do imperialismo e da reação e que ambos se aliaram para derrubá-lo. Aliás, como já havia acontecido em 45. As coisas que aconteceram naquela época devem ser ditas como realmente são. Tinha acabado de haver uma guerra, o mundo inteiro estava emocionado com o nazi-fascismo e caminhando no sentido da redemocratização. Mesmo o Manifesto dos Mineiros, que foi o primeiro documento político contra o Estado Novo, reconhecia que a situação do Brasil era esplêndida, de grande progresso. Mas de repente uma minoria se levantou, emocionou alguns incautos e criou o clima que levou à queda de Getúlio. Não sei se consciente ou inconscientemente, o grupo militar que era contra Getúlio fez o jogo do imperialismo, contra os interesses nacionais. A queda de Getúlio em 45 deteve o rumo ascensional do Brasil no sentido de sua plena realização como nação, com a superação do subdesenvolvimento.

Seria então favorável ao prosseguimento do Estado Novo?

Sim, acho que ele deveria durar mais algum tempo, para completar o seu programa.

E qual seria exatamente esse programa?

O programa de emancipação nacional e de integração de todos os assalariados no sistema social. Em 50, quando ele voltou consagrado pelo povo, primeiro tentaram impedir a sua posse por meio da tese da maioria absoluta. Depois da posse, ficaram quatro anos cobrando dele a ditadura do Estado Novo. Não criticavam o presidente constitucional legitimamente eleito, mas o homem que tinha sido ditador, como se ele continuasse a sê-lo. Na crise de 54, ele não quis partir para a guerra civil, para o derramamento de sangue. Ele se autopreservou e preservou a sua obra, partindo para o sacrifício extremo. Se tivesse partido para a luta e não para o gesto extremo como fez, talvez não tivesse alcançado o sentido de perpetuidade histórica que alcançou.

Ao fim do Estado Novo, Getúlio Vargas montou um esquema político, na base do PSD e do PTB, que até hoje é invejado. Sistema que funcionou às mil maravilhas sobretudo no governo Juscelino. Qual o segredo da solidez dessa aliança entre um partido popular e urbano como o PTB e um partido conservador e de bases essencialmente rurais como o PSD?

Talvez esse sistema representasse naquele momento o sentimento nacional, que reclamava a aliança de uma burguesia às vezes progressista e às vezes conservadora — mas não necessariamente comprometida com o capital estrangeiro —, com os grupos mais avançados que procuravam liderar as massas populares, conscientizando-as da necessidade de sua participação política. Acho que, num estágio reformista, a aliança da burguesia progressista com as classes populares dá um bom resultado. Hoje não é mais possível refazer esse sistema, porque as circunstâncias são inteiramente distintas. O sistema funcionou particularmente bem no governo Juscelino, porque ele foi uma figura espetacular em termos de simpatia, de comunicação com o povo, de fidelidade aos compromissos, de capacidade administrativa.

Muitos acusaram Juscelino de transformar os Institutos de Previdência em "cabides de empregos", para usar uma expressão então corrente, como meio de garantir o apoio do PTB.

Há um relatório das Nações Unidas provando que a percentagem de funcionários públicos no Brasil, com relação à população global, é muitíssimo inferior à dos Estados Unidos. Esse empreguismo era mais divulgado do que real. Quando havia cargos a serem preenchidos, por que não preenchê-los com amigos que estavam precisando de emprego? Mas nunca foram criadas sinecuras polpudas, salários exorbitantes de diretores de empresas estatais, nem mordomias. Podem ter sido preenchidos, não criados, cargos de motorista dos Institutos, auxiliar de enfermagem ou de escritório. Mas esse pessoal era necessário porque a Previdência crescia. Eu era muito amiga de Juscelino e não nego que algumas vezes consegui preencher vagas que existiam com companheiros meus de São Paulo. Nunca fomos, ao menos em São Paulo, um partido que distribuía empregos a mancheias. O PTB era muito jejuno de poder. Nunca se criou em São Paulo um único cargo para nomear quem quer que seja. Quando havia vagas, eu as pleiteava e muitas vezes conseguia a autorização de Juscelino. O PTB nacional jamais me telefonou para pedir a nomeação de quem quer que seja.

E o governo Goulart, que julgamento faz dele hoje? Em depoimento que nos concedeu, Celso Furtado afirma que o governo Jango, a rigor, não existiu, porque ele se sentiu sempre muito pressionado e sob suspeita, além de dedicar uma boa parte de seu tempo à luta pela reconquista dos poderes presidenciais. Concorda com essa tese?

Sob certos aspectos acho que Celso Furtado tem razão. O governo Jango pode ser dividido em três períodos. Num primeiro tempo, há a tentativa afinal bem-sucedida de reconquistar os poderes presidenciais; num segundo momento, há a tentativa de se fazer um governo popular e nacionalista; finalmente, há a luta dentro de sua própria área para assegurar a sua liderança. Acho que Jango se perdeu na hora em que, em vez de assumir a Presidência em sua plenitude e ignorar todas as tentativas para arrebatar-lhe a liderança, preferiu preocupar-se em não perdê-la. Ele foi então mais o líder popular procurando manter a liderança do que o presidente da República. Surgiu daí a crise de autoridade que favoreceu as forças antipovo e antinação que tentavam derrubá-lo. Mas penso também que Jango caiu menos pelos seus erros do que pelos seus acertos. Ele caiu porque não transigiu na defesa dos interesses nacionais. Em 1964 venceram os contratos com várias empresas concessionárias de serviços públicos e, consequentemente, elas deveriam reverter para o patrimônio nacional, deduzidos os excessos de remessa de lucros. Evidentemente que o imperialismo estava ligado a elas, que tinha um interesse primordial em evitar tudo isso. Em segundo lugar, Jango nunca se esqueceu da angústia do povo, em meio à inflação, tanto assim que chegou a aumentar o salário mínimo em 100%. Getúlio Vargas imaginou o salário mínimo como o indispensável para que o trabalhador vivesse de acordo com a dignidade humana. Jango manteve-se fiel a isso. Hoje, o salário mínimo é uma piada, de tão defasado que está com relação ao custo de vida.

Quem afinal dominou o movimento sindical na época de Jango? Era ele próprio, as forças que se opunham a ele dentro do PTB ou era o PC?

Olhem, era tudo tão confuso e contraditório, a briga dentro do movimento sindical era tão grande que é muito difícil saber. Dou-lhes um exemplo. Um dia chego em casa, ligo a televisão e vejo que Luís Carlos Prestes estava dando uma entrevista. Como não estava com vontade de ouvi-lo, mudei de canal. Também ele transmitia a entrevista. Mudei para outro e foi a mesma coisa. Aí minha curiosidade cresceu, pois Luís Carlos Prestes numa cadeia de televisão era um fato digno de registro. Foi quando ele disse que os comunistas ainda não estavam no poder, mas já estavam no governo. No intervalo, a minha surpresa cresceu, porque o programa era patrocinado pela Willys Overland. Como veem, o governo Jango é cheio de mistérios e contradições. E, dentro desse clima absolutamente confuso, havia uma pessoa sincera, bem-intencionada, mas frágil para a violência do embate. Um embate semelhante ao qual um homem como Vargas foi destroçado. Jango, um homem que não tinha o seu lastro, sua consistência, sua preparação e tradição políticas, só podia ser levado pelo vendaval. O mais grave é que Jango não enfrentou apenas a reação imperialista, a oposição dos interesses antipovo e antinação, como também o despreparo, o primarismo, a ambição e a vaidade nas áreas de esquerda em geral.

Quando falo de esquerda incluo nela todos nós do PTB também e não apenas o PC. Para mim a esquerda representa a prevalência dos interesses do trabalho sobre o capital. Agora, dentro da esquerda há uma gama infinita de tendências: marxistas de vários matizes, anarquistas e reformistas, entre os quais incluo os trabalhistas. E, dentro dessa variedade de tendências, havia muitas pessoas que eram de esquerda porque isso era bem, estava na moda. Havia muita festividade, muita gente de esquerda morando em cobertura na avenida Vieira Souto. Muita gente que foi cassada em 64, se tivesse uma chance, seria até capaz de aderir ao governo. Por isso, dou muito valor aos que foram cassados depois do AI-5, porque era gente que sabia o que estava enfrentando e os riscos que estava correndo. Ser de esquerda não era mais um problema de moda. Em conclusão: a efervescência esquerdista perturbou tanto o governo Jango quanto os movimentos da reação e do entreguismo. Aquela efervescência esquerdista permitiu a montagem de um clima que foi ampliado e apresentado às Forças Armadas e à opinião pública como o de um caos.

A famosa República Sindicalista passou mesmo pelas cogitações de João Goulart?

Não tenho a menor notícia de que ele tenha pensado nisso. Pelo contrário, o que sempre me disse é que aquilo não passou de uma tremenda intriga. O problema é o seguinte. O gaúcho, mesmo o bem nascido, não é emproado. É aquela história de tomar chimarrão no meio da peonada. Getúlio e Jango eram assim, homens simples. A diferença é que Getúlio tinha um grande carisma e, por isso, mesmo em seu exílio em Itu, de bota e bombacha, em sua casa rústica e primitiva, as pessoas sentiam a sua grandeza. Jango era absolutamente informal e os líderes sindicais o tratavam naturalmente por tu. Quando chegou à Presidência, isto não mudou, o que deixava muita gente horrorizada. Mas daí a concluir que ele queria implantar uma República Sindicalista vai uma distância muito grande.

O que ele queria no fundo?

Acho que ele tinha um total fascínio pelo velho Getúlio, com o qual se identificou integralmente. Sonhava em prosseguir a sua luta, em fazer aquilo que Getúlio não teve tempo.

Como interpreta o papel desempenhado por Leonel Brizola no governo Jango?

Ele estava no governo do Rio Grande quando da renúncia de Jânio e fez o que todo o Brasil fez: lutou para defender a legalidade, que era a única saída viável. Outros governadores de Estado participaram também da campanha, mas ele se transformou em seu comandante. Aquele foi um momento muito bonito na vida de Brizola, do qual ele deve ter o maior orgulho, pois interpretou então o sentimento de toda uma nação. Não se pode esquecer que a crise da legalidade acabou com uma divergência entre ele e Jango, por causa da aceitação do parlamentarismo. Brizola queria marchar para Brasília e achava que tinha condições para isso. Seguindo a tradição de Getúlio, de transigir na medida do possível para evitar sacrifícios à população, Jango tomou posse dentro do regime parlamentarista.

Como já disse, Brizola, após eleger-se com grande votação e o apoio de Jango deputado federal pelo Rio de Janeiro, para fazer frente a Lacerda, em vez disso sentiu que tinha perspectivas nacionais e passou a disputar a liderança de Jango. O que ele procurava era sublevar as multidões, sobretudo as camadas mais humildes sem uma proposta concreta e objetiva. Desencadeou muitas reações contrárias e sua base, em vez de se ampliar, restringiu-se. Apavorou o setor empresarial e até mesmo a classe média e começou a criar incompatibilidades na área militar e problemas no setor político. Alguns de seus pronunciamentos foram muito bons. Seu indiscutível posicionamento nacionalista fascinava toda uma área. A verdade é que a agitação do Brizola, somada à necessidade que Jango sentia de disputar a liderança com ele, foi criando um clima de insegurança. É possível que isto tenha sido ampliado pelos que estavam interessados na queda do presidente. Houve indiscutivelmente muita imaturidade e ela propiciou a formação do clima ideal para os que desejavam derrubar Jango e alterar o rumo dos acontecimentos.

Vamos falar do presente e do futuro. Por que as divergências com Leonel Brizola a propósito da criação do novo PTB? Tendo em vista que as divergências programáticas não devem ser grandes, não é possível um acordo?

Em termos ideológicos os programas que ambos formulamos são quase iguais. Mas vamos fazer um rápido histórico. Fui cassada pelo AI-5 e, quando se entreabriu uma perspectiva de atuação política, comecei um trabalho lento, de formiga, fazendo um levantamento em nível nacional para ver quem poderia ajudar no ressurgimento do PTB. Estudamos o caso de cada Estado, começando pelo Norte e, é claro, quando chegamos ao Rio Grande do Sul, um nome se impunha: Leonel Brizola. Minha ideia era cada um atuar na sua área para, unindo nossas fraquezas, tornarmo-nos fortes. Queríamos e queremos um partido democrático. Ninguém devia ser cupincha de ninguém, ninguém devia usar ninguém como degrau. Mas teria de surgir uma liderança nacional e achava que ela deveria caber a Brizola, porque foi governador de um grande Estado, teve uma projeção nacional na campanha da legalidade e era talvez o mais sofrido de todos nós. Mas ele deveria ser um líder democrático, ou seja: eu não me intrometeria na organização do PTB no Rio Grande, que é a sua base, e ele faria a mesma coisa comigo em São Paulo. Queríamos que nos aglutinássemos democraticamente. A ideia dessa liderança nacional e democrática de Brizola foi sendo aceita por todos — uns com mais facilidade, outros menos — com os quais conversava.

Feitos esses entendimentos, dei uma entrevista dizendo que ia aos Estados Unidos encontrar-me com Brizola para tratar da criação do novo PTB, porque nós trabalhistas queríamos assumir nossa identidade própria e que não achávamos que isto fosse dividir a oposição, pois a nosso ver ela seria mais robusta na medida em que fosse constituída por vários partidos bem caracterizados. Acrescentava que ia levar ao conhecimento de Brizola todo o trabalho de aglutinação que havia feito. E lá fui eu ao encontro do nosso líder. Fiquei 20 dias nos Estados Unidos e, de repente, senti que estava falando grego e ele chinês. Não concordava com muitos dos nomes que sugeria para organizar o PTB nos vários Estados. Em São Paulo, por exemplo, não digo que levante multidões, mas aqui o Brizola não é uma figura que encarne mais o antigo trabalhismo do que eu. Continuando nesse exemplo, deveria caber a mim fazer os contatos em São Paulo, dando-me a oportunidade histórica que não tive no passado e que tenho o direito de reivindicar. Nossas divergências começaram assim com relação à composição partidária.

No último dia de minha permanência nos Estados Unidos, resolvi colocar as cartas na mesa e propor-lhe um pacto de não-agressão, que era o seguinte em essência: "Não concordo com tudo o que está dizendo e pensando, mas acho que você tem todo o direito de agir assim. Como nossas propostas são distintas, você segue a sua e eu sigo a minha. Amanhã encontraremos um estuário comum". E voltei para o Brasil. Não perdôo a ele não ter aceito esse pacto, que teria facilitado tudo para o futuro. Ele queria que todo mundo ficasse parado esperando a sua volta. O PTB era o pensamento dele e ele é que deveria escolher as pessoas que iriam dirigi-lo. Achei que isso era um personalismo exagerado, apesar do respeito que tínhamos por ele. Afinal, de ditadura todo mundo está cheio e não se pode falar em democracia e não praticá-la, sobretudo num partido de oposição como o PTB. Ninguém deve vassalagem a ninguém. O PTB é de tolos nós que o fundamos e que fazemos parte de sua memória. Mas ele assumiu uma tal postura de proprietário do partido, que parecia que o velho Getúlio tinha ressuscitado, quando ele não deu mais para o PTB do que nenhum de nós. Sempre tive com Getúlio Vargas uma identidade de pensamento total e completa, mas não considero que ele seja propriedade minha. Ele é do povo, é da nação. Mas se alguém pode julgar-se vinculado a ele pelo sangue, pelo nome, pela identidade política, em termos de PTB, esse alguém sou mais eu do que qualquer outro.

Há ainda alguma possibilidade de união dos dois grupos no futuro?

Se lutamos para não sermos excluídos, não temos o direito moral de excluir ninguém. Defendemos um PTB democrático. Se prevalecer a proposta de nosso grupo, nada impede que Brizola e todos os que estão com ele venham para o PTB. Não imporemos nenhuma restrição. Essa é uma fase difícil de organização e montagem de diretórios para daqui um ano realizarmos a convenção. Se então o grupo de Brizola estiver mais bem organizado e tiver maior prestígio, terei de me render à evidência. Sou democrata. Em resumo, não aceitamos aprioristicamente nenhuma liderança que se queira impor. Mas, se ele conseguir empolgar o partido, esta será uma realidade que terei de reconhecer.

24 de fevereiro de 1980

42 Coronel é quem comanda a política nacional

Entrevistadores:
Lourenço Dantas Mota,
J. D. Vital e
Luiz Fernando Perez

José Bonifácio Lafayette de Andrada

Nasceu em Barbacena (MG), em 1904, e morreu em 1986 em Belo Horizonte. Formou-se em Direito pela Universidade do Rio de Janeiro em 1927. Participou da Revolução de 30, quando começou sua carreira política como prefeito de Barbacena. Em 1934 foi eleito deputado estadual. Constituinte em 46 e deputado federal até 1978, tendo ocupado a presidência da Câmara. Foi um dos principais líderes da UDN.

Pertencendo à mais tradicional família de políticos do Brasil, deve ter tido contato com a vida pública desde muito cedo. Mas quando começa a ter uma atuação mais firme e destacada?

Comecei antes de 30, em 29. Era professor de ginásio em Barbacena, aliás um péssimo professor, porque já estava conspirando para a Revolução de 30 e não ia muito dar aula, só uma vez ou outra. Nessa época eu conspirava com um grupo de elite do Exército, entre eles Eduardo Gomes. A posição de Barbacena era muito singular. Para terem uma ideia, a 80 quilômetros dela para o Sul estava uma importante unidade do Exército, o 11º RI, em São João Del Rey; a 70 quilômetros, estava o comando da Região Militar, em Juiz de Fora; ao Norte, para o lado de Ouro Preto, estava o 10º BC e, a 200 quilômetros, Belo Horizonte.

Em 30 houve a seu ver uma verdadeira revolução, no sentido de mudanças de estruturas? Seu tio, Antônio Carlos, cunhou uma frase famosa: "Façamos a revolução, antes que o povo a faça". Foi feita essa revolução?

A palavra revolução era usada naquele tempo num sentido restrito. Era revolução de Exército contra Exército. Não se tratava propriamente de uma revolução social. Não fizemos uma revolução social, nem uma revolução de métodos e processos destinados a modificar a fisionomia do país. Aliás, devo dizer a vocês que a maior parte dessa história de revolução é pura conversa. A rigor, ninguém faz revolução, o país fica na mesma coisa. Quantas revoluções já houve no Brasil? Uma porção, desde a proclamação da República, e ela continua de pé. É a mesma coisa.

História Vivida

O pessoal que fala em revolução vem sempre com esse negócio de bases. Mas o que são afinal as bases? Eles não têm nenhuma. A base é o chefe político local, o coronel, que manda seus eleitores votarem contra ou a favor de determinado candidato. Isso é a base.

O coronel é o homem que comanda a política nacional, porque ele é quem elege os homens que a fazem. Sem ele ninguém é eleito. E o coronel não é um cidadão atrasado e imbecil como se afirma. Em verdade, o coronel é o homem que resolve os casos sem solução. É ele quem atende o cidadão que bate à sua porta às 3 horas da madrugada, porque não tem recursos, não tem o amparo da Previdência. Ele se levanta e vai procurar um médico, que o atende porque é seu amigo e leva a pessoa para a Santa Casa ou o hospital. Não concordo com as teses do livro (*Coronelismo, enxada e voto*) de Victor Nunes Leal. Ele não percebeu a função sociológica do coronel no Brasil.

O coronel não está indissoluvelmente ligado aos "currais eleitorais"?

Todo mundo pensa que o sujeito vai para o "curral eleitoral" à força. Não, ele vai porque quer. Vou explicar-lhes o que é o "curral eleitoral". Em algumas cidades do interior o acúmulo de pessoas é gigantesco em épocas de eleição. Para essas cidades não vem apenas o eleitor. Ele traz sua mulher e filhos. De repente, essas cidades recebem uma grande multidão. Então, o que faz o coronel? Ele contrata um local — que é o que se chama de "curral" — para alojar e alimentar essa gente, que vem de fora e cuja maioria nada tem a ver com a eleição: são as mulheres desses sujeitos e seus filhos pequenos que não têm nem mesmo onde tomar mamadeira. É claro que em consequência disso fica mais fácil o trabalho do chefe político. Ele penetra no chamado "curral", conversa e verifica quais os elementos que ali se encontram e que são eleitores, o que torna mais fácil seus movimentos.

A figura do coronel continua viva em Minas, por exemplo, ou está em decadência?

Foi bom vocês perguntarem isso. O coronel apenas mudou de título. Hoje ele é médico, advogado, engenheiro, industrial, comerciante, ou

História Vivida

Exatamente. O município é a base, por pequeno que seja. Eu, por exemplo, quando exercia cargos de direção na Câmara ou a liderança do governo, de vez em quando viajava para Barbacena e, a cavalo ou de automóvel, ia visitar os pequenos distritos do município e conversar com os coronéis locais.

O que diferencia o trabalho de conseguir votos há 50 anos e hoje, quando não se pode mais lançar mão do conhecido método de marcar cédulas, por exemplo, que facilitava um maior controle do eleitorado?

Fala-se muito hoje na televisão, mas acho que ela não adianta nada, nem contra, nem a favor. É uma tolice. Embora pareça um absurdo dizer isso, acho a Lei Falcão a mais democrática que existe no Brasil. É que eu tenho coragem de dizer certas coisas que ninguém ousa admitir. O fato é o seguinte: o que se quer, eliminando a Lei Falcão, é que o político se instale numa sala confortável, com guaraná, água mineral, etc. e dali fale para um público invisível que ouve o que ele diz, mas não pode contestar. Isto atenta contra o espírito democrático: significa poder ouvir, mas não responder. Sem a Lei Falcão, o sujeito pode ficar ali na televisão, dizer as maiores mentiras, as maiores inverdades, às vezes até caluniar o cidadão, que fica sem o direito de resposta. Porque a televisão jamais adotará o processo caríssimo de dar a ele o direito de responder.

Prefere então só os comícios?

Sim. O comício é que é democracia, porque você sobe no palanque, começa a dizer uma série de desaforos e tem a resposta imediata; leva bofetão e dá bofetão. Ali a democracia se exprime em sua maior pureza. Há debate.

Até a Lei Falcão, pelo menos em princípio, a televisão esteve livre. Foi assim, por exemplo, por ocasião das eleições de 74. Essa liberdade prejudicou o debate político?

Não, não prejudicou. Apenas não encaro a Lei Falcão como uma coisa antidemocrática. Isto absolutamente ela não é. A meu ver, o problema da televisão é que ela é elitista. Só os grandes nomes é que aparecem nela.

até mesmo fazendeiro, mas continua sendo coronel. O coronel, que vem do Império e se perpetua na República, não desaparece nunca, apenas muda de título. Antigamente, os coronéis eram homens mais ou menos esclarecidos ou então pessoas que tinham grandes fazendas e muitos agregados e que podiam influir na direção política de suas cidades. Esse era o coronel clássico. Hoje esses homens existem com outros títulos e continuam influindo. Eu, por exemplo, considero-me um coronel, porque tenho poder político municipal. Percorro todos os municípios de minha região sempre que há eleições. Conheço todos os candidatos a vereador e converso com eles. Os homens que fazem isto como eu não têm mais título de coronel da Guarda Nacional, porque ela foi extinta há muito tempo, mas desempenham a função do que se chama comumente de coronel: são advogados, engenheiros, médicos, que comandam municípios pequenos.

A televisão, que hoje alcança praticamente todos os municípios, e difunde novas normas de comportamento, não enfraquece a figura do coronel?

É certo que a televisão faz isso, mas não creio que ela modifique as opiniões políticas dos coronéis e dos que o seguem. No Rio e São Paulo não (Belo Horizonte é uma cidade de hábitos interioranos característicos dos mineiros), mas nas pequenas cidades o coronel ainda hoje tem de tomar as providências que mencionei, por exemplo, no caso da pessoa que vai buscar seu auxílio de madrugada. Essas pessoas ficam gratas ao coronel e não se transformam, como se diz, em seus eleitores de cabresto. Não se trata de cabresto, mas de amizade. O pessoal das grandes cidades não conhece o coronel, que tem uma posição legítima e lógica, absolutamente correta. Ele não exerce pressão contra ninguém, pois isso é muito difícil num sistema de eleição por voto secreto. Arregimentamos pessoas, mas isso é normal em eleições. O primeiro grau de participação, o primeiro embate do cidadão na vida política do país, se dá no município. Ali desenrolam-se os pequenos acontecimentos que somados se tornam grandes e influem na vida do país.

As "bases", às quais tantas referências são feitas, são então, a seu ver, os municípios?

Os coitados dos vereadores não têm vez e nem os deputados estaduais. Só chegam a ela os deputados federais, os ministros e os intelectuais. Em matéria de política, a televisão é um instrumento elitista.

Voltando à Revolução de 30, não lhe parece que, apesar de seu ceticismo com relação às revoluções brasileiras, ela introduziu uma modificação importante em termos políticos, que é o voto secreto?

Quem introduziu o voto secreto no Brasil não foi o Getúlio, mas Antônio Carlos, antes de 30, com uma experiência feita em Minas. Naquela época cada Estado tinha o seu Código Eleitoral e ele, como presidente de Minas, modificou o Código para introduzir o voto secreto. Veio gente de todo o país aqui para Minas verificar o funcionamento dessa inovação, numa eleição para vereador em Belo Horizonte. O prefeito da cidade era Cristiano Machado, que lançou um candidato para enfrentar o da oposição, lançado por Pedro Aleixo, estudante do último ano de Direito na época. Esse candidato oposicionista era Magalhães Drummond, um professor ilustre. Eu morava no Palácio da Liberdade nessa época e posso testemunhar que, no fundo, Antônio Carlos esforçou-se para a oposição ganhar, porque isso mostraria de certa forma a validade da experiência. E Magalhães Drummond realmente ganhou.

O sr. viveu sob o Estado Novo em Barbacena. Sabe-se muita coisa sobre a ação da ditadura nas grandes cidades, mas não se sabe muito sobre o que aconteceu nas pequenas. Como foi a sua vida, numa cidade do interior nessa época?

Coloquei-me violentamente contra a ditadura e vocês podem imaginar o que tive de aguentar em consequência. O Bias Fortes, pai desse rapaz que está aí, era o prefeito municipal; o Benedito Valadares, meu inimigo, era o interventor; o Getúlio, meu inimigo, era o presidente. Punham na porta de minha casa vários soldados, passeando para lá e para cá, para ver se conseguiam reduzir a minha advocacia. Eu era o advogado de maior clientela na região de Barbacena, que é grande. Era um rapaz intrépido, não dava bola para eles, fazia o que tinha de fazer e atacava o governo. Os bobocas não percebiam que os clientes eram

História Vivida

homens da roça que não ligavam para os soldados, achavam aquilo normal. Nunca perdi um cliente por causa disso. Mas até coisas desse tipo faziam contra mim.

Um dia estava no Fórum redigindo um testamento — numa situação como essas tinha de andar armado — e, quando fui abaixar-me para explicar ao escrivão onde é que tinha de assinar, o delegado, que era primo do Bias Fortes, veio por trás de mim, arrancou o revólver de minha cintura e fez-me essa pergunta cínica: "Sr. José Bonifácio, quer que eu fique com o seu revólver e a coisa fica por isso mesmo, ou quer que vamos à delegacia fazer o auto de flagrante?" Ao que respondi: "Não, o meu revólver custou muito dinheiro. Vamos lá para a delegacia fazer o auto de flagrante". O delegado era meio atrasado, de forma que o auto de flagrante foi muito malfeito, tudo errado, e eu percebendo isso sem dizer nada, é claro. Foi feito um processo, ouvidas testemunhas, etc. Defendi-me e o processo foi para o juiz de Direito, que me absolveu, em vista das falhas nele existentes. Logo em seguida fiz uma petição ao juiz, dizendo que, uma vez que eu estava absolvido, queria que tomasse providências para que o delegado me devolvesse o revólver, com o que ele concordou. E o delegado foi obrigado a me devolver a arma. Consegui isso numa cidade pequena, numa grande não conseguiria. A apreensão da arma fora um escândalo e, na hora da devolução, formou-se uma multidão em frente à delegacia para assistir à cena. Ninguém acreditava que isso fosse acontecer. Com todo aquele povo atrás de mim, querendo saber o que acontecera, sabem o que fiz? Só para irritar, amarrei o revólver num barbante e o dependurei na sacada da minha casa, que fica no centro da cidade, na praça dos Andradas. Vinha gente de longe, de outros municípios, só para ver a arma, constatar que ela fora mesmo devolvida.

Houve violências policiais em Barbacena nessa época, provocadas por motivos políticos?

Eu inspirava a eles um respeito muito grande, porque tinha sido uma figura muito importante na Revolução de 30. O que faziam era procurar atingir-me em minha carreira profissional, como já disse, tentando afastar os meus clientes. Às vezes, atingiam amigos meus e eu era obrigado a ir tirá-los da cadeia.

E, dentro das prisões, havia violências?

Não, porque era muito difícil fazer isso. Lá em Barbacena, os homens que dirigem a política, tanto de um lado como de outro, são capazes de entrar na delegacia, esmurrar o delegado e tirar de lá o sujeito inocente, até mesmo fazendo baderna. É uma cidade muito arregimentada. E era assim também durante o Estado Novo.

Nessa época houve lá um crime e eu fui advogado de defesa. Como foi um crime que teve grande repercussão na cidade, no dia do júri até o comércio parou e foi todo mundo assistir ao julgamento. Fui extremamente violento na minha atuação. Ataquei o Estado Novo e o Getúlio, mostrando as violências que ele gerava. Soube depois que enquanto eu falava alguém perguntou a um adversário político nosso: "Por que você não manda prender o José Bonifácio?" Ao que essa pessoa respondeu: "Não podemos prendê-lo, porque no júri o advogado tem toda imunidade". Ora, eu não tinha imunidade nenhuma, ele é que não tinha coragem de dizer ao seu correligionário que não dispunha de forças materiais para me prender, porque a cidade era dividida e isso provocaria a maior confusão.

Durante esse período, manteve contato com o pessoal de Belo Horizonte, o grupo do Manifesto dos Mineiros, por exemplo, ou com o brigadeiro Eduardo Gomes?

Eu sou signatário do Manifesto dos Mineiros. Ele me foi enviado para ser assinado daqui de Belo Horizonte por um portador que seguiu pelo noturno que passava lá em Barbacena às duas da madrugada. Assinei e ele seguiu para o Rio, para colher outras assinaturas.

Como foi a sua convivência com os comunistas na Constituinte de 46?

As melhores lembranças que guardo da bancada comunista são as de um médico de São Paulo, chamado Coutinho. Não sei se ele ainda é vivo. Tive uma impressão muito boa dele, um homem muito bem-posto. O Prestes já naquela época me pareceu um obstinado, não se dobrava, não cedia em nenhum ponto. O Marighella, coitado, foi meu companheiro de Constituinte também. Gostava muito dele. Fiquei espantado com o desfecho de sua vida, porque não era dos mais exaltados, e era inteligente. O João Amazonas, que está aí agora fazendo discursos violentos, era outro homem tranquilo, que não se exaltava.

A experiência dessa convivência parlamentar o levaria a admitir a legalização do Partido Comunista?

Não, terminantemente. Os motivos são muito simples. Em primeiro lugar, eles não admitem outro partido além do PC e, em segundo lugar, são favoráveis à ditadura do proletariado e eu não admito a ditadura de uma classe. Ora, se eu não posso formar um outro partido na Rússia, por que vou admitir que eles formem um aqui? Enquanto nós brasileiros democratas defendemos o nosso território, o nosso país, eles defendem a classe em que se inserem. Se amanhã invadirem a Amazônia com forças militares, eles não tomam conhecimento, nem dão bola. Mas, se assassinarem um trabalhador, na mesma hora reagem em massa. Em suma, enquanto os democratas defendem a terra e as fronteiras de seu país, os comunistas não dão a menor bola para isso, mas sim para a sua classe. Nessas condições, é impossível admitir a reorganização do Partido Comunista. Essa história de que é melhor aceitar a legalização do PC, porque assim se pode saber onde estão os comunistas, é conversa fiada. É um argumento que eles próprios lançam. Outra coisa que fazem é lançar acusações de anticomunismo para tentar acovardar as pessoas. "José Bonifácio? É anticomunista" — dizem eles. Tem muitos que se acovardam e se entregam, mas eu, que conheço bem a doutrina e o sistema, não dou bola para isso.

O que se deve fazer então? Proibir o PC?

Terminantemente. O crime não é ser comunista. Isso nunca pode ser crime. Aliás, o comunismo é mais uma religião, uma questão de fé. Se o comunista diz que isto é pedra, ele acha que você tem de concordar. Além do mais, com exceção do caso de Allende, não há nenhum governo comunista no mundo que tenha chegado ao poder por meio de eleições.

Tendo participado da Constituinte de 46 e vivido integralmente o regime que ela criou, onde pensa que ele falhou?

Ele falhou por causa da evolução dos tempos. A Constituição de 46 se tornou muito desatualizada, em virtude da rapidez das mudanças nos costumes e na organização política e administrativa.

Isto em termos gerais, e em termos mais específicos?

O presidente da República quase não tinha poderes para governar, o que criava um impasse na administração.

Juscelino Kubitschek conseguiu mudar a capital para Brasília sob a Constituição de 46 e com uma oposição aguerrida, da qual o sr. participava e que foi talvez a mais eficiente e inteligente já havida no Brasil. Como isso foi possível, se o presidente tinha tão poucos poderes como diz?

Mas não foi a Constituição de 46 que fez ou deixou de fazer a mudança da capital. Isto vem desde a Constituição do Império. Todas elas consagraram o princípio da mudança. Juscelino apenas aplicou esse princípio. Eu me dava muito com ele, éramos amigos antes de ele ser presidente. Um dia perguntou-me: "Mas por que você é contra a mudança da capital, se a Constituição manda fazer isso? Você não quer que eu obedeça a Constituição?". Respondi-lhe: "É mais fácil mudar o dispositivo constitucional. Mais fácil e mais barato". Agora, reconheço que foi um passo de alta importância para o Brasil. Mas acho também que todas as desgraças que estamos vivendo vêm da construção de Brasília. Ela desequilibrou completamente a situação nacional, econômica e politicamente. Faz-se um discurso no Congresso, em Brasília, e ninguém toma conhecimento dele no Rio de Janeiro. Os jornais de Brasília influem no comportamento do governo, embora sejam pequenos. Mas não *O Estado de S. Paulo*, apesar do seu enorme poder político e de sua extraordinária tradição. Brasília é uma cidade nociva ao Brasil. Mas é irreversível e é realmente uma beleza. Fui contra Juscelino e Israel Pinheiro, mas dou um testemunho: Israel foi um homem correto e foi quem tocou realmente a construção da cidade. Não furtou nada, era um homem de bem.

Desculpe a insistência, mas por que essa Constituição, que deu a um presidente, em pleno regime democrático, condições de mudar a capital, teve de ser alterada para dar maiores poderes ao Executivo?

Ela teve de ser mudada porque já estava desatualizada. Eram necessários maiores instrumentos de ação política e sobretudo administrativa para o Executivo. Agora, o Juscelino não conseguiu mudar a capital por causa da Constituição, não. Ele conseguiu isso por causa da sua energia, por ser um obstinado.

> *Um dos pontos altos de sua atuação como oposicionista se deu durante o segundo governo de Getúlio Vargas, quando conseguiu, com senso de oportunidade, astúcia e obstinação, agitar o caso do famoso inquérito do Banco do Brasil, acabando por divulgá-lo. Na época o fato teve uma enorme repercussão nacional, pois o Executivo foi obrigado a se dobrar à oposição no Legislativo. Hoje, se houvesse um caso semelhante como o daquele inquérito, seria possível repetir a operação que comandou?*

Seria possível sim. O problema é que a oposição no Brasil é extremamente frágil. Ela não tem coragem de atacar os grandes temas que desmoralizam o governo. Dei e continuo dando o seguinte conselho aos deputados que conheço melhor: "Nunca deixem de ler até a última página do *Diário Oficial*. Nas últimas páginas é que está toda a conclusão do Brasil". No meu tempo de oposição lia o *Diário Oficial* inteirinho, todos os dias. Coisas pequenas que ali se encontravam iam crescendo e crescendo, na medida em que procurava investigá-las melhor. Hoje não vejo fazerem isso. Ficam com bobagens. Querem bobagem maior do que essa história de novos partidos, num país que está às voltas com o problema do petróleo?

> *Se, se repetisse um caso semelhante ao do inquérito do Banco do Brasil, o governo teria condições de absorver o episódio sem uma crise, como o governo de Vargas absorveu?*

Hoje, efetivamente, sem medidas drásticas ele não absorveria um caso semelhante àquele. Mas, como dizia, o pessoal da oposição é muito fraco em sua atuação. Há pouco houve aquela greve dos carreteiros em São Paulo, que interrompeu o fornecimento de gasolina numa área vital do país. O resultado foi que o país entrou em pânico, porque sentiu na carne a dependência do estrangeiro. Pois bem, acho que a oposição deveria entrar em problemas econômicos desse tipo, que o povo sente, e não ficar discutindo questões abstratas. Sei do que falo, pois fui líder da oposição e da situação. Comparando a oposição de hoje com a que fazia a UDN, a de hoje é coisa de criança.

Se hoje pertencesse à oposição, como se comportaria?

Nem queiram saber! Mas é claro que não faria oposição ao governo de Figueiredo, que acho um homem correto e bem-intencionado.

Façamos abstração então do governo Figueiredo.

Primeiro, ler o *Diário Oficial,* para saber o que está acontecendo. Depois, fazer com que todos os companheiros estivessem na Câmara nas horas marcadas, para combinar com eles que temas tratar e que interessassem ao povo. Esse negócio de partido, por exemplo, ninguém entende. Essas questões de Direito são muito confusas para o povo. É preciso reduzir tudo a termos populares. Outro dia participei de um programa na Televisão Bandeirantes e surgiu o problema da inflação. Ponderei: "Olhem, somos aqui quatro pessoas com uma certa cultura e, se alguém perguntar a algum de nós o que é exatamente inflação, não saberemos responder direito. Cada um vem com uma explicação e fica um pandemônio". Ou seja, a meu ver estava na hora da oposição tocar em assuntos com apelo popular, como problema energético e, nesse caso, no problema da greve dos carreteiros, que todo mundo entende. Mas o Montoro e o Brossard, por exemplo, ficam perdendo tempo e discutindo coisas que não dão rendimento nenhum, do ponto de vista da oposição.

O sr. está dando uma aula de oposição.

Vocês é que são os responsáveis por isso. Aliás a imprensa tem um poder muito grande, porque as coisas só existem quando são publicadas. Se faço um discurso fantástico e não é publicado, a rigor ele não existe. E hoje o que acontece é que toda a imprensa é contra o governo. Os donos dos jornais são capitalistas e os repórteres do seu tipo são comunistas.

O sr. está falando sério ou brincando?

Não, é verdade mesmo.

Às vezes não sabemos se está falando sério ou fazendo blague.

É verdade mesmo. A maior parte dos repórteres é comunista, talvez não por convicção, mas porque isso dá ressonância. Mas confesso que uma vez, há cerca de 10 anos, conversei com um repórter e ele me convenceu. Disse-lhe: "O Renato Archer fez um discurso da maior importância sobre energia nuclear (quando ninguém ainda falava sobre isso) e ao mesmo tempo dois deputados trocaram socos na Câmara. No dia seguinte, saiu nos jornais, deste tamanho, um título: 'Deputados se estapeiam no Café da Câmara'. E, lá embaixo, bem pequenininho: 'Renato Archer fala sobre energia nuclear'. Ora, um é assunto de interesse nacional e outro é uma besteira, pois todo mundo pode a qualquer momento dar um tapa na cara do outro, e vocês reagem assim". E ele me respondeu: "Deputado, falar sobre matéria séria, como energia nuclear, é normal. Agora, deputados se estapearem não é normal, então vamos destacar o que não é normal". Eu me convenci.

Os americanos dizem que as boas notícias são as más notícias.

Pois é. Quando leio jornal sempre verifico isso.

Um oposicionista poderia alegar que o governo é que coloca em debate temas como a reforma partidária. E poderia ir mais longe, dizendo que o governo faz isso para disfarçar problemas mais graves como o acordo nuclear, por exemplo. O que reponderia a essa hipotética alegação de um oposicionista?

O governo não quer esconder nada. Quem esconde as coisas não é o governo, mas vocês da imprensa. Só há coisas escondidas se vocês não as publicarem. Vocês é que põem nos jornais permanentemente assuntos sem importância como a organização partidária. A Arena e o MDB acabaram sem a gente saber direito os programas de ambos. Por quê? Porque programa não funciona no Brasil. O Brasil é um país de carismáticos. Segue-se o líder carismático, não o programa.

O sr. foi um membro destacado da famosa "banda de música" da UDN, um dos grupos de oposição mais eficientes, senão o mais eficiente, que já existiu no Brasil nos últimos tempos. Como se formou esse grupo e como ele atuava?

Esse grupo se formou dentro da bancada da UDN naturalmente, sem nenhuma combinação prévia. Sentávamos nas cadeiras de frente, para poder interpelar a toda hora os oradores que estavam na tribuna. Assim, aos poucos, foi-se formando um grupo que realmente transformou a UDN num autêntico partido de oposição. Não dávamos trégua ao governo. Fazíamos uma oposição radical, como se diz hoje. Sou a favor do radicalismo na política. Acho que sem radicalismo a política não funciona. O radicalismo é que faz os deputados comparecerem e participar dos trabalhos. Na época, o país era diferente. O Getúlio era um homem muito violento, mas disfarçadamente, nunca deixava as coisas aparecerem. Mas o engraçado naquele grupo é que não existia programa ou combinação prévia. Sentávamos na frente, como disse, e cada um falava sobre o que sabia, sendo logo ajudado pelos outros. Além de mim, havia entre outros Adauto Lúcio Cardoso, Aliomar Baleeiro, Nestor Duarte, Bilac Pinto, Afonso Arinos.

Que apreciação faz hoje da Petrobras, para cuja criação a UDN deu uma contribuição decisiva?

Hoje acho que esse negócio de estrangeiro tomar conta de nosso petróleo é uma bobagem. Não importa que o estrangeiro venha aqui e faça tudo. Quando a coisa estiver pronta, a gente inventa uma maneira — é a coisa mais fácil que há — de se entender diplomaticamente, sempre diplomaticamente, com eles para resolver o problema. No caso da Petrobras, por exemplo, sempre alegando que vamos pagar, nunca deixando de falar isso: "Não é desapropriação, pagaremos até o último vintém".

E depois não paga?

Não. É assim no mundo inteiro.

Quer dizer que, no caso da Petrobras, faz uma autocrítica?

Faço sim. Acho que ela fracassou. Está entrando em terreno que não lhe pertence. No caso do álcool, por exemplo, ela não tem nada de entrar nisso. Ela tem é com petróleo.

Que apreciação faz hoje do governo Juscelino, do ponto de vista político e administrativo?

Não estou de acordo com essas homenagens que estão querendo prestar a ele. Há em nossa História homens de maior ressonância, como o general Osório e Oswaldo Cruz, por exemplo.

É contra as homenagens?

Dessa grandeza, sim. Acho que se deveria dar o nome dele a uma avenida em Brasília e o de Israel Pinheiro a outra. Inegavelmente isso é justo, porque eles é que fizeram a cidade. Mas Brasília, repito, foi um desastre para o Brasil, pelo qual estamos pagando até hoje.

Juscelino entregou o poder a Jânio Quadros, após eleições livres.

Sim, e nisso faço justiça a ele. Nestes últimos tempos foi o único governo que entrou e saiu dentro da legalidade. Não há a menor dúvida. Reconheço também que era um homem atuante e idealista.

Em termos políticos, o governo Juscelino não foi um exemplo de funcionamento das instituições, de respeito à lei, de tolerância? Ele tentou processar Carlos Lacerda, a Câmara não deu licença e ficou por isso mesmo.

Sim, mas nós da UDN nunca tiramos os pés do quartel. Atravessamos toda a luta com os pés no quartel, almoçando e jantando com generais, almirantes e brigadeiros. E esses oposicionistas bobocas de hoje a primeira coisa que fazem é xingar os militares. Não conhecem a realidade brasileira.

Isso significa que a UDN tinha vocação golpista?

Para derrubar um governo só há duas possibilidades: um golpe ou uma revolução. Numa revolução morre muita gente; num golpe morre pouca. Então, é preferível o golpe. A UDN não era golpista. Era contra a duração indefinida do governo. O governo não queria mais deixar o poder e era preciso, por isso, derrubá-lo a qualquer preço.

Em seu depoimento, Afonso Arinos disse-nos uma coisa curiosa: no fundo a UDN, segundo ele, não queria o poder, pois gostava era de fazer oposição.

Acho que ela queria as duas coisas. E inegável que fazer oposição é muito melhor do que sustentar o poder.

O fato de a UDN, como diz, ter sempre mantido um pé no quartel não contrariava a sua posição liberal e democrática?

Não, porque não acho os militares reacionários. Se hoje estamos vivendo em ordem é por causa deles. Não se encontra um grande movimento da História do Brasil no qual os militares não tenham tido uma posição digna e de destaque. É claro que existem altos e baixos, que alguns fazem o que não deveriam fazer, mas a maior parte das mudanças e avanços políticos do Brasil foram propiciados pelos militares.

O movimento de 64 tem várias fases, uma das mais marcantes das quais é a que se segue ao AI-5. Aquele era o regime que a UDN queria?

Não. A UDN apenas correu os riscos dos quais não se pode fugir quando se toma uma posição difícil. Aqueles foram tempos difíceis, quando o país viveu momentos da maior gravidade e quase soçobrou. Como sabem, quando Jânio renunciou e os ministros militares não queriam dar posse a Jango; foi uma luta dura para que o país não saísse da normalidade constitucional.

De que lado ficou?

Com a UDN, no sentido de impedir a ditadura.

Queria então a posse de Jango?

Não queria a posse de Jango, o que queria é que a Constituição fosse cumprida. Já naquela época achava que Jango estava completamente comunizado. Quanto ao parlamentarismo, não é que eu não acreditasse nele. Não acreditava é na sinceridade dos homens que o instalaram. Ele começou errado. O próprio Tancredo disse que ele era um produto híbrido, ou seja, quem mais conspirou contra o parlamentarismo foi o próprio primeiro-ministro.

Acha que o parlamentarismo pode ser uma solução para o Brasil?

Acho, desde que seja possível dissolver o Congresso dentro de determinadas condições, para se convocar novas eleições, o que não existia no parlamentarismo implantado em 61. Nesse regime evita-se que a pessoa do presidente seja permanentemente atingida. Se a renúncia de um presidente, em regime presidencialista, resulta num desastre, no parlamentarismo a queda ou renúncia de um primeiro-ministro é coisa normal.

Proporia o parlamentarismo hoje?

Não durante o atual governo, porque acho que Figueiredo tem condições, com a energia que está demonstrando, de aperfeiçoar o regime democrático, e deve continuar nessa tarefa. Ele está fazendo um jogo muito curioso, muito inteligente. Está-se aproximando do povo de uma maneira muito íntima. Quando perceber que o povo está com ele, aí então vai tomar as medidas consentâneas com o que a hora exige. Proporia o parlamentarismo para o próximo governo.

Já se disse que o movimento de 64 foi o Estado Novo da UDN. O que acha disso?

Há uma insinceridade neste país que é de alarmar. Quem disse isso foi um homem que foi ministro da Justiça de Getúlio Vargas.

O sr. está-se referindo ao senador Tancredo Neves, mas ele foi ministro durante o segundo governo de Vargas e não durante o Estado Novo.

Não importa. Ele serviu a um homem que teve um passado sujo, que foi um homem horrível. A Revolução não pode ser o Estado Novo da UDN, porque nós passamos o tempo todo com o Congresso e as

Assembleias abertas. Houve oposição. Houve autocensura, mas na ditadura de Getúlio foi censura mesmo, no duro.

No "Estado" nós podemos assegurar-lhe que não houve autocensura, mas censura mesmo.

Sim, mas as casas legislativas estavam abertas.

Não vê uma contradição no fato de udenistas terem participado ou apoiado um regime autoritário como o que foi estabelecido pelo AI-5?

Nenhuma, porque estávamos de acordo com isso. A posição liberal da UDN é que de certa forma legitimou o governo. Sustentamos o governo porque esse é um direito nosso, já que derrubamos o anterior e elegemos o seguinte.

Alguns udenistas discordaram do autoritarismo e se retiraram, como foi o caso de Milton Campos.

O Milton nunca disse que saiu por esse motivo.

Era o presidente da Câmara, cenário principal da crise de 68, que redundou na edição do AI-5. Como viu as coisas desse posto privilegiado de observação?

Se eu estivesse na presidência na hora em que Márcio Moreira Alves falou, não teria acontecido nada. O Márcio falou no chamado Pinga Fogo, com apenas sete deputados presentes. Quem estava na presidência dos trabalhos era o Henrique La Rocque, que nessas condições nem podia ter aberto a sessão. E ainda por cima deixaram publicar o discurso, o que eu não deixaria que acontecesse. Foi um discurso violento, realmente mal-educado, ofendendo a honra das famílias dos militares. Depois houve uma série de equívocos aliados à má intenção de alguns. Quando Costa e Silva mandou o ofício dos três ministros militares para o Gama e Silva, estava querendo que ele se entendesse com os militares. Se quisesse um processo contra Márcio, teria enviado o ofício ao consultor-geral da República e não ao ministro da Justiça. E o Gama e Silva ficou alucinado para fechar o Congresso, falava nisso francamente. Tentávamos convencê-lo do contrário, mas ele foi crescendo de tal maneira que acabou prevalecendo. Se ele fosse um homem que quisesse exercer dignamente o seu papel de ministro da Justiça, tinha de ir conversar com os ministros militares e não armar aquela confusão toda no Congresso. A verdade é que houve um movimento para fechar o Congresso sem outro em sentido contrário. Aquele grupo do coronel Boaventura, que era um militar da maior categoria, irmão do Costa Cavalcanti, que era ministro na época, ia lá na Câmara botar fogo. Diziam que não ia acontecer nada. (Aliás, Boaventura foi cassado depois.) Em consequência, o pessoal ficou convencido de que nada aconteceria mesmo.

A intenção de fechar o Congresso existia, pelo menos em alguns setores, antes da votação da licença para processar Márcio Moreira Alves?

O Gama e Silva aproveitou-se do negócio para formar um ambiente propício ao fechamento. Quem não queria o fechamento do Congresso e fez tudo para evitá-lo foi Costa e Silva. O problema é que ele enviou o ofício dos ministros militares para a pessoa errada.

Não lhe parece que o discurso de Márcio Moreira Alves foi apenas um pretexto?

Não. O discurso do Márcio foi mesmo muito desaforado.

Mas foram pronunciados discursos na Câmara muito mais violentos contra Getúlio Vargas e Juscelino, sem que houvesse consequências desse tipo.

É verdade, mas o ambiente nacional e a situação militar eram outras em 68.

Queríamos a sua opinião sobre alguns aspectos da reforma partidária atual. Não acha que há uma contradição na convivência da sublegenda com o pluripartidarismo?

Não, porque na base municipal o que contam são os interesses pessoais e o indivíduo pode argumentar: "Não entro naquele partido porque nele já está fulano, que é meu inimigo". Acho que se deve evitar isso, porque os grandes interesses nacionais se formam nas cúpulas. Então, com a sublegenda, ambos podem manter as suas posições e permanecer no mesmo partido, porque estão de acordo com relação às grandes questões nacionais.

E com relação ao voto distrital, questão muito debatida hoje?

Sou favorável, porque ele estabelece uma ligação estreitíssima com os eleitores. E esse negócio de que o distrito favorece a corrupção é bobagem. O indivíduo se corrompe a primeira vez e na segunda sai perdendo, porque a vigilância dos eleitores é muito maior.

16 de março de 1980

43 A ESG queria chegar à segurança pelo desenvolvimento

Entrevistadores:
Antônio Carlos Pereira
Luiz Carlos Lisboa e
Lourenço Dantas Mota

Idálio Sardenberg

Nasceu em Porto Alegre, em 1906, e morreu no Rio de Janeiro em 1987. Participou da Revolução de 30 e foi constituinte pelo Paraná em 1934. Integrou o grupo de oficiais que idealizou e organizou a Escola Superior de Guerra. Ocupou a presidência da Petrobras no governo Kubitschek. Foi chefe do Estado-Maior das Forças Armadas, no governo Médici.

Quando começou a participar de forma mais ativa da vida do país?

Embora desde os meus tempos de cadete eu me interessasse muito pelas coisas do país, minha participação mais ativa na vida brasileira começa com a Revolução de 30. Participei dela dentro da unidade na qual servia, em Curitiba, como tenente.

A sua maneira de encarar os problemas brasileiros era nessa época mais política ou social?

Era político-social. O Exército sempre pensou no Brasil como uma entidade política e social ao mesmo tempo. Eu, por exemplo, sempre tive uma preocupação até mais social do que política, embora não tão clara e nítida como ultimamente. Naquele tempo eu me preocupava, como hoje ainda, com a felicidade do povo brasileiro. Ora, no fundo essa ideia de felicidade do povo brasileiro é uma ideia social.

Foi como consequência dessa visão das coisas e de sua participação na Revolução de 30 que decidiu ingressar na política, acabando eleito constituinte em 1934?

Instalado o governo revolucionário, começou, algum tempo depois, a crescer o movimento para a eleição de uma Assembleia Constituinte. A pressão de São Paulo nesse sentido, com a Revolução de 32, é mais do que sabida. Até que Getúlio Vargas convocou eleições para a Constituinte. Nós, revolucionários, achávamos que deveríamos empenhar-nos para que o povo, por meio do voto, confirmasse o apoio que dera à Revolução. No meu modo de ver, uma das maneiras de se conseguir isso era por meio da organização de partidos revolucionários. Naquela época os partidos eram estaduais, os partidos nacionais surgiram depois. Criamos no Paraná um partido que recebeu o nome de Partido Social Democrático, do qual fui o padrinho. Acho que esse foi o primeiro PSD do Brasil. Nosso objetivo era, por meio daquela confirmação do apoio do povo, consolidar o movimento de 30. Candidatei-me e fui eleito para a Constituinte de 34, dentro desse espírito e como consequência dessa luta.

Como membro que foi da Comissão dos 26, encarregada de coordenar as propostas destinadas à elaboração da Constituição, qual a seu ver foi o tema dominante dos trabalhos, a ideia-mestra?

Fui membro dessa Comissão, representando o Estado do Paraná. O que posso dizer é que o Brasil era então um país que estava apenas iniciando o seu desenvolvimento. Havia naturalmente uma preocupação em fixar uma orientação política para o país, nessa sua nova fase. Mas, a meu ver, o elemento que mais peso teve na Constituinte de 34 foi o regionalismo. Havia as grandes bancadas, como as de Minas e São Paulo, que naturalmente defendiam os interesses de seus Estados, e paralelamente havia as bancadas dos pequenos Estados, fazendo um grande esforço para conseguir um lugar ao sol. Quanto à parte ideológica, a Constituinte foi muito influenciada pelas novas ideias que estavam surgindo naquela época em todo o mundo, principalmente as ligadas à nova Constituição espanhola e à Constituição de Weimar. Essas contribuições estrangeiras foram muito discutidas durante os trabalhos da Constituinte. E, a meu ver, a Constituição de 34 estava perfeitamente adequada às condições do Brasil daquela época. Como toda Constituição, ela foi o resultado de transigências mútuas dos grupos nela representados.

Por que interrompeu a sua experiência político-parlamentar após essa participação na Constituinte de 34? Ou foi Getúlio Vargas quem a interrompeu, com o golpe de 37?

Acho que foi Getúlio quem a interrompeu indiretamente. O golpe de 37 criou uma situação que me impedia de continuar na política. Como militar, não tinha condições de me conservar por muito tempo num mesmo lugar, o que é essencial para se fazer uma carreira política. O golpe de 37 indicava que por muito tempo não haveria eleições. Tive de optar, então, entre permanecer num mesmo lugar em contato com os eleitores, esperando o reinício das atividades políticas normais, o que não poderia fazer continuando no Exército, ou decidir-me definitivamente pela carreira militar. Abri mão da política e fiquei no Exército.

Pressentiu o golpe de 37, ou ele o surpreendeu?

Para mim, o golpe de 37 foi uma surpresa.

Qual foi a reação dos escalões intermediários do Exército ao golpe?

Em 37, tinha havido uma modificação na estrutura da posição militar, principalmente no Exército. Em 30, a Revolução foi feita pelos escalões intermediários — tenentes, capitães, majores, no máximo coronéis. Quase todos os generais ficaram de fora. Em 37, já tinha havido a recomposição da hierarquia militar. Os escalões intermediários já não estavam mais dando as cartas. Essa recomposição foi feita naturalmente, porque o normal nas Forças Armadas é evidentemente o respeito à hierarquia.

Uma coisa importante sobre a qual pouco se fala é a relação entre os militares e o Estado Novo. É evidente que Getúlio Vargas jamais se manteria no poder por si só. Ele contou inegavelmente com uma sustentação militar, pelo menos até princípios de 45. Até onde ia a convergência de pontos de vista dos militares com os principais responsáveis pelo Estado Novo, a começar por Vargas?

Essa convergência deve ter havido, mas não necessariamente com todas as ideias do Estado Novo. Na medida em que aquele regime serviu como um elemento capaz de impedir a volta à antiga situação, ele traduziu as ideias de todos os militares. Embora, repito, os militares não fossem necessariamente partidários do regime que a Constituição de 37 estabeleceu.

O apoio militar seria então mais no sentido da ordem que ele estabelecia no país do que propriamente do ideário do Estado Novo?

Exatamente.

> *O antagonismo e o choque do integralismo com o comunismo no Brasil de então, teriam contribuído para convencer os militares de que era razoável um regime de força para o país?*

Embora fosse autoritário, o Estado Novo começou combatendo o integralismo. Desse ponto de vista, ele correspondia ao ponto de vista da maioria dos militares, que era contra o integralismo.

> *Isto significa que a seu ver o sentimento militar era mais antiintegralista do que anticomunista?*

Acho que ele era equilibradamente contra os dois. Eu mesmo fui acusado ora de integralista, ora de comunista. Os comunistas diziam que eu era simpático aos integralistas, e estes, por sua vez, tinham horror de mim, porque me achavam comunista. Fiquei no fogo cruzado.

> *Falou-se muito na época de possíveis simpatias de Vargas pelo Eixo e de divisões entre os militares sobre a conveniência ou não de o Brasil entrar na guerra ao lado dos aliados.*

Na época foi realmente muito explorada essa ideia de que o presidente não seria favorável à entrada do Brasil na guerra ao lado dos aliados. Mas não houve nenhuma medida tomada por ele que autorizasse essa interpretação. Nem ele nem nenhum dos generais dificultou nossa entrada na guerra. Ela foi uma consequência do cumprimento de nossos acordos internacionais e de atos de violência contra brasileiros.

> *Não havia dentro do Exército simpatias para o Eixo?*

É possível que houvesse no Exército elementos simpáticos ao integralismo, mas eles não constituíam um número expressivo. O Exército estava unido em torno do presidente em sua decisão de defender o país e entrar na guerra junto dos aliados.

Com a Segunda Guerra, o Brasil praticamente abandonou a formação francesa e passou para a norte-americana. Isto acarretou alguma mudança no comportamento político do Exército?

Não acredito que tenha havido uma mudança na mentalidade política do Exército, pois a modificação a que se referem foi apenas de natureza técnica: passamos da técnica francesa para a norte-americana. Afora essa parte técnica, não houve maior influência no contato com o exército norte-americano.

Acha que mesmo sem a FEB o Estado Novo cairia de qualquer maneira?

Acho que sim, porque isso correspondia a uma tendência cíclica. Com ou sem a FEB haveria uma modificação constitucional no Brasil.

Como um dos organizadores da Escola Superior de Guerra, poderia dizer-nos quais foram as suas origens remotas? Que tipo de preocupação, ou que objetivo, levou à criação da Escola?

Fui realmente um dos primeiros a lançar a ideia da criação da ESG. Via que o Brasil, apesar de sua evolução a partir de 1930, não podia ainda — em fins da década de 40, quando se criou a ESG — considerar-se uma nação independente, pois não era capaz de fabricar nenhuma arma necessária à sua defesa. Consequentemente, o país precisava criar meios para que pudesse futuramente fabricar suas armas. Para isso, o caminho era promover o seu desenvolvimento. País com capacidade industrial produz armas facilmente, quando necessário.

Uma forma de ajudar o país a chegar àquele ponto seria criar uma mentalidade favorável à promoção do desenvolvimento. E não bastava que as Forças Armadas pensassem assim. Era preciso que houvesse entre os civis a mesma intenção. Achei então que seria interessante formar um grupo misto de militares e civis de diferentes origens para trocar ideias e criar aquela mentalidade. Minha primeira ideia para concretizar isso foi a criação de um instituto de pesquisas e depois evoluí para uma escola dirigida pelas Forças Armadas. Devo esclarecer que não pensava tudo isso sozinho, isolado, mas debatendo e conversando com companheiros. Por meio dessa troca de ideias foi-se formando dentro do Estado-Maior das Forças Armadas todo um grupo que partilhava daquela maneira de ver o Brasil.

Quem constituía esse grupo?

Além de mim, havia entre outros os então coronéis Orlando e Ernesto Geisel, o general Heitor Ferreira e o Golbery do Couto e Silva.

Aqueles objetivos que expôs foram concretizados pela Escola fundada sob a direção do marechal Cordeiro de Farias?

Creio que sim. Criada a Escola, dedicamo-nos a estabelecer uma doutrina de segurança nacional. Na época, a ênfase estava na segurança externa. A segurança interna tinha uma importância muito pequena. E achávamos que a segurança externa só seria possível com a promoção do desenvolvimento do país. Sem desenvolvimento não haveria segurança. Isto está escrito tanto na lei que criou a Escola como no seu regulamento interno, feito por uma comissão da qual eu era secretário-geral. Aliás, fui eu que redigi essa parte.

A preocupação com a segurança precedeu a preocupação com o desenvolvimento?

O desenvolvimento é um meio de promover e garantir a segurança. Ele é um instrumento. Para ter segurança, precisávamos ter condições de nos defender e, para isso, necessitávamos de armas: tanques, canhões, navios, submarinos, aviões, etc. Naquela época não tínhamos capacidade para fazer nada disso. Hoje já temos condições de fabricar quase tudo.

Esse projeto militar incluía implicitamente um projeto político?

Não, absolutamente. Incluía, talvez, um projeto econômico para o desenvolvimento do país, mas não político.

De qualquer forma, o que se pretendia era um projeto que iria afetar todo o país.

Sim, com o tempo. A ideia era formar pessoas que, no desempenho de cargos públicos — deputados, ministros, etc. —, tivessem consciência de que era necessário promover medidas que desenvolvessem o país para que ele, no futuro, tivesse segurança. Essa era a ideia.

O que se buscava era a formação de uma elite?

Não de uma elite, mas de um grupo que trabalhasse em torno daquela ideia. Vejo esse grupo da mesma maneira que aquele que estava, por exemplo, dedicado à erradicação de várias moléstias. Todos esses grupos, em campos diferentes, estavam trabalhando, tanto quanto aquele da ESG, pelo bem do país.

Digamos então que se tratava de conscientizar pessoas com responsabilidades na vida pública e no setor privado para a importância daquele problema.

Exato. Porque não seríamos nós militares que iríamos promover o desenvolvimento da indústria nacional. Era preciso que políticos e empresários trabalhassem naquele sentido. De nossa parte nós lhes diríamos: "Precisamos ter armas nacionais e queremos que nos ajudem nesse sentido. Achamos que, ficando livres da importação de armas, seremos um país com maior autoridade internacional". E essa ideia redundaria em benefício do país como um todo.

Aquela ideia original evoluiu com o tempo e acabou por se transformar num projeto nacional, político, econômico e militar. Como viu a inclusão nesse projeto do elemento político? Acha que ele estava inscrito na própria dinâmica da ideia original da ESG, ou a Escola exorbitou do que se esperava dela?

Não é que a ESG tenha exorbitado, é que ela se adaptou às novas épocas, às novas situações. A ideia da ESG era a do desenvolvimento do país e não se pretendia fazer nenhuma revolução para conseguir isso. A posição da Escola não era e não podia ser a de todas as forças do país. Essas forças evoluíram paralelamente de formas diferentes. Se evoluíram mal, a culpa não cabe à ESG.

O que queremos dizer é que, para viabilizar aquele objetivo militar de fabricação de armas e criação de segurança, se chegou a uma proposta econômica de desenvolvimento e que, para viabilizá-la, se teria fatalmente de chegar a uma proposta política. Foi o que aconteceu?

Não, porque nunca houve na Escola, a não ser da Revolução de 64 para cá, a intenção de preconizar ideias sobre organização política. O comportamento de diferentes setores do país levaram à conjuntura de 64. E a gravidade dos fatos então ocorridos provocou novas posições da ESG. Não é que ela tivesse se preparado ou tivesse a intenção de chegar a isso — pelo menos do meu ponto de vista —, mas foi levada a isso pela solicitação dos próprios fatos.

Ou seja: teria sido a própria evolução do país que exigiu da ESG que ela se transformasse no que é hoje?

É exatamente assim que encaro esse ponto, porque a Escola que eu conheci não tinha nenhum objetivo no plano político. Com a evolução dos fatos, não havendo uma outra instituição capaz de pensar esses problemas de natureza política a que se referem — o ISEB foi uma instituição civil que tentou fazer isso, mas não teve prosseguimento —, a Escola se viu na condição de única organização com capacidade de desempenhar esse papel. Então, a Revolução começou a solicitar a Escola para esse tipo de estudos.

E aí ela se politizou?

Não muito, só em parte. Acho que a rigor ela resistiu muito bem à atração política. Tanto assim que até hoje, apesar de ter de vez em quando uma ou outra produção de cunho mais político, como dizem, a Escola se mantém numa posição bastante equilibrada.

A opinião geral, ou quase geral, é de que o núcleo ideológico da Revolução de 64 está localizado na ESG. Pode ser até que essa ideia não seja verdadeira, mas é inegável que é bastante difundida. A verdade é que os principais personagens e ideias do movimento de 64 — embora não todos — saíram de lá.

Esse é um fato que, por acaso, se concretizou. Muitos elementos que participaram da Revolução estavam eventualmente servindo na Escola ou eram oriundos dela. O fato de as pessoas que conspiraram, prepararam e realizaram a Revolução estarem eventualmente ligadas à ESG é um acidente.

Mas eles não eram frutos da Escola?

O que era fruto da Escola era a formação intelectual que tiveram nela. Essa formação intelectual levava-os, talvez, a entrar em choque com aquela situação anterior a 64, que julgavam contrária aos interesses do país.

Daquele grupo original que citou como inspirador da ESG, saiu um ministro do Exército com atuação destacada — o general Orlando Geisel; um presidente — o general Ernesto Geisel; e o general Golbery, que é tido como um dos principais articuladores políticos de três governos revolucionários. Isto sem contar o marechal Castello Branco e vários outros oficiais que ocuparam postos de relevo e que eram ligados à ESG.

É uma coincidência. O general Ernesto Geisel, por exemplo, seria presidente numa situação como aquela em que foi eleito, mesmo que não tivesse pertencido à ESG. O general Médici foi presidente sem ter sido da ESG. O general Golbery é, desde tenente, um grande estudioso dos problemas brasileiros. Ele se interessou pela Escola, participou da sua fundação e serviu nela por muito tempo. Mas ele tem um passado político pessoal importante que não se confunde com a Escola. É o passado dele, como pessoa. Distingo o general Golbery como pessoa do general Golbery como homem que pertenceu à Escola.

Resta a evidência de que foi a ESG que estabeleceu a doutrina de segurança nacional.

Não. A doutrina de segurança nacional não foi propriamente estabelecida pela ESG. Não se trata de nenhuma peculiaridade brasileira. Todos os países têm a sua doutrina de segurança. Aliás, é preciso deixar claro que, com ou sem a doutrina de segurança da ESG, os governos revolucionários se manteriam do mesmo jeito, exatamente como Getúlio se manteve sem ela. Acho que a doutrina de segurança não manteve os governos revolucionários, nem é responsável por seus erros ou acertos. Eles se mantiveram pela sua própria dinâmica. Os homens oriundos da ESG que exerceram ou exercem funções políticas de governo devem ter recorrido naturalmente a ideias que estudaram e aprenderam durante o tempo em que a frequentaram. Em sua formação deve contar muito o tempo que passaram na Escola e o que lá estudaram. Isto se incorporou à vivência de cada um deles. Não digo que não tenham usado isso, mas não creio que tenham sido personagens que apenas transcreveram ou executaram as ideias da Escola. Eles exerceram cargos de acordo com a dinâmica do governo e do poder. Mas, repito, no exercício de cargos políticos sua ação deve naturalmente ter sofrido a influência do período que passaram na ESG.

A que fatos atribui o deslocamento da ênfase da segurança externa para a segurança interna?

Houve uma transformação na situação mundial, que resultou na tentativa de levar para dentro dos países a possibilidade de subversão e consequente mudança de orientação política. Em outras palavras: agindo-se de fora, tentou-se influenciar elementos internos para que eles próprios promovessem mudanças na orientação política — do Brasil, por exemplo — que convinham aos interesses de quem assim as inspirava e não aos interesses nacionais.

É a tese segundo a qual o inimigo não seria mais externo, mas interno?

Não, o inimigo seria externo, mas utilizando elementos internos. Houve isso em vários países do mundo. Em vista dessa ameaça, a segurança interna — que, como disse, tinha uma pequena importância quando se fundou a Escola — passou a ter um destaque maior.

A doutrina de segurança, com essa nova ênfase na segurança interna, expressa-se na Lei de Segurança Nacional?

Não, há aí uma confusão entre lei de segurança e doutrina de segurança. Uma coisa não tem nada a ver com a outra. A lei de segurança é a lei de segurança para o Estado. A doutrina de segurança refere-se à segurança geral e internacional que todos os países utilizam.

Distingue, então, nitidamente a lei de segurança da doutrina de segurança?

Completamente. A única coisa que existe de comum entre elas é, por acaso, o nome. A lei de segurança poderia ter um outro nome qualquer, como "lei de exceção", "lei de julgamentos especiais", "lei de crimes contra o Estado".

Não lhe parece que após 64 a segurança nacional foi confundida com a segurança do Estado, em virtude de circunstâncias excepcionais de crise?

Sim, várias vezes, e isso é normal. Tanto no Brasil como em outros lugares. A segurança do Estado está incluída na segurança nacional de tal maneira que a muitas pessoas pode parecer honestamente que ambas são uma mesma coisa.

Alguns governos revolucionários não caíram, eles próprios, nessa confusão?

Não sei se caíram ou deram a impressão de cair. É natural que um governo, como elemento político que é, para facilitar suas ações ou o entendimento e aceitação de seus objetivos, use isso como um dos elementos políticos de sua maneira de proceder.

Participou das lutas para a criação da Petrobras?

Não. Apenas acompanhei de fora, mas era favorável, achava que aquela era uma boa solução.

Desde que a Petrobras foi criada, sua administração esteve quase exclusivamente nas mãos de militares. A que atribui isso?

Antes de mais nada, é preciso dizer que ela foi dirigida também por alguns civis que ocuparam a sua presidência. Em segundo lugar, acho que quem poderia responder a isso seriam os presidentes que nomearam militares. O que sei é que nunca houve no Exército imposição ou reivindicação com relação a qualquer cargo na Petrobras ou em outras empresas estatais. Não sei por que os presidentes acharam que era melhor entregar a direção da Petrobras sobretudo a militares.

O sr. próprio foi um dos militares que ocuparam a presidência da Petrobras. Daí a nossa pergunta.

É verdade. No governo Juscelino, um dia telefonaram para minha casa, às 11 e meia da noite, dizendo-me que o presidente queria falar comigo. Perguntei quando, e o assessor presidencial que me telefonava respondeu: "O presidente disse que o sr. pode vir agora, que ele espera". Respondi: "Se o presidente pode esperar, eu posso ir". Arrumei-me rapidamente, tomei um táxi e fui ao Palácio. Lá o presidente disse-me: "Coronel, mandei chamá-lo porque tomei informações a seu respeito e gostaria de nomeá-lo presidente da Petrobras". Deu suas razões e acrescentou: "Gostaria de ter tranquilidade nesse setor. Aceita o convite?" Respondi-lhe que dependia, e ele quis saber de que: "Depende das condições que o sr. estabelecer para me entregar a empresa". Sua resposta foi pronta: "Dou-lhe carta branca". Aceitei, é claro, e ele acrescentou: "Com uma restrição, que é um pedido que quero fazer-lhe: que o sr. produza mais óleo". Expliquei-lhe que faria tudo para atender ao seu pedido, mas que nada poderia garantir, porque a produção de óleo não dependia da gente. "Sei, coronel, que isto é aleatório, que depende um pouco (fez um gesto com a mão) lá de cima." Acho importante registrar esse empenho do presidente Juscelino para o aumento da produção de óleo no Brasil.

Foi na época de sua gestão que o geólogo americano Walter Link encerrou seus trabalhos no Brasil e fez o famoso relatório afirmando que aqui não existe petróleo?

É verdade. O Link era uma personalidade muito discutida, porque era estrangeiro. Tinha trabalhado para a Esso e talvez para outras grandes empresas estrangeiras de petróleo. Por isso havia certa reserva com relação a ele no país, o que fazia sua presença prejudicar o ambiente na

Petrobras, assim como o relacionamento da empresa com o público. Por essas razões, quando terminou seu contrato, resolvi não renová-lo embora nunca tivesse sabido de nenhuma posição adotada por ele que indicasse falta de empenho de sua parte em ajudar a resolver os problemas da Petrobras na busca de óleo. Além disso, a Petrobras já tinha formado um bom grupo de geólogos, de modo que poderíamos prescindir de sua ajuda.

Quase 30 anos depois da criação da Petrobras, ainda não achamos petróleo em quantidade significativa. Será que teremos de chegar à triste conclusão de que o malfadado "Mister Link" tinha razão?

É difícil dizer. O seu relatório pode ser científico, mas também pode estar eivado de um pouco de mágoa, pois a sua redação final foi feita depois que ele nos deixou. Pode ser que achemos petróleo de repente. Na história do petróleo há casos incríveis de descobertas inesperadas.

A criação da Petrobras, no clima altamente emocional em que ocorreu, não teria resultado mais de um ato político que administrativo?

Não creio. As empresas estatais existem em vários países, até mesmo nos Estados Unidos, para resolver determinados problemas. Não há dúvida de que o petróleo é um problema importante, como o é também a energia elétrica, e em países em desenvolvimento esses problemas têm sido resolvidos por iniciativa do Estado. Vejam que, ao lado da Petrobras, há a Eletrobrás. Acho que a Petrobras tem sido um instrumento de trabalho muito útil ao país.

Nos últimos anos, a Petrobras tem-se preocupado muito mais com a produção de derivados a partir de petróleo comprado fora para o abastecimento do mercado e com a diversificação de suas atividades — distribuição, petroquímica etc. — do que propriamente com a prospecção de petróleo no território brasileiro, que é a finalidade para a qual foi criada. O que pensa disso?

O argumento de que a Petrobras deveria dedicar-se unicamente a encontrar petróleo tem sido muito repetido. Ora, a meu ver, ele não resiste ao menor exame. Se a Petrobras se dedicasse exclusivamente à prospecção — e tendo em vista que a descoberta de petróleo é aleatória —, em dois ou três anos ela teria acabado com todo o dinheiro que dispunha e não teria meios de se recuperar. Quem acha que a Petrobras só deve fazer prospecção quer o fim da empresa. Essa é a maneira mais rápida, simples e bonita de acabar com ela. Ao mesmo tempo que busca petróleo, ela tem de produzir os recursos necessários a essa tarefa. Se ela não produzir esses recursos, não será o governo que disporá deles para entregar-lhe, pois tem muitas outras tarefas igualmente urgentes e importantes de que cuidar.

Como produzir esses recursos? Trabalhando paralelamente naquelas atividades industriais ligadas ao petróleo que, ao contrário de sua prospecção, não têm nenhum caráter aleatório, como o refino e a petroquímica, ou comerciais, como a distribuição. É isso que produz os recursos necessários para a exploração do petróleo. Esta tem sido a orientação da Petrobras, e não creio que ela tenha por isso diminuído o esforço que deve dedicar à prospecção. Durante a minha gestão, por exemplo, dobrei a produção de petróleo. O que não se pode esquecer é que, como disse ao presidente Juscelino, é sabido que a descoberta de petróleo é aleatória; não depende só de nosso esforço. Na Argentina, por exemplo, o petróleo foi encontrado por acaso. O primeiro poço por eles descoberto o foi por sorte. Estavam cavando para encontrar água.

Mas a verdade é que, nos últimos anos, a Petrobras investe menos na prospecção do que em outras atividades correlatas.

Não creio que ela se tenha descurado da prospecção. O que ocorre é que uma determinada administração da empresa pode eventualmente fazer um esforço maior num setor do que em outro. Essa ênfase num ou noutro setor pode variar conforme quem a dirige. Mas no geral acho que não se descuidou da prospecção. A verdade é que em 73 começou a crise do petróleo e todo mundo ficou apontando a Petrobras como a responsável por nossas dificuldades nesse setor, como se ela pudesse adivinhar o que iria acontecer.

É favorável aos contratos de risco?

Vejo-os como um instrumento de pesquisa a mais. Como os recursos de que a Petrobras dispõe para investir na pesquisa são limitados, apesar de todo o esforço que ela faz, temos de usar outros meios para descobrir petróleo e entre eles estão os contratos de risco. Acho que eles são aceitáveis como instrumento.

Qual foi a sua participação no movimento militar de 11 de novembro de 1955, chefiado pelo general Lott e que culminou com o afastamento dos presidentes Café Filho e Carlos Luz?

Estava servindo em São Paulo, em Quitaúna, e minha participação foi, digamos, indireta. Apoiei o movimento do general Lott.

Havia realmente uma conspiração para impedir a posse de Juscelino Kubitschek?

Para mim, o problema imediato que se colocou aos militares foi a crise entre o ministro da Guerra e o presidente. Naquele choque entre ambos apoiamos o ministro. Depois fui estudar o problema e cheguei à conclusão de que havia mesmo intenção de modificar o resultado das eleições.

Esta é a sua impressão?

Sim, esta é a minha impressão.

Quem estava por trás dessa conspiração?

O resultado das eleições tinha sido a vitória de Juscelino, não é? Então, só podia estar por trás dela quem fosse contra ele e não, é claro, os juscelinistas. Os srs. conhecem a política melhor do que eu e devem saber identificar quem estava por trás da conspiração.

Poderia apontar alguns indícios que o levaram à impressão de que havia uma conspiração?

O que me impressionou muito, por exemplo, foi a doença do presidente Café Filho e a sua substituição por Carlos Luz na Presidência. Foram fatos muito próximos, em cima da crise. Na ocasião, como até hoje, não ficou claro se aquilo foi ou não uma manobra contra o resultado das eleições. Havia também, nas Forças Armadas, grupos que eram contrários à posse do presidente eleito. Tanto assim que fui convidado para a conspiração contra a posse do presidente eleito e me neguei a participar dela. Respondi aos que me convidaram: "Embora não tenha votado em Juscelino, acho que as Forças Armadas tiveram um candidato saído de seus quadros e derrotado, o marechal Juarez Távora, e não podem agora mudar as regras do jogo. Devemos aceitar o resultado das eleições. Apoiarei o novo presidente até que fique provado que ele tenha uma orientação nociva ao país. Aí, poderei mudar. Mas, enquanto isso não ficar provado, acho que devemos apoiá-lo". Mas nem por isso me aproximei do novo presidente. Essa aproximação só ocorreu quando ele me convidou para a presidência da Petrobras. Evidentemente, ele ignorava a posição que tomara por ocasião dos acontecimentos que antecederam sua posse.

Que julgamento faz hoje do governo Juscelino?

Foi o governo de Juscelino que inaugurou no país a orientação desenvolvimentista que era preconizada pela Escola Superior de Guerra desde 1949. Creio que ele correspondeu aos anseios da ESG em vários aspectos.

Qual foi a sua participação, após a renúncia de Jânio Quadros, na aceitação pelos ministros militares da fórmula do regime parlamentarista, que possibilitou a solução da crise, com a posse de João Goulart?

Não tive nesse episódio uma participação direta, o que era normal, pois o problema estava em nível mais alto. Mas, como era e sou amigo do marechal Denys, tive uma conversa pessoal com ele. Chamei então a sua atenção para o perigo de permanecer em luta duas correntes — a que era contrária e a que era favorável à posse de João Goulart — dividindo o país em dois campos opostos, o que seria altamente prejudicial. Dentro dessa ideia, pedi a ele que examinasse a possibilidade de resolver a crise por meio de um acordo entre as partes.

Qual foi a sua posição durante o governo Goulart?

Durante o governo Goulart fiquei servindo em unidades militares, afastado da política, desejando que ele chegasse até o fim e se realizassem eleições presidenciais, para que se pudessem assim retomar as diretrizes do tempo do presidente Juscelino.

Preferiria então que não tivesse havido a ruptura de 64?

Sim. Preferiria que não fosse necessário um movimento que interrompesse a evolução democrática.

Sobretudo a partir da República, os militares sempre exerceram uma influência muito grande na política brasileira. Influência que cresceu extraordinariamente a partir de 64. Como explica esse fenômeno?

Talvez uma das explicações seja o fato de as Forças Armadas constituírem uma corporação organizada com base na hierarquia e na disciplina e que funciona na direção fixada pelos seus chefes. A não ser a Igreja, que é uma organização que funciona mais ou menos nos mesmos moldes, não temos instituições organizadas no país, além dessas duas. As organizações partidárias, por exemplo, apresentam muitas discordâncias, o que lhes torna difícil a solução de qualquer problema, dada a variedade de opiniões que se formam em torno dele. Já nas Forças Armadas não. Uma vez que elas se convencem de uma determinada tese, agem e cumprem rigidamente as determinações que vêm de seus superiores. Isso lhes dá naturalmente certa predominância sobre as outras correntes.

Em grande parte essa influência política das Forças Armadas se deve então à fraqueza dos partidos brasileiros?

Sim, em parte parece-me que é isso.

Atribui às Forças Armadas uma vocação missionária?

Diria que os militares consideram sua missão a defesa do país e da sociedade brasileira. Isto faz parte da profissão militar.

Que imagem os militares fazem desse país e dessa sociedade, cuja defesa consideram sua missão?

Essa imagem é, como disse no início, da felicidade do povo brasileiro. O militar se considera parte do povo brasileiro. Ele é um elemento que fala também em nome do povo, defende-o, sofre com ele, luta por ele. Essa é a mentalidade do oficial brasileiro. E quando ele quer o desenvolvimento do país é para benefício do povo e não dele ou das Forças Armadas. O militar acha que tem a obrigação de ajudar o povo em todos os sentidos e faz todo o possível para isso. Se os srs. convencerem os militares de que determinada coisa é certa, boa para o povo e que o povo precisa dela, ele a adotará, naturalmente que com espírito crítico.

Ele se julga o guardião de tudo isso?

Sim.

Ou seja, o militar brasileiro não está preocupado exclusivamente com a defesa territorial do país.

Esta é uma parte.

E a outra?

A outra é a defesa das leis, das instituições e das tradições brasileiras. Não é que ele se julgue o guardião, como dizem. Ele se julga obrigado a ajudar na defesa de tudo isso. Ele não se julga o dono da bola, mas um dos jogadores do time.

Dentro dessa perspectiva, ele não age um pouco, mesmo contra a vontade, em termos políticos?

Os militares têm uma visão mais geral do que a de um partido político. Talvez ficasse mais próximo da verdade dizer que eles seriam uma espécie de confederação de partidos.

Muitas pessoas estão preocupadas com a queda do nível social dos cadetes do Exército. Como vê esse problema?

Não tenho a menor preocupação nesse sentido. Fui diretor-geral do ensino do Exército e trabalhei para ampliar a admissão nas escolas militares de elementos de todas as classes e de todos os Estados. Minha ideia era, por um lado, reservar um determinado número de vagas para cada Estado e cada Território, e, por outro, assegurar a admissão de elementos oriundos dos mais diferentes setores da população: agricultores, operários, profissionais liberais, funcionários, etc., para o Exército se tornar o mais representativo possível da nacionalidade.

Esse é o quadro ideal. A nossa pergunta é se hoje a realidade não o contraria.

Sim, esse é o ideal pelo qual devemos trabalhar. Estou afastado há alguns anos desse problema e não sei se a realidade contraria ou não esse quadro.

Aceita a tese há muito difundida, e sobre a qual se tem insistido bastante ultimamente, de que as Forças Armadas acabaram assumindo na República o papel de Poder Moderador que era do Imperador?

É verdade. Elas têm exercido esse poder. Acho que este é um fato histórico que a gente não pode deixar de reconhecer. Mas as Forças Armadas usam esse poder em termos, porque não nomeiam senadores nem primeiros-ministros, como fazia o Imperador. Elas têm sido naturalmente levadas a exercer uma espécie de poder moderador que procura equilibrar as diferentes tendências sociais do país. Talvez por causa, daquelas características a que me referi há pouco e que distinguem as Forças Armadas, ou seja, hierarquia, disciplina e unidade de ação.

Nas intervenções anteriores a 64, os militares retiravam-se logo em seguida ao reordenamento da situação dentro de condições que julgavam convenientes, deixando o país sob regime de normalidade constitucional. Era o que caracterizava o Poder Moderador. Ora, em 64 eles se instalaram diretamente no poder. Não lhe parece que neste caso foram ultrapassados os limites do Poder Moderador?

É, parece que foi um pouco mais forte do que o Poder Moderador.

Ele não foi tão moderado assim?

É, não foi tão moderado como era de se desejar. Mas as circunstâncias também não foram tão moderadas... Parece-me que as circunstâncias forçaram isso.

Como viu o processo de abertura iniciado pelo ex-presidente Geisel, que pressupunha uma "volta aos quartéis", expressão muito usada então?

Acho que essa expressão deturpa os fatos. Devia ser evitada porque dá a impressão de que os militares estão fora dos quartéis, quando não estão. Ela dá uma ideia errônea da realidade brasileira. Os militares estão todos nos quartéis. Alguns, quase todos oficiais da reserva, estão exercendo cargos civis.

Quando se fala em "volta aos quartéis" quer-se dizer afastamento dos militares do processo político.

Acho conveniente que haja no governo e no Parlamento militares também, como aliás sempre houve. Acho interessante e vantajoso para o país. Penso mesmo que não foi uma boa coisa estabelecer-se que os militares eleitos passem para a reserva. Eles deveriam apenas ser licenciados para serem deputados ou senadores, porque é importante esse intercâmbio, essa troca de ideias entre civis e militares, para o desenvolvimento do país.

Pensa que pode haver algum retrocesso no processo de abertura?

Não creio que isto seja provável, embora sempre existam riscos, como em tudo na vida, pois não se vive em segurança absoluta. O trabalho do governo está todo orientado para a constituição de um forte partido para apoiá-lo, o que espera conseguir nas eleições de 1982. O momento é difícil, sobretudo por causa dos problemas causados pela inflação, mas ele está trabalhando para conseguir aquela vitória eleitoral.

E as Forças Armadas voltarão ao seu papel de Poder Moderador?

Creio que sim.

Vê esse papel de Poder Moderador exercido pelas Forças Armadas como uma característica brasileira?

Ele existe também em outros países, não apenas no nosso.

Disse há pouco, dentro de um outro contexto, que não se vive nunca em segurança absoluta. Não acha que durante um certo período, especialmente o do governo Médici, houve uma certa preocupação em se atingir essa segurança absoluta, uma espécie de obsessão pela segurança?

Respondo-lhes com um conhecido princípio: a toda ação corresponde uma reação igual e em sentido contrário. O governo Médici enfrentou uma série de ações contrárias e a estas corresponderam reações iguais e em sentido oposto. Nesse processo pode ter havido excessos dos dois lados. Na luta isto pode acontecer. Não que o presidente Médici estivesse de acordo com isto, que desejasse radicalizar. Ele é um homem sério, equilibrado e ponderado.

Aquelas reações teriam por vezes escapado ao seu controle?

É possível. Pelo menos há muitas queixas nesse sentido.

É favorável a uma permanência mais longa do militar na carreira, ao contrário do que possibilita hoje a lei de promoções?

Seria bom para as Forças Armadas uma permanência maior dos oficiais na ativa. O atual esquema de rodízio é muito rígido. Um general de quatro estrelas pode ficar no máximo quatro anos na ativa, o que me parece pouco para que ele possa imprimir sua orientação ao comando.

Essa foi a solução encontrada para atender à renovação dos quadros, para ajudar os oficiais a fazerem uma carreira mais rápida, o que de certo modo a torna mais atrativa. Nesse aspecto o sistema funciona. Mas, com relação às necessidades permanentes das Forças Armadas, eu o acho prejudicial.

Essa curta permanência nos vários degraus da carreira, sobretudo no de general, não tem como consequência a não formação de lideranças nas Forças Armadas?

Exato, perdem-se as lideranças nesse sistema, e elas podem ser muito benéficas. Há momento em que uma boa liderança nas Forças Armadas pode conduzir a bons resultados. Não mais se formam lideranças hoje, porque os oficiais não têm tempo de se tornarem conhecidos, e não porque seus méritos e seu preparo sejam menores que os das gerações anteriores. No meu tempo, havia oficiais conhecidos nacionalmente.

Na medida em que as Forças Armadas exercem uma espécie de Poder Moderador, têm também uma função política, além daquela puramente profissional. Essa falta de liderança em seus quadros não enfraquece a sua capacidade de desempenhar a função política?

Enfraquece. Aquele sistema é uma maneira segura de acabar com o Poder Moderador das Forças Armadas.

Preferiria que ele não acabasse?

O que penso é que as Forças Armadas ainda têm um papel a desempenhar no desenvolvimento do Brasil. Não se pode esquecer que elas têm ajudado muito nesse sentido e podem continuar a fazê-lo ainda por muito tempo.

É favorável à criação do Ministério da Defesa?

Sou contra. Sou a favor do Estado-Maior das Forças Armadas como existe agora, com o seu chefe tendo *status* de ministro. Cada uma das três Forças tem suas características próprias e é muito difícil administrar todas por meio de um único Ministério. A necessidade de coordenação que deve existir entre elas, sem interferência na parte administrativa e organizacional de cada uma, é satisfeita pelo EMFA, que me parece uma solução excelente.

A resistência ao Ministério da Defesa não se deveria, em parte, ao temor de que o ministro pudesse ser um civil?

Não, porque o ministro do Exército pode ser um civil, o da Marinha e o da Aeronáutica também.

Só tivemos até agora o exemplo de um ministro da Guerra civil, que foi Calógeras.

Só tivemos um, mas podemos ter outros. Não creio que existam restrições nesse sentido. Acho, por exemplo, que o Exército aceitaria um ministro civil, desde que ele fosse capaz de entender o mecanismo dos comandos. Nunca senti restrições a civis no Exército. Não se esqueçam de que o comandante supremo de todas as Forças Armadas é o presidente da República e que a maioria dos nossos presidentes foi de civis. E os militares sempre aceitaram isso perfeitamente.

Alguns políticos defendem periodicamente a solução do regime parlamentarista para o Brasil, como meio de transformar nossas crises políticas em crises de governo e não de regime. É favorável ao parlamentarismo?

Nunca fui favorável ao regime parlamentarista. Aceitaria esse regime como algo provisório, como uma saída de transição de um regime revolucionário para outro plenamente democrático. Nesse caso, teríamos um presidente da República militar com certos poderes e um primeiro-ministro civil encarregado da administração de forma geral. Após esse período de transição, voltaríamos ao presidencialismo, que me parece a melhor solução para o Brasil.

27 de abril de 1980

44
A classe média é o pêndulo do sistema político brasileiro

Entrevistadores:
Lourenço Dantas Mota,
Antônio Carlos Pereira,
e Luiz Carlos Lisboa

Hélio Jaguaribe

Nasceu no Rio de Janeiro em 1923. Um dos fundadores e principais teóricos do Iseb — Instituto Superior de Estudos Brasileiros — que exerceu grande influência no governo Juscelino Kubitschek. Um dos mais importantes cientistas políticos brasileiros. Foi eleito para a Academia Brasileira de Letras em março de 2005.

Quais são as origens remotas do Instituto Superior de Estudos Brasileiros — ISEB — que tanta influência exerceu, não só na renovação dos estudos sociais e políticos, como também na orientação política do país nos governos de Juscelino Kubitschek e João Goulart? Como e onde se formou o núcleo de pensamento do ISEB e quem o integrava?

Formalmente, o ISEB foi constituído em 1955, a partir de estudos que vinham do final do governo Vargas. Mas no meu entender o pensamento que conduziu ao ISEB remonta às experiências de um grupo de intelectuais jovens que, em fins da década de 40, levados por Augusto Frederico Schmidt, tiveram acesso à 5ª página do *Jornal do Commercio*. Fernando Cardim, diretor e dono do jornal, cedeu ao grupo aquele espaço, para se fazer uma página cultural. Integravam esse grupo, entre outros, Oscar Lorenzo Fernandez, que naquele momento tinha uma preocupação sobretudo filosófica, Israel Klabin, então preocupado com poesia, Jorge Serpa Filho, Cândido Mendes e eu. Essa foi uma experiência muito interessante, porque dominada sobretudo pela preocupação de superar o dilema positivismo-marxismo. A intenção era encontrar uma formulação epistemológica — encaminhada sobretudo para as ciências sociais — que permitisse a aceitação de alguns dos elementos fundamentais do legado marxista, sem entretanto aceitar a teoria do materialismo histórico e que, por outro lado, aceitasse algumas das regras de legitimidade do positivismo, sobretudo o princípio da verificabilidade, mas sem cair no conjunto do sistema. Havia também um começo daquilo que se tornou uma das orientações do ISEB: a vontade de compreender a correlação entre uma visão geral da cultura universal e a problemática brasileira em sua especificidade. O intelectual brasileiro não poderia fugir à especificidade de seu país nem, a partir dela, pensar que poderia compreender as coisas com desprezo e ignorância das categorias da cultura universal.

Esse movimento da 5ª página do *Jornal do Commercio* foi a meu ver bem-sucedido e teve uma certa repercussão em grupos intelectuais de São Paulo, que tinham muitas preocupações afins ao grupo do Rio. O nosso contato, o homem-ponte para isso foi Roland Corbisier, então redator de *O Estado de S. Paulo*. Em torno de Roland havia um grupo de intelectuais paulistas, também jovens como os cariocas, e com preocupações principalmente filosóficas. O mais importante era Vicente Ferreira da Silva, uma figura que considero de uma extraordinária importância e hoje infelizmente um pouco esquecida. Havia também Renato Czerna, que depois teve uma relevante atuação, junto com Miguel Reale, no Instituto de Filosofia de São Paulo. Havia, igualmente, Almeida Salles, Paulo Edmur de Souza Queirós e Ângelo Arruda, que continuava muito ligado a uma posição integralista. Tínhamos contato — isto já no segundo governo Vargas — com o ministro João Cleofas, da Agricultura, que nos ofereceu a facilidade de nos encontrarmos, para discussões periódicas, no Parque Nacional de Itatiaia. Esse lugar, além de muito bonito e com equipamentos razoáveis, tinha a vantagem de ficar a meio caminho entre Rio e São Paulo. Formou-se então o "Grupo de Itatiaia", que se reunia no último fim de semana de cada mês, para conversas sistemáticas, com designação de relatores para os diversos temas, etc. Logo começaram, entretanto, a acentuar-se as diferenças de procedência ideológica e de interesses dos dois grupos. O de São Paulo era quase inteiramente filosófico e o do Rio, embora também tivesse esse interesse, estava muito mais voltado para as ciências sociais e para a aplicação de suas categorias à análise da realidade brasileira, como resposta ao desafio de nosso subdesenvolvimento.

Pelos nomes que citou, vê-se que há um grande número de ex-integralistas no "Grupo de Itatiaia".

Sim, o grupo de São Paulo era composto praticamente só de ex-integralistas. É um dado factual. Roland Corbisier e Ângelo Arruda, por exemplo, eram ex-integralistas. Vicente Ferreira da Silva nunca teve vinculação política militante, mas sofreu uma influência germânica muito grande, sobretudo de Heidegger, num período em que ele havia tido o seu namoro com o nacional-socialismo. Por isso, na medida em que tomava posições políticas, sentia-se um homem de direita. Do lado carioca, muitos do grupo provinham do trotskismo. Fui trotskista em minha juventude, como uma forma de ser marxista não-stalinista. Fui discípulo de Mário Pedrosa, nessa época, e participei da experiência do Partido Socialista a seu lado.

Esse conflito de procedências ideológicas diversas, por um lado, e de enfoque filosófico contra enfoque sociológico, por outro, levou o "Grupo de Itatiaia" à divisão, pois predominou a posição dos cariocas. Os paulistas se afastaram, com exceção de Roland Corbisier, que mudou completamente de posição. Ele passou a ter uma posição crítica com relação ao integralismo, caminhando inicialmente para uma postura de catolicismo de esquerda, para mais tarde aproximar-se do marxismo. Além disso, passou a ter um crescente interesse por assuntos brasileiros. Ele se incorporou definitivamente ao grupo carioca quando, por razões de ordem pessoal, transferiu-se para o Rio. O "Grupo de Itatiaia", já sem o concurso dos paulistas, tomou uma forma institucional com a criação do Instituto Brasileiro de Economia, Sociologia e Política — IBESP.

Esse Instituto vivia de uma pequena ajuda do Ministério da Educação e de contribuições de seus próprios membros. O IBESP tinha uma revista — *Cadernos do Nosso Tempo* — da qual foi possível tirar cinco números. Mas chegou um ponto em que não tínhamos mais condições de manter esse esforço financeiro e decidimos que a única forma de dar continuidade à iniciativa era converter o IBESP em instituição pública.

Ainda durante o segundo governo Vargas, Gilson Amado convenceu Antônio Balbino, então ministro da Educação, e de quem ele era chefe de gabinete, da necessidade de se fazer no Brasil uma instituição dedicada a estudos políticos e pediu-me que elaborasse um projeto. O projeto que lhe entregamos previa duas coisas: em primeiro lugar, algo como o Collège de France ou, em termos mais próximos de nossa realidade, o Colégio do México; em segundo lugar, fazer algo equivalente à Presses Universitaires de France, uma grande editora que permitisse ao intelectual brasileiro um apropriado instrumento de difusão de ideias e o acesso a livros de alta cultura, traduzidos para o português. O suicídio de Vargas em 54, é claro, interrompeu tudo. Mas tivemos a sorte de o ministro da Educação do governo Café Filho — que seria normalmente hostil a esse tipo de coisa — ser um homem ilustrado, Cândido Motta Filho, um intelectual interessado nesse tipo de problemas, que decidiu dar continuidade àquele projeto. Ele se encantou com a ideia, mas, dadas as condições da época, ela deveria concretizar-se em escala mais modesta, ou seja, apenas uma instituição — e não duas como tínhamos proposto inicialmente — que seria um instituto de estudos que desenvolvesse um esforço editorial apoiado pelo Ministério da Educação. O resultado foi o ISEB.

Ele foi criado então no governo Café Filho?

Sim, e esse é um dado interessante, porque o governo Café Filho não tinha muita afinidade conosco, salvo, como disse, o caso do ministro Cândido Motta Filho. No início a sua atividade cultural predominou amplamente sobre a política.

Como foi possível ao ISEB produzir alguma coisa durável reunindo pessoas de procedências ideológicas diversas?

A homogeneidade ideológica do grupo foi bastante grande no período do IBESP, onde não havia nenhum militante marxista e onde a preocupação dominante continuava sendo a do grupo da 5ª página do *Jornal do Commercio,* ou seja, a superação do dilema positivismo-marxismo. Os principais elementos dessa fase foram o sociólogo Guerreiro Ramos, o economista Ewaldo Correia Lima, Roland Corbisier e eu. Quando se criou o ISEB, houve a incorporação de Nelson Werneck Sodré, intelectual e militar, que inicialmente se aproximou de nosso grupo como a pessoa capaz de estabelecer uma certa vinculação entre o nacionalismo militar e o nacionalismo civil. Não foi, assim, na qualidade de pensador de base marxista que ele ingressou no ISEB, mas como um dos principais animadores da corrente nacionalista militar liderada pelo general Estillac Leal. Sabíamos, é claro, de sua condição de pensador marxista, mas não podemos esquecer que o ISEB queria ser uma instituição aberta, com a participação de pessoas de ideias diferentes. Mas tanto Nelson Werneck Sodré como algumas outras figuras de posição marxista tiveram uma presença bastante secundária nessa primeira fase do ISEB, a cujo círculo dirigente não pertenciam. Esse círculo era composto por Roland Corbisier, que já se transferira para o Rio e fora nomeado diretor do Instituto, Guerreiro Ramos e eu, que tínhamos, os três, a responsabilidade da condução teórica do ISEB.

Em alguns de seus trabalhos sobre o assunto, o sr. dividiu a história do ISEB em três fases. Quais foram elas e o que significaram?

Sim, é verdade. A primeira fase é a que vai da fundação até a crise provocada pelo meu livro *O nacionalismo na atualidade brasileira*, que foi publicado em 58 e suscitou um grande debate, inicialmente fora e depois dentro do ISEB. Tudo isso conduziu, em dezembro daquele ano, a uma reunião dramática que se prolongou pela madrugada e na qual o grupo favorável a mim ganhou pela diferença de apenas um voto. Logo em seguida vieram as férias de verão — o ISEB tinha um esquema de funcionamento mais ou menos acadêmico — e Roland Corbisier, que tinha sido derrotado na votação, ficou com receio de que o sistema parlamentar do ISEB o destituísse de sua função de diretor. Em consequência, tendo relações pessoais com o presidente Juscelino Kubitschek, foi a ele e propôs-lhe uma modificação no decreto que regulamentava o ISEB. Sua argumentação foi no sentido de que todos os órgãos públicos eram dirigidos por um diretor nomeado pelo presidente ou pelo ministro e que não tinha sentido o ISEB ser uma exceção parlamentarista — no qual o Conselho é que designava o diretor — quando vigorava um regime presidencialista. Juscelino achou o argumento perfeitamente razoável. Ele não tinha a menor ideia das discussões teóricas que se travavam dentro do ISEB naquele momento. E baixou um decreto modificando a estrutura do Instituto.

Mais tarde, após o golpe de 64, todas as acusações a Juscelino no caso do ISEB, e que se transformaram num volumoso processo com 50 ou 60 autos, giravam em torno do fato de que — é uma dessas imbecilidades que se fizeram em 64 — ele fora conivente com os comunistas com aquele decreto. Aliás, quem me contou isso foi o próprio Juscelino, quando se encontrou comigo em Boston, no período em que esteve exilado e em que eu lecionava em Harvard: "A coisa que mais me chateou foi o raio daquele decreto do Roland Corbisier. Nunca imaginei que aquilo pudesse ter as implicações que lhe atribuíram depois". Quando voltamos das férias, em março de 1959, o Roland tinha reduzido o Conselho a um órgão meramente consultivo e, diante dessa situação, eu e mais um grupo pedimos demissão coletivamente.

Mas por que, afinal, o seu livro provocou uma polêmica tão violenta?

A polêmica criada em torno de meu livro tinha dois aspectos: um de política interna e outro autenticamente ideológico.

Quanto ao primeiro, eu sou evidentemente um narrador participante e não um historiador. Na minha honesta perspectiva subjetiva, parece-me que o que estava em jogo era o seguinte: Guerreiro Ramos, num determinado momento de sua evolução intelectual, foi conduzido a crer que o Brasil estava na iminência de um colapso das estruturas dominantes, devendo em consequência estabelecer-se uma situação de revolução generalizada, mas não dirigida. A partir de um certo mal-estar que gerou alguns quebra-quebras durante o governo Juscelino, ele fazia extrapolações — totalmente infundadas — com o que se passara na Rússia entre fevereiro e março de 1917, e concluía que a crise ia generalizar-se e levar ao colapso a autoridade central. Se nesse momento surgisse, a partir de um centro ideologicamente organizado, um comando programático orientador do movimento das massas, ele poderia gradualmente consolidar-se como uma formação revolucionária inovadora. E achava, num total equívoco sobre o que era possível fazer a partir do Instituto, que o ISEB era o instrumento propício para isso. A estratégia de Guerreiro consistia, preliminarmente, em afastar Roland Corbisier da direção do ISEB. Roland ficou numa situação difícil naquela reunião a que me referi, porque, ignorando os desígnios de Guerreiro, dava-lhe apoio, mas aprovara a publicação do meu livro. Mas, para afastar Roland, Guerreiro necessitava do meu próprio afastamento. Em seguida, ele assumiria a direção do Instituto para dar seguimento a seu plano de orquestrar a futura revolução. Essa, a meu ver, era a motivação profunda de Guerreiro dentro daquela polêmica.

Com relação aos aspectos ideológicos, os que criticavam o meu livro diziam que, embora ele concluísse apoiando as teses nacionalistas, estas ficavam prejudicadas pelo excessivo destaque dado à crítica cosmopolita que lhes era feita. O livro fora organizado deliberadamente de forma dialemática, com a apresentação dos prós e contras e uma conclusão, o que pareceu aos meus adversários uma posição contrária aos interesses da política nacionalista. Quanto a minha posição, era de que o nacionalismo só poderia ter força se fosse sustentável como uma argumentação crítica e racional e não como expressão emotiva. Achava que o nacionalismo não podia fugir a discussão em profundidade de suas próprias teses, e que o ISEB, embora fosse um órgão de tendência nacionalista, devia estar aberto a uma discussão honesta das duas posições.

Em seus escritos sobre o problema, dá muita importância a essa cisão porque ela teria marcado a divisão irremediável do ISEB em duas tendências: uma que chama de "problematizante" e outra de "militante". O que entende exatamente por isso?

É verdade. Aquela divisão se tornou bem clara naquele momento. A divisão entre os grupos "problematizante" e "militante" é a meu ver extremamente importante, mas só tem vigência no âmbito interno da Instituição, e não deve ser extrapolada para a sociedade global brasileira. Não se tratava de uma opção com relação à compreensão do Brasil, mas em relação à compreensão do papel do ISEB. À pergunta — o que deve ser o ISEB? — havia duas respostas. Para uns devia ser uma agência ideológica de formulação de um pensamento nacionalista de tendência socializante a partir do qual se faria um esforço para implementá-lo, contribuindo para a organização de movimentos sociais, de partidos políticos. Para outros, ele devia ser uma agência de análise problematizante do Brasil, apresentando soluções mas não ultrapassando o nível da proposta, sem chegar, portanto à militância.

Essa última era a sua posição?

Sim. E eu a sustentava por muitas razões. É certo que, no fundo, a gente sustenta essas coisas por razões de personalidade. Mas, na medida em que aquilo se exprimia em termos racionais, a minha principal insistência consistia em sustentar que a possibilidade de um órgão público daquele tipo — cujas posições eram ressentidas por vários setores da sociedade, inclusive por forças políticas representadas no Congresso e no governo — manter-se por um prazo razoável dependia de sua capacidade de autolimitar sua atuação, de modo a não entrar nos conflitos políticos concretos. Afinal, por que um deputado ou senador ouviria as opiniões do ISEB, se considerasse que os professores do Instituto eram candidatos potenciais aos cargos que ocupava? Se a classe política visse em nós candidatos a tomar suas posições, evidentemente que não iria apoiar o ISEB nem lhe daria audiência. Ao contrário, se o ISEB autolimitasse a sua atuação, tornando claro que não queríamos intervir na área do poder político e que não éramos candidatos a tais postos, mas apenas engajados em uma melhor compreensão do Brasil, gozaríamos de elevado grau de tolerância e viabilidade, mesmo ante os políticos que discordaram de nossas ideias. Essa discussão como sabem foi vencida pelos militantes, com as consequências que eu previa.

A posição de Roberto Campos dentro do ISEB e as controvérsias que ela gerou constituem um episódio interessante dessa divergência que redundou em cisão. Como naquela época Campos já se tinha transformado num dos símbolos antagônicos das posições que sustentávamos, o grupo mais militante do ISEB queria excluí-lo do Instituto. E eu argumentava em sentido contrário: "Vamos manter Roberto Campos, porque ele é a condição que evita que caiamos no unanimismo. Temos aqui um homem que nos está prestando um grande serviço pois, sendo uma voz minoritária, e apesar de saber que por isso mesmo é perdedor em todas as discussões, vem aqui generosamente apresentar-se para os debates". Aliás, foi nesses termos que pedi a Campos que permanecesse, quando se iniciou um movimento para excluí-lo. A meu ver, a presença de Campos era uma das formas práticas de manter o "espírito problematizante" dentro do ISEB.

É a partir dessa cisão que começa a segunda fase do ISEB?

Sim. Essa segunda fase foi marcada pela permanência de Roland Corbisier como diretor por designação direta do governo federal, sem o controle do Conselho do ISEB. Essa foi uma etapa intermediária. Roland era herdeiro de toda uma tradição de estudos e de seriedade acadêmica, de modo que esses aspectos não foram muito afetados. Apenas começou a haver a utilização do ISEB como um instrumento de propaganda eleitoral do próprio Roland, que estava candidatando-se a deputado estadual pela Guanabara. Ele fez isso com certa discrição, sem corromper a instituição, mas já dentro da linha de que o ISEB deveria dar novos membros à classe política, e não apenas ser uma instância de discussão dos problemas brasileiros. Ele inclusive teve êxito, pois se elegeu primeiro deputado estadual e depois federal. Isto aliás o forçou a deixar a direção do ISEB, de acordo com as disposições legais de então.

Com isso começa, em 1962, a terceira fase. Álvaro Vieira Pinto assumiu a direção do ISEB, que se tornou o centro vocalizador das exigências mais radicais do governo Goulart. Indubitavelmente, o ISEB teve então uma grande identidade de posições com o PC da época, embora nem todo mundo que estivesse no Instituto fosse do PC e vice-versa. Creio que Álvaro Vieira Pinto, que sempre foi muito refratário a militâncias formais, jamais se envolveu diretamente com o PC. Simplesmente ele achava que estávamos vivendo um processo revolucionário viável, que se tinha consequentemente de radicalizar certas posições e que o ISEB era o instrumento para tais fins. E, é claro, foi esse ISEB que despertou a ira dos militares, quando do golpe de 64. Tenho a impressão de que uma das primeiras coisas que se fez no Rio foi invadir a sede do ISEB, ocupá-la, prender as pessoas que lá se encontravam, inclusive Álvaro Vieira Pinto, e apreender a sua biblioteca, que era considerada subversiva. Felizmente, ao que estou informado, ela se encontra atualmente na Escola Superior de Guerra, o que foi bom, porque isso serviu para preservá-la.

Poderia fazer um resumo do que era o "projeto" do ISEB para o Brasil?

O movimento de ideias ao qual está ligado o ISEB tentou, com êxito apenas parcial, entrar na discussão dos modelos de sociedade e das questões epistemológicas nas ciências sociais. Essa matéria encontra-se sobretudo nas publicações da 5ª página do *Jornal do Commercio* e em alguns trabalhos aparecidos nos *Cadernos do Nosso Tempo*, no período do IBESP. Quando se constituiu o ISEB, a discussão da problemática brasileira assumiu uma tal importância que aquela preocupação teórica teve de ser posta de lado, todo o esforço e energia do grupo sendo encaminhado para o debate de como seria possível a superação do subdesenvolvimento. A preocupação fundamental passou a ser a resposta a esta pergunta: como é possível viabilizar um esforço de desenvolvimento nacional?

A primeira tentativa que se fez nesse sentido foi a formulação de um modelo deliberadamente utópico. Esse documento, publicado nos *Cadernos do Nosso Tempo*, é uma espécie de "República platônica" para o Brasil, que apresenta uma solução integralmente socialista. Em seguida, a partir desse documento, procedeu-se no âmbito do ISEB a uma análise crítica dos obstáculos sóciopolíticos que tornavam aquela solução inviável. Seguiu-se uma discussão de que como seria possível passar daquele modelo socialista-nacionalista para um projeto que conservasse o máximo de sua intenção nacional e social, mas que fosse compatível, ao mesmo tempo, com a realidade do país, as forças dominantes, e, enfim, as condições que prevaleciam na década de 50. A solução que nos pareceu viável naquele momento — o que era possível, não o ideal — foi um projeto nacional-desenvolvimentista, que atribuía à burguesia nacional uma grande importância na mobilização de um esforço de desenvolvimento industrial encaminhado para um projeto nacional.

Na época essa tese teve uma enorme aceitação. Na verdade, ela foi encampada, quase que formalmente, pelo governo Kubitschek, e recebeu, obviamente, o apoio das forças industriais brasileiras. Era uma tese muito popular na Federação das Indústrias de São Paulo e um pouco menos no nível federal. E teve também o apoio da esquerda brasileira. Ela parecia a maneira pela qual se poderia conduzir a burguesia brasileira a um compromisso com uma ideia de desenvolvimento que fosse profundamente vinculada a um projeto nacional, ou seja, nacionalista no sentido de assumir uma autonomia nacional no quadro mundial, e que tivesse ao mesmo tempo uma preocupação de mobilização das massas e de elevação de suas condições de vida. Posteriormente, essa tese foi muito discutida. Creio que a primeira tentativa empírica de discuti-la foi feita num trabalho de Fernando Henrique Cardoso. Ele fez uma pesquisa no mundo empresarial paulista — e não creio que tenha coberto significativamente os empresários desse Estado — e sustentou que seu trabalho desmentia a tese da existência de uma burguesia nacional. Na verdade, dizia ele, o Brasil tinha uma burguesia completamente internacionalizada, que se sentia participante de um grande clube burguês internacional. O nacionalismo era apenas utilizado para fins retóricos, quando se tratava de justificar certas vantagens ou proteções que não poderiam ser defendidas com outra argumentação.

Esse é um problema interessante para se discutir. Será que o ISEB tinha razão quando sustentava que havia uma burguesia nacional na década de 50? O que resulta dessa tese quando confrontada com levantamentos empíricos realizados na década de 60 e que parecem desmenti-la? A meu ver, para ser esclarecido, esse problema exigiria um esforço empírico muito maior do que o que se fez, e que consistiria numa nova pesquisa, nas condições de hoje, por exemplo, em que os conflitos entre os setores nacionais da burguesia e os setores vinculados às multinacionais já se fazem novamente sentir. Creio que assim seria possível detectar posições distintas daquelas referidas por Fernando Henrique Cardoso em 1965.

Minha própria sugestão, sem uma base empírica de apoio, apenas a partir de elementos interpretativos, é que o Brasil já é — e já era na década de 1950 — um país suficientemente importante, em recursos e densidade demográfica, para gerar uma burguesia nacional. Por outro lado, somos um país dependente. E a burguesia nacional fica então numa posição oscilante. Há períodos em que ela se sente tranquila como apoio e a orientação do Estado. Há outros em que ela julga que o Estado não lhe dá o respaldo necessário, em termos de garantia de financiamentos, de proteção de certas vantagens, etc. e que, portanto, ela precisa aliar-se a sócios externos todo-poderosos. Essa oscilação da burguesia nacional reflete a oscilação do próprio Estado. Creio que a experiência e a análise histórica permitirão mostrar claramente como as sucessivas oscilações do Estado brasileiro — entre o protecionismo da indústria ou, ao contrário, o aperto financeiro para controle da inflação — levaram a burguesia brasileira a desconfiar de uma vinculação estável com o Estado e, consequentemente, conduziram-na à conclusão de que essa vinculação estável só poderia existir com grandes sócios internacionais.

A minha impressão é de que uma análise cuidadosa da História brasileira mostra que tivemos uma burguesia nacional que se identificou com uma tarefa de construir um projeto nacional nas décadas de 40 e 50; que se sentiu ameaçada em sua estabilidade financeira pelas oscilações das políticas do Estado; que num primeiro momento, em virtude sobretudo de problemas de instabilidade financeira, considerou indispensável o respaldo externo; e finalmente que, mais tarde, diante da emergência de um populismo radicalizado, considerou perigosa uma situação de democracia aberta e apelou então para uma ideologia de segurança, fundada em preconceitos ocidentalizantes e internacionalizantes.

O germe ou a inspiração dessa tese do ISEB, da aliança da burguesia nacional com forças populares, não está na famosa coligação PSD-PTB, montada por Getúlio Vargas após o Estado Novo e que predominou até 64?

Sim, eu penso exatamente isso. Quando se formou a aliança PSD-PTB, ela de certa forma envolvia o seguinte: a burguesia urbana deixava o coronelato controlar o setor agrário, dentro de condições obsoletas e primitivas, em troca de seu respaldo a um processo de industrialização, que por sua vez contava com o apoio das massas urbanas por intermédio do PTB. Depois, submetida às oscilações da política financeira do Estado num primeiro momento e, num segundo, ao desafio de reivindicações populares que ameaçavam a propriedade privada — ou pelo menos algumas de suas formas —, a burguesia nacional refugiou-se no internacionalismo, na proteção do grande sócio estrangeiro, e na ideologia da segurança. É interessante observar como, passado esse período de crise que vai de 64 até o fim do governo Geisel, estão-se reproduzindo atualmente algumas posições que são reminiscências de problemas que se apresentavam na década de 50, como por exemplo uma nova divisão da burguesia brasileira entre um setor nacionalizante e um setor internacionalizante. Isto mostra como considerar o conceito de burguesia nacional destituído de realidade é algo superficial, pois consistiria em generalizar as condições de um momento de crise — como foi o de 65, precisamente quando Fernando Henrique Cardoso fez a sua pesquisa — para um momento anterior, que era diferente, e para um momento posterior, que também é diferente.

Quem a seu ver rompeu a aliança? Foi simplesmente a burguesia nacional que procurou um outro parceiro? Ou foram as forças populares, por meio de uma radicalização considerada excessiva, no governo Goulart?

A explicação da ruptura que levou à crise do populismo deve ser iniciada com uma análise não predominantemente política, mas econômico-social. A meu ver, o que aconteceu foi que o processo de desenvolvimento, que se inicia com Vargas e se acelera extraordinariamente com Kubitschek, foi muito mais um processo de modernização do que de desenvolvimento — como acertadamente Celso Furtado afirmou no depoimento dado a vocês — o qual afetou apenas uma parcela minoritária da população brasileira. O Brasil sempre se caracterizou — e isso continua ocorrendo em nossos dias — por ser uma sociedade profundamente dualística, em que há uma massa marginal que constitui a grande maioria da população, a qual não participa em nada ou apenas insignificantemente dos benefícios da modernização e do desenvolvimento, e a seu lado um setor mais restrito que, esse sim, se beneficia de todas as vantagens. Essa situação teve e tem consequências extraordinariamente grandes em toda a História brasileira.

Com relação ao populismo, parece-me que o aspecto fundamental dessa dicotomia é o fato de que a democracia populista, embora tivesse uma retórica um pouco estatizante e socializante, na verdade adotou práticas de um capitalismo bastante convencional, onde o Estado só subsidiariamente interveio no processo produtivo, como regulador da atividade econômica. Foram criadas grandes empresas públicas naquele período mas, na verdade, a ênfase do processo de desenvolvimento foi dada ao setor privado, poderosamente ajudado pelo BNDE. Foi o setor privado, com o apoio e o estímulo do Estado, que teve a principal responsabilidade pelo desenvolvimento industrial.

Ora, o que aconteceu no processo de desenvolvimento industrial no período populista? Quando chegamos a um certo grau de complexidade da industrialização, defrontamo-nos com a insuficiência da demanda no mercado interno. Porque embora no governo Kubitschek fôssemos um país de mais ou menos 80 milhões de habitantes, apenas um terço ou um pouquinho mais do que isso participava realmente do mercado. O restante formava uma grande massa marginal que tinha acesso apenas aos alimentos básicos, não participando do mercado industrial. Então, a industrialização que se fazia na base da substituição de importações para o atendimento da demanda encontrou seu limite de expansão no momento em que os novos investimentos, que seriam necessários para aprofundar e expandir a industrialização, implicavam uma demanda superior à da parcela da população que participava efetivamente do mercado. Naquela época, o Brasil ainda não tinha acesso ao mercado internacional. Era um modesto exportador de matérias-primas e as nossas exportações estavam situadas em torno de 1,5 a 2 bilhões de dólares.

Por outro lado, o Estado populista sempre sofreu da incapacidade de extrair impostos suficientes da população, porque os Congressos eram conservadores. O populismo, na verdade, era apenas dos Executivos, não dos Congressos. Por isso, o Parlamento sempre negou as reformas fiscais solicitadas pelo Executivo. Assim, o Estado populista, numa situação de inflação crescente, não tinha condições de substituir os investimentos que a iniciativa privada não tinha coragem de fazer. Recordemos, porque esse é um dado muito importante, que quando começa o populismo com o governo Vargas a arrecadação federal correspondia a 9% do Produto Nacional. Quando termina o populismo na administração Goulart, a arrecadação federal continuava a representar os mesmos 9% do Produto Nacional. Mas, paralelamente, a despesa federal representava 18%. Ou seja: as responsabilidades da União na administração da sociedade brasileira cresciam implacavelmente, mas sem o respaldo de receitas correspondentes. Kubitschek tinha razão de dizer que em sua administração o Brasil cresceu 50 anos em 5, o que foi uma coisa realmente extraordinária. Mas aí o modelo esgotou a sua capacidade de crescimento. E os governos que o sucederam não encontraram disponibilidades privadas para novos investimentos, porque o mercado não os comportava, nem tinham facilidades de investimentos pelo setor público, onde os déficits se acumulavam. Houve então a estagnação do crescimento.

Nesse momento, a aliança entre a burguesia nacional e o populismo, que estava baseada numa certa redistribuição dos ganhos acarretados pelo crescimento do país e pelo aumento da produtividade, entrou em crise. A recessão econômica não permitia satisfazer as expectativas das massas. E a aliança, consequentemente, se rompeu. O populismo, sob um certo aspecto, era uma retórica que prometia mais do que dava, mas algo ele dava. Um pouco como acontece com as moedas nas relações de câmbio: para dez unidades de promessa, uma de realidade. A rigor, as massas não foram mistificadas, tanto assim que os padrões reais de vida da população brasileira subiram durante o período populista. Mais nos centros urbanos e infelizmente muito pouco no campo.

Quando, por causa dos elementos que mencionei, não foi mais possível manter o processo de crescimento — a crise se dá entre 61 e 62 —, a possibilidade de dar cumprimento mínimo às promessas do populismo se esvaziaram. Como então poderia o governo populista manter a sua liderança, se não tinha mais riquezas novas para distribuir? Só lhe restava o caminho de tentar distribuir a riqueza preexistente. Daí as reformas de base do governo Goulart, que eram uma tentativa de redistribuir a riqueza preexistente, por meio da reforma agrária, da reforma urbana, etc. Nesse momento, a classe média, que na realidade foi o fator determinante do processo, sentindo-se ameaçada em seus privilégios, reuniu-se às forças da direita e levou o Exército, que sempre foi tradicionalmente a sua expressão, a uma intervenção. Foi o medo — pânico mesmo — por parte da classe média brasileira de que os mecanismos de redistribuição, pressupostos pelas reformas de base, atingissem o seu *status* que a levou a considerar que o governo Goulart tinha enveredado pelo caminho da subversão e, consequentemente, criou as condições que tornaram possível a intervenção militar.

> *Que valor atribui à alegação dos vitoriosos em 64 de que o presidente Goulart acabou provocando ele próprio a sua queda, na medida, por exemplo, em que tentou subverter a hierarquia das Forças Armadas?*

Aquelas que apontei são a meu ver as raízes profundas do impasse. Mas, gerado o impasse, a conduta tática dos personagens foi muito importante. Penso que a História não pode nunca ser explicada apenas por razões estruturais. A contingência histórica é determinada por condutas pessoais que, dentro de uma mesma estrutura, podem ser diferentes. Se Goulart tivesse sido um pouco mais prudente, se não tivesse entrado num regime de competição verbal com Brizola, se tivesse aceitado uma linha de maior moderação, possivelmente teria salvo o seu mandato e as eleições aliviariam um pouco as pressões dentro da sociedade brasileira. A conduta do presidente, aceitando como contrapartida da manutenção de sua liderança uma redistribuição retórica — uma vez que eram cada vez mais escassas as possibilidades de uma redistribuição efetiva — tornou a crise mais aguda e suscitou nas Forças Armadas a suspeita de que se estivesse programando, a partir do Palácio, um golpe que subverteria a hierarquia militar e instauraria um regime inaceitável para elas. A revolta dos marinheiros, o discurso aos sargentos, todos esses elementos foram muito importantes na determinação final da intervenção militar. Eu sustentaria, entretanto, que esses elementos não devem ser considerados como o produto de um enlouquecimento ou de uma opção insensata, mas foram determinados por uma crise de estrutura, na qual as possibilidades da administração populista eram declinantes e exigiam, da parte de Goulart, um tipo de conduta que ele, por razões de personalidade, não teve condições de desempenhar.

Em 64, a burguesia nacional não teria apenas mudado de parceiro, ou seja, abandonado a aliança com o populismo para se juntar às forças mais conservadoras, aos militares e à atemorizada classe média?

O processo da industrialização brasileira, que começou espontaneamente por causa da crise de 29, por meio da tão conhecida substituição de importações, criou uma classe nova — o proletariado industrial, e uma subclasse nova — o empresariado industrial. Surgiu também um outro setor, que se foi diferenciando da classe média clássica, cartorial, de funcionários públicos, e que se constituiu numa classe média de gerentes, administradores, técnicos. Dessas diversas classes surgiram duas coligações: a populista e a conservadora. A coligação populista reunia o proletariado industrial, a classe média progressista e setores da burguesia ligados à industrialização e à modernização. Essa coligação tornou-se dominante nas eleições majoritárias, fazendo os presidentes da República, durante o período que estamos considerando, isto é, o do populismo. Quando a crise do populismo, como já tive ocasião de indicar, lançou a classe média para a direita e levou o empresariado a se reunir aos setores mais conservadores, fundindo a burguesia industrial com a mercantil, processou-se uma modificação significativa, substancial, na composição sóciopolítica brasileira.

Na pirâmide social brasileira as diversas classes sociais, apesar de manterem entre elas conflitos de tipo clássico, tinham sido levadas a um conglomerado multiclassista, surgindo, embora de uma forma frouxa e cheia de contradições, uma aliança operativa entre o proletariado industrial, a classe média progressista e um setor dinâmico da burguesia. Essa aliança se desfez e a subdivisão vertical foi substituída por uma subdivisão horizontal. As classes altas e a classe média, reunidas por meio do sistema militar, reprimiram as demandas das massas, imobilizaram o processo político por via autoritária e passaram a dirigir o país por autodesignação, sem controle popular. A classe média foi sempre uma participante um pouco ambígua da aliança conservadora formada a partir de 64. Ela foi profundamente motivada a apoiar a queda de Goulart, quando entendeu que ele ia substituir a ordem estabelecida por uma vaga República Sindicalista, que ninguém sabia o que significava, mas na qual ela via a perda de seu automóvel "Volkswagen" e provavelmente de seu apartamento. Diante dessa perspectiva de proletarização, através de uma redistribuição niveladora da riqueza brasileira, com a perda de seus privilégios adquiridos penosamente ao longo de vários anos, a classe média aliou-se às forças mais reacionárias do país.

Essa aliança cobre todo o governo Castello Branco e o começo do governo Costa e Silva. É difícil precisar o momento de sua inflexão. Entretanto, sem prejuízo de certos fatores externos que são também extremamente importantes, pode-se indicar alguns elementos que colaboraram para modificar a conduta da classe média brasileira durante o período da ditadura militar. Por um lado, a classe média sempre viveu uma contradição entre a sua crença na legitimidade democrática e a sua opção por um governo autoritário, por razões de interesse, de ordem pragmática. A única forma pela qual conseguiu compatibilizar aquela convicção democrática com o governo autoritário foi da tese lacerdista do "governo de emergência": uma situação de emergência na qual, para depurar o país de agentes subversivos e elementos corruptos, que estavam distorcendo a vontade popular, tornava-se necessário um governo autoritário, de salvação nacional, que expurgaria aqueles germes nocivos, restauraria a sanidade do corpo social, o qual passaria então a manifestar-se democraticamente dentro daquilo que a classe média considera compatível com seus interesses e valores. Mas a prática mostrou que a contradição entre os seus valores e os seus interesses, no governo Castello Branco, era mais profunda do que se pensava. De modo que a classe média foi conduzida a uma situação ideologicamente muito difícil, de má consciência, na qual ela sentia que era obrigada continuamente a postergar o processo de democratização, em virtude da permanência de situações que ameaçavam severamente seus interesses. Esse adiamento constante da volta à legalidade democrática, que era a única forma legítima de dirigir o país, foi criando uma resistência moral e psicológica, que acabou por se tornar muito importante. Creio que intervieram então alguns fatores que aceleraram a mudança de postura da classe média.

O mais importante deles é que o Brasil é um país de memória social curta. Explico-me. O grande crescimento demográfico de nosso país faz com que tenhamos uma mobilidade social grande: enormes contingentes provenientes da periferia da classe média ingressam constantemente nessa classe e, consequentemente, a sua memória dura pouco. Fizemos há alguns anos atrás, na Universidade Cândido Mendes, uma pesquisa entre os rapazes que estavam ingressando no ensino superior para saber até onde ia a sua memória política, e constatamos que eles não sabiam direito quem eram Leonel Brizola e João Goulart, por exemplo. Por quê? Porque eram pessoas que vinham de famílias que não haviam participado do processo político do período imediatamente anterior a 64, mas que, em virtude de esforço próprio, tinham conseguido acesso à universidade para seus filhos. Aquela juventude que saía de um ambiente em que a memória daqueles fatos políticos não era muito forte estava realizando a renovação do estoque de cargos e papéis da classe média, 10 anos depois da ocorrência daqueles fatos. Quem são hoje os homens que estão desempenhando os cargos e papéis da classe média? São rapazes que saíram da universidade há 10 ou 12 anos atrás e que trazem memórias diferentes das de seus pais. Os pais tinham medo de Brizola e esses rapazes têm medo da polícia. Ao contrário de seus pais, eles têm a experiência do conflito com a autoridade policial, com a repressão.

Este fato modificou gradualmente a concepção do mundo da classe média. Por outro lado, é evidente que a incapacidade que teve o regime de lidar com a juventude, fazendo com que ela fosse permanentemente encarada como o seu inimigo número um, gerou uma série de conflitos e fez com que não haja hoje praticamente nenhuma família brasileira que não tenha um filho, um parente, um amigo ou um conhecido que não tenha sido vítima da brutalidade militar — assassinatos, torturas e outros tipos de violência que ocorreram no país. A modificação da perspectiva da classe média, advinda de tudo isso, tornou-se muito visível no governo Geisel. Nesse momento, a renovação dos quadros da classe média, em suas bases, a erosão da lembrança do pânico do populismo e o surgimento de uma nova reivindicação — sempre reprimida mas nunca eliminada — de um sentido democrático de legitimidade fizeram com que a classe média não aceitasse mais a ideologia da segurança nacional e contaminasse os quartéis com sua atitude. Da mesma maneira que o receio que a classe média teve entre 63 e 64, de ser expropriada por um golpe sindicalista, levou os militares a se identificarem com suas preocupações e — ao lado de aspectos mais concretos relacionados com a disciplina militar — a intervir no processo político, da mesma maneira, repito, a generalização das expectativas de restauração do Estado de Direito contaminou os quartéis. A meu ver, ficou bastante claro para o presidente Geisel que não havia mais condições de sustentação do regime autoritário e da ideologia de segurança nacional, porque as Forças Armadas estavam deixando de acreditar nisso. Ele foi assim conduzido à decisão de promover a retirada e, porque ainda dispunha de poder discricionário, fez isso dentro das regras que ele próprio ditou, em lugar de ser levado a um total esgarçamento do tecido militar e a uma saída caótica, provocada por pressão popular incontrolável, alguns anos mais tarde.

Se as relações do regime militar com a classe média passaram por uma aliança, uma ruptura e agora uma nova tentativa de composição, a aliança com os tecnocratas jamais sofreu abalos sérios nos últimos 15 anos. Como explica a solidez dessa aliança?

Bom, aí estamos diante de um problema muito complexo, que está na própria origem das discussões sobre a democracia. A democracia é um processo de governo do povo pelo povo, que envolve, por um lado, o direito de cada membro da comunidade manifestar-se sobre rumos a serem tomados por ela e, por outro, implica problemas que requerem soluções técnicas. Muitas das discussões entre Sócrates e Platão a respeito da democracia de Péricles tratam desse problema. Como veem, esse é um problema permanente, que a meu ver não tem nenhuma forma axiomática de solução. Ele tem de ser reequacionado de acordo com a situação histórica de cada momento, de cada sociedade, de maneira a compatibilizar o máximo de participação popular com aqueles requisitos mínimos de competência especializada, sem a qual a participação popular pode ser suicida. Acho que a classe média brasileira tende a ser precisamente aquele estrato da população que, por participar por meio de seus membros ao mesmo tempo como cidadãos e técnicos, sente mais de perto a necessidade de assegurar que determinadas questões sejam conduzidas com base na competência tecnocrática. Joseph Schumpeter, em seu livro clássico, *Capitalismo, Socialismo e Democracia*, salienta que nas condições complexas de uma sociedade moderna a compatibilização entre a liberdade e os requisitos de tecnicidade de certas decisões exige, ao mesmo tempo, a especialização burocrática e o controle popular das burocracias. A seu ver, não se pode eliminar o elemento burocrático onde ele é um requisito indispensável de eficiência técnica. O que se deve fazer, para limitar o seu poder, é promover a competição entre burocracias alternativas, além de, como foi dito, submetê-las ao controle popular.

Seria possível, com um pouco de ousadia, ver no movimento de 64 uma corruptela do projeto do ISEB em esquema básico, no sentido de que a burguesia nacional continuou a ser um dos elementos de direção do processo, só que com outros parceiros?

A pergunta é intelectualmente provocante, mas minha resposta é negativa, porque o ISEB, pelo menos na fase em que eu participei ativamente dele, representou sempre uma tentativa de conciliar a liderança burguesa com uma visão profundamente democrática, humanística e social. O projeto do ISEB parecia-nos o que era viável nas condições da sociedade da época. E a nosso ver só era viável se submetido ao controle popular e a uma orientação humanística. Essas duas últimas coisas desapareceram no movimento de 64, especialmente quando ele começou a se consolidar a partir da morte de Costa e Silva. O governo Médici representou a fase mais típica da ditadura militar, porque estava fundado em valores anti-humanísticos, antissociais e antidemocráticos. Naquele governo, inclusive, não se estava protegendo nenhuma burguesia nacional, mas apenas a inserção do Brasil no capitalismo internacional, com forte desnacionalização de nossa economia. Acho, portanto, que as semelhanças seriam de caráter muito formal e as divergências de caráter muito substantivo.

Embora esses paralelismos históricos sejam perigosos, não lhe parece que, de certa forma, o ISEB estava no caso de Juscelino à procura de um Bismarck?

O ISEB considerou que em Juscelino Kubitschek havia um líder popular responsável perante o Congresso e a opinião pública, um homem de vocação democrática, cuja candidatura tinha representado uma vitória da esquerda possível contra a direita efetiva, nas condições existentes por ocasião de sua eleição. Ele era, portanto, confiável do ponto de vista de sua vocação social e dos valores humanísticos que o inspiravam. Parecia-nos que não havia alternativa, nas condições brasileiras de então, à grande mobilização para o desenvolvimento, dentro de um mínimo de autoritarismo, representada por ele. Creio que o que legitimava a gestão desenvolvimentista de Juscelino era precisamente essa combinação de representatividade popular com a eficiência administrativa para a realização de um projeto de desenvolvimento, que ele levou avante com grande entusiasmo. O ISEB não teria favorecido uma solução de desenvolvimento autoritária e não responsável perante a opinião pública. Tanto isso é verdade que do outro lado havia também uma alternativa desenvolvimentista, mas com tendências autoritárias. Foi contra essa alternativa autoritária que protestamos com vigor, para que o Brasil não fosse capturado por uma tecnocracia autoeleita e não responsável perante a opinião pública.

O projeto do ISEB é meramente episódico, ou seja, corresponde a um momento histórico preciso — fim do governo Vargas e durante o governo Juscelino — ou tem validade permanente? É possível repetir-se situação semelhante àquela?

Eu faria uma distinção entre dois aspectos da questão. Uma coisa é o ISEB como instância de reflexão crítica e problematizante que, a partir de uma análise da situação do país e do mundo, sugere um projeto para o Brasil. Esse tipo de ação parece-me ter validade permanente. O Brasil, como todos os países, aliás, precisa de grupos de estudo e reflexão como aquele. Atualmente, parece-me que isto está sendo feito, por exemplo, pelo Cebrap, pelo Cedec e outras agências do pensamento brasileiro. Outra coisa foi o ISEB histórico e sua vinculação às circunstâncias da década de 1950.

Não pela Escola Superior de Guerra?

Não pela ESG. Quanto ao projeto específico, que o ISEB propôs para o Brasil da década de 50, ele está datado. Não estamos mais naquelas condições e não se deve querer repetir aquele projeto. Mas, como sempre acontece quando examinamos certos projetos, alguns aspectos daquela proposta nacional-desenvolvimentista parecem-me válidos. Eu reiteraria, por exemplo, que continuamos necessitando neste momento de encontrar uma fórmula para incrementar o conteúdo nacional das decisões empresariais e evitar a desnacionalização extremamente acentuada de nossa economia. Isto tem de ser feito com muito realismo, pois as multinacionais são hoje uma realidade inarredável. É uma ilusão pensar que um país pode desenvolver-se dentro de um "esquema ocidental" — assim mesmo, entre aspas, porque este é um conceito muito complexo — com exclusão das multinacionais. Sem embargo, a opção feita em 64 de entregar às multinacionais a direção do processo parece-me uma loucura. Temos de fazer uma revisão crítica disso e encontrar uma forma de compatibilizar a realidade das multinacionais, aquilo que indubitavelmente necessitamos delas, com um significativo incremento de nossa autonomia. Em suma, parece-me indispensável uma nova versão do projeto nacionalista do ISEB. Outra coisa que me parece permanente é a ideia de que o processo de desenvolvimento do Brasil não está encerrado. O Brasil ainda está longe de ter atingido a sua maturidade econômica. O que torna complicada a realidade brasileira de hoje é precisamente o fato de que o esforço acumulativo não foi bem encaminhado durante a ditadura militar, concentrando os benefícios num setor muito pequeno da população. Continuamos tendo necessidade de um grande esforço acumulativo para dispormos de uma infraestrutura econômica razoável. Por outro lado, temos de reiniciar imediatamente o esforço redistributivo, que sofreu um grande atraso durante o regime militar, sem o qual a democracia brasileira não é viável.

Vê algum progresso do governo nesse sentido?

Reconheço que houve um progresso muito salutar no projeto das forças situacionistas. Esse projeto era nitidamente reacionário — diria que era exclusivamente reacionário em sua formulação durante o governo Médici — com a proteção da burguesia, da alta classe média e com as vinculações com as multinacionais, e repressivo com relação à grande maioria da população brasileira. O que se chamava de segurança nacional não era outra coisa senão a castração dos direitos dos cidadãos de se manifestarem sobre a sua existência. Era, pois, uma violação inominável dos direitos dos cidadãos e uma exclusão de qualquer possibilidade crítica, em detrimento da própria eficiência, alegadamente erigida em critério supremo da administração. É óbvio que a falta de crítica afetou severamente a administração.

Mas concordo que houve um progresso, no sentido de conceber a segurança nacional como sendo um incremento da capacidade brasileira de autodeterminação, o que significa voltá-la mais para o exterior do que para o interior, embora seja evidente que o governo continua com preocupações com relação à subversão. Aliás, é preciso reconhecer que há um certo limite além do qual realmente a subversão não pode ser admitida. A experiência moderna mostra que a plenitude da existência de um regime democrático exclui a atuação de formas irresponsáveis de contestação, como o terrorismo. Essas formas de contestação terrorista são subversivas não em termos de autoridade, mas da própria sociedade. É o caso, por exemplo, das Brigadas Vermelhas da Itália.

A segurança nacional está sendo entendida hoje muito mais em termos de fortalecimento da nação como um todo, o que felizmente a torna compatível com a ideia de consulta popular, embora, na prática, a partir de manipulações que naturalmente falsearão a manifestação da vontade popular. Essas manipulações, feitas concomitantemente com a reforma partidária, estão privilegiando de tal maneira a posição do partido oficial que parece um retorno às práticas usuais no Brasil de antes de 30. Mas, por outro lado, o preço que pagaram para tornar viável a coligação do partido oficial foi a inclusão no seu programa de medidas muito louváveis de caráter social. Eu não teria graves objeções a opor ao programa do partido do governo, o PDS, a não ser que ele me parece carecer de sinceridade.

O nacionalismo é um dos temas dominantes de sua análise dos problemas brasileiros. Pode-se dizer que no Brasil ele adquiriu uma feição distinta, na medida em que aqui em vez de ser ligado à direita, como é tradicional, ele se ligou à esquerda?

Sim, creio que o nacionalismo brasileiro, diversamente do que acontece em alguns países latino-americanos — entre estes, talvez o caso da Argentina seja o mais típico —, desenvolveu-se sob o signo de uma postura de esquerda e não de direita. Ele não foi aqui uma atitude de ultramontanos, de representantes de valores obsoletos, aristocráticos e conservadores, mas foi associado, ao mesmo tempo, à ideia de defesa da autonomia do país no quadro internacional e à de incremento da participação popular nas decisões. O nacionalismo militar do general Estillac Leal estava perfeitamente nesta linha. Não havia diferenças profundas entre o seu nacionalismo e o dos intelectuais do ISEB. O problema só se tornou mais complexo numa fase subsequente de nossa História, quando, a partir de certas leituras do fenômeno da dependência, se começou a considerar que não havia outro caminho para a sua superação a não ser o da adoção de um regime socialista de tipo clássico, ou seja, o Brasil devia encaminhar-se para uma solução análoga à soviética. No fim da década de 60 e até meados da década de 70, as forças que sustentavam posições progressistas no Brasil, isto é, a esquerda brasileira, no sentido amplo da palavra, passaram a acreditar que a condição necessária para a superação de nossa relação de dependência era um alinhamento com a União Soviética, o que implicava uma solução socialista autoritária. Creio que essa postura está agora sendo objeto de uma importante revisão.

É difícil precisar datas, em casos como esse, mas creio que podemos dizer que a partir de 75 começou a estabelecer-se uma nítida divisão entre dois grupos: os que, inclusive por uma leitura atualizada de Marx, consideram que um projeto socialista para o Brasil só é viável como correlato de um projeto democrático, ou seja, deve ser visto como uma universalização da democracia, e os que continuam apoiando uma leitura leninista de Marx. Estes últimos insistem em que a implementação histórica do socialismo passa pela formação de uma vanguarda aguerrida, capaz de derrubar o aparelho de repressão do Estado, exercer uma ditadura em sentido estrito e, em seguida, quando os meios de produção corresponderem a um nível superior de riqueza, generalizar a democracia conjuntamente com o regime de abundância de bens. Essa é uma discussão corrente hoje. Meu principal engajamento é com uma visão social-humanista do mundo, na qual liberdade e igualdade estão conjugadas, e, por isso, vejo com muita satisfação que a crítica do socialismo autoritário esteja fazendo grandes progressos nos meios intelectuais brasileiros. Tenho a impressão mesmo de que os partidários do socialismo democrático são predominantes nos meios universitários. Se reunirmos hoje um grupo representativo de universitários e começarmos a questioná-los sobre esse problema, creio que se verificará uma enorme diferença entre as suas posições e a de ex-colegas seus de alguns anos atrás, os quais achavam que por razões operacionais o centralismo democrático leninista era fundamental, com todas as conotações autoritárias que ele envolve.

> *O ISEB nesse caso não foi pioneiro, na medida em que formulou um projeto de esquerda — um projeto socialista ideal — e procurou chegar a ele por um caminho não-marxista, embora aceitando contribuições do marxismo?*

Creio que sim. O ISEB teve o mérito de compreender a diferença entre utopia e ideologia operacional. Formulou deliberadamente um projeto platônico, sabendo que como tal ele não podia ser implementado e, em seguida, procurou inseri-lo no quadro de uma realidade histórico-social determinada. Chegou então à conclusão de que a forma para se atingir a ruptura da pobreza estrutural e da dependência estrutural de Brasil era um processo de desenvolvimento no qual se desse à burguesia nacional uma margem suficientemente ampla de manobra. Em troca, ela cumpriria a sua tarefa de desenvolvimento dentro do âmbito de uma democracia controladora do Estado.

Em suma, o modelo pressupunha uma colaboração de classes.

Sim. E por isso, entre outras razões, foi o primeiro projeto esquerdista brasileiro de origem não-marxista. Como já disse, no grupo que fundou o ISEB havia gente que vinha de um marxismo trotskista. Com exceção do pessoal que participou da fase final do Instituto, que era de tendência leninista, os fundadores do movimento que deu origem à 5ª página do *Jornal do Commercio*, aos *Cadernos do Nosso Tempo,* ao IBESP e finalmente ao ISEB eram pessoas que sempre tiveram uma postura muito antileninista diante do marxismo. Ocorre que as versões do marxismo de que dispúnhamos no Brasil, na década de 40 e princípios da de 50, estavam limitadas à contestação trotskista. Ignorávamos completamente toda a contribuição da Escola de Frankfurt e de Gramsci, que já eram então disponíveis na cultura universal, mas que não chegavam até nós por causa das limitações de informação existentes no Brasil naquela época. Só fui tomar conhecimento de tudo isso, que hoje talvez constitua a parte predominante de minha biblioteca, muitos anos depois de o ISEB ter sido fechado. O Brasil não acompanhou contemporaneamente a crítica teórica do marxismo. O que nos afastou do marxismo foi a contestação de uma tese fundamental, que é a do materialismo histórico. Um número importante de membros do ISEB chegou à conclusão de que as relações entre os subsistemas da sociedade não podiam ser visualizadas como se a economia fosse uma infraestrutura *per se* e a cultura uma superestrutura *per se*. A partir de uma informação muito superior à de que eu dispunha na juventude, como é natural, tenho tentado nos meus livros mais recentes sustentar que os dois grandes modelos clássicos que disputam a explicação da sociedade — o modelo dialético, predominantemente marxista, e o modelo funcionalista, que tem origens várias mas encontrou em Talcott Parsons o seu teorizador mais competente — são ambos insuficientes.

A sociedade não é nem o produto de uma coincidência de valores — como pensa Parsons — nem o produto de uma coerção dos modos de produção e das forças produtivas sobre o sistema da cultura. No meu entendimento, a sociedade é produto de uma causalidade circular entre os fatores culturais e os fatores econômicos. Intervêm alguns outros elementos, mas esses são os fundamentais. Nessa relação de causalidade circular entre os fatores culturais e econômicos, as situações histórico-sociais específicas incitam ao privilegiamento de uns ou de outros. Exemplifico. Na hora em que surgem as grandes religiões, é evidente que o que produz uma transformação da sociedade é uma mobilização feita por meio da persuasão místico-religiosa. Não foram modificações nos modos de produção que provocaram a eclosão do islamismo, que mudou completamente a estrutura do mundo em duas gerações, de forma vertiginosa. O mais surpreendente é que se trata de algo que se passa no século VII, ou seja, num período de tecnologia extremamente rudimentar. Isso se aplica, em ritmo menos acelerado, por razões várias, ao cristianismo e a outras religiões. É evidente, portanto, que quando condições históricas determinadas tornam possível a eclosão de uma grande religião os fatores culturais determinam todos os demais.

Por outro lado, é evidente também que, quando surgem transformações tecnológicas fundamentais, elas geram condições que alteram completamente as convicções, a forma de conceber o mundo, etc. A Revolução Industrial tornou insustentável a permanência de uma visão do mundo herdada do século XVII. Ou, em outras palavras: o racionalismo abstrato do século XVII tornou-se incompatível com as condições geradas pela Revolução Industrial, que deram origem a uma concepção do mundo totalmente distinta. Em resumo, creio que, concebida a questão do seu plano mais amplo, pode-se dizer que tanto a História como a sociedade estão envolvidas num processo de causalidade circular entre os fatores culturais e econômicos e tecnológicos. Nenhum deles, em abstrato, pode ser considerado como superestrutural ou infraestrutural. Em momentos históricos determinados é visível que o processo é desencadeado ou por elementos culturais, ou por elementos econômicos e tecnológicos.

Certos círculos universitários, principalmente da Universidade de São Paulo, ou oriundos dela, têm manifestado ultimamente muitas reservas com relação às formulações do ISEB. Onde a seu ver está a causa dessa divergência?

Creio que alguns textos que têm sido publicados por jovens pesquisadores e professores da USP, e que são extremamente críticos com relação ao ISEB, refletem duas coisas. De um lado, uma postura de guerra de gerações, a qual, do ponto de vista sociológico, é uma fatalidade cíclica da História, sobretudo nos países dependentes, diga-se de passagem. Um dos elementos que acentuam o fenômeno da dependência é a tendência de cada geração, precisamente por causa das condições geradas pela dependência, a se orientar para o exterior e lá buscar as suas referências, negando ou ignorando as contribuições das gerações precedentes para a compreensão do país. Na medida em que a nossa dependência, sobretudo no plano cultural, continua aguda, esse fenômeno se faz sentir claramente. Por outro lado, creio que a tentativa que o ISEB encarnava de transcender o marxismo choca-se com um certo ortodoxismo daqueles pesquisadores e professores, embora o seu marxismo seja muito mais crítico do que o que imperava na década de 50. Mesmo assim, eles continuam a tomar o materialismo histórico como um elemento determinante para a compreensão da sociedade.

Gostaríamos de aprofundar um pouco mais a discussão do problema que já tratou da existência ou não de uma burguesia nacional. Esse seria um ponto crucial de divergência entre o ISEB — cujo projeto partiu da premissa da existência dessa burguesia — e a compreensão que aqueles círculos universitários têm da problemática brasileira?

Sim, creio que esse é realmente o ponto crucial da divergência. Para uma certa perspectiva sóciopolítica, ou uma certa convicção ideológica, existe uma conexão estrutural entre o capitalismo periférico e a dependência. Para os que pensam dentro dessa óptica, não é possível um capitalismo periférico como o nosso deixar de ser dependente — e portanto periférico — senão por meio da prévia adoção de um sistema socialista e, em última análise, de uma revolução socialista. Mas existem pensadores que formulam essa questão de uma forma diferente. Faço uma distinção entre aquelas formas de capitalismo periférico em regime de dependência, que pretendem superá-la por meio do modelo de capitalismo associado, e aquelas formas de capitalismo periférico em regime de dependência que pretendem superá-la por meio da autonomização nacionalista. Estou neste último caso. Penso que, na medida em que um país dispõe de condições objetivas e relações complexas, que envolvem tanto condições internas como externas, para um processo de incremento de sua taxa de autonomia, ele pode deixar de ser um capitalismo dependente sem a necessidade de passar pela fórmula de capitalismo associado — que a meu ver não resolve o problema da dependência —, mas por meio de um incremento de sua taxa de autonomia.

Isto é válido para todos os países subdesenvolvidos ou apenas para alguns?

Infelizmente, é válido para muito poucos deles. Aí nos defrontamos com um dos problemas mais trágicos da situação internacional contemporânea. A maior parte dos países periféricos e dependentes carece de viabilidade nacional. Por isso, eles só poderão ter acesso a formas mais condignas de existência, sobretudo no que se refere às massas, na medida em que for possível implantar uma nova ordem internacional. O que é um objetivo superdesejável e em princípio viável, mas, digamos com toda sinceridade, ainda bastante remoto. Alguns países, infelizmente poucos, por disporem de razoáveis recursos humanos e naturais e de um certo grau já importante de desenvolvimento — o que lhes dá possibilidade de compor alianças internacionais e formular políticas internacionais apropriadas —, podem, sem ruptura do regime capitalista no seu sentido mais amplo, atingir autonomia e, assim, superar a sua condição periférica e dependente.

Devo salientar, contudo, que a palavra capitalismo é muito complexa, abrangente, e que as condições de superação da dependência dentro do regime capitalista exige um incremento muito grande da autonomia ao nível do país e das empresas, além do controle popular das decisões do Estado. Em suma, exige a instauração da democracia social e política. Como se provou no caso dos países europeus que aprofundaram a experiência do *Welfare State*, o capitalismo é adaptável a condições de grande participação popular, de proteção dos direitos sociais, etc. Portanto, se o capitalismo for tomado num sentido amplo, e não identificado com os modelos atuais do capitalismo periférico, a sua superação prévia não é necessária para se sair do estado de dependência. Infelizmente, repito, essa possibilidade está restrita a um número reduzido de países do mundo periférico.

O Brasil seria um deles?

O Brasil seria o caso mais típico. Aliás, eu considero que essa condição privilegiada existe em maior abundância na América Latina. A Argentina e o México estão no mesmo caso, embora este último país seja prejudicado pela excessiva dependência geopolítica dos Estados Unidos, o que no entanto pode ser compensado pela abundância de petróleo de que dispõe. Mesmo assim, acho que estes três países só podem superar a dependência no quadro de uma política de relativa integração latino-americana. O Irã é outro país que, se conseguir imprimir um sentido mais operacional à sua revolução religiosa, tem condições de desenvolver uma solução própria, distinta do socialismo convencional e do capitalismo periférico. No caso da Índia o problema é evidentemente mais complicado, por causa do terrível peso do excesso populacional, mas é possível que, havendo um incremento da unidade indiana e a ocorrência de algumas outras circunstâncias favoráveis, ela possa ser incluída naquele grupo. Mencionaria, finalmente, o caso de países muito especiais que, em virtude de sua pequena dimensão e de sua situação privilegiada, também são capazes de superar a dependência com base num modelo algo semelhante ao japonês. São países que conseguem tornar-se grandes exportadores, inclusive de manufaturados, e assim, por meio de uma participação ativa e dinâmica no comércio internacional, podem incrementar significativamente seu desenvolvimento e sua autonomia interna.

> *Tendo em vista não só a sua contribuição teórica, como também a sua militância nela, gostaríamos que fizesse uma análise da esquerda brasileira e dos vários grupos em que ela se decompõe, tanto no governo Goulart como agora.*

Talvez a forma mais adequada para uma resposta breve seja a de seguir o fio do desenvolvimento histórico, com uma breve análise dos momentos diferenciadores que esse problema apresenta. No quadro que se desenhou durante o governo Goulart, ficou evidenciada uma oposição entre as duas esquerdas. Naturalmente em defesa de sua própria posição, San Thiago Dantas diferenciou-as com os nomes de "esquerda positiva" e "esquerda negativa". Brizola e as forças que estavam por trás dele eram representativas da "esquerda negativa" e, é claro, San Thiago considerava-se o representante da "esquerda positiva". Tirando o que há de naturalmente polêmico na disputa das duas pelo poder, o que sobra como elemento diferenciador? Creio que a posição de San Thiago caracterizava-se pela tentativa de obter o máximo de reforma social — incremento da participação popular, favorecimento dos setores de menor remuneração, melhoria das condições trabalhistas — dentro de um parâmetro de viabilidade econômica e política.

Ele preconizava duas coisas: 1) a realização de todas as reformas sociais que fossem compatíveis com a manutenção política do sistema, ou seja, que não provocassem um desequilíbrio das alianças, para evitar assim que os adversários do governo se tornassem mais fortes que ele e o derrubassem; 2) compatibilizar o atendimento das reivindicações sociais com as condições ditadas pelas necessidades econômicas do momento, marcadas por um lado por uma grande inflação e, por outro, pela dívida externa. Isto significava que a proposta de San Thiago envolvia, na verdade, o adiamento de algumas das reivindicações mais imediatas. Mas ela tinha o mérito de propor uma formulação muito clara para aquelas reivindicações, distinguindo as que podiam ser imediatamente atendidas daquelas cujo atendimento ficaria subordinado a uma melhoria das condições econômicas e, finalmente, das que tinham de ser adiadas para um futuro mais remoto, por dependerem de uma modificação do quadro das forças políticas.

A proposta de Brizola era, a meu ver, sobretudo negativa, e nesse sentido acho que San Thiago tinha razão, porque ela tinha como objetivo manter a mobilização das lideranças sindicais e populares em torno de reivindicações, independentemente da possibilidade de atendê-las ou não. Ele estava preocupado em apresentar reivindicações ligadas às chamadas reformas de base — reforma urbana, reforma rural, reforma bancária — que envolviam um forte coeficiente de desapropriação da riqueza preexistente, sem se perguntar em que medida o governo Goulart tinha capacidade política de sustentar as reformas. O governo Goulart aceitou em parte a retórica de Brizola e contribuiu assim para tornar inviável a sua permanência no poder. Passada a fase de congelamento determinada pela ditadura militar, durante esses longos e lamentáveis anos que atravessamos, começam a surgir novamente várias posições de esquerda. A esse respeito faço uma distinção entre a problemática no plano teórico e no plano prático ou político-operacional. No plano teórico, creio que está chegando ao Brasil uma controvérsia sobre a esquerda, que começou na Alemanha dos anos 20, na República de Weimar. Ela está conduzindo a uma primeira grande divisão teórica da esquerda brasileira.

Há um grupo para o qual a tarefa básica da esquerda é desenvolver um esforço para maximizar a igualdade dos homens dentro de condições de total liberdade. Seu projeto é o de uma democracia social, o que não quer dizer necessariamente social-democracia. A social-democracia é apenas uma possível versão daquele projeto, a qual aliás é contestada por alguns como algo insuficiente. O que importa assinalar é que os que defendem a democracia social desejam a maximização da igualdade dentro da liberdade. Há um outro grupo, de influência não desprezível, que mantém uma postura do tipo marxista-leninista. Para ele, a mudança da sociedade só é possível por meio da formação de uma vanguarda revolucionária que destrua o aparelho de defesa do Estado capitalista, instaure uma ditadura e, só a partir de um momento muito pouco definido de êxito socioeconômico do novo regime, é que se restauraria a liberdade. A experiência soviética mostra como a suposta ditadura do proletariado tende a conduzir a um despotismo burocrático de prazo indefinido.

No plano prático, a esquerda brasileira está neste momento dividida entre duas principais posições. Há os que consideram que uma posição de esquerda exige a imediata postulação de um objetivo socialista, entendido como um regime no qual desapareça a propriedade privada dos meios de produção, ainda que caracterizado por uma forma democrática de gestão da produção pública, e há os que consideram que a essência das reivindicações de esquerda pode ser, pelo menos por um largo tempo, compatibilizada com um quadro capitalista, por meio do incremento dos direitos sociais, e isso dentro de instituições que não excluem imediata e necessariamente todas as formas privadas de produção. Em termos de partido, parece-me evidente que Brizola — a meu ver, a pessoa que teve a maior taxa de responsabilidade pelo desastre de 64 — fez uma leitura crítica dos acontecimentos e está hoje propondo coisas muito razoáveis.

Ou seja, ele passou da "esquerda negativa" para a "positiva"?

Exato. Ele propõe agora que o Brasil adote reformas sociais que sejam compatíveis com os parâmetros da viabilidade política e econômica. Embora com formulações um pouco diferentes, acho que essa é também a posição predominante dentro do PMDB. Mas é indubitável que existem algumas forças políticas que consideram que o projeto da esquerda brasileira deve passar por uma solução socialista, e que estão tentando encontrar alguma forma para se chegar a isso. Como é sabido, essas forças ainda não encontraram o seu parâmetro institucional. Está havendo dentro do PT, por exemplo, um importante confronto entre os que acham que a exigência socialista tem de ser imediata e setores sindicais contrários a isso, porque desejam o estabelecimento de um tipo de negociação mais à maneira americana, como parece ser o caso de Lula. Dentro do próprio PMDB existem setores que desejam um socialismo imediato e outros que consideram que é possível, pelo menos numa fase prévia, domesticar o capitalismo, convertendo-o num regime mais social.

Quais os requisitos para a existência da democracia social a que se refere?

O primeiro requisito é a existência de uma democracia política efetiva, onde haja participação popular real e subordinação do Executivo a controles periódicos e adequados de sua gestão por órgãos parlamentares, pela opinião pública, pela imprensa. A tentativa de construção de uma democracia social sem o apoio de uma democracia política conduz a formas de despotismo democrático. Outro elemento importante é que o Estado, por meio de sua ação regularizadora e com base em legislação adequada, impeça que a condição de empresário implique a condição de chefe político. Nas condições que ainda persistem no Brasil e em muitos países de capitalismo mais primitivo, o grande empresário é um ministro informal. Ele dispõe de um poder político extraordinário, quer diretamente, por meio de sua capacidade de corrupção do Executivo, quer indiretamente, pela influência que exerce por meio da não controlada utilização de recursos privados para manipulação dos *mass media*, formando opinião pública e submetendo jornais à ditadura do empresariado. Esse tipo de "mais-valia" política da classe empresarial é completamente incompatível com a democracia social e com a própria democracia política. Um dos problemas da democracia social no Brasil é, portanto, o de caminharmos para um sistema regulatório da ação empresarial e do emprego de verbas de publicidade das empresas, no sentido de fazer com que a função empresarial seja exclusivamente de produção a serviço da maximização da oferta de bens e serviços, expurgando-se a espúria intervenção política do empresário enquanto tal e não enquanto cidadão, é claro.

Outra dimensão da democracia social consiste no incremento continuado do coeficiente de igualdade em todos os sentidos — o de remuneração, o de oportunidades, etc. Precisamos caminhar para um regime no qual as remunerações sejam basicamente as mesmas e as discriminações entre as pessoas decorram de outros atrativos que não o meramente material. É preciso voltar a incentivar, como se faz em países que chegaram à democracia social, as remunerações morais, honoríficas, públicas, que justificam certos sacrifícios. Os homens são absolutamente iguais e não há nenhuma razão para que o engenheiro coma melhor do que o seu operário. A democracia social deve conduzir a formas basicamente igualitárias de remuneração material. Devem-se preservar paralelamente a liberdade e as diferenciações, mas em termos de reconhecimento público para pessoas que prestam serviços importantes à comunidade, assim como para os homens de estudo que se sacrificam em favor do saber, e não em termos de benefícios materiais. Evidentemente, esse é um processo que, para se realizar de maneira livre e pacífica, tem de ser gradual. Entre este Brasil no qual estamos vivendo, e que é uma das sociedades mais injustas do mundo contemporâneo, e uma sociedade como a que estou descrevendo, há um intervalo de tempo muito grande. A primeira coisa a fazer no nosso caso é atingirmos um grau razoável de bem-estar social, que começa pela supressão da marginalidade. Considero que esta é a tarefa mais urgente que o Brasil tem pela frente, da qual depende a possibilidade da própria democracia política. Chamo atenção também para a importância de não se fazer com que a demanda de participação das massas supere a margem de tolerância das classes médias. É indispensável determinar quais são as faixas de sacrifício que elas estão preparadas a pagar como preço do desenvolvimento social. A verdade é que as classes mais favorecidas — tanto a burguesa como a classe média — estão preparadas a pagar um preço pela paz social, ao contrário do que supõem os radicais e revolucionários. E esse preço às vezes é elevado. Trata-se, portanto, de fazer um esforço para determinar qual é o preço que, dentro de determinada correlação de forças, de certa conjuntura sóciopolítica, se pode pedir razoavelmente que as classes média e burguesa paguem. Pois esse preço existe e é possível determiná-lo como uma razoável aproximação. Na medida em que ele for cobrado e investido em transformações que elevem o nível de vida dos setores de mais baixa remuneração da sociedade, estaremos caminhando para a redução do coeficiente de marginalidade.

Quando este ficar significativamente reduzido, a democracia política no Brasil estará assegurada. A partir daí, as condições para a aceleração da democracia social tornam-se cada vez mais fáceis. Existe então um encaminhamento gradual e suscetível de uma determinação quantitativa prévia, a qual depende da sensibilidade e da sabedoria dos homens públicos e que consiste, em cada etapa do processo, em cobrar das classes mais ricas o preço que, em última análise, estão preparadas a pagar pela paz social. Esse é um processo que pode ser observado na marcha seguida pelos países que tiveram êxito na sua transformação em democracias sociais. Foi a partir de uma acumulação razoável de riqueza, trazida do século XIX e do começo do século XX, que a Inglaterra iniciou nos anos 20 os seus esforços para a transferência, por via tributária e outras, da riqueza das grandes famílias para as classes médias e para as grandes massas, até atingir hoje um grau de bem-estar social extremamente importante. O caso sueco é semelhante ao inglês.

Não lhe parece que essa conduta sábia e prudente que a sua proposta exige, sobretudo dos homens públicos, pode ser perturbada pela pressão da imensa população marginal existente no Brasil?

Pode sim. Aliás, o fato de se terem agravado, nos últimos 15 anos, as desigualdades sociais e a concentração da renda é um elemento complicador da nossa situação. Se por um lado devemos reconhecer objetivamente que houve um desenvolvimento econômico que ampliou a base produtiva do país, tornando assim possível uma criação maior de excedentes, por outro lado é indiscutível que o agravamento das desigualdades dificultou a chegada ao objetivo da democracia social. A meu ver, a maneira mais viável de se sair dessa situação consiste em se fazer um plano de desenvolvimento que tenha uma ampla base de aceitação pública e obrigue o governo a um processo de incremento das vantagens sociais e, ao mesmo tempo, dê garantias razoáveis às classes média e alta de que tal problema é tolerável. Dessa forma, será possível proceder a continuados ganhos sociais, contendo os esforços redistributivos que forem incompatíveis com o equilíbrio do plano. Creio que um plano desse tipo, feito com seriedade, poderia conseguir um grau muito elevado de confiança nacional.

É correto concluir que atribui à classe média um papel fundamental como pêndulo do sistema?

Esta é uma conclusão totalmente correta. Em quase todos os países do mundo a classe média é hoje em dia a classe politicamente dirigente. Mas acontece que há várias classes médias. A expressão classe média é muito ambígua. A classe média é uma coisa nos países economicamente maduros e desenvolvidos e uma outra nos países subdesenvolvidos. Nos países desenvolvidos ela representa a maioria estatística da população e luta para que o sistema permaneça tal como é. As pressões desestabilizadoras, ou de minorias muito ricas, ou de minorias muito pobres, são contidas pela classe média, que é majoritária. No caso brasileiro, a situação é muito diferente, porque a classe média não é majoritária. Como também não o é a classe operária. Aqui nenhuma das classes convencionais é majoritária. A que é majoritária no Brasil é uma não-classe, ou subclasse, que é a massa marginal. No caso brasileiro, essa massa encontra-se num alto grau de desorganização e falta de consciência política, pois se estivesse organizada simplesmente conduziria a uma revolução social imediata e incontrolável. Dentro desse quadro, a classe média brasileira tem o privilégio histórico de poder administrar a própria incorporação das grandes massas, em condições toleráveis para ela. Mas só conseguirá isso se tiver suficiente velocidade para evitar que a conscientização dessas massas de sua espoliação as conduzam a uma explosão, antes de terem sido incorporadas ao sistema.

A classe média brasileira está preparada para essa missão?

Creio que a classe média brasileira é "preparável" para isso. A preparação efetiva depende de lideranças competentes.

Quais são as forças que, a seu ver, dificultam hoje a marcha para a democracia social que preconiza?

Há grupos — nós os conhecemos — que não querem a democracia e estão preparados para utilizar todos os pretextos a fim de sustentar uma estrutura obsoleta de privilégios. Esses grupos, infelizmente, pertencem a setores que ainda são muito poderosos do ponto de vista político-militar. Por outro lado, há setores tanto da inteligência como da liderança das forças populares que estão preparados, tão logo a situação lhes seja favorável, para introduzir exigências independentemente de sua viabilidade econômica e política. São os mesmos que produziram o colapso da possível democracia social brasileira no início dos anos 60. Entre esses dois extremos é necessário que se forme um consenso que ultrapasse não apenas as barreiras dos partidos mas até mesmo as diferenças entre oposição e governo, no sentido de viabilizar a aceleração da incorporação das massas marginais. Só assim será viável a transformação do Brasil por via consensual, mas efetiva.

E os empresários, como eles se colocam nesse quadro?

Os empresários não formam um grupo compacto e homogêneo. Eles se dividem em dois grandes blocos. Há um setor preocupado em retomar a coincidência entre a burguesia e o projeto nacional, e a primeira figura que me ocorre como representante dessa tendência é Severo Gomes. O outro setor agrupa os empresários que consideram que a vinculação com as multinacionais exige um regime de proteção dessa vinculação a qualquer preço, e que são contrários à nacionalização da nossa vida empresarial. Este último setor é integrado por homens incompatíveis com projetos sociais. Eles querem um Brasil que seja uma nova África do Sul, dividido entre um setor participante e outro marginal, este último coercitivamente mantido fora do sistema e nele só admitido na medida em que há demanda de mão-de-obra. Essas figuras são identificáveis e podem ter a sua influência substancialmente reduzida.

Existe uma segunda divisão — que não coincide necessariamente com a primeira, embora mantenha com ela uma certa correlação — entre os empresários que reconhecem que o fundamental para eles é dispor de autonomia técnica e gerencial na condição dos negócios das empresas, e os empresários que consideram que a sua condição implica um baronato e a fruição de um sistema de mais-valias políticas, privilégios, poder, etc. O que faz com que predomine um ou outro setor? Aí entram a opinião pública, o processo político, a legislação e a intervenção do Estado. Na medida em que, através do processo político, as forças progressistas tiverem a predominância na condução do governo e na determinação das normas legislativas, as instituições brasileiras podem ser ajustadas no sentido de favorecer os "empresários funcionais" e penalizar os "empresários antissociais", fazendo com que a classe empresarial se reoriente em função de uma situação política e institucional nova.

Como vê o extraordinário fortalecimento do Estado no Brasil nas últimas décadas, não apenas em termos econômicos — multiplicação das empresas estatais ou paraestatais — como também em termos coercitivos? O Estado hoje é muito mais forte do que há 20 anos. Vê isso como um fator negativo ou positivo?

Está havendo atualmente, em alguns setores da inteligência internacional, uma discussão sobre o Estado e a conveniência ou a possibilidade de formas não-estatais de organização da sociedade. Essa discussão tem a sua razão de ser nos países desenvolvidos, mas nos subdesenvolvidos ou periféricos o Estado é uma condição fundamental, *sine qua non*, da possibilidade de superação da dependência. Não há nenhuma possibilidade de o Brasil superar a sua condição de sociedade dependente, se não tiver um mecanismo estatal eficiente e poderoso, dotado de capacidade regulatória, com força para se transformar numa barreira contra a penetração indiscriminada de forças externas que desejam imiscuir-se na condução dos negócios brasileiros. O que me parece importante, portanto, não é tanto o fortalecimento do Estado, mas o grau de democracia a que ele esteja submetido. Um Estado pode ser extremamente forte e estar submetido ao escrutínio popular.

Seria o caso do Estado francês por exemplo?

Sim.

Acha possível, nos países subdesenvolvidos, a convivência do Estado forte com a democracia?

Sim, desde que se encontre uma fórmula de encaminhamento do problema social, na qual os setores mais dinâmicos das classes trabalhadoras sejam incorporados ao processo decisório e o progresso social seja feito dentro de um programa que, promovendo a elevação do nível de vida das massas, seja também viável, tanto política como economicamente. Na medida em que for possível a formação de um consenso básico em torno de um grande projeto social para o Brasil, será viável uma democracia eficaz. Obtido isso, será possível submeter o Estado ao escrutínio popular, acabando com as burocracias fechadas, as decisões secretas e fazendo com que os grandes problemas sejam discutidos, por meio do Parlamento, da imprensa e de outros meios legítimos. Nesses termos, o Estado pode ser ao mesmo tempo forte e democrático.

Aliás, creio que é necessário fazer uma distinção entre fortalecimento do Estado e autoritarismo de governo. As duas coisas são indevidamente misturadas. Um Estado forte é aquele que dispõe de um alto poder de arrecadação e de redistribuição de importantes parcelas do que foi arrecadado. É um Estado que dispõe da capacidade de programar a longo prazo os objetivos da sociedade civil e da capacidade de forjar instrumentos para fazer com que esses programas sejam implementados. O Estado forte pode ter um governo extremamente democrático, e o governo pode ser extremamente autoritário dentro de um Estado muito fraco. O caso mexicano é um exemplo de um Estado extremamente fraco dotado de um governo extremamente forte. Tenho discutido muito com amigos mexicanos sobre a confusão que eles próprios fazem entre Estado e governo. A verdade é que a capacidade de arrecadar do Estado mexicano é ridícula. A sua capacidade redistributiva é zero. O México continua com um caciquismo de província que o Brasil não tem desde 1930. O grau de influência das clientelas regionais sobre o Estado mexicano é muito alto e inibe a realização de um programa coerente de desenvolvimento do país.

Como vê a evolução da situação política brasileira?

Creio que o Brasil tem à sua frente um certo número de alternativas, entre as quais quatro me parecem as mais prováveis. A primeira é a de que o regime consiga, por meio de uma liberalização relativa, conservar o poder dentro de um mesmo círculo dirigente. É a hipótese da "mexicanização". A segunda é que seja possível nas próximas eleições uma manifestação importante da oposição, capaz de criar uma opção. Se o Congresso Nacional vier a apresentar uma maioria oposicionista, o que não é impossível, esse processo seria bastante acelerado. Em terceiro lugar, considero que não se pode excluir a hipótese de uma tentativa de retorno ao Estado autoritário militar, se a classe média perder a confiança na compatibilidade entre a preservação do que chamaria de seus interesses não negociáveis e o mecanismo eleitoral. O ponto nevrálgico da questão é que a democracia brasileira só é estável na medida em que se tornar social. Ao mesmo tempo, uma aceleração exagerada do coeficiente de socialização intimidará a classe média e a colocará novamente, apesar de suas convicções democráticas subjetivas, numa postura defensiva que, por sua vez, a levará outra vez a dar legitimidade ao autoritarismo militar. O risco de um retorno ao autoritarismo militar existe, portanto não porque os generais, enquanto generais, o queiram — estas colocações parecem-me completamente equivocadas — mas porque a classe média, apavorada diante da possível recrudescência de formas muito radicais de exigências sociais, e do receio de que elas prevaleçam por via eleitoral, recuse a implementação de seus próprios ideais democráticos e retorne a uma linha autoritária.

Finalmente, há um quarto elemento de grande importância. É preciso compreender que está havendo dentro das Forças Armadas uma modificação muito acentuada de sua composição. Cada vez mais seus quadros são recrutados nas camadas mais baixas da população. Os militares já foram a expressão da alta classe média, em seguida da classe média média e agora estão saindo em número crescente da classe operária. O número de cadetes que entram para a Academia das Agulhas Negras e que têm residência em favelas já está assumindo uma posição apreciável no conjunto. Nem sempre divulgados, esses dados nem por isso deixam de ser conhecidos. Em resumo, as indicações disponíveis são no sentido de uma forte proletarização das Forças Armadas.

Ora, num Estado autoritário, essa proletarização conduz à seguinte alternativa: ou é possível converter os ex-proletários em titulares de situações privilegiadas por meio de benefícios para a corporação em seu conjunto, tais como promoções muito rápidas e mordomias, ou então — como me parece que ocorrerá no caso brasileiro — a amplitude atingida pela corporação militar torna o seu peso excessivamente grande para que ela possa ser mordomizada em seu conjunto. O privilegiamento apenas das cúpulas, como presentemente se pode verificar, não é motivador de solidariedade nos homens da base. Pelo contrário, ele gera sentimentos de "tenentismo". De maneira que um novo autoritarismo militar, combinado com a impossibilidade de generalizar para o conjunto da corporação as vantagens até agora reservadas para os privilegiados da cúpula, tenderia a criar um "tenentismo" de tipo radical, que conduziria a uma solução revolucionária de esquerda militar.

Uma das coisas que pode acontecer no Brasil é que as formas autoritárias de esquerda venham a ser implantadas, não por conspirações de nosso pobre PC e de forças equivalentes, mas por movimentos de rebeldia de patentes jovens se voltar a haver a concomitância de autoritarismo militar e diferenciação exagerada entre as linhas de base e as de cúpula. Esta é uma coisa sobre a qual certamente os militares estão meditando, por constituir realmente, entre outros, um freio a um novo autoritarismo. Nas atuais condições brasileiras, um novo autoritarismo militar de direita teria fortes tendências inerentes a se converter em um autoritarismo de esquerda e com isso ganhar legitimidade popular e estabilidade.

18 de maio e 15 de junho de 1980

45 As Forças Armadas entre a escola missionária e a escola tutelar

Entrevistadores:
*Lourenço Dantas Mota
e Feichas Martins*

Rodrigo Octávio Jordão Ramos

Nasceu no Rio de Janeiro em 1910 e morreu em São Paulo em 1980. A partir de 1930, participou de muitos dos principais episódios da vida política do país. Ocupou o Ministério da Viação do governo Café Filho. Comandou a Escola Superior de Guerra no governo Médici. Foi ministro do Superior Tribunal Militar.

Quando começa a participar ativamente da vida do país?

A partir de 1928, quando tomei consciência da realidade brasileira. Fascinados pelo exemplo dos revoltosos dos movimentos de 22, 24 e da Coluna Prestes, formamos na Escola Militar — eu e mais alguns colegas — um grupo destinado a apoiar qualquer ação revolucionária inspirada nos ideais daqueles movimentos, o que viria a suceder em 1930, quando então, já oficial, servia no 1º Batalhão de Engenharia.

A Revolução de 30, de que a minha turma de aspirantes participou ativamente, constituiu, sem dúvida, no período republicano, a primeira revolução vitoriosa inspirada naqueles ideais. Ela foi na verdade, com o apoio do grupo social brasileiro, a resultante da reação contra as oligarquias que dominavam o país, apoiadas no "coronelismo" e no usufruto alternado do poder, por Minas Gerais e São Paulo, logo depois dos governos militares de Deodoro e Floriano. Seu objetivo foi o mesmo dos movimentos anteriores e ainda da Revolução de 64, ou seja, colocar o Brasil "dentro de uma ordem jurídica consentânea com as aspirações e realidades nacionais, moralizar a administração pública e promover o engrandecimento do país", pela existência de uma verdadeira federação, exploração de suas possibilidades inaproveitadas e a implantação da verdade eleitoral, com a instituição do voto secreto e de uma Justiça especializada criada com essa finalidade.

Até que ponto os ideais dos "tenentes" foram realizados pela Revolução de 30?

Indiscutivelmente a Constituição de 34, a primeira de conotação socioeconômica em nossa História, consagrou em seus dispositivos muitos de seus ideais, tais como o fortalecimento da União em relação aos Estados, a reforma eleitoral com o voto secreto e a organização da respectiva Justiça especializada. Entretanto, com o fascismo e comunismo em ascensão, viram-se os "tenentes", já capitães, ludibriados com o golpe de 37, de cima para baixo, derrogando a ordem democrática em que nos encontrávamos e que paulatinamente se ia fortalecendo, esperando-se a sua consolidação definitiva com as eleições presidenciais, em que se defrontariam duas grandes figuras nacionais — Armando Salles de Oliveira e José Américo de Almeida.

Havia oficiais dissidentes — e o caso mais notório é o do brigadeiro Eduardo Gomes —, mas a verdade é que a base de sustentação do Estado Novo foram as Forças Armadas.

É preciso ter vivido o momento crítico de então para se compreender o advento do Estado Novo, em toda sua extensão. As Forças Armadas têm um cunho legalista acentuado e o sentimento de hierarquia e disciplina, como não pode deixar de ser, constitui o cerne de sua estrutura. Não obstante, pela aplicação do art. 177 da Carta Constitucional outorgada por Getúlio Vargas foram afastados oficiais dissidentes de todos os postos, inclusive generais, inconformados com a solução autocrática imposta. Acresce ainda que a figura do ditador empolgava, com seu carisma e patriotismo indiscutíveis, grande parte do Exército. E em 37 o panorama militar era bem diferente de 30. Também a divisão entre os democratas, com as candidaturas de Armando Salles e José Américo à Presidência, a ação da máquina administrativa em todos os escalões federais e estaduais nas mãos do governo, omissão do Congresso que votara o Estado de Guerra, temeroso da expansão do comunismo denunciado pelo famoso plano Cohen, e a ascensão do integralismo que se espraiava por todas as camadas sociais e penetrava até nas Forças Armadas facilitaram, sem dúvida, de maneira notória, o desencadeamento do golpe. A figura do ministro da Guerra, que crescera com a luta de 32, e a debelação do golpe comunista de 35 também muito concorreram para que fosse obedecido e se firmasse assim o Estado Novo. O certo é que em uma conjuntura internacional confusa, onde o nazifascismo crescia assustadoramente, os democratas se encolheram e, com o seu divisionismo, muito facilitaram o golpe de 37 e a permanência do Estado Novo, até o fim da II Guerra Mundial. A realidade é que de 38 a 45 o regime ditatorial instalado iria escorar-se efetivamente no apoio das Forças Armadas — principalmente em seus escalões superiores — na Polícia Política e na instituição de uma Justiça de Exceção, além do famoso DIP com a censura à imprensa.

> *Como foi ministro da Viação do governo Café Filho durante certo tempo e portanto conhecia bem os homens que na época estavam no poder, gostaríamos de saber se a seu ver realmente houve uma conspiração para impedir a posse de Juscelino Kubitschek, que foi a causa alegada pelos que deram o golpe de 11 de novembro de 55.*

Logo que deixei o Ministério da Viação, fui para o Nordeste e, na data mencionada, comandava o 1º Grupamento de Engenharia, ainda em fase de organização, em Natal. Dizem que na ESG um núcleo de oficiais se articulava para tentar impedir a posse do presidente Juscelino. Ausente do Rio, nada posso afirmar sobre a existência de tal articulação. Mas, da parte do então general Juarez, jamais houve qualquer atividade nesse sentido, tendo mesmo desistido de travar as lutas no Superior Tribunal Eleitoral para revisão da votação, contra as fraudes que, segundo dizem, motivaram a vitória de seu adversário.

No dia 9 de novembro de 55, tinha chegado ao Rio, em busca de recursos para as obras a cargo do Grupamento. Fui no dia 10, à tarde, ao Palácio do Catete, onde encontrei o ambiente muito tenso, e soube do incidente do presidente Carlos Luz com o general Lott, quando fora tratar do caso do coronel Mamede. Fui então à casa do general Juarez na rua David Campista, onde lhe narrei o ocorrido, deixando-o apreensivo com o desfecho do caso surgido. Diga-se de passagem que eu muito havia procurado contribuir para que o general Lott fosse o ministro da Guerra, no governo Café Filho. Mas isto é outra estória que um dia passará à História.

> *Por que não contá-la agora?*

O general Lott sempre foi e é uma figura muito respeitável, a quem o país deve assinalados serviços. Sem dúvida, na época, apesar de diretor de Engenharia, era o general de maior prestígio no Exército e havia subscrito o Manifesto dos Generais, redigido na casa do general Fiúza de Castro, para superar a crise reinante em agosto de 54, aconselhando a renúncia do presidente Getúlio. É notório e sabido que nesta crise o Exército estava realmente dividido em grupos, gravitando em torno de seus chefes de maior expressão hierárquica: generais Canrobert, Juarez, Fiúza de Castro, Zenóbio e outros.

Quando comandava o 2º Batalhão Ferroviário em 52, em Rio Negro, recebi a visita do então vice-presidente da República, João Café Filho, e com o tempo tornei-me seu amigo. Na Escola Superior de Guerra, sob o comando do general Juarez, acompanhava o evoluir da crise em que foi envolvido o presidente Getúlio e preparávamo-nos para o que desse e viesse. No dia 24 de agosto, após o infausto suicídio do presidente, o vice-presidente chamou-me e fui com ele para o Palácio das Laranjeiras onde assumiu o governo, levando em minha companhia o tenente-coronel Auriz Coelho, meu vizinho e antigo auxiliar, para chefiar os serviços de segurança que foram organizados com tropa do corpo de Fuzileiros Navais. Pernoitamos no Palácio, de 24 para 25. No dia 24, vários generais visitaram o já presidente Café, procurando aconselhá-lo sobre a escolha do ministro da Guerra. Presenciando todos os encontros, somente de um ouvi uma palavra sensata — o general Canrobert — dizendo que nenhum deles, pelo divisionismo existente no Exército, deveria ser o ministro. Quando todos se retiraram, disse então ao presidente, na tarde de 24 de agosto: "Realmente nenhum dos generais daqui saídos, nem mesmo o general Juarez, pode ser o seu ministro da Guerra, em face da existência de grupos definidos e apaixonados no Exército". Perguntou-me então quem poderia ser. Respondi-lhe: "O general Henrique Lott". Retrucou-me então não conhecer o general Lott, levando-me a explicar-lhe quem era o indicado.

O que o levou a sugerir o nome do general Lott?

Foi o conhecimento que tinha de sua personalidade — quer de cidadão, quer de soldado. Homem de alta respeitabilidade, apolítico, sempre afastado de facções, pareceu-me capaz de enfrentar a difícil situação reinante, o que de fato ocorreu. Perguntou-me então qual seria a posição do general Juarez, a quem ele muito admirava e estimava, ao que lhe sugeri convidá-lo para chefe do Gabinete Militar. A pedido do presidente, telefonei ao general Juarez, que compareceu ao Palácio das Laranjeiras, onde, convidado, aceitou.

No dia 26 à tarde, chamou-nos o presidente, ao general Juarez e a mim, e solicitou que fôssemos à residência do general Zenóbio ou ao Ministério da Guerra, a fim de comunicar-lhe que devia apresentar o seu pedido de demissão, em face das notícias circulantes de que a sua posse na Presidência teria sido condicionada à permanência dos ministros militares nos respectivos cargos. Ao sairmos do Palácio do Catete, já no automóvel, vimos o general Zenóbio em companhia de outro oficial nele entrar, pelo que ponderei ao general Juarez que melhor seria dirigirmo-nos à casa do general Fiúza, onde já nos tínhamos reunido dias antes para a redação do Manifesto dos Generais relativo à renúncia do presidente Getúlio, na hora confusa então reinante. Seria assim possível coordenar a indicação do novo ministro da Guerra consoante a orientação traçada pelo presidente Café Filho, isto é, fosse ele o marechal Mascarenhas de Moraes — que recusou peremptoriamente e nem mesmo na chefia do EMFA quis permanecer — ou o general Lott. Houve concordância geral dos generais novamente ali reunidos, tendo eu telefonado para o presidente Café que estava em casa do dr. Raimundo de Brito para informar-lhe do ocorrido e, com autorização do mesmo, fui buscar o general Lott em sua residência. Eram já 10 horas da noite. Desloquei-me então para a residência do general Lott de onde o conduzi à presença do presidente Café Filho. Aí fui testemunha do convite que lhe foi feito, seguindo então o general Lott para o Ministério da Guerra a fim de empossar-se, uma vez que, desde o seu retorno do Palácio do Catete, o general Zenóbio havia entregue as funções ao general Segadas Viana, secretário-geral da Guerra. No automóvel que conduziu o general Lott tomaram lugar o general Juarez, os coronéis Mamede, Menezes Côrtes e eu, além do motorista.

Na história do marechal Lott há uma outra fase, que começou quando houve o famoso discurso do então coronel Bizarria Mamede e ele pediu a sua punição, que lhe foi negada pelo presidente Carlos Luz, tendo em consequência solicitado demissão do Ministério. Em seguida veio o golpe de 11 de novembro. O que poderia dizer sobre estes fatos?

Como disse anteriormente, na época não estava servindo no Rio, mas no Nordeste, onde comandava o 1º Grupamento de Engenharia, em fase ainda de organização. Quando cheguei ao Rio em 9 de novembro em busca da liberação de recursos para as obras a cargo do Grupamento, deparei com uma situação bem delicada. O presidente Café Filho havia tido um insulto cardíaco e fora recolhido pelo seu médico assistente, dr. Raimundo de Brito, ao Hospital do IPASE, estando na chefia do governo o dr. Carlos Luz, seu substituto legal, como presidente da Câmara dos Deputados. O coronel Mamede, então na Escola Superior de Guerra, fazia parte de seu Corpo Permanente e não estava assim sob as ordens diretas do ministro da Guerra, que queria puni-lo em razão do discurso feito dias antes por ocasião do sepultamento do general Canrobert Pereira da Costa, em nome do Clube Militar. Não se conformando com a atitude do chefe do EMFA que se negava a atender ao seu pedido, o general Lott foi ao Palácio solicitar ao presidente da República em exercício a reversão do coronel Mamede ao Exército, com o que o presidente Carlos Luz também não concordou. Em consequência o general Lott se demitiu do Ministério, tendo sido nomeado, então, o general Fiúza de Castro, que há poucos meses fora transferido para a reserva, quando desempenhava as funções de chefe do Estado-Maior do Exército, por ter atingido a idade compulsória.

Chegou-se a afirmar que a doença do presidente Café Filho não era tão grave como se alegava. É verdade?

Não. Era público e notório que o presidente Café Filho sofria de hipertensão crônica e já tinha tido um enfarte quando de passagem pelo Recife, como vice-presidente. Foi este mesmo distúrbio coronariano que o haveria de matar anos depois. Além disso era um homem destemido, de atitudes claras e definidas, como já havia demonstrado em sua carreira política. Em todo período em que com ele convivi, só tive razões para votar-lhe profunda admiração e amizade, pela sua coragem, honestidade e patriotismo indiscutíveis. Atestados sucessivos de notabilidades médicas brasileiras e estrangeiras confirmaram na época, e depois, a sua doença cardíaca.

Certa vez, quando o general Canrobert, como presidente do Clube do Exército, pronunciou um discurso veemente, com conotação política indisfarçável no Clube da Aeronáutica, numa sessão em homenagem à memória do major Rubens Vaz, o general Lott, ao submetê-lo à apreciação prévia do presidente Café, ponderou-lhe que o mesmo falara em nome de uma entidade civil como era o Clube Militar e, assim, não feria a disciplina militar, em face dos conceitos emitidos. O mesmo ocorrera com o coronel Mamede, que através da interpretação do ministro da Guerra estaria assim justificado, pois representara a mesma entidade civil, embora formada de militares. Não havia, pois, como admitir maiores preocupações do presidente em torno do assunto.

Muitos dizem que afirmar ter sido o golpe de 11 de novembro dado apenas pelo marechal Lott é uma injustiça, pois o marechal Denys teve uma participação decisiva nele.

De informações obtidas no momento, soube que o golpe teria sido articulado por alguns generais servindo no Rio, insatisfeitos com o desfecho da crise de 24 de agosto, em que a Constituição fora respeitada. Dentro desse quadro, o general Lott, que tinha sido o maior esteio do governo do presidente Café Filho, conseguiu impor a sua liderança. O 21 de novembro foi uma consequência dos acontecimentos de 11 de novembro, devendo ser ressaltado que a exoneração do general Lott, pelo presidente Carlos Luz, havia sido feita completamente à revelia do presidente Café, conforme este posteriormente me declarou, tendo mesmo muito se aborrecido com tal fato, que chegou a agravar-lhe o estado de saúde.

O que levou as Forças Armadas a participarem do 11 de novembro? Havia realmente uma tentativa de golpe para impedir a posse do presidente Juscelino Kubitschek?

Disse-me o general Juarez ter sentido em sua conversa do dia 11, à tarde, com o general Lott, que este teria aderido ao golpe por insistência do general Denys, a fim de evitar choques entre unidades do Exército e outras Forças Armadas e o eventual comando da situação por outro general que teria sido o principal organizador da trama subversiva. Não obstante, prosseguiram os esforços persistentes do general Juarez, junto ao general Lott, general Castello Branco e outros generais, para que fosse adotada a única solução possível, a fim de corrigir a situação de ilegabilidade que se criara com o 11 de novembro, isto é, a volta do presidente Café Filho à chefia do governo após o seu restabelecimento. Sentiu, entretanto, que havia um consenso entre os participantes do golpe de que isso se tornaria inviável. E foi o que aconteceu em 21 de novembro, tendo o presidente Café Filho sido cientificado de tal fato, ainda no dia 20, na Clínica São Vicente, onde estava internado, pelo próprio general Lott. O Congresso, em seguida, lamentavelmente, homologou o golpe, tendo sido o presidente Café Filho declarado impedido e assumido de fato o governo o então senador Nereu Ramos, vice-presidente do Senado, que já governava o país, desde a deposição do presidente Carlos Luz. Ressalte-se que não houve uma participação integral das Forças Armadas. Apenas as guarnições do Rio de Janeiro e São Paulo aderiram parcialmente ao mesmo, sem qualquer envolvimento da Marinha ou da Aeronáutica.

Quanto à segunda parte da pergunta, ignoro se havia uma conspiração em marcha para impedir a posse do presidente Juscelino, pois estava no Nordeste. Soube apenas, quando cheguei ao Rio em 9 de novembro, que havia boatos de uma articulação na ESG e da qual participaria o então deputado Carlos Lacerda.

Colocou-se contra o 11 de novembro apesar de toda sua consideração pelo marechal Lott?

Testemunha que fui do convite do presidente Café ao então general Lott, como disse, para ser o seu ministro da Guerra, em 26 de agosto, ao qual prometera servir com sua lealdade costumeira e espírito militar acendrado, jamais poderia concordar com a sua atitude em 11 de novembro, por mais relevantes que fossem as causas que a tivessem motivado, pois a consequência facilmente previsível seria a posterior deposição do presidente, como de fato ocorreu. Por isso mesmo, regressei no mesmo dia 11 ao Recife, no primeiro avião civil, partido do Galeão, já que o chefe do gabinete da Aeronáutica, então coronel Clóvis Travassos, declarou-me a impossibilidade em que se encontrava de obter-me um avião militar, estando a Base cercada por tropas do Exército. A 21 de novembro fui mandado prender pelo então comandante da 7ª Região Militar. Logo que tomei conhecimento de tal ordem dirigida ao comandante da ID/7 — por acaso, antes dele próprio — dirigi-me para o Rio, em um avião do DNOCS que estava à disposição do comandante do Grupamento. Aí chegando fui direto ao gabinete do general Lott, onde tivemos uma desagradável altercação em torno dos fatos ocorridos, sendo que anteriormente já lhe enviara o meu pedido de exoneração do comando do Grupamento, que juntos organizáramos, com bastante sacrifício.

Ele não reagiu?

Reagiu vivamente, pois não aceitou a colocação do problema nos termos em que eu expusera. Mostrei-lhe ainda o grave erro que estava cometendo enviando oficiais como os coronéis Mamede, Menezes Côrtes, Newton Reis, César Montagna, Pitaluga, Tubino, irmãos Serpa e outros de grande expressão moral e intelectual no Exército para chefiarem Circunscrições de Recrutamento no interior, como verdadeira punição e não por conveniência profissional. Desse encontro resultou que fiquei seis meses sem receber nenhuma comissão, após haver passado o comando do 1º Grupamento de Engenharia, até que o general Otacílio Terra Ururahy, diretor de Vias de Transportes, e meu amigo, foi à minha residência para convidar-me a servir em sua Diretoria.

Passando para uma outra crise que também presenciou de perto, havia a seu ver meios militares para sufocar o movimento organizado no Sul em favor do presidente João Goulart, na crise que se seguiu à renúncia do presidente Jânio Quadros?

Acredito que sim. O poder dos elementos do novo III Exército era bem acentuado, reunindo as unidades de maior potência de fogo e de blindados existentes em todo o Exército. Além disso, na área do III Exército havia unidades, nas 3ª, 5ª e 6ª D.I., que discordavam da atitude de seu comandante de Exército e mantinham-se fiéis ao espírito do Exército, como um todo, que desde o célebre Memorial dos Coronéis muito suspeitava das tendências populistas do vice-presidente. Muitos oficiais do III Exército foram presos e havia plena concordância dos I, II e IV Exércitos com a atitude dos ministros militares.

O preço não seria muito elevado?

E difícil raciocinar sobre hipóteses não verificadas. Ter-se-ia na realidade apenas antecipado o que iria ocorrer em março de 64, em que gradativamente fomos chegando à beira do abismo com a pretensa instalação da República sindical comunista, evitada pela união de povo e Forças Armadas em um momento cívico que bem traduziu as aspirações nacionais historicamente fundamentadas no regime democrático.

Por que então houve o recuo?

Somente os responsáveis pela solução de conciliação advinda com o parlamentarismo poderiam dizer. Nós que estávamos imbuídos de espírito combativo e realista e completamente determinados a persistir na linha de ação encetada fomos surpreendidos com as decisões tomadas em Brasília.

Continua achando ainda hoje que se deveria fazer uma operação militar contra os que organizaram o movimento pró-Goulart?

Acredito que não seria necessário, bastando talvez uma demonstração de força para conseguir-se uma solução de conciliação que importasse no impedimento do vice-presidente e eleição de outro presidente da República. Teríamos então resolvido todos os graves problemas que o país enfrentaria depois, obrigando a uma tomada de posição da parcela democrática em apoio às Forças Armadas em 31 de março de 64, para evitar a célebre República sindicalista, como disse, de forte conotação comunista.

A conspiração militar contra o vice-presidente começou logo depois de sua posse?

Esta conspiração não foi mais do que a continuação da tomada de posição dos ministros militares do governo Jânio Quadros, acrescida da desconfiança crescente gerada pelas sucessivas decisões governamentais janguistas na montagem de sua máquina administrativa. Exonerado da chefia do EMFA, o general Cordeiro de Farias foi o principal articulador de toda a trama, juntamente com aqueles ex-ministros militares. Os grupos de pressão sobre o presidente em exercício agravavam cada vez mais a crise permanente que levou o país a um clima de agitação jamais visto anteriormente. Debalde os comandos tentavam superar essas pressões, pois as Forças Armadas não desejavam, mesmo após o plebiscito, um golpe que poderia trazer consequências gravíssimas para a nação. O general Pery Bevilácqua, que deixara o comando do II Exército em virtude de sua posição clara e firme contra os agitadores, e que era então chefe do EMFA, procurou mesmo o presidente e aconselhou-o a que abandonasse o grupo comuno-sindicalista que o conduziria fatalmente a uma posição política insustentável, como de fato ocorreu. O Congresso e os governadores reagiam na medida do possível, principalmente o governador da Guanabara, que se viu ameaçado de intervenção e de atentados pessoais.

Era tarde porém, pois, após o presidente receber duas vezes em Palácio os representantes do Partido Comunista, convencionou-se a unificação das forças esquerdistas para pressionar o Congresso. Vários projetos radicais, constantes das denominadas reformas de base — dentre as quais a reforma constitucional, encampação das refinarias particulares, reforma agrária e outras —, foram submetidos à deliberação legislativa, como preliminares da sonhada República Sindicalista. Em erro grave, entretanto, incorreria o presidente, pois julgava que as Forças Armadas assistiriam passivamente a essa escalada de subversão e que a oficialidade seria facilmente neutralizada pelos sargentos e praças, desde há muito submetidos parcialmente à doutrinação psicológica de aliciamento comunizante. Prova disso foi a assembleia do Automóvel Club, a 30 de março, por ele assistida em companhia de alguns chefes militares, e onde se pronunciaram discursos atentatórios à hierarquia e à disciplina. No dia seguinte a Revolução era desencadeada em Minas, pelo governador Magalhães Pinto e pelo general Mourão, antes da data fixada, mas contando prontamente com a adesão de todas as Forças Armadas, num verdadeiro movimento antissubversivo preservador das instituições e de nossa vida democrática.

Que apreciação crítica faz hoje do movimento de 64?

É sabido que os pré-requisitos de governabilidade de uma nação se fundamentam na existência de *realismo econômico, equidade social* e *institucionalização política*. Eram sem dúvida estes os objetivos perseguidos inicialmente pela Revolução de 64. Explicitou-os bem o presidente Castello Branco, naquela conjuntura difícil em que procurava "nobilitar a lei, dignificar o governo e ressuscitar a autoridade", ao dizer que a Revolução "visava a repor a nação na ordem jurídica consentânea com suas aspirações e realidades, restabelecer a ordem pública, dignificar o comportamento ético na administração do país e superar as diversidades socioeconômicas regionais, a fim de que o Brasil amadurecesse como nação integrada e desenvolvida". Evidentemente com as severas medidas determinadas no campo econômico-financeiro, reduzindo drasticamente a inflação, através da moralização da administração pública, e a contenção da intolerância radical, foi possível proporcionar o advento da Constituição de 67, onde se procurou reafirmar a nossa vocação de liberdade democrática — governo da maioria com a colaboração e respeito das minorias — pela erradicação quer do *continuísmo* do panorama político nacional, quer da imposição de um *espírito tutelar* das Forças Armadas. Para isso o marechal Castello Branco procurou autolimitar-se no poder e esforçou-se em minimizar a permanência da intervenção militar na vida política nacional, o que conseguiu realmente com aquela Lei Magna. Desejava ele prevenir as ambições ilegítimas e espúrias, além de excluir do universo político partidário as Forças Armadas, cuja obrigação e solidariedade são com a manutenção da legalidade e da legitimidade do poder, salvaguardando-as das disputas desirmanadoras dos partidos, quando visam à conquista daquele poder.

Assim conseguiu ele, sobre os escombros da ordem jurídica desmoronada, estabelecer uma ponte constitucional entre o passado e o futuro, procurando harmonizar *objetivos possíveis e conflitantes,* ainda em plena efervescência. Para isso, no *plano político,* procurou viabilizar a estabilidade constitucional com as *liberdades e garantias democráticas;* no *plano socioeconômico,* através do pluralismo econômico e de modelos sociais adequados, tentou compatibilizar a *acumulação* com a *distribuição,* isto é, a primeira básica para o desenvolvimento e a última indispensável à paz social. No *plano político-administrativo,* na *ordem horizontal,* estabeleceu um Executivo forte, centralizado, imprescindível às ações de planejamento e condução da política econômico-financeira e de segurança, atribuindo ao Legislativo as funções de fiscalização, representatividade efetiva e fórum de debates, ainda que com algumas restrições institucionais; ao Judiciário a arbitragem dos dissídios sociais e constitucionais de modo a firmar a harmonia e independência dos Poderes dentro do conceito jurisdicional tradicional, de caber ao Judiciário guardar a conformidade do Ato de Poder com as regras do Direito. Na *ordem vertical,* procurou conciliar o *centripetismo executivo* — União, Estados e municípios — através da necessidade de coordenar o desenvolvimento paralelo dos tratos regionais com as franquias dos grupamentos federados impostos pela diversidade de nossa imensa base física e maior racionalidade e flexibilidade na alocação dos recursos.

Caracterizava assim o eminente estadista, na Lei Maior legitimada pelo Congresso, a disciplina da sociedade, a liberdade individual e a transitoriedade da intervenção moderadora militar — precisa nos objetivos e limitada no tempo — como instância arbitrai só justificada em momentos de crise nacional, pois teriam elas uma *missão* e não uma *função política* que justificasse a sua permanência no poder, *tutelando* a nação. Realmente estatuindo a Constituição de 46 e anteriores — com exceção das de 1824 e 1937 — que as Forças Armadas são instituições nacionais permanentes e regulares organizadas com base na hierarquia e disciplina, sob a autoridade do presidente da República e dentro dos *limites da lei,* firmou-se o *princípio da obediência qualificada,* procurando evitar que a intervenção militar *moderadora* se transformasse em *autocrática,* como de fato ocorreria após o AI-5. Caberia assim aos políticos, no *Estado de Direito* restaurado em 1967, a organização jurídica da sociedade e aos militares, como preceituam os mandamentos constitucionais, a preservação da ordem e da segurança, obrigando, se necessário, todos ao respeito da lei, no usufruto da liberdade com responsabilidade permitido pela democracia plena.

Nessa edificação, a colaboração das Forças Armadas só se poderia realizar com senso e imparcialidade, se mantivessem bem viva e atuante a *ideia-força* — base de toda organização militar — de que elas não têm, não querem ter, não podem ter, como instituição nacional permanente, participação ativa ou velada nos embates político-partidários. Seriam, na verdade, infiéis às suas finalidades, se, como elementos coercitivos do Estado, a serviço do Direito, assim procedessem e se dividissem em facções escravas da especulação partidária, ou buscassem *consagrar o autoritarismo*. É essa atitude prudente e silenciosa, decisiva e oportuna, que tem caracterizado a atuação democrática das Forças Armadas, nas nossas crises institucionais.

A meditação da fase política por que passa o país — superados os antagonismos que se opunham à nossa marcha democrática em 1964 — mostra que uma nova e excepcional oportunidade histórica se abre aos brasileiros, exigindo de todos, principalmente dos detentores do poder, elevação e compreensão da grandeza da missão que lhes está reservada, desprezada a legislação institucional casuística, consequência principalmente das emendas constitucionais outorgadas após o AI-5, que dificultaram a redemocratização, procurando ampliar e consolidar cada vez mais o autoritarismo ditatorial. Na verdade atingimos "o nível equatorial de nossa evolução", como disse eminente homem público, e é mister que a partir desse momento a caminhada desta nação de 120 milhões de habitantes se faça através do entendimento e solidariedade fraterna de todos os seus filhos, participantes indispensáveis da grande obra comum de reconstrução da pátria, tarefa a que a Revolução se propôs, pois os seus objetivos básicos — segurança e desenvolvimento — não teriam sentido se, na ordem sóciopolítica, não visassem à consecução de uma superior razão ética inerente ao Estado democrático "em que o Estado se faz para o homem e não o homem para o Estado".

Preocupado com a realidade brasileira, sentindo que os esforços do presidente Costa e Silva para a reconstitucionalização do país não haviam tido seguimento, talvez pela dificuldade de implantação de um projeto político, em meio às pressões e contrapressões desencadeadas então, já que a Revolução se impunha cada vez mais pela *legitimação* motivada pelo sucesso do modelo econômico, com a reversão da expectativa inflacionária, o surto desenvolvimentista inegável, e a execução de um projeto social de objetividade indiscutível, procurei levar uma contribuição à solução de tão angustiante problema — desejado pelos brasileiros em geral e em particular pela maioria daqueles que participaram da arrancada de 64 —, a fim de evitar que a Revolução se *desviasse,* como vinha ocorrendo, de seus *rumos e objetivos iniciais,* perfeita e claramente definidos como consequência de todas as atividades revolucionárias desde 1922, e nos quais a minha geração se tinha vivamente empenhado.

Assim, designado pelo presidente Médici, ainda que contra a minha vontade, para o comando da Escola Superior de Guerra, resolvi promover uma ampla apreciação sobre a conjuntura vivida, em face da institucionalização do processo revolucionário, reunindo figuras da mais expressiva projeção nacional nos campos psicossocial, econômico, militar e político. Convidados, aquiesceram em tomar parte nos estudos e debates: marechal Juarez Távora, Roberto Campos, Petrônio Portella, Pereira Lopes, Aliomar Baleeiro, Glycon de Paiva, Bulhões Pedreira, Seabra Fagundes, d. Avelar Brandão e outros. Ao mesmo tempo, organizei um trabalho de grupo tendo como tema de estudos a mesma tese e do qual participaram não só os estagiários como os membros do Corpo Permanente. Das conferências e estudos realizados e debates havidos, chegou-se à *conclusão* de que:

a) o Brasil tinha organizado um *projeto econômico,* em plena realização, mas carecia de um *projeto político,* que não devia ser mais retardado;

b) a *intervenção militar,* antigamente moderadora, após o AI-5 tinha-se tornado estabilizadora e reformista, cumprindo evitar que se tornasse *autocrática;*

c) a *legitimação revolucionária,* obtida pela ação corretiva do irrealismo econômico, estava sendo sancionada pela contenção da inflação, impulso reformista e o sucesso desenvolvimentista, embora com redução do grau de participação popular;

d) cumpria agora reduzir *o coeficiente de arbítrio,* permitido pelo AI-5, o qual já se tornava uma disfunção, sem prejuízo da preservação e da segurança revolucionária. Isto é, cessado o *processo* pela institucionalização, deveria ser mantido intocado o *ideário* da Revolução e consequentemente as conquistas alcançadas em todos os campos do Poder Nacional.

A estratégia a aplicar seria a do *gradualismo* ou da *descompressão controlada*, podendo-se correr *riscos calculados*, sem entretanto incorrer em *riscos fatais*. Impunha-se, em suas linhas de ação, evitar o retorno à democracia formal e liberal da Constituição de 46, caminhando para uma *democracia social*, com exercício efetivo dos três Poderes, sem interferências em suas relações mútuas ou restrições de suas prerrogativas constitucionais. Retificavam-se assim os rumos do processo revolucionário ressurreto com o AI-5.

Se aplicada a estratégia delineada, ter-se-ia em breve prazo realizada a chamada *abertura*, e evitado não só as lutas cruentas, por força das pressões intra e antissistêmicas desencadeadas posteriormente, e assim conseguida mais cedo a harmonia indispensável da família brasileira pela decretação da *anistia*, e a *normalização constitucional*, atendendo à perene vocação democrática da nação que tanto nos envaidece no seu conteúdo e em sua continuidade, desde o alvorecer do Estado brasileiro.

Por que a abertura política não começou então naquela época, mas só anos depois, no governo Geisel?

Não participando diretamente do alto escalão governamental, não tenho elementos para responder precisamente a tal pergunta. Só posso dizer que nas funções por mim desempenhadas desde 1967 sempre insisti publicamente na consecução de tal desiderato, pois o impasse político com a dilação só tenderia a agravar-se, como de fato aconteceu, tendo sido evidente o desgaste e o desvirtuamento dos objetivos da Revolução, com a manutenção da autocracia e a continuidade da imposição das razões do "Príncipe".

A *fase institucional*, sob a responsabilidade das Forças Armadas, a meu ver não podia ter durado mais de 3 a 4 anos, em seu período corretivo, tempo necessário para que se fizessem os expurgos e se planejasse um Brasil novo e progressista, dentro da lei e de um regime plenamente democrático. Na verdade, a *função tutelar* não é histórica nem funcionalmente inerente às Forças Armadas, pois intervindo nas crises institucionais, como elemento moderador, tão logo sejam as mesmas superadas, elas se retiram para o desempenho de suas atribuições normais. Foi assim em 89, 30, 45, 54, 55, uma vez que não lhes compete dirigir o país além do tempo necessário ao restabelecimento da normalidade, pois erodidas pela ação executiva perderiam a respeitabilidade e a imparcialidade que sempre as envolveram nesses momentos críticos para a nacionalidade, e infirmariam as suas credenciais de reserva moral da nação e recurso último para a situação de emergência. Bem compreendendo tal fato, é que o presidente Castello Branco não quis manter-se no poder além do tempo indispensável a repor o país na ordem jurídica, enfrentando mesmo a intolerância e a incompreensão, embora sinceras, daqueles que queriam prolongar desnecessariamente a fase autoritária de seu governo. *A estabilidade política* foi sempre, nas democracias, assegurada pela *legitimidade* de poder e lealdade política ao sistema dos cidadãos que devem acreditar serem as suas instituições as mais adequadas à manutenção da liberdade, garantia dos direitos individuais e representatividade efetiva, como legado tradicional da civilização ocidental. No caso brasileiro, após 1964, deveria a intervenção militar ter cessado tão logo se corrigisse a indisciplina dos grupos de pressão, se estancasse a inflação e se lançassem as bases para a retomada do desenvolvimento. Compatibilizar-se-iam assim as instituições democráticas revigoradas com as realidades defrontadas, inclusive salvaguardados os aspectos de segurança, em toda sua extensão.

Na realidade, sobretudo após o AI-5, as Forças Armadas tomariam uma posição tutelar, agravando o *impasse político* em que nos enredáramos desnecessariamente e do qual poderíamos ter saído desde 1972, como tenho, desde então, procurado demonstrar, motivado pelo conhecimento da realidade nacional em todos os seus quadrantes, sentindo a ansiedade do grupo social por maior participação política, através da institucionalização do processo revolucionário, com a redemocratização consequente. E é por isso que perseverei com insistência, para que tal se efetivasse, desde aquele ano.

É isso, em síntese, o que chama de vocação missionária das Forças Armadas?

Sim. O presidente Castello Branco, bem compreendendo o papel constitucional das Forças Armadas, em sua atividade missionária, implícita e transitória, após 64 buscou evitar, com a Constituição de 67, que a intervenção militar *moderadora* se transformasse em *autocrática*, como de fato ocorreria após o AI-5, por efeito de um clima passional, como fecho de uma série de movimentos estudantis, greves, e incompreensões, de alguns parlamentares do fenômeno revolucionário, cujo *ideário* tinha e tem de continuar a ser permanente, cessado o seu processo contingencial. Sou de opinião que, talvez, se o governo lançasse mão dos meios facultados pela Constituição, como o estado de sítio, teria dominado a agitação intencional então reinante. Infelizmente, na época não se compreendeu bem que o Estado de Direito não nasce pronto e consolidado, sendo antes uma lenta construção do convívio e prática democrática, em que o governo deve procurar absorver as pressões incidentes, com os meios constitucionais disponíveis, sem que a repressão agrave a delicada conjuntura vivida, procurando radicalizar verbal e factualmente as posições antagônicas, como de fato aconteceu.

O momento que identifica como ideal para começar a redemocratização — anos de 71/72 — pertencem ao governo Médici, quando se tornaram mais agudos, de um lado, os atos terroristas e, de outro, a repressão.

Parece-me estar havendo certa confusão entre *terrorismo* e *subversão*. Na Lei de Segurança Nacional de 1969, então vigente, somente no art. 28 havia referência a terrorismo, sem que entretanto a sua conceituação jurídica fosse explicitada. É sabido que o *terrorismo* é um crime de intimidação, criando perigo comum indiscriminado como sequestros, atentados a bomba, assassinatos com premeditação. Como se vê, não constitui, na maioria das vezes, um crime político e sim *delito comum*, antissocial, e não explicitamente contra a segurança nacional, e por isso mesmo não deve ser concedido aos infratores o direito de asilo e de extradição. Por ser assim ilícito penal comum, a nova LSN, para poder juridicamente enquadrá-lo, exige que seja praticado *com motivação política*, isto é, *com finalidade atentatória à segurança nacional*.

No âmbito internacional, o Brasil tem assumido posição clara e enérgica em relação ao problema do terrorismo, reputando-o crime comum, verdadeiro crime contra a humanidade.

Acredito que a escalada da violência nos anos citados foi motivada mais pela existência do regime de exceção, como reação ao mesmo, do que por simples exteriorização ideológica que poderia ser perfeitamente dominada pelos instrumentos constitucionais em um regime democrático, uma vez que as Forças Armadas se mantinham coesas e inteiramente solidárias com o governo que efetivamente se tinha consolidado. Também o Congresso de Direito Internacional Privado de Montevidéu afirmou com muita propriedade que os *crimes de terrorismo* não são delitos *jure civitates* mas *jure gentium*, ou mais claramente: "A periculosidade de seus autores pelos meios bárbaros empregados é gravíssima e diferentemente dos crimes políticos, de nobres ideais, de divergência de opiniões, pois os terroristas estão prontos a repetir nos países de refúgio que os acolhem humanitariamente os mesmos atos de terror contra a humanidade".

No Brasil, renomados especialistas têm considerado o assunto, destacando-se entre eles os professores Haroldo Valadão, Heleno Fragoso e Dunshee de Abranches. Procuram eles lançar melhor entendimento sobre o art. 28 do Decreto-Lei nº 898/69 e agora art. 26 e 43 da Lei nº 6620/79, sendo que o prof. Valadão considera com muita propriedade "o terrorismo e a pirataria aérea como crimes comuns", e julga-os delitos internacionais, sem direito a asilo e extradição.

A redemocratização oportuna do país, a meu ver, teria atenuado em muito a intensidade das pressões subversivas, não só com a cessação do arbítrio, como da reimplantação de uma ordem jurídica que atendesse em toda sua extensão à contenção das manifestações antirrevolucionárias ocorridas, penalizando-as adequadamente, ressalvado o direito inalienável de defesa do cidadão, qualquer que fosse o ilícito criminal cometido. Também a cessação da censura, deixando a nação tomar conhecimento integralmente dos atos subversivos e repressivos cometidos, de muito fortaleceria o poder responsável, deixando de lado o *arbítrio*, onde imperava somente a vontade pretoriana do "Príncipe".

Uma das coisas que mais traumatizaram a opinião pública nos últimos anos foi a denúncia de torturas praticadas pelos órgãos de segurança contra elementos dos grupos radicais de esquerda. Como ministro do Superior Tribunal Militar, conseguiu comprovação de alguma dessas denúncias?

Pedi a verificação de todas as torturas e sevícias constantes dos autos dos processos de cujos julgamentos participei, apresentando mesmo votos em separado no caso de vencido, a fim de que, por quem legalmente de direito, fossem devidamente apuradas as alegações feitas pelos réus ou seus advogados.

Não conseguiu averiguação de nada?

Nos termos do item XXI do art. 40 da Lei de Organização Militar, compete ao procurador-geral, ou à autoridade que competente for, as providências cabíveis para apuração de crimes constatados nos processos. Críticas contundentes foram a mim dirigidas certa vez pelo líder da maioria no Senado, em virtude de ter insistido na apuração de fatos constantes de um processo originário da 5ª Circunscrição Judiciária Militar onde havia verificado certa negligência no atendimento da solicitação da Procuradoria. Em minha opinião, nas Forças Armadas e na Polícia, dada a existência de escalas de serviço, conhecido o dia alegado nas torturas e sevícias, não seria difícil precisar os seus responsáveis, mesmo que não se tivesse procedido ao exame de corpo de delito na vítima.

O sr. acha que no Brasil não houve terrorismo generalizado e explicou por quê. Agora, com base na alegação de que o terrorismo existiu em larga escala numa fase recente da vida brasileira, as autoridades reagiram com uma dura repressão. E sobre essa repressão o que acha?

Houve excessos de lado a lado, como contingência natural da luta ideológica travada. Na verdade somente com uma anistia ampla será possível reconciliar o grupo social brasileiro e, muito embora as famílias dos desaparecidos e mortos continuem a lamentar, justamente, os seus entes queridos (186 dos considerados subversivos segundo a Anistia Internacional, e 96 do lado da repressão, militares e civis de acordo com o *Jornal do Brasil* de 2/3/80), é tempo de, pensando em termos de pátria e de Brasil, esquecer o passado e marcharmos unidos para a democracia do futuro, onde jamais se deverão reproduzir tão tristes ocorrências.

Justifica, explica, compreende ou critica a repressão que foi exercida no Brasil?

Bem compreendo os fatos passados desde a hora crítica em que uma opção governamental, de caráter extremista, deslegitimando a lei, buscou o aniquilamento das instituições constitucionais, fazendo-se sentir a inconformidade do país, com a participação ativa de todas as suas forças sociais, evidenciando que a alienação de seus interesses vitais — estereotipados na "liberdade sob a lei" e na preservação dos direitos individuais — não se faria sem uma luta, sem uma dura e sangrenta luta, se necessário fosse. O longo período de arbítrio naturalmente exacerbou as paixões, fazendo com que a luta interna se agigantasse com a participação ideológica externa e se transformasse em pressão antissistêmica, delongando assim a fase excepcional que inicialmente só visava à reposição da nação na ordem constitucional. A meu ver, a escalada da repressão encontra sua razão na intensificação da radicalização extremista alimentada também pela excitação de alguns clérigos, esquecidos do primado de sua missão espiritual, cambiantes entre a pacífica fé cristã e a violência marxista, baseada no materialismo histórico, distinguindo-o do materialismo dialético, deixado no campo da especulação filosófica abstrata. Transmudaram-se assim da teoria evangélica do aperfeiçoamento pela renúncia e a caridade à teoria totalitária da transformação pela luta ideológica, contra a classe dominante, procurando fortalecer a "Teologia da Libertação", já fulminada pelo papa João Paulo II. Muito bem esclareceu sua santidade que a missão da Igreja é ética e social, sendo errada a politização da hierarquia e do clero, atribuição dos leigos, dentro de suas opções legítimas, como cidadãos no cumprimento de seus deveres cívicos e não religiosos.

A repressão foi então uma consequência mais da longa duração do regime de exceção do que propriamente da ação de grupos radicais?

Foi, no meu ponto de vista, consequência das duas causas. Como não podia deixar de ser, pela missão precípua que lhes compete em face de sua destinação constitucional, as Forças Armadas como expressão máxima do poder militar e elemento de coerção do Estado se veriam envolvidas em todas essas crises institucionais. O impacto da guerra revolucionária, esta grande realidade do mundo contemporâneo — combinação de processos, fins e convicções de fundo marxista-leninista —, como instrumento escolhido para a universalização da ditadura do proletariado, através do poder comunista, não mais pela vitória militar, em face da limitação imposta pelo impasse megatômico, mas, sim, pela pressão psicológica, iria atingir níveis jamais previstos, fortalecida substancialmente pelo descompasso socioeconômico de nosso grupo social e de nossas regiões diferenciadas. É evidente que jamais poderíamos aceitar a violência como meio de intimidação, senão como revide às ações subversivas desencadeadas no ardor das lutas travadas.

Outro problema que provoca polêmicas hoje é o da Federação. Muitos afirmam que ela está simplesmente morrendo, definhando em benefício de um fortalecimento cada vez maior do poder central.

A Revolução de 30, visando a eliminar a influência eleitoral e administrativa das oligarquias (gerada na política dos governadores e apoiada no coronelismo municipal) e a ser uma reação contra a estagnação, constituiu na verdade um marco em nossa organização federativa, pois desde então, gradativamente, passamos da *federalização centrífuga* estruturada na Constituição de 1891 para a *federalização centrípeta,* de conotação cooperativa, firmada em sua última forma na Constituição de 67. Mantida a soberania efetiva da União e a autonomia dos grupamentos federados, buscou-se nesta última Constituição atender ao *país real,* através de ações centralizadas de segurança, planejamento e condução da política econômico-financeira, em âmbito nacional. Não seria de fato possível prover a *segurança interna* nem atender às *necessidades socioeconômicas do Norte, Nordeste e Centro-Oeste,* sem a elaboração de planos nacionais e regionais estipendiados pelos recursos da União, para superar as diferenciações desses tratos geográficos que tanto debilitam a nossa unidade. Assim surgiram a Sudene, a Sudam e a Sudeco, órgãos permanentes com seus planejamentos específicos e os programas especiais de caráter transitório, mas com metas definidas, todos subsidiados pela União. Era, sem dúvida, a resposta dada ao desafio impositivo dos tempos novos, ditado pelas realidades nacionais e internacionais, e preservação de nossa imensa base física, sem qualquer condicionamento exógeno.

Passamos assim, como muito bem acentuou ilustre jurista, de uma "composição de Estados", para uma real "integração de Estados", inclusive dominando as pressões totalitárias que ensombreavam o panorama político brasileiro. Infelizmente, a longa duração do período de exceção haveria de deformar sensivelmente a Federação no campo político, fazendo com que através de eleições indiretas, consagradas pelos *éditos revolucionários* finalizados com a Emenda Constitucional nº 11, os próprios chefes do Executivo estadual e municipal gravitassem em torno da figura autoritária do chefe do governo central, com o arbítrio que, sem limitação de tempo, iria perdurar, quase até os dias de hoje.

Em 1972, entretanto, repito — voltando ao ponto que tratava há pouco —, vencida a delicada e difícil fase da contestação ideológica e do revanchismo interno, poderíamos, em minha opinião, pela institucionalização do processo revolucionário, ter erradicado a *excepcionalidade* e retornado ao Estado de Direito, através do reencontro do Estado com a nação e da compatibilização entre as *fontes reais* e *formais do poder*, colimando assim o objetivo básico de todos os movimentos revolucionários democráticos a partir de 1922.

Sabiam, na verdade, todos os revolucionários, e por isso lutaram, que a *lei* é o escudo da cidadania contra os abusos individuais e do Estado. A eficácia da lei reside em sua existência real com a possibilidade de atenuar e dirimir conflitos sociais, políticos e econômicos, solucionando-os, sem que o *autoritarismo* do Estado, representado pela figura carismática, tradicional ou imposta do "Príncipe", tutelando o cidadão, com prejuízo da liberdade democrática, se possa fazer sentir. Da convergência entre a segurança do Estado e as aspirações e interesses da sociedade, surge o *pacto constitucional*, fundamentado nas liberdades individuais, na justiça social, no desenvolvimento econômico, na segurança, na harmonia e independência dos Poderes, em termos de *entendimento duradouro* e não *transitório* e casuístico, ao sabor das conveniências político-partidárias dos detentores eventuais do poder, visando a sua *permanência ilegítima*, em todos os escalões do governo, à revelia do consenso popular.

Com *instrumento constitucional* legitimado pela sua origem, resolver-se-ia, assim, a contradição latente entre radicais e liberais que em seus grupos respectivos, polarizando a direção do poder, quando do rompimento da ordem legal em 1964, ainda não encontraram uma linha de ação comum às suas aspirações revolucionárias. Este consenso sintetizado na *existência e sobrevivência democráticas* só pode ser alcançado por *meios democráticos,* dentro do padrão universal do que significa realmente a democracia, e jamais por medidas outras, insuscetíveis de ser assim consideradas. Estes meios, como se sabe, caracterizam as sociedades do mundo ocidental e são afirmações de sua vitalidade e existência democráticas. Neles, uma dinâmica flexível e descontraída, possibilitando o *pluralismo político e econômico,* gera por vezes a *crise* e simultaneamente a *solução,* pela absorção das pressões internas manifestadas, ou eliminação das contestações subversivas eventualmente surgidas, pela aplicação da lei, como resultante da vontade da maioria do grupo social.

Na *área castrense,* detentora do poder real, seria também a concordância, como já me referi, entre a *escola missionária* ou *cirúrgica* e a *escola tutelar* ou *funcional,* como bem as classificou eminente homem público e cientista político dos mais renomados da geração atual, e que prestou a sua inestimável colaboração na consolidação do sistema revolucionário. Para a primeira, a intervenção, *transitória,* deveria "ser precisa nos objetivos e limitada no tempo", como se depreende do AI-1, enquanto para a *segunda* a presença militar na política seria uma verdadeira *função,* "cabendo-lhe dirigir e motivar; à tecnocracia, formular e equacionar; aos partidos políticos, sancionar e legitimar". Esqueciam-se, entretanto, os filiados desta última escola que a atividade partidária é atributo dos partidos legalmente organizados, defesa aos militares por incompatível com a sua atividade profissional e destinação constitucional.

A ordem de prioridade das ações renovadoras seria para eles — salvaguardada a segurança — do desenvolvimento econômico para o desenvolvimento social e, finalmente, deste para o desenvolvimento político. Olvidaram-se entretanto — embora reconhecida a sua intencionalidade sincera e patriótica — que *subdesenvolvimento político* perturba e retarda o desenvolvimento econômico-social, e este só se mantém isoladamente com a implantação do *autoritarismo,* e que as Forças Armadas, em sua participação decisiva, em 1964, jamais desejaram ultrapassar o seu caráter tradicional de intervenção moderadora e nunca optar pela escalada de uma intervenção estabilizadora e autocrática, contrária às suas finalidades e ao seu comportamento histórico, no cenário político brasileiro, nas crises institucionais, constituindo mesmo contingência insuportável em uma democracia, se tal ocorresse.

Por isso mesmo, retardando a normalidade democrática, embora favorecendo singularmente o crescimento econômico, sofremos um *efeito concentracionário da renda*, criando uma situação social para o país bem desfavorável, agravada pelo sensível cerceamento da autonomia dos Estados em sua atividade política, à base de uma realidade federativa essencial em que lhe são negadas as franquias respectivas. Na verdade, hoje, além de quase um terço da população se constituir em zeros socioeconômicos, a renda familiar da população economicamente ativa se concentra em quase 84,3% nas classes ganhando até 5 salários mínimos, enquanto 4,32% apenas constituem as classes com mais de 10 salários mínimos. Como se vê, o problema da *distribuição de renda* é um dos mais sérios que o Brasil tem de enfrentar, com seus grupos sociais carentes e marginalizados, não só lhes proporcionando maior participação na direção da sociedade, como também no desfrute de uma parcela mais justa do desenvolvimento econômico.

Não lhe parece que a doutrina de segurança nacional sofreu certa deformação, na medida em que a segurança do Estado passou a ser mais importante que a segurança nacional propriamente dita?

Não. O problema de segurança nacional deve ser apreciado com realismo, na amplitude em que ele se apresenta no mundo de hoje, com a figura do Estado-Nação. Por isso mesmo o conceito de segurança nacional, apresentado pela ESG após a Constituição de 46, foi essencialmente baseado na segurança individual e na consecução dos objetivos nacionais como síntese das aspirações e interesses do grupo social brasileiro. Apresenta-se assim com meridiana clareza, não permitindo a confusão que intencionalmente se tem feito por vezes da segurança individual com a segurança do Estado. Diz ele que a segurança nacional é o "grau de garantia que através de ações políticas, econômicas, psicossociais e militares, o Estado proporciona, em determinada época, à nação que jurisdiciona para a conquista ou manutenção dos objetivos nacionais, a despeito dos antagonismos ou pressões reais ou potenciais". Evidente que a segurança nacional, relativa no tempo, é função de um poder nacional resultante das expressões de valor de seus 4 campos — político, econômico, militar, psicossocial — e da realidade conjuntural nacional e internacional existente.

Como os antagonismos se manifestam na ordem interna ou externa, necessariamente teremos de distinguir a *segurança interna* da *segurança externa*, consoante as pressões se manifestem no âmbito interno ou se situem no domínio das reações internacionais contra a consecução dos objetivos nacionais. Daí as expressões normalmente usadas de *pressões intra* ou *antissistêmicas*, conforme o seu ponto de origem se situe no setor interno ou externo. Assim, parece haver certa impropriedade dentro dos conceitos doutrinários vigentes de importância relativa da segurança do Estado ou da segurança nacional, *pois é o Estado que, através da aplicação do poder nacional,* garante a existência permanente em segurança da nação, que existe como um produto cultural histórico, onde o grupo populacional se apresenta com as mesmas aspirações e interesses.

Houve assim, na década que acabamos de viver, maior incidência de pressões intra-sistêmicas, e daí avultar a *segurança interna*, com a preocupação maior do Estado, a fim de enfrentar as diversas formas com que se apresentava: violência, corrupção, infiltração ideológica, dentro de um complexo subversivo atuante. Conceitua-se assim a *segurança interna* como parte integrante da segurança nacional, dizendo respeito aos antagonismos ou pressões de qualquer forma e natureza que se manifestem ou produzam efeitos no âmbito interno do país. A segurança do Estado integra assim a segurança interna e externa, componentes básicos da segurança nacional.

O sr. falou há pouco na vocação missionária das Forças Armadas. Gostaríamos que a explicasse melhor.

Sim, ela significa, como já me referi por várias vezes, a sua intervenção nos momentos de crises institucionais, como aconteceu em 64, quando o próprio governo, infiel ao pacto sóciopolítico firmado em 46, quis, sob pressões violentas de natureza sindical e ideológica, desviar o país de seus rumos democráticos e legais para implantar um regime sindicalista, de tônica totalitária. A vocação missionária se exteriorizaria nessa conjuntura em uma intervenção limitada no tempo, tal como a desejou o marechal Castello Branco, intervenção que deveria findar com a ação corretiva levada a efeito, tal como acontecera em outras circunstâncias, isto é, quando da Constituição de 67. É assim que compreendo essa *vocação missionária*, tão comum em nossa História republicana.

De onde provém essa vocação?

Ela é inerente à finalidade das Forças Armadas, como único órgão de âmbito nacional e de acordo com a sua destinação constitucional. Ela se efetiva em tempos de crise institucional, conforme já me referi anteriormente. Diz respeito também à educação profissional dos militares, desenvolvendo-lhes a consciência da unidade e integração nacional, as quais devem preservar, juntamente com a lei e a ordem, a qualquer custo.

Isso no caso brasileiro apenas?

Não. A História mostra que é um fenômeno universal, nas nações que têm uma força organizada profissionalmente, bem instruída e esclarecida no sentido da continuidade da pátria, contra quaisquer antagonismos, tanto de direita como de esquerda. Sem dúvida, há normalmente uma instabilidade ou um vácuo do poder, quando se manifesta sua ação moderadora e retificadora de rumos políticos em crises constitucionais, como aconteceu em 30, 35, 54 e 64.

Já se afirmou muitas vezes que no Brasil as Forças Armadas assumiram o Poder Moderador, antes exercido pelo imperador?

Em parte apenas, porque elas só têm interferido na República nos momentos de crise institucional, enquanto o imperador interferia sempre que julgasse necessário assegurar o equilíbrio político entre as facções partidárias que disputavam o poder, nos termos dos art. 98/101 da Constituição de 1824, ou ainda para promover a conciliação nacional, a manutenção da independência, equilíbrio e harmonia dos poderes constituídos.

Muitos não entendem por que as Forças Armadas têm essa vocação missionária e não os civis.

História Vivida

É uma questão de organização, atividade em âmbito nacional e força. Muitos civis, entretanto, quer ou não em posições de poder, cooperaram intensamente nas intervenções armadas feitas, quer durante o Império, quer durante a República, conforme mostra a História, ora partilhando da vitória, ora amargando os ressaibos da derrota, que muitas vezes lhes custaram a própria vida.

A que atribui isso? Em outros países não é assim.

Acredito que o papel das Forças Armadas se projete nas horas de crise, pela força moral e material de que dispõem. É um fenômeno universal e não inerente ao Brasil, conforme evidencia a História.

Defende a tese de que o Brasil precisa de uma Constituição normativa, pequena, com poucos artigos, ficando uma série de casos, hoje definidos constitucionalmente, para a lei complementar?

Efetivamente sou partidário desta tese. A História tem mostrado que incluir em uma Constituição disposições que podem ser definidas e reguladas por lei ordinária constitui um grave erro jurídico, facilitando o seu descumprimento e consequentemente um golpe de Estado, já que o presidencialismo não pode, pela sua dogmática própria, ver desrespeitado o chefe do Poder Executivo. Em minha opinião, o texto constitucional, embora flexível e formal, deveria limitar-se a definir a estrutura da *organização nacional*, regulando a sua harmonia funcional, isto é, a competência da União, Estados, municípios, Distrito Federal e Territórios, e suas relações mútuas; discriminação tributária, além da *Declaração de Direitos*, compreendendo os direitos políticos, sociais e econômicos, dentro dos compromissos internacionais assumidos e dos relativos à condição humana; a *ordem social*, inclusive prescrições referentes à família, educação e cultura, visando ao desenvolvimento nacional, justiça social e atenuação das diferenciações regionais; a segurança *nacional*, e as disposições gerais e transitórias para implementação sem choques do novo instrumento constitucional. Deveria ser assim a Constituição escoimada de todas as disposições que pudessem ser reguladas, estabelecidas e dinamizadas em lei ordinária, lei orgânica ou lei complementar, além de assegurar a sua *permanência* pela dificuldade de sua revisão, para a qual seria indispensável, como disse, também a participação da minoria, com a adoção do *quorum* de dois terços.

Também a criação de um *Conselho Constitucional*, com atribuições e composição definida, prevenindo o autoritarismo, com a transformação das "razões do Príncipe em razões do Estado", pela participação dos poderes constitucionais, se me afigura indispensável, em caso de que medidas de emergência tenham de ser tomadas para salvaguardar a ordem pública e o livre funcionamento daqueles poderes. Deveria ser este Conselho presidido pelo chefe do Poder Executivo e dele fariam parte o vice-presidente e nove brasileiros ilustres sem função política ou administrativa oficial (na forma preconizada pela Constituição Francesa de 46 — art. 56), cabendo as suas nomeações em partes iguais aos chefes dos poderes Executivo, Legislativo e Judiciário.

Em resumo, a existência de Poderes Constitucionais — Executivo, Legislativo e Judiciário — harmônicos e independentes entre si, de representatividade direta legitimada pelo consenso popular, e dos direitos e garantias individuais na forma instituída pela Declaração Universal aprovada pela ONU, em 1948, das franquias dos grupamentos federados como imposição básica da Federação, constituem a meu ver *requisitos institucionais básicos* que, informando uma Constituição, caracterizariam um renovado Estado de Direito democrático, pois de fato uma sociedade só pode ser assim considerada quando há limitação e independência dos Poderes Constitucionais e as classes dirigentes, em sua representatividade, forem investidas de autoridade legitimamente conferida pelo povo.

O que fazer com a atual Lei de Segurança Nacional, no novo texto institucional?

Deverá ser revista integralmente em seu contexto, de maneira a compatibilizá-la com as disposições constitucionais vigentes ou a viger, além de ser assegurada ao seu novo projeto uma tramitação legislativa normal, de maneira a não se constituir em mais um instrumento do autoritarismo. De outro lado, deveria ser extirpada de alguns ilícitos criminais cuja tipicidade está fora da realidade atual, principalmente em um regime democrático, além de cominações diversas que melhor se situariam em outros dispositivos legais, conforme tive oportunidade de ressaltar anteriormente, caracterizando-a como uma *Lei Especial* e *não uma Lei Militar Especial*. Ressalve-se, entretanto, que a sua existência, com as modificações sugeridas, é indispensável para conter as pressões anti e intra-sistêmicas contra a ordem e as instituições. Afinal, como disse ilustre pensador político, "a democracia pode ser liberal, sem ser suicida..."

29 de junho e 13 de julho de 1980

46 É impossível conciliar Cristo e Marx

Entrevistadores:
*Lourenço Dantas Mota
e Luiz Carlos Lisboa*

D. Estêvão Bettencourt

Nasceu no Rio de Janeiro em 1919, onde morreu em 2008. Foi monge do Mosteiro de São Bento, professor de Filosofia e Teologia. Fundou e dirigiu a revista Pergunte e responderemos. *Publicou várias obras sobre teologia e questões religiosas.*

D. Estêvão Bettencourt

Que razões levaram a seu ver à criação da Liga Eleitoral Católica, que exerceu uma razoável influência na vida política brasileira durante três décadas, a partir do início dos anos 30?

D. Sebastião Leme, que inspirou a sua criação, queria por seu intermédio promover os candidatos mais identificados com a orientação da Igreja ou, pelo menos, tentar afastar os que não estavam comprometidos com os seus princípios. Aliás, sua ação era mais no sentido de desaconselhar o apoio a determinados candidatos que se afastavam da linha da Igreja. Acho que essa era uma conduta correta. Se alguém quer ser católico, que o seja também no momento de votar. E, como muitos católicos não estavam bem informados sobre as posições dos candidatos, a Liga nada mais fazia do que esclarecê-los a respeito. Pode ser que a Liga, em um ou outro caso, tenha sido levada a equívocos por candidatos interessados em se promover no meio católico, sem no entanto ter as condições adequadas para tanto. Isto é compreensível, porque tudo o que é humano está sujeito a falhas. Parece-me, porém, que a intenção fundamental era válida e que a ação da Liga deu resultados positivos.

Hoje, quem sabe, se tivéssemos uma organização semelhante, estaríamos mais seguros na hora de votar. Refiro-me principalmente à população do interior. Aliás, os bispos fizeram algo remotamente semelhante à ação da Liga após a votação sobre o divórcio, quando publicaram listas de deputados e senadores divorcistas, para que o eleitorado não voltasse a elegê-los.

A CNBB poderia, com o tempo, assumir aos poucos o papel que foi da Liga?

Não creio. Os tempos mudaram, a mentalidade é outra. A CNBB, ao menos como é dirigida hoje, dificilmente tomaria uma posição de exclusão tão minuciosa como fez a Liga no passado. É possível que ela desaconselhe a votação em um ou outro candidato, mas a sua linha de ação é muito diferente da do tempo de d. Leme. Creio que os bispos da cúpula da CNBB guardam a mesmíssima fé, o mesmíssimo zelo. Quanto a isto, não tenho dúvidas. Mas o modo de aplicar essa fé e esse zelo é diferente, porque os tempos realmente são outros.

Podemos concluir que vê como válida uma atuação política da Igreja, ainda que de forma indireta?

Sim. É necessário que a Igreja tenha em mira todos os diversos estados e estratos da sociedade, do topo da mística até o cotidiano nas suas manifestações mais concretas. A política é a arte de reger e governar a Cidade, a qual, por sua vez, é o teatro no qual o Reino de Deus se realiza, se desenrola. Portanto, é importante que a Igreja — e no Brasil a CNBB, em seu nome — procure considerar a Cidade, os problemas e as inquietações que ela suscita para os cristãos. O papa João Paulo II, já em sua viagem de regresso da África para Roma, e depois no Brasil, tratou muito bem do assunto, fazendo a distinção entre o ponto de vista ético e o ponto de vista político-partidário. O ponto de vista ético abrange qualquer atividade humana: o comércio, o trabalho, a indústria, as artes, etc. Ele é tão amplo quanto o Bem é amplo, enquanto o partido político é sempre a expressão de uma facção. É por isso que a CNBB pode e deve ter uma orientação ética com relação a assuntos políticos, mas não uma orientação partidária, porque neste caso iria constranger os que procuram o Bem fora do partido por ela favorecido.

A ação desenvolvida pela CNBB a seu ver corresponde a esses princípios?

A intenção dos responsáveis pela cúpula da CNBB é certamente esta. Quando acusados de exercerem uma ação facciosa, respondem sempre rejeitando qualquer tomada de partido, no sentido estrito ou faccioso da palavra. Notemos, porém, que a situação no Brasil parece ser a de sinal amarelo. Com efeito, quando no semáforo o sinal é verde, a orientação é clara: "passa"; quando o sinal é vermelho, a orientação é também nítida: "não passe". Mas, quando o sinal é amarelo, há divisão: há quem passe, talvez em nome da própria prudência, porque, se não passar, perderá etapas subsequentes; e há quem não passe, talvez também por prudência, porque sabe que, por fazer isto, outros já pereceram ou soçobraram.

A situação do Brasil é ambígua, complexa, de muitas facetas. Há bispos que, considerando determinadas facetas, julgam que devem dar seu apoio a certa orientação política. E há outros que, considerando outras facetas do panorama brasileiro, julgam dever apoiar correntes opostas. A intenção de todos os nossos bispos é a mesma: acertar, promover o Reino de Deus. Não vejo nenhum bispo que destoe dessa intenção. Mas devemos considerar que cada um teve sua formação, sua escola, suas experiências próprias, e que cada um tem sua idade; ora, estes fatores adicionam as decisões concretas, chamadas prudências. A prudência é a virtude mais subjetiva. Não há padrão para ela. A prudência implica o confronto dos meios com os objetivos. Pois bem: o resultado desse confronto depende muito da escola, da idade e das experiências de cada bispo. É por esta razão que vejo os bispos todos com muita simpatia e compreendo que divirjam entre si em questões de ordem prática ou pastoral.

Essa grande política que preconiza para a Igreja, fundada mais numa tomada de posição ética diante dos grandes problemas nacionais, não conduz fatalmente à política partidária mais cedo ou mais tarde, sob pena de se tornar estéril?

Creio que se deve fazer uma distinção. Aos bispos ou à hierarquia da Igreja, compete tão-somente orientar, dar princípios. Isto é o que nos diz o documento de Puebla. Quem deve assumir a militância política — o que só pode ser feito em partidos — são os leigos católicos. A Igreja tem diversas vocações: existe a vocação clerical e existe a vocação laica. O leigo é tão católico quanto o padre, tão Igreja quanto ele. E cabe ao leigo assumir posições que não competem ao padre e vice-versa. Aos bispos e sacerdotes cabe estudar, orientar e projetar os princípios da Igreja para que o laicato católico possa compreendê-los e escolher as melhores maneiras de realizá-los. Em resumo: o partidarismo fica entregue aos leigos, ao passo que a política, no sentido amplo, está a cargo de uns e outros (notemos, porém, que a função de orientar e ensinar toca ao magistério ou à hierarquia da Igreja).

Muitos membros da hierarquia católica manifestaram até mesmo publicamente a sua simpatia pelo integralismo, na década de 30. Até que ponto a Igreja como um todo viu com bons olhos esse movimento?

O integralismo, com a sua norma "Deus, Pátria e Família", só podia parecer corresponder aos ideais católicos ou cristãos. Não há nada de mais caro ao cristão do que Deus, a família e a pátria (entendida esta como a grande família nacional). Por isso a primeira imagem do integralismo era simpática aos católicos e, consequentemente, compreende-se que até membros da hierarquia tenham dado sua adesão ao movimento. Talvez não se percebesse então que o integralismo levava ao totalitarismo, à anulação das liberdades e, portanto, à sufocação da personalidade humana, que tem de ser preservada em qualquer sistema governamental. Essas consequências não estavam nítidas, enquanto os princípios gerais eram suficientes para merecer a simpatia dos católicos.

Atualmente, alguns setores da Igreja parecem ter passado para o outro extremo, ou seja, a simpatia não diremos para o marxismo como um todo, mas para certos aspectos dele. O que pensa disso?

Um teólogo brasileiro contemporâneo, prevalecendo-se de uma posição de Paulo VI na Carta *Octogésima Adveniens*, distingue diversos aspectos do marxismo: como luta de classes, como filosofia, como análise da sociedade, como sistema econômico. A seu ver, pelo menos uma destas facetas pode ser adotada pela teologia: a da análise da sociedade. Há quem pense assim. Ora, é lamentável que isto aconteça, porque é impossível conciliar marxismo e cristianismo. As pessoas que julgam possível esta conciliação estão iludidas, pois o conúbio entre cristianismo e marxismo redundará sempre em detrimento do cristianismo.

Aliás, a solução do problema já foi formulada pelos papas Paulo VI e João Paulo II. Este, no Rio de Janeiro, em discurso proferido aos bispos do Celam, afirmou que nem mesmo uma pontinha de marxismo é aceitável para a teologia católica. Esta é a teoria, mas a aplicação de tal princípio à realidade é questão muito complexa e delicada, porque a situação brasileira, como já disse, é rica em facetas e ambiguidades, é situação de transição. Daí decorrem divergências na hora da aplicação prática dos princípios teóricos. Creio que será impossível, mesmo no futuro, conseguir unanimidade entre os católicos que desejam julgar certas situações, porque as coisas estão sempre evoluindo. O próprio marxismo está apresentando sempre novas facetas, (a russa, a chinesa, a albanesa, a eurocomunista, a cubana, a africana...) o que tem efeito capcioso e contribui para que não haja unanimidade por parte dos católicos ao julgarem situações concretas.

Os antigos movimentos de leigos — Congregações Marianas, Círculos Operários, JOC, JEC, JUC — foram ultimamente relegados a segundo plano, ao que parece, em benefício das comunidades eclesiais de base. Essas comunidades conseguem preencher as funções daqueles movimentos?

A Ação Católica foi extinta ou se extinguiu porque sofreu infiltração de esquerda. Dizia-se até que a JUC era *Juventude que utilizava Cristo*. Os próprios bispos desautorizaram certos setores da Ação Católica. Quanto às Congregações Marianas e outras associações, existem ainda e preenchem suas finalidades — renovadas, talvez, por outro espírito —, sendo mais atuantes em certos lugares, mas reconheço que algumas praticamente desapareceram. Todavia, isto não tem muita coisa a ver com as comunidades de base, que são um sucedâneo da paróquia, tida como área grande demais para unir os seus habitantes no espírito comunitário de partilha e comunhão de interesses. Paróquias com número elevado de habitantes tornam-se inviáveis no sentido da realização daquela comunhão. Então, dentro delas, criam-se essas comunidades eclesiais de base, que têm ritmo próprio de vida, e às vezes se apresentam muito preocupadas com os problemas horizontais. Não há dúvida de que procuram cultivar a fé e a piedade, mas em estilo um pouco diferente do das associações religiosas mais antigas. Elas não deveriam substituir nem impedir os movimentos leigos que hoje tomam designações recentes: Focolarinos, Encontros de Casais com Cristo, Movimento Familiar Cristão, Equipes de Nossa Senhora, Cursilhos, Renovação Carismática...

Como vê a atuação da Igreja no meio operário, que se tornou muito intensa e importante nos últimos tempos em certas regiões brasileiras, notadamente em São Paulo?

Esse é um problema que exigiria exame mais minucioso e contato direto com a realidade operária, o que não é o meu caso. Tenho a impressão de que os bispos da região do ABC paulista procuraram assumir a liderança do movimento sindical, ao menos a liderança doutrinária, para evitar que ele fosse desviado para outro rumo; viram nessa atuação junto aos operários uma exigência pastoral. Confesso que não estou bem a par da situação para poder julgar melhor o que tem sido feito. Quero dizer apenas que não duvido da boa intenção dos bispos, incluído d. Cláudio Hummes.

Como julga a maneira pela qual a catequese vem sendo conduzida dentro das várias associações de leigos?

A catequese transformou-se de vários modos, algumas vezes com grande vantagem, como, por exemplo, quando adotou meios audiovisuais e outros recursos modernos. Mas em certos casos ela sofreu a influência das preocupações socioeconômicas do momento, de modo a nem sempre corresponder às intenções da Igreja. Em consequência disto, houve em 1977 um Sínodo dedicado aos problemas da Catequese, que teve como resultado uma Carta de João Paulo II sobre a catequese, publicada em fins do ano passado. Este documento mostra que é necessário procurarmos comunicar uma mensagem puramente religiosa, naturalmente com implicações sociais concretas. Em resumo, a catequese sofreu ultimamente um impacto, que em parte foi prejudicial. Em vista disto, há atualmente uma tentativa de recuperá-la. Já existem várias realizações positivas para a renovação da catequese dentro do espírito de João Paulo II.

A seu ver, a preocupação com o social na catequese tem sido exagerada em detrimento do espiritual?

Sim, mas não seria necessário que isto acontecesse. Todavia o fato é que se dá muita ênfase ao social, de modo a fazer esquecer o transcendental. O que importa na catequese é disseminar a consciência de que algo mais do que a boa ordem econômica e política é importante. Certamente a boa ordem econômica e política é um grande valor que o cristianismo deve procurar cultivar, mas ele não deve fazer esquecer coisas ainda maiores, como a vocação do homem à vida eterna, a comunhão com Deus, o valor da Cruz como árvore da vida, isto é, o sofrimento como meio de conformação a Cristo crucificado e ressuscitado. Tudo isso tem de entrar na catequese, do contrário ela falha, criando agentes sociais mas não cristãos devidamente formados.

Essa junção do espiritual com o social não existe na própria ação dos bispos?

Sim, ela está nos próprios documentos da Igreja. João Paulo II, na sua Carta sobre a catequese, faz questão de mencionar as duas coisas. Mas deve haver uma hierarquia, que começa pelo espiritual, pelo transcendental. O temporal há de ser sempre um eflúvio do espiritual; há de ser inspirado pelo transcendental. Creio que não há melhor inspiração para a construção do temporal do que os valores da fé. Aliás, a fé sempre inspirou aos homens grandes e heróicas realizações. Por conseguinte, uma fé bem construída não é alienante, mas leva ao heroísmo, à dedicação, à construção de uma sociedade melhor. A fé não é transmitida, se o sobrenatural é silenciado ou empalidecido.

Em outras palavras, o sr. privilegia a Cidade de Deus, subordinando-lhe a Cidade dos Homens?

Não posso deixar de fazê-lo, e digo isto com muita simplicidade, muita firmeza e muita consciência. A Cidade dos Homens é transitória. A Cidade de Deus passa por dentro da Cidade dos Homens, sem prejuízo para esta, mas pelo contrário para a grandeza dela, fazendo com que os homens sejam mais fiéis ao seu trabalho. Diz o Concílio Vaticano II que o profissional católico, em qualquer setor de trabalho, há de ser dos mais fiéis à sua vocação, dos mais equipados para realizar a sua missão. Vê-se, pois, que não há conflito entre a Cidade de Deus e a Cidade dos Homens, mas sim um escalonamento. A Cidade de Deus tem uma perspectiva de eternidade, de infinito, passando dentro da Cidade dos

Homens sem a diminuir. A Cidade de Deus oferece a melhor motivação à construção da Cidade dos Homens. Os caminhos da fé e das obras são distintos, mas na prática inseparáveis. É impossível conceber um autêntico cristão que seja puro agente social, puro construtor de coisas temporais. O cristão há de ter sempre um lastro de interioridade, que se derrama em suas realizações exteriores. Uma boa formação cristã há de acentuar os dois pólos: nem um imobilismo quietista, nem uma ação sem conteúdo interior.

Por que as grandes lideranças leigas — Tristão de Athayde, por exemplo — formadas nas décadas de 20 e 30 não foram renovadas?

Realmente não houve essa renovação. A História tem seus pontos mais luminosos e seus pontos mais sombrios, fases mais altas e fases mais baixas. Nela, a luz não tem sempre a mesma tonalidade. Mas não se deve esquecer que o Vaticano II trouxe um outro tipo de renovação. Ao lado de experiências menos felizes, ele realizou uma abertura da Igreja para as grandes massas, numa tentativa de compreender o homem de hoje e falar a sua linguagem. Não se tratou tanto, no Concílio, de suscitar lideranças pessoais, mas de provocar a atividade consciente e firme de grupos ou comunidades, que tivessem irradiação grande dentro da sociedade. Ora, isto foi conseguido em parte. Recentemente, alguém me perguntava o seguinte, e alguém de certa posição: "Como é possível que num país de 120 milhões de habitantes como o Brasil, com um clero reduzido a 12 mil padres, dos quais nem todos são atuantes na pastoral, a Igreja tenha uma tão notória influência?" Minha resposta foi que os membros da hierarquia da Igreja — poucos proporcionalmente — têm procurado criar grupos multiplicadores e têm instituído ministérios novos, ampliando assim os setores leigos de ação.

Gostaríamos de voltar à posição da hierarquia da Igreja — não dos leigos — com relação aos grandes problemas sociais, políticos e econômicos.

Igreja e leigos são a mesma coisa, como já disse. Creio então que vocês se referem ao magistério da Igreja, à sua voz oficial. Afirmo então: a Igreja não pode esquecer a problemática do Povo de Deus, que é espiritual e material. Não que ela tenha receitas para o plano material. Não as tem nem deve ter; aliás, o Vaticano II chamou a atenção para isto. A Igreja não tem resposta para todos os problemas. Mas, visto que a ética e, por conseguinte, a consciência abrangem tudo, tudo pode ser julgado à luz do cristianismo. É preciso que a Igreja diga que tal ou qual situação é iníqua, injusta. De mais a mais, se a Igreja não falar, ninguém falará. Há aqueles que não têm voz nem vez, e a Igreja se julga obrigada a assumir a defesa desses reduzidos ao silêncio. Parece-me que este é um papel fundamentalmente pastoral e evangélico. Em tais casos, a Igreja dirá que tal ou tal situação é iníqua e que é preciso corrigi-la, mas o fará sempre em termos nobres, bem fundamentados, de modo a mostrar a verdade, evitar partidarismo e não provocar conflitos.

Mais do que a grande maioria dos outros países católicos, a nossa História é profundamente marcada pela Igreja. Gostemos ou não, a verdade é que nascemos sob o signo da Igreja. Essa particularidade histórica não aumenta a responsabilidade da Igreja no Brasil?

Aumenta sim, e muito. A Igreja no Brasil é tida como singular. Já se disse isto e pode-se crer que seja assim. Pela tradição que pesa sobre nós, pela complexidade da conjuntura nacional e também pelo espírito jovem e ardoroso de muitos dos nossos católicos (clérigos e leigos), a Igreja no Brasil é bastante singular. Ela é altamente dinâmica e dinamizadora. Isto é positivo. Naturalmente, observam-se cá e lá experiências menos bem-sucedidas. A Igreja reconhece ou deve reconhecer que nem tudo que ela tem proposto e realizado foi sempre bem-sucedido. O que fazer? Tudo que é humano está sujeito a duplo resultado.

Qual é a sua posição diante da teologia da libertação?

A própria expressão *teologia da libertação* ambígua, é de modo que eu gostaria de começar com uma observação a respeito. É claro que "libertação" vem a ser sinônimo de "redenção". Ora, nada há de mais bíblico do que a redenção — São Paulo fala dela constantemente em suas cartas. Mas hoje alguns preferem falar de *libertação* em vez de *redenção*. Não sei se é por influência do marxismo. A teologia da redenção tem sido cultivada durante toda a história da Igreja. O que caracteriza a moderna teologia da libertação não é a sua preocupação com os pequeninos, com os deserdados, porque esta preocupação sempre existiu nos documentos da Igreja. O que faz a teologia da libertação bastante suspeita é o fato de que adota premissas do marxismo. Assim, por exemplo, lembro: sempre se disse que o "logos", ou a "palavra", a "doutrina", é o grande luzeiro da prática. Marx inverteu isto ao dizer que "até hoje os filósofos pensaram o mundo e que doravante será preciso transformá-lo". Ou seja: ele colocou a práxis, a ação, acima do pensar, acima do *logos*. Ora, a teologia da libertação, em algumas de suas correntes mais extremadas, parte do mesmo princípio: o que é preciso é transformar o mundo; a fé e a teologia, dizem tais escolas, serão julgadas pela eficiência dessa transformação. Ora, quem pensa assim já não pensa cristãmente, adotou uma premissa tipicamente marxista. É isto que tornam nocivas certas alas da teologia da libertação, embora esta expressão possa ser entendida também em sentido correto.

> *A pobreza — não a miséria — pode ser um caminho para a ascese, para o aperfeiçoamento religioso, desde que escolhida e consciente, e não imposta?*

É claro, pois o Evangelho prega a bem-aventurança aos pobres, que João Paulo II no Brasil tanto enalteceu. Mas gostaria de esclarecer logo que isto não justifica a inércia da sociedade diante das situações de miséria, que são situações incompatíveis com a dignidade humana. É preciso combater a miséria. A pobreza pode ser sadia, pode ser até um ideal, e é mesmo um ideal para muita gente que a abraça por amor a Cristo. Afinal, a simplicidade e a sobriedade são valores nobres. Mas a miséria não é humana e ninguém tem justificativa para aceitá-la ou tornar-se impassível diante dela, a pretexto de seguir o Evangelho. De modo nenhum. Seria um falso entendimento do Evangelho. Há sempre um lado positivo na situação de alguém que sofre necessidade — voluntariamente ou porque não há remédio — e faz disto uma ascese. Não há Cruz cristã que não esteja ligada à ressurreição. Por isto, o cristão pode transformar suas situações indesejadas, mas necessárias, de pobreza em situações de enriquecimento interior. É o que muitas vezes João Paulo II afirmou falando aos favelados do Vidigal, dos Alagados. Mas insisto em que todos somos responsáveis pelas situações de iniquidade que possam existir no mundo de hoje. Aliás, prefiro dizer "interpelados" e não "responsáveis". Porque nem todos são *responsáveis* pela fome ou seca que existem no Nordeste. Se há uma inundação no Recife, não podemos, aqui no Sul, ser responsáveis por ela. É por isto que prefiro dizer *interpelados*.

Não lhe parece que o extremo oposto da miséria, ou seja, o consumismo das sociedades desenvolvidas e de certos estratos sociais de países como o Brasil, é também um mal do ponto de vista do cristianismo?

O mal existe nos dois casos: a miséria é infra-humana e o consumismo é materializante. Qual seria o pior deles? Não vale a pena tentar julgar, mas basta dizer que nenhum deles é aceitável. Os que possuem os bens deste mundo são convidados a ter um espírito de pobre, como diz o Evangelho, ou seja, uma atitude de desapego, de despojamento, de superioridade em relação a seus bens materiais, para que não sejam sufocados por eles. A pobreza material ou o espírito de pobre são coisas necessárias a todo cristão. O santo padre João Paulo II afirmou isto repetidamente; seria para desejar que seus discursos fossem muito lidos e aprofundados no Brasil.

Há então um conflito entre essa vocação cristã e a sociedade de consumo?

Há, se entendermos a sociedade de consumo como aquela em que existe constante incitamento a ter mais, a possuir mais, só por moda, por ambição, por vaidade. O rumo que essa sociedade de consumo indica aos seus membros não é cristão. O Cristianismo valoriza, antes, o ser mais... mais homem, mais gente, mais imagem e semelhança de Deus.

A sociedade de consumo é a sacralização da mercadoria?

Sim. Verdade é que nem todos os que vivem na sociedade de consumo estão imersos dentro dessa mentalidade. Há os que conseguem escapar a ela. De resto, creio que nunca haverá uma sociedade ideal. O que não quer dizer, repito, que cruzemos os braços diante de uma sociedade imperfeita e mal estruturada.

Na velha querela entre a fé e as obras — a julgar pelo que disse — o sr. acha que as duas são fundamentais, só que a primeira é predominante. É correto?

Sim. E creio que isto é bíblico e até psicológico. Isto reflete simplesmente o fato de que a inteligência precede a ação. É preciso que alguém conheça a vocação que Deus lhe deu, e que a abrace na fé, para depois tentar executá-la. Não hesito um instante em dizer que a fé precede as obras. E vejo no contrário uma verdadeira aberração. Sim, fazer das obras, da práxis, da transformação do mundo, o critério da verdade é total aberração. Significa esquecer a grandeza, a nobreza e a incolumidade da verdade. A verdade é verdade, quer tenha ou não adeptos, quer produza ou não frutos práticos. Se ela não produz frutos práticos, isto não se deve à sua esterilidade, mas à inépcia dos que a professam. A culpa está então nos homens, não na verdade.

Tem-se falado ultimamente no Brasil da necessidade de a Igreja fazer uma autocrítica, com relação a dois pontos principalmente: a aliança que ela teria mantido no passado com os poderosos, e a atitude de tolerância que teria adotado com relação à escravidão. O que pensa disso?

A Igreja tem uma face humana e, nesse aspecto, está sujeita às limitações dos homens. Então, ontem e hoje a Igreja estará sempre sujeita à autocrítica, e até obrigada a ela. O Vaticano II não foi outra coisa senão isto. Mas essa face humana não esgota o conteúdo da Igreja. Há na Igreja o que o Vaticano II chama "a presença de Cristo que faz da Igreja um sacramento", o que significa que, se ela tem um quê de humano, de criticável, tem também um quê de imperecível, que é essa presença do Cristo, que se serve dos homens para realizar sua obra. Cristo serviu-se de Pedro, o renegado, como se serviu de tantos outros para continuar a sua obra, e como se serve do que cada geração tem de bom para levar os homens à plenitude. Em resumo, é normal que haja autocrítica, mas ela não deve ser arrasadora e não deve dar a entender que a Igreja é tão-somente essa parte humana e criticável, pois ela tem algo de transcendental.

Naqueles dois pontos específicos que citamos, acha que a ação da Igreja é criticável?

Para nós, a expressão "aliança com os poderosos" é odiosa e antipática. Todavia, não sei se os antigos, os dos séculos passados, por exemplo, viam as coisas como as vemos hoje. Neles não havia talvez uma consciência, tão viva como a de hoje, de que os homens têm a mesma natureza e os mesmos direitos fundamentais. Os poderosos eram os homens que pareciam indicados para promover o Reino de Deus, ao passo que os demais seriam chamados mais à obediência, à sujeição. Postas estas premissas, compreende-se que muitos prelados pensassem em pedir a colaboração dos grandes e poderosos para difundir o Reino de Deus; quanto aos pequenos, seguiriam tranquilamente as ordens dos primeiros. Estou convicto de que não havia má fé por parte tanto de bispos como de padres, quando eles procuravam a proteção e a colaboração dos poderosos. Hoje as coisas são vistas de outra forma; por isto, é preciso que façamos um esforço para compreender as atitudes dos antepassados dentro dos parâmetros da época em que viveram, sem colocar nela as exigências atuais, que não existiam então. Assim é que vejo a chamada aliança da Igreja com os poderosos, no passado. Não sei até que ponto essa aliança existiu, mas, na medida em que tenha existido, foi contraída pelos bispos com uma consciência muito mais tranquila do que aquela que teríamos hoje, se adotássemos a mesma posição.

Deixou claro há pouco que, a seu ver, a verdade tem um caráter perene, não se submetendo às injunções históricas. Isto não estaria em contradição com o que acaba de afirmar?

A meu ver, a aliança com os poderosos, em detrimento dos pequeninos, é, objetivamente falando, uma aliança iníqua em toda e qualquer época. A propósito, quero lembrar, já que sou beneditino, uma frase de São Bento, ao falar da recepção dos hóspedes nos mosteiros, o que na antiguidade era coisa comum, pois não havia hotéis ou pensões. Diz ele que é preciso receber a todos que vêm pedir abrigo como se receberia o próprio Cristo, mas dando especial atenção aos pequeninos, aos humildes, porque "os ricos por si mesmos impõem temor". Os ricos não têm o que recear, porque todo mundo os homenageará, e, por isto, é preciso dar atenção toda especial aos pobres, que não têm aquela prerrogativa de se impor aos olhos dos outros. Ora, esta frase é do século VI. Vemos assim que a norma de cuidar dos pobres é perene na Igreja, porque verídica; a verdade atravessou os séculos sempre igual a si mesma, mas nem sempre foi vivida do mesmo modo, porque só devagar a consciência moral subjetiva foi averiguando certas exigências concretas da verdade.

E quanto ao caso da escravatura?

Se houve alguma omissão, reconheçamo-la. Não tenho dados históricos precisos a respeito, mas da parte dos católicos não deve haver dificuldade em reconhecer qualquer omissão objetiva e real que tenha ocorrido. Pelo contrário, é nobre reconhecer falhas. Já se disse que "o santo é o pecador que reconhece as suas faltas". Errar é comum a todos os homens, mas reconhecer as faltas é próprio dos santos. Reconheçamos o que houve de falha no passado, sem querer tapar o sol com a peneira, onde haja realmente sol.

Mas, a propósito, eu lembraria o caso de São Paulo. Ele tem uma Carta dirigida a Filêmon, na qual trata de um escravo fugitivo, Onésimo, que deixou Colossos e se dirigiu a Roma. Lá encontrou São Paulo, que o instruiu, o batizou e, podendo guardá-lo consigo, quis devolvê-lo a Filêmon. Dizia-lhe apenas: "Trata-o como irmão". Mas devolvia-o ao patrão como escravo. O problema que hoje nos colocamos dos direitos humanos, do respeito à pessoa, aflorou com mais veemência em tempos recentes. Na antiguidade talvez não se compreendesse a abolição da escravatura, embora se preconizasse um trato humano e mesmo fraterno aos escravos. Não se podia entender então a dispensa dos escravos, porque não havia máquinas nem estruturas capazes de substituí-los. Nem São Paulo nem os santos que vieram logo depois dele pensaram em abolir a escravatura. Em vista disso, entendo que no tempo da escravatura houvesse na Igreja pessoas tranquilíssimas com relação a ela. Havia outras, porém, que tomavam atitude oposta, como é o caso de frei Bartolomeu de Las Casas e de outros, que se colocaram contra a escravização de índios e negros.

Poderíamos dizer então que explica, mas não justifica a escravatura?

Não justifico a escravatura, mas quero apenas explicá-la em épocas passadas, assim como se explicam outros fenômenos, como a

Inquisição. Hoje não teria o mínimo propósito repetir a Inquisição. Mas, quando ela ocorreu, no passado, as coisas eram diferentes. Santo Tomás de Aquino, por exemplo, foi contemporâneo da Inquisição e a aceitou. Em outras palavras, naquela época, a Inquisição, que hoje nos horroriza, era aceita. A escravatura e a Inquisição são formas de tratamento do homem inaceitáveis em si, mas justificadas dentro da relatividade de cada época. Diria ainda: objetivamente falando, a Inquisição e a escravatura foram males; mas, subjetivamente falando, do ponto de vista daqueles que as praticaram, não foram vistas como males, por causa das circunstâncias da época, que dificultavam o pleno desabrochamento da consciência moral.

Como encara o fato de o número de colégios católicos, em vez de aumentar proporcionalmente ao crescimento demográfico, ter diminuído nos últimos tempos?

Diria que vários fatores explicam isso. De um lado, há a explosão demográfica, que é realmente muito difícil de acompanhar. De outro lado, após o Vaticano II, muitas congregações religiosas julgaram que fariam melhor em atender aos pequeninos, deixando de lado o ensino, porque as escolas católicas, por serem pagas, são tidas como proibitivas para as classes mais modestas. Por isso, muitos julgaram que, ao se dedicar ao ensino, estariam trabalhando apenas para as camadas mais aquinhoadas da sociedade. Em consequência, algumas congregações fecharam seus colégios para poder dedicar-se aos pobres no Nordeste e no interior do Brasil. Isto foi lamentado pela Santa Sé. A Congregação para a Instrução Católica publicou anos atrás um documento, mostrando a triste situação dos colégios católicos e pedindo que ela não continuasse tão esquecida. Os educadores católicos deveriam ter a coragem de manter suas instituições, naturalmente tentando adaptá-las ao máximo à realidade social, para evitar que fossem núcleos fechados às grandes massas. Assim, creio que, se a escola católica não pode acompanhar o grande crescimento demográfico, deve ao menos existir onde isto seja possível.

Esse fenômeno influi negativamente na formação católica dos grupos dirigentes?

Creio que sim. Estamos ainda por colher os frutos negativos desse fechamento de colégios católicos. Hoje ainda encontramos, nas mais diversas áreas, líderes que passaram por escolas católicas e que guardam, senão a fé, pelo menos o respeito pelos seus valores. Porque certamente algo de bom e evangélico sempre fica. Tanto é assim que os marxistas, tão logo chegam ao poder, cuidam imediatamente de açambarcar as escolas, que se tornam monopólio do Estado.

Ao contrário do que aconteceu com os colégios católicos, as universidades católicas expandiram-se bastante.

É normal que seja assim, porque a orientação da Igreja é no sentido de atender não apenas ao primeiro e ao segundo graus, mas também ao terceiro grau, isto é, à universidade, onde se dá o encontro da cultura com a fé. Mas não creio que haja na Igreja um plano predefinido para expandir particularmente o ensino superior. Houve, logo depois do Concílio, uma discussão em torno da validade das universidades católicas. A Abesc — Associação Brasileira de Escolas Superiores Católicas —, quando tinha sede em Belo Horizonte e era dirigida por d. Serafim Fernandes, promoveu estudos sobre as escolas superiores católicas e sua função na nossa sociedade; estes trabalhos puseram termo às discussões, concluindo pela validade das faculdades e universidades católicas. Afinal, a Igreja é devedora de todos os homens, grandes e pequenos, e este é um princípio fundamental. É preciso que haja também um interesse enorme pelos ricos, honestos ou desonestos, pois eles são filhos de Deus. Se o rico não é honesto, que seja levado a sê-lo; se é honesto, que seja confirmado em sua honestidade, para que multiplique os valores de que dispõe, em favor dos outros. O objetivo principal da universidade católica é promover o diálogo entre a cultura e a fé. Isto redundará naturalmente na formação de intelectuais ou profissionais ao menos conhecedores do pensamento católico. Se não o aceitarem, eles o conhecerão e o rejeitarão de maneira mais consciente, o que também é vantajoso.

Qual a sua opinião, como teólogo, sobre o controle da natalidade? Se quase todos estão de acordo com a necessidade de fazê-lo, há grandes divergências sobre os caminhos a adotar para isso.

A Igreja preconiza a paternidade responsável, o planejamento familiar. Não se deve colocar filhos no mundo, se não se tem condições de educá-los, de torná-los pessoas plenamente humanas. Não há nada contra esta posição. O "x" do problema são os meios de fazer o controle. A Igreja prega o respeito à lei natural, o que quer dizer que só os métodos que respeitam o ciclo natural da mulher são aplicáveis. A Igreja é contra os meios anticoncepcionais artificiais e os meios cirúrgicos, porque contrariam a natureza. Ela se faz porta-voz da lei natural, que é a lei do próprio Criador, a lei da própria identidade do homem. Se queremos resguardar o homem na sua grandeza e na sua identidade, temos de respeitar a sua natureza. Para a Igreja, paternidade responsável e controle da natalidade são sinônimos, pois a primeira leva ao segundo.

Como explica o enorme crescimento das seitas protestantes no Brasil nos últimos anos, especialmente aquelas ligadas ao chamado protestantismo popular, como Testemunhas de Jeová, Assembleia de Deus, Pentecostes?

Essas seitas têm características que explicam a sua expansão. Há nelas, por exemplo, um que de antiintelectual, de recusa do oficial, do instituído, e uma procura do espontâneo que facilitam a sua propagação nas classes populares. O povo não é intelectualizado e geralmente está distante das instituições.

Aos olhos da Igreja, essas seitas não têm uma parcela de verdade?

Têm, é claro. A Igreja reconhece que as diversas seitas protestantes ou denominações não-católicas têm parcelas de verdade — umas mais, outras menos — porque têm o Evangelho, a oração, o amor a Deus, o amor ao próximo. Mas falta-lhes também muita coisa. É o que o Concílio Vaticano II lembrou no seu documento sobre o ecumenismo.

No caso do espiritismo e da umbanda, os alegados contatos que eles possibilitam com pessoas já mortas seriam um fator realmente importante para atrair a curiosidade?

Sim, isso atrai muita gente que, em sua ignorância e em seu sentimentalismo muitas vezes angustiado, recorre ao espiritismo e à umbanda.

Apesar das campanhas de esclarecimento que têm sido feitas, principalmente mediante cursos de parapsicologia, a explicação intelectual e científica não consegue abalar aquele sentimentalismo.

O crescimento não apenas das seitas protestantes como também do espiritismo e da umbanda não se deveria ao fato de a linguagem da Igreja ter-se tornado muito sofisticada nos últimos tempos, dificultando o acesso aos mais humildes?

É possível. Mas a linguagem tem sido modificada até mesmo um pouco exageradamente, nos últimos tempos. Além disso, não se pode esquecer que o catolicismo é mais exigente do que essas seitas, que têm indubitavelmente uma moral rígida, mas deixam muita coisa ao livre exame. Cada um é árbitro do sentido da Bíblia. Ora, isto facilita muito a adesão às várias correntes do protestantismo. Quem não está contente numa denominação protestante passa tranquilamente para outra, ou fica fora de qualquer denominação, ou cria a sua própria "igreja", ao passo que o catolicismo apregoa o magistério da Igreja e a necessidade de cada um dos fiéis aceitar certas normas que ela transmite em nome de Cristo. Isto torna mais difícil a adesão ao catolicismo. Este é muito objetivo, porque propõe a verdade de Deus (e não uma filosofia humana) transmitida por canais autênticos.

Além disso, o catolicismo parece ter um maior rigor intelectual.

Exatamente. Como católico, não posso aceitar o divórcio, nem anticoncepcionais, nem o aborto, enquanto os protestantes aceitam o divórcio, por exemplo. O catolicismo tem uma filosofia mais elaborada para justificar estas posições. O protestantismo não. Cada denominação tem seus princípios, às vezes oscilantes, e muitas vezes se deixa guiar pelo sentimento, que procura acobertar com a Bíblia. Enfim, intelectualmente o protestantismo é menos rigoroso, porque muito dividido e desintegrado. Não nego, porém, que haja pensadores protestantes de grande valor intelectual e cultural.

Alguns afirmam que as modificações litúrgicas afastaram um grande contingente de pessoas mais simples, com as quais a comunicação seria feita mais por meio de símbolos do que de palavras.

A reforma litúrgica apregoada pelo Concílio Vaticano II teve em mira restaurar a Liturgia na sua índole originária de culto do povo de Deus. Aliás, a Liturgia sempre foi o culto público da Igreja, mas no decorrer dos séculos nela se introduziram expressões e cerimônias que encobriam um tanto essa índole, tornando-a às vezes hermética e incompreensível à maioria dos fiéis. Ora, o Concílio preconizou a simplificação da Liturgia, de modo a suscitar a participação consciente de todos os fiéis. Isto pode ter deixado perplexas certas pessoas, mas não há dúvida de que muitas outras, de todas as classes sociais, se beneficiaram com o uso do vernáculo e a participação nos atos litúrgicos. Hoje a Liturgia é explicada, comentada e celebrada em termos claros que permitem a todos acompanhá-la. O que perturbou pessoas mais simples foi o fato de que o ritual e o estilo das igrejas foram, em parte, despojados de símbolos como imagens, velas, enfeites... Reconheço que em alguns lugares este despojamento tomou proporções exageradas e pouco benéficas, pois todos nós, especialmente os mais simples, precisamos do apoio de sinais e símbolos para alimentar os nossos afetos. Usemos de símbolos, portanto, mas de modo a guardar a transparência dos mesmos; não venham os símbolos a significar mais do que a realidade significada.

A excessiva popularização da Liturgia provocou o mal-estar de muitos fiéis, e com razão. A Liturgia há de conservar sempre um estilo hierático, sagrado, e uma linguagem digna (o que não quer dizer rebuscada) que a diferencie de qualquer celebração popular civil. Em suma, a reforma foi salutar, mas esteve sujeita a interpretações exageradas, explicáveis pela falibilidade humana. Corrijam-se os exageros e abusos, mas guarde-se o que eles encobrem de válido e positivo. Não se dividam os fiéis católicos por causa da celebração do sacramento da unidade, que é a Eucaristia!

Como teólogo, como vê o problema do sincretismo religioso, que é encarado por muitos como um traço distintivo da religiosidade brasileira?

Como se sabe, o sincretismo religioso no Brasil deve-se, em grande parte, às populações de origem africana, sendo que a contribuição dos índios foi pequena. Tanto é assim que a Argentina, país limítrofe ao nosso, sem grandes populações de origem africana, não apresenta o mesmo fenômeno de sincretismo. Distingamos logo o lado objetivo do lado subjetivo do problema. Objetivamente falando, o sincretismo não se justifica porque perverte a palavra de Deus, que não é dos homens, vem do alto e, portanto, tem de ser guardada na sua integridade e transmitida com a máxima fidelidade. A teologia e a fé não são como a filosofia. Cada um tem o direito de construir o seu sistema filosófico, à procura da verdade. Mas a fé, ao menos do ponto de vista cristão, vem de uma revelação da parte de Deus e, como tal, tem de ser respeitada. O sincretismo seria uma espécie de mescla: juntar a fé relevada por Deus com proposições de outras origens. Assim, objetivamente falando, o sincretismo é muito lamentável.

Subjetivamente falando, do ponto de vista dos adeptos, cremos que muita gente está em total boa-fé nessas crenças sincretistas, e que Deus sabe levar em conta essa boa-fé, de modo a dar-lhes também a salvação eterna. Muitas pessoas vivem tranquilamente a sua confissão religiosa eclética, procurando segui-la com a máxima fidelidade e de acordo com aquilo que a consciência lhes pede. Um dia estou certo de que elas encontrarão face a face o mesmo Deus que nós, católicos, esperamos encontrar.

Então, se de um lado o fenômeno é doloroso, de outro nutrimos plena confiança nas múltiplas vias que a Providência Divina tem para salvar os homens. Dizem que a Igreja Católica possui muitos filhos que não conhece e que talvez não a conheçam também, mas que são seus filhos assim mesmo. Eles se salvam pelo sangue de Cristo e pela mediação da Igreja, pois Deus está presente em todas as consciências puras e cândidas, sejam elas de umbandistas ou de protestantes. Isto, porém, não quer dizer que a evangelização e a missão apostólica da Igreja Católica não são mais necessárias. São impreteríveis, porque decorrem do mandato de Cristo em Mt. 28:18-20. É preciso que todos os homens de *boa-fé* professem *a verdadeira fé*.

É por isso que a Igreja tem uma grande tolerância e compreensão para com o sincretismo?

Sim, o que não quer dizer que promovamos o relativismo. Não diremos jamais que tanto faz ser católico como umbandista. Objetivamente falando, não é a mesma coisa. Mas, temos de combater o erro religioso pacificamente, esclarecendo as mentes, pregando a fé católica, a verdade. Mas por outro lado, repito, devemos reconhecer que Deus tem seus caminhos ocultos para poder salvar os que não professam a mesma fé e, inocentes, estão com a consciência tranquila em sua confissão religiosa.

O ecumenismo, mal-entendido, pode ter levado ao relativismo. Bem entendido ele significa o respeito ao que há de verdade, de bem, nos outros. Em consequência, deve haver diálogo, entendimento e colaboração em prol das causas comuns. O Espírito Santo fará aquilo que os homens não veem como fazer.

10 e 17 de agosto de 1980

47 Café Filho não conspirou, foi pressionado

Entrevistadores:
*Lourenço Dantas Mota
e Luiz Carlos Lisboa*

Henrique Teixeira Lott

Nasceu em Antônio Carlos, Minas Gerais, em 1894, e faleceu no Rio de Janeiro em 1984. Cursou a Escola Superior de Guerra em Paris e fez o curso de comando e Estado-Maior em Fort Leavenworth, nos Estados Unidos. Figura de grande destaque no Exército, foi ministro da Guerra nos governos Café Filho, Carlos Luz e Juscelino Kubitschek. Em 11 de novembro de 1955, chefiou o que chamou de contragolpe para permitir a posse de Kubitschek. Em 1960, foi candidato à Presidência, perdendo para Jânio Quadros.

Que posição assumiu, como jovem militar, diante das Revoluções de 22, 24, da Coluna Prestes e de 30?

Tenho uma mania pela democracia representativa, pelo poder que emana do povo e em seu nome é exercido. Esta é uma coisa que está lá no meu subconsciente e sempre reajo naturalmente em favor da lei. Em 1922, servia no Serviço Geográfico do Exército e fui contra a Revolução. Em 1924, era aluno da Escola de Aperfeiçoamento de Oficiais e também fui contrário à Revolução. Desta vez eu participei da luta ao lado das tropas legalistas e tive a oportunidade de assistir às barbaridades que elas praticaram. Não são apenas os revoltosos que, nessas ocasiões, cometem arbitrariedades, mas também as tropas legalistas. Este é um dos aspectos mais tristes das lutas intestinas. E esta constatação foi mais uma razão para aumentar o meu horror aos problemas políticos e às soluções violentas que às vezes lhes são dadas.

E na Revolução de 30?

Mais uma vez fui contra. Nessa época, era instrutor na Escola Militar do Realengo e fiz o possível e o impossível para que a Escola não aderisse à Revolução. E sofri as consequências dessa minha atitude: progredi lentamente na carreira, apesar de meu bom currículo. Aliás, esse é outro aspecto negativo das revoluções: o indivíduo sofre consequências negativas em sua própria carreira por tomar uma atitude absolutamente natural, pois o normal é ficar ao lado das autoridades constituídas. Pedi demissão de meu cargo de instrutor na Escola Militar, pois achava que não podia exercer um cargo de confiança num governo contra o qual me colocara. Fui transferido para a tropa e conheci então o Euclides Figueiredo, pai do atual presidente. Era um camarada bonito, forte, pelo qual tinha admiração desde os tempos do Colégio Militar. Lembro-me que certa vez adoeceu e fui visitá-lo em sua casa no Realengo. Antes de entrar no quarto vi seus filhos brincando na sala. Foi a única vez que vi o atual presidente, ainda menino. Nunca mais tive contato com ele.

E em 32?

Minha atitude não mudou: combati os revolucionários de São Paulo. Nessa ocasião, aliás, o Euclides Figueiredo estava do lado contrário. Assisti novamente às mesmas barbaridades a que já assistira em 24. Chamo a atenção de vocês para o fato de a América espanhola ter-se esfacelado em vários Estados e a América portuguesa ter-se mantido unida no Brasil. Por quê? Porque tivemos um Exército. No tempo da Colônia, Portugal confiou a defesa do Brasil a militares brasileiros. Por tudo isso, é da maior importância que entre as Forças Armadas e o povo brasileiro haja harmonia. É inteiramente contrário aos interesses do povo brasileiro que haja dissídio entre ele e os militares. Esta é outra ideia que sempre tive em minha mente. Por isso sempre fiquei apreensivo todas as vezes em que houve no Brasil qualquer problema político, no qual os militares tiveram de tomar atitude. Vi desde a minha infância que, apesar de o Brasil dever sua união às Forças Armadas, nosso povo tem uma certa prevenção contra a presença de militares no comando do país. Na disputa entre Hermes da Fonseca e Rui Barbosa, o Hermes era atacado só pelo fato de ser militar. Sempre me preocupei com esses problemas e, por isso, custei muito, em novembro de 55, a tomar a decisão de agir militarmente.

Antes de entrarmos na discussão desse problema, gostaríamos de tratar de um outro, que o antecedeu de pouco tempo. É que ele representa seguramente a primeira manifestação política de sua carreira. Referimo-nos ao Manifesto dos Generais, que o sr. assinou em 1954, pedindo a renúncia do presidente Vargas. O que o levou a essa atitude?

Tratou-se de um lapso. Como já lhes disse, sempre fiquei do lado da autoridade. Mas naquela ocasião havia uma série de acusações feitas a

Getúlio. A principal é que ele queria eternizar-se no poder. Como ele já havia dado um golpe, não seria nada de mais esperar um segundo, apesar de ele nessa época estar desempenhando o cargo de presidente constitucional. Outra acusação importante referia-se à influência no governo de seu guarda-costas, Gregório Fortunato. Tudo isso me preocupava. Como sabem, quando a gente vai comer uma coisa de que não gosta, engole ligeiro, sem mastigar. Quando vamos fazer uma outra coisa qualquer que no fundo não queremos, esse comportamento se repete: nós a fazemos depressa, sem procurar tomar conhecimento dela. Por isso, quando fui procurado por um colega para assinar o Manifesto, agi daquela maneira: vi a assinatura de vários companheiros e fui logo assinando, sem ler, o que não era do meu feitio. Foi um impulso de momento. Neste caso o meu subconsciente funcionou mal.

Como se deu o convite do presidente Café Filho para que assumisse o Ministério da Guerra, após a morte do presidente Vargas?

O suicídio do presidente foi para mim uma surpresa dolorosa, pois, apesar de ter sido contra ele quando tomou o poder pela força, e de ter assinado aquele Manifesto nas condições que descrevi, não desejava que ele terminasse assim. E qual não foi a minha surpresa, algum tempo depois de ter tomado conhecimento da morte do presidente, quando um colega me telefonou pedindo para ir falar com Café Filho, pois ele queria convidar-me para ser ministro da Guerra. Disse-lhe que de jeito nenhum aceitaria. Ele insistiu, afirmando que Café Filho já tinha estabelecido que o novo ministro seria ou o marechal Mascarenhas de Moraes ou eu. "Então — respondi-lhe — Deus queira que o marechal Mascarenhas aceite esse convite, porque eu não quero." Pouco tempo depois, meu amigo voltava a me telefonar: "O marechal Mascarenhas não aceitou, de maneira que o presidente lhe pede que vá conversar com ele na casa de seu médico, Raimundo de Brito". Fui até lá e o Café Filho formalizou o convite.

Quem indicou seu nome ao presidente?

O Exército, como organização, não é um grupo compacto, mas um grupo com subgrupos. E eu nunca fiz parte de nenhuma das "panelas".

Naquela época, o governo estava preocupado porque havia no Exército muitas divisões, e não se desejava colocar no Ministério da Guerra um cidadão que, pertencendo a um dos subgrupos, tivesse contra ele todos os outros. Como eu era neutro, não pertencia a nenhuma "panela", poderia exercer as funções de ministro sem provocar reações contra a minha pessoa. E há um outro fato importante a considerar: fui instrutor da Escola Militar e da Escola de Aperfeiçoamento de Oficiais, e professor, subdiretor de ensino e comandante da Escola de Estado-Maior. Nessas funções, conheci e convivi praticamente com toda a oficialidade do Exército, desde os bancos escolares. Fui professor do Eduardo Gomes na Escola de Estado-Maior e instrutor de Castello Branco e Costa e Silva na Escola Militar. Mantive assim contato estreito com muitas gerações de oficiais, escalonados em vários postos, dos mais baixos aos mais elevados. Esta foi uma das razões que determinaram a minha escolha para o Ministério e que explicam também o rápido êxito do meu contragolpe de novembro de 55. Voltando ao encontro com Café Filho, resisti ao convite, argumentando que não se tratava de um cargo propriamente militar. "É militar — disse-lhe — mas tem conotações políticas, e eu tenho alergia à política." Mas diante de sua insistência acabei aceitando. Aliás, devo dizer que gostava muito de Café Filho e que uma das coisas mais duras para mim foi ter de agir contra ele. Mas o dever está acima de tudo. Era um homem extremamente amável. Dizia-me que tinha saído do nada e caminhara até a posição que ocupava nos braços do povo. Por isso, acrescentava, sempre esteve, estava e estaria ao lado do povo.

As eleições presidenciais começaram a ser preparadas algum tempo depois, e uma das discussões importantes travadas na época foi em torno da cédula oficial. Como não era especialista nesse assunto, não sabia bem, a princípio, o que deveria entender por cédula oficial. Mas ela me sugeriu a possibilidade de adoção de uma cédula confeccionada pela Justiça Eleitoral. Além de o candidato não ter de gastar dinheiro com isso, ela seria distribuída de forma muito mais eficiente por todo o país. Nela se colocariam os nomes de todos os candidatos e caberia ao eleitor apenas indicar aquele de sua preferência. Decidi discutir o assunto com Carlos Luz, que era o presidente da Câmara. Naquela época, politicamente agitada, achei que uma visita do ministro da Guerra à Câmara poderia ser mal interpretada. Tinha, portanto, de encontrar um bom pretexto. E ele surgiu quando Carlos Luz recebeu a Ordem do Mérito Militar. Fui então até à Câmara entregar-lhe a comenda e aproveitei para tratar do assunto. Luz achou a ideia viável, e acabou-se implantando a cédula única, que foi uma boa solução.

Quer dizer que a cédula única surgiu de uma sugestão sua?

Sim. Como disse, já havia uma sugestão para uma cédula oficial. Mas a cédula única, nas condições em que foi adotada, resultou de uma sugestão minha. Esta, a meu ver, foi realmente uma boa solução. Em primeiro lugar, as cédulas passaram a chegar aos eleitores sem a interferência de ninguém além da Justiça Eleitoral. Em segundo lugar, eles tiveram a oportunidade de escolher seu candidato numa cabine indevassável. As Forças Armadas tomaram providências, principalmente o Exército, para que os eleitores pudessem votar com total liberdade. Quando era necessário enviar tropas para determinado lugar, tínhamos o cuidado de colocá-las a uma certa distância dos locais de votação, para que os eleitores não se sentissem atemorizados. Os eleitores não sofreram nenhuma espécie de pressão, por parte do governo ou de quem quer que seja.

Foi depois da eleição que começou realmente a agitação política, principalmente quando se levantou a tese da maioria absoluta que, se aceita, impediria Juscelino Kubitschek de tomar posse. Como viu a evolução desse problema?

Eu me dava muito bem com o Eduardo Gomes e com o Amorim do Vale, que eram os ministros da Aeronáutica e da Marinha. O Amorim era uma pessoa de uma amabilidade excepcional e foi justamente por sua capacidade de fazer amigos que foi escolhido para ministro. Quanto ao Eduardo Gomes, vocês sabem que é um sujeito valente, que colocou bravura, verdade e moralidade em todas as coisas que fez. Realmente, as coisas começaram a complicar quando surgiu a tese da maioria absoluta. Fui então ao presidente do Superior Tribunal Eleitoral, que era o Luiz Gallotti, e perguntei-lhe o que havia de positivo com relação a isso. Respondeu-me que a Constituição não exigia maioria absoluta para a eleição presidencial, bastando a maioria simples. Aí é que se caracterizou a divergência entre eu, Eduardo Gomes e Amorim do Vale, pois os dois advogavam a maioria absoluta. Contei-lhes que colocara a questão para o presidente do STE, que era quem entendia disso, e que ele me respondera que não havia nenhuma razão para se exigir a maioria absoluta. Acrescentei que, em virtude disso, não havia por que insistir nessa tese. Apesar disso, as divergências entre nós não apenas permaneceram, como também se aprofundaram. Antes das eleições eu já tomara algumas providências acauteladoras. No Brasil, eleições sempre dão lugar a confusões e, por isso, decidi tomar as medidas necessárias para o caso de ter de fazer face a elas. Sempre tive um contato muito grande com os problemas estratégicos e táticos e, diante daquela eventualidade, achei que o mais correto era prever para prover. Aliás, minha atitude sempre foi essa: pensar no que pode advir e com antecedência tomar as atitudes para enfrentar a situação. Antigamente, os problemas políticos eram resolvidos aqui no Rio. O Denys era o comandante do I Exército e determinei a ele que, com seus auxiliares, redigisse certo número de ordens, tendo em vista várias hipóteses: a da Marinha não se conformar com os resultados das eleições; a de ela e a Aeronáutica se unirem nessa posição; a de ambas contarem com o apoio de uma parte do Exército. Ele redigiu as ordens e me trouxe. Fiz algumas modificações e elas foram envelopadas, seladas e guardadas. Estávamos, assim, preparados para que, em pouco tempo, toda a tropa do Rio de Janeiro fosse movimentada.

A seu ver, o presidente Café Filho afastou-se do governo por que estava realmente doente, por que estava sofrendo pressões muito fortes para aderir à tese da maioria absoluta, ou por que estava participando de um golpe?

O Café era realmente cardíaco, tanto que, quando viajávamos, havia sempre um médico à sua disposição e remédios para perturbações cardiovasculares. Aquela tinha sido uma eleição séria e honesta, e para ele deve ter representado uma dor muito grande receber pressões para contrariar seu resultado. Como sabem, quando as tensões são muitas e grandes, fraqueja aquele nosso órgão que já é deficiente. No caso dele, foi o coração. Não creio que ele estivesse numa conspiração. Ele foi pressionado. E acho que foi em consequência dessas pressões que sobreveio o ataque cardíaco que o afastou temporariamente do cargo. Aí o Carlos Luz assumiu a Presidência e houve o caso Mamede. O Mamede era um oficial de primeira ordem, com uma atuação destacada na campanha da Itália. Mas tinha inclinações políticas. O caso, como sabem, se deu por ocasião da morte do general Canrobert Pereira da Costa, de quem eu era muito amigo. Tenho horror de fazer discursos, mas resolvi falar durante o enterro, porque a tensão então existente poderia dar lugar a que um camarada qualquer fosse lá tratar de problemas políticos. Antecipei-me assim e falei da dor de nossos colegas do Exército pela morte de Canrobert. E fiquei muito surpreso quando o Mamede pediu a palavra, pois ele não estava na lista dos que iam falar. E a surpresa aumentou quando ele abordou questões políticas. Minha primeira reação foi interrompê-lo e prendê-lo. Mas contive-me, em vista das circunstâncias. E surpreendi-me novamente quando acabou de falar e Carlos Luz dirigiu-se a ele e o cumprimentou efusivamente.

Ora, é proibido pelas nossas normas o militar manifestar-se sobre problemas políticos em público, principalmente numa circunstância como aquela. Para mim, foi doloroso aproveitar aquele momento para debater política. Como o Mamede estava na Escola Superior de Guerra, que era sujeita diretamente à Presidência da República, não estava sob as minhas ordens. Resolvi então tomar as medidas que me pareciam necessárias pelos canais competentes. Entrei em contato com o chefe do Estado Maior das Forças Armadas e, como nada consegui, decidi falar com o próprio presidente Carlos Luz. Ele convocou-me, então, para uma reunião no Palácio, com hora marcada. Cheguei cinco minutos depois da hora e Carlos Luz, em vez de me receber logo, atendeu uma porção de gente antes de mim. Só fui atendido depois de uma hora e meia. Apresentei-me e disse-lhe que viera falar sobre o caso Mamede.

Pediu a ele a punição de Mamede?

Apresentei-lhe três hipóteses: o Mamede voltava para o Exército, mas não era punido; ele seria punido pelo chefe do Estado-Maior e pelo presidente; eu o puniria mesmo ele estando na Escola Superior de Guerra. Eu preferia a primeira hipótese, porque Mamede era um oficial com boa folha de serviço e não queria que a sua carreira ficasse prejudicada por aquele episódio. Luz não aceitou nenhuma das três hipóteses. "Então, sr. presidente — disse-lhe —, desejo saber a quem devo passar a Pasta da Guerra, porque não posso continuar como ministro, quando a disciplina militar foi ferida. Não posso ser responsável por uma organização em que a disciplina não é respeitada." Ele aceitou esse pedido de demissão. Quando lhe perguntei quem pensava convidar para substituir-me, respondeu-me que era o general Fiúza de Castro e pediu minha opinião sobre ele. Respondi-lhe: "É um bom oficial. Lamento apenas que o sr. sujeite um oficial como ele a aceitar que a disciplina de sua corporação seja ferida, exatamente uma situação que um oficial mais novo como eu não tolerou". O Fiúza entrou em seguida na sala, chamado pelo presidente, que me perguntou se eu queria transmitir-lhe a Pasta naquela noite mesmo. "Não, respondi-lhe. Tenho ainda alguns papéis a assinar e algumas providências a tomar, de maneira que transmitirei o cargo amanhã."

A seu ver, o general Fiúza de Castro já tinha sido convidado quando o sr. chegou ao Palácio?

Acho que sim, e sabem por quê? Soube mais tarde que o Fiúza tinha sido convidado para um cargo importante no setor civil, no qual iria ganhar bastante. Como sabem, nós militares, ganhávamos muito pouco e suponho, pois, que o Fiúza estivesse interessado naquele cargo. Mas, dias antes daquela conversa minha com o Luz, Fiúza recusara o convite dessa organização civil. Pode-se supor que ele já tivesse sido sondado para assumir o Ministério. Além disso, se ele já estava no Palácio quando fui falar com o presidente, é porque já se tinha como certa a minha demissão. Terminado o encontro no Palácio, fui logo para casa, e, no caminho, disse ao meu chofer: "O general Fiúza está na reserva e não sei se ele tem automóvel particular, de maneira que você verifique onde ele mora para amanhã poder ir buscá-lo e levá-lo para o Ministério". Foi com esse estado de espírito, dando tudo por terminado, que cheguei em casa. Quando estava jantando, disseram-me que o Denys tinha ido lá falar comigo. Ao terminar o jantar, mandei chamá-lo e perguntei-lhe o que estava se passando. "Soube que a Aeronáutica e a Marinha estão de prontidão e acho bom que coloquemos também o Exército de prontidão" — ponderou. Ao que respondi: "Não, isso é ruim. A Marinha e a Aeronática são Armas menos numerosas, de maneira que o povo não nota essa agitação. Nós, pelo contrário, somos muito mais numerosos e estamos espalhados pelo Rio. Se ficarmos de prontidão, o povo notará a agitação, e se assustará. E não há razão para isso. Afinal, a passagem de um Ministério não justifica tanta confusão". Como veem, estava disposto a passar o Ministério. Denys não gostou de minha resposta e voltou para sua casa.

Eu fui me deitar. Toda a minha vida deitei-me entre 8 e 8 e meia e acordei sempre antes das quatro da madrugada. Mas nesse dia não consegui conciliar o sono por mais que tentasse. Pensava: "Muito bem, agora estou numa situação cômoda, porque saio do barulho, mas em compensação o Brasil vai pegar fogo. E nesse caso serei co-responsável pelo fato de brasileiros matarem brasileiros. Mas, se tomar a decisão de agir de surpresa, com os elementos que já tenho preparados, talvez consiga evitar isso. A vontade do povo será respeitada e o sangue brasileiro não será derramado". Essas ideias iam e vinham em minha cabeça. Acabei por levantar-me e vi que na casa do Denys, que era meu vizinho, havia luz acesa. Por precaução, tinha instalado um telefone de campanha ligando nossas duas casas. Chamei Denys por esse telefone: "Decidi agir e não podemos perder tempo. O automóvel que me serve está longe e vai demorar. Passe aqui com seu carro e vamos para o Ministério da Guerra. Temos de agir o mais rápido possível".

A que horas tomou essa decisão?

Uma ou duas horas da madrugada. O Denys veio logo e fiquei surpreso porque com ele estava o general Falconière da Cunha, que eu encontrara na véspera e que deveria ir para São Paulo. Ao chegar ao Ministério, distribuímos imediatamente as ordens, que já estavam prontas. As tropas começaram logo a tomar posições, com uma rapidez com que o pessoal do outro lado não contava. Em pouco tempo éramos os donos da situação. Tínhamos apenas um problema, em São Paulo: o Jânio Quadros, que eu sabia que estava no golpe. Por isso, tomei providências para que São Paulo não se revoltasse e para que os navios da Marinha não deixassem o Rio. A Marinha não tinha recursos suficientes para nos vencer, mas, se ela decidisse agir, havia a possibilidade de luta e eu não queria de modo algum que isso ocorresse. Para que a esquadra não saísse, determinei que as fortalezas fizessem sinal de barra fechada. Lá pelas tantas, telefonaram-me dizendo que o "Tamandaré" queria sair. Perguntei se já haviam feito sinal de barra fechada e responderam-me que sim, e várias vezes. Quando comunicaram-me que ele estava saindo, recomendei que dessem um tiro de pólvora seca e um outro de verdade à frente do navio, se ele insistisse em sair assim mesmo. Se nada disso resolvesse, que atirassem em cima. A meu ver, o pessoal da fortaleza não estava com vontade de acertar nos companheiros. O fato é que foram dados tiros, mas graças a Deus ninguém se feriu. O Luz saiu do Rio no "Tamandaré" com vários companheiros, mas, como uma andorinha sozinha não faz verão, tiveram de voltar. Ao mesmo tempo em que cuidava do caso "Tamandaré" falava pelo telefone ou pelo rádio com os comandantes do Exército em todo o país. Explicava a situação e pedia a opinião deles. Todos, menos um, concordaram com a necessidade de se fazer respeitar o resultado da eleição presidencial. Pedi-lhes que entrassem em contato com os governos estaduais para que a ordem pública fosse mantida a todo preço. De maneira que, a não ser aqueles tiros contra o "Tamandaré", que não mataram ninguém, não houve nenhum outro incidente mais grave.

Por 32 horas governei o Brasil. Durante esse período aconteceu um episódio curioso. Um político insinuou-me que, já que eu estava com o poder nas mãos, deveria mantê-lo e depois resolver o problema político da maneira mais adequada. Respondi-lhe: "Não. Agi porque não tinha outra solução, mas atuarei dentro do quadro constitucional vigente. Assim, será empossado aquele que a Constituição determina que seja o substituto do presidente Café Filho". Resolvido esse problema com a posse de Nereu Ramos, surgiu um outro: as pressões que o Café Filho estava sofrendo para reassumir logo o governo. Antes que essas pressões começassem, tinha estado com ele no hospital, a seu chamado. Fui lá e expus o meu ponto de vista sobre os acontecimentos.

Nessa ocasião ele não falou que reassumiria?

Não, nessa ocasião nada disse sobre isso.

Receava que, reassumindo, ele aderisse à tese da maioria absoluta?

O meu receio, se ele reassumisse naquelas circunstâncias, era com relação às pressões que sofreria. Afinal, o amor dele pelo povo tinha sido mais fraco do que as pressões que sofrerá dos golpistas. Esse era o meu temor. E meu cuidado era evitar lutas, porque sabia que Café Filho era um nordestino valente e briguento. Compreendam: eu tinha ido contra a orientação de toda a minha vida militar ao dar aquele contragolpe e não podia deixar que as pressões dos golpistas triunfassem.

Sentiu alguma resistência em seus entendimentos com as lideranças do Congresso para a votação do impedimento do presidente Carlos Luz?

Não fiz nenhuma pressão sobre o Congresso. A maioria do Congresso não era pelo golpe. Apenas uma minoria, a UDN, e alguns jornalistas, como Carlos Lacerda, estavam no golpe.

Como se deu o convite de Juscelino Kubitschek para que continuasse no Ministério da Guerra?

Eu não queria ser ministro de Juscelino. Ele mandou auxiliares seus me convidarem e respondi que não aceitava. Ele insistiu e continuei a dizer não. Juscelino, então, chamou-me. Disse-lhe: "Tive de agir contrariamente aos pontos de vista que defendi em toda a minha vida, justamente para que os resultados das eleições fossem respeitados e o sr. tomasse posse. Agora, se aceitar o seu convite, é como se eu tivesse feito isso para continuar ministro. Como sabe, não foi essa a minha intenção e a minha consciência não me acusa disso. Mas poderão dizer que foi por isso, o que será mau para o seu governo e para mim também". Ao que ele me respondeu: "Não tenho outra solução senão insistir em meu convite. O sr. está a par da situação do país e preciso do sr. no Ministério". Ele continuou a argumentar nessa linha e tive de aceitar, embora contra a minha vontade.

Por que, tendo tanto horror à política, como disse, aceitou ser candidato à Presidência?

Não tinha vontade nenhuma de ser candidato à Presidência. Convidaram-me várias vezes e recusei. Alegava ter horror à política, pois ela só me havia machucado, e também que já era muito velho. Além disso, não queria enfrentar os dissabores da campanha eleitoral. Mas acabei aceitando pelo seguinte. Fui comandante da II Região Militar em São Paulo durante cinco anos e acompanhei a carreira de Jânio Quadros. Nas funções que ele exerceu durante o tempo em que servi lá, ele vivia ligado aos comunistas. Por intermédio de minha segunda seção, sabia que ele dava dinheiro às organizações da esquerda. De modo que sabia quem ele era.

Outro elemento: Jânio empregava a fundo o dito de Luís XIV, *L'Etat c'est moi*. Estava convencido — era egocentrista — de que tinha mais inteligência do que todo mundo à roda dele, de que a sua inteligência sobrepujava todas as inteligências somadas. Pensava que, postas nos pratos de uma balança a inegável inteligência dos brasileiros e a dele, a sua pesava mais. Ora, diante desse quadro, temia o que poderia suceder ao Brasil se ele chegasse ao poder.

À luz de seus contatos com militares de vários outros países, acha que os militares brasileiros têm traços que os distinguem deles?

Convivi realmente com militares de diferentes países: franceses, dinamarqueses, americanos. Sim, acho que os militares brasileiros se distinguem por serem mais ligados ao povo. Eles são povo. Aqui não há casta militar. Tomemos como exemplo o meu caso. Meu pai era um pobretão e minha mãe era professora. Éramos onze irmãos. Quando estava no Colégio Militar, andava fardado, porque não tinha dinheiro para comprar roupas à paisana. Só quando tive meu soldo, como aluno da Escola Militar, é que pude economizar para comprar uma roupa à paisana. A maioria dos meus companheiros era como eu. Somos povo, viemos das camadas mais humildes da população. Por isso, o que está no nosso coração é o sentimento popular. Passada a fase aguda dessas lutas, não há animosidade entre civis e militares.

Vê alguma diferença entre as intervenções militares anteriores e a que houve em 64?

Uma das coisas que eu mais temia aconteceu em 64, ou seja, que os militares ficassem no poder. Mas, como Deus é brasileiro, ele nos protege. Acho que agora a Revolução está no bom caminho. Como lhes disse, só conheci pessoalmente o atual presidente quando ele era ainda criança. Portanto, não cheguei propriamente a conhecê-lo. Mas ele tem a quem sair: seu pai era um homem excepcional sob o ponto de vista do caráter. Além de ter sido o primeiro aluno na Escola Militar, na Escola de Aperfeiçoamento de Oficiais e na Escola de Estado-Maior, seus colegas dizem que sempre foi muito bom companheiro. Enfim, uma série de fatores contribuem para que ele esteja em condições de exercer bem suas funções.

28 de setembro de 1980

48 Os trabalhadores devem influir no Estado

Entrevistadores:
*Lourenço Dantas Mota,
Itaboraí Martins
e Antônio Carlos Pereira*

Dante Pellacani

Nasceu em 1923 em São Paulo, onde morreu em 1981. Começou muito cedo sua militância no setor gráfico e, dos anos 50 até 1964, foi um dos principais líderes sindicais. Militou no Partido Comunista Brasileiro, que abandonou em 1960. Dirigiu o antigo Departamento Nacional de Previdência Social e, no governo Goulart, foi vice-presidente do Comando Geral dos Trabalhadores — CGT.

Quando começou a sua atuação no meio sindical e o que o levou a ela?

Comecei a minha vida profissional em 1937, aos 14 anos, trabalhando numa empresa gráfica, a Companhia Paulista de Papéis e Revistas. Aos 15 anos fui para O *Estado de S. Paulo,* onde trabalhei até os 20, como ajudante de mecânico, quando fui servir o Exército. O Brasil estava em guerra, mas, como era casado e tinha um filho, não fui para a FEB. Fiquei em São Paulo fazendo cursos, e cheguei a sargento. Dei baixa justamente quando estava para terminar a intervenção no *Estado* e se falava na devolução do jornal para a família Mesquita. Tínhamos um bom relacionamento com o interventor Abner Mourão, que nos chamou e disse: "Vamos ter de entregar o jornal para a família Mesquita. Por isso, vejam quais são as suas reivindicações, porque temos condições de atendê-las". Com base nessa conversa, reunimos a corporação e expusemos o problema. Dentro da corporação havia velhos sindicalistas, militantes do Partido Comunista, pois o *Estado* sempre teve uma tradição de dar guarida a esses elementos que eram perseguidos, e à qual Júlio de Mesquita Filho e Francisco Mesquita eram fiéis. E esses companheiros não acharam bom que se entrasse em entendimento com a junta interventora, preferindo esperar que os Mesquitas retomassem o jornal, o que foi feito.

Quando a família Mesquita voltou, tivemos o primeiro atrito. Já naquela ocasião recebíamos um mês de salário como abono de Natal, e essa foi a primeira coisa cortada. Deram-nos um abono de apenas um dia. Daí surgiu o primeiro movimento de protesto que fizemos, devolvendo o dia de serviço e paralisando o trabalho. Em consequência, restabeleceu-se o pagamento do mês de abono. Em 47 ou 48, não me lembro bem, houve a primeira greve por aumento de salário. Liderei essa greve, que durou vinte e quatro horas e foi muito importante, porque foi a primeira durante o governo Dutra, o qual, em termos de repressão, era pior do que o de Getúlio Vargas. Quase todos os sindicatos, principalmente os da área industrial, estavam sob intervenção. No dia em que o Partido Comunista foi declarado ilegal, em 1947, houve a intervenção nos sindicatos. De maneira que, como não tínhamos sindicato, lidávamos diretamente com os patrões. Essa foi a primeira greve, em 25 anos, no *Estado*. Feita a greve, entramos em entendimentos, houve aumento de salário e marcou-se uma posição: a classe operária já começava a se organizar e, a partir desse movimento, formaram-se os primeiros comitês de libertação dos sindicatos.

Fui preso pelo Dops e fichado como agitador grevista. Fui também despedido com mais uns 10 companheiros. A partir de então, entrei na militância sindical. Mas desde jovem tive contato com os militantes sindicais que frequentavam a minha casa. Meu pai era sindicalista de uma tendência mais ou menos revolucionária. Em todas as revoluções — 24, 30 e 32 — ele foi para a frente de batalha.

Por que, mesmo com a redemocratização, a greve continuou proibida?

Quando se discutia a Constituição de 46, o movimento sindical fez um esforço muito grande para que nela figurasse o direito de greve, o que conseguimos. Mas ficou estabelecido que a lei ordinária regulamentaria aquele direito. E naquela ocasião os trabalhadores, com poucos meios de comunicação à sua disposição, não perceberam o golpe que foi dado em sua pretensão, alguns dias antes da promulgação da Constituição, com a assinatura pelo governo Dutra do decreto-lei nº 9.070, regulamentando o direito de greve. Como a Constituição de 46 nunca foi regulamentada no que se refere ao direito de greve, prevaleceu o decreto-lei nº 9.070, que praticamente impedia a greve.

Nessa época, que forças políticas atuavam no movimento sindical?

A força política que sempre preponderou nos sindicatos em número de ativistas, mas que não os dominou, foi o Partido Comunista. Só nos últimos anos é que apareceu a JOC — Juventude Operária Católica —, que contrabalançou um pouco aquela influência.

Que últimos anos são esses?

Refiro-me aos anos de 53 a 64. É nessa época que notamos a Igreja um pouco mais interessada na atividade sindical. Ativistas mesmo, elementos que se dedicavam exclusivamente ao sindicalismo, só os membros do Partido Comunista. Mas bem poucos sindicatos eram dominados pelos comunistas. A argumentação deles é que predominava nas assembleias, porque levantavam as bandeiras reivindicatórias mais próximas dos anseios dos trabalhadores.

Em suma, eles davam o tom?

É isso.

Em seus depoimentos, tanto Amaral Peixoto quanto dona Alzira Vargas disseram que a intenção de Getúlio Vargas, ao fundar o PTB, foi dar um instrumento de expressão aos trabalhadores e criar uma barreira à expansão do PC. Concorda que essa foi realmente a intenção de Vargas? Acha que isso funcionou?

Sim, acho que o objetivo da criação do PTB foi justamente esse: criar um instrumento para o trabalhador se opor à atividade do PC. Por outro lado, acho que isso não funcionou. Porque o PTB na época era aliado do PSD, um partido que estava no governo. Então, como podia o movimento sindical se opor às bandeiras que o PC levantava, se o PTB era aliado do partido do governo e não atendia às reivindicações da classe operária? Não havia uma militância de dirigentes sindicais de primeira linha dentro do PTB. O que havia eram entendimentos. Eu mesmo vivia em entendimentos com o PTB. Quando tínhamos interesse em determinada lei, procurávamos o PTB para que ele nos desse o seu apoio. Mas a militância partidária era pequena. Aliás, esse fenômeno persiste até hoje no sindicalismo. Assim como todos os trabalhadores brasileiros, a maioria dos dirigentes sindicais não tem militância política. Por ocasião das eleições, os trabalhadores e mesmo os dirigentes sindicais votam em nomes e não em partidos.

História Vivida

Nessa época de que estamos tratando, quais eram as principais reivindicações dos trabalhadores?

Todas as lutas dos trabalhadores, por uma questão de tática, sempre tiveram dois itens preponderantes: um era o aumento de salário, uma conquista imediata que despertava o interesse da massa; outro era uma reivindicação de caráter político-social. Notem bem que não digo reivindicação político-partidária, mas político-social. Nas lutas contra a carestia, pelo pagamento das horas extras de 50%, pelo 13º salário, pela Lei Orgânica da Previdência Social, lutávamos simultaneamente pela reforma agrária, porque achávamos na ocasião que ela seria uma solução para o problema das grandes cidades como São Paulo, que atraíam os camponeses de todo o país. Chegamos a participar ativamente das lutas pelas reformas de base, coincidentemente com João Goulart. Chamo a atenção para o fato de que não se tratava de uma adesão nossa a essas lutas. A classe operária participava dessas lutas organizadamente, com suas próprias bandeiras.

Vamos discutir um pouco a estrutura sindical brasileira. A subordinação rígida e formal dos nossos sindicatos ao Ministério do Trabalho é a seu ver um bem ou um mal?

Na época em que comecei a minha militância, o sindicalismo vivia sob um paternalismo exagerado do Ministério do Trabalho, e isso a meu ver só prejudicou a organização sindical e a livre iniciativa dos trabalhadores. Mas não sou daqueles que acham que existem sindicatos atrelados ao Ministério do Trabalho. Para mim, o que existe são dirigentes sindicais atrelados ao Ministério do Trabalho. O Ministério nunca conseguiu atrelar o movimento sindical. Exemplos disso são as centenas de greves ocorridas no país e a própria criação do CGT. Isso quer dizer que, quando o dirigente sindical não aceita aquele tipo de paternalismo, o governo não tem forças para impô-lo. Quando o governo encontra uma classe operária fraca e desorganizada, ele tem condições de fazer intervenções.

Pela legislação ainda em vigor, o governo tem sempre o poder de intervenção.

Sim, ele tem o poder de intervir, mas, conforme a atividade do sindicato, não tem condições para isso. O que quero dizer é que, havendo uma grande unidade sindical, o governo dispõe desse poder de intervenção, mas não de condições políticas para exercê-lo.

O ministro Murilo Macedo usou recentemente o artigo 526 da CLT no caso de dois sindicatos grandes e fortes do ABC, depois de uma greve longa, durante a qual a categoria ficou ao lado da liderança.

Sim, mas ele interveio numa categoria exaurida por uma greve demasiadamente prolongada. Repito: se o governo encontrar a classe operária desorganizada, ele tem condições de aplicar o argigo 526; do contrário não. O que os dirigentes sindicais precisam é encontrar meios de fazer com que essa lei não seja aplicada, a par do movimento, que já está sendo feito, para a modificação por inteiro da estrutura sindical que, a meu ver, é falha.

É quase unânime a opinião de que existe um paternalismo e que ele é nocivo. Isso, desde que a legislação foi implantada, até hoje. No entanto, nunca se fez nada de sério, coerente e com uma continuidade adequada — nem ao nível político nem ao sindical —, para que se extinguisse a fonte desse paternalismo. Por quê?

Quando falamos de sindicalismo, olhamos para São Paulo, Rio e talvez parte de Minas Gerais e Rio Grande do Sul. Mas o Brasil não é só isso, é muito maior. É um perigo querermos uma mudança de estrutura, sem fazermos um estudo aprofundado para verificar como ficariam as categorias que não têm poder de barganha sem uma lei que as proteja, pelo menos nos dissídios coletivos. O problema é o poder de barganha. Em São Paulo, uma modificação da estrutura sindical não acarretaria problemas, mas não sei se, se pode dizer o mesmo do Norte e Nordeste. Lá, os nossos companheiros talvez não tivessem condições sequer de conseguir aumentos de salários anuais, se, se mudasse a estrutura sindical sem planejamento. Para isso, é preciso um estudo aprofundado, com a participação dos dirigentes sindicais.

História Vivida

Mas nesses últimos 45 anos não foi feito esse estudo, ninguém se preocupou seriamente com ele.

Mas a indústria brasileira não tem 45 anos de pujança, quer dizer, é uma indústria que nasceu muito frágil, que só agora se está estruturando. Só recentemente, durante o governo de Juscelino, é que as grandes empresas se formaram aqui no Brasil. Tomemos como exemplo o Sindicato dos Gráficos. Temos cerca de 3 mil pequenas gráficas. Querem fazer um sindicalismo de negociações diretas do trabalhador com o patrão — como já vi propalarem por aí — e não de sindicato para sindicato. Nas grandes indústrias, onde podemos organizar os trabalhadores, dará bons resultados. Mas nas pequenas, onde os trabalhadores estão em contato direto com o empregador e com o filho do empregador, os primeiros ficam sem poder de barganha. Acho que a estrutura tem de ser mudada, mas sempre dentro da unicidade sindical. E os entendimentos devem ser feitos de sindicato para sindicato.

E quanto às relações entre os sindicatos e o Estado?

As relações que o movimento sindical tem de ter com o governo não devem ser no sentido de participação ou responsabilidade nele. Nós, trabalhadores, como parte da população brasileira, temos de influir nas decisões do Estado, naquilo que nos diz respeito. Tomemos o caso do BNH: por que os trabalhadores não são ouvidos na aplicação do dinheiro desse Banco? E a Previdência Social? Por que os trabalhadores estão fora de sua administração? Não preconizo a participação dos trabalhadores no governo, mas nas decisões do Estado que nos concernem.

Mas isto não deixa de existir entre nós justamente porque na verdade os sindicatos são órgãos caudatários do Estado, e a caudatário não se consulta, dão-se ordens?

Sim, mas já houve época em que se consultava. Naquela época, fomos apresentados como elementos participantes do governo. Pelo simples fato de um dirigente sindical ter livre acesso ao presidente da República — isso há 16 ou 20 anos atrás — ele era acusado, principalmente pela imprensa, de ser elemento subordinado ao governo, quando não era nada disso. Hoje eu vejo, estarrecido, que um dirigente sindical tem de pedir audiência para falar com o secretário do ministro do Trabalho. No meu tempo, a gente ia, abria a porta e falava diretamente com o ministro ou com o presidente da República, porque tinha peso para chegar lá, conversar, exigir e reivindicar, e hoje não tem mais. A rigor, não existe a figura do caudatário. A entidade sindical não se atrela a ninguém. Mas é preciso haver dirigentes que saibam reivindicar.

Um dos elementos fundamentais que mantêm a ligação entre os sindicatos e o Estado no Brasil é o imposto sindical. É favorável a ele?

Sim, até que se encontre uma outra forma de se conseguir meios financeiros para a manutenção das entidades sindicais. Conversando com companheiros de lutas anteriores a 1930, quando se deu a oficialização dos sindicatos, sempre senti as dificuldades que tinham até para o pagamento de suas sedes. Com o advento do imposto sindical esse problema financeiro foi solucionado. E, se houver uma certa independência dos dirigentes sindicais, o dinheiro não vinculará o movimento sindical ao Ministério do Trabalho. O que a meu ver se poderia fazer de imediato é tirar do Ministério do Trabalho aquela parcela do imposto sindical que ele retém — cerca de 40% —, sendo que apenas os outros 60% é que são divididos entre os sindicatos. Estamos assim, de fato, financiando o governo com o dinheiro dos trabalhadores. Em seguida, cada sindicato deve encontrar uma fórmula de autofinanciamento. A eliminação do imposto sindical tem de ser um processo gradual, para que os sindicatos não caiam numa penúria total e voltem a não ter dinheiro nem para pagar suas sedes.

Apesar das críticas parciais que fazem à estrutura sindical, parece-nos que os dirigentes sindicais de maneira geral não se interessam verdadeiramente em romper a vinculação dos sindicatos com o Estado. Eles dão a impressão de ver muitos aspectos cômodos nessa situação ou, em outras palavras, de encontrar nela mais aspectos positivos que negativos.

Em parte vocês têm razão. Mas devemos encarar essa questão com cautela. Quem ler o que eu disse até agora ficará com a impressão de que tenho 40 anos de sindicalismo. "Então, em 40 anos você não fez nada para mudar a situação?" — pode-se perguntar. A situação não é bem essa. Sou dirigente sindical fruto de uma ditadura. Getúlio caiu em 45 e algum tempo depois fui eleito para o Sindicato dos Gráficos. Logo em seguida houve a intervenção sob o pretexto de que havia um comunista na chapa, que era eu. A intervenção durou até 51. Por ocasião daquela eleição, todos os antigos companheiros ou tinham morrido, ou estavam presos, ou haviam-se acomodado. Entrou então para o sindicalismo um grupo de jovens sem nenhuma experiência. Vou citar o meu caso: eu tinha na ocasião 23 ou 24 anos, recém-saído do Exército, sem nenhuma experiência de dirigente sindical. Finda a intervenção, a situação só se normalizou em 52. De 52 a 63 foram 11 anos, nos quais tive militância sindical. Desses, 4 ou 5 anos foram para adquirir alguma experiência. Logo em seguida, em 64, veio o golpe, que não se limitou a interromper a vida sindical: criou um abismo intransponível entre o passado e o presente, dando a impressão de que nunca houve passado. A pergunta que vocês estão fazendo é feita também por muitos trabalhadores: "Mas no passado vocês não fizeram nada?" Não existe memória no Brasil. O abismo entre passado e presente é muito grande. Não se conta a História, não se guarda a História. Em 64, os sindicatos foram invadidos, e tudo o que tínhamos de História testemunhava a nossa experiência — volantes, panfletos, publicações — para transmitir para as novas gerações foi destruído. Os dirigentes foram exilados, presos ou mortos. Surgiu uma nova leva de dirigentes sindicais também sem nenhuma experiência, exatamente como aconteceu no meu tempo. Não temos uma sequência normal na vida sindical, com as lições passadas de pai para filho. Há interrupções brutais de 5, 10, 15 anos de intervenções.

> *Como o sr. mesmo lembrou, durante um certo período — relativamente curto, é verdade — os dirigentes sindicais tiveram acesso direto ao ministro do Trabalho e ao presidente da República. Por que nessa ocasião não se tentou romper a ligação dos sindicatos com o Estado?*

Tentou-se romper essa ligação, sim. Se vocês forem ao Sindicato dos Gráficos de São Paulo encontrarão lá os jornais dos anos 50 e 60, e verão que uma das bandeiras ali defendidas era a da luta contra o imposto sindical. O fato de termos acesso fácil ao ministro do Trabalho e ao presidente da República em certa época não quer dizer que, com isso, conseguíssemos derrubar a estrutura sindical, porque o Congresso Nacional sempre foi contra qualquer avanço do movimento sindical. Do Congresso Nacional não sai uma linha em benefício da estrutura sindical. A aprovação da Lei Orgânica da Previdência Social só foi possível porque a iniciativa partiu de Carlos Lacerda, um homem da UDN. Mas todo e qualquer projeto patrocinado por certas alas do PTB ou pelo Partido Socialista não conseguia progredir no Congresso, porque a maioria — o PSD, a UDN e o próprio PTB como um todo — não permitia. Não se pode esquecer que o PTB não podia ser considerado como um todo uniforme. Dou-lhes o meu testemunho de que em Pernambuco o partido mais progressista era a UDN e o mais reacionário o PTB, o que, aliás, acontecia em diversos outros Estados. Os homens de bem de que ela dispunha em Pernambuco tornavam a UDN um partido acessível à classe operária.

O sr. nos dá a impressão de que a classe operária sentiu que não tinha forças para modificar a estrutura sindical e, por isso, resolveu conviver com ela.

Não concordo. Tanto é verdade que nós não tentamos conviver com essa estrutura que, dentro dela, procuramos colocar um vértice que estava faltando no movimento sindical e que seria o CGT, o Comando Geral dos Trabalhadores. Com essa central sindical talvez fosse possível a modificação das organizações de base.

Quer dizer que um dos objetivos do CGT era quebrar a estrutura sindical brasileira paternalista?

Sim, porque um dos elementos fundamentais da estrutura sindical é a impossibilidade de criar um organismo de cúpula que possa organizar o movimento sindical de base. Hoje o dirigente sindical se esgota tendo de cuidar de um mundo de coisas: supervisionar tudo, estudar projetos de lei tramitando no Congresso, cuidar de questões administrativas, etc., e fica sem tempo para ir visitar os trabalhadores nas portas das fábricas, para tentar organizá-los lá dentro. Precisamos de um órgão de cúpula que cuide de muitas daquelas questões, que proceda a estudos e troque em miúdos as questões complexas para que os dirigentes sindicais possam entendê-las e transmiti-las.

Os patrões têm órgãos de cúpula como a Fiesp, por exemplo, no âmbito paulista, e os trabalhadores não. É a isso que se refere?

Sim, a Fiesp é um órgão de cúpula em âmbito paulista. Mas os patrões têm um organismo superior de âmbito nacional que se chama Conclap — Conselho das Classes Produtoras — que é uma verdadeira central sindical, agrupando bancos, comércio e indústria, e que se reúne uma vez por ano e traça planos. Nós, da classe operária, não temos ainda condições de criar um tipo de Conclap. Mas estamos tentando assim mesmo fazer um Conclat — Conselho das Classes Trabalhadoras.

Um outro elemento importante da estrutura sindical brasileira é o sindicato único por categoria. Concorda com isso?

Concordo, até mesmo porque já tivemos uma experiência fracassada de pluralidade sindical. Na Constituição de 34 foi estabelecida a pluralidade e, apesar dos esforços do Ministério do Trabalho naquela ocasião, não se conseguiu dividir os sindicatos. Sou pelo sindicato único, porque essa é uma forma de se fazer um sindicato apartidário. Sendo único, todas as correntes políticas ou filosóficas têm guarida nele. Se houver dois, três ou mais sindicatos de uma mesma categoria, acontecerá o que vi por esse mundo afora, principalmente no Uruguai: o sindicato dos gráficos dos católicos, o sindicato dos gráficos do Partido Comunista e o sindicato dos gráficos de ninguém. Essa é uma divisão que não traz benefício nenhum à classe operária. Acho que a unicidade sindical existente no Brasil é um progresso. Há pouco tempo tive uma conversa com um dirigente sindical na França e ele me dizia exatamente isso, ou seja, que nessa parte eles estão atrasados. Lá eles têm uma central sindical comunista, outra católica e outra socialista, que só conseguem se unir raramente.

Não se pode falar da estrutura sindical brasileira sem discutir essa figura controvertida que ficou popularmente conhecida como pelego. Qualquer um que trate do nosso sindicalismo cai sempre nesse problema. Como vê a figura do pelego?

Nunca eu gostei de rotular dirigente sindical. Para mim, ele é eleito pela categoria e, se a trair — o que seria o caso do "pelego amarelo" —, compete à própria categoria afastá-lo, o que é muito fácil: basta não votar nele na próxima eleição. Esse rótulo de pelego foi inventado por uma imprensa reacionária com o objetivo de identificar os dirigentes sindicais comunistas. Chamavam-nos de "pelegos vermelhos" e, por isso, colocamos nos outros o nome de "pelegos amarelos". Agora já existe também o "pelego verde". O "pelego amarelo" é aquele que faz o jogo do patrão, o "pelego vermelho" é o que faz o jogo da União Soviética e o "pelego verde" é o que está fazendo o jogo das multinacionais.

Pode citar algum pelego de multinacional?

Não devo citar.

Nem mesmo traçar um perfil sem citar nomes? Pelego de multinacional faz greve?

Faz greve também. Não é pelo fato de fazer greve que deixa de ser pelego. Mas repito: para mim não existe a figura do pelego e sim a do bom e a do mau dirigente sindical. E o mau dirigente sindical é produto de uma categoria que não está mobilizada, porque do contrário ele não tem condições de permanecer no cargo traindo a sua categoria. Se me perguntarem: que tipo de pelego é aquele que só trabalha para a classe operária? — responderei que a maioria dos dirigentes sindicais está nesse caso, com todas as suas limitações, que são muitas. Quem conversa com dirigentes sindicais vê que se trata de gente de pouca instrução, que teve poucas oportunidades de cursar uma escola qualquer. O operário vem para o movimento sindical completamente cru, principalmente em São Paulo. O lavrador nordestino sai de sua terra, chega a São Paulo, e logo se torna operário. Isto para ele já é uma revolução, pois lá ele trabalhava de sol a sol e não recebia salário e aqui trabalha 8 horas e recebe salário mínimo. Quando ele se conscientiza de que tem direito a mais, passa a ser um militante ativo do movimento sindical e logo é escolhido para as direções dos sindicatos. Ele passa um longo tempo aprendendo a militância sindical e, quando já aprendeu, vem uma intervenção e a cadeia. Quer dizer: não existe continuidade. Então, para mim, a maioria dos dirigentes sindicais é boa: apesar de seus erros e falhas, eles são movidos pelo desejo de atender aos companheiros.

Por outro lado, temos no Brasil uma reação muito forte, um patronato muito atrasado, que não pode sequer ouvir falar em delegado sindical. Basta dizer-lhes que, se a gente vai na porta de uma empresa distribuir um volante convocando para uma assembleia, o empregador logo proíbe. O empregador ainda não percebeu que é preferível um trabalhador conscientizado a um trabalhador revoltado dentro de sua indústria. A função do movimento sindical é conscientizar os trabalhadores de seus direitos, deveres e obrigações. Mas encontramos para isso uma reação muito grande. Não se permite a organização dos trabalhadores dentro das empresas.

O que acha do sistema de representação dos trabalhadores dentro da empresa criado recentemente pela Volkswagen?

Ela criou o delegado *da* empresa e nós estamos lutando é pelo delegado *de* empresa. A Volkswagen está fazendo uma representação dela. Conhecendo por alto os estatutos que organizam isso, não tenho dúvida nenhuma de que os elementos que vão participar disso não têm condições sequer de ir a uma assembleia sindical para expor os problemas que existem dentro de sua fábrica. Ele vai ficar restrito ao âmbito interno da indústria e cercear a liberdade de organização dos trabalhadores.

Gostaríamos de voltar ao problema das tendências ideológicas dentro do movimento sindical na época em que militava. O sr. já disse que o Partido Comunista tinha um grupo de ativistas que davam o tom. E como ficava o PTB?

Procurava também dar o seu tom. Quando falo em tendências ideológicas no movimento sindical, refiro-me aos dirigentes. Deixo sempre claro que a classe operária não tem tendência político-ideológica. Em qualquer assembleia com dois ou três mil trabalhadores, se encontramos

1 ou 2% deles que militam em partido político, é muito. Há um desinteresse quase total pela militância política. O mesmo não acontece com os dirigentes sindicais que, pela sua própria condição, têm mais contato com o mundo político e são naturalmente levados a simpatizar com uma ou outra de suas várias tendências. Na época em que eu militava, o PTB tinha muito mais recursos do que o Partido Comunista para arrebanhar, entre os dirigentes sindicais, um número maior de adeptos. Mas os dirigentes arrebanhados pelo PTB eram líderes de categorias pouco expressivas e sem tradição de luta. Nas categorias com tradição de luta a influência do PC era bem maior, por força das bandeiras que eles levantavam e da capacidade de convencer os trabalhadores e os dirigentes sindicais — com dados sobre custo de vida, etc. — de que elas eram as melhores. O pessoal do PTB ficava inibido em trazer esse tipo de dados, porque pertencia a um partido do governo.

Pertenceu ao Partido Comunista em alguma fase de sua militância sindical?

Iniciei a minha militância um pouco sob a influência do anarquismo. Depois, no começo dos anos 50, fui trabalhar nos *Diários Associados* e lá resolvi ingressar no Partido Comunista. Mas minha vida no PC foi uma sucessão de desavenças, porque sempre tive um gênio meio forte, nunca me submeti a determinados "centralismos democráticos". Sempre gostei de dar as minhas opiniões e fazer o que achava que devia e por isso estava sempre provocando atritos. Num dos comícios da campanha de "o petróleo é nosso", um companheiro meu, sapateiro lá do Brás, foi assassinado num conflito com a polícia na praça do Patriarca. Eu trabalhava numa gráfica e logo soltei uma edição de nosso jornal acusando o Adhemar de Barros de assassino e com uma fotografia onde eu aparecia carregando o caixão. Tempos depois, em 58, houve um conchavo político e o Partido Comunista passou a apoiar a candidatura de Adhemar ao governo do Estado. Chamaram-me para uma reunião e disseram-me: "Vamos apoiar o Adhemar de Barros, porque ele assumiu uns compromissos democráticos". Não aceitei e apoiei Carvalho Pinto. Continuei no Partido mas abandonei a militância. Quando da campanha do marechal Lott, em 1960, houve uma reunião, no Ministério do Trabalho, dele com os dirigentes sindicais. Fiquei mal impressionado, porque se falava em liberdades democráticas e o Lott, com todos os "esses" e "erres", dizia, ao lado de membros do PC, que faziam parte da mesa: "Durante o meu governo não vai ter esse negócio de Partido Comunista aberto não". Estranhei isso e resolvi não apoiar Lott. Fiquei com Jânio.

Mas eu não podia deixar de apoiar Jango, porque ele se mostrava um amigo da classe operária. Durante o período em que foi ministro do Trabalho, e depois quando presidiu o Senado, ele sempre dialogou com os trabalhadores e atendeu na medida do possível as nossas reivindicações. Fiquei numa posição difícil, porque o vice do Jânio era na época o João Cleofas e não dava para apoiá-lo. Formamos então a chapa "Jan-Jan" — Jânio-Jango — que foi a vencedora. Aí fui expulso do PC e apupado nos comícios pelos comunistas, que me chamavam de traidor.

Ao PTB o sr. nunca pertenceu?

Tinha muitas relações de amizade dentro do PTB, mas nunca fui filiado a ele.

E qual era a participação da Igreja no movimento sindical nessa época?

Era uma participação ativa nas assembleias e nos piquetes de greve, mas ela não conseguiu atingir o plano dos dirigentes sindicais. Ela teve alguns líderes bons, mas na verdade não teve acesso à direção dos sindicatos.

Por que acontecia isso?

Por um motivo que já apontei: o tempo entre uma intervenção e outra era pequeno e não dava para fixar lideranças.

Ainda uma pergunta sobre a ligação dos sindicatos com o Ministério do Trabalho. Se tivesse o poder na mão, mudaria imediatamente o artigo 526 da CLT que dá ao Ministério o poder de intervir nos sindicatos?

Sem dúvida nenhuma. Acho que quem pode e deve intervir nos sindicatos são as categorias que eles representam, por meio da assembleia geral. Ela pode destituir o presidente e toda a diretoria e convocar novas eleições. O poder maior dentro do sindicato não é a diretoria, mas a assembleia, que pode ser convocada por 30 trabalhadores e destituir a diretoria. Portanto, não há necessidade de o Ministério do Trabalho se imiscuir. Se o dirigente sindical está claudicando e a categoria permite que ele continue, é porque ele deve ter também alguma coisa boa.

O sr. nunca foi governo?

Não, nunca.

Mas teve muita influência no governo?

Isso é outra coisa. Dizer que fui governo é um erro. Ocupei um cargo importante no governo, o de diretor geral do Departamento Nacional de Previdência Social, por meio de uma eleição muito mais difícil do que a de governador do Estado ou presidente da República. Ela se processou em três níveis: sindicatos, federações e confederações. Depois, reuniram-se representantes dos empregados, dos empregadores e do governo para a decisão final. Fui eleito com os votos dos três. Fui eleito três vezes diretor geral do DNPS. Eu realmente tinha poder na Previdência Social, porque a lei não dava ao ministro do Trabalho o direito de intervir nas decisões do DNPS. Nesse cargo eu não era funcionário público, era eleito para ele. Eu não representava apenas os trabalhadores, mas também os empregadores. Muitas das reivindicações dos empregadores foram atendidas por mim.

Muitas acusações foram feitas sobre a montagem de um verdadeiro sistema de empreguismo na Previdência Social, com nomeações feitas principalmente pelo PTB para assegurar o seu poder sobre ela.

Claro que havia empreguismo, não sei se ligado ao PTB. Ele existia na Previdência como em qualquer repartição pública. Todos aqueles cargos que eram de livre provimento dos colegiados eram preenchidos por eles. É bom esclarecer que o DNPS não tinha poderes para nomear ninguém. Quem nomeava eram os institutos. Não digo isso para me eximir de culpa. Que eu tinha influência nisso, tinha, porque um pedido meu era uma ordem e os companheiros atendiam. Claro que alguns exageraram na nomeação de familiares ou amigos, principalmente no Norte e Nordeste, regiões onde um cargo público conta muito para efeito de voto. Mas esses companheiros me diziam: "Dante, se não nomearmos esse Fulano, vamos ter de nomear algum outro, porque o cargo está vago". Mas não havia apenas isso, não. Lembro-me perfeitamente de uma passagem. Jânio Quadros era presidente e havia projetos de lei que seu governo tinha interesse em que tramitassem rapidamente. Certa vez um de seus ministros me procurou: "Você devia dar uma mão ao Jânio, porque esses deputados levam os projetos para casa e só apresentam o parecer no fim do mandato". Fiz diversas vezes isso, isto é, procurei deputados da oposição, que constituíam a maioria no Congresso, para perguntar-lhes: "O que vocês querem para dar andamento nesse projeto no qual o presidente tem interesse?" A resposta era, por exemplo: "Quero 10 cargos de fiscal na Previdência Social". Verificava se os cargos existiam e mandava que fossem dados a eles. Essa era a minha interferência direta. Quanto aos colegiados, através de seus presidentes, eles atendiam aos pedidos dos partidos políticos e sem dúvida nenhuma davam preferência ao PTB.

Como e quando começaram as suas relações com João Goulart?

Quando ele era ministro do Trabalho, durante discussões de problemas dos trabalhadores. Sempre que vinha a São Paulo ele se encontrava com dirigentes sindicais, entre os quais eu estava. Daí nasceu o entendimento que havia entre nós.

Percebia nele um homem verdadeiramente sensível aos problemas dos trabalhadores, ou o seu interesse por eles estava ligado às suas ambições políticas?

Posso até estar enganado, mas notava nele um interesse muito grande em fazer alguma coisa de bom para a classe operária. Ele se esforçava muito nesse sentido. Pessoalmente, era um homem boníssimo e revelou isso no exílio. Todos os políticos que estavam lá no Uruguai procuravam afastar-se dos mais necessitados para não ter de viver as suas dificuldades. Jango era o contrário: visitava os exilados pensão por pensão, principalmente os dirigentes sindicais e os marinheiros, e pagava a conta da pensão. Ora, nessa época, ele já não tinha nenhum objetivo político. Um dia chegou a nos dizer: "Enquanto eu tiver um boi em pé, vocês de fome não morrem". Como veem, era um homem sensível e bom. Claro que era um burguês. Lembro-me de uma das últimas reuniões do CGT com o Jango, quando ele nos alertou: "Estou com vocês na luta pelas reformas de base, mas só vou até aí. Não contem comigo para uma revolução. Não quero revolução nenhuma". Por isso, não foi nenhuma surpresa para nós ele não resistir ao movimento de março de 64, porque já havia determinado até que ponto ia com o movimento operário: até as reformas de base.

O que levou à criação do CGT e como ele foi criado?

O que desencadeou o processo foi um plano que tínhamos para a unificação das datas-base dos dissídios coletivos, começando por São Paulo. Isto porque havia categorias que não tinham poder de barganha. Uma delas era a indústria de brinquedos, cuja data-base, se não me engano, era em dezembro. Ora, nessa época os brinquedos já estavam feitos e não tinha sentido apelar para a greve. O patrão até incentivava a greve. A data-base dos leiteiros era justamente na entressafra, quando não havia leite. Programamos essa luta e partimos para um congresso de trabalhadores que se estendeu às demais confederações. Com a participação de todas as confederações, chegamos à conclusão de que devíamos fundar uma central sindical, independente de sua legalização por parte do governo. Criamos o CGT — Comando Geral dos Trabalhadores — que, se fosse legalizado, passaria a ser a CGT, Central Geral dos Trabalhadores. E passamos a lutar pelas reivindicações dos trabalhadores de todas as categorias, no país inteiro. Conseguimos em seguida a fundação de uma outra central que estava faltando no Brasil, que era a dos trabalhadores na agricultura: com o apoio do CGT, fundou-se a Confederação da Agricultura. Foi assim que nasceu o CGT, com o objetivo de unificar as datas-base dos dissídios coletivos de todas as categorias profissionais.

Só esse objetivo? E o objetivo ao qual se referiu, de quebrar de certa forma a estrutura sindical?

Ele existia também, é claro, pois se conseguíssemos a legalização do CGT quebraríamos uma parte da estrutura sindical e teríamos em seguida de estudar uma forma de horizontalidade para o sindicalismo brasileiro. Ele é vertical e achamos que deve ser horizontal. Que essa estrutura está errada não há dúvida nenhuma, mas não tivemos o tempo necessário para elaborar um plano de modificação. Por isso, partimos logo para um órgão de cúpula, pensando que por seu intermédio teríamos os meios necessários para estudar e elaborar um projeto de lei dando uma nova estrutura organizacional ao movimento sindical.

Como se deu posteriormente a politização do CGT, que acabou transformado numa espécie de bicho-papão?

É claro que qualquer movimento sindical de cúpula, quando sai do âmbito dos sindicatos e passa para o das federações e confederações, é mais político. Tem de haver um trabalho político para as conquistas sociais do trabalhador, naquele nível, porque das conquistas econômicas o sindicato se encarrega. As conquistas sociais exigem uma planificação e a cúpula é que tem de se ocupar delas. Por isso, organizações como a CNTI e o antigo CGT são altamente politizadas. Isto não quer dizer obrigatoriamente política partidária. Apesar de existir lá elementos filiados a partidos, não me recordo de ter havido discussões em termos partidários dentro do CGT. Tratava-se de política apenas em termos elevados. Nesses termos, creio que tínhamos sensibilidade política. Por exemplo: qual foi o objetivo do comício de 13 de março de 64? O CGT sentiu que se estava organizando um golpe de Estado, que tinha como pretexto a sua atuação. As forças que estavam ao lado desse golpe eram as da burguesia nacional, que agiam assim porque não estavam entendendo a nossa posição. Programamos então aquele comício para estender a mão à burguesia nacional. A palavra de ordem que se deu foi: "Vamos estender a mão à burguesia nacional, num grande comício. Vamos dizer-lhe que desejamos que ela ganhe bastante dinheiro e que, desse dinheiro, queremos uma parte para os trabalhadores". Se o comício foi deturpado, a culpa disso não cabe ao CGT.

A culpa foi de quem, então?

De quem foi lá falar em fechar o Congresso e pedir que quem estivesse de acordo com isso levantasse a mão. O CGT não falou nisso. Pelo contrário, estávamos lá falando em estender a mão à burguesia, da necessidade da nossa união com os empregadores para ampliar e proteger a indústria nacional.

Como se deu essa inversão dos objetivos do comício, à revelia do CGT?

Faltou coragem política para denunciar publicamente essa manobra. Por isso, uma das posições que estou adotando agora é: quando não gosto de uma coisa, falo.

Como vê o comportamento das esquerdas naquela época?

Dou-lhes um exemplo. Certa vez fui a Brasília ter uma conversa com o Jango, já presidente. Ele não estava no momento e passei então pela Câmara, onde estava reunida a Frente Parlamentar Nacionalista. Parece-me que só faltava o Brizola. Lá, começaram a me apertar para saber o que eu viera fazer em Brasília. Disse-lhes que o motivo da viagem era um problema da Previdência Social que precisava resolver. Mas eles insistiam que eu tinha um documento secreto para entregar ao Jango. Começou então entre eles uma discussão que durou mais de duas horas. A certa altura deram a palavra ao sargento Garcia, que era deputado, para falar em nome da Frente. E me foi dito então com todos os "esses" e "erres", pela esquerda democrática do Brasil: "Nós preferimos uma ditadura de direita a uma ditadura do CGT com o Jango Goulart". Não tinha jeito, a esquerda era muito imatura, não estava preparada para nada.

Mas havia a possibilidade de uma ditadura do CGT com Jango?

Não, nenhuma, porque a classe operária não estava preparada e nunca foi motivada para isso. Determinados dirigentes sindicais podem até ter tido a veleidade de pensar numa coisa dessas, mas ela era impossível de ser atingida, porque não se tinha uma classe operária devidamente esclarecida e motivada. O trabalhador estava sendo motivado para as conquistas sociais que estávamos conseguindo.

O número elevado de greves registrado naquela época não motivava o trabalhador? E nem todas eram greves para conquistas sociais. Houve greves com motivação política.

Todas foram greves de reivindicação, à exceção de uma ou duas.

Houve em São Paulo, naquela época, greves de apoio a Cuba, por exemplo.

Não especificamente. Como já disse, todos os movimentos grevistas tinham uma reivindicação de caráter econômico imediato, ao qual se juntava uma de caráter político. Hoje se diz político-social, mas se faz a mesma coisa. A reivindicação do delegado sindical não é político-social? Claro que, naquela ocasião, com a classe operária mais politizada, estava-se fazendo a coisa já em termos um pouco político-partidários. Talvez se exagerasse um pouco, não há dúvida nenhuma. É verdade que se chegou a falar em apoio a Cuba. Mas parece-me que a única greve especificamente política foi aquela em que exigimos a realização do plebiscito para se decidir entre o presidencialismo e o parlamentarismo.

Como foi tramada e organizada essa greve?

Evidentemente eu não podia participar de todos os entendimentos mantidos pelo CGT. Mas participei ativamente dos entendimentos havidos por ocasião da indicação de Auro de Moura Andrade para primeiro-ministro, o qual renunciou sem chegar a ocupar o posto. Estávamos em Brasília e o Auro nos ameaçou: "Se eu for primeiro-ministro, vocês vão ver". Não tive dúvidas: reuni o CGT e vim para São Paulo. Aqui declarei: "Se esse homem for eleito primeiro-ministro, vamos parar São Paulo". E ele não chegou a tomar posse. E passamos a exigir a volta ao presidencialismo, pois achávamos que o regime era presidencialista e que ninguém podia mudar as regras do jogo no meio do jogo. Se o parlamentarismo vencesse no plebiscito, iríamos para ele, que é tão democrático quanto o presidencialismo, desde que referendado pelo povo.

Que tipo de relações se estabeleceu entre os trabalhadores e João Goulart, quando ele estava no poder? É importante esclarecer este ponto, porque nunca os líderes sindicais tiveram tanta influência como naquela época.

Não me devo limitar ao relacionamento dos dirigentes sindicais com Jango. Vamos recuar um pouco. Com Juscelino, o nosso relacionamento sempre foi cordial. Várias vezes fui convocado por ele para trocar ideias sobre determinados assuntos. "Certa vez dei entrevistas contra a alta do dólar. Ele me chamou ao Rio e me perguntou: "Dante, o que você tem a ver com o diabo do dólar?" Respondi-lhe que, se o dólar subisse, o custo de vida subiria também, o que me dizia respeito como dirigente sindical. E ele observou: "Então me faça um favor: se o custo de vida aumentar, peça aumento de salário, mas deixe esse problema do dólar para mim". Tivemos muitas conversas desse tipo com Juscelino. Certa vez, o Tribunal Superior do Trabalho devia julgar um caso em que estava em jogo a redução ou não de um aumento que havíamos conseguido. Pedi ao Juscelino que interferisse junto aos ministros que lhe eram fiéis para que votassem contra a redução. Ele se prontificou a fazê-lo. E vários ministros, reacionários mas amigos de Juscelino, votaram pela não redução, mas a maioria votou pela redução. Estava saindo do Tribunal, quando parou um carro mandado pelo Juscelino. Um emissário seu me disse que ele queria falar comigo e fui lá. "O que você vai fazer agora?" — perguntou-me. Respondi-lhe que vinha para São Paulo fazer uma outra greve, porque queríamos de volta aquela parcela do aumento que fora cortada. "Olhe, Dante, disse-me ele, ponha isto na sua cabeça: greve contra a Justiça não existe. Contra a Justiça há a revolução. Se vocês estiverem preparados para fazer uma revolução, façam-na, mas se não estiverem sofrerão a repressão, porque eu como presidente da República vou ter de manter a ordem". Vim para São Paulo, relatei aos companheiros a conversa com o Juscelino. A conclusão foi que não estávamos preparados para a revolução e não se fez a greve.

Vejam como era o nosso relacionamento com o Juscelino. Com o Jânio era semelhante. E com o Jango se falava quase que diariamente. Por que era assim? Porque havia um grupo de dirigentes sindicais de peso, com prestígio para ir a qualquer ministro ou ao presidente da República e trocar ideias. Hoje, para falar com o delegado do INPS tem de se marcar entrevista. Antigamente, se um ministro do Trabalho estava fazendo uma coisa que nos parecia errada, ou não queria nos atender em determinada reivindicação, íamos transmitir nossa opinião diretamente ao dono das cabras, que era o presidente da República. Diversas vezes fomos ao presidente apresentar nossas críticas a ministros cuja atuação não nos parecia correta. Porque conversávamos com o Jango, fomos chamados de pelegos. Mas esse relacionamento vinha de antes, do tempo do Juscelino e do Jânio. Foram três governos.

Qual a sua posição diante da Revolução de março de 64?

Não concordei e não concordo com ela, porque achava e acho que ela não era necessária. Todos estavam de acordo com o que pleiteávamos, ou seja, a modificação da Constituição de 46, entre outras coisas para que se pudesse pagar as indenizações por desapropriações rurais com títulos da dívida pública, o que tornaria possível a reforma agrária.

Tendo em vista que hoje é possível fazer desapropriações na área rural com pagamento por títulos da dívida pública, não lhe parece que de certa forma a Revolução de 64 acabou atendendo a uma das reivindicações principais do CGT?

Atendeu sim. Claro que não posso dizer que a Revolução fez tudo errado. Mas posso dizer que houve uma repressão desnecessária, na qual se juntou gato e sapato num mesmo saco. Para eles, os únicos nacionalistas são eles próprios e o restante da população é formado de comunistas e traidores da pátria. A Revolução foi feita em detrimento do povo brasileiro, porque o seu único objetivo foi esmagar o movimento sindical que, pela primeira vez na História do Brasil, estava tomando uma posição política de vanguarda junto ao Estado. Estávamos interferindo diretamente no Estado, como força de pressão, a exemplo do que faziam naquela época os empregadores, não ostensivamente, mas por meio da eleição de seus deputados e de pressões junto aos ministros. Nós fazíamos pressão publicamente, com a massa.

Com a eleição de deputados também.

Mas, coitados de nós: a classe operária não tem poder econômico para eleger mais do que um ou dois deputados.

Hoje, passados quase 20 anos, a impressão que fica daquele período — para além das disputas ideológicas — é a de um grande tumulto, de uma grande confusão. Ninguém se entendia e consequentemente o país parecia ingovernável. Essa situação não colaborou também para a queda de João Goulart?

Houve de fato um certo exagero, mas que não justificava um golpe daquele. Claro que houve greves que eram perfeitamente evitáveis.

Por que não foram evitadas?

Vocês não devem esquecer que em todos esses acontecimentos existiam homens e, portanto, a vaidade pessoal. De vez em quando surgiam elementos que diziam: "Sou muito melhor do que o Dante Pelacani e vou provar: vou parar a cidade de Santos". E parava mesmo. Não havia o amadurecimento necessário. As esquerdas não estavam preparadas e nós também não. Éramos todos filhos da ditadura.

Não havia um golpismo também por parte do governo Goulart?

Nunca participei de uma discussão na qual se tenha falado em golpe de Estado. Falava-se, sim, em conseguir as reformas de base por meio de modificações na Constituição. Nunca tratamos de modificações na Constituição no capítulo das inelegibilidades. Havia determinados grupos políticos que se apegavam a essa parte, mas não o movimento sindical.

Refere-se à campanha "cunhado não é parente" do ex-governador Leonel Brizola?

É, essa coisa toda aí. Mas o movimento sindical não se envolveu nisso. Se alguém estava interessado em dar golpe, não podia contar para isso com o movimento sindical, porque nunca trabalhamos no sentido de organizar a massa para um movimento revolucionário. Tanto é assim que não houve nenhuma reação nossa ao golpe de 64. Todas as nossas reivindicações eram no sentido da melhoria das condições de vida dos trabalhadores dentro das leis, ao mesmo tempo em que pleiteávamos a modificação de certas leis. Tratava-se de um movimento sindical reformista, esta é que é a verdade. Não há no Brasil movimento sindical revolucionário. Ele não foi isto naquela época e não o é agora.

Ficou famosa na época uma distinção feita por San Thiago Dantas entre esquerda positiva e esquerda negativa. Hoje acha que ele tinha razão em fazer essa distinção?

Acho que sim. Creio que hoje, se analisarmos com serenidade aqueles acontecimentos, veremos que o San Thiago Dantas tinha carradas de razões nos conselhos que dava publicamente. Esticou-se muito a corda e ela rebentou do lado mais fraco, que era o nosso. Não soubemos negociar, não soubemos ser políticos, e a arte da política é a arte da concessão mútua. Radicalizamos um pouco e isso prejudicou todo o movimento sindical.

Como vê o futuro imediato do movimento sindical brasileiro?

O futuro não é muito promissor, porque — e agora tenho de dar razão a vocês — o Ministério do Trabalho está interferindo diretamente no movimento sindical. Não está havendo diálogo entre a classe operária e o Ministério do Trabalho e muito menos com o governo. Todas as medidas que contrariam os interesses da classe operária são tomadas violentamente, sem dar satisfações. Quando se trata da modificação de qualquer lei que atinge os industriais ou as classes dominantes, ela é sempre discutida e amenizada e em alguns casos o governo recua. Mas, quando se trata do movimento sindical, a lei é violenta.

O que achou das últimas grandes greves do ABC?

Perfeitas como organização, impressionantes como mobilização de massa e muito boas para a consciência de classe dos trabalhadores. Observo apenas — não sei se estou superado — que no meu tempo a greve tinha início e fim traçados por nós. Ninguém traçava o fim da greve por nós. Calculávamos o tempo necessário. A greve não pode ter duração indefinida. Acho que elas se estenderam mais do que deveriam.

Como vê o papel desempenhado hoje pela Igreja no sindicalismo?

Ela pode e deve representar um papel importante dentro do movimento sindical, desde que abandone aquela orientação, que me parece ser a dela, de fazer sindicatos paralelos, sindicatos católicos. Gostaria de observar também que qualquer governo neste país que não tiver uma classe operária organizada, que sirva de movimento de pressão contra ele para que possa dizer não às multinacionais, acabará cedendo cada vez mais a elas. É o que está acontecendo hoje. As multinacionais têm poder de pressão sobre o governo e a classe operária não e, consequentemente, o governo não tem como recusar qualquer favor pedido por elas.

Já falamos do papel do PC e da Igreja no movimento sindical. E quanto ao PT, o Partido dos Trabalhadores?

Acho um erro político gravíssimo.

Por quê?

Porque existe uma tradição no sindicalismo brasileiro que é a do sindicalismo unitário. Ora, para manter essa unidade, temos de afastar as tendências político-partidárias e ideológicas dos sindicatos. Não se pode dirigir um sindicato de trabalhadores como se dirige o Partido Comunista, o PDS ou qualquer outro partido. Temos de discutir os problemas com os trabalhadores e respeitar a maioria vencedora. O dirigente que se sobressai muito politicamente sofre restrições por parte dos que não pensam ideologicamente como ele. O PT nasceu com a intenção de lançar suas bases dentro dos sindicatos. Se ele conseguisse isso — não creio que vá conseguir — seria a desmoralização total do movimento sindical. Sabemos o que é um partido político. Digamos que ele, como partido de oposição, eleja 50 deputados, uma minoria no Congresso. E como é que se faz política? Fazendo concessões. O PT pode dividir internamente os sindicatos, porque quem é do PC, do PDT ou do PTB e milita no movimento sindical não vai aderir ao PT. Ele pode-se transformar num partido como outro qualquer.

História Vivida

Como vê a figura de Lula?

Precisaria ser lapidado. É um trabalhador nortista que veio para São Paulo e fez assim a sua revolução pessoal, é inteligente, hábil, honesto e chegou a uma posição importante. Para comandar uma greve de 41 dias como ele comandou é preciso ter uma liderança muito boa.

Há uma figura que paira por cima de tudo isso, que é Getúlio Vargas. Ele tramou muito do que está aí como legislação social e organização sindical. Acha que ele pode ser encarado, como muitos querem, como o "pai dos trabalhadores"?

Não, ele não foi o "pai dos trabalhadores". Principalmente para nós, gráficos, que tínhamos um acervo de jornais e revistas que nos mostravam que desde 1908 estávamos lutando pela lei das 8 horas de trabalho diário, por exemplo. Com a Revolução de 30, o que Getúlio fez? Oficializou os sindicatos que existiam como uniões de trabalhadores. E nada mais fez do que pegar muitas conquistas já obtidas pelos trabalhadores e consolidá-las na legislação trabalhista, o que aliás foi um grande passo, pois a indústria brasileira era incipiente e a classe operária muito fraca. Antes faziam-se greves, conseguiam-se acordos, mas eles não eram cumpridos pelos empregadores. A classe operária não tinha como impor o cumprimento dos acordos. Getúlio criou o Ministério do Trabalho e a Justiça do Trabalho e passou-se a exigir, por meios oficiais, o cumprimento daquele mínimo de legislação social. Isso tudo foi saudado pela classe operária como uma grande coisa, e não sem razão. Em resumo, há uma série de conquistas daquela época que Getúlio pôs na lei e assim obrigou que fossem respeitadas. Os governos anteriores ao de Getúlio achavam que o problema social do Brasil se resolvia à pata de cavalo. Ele veio com uma outra filosofia: a do cumprimento da legislação. Mas não nos deu nada, somente determinou o respeito às conquistas que havíamos conseguido. Ele não foi o "pai dos trabalhadores", mas um político hábil que conseguiu, através dessa manobra inteligente, acalmar a classe operária por muitos e muitos anos.

E João Goulart deu alguma coisa aos trabalhadores?

Não, não deu. Ninguém dá nada. O que dá alguma coisa à classe operária é a sua organização e o seu poder de pressão. Pode-se colocar no poder o melhor governo do mundo que ele não dá nada, pois não tem condições para isso.

Uma última pergunta: como vê as greves na Polônia?

Certa vez participei de um congresso da Federação Sindical Mundial, em Praga, no qual foi votada uma resolução sobre o direito de greve em todos os países. Comentei com um companheiro de um país socialista: "Isto é muito bom. Lá no Brasil queremos o direito de greve porque ela é uma das formas — não a única — que o trabalhador tem para conquistar alguma coisa. Mas como se aplicaria isso no mundo socialista?" Ele respondeu: "Ah, aqui nós não temos problemas". Agora estão vendo que têm problemas, pois também lá os operários querem sindicatos livres e autônomos. Por isso, as greves na Polônia não me surpreenderam. A classe operária é igual em todo o mundo. É como disse há pouco: não se deve esperar nada do governo. Pode ser o melhor governo do mundo, se não houver organização sindical para suas conquistas, o trabalhador não conseguirá nada. E a meu ver não haverá democracia em país nenhum, se não houver uma organização sindical forte, livre e autônoma.

15 e 22 de março de 1981

# 49 Fidelidade ao povo, a linha de unidade de meus livros

Entrevistador:
Lourenço Dantas Mota

Jorge Amado

Nasceu em 1912 em Itabuna (BA), e morreu em Salvador em 2001. Publicou seu primeiro livro, O país do carnaval, *em 1931. Militou durante muitos anos no Partido Comunista, pelo qual foi constituinte e deputado por São Paulo em 1946, e do qual se afastou nos anos 50. Um dos maiores romancistas brasileiros.*

Jorge Amado

O início de sua carreira literária praticamente coincide com a Revolução de 30, que acarretou profundas mudanças políticas, sociais e econômicas. Até que ponto a sua obra, ao menos na fase inicial, refletiu ou foi motivada por essas transformações?

Realmente, faço parte de um grupo de escritores que começaram a escrever mais ou menos por ocasião da Revolução de 30, como Rachel de Queiroz, José Lins do Rego, Érico Veríssimo, Graciliano Ramos, Lúcio Cardoso, Otávio de Faria, Marques Rebelo, Dyonélio Machado. Escritores diversos, de vários pontos do Brasil, abrangendo uma geografia que vai de Belém a Porto Alegre, e também com diferentes concepções da vida. O que talvez ligue todos esses escritores seja não um mesmo ponto de vista diante do Brasil, nem uma posição de direita ou de esquerda, mas uma consciência dos problemas brasileiros. E acho que isso foi despertado em todos nós pela Revolução de 30, tomada não no seu momento de vitória militar com a colocação de Getúlio Vargas no poder, mas como a continuação de um movimento que vinha desde o ano de 22, ou seja, do tenentismo.

E a Semana de Arte de 22, não a considera nesse conjunto de acontecimentos que ocorrem de 22 a 30?

Vamos abrir um parêntese. Estranhamente, a Semana de Arte Moderna, ao completar 50 anos em 1972, foi comemorada pela ditadura estabelecida em 64. Gostaria de saber o que pensaria disso Oswald de Andrade se fosse vivo. A Semana foi então mostrada quase como sendo uma das bases ideológicas do movimento de 64. Esse movimento foi buscar um apoio ideológico na Semana, não sei se com razão ou não. Não estou certo também sobre se, se pode ligar o modernismo ao movimento tenentista.

Mantenho-me distante de tudo isso. Não fui nem um homem do movimento modernista, nem um homem do movimento de 64.

Não se considera, portanto, nem mesmo um filho da Semana de 22?

Não sei se poderia dizer que sou um filho da Semana de 22. Em 30 o modernismo já estava praticamente terminado, não existia mais como tal. Naturalmente, a renovação literária trazida pelo modernismo deve ter influenciado os novos escritores que apareceram nos anos 30. Aliás, eles vinham em geral do interior do país, enquanto o modernismo foi sobretudo um movimento de metrópoles. São Paulo já era a metrópole do café naquele tempo, e o Rio era a Capital que mandava e desmandava inclusive na vida cultural. E os romancistas de 30 em geral não saíram nem de São Paulo nem do Rio. Eles surgiram fora desses centros: no Ceará, na Bahia, na Paraíba, em Alagoas, no Rio Grande do Sul, em Minas. Isso significa alguma coisa. Além disso, deve-se observar também que, enquanto no modernismo havia uma grande preocupação com a forma literária, isto não existiu entre os romancistas de 30. É claro que eles formavam um grupo de homens muito diferentes e que alguns deles escreviam com uma preocupação com a linguagem muito maior que a dos demais. O caso mais significativo é o de Graciliano. Mas o que a meu ver marcou esses escritores foi a preocupação com o conteúdo. E, repito, também a preocupação com os problemas brasileiros que tinham vindo à tona com o movimento revolucionário. Esse movimento ocorreu durante quase 10 anos: começou com o episódio dos 18 do Forte, passou pela Revolução de 24 em São Paulo, continuou com a Coluna Prestes e culminou com o movimento civil da Aliança Liberal que deu, digamos, uma base popular à Revolução de 30. Essa Revolução se diferenciou dos golpes de Estado que temos tido no Brasil no decorrer da História republicana justamente porque contava com uma certa base de apoio popular. Creio que isso condicionou a literatura que apareceu na década de 30. E não me limito ao pensamento de esquerda que marca um grupo de escritores, ou de direita que marca um outro grupo, e que inclui, por exemplo, Otávio de Faria, que é a meu ver um grande romancista. Hoje, chegando aos 70 anos, tenho muito medo desses rótulos colocados nos livros ou nos autores, pois eles são ou falsos ou inúteis.

Já que tocou no problema da forma, gostaria que dissesse o que pensa de uma restrição que alguns críticos lhe fazem nesse terreno. Em síntese, dizem eles que, levado pelo seu talento para contar histórias, você se descuida frequentemente da forma.

Nessa polêmica eu não entro, e não é porque ache que esses críticos sejam injustos comigo. É que realmente essa crítica que me fazem não me preocupa. Escrevo como sei escrever. Não sou um homem de laboratório literário, mas também não tenho nada contra os que são. Não polemizo nesse particular, porque acho que cada escritor é diferente do outro e que cada um tem o direito de fazer a sua literatura com o conteúdo ou a forma que melhor lhe parecer. Eu faço a minha como sei fazer. Não pretendo ser o inventor de uma língua literária. Escrevo a língua falada pelo povo, que é a que tenho mais dentro de mim mesmo do que propriamente dentro do meu ouvido. Aliás, não tenho bom ouvido.

É nessa linha que procuro escrever as histórias que conto e que são em sua quase totalidade — não digo na sua totalidade porque um livro como esse meu último, *Farda, fardão*, foge a isso — são histórias da vida popular brasileira e seus problemas de ordem humana e social. Toda discussão em torno de um autor me parece válida, mas nem sempre me parece séria, o que é diferente. Isso ocorre por causa do nosso subdesenvolvimento cultural, que ainda é muito forte. No Brasil encara-se o trabalho literário e artístico como uma competição. Como se eu, por exemplo, estivesse competindo com tais e tais escritores; como se Caetano Veloso estivesse competindo com tais e tais músicos; como se Carlos Scliar estivesse competindo com tais e tais pintores. Estou citando nomes que me ocorrem no momento. E a realidade é que não existe competição no trabalho de criação. E, quando digo que a discussão promovida pela crítica nem sempre é séria, é porque ela muitas vezes encara o trabalho de criação como uma competição. O crítico que gosta da obra de fulano não se contenta em louvá-la e promovê-la, mas acha que para isso é necessário ridicularizar e diminuir a obra dos outros escritores que não se enquadram em suas concepções. Isso é uma coisa idiota, tola e pouco séria. Afora isso, acho a discussão crítica válida, porque ela esclarece muitas coisas.

Nos últimos tempos tivemos, durante certo momento, do qual me parece que estamos saindo, uma tendência elitista na literatura e nas artes, que nada tem a ver com a tradição brasileira. Pelo contrário, tradicionalmente nossa literatura se liga muito ao povo, à sua vida e aos seus problemas. A partir de Gregório de Matos, o povo foi o herói de nossa literatura, de uma ou de outra maneira. Tenho a impressão de que isso se deve às contingências políticas surgidas depois de 64 e também à influência estrangeira, sobretudo americana. Ela foi muito sensível em certos setores, como a música popular e o cinema. O cinema novo foi feito por rapazes de grande talento como, entre outros, Glauber Rocha e Nelson Pereira dos Santos. Eles quiseram transmitir uma mensagem revolucionária no melhor sentido do termo, ou seja, no sentido de transformação da sociedade para que ela fosse mais justa, menos atrasada, menos inimiga do homem. No entanto, a preocupação deles com a linguagem cinematográfica foi de tal ordem que aquela mensagem não foi entendida por ninguém.

Isso de certa maneira ocorreu também na literatura. Houve uma tal preocupação formal que alguns livros, que buscavam ser extremamente políticos — no sentido da luta contra a ditadura e tudo o que havia de ruim e errado no Brasil, e que era muito —, passaram completamente despercebidos junto ao público. Nesses livros, curiosamente, o povo brasileiro deixou de ser o herói de nossa literatura, como tinha sido até então: de Gregório de Matos aos poetas da Inconfidência e aos escritores que desde então vêm enriquecendo a nossa literatura em todas as épocas. Em Alencar, em Manoel Antônio de Almeida, em Machado, em Aloísio de Azevedo, o povo brasileiro foi sempre o herói. De repente, passamos a ter como herói um intelectual de classe média cheio de pequenas angústias, de pequenas solidões, de pequenos problemas que não eram capazes de interessar ao povo. Li uma quantidade de livros desses. Não eram os problemas do povo brasileiro que estavam ali, eram os problemas daquele indivíduo. Mas acho que de certo modo essa fase já está superada. Quanto a mim, quando escrevo, não estou preocupado fundamentalmente com o problema da linguagem. Estou preocupado em contar uma história de forma bem contada, em fazer uma coisa que possa ser bem entendida.

Você fala com muita insistência do povo como personagem principal de nossa literatura e também da presença nela dos problemas brasileiros. Isso tem alguma relação com o fato de alguns críticos o classificarem de autor "populista"?

Às vezes dizem que sou populista, às vezes que sou populacheiro. Acho que sou um escritor que conhece bem a vida do povo brasileiro, visto do ângulo da Bahia, e que a descreve. Eu a conheço bem e a descrevo como posso descrevê-la. Penso que a descrevo com verdade. Acusam-me também de ter uma visão folclórica da realidade. E, finalmente, acusam-me ainda pelo fato de os meus personagens serem figuras do povo, gente pobre, gente sofrida, com problemas imediatos de fome, de miséria, e de no entanto serem pessoas alegres. É verdade. Eles são alegres, o que eu posso fazer? Eles desejariam que o nosso povo fosse triste e vencido, porque miserável. Mas o nosso povo não está vencido e mostro isso nos meus livros. Apesar de toda miséria, de toda opressão, de todas as dificuldades, esse povo é capaz de rir e ir para diante. Essa é uma coisa que devemos em grande parte ao negro. A mistura com o negro trouxe-nos essa capacidade de superar as dificuldades da miséria, e de rir. O negro veio para o Brasil na condição mais miserável do ser humano, que é a de escravo, e, no entanto, superou todas as dificuldades e nos enriqueceu. Devemos-lhe muito da nossa música, das nossas danças, das nossas festas e da capacidade que temos de rir e nos divertirmos mesmo nas piores situações. Acho isso uma coisa formidável, que deve ser assinalada. Acusam-me dizendo que isso é folclore. Mas não é folclore. Isso existe, está aí. Não inventei nada.

Você parece dar à literatura, a julgar pelo que vem de dizer, uma dimensão sobretudo social, no sentido de que o que conta são principalmente os grandes dramas ou problemas coletivos e só subsidiariamente os dramas ou problemas pessoais. É correta a impressão que fica dessa sua exposição?

Não. É possível que eu tenha deixado essa impressão, porque estávamos discutindo dois ou três aspectos maiores. Minha literatura, apesar de tratar de aspectos da vida social brasileira, é uma literatura de pessoas que vivem, amam, sofrem e têm seus problemas de ordem pessoal, de ordem humana. Os problemas dessas pessoas não são a meu ver pequenos. São grandes, são problemas do ser humano. Tomemos, por exemplo, *Tenda dos Milagres*, um livro onde essa marca social está bem presente, pois trata da luta contra o preconceito racial no Brasil e pela formação de uma nacionalidade brasileira. Mas lá estão também os problemas pessoais imediatos de cada um, como o de Pedro Arcanjo. Ele gosta da mulher do amigo, mas sacrifica esse seu amor em função da amizade. Estou citando um detalhe. Existem problemas pessoais dos mais diversos em meus livros. O que estávamos discutindo era o problema do conteúdo e da forma, e não propriamente a contraposição de problemas sociais e humanos.

O que sou como romancista, se olho hoje para o que escrevi? Na minha extrema juventude, na minha quase adolescência, eu me perguntava se era um romancista proletário. Nos anos 30 esse rótulo estava muito em moda pela proximidade da literatura nascida da Revolução Russa, que aliás, a meu ver, é o grande momento da literatura soviética. Pois bem, eu havia escrito um pequeno livro, um caderno de notas de um aprendiz de romancista, não mais que isso, sobre a vida dos trabalhadores nas fazendas de cacau, e me perguntava se era um romancista proletário. Hoje olho para os livros que escrevi naquela época e acho que fui um romancista sobretudo dos desprotegidos, dos vagabundos. Porque no Brasil daquela época não existia um proletariado. Espero que apareçam amanhã os grandes escritores paulistas que irão escrever os romances importantes sobre a classe operária que existe em São Paulo depois da criação da indústria pesada. Como isso não existia quando fiz meus primeiros romances, meus personagens são prostitutas, vagabundos, mulheres do povo, pescadores, mestres de saveiro, gente de circo. Os meus livros contam os problemas dessa gente.

Em artigo de 1943, a propósito de Terras do Sem-Fim, *Roger Bastide faz uma observação interessante, que é em síntese a seguinte: o romance nordestino é uma transposição e adaptação aqui do naturalismo, que deu como resultado o que chama de "romance poético", do qual você seria o mais típico representante. Concorda com isso?*

Concordar ou discordar da opinião de um crítico é sempre difícil. Às vezes eu me divirto muito com as coisas que os críticos descobrem em meus livros e me pergunto: será que é isso mesmo? Pode ser que existam as intenções que eles atribuem a muitas coisas. Quem sabe, inconscientemente. Conscientemente, não. Há muitas teses sobre obras minhas sobretudo fora daqui, nos Estados Unidos e na Europa. Há pouco tempo estava lendo a tese de um universitário americano sobre o humor na minha obra. Ele me atribui coisas extraordinárias. Se eu tivesse pensado em tudo aquilo na ocasião de escrever o livro, certamente não o teria escrito.

Quanto a Bastide, era um homem sério. Ele tem um estudo mais recente sobre mim, um prefácio para a edição francesa de *Quincas Berro d'Água*. Ele sempre foi muito generoso comigo. Quanto a "romance poético", não sei. Eu mesmo me autointitulei em certa época "realista romântico". O que eu gosto é de contar histórias. Não tenho nenhuma capacidade de imaginar antes a história. Quando vou para a máquina de escrever, nunca sei a história. Tenho uma ideia que me tenta, vejo figuras, certos elementos do ambiente e da paisagem, mas nada sei da história. É só ao escrevê-la que ela se constrói. Acho que é a própria vida que constrói a história.

Gabriela e Os Velhos Marinheiros não marcam uma ruptura ou o início de uma nova fase em sua obra, com a preocupação social deixando de ser dominante?

Há mais de 50 anos estou nesse ofício, nesse trabalho. *País do Carnaval*, meu primeiro livro, saiu há 50 anos. O que se escreveu aos 20 anos não pode ser exatamente igual ao que se escreve aos 70. Vivi uma vida, sofri, amei, tive alegrias enormes, viajei, participei de acontecimentos. Não sou exatamente a mesma pessoa de há 50 anos. Há uma única linha de unidade em meus livros, que é a fidelidade ao povo. Ao povo mais que a qualquer outra coisa. Sempre tive uma perspectiva não propriamente de classe, mas de povo em sua totalidade. Em meu livro mais diretamente político, *Os subterrâneos da liberdade,* quis fazer um romance sobre a luta política dos comunistas — que representavam para mim a vanguarda da classe operária — contra a ditadura do Estado Novo e contra o fascismo em geral. Seria um romance de classe, mas na realidade não é.

Não acredito que tenha havido mudança em minha obra a partir de *Gabriela*. Há pouco um prefaciador cubano de uma edição de *Gabriela* referiu-se a essa alegada mudança dizendo não compreendê-la, porque este é um romance muito mais marxista — para usar o termo que ele escolheu — do que os outros que fiz. Aliás, diga-se de passagem que nunca tive a preocupação de fazer romances marxistas. Primeiro, porque eu acho isso uma besteira e, segundo, porque para fazer um romance marxista eu creio que teria de conhecer toda a obra de Marx, o que não acontece. Se em minha obra há essa constante de fidelidade ou compromisso com o povo, por outro lado ela sofreu mudanças, da mesma maneira que eu como pessoa também mudei ao longo desses 50 anos.

Às vezes sou acusado de machista e às vezes de feminista. As feministas italianas de Milão estão usando *Teresa Batista* como símbolo. A verdade é que meus livros são menos machistas hoje do que eram no começo. Acho mesmo que hoje não sou machista, ou pelo menos não sou enquanto posso não sê-lo conscientemente. Quanto às coisas do inconsciente, nunca se sabe até onde vão as marcas do preconceito dentro da gente. Na primeira parte de minha obra, escrita até quando eu tinha 30 e poucos anos, a ação era sempre acompanhada de uma espécie de discurso político. Eu queria convencer o leitor e não acreditava que a ação fosse suficiente. Por isso, fazia uma espécie de discurso político ao lado. Esse discurso depois desapareceu da minha obra. Sou muito acusado por isso, da mesma maneira que, durante muitos anos, fui acusado pela existência daquele discurso. Creio que felizmente o discurso desapareceu, pois compreendi que é realmente a ação que pode explicar alguma coisa a alguém. Ganhei também um elemento novo, que não é próprio da adolescência e da juventude, mas da idade madura — o humor — que marca minhas obras mais recentes.

Por que deixou a militância no Partido Comunista?

Passei 10 anos quase sem escrever, desenvolvendo um trabalho de militância partidária, quando fiz uma série de coisas que não eram do meu agrado. Por exemplo, fui deputado federal. Acho que não houve parlamentar com menor vocação do que eu, mas não fui um mau deputado. Levo as coisas muito a sério quando assumo uma responsabilidade. Durante os dois anos que passei na Câmara trabalhei como um cavalo. E aí estão várias leis resultantes do meu esforço, apesar de eu ser deputado comunista, o que não facilitava as coisas. Mas não gostava daquilo. Para mim era um sacrifício diário ser deputado. Não gosto de fazer nem de ouvir discursos. Durante 10 anos fiz isso e quase não escrevi. Até o momento em que cheguei à conclusão que, ou continuava a ser um militante político, e com esse trabalho nunca faria nada de realmente muito útil para o povo, ou voltaria a ser escritor. Achei então que deveria voltar a ser escritor. Foi quando deixei de militar no Partido Comunista. É curioso que todo mundo pensa que foi o 20º Congresso do PCUS que fez com que eu deixasse de militar. Eu deixei antes disso para voltar ao meu ofício de escritor.

Mas o 20º Congresso serviu para ratificar a sua decisão?

De certa maneira sim. Mas ele serviu sobretudo para criar uma grande confusão em torno da minha decisão, porque todo mundo passou a atribuí-la a ele. Dado o meu conhecimento dos bastidores da política internacional naquele momento, tudo o que foi dito no 20º Congresso sobre Stalin, ou pelo menos o fundamental, já era do meu conhecimento há alguns meses ou talvez mesmo um ano. O fato de ter sabido de tudo aquilo, ou seja, a ruptura do mito stalinista, deve ter exercido influência em mim, mas não propriamente o 20º Congresso. O fundamental para mim foi sem dúvida compreender que deveria voltar a escrever, que isso era mais útil do que continuar uma vida de militante.

O abandono da militância no Partido Comunista acarretou alguma modificação importante na sua visão do mundo?

Sim e não. Não, porque entre o capitalismo e o socialismo continuo contra o capitalismo e a favor do socialismo. Não vejo saída para o homem dentro do capitalismo. E, sim, porque hoje não separo socialismo de democracia. Não creio que o socialismo, porque altera as relações de propriedade, tenha o direito de se voltar contra o indivíduo, de limitá-lo. Sei que isso não é fácil e que não pode ser conseguido imediatamente. A Polônia é hoje o broto de alguma coisa importante naquele sentido. Mas conseguirá florescer? Já houve outros semelhantes, como a chamada Primavera de Praga, que não floresceram. Quero o socialismo, porque com ele não haverá fome, não existirá essa terrível miséria nordestina. Mas hoje não mais abro mão da liberdade em troca disso. A palavra "mais" aí é importante, porque quando jovem eu aceitava isso. Mas chega um momento em que se quer as duas coisas, que haja comida e liberdade. Infelizmente, em geral, não há nem liberdade nem comida. Também no mundo capitalista não há muita liberdade. Ela é muito limitada. Muitos dirão que é impossível socialismo com liberdade e responderei que se trata do direito ao sonho. Escrevi duas histórias para dizer que o homem tem direito ao sonho — a do Quincas Berro d'Água e a do Vasco Moscoso de Aragão — num momento em que esse problema se tornou crucial para mim. Nessas duas histórias o sonho se realiza. Acho que o meu sonho de socialismo democrático é bem mais difícil.

Aliás, por falar nisso, recebi há algumas semanas uma carta da Warner Brothers, que tem os direitos cinematográficos do Vasco, dizendo que o Anthony Quinn vai fazer um filme com base na minha história.

Como avalia o resultado da transposição de obras suas para o cinema e a televisão?

Do ponto de vista do autor, nenhuma adaptação será total e completamente aquilo que ele desejaria que fosse, pelo simples fato de que são formas de comunicação inteiramente diferentes. Quando estou escrevendo, existem eu, a máquina de escrever e o papel. Não há nenhuma outra interferência. É um trabalho puramente artesanal. Já a televisão e o cinema são indústrias, que exigem um trabalho de equipe. Há pouco tempo esteve aqui comigo, durante quase um mês, uma pessoa altamente inteligente, a Lina Wertmüller, que fez duas adaptações de *Tieta do Agreste,* uma para o cinema e outra para a televisão. Ela tem uma determinada visão das coisas que coincide em alguns pontos comigo e em outros não. O trabalho que ela fizer só será bom na medida em que for uma recriação.

Mesmo entre a televisão e o cinema há diferenças importantes. O cineasta pode dizer: se o filme der prejuízo, paciência, o produtor pagará. Isto não acontece com quem trabalha para a televisão. Tenho uma enorme admiração pelos escritores que fazem trabalhos de ficção para a televisão, como Dias Gomes, Janete Clair, Ivani Ribeiro, Jorge Andrade, Bráulio Pedroso e outros, que têm de criar tendo contra eles duas espécies de censura. Tem aquela que funciona em Brasília, que diz que não pode ser assim ou assado, porque é subversivo, imoral, antifamília ou sei lá mais o que, e tem a censura da própria televisão, que é a censura da audiência, do chamado Ibope. Ou seja: tem de ser feito diferente, porque assim não está atingindo a classe tal, etc. Não teria capacidade para trabalhar assim. Não faz muito tempo, tive uma oferta para escrever uma novela para a televisão. Recusei, dizendo que não se tratava de preço, mas que não era capaz de fazer o que me pediam.

Mas se aceito vender os direitos de adaptação de um livro meu para outro meio de comunicação — teatro, cinema, televisão — tenho de me sujeitar às regras do jogo. Até mesmo porque vivo disso. Sou um escritor profissional, uma espécie rara no Brasil, e vivo da remuneração proporcionada por meus livros. Não tenho nenhum outro meio de subsistência. Se meu público deixar de comprar meus livros, estou perdido, porque não guardo dinheiro. Dinheiro para mim é para se gastar. Não posso, portanto, deixar de aceitar uma boa oferta de cinema ou televisão.

Aliás, acho que tanto o cinema como a televisão têm nesse caso um papel positivo. Veja o caso de *Gabriela*. Não sei se houve romance brasileiro — não gosto de falar disso — que vendeu mais do que *Gabriela*. Pois bem, quando a *Globo* comprou os direitos de adaptação do livro para novela de televisão, fizemos um levantamento e verificamos que, em mais de 10 anos, ele vendera cerca de 600 mil exemplares. Só durante a apresentação da novela, foram vendidos 80 mil. Em Portugal o fenômeno foi ainda mais acentuado. Era um dos romances de maior êxito lá e tinha vendido 40 mil em várias edições. Durante o tempo de projeção da novela, venderam-se mais cerca de 50 mil. Por outro lado, a *Globo* levou essa novela a 25 milhões de pessoas. Muitas das coisas fundamentais que estão no livro estão também na novela. Nem tudo o que eu pus no livro está na adaptação feita pelo Walter George Durst e dirigida por Walter

Avancini, pois se trata de um trabalho deles. Mas muita coisa está e foi levada a 25 milhões de pessoas. Se levarmos em conta que grande parte dessa gente jamais poderia ler o livro, ou por ser analfabeta, ou por não ter dinheiro para comprá-lo, veremos o quanto o papel da televisão é importante. *Gabriela* é um romance sobre a ruptura da lei feudal, que dá ao marido o direito de matar a mulher que o trai, e também sobre a luta da sociedade no sentido do progresso. E tudo isso foi levado a uma quantidade de pessoas que o livro jamais poderia alcançar.

Tenho seis livros filmados. *Dona Flor* foi um grande sucesso de público e *Tenda dos Milagres* um sucesso de crítica. De vez em quando vêm aqui pessoas querendo que eu fale mal das adaptações. Jamais falarei mal da adaptação de um livro meu. Também não vou dizer que qualquer uma delas me satisfez plenamente. É impossível uma adaptação satisfazer plenamente o autor de um livro. Pode ser até que o filme seja melhor do que o livro. Mas é diferente.

O Vasco Moscoso de Aragão vai ser feito pelo Anthony Quinn. E o Quincas Berro d'Água? Não pensa em vendê-lo?

Para o Quincas recebo uma proposta por mês para adaptação para o cinema. Nacional ou estrangeira. Já quiseram fazer o Quincas o próprio Anthony Quinn, o Orson Welles e o Serge Reggiani, para citar apenas os grandes atores estrangeiros cujos nomes me ocorrem agora. Também o falecido Michel Simon, que adorava a história, quis fazê-lo.

Por que essa resistência da sua parte?

Não se trata de resistência. É que não houve um acordo financeiro. É possível fazer-se um acordo de duas maneiras. Cedo os direitos de adaptação de um livro meu, ou porque a proposta que me fazem é conveniente do ponto de vista financeiro, como é o caso de *Tieta do Agreste* para o cinema e a televisão, ou porque acho que artisticamente ela me interessa de tal maneira que posso abrir mão de qualquer compensação financeira. Senti-me muito honrado por Nelson Pereira dos Santos querer fazer um filme de *Tenda dos Milagres* e cedi-lhe os direitos de adaptação em troca de um pagamento simbólico. No caso do Quincas não me apareceu ainda nem uma coisa nem outra. Nunca cheguei a um acordo financeiro razoável. Também não tenho hoje maior interesse em vendê-lo, pois além dele não tenho mais quase nenhum livro a ser vendido para adaptação cinematográfica.

Muitos julgam que a televisão e o cinema tendem a estrangular a literatura, mas você dá a impressão de pensar exatamente o contrário.

Sim, e dou-lhe um exemplo de por que penso assim. A *Globo* passa uma novela às seis da tarde, que em geral é baseada num livro brasileiro. Aliás, essa é uma das coisas boas que a *Globo* fez. Lembro-me agora das adaptações de *Olhai os lírios do campo*, de Érico Veríssimo, e *A Escrava Isaura*, de Bernardo Guimarães. Quase todas essas novelas provocaram uma nova edição do livro. Logo, desperta o interesse pela leitura. Recordo-me do tempo em que se dizia que o cinema iria acabar com o teatro. Não é nada disso. Trata-se de formas diferentes de expressão. Nos idos de 30, a palavra de ordem era que a poesia estava morta. Como se fosse possível acontecer isso! Enquanto o homem for homem, a poesia existirá. Ultimamente falou-se muito que não havia mais lugar para o romance e ele está aí, fortíssimo, vendendo cada vez mais. No mundo inteiro aparecem romancistas muito importantes tendo o que dizer. Acho que não há competição entre os gêneros e entre as formas de expressão.

No caso do Brasil, o cinema não faz vender livros, mas a televisão sim, porque é realmente popular. O cinema brasileiro não é popular. A televisão, ao contrário, com todos os seus defeitos, atinge um público enorme. Repare numa coisa curiosa: a popularidade dos atores no Brasil é devido à televisão. No caso do cinema, os diretores é que são conhecidos: Glauber Rocha, Cacá Diegues, Nelson Pereira dos Santos, Joaquim Pedro de Andrade, Arnaldo Jabor. Pegue agora o caso de Jofre Soares, um ator extraordinário. Ele fez dezenas de filmes, mas só é conhecido por aqueles que o viram na televisão. Isso demonstra como é verdadeiro aquilo que disse sobre o elitismo no cinema brasileiro. Ele o limitou muito.

Quando Cacá Diegues deu aquela famosa entrevista denunciando a existência de patrulhas ideológicas no Brasil, você o apoiou. Sua posição ficou

História Vivida

bastante clara na época, e o que gostaria de saber é onde vê as raízes desse patrulhamento.

Fui levado a apoiar Cacá Diegues naquele momento sobretudo pelas críticas extremamente violentas feitas a Caetano Veloso e Gilberto Gil. Eu os admiro e tenho boas relações com eles, embora os veja muito raramente. As acusações de fascista e reacionário lançadas contra eles pareceram-me terrivelmente injustas. Afinal, esses rapazes tinham feito qualquer coisa de muito importante e revolucionário. Caetano foi o homem que durante todos esses anos terríveis veiculou a palavra de ordem mais profundamente revolucionária: "É proibido proibir". Foram atacados apenas porque são pessoas de pensamento livre, que não são condicionadas por esse ou aquele grupo político-ideológico. Quem não pensa como essas pessoas que atacaram Caetano e Gil é atacado e marretado, e foi contra elas que me levantei.

Sou cada vez mais a favor das pessoas que pensam com a sua própria cabeça. Durante muito tempo pensei pela cabeça dos outros, tendo às vezes que violentar o meu pensamento para ser disciplinado. Julgava então que aquelas pessoas pensavam melhor do que eu e, consequentemente, que eu estaria mais certo pensando como elas do que com a minha própria cabeça. E como hoje pago um preço extremamente alto — parece que é extremamente alto, mas ainda assim é barato — para pensar com a minha própria cabeça, defendo as pessoas que agem da mesma maneira.

Depois de Caetano e Gil, criticaram também o Chico Buarque, o que me admirou, porque parecia existir uma unanimidade em torno dele. Chico é de uma grande decência e de uma grande dignidade. Um homem que foi tão violentado pela censura, mas que não saiu por aí dizendo que ela o estava impedindo de criar, como tanta gente que disse que não escrevia porque a censura não deixava. A censura nunca impediu ninguém de escrever. Ela pode impedir que as coisas sejam publicadas, não que sejam escritas. Isso é uma safadeza, é uma forma de não fazer as coisas. Chico, ao contrário, quando tinha uma canção sua proibida, fazia outra. Usou até pseudônimo. Esse patrulhamento que atingiu Caetano, Gil, Chico e outros é uma espécie de neo-stalinismo. Está aí no ar e marreta as pessoas. Eu também sou marretado. O que posso fazer? Hoje penso pela minha própria cabeça, custe o que custar.

Outra coisa com a qual não concordo é essa história de se querer proibir filmes estrangeiros para favorecer o cinema brasileiro. Ou o cinema brasileiro encontra um caminho para atingir o público, ou não adiantará nada proibir os filmes estrangeiros. Não se pode impor gostos. Se, se retirar todos os filmes estrangeiros e colocar em cartaz apenas os nacionais, nem assim o público irá vê-los, se eles não lhe interessarem. O que se tem de fazer é buscar um novo caminho. O Cacá Diegues está fazendo um grande esforço para sair desse impasse. Seus últimos filmes conseguiram êxito, embora eu não saiba se ele obteve exatamente o que queria. Temos de apoiar o seu esforço.

Mudemos um pouco o curso da conversa. Qual a importância que atribui à influência da cultura afro-brasileira em sua obra?

Eu me movo dentro de um mundo afro-brasileiro. Apenas ele é afro-brasileiro, não africano. Digo isso porque no momento está muito na moda ser africano. Sou muito ligado à África, onde tenho muitos bons amigos. Durante os anos em que estive em Paris convivi com muitos dos africanos que dirigiam as lutas pela libertação de seus países. Até hoje sou muito amigo de Senghor. Mas eu sou brasileiro, faço parte da mistura que se processou aqui. Acho muito importante a compreensão do processo de mistura de sangues e culturas que se deu e continua a se dar no Brasil. À mistura afro-brasileira se pode somar hoje a mistura com os imigrantes japoneses, que se processou mais lentamente, mas cuja influência já se sente, como se pode ver pelo filme da Tizuka, o *Gaijin*. É um filme nipo-brasileiro, e de grande beleza. Também ele está ligado ao processo de mistura, que a meu ver é o próprio processo de formação da nossa nacionalidade.

Aqui na Bahia estou preso à contingência afro-brasileira. Do contrário estaria abandonando a minha própria realidade. Sou ligado a essa gente, amigo dela, nasci dentro disso. Outro dia, estava conversando na casa da Menininha do Gantois e ela, que tem uma memória extraordinária, lembrava a primeira vez que me viu, há 50 anos. Eu me criei nesse ambiente. A vida baiana é a minha vida. Não poderia tentar nenhuma criação sobre a realidade da Bahia, sobre a sua gente, se não estivesse profundamente marcado por esse ambiente. E não de uma forma exterior, mas interior.

Agora, uma pergunta mais pessoal que literária. De todos os seus personagens, qual o que mais ama, que não é necessariamente o que julga mais importante?

O Vasco.

Pensei que ia ouvir Quincas e ouvi Vasco.

Explico. Aliás, o personagem que eu talvez considere o mais importante de minha obra, e que me toca muito, é o Pedro Arcanjo, de *Tenda dos Milagres*. Mas por que o Vasco e não o Quincas? Porque ele é mais mentiroso, mais humano, mais frágil do que o Quincas. O Quincas largou tudo, mas está apoiado por toda a vida popular, por todos os amigos, ou seja, não é sozinho, tem um grupo em torno dele. Já o Vasco, sobretudo no momento em que começo a contar a sua história, está sozinho. Apenas ele e o seu sonho, abandonado por quase todo mundo. Ele é o que mais me toca. Ele e Teresa Batista. Tenho uma grande estima por essa senhora.

E a mulher em sua obra? Você mesmo disse há pouco que há os que o consideram machista e os que o veem como feminista.

Houve um episódio que me marcou bastante. Um grande crítico literário, Sérgio Milliet, de quem fui amigo fraterno e que sempre foi muito generoso comigo em suas críticas, observou certa vez, creio que a propósito de *Terras do Sem-Fim*, que eu era muito melhor retratista de homens do que de mulheres. Aquilo me marcou. Quando estava fazendo *Gabriela*, pensei muito nisso, e ao terminar o romance contei a ele. Mas, respondendo mais diretamente à sua pergunta, creio que houve da minha parte, talvez inconscientemente, uma preocupação de dar à mulher um papel mais importante, para compensar um pouco a dupla exploração que ela sofre no Brasil. Aqui ela é explorada na sua condição de pobre e na sua condição de mulher. No fundo, Gabriela, com a sua simples presença, é o fator fundamental da mudança. Não é o coronel fulano, o advogado ou o Mundinho Falcão que vem de fora, é ela. Quem rompe com aquela vida pequeno-burguesa não é nenhum homem, mas Dona Flor. Rompe para ficar com o amor. E há também Teresa Batista, mais símbolo ainda da mulher brasileira e nordestina, capaz de lutar nas condições mais difíceis.

Nos meus livros, o herói é cada vez mais o homem pobre, o que está colocado mais baixo na escala social. Minha experiência de vida me levou a ter grande desconfiança dos grandes heróis, dos grandes homens, sobretudo daquilo que significa o poder. O poder é a coisa mais corruptora, mais degradante que existe. Toquei-o com as minhas mãos e sei que o poder realmente degrada. Por isso, na minha obra, os heróis, aqueles que são alguma coisa, que dão alguma coisa ao homem, vêm das camadas sociais mais baixas.

Como explica o enorme sucesso de Gabriela?

Não sei bem. Talvez porque no momento em que o livro foi publicado todo mundo estivesse cansado de ler coisas terríveis. Veja o caso de *Tieta*. O livro conta a luta contra a poluição, mas dentro de um clima que não é trágico, não é desolador. Veja também o caso do meu último livro, *Farda, fardão, camisola de dormir*. Quando o entreguei ao editor, pedi-lhe que fizesse uma edição, não de 100 ou 120 mil exemplares, mas de apenas 50 mil. Disse-lhe que não era livro para vender muito, pois contava histórias de literatos que certamente não interessariam ao grande público. Ele acabou tendo de tirar 100 mil, porque antes mesmo de imprimi-lo tinha pedidos para mais de 80 mil. E já está na segunda edição. Por que, se não tem, por exemplo, uma história de amor? Se conto nele histórias terríveis, como a de Joaquim Câmara Ferreira, no Estado Novo, que teve de cortar os pulsos para que suspendessem as torturas que sofria? É porque ao mesmo tempo se trata de uma fábula para uma esperança, contada com senso de humor.

E a tentação do Nobel, ela existe?

Não. Acredite em mim. O Nobel é uma chatice, porque todo mundo me cobra ele como se fosse uma obrigação. Afinal não sou membro do júri. E, se fosse, não o daria a mim mesmo. Acho que a literatura brasileira, pela sua importância, já merecia um Nobel e acho que quem vai ganhá-lo para todos nós é Carlos Drummond de Andrade. E é merecidíssimo. É o meu candidato, embora não possa ter candidato porque não sou da Academia Sueca. Ele ganhará o Nobel e, quando isso ocorrer, todos estaremos premiados. Acho uma injustiça o Brasil não ter um Nobel.

Mas para mim, repito, o Nobel é uma chatice. Há sujeitos que me escrevem perguntando: "Como é? E o Nobel?" Vou lhe dizer mais: hoje, ele não significaria muita coisa para mim. Se eu o ganhasse quando tinha 50 anos, sim. Aliás, acho que deveria ser proibido dar o Nobel a autores com mais de 50 anos. Por outro lado, acho que quem disser que não quer o Nobel estará mentindo. Tive amigos, como Neruda e Astúrias, que ganharam o prêmio, e sei da alegria que sentiram. Mas não espero o Nobel. Há muita gente que merecia o Nobel mais do que eu — não estou sendo modesto — e não ganhou. Já citei Drummond. Poderia falar de Alberto Moravia e de Georges Simenon. Por que não dão o Nobel a Simenon, que Gide considerava um dos maiores romancistas contemporâneos? Por preconceito. Não me posso imaginar ganhando o Nobel, se Simenon não o ganhou. E há o caso absurdo de Malraux, que morreu sem ganhá-lo. Ou seja: há muita gente que merecia ou merece mais do que eu e não ganhou, ou ainda não ganhou o Nobel.

18 de maio de 1981

50 Em 64 rompe-se a tradição e o adversário vira inimigo

Entrevistador:
Lourenço Dantas Mota

José Honório Rodrigues

Nasceu em 1913 no Rio de Janeiro, onde morreu em 1987. Formado pela Faculdade de Direito do Rio de Janeiro. Dirigiu o Arquivo Nacional de 1958 a 1964. Lecionou na Universidade Federal da Guanabara, no Instituto Rio Branco e na Universidade do Texas. Um dos nossos maiores historiadores e autor de importantes ensaios de interpretação da realidade brasileira.

O Parlamento passa por uma grave crise, que remonta a 64, e que decorre em grande parte das limitações que lhe foram impostas em sua capacidade de legislar. Não são poucos os que hoje o encaram com descrença ou com indiferença. Como vê esse problema de sua posição de estudioso da história do Parlamento brasileiro?

O Parlamento brasileiro já nasceu em crise. A primeira Assembleia Constituinte, de 1823, funcionou apenas de maio a novembro, quando foi dissolvida. A nossa primeira Constituição foi feita por um grupo no qual se destacou o marquês de Caravelas, que foi o seu verdadeiro autor. Apesar de outorgada, foi a melhor Constituição brasileira. Muito flexível, permitiu a instauração do parlamentarismo. Tinha uma plasticidade que nenhuma outra teve depois dela. Foi a mais respeitada que tivemos e, quando findou, era exatamente a segunda Constituição mais antiga do mundo, depois da americana, se não considerarmos a Constituição inglesa que não é escrita. Nem a França nem qualquer dos países europeus tinham uma Constituição mais antiga.

O Parlamento brasileiro, portanto, começou com uma crise. Ele só foi reaberto em 1826, quando se destacou a figura de Bernardo Pereira de Vasconcelos. O que combatia ele? Sobretudo as comissões militares, que eram mais ou menos o que existe hoje como formas de controle militar de atividades civis. A Câmara foi num crescendo de oposição até derrubar o imperador em 1831. A queda de D. Pedro I foi obra do Parlamento. De 31 até a maioridade em 40, durante a Regência, tivemos uma fase de liberalismo que resultou em movimentos revolucionários por todo o Brasil, que, no dizer de Capistrano de Abreu, "estrebuchou de norte a sul". Aliás, há certos períodos históricos que se assemelham muito uns aos outros. Acho, por exemplo, que no momento estamos vivendo uma fase de Regência, ou seja, estamos sob a regência dos militares.

Ocultou-se muito o papel do Parlamento na vida brasileira. Essa coisa de que existem deputados fracos e mal escolhidos faz parte da natureza da instituição em todo o mundo. Nos Estados Unidos e na Inglaterra é a mesma coisa. Também lá há deputados acusados de corrupção. Qualquer instituição está sujeita a isso. O Parlamento desempenhou, aqui, um papel muito importante. Quando o falecido senador Petrônio Portella iniciou a publicação de obras sobre a história do Parlamento, numa fase em que a instituição estava muito por baixo, o objetivo era justamente mostrar o papel importante por ele representado em nossa História. Nele houve e há figuras menores como em todo o mundo. Mas na história do nosso Parlamento temos também grandes figuras. A sua história é muito mais positiva do que negativa. Infelizmente ele simplesmente não existe na historiografia brasileira.

A que atribui isso?

Atribuo isso, antes de mais nada, a uma tendência personalista na interpretação da História do Brasil, para a qual Capistrano tanto chamava a atenção de Taunay: "Não faça a história de governadores, de capitães-generais; faça a história da Câmara, dos movimentos coletivos, ou seja, das forcas impessoais que são as que realmente importam na História". Como sempre houve essa tendência para o personalismo, o Poder Executivo, que é representado por uma pessoa, é privilegiado. Todas as Histórias do Brasil têm sido escritas com a completa omissão da ação parlamentar e da ação do Judiciário, que é também muito importante.

Desde 64, o personalismo representado pelo "generalismo" tem impedido uma atuação maior do Parlamento. Tivemos o tenentismo, tivemos o coronelismo e agora estamos vivendo, desde 64, numa situação que tenho conceituado como generalismo, quer dizer, só pode ser presidente da República general-de-quatro-estrelas. Mas acho que a fase do generalismo está em seu momento outonal. Temos de encontrar uma solução na qual os militares deixem de representar o papel predominante na vida política brasileira. Eles têm de se retirar normalmente e continuar sendo o apoio da Nação. Ao dizer isto, não estou atacando as Forças Armadas ou algum general pessoalmente. Estou apenas fazendo uma interpretação histórica de uma instituição. A instituição é permanente e as pessoas passam. Se alguns generais abusam, a verdade é que nem por isso as Forças Armadas deixam de estar ligadas à História do Brasil desde a independência com enormes serviços ao país.

A sua própria exposição nos trouxe a outro ponto que gostaria que tratasse, que é a participação dos militares na política ao longo da nossa História.

Há no Brasil duas instituições extremamente importantes para a determinação dos caminhos que o país segue: a Igreja e as Forças Armadas. Inventou-se a história de que a nossa independência foi uma transição pacífica. Historiadores importantes como Oliveira Lima e Oliveira Vianna disseram — e a maioria dos historiadores seguiu essa linha — que o Brasil se tornou independente por meio de um "desquite amigável". Não foi nada disso. Sem as Forças Armadas não nos teríamos separado de Portugal. A guerra da Bahia não é guerra da Bahia nenhuma, é uma guerra nacional. A tropa que estava à direita era a que foi escolhida pelo imperador, uma tropa de elite mandada do Rio e de São Paulo e da qual fazia parte o cadete, futuro Duque de Caxias, que estava começando a sua carreira. A tropa postada à esquerda era pernambucana e cearense. Só no centro estava a tropa baiana. No Rio Grande do Sul, foram tropas paulistas que dominaram os portugueses que não queriam aderir à independência. Ou seja: sem as Forças Armadas não teríamos conseguido a separação de Portugal. Houve depois um período de crise durante a Regência. Feijó, por exemplo, hostilizou o Exército por meio da Guarda Nacional de inspiração francesa. Mas depois da guerra do Paraguai o Exército criou nova força e tomou consciência muito maior dos problemas brasileiros.

O Exército sempre teve uma ala de nacionalistas de esquerda, outra de nacionalistas de direita e uma de centro. Esta última tem sido o grupo majoritário que serve para equilibrar aquelas duas alas. Tomemos como exemplo histórico a ação de Osório e a ação de Caxias. O poder moderador pôde sobreviver e ser o árbitro das situações políticas difíceis, porque a ala conservadora era liderada por Caxias e a liberal, por Osório. Osório morreu em 1879, seis anos depois morreu Caxias e desequilibrou-se, então, a balança do poder moderador. Juntamente com ele veio abaixo o império. A partir da República, o Exército assumiu um papel muito ativo na vida pública. Mas ele se sujeitava sempre às regras do jogo democrático. Foi somente em 64 que ele rompeu com essa linha.

Por que essa ruptura?

Houve um desequilíbrio entre as várias alas que formam o Exército. Em 35, praticamente acabou a ala nacionalista de esquerda, e, em função disso, a ala direita conseguiu sobrepor-se ao centro, que sempre foi maioria. O processo de predomínio da direita foi gradual. No primeiro momento, após 64, não foi a direita que predominou, mas o centro, com Castello Branco, que era apoiado pelas classes médias e altas. Houve nesse momento uma concórdia promovida pelo próprio Exército, dominado pelo centro. Mas a partir de 68/69, quando começou a guerrilha urbana, a direita tomou as posições de comando. E veio daí o desvio constitucional e político do Brasil, que a meu ver está findando. O generalismo está esgotado e temos de partir para um regime legal. Essa é uma aspiração nacional da qual participam todos os setores, desde o operariado até as classes industriais e comerciais, além de setores modestos e poderosos da Igreja. Ela é outra força que, como o Exército, possui muita sensibilidade, em virtude do contato permanente com o povo.

Em 64, houve uma ruptura de determinadas tendências da vida política brasileira. Uma delas é a conciliação. Ela começou a ser praticada com o marquês de Paraná em 1853, como um instrumento de que, nos momentos difíceis, a minoria dominante lançava mão para promover o entendimento com seus iguais em divergência com ela. O poder era um círculo de ferro. Às vezes ele se abria e deixava entrar aqueles divergentes "iguais". Foi o que ocorreu por ocasião da revolução Farroupilha e também quando da revolução de 1842 em São Paulo e Minas. Caxias tratou Feijó com a maior consideração, porque era um seu igual. Aliás, ele havia sido subordinado de Feijó durante a Regência.

Os conservadores foram sempre muito espertos, porque dominados pelo interesse, ao contrário dos liberais, que são mais emotivos e levados pela aspiração de atingir este ou aquele ideal. Determinados pelos seus interesses, que identificam com os interesses da Nação, os conservadores promovem a conciliação no alto e depois distribuem alguma coisa às classes mais pobres, que são a maioria no Brasil. O próprio Getúlio usou muito esse sistema. Em 64 é que se rompeu essa tradição da política brasileira, quando o opositor passou a ser encarado não como um adversário, mas como um inimigo. Sei que houve uma guerrilha urbana e que ela exigia medidas enérgicas. Mas acho também que, se não tivesse havido uma atitude tão negativa quanto às possibilidades de uma conciliação, talvez não tivéssemos chegado ao ponto em que chegamos. Hoje, as exigências para uma conciliação são maiores por causa desses 18 anos de inconciliação total, de separação do poder militar dominante da sociedade civil. Só no fim do governo Geisel e agora no governo Figueiredo essa distância começou a diminuir, numa tentativa de aproximação dos militares com a sociedade civil. E uma das maneiras de se chegar a isso será a volta das fórmulas conciliatórias.

A conciliação, nos termos em que a define, é um dado permanente de nossa História, ou é uma característica de apenas alguns períodos dela?

A História do Brasil apresentou sempre três caminhos. O primeiro é o caminho do consenso. O Império com D. Pedro II, por exemplo, é uma época de total consenso: não se fazia nada sem eleições, sem a concordância daqueles elementos livres, ainda que modestos. D. Pedro II sempre garantiu os direitos civis e, mesmo sendo considerado pela Constituição como uma pessoa sagrada, jamais proibiu um jornal ou revista de publicar coisas contra ele. Agostini cansou-se de fazer as mais ridículas caricaturas de D. Pedro II, que ele absorveu com a maior compreensão política. Considero-o um grande estadista. Tenho opinião semelhante sobre os Rio Branco. Na minha opinião eles prestaram mais serviços do que Rui. Comparado com D. Pedro II e os Rio Branco, Rui é demasiadamente cultuado. Isto, é claro, sem desmerecer os serviços que Rui prestou no campo dos direitos políticos, por meio da atividade parlamentar, do jornalismo e da advocacia.

Depois, mesmo na República Velha, tivemos muitos momentos de absoluto consenso. O mesmo se pode dizer de certos momentos depois de 30. Juscelino foi um homem do consenso, como também Getúlio o fora em muitas fases de sua longa permanência no poder.

Há também o caminho que classifico como de apatia, que temos atravessado várias vezes na História e que estamos atravessando agora. O economista Rubens Vaz da Costa chamou-me a atenção para um fato que considero muito importante. "A dívida social brasileira — diz ele — é muito maior do que a dívida externa." Com a preocupação pelo enriquecimento do país por meio de uma economia orientada para a exportação, relegamos ao abandono total o povo, não só em termos de educação e saúde, que são as coisas mais importantes, mas também em outros setores igualmente relevantes. Ora, quando essa dívida social se torna muito grande, o povo pode apenas sobreviver, pensar apenas nos problemas imediatos. Fica sem condições de reagir. Não pode pensar em política. E o alívio para as situações difíceis ele busca nas formas lúdicas: futebol, carnaval, música popular.

Temos finalmente o caminho da violência. É um equívoco pensar que o Brasil não é um país violento. O próprio Sérgio Buarque de Holanda já recuou de sua tese do brasileiro como homem cordial. Tenho sustentado em meus livros que tivemos uma História sangrenta. O Brasil foi construído com sangue dos índios, com o sangue dos negros e também com as várias situações de miséria em que a maioria da população tem vivido, a qual é também uma sangueira. A violência ocorre desde o começo do período colonial, e não apenas contra os índios e os negros, mas também contra os colonos que tomavam posições divergentes da Metrópole.

Em que caminho a seu ver estamos entrando agora?

Acho que estamos saindo de uma fase apática, não estando ainda caracterizada a fase seguinte. Pode ser e espero que seja de consenso, mas pode ser também de violência. Parece-me que tudo está concorrendo para que tomemos o caminho do consenso. Os atentados terroristas ocorridos ultimamente perturbam a caminhada democrática do consentimento, mas espero que essas dificuldades sejam vencidas.

Como encara o comportamento histórico das elites brasileiras?

Em meu livro *Conciliação e reforma* examinei o comportamento histórico da liderança brasileira na Colônia, na Independência, no Império e na República. Na Colônia ela foi privilegiada e ortodoxa, isto é, servia-se do poder para seu benefício e exigia que o povo — índios, negros escravos e colonos brancos pobres — obedecesse sem hesitação às suas exigências legais ou ilegais. Usou e abusou do seu poder. Foi por isso que Capistrano de Abreu escreveu a João Lúcio de Azevedo que no Brasil o povo foi capado e recapado, sangrado e ressangrado. E Antônio Vieira disse numa de suas pregações que o povo se desfazia em tributos e mais tributos, imposições e mais imposições, donativos e mais donativos, e ao cabo nada aproveitava. O Brasil dava e Portugal levava seus frutos, sua riqueza. A abundância e opulência serviam sempre às minorias dominantes e alheias e/ou aliada aos estrangeiros.

Em primeiro lugar, a preponderância do elemento conciliador dominou mesmo na Colônia os momentos de criação e trabalho. Em segundo lugar, a maioria foi sempre sofrida e viu desfeita sua esperança de melhoria, porque as concessões eram mínimas. Finalmente, as maiores construções sempre foram fruto popular: a mestiçagem racial que criava um tipo adaptado ao país; a mestiçagem cultural que criava síntese nova; a tolerância racial que evitou os descaminhos da violência; e a tolerância que permitiu grandes momentos de convivência pacífica.

Mas a minoria ou elite, como queiram chamá-la, nunca deu ao povo os benefícios da saúde e da educação. Daí porque Antônio Vieira disse que não sabia "qual lhe fez maior mal ao Brasil, se a enfermidade, se as trevas". A liderança sempre alternou os métodos de comportamento, ora transigente, ora intransigente, com líderes ambivalentes, conciliadores ou inflexíveis. Isto se nota desde a Independência, e foi assim pelo Império e pela República, velha e nova. Só 1964 rompe esse comportamento e se torna inflexível, não admitindo conciliações.

Não é certo que todo país tem a liderança que merece. O Brasil não tem tido a liderança que merece, e notem que os Estados Unidos, que tiveram grandes líderes desde sua independência, vêm ultimamente apresentando líderes inferiores à sua situação histórica e às responsabilidades do país.

História Vivida

Com base em sua experiência como conferencista da Escola Superior de Guerra durante algum tempo, que avaliação faz do papel desempenhado por ela?

Sobre a Escola Superior de Guerra não falo apenas como conferencista. Fui estagiário em 1955 e desde 1956 conferencista anos seguidos. Para mim, pessoalmente, e acredito que para outras pessoas civis ou militares, o curso teve uma influência duradoura. A primeira parte é introdutória à ciência política, ou melhor, às ciências sociais, e no meu caso, como no de outros, é muito secundária, sem interesse, mas acredito seja útil aos estagiários militares. A segunda parte é sobre a conjuntura nacional, e esta é, para mim. a grande contribuição que a Escola oferece a todos, pois os atualiza sobre os problemas brasileiros. Em 1955, sem a implantação do regime autoritário, a liberdade na escolha dos conferencistas era muito grande e assisti a esplêndidas conferências com uma visão muito crítica da situação brasileira. Com o AI-5, os conferencistas críticos deixaram de ser convidados (alguns estavam cassados, outros exilados, e outros, como eu, congelados). Nunca aceitei, nunca aceitarei, sejam quais forem as razões, regimes ditatoriais, em nome do proletariado ou em nome dos militares, ou seja, o generalismo, que é o abuso do poder pelos generais, como o imperialismo foi chamado no Brasil pelos liberais, durante o Império, como o abuso do poder imperial. Assim, fiquei, de 1965 até a abertura, esquecido. Voltei a ser convidado com a abertura.

Continuando, a terceira parte do curso da ESG era sobre a conjuntura internacional, dada somente pelo ministro das Relações Exteriores e pelos chefes de departamentos específicos. Daí o oficialismo da exposição, o que tornava desfigurado o quadro político internacional. Assim, para mim, a grande contribuição estava na segunda parte — a conjuntura nacional —, feita por professores e estudiosos brasileiros, de um vasto leque ideológico, que ensinavam, mostravam e criticavam a problemática brasileira. Essa parte constituiu uma contribuição decisiva para minha orientação futura. Eu vivia num mundo erudito, carregado de passado, e foi aí que vi concretamente como se efetiva a ligação do passado com o presente e vice-versa. Lera já filósofos como Benedetto Croce e Ernst Cassirer, que defendiam a unidade espiritual do presente com o passado e que era o presente que formulava as perguntas ao passado. Deste modo, minha avaliação da ESG como escola de pós-graduação é extremamente positiva, para civis como para militares.

A ideologia da segurança nacional, em voga a partir de 64, pode ser considerada a principal contribuição da ESG no plano do pensamento político brasileiro?

Bem, excluída a contribuição ao melhor conhecimento dos problemas brasileiros, creio, realmente, que a ideologia da segurança nacional foi o principal ensinamento da ESG no plano do pensamento político. Era uma doutrina estrangeira, americana. A Lei de Segurança americana, de 1950, foi complementada pelos Programas de Lealdade e Segurança de 1947 e 1953, de péssimos efeitos nos Estados Unidos, mas que foram muito transitórios porque, como mostrou Lêda Boechat Rodrigues no seu livro *A Corte Suprema e o Direito constitucional americano* (1958), seus piores males potenciais foram travados pela ação corajosa e sempre vigilante do mais alto tribunal dos Estados Unidos. No Brasil, porém, a Lei de Segurança desequilibrou a política nacional ao dar importância suprema à segurança do Estado — ideia maquiavélica — e desprezar os direitos individuais que foram sempre, no vaivém da História, o objetivo dos homens e das mulheres na sua grande luta pelas liberdades públicas e garantias individuais.

Assim, além de estrangeira, a doutrina da segurança nacional era nociva no seu exagero, pois desprezou a liberdade e as garantias individuais. Os Estados Unidos tinham-se tornado os policiais do mundo, e os exércitos nacionais do mundo subdesenvolvido ou em desenvolvimento deviam apenas cuidar da segurança do Estado, ainda que menosprezando totalmente o ser humano, no caso, o brasileiro adversário, ou simplesmente o homem comum. Trouxe este pensamento para o Brasil uma total ruptura com a forma brasileira de viver politicamente, desde que o adversário passou a ser inimigo estrangeiro e mortal, e a conciliação, ainda que restrita, foi totalmente afastada. A Lei de Segurança Nacional deve desaparecer no futuro mais imediato, e no seu lugar devem estabelecer-se as salvaguardas do Estado, incluídas na Constituição com o consenso popular, por meio de seus representantes legítimos. A Lei de

Segurança reforçou um Estado autoritário, um verdadeiro paraíso para os senhores do poder e um inferno para o povo brasileiro.

A seu ver, por que durante tanto tempo desconhecemos a nossa "fronteira" africana, como se só tivéssemos a dos Andes?

O Brasil é um país que nada tem a ver com a América Latina. Lembro-me de que uma vez, conversando com Anísio Teixeira, ele me disse: "A Bolívia se parece tanto com o Brasil quanto o Vietnã". Na América Latina, o país que mais se parece com o Brasil é Cuba. Dados estatísticos levantados por historiadores norte-americanos mostram que 60% dos escravos negros vieram para o Brasil, seguindo-se Cuba e Estados Unidos. Cuba apresenta muita semelhança com o Brasil pelo menos em termos étnicos.

Nossas ligações com a África não poderiam deixar de ser grandes. Somos um país mestiço, uma grande república mestiça. As influências indígenas e negras condicionam a nossa latinidade e ocidentalidade. Ao contrário dos Estados Unidos, temos uma população autóctone, ou seja, que cresceu por si mesma. Os imigrantes foram 5 milhões, dos quais 1,5 milhão voltaram para seus países de origem. Ficaram, portanto, apenas 3,5 milhões, que equivalem ao número de negros que entraram no Brasil e a um pouco mais do que o número de índios que se encontravam aqui quando da chamada "invasão portuguesa".

Vai sair pela Nova Fronteira a 3ª edição de *Brasil e África — Outro horizonte,* e nele escrevi novo capítulo sobre as relações entre 1960-1980, atualizando o livro. O comportamento brasileiro tem sido correto a partir do general Ernesto Geisel e tem tomado posição firme contra o *apartheid* sul-africano e tentado estabelecer e desenvolver relações comerciais com os países africanos. Creio que devemos ter relações especiais com os países africanos de língua portuguesa. Na audiência que me concedeu o presidente Agostinho Neto e no relacionamento com a gente angolana, gente que ajudou nas gerações passadas a construir o Brasil, senti que eles nos querem muito bem. Devemos ampliar o relacionamento cultural e comercial com os países africanos. Soube em Angola que eles desejavam muito a colaboração brasileira no campo da educação e da formação de professores. As boas relações entre o Brasil e a África, e sobretudo entre o Brasil e a África de língua portuguesa, são um dever brasileiro de retribuição aos trabalhos de sua gente que tanto fez pelo Brasil.

Vê o Brasil como um país estranho à América Latina?

Acho que o Brasil tem poucas ligações com a América Latina. Somos mais ligados à África, até mesmo porque os nossos índios pouco têm a ver com os dos países hispano-americanos. A verdade é que fomos diferentes desde o princípio, como projeção das próprias diferenças que distinguiam Espanha e Portugal. A Espanha sempre foi um país muito dividido e Portugal, muito unido. A única vez em que o Brasil se dividiu foi por ocasião do domínio espanhol, quando se criaram o Estado do Maranhão e o Estado do Brasil. A Espanha tinha a Lei das Índias, que era aplicada indistintamente a todos os países, enquanto Portugal tinha muito mais flexibilidade. Os portugueses repetiam certos sistemas de colonização, mas davam também muita liberdade local de criação. E isso favoreceu mais a unidade do que a implantação de um sistema único e centralizado, como nas colônias espanholas. Daí se pode inferir como a descentralização favorece a unidade.

Falou-se muito ultimamente da contribuição dos brasilianistas para o estudo da nossa História: há os que a superestimam e os que a subestimam. Como se situa nessa questão?

Sinto-me à vontade para tratar desse problema, porque fui um dos que contribuíram para a formação dos brasilianistas. Antes de mais nada, é preciso lembrar que eles tiveram muitas facilidades para trabalhar no Brasil, a começar pela remuneração, que lhes permitia dedicar-se às suas pesquisas em tempo integral. Tiveram também muitas facilidades de acesso a arquivos, que muitas vezes foram negadas aos próprios brasileiros. Dou-lhe um exemplo. Quando era professor no Itamaraty, participava da Comissão de Estudo de Textos de História do Brasil. No entanto, quando quis consultar documentos posteriores a 1930, o embaixador responsável por esse setor declarou que esses não eram documentos históricos, por serem muito recentes, e não me deixou consultá-los. Pouco tempo depois, o Itamaraty abria os arquivos posteriores a 30 ao brasilianista John Wirth, que foi o primeiro a examiná-los.

A que atribui essa má vontade para com os brasileiros?

Teme-se mais os brasileiros porque evidentemente eles escrevem em português. Os americanos, que escrevem em inglês, são lidos por uma minoria. É a mesma coisa que acontece com relação ao jornal, de um lado, e o rádio e a televisão, de outro. O jornal tem muito mais liberdade do que o rádio e a televisão, porque atinge um público muito menor.

Quanto à contribuição dos brasilianistas, acho que há coisas importantes e outras sem grande valor, porque elas dependem das pessoas que as produzem. Há alguns autores — não citarei nomes — que, embora prestigiados aqui no Brasil, têm uma obra, a meu ver, absolutamente secundária, apesar de todas as facilidades com que puderam contar.

Dou-lhe um exemplo dessas facilidades. Há algum tempo, um desses autores procurou-me e pediu-me ajuda para conseguir documentação dos Dops do Rio de Janeiro e do Rio Grande do Norte para um estudo que preparava sobre o levante comunista de 35. Disse-lhe que não tinha condições de ajudá-lo em vista da situação em que vivia o país. O que poderia era facilitar o seu acesso aos documentos do Tribunal de Segurança do Estado, que naquela época estavam no Arquivo Nacional. Meses depois ele voltou à minha casa e disse que, através de 12 pessoas, entre as quais havia gente ligada à Interpol, à CIA e à embaixada americana, conseguira copiar todos os documentos de que precisava nos Dops do Rio de Janeiro e do Rio Grande do Norte. Um brasileiro não teria conseguido essas facilidades.

Por que é tão deficiente no Brasil a conservação de documentos históricos?

Temos aqui, em primeiro lugar, uma tradição de não dar importância aos documentos. E também uma tradição de sigilo, que foi cultivada por Portugal por muito tempo, desde a descoberta. Basta dizer que o primeiro documento brasileiro, que é a carta de Pero Vaz de Caminha, só foi publicado três séculos depois, em 1817. Perdemos muitos documentos em incêndios ou por negligência. Houve vários incêndios nos chamados Senados da Câmara e negligência geral, mesmo no Império e na República. Aliás, acho que o Império cuidou mais dos documentos do que a própria República. Os maiores historiadores brasileiros da época foram auxiliados por D. Pedro II — Varnhagen, João Francisco Lisboa, Joaquim Caetano da Silva. Os homens mais eruditos do Brasil tiveram o apoio direto e pessoal do imperador. Essa é uma coisa que não se vê hoje. Mesmo a universidade não cria para os historiadores tantas facilidades quanto as que foram criadas no Império.

Em termos de perda de documentos, o caso mais aberrante é o da destruição dos arquivos da escravidão, pela qual um dos principais responsáveis foi Rui Barbosa.

É verdade. A explicação que se dá é que ele fez isso para evitar a indenização aos proprietários de escravos. Ele realmente estava na posição mais avançada dos que defendiam a não indenização. O assunto era realmente sério. Veja que Cândido Mendes de Almeida, um dos maiores juristas brasileiros, em discurso na Câmara apoiando a Lei do Ventre Livre, de 1871, defendeu a tese de que os escravos eram uma propriedade legítima e legal e que, portanto, seus proprietários deviam ser indenizados. Creio que Rui defendeu a queima dos arquivos realmente com o objetivo de evitar a indenização. Por outro lado, isto nos mostra o ahistoricismo de Rui. Ele não foi homem de formação histórica. Não conhecia bem a História do Brasil. Sempre desprezou a História. Rui foi um homem do momento, um homem contemporâneo, sem a preocupação de buscar as raízes das coisas brasileiras. Ele não tinha a vocação de buscar na História as razões dos nossos erros.

A seu ver, então, a razão pela qual ele defendeu a queima dos arquivos da escravidão foi a sua falta de sentimento histórico?

Acho que a sua atitude se deveu a duas razões. A uma posição jurídica, porque, queimando os documentos, ele evitava a indenização e também porque ele não tinha o sentimento histórico. Se ele tivesse o sentimento histórico, poderia ter ocultado os arquivos, que reapareceriam depois de algum tempo.

Dou-lhe um exemplo. Quando Hitler subiu ao poder, o Partido Social Democrata alemão colocou à venda a correspondência de Marx, temendo que os nazistas quisessem destruí-la. Ela foi adquirida por um professor holandês de muito prestígio, que tinha uma obra importante sobre a história dos preços, N. W. Posthumus, e que convenceu os banqueiros de seu país a lhe darem o dinheiro para a compra. Quando os alemães invadiram a Holanda, Rosenberg foi direto ao Instituto de História Social de Amsterdã, onde deveriam estar esses documentos. Nada achou, porque os holandeses, temendo que isso pudesse ocorrer, dividiram a correspondência em três partes: uma foi escondida em barcos, outra foi enterrada no interior da França e a terceira foi enterrada perto de Oxford, na Inglaterra. Terminada a guerra, a correspondência de Marx estava salva.

Rui poderia ter feito a mesma coisa com os arquivos da escravidão: escondê-los, evitando assim a indenização, e ao mesmo tempo preservando-os.

Para concluir, uma questão de caráter mais geral. Até onde as filosofias da História são indispensáveis para a exata compreensão dos fenômenos históricos? É possível existir História sem filosofia da História?

Os fatos não são o elemento capital da historiografia. Evidentemente precisamos dos fatos, mas se nos limitarmos a eles a História ficará incompreensível. O importante na História é a compreensão das suas conexões causais, das ligações dos fatos, por meio da composição de um quadro de causas e efeitos. Só chega a esse resultado com alguma "compreensão" dos fenômenos, tal como os alemães a entendem: as ciências físicas explicam e as ciências humanas compreendem, porque elas passam pela consciência, pela motivação. Na física não existe motivo, mas causa e efeito direto. Na História não existe essa mesma ligação entre causa e efeito. Tanto assim que houve até quem pretendesse tirar a palavra causa da História e substituí-la por motivo, pela sua conotação psicológica, para indicar que na História as coisas passam pela consciência. Assim, para reconstruir a História, para fazer um livro de História de real valor, é preciso uma filosofia da História. E todos têm uma filosofia da História, mesmo os que pensam o contrário. Todos têm uma formação ideológica, uma concepção do mundo, que vem da vida familiar e dos bancos escolares. Este é um quadro teórico indispensável. Quem, além disso, é ajudado por uma filosofia está evidentemente em condições muito melhores do que quem é despreparado. Os historiadores que tratam apenas dos fatos, sem poder ligá-los para mostrar os motivos e as razões dos acontecimentos, ficam no campo da crônica. Ora, a crônica é o contrário da História, pois ela só vê as causas aparentes. A História, pelo contrário, é o exame das estruturas que levam às modificações, ou seja, ela tem de analisar criticamente.

Em meu livro *Filosofia e história,* mostro a distinção entre História real e História oficial. Há uma História oficial que é sempre defensora do *status quo*. A grande maioria dos historiadores pertence à classe dominante e por isso defende o *status quo*, louvando os vencedores e condenando os vencidos. Para eles, os vencidos nunca tiveram razão. Para Varnhagen, por exemplo, o vencido nunca teve razão, isto é, foi vencido porque merecia. Esta é uma atitude não-filosófica, porque não existe a tentativa de entender por que o vencido se revoltou. Por isso, a filosofia é indispensável.

Na História, a única coisa permanente é o documento. Mas ele é interpretado, interrogado e reconstruído de acordo com a concepção filosófica do historiador. Se ele não tiver uma concepção filosófica, repetirá o que os outros já disseram. Se, pelo contrário, tiver uma concepção filosófica, interpretará o documento de outra maneira, com as perguntas que refletem as aspirações e inquietações da nova geração, pois é a geração nova que formula perguntas novas. Um mesmo documento responde a perguntas que não foram formuladas pelas gerações anteriores.

A objetividade histórica total é, então, uma ilusão?

Sim, é uma ilusão. A História está sempre mudando, aliás como qualquer ciência. A propósito, Collingwood conta que perguntou certa vez a um físico inglês se era partidário da teoria ondular ou da crepuscular. O físico respondeu-lhe: "Bem, nas segundas, quartas e sextas sou partidário da teoria ondular e nas terças, quintas e sábados sou partidário da crepuscular". Ou seja: nem as ciências físicas podem garantir a permanência de suas explicações. O mundo está em permanente mudança não só na ordem física como também na histórica. A História é reescrita não só porque se procuram e acham novos documentos, como também porque a nossa formação filosófica, os nossos ideais e a nossa ideologia são diferentes daquelas das gerações anteriores e, por isso, formulam questões novas.

A História, como acentuei na quinta edição (1978) da *Teoria da história do Brasil,* não está empenhada na distração das elites, mas na relação, ao longo do tempo, para o presente e sob a pressão do presente, da dignidade e do valor da existência humana, e nos direitos humanos e ainda na necessidade de manter viva a esperança da utopia humana.

30 agosto de 1981

Apêndice I

" Quando vamos pescar uma coisa nesse oceano sem fundo que é a memória, o anzol já vai molhado do presente. "

Entrevistador:
Lourenço Dantas Mota

Pedro Nava

Nasceu em Juiz de Fora, Minas Gerais, em 1903, e morreu no Rio de Janeiro em 1984. Médico. Poeta bissexto. Sua obra de memorialista é considerada uma das mais importantes da literatura brasileira.

Pedro Nava

É curioso que o seu grupo de Minas, que seguiu a Revolução Modernista, tenha sofrido uma influência muito grande de Anatole France. Ele nunca foi moderno, nem em sua época, e não vai nisso nenhum julgamento de valor. Em seu país esteticamente ele era, digamos assim, reacionário e, no Brasil, influenciou um grupo reformador. Como explica isso?

Realmente, o Anatole não foi moderno nem em sua época. Aliás, diziam que ele era um escritor grego. Mas foi também um homem de ação política revolucionária, um homem de esquerda, amigo de Jaurès, do grupo que pregava a renovação política da França. De modo que, desse ponto de vista, não há nenhuma incompatibilidade em nosso encontro com ele. Tínhamos admiração estética pela sua obra, que era também a obra de um rebelde.

O que caracterizou o nosso grupo de Minas, como todos os outros grupos modernistas, foi o antiacademicismo. Não sabíamos bem o que queríamos, mas tínhamos vontade de que houvesse uma modificação qualquer, e ela se deu.

O que unia esse grupo?

Não sabíamos o que queríamos ou, como dizia Aníbal Machado, "só sabíamos o que não queríamos". Isto não nos dava uma posição filosófica única. Pelo contrário, cada um queria uma coisa e a prova disso é a diversidade política do nosso grupo: havia os democratas, os que saíram para a direita e os que saíram para a esquerda. Não vou dar nomes, porque não sou indicador da polícia ou de qualquer outro tipo, mas dali saíram homens para a direita, a esquerda e o centro.

Uma coisa que chama a atenção nesse grupo é que muitos deles foram uma espécie de doublê de literatos e políticos, como é o caso, por exemplo, de Milton Campos, Gustavo Capanema e Afonso Arinos. Essa condição prejudicou a literatura ou a política?

A literatura. Aquela que seria a literatura do Gabriel Passos, do Gustavo Capanema, uma literatura mais extensa do Abgar Renault. No Afonso Arinos é que vemos esse doublé realizado de maneira perfeita. Ele foi um político vitorioso. Não foi vitorioso apenas no sentido de que não chegou ao generalato, quer dizer, à Presidência da República ou à governança do seu Estado. Mas ocupou as maiores posições: foi deputado, ministro, senador. Ocupou posição de relevo na vida pública do Brasil durante mais de 20 anos. Até hoje exerce influência. Apesar de seu aparente ostracismo, é um homem consultado. E tem ao mesmo tempo uma obra literária da maior importância.

O sr. nunca se sentiu tentado pela política?

Não. Tenho o maior horror à política. Sou um espírito de oposição. Minha posição sempre foi, politicamente, de oposição sistemática. Não poderia nunca ser político. Em primeiro lugar, o político é obrigado a engolir sapo. Admito que um político seja absolutamente livre de corrupção moral até presidente de uma Câmara no Interior. Depois disso, o sujeito, para ser deputado federal, secretário de Estado, ministro, governador de Estado e presidente da República, tem de engolir sapo de todo tamanho, e tem de mentir muito, tem de enganar. Considero o político profissional mais ou menos como uma espécie de marginal da inteligência. Minha oposição é sistemática: é político, sou contra.

Excluídos os seus amigos políticos, não é?

Sim. Eu não sou justo, não sou perfeito, de modo que excluo os meus amigos políticos, sim. Mas como políticos nunca procurei nenhum deles, nunca lhes pedi nada. Para citar alguns dos mais importantes, nunca incomodei o Gabriel Passos, o Gustavo Capanema ou o Afonso Arinos com um pedido. O que tenho dado por eles veio espontaneamente. A quem eu devo favor é ao Afonso Arinos. Ele fez um pedido a meu respeito ao seu irmão Virgílio de Melo Franco, que o transmitiu ao Pedro Ernesto, e tive, em consequência, uma nomeação que me permitiu ficar no Rio. É o único favor que devo aos meus amigos. O resto é a amizade e a cordialidade que valem mais do que 500 empregos.

Foi também amigo de Juscelino Kubitschek, que conheceu na Faculdade de Medicina.

Fomos colegas de turma.

Naquela época de juventude já era possível prenunciar a sua vocação política, ou ela foi produto do acaso?

Sempre achei o Juscelino politicamente um homem genial, no sentido de consequente. As coisas que ele fez têm e terão uma repercussão considerabilíssima em nossa História. Mas, para ser assim genial, foi preciso que ele tivesse oportunidade. A oportunidade da entrada na política é que transformou um rapaz de talento num homem que seria depois um gênio político. Na juventude, não senti nele nenhuma vocação política. Era uma vocação médica extraordinária. Aquele foi mesmo roubado da medicina. Ele seria um grande cirurgião. Aliás, já era um cirurgião apreciável quando se formou. Era cunhado de um grande cirurgião e começou a operar ainda estudante, como seu auxiliar. Assim, já saiu completo da Faculdade. Ele foi roubado da medicina; sua entrada na política foi um acaso. Foi servir como médico na Polícia Militar mineira no destacamento em que estava Benedito Valadares, na Revolução de 32. Desse conhecimento é que resultou sua entrada na política.

É curioso ouvi-lo falar de Juscelino como bom médico. A sua figura política foi de tal forma avassaladora que abafou completamente esse aspecto do médico. Ninguém se lembra dele como um bom médico, mas como um médico que se formou e entrou logo na política.

Mas ele foi um bom médico. Tratou muito bem do Brasil, desinfeccionou o Brasil.

Já que estamos falando de Minas, não lhe parece que muitos mineiros e, entre eles, alguns dos mais ilustres, gostam mesmo é de sentir saudades de Minas, já que vão para outros Estados, como o sr. mesmo, Drummond, Afonso Arinos, Fernando Sabino, Paulo Mendes Campos, Otto Lara Resende e outros?

Tenho a impressão de que esses mineiros vivem fora de Minas não propriamente por uma expulsão, uma hostilidade ou um convite ao exílio, mas porque foram mais ou menos empurrados, principalmente pelas situações políticas que se sucediam então. Realmente era uma coisa insuportável o ambiente de sufoco que havia em Minas, aquela pirâmide, aquela coisa perfeitamente instalada. Parecia que não ia mudar nunca. De 30 para cá é que mudou um bocadinho. Aliás, em tudo há um pouco de política: dentro da classe dos médicos, da classe dos advogados, da classe dos escritores. Isso não é um fenômeno só mineiro, não, é muito brasileiro. Por isso mesmo eu me julgo um marginal dentro do Brasil, um sujeito sem oportunidades, pela minha franqueza, pela minha maneira de falar.

Acha que a sociedade brasileira é muito restritiva com relação a tipos como o sr.?

Tenho essa impressão, sim. Ela não está acostumada a pessoas que dizem claramente o que pensam. Esse negócio do uso do palavrão, por exemplo, que para mim não tem nenhuma importância, que é natural como produzir saliva, é uma coisa que escandaliza. Todo mundo se escandaliza, mas todo mundo pensa obscenamente. A elaboração do pensamento é safada, é toda ela indecente, e o sujeito não pode escapulir disso. Pensa obscenamente, dando nome aos bois, no subconsciente.

Afonso Arinos afirma que manteve com o sr., quando jovens, uma longa correspondência escrita deliberadamente à maneira de Eça de Queiroz. Há a intenção de publicar isso?

Não, porque essa correspondência não existe mais. Numa fase de minha vida, destruí todo o meu arquivo epistolar. Relendo algumas cartas, tive uma fossa igual à daquele personagem de Maupassant, que deu um tiro na cabeça depois de mexer numa gaveta. Joguei tudo fora, aqui mesmo nesta casa, logo depois de me casar. Moro aqui há 38 anos. Foi depois dessa fase que comecei a organizar um arquivo epistolar. Da época, salvou-se apenas a minha correspondência ativa com minha mãe, minha avó e uma tia, que me foi devolvida. Não tenho, portanto, as cartas de Afonso Arinos daquela época, e duvido que ele tenha as minhas. Aquelas eram realmente cartas "queirozianas", ou pelo menos nós queríamos que elas fossem. Se existissem, teria uma vontade imensa de lê-las para ver se estávamos mesmo escrevendo como Eça.

Que outras influências dominantes, além de Eça, apontaria em sua formação literária?

Não sou homem de leitura muito extensa. Li com mais intensidade, com mais profundidade. Conheço muito bem poucos autores. Esses foram lidos e relidos. Influência direta sobre mim creio que foi exercida pelo France, já mencionado, o Proust, que já li de fio a pavio umas sete vezes e estou lendo outra vez, e Euclides da Cunha. Já li mais de vinte vezes *Os Sertões*. E, é claro, o Eça, que já li e reli muitas vezes. Houve um tempo em que não fazia uma viagem sem levar um livro do Eça. Fiquei fiel às suas obras que tinha lido na mocidade e esse último livro dele que publicaram agora, *Tragédia da Rua das Flores*, eu achei ilegível. Não consegui varar mais do que 50 páginas. Achei um livro muito ruim. Não deviam ter publicado aquilo. Compromete. O excelente são *Os Maias*, bom é *A Capital*. Esse é uma porcaria.

Machado de Assis não o influenciou em nada?

Vim a conhecer e amar o Machado já depois de madurão. Aquela sua frieza aparente, aquele estilo medido, controlado, aquele seu despojamento, o antibarroco, tudo isso me dava uma impressão de coisa de menor valor. Depois é que fui pegar a sua riqueza. Não estava maduro para compreendê-lo, quando o li pela primeira vez.

Pode-se dizer que, entre Euclides e Machado, o s. pende muito mais para o primeiro?

Eu me acho muito barroco, muito excessivo. Gosto de uma frase bonita, de uma coisa enfeitada, do enfeite pelo enfeite, que é o barroco. Quando o Aleijadinho fazia uma daquelas curvas, esquecia do resto e ele era então só aquela curva. Saía do caminho. Quando fazia o manto de um apóstolo, até esquecia da ideia do apóstolo.

Acha então que foge totalmente à influência de Machado?

Tenho a impressão de que fujo completamente a ela por isto: pela maneira de fazer. O nosso artesanato é tão diferente que não podia ser de outra forma. Posso dizer então que sou livre da influência dele, porque vim a conhecê-lo depois de velho.

Em sua última entrevista, Prudente de Moraes, neto, que foi seu amigo e companheiro de geração, repetiu uma tese que defendera tempos atrás, segundo a qual o romance morreu. Outro crítico, Lívio Xavier, concorda que o romance morreu e acha que sobreviverão como artes a poesia e o cinema. O que pensa disso?

Não fico com nenhum dos dois. Acredito que continua existindo romance, que há cinema, que há telenovela. A telenovela está começando a ser descoberta, é um caminho que ainda está por ser lavrado. Quando tirarem aquela complicação de somar várias histórias numa só, talvez descubram o seu verdadeiro caminho. Mas estou afastando-me de sua pergunta.

Sim, mas gostaria que continuasse.

Tenho a impressão de que a técnica da telenovela ainda não foi apreendida no Brasil. Fazer telenovela com um romance já publicado representa uma transposição tão ou mais difícil do que para o cinema. Televisão é um cinema especial, para solitários, para pequenos grupos. Nem os americanos descobriram a técnica exata. Seus seriados de televisão são ruins.

Não tem nenhum preconceito contra a telenovela? Acha que ela oferece um caminho artístico válido?

Penso que é um caminho válido que não foi ainda explorado no seu exato sentido. Ela continua muito perto do cinema e não é propriamente arte cinematográfica. Essa minha maneira de ver se deve em parte ao trabalho de Joaquim Pedro de Andrade. Ele me disse que ia fazer um filme sobre Macunaíma. Respondi-lhe que era impossível e ele observou: "Você vai ler o meu script e ver que é possível sim". Li. Era e não era *Macunaíma*. Era *Macunaíma* no cinema, o que é uma coisa inteiramente diversa. É como o sujeito ver uma pessoa cara a cara ou vê-la de cima para baixo, por exemplo: muda completamente a perspectiva.

Voltando à sua pergunta inicial sobre o romance e a poesia, acho que enquanto o homem existir eles existirão também.

A presença do problema da morte em sua obra estaria ligada ao exercício da medicina, ou há outras razões?

Provavelmente. Mas há também a perda de meu pai ainda muito moço. Ele morreu quando eu ainda era menino, mas guardei dele uma lembrança implacável. Guardei sua moléstia, sua morte e seu funeral como um filme que, de vez em quando, passa em sonho. Essa morte me marcou tremendamente. Ela marcou o fim de um ciclo da minha vida, quando deixei de ser menino e passei a ser menino grande. Tinha oito anos nessa ocasião. Depois houve o estudo médico, e já se disse que a medicina é mais uma meditação sobre a morte do que sobre a vida. Essa minha obsessão com a morte se deve também ao fato de ser médico.

Uma das coisas que mais impressionam no sr. é a sua longa hibernação literária: cerca de 50 anos. Depois disso, ressurge como se não tivesse acontecido nada. Convenhamos que é surpreendente.

É que tive uma vida médica muito intensa. Fui professor de mais de uma Faculdade, sou membro da Academia Nacional de Medicina, tive uma atividade clínica muito grande. Posso dizer hoje — porque já passou — que fui um médico de sucesso no Rio de Janeiro. E não gostava que suspeitassem da arte literária em mim, achando que isso prejudicaria a imagem do médico. E prejudica.

Existe mesmo esse preconceito?

Existe, sim, e foi usado contra mim. Os meus colegas têm a gentileza de espalhar que eu não cuido mais de medicina, que só cuido de literatura, que sou só um literato. A concorrência médica é uma das coisas mais terríveis. Pela circunstância de o trabalho dos médicos ser feito no terreno da competição e de um autoritarismo muito grande, eles são tremendos uns para os outros. É difícil encontrar um médico que tenha amigo médico. Até a amizade é quase proibida entre os médicos, pela concorrência, pela deslealdade. De modo que essas amabilidades dos colegas, essa coisa insidiosa, esse veneninho são uma permanência. Até hoje dizem aquilo de mim, quer dizer, ainda disputam um resto de clínica que tenho. O médico velho chega a um tempo em que não é procurado por ninguém e eu ainda sou procurado. Tentei interromper a clínica em 1978 e não pude. Era procurado aqui em minha casa. Por isso, fui obrigado a ir para o consultório de um sobrinho, onde passo algumas horas duas vezes por semana, para atender os meus clientes. E posso dizer que ganho a mesma coisa que ganhava trabalhando exaustivamente, pois aumentei os meus preços.

Então foi realmente a medicina que o afastou da literatura?

O exercício médico, não a medicina, porque sou médico em qualquer circunstância. As minhas memórias são cheias de reminiscências médicas. Sente-se ali que o médico está falando. O meu processo é um processo clínico.

A descrição dos tipos, por exemplo.

Exatamente. Aprendi a olhar, a ver como médico. Temos de usar os nossos sentidos de uma maneira absoluta, de tirar deles tudo o que podem render. Modéstia à parte, sei observar.

Não dissocia o médico do literato?

Ah, eu não dissocio nada na minha obra. Tenho uma obra escrita em medicina, que é muito grande. São cerca de 300 trabalhos publicados.

Neles então entra o literato também?

Estou encadernando esses trabalhos e já tenho dois volumes que vou dar ao Museu de Literatura para os críticos verem se escrevo bem como médico, como eles dizem que escrevo como literato. Não creio que eu escreva bem, pois estou sempre modificando o que faço. Cada nova edição minha que sai é mudada. Nunca estou satisfeito com o que faço.

É a maldição de Flaubert.

É, dizem que ele começava às vezes a falar alto, a gritar mesmo, para ver se estava escrevendo direito. Às vezes pegamos impropriedades terríveis no que escrevemos. É preciso uma polícia apuradíssima para evitar isso.

Como separar, nas suas memórias, a parte puramente factual da parte da imaginação, que no fundo toda reconstituição exige? Aliás, grande parte de suas memórias se lê como um verdadeiro romance, no sentido de tratamento dos personagens, de uma certa trama e do interesse envolvente.

Evidentemente o simples fato de grifar um personagem já significa alterar um bocadinho a essência dele. Realmente, eu não procuro fazer um relatório. Desse ponto de vista, pode-se ter a impressão de que dou mais valor ao que é, digamos, inverdade, do que à verdade. Mas não é assim. A verdade passa por um certo filtro, pois a pessoa tem de virar um personagem. A personalidade da pessoa observada, para que ela seja transformada em personagem, tem de ser um pouco falsificada. Aliás, não há reminiscência que não seja falsa. Quando vamos pescar uma coisa nesse oceano sem fundo que é a memória, o anzol já vai molhado do presente. Quando atinge o que procura, não é mais o mesmo anzol e o que traz vem também alterado.

Em Baú de Ossos, *as rememorações ligadas à sua família não deixaram de dar um tom bastante pessoal a esse primeiro volume de suas memórias. Com a publicação dos volumes seguintes, a visão de conjunto de suas memórias, que aliás ainda não terminaram, retifica essa primeira impressão e vemos que, no fundo, o que o sr. fez foi recriar toda uma época — costumes, situações, acontecimentos — e não uma história pessoal. O sr. entra*

Apêndice I

muito mais como um pretexto para isso. Esse resultado foi deliberado ou surgiu espontaneamente?

Essa é uma posição que assumi. Acho que falar de si é uma coisa muito desagradável, uma falta de educação. Geralmente, o sujeito que diz "eu", "eu", "eu" é um cacete, um chato de botas, que cansa todo mundo com sua personalidade. A forma dada às memórias o foi exatamente pelo que você disse: eu sou pretexto para contar aqueles fatos. Em minhas memórias, sempre murcho a minha presença. Procuro não falar de mim, embora às vezes fale, é claro.

Isso lembra a postura adotada por Malraux nas suas Antimemórias: *"O que me importa o que não importa senão a mim?"*

Estou com esse livro do Malraux aí para ler. Foi um presente que ganhei quando comecei a escrever as memórias. Mas cortei de minhas leituras tudo quanto é memória, para não ter a tendência a imitar, para não cair na tentação de fazer algo semelhante. De modo que a imitação que existe é casual.

Mas a influência de Proust o sr. reconhece?

Sim, uma influência muito grande da qual não pude escapar. Em algumas descrições talvez tenha mesmo caminhado para o terreno do plágio inconsciente, nunca proposital.

No Brasil, talvez reste, no futuro, como grandes obras no terreno memorialístico, as suas memórias e a Minha Formação, *de Joaquim Nabuco. Embora também Nabuco recrie uma época, a presença pessoal dele é muito maior que a sua em suas memórias.*

Mas o Nabuco tinha todas as razões para isso, porque estava satisfeito consigo mesmo: um sujeito bonito, talentoso, com uma grande tradição familiar de políticos. Eu não tenho nada disso, não tenho motivo nenhum para me envaidecer.

15 de fevereiro de 1981

"No Brasil o Estado ainda está modelando a nação."

Entrevistador:
Lourenço Dantas Mota

Afonso Arinos de Melo Franco

Quem conhece um pouco a sua biografia e a sua formação percebe logo que tudo fazia supor o surgimento de um intelectual. No entanto, acabou-se tendo um doublé de intelectual e político. Quando e por que houve essa guinada em direção à política?

De fato, havia no meu destino, digamos assim, esses dois caminhos. Tanto do lado paterno como do materno, eu tinha gerações de políticos e intelectuais. Mas a minha propensão pessoal, o meu gosto, era mais para a literatura do que para a política. Não tenho nenhuma lembrança de mim a não ser no meio de livros. Essa atmosfera que você está vendo aqui na minha sala de trabalho é a que me acompanha a vida inteira. Antes mesmo de saber ler, já vivia debruçado sobre os livros de gravura de meu avô. Era natural, pois, que eu me voltasse sempre para a leitura e, através dela, desde muito cedo para a escrita. Havia também a presença da política. Não digo que ela fosse dominadora, porque em minha casa as conversas eram mais sobre literatura. Mineiro não conversa muito sobre política. É mais reservado. Mas assim mesmo tratava-se muito de política. Aquilo era a profissão, vamos dizer assim, do meu pai. Ele era um político profissional. No Brasil, esta expressão passou a ser um epíteto depreciativo, o que acho uma tolice, porque o político é um profissional. Não há política sem ser profissional.

Minha entrada na política se deu pelas mãos de meu irmão Virgílio, já na idade madura, aos 40 anos, quando ele insistiu para que eu viesse a integrar a chapa da UDN à Constituinte de 46. De maneira que a guinada a que você se refere foi inesperada, por exigência dele. Tanto assim que comecei como deputado federal. Nunca passei pelos postos anteriores. Não fui vereador nem deputado estadual.

Essa guinada limitou ou frustrou o intelectual?

Acho que não. Inclusive nunca deixei de me dedicar ao ensino jurídico e de História, em nível universitário, no qual comecei muito moço, com 30 anos. Fui titular das cadeiras de Direito Constitucional e Teoria do Estado, que estão muito ligadas a leituras gerais, principalmente de política e sociologia. Assim, sempre fui forçado a ler muito durante o exercício dos mandatos políticos. E não profissionalmente, porque, como disse, a leitura sempre fez parte da minha vida. Minha obra literária talvez não seja importante, mas é volumosa e foi feita paralelamente à atividade política.

Seu interesse pelos problemas culturais brasileiros é bem antigo. À luz de seus estudos e de suas reflexões, diria que a cultura brasileira já atingiu um grau de originalidade que permite falar-se de sua autonomia, ou ela ainda é sobretudo um reflexo da cultura europeia, que é o seu principal suporte?

Eu começaria por fazer uma distinção entre cultura no sentido espiritual e cultura no sentido sociológico. Um homem como o Antonio Candido, por exemplo, apesar de ser professor de sociologia, quando fala em cultura nacional, está pensando no que chamo de cultura espiritual. Por outro lado, o Fernando Henrique Cardoso, quando fala em cultura, está pensando em cultura como emanação da vivência social. Cada uma dessas duas correntes tem uma íntima comunicação com o que chamamos nação, a qual, aliás, é muito anterior ao Estado. Gostaria de me limitar à cultura no sentido espiritual, porque, se formos tratar da cultura no sentido sociológico, entraremos na apreciação de fenômenos estranhos ao que julgo ser o objetivo de sua pergunta. O que caracteriza, a meu ver, a cultura no sentido espiritual é a predominância do criador individual sobre a obra. A cultura espiritual é dominada pela pessoa do criador, ao passo que a cultura no sentido sociológico é aquela cuja força predominante, a força motora, é a coletividade, a vivência histórico-social. Não quero dizer com isso que a cultura espiritual não seja subordinada às influências da sociedade e do tempo. O que quero dizer é que ela oferece os seus monumentos quando essa influência do tempo e da sociedade se manifesta por meio do gênio do indivíduo criador.

Falar-se em influência estrangeira na cultura brasileira é sem dúvida uma temática importante, mas é uma temática geral de todas as culturas, pois todas elas sofrem influências exógenas. A não ser as culturas de grupos sociais muito fechados, como é o caso de certas populações do Centro da África ou do Norte da Austrália, por exemplo, nas quais existe uma influência exógena muito pequena, pois se trata de verdadeiros quistos ainda não penetrados pelo intercâmbio. É evidente que a cultura brasileira sofreu influências estrangeiras. O que a meu ver se deve enfatizar é o seu afeiçoamento nacional por meio do gênio dos criadores da cultura individual.

Sim, mas o que queria saber especificamente é se a seu ver a nossa cultura atingiu um nível de originalidade e autonomia que permita falar em "cultura brasileira"?

Sim, pode-se falar em cultura brasileira, mas não se pode desligá-la das suas raízes pré-brasileiras e mesmo pós-brasileiras mas não portuguesas. É óbvio, por exemplo, que não podemos desligar a cultura brasileira da francesa porque esta, do século XVIII até princípios do século XX, exerceu uma influência muito grande sobre ela, embora profundamente elaborada pela forma de ser brasileira que, esta, vem da cultura no sentido sociológico.

O seu afastamento da política militante o fez dedicar-se mais à literatura?

Fez sim. E no momento, aliás, estou mergulhado em preocupações literárias, com a preparação de um livro que se chama *Amor Roma*. Este livro é uma espécie de vivência romana. Fui a Roma pela primeira vez quando tinha 19 anos e desde então volto lá sempre que posso. Além dessa parte de vivência romana, esse livro tem uma outra que não é propriamente de crítica ou exaltação, mas de observação da evolução arquitetônica e artística de Roma, desde a Roma clássica até o século XIX. Acaba no Romantismo. É ainda um livro sobre a presença dos brasileiros em Roma, desde a Independência até a época de Magalhães de Azeredo, que era o nosso embaixador lá, quando conheci a cidade. E é, também, finalmente, um livro sobre os que escreveram sobre Roma uma espécie de comentário aos escritos sobre Roma, desde Lucrécio, Virgílio, Cícero. Mas não se trata de obra de erudição, é obra de amor, como diz o título.

Essa maior disponibilidade para a literatura o satisfaz muito?

Satisfaz. Ler e escrever são coisas que tornam a minha vida completa. O resto sempre foi uma espécie de complemento, um pouco de destino e um pouco de dever, pois o que existe em mim de mais profundo é o amor pelas letras e pelas artes. Isso é que forma realmente o essencial da minha vida. Com a velhice, faço uma espécie de aprendizado de resignação, que é uma coisa importante nessa idade.

É a sabedoria?

É, os franceses chamam isso de *sagesse*, a sabedoria no sentido da morte. A ideia da morte é uma coisa importante, que a gente deve não direi cultivar, porque isso é fúnebre, mas ter presente. Tudo isso me deu mais paz e mais fé. Pela minha própria formação, sempre tive fé, mas a verdade é que a idade traz uma segurança maior.

Passemos à política que é a sua outra paixão ou, como prefere, o seu dever e o seu destino. Disse há pouco que a nação precede o Estado. Não lhe parece que no caso do Brasil aconteceu o contrário?

Acho que no Brasil o Estado ainda está modelando a nação. O Estado moderno é, aliás, uma criação histórica relativamente recente e polêmica, no sentido de que é inerente ao Estado ser polêmico. O que se chama de doutrina da soberania não é senão a afirmação de uma nacionalidade contra a outra, daí a ideia de que a soberania é inatacável, o que para nós juristas é uma ideia sem significação. Se considerássemos a soberania infinita, não haveria condicionamentos a ela e, portanto, não haveria comunidade internacional. O Estado surgiu como uma afirmação nacional e cultural. Repare que, quando os antigos idiomas românicos e germânicos — as línguas latinas propriamente ditas e aqueles amálgamas de latim com línguas germânicas — se fixaram dentro de quadros de unidade, coincidentemente houve o desaparecimento de instituições que antecediam a nitidez das nações, como por exemplo a universalização da Igreja. Havia o papa e o imperador como símbolos numa espécie de comunidade europeia que não se sabe exatamente quando acaba. Dante é um homem da Idade Média e Petrarca é um homem do Renascimento e, no entanto, são homens de uma mesma época. Não sabemos quando aquela comunidade acaba, mas sabemos que existe uma espécie de condensação desses valores históricos que se vão exprimindo na formação das línguas. O francês, o italiano, o alemão, o inglês e o espanhol formam-se mais ou menos a partir do século XV. No século XVI já são línguas. O Estado moderno formou-se um pouco mais tarde do que as línguas, mas já existe no século XVI. Mas existirá a nação? Nesse ponto, a pergunta é astuta, porque a nação se compõe de vários elementos. Existem muitas definições de nação. Renan diz que ela é o depósito de lembranças comuns e a esperança de um futuro comum. Isso é que é principalmente a nação. Existem Estados formidáveis pelas suas realizações, pelo seu vigor intelectual, que no entanto têm dificuldades nacionais terríveis. Um exemplo é a Espanha. De repente, nos damos conta de que o fato de o sujeito ser basco ou catalão conta como o diabo. Se colocarmos ao lado da Espanha a França, veremos o reverso da medalha. A França é formada de conjuntos populacionais e culturais completamente diferentes, como os normandos, os bretões e os provençais, mas ali a tendência para a homogeneização nacional foi admirável e nesse processo a língua francesa desempenhou um papel importante.

Quanto à nação brasileira, acho que a sua formação é um verdadeiro milagre, porque ela aglutinou forças que poderiam ser desagregadoras. Não me refiro apenas a forças desagregadoras no sentido cultural, como poderia ser o caso da influência dos japoneses, dos italianos e dos alemães com as suas peculiaridades culturais. Refiro-me também à influência da miséria, da pobreza, da marginalização que atinge setores imensos da população, os quais nem por isso deixam de ser brasileiros. Já pensou na importância disso? O sujeito pode ficar com raiva dos que estão mandando e querendo mudar, virar a mesa, mas não se percebe nele o desejo de se emancipar da nacionalidade. Os negros são maltratados e ainda discriminados, mas não se sente neles nenhuma nostalgia antibrasileira. Por tudo isso, a nação brasileira me parece uma coisa extraordinária.

Apêndice I

Com relação ao Brasil, é preciso lembrar também que nosso país ainda é um império. Disse isto certa vez em São Paulo, o que provocou agitação. Mas não se pode esquecer que o Brasil tem uma formação imperial. A ideia que se tem de império é ligada ao imperialismo, a uma concepção europeia de império: uma metrópole onde habita uma raça branca e depois mares e mares separando-a de outras populações e outros territórios submetidos a ela. Pode-se dizer que sofremos uma influência imperialista nessa ideia. Não é a ela que me refiro quando trato do Brasil. Acho grave que o Brasil se esteja transformando num império, num imenso território imperial, no sentido de que aqui existe uma estrutura imperial de poder. Sofremos a coação de uma estrutura caracterizada pela concentração do poder, por uma estrutura militar extremamente forte, o que é característico dos impérios; por uma burocracia muito poderosa; e por uma falta de capilaridade, que faz com que as reivindicações e as necessidades de base não subam até o alto. Acho por isso que uma das coisas mais importantes, quando se fala numa futura Constituição, é proclamar a República, quer dizer, acabar com o império.

Voltando ao ponto inicial dessa questão, parece-lhe então que no Brasil o Estado desempenhou um papel fundamental na formação da nação?

Acho que no Brasil o Estado contribuiu, e muito, para formar a nação, ao contrário de outros casos em que a nação vai formando o Estado. A unidade nacional é uma obra do Estado na sua primeira fase. Não digo depois. Foi o monopólio do comércio do pau-brasil e dos demais produtos de exportação, no primeiro século da colonização, que fez com que os portugueses tivessem um cuidado enorme com a unidade da costa, fundamental para eles. Por que eles não deixavam holandeses, franceses, ingleses e outros se estabelecer na costa? Porque Portugal era um país pequeno, não muito rico, não consumidor, mas distribuidor. Os produtos brasileiros eram levados para Portugal e de lá reexportados para os países consumidores. Por isso, era fundamental que Portugal tivesse o monopólio da importação daqueles produtos. E daí o esforço que fez para guardar a costa. E a unidade da costa num país que tem apenas uma é evidentemente o princípio da unidade nacional. Aqui o Estado existiu antes de existir povo. Antes de existir nação, o Estado existiu unindo o território. Depois, houve a contribuição dos paulistas que foram para o Oeste, elemento também importante para a unificação do território. A partir do século XVII foi-se estabelecendo uma nação nesse território, a qual se continua propagando até hoje de uma maneira estupenda. Basta ver o que acontece em Rondônia, Amapá, Mato Grosso. Essa nação que se está derramando assim pelo interior do território foi formada pelo Estado. Por isso, quando vejo os partidários do liberalismo econômico protestar contra a intervenção do Estado, fico rindo, porque, se não fosse o Estado, não haveria economia no Brasil. Foi o Estado quem fez o Brasil.

Em depoimento publicado pelo "Estado" em 78, o sr. diz que a UDN se liga à nostalgia liberal que remonta a Rui Barbosa: "É essa a nostalgia que emerge, que aflora com a UDN". Gostaria que explicasse melhor essa filiação entre a pregação liberal de Rui na República Velha e a UDN.

Não é difícil. Referia-me aí à parte da UDN à qual eu pertencia, isto é, à parte civil, à parte daquele bacharelismo constitucional de Rui. A UDN tinha também uma parte militar, que não era oriunda dessa fonte de liberalismo jurídico de Rui. Era uma parte revolucionária que agia pelos seus próprios meios. A UDN militar sempre existiu debaixo da outra. A UDN que nós representávamos na tribuna era muito subsidiária da UDN que eles representavam nos quartéis. Quando eu disse nesse depoimento que a UDN se ligava à nostalgia liberal de Rui, referi-me a nós civis, bacharéis da UDN, que pregávamos aquelas coisas que remontavam a Rui e que vinham da Revolução de 22. O temário da Revolução de 22, principalmente no que se refere à contribuição dos libertadores gaúchos, expressa reivindicações do liberalismo jurídico. Quanto ao episódio dos 18 do Forte, ele não se filia à tradição de Rui. É um ato heróico, mas de caráter exclusivamente militar.

No pensamento dos bacharéis da UDN, o formalismo jurídico não predominava em detrimento de maior fidelidade à realidade econômico-social, esta essencialmente dinâmica em contraposição à rigidez daquele?

Nunca voltei atrás em minhas posições, nunca menosprezei o movimento udenista, porque isso seria trair não apenas os meus companheiros, muitos deles já mortos, como a mim mesmo. Eu me empenhei naquilo com muita lealdade. O que é preciso que se recorde aos que atacam a UDN, o seu bacharelismo, o seu irrealismo, o seu moralismo é que a situação do mundo na época em que ela se formou era completamente diferente de hoje. Os valores da legalidade jurídica, do direito, da justiça, da moralidade administrativa eram tão atuais naquela época como são hoje os valores da distribuição dos benefícios econômicos, do Estado progressista que levanta o nível de vida das massas. Somos criticados por não estarmos pensando, em 1945, como eles estão pensando em 1981. Mas nós, que sobrevivemos da UDN de 1945, estamos hoje pensando como eles. Veja o que era a Igreja em 1945 e veja o que ela é hoje. Estou com a Igreja de hoje.

Considera então a UDN como um momento?

Sim, um momento.

O sr. falou há pouco de Império. Uma coisa que choca é a descontinuidade institucional entre o Império e a República. O Império teve instituições políticas de grande estabilidade, e com a República o Brasil entrou numa instabilidade quase crônica. Como explica isso?

A estabilidade das instituições do Império corresponde um pouco ao comportamento das forças históricas na ocasião. O Império aceitava um paternalismo governativo que se amoldava às condições da vida da época. De fato, o Império atravessou uma fase de 40 anos de estabilidade quase surpreendente, numa época em que tanto os Estados Unidos como a Europa enfrentaram graves problemas. Mas essa estabilidade correspondia ao exercício de um poder paternalista, que era o poder moderador, que não tinha uma aceitação geral, mas que fazia parte da maneira de pensar de todos, mesmo dos que eram contra ele. Não havia na época as contradições que a República veio suscitar. E a República suscitou contradições porque não foi assentada gradativamente, mas em bloco. As instituições imperiais, ao contrário, foram sendo criadas ao longo de 20 anos.

Na República ocorreu o inverso. O regime presidencial, por exemplo, não fazia parte do ideal republicano. Rui Barbosa nunca foi presidencialista, da mesma maneira que os republicanos paulistas. O Manifesto Republicano não era presidencialista. Era inspirado na República Francesa de 1870. O presidencialismo veio depois, com os mais jovens, que sofreram a influência do direito americano. A eleição direta para presidente da República não fez parte de nenhum projeto votado na Constituinte de 91. Foi obra de um sujeito que tirou isso não sei bem de onde, acho que da Bolívia, e colocou em votação. Passou numa tarde, por cinco votos, com todo mundo desprevenido, ninguém dando a menor bola, na Assembleia Constituinte.

A República dá a impressão de uma grande improvisação.

Muito grande. Daí a dificuldade de se estabilizar uma coisa que não foi vivida.

A partir de 64, houve uma verdadeira enxurrada de leis no Brasil, a ponto de a gente se perder no meio delas. Como vê isso?

Isso é próprio do descontrole do órgão legislativo. A partir do momento em que se pode fazer a lei que se quer, na hora em que se quer e como se quer, são feitas centenas de leis. Vivemos uma ditadura desde 64 até praticamente agora. A Constituição atual confere ao presidente da República um poder quase ilimitado de legislar. Ele ainda manda mensagem e faz passar projetos por decurso de prazo, mas a verdade é que ele pode fazer toda uma gama enorme de decretos-leis. Além disso, há uma abundante legislação que não é normativa, mas regulamentar, que é imensa no Brasil e feita por centros menos graduados de poder.

Aqui somos taxados por funcionários subalternos, por meio de portarias ou instruções.

Ou então por uma política do governo. Uma política que aumenta subitamente determinados padrões de preços implica uma taxação enorme. Um aumento do preço do petróleo, por exemplo, implica uma taxação colossal para todo mundo que se utiliza dele.

Apêndice I

Vê alguma relação entre o vazio partidário que há no Brasil, entendido no sentido de inexistência de correntes de opinião organizadas e com tradição de militância, e as intervenções militares, sobretudo a de 64?

Não me parece que haja relação entre as duas coisas. A intervenção militar de 64 dependeu de fatores que não têm relação direta com os partidos. E acho que essa intervenção está sendo disciplinada e esmaecida por uma deliberação propriamente militar. Pelo menos para os militares com que tenho conversado e que representam qualquer coisa de importante, pois são generais jovens, o desengajamento militar é uma preocupação. Acho que os militares se conscientizaram de que, no processo revolucionário, o país acabou sendo conduzido a uma situação comparável à de 64, em todos os sentidos. Não podemos colocar em dúvida — eu pelo menos não coloco, até mesmo porque participei do movimento — as intenções dos que fizeram 1964. Mas a verdade é que o país foi levado a uma situação semelhante àquela derrubada em 64, embora por fatores diferentes. Não se estabeleceu a ordem, não se estabeleceu a confiança, não se estabeleceu o respeito pela estrutura de poder, a inflação é devoradora, a situação econômica é grave e a situação social é terrível. O governo forte fez no Brasil tudo o que poderia fazer um governo forte e não resolveu os problemas. Estou convencido de que os problemas brasileiros — econômicos, sociais, sanitários, de energia, etc. — só se resolvem razoavelmente com um governo democrático. Um governo antidemocrático não vai resolver problemas, só vai agravá-los. Os militares estão-se conscientizando disso.

O sr. vai passar à História, entre outras coisas, pela Lei Afonso Arinos, que reprime a discriminação racial. Passado bom tempo de sua aplicação, que apreciação faz dela hoje? Acha que ela deveria ser atualizada, endurecida ou mantida como está?

Acho que tudo que ela tem de mal pode ser corrigido. Temos rapazes muito bons na área de Direito Penal, assim como sociólogos igualmente bons, que estão aptos a sugerir as correções necessárias. Frequentemente me fazem perguntas sobre esse assunto, e costumo sempre lembrar que a existência da lei penal não elimina o crime. Se eliminasse, não viveríamos no estado de pânico em que vivemos no Rio e em São Paulo por causa da violência. Sinto que a lei que tem o meu nome é um conforto e uma esperança. Sei também que ela está cheia de erros. Quando fiz o projeto, telefonei para o senador Aloísio de Carvalho, professor de Direito Penal e um amigo muito querido, e perguntei-lhe se já o havia lido e se havia gostado. "Gostei nada, respondeu-me. Tem muitos defeitos." Quis saber então se ele ia emendá-lo. "Absolutamente, não vou emendá-lo. Temos de fazer passar esse projeto sem emendas, para não retardá-lo." Pensar que o país deu essa satisfação moral a eles é uma esperança para os negros que se sentem discriminados. O que acontece com a lei é que ela nunca chega a funcionar em termos de dispositivo penal, porque o delito acaba desaparecendo com a queixa. Em geral o infrator nega, foge, diz que não fez nada, corrige, e fica difícil estabelecer o processo penal. Por isso, se existe uma lei melhor, ela deve ser feita. Ou a que existe deve ser melhorada.

12 de abril de 1981

"Deve-se discutir com os militares as funções que lhes cabem e os seus limites."

Entrevistador:
Lourenço Dantas Mota

Fernando Henrique Cardoso

Nasceu no Rio de Janeiro em 1931, mas fez sua carreira acadêmica e política em São Paulo. É uma das principais figuras da sociologia brasileira. Senador, ministro das Relações Exteriores e ministro da Fazenda no governo Itamar Franco. Foi presidente da República (1995-2002).

Quais as influências dominantes em sua formação intelectual?

No final da década de 40, quem entrava na Faculdade de Filosofia da USP, como foi o meu caso, era por que queria mudar o Brasil. Esse era o ânimo da geração a que pertenço. Nessa época o autor que me influenciou muito foi Karl Mannheim, porque ele constituía um elo de ligação entre o que eu queria, que era mudar o Brasil, e os estudos de ciências sociais. Sem se afastar dos temas colocados pelo pensamento marxista, Mannheim fazia a sua crítica. Em seguida, foi a vez de Max Weber, que nós lemos apaixonadamente. Havia também Durkheim, que na Faculdade de Filosofia daquela época era preciso conhecer bem, e que me parecia uma ciência de hospital, com a sua ideia de que o fato social é objetivo, exterior ao indivíduo. Finalmente, tinha a presença do prof. Roger Bastide, que nos pôs em contato com uma variedade imensa de autores franceses e americanos e nos iniciou nas técnicas de investigação. Tudo isso fornecia uma base muito ampla, mas não resolvia nossa inquietação. Pelo menos para mim, essa só começou a ser resolvida com o livro *Fundamentos empíricos da explicação sociológica*, de Florestan Fernandes, porque ele punha ordem na casa: Marx serve para analisar tal tipo de problema, o método weberiano para este outro, o método funcionalista para aquele outro, etc.

Nessa época não se estudava Marx na Faculdade de Filosofia?

Não, absolutamente nada. A introdução de Marx como tema de reflexão foi feita pela minha geração nos anos 60 e se deve a algo que ocorreu fora do âmbito acadêmico: um seminário sobre Marx organizado por

Apêndice I

José Arthur Giannotti, por mim e por um grupo de amigos, e que precedeu a grande vaga de estudos marxistas na França. Lemos e discutimos Marx rigorosamente, à maneira acadêmica, e isso influenciou os primeiros livros produzidos pelos integrantes daquele grupo, especialmente a minha tese de doutorado, *Capitalismo e escravidão no Brasil meridional*. Após termos lido Marx, permanecia em nosso espírito a tensão entre ele e Max Weber e só fomos resolver esse problema com a leitura de Sartre, onde encontramos a pista para o que procurávamos, começando pela leitura de seu livro *Questão de Método*. Aliás, esse estudo rigoroso que fizemos de Marx repercutiu depois nas posições críticas que muitos desse grupo assumiram com relação aos teóricos do ISEB (Instituto Superior de Estudos Brasileiros).

Gostaria que explicasse essa ligação que estabelece entre os estudos que fizeram de Marx e a posição que adotaram com relação ao Iseb.

A nós chocava e horrorizava a versão que o Iseb apresentava do que era o pensamento progressista.

Por quê?

Porque éramos influenciados por Marx e não aceitávamos: primeiro, a utilização do Estado como instrumento de mobilização; segundo, o endeusamento do empresário como figura central no processo de transformação da sociedade. A esquerda tinha sido influenciado pelo Iseb; depois é que ela passou a influenciá-lo. As ideias da primeira fase do Iseb, basicamente as de Hélio Jaguaribe e Guerreiro Ramos, eram muito interessantes, muito ricas, mas nós as víamos com muita reserva, porque não eram coerentes e sistemáticas, de acordo com a nossa visão do que era ser coerente e sistemático. A nossa visão do processo de industrialização, sobretudo de São Paulo, era uma visão clássica, e não podia ser de outro modo, pois tínhamos lido os clássicos. Segundo a nossa visão, a industrialização traria uma nova divisão social do trabalho, com a formação da classe trabalhadora e das classes médias, e o pensamento progressista deveria ancorar-se nos trabalhadores.

Não acreditava na possibilidade de uma aliança entre um empresariado, que o sr. dizia que não era nacional, e os trabalhadores?

Não. No começo dos anos 60 escrevi um livro, *Empresário industrial e desenvolvimento econômico*, em que faço a crítica das posições do Iseb. Começo aceitando a hipótese que ele formula da existência de um papel progressista da burguesia. As teses a esse respeito eram estruturadas por duas agências formadoras de opinião: o Iseb e o Partido Comunista, que dominavam a cena intelectual. Por razões diferentes, ambos coincidiam num ponto: devia haver uma aliança entre os trabalhadores e o empresariado, sob a hegemonia deste último. O Estado era o eixo que permitiria essa junção. Por isso, eles disputavam pedaços do Estado para, por meio da alavanca estatal, modificar a sociedade. O próprio Celso Furtado ia por esse caminho, embora com mais esperança no Estado do que na burguesia. Para ele, o demiurgo deveria ser o funcionário estatal, enquanto para Hélio Jaguaribe deveria ser o empresário.

Fui então verificar se essa hipótese era ou não válida. E encontrei apenas dois empresários — o velho José Ermírio de Moraes e Fernando Gasparian, que entrevistei longamente — que tinham uma visão que coincidia com aquela expectativa de um empresariado nacional que cria o mercado interno, faz a reforma agrária e utiliza o Estado para criar condições para o desenvolvimento. Os outros — estamos entre 61 e 63 — estavam todos radicalizando, achando que o comunismo se aproximava, que a reforma agrária equivalia ao fim do mundo, que não havia nenhuma contradição entre o desenvolvimento da agricultura e o desenvolvimento industrial (na visão mais ingênua da esquerda haveria um choque entre esses dois tipos de desenvolvimento). Não encontrei assim, nos empresários que entrevistei, nenhum suporte para as teorias do Iseb.

Não terá sido porque pegou o modelo já na fase de crise, depois do governo Kubitschek?

É possível. Os empresários tinham um papel progressista, mas dentro de um contexto capitalista que se estava internacionalizando. No momento em que fiz minha pesquisa peguei esse processo de internacionalização em andamento. Ele começou antes. A meu ver, ele começou no governo Kubitschek. Isso não quer dizer que os empresários não tivessem e não tenham interesses próprios, que não entrem em choque com os interesses das empresas estrangeiras. Mas, de qualquer maneira, o que eu constatei não coincidia com o que eu lia nos textos do pessoal do Iseb. Além disso, o pessoal do Iseb nos parecia pouco rigoroso, não tinha a nossa bagagem acadêmica, que os jovens, como nós na época, valorizam muito. Esse pessoal tinha também uma visão muito voluntarista e subjetivista da História. Para o Iseb, o povo era o sujeito da História, enquanto para nós esse sujeito era indeterminado. Enquanto nós pensávamos em classes, o Iseb pensava em povo. Nós éramos, digamos assim, uma esquerda acadêmica. A verdade é que, na prática, o Iseb teve uma influência muito maior do que a do nosso grupo, que ficou isolado em São Paulo. Reconheço que fomos bastantes cegos em relação às mudanças que ocorriam. Não vimos, por exemplo, as transformações sofridas pelo Estado. Tínhamos uma visão mais clássica e, nesse sentido, ao mesmo tempo mais rigorosa e mais pobre, porque não percebíamos as mudanças emergentes. Por outro lado, tínhamos uma grande liberdade crítica, porque não estávamos atrelados a um projeto, enquanto para a Iseb a ideia de um projeto era obsessiva. Eles falavam num projeto nacional pelo qual a vontade se incorporava no Estado, o qual, com o apoio do povo, faria a grande revolução brasileira. Esta era indeterminada, não se sabia se era socialista ou outra coisa. Não obstante, a ideologia do Iseb prevaleceu politicamente.

Essa era a visão que o sr. tinha então. Hoje, como vê o que aconteceu naquela época?

Vou fazer a crítica do que eu e provavelmente muitos dos meus colegas pensávamos naquela época. Em 1961 chegou ao Brasil o prof. Alain Touraine, que ficou aqui alguns meses. Ele vinha do Chile, onde havia feito um estudo muito interessante sobre os trabalhadores das minas de cobre. Leu o que estávamos escrevendo — Aziz Simão, Octavio Ianni, Florestan Fernandes e eu — e fez um artigo de crítica intitulado "A consciência trabalhadora em São Paulo", que foi publicado na revista *Sociologia do Trabalho*. Em resumo, ele dizia o seguinte: "Vocês estão pensando que São Paulo vai 'amadurecer' e que terão aqui uma estrutura de um tipo de desenvolvimento como o que tivemos na Europa. Mas vocês se enganam: não será assim". Ele disse isso delicadamente, não com essa rudeza com que sintetizei seu pensamento. Apesar disso, sua crítica nos chocou, pois tínhamos aceito a ideia das teses do desenvolvimento, que havíamos tido de Marx, embora a leitura deste tivesse sido, como disse, perturbada pela de Max Weber. Achávamos assim que ia haver em São Paulo um desenvolvimento em condições reais mais ou menos semelhantes às da Europa. E o pessoal do Iseb, sem ter essa preocupação, refletindo mais espontaneamente sobre o que acontecia aqui. Um homem como o Álvaro Vieira Pinto horrorizava o José Arthur Giannotti, porque do ponto de vista estritamente acadêmico ele era o "samba do crioulo doido". Ele havia abandonado a sua formação clássica para fazer aqui uma espécie de Sartre tropical. Só que esse Sartre tropical era cheio de uma riqueza que nós não víamos, porque achávamos — o que era verdade — que ele era irregular, impreciso. O Iseb viu coisas que não soube formalizar rigorosamente. Não participo da paixão purificadora de muitos colegas meus, mais jovens, que pegam o Iseb e o trucidam. Hoje, penso que o Iseb viu muita coisa importante, embora usasse categorias diferentes das nossas.

O que tento fazer mais tarde é uma síntese de todas essas inquietações, sobretudo a partir do momento em que fui forçado a deixar o Brasil em 64. Quando veio o golpe militar, eu estava em Buenos Aires e o Nunes Figueiredo, que era diretor da Cepal e professor de economia aqui, passou por lá e me reafirmou um convite feito anteriormente por aquela organização para ir trabalhar no Instituto Latino-Americano de Planejamento Econômico e Social, em Santiago do Chile. A 1º de maio eu chegava lá, o Chile era na época a capital cultural da América Latina, uma verdadeira encruzilhada: recebia gente de todo lado. Entrei em contato com bolivianos, uruguaios, paraguaios, mexicanos, argentinos. Passamos a limpo logo nos primeiros meses a teoria da Cepal, num seminário extremamente rico apresentado pelo Celso Furtado, que também estava lá como exilado.

Essa foi uma experiência muito rica. Em primeiro lugar, percebemos que os problemas não eram apenas nossos, mas de toda a América Latina e, em segundo lugar, que eles tinham relação com as estruturas. Por sua vez, as estruturas que se estavam constituindo aqui não podiam deixar de ter um certo parentesco com as da Europa e dos Estados Unidos, mais com as da Europa talvez, embora não fossem a mesma coisa. Daí surge a ideia da dependência. Ao desenvolver essa ideia, o que tento fazer é, usando esse *background* que eu tinha e que já descrevi, repensar os problemas emergentes mas sem assumir o ponto de vista da aplicação mecânica do modelo clássico à nossa realidade. O que quer dizer isto?

Naquela época, meados dos anos 60, havia uma situação de estagnação econômica na América Latina e muitos achavam, de maneira simplista, que a alternativa para isso era o socialismo, que a revolução era iminente e que não havia possibilidade de desenvolvimento capitalista para o Terceiro Mundo, particularmente para a América Latina. O Celso Furtado, retomando os temas da Cepal, discordava dessa formulação, pois achava que o desenvolvimento era possível, desde que se tivesse um Estado mais atuante e se estabelecesse uma nova política de relacionamento com o capital estrangeiro. Também eu discordava daquela postura. Como tinha lido bem Marx, achava que a economia da região estava seguindo um movimento cíclico: havia uma crise, mas igualmente uma possibilidade de nova fase de expansão. Tanto eu achava que havia a possibilidade de crescimento capitalista que meu livro se chama *Dependência e desenvolvimento*. A minha tese não era a de que a dependência impedia o desenvolvimento e que, portanto, havia condições propícias ao socialismo, mas sim a de que haveria um desenvolvimento dependente, que mais tarde chamei de desenvolvimento dependente associado.

Com isso eu me opunha a quê? Em primeiro lugar, a uma certa visão estática da realidade, segundo a qual aqui tudo dá errado e que o capitalismo era inviável entre nós. O meu modelo, que não apliquei mecanicamente, era o de Lênin para o desenvolvimento do capitalismo na Rússia, ou seja, estava havendo aqui um processo de acumulação e, quando isso ocorre, é claro que há pauperização, crescimento desordenado das cidades, etc. Isso não queria dizer ausência de crescimento, mas crescimento com contradições. Em segundo lugar, eu dizia que o capitalismo que estava nascendo aqui não era evidentemente o capitalismo competitivo do século XIX, mas um capitalismo já baseado numa outra forma de organização da produção, que é a grande produção oligopolística que se internacionaliza. Estava havendo transferência de núcleos importantes do centro para a periferia. O que hoje é claro, não o era na época, quando não havia sequer a expressão "empresa multinacional", que se tornou corrente depois. Não havia a consciência de que as empresas se estavam internacionalizando. O que havia na esquerda, por exemplo, era a noção de monopólio que freia as forças produtivas.

Eu dizia em síntese o seguinte: aqui vai haver desenvolvimento capitalista; há contradições mas ele tem chance; não é verdade que a estagnação leva ao socialismo; pode haver um surto de desenvolvimento dependente e associado, que recoloca a questão da democracia; essa transformação não pode ser pensada como já o foi na Europa do século XIX. A partir desses dados, fui aprofundando a ideia de que não adiantava pensar a relação entre o interno e o externo como se pensara até então, ou seja, que as forças externas vinham e esmagavam as forças internas. Estava havendo aqui uma simbiose, de que decorria a ideia de dependência, que chamei de dependência estrutural, a qual se opunha à versão vulgar do colonialismo e do imperialismo como ave de rapina.

Há formas diferentes de relação entre as economias nacional e internacional. Há economias nacionais que se organizam a partir de um enclave — cobre no Chile, petróleo na Venezuela, por exemplo — nas quais o capital e a tecnologia vêm de fora. A economia local se relaciona com esse enclave por meio do Estado, via imposto, o que mantém uma classe média. Muitas vezes esse Estado é uma aliança da classe média com os grupos da oligarquia agrária, vivendo fora do enclave. A partir do enclave, cria-se uma classe operária avançada, moderna, em contraposição à classe dirigente tradicional. Isso acarreta um certo tipo de evolução. E há um outro tipo de economia, como a do Brasil e a da Argentina, na qual se formou uma camada de empresários nacionais. A decisão do investimento em café, por exemplo, é do cafeicultor. O capital nasce internamente, não vem de fora, embora depois evidentemente se pague um preço pela dependência no comércio internacional. Essa situação acarreta um outro tipo de evolução.

Hoje, estamos diante de um modelo que difere dos dois que acabei de apontar: o capital vem de fora, mas para uma indústria cujos produtos serão consumidos no local — o automóvel, a geladeira, etc. A situação é diferente daquela do enclave do cobre ou do petróleo, que depende do mercado externo. Quando uma multinacional implanta uma indústria aqui, embora estrangeira ela é solidária com o crescimento do mercado interno, do qual depende.

Mais tarde, tive uma polêmica com o pessoal que dizia que o modelo brasileiro era exportador. Publiquei um livro, *As contradições do desenvolvimento associado*, no qual negava isso. Dizia em síntese: é verdade que se está exportando, mas a exportação é marginal com relação ao grande desenvolvimento do mercado interno. E isso vai dando forma a uma sociedade que é diferente da europeia e até certo ponto da americana. Existe aqui uma especificidade que não é cultural, como pensava o Iseb, mas que decorre, a meu ver, da situação que descrevi.

Essa foi uma tentativa, minha e de outros, de sintetizar a temática que apareceu no Brasil nos anos 50 e 60. Muitos não entenderam bem o itinerário seguido para se chegar àquela síntese e se perdiam em discussões para saber se o resultado era marxista ou weberiano, o que me parecia uma bobagem. O que eu estava querendo é entender a situação nova que se criou aqui. O meu *background* é marxista, mas Marx escreveu um livro sobre o capitalismo no século XIX. Ora, nós estamos no século XX a caminho do século XXI. As estruturas de classe que Marx descreveu em seus trabalhos, às quais os marxistas continuam fiéis, são as estruturas da sociedade capitalista competitiva, enquanto vivemos atualmente numa sociedade capitalista oligopolística que industrializou parte da periferia. O que me interessava e me interessa ainda é responder à pergunta: que resultado deu isso?

Continuo com essa temática, que está presente no livro que escrevo no momento. Estudo os casos do Brasil, Hongcong, Singapura, Formosa, Índia, Paquistão, México, Colômbia, Argentina e Venezuela, não para fazer uma comparação sistemática — não é um livro sistemático —, mas para ver o que acontece na periferia do mundo capitalista quando ele se industrializa: a forma do Estado, o tipo de mobilização popular, o tipo de partido político, etc. É claro que esses países são diferentes — alguns são de fato plataformas de exportação, outros não —, mas há entre eles processos que se assemelham.

No caso do Brasil, como vê o papel do Estado na industrialização, sobretudo por meio do BNDES?

Nas modernas economias capitalistas a oposição entre o Estado e o capital é uma questão secundária. Os empresários de vez em quando atacam o Estado violentamente, pois o pensamento liberal pensa que pode haver desenvolvimento sem a interferência estatal. Não pode. Hoje a espinha dorsal que articula tudo é o Estado, e o BNDES é um bom exemplo disso. No Brasil não se pode pôr o Estado entre parênteses. Por mais que a imprensa e os empresários critiquem o Estado, depois eles próprios pedem que o Estado regulamente, faça e desfaça. A crise que estamos vivendo seria muito mais grave, se o Estado não tivesse o poder de articulação que tem. Aqui o Estado tem o controle de câmbio, por exemplo, que lhe dá um grande poder de ação em situações adversas como essa. O México, pelo contrário, está mais desarmado diante da crise porque o Estado tem menos poder de articulação. Atualmente, em qualquer país capitalista avançado, o Estado tem um poder muito grande.

Como o sr. encaixa isso dentro do que chama de especificidade brasileira?

Por força das circunstâncias, como há uma internacionalização da economia, o Estado, ao mesmo tempo em que defende a empresa nacional, tem de se associar ao capital estrangeiro. Foi o que aconteceu no Brasil e é o que acontece em toda parte. Na década de 50 era impensável a associação entre uma empresa estatal e uma multinacional, enquanto hoje isso é normal, a partir do cobre no Chile até a petroquímica no Brasil. O Estado se transformou ao mesmo tempo em regulador da atividade econômica e em produtor, o que acarreta uma modificação muito grande na sociedade. Tomemos um exemplo: o pensamento no século XIX, seja o marxista ou o liberal, que têm ambos a mesma raiz, considera a oposição Estado-sociedade civil. Dentro dessa perspectiva, os partidos se enraízam na sociedade civil, nas classes, e vão disputar o controle do Estado, que é outra coisa que não os produtores. No momento em que o Estado se torna ele também produtor, passa a fazer parte da sociedade civil. Por isso, acho muito estranho que se queira aqui adotar Gramsci como se ele fosse o paradigma para se entender o Brasil. Não é. O problema de Gramsci era outro, o de uma sociedade que havia assimilado o Parlamento e a democracia. O seu problema era: o que fazer com a teoria da ditadura do proletariado quando a classe operária assimilou o Parlamento? No Brasil ocorreu o oposto disso. Aqui o Estado é que foi assimilado, tornando-se parte da sociedade civil, entrecruzando-se com ela. É evidente então que esse Estado passa a ser ele também um feixe de contradições.

Num momento o BNDES defende o empresariado nacional e, logo em seguida, tem de financiar a sua associação com o capital estrangeiro. Em certos momentos ele se opõe ao próprio governo. Ocorre que a política do governo que tem, de alguma maneira, de exprimir o conjunto de classes, basicamente das classes dominantes, muitas vezes entra em choque com a política das empresas do Estado. É possível constatar no Brasil esse problema permanente: controlam-se ou não as importações das empresas estatais? Como controlá-las? Utiliza-se ou não a empresa estatal como base para se obter financiamento externo para outros gastos do Estado? Outras vezes a empresa estatal se alia a uma multinacional, enquanto o governo quer proteger a empresa nacional. Como vê, a nossa sociedade é hoje muito mais rica e complexa do que geralmente se imagina.

Ela não pode ser pensada nem em termos europeus nem americanos.

Não, e este é um ponto importante. Isso não acontece por particularismos nacionalistas, mas porque a nossa estrutura é realmente diferente. Criou-se aqui um fenômeno distinto. A teoria da dependência é uma tentativa de estudar esse fenômeno. Interessa-me saber como e por que se forma essa estrutura nova, qual é nela o papel do Estado. Tudo isso que estamos discutindo aqui muito rapidamente — as contradições entre governo e empresas estatais, entre empresas estatais e empresas privadas, entre esses vários setores e o capital estrangeiro — tem implicações muito importantes. Outra questão que se coloca dentro desse contexto é a da distinção entre público e estatal. Nunca defendo politicamente o estatal, mas o público.

Como ajudaria o leitor a fazer essa distinção?

O estatal está relacionado com a burocracia, com o controle que ela exerce sobre certos setores, e o público está relacionado com o interesse de quem produz e de quem consome. Uma empresa do Estado pode ser simplesmente estatal ou pode ser pública, se a sua política de investimentos e de preços tiver passado por algum tipo de discussão aberta para se determinar se interessa ao conjunto da sociedade, se ela passou pela fiscalização ou pelo controle de coletividade. A meu ver, o avanço democrático e socialista depende não do estatal, mas do público.

O nosso problema é que não existe no Brasil um setor público, mas sim um setor estatal. Muita gente, em nome do socialismo, defende o estatal, mas acho que este não representa necessariamente o interesse popular. O que houve aqui foi a privatização do Estado, que passou a ser ocupado em parte pela burocracia e em parte por interesses empresariais que se mesclam com a burocracia. Temos de recuperar o Estado para o público, o que requer uma sociedade aberta e novas formas de tomada e controle de decisão. A meu ver, não se trata de promover a privatização, mas de submeter tanto o setor estatal como o setor privado ao controle da opinião pública, dos partidos, e expô-los ao debate da sociedade.

Esse controle se faria dentro do Parlamento, que é onde tradicionalmente os partidos atuam e se manifestam?

Não, acho que o esquema clássico é insuficiente para dar conta do que acontece hoje. Se estivéssemos dentro do esquema do século XIX, tudo estaria bem: a sociedade civil se organizaria em partidos, que disputariam o controle do Estado, o qual regularia o mínimo possível. Mas a situação mudou e o próprio desenvolvimento econômico requer a ação do Estado, a sua integração na economia. Nesse novo tipo de sociedade que temos, uma boa parte dos interesses sociais é dificilmente agregável, ou seja, eles não podem ser todos representados pelos partidos. No passado, o partido podia agregar todos esses interesses, e hoje não. Em primeiro lugar, os interesses estão muito fragmentados e, em segundo lugar, a sociedade que está por trás da nossa vida atual tem um modo de produzir que mudou muito.

No século XIX a classe operária crescia mais que todas as outras e hoje ela está diminuindo: para cada emprego industrial criam-se dois de serviços, formando uma enorme massa de assalariados. Se por um lado há um conjunto de interesses que afeta a todos, por outro a sociedade diversifica-se em termos de outros interesses. Não apenas os salários mas o saberes dessas camadas assalariadas são muito desiguais. Embora exista a relação de produção, a classe como fundamento de tudo isso, o modo pelo qual essa sociedade se solidariza, se integra, passa pelos meios de comunicação: é a chamada sociedade de massa. E o controle desses meios é fundamental: é preciso torná-los públicos. Nesse tipo de sociedade os partidos são instrumentos de representação limitados. É claro que em período eleitoral os partidos dominam a cena, mas nos outros momentos sua importância diminui e outros agentes sociais ocupam o seu lugar. Quais são esses agentes? A imprensa e os movimentos sociais, por exemplo. Essa sociedade se parece com um caleidoscópio: a cada movimento corresponde uma nova configuração. Fora do período eleitoral, quando se estrutura o sistema de poder, o partido é um elo importante de ligação entre a sociedade e o Estado, mas não é o único, é apenas um deles.

E quais seriam os outros?

Há a universidade, a escola, essa instituição fundamental da sociedade moderna, porque confere os saberes especializados, os quais por sua vez dão força aos que os possuem. Há os órgãos de comunicação e os sindicatos. Há as Igrejas que organizam crescentemente a opinião pública. E há ainda os movimentos sociais baseados em interesses tópicos, específicos, como os das associações de bairros e os dos ecologistas, por exemplo. Diante desse quadro, há os que dizem que se deve substituir os partidos pelos movimentos sociais, os que dizem que o partido continua sendo o elo fundamental de ligação entre a sociedade e o Estado, e finalmente os que acham que os dois devem juntar-se. Acho tudo isso muito fragmentário. Parece-me que num dado momento o fundamental é o partido, noutro é o movimento social e noutro pode ser qualquer um daqueles outros que apontei, ou uma conjugação deles. Deve existir uma visão pluralista da mudança e do controle da sociedade, pois a ideia do partido como eixo fundamental acaba sendo totalitária. Totalitária e impotente, porque a sociedade não se submete a esse eixo.

E onde se dá o encontro de todos esses elementos: os partidos, a universidade, os sindicatos, as Igrejas, os movimentos sociais?

Você falou há pouco do Parlamento como lugar de encontro de todos esses elementos e como instrumento de controle. O Parlamento nas sociedades modernas mudou de função. Por um lado ele é a grande concha acústica do lamento popular e, por outro, deve ser um instrumento de fiscalização das decisões fundamentais, que são por exemplo as relativas aos investimentos e que dizem respeito portanto ao orçamento.

No Brasil, se ele é a grande concha acústica da lamentação do povo, por outro lado não tem controle sobre o orçamento, e por isso é capenga. Não podemos nos esquecer contudo que, apesar de ser vital a função do Parlamento, ele não inclui o outro lado da moeda, que é constituído pela sociedade ativa, com os partidos, os movimentos sociais, as igrejas, os sindicatos, a universidade, que têm de ter assento onde as decisões são tomadas. E onde elas são tomadas? Basicamente na empresa e na burocracia do Estado. Aí é que são tomadas as decisões que condicionam as nossas vidas. Quem decidiu fazer Itaipu ou o programa nuclear? Foram umas dez pessoas.

Em termos teóricos, o que diz é muito claro, mas como tornar isso operacional?

Acho que só tem um jeito de tornar isso operacional: é através da politização dos temas, por meio dos órgãos de comunicação, dos partidos, dos sindicatos, etc. E politização dos temas significa tornar transparente o que está sendo decidido. Isso por sua vez requer algumas coisas: que as pessoas entendam o processo, que tenham uma fidelidade política, portanto um partido, e que os debates não fiquem restritos ao Parlamento e aos partidos. Não acho tão importante assim o controle direto das decisões, mas sobretudo o acesso à informação para se poder, por outros mecanismos, pressionar e controlar. Isso não é específico do Brasil; existe na França e nos Estados Unidos, por exemplo. Como houve internacionalização da produção, uma parte de nossa temática é a mesma deles, é universal, porque de certa maneira somos produzidos do mesmo jeito. A dificuldade aí vem de nossa dependência, porque nós somos ao mesmo tempo isso e outra coisa. Temos um problema de propriedade da terra ainda não definido, não temos sindicatos independentes, enfim, temos mil problemas de "atraso", digamos assim entre aspas.

Apêndice I

O sr. não continua, no fundo, pensando na Europa como referência, como padrão? Se é assim, não falta aqui um processo de maturação para que cheguemos onde eles chegaram?

Não creio. Acho que o problema aqui não é chegar ao que a Europa foi no século XIX. Não acredito que estejamos caminhando para uma estruturação partidária do tipo europeu, com aquela correspondência entre classe e partido, que aliás já não existe nem na Europa. Veja que o Partido Socialista espanhol, o Partido Comunista italiano, o Partido Trabalhista inglês e o Partido Socialista francês são hoje um amálgama de diferentes interesses e segmentos da sociedade: trabalhadores, classe média, empresariado. Tomemos agora o paradigma americano. Nos Estados Unidos nunca houve partido homogêneo de classe. Lá os partidos são grandes conglomerados que congregam interesses muitos variados. O Partido Democrata, por exemplo, congrega os racistas do Sul, os trabalhadores das indústrias do Norte, os libertários da costa Oeste, da Califórnia, ou seja, é uma mistura muito grande.

A aliança PSD-PTB de certa forma não repetiu aqui esse esquema?

Sim, sem que tivéssemos consciência disso, a aliança PSD-PTB realmente resultou num partido daquele tipo. Por tudo isso, acho que é uma discussão boba a que gira em torno de saber se o PMDB é um partido ou uma frente, pois todo partido atual tende a ser uma frente. O problema é a natureza da frente, o que ela propõe e a sua capacidade de implementar a sua proposta. Mas devo esclarecer que não acredito que estejamos marchando para um sistema semelhante ao americano, porque aqui as desigualdades sociais são muito grandes, as pressões do atraso muito poderosas, e existem núcleos ideológicos mais fortes do que nos Estados Unidos. O sistema de correspondência entre classe e partido, que existiu no Chile, na Argentina e no Uruguai, que desenvolveram no século XIX sociedades próximas da europeia, desintegrou-se porque não suportou a dinâmica do desenvolvimento daquelas sociedades. Também no Brasil, onde, aliás, ele nunca existiu, esse sistema de partidos de tipo europeu não suportaria a dinâmica da sociedade.

O principal partido brasileiro entre 46 e 64 foi uma sólida aliança de interesses heterogêneos e classes diferentes: o conglomerado PSD-PTB.

Realmente, essa aliança constitui um partido e cortava transversalmente as classes. Gostemos ou não, isso acontece fatalmente e acho que a nossa teoria política será muito pobre na análise desse e de outros fenômenos. Cito como exemplos a análise do Parlamento e do Estado. Não se pensou no Estado. É como se o desenvolvimento social pudesse dar as costas para o Estado e estabelecer sem ele a pureza da sociedade. Acho que a sociedade moderna passa necessariamente pelo Estado. O problema é como controlá-lo para torná-lo público, democrático. O desafio de um partido democrático é evitar o Estado corporativista e ao mesmo tempo suprir as insuficiências do Estado liberal. Quando me refiro às insuficiências do liberalismo político, deve ressalvar que sou evidentemente favorável à preservação das liberdades fundamentais e às ideias de representatividade e de divisão dos poderes. Apenas eu acho que só isso não basta para fazer face à dinâmica da sociedade moderna.

Gostaria que dissesse como a seu ver é possível tornar "pública" a burocracia estatal, para pegarmos um exemplo concreto.

Só há pouco tempo atrás descobrimos, chocados, que a nossa dívida externa era bem maior do que se imaginava, que boa parte dela era de curto prazo e que as agências de nossos bancos no Exterior estavam em dificuldade porque os poupadores estrangeiros não têm mais confiança em nos emprestar. Ficamos sem saber disso muito tempo, porque as decisões nessa área são tomadas em sigilo. Como controlar esse e outros setores que agem da mesma forma? Obrigando-os a prestar contas ao Parlamento e aos meios de comunicação. Essa é a maneira de forçar essa burocracia a ter um controle de fora sobre ela. Essa burocracia passou a funcionar como uma coisa privada, como se tivesse titularidade própria para o controle de um pedaço do Estado. E, evidentemente, ela não tem essa titularidade. Não há receita mágica para coibir esse abuso: é preciso denunciar, criticar, para que a burocracia estatal perca a autonomia que adquiriu por causa da ditadura.

Ela adquiriu autonomia tanto em relação ao conjunto da sociedade como também com relação ao próprio governo.

Apêndice I

É verdade. Ela se fechou mesmo com relação ao próprio governo. E, para dar nomes aos bois, deve dizer-se também que há uma outra burocracia, que se chama Serviço Nacional de Informações e que também está querendo ter poder a título próprio. Todos conhecem hoje a confissão patética do pai do SNI, o general Golbery: "Criei um monstro". É verdade, porque ele criou um órgão para produzir informação que seria necessária ao governo, mas que passou depois a ser manipulada fechadamente pelos burocratas que passaram a utilizá-la como instrumento de poder. Assim, além da burocracia econômica, temos também a burocracia política. Hoje, o partido político mais organizado do Brasil não é o PMDB, ou PDS, ou PDT, ou PT ou o PTB, mas o SNI, porque tem profissionais que são políticos. Eles não são outra coisa, porque detêm e manipulam a informação. Têm até escola própria para formar seus quadros.

> *Temos, então, de acordo com a sua exposição, dois setores que adquiriram autonomia com relação à sociedade e ao próprio governo: a burocracia estatal, ou econômica, como diz, e a burocracia política do SNI. Ou seja: estaríamos chegando a uma espécie de regime de capitanias?*

Estamos realmente chegando a um sistema que você acaba de chamar de capitanias do Estado, quer dizer, partes do Estado estão sendo apropriadas privadamente não por pessoas, mas por grupos que tomam conta de setores que têm importância, porque possuem uma enorme capacidade de controle sobre o conjunto da sociedade. Não haverá democracia no Brasil enquanto não se resolver esse problema. Temos partidos funcionando e um Parlamento aberto, mas enquanto o Parlamento não fiscalizar o orçamento e enquanto não houver mecanismos de controle dessas burocracias, não haverá democracia moderna.

> *Em suma, o AI-5 era apenas a ponta do iceberg?*

Sim, e ele serviu de guarda-chuva para que tudo isso crescesse. Não foi para isso que fizeram o AI-5, mas porque estavam com medo da guerrilha.

> *Houve uma espécie de efeito perverso?*

Efeito que acabou desabando sobre a cabeça dos próprios homens que estavam no comando do Estado, porque o SNI cuida muito mais do próprio Estado do que de nós. Você não se preocupa com o SNI, não é mesmo? Eu também não: digo o que penso sobre ele e sobre os problemas brasileiros, abertamente. Como não sou parte do Estado, o SNI não se ocupa de mim. Mas se ocupa do Estado: quer controlar quem vai ser ministro e até presidente.

Está faltando nessa análise a consideração do papel desempenhado na política pelos militares, e é sobre isso que queria agora sua opinião.

Está faltando, portanto, o principal. Acho que no Brasil ou pomos o bisturi na questão militar ou não vai haver avanço real em direção à democracia. Com isso quero dizer que na sociedade moderna os militares são parte constitutiva não só do Estado como até certo ponto, na medida em que ele se mescla com a sociedade, da própria sociedade. Eles têm interesse em certo tipo de indústrias que garantam autonomia para as Forças Armadas, arrogam-se o monopólio de certas funções, como as relativas à segurança nacional, interferem no relacionamento com o Exterior e, às vezes, se arrogam o monopólio do próprio Estado. O atual regime militar não criou o interesse dos militares pelas decisões econômicas. Nesse terreno, eles queriam apenas a autonomia em armamentos, o que é normal em todo o mundo. Mas não há, e é bom que assim seja, uma concepção militar das coisas. Os militares não têm uma teoria da educação nem uma da agricultura. Nesses como em outros terrenos eles aceitaram as teorias que lhes foram oferecidas pelos civis. Adotaram esse modelo de desenvolvimento e passaram a achar que todo mundo que era contra isso era também comunista. Quando o barco começou a afundar, perceberam que compraram um pacote vazio ou podre, e ficaram um pouco perplexos, passando então a encolher as suas funções e a reservar para si áreas específicas. As oposições ou, melhor ainda, a sociedade civil como um todo deve discutir com os militares quais são aquelas áreas específicas e quais as suas fronteiras. Não há nenhuma razão para a Presidência da República, por exemplo, ser uma daquelas áreas. Discutem-se hoje até mesmo algumas ideias esdrúxulas como a de que a Presidência da República é uma coisa e a administração propriamente dita é outra, devendo a primeira ficar entregue aos militares e a segunda aos civis. Não sei se é ou não por aí que se deve iniciar a conversa, mas sei que se tem de começar o debate aberto com os militares: qual é a função deles e os seus limites, o que tem como consequência a formulação da mesma questão com relação aos civis. É preciso saber então quais são as áreas nas quais os civis não vão abrir mão de sua primazia sobre os militares.

A seu ver os militares já perceberam que perderam o controle real das grandes decisões?

Acho que sim. Creio que o militar, o homem de tropa, sabe tanto quanto eu ou você sobre o que vai ser decidido, ou seja, nada. As decisões importantes das quais se pedem contas aos militares — no plano energético ou no plano do programa nuclear, por exemplo — num sentido amplo não foram da responsabilidade deles. Os responsáveis foram apenas os militares do Conselho de Segurança Nacional, que fazem parte da burocracia ligada ao SNI e que estão longe da tropa. Essa distância aumentou quando o general Geisel impôs o seu sucessor sem consultar os militares, embora falando em nome deles, o que a meu ver foi até bom, porque foi o corpo de generais que decidiu. Penso que agora eles não estão dispostos a se envolver na sucessão do presidente Figueiredo. O risco agora é outro, é usarem os militares ou o SNI como força de barganha para que o grupo palaciano se perpetue no poder. Em suma, é preciso haver um maior diálogo, não no sentido de conversa "ao pé do ouvido" para incitar militar, pois tenho horror disso, mas diálogo público, com as posições expostas claramente. É preciso que na Escola Superior de Guerra e em outros fóruns militares haja um diálogo mais amplo com a sociedade: a Igreja, os sindicatos, os partidos. Nesse ponto, quero deixar meu pensamento bem claro: não se trata de conspiração nem de propor aliança ou buscar apoio, mas de colocar as questões abertamente. Os militares devem a meu ver dizer claramente o que querem e debater com a sociedade. Querem uma política de autonomia industrial? Pois acho que isso é uma coisa normal no pensamento militar, que encontra eco em vários setores da sociedade. O problema dos armamentos não pode ser discutido de maneira ingênua, como se vivêssemos num mundo em que não há guerra. Veja aí o conflito das Malvinas. Não quero a guerra, sou contra ela e imagino que a maioria das pessoas consultadas terá a mesma opinião, mas ao mesmo tempo todos sabemos que ela existe. Portanto, se o problema existe, é preciso discutir o que significa a defesa militar em função dos interesses do povo. Da mesma forma, deve-se discutir a segurança interna, em termos de segurança nacional e não de segurança de um grupo que está no poder, ou de segurança de um estado de coisas que oprime o povo.

Sou totalmente favorável a que numa teoria democrática se coloque institucionalmente a questão dos militares. A sociedade mudou e o Exército mudou junto. Venho de uma família militar e sei do que estou falando. Os grandes nomes de militares políticos estão desaparecendo. Talvez o último grande tenha sido Cordeiro de Farias. O que os militares de hoje estão dizendo pela imprensa? Que seguem a linha da abertura. Mas, apesar dessas manifestações de caráter político, vê-se que eles não têm liderança nos moldes dos militares de antigamente, e está certo que seja assim. Eles têm de ter liderança profissional, na área militar. Não sei hoje de nenhum militar que possa galvanizar o país e as Forças Armadas. Contudo, tenho muito medo das consequências que a grave crise que vivemos pode acarretar. Crise pela qual os militares são também responsáveis, porque sustentaram governos irresponsáveis, os quais persistiram em suas políticas apesar das reiteradas advertências da oposição e de pessoas independentes. Desde 1973/74 era visível que o mundo mudava e depois de 1976/77 era claríssimo que tinha mudado. Mesmo assim, os governos de então não alteraram suas políticas para enfrentar essa situação nova. Ora, a gravidade dessa crise pode fazer surgir uma liderança militar de tipo caudilhesco, o que seria um grande passo para trás. Essa é mais uma razão para que discutamos o mais rapidamente possível a institucionalização do papel do militar na sociedade e os limites a que eles devem obedecer.

7 de agosto de 1983

"Conciliação só em torno de princípios."

Entrevistador:
Lourenço Dantas Mota

Tancredo Neves

O sr. não apenas nasceu como se manteve sempre muito ligado a uma das cidades mais impregnadas pelas tradições culturais mineiras, que é São João Del-Rey. Essas tradições tiveram um peso decisivo em sua formação?

Sem dúvida que sim. A tradição cultural de São João Del-Rey vem desde a Colônia. São João foi um centro de grande importância não só na formação intelectual como política de Minas. Ainda hoje, a cidade vive uma atmosfera toda imbuída de intelectualidade, sobretudo de arte. Temos orquestras que resistem ao tempo, algumas delas com mais de 200 anos de continuidade, sem um só ano de interrupção. E não há em São João, mesmo entre os homens do povo, quem não manifeste a influência desse ambiente.

Além dessa, quais são as suas influências intelectuais duradouras, ou seja, aquelas que ficaram depois de passadas pelo filtro do tempo? Falo de influência intelectual num sentido amplo, o que abarca tanto as literárias como as políticas.

A base humanística foi fundamental na minha formação intelectual. Muito jovem ainda, li todos os clássicos: Shakespeare, Goethe, Dante, Cervantes, Virgílio, Homero, Milton. Creio que não me faltou a leitura de nenhuma grande obra fundamental. Essas são as raízes do meu humanismo. Com base nesse humanismo, que poderíamos chamar de literário, aprofundei-me no humanismo cristão. Recebi uma influência muito direta de São Tomás de Aquino e de Santo Agostinho, e no Brasil, de maneira muito intensa, de Tristão de Athayde. Costumo dizer que só não sou comunista graças ao Tristão. Naquela fase em que todos nós temos uma atração muito grande pelo marxismo-leninismo, a influência do Tristão foi altamente benéfica para a minha formação.

Ao contrário da maioria de seus companheiros de geração, o sr. tem, ao lado da formação jurídica, sólidos conhecimentos de economia e finanças. Esses dois elementos se equilibram, ou o lado jurídico é predominante?

Sem dúvida que a formação jurídica é predominante. Só vim a estudar economia já quase 20 anos depois de formado, quando procurei aprofundar-me no conhecimento da matéria. Daí a razão pela qual o lado jurídico é muito mais forte, porque me marcou desde a adolescência.

Passemos para as influências propriamente políticas. A sua formação jurídica o levou a conviver com um bom número de homens que mais tarde seriam líderes udenistas ilustres, como Milton Campos e Pedro Aleixo, para citar dois exemplos. Teria ficado disso algum traço de influência udenista em sua personalidade?

A minha convivência com o Milton e com o Pedro divide-se em dois períodos: antes da reconstitucionalização do país, em 1946, e depois. Antes mantínhamos um relacionamento muito íntimo, muito cordial, e todos éramos contra o Estado Novo, todos queríamos o fim daquele regime. Quando se planejou a reconstitucionalização do país e os novos partidos — para alcançarem esse objetivo — passaram a ser organizados, o Milton e o Pedro ficaram com a UDN, de acordo com as diretrizes da sua formação intelectual e de seus posicionamentos políticos. Eu, por pressões municipais, tive de ir para o PSD, mas sempre com os mesmos objetivos. Aí nós nos distanciamos um pouco. Até que, em 47, fui eleito deputado estadual pelo PSD e designado relator da Constituição estadual, já então em oposição frontal tanto ao Milton como ao Pedro.

Eu era o líder do PSD, partido minoritário na Assembleia Legislativa, e fazia oposição aos dois. Mas a despeito disso sempre nos situamos num plano muito elevado. Nunca descambamos na oposição nem eles se excederam no governo em relação à minha pessoa e ao grupo político a que eu estava filiado. Esse foi realmente um período de muita exacerbação, de muita paixão. Retornávamos a um regime constitucional com uma fome enorme de praticar a democracia, de maneira que foi uma fase de muitos atritos e muitos choques. Mas em nenhum momento houve rompimento no nosso relacionamento pessoal.

Naquela época, como relator da Constituição mineira, tinha de ter contatos seguidos com o governador do Estado, que era o Milton, para encontrarmos fórmulas de conciliação entre as emendas do governo e as da oposição. Foram encontros muito benéficos para o Estado, todos eles conduzidos no mais alto nível político. Depois, enquanto os dois viveram, percorremos linhas paralelas, sempre divergindo em termos partidários, mas sempre também com um bom relacionamento de ordem pessoal.

Já se disse que a própria luta obriga os adversários a uma convivência que os faz ficar parecidos, em razão do "mimetismo do duelo". Houve isso entre a UDN e o PSD?

Ocorreu esse fenômeno sim: o idealismo da UDN marcou muito as lideranças jovens do PSD, e o realismo do PSD influenciou também, às vezes até com exagero, o udenismo.

Falta ainda um grande estudo sobre o pessedismo no Brasil, apesar da sua importância. O sr. poderia adiantar o que pensa, em síntese, sobre ele?

É verdade: o pessedismo foi muito importante. "O pessedismo foi realmente uma escola de homens públicos" — essa é a observação, que cito de memória, feita por Carlos Lacerda em seu último livro, *Depoimento*. O PSD era um partido que se caracterizava pela lucidez, pela serenidade, pelo realismo, como dizia há pouco, pela incapacidade de cultivar ódios e de manter desafeições definitivas. Ele tinha sempre as portas abertas para todas as composições e era realmente um partido vocacionado para a conciliação. E foi esse espírito pessedista que possibilitou a votação da Constituição de 46 e esses quase 20 anos de progresso e de desenvolvimento econômico. A fase mais brilhante da vida pública brasileira, na República, foi justamente esse período sob a égide da Constituição de 46, com a presença do presidente Dutra, com a sustentação que o PSD deu a Getúlio Vargas, de 51 a 54, e depois com o presidente Juscelino Kubitschek.

Não se pode falar de suas influências políticas sem se referir a Getúlio Vargas, com quem o sr. colaborou estreitamente no segundo governo constitucional e em momentos dramáticos. Como avalia essa influência em termos de profundidade, e como a qualifica, ou seja, que tipo de influência foi essa?

Vargas me marcou muito pela lição de austeridade e de zelo pela coisa pública. Ele era, na verdade, um devotado servidor do povo, no qual acreditava como uma entidade viva e real. Mas a grande lição de Vargas é a solidariedade para com os humildes, os sofredores, a sua preocupação com a justiça social e, em segundo lugar, o seu espírito nacionalista. Quando se analisa a sua vida, vê-se que ele foi um nacionalista sem xenofobia, sem nenhum preconceito contra os valores estrangeiros. Ele apenas defendia aquilo que era essencial à formação da fisionomia moral e política do povo brasileiro. Essas são as grandes lições que recebemos dele e que considero válidas até hoje.

Não haveria uma outra lição, ligada à vocação que Vargas sempre demonstrou para conciliar forças diversas, de que são prova sua atuação entre 30 e 45 e depois, entre 50 e 54, por meio da aliança PSD/ PTB?

Vargas era um espírito que não conciliava, mas sim provocava a conciliação em seu derredor. Vargas nunca perseguiu a conciliação como objetivo. Ele se situava dentro de determinadas soluções que forçavam ou provocavam a conciliação em torno de sua pessoa. Quanto a mim, o que tenho procurado na minha vida pública é o contrário, ou seja, forçar a conciliação, criar condições para ela, advogá-la, patrociná-la.

O sr. não só se define como é definido como um conciliador. Mas, como a conciliação é ao mesmo tempo uma noção controvertida e imprecisa, gostaria que explicasse o que entende a rigor por isso.

Realmente, a conciliação é uma palavra muito polêmica e muito distorcida e, por isso mesmo, pode ser encarada de diversos ângulos de compreensão e entendimento. Para mim, a conciliação não se faz em torno de homens, mas de princípios, de soluções para os problemas fundamentais do Brasil. Como eu a entendo, ela não é uma conciliação de cúpula, de partidos, pois essa não leva a nada. A conciliação de partidos

— a chamada trégua partidária — eu a considero lesiva, funesta. A conciliação que prego é uma conciliação estrutural: é aquela que abrange todas as camadas da sociedade, desde o trabalhador até o ponto mais alto da hierarquia episcopal. É uma conciliação que faz com que todos nós rompamos as nossas barreiras de separação para nos unirmos em torno de soluções para os problemas brasileiros. Sem essa conciliação dificilmente venceremos as dificuldades que estamos enfrentando. É qualquer coisa parecida com o Pacto de Moncloa, na Espanha. É preciso que se faça no Brasil uma conciliação talvez por meio de um amplo pacto social, mas que não seja uma conciliação para servir a homens, grupos, partidos, ou governo, mas apenas ao interesse do país.

Os críticos da conciliação dizem que ela tem sido sempre, historicamente, uma artimanha das elites dominantes. Repito, sinteticamente, a crítica: as elites cooptam setores dominados ou elites derrotadas para assegurar o seu predomínio, com pequenas concessões às massas marginalizadas. Como responde a essa crítica?

Já respondi por antecipação. Desde que a conciliação seja encarada como um processo de acomodação de elites políticas, muitas vezes com prejuízo de conquistas sociais, que sofrem um retardamento, ela é profundamente indesejável. A conciliação de cúpulas, de comandos políticas, atua muitas vezes contra os interesses reais da Nação. Quanto a esse tipo de conciliação, acho que aquela crítica é justa, procedente e deve ser aceita. A que prego, como já disse, é uma conciliação estrutural, de substância, feita em torno de problemas nacionais. Ela estabelece que em torno de tais e tais soluções não podemos divergir, temos de caminhar com uma vontade política nacional, e que fora desses pontos podemos divergir em tudo mais.

O sr. acha que o grande apoio popular de que desfrutam hoje as oposições é um dado que facilita a conciliação, nos termos em que a entende?

Sem dúvida que sim. Essa sustentação, com as oposições crescendo dia a dia — e as pesquisas mostram isso de maneira evidente —, é um sinal de que eles caminham muito mais na linha da interpretação do sentimento nacional do que o partido situacionista, que se divorciou totalmente das aspirações brasileiras.

Fiz uma conta bem simples, pela qual verificamos que, de 1933, quando iniciou a sua carreira política, até hoje, o sr. viveu 22 anos sob regime democrático e 29 sob regimes autoritários, apesar de diferentes: oito para o Estado Novo e praticamente 21 para o regime de 64, embora este tivesse começado a se abrir em fins de 78, com a revogação do AI-5...

Para honra minha, sempre me encontraram na oposição, quando se instalava um regime autoritário no Brasil. A minha linha é de perfeita coerência.

Que lição o sr. tira dessa experiência, dessa estatística acabrunhadora para o Brasil?

Penso que uma nação como o Brasil não comporta regimes autoritários. A nossa formação histórica, a índole de nossa gente, a nossa própria formação geográfica e socioeconômica repelem o autoritarismo como solução política para o Brasil. Todas as vezes em que se implantaram aqui regimes autoritários eles foram funestos para a nação, que se embotou, empobreceu e se diminuiu moral, cultural e politicamente. O Brasil é uma nação vocacionada para a democracia e todas as vezes em que se tenta contrariar essa vocação do nosso povo pagamos um preço muito caro.

O sr. tem uma carreira política construída lentamente: vereador, presidente da Câmara Municipal, deputado estadual, deputado federal, primeiro-ministro, senador, governador... Enfim, uma carreira não só lenta como firmada em sólidas bases municipais. O sr. atribui a isso alguma importância particular em sua forma de pensar e de agir politicamente?

Sim, porque realmente essa careira política construída assim, por etapas, ao longo dos anos, conhecendo o governo e conhecendo a oposição, trouxe-me um conhecimento muito mais profundo da realidade brasileira, sobretudo dos homens brasileiros, dos políticos brasileiros. Talvez, da minha geração, ninguém tenha convivido com mais intimidade com as grandes lideranças políticas do país, ora do governo, ora da oposição, do que eu. Isso me possibilita uma visão muito mais ampla e muito mais exata dos problemas nacionais.

E que importância tem a seu ver o fato de essa carreira, construída assim, ter-se desenvolvido em Minas?

Politicamente, Minas tem características muito singulares. O político mineiro se destaca, no conjunto dos políticos brasileiros, por aquilo que chamamos a "mineiridade". O político mineiro é um homem que não perde a serenidade, que não conhece as manifestações da verborragia política, que abomina o ódio, detesta a intransigência e não consegue, de maneira nenhuma, conviver com a intolerância. Essas características fazem do político mineiro um conciliador. Ele nunca é radical. Não há políticos mineiros radicais. Ele se encontra sempre numa linha de ponderação, de tranquilidade e de muita segurança nas decisões.

6 de janeiro de 1985

Apêndice II

A experiência parlamentarista ou a importância de um fracasso

Entrevistador:
Lourenço Dantas Mota

Apêndice II

A 8 de setembro de 1961, implantou-se no país um sistema parlamentar de governo como saída para a grave crise provocada pela renúncia de Jânio Quadros e pela decisão dos três ministros militares de não dar posse ao vice-presidente João Goulart, o que dividiu o Exército. Foi uma solução de emergência, que o Congresso adotou muito mais por conveniência do que por convicção e que durou pouco – menos de 17 meses.

As entrevistas de Tancredo Neves, Afonso Arinos e Almino Afonso, que nela tiveram participação de relevo, trazem importantes subsídios para o estudo dessa experiência.

"É o melhor sistema, mas não para este momento."

Entrevistador:
Lourenço Dantas Mota

Tancredo Neves

Em que altura da crise provocada pela renúncia do ex-presidente Jânio Quadros surgiu a ideia da implantação de um sistema parlamentar? Quem participou desses primeiros entendimentos?

Com o surgimento do movimento de resistência no Rio Grande do Sul, liderado pelo governador Leonel Brizola, e que teve o apoio do comandante do III Exército, general Machado Lopes, e de toda aquela unidade, o país ficou à beira da guerra civil. De um lado, ficaram os militares que apoiavam a ação dos três ministros militares do presidente Jânio Quadros, que não concordavam em entregar o poder a João Goulart, ao qual, em documento dirigido à nação, negavam todas as condições para ocupar a Presidência da República. De outro, ficaram os adeptos de João Goulart e todos aqueles que lutavam para que fosse cumprida a Constituição. Foi nesse ponto da crise que se lembrou da emenda do saudoso deputado Raul Pilla, que visava a instituir o parlamentarismo no Brasil e que estava em tramitação no Congresso. Sobre essa emenda passaram a trabalhar políticos eminentes, como os senadores Afonso Arinos e Nelson Carneiro e o deputado Oliveira Brito.

Foi depois que a solução parlamentarista havia sido aventada que o sr. recebeu a missão de ir a Montevidéu conferenciar com João Goulart. Quem o incumbiu dessa missão e com que objetivos?

O convite me foi feito pelo presidente Ranieri Mazzilli, e quem ficou incumbido de me transmitir as instruções para que a missão fosse coberta de êxito foi o general Ernesto Geisel, que era então chefe da Casa Militar. Em síntese o objetivo da missão era convencer João Goulart de que devia assumir a Presidência sob a égide do sistema parlamentar de governo. Levei comigo o projeto de emenda do parlamentarismo e fiquei com Jango um dia inteiro em Montevidéu. A conversa não foi fácil.

Ele resistiu muito?

Sim. Em primeiro lugar, ele sentiu logo que a emenda continha uma severa restrição dos plenos poderes que a Constituição outorgava a um presidente da República. Viu que aquilo era uma condição para a sua posse e que implicava para ele limitações de ordem ética, política e até de natureza pessoal. Sim, porque, se em todo o Brasil o problema do parlamentarismo constituía uma discussão acadêmica, no Rio Grande do Sul a coisa era diferente. Lá ele já havia provocado revoluções. É rara a família no Rio Grande que não tenha dado vítimas às lutas em torno do parlamentarismo e do presidencialismo.

A família de Jango tinha lutado de armas na mão pelo presidencialismo. Esse era um obstáculo de ordem moral à sua adesão ao parlamentarismo.

Está convencido de que aquela era a única saída, ou seria possível Goulart chegar ao poder dentro do presidencialismo?

Aquela era a única saída pacífica. Ele podia até chegar ao poder dentro do presidencialismo, mas passando por uma guerra civil.

Foi isso que o levou a aceitar o novo sistema?

Esse foi o grande argumento que usei. Em determinado momento ele admitiu renunciar a assumir a Presidência com as limitações do novo sistema. Disse-lhe que a meu ver ele não podia, de maneira nenhuma, agir assim; que isso significaria trair seus eleitores, o seu partido e o seu Estado. Afirmei-lhe que ele tinha duas maneiras de chegar à Presidência. Uma seria por meio de uma luta fratricida, hipótese que afastou imediatamente dizendo que, se precisasse derramar uma gota de sangue brasileiro para atingir a Presidência, desistiria de tudo. A outra maneira seria aceitar aquela realidade política que se criara e assumir o poder dentro do sistema parlamentar. Não precisaria abrir mão de suas convicções presidencialistas, pois isso não lhe estava sendo exigido. Li a emenda para ele e mostrei-lhe que, na realidade, não estava sendo assim tão sacrificado em suas atribuições e seus poderes. Jango acabou então se rendendo a esses argumentos.

A certa altura de minha missão, surgiu um problema. Jango, instado por seus amigos e conterrâneos do Rio Grande do Sul, achou que antes de ir a Brasília devia passar por Porto Alegre. Os militares acharam isso uma temeridade. Criou-se um impasse. Pensei então: por que ele não pode parar no Rio Grande do Sul? Não há motivo para que isso não aconteça. Passar lá é natural, pois é lá que estão organizando uma resistência para que ele tome posse. Parlamentei com as autoridades de Brasília por telefone e chegamos à conclusão de que, se ele fosse a Porto Alegre e não fizesse qualquer declaração, nem discurso ou qualquer coisa desse gênero e embarcasse logo para Brasília, a crise estaria contornada. Ele assumiu esse compromisso, que cumpriu rigorosamente: apareceu em público, acenou para a multidão, mas não disse uma palavra.

Logo depois da posse, seu nome foi escolhido para primeiro-ministro de uma lista trípice.

Não foi bem assim. Quando Jango chegou a Brasília, dei a minha missão por terminada. Algum tempo depois ele me pediu para ir ao Palácio e colocou-me o problema do primeiro-ministro. Quem devia ser? Convenci-o de que deveria ser o ministro Gustavo Capanema, um homem respeitável, de enorme tradição, com grande respaldo no meio político e com trânsito fácil em todos os partidos. Era mais ou menos meia-noite.

Autorizou-me inclusive a fazer o convite ao ministro Capanema no dia seguinte. Estava muito cansado, há quase três dias sem dormir, e fui para o hotel descansar. De madrugada, sou acordado por um grupo de companheiros. Lembro-me de que nesse grupo estavam Ivete Vargas e o próprio presidente Juscelino. Comunicaram-me ter acertado com Jango que o primeiro-ministro seria eu. Naquela ocasião eu estava fora dos quadros políticos, pois vinha de sofrer o revés da eleição para o governo de Minas, e fiz sentir àqueles companheiros que num sistema parlamentar o primeiro-ministro deveria ser parlamentar.

Apêndice II

No dia seguinte o presidente chamou-me e disse: "Você vai ser mesmo o primeiro-ministro. Preciso nessa primeira fase de alguém com quem possa dialogar num clima de confiança". Resisti, e ele me fez então um apelo de caráter pessoal: "Você não me falte nessa hora". Exigi apenas que antes de meu nome ser levado ao Congresso ele fosse submetido a uma manifestação de confiança da bancada do meu partido, o PSD, que tinha mais de 200 parlamentares. A bancada reuniu-se e tive 90% dos votos. Com esse resultado, senti-me realmente credenciado para estabelecer conversações com os outros partidos com vistas à formação do gabinete.

De quem partiu a ideia de união nacional na formação desse primeiro gabinete?

Essa ideia foi minha. Disse a Jango que não podíamos fazer um governo partidário, sob pena de provocarmos um profundo traumatismo, pois a nação estava enfrentando problemas políticos, econômicos e sociais muito graves. Jango concordou, pois era um homem de muita sensibilidade política. O critério de proporcionalidade partidária no gabinete foi o mesmo usado para a formação das comissões do Congresso. Devo dizer também que fomos muito felizes na escolha dos ministros militares, que prestaram uma notável colaboração na consolidação da ordem e no desarmamento dos espíritos.

O presidente teve alguma participação na escolha dos ministros?

Ele me deu carta branca. Evidentemente foi ouvido sobre as reivindicações dos vários partidos, mas concordou com as soluções que apresentei. Em apenas um caso ele decidiu. Tanto o PSD como a UDN reivindicavam a pasta da Viação, e nenhum dos dois queria ceder. Criou-se um impasse e levei o problema ao presidente. "Vamos entregar essa pasta à UDN — disse ele. Não vamos criar problemas nessa hora. Diga ao PSD que ele vai ter muito mais do que isso." Realmente o PSD teve no meu gabinete uma participação sem igual nem mesmo nos governos pessedistas de Juscelino e Dutra.

Isso levou a algum engajamento do PSD na solução parlamentarista?

Em nenhum momento. Nem o PSD nem os outros partidos se engajaram no novo regime. Depois de implantado o sistema parlamentar, os partidos e de modo geral o Congresso ficaram muito mais presidencialistas do que antes.

Como explica isso? Afinal, em termos lógicos, seria de esperar o contrário, pois o parlamentarismo fortalece o Congresso e os partidos.

Sim, mas acontece que ninguém votou o sistema parlamentar com convicção. Todos viram nele uma solução de emergência, uma saída para a profunda crise político-militar em que o país mergulhou após a renúncia do presidente Jânio Quadros. O parlamentarismo não tinha a adesão nem do povo nem de nenhum segmento da sociedade: nem dos sindicatos nem das universidades e muito menos da classe política. Havia talvez uns 10% de parlamentares conscientes do que era o sistema parlamentar de governo, seu funcionamento, sua filosofia. Os demais, até por uma questão de hábito mental, eram presidencialistas.

No caso do PSD, que era então o maior partido, houve a influência do presidente Juscelino, que era contra o novo sistema.

Juscelino lutou pela aceitação da fórmula parlamentarista, como uma saída para a crise, pois sentiu que sem ela iriam todos de roldão. Mas, quando ele sentiu que o regime poderia consolidar-se, começou a lutar pela sua derrubada. E não foi apenas ele quem fez isso. O regime não tinha condições de se sustentar pelas seguintes razões. Em primeiro lugar, não houve nenhuma preparação psicológica ou educativa para conscientizar o povo do que era o sistema parlamentar. Em segundo lugar, as grandes lideranças nacionais — Juscelino, Lacerda, Brizola, Adhemar — eram abertamente contra ele. Os governadores, liderados por Magalhães Pinto, estavam assustados com a implantação do sistema nos Estados e convencidos de que isto dificultaria a sua tarefa de governá-los. Os sindicatos eram igualmente contra. O Congresso, como disse, não demonstrava qualquer entusiasmo. E, finalmente, o presidente da República era um presidencialista convicto, condição que afirmou no próprio discurso de posse. Ele não iludiu ninguém. Todas essas forças somadas promoveram o plebiscito, aliás de forma flagrantemente inconstitucional, porque por meio de lei ordinária, quando o correto seria fazê-lo por emenda constitucional. E o resultado desse plebiscito todos sabemos qual foi.

O sr. deixou o posto de primeiro-ministro porque teve de se desincompatibilizar para concorrer a uma cadeira na Câmara dos Deputados. Essa obrigatoriedade de desincompatibilização não estava em clara contradição com o sistema parlamentar? Por que não foi eliminada?

Ela mostra o quanto o Congresso era presidencialista. Evidentemente não existe num sistema parlamentar a necessidade de desincompatibilização, que é um instituto tipicamente presidencialista. Quando se levantou o problema de se os membros do gabinete deviam ou não desincompatibilizar-se, o Congresso agarrou-se a essa exigência com unhas e dentes, numa demonstração de seu inconformismo com o sistema de governo que se implantava. Quando as lideranças partidárias foram consultadas sobre o assunto, e por sua vez consultaram suas bancadas, a maioria esmagadora achou que se devia respeitar a norma constitucional, que vinha do regime anterior, sobre a desincompatibilização dos ministros.

Um episódio ainda um tanto obscuro é o do malogro da indicação de San Thiago Dantas para substituí-lo no cargo de primeiro-ministro. Como explica esse caso?

Indicado seu nome, San Thiago entregou-se a um trabalho de articulação muito intenso, e nós, seus amigos, procuramos ajudá-lo ao máximo. Aconteceu então uma coisa estranha. Em determinado momento parte considerável do PTB retirou seu apoio a San Thiago, assim como o setor mais reacionário do PSD. Temiam as suas posições lúcidas e esclarecidas. Quando seu nome foi submetido à consideração do Congresso, San Thiago fez um dos maiores discursos da história do Parlamento brasileiro. Mesmo assim, teve seu nome recusado.

Por que a seu ver o PTB retirou seu apoio a San Thiago?

Não sei explicar. Aliás, devo precisar que não foi todo o PTB que agiu assim. Tenho a impressão de que dentro do PTB ele mantinha uma linha muito acima da média do partido, que não se sentia confortável com uma liderança daquele porte.

Especulou-se que o presidente Goulart esteve por trás dessa manobra.

Não creio nisso. Inclusive acompanhei o processo de votação pelo rádio, ao lado do presidente, e notei nele certa preocupação com o resultado. Afinal, se o presidente não quisesse San Thiago, não o teria convidado.

Gostaria que fizesse uma breve análise do sistema parlamentar então implantado, apontando aqueles que a seu ver foram os seus principais vícios e defeitos.

O sistema implantado não chegou a ser um sistema parlamentar. A emenda constitucional que o implantou criou o que na época chamei de um parlamentarismo híbrido. Era um sistema parlamentar em que instituições presidencialistas preponderavam, de maneira que ele não tinha condições de funcionalidade dinâmica. Por isso mesmo, aquela não pode ser considerada uma experiência válida de parlamentarismo. Repito: o que houve foi muito mais uma solução de emergência para uma crise do que a implantação de novo sistema de governo que, consequentemente, passou logo a sofrer o desgaste de uma iniciativa política tomada apressadamente.

Mas, a despeito de todos os seus vícios, ele funcionou com a maior eficiência em todos os campos da atividade administrativa. Dou-lhe alguns exemplos concretos. A Lei de Diretrizes e Bases da Educação estava no Congresso há quase dez anos, e o gabinete conseguiu aprová-la, colocá-la em vigor e implementá-la. Não havia meios também de arrancar do Congresso a pavimentação da Rio Bahia e da rodovia ligando Recife a Campina Grande e João Pessoa. Essa foi outra vitória nossa. Quando cheguei ao governo, a Usiminas estava com seus títulos protestados no Exterior, o mesmo acontecendo com Furnas, e as obras do oleoduto de Belo Horizonte estavam paralisadas. Pagamos essas dívidas e asseguramos recursos permanentes para a recuperação do atraso daquela obra, decorrente da sua paralisação. Em todas as áreas de atividade o saldo do parlamentarismo foi muito positivo, inclusive no campo econômico-financeiro. Os economistas que estudam aquele período de dez meses são unânimes em ver nele em termos relativos o que maior estabilidade econômico-financeira ofereceu ao país.

O sr. atribui isso ao regime?

Sim. Ele permitia, através de um colegiado, um exame severo das injunções e das prioridades. Não havia disputas entre ministros por verbas, que eram distribuídas equitativamente dentro das prioridades fixadas pelo gabinete. O programa de governo que apresentei foi sem dúvida um documento que serviu de base a todos os programas subsequentes, como o Plano Trienal e o PAEG. Todos eles partiram desse programa, que ainda hoje está muito sintonizado com a realidade brasileira.

Não lhe parece que o sistema de leis delegadas existente no parlamentarismo é infinitamente melhor e mais adequado, como instrumento de agilização do processo legislativo, do que o de aprovação de projetos por decurso de prazo, atualmente em vigor?

Sem dúvida. A delegação de poderes é normal na vida dos Parlamentos e é balizada pelos limites que ela própria estabelece. Fixados esses limites, o Executivo tem a flexibilidade necessária à realização de sua tarefa administrativa. Hoje, por meio do decreto-lei e do sistema de decurso de prazo, cometem-se verdadeiros atentados contra a soberania do Parlamento e cria-se um verdadeiro caos legislativo. Ninguém tem a menor dificuldade em fazer leis para resolver qualquer tipo de problema.

O sr. apontou vários defeitos da experiência parlamentarista, a começar pelo seu vício de origem: o sentido de provisoriedade que marcou a sua implantação. Mas apontou também pelo menos dois fatos muito positivos: primeiro, a capacidade de dar maior estabilidade à administração, por meio de uma coordenação mais fácil dos vários setores; segundo, a agilização do processo legislativo, principalmente por meio das leis delegadas. A seu ver, isso justifica que se pense na volta do sistema, ou é contrário a ela?

Sou contrário a ela no momento. Acho o sistema parlamentar de governo a mais aprimorada forma de representação política. Nele, a democracia encontra a sua expressão mais aperfeiçoada. Mas no Brasil a implantação do sistema parlamentar encontra a meu ver obstáculos intransponíveis. O primeiro é que não se mantém um sistema de governo sem uma forte sustentação popular, e ela ainda não existe entre nós para o parlamentarismo. A impressão que se tem do parlamentarismo no Brasil, entre os homens do povo de razoável formação cultural, é a de um regime fraco, no qual os gabinetes caem facilmente, e que não apresenta aquele mínimo de estabilidade necessária ao governo de uma grande nação como a nossa. O segundo obstáculo está na própria classe política que, refletindo a mentalidade do povo, tem um absoluto desinteresse pelo parlamentarismo. Nessas condições é impossível um regime funcionar bem. O terceiro grande obstáculo está nas Forças Armadas, que se opõem por formação à implantação do sistema parlamentar no Brasil. Elas agem assim porque são historicamente presidencialistas e também em virtude da orientação cultural do militar brasileiro. Ele acredita na unidade de comando como um dogma, como aliás não podia deixar de ser, e, em decorrência disso, acha que o presidencialismo se amolda melhor a essa sua concepção. Além disso, ele acha que o sistema presidencial é mais ágil e eficiente quanto às decisões que dizem respeito à segurança nacional, e mais dinâmico na condução do processo de desenvolvimento econômico. Essas são duas teses muito discutíveis, mas não sem fundamento, que o nosso militar encara como coisa tranquila, passada em julgado. E, como não se acrescenta nenhuma dimensão nova no quadro político brasileiro sem o apoio ou pelo menos a aquiescência dos militares, não vejo futuro próximo para o parlamentarismo entre nós.

A seu ver, o federalismo atrapalha muito a implantação de um sistema parlamentar?

Atrapalha sim, e muito. Ainda não se encontrou, pelo menos para o Brasil, uma fórmula hábil para adaptar o parlamentarismo ao sistema federativo. É verdade que existem duas grandes nações com muitas semelhanças com o Brasil e que adotam ao mesmo tempo a federação e o parlamentarismo: a Índia e o Canadá. O problema que se coloca no nosso caso é: quem designará os governadores dos Estados? Ninguém aceitaria uma nomeação feita pelo governo central. Por outro lado, entregar a designação dos primeiros-ministros dos Estados à aprovação das assembleias legislativas poderia provocar uma permanente contradança de parlamentares de um partido para outro, ou mesmo sem mudar de partido, para compor maiorias instáveis. Além disso, a implantação do parlamentarismo nos Estados poderia comprometer a eficiência administrativa, gerando violentos choques partidários.

Muitos se esquecem que o parlamentarismo faz parte de nossa tradição histórica, pois vigorou durante o Império. Como julga esse período de nossa História?

Realmente tivemos no Império talvez a fase mais brilhante da história política brasileira. Foram 40 anos de um parlamentarismo que deu ao Brasil estadistas notáveis. O parlamentarismo tem, aliás, essa particularidade importante: não deixa muito lugar para a mediocridade. É um sistema que funciona na base da inteligência, da cultura e da capacidade pessoal das elites políticas. O que a meu ver fez com que o sistema parlamentar se extinguisse com a monarquia é que ele não tinha nenhuma base popular. A grande falha do sistema parlamentar no Império é que os partidos não se sucediam no poder por meio de eleições. Era o imperador que, no exercício de seu Poder Moderador, mantinha os partidos no poder ou os derrubava. Os partidos não caíam por pressão da opinião pública, mas pela vontade do imperador. Era um processo muito interessante: o imperador fazia o gabinete e o gabinete fazia as eleições. Não havia, portanto, a prática clássica do sistema parlamentar.

Em tese, sem considerar a realidade brasileira, o sr. prefere o parlamentarismo?

É lógico que sim. Além das virtudes já mencionadas, o parlamentarismo tem outra: nele, as crises nunca são das instituições. Caem os gabinetes e as instituições permanecem íntegras, o que não acontece com o presidencialismo. Ou seja: o parlamentarismo tem muito mais flexibilidade, permitindo contornar crises sem pôr em risco a estabilidade institucional do país. E ele pode ter também, a meu ver, uma virtude extraordinária no caso brasileiro. A participação do militar na política em nosso país tornou-se uma fatalidade. Ela não decorre de uma pressão dos militares, mas de fatores históricos e sociológicos que ainda atuarão por muitos anos. Começou em 1878, com Caxias derrubando o Ministério Zacarias, e continuou com a República, passando pela Revolução de 30 até chegar a 64, quando eles assumiram diretamente o poder. A única maneira que vejo de se coonestar ou legitimar essa participação, que no sistema presidencial é uma grave anomalia, é dentro dos quadros de um sistema parlamentar: entregar-se-ia a Presidência da República a um militar e se deixaria o gabinete aos civis. Esse militar na Presidência ficaria com os encargos da segurança nacional e das pastas castrenses, com a supervisão da política interna e externa do país, e o gabinete, entregue a civis, se encarregaria da administração.

Considero o debate presidencialismo versus parlamentarismo sempre oportuno e momentoso. Ele tem um alto sentido pedagógico. Doutrina as elites e esclarece o povo.

13 de setembro de 1981

"Parlamentarismo sim, mas não para fugir da crise."

Entrevistador:
Lourenço Dantas Mota

Afonso Arinos de Melo Franco

De quem foi a ideia da saída parlamentarista para a crise provocada pela renúncia do ex-presidente Jânio Quadros?

Antes de mais nada, acho que não devemos individualizar essa ideia. Ela correspondia a uma tendência que já se vinha manifestando dentro do Congresso. Quanto a mim, pessoalmente, tinha sido por duas vezes relator da emenda parlamentarista do deputado Raul Pilla. Ao fim desse debate, estava convencido de que ele tinha razão. Tanto assim que mudei de posição. Quando ocorreu a renúncia do presidente Quadros, eu estava convencido de que o presidencialismo no Brasil era insustentável, sobretudo porque implantamos uma contradição a partir da Constituição de 1934, ou seja, o regime presidencial com o voto proporcional. Nesse regime, à medida que as eleições se tornaram mais autênticas, começou a haver uma dificuldade muito grande para os presidentes se elegerem com o apoio de forças partidárias capazes de sustentar seus governos, em virtude da multiplicação de partidos que ele acarreta. Eles se elegiam fazendo uma campanha que se sobrepunha à organização partidária. Getúlio, em 50, tinha compromissos com o povo que não podia cumprir, porque para se eleger teve de passar por cima dos partidos. Ele se elegeu por um partido minoritário, que era o PTB. Com Juscelino houve coisa semelhante. Basta dizer que boa parte da UDN mineira votou nele. Juscelino escapou porque foi para Brasília. Brasília foi uma espécie de descoberta de novo mundo, de novo continente. Jânio foi o ápice desse processo. Ele não tinha partido. Eu lhe dizia: "Presidente, o sr. admira alguns udenistas, mas é notório que não gosta da UDN". Até hoje ele ainda não explicou a sua renúncia, porque ele mesmo não a entende bem. É a minha opinião. Ele estava impossibilitado de governar. Elegeu-se com aquela votação aluvio-

Apêndice II

nal e ficaram contra ele a grande imprensa, a Igreja, que naquele tempo era muito conservadora, e o Congresso, contra a maioria do qual ele chegou à Presidência. O país legal estava contra ele.

Quando da renúncia, eu estava aqui no Rio. Logo que o Mazzilli tomou posse enviei-lhe um telegrama pedindo demissão. Estava danado com aquele negócio e resolvi sair do Rio. Fui para Petrópolis levando um livro — ainda me lembro — *História da literatura inglesa*, de Cambridge. Mas na minha casa de Petrópolis não conseguia dormir, estava inquieto. Lá pelas duas ou três horas da manhã, disse para minha mulher Anah: "A solução é a implantação do regime parlamentarista. Há muito tempo que estou convencido disso". E ela me respondeu: "É, mas você fica aqui em Petrópolis lendo literatura inglesa. Você não está fazendo o que deve, que é ir promover esse negócio". Achei que ela tinha razão, e de manhã bem cedo, lá pelas seis horas, voltamos ao Rio. Telefonei logo para o Ministério da Guerra, procurando o Cordeiro de Farias, que era muito meu amigo e chefe do Estado-Maior naquela época. O oficial que me atendeu, um rapaz amável, informou-me: "O general está voando de Brasília para cá". Pedi-lhe que se comunicasse com ele por rádio e lhe perguntasse se poderia falar comigo ao chegar aqui. Assim foi feito. Daí a pouco o oficial telefonou pedindo-me para ir para o aeroporto militar. Naquele tempo usava-se o avião DC-3, que levava cerca de 3 horas para fazer o percurso Brasília-Rio. Lá encontrei o Cordeiro. Entramos numa espécie de hangar onde havia uns produtos de limpeza: latas, vassouras, coisas assim. O Cordeiro estava muito cansado, sentou-se numa cadeira e encostou a cabeça na parede.

Comecei a falar, e ele calado. Quando terminei, virou-se para mim e disse: "Já me disseram isso em Brasília. O que você está me dizendo já me foi dito em Brasília". Perguntei quem, e ele: "O deputado Geraldo Guedes. Comentei: "Ah, então é o Pilla". Porque o Guedes era homem do Pilla. Cordeiro não me falou dos militares, só do Guedes.

Houve então entre nós dois o seguinte diálogo:

— E você, o que é que acha?

— Eu cumpro ordens. Sou general, cumpro ordens dos meus superiores.

— Está certo. Tenho certeza disso. Mas quero saber o que é que você acha.

— Bom, pessoalmente, estou de acordo, sempre com a ressalva de que não tenho compromisso. Eu cumpro ordens.

— Olhe, Cordeiro, fico muito satisfeito com a sua opinião, mas o fato de você me dar a sua opinião não me adianta nada. Quero saber se posso ir a Brasília e dizer que você está de acordo.

— Eu cumpro ordens — insistiu. Mas você pode dizer que eu cumpro ordens, mas estou de acordo.

Levantei-me e fiz uma brincadeira:

— Bem, general, obrigado pelos seus conselhos constitucionais. Vou para o aeroporto arranjar uma passagem para Brasília.

— Não, você vai no meu avião.

Então eu e meu filho, que me acompanhava, entramos ali mesmo no avião do Cordeiro. Na escada, o piloto fez um sinal com o polegar para cima. Está vendo? Quando cheguei em Brasília, estava no aeroporto o brigadeiro Roberto Faria Lima, irmão do que foi prefeito de São Paulo. Ele logo me disse: "O sr. já tem aqui uma viatura para levá-lo ao Congresso".

Ou seja: o sr. entrou numa conspiração sem saber.

Sim, sem saber, mas não era uma conspiração, era uma conciliação. Cheguei ao Congresso e começamos a trabalhar, Paulo Sarasate, Adauto Lúcio Cardoso, Nestor Duarte, Nelson Carneiro e eu, entre outros. O Oliveira Brito se incorporou a esse grupo depois. O Congresso estava às escuras, arranjamos umas velas e nos reunimos na sala de uma das Comissões do Senado, creio que na de Justiça. Mais tarde San Thiago Dantas entrou também nesses entendimentos. Foi então que se disse que era preciso falar com Jango, que estava em Paris, vindo da China. San Thiago fez a ligação telefônica, se não me engano do apartamento do Nestor Duarte. San Thiago explicou-lhe a situação e pediu-me que também falasse com ele. Falei-lhe então da solução parlamentarista que se estava tentando, e ele respondeu: "Qualquer solução que não represente uma diminuição moral eu aceito". Eu não achava e ninguém achava que aquela solução representasse uma diminuição moral para ele. E assim, aos poucos, foi-se compondo o texto definitivo da emenda. Entre meus papéis há várias versões dessa emenda, com letra do San Thiago, minha e de outros. E, à medida que o sistema parlamentar ia ganhando a aceitação do Congresso, ia-se diluindo a resistência militar.

Houve alguma resistência dentro do Congresso?

O que houve de importante no Congresso foi uma coisa que não posso chamar de insinceridade. Foi qualquer coisa como "utilitarismo". Muitos parlamentares eram contrários ao sistema, mas o aceitaram como um expediente para salvar a ordem e manter a democracia, sem nenhuma convicção de que aquilo poderia funcionar. Isso contribuiu muito para a inviabilidade do sistema. Acrescente-se a isso a falta de confiança no sistema por parte daqueles a quem foi dado o poder de executá-lo. Tancredo Neves, San Thiago Dantas, Moura Andrade, Brochado da Rocha e Hermes Lima, todos eles — à exceção, segundo creio, de San Thiago — eram presidencialistas. Tancredo, hoje, é favorável, segundo ele próprio diz, ao parlamentarismo, mas naquela época não era.

Alguma vez percebeu, por parte de algum setor político importante, tentativas de consolidar o regime?

Pelo contrário, sempre percebi movimentos destinados a solapar o regime. A propósito, vou-lhe contar uma história. Depois da Revolução de 64, Juscelino estava exilado na Europa. Passei por Paris e convidei-o para jantar. Dona Sara não estava com ele nesse momento. Ele aceitou e veio jantar comigo, minha mulher e meus filhos. Lembro-me que fiquei espantado ao vê-lo chegar sem chapéu, porque estávamos em pleno inverno europeu. Nessa noite, conversando comigo e com minha mulher, ele nos disse que se sentia extremamente arrependido da pressão que havia feito sobre o presidente Goulart para que lutasse pelo restabelecimento dos seus poderes, o que fizera com uma linguagem até agressiva. "O seu filho — disse ele a Goulart — vai-se lembrar de que você foi o primeiro presidente que permitiu que seus poderes fossem diminuídos." Perguntei-lhe por que essa linguagem tão forte. "Porque eu queria voltar à Presidência" — foi a resposta.

Quando participou do governo Brochado da Rocha, como chanceler, como sentiu o funcionamento do sistema?

Nessa ocasião, houve momentos em que senti a força do sistema. Por exemplo, no dia em que o presidente do Conselho quis intervir na Guanabara, porque Carlos Lacerda o havia agredido violentamente em uma de suas falas. A reunião do Conselho foi no Palácio das Laranjeiras. Brochado da Rocha estava muito emocionado e declarou que não tinha saída moral que não fosse ou a intervenção, ou a sua renúncia, ou um desforço pessoal com seu agressor. Como vê, era uma situação muito delicada. O ministro da Justiça era o meu querido amigo e mestre João Mangabeira, um grande constitucionalista. Ele encontrou procedência para a intervenção sob o pretexto da integridade nacional, o que a Constituição permitia. A seu ver, a integridade nacional estava rompida desde que um governador de Estado se antepunha ao chefe do governo federal com aquela brutalidade, aquela veemência. Lembrei-lhe então que ele fizera parte do Congresso que, ao tempo do governo Bernardes, reformara a Constituição. E que a integridade nacional foi então interpretada, inclusive por ele, como tentativa de separação territorial. Aí vários ministros, a começar pelo ministro da Guerra, que era o marechal Nelson de Mello, manifestaram dúvidas sobre a intervenção, pedindo que se refletisse melhor sobre o assunto. Senti naquele momento o funcionamento de um verdadeiro gabinete parlamentarista, como os gabinetes ingleses. O dr. João concordou e o presidente do Conselho resolveu não fazer a intervenção, se bem que mantivesse uma queixa profunda. E isso deve tê-lo levado à atitude que tomou depois, ao afirmar que o seu poder era legal, mas não era legítimo. Quando ele disse isso, pedi demissão, porque, se o sistema parlamentar não era legítimo, o que estávamos fazendo lá?

O que levou Brochado da Rocha à renúncia foi o desentendimento com Carlos Lacerda ou foi o problema do plebiscito?

O presidente do Conselho era um homem muito bom, de uma grande integridade moral, de uma alta correção, mas inteiramente contrário ao sistema pelo qual era responsável. O desentendimento com Lacerda aguçou nele uma sensibilidade pessoal que era muito exaltada, já pela sua maneira de ser, já pela sua tradição gauchesca. Quanto ao plebiscito era apenas uma forma de conceder ao presidente Goulart os poderes que ele queria reconquistar, antes do prazo marcado pela emenda constitucional. Aí é que surgiu, sugerida pelo diplomata Hélio Cabral, então deputado, a fórmula de se fazer um "referendum" e não um plebiscito. Magalhães, Juscelino, todo mundo queria isso. Eu próprio fiz um discurso no Senado dizendo que deveríamos conceder o plebiscito. Minha motivação foi a seguinte. Por essa época reunimos no Senado um grupo de parlamentares, e um deputado por São Paulo, cujo nome não vou citar, fez uma exposição dramática sobre a ordem pública naquele Estado: crise social e ameaças de levantes populares por causa da situação em que se encontrava o país. E concluiu que a única maneira de superarmos essa situação era concedermos o plebiscito. Não tinha e até hoje não tenho motivos para duvidar do que ele estava dizendo. Confesso que fiquei impressionado com a sua exposição. Estávamos então insistindo numa ideia — a do parlamentarismo — inteiramente estranha, que o povo não queria? Fiz então, como disse, um discurso no Senado aceitando a realização do plebiscito. O Milton Campos, que era mais calmo do que eu, resistiu. Ele achava que não devíamos tomar essa decisão assim de supetão.

Os defeitos básicos do sistema teriam sido o sentido de provisoriedade que o marcou e a divisão de poderes entre o presidente e o primeiro-ministro, o que levou Tancredo Neves a chamá-lo de "parlamentarismo híbrido"?

Acho difícil responder. O que acho é que aquele foi um sistema natimorto, mas que — e isso é uma coisa muito importante — cumpriu o seu destino de preservar a ordem civil e impedir um golpe de Estado. Todos eram contra ele, inclusive as Forças Armadas, que, segundo me disse o general Góes Monteiro, tinham nesse sentido uma tradição que vinha do general Gamelin, que foi o chefe da Missão Francesa. Góes fora amigo de meu pai e, no fim de sua vida, às vezes eu ia visitá-lo na casinha em que morava na Gávea. E ele me dizia: "Mas por que você ficou com essa mania de sistema parlamentar? Temos no Exército uma tradição antiparlamentarista que é muito forte". Quando ele me disse que essa tradição foi firmada pelo general Gamelin, lembrei-lhe que este não era apenas contra o parlamentarismo, mas também contra a democracia.

"General — disse-lhe —, permito-me lembrar-lhe que a grande tradição militar brasileira é a do Conde de Porto Alegre, de Caxias, que foram ministros e presidentes do Conselho no sistema parlamentar do Império. A grande tradição militar brasileira, que fez a Guerra do Paraguai, que derrubou Rosas, é parlamentarista".

O presidencialismo brasileiro é de origem paulista. O Manifesto Republicano de 1870 não fala em presidencialismo, mas em parlamentarismo, porque se seguiu à implantação da República Francesa com a queda de Napoleão III. O presidencialismo vem da Convenção de Itu. Ali é que, por intermédio de Prudente de Moraes, Campos Salles, Tibiriçá, o presidencialismo se implanta na ideologia republicana. Isso se deve a razões inerentes a São Paulo. Era a necessidade de São Paulo assumir, com a Federação, uma liderança nacional. O presidencialismo brasileiro funcionou muito bem enquanto foi orientado pelos presidentes paulistas que vinham do Império, ou seja, Prudente, Campos Salles, Rodrigues Alves. A partir de Epitácio Pessoa o poder pessoal do presidente se fortalece e as instituições enfraquecem.

Hoje o sr. seria favorável à volta de um sistema parlamentar?

Seria sempre favorável à implantação do parlamentarismo. Ouço dizer, inclusive por parlamentares experientes, que há uma confluência de opiniões nessa direção que já cobre a maioria do Congresso. Mas receio muito que essa confluência esteja funcionando como em 1961, quer dizer, que seja uma espécie de Arca de Noé para fugir do dilúvio. Por isso mesmo — e essa é uma posição moderada de mineiro e homem idoso — eu não defenderia nunca a prioridade do parlamentarismo. Para mim, a prioridade é de uma Constituição legítima, votada por um Congresso com poderes constituintes outorgados pelo eleitorado em 1982. Não acho que se deva insistir em que tenhamos de implantar logo o parlamentarismo. Se caminharmos para essa Constituição legítima, ficarei profundamente feliz. Digo mais: encararei o fim da minha vida, até pessoal, com grande otimismo.

O sr. se transformou num parlamentarista convicto?

Convicto. Mas repito que não devemos lutar pela sua implantação agora, porque essa é uma forma de radicalização que só serve aos que são contra a devolução do país à sua legitimidade política. Lembrei recentemente que temos 160 anos de vida independente, dos quais 30 de vida autoritária. Desses 30, 17 são do atual sistema, que é uma coisa que não existe. Vivemos num sistema que não existe. A confusão institucional do Brasil é comparável à do Irã, sem o terror.

É uma situação amorfa?

Inteiramente. Não tem forma jurídica, não tem forma racional. A ideia de que a estruturação institucional não tem importância, de que o importante é o problema econômico e social, é perigosíssima. A ausência dessa estruturação jurídica causa dificuldades nos outros setores. Decisões fechadas, sem controle, no campo econômico, social e administrativo, levam a desastres. E, para readquirirmos a estruturação institucional e a democracia, não devemos exigir prioridades quanto à forma que ela deve assumir. Eu votaria pelo sistema parlamentar, mas não insistiria nele, se isso fosse provocar uma cisão entre os democratas.

13 de setembro de 1981

> "Auro deu a Jango uma carta de renúncia, sem data."

Entrevistador:
Lourenço Dantas Mota

Almino Afonso

Nasceu em Humaitá, Amazonas, em 1929. Formado pela Faculdade de Direito da Universidade de São Paulo. Elegeu-se deputado federal pelo Amazonas em 1958. Ministro do Trabalho no governo João Goulart em 1963. Secretário de Negócios Metropolitanos (1983-1986) e depois vice-governador de São Paulo. Voltou à Câmara dos Deputados em 1994.

Como viu brotar a ideia da implantação do parlamentarismo? Que caminhos ela seguiu e que resistências encontrou?

A primeira vez em que ouvi referência à hipótese de implantação do parlamentarismo foi numa reunião no gabinete do presidente provisório, Ranieri Mazzilli, convocada precisamente para se tomar conhecimento do veto militar à posse de João Goulart. Estavam presentes todas as lideranças dos partidos com representação na Câmara. Em minha lembrança, quem naquele momento aludiu ao sistema parlamentar foi o então líder da UDN, deputado Menezes Cortes. Em seguida eu fiz o relato de uma conversa telefônica que havia tido com o presidente João Goulart, então em Paris. Ele me revelou ter recebido um telefonema do então senador Afonso Arinos, no qual este o consultara sobre a proposta parlamentarista. O presidente disse-me que até aquele ponto ele chegaria a discutir, se isso constituísse uma maneira de se evitar o risco de uma guerra civil. Depois fui várias vezes cobrado no Parlamento pelo deputado Menezes Cortes a propósito dessa questão. Dizia ele que eu teria praticamente iniciado os entendimentos sobre o parlamentarismo ao relatar aquela conversa com o presidente João Goulart, tendo depois me oposto veementemente à implantação do novo sistema, como de fato me opus durante todo o processo de debate e votação da emenda constitucional.

Sempre repeti o que estou dizendo agora, ou seja: limitei-me a relatar o que tinha ouvido do presidente João Goulart. Quando ele dizia "até este ponto", estava revelando um estado de espírito aberto à negociação. Era o mesmo ânimo que o levava então a desejar um governo de unidade nacional como forma de superar a crise. Mas em nenhum instante eu me havia comprometido com a solução parlamentarista, nem o presidente João Goulart o havia feito pela versão que lhe estou dando. Opus-me à emenda parlamentarista porque, naquelas circunstâncias, ela foi um golpe branco. Estávamos realmente caminhando a passos largos para uma guerra civil. Ora, a própria Constituição de 46 vedava toda e qualquer reforma constitucional num clima insurrecional. Do ponto de vista jurídico, não havia a necessária liberdade, naquele contexto, para os parlamentares votarem a modificação tão profunda de um texto que, por sua própria natureza, deve ser duradouro. Do ponto de vista político, reputava e reputo que o modo de implantar o sistema parlamentar mal escondeu um golpe nas instituições democráticas, dado que tinha por finalidade impedir o cumprimento da Constituição, ou seja, não dar posse a João Goulart na Presidência da República.

Mas havia a seu ver uma outra solução para se fazer respeitar a legalidade e vencer a oposição dos ministros militares?

Hoje, olhando para trás, estou convencido de que a tese da legalidade ganharia a curtíssimo prazo a maioria nacional. Ela já estava sendo apoiada por outras áreas militares, além do III Exército. Lembro-me de rebeliões de setores do Exército que se negaram a marchar em direção ao Paraná. E na sociedade havia uma manifestação crescente no sentido do respeito à legalidade. Por tudo isso acho que, com mais alguns dias de resistência política do presidente João Goulart, teria havido a solução normal, que seria a sua posse dentro do sistema presidencial.

O presidente João Goulart teve alguma participação na formação do Ministério, ou deixou essa tarefa entregue ao primeiro-ministro, como era normal?

Tenho como certo que o nome do ministro da Fazenda foi escolhido pelo presidente João Goulart, quando ele passou pelos Estados Unidos, vindo da Europa. Foi ali, até onde sei, que surgiu o nome de Walter Moreira Salles, um homem capaz de inspirar confiança aos círculos financeiros internacionais. Os demais ministros nasceram de um jogo de composições, pressões e contrapressões de vários interesses.

No parlamentarismo, tradicionalmente é o primeiro-ministro quem coordena essas pressões e contrapressões no processo de formação dos gabinetes. Este foi o caso aqui também?

Sim. Mas os entendimentos se processaram em estreito contato com o presidente João Goulart, dado que o sistema então implantado foi, como o definiu o próprio Tancredo Neves, um parlamentarismo híbrido que era muitíssimo mais híbrido, se é possível usar esse tipo de ênfase, em seus primeiros dias.

O Congresso não percebeu que no novo sistema seus poderes ficaram consideravelmente ampliados e, consequentemente, não se deixou seduzir por isso?

Vendo os fatos a distância, muitas vezes já reconheci para mim mesmo que o período de maior brilho, de maior presença e de maior força do Congresso foi precisamente durante aqueles poucos meses de vida do sistema parlamentar. Lembro-me da enorme ressonância que os debates políticos travados na Câmara tinham na opinião pública. O povo acompanhava pelo rádio as discussões no Congresso. Acho, contudo, que as circunstâncias em que foi gerado o sistema dificultaram a compreensão do que aquilo significava para o Congresso.

Concorda que o sistema ficou marcado durante toda a sua vigência pelo sentido de provisoriedade com que foi implantado, como solução de emergência para uma crise?

Concordo inteiramente. E, como ele foi uma solução de compromisso, teve de conter mecanismos que evitassem tornar o presidente da República uma figura apenas decorativa. De forma que desde o começo a divisão de poderes entre o presidente e o primeiro-ministro foi de tal ordem que se criou uma situação de ambivalência, na qual ambos, reciprocamente, se anulavam. Como se sabe, num sistema parlamentar quem governa é o primeiro-ministro, cabendo portanto a ele as decisões de ordem política e administrativa. Ao presidente caberia, como fiel da balança, dissolver o Parlamento e convocar novas eleições no instante em que sentisse que entre o gabinete e a opinião pública havia um fosso. Na prática de nosso sistema parlamentar, não só os poderes de ambos não ficaram nitidamente

Apêndice II

delimitados como também a figura do presidente tinha um peso histórico de tal monta que as negociações políticas começavam pelo seu gabinete e terminavam no do primeiro-ministro. Isso contribuiu muito para diluir o poder, já de si institucionalmente pobre, do primeiro-ministro.

> *Não lhe parece que por ocasião da indicação do nome do substituto de Tancredo Neves — San Thiago Dantas e depois Auro Moura Andrade — houve a possibilidade de consolidação do regime, em função da forte personalidade do primeiro e da capacidade de arregimentação política do segundo?*

Com a candidatura a primeiro-ministro do senador Auro Moura Andrade houve realmente a possibilidade de consolidação do novo sistema e, por isso, comecemos por esse caso. O PSD e a UDN apoiaram a indicação. Eu liderava a bancada do PTB na Câmara e fui contrário a essa indicação. Explico a razão dessa minha atitude. Nas suas conversações para a indicação do sucessor de Tancredo Neves, o presidente João Goulart estabeleceu uma condição básica: o compromisso do futuro primeiro-ministro convocar o plebiscito destinado a decidir da manutenção ou não do sistema parlamentar. Isto era fundamental para o presidente João Goulart. E o senador Moura Andrade concordou com essa condição. Nós da bancada trabalhista na Câmara, onde eu exercia a liderança, nos opúnhamos ao seu nome por não acreditar que ele viesse a cumprir esse compromisso. Isto nos parecia claro em virtude do entrelaçamento das forças que envolviam o senador Moura Andrade. De imediato, ele se tornara o homem do Congresso para consolidar o parlamentarismo, visto o Congresso através da aliança PSD-UDN. Diante das minhas objeções, o presidente João Goulart retorquiu da seguinte forma: "Pois bem, tu podes até ter razão (comigo ele usava esse tratamento habitualmente). Entretanto, estou tranquilo, pois já tenho aqui de antemão a carta de renúncia do futuro primeiro-ministro Moura Andrade, com a data que porei quando me aprouver". E me mostrou esse documento. Repliquei que saía ainda mais convencido da necessidade de votar contra o senador Moura Andrade, porque o cidadão que se dispunha a ser primeiro-ministro, portanto chefe de um governo parlamentar, e entregava um documento daquela natureza ao presidente da República, que ficava assim com a possibilidade de usá-lo quando bem entendesse, não merecia confiança. E aquele documento acabou sendo usado.

Alguns dias depois, quando o senador Moura Andrade estava em pleno entendimento para a composição de seu Ministério, um conjunto de indícios mostrou que os nomes a serem escolhidos para os Ministérios militares não eram exatamente os de homens que pudessem dar segurança ao presidente de que o plebiscito seria convocado. Na medida em que o presidente se convenceu disso, viu-se na contingência de puxar o tapete do senador Moura Andrade. Eu estava no plenário da Câmara quando recebi um telefonema do presidente: "Almino, podes como líder usar a tribuna a qualquer instante?" Respondi-lhe que regimentalmente podia. "Então, vai à tribuna e anuncia que o senador Moura Andrade acaba de apresentar sua renúncia ao cargo de primeiro-ministro". Repliquei: "Mas como, presidente, se neste instante ele está em entendimentos com lideranças do PSD e da UDN?" Ao que ele respondeu: "Tu te lembras daquela carta do senador? Pois é. Eu estou usando a carta. Então tu podes anunciar". Fui à tribuna e revelei a "renúncia" do senador Moura Andrade. Em poucos instantes o plenário lotou. Modéstia à parte, eu tinha uma posição de autoridade moral na Câmara e era extremamente difícil a qualquer dos líderes do PSD ou da UDN me interpelar sobre a seriedade do anúncio que estava fazendo, apesar da sua aparente inverossimilhança. Ficaram perplexos e mudos. Com esse depoimento estou tentando mostrar, para responder a sua pergunta, que houve de fato um determinado instante em que as forças majoritárias no Congresso sentiram a importância da manutenção do parlamentarismo, e creio que essa tentativa se deu com maior nitidez em torno da figura do senador Moura Andrade.

Pode-se chamar isto de uma tentativa de golpe do Congresso?

Eu não usaria a palavra golpe. Houve uma manobra política que levou a um enfrentamento entre o presidente da República, que buscava a restauração do presidencialismo, e o Congresso, que, pelas suas forças majoritárias, tentava consolidar o parlamentarismo.

E quanto ao caso de San Thiago Dantas? Não houve o temor em certas áreas de que, em função de sua forte personalidade e de sua grande capacidade de articulação, ele pudesse também consolidar o parlamentarismo?

Em termos de hipótese, você tem absoluta razão. Mas a realidade política da época não era propícia a isso. O prof. San Thiago Dantas não logrou a confiança das principais lideranças da UDN, que desde o primeiro momento se opuseram à sua indicação. E várias lideranças do PSD agiram da mesma forma.

E até do PTB?

Do PTB não. Não me recordo de oposições ao nome do prof. San Thiago no PTB. Mas digo-lhe o seguinte: essa candidatura, que nasceu do diálogo direto entre o presidente e o prof. San Thiago, de repente começou a ser esvaziada pelo próprio João Goulart.

Muitos tiveram essa impressão, que agora o sr. confirma.

Sim, houve um momento em que o próprio presidente começou a esvaziar aquela candidatura. Além disso, só posso dizer coisas na linha da suposição. Creio que o presidente, percebendo a potência que era a cabeça do prof. San Thiago e o que isto significaria se ele assumisse a chefia do governo, chegou à conclusão de que ele poderia acabar dificultando enormemente o seu projeto de chegar ao plebiscito e à restauração do presidencialismo. Repito que isto é uma suposição. O que fica como dado político real é que há vários indícios de que o presidente João Goulart buscou esvaziar a candidatura do prof. San Thiago. Outro depoimento que posso dar é que os setores progressistas da Câmara ou, se quiser, o amplo leque da esquerda com as suas variantes estava seguro de que o prof. San Thiago era o melhor nome para, como primeiro-ministro, levar adiante uma série de reformas modernizadoras. No Ministério das Relações Exteriores ele havia sido uma figura excepcional. Dificilmente teremos tido nas últimas décadas um ministro das Relações Exteriores de vôo tão alto quanto ele. Conseguira até popularizar a política externa, que em sua época passou a ser objeto de debate nos sindicatos operários. Então, quando percebi que sua candidatura estava sendo esvaziada pelo próprio presidente, fui fazer-lhe uma visita em seu gabinete em Brasília.

Ele já havia compreendido que não era o candidato desejado pelo presidente e estava por isso disposto a desistir de sua indicação. Disse que sem o apoio decidido do presidente ele se exporia a uma derrota, o que dificultaria sua reeleição à Câmara por Minas. Contra-argumentei, dizendo-lhe que, pelo contrário, uma candidatura como a sua, que se colocasse em função de reformas importantes e da necessidade de modernização do aparelho do Estado, se fosse derrotada pelos setores mais conservadores do Congresso, longe de empobrecer sua campanha para a reeleição, era capaz de lhe dar mais força, pois sairia engrandecido do episódio. Não tenho direito à vaidade de achar que foi essa conversa que o demoveu do ânimo de desistir da sua indicação para primeiro-ministro. Mas não tenho dúvida de que ela ajudou. Tanto assim que já saí dali com a palavra do prof. San Thiago de que não desistiria e que, se o presidente realmente não o quisesse para primeiro-ministro, caberia a ele assumir sua posição. E a sua candidatura foi até o final sem o entusiasmo do presidente, sem apoio do PSD e com a clara oposição da UDN, ou seja, ele já foi para o plenário derrotado. O que todos nós lamentamos foi que, em seu discurso no plenário, ele ainda teve a ilusão de que poderia conseguir apoios de última hora e, em consequência, empobreceu seu pronunciamento. Parecia-me que, já estando derrotado, deveria ter feito um discurso político à altura do significado de sua candidatura.

Sentiu alguma mudança na vida parlamentar com a implantação do novo sistema? Afinal, a Câmara principalmente adquiriu uma importância muito maior.

A experiência parlamentarista foi curta. Todos nós, e os mais velhos com maior razão, tínhamos uma formação presidencialista. Não saberia apontar mudanças que pudessem valer como indicativo de uma percepção por parte do Congresso do novo poder que ele passou a ter. Ademais, a divisão de poderes entre o presidente e o primeiro-ministro, à qual já me referi, contribuiu para dificultar ou mesmo impedir essa tomada de consciência por parte do Congresso. A não ser no episódio da indicação do senador Moura Andrade, quando, como disse, me pareceu nítido que se tentou consolidar o sistema.

Apêndice II

Como explica a tão curta permanência de Brochado da Rocha no cargo de primeiro-ministro? Foi apenas a sua inexperiência política que acabou fazendo com que renunciasse ao cargo?

O prof. Brochado da Rocha foi uma figura humana extraordinária e um dos homens mais puros que vi passar pela vida pública deste país. Mas não tinha experiência política e menos ainda parlamentar. Ele assumiu o cargo com o compromisso de convocar o plebiscito, o que aliás fez com convicção, pois participara da resistência no Sul, na chamada Crise da Legalidade. Quando o gabinete Brochado da Rocha caiu, mais uma vez estava no centro do impasse o plebiscito. O general Jair Dantas Ribeiro, então comandante do III Exército, fez um pronunciamento no qual deixou mais ou menos explícito que as Forças Armadas estavam inquietas pelo fato de não se ouvir o povo sobre o que ele desejava: se o parlamentarismo ou o presidencialismo. O ministro da Guerra, general Nelson de Mello, considerou esse pronunciamento uma ingerência política indevida e, portanto, uma quebra da disciplina militar. E se dispunha a interpelar o general Jair Dantas, o que poderia implicar o seu afastamento do III Exército. O presidente percebeu de imediato que isto enfraqueceria o seu sistema de apoio militar.

A queda do gabinete transformou-se para ele numa questão de vida ou morte, pois era uma forma de preservar o general Jair Dantas. O presidente chamou então ao Palácio o prof. Brochado da Rocha e pediu-lhe a sua renúncia. Quando ele se dirigiu ao Congresso, reunido em sessão extraordinária para ouvi-lo, já havia deixado em mãos do presidente o seu pedido formal de renúncia. Dificilmente terá havido no Parlamento maior número de vozes a reclamar que um primeiro-ministro prosseguisse em seu cargo. Vozes da UDN, do PSD, de todos os partidos. Apenas pequeno número de deputados do PTB estava a par das razões reais da renúncia que a cena encobria.

Uma experiência importante ensaiada pelo gabinete Brochado da Rocha foi o das leis delegadas. Isto a seu ver não tornava mais ágil o processo legislativo e mais eficiente a administração, e de uma forma muito mais legítima do que a empregada hoje, ou seja, aprovação de leis por decurso de prazo e decretos-leis em profusão?

Eu diria que aquela era não só uma forma mais legítima como mais digna, porque a aprovação de projetos de lei por decurso de prazo, hoje vigente, é simplesmente imoral. Esse é um modo de dobrar o Congresso, impondo a ele uma leitura e uma decisão apressadas de projetos vindos do Executivo, enquanto o procedimento habitual no sistema parlamentar — o das leis delegadas — representa uma outorga de funções ao Poder Executivo, dentro de limites previamente traçados. O Parlamento determina os limites das leis delegadas, e assim a tarefa do Executivo, neste caso, é mais de elaboração técnica.

De tudo o que disse, podemos concluir que a seu ver aquele parlamentarismo malogrou?

Sim, porque ele nasceu no bojo de uma crise e teve muito mais como finalidade impedir a posse do presidente João Goulart do que realmente traduzir uma opção parlamentarista. Esse foi o seu pecado original. Consequentemente, o sistema implantado foi ambíguo desde o começo, tornando extremamente difícil o manejo das instituições propriamente parlamentaristas. Além disso, o presidente João Goulart, com os poderes que decorriam daquela ambiguidade do sistema e de sua liderança pessoal, trabalhou desde o primeiro instante para derrubar o parlamentarismo. Todas as considerações nos levam sempre ao ponto de partida: a implantação do sistema não resultou de um desejo genuíno da maioria do Congresso, mas foi um expediente por meio do qual, com configurações de um golpe de Estado branco, se impediu a posse do presidente com os poderes que a Constituição de 46 lhe assegurava.

Como vê o parlamentarismo hoje?

Pelo que acabo de dizer, isto pode parecer paradoxal, mas sempre fui, do ponto de vista doutrinário, um partidário do parlamentarismo. Acho que se trata de um sistema por excelência ligado à opinião pública; aquele que, funcionando normalmente, é capaz de captar com agilidade as variações da opinião pública e, portanto, tornar o poder flexível. Durante aquele pequeno lapso de tempo em que tivemos a experiência parlamentarista, esse sistema ajudou de tal forma a politizar o país, fazendo com que a opinião pública acompanhasse de perto o que se passava entre as quatro paredes do Congresso, que, a meu ver, ele poderia ser algo não apenas desejável como também oportuno num próximo lance da vida política brasileira. É óbvio que digo isto imaginando o país redemocratizado. Nos dias de hoje, o parlamentarismo seria uma farsa.

Mas ele "pega"?

Não sei se "pega", porque nós temos a outra face da moeda, sobre a qual um sociólogo poderia falar melhor do que eu. Somos um país de verticalidades, um país autoritário. Toda a nossa formação é rigorosamente autoritária. É incrível como a ideia do chefe, do presidente, é forte aqui. Em qualquer órgão, instituição ou entidade, a única figura que sobressai é a do presidente. Não se dá reconhecimento ao trabalho coletivo dos órgãos colegiados. Apesar disso, diante de tantos malogros do sistema presidencialista, que por sua rigidez transforma todas as crises de maior profundidade numa ruptura institucional, talvez fosse aconselhável uma experiência séria de caráter parlamentarista. Volto a insistir: desde que o país esteja redemocratizado.

Várias propostas foram feitas ultimamente para a instalação de um sistema parlamentar no qual o presidente da República seria sempre um militar, ao qual estariam reservados os problemas de segurança e as questões militares de maneira geral, enquanto caberia aos civis a administração. Qual é a sua posição a respeito?

Não concordo, porque acho que as Forças Armadas já têm um papel extraordinário a cumprir, na defesa da ordem legitimamente constituída e na defesa da soberania nacional. Estas são duas tarefas gigantescas, e não vejo por que predeterminar uma função propriamente política a um militar, seja em que âmbito for. É claro que, como cidadão, todo e qualquer militar pode, despindo-se de suas prerrogativas militares, disputar todo e qualquer posto da vida política nacional. Mas na qualidade de cidadão e não na de militar.

13 de setembro de 1981

Os textos finais das entrevistas são de:

LOURENÇO DANTAS MOTA – Vasco Leitão da Cunha, Afonso Arinos de Melo Franco (inclusive as dos Apêndices I e II), Gilberto Freyre, Prado Kelly, Prudente de Moraes, neto, Tancredo Neves (inclusive as dos Apêndices I e II), Mário Pedrosa, Alzira Vargas do Amaral Peixoto, Ernani do Amaral Peixoto, Caio Prado Júnior, Miguel Reale, Nelson Rodrigues, Mário Schemberg, Paul Arbousse-Bastide e Ruy Galvão de Andrada Coelho, Ary Campista, Celso Furtado, Henrique Lott, Pierre Monbeig, Oscar Niemeyer, Dante Pellacani, Idálio Sardenberg, Jorge Amado, José Bonifácio Lafayette de Andrada, D. Estêvão Bettencourt, Hélio Jaguaribe, José Honório Rodrigues, Olavo Setúbal, Ivete Vargas, Euryclides de Jesus Zerbini, Almino Afonso, Pedro Nava e Fernando Henrique Cardoso.

FREDERICO BRANCO – Alceu Amoroso Lima (Tristão de Athayde), Antônio Ermínio de Moraes, Octávio Gouvêa de Bulhões, Antônio Pereira Lima, Barbosa Lima Sobrinho, Dario de Almeida Magalhães, Nelson de Mello, Darcy Ribeiro, Lívio Xavier, José Américo de Almeida, Octávio Marcondes Ferraz, Pontes de Miranda, Vinícius de Moraes, Marcelo Damy de Souza Santos

ETHEVALDO SIQUEIRA – Miguel Arraes, Orlando Villas Boas, Eleazar de Carvalho

ANTÔNIO CARLOS PEREIRA – Umberto Peregrino Seabra Fagundes

Roberto Campos e Rodrigo Octávio Jordão Ramos preferiram responder por escrito às questões dos entrevistadores.

Índice onomástico

A

Abranches, Dunshee de – 1217
Abreu Sodré, Antônio Carlos de – 109, 115, 377, 822
Abreu, Capistrano de – 650, 1321, 1322, 1327
Adenauer, Konrad – 1005, 1021
Adonias Filho – 862
Afonso, Almino – 658, 1397, 1429
Agache – 713
Agostinho Neto – 1330
Agostini – 1325
Airosa, Plínio – 967
Albert (professor) – 900
Alberto, João – 259, 278, 387, 755, 756, 765, 772, 773, 785, 786, 806, 872
Albuquerque Lins (governo) – 231
Alcântara Machado, Antônio de – 812
Alcino (pistoleiro) – 267
Aleijadinho (João Francisco Lisboa) – 444, 1073, 1344
Aleixo, Pedro – 71, 77, 79, 97, 110, 111, 150, 253, 277, 279, 280, 377, 884, 1111, 1388
Alencar – 1304
Alencar, José de – 80

Alencar, José Martiniano de – 398, 432
Alfonsi, Gino – 544
Alkmin, José Maria – 39, 151, 152, 154, 155, 1000, 1001
Allende – 1114
Almeida Magalhães, Dario de – 462
Almeida, Cândido Mendes de – 1333
Almeida, Guilherme de – 405
Almeida, José Américo de – 99, 107-111, 115, 116, 130, 163, 171, 228, 253, 254, 260, 261, 281, 282, 376, 810, 1200
Almeida, Manoel Antônio dos – 1304
Almeida, Rômulo – 995
Almeida, Tácito de – 371
Alves, Aluísio – 290, 477
Alves, Márcio Moreira – 57, 97, 1123, 1124
Alves, Rodrigues – 51, 66, 284, 378, 1421
Alvim, Cesário – 51
Alvim, Hugo Panasco – 214
Amado, Gilberto – 80
Amado, Gilson – 1157

1437

Amado, Jorge – 16, 398, 606, 607, 645, 701, 810
Amaral Peixoto, Alzira Vargas do – 258
Amaral Peixoto, Augusto – 129, 132
Amaral Peixoto, Celina Vargas do – 257
Amaral Peixoto, Ernani do – 245, 257, 258, 262, 263, 264
Amaral Peixoto, Manoel Antônio – 265
Amaral, Tarsila do – 436
Amazonas, João – 1114
Américo, José – 622, 631
Anah – 1416
Ancora, Moraes – 87
Anders (general) – 889
Andrade e Silva, José Bonifácio de – 442, 446
Andrade, Auro de Moura – 68, 1290, 1428, 1429, 1431
Andrade, Carlos Drummond de – 71, 114, 1317, 1318
Andrade, Joaquim Pedro de – 1313, 1345
Andrade, Jorge – 1311
Andrade, Mário de – 168, 398, 399, 405, 436, 437, 589, 598, 646, 803, 810, 811, 812, 955, 956
Andrade, Moura – 1418
Andrade, Oswald de – 168, 399, 405, 435, 437, 521, 598, 803, 810, 811, 815, 948, 956, 1018, 1019, 1301
Anjos, Augusto dos – 396, 399
Anjos, Cyro dos – 657
Aquino, Ivo de – 398
Aragão, Moniz de – 638
Aranha, Graça – 25, 405, 432

Aranha, Luiz – 132, 133
Aranha, Oswaldo – 82, 89, 131-133, 145, 192, 197, 199, 268, 278, 389, 394, 609, 780, 783, 784, 787, 983, 987
Aranha, Temístocles – 405
Arbousse-Bastide, Paul – 16, 953, 955, 961
Archer, Renato – 14, 15, 16, 1118, 1119, 1121, 1340, 1342, 1343, 1397, 1401, 1425
Arinos, Afonso – 207, 209, 230, 405, 407, 610, 692, 879
Aristóteles – 422
Arraes, Miguel – 16, 333
Arruda, Ângelo – 1156
Arruda, Brás de Souza – 956
Astúrias – 1318
Athayde, Austregésilo de – 114, 856
Athayde, Tristão de (v. Alceu Amoroso Lima) – 114, 166, 404 599, 607, 1238, 1387, 1388
Athayde, Vasco de – 404, 405
Augusto, José – 114
Avancini, Walter – 1312
Avelino, Georgino – 631
Azeredo, Magalhães de – 1353
Azeredo, Renato – 95
Azevedo, Aloísio de – 1304
Azevedo, Fernando de – 181, 656, 948, 949, 951, 956, 967
Azevedo, João Lúcio de – 1327
Azevedo, José Carlos – 451

B

Babba (professor) – 895, 916, 917
Bach – 540
Bakunin – 304

Índice onomástico

Balbino, Antônio – 90, 94, 1157
Baldus, Herbert – 647
Baleeiro, Aliomar – 291, 1119, 1213
Baltazar – 998
Balzac, Honoré de – 361, 409, 707
Bandeira, Manuel – 23, 46, 114, 355, 358, 359, 594, 608
Bandeira, Souza – 23
Banho, Sebastião – 76
Barbosa, Francisco de Assis – 115
Barbosa, Horta – 483
Barbosa, Pedro – 965
Barbosa, Rui – 28, 35, 59, 117, 164, 348, 424, 432, 449, 511, 861, 958, 994, 1256, 1325, 1333, 1334, 1357, 1358
Barcellos, Cristóvão – 105
Barnard, Christian – 935
Barreto, Lima – 404
Barreto, Pereira – 959
Barreto, Plínio – 803
Barreto, Tobias – 405, 810, 848
Barros, Adhemar de – 177-185, 279, 280, 284, 292, 416, 664, 665, 666, 794, 841, 934, 957, 1283, 1405
Barroso, Ary – 593, 595
Barroso, Gustavo – 167, 247
Barthes, Roland – 408
Bastide, Roger – 951, 953, 1306, 1307, 1365
Bastos, Tavares – 163
Batista, Fulgêncio – 200, 202, 203, 204
Batista, Linda – 534
Baudelaire – 588
Beethoven, Ludwig van – 37, 511, 539
Belardi, Armando – 545

Bellow, Saul – 1020
Benário, Olga – 250, 251
Bento, José – 155
Berger, Harry – 250, 251
Bernardes (governo) 1419
Bernardes, Arthur – 47, 51, 52, 65, 108-110, 146, 148, 250, 278, 286, 288, 753, 799, 869, 876, 885
Bernstein, Leonard – 535
Bevilácqua, Clóvis – 863
Bevilácqua, Pery – 1209
Bilac, Olavo – 22, 367, 538, 590
Bismarck – 1175
Bittencourt, Edmundo – 347, 349
Bittencourt, Paulo – 260, 359
Bizet – 540
Blackette – 926
Blanc, Aldir – 598
Blériot – 423
Bloy, Leon – 413
Boas, Franz – 430, 446, 447
Boaventura – 1124
Bocage, Manuel Maria du – 22
Boff, Leonardo – 421
Bohr, Niels – 926
Bolet, Jorge – 542
Bolívar, Simón – 444
Boltzmann – 493
Bonaparte, Napoleão – 348
Bonifácio, José (Zezinho) – 280, 1112, 1114, 1113, 872
Borges de Medeiros – 108
Borges, Mauro – 334
Borghi, Hugo – 117, 137, 138, 258
Bosco, João – 595
Boto, Pena – 686
Braga, Odilon – 284
Braga, Rubem – 604

1439

Braga, Silva – 214
Braga, Sônia – 441
Brainer, Lima – 90
Branco, Frederico – 17
Brandão, Avelar – 1213
Brandão, João Soares – 110
Brandão, Otávio – 29
Brás, Wenceslau – 51, 78
Brasil, Assis – 51, 105, 392, 494
Brassens, Georges – 593
Brayner, Lima – 626
Braz, Wenceslau – 146
Brel, Jacques – 593
Brezhnev, Leonid – 210, 888, 889
Brito, Farias – 13
Brito, Oliveira – 150, 1401
Brito, Raimundo de – 124, 146, 1203, 1204, 1257
Brizola, Leonel – 92-94, 153, 154, 333, 694, 877, 1007, 1008, 1092, 1100-1103, 1169, 1172, 1185, 1186, 1187, 1289, 1203, 1204, 1293, 1401, 1405
Brochado da Rocha – 90
Brossard, Paulo – 295, 1117
Brunelleschi – 714
Buarque, Chico – 593, 597, 598, 1314
Buarque, Sérgio – 607
Bueno, Pimenta – 863
Bulcão, Atos – 704
Bulhões, Eugenio Gouvêa de – 984, 986
Bulhões, Leopoldo – 549
Bulhões, Octávio Gouvêa de – 98, 679, 1013-1015, 1062
Burham, James – 1023
Buzaid, Alfredo – 854

C

Cabral, Hélio – 1420
Cacaso – 598
Caetano de Campos – 949
Café Filho, João – 13, 64, 90, 123-125, 143, 146, 287, 389, 683, 690, 1143, 1158, 1201-1206, 1257, 1258, 1260, 1264, 1265
Caiado de Castro – 88, 270
Calmon, João – 278
Calógeras, Pandiá – 416, 1151
Câmara, d. Helder – 165
Camargo, Joracy – 356, 357
Camargo, Laudo de – 773
Camillión – 697
Caminha, Pero Vaz de – 1332
Camões, Luís de – 22, 594
Campista, David – 303, 312, 314, 418
Campos (irmãos) – 598
Campos, Carlos de – 371
Campos, Francisco (Chico) – 49, 79, 80, 130, 131, 133, 172, 192, 197, 198, 282, 289, 290, 297, 776, 853, 854
Campos, Milton – 71, 77-79, 119, 277, 292, 377, 691, 692, 1123, 1340, 1388, 1389, 1420
Campos, Paulo Mendes – 1342
Campos, Roberto – 14, 98, 147, 462, 554, 658, 667, 965, 1062, 1066, 1162, 1213
Campos, Sílvio de – 371
Campos, Siqueira – 221, 753, 755, 756, 766, 767, 772
Canavarro – 685, 686, 687
Candido, Antonio – 607, 950, 955, 969, 1352

Índice onomástico

Cantillo (general) – 201, 202
Capanema, Gustavo – 71, 72, 80, 149, 277, 278, 703, 704, 961, 1340, 1403
Carbone, Antônio – 17
Cárdenas, Lázaro – 665
Cárdenas (governo) – 1054
Cardim, Fernando – 1155
Cardoso de Mello – 284
Cardoso, Adauto Lúcio – 71, 284, 285, 291, 396, 1119, 1301, 1417
Cardoso, Ciro – 270
Cardoso, Fernando Henrique – 16, 503, 1164, 1165, 1166, 1352
Cardoso, Maurício – 384
Cardozo – 712, 718
Carlos, Antônio – 49, 279-282, 438, 458, 1083, 1111
Carné, Marcel – 601
Carneiro, Nelson – 476, 1401, 1417
Machado de Assis, Carolina – 413
Carpeaux, Otto Maria – 411
Carter, Jimmy – 63, 64, 515, 519, 691
Cartola – 593
Carvalho Pinto – 837, 875
Carvalho, Aloísio de – 1361
Carvalho, Daniel de – 286, 675, 676, 677
Carvalho, Delgado de – 966
Carvalho, Leitão de – 621
Carvalho, Ronald de – 404, 405
Cascardo, Herculino – 248
Cassirer, Ernst – 1328
Castello Branco (governo) – 322, 639, 990, 992, 993, 1000, 1020
Castello Branco, Humberto de Alencar – 38, 39, 56, 57, 89, 95-97, 155-157, 184, 185, 199, 214, 215, 290, 380, 515, 554, 693, 695, 760, 795, 796, 797, 875, 876, 883, 998, 1011, 1137, 1171, 1206, 1210, 1215, 1216, 1225, 1258, 1324
Castelo Branco, Camilo – 46, 212, 213, 217
Castilhos, Júlio de – 51, 173, 854, 959, 960
Castro Rebelo, Edgar de – 247
Castro, Fidel – 61, 62, 200-207, 503, 659, 665, 717
Castro, Fiúza de – 643, 1202, 1204, 1262
Castro, Josué de – 1062
Castro, Monteiro de – 687
Castro, Raul – 203
Catão – 286
Cavalcanti Proença, Manuel – 395
Cavalcanti, Costa – 898
Cavalcanti, Deocleciano de Hollanda – 312, 316
Cavalcanti, Lima – 252
Cavalcanti, Newton – 110
Cavalcanti, Reginaldo – 124
Cavalcanti, Temístocles Brandão – 123
Cavaquinho, Nelson – 593
Cendras, Blaise – 436
Cervantes – 1387
César, Salvador – 788
Ceschiatti – 704
Chagas, Carlos – 883
Chandrasekhar – 487, 492
Chaplin, Charles – 409, 413, 817
Chateaubriand, Assis – 86, 133, 278, 384, 574, 575, 602
Chateaubriand, Fred – 359

Cherenkov – 492
Chesterton, Gilbert Keith – 420
Chiquinha, dona – 848
Chopin – 542
Christie, Agatha – 604
Churchill, Winston – 167
Cícero, padre – 437, 1354
Cintra, Ulhoa – 502
Cirilo Jr. – 266
Clair, Janete – 1311
Cláudio – 562, 563
Cleofas, João – 81, 1156, 1284
Climério – 267
Coaracy, Vivaldo – 114
Cockrat de Sá, Gilberto – 311, 312
Coelho Neto (general) – 284, 285
Coelho, Auriz – 1202
Coelho, Danton – 316, 388
Coelho, Ruy – 16
Coimbra, Estácio – 437, 438, 459
Collingwood – 1335
Collor – 16
Collor, Lindolfo – 283, 284, 393, 885, 1082
Compton – 926
Comte, Auguste – 951, 958, 959, 961
Copland, Aaron – 535
Corazza, Calixto – 544
Corbisier, Roland – 180, 1156, 1157, 1158, 1159, 1160, 1162, 1163
Corção, Gustavo – 409, 414
Cordeiro de Farias, Oswaldo – 261, 370, 371, 377, 392, 872, 876, 882
Corrêa, Raimundo – 105
Corrêa, Villas Boas – 17
Correia dos Reis, Edson – 314
Correia Lima, Ewaldo – 1066
Correia Neto, Alípio – 932, 933
Correia, Pio – 596

Correia, Sampaio – 108, 109, 115
Côrtes, Menezes – 1203, 1207, 1425
Costa e Silva, Arthur da – 96, 156, 185, 187, 289, 380, 478, 640, 641, 557, 597, 693, 795, 796, 797, 875, 876, 883, 884, 1123, 1124, 1171, 1175, 1212, 1258
Costa, Benedito da – 549
Costa, Canrobert Pereira da – 634, 1202, 1204, 1205, 1261
Costa, Cipriano Amoroso – 403
Costa, Edgar – 125
Costa, Fernando – 262, 263
Costa, filho, Odylo – 634
Costa, Gomes da – 191
Costa, Jaime – 355
Costa, Lúcio – 71, 444, 445, 703
Costa, Manuel Amoroso – 403
Costa, Miguel – 227, 370, 756, 765, 766, 771
Costa, Oswaldo – 31
Costa, Rubens Vaz da – 1326
Costa, Souza – 553
Costa, Zenóbio da – 268, 269, 270
Coutinho, Afrânio – 408, 607, 640, 1113
Couto e Silva, Golbery do – 289, 296, 634, 1134, 1137
Couto, Diogo do – 701
Couto, Miguel – 416
Creps, Stafford – 431
Cristo – 1242, 1243, 1250
Croce, Benedetto – 168, 406, 407, 415, 1328
Cruls, Gastão – 610
Cruz Costa, João – 955
Cruz e Souza – 449
Cruz, Oswaldo – 503, 1120
Cunha, Euclides da – 163, 396, 440, 446, 1343

Índice onomástico

Cunha, Falconière da – 689, 872, 1263
Cunha, Flores da – 252, 278, 394, 754, 874
Cunha, Vasco Leitão da – 695, 696
Czerna, Renato – 1156

D

D. Pedro I – 1321
D. Pedro II – 23, 45, 470, 1081, 1325, 1333
Dahrendorf, Ralf – 1021
Daltro Filho – 777, 778, 874
Dantas, José Bento Ribeiro – 154
Dantas, San Thiago – 71, 94, 153, 162, 164, 180, 204, 210, 473, 589, 658, 1007-1010, 1057, 1058, 1059, 1185, 1294, 1406, 1407, 1417, 1418, 1428-1431
Dante – 809, 1387
Darwin, Charles – 494
De Bernardi – 697
De Gaulle, Charles – 198, 199, 209, 210, 215, 216, 1021, 1022
De la Palice, Monsieur – 973
Del Picchia, Menotti – 168
Deng – 499
Denys, Odílio – 152, 153, 193, 689, 874, 1144, 1205, 1206, 1260, 1262, 1263
Deodoro – 1199
Di Cavalcanti, Emiliano – 704, 886
Dias, Everardo – 806
Diegues, Cacá – 1313, 1314, 1315
Dillon, Douglas – 1009, 1010
Dirac (professor) – 908, 924
Dornelles, Ernesto – 262, 263
Dostoievski, Fiodor – 362, 620, 621, 702, 809, 813

Drummond – 592, 1342
Drummond, Magalhães – 1111
Duarte, José – 129
Duarte, Nestor – 1119, 1417
Dumas, Georges – 947, 948, 965
Duque de Caxias – 1323, 1324
Durkheim – 1365
Durst, Walter George – 1311
Dutra – 15, 622, 624, 625, 626, 627, 629-632, 678, 1389
Dutra (governo) – 639, 1089, 1272
Dutra, Djalma – 756, 764
Dutra, Eurico Gaspar – 35, 36, 53, 109, 117, 118, 120, 131, 136, 137, 139, 140, 142, 176, 196, 248, 261-264, 284, 285, 286, 290, 321, 328, 373, 385, 386, 388, 391, 534, 536, 777, 779, 781, 783, 784, 786, 788, 885
Dutra, Protásio – 137
Duverger, Maurice – 52, 112

E

Eça de Queirós, José Maria – 46, 406, 701, 1342
Ednardo – 886
Egydio, Alfredo – 822
Egydio, Paulo – 823, 836, 934
Einstein, Albert – 487, 489, 493, 849, 851, 852, 853, 926
Eisenhower, Dwight – 203
Eliot, Thomas Sterne – 816
Ellis Júnior, Antônio – 957
Éluard, Paul – 816
Engels, Friedrich – 247, 361, 511, 646
Epaminondas (brigadeiro) – 269
Ermílio, José – 696

Ernesto, Pedro – 1341
Escarpit, Robert – 641
Etchegoyen – 685, 686

F

Fagner – 598
Fagundes, Seabra – 90, 1213
Falcão, Armando – 87, 530
Faoro, Raymundo – 292
Faria, Otávio de – 162, 589, 599, 608, 1301, 1303
Faria, Sinésio – 615
Farias, Cordeiro de – 184, 1134, 1209, 1383, 1416, 1417
Fawcett, Jacques – 575
Fawcett, Percy – 571, 572, 573, 574
Feijó, Germinal – 646, 1323, 1324
Fermi, Enrico – 487, 492, 900, 925, 926
Fernandes, Florestan – 648, 1365, 1368
Fernandes, Raul – 148
Fernandes, Serafim (dom) – 1246
Fernandez, Oscar Lorenzo – 1155
Ferraz Alvim (irmãos) – 948
Ferraz, Mariano – 674
Ferraz, Octávio Marcondes – 462, 696
Ferraz, Pedro – 803
Ferreira (dr.) – 674
Ferreira, Heitor – 1134
Ferreira, Pedro Paranhos – 432, 434
Ferreira, Procópio – 356
Ferreira, Waldemar – 115, 284, 372, 377
Fialho, Henrique – 290
Fidler – 545
Figueiredo – 515, 567, 1122

Figueiredo (governo) – 737, 746, 1117
Figueiredo, Euclides – 249, 373, 380, 1256
Figueiredo, Guilherme – 882
Figueiredo, Jackson de – 414, 415, 599
Figueiredo, João Baptista – 295, 343, 373, 380, 411, 478, 799, 839, 840, 855, 881, 882, 891, 1382
Figueiredo, Lima (coronel) – 621, 622
Figueiredo, Nunes – 1369
Figueres, José – 201
Filêmon – 1244
Filho, Maciel – 258, 271, 272
Filho, Marcondes – 198, 297
Filho, Salgado – 263
Fittipaldi (major) – 145
Fiúza – 685, 686
Flaubert – 1347
Flores da Cunha – 108, 110
Florestan – 654
Floriano – 1199
Fonseca, Deodoro da – 250
Fonseca, Hermes da – 753, 754, 1256
Fonseca, José Paulo Moreira da – 640
Fontes, Lourival – 81, 85, 86, 143, 198, 257, 391
Fontoura, João Neves da – 82, 108, 137, 386, 387
Ford, Gerald – 63
Fortes, Bias – 78, 1111, 1112
Fortunato, Gregório – 88, 90, 266, 267, 1257
Fournier, Severo – 174, 777
Fragoso, Cláudio Heleno – 296
Fragoso, Heleno – 1217

Fragoso, Tasso – 618
France, Anatole – 80, 406, 407, 1339, 1343
Francisco, Martim – 280
Frank, Waldo – 608, 609
Freire, Ari Salgado – 754
Freire, Firmo (general) – 623
Freire, Vitorino – 151, 631
Freitas, Dirceu de – 863
Freud, Sigmund – 702, 809
Freyre, Gilberto – 114, 215, 397, 485, 656, 810, 1031
Frota, Sylvio – 56, 101, 798
Furtado, Celso – 13, 14, 658, 659, 992, 994, 1010, 1011, 1032, 1097, 1167, 1367, 1369, 1370

G

Galbraith – 500
Gallotti, Antonio – 162
Gallotti, Luiz – 1259
Galvão, Eduardo – 567, 645
Gama e Silva – 503, 1123
Gama, Luís – 449
Gamelin – 1420
Gamow, George – 487, 492
Ganivet, Angel – 430
Gantois, Menininha – 1315
Garcia (detetive) – 349, 350
Garcia (sargento) – 1289
Gasparian, Fernando – 1367
Gauguin – 522
Geisel (governo) – 342, 731, 1166, 1173, 1214
Geisel, Ernesto – 68, 98, 152, 153, 187, 251, 265, 293, 295, 296, 378, 468, 469, 478, 567, 727, 735, 797, 839, 853, 862, 875, 876, 880, 881, 883, 885, 886, 910, 1134, 1137, 1173, 1325, 1330, 1382, 1401
Geisel, Orlando – 1134, 1137
Giannotti, José Arthur – 1366, 1369
Gide, André – 701, 813, 1318
Gil, Gilberto – 598, 1314
Giorgi, Bruno – 704
Giscard d'Estaing, Valéry – 827
Goethe – 1387
Golbery – 617, 1380
Goldemberg (professor) – 896, 900
Gomes de Moraes, Silvestre – 865
Gomes, Dias – 1311
Gomes, Eduardo – 90, 110, 122, 124, 136, 261, 269, 270, 286, 377, 384, 390, 424, 519, 566, 683, 685, 686, 689, 690, 753, 769, 775, 784, 785, 786, 872, 1107, 1258, 1259, 1260
Gomes, Paulo Emílio Sales – 646
Gompers, Samuel – 308
Gordine, Sacha – 601, 602
Gordon, Lincoln – 217, 663
Gorki – 702
Goulart (governo) – 793, 795, 1163, 1167
Goulart, dona Tinoca – 265
Goulart, Iberê – 535
Goulart, João (Jango) – 15, 53, 55, 57, 92-94, 145, 148, 150, 151, 152, 153, 154, 179-183, 185, 210, 216, 219, 234, 235, 242, 259, 260, 265, 266, 267, 270, 285, 287-290, 311-315, 321, 331, 332, 333, 335, 379, 389, 391, 393, 460, 461, 514, 557, 633, 651, 652, 658, 659, 660, 662, 663, 665, 666, 690-693, 695, 711,

790, 792, 794, 879, 994, 1006, 1008, 1009, 1010, 1057, 1058, 1060, 1061, 1062, 1089, 1090, 1092, 1094, 1097-1101, 1144, 1145, 1155, 1169-1172, 1207, 1274, 1286, 1287, 1289-1293, 1297, 1397, 1401, 1418, 1419, 1425-1428, 1430, 1433, 1402, 1403, 1404, 1417
Goulart, Vicente – 265
Gouveia, Delmiro – 676
Graham, Evarts – 934
Gramsci, Antonio – 1086, 1180, 1373
Gregório – 563
Gromiko, Andrei – 210, 211
Guanabara, Alcindo – 349
Guazelli, Sinval – 876
Gudin, Eugênio – 462, 551, 552, 553, 984, 986, 991, 993, 1031, 1032, 1034, 1037, 1963
Guedes, Carlos Luiz – 794
Guedes, Geraldo – 1416
Guevara, Ernesto "Che" – 206
Guilherme, Olímpio – 256
Guilhobel, Renato – 269
Guimarães, Bernardo – 1313
Guimarães, Protógenes – 129
Guimarães, Ulysses – 150, 477
Gullar, Ferreira – 25, 598

H

Hamilton – 1037
Harberler – 551
Harrison – 709
Heck, Silvio – 688
Hegel – 950
Heidegger – 1557
Heifetz, Jascha – 542

Heisenberg – 490
Hemingway – 609
Herculano – 701
Hermes – 626
Hertz – 493
Hervert – 251
Herzog, Vladimir – 296
Hilton, Stanley – 252
Hime, Francis – 594, 595
Hitler, Adolf – 191, 294, 413, 649, 668, 851, 864, 884, 1334
Hoffmann – 542, 543
Holanda, Sérgio Buarque de – 21, 24, 46, 47, 64, 114, 1326
Homero – 1387
Horta, Arnaldo Pedroso – 92, 150
Howard Júnior, Esme – 431
Howard, lord – 431
Hummes, Cláudio (dom) – 1236
Huxley, Aldous – 809

I

Iang – 492
Ianni, Octavio – 1368
Inácio, Antônio Pereira – 723
Ivan, o Terrível – 507
Ivanenko – 490
Ivo, Lêdo – 861

J

Jabor, Arnaldo – 1313
Jacob, François – 702
Jafet – 81, 82
Jaguaribe, Hélio – 1366, 1367
Jaurès – 1339
Jefferson – 506
Joana d'Arc – 968

Índice onomástico

João Alberto – 535, 561, 562, 563, 577
João Paulo II (papa) – 1219, 1232, 1234, 1236, 1237, 1240, 1241
João XXIII – 660
João, Antônio – 624
Joffily, José – 149
Johnson, Lyndon – 214, 663, 664, 1022
Johnson, Phillips – 705
Joyce, James – 410, 813
Júnior, Castro – 174

K

Kafka, Franz – 813
Kai-chec, Chang – 507
Karajan – 539
Kelly, Octavio – 105
Kelly, Prado – 683, 685, 686, 687
Kennedy, John Fitzgerald – 205, 252, 659, 660, 695, 1005, 1007, 1008, 1009, 1021, 1022
Kennedy, Robert – 1010, 1022
Keynes, John Maynard (lord) – 984, 985, 989
Khan, Gengis – 505, 506
Kirk – 853
Klabin, Israel – 576, 1155
Klinger, Bertoldo – 621
Kostelanetz – 545
Koussevitsky, Sergei – 535, 536
Kreisler, Fritz – 542
Krieger, Daniel – 795, 796
Kruchev, Nikita – 204, 205, 210, 211
Kruel, Amaury – 94, 184, 697, 707, 795
Krumoutz, Pedro – 902

Kruschev, Nikita – 1022
Kubitschek, Juscelino – 15, 36, 53-55, 64, 71, 72, 76, 78-81, 83, 89, 90, 96, 118, 123, 146-148, 153-157, 180, 185, 239, 279, 287, 288, 290, 291, 321, 331, 483, 501, 567, 602, 633, 657, 660, 690, 691, 704, 707, 709, 710, 712, 714, 743, 790, 877, 878, 883, 885, 886, 992, 1000-1003, 1005, 1010, 1060, 1066, 1067, 1097, 1115, 1116, 1124, 1140, 1142, 1143, 1144, 1145, 1155, 1159, 1164, 1167, 1168, 1175, 1201, 1205, 1206, 1259, 1265, 1276, 1291, 1292, 1326, 1341, 1367, 1368, 1389, 1403, 1405, 1415, 1418, 1420
Kubitschek (governo) – 1000
Kubitschek, Sara – 1418
Kuznetsov – 210

L

La Rocque, Henrique – 1123
Lacerda, Carlos – 33, 85, 86, 87, 92, 114, 125, 142, 156, 182, 183, 217, 248, 260, 267, 287, 290, 291, 361, 377, 390, 664, 687, 791, 854, 1004, 1060, 1092, 1100, 1120, 1206, 1265, 1279, 1389, 1405, 1419
Lacerda, Maurício de – 494, 854
Lacombe, Américo Jacobina – 162, 640
Laet, Carlos de – 450
Lafer, Horácio – 81, 82
Lage, Cripiano – 256
Lamarca – 516, 517
Lampião – 436
Lane, Horácio – 563

Las Casas, Bartolomeu de (frei) – 1244
Laurenti, Rui – 937, 938
Lauro, Paulo – 152
Le Corbusier – 444, 703, 705, 708, 709, 713
Le Play – 951
Leal, Estillac – 633, 755, 871, 1158, 1178
Leal, Victor Nunes – 657, 1108
Leal, Walfredo – 383
Leão, Honório Hermeto Carneiro (marquês do Parará) – 13
Leão, Nara – 601
Lee – 492
Lehar – 534
Leibniz – 851, 853
Leitão da Cunha, Vasco – 1005
Leite Lopes, José – 900, 927
Leite, Aureliano – 174
Leite, Dias – 728, 997
Leite, Rogério Cerqueira – 485
Lemaitre, Jules – 407
Leme, Sebastião (dom) – 416, 418, 1231, 1232
Lemos, Honório de – 754
Lenin – 176, 649, 1093, 1370
Leonardo – 562, 563
Leonel, Ataliba – 371
Leopoldo, Décio – 566
Leuenroth, Edgar – 806
Lévi-Strauss, Claude – 496, 579, 645, 647, 648, 651
Levy, Herbert – 151, 152, 313
Lie, Trygve – 987
Lima, Alceu Amoroso (v. Tristão de Athayde) – 114, 166, 404, 599, 607, 1238, 1387, 1388
Lima, Ewaldo Correia – 1158
Lima, Hermes – 50, 114, 557, 1418

Lima, Mendonça – 151
Lima, Moreira – 758
Lima, Negrão de – 192
Lima, Oliveira – 430, 1323
Lima, Pereira – 115, 174
Lima, Roberto Faria – 875, 1417
Lindsay, Vachel – 433
Linhares, José – 262, 786
Link, Walter – 996, 1140
Lins, Álvaro – 355, 359, 607
Lins do Rego, José – 31, 32, 114, 398, 399, 608, 810, 1301
Lira Filho, Carlos – 429, 434
Lira, Carlos – 601
Lira, Paulo – 678
Lira, Pereira – 632, 678
Lisboa, João Francisco – 1333
Lispector, Clarice – 410
Liszt – 542
Lobato, Monteiro – 22, 432
Lobo, Aristides – 805, 808
Lobo, Edu – 594, 595
Lopes, Isidoro Dias – 869
Lopes, Lucas – 145, 660, 992, 1000-1003, 1010, 1066
Lopes, Machado – 1401
Lopes, Pereira – 1213
Lopes, Renato de Toledo – 403, 404, 406
Lott, Henrique Teixeira – 90, 123, 124, 269, 291, 329, 330, 378, 684, 685, 686, 688, 1069, 1143, 1201-1207, 1283, 1284
Lourenço Filho – 961
Lowell, Amy – 433
Lucrécio – 1354
Ludovico – 562
Ludwig, Emil – 167
Luís XVI – 1266

Índice onomástico

Luís, Washington – 230, 277, 285, 438, 478, 618, 843, 876
Luiz XIV – 293
Lula (Luís Inácio da Silva) – 418, 520, 738, 840, 881, 888, 1187, 1295
Lutfalla – 854
Luxemburgo, Rosa – 361
Luz, Carlos – 123, 146, 378, 683, 684, 685, 687, 688, 689, 1143, 1201, 1203-1206, 1258, 1259, 1261, 1262, 1264, 1265
Luzardo, Batista – 806, 108, 386, 387
Lyra Tavares, Aurélio de – 861

M

Macedo Soares, José Carlos de – 129, 131, 137, 255
Macedo Soares, José Eduardo de – 377
Macedo, Murilo – 1275
Machado de Assis, Joaquim Maria – 80, 360, 406, 413, 432, 701, 1074, 1304, 1343, 1344
Machado, Aníbal – 114, 139, 264, 1339
Machado, Cristiano – 139-142, 263, 264, 872, 1111
Machado, Dyonélio – 1301
Machado, João Carlos – 109, 131
Machado, Lourival Gomes – 948, 950, 951
Machado, Pinheiro – 758
Maciel Filho – 89, 144, 145
Maciel, Antunes – 109, 110
Maciel, Floriano da Silveira – 311
Maciel, José – 391
Maciel, Marco – 704
Maciel, Olegário – 278

Maciel, Ubaldo – 277
Magaldi, Antônio Pereira – 312
Magaldi, Sábado – 842
Magalhães Júnior, Raimundo – 355
Magalhães Pinto, José – 91, 182, 662, 794, 1206, 1406
Magalhães, Aderson – 257
Magalhães, Agamenon – 118, 131, 132, 134, 178, 259, 261, 262, 263, 282, 297, 465, 787
Magalhães, Fernando – 862
Magalhães, Juracy – 116, 146, 252, 385, 774, 996
Magesse, Júlio – 290
Maia, Prestes – 114
Malcher, José Maria – 567
Malfatti, Anita – 22
Malraux, André – 706, 813, 1318, 1348
Maluf, Paulo Salim – 403, 426, 874
Mamede, Bizarria – 123, 684, 1201, 1203, 1204, 1205, 1207, 1261
Mangabeira, Francisco – 494
Mangabeira, João – 48, 473, 1419
Mangabeira, Otávio – 99, 108-110, 173, 282, 285, 286, 377, 386, 388
Mann, Thomas – 813
Mannheim, Karl – 1365
Manso, Fritz – 340
Manulescu, Mihail – 170
Maquiável, Nicolau – 176, 1015
Marchette, Domingos – 677
Marcondes Ferraz, Octávio – 462, 675, 685, 695
Marcondes Filho – 134
Mariani, Clemente – 92
Mariano, José – 347, 564
Mariano, Olegário – 347

Marighella, Carlos – 516, 1113
Marinho, Abelardo – 107, 109
Marinho, Francisca
    (Chiquinha) – 355
Marinho, Lauro – 728
Marinho, Roberto – 289, 353, 354,
    358, 359
Mário Filho – 352, 355
Maritain, Jacques – 430
Marquês de Paraná – 1324
Marques, Euclides – 937
Márquez, García – 701
Marrey Júnior – 872
Martins, Paulo Egydio – 380
Martisse – 521
Marx, Burle – 445
Marx, Karl – 205, 223, 233, 247, 303,
    361, 419, 423, 431, 809, 949, 995,
    494, 495, 497, 511, 646, 1179,
    1240, 1308, 1334, 1366, 1369,
    1370, 1372
Matos, Gregório de – 1304
Matos, Hubert – 206, 207
Matos, Lino de – 149, 151
Matos, Mário – 279
Matos, Meira – 214
Mauá, barão de – 827, 1081
Maugué, Jean – 951, 953, 955
Maurras, Charles – 430, 433,
    434, 435
Maximiliano, Carlos – 49
Maxwell – 493
Maynard – 872
Mazzilli, Ranieri – 92, 151, 152, 153,
    212, 557, 1401, 1416, 1425
McMillan, Harold – 199
Medeiros, Borges de – 379
Médici (governo) – 317, 728, 797,
    1149, 1216

Médici, Emílio Garrastazu – 97, 363,
    380, 478, 875, 876, 883, 884,
    1137, 1213
Meirelles, Cecília – 114
Mello e Souza, Gilda – 955
Mello Franco, Rodrigo – 610, 703
Mello, Nelson de – 184, 755,
    1419, 1432
Melo Franco, Afonso Arinos
    de – 21, 114, 207, 209, 230, 291,
    387, 405, 407, 438, 610, 692, 879
Melo Franco, Afrânio de – 49, 148
Melo Franco, Virgílio de – 47, 53,
    71, 114, 116, 278, 284, 285,
    1341, 1351
Melo, Newton de Andrade – 627
Mencken – 485
Mendes, Cândido – 1155
Mendes, Francisco – 389
Mendes, Murilo – 812
Menezes, Hamilcar de – 257
Merson, Mary – 602
Mesquita (família) – 255
Mesquita Filho, Francisco
    (Chiquinho) – 370
Mesquita Filho, Júlio de – 113, 114,
    184, 368, 369, 370, 380, 883,
    922, 949, 953, 965, 1271
Mesquita Neto, Júlio de – 11, 17
Mesquita, Francisco – 1271
Michel, Jacques – 716
Michelet, Jules – 968
Mignone, Francisco – 531
Mikoyan, Anastas – 203, 211
Mill, John Stuart – 51
Milliet, Sérgio – 955, 956, 1316
Milton – 1387
Miranda, Pontes de – 289
Miranda, Sá de – 22

Índice onomástico

Mistral, Gabriela – 608
Monbeig, Pierre – 16, 950, 953
Monod, Jacques – 702
Montagna, César – 1207
Monteiro, Dilermando – 886
Monteiro, Góes – 117, 119, 120, 131, 176, 196, 198, 259, 261, 262, 385, 386, 387, 391, 626, 628, 629, 760, 779, 780, 785, 786, 854, 1420
Montelo, Josué – 114
Montesquieu – 948
Montoro, Franco – 822, 1117
Moraes Filho, Evaristo de – 533
Moraes, José Ermírio de – 1367
Moraes, Mascarenhas de – 199, 1203, 1257
Moraes, neto, Prudente de (Pedro Dantas) – 14, 32, 45, 46, 47, 114, 1344
Moraes, Octavio de – 470
Moraes, Prudente de – 378, 1421, 610, 684
Moraes, Susana de – 592
Moraes, Vinícius de – 114, 812
Morato – 872
Moravia, Alberto – 1318
Moreira Salles, Walther – 1004, 1426
Moreira, Adriano – 65, 207
Moreira, Álvaro – 114
Moreira, Delfim – 51
Moreira, Juliano – 449
Moreira, Roberto – 367, 368
Moreira, Thiers Martins – 162
Morena, Roberto – 56, 314
Morin, Jacqueline – 17
Moses, Herbert – 256
Mota, Jeovah – 165
Motta Filho, Cândido – 168, 180, 1158

Mourão (general) – 684, 685, 1209
Mourão Filho, Olímpio – 794, 795
Mourão, Abner – 1271
Müller, Filinto – 132, 135, 194, 199, 250, 251, 280, 282, 755, 776, 779, 780, 887
Munhoz da Rocha – 145
Muniz (brigadeiro) – 689
Murilo, Carlos – 95
Murtinho, Joaquim – 1037
Murucy (coronel) – 151
Mussolini, Benito – 164, 170, 199, 294, 415, 884
Myrdal, Gunnar – 1017

N

Nabuco, Joaquim – 406, 432, 440, 441, 449, 1348
Nakiri, Kenji – 935
Napoleão – 495
Napoleão III – 1421
Nascimento, Milton – 594, 598
Nascimento, Nicanor – 634
Natel, Laudo – 934
Nathalie – 17
Nava, Pedro – 16, 46, 114, 410, 604, 610
Nazareth, Agripino – 303
Nazareth, Carlos – 375
Negrão de Lima – 57, 65, 154, 155
Nehru – 495
Neruda, Pablo – 1318
Nervi – 712
Nestor, Odilon – 433, 434
Neto, Agostinho – 453
Neto, Amaral – 290
Neto, Coelho (general) – 109

Neto, Medeiros – 385
Neto, Vargas – 257, 355, 358
Netto, Delfim – 98, 336, 477, 658, 666, 667, 728, 747, 997, 1014, 1015, 1040
Neves, Tancredo – 13, 16, 154, 268, 477, 652, 1009, 1010, 1057, 1122, 1397, 1418, 1420, 1427, 1428
Newton – 489, 490
Niccodemi, Dario – 803
Niemeyer, Oscar – 54, 71, 444, 445, 645, 705, 716
Nietzsche – 707
Nogueira Filho, Paulo – 112
Nogueira, Oracy – 654
Novaes, Guiomar – 534
Nunes, Danilo da Costa – 617
Nurkse – 551
Nutels, Noel – 567

O

Octávio, Rodrigo – 344
Oelsener, Alexandre – 544
Oiticica, José – 21, 29, 30
Olímpio, Domingos – 398
Oliveira, Afrânio de – 823
Oliveira, Arlindo de – 372
Oliveira, Armando Salles de – 108-112, 130, 131, 136, 171, 172, 252, 254, 280, 281, 282, 285, 376, 377, 384, 385, 386, 922, 1200
Oliveira, Felipe de – 438
Oliveira, Francisco Borges de – 566
Oliveira, Ismarth de – 579
Oliveira, Luiz Camilo de – 390
Oliveira, Numa de – 475
Oliveira, Rafael Correia de – 114, 285, 470, 474

Oliveira, Regis de – 533
Oliver, Maria Rosa – 608
Olympio, José – 25, 608
Onésimo – 1244
Openheimer – 926
Orleans e Bragança (família) – 602
Ormandy, Eugene – 535
Ormesson, Antoine d' – 603
Osório – 1120, 1323

P

Pacheco, Félix – 403
Pacheco, Oswaldo – 314
Paderewsky – 542
Padilha, Avelino de Magalhães – 531
Padilha, Pedro de Magalhães – 531
Padre Cícero – 529
Paganini – 542
Pai Adão – 432
Paiva Leite, Cleanto de – 1066
Paiva, Glycon de – 991, 1213
Paiva, Rubens – 251, 468
Palmiro, Bento – 625
Panikow – 1005
Parsons, Talcott – 1181
Passos, Gabriel – 53, 692, 1340
Pastor, Sapena – 211
Patrocínio, José do – 449
Pauli, Wolfgang – 487
Paulo VI (papa) – 426, 1234
Peçanha, Nilo – 753
Pedreira, José Luís Bulhões – 555, 1213
Pedro, o Grande – 507
Pedrosa, Mário – 704, 805, 808, 1157

Pedroso Horta – 791
Pedroso, Bráulio – 1311
Peixoto, Afrânio – 404, 414
Peixoto, Amaral – 49, 122, 1273
Peixoto, Floriano – 250
Penha, Frota da (capitão) – 529
Penna, Camilo – 748
Penteado, Yolanda – 405
Pereira da Costa,
    Canrobert – 123, 684
Pereira, Antônio Carlos – 17
Pereira, Astrojildo – 29, 60, 114, 513
Pereira, Francelino – 293
Pereira, Jesus Soares – 995
Pereira, José Mario – 17
Pereira, Pinto – 956
Péret, Benjamin – 816
Peretti, Marianne – 704
Péricles, Silvestre – 119, 120, 1174
Perón, Juan Domingo – 150, 665, 1032
Peroni (professor) – 903
Pessoa, Epitácio – 885, 1421
Pessoa, João – 383
Picasso, Pablo – 521
Pierson, Donald – 647
Pignatari, Décio – 598
Pilla, Raul – 152, 1401, 1415, 1416
Pimenta, Joaquim – 303
Pinheiro, Israel – 57, 95, 156, 624, 704, 710, 1115, 1120
Pinheiro, João – 245, 246
Pinheiro, Nuno – 549
Pinho, Edith – 110
Pinochet, Augusto – 888
Pinto, Álvaro Vieira – 1163, 1369
Pinto, Bilac – 291, 474, 1119
Pinto, Carvalho – 658, 659, 662, 1283

Pinto, Costa – 654
Pinto, Magalhães – 91, 182, 664, 1209, 1405
Pinto, Roquete – 114
Pinto, Sobral – 289
Pirandello, Luigi – 359
Pires, Waldir – 662, 663
Pitaluga – 1207
Pixinguinha – 595
Piza, Toledo – 130
Platão – 490, 1174
Poincaré, Henri – 490, 491
Pombal, marquês de – 974
Pontes de Miranda,
    Joaquim – 847
Portela (Tenente) – 581
Portela, Eduardo – 640
Portella, Petrônio – 186, 293, 704, 1213, 1322
Portinari, Cândido – 445, 645
Posthumus, N. W – 1334
Pound, Ezra – 816
Prado Júnior, Caio – 114, 948, 955
Prado, Eduardo – 432
Prazeres, Heitor dos – 593
Prebisch, Raúl – 994, 1032
Prestes, Júlio – 368, 438, 478, 849, 872, 876
Prestes, Luís Carlos – 229, 250, 251, 260, 385, 437, 452, 512, 514, 519, 610, 753, 755, 759, 760, 765-773, 805, 886, 887, 1098, 1113, 1199, 1255
Preuss – 49
Proudhon – 435
Proust, Marcel – 46, 148, 349, 410, 1343, 1348
Prudente – 590
Prudhomme, Sully – 403

Q

Quadros, Jânio – 15, 37, 53, 54, 61, 66, 91, 92, 150, 151, 178, 179, 181, 234, 235, 287, 291, 321, 329, 330, 331, 567, 658, 665, 666, 687, 689, 691, 692, 790, 791, 841, 874, 875, 879, 899, 1004, 1007, 1010, 1021, 1056, 1058, 1060, 1069, 1071, 1100, 1120-1122, 1144, 1207, 1209, 1263, 1266, 1284, 1286, 1292, 1397, 1401, 1405, 1415
Queirós, Andrade – 193, 194
Queirós, Paulo Edmur de Souza – 1156
Queiroz, Carlota Pereira de – 111
Queiroz, Luís de – 745
Queiroz, Rachel de – 398, 810, 862, 1301
Quinn, Anthony – 1310, 1312

R

Rabelo, Manoel – 132
Rachmaninoff – 542
Radcliffe-Brown – 647, 950
Ramos, Graciliano – 398, 608, 810, 1301, 1302
Ramos, Guerreiro – 1158, 1159, 1160, 1366
Ramos, João Batista – 312
Ramos, Joaquim – 155, 156, 157
Ramos, Nereu – 36, 50, 91, 120, 122, 124, 140, 263, 632, 1206, 1264
Ramos, Rodrigo Octávio Jordão – 13
Ramos, Teodoro – 965
Rao, Vicente – 251, 375, 872
Reale, Miguel – 174, 247, 415, 1156
Rebelo, Marques – 608, 1301
Rebouças, André – 449
Reggiani, Serge – 1312
Rego, Alceu Marinho – 114
Rego, Costa – 114, 254
Reis e Silva, Eloi – 76
Reis Velloso, João Paulo dos – 726
Reis, Coelho dos – 198
Reis, Francisco Tito de Souza – 549, 550
Reis, Newton – 1207
Renault, Abgar – 114, 656, 1340
Resende, Otto Lara – 594, 1342
Reynaud, Paul – 561
Riani, Clodsmith – 1090
Ribeiro, Darcy – 567, 568, 571, 924, 1060
Ribeiro, Ivani – 1311
Ribeiro, Jair Dantas – 1432
Ribeiro, João – 414, 589, 861
Ribeiro, Orlando Leite – 595
Ribeiro, Quintanilha – 149, 879
Ricardo, Cassiano – 168
Richards – 607
Richelieu (cardeal) – 469
Rimbaud, Arthur – 588
Rio Branco (barão do) – 66, 215, 433
Rio Branco, visconde do – 433
Robertson, Denis – 985, 989
Robinson (prof.) – 1033
Rocco, Alfredo – 164
Rocha, Brochado da – 1418, 1419, 1432
Rocha, Eusébio – 474
Rocha, Glauber – 886, 1304, 1313
Rocha, Munhoz da – 687
Rocha, Ronaldo Moreira da – 686

Índice onomástico

Rockfeller, Nelson – 143
Rodrigues, Augusto – 32
Rodrigues, José Honório – 16, 114
Rodrigues, Lêda Boechat – 1329
Rodrigues, Mário – 31, 349, 350, 358
Rodrigues, Martins – 152, 154, 155
Rodrigues, Milton – 352
Rodrigues, Nelson – 409, 414
Rodrigues, Paulinho – 354
Rodrigues, Roberto – 349, 350
Rodriguez, Carlos Rafael – 202
Roland, Romain – 511
Rollas – 533
Romero, André – 349
Romero, Sílvio – 446, 650
Rondon, Cândido Mariano da Silva – 562, 564, 568, 570, 571, 576, 756, 872
Roosevelt, Franklin D. – 134, 252, 257
Roosevelt, Theodore – 755
Rosa, Guimarães – 69, 71, 410
Rosa, Noel – 593
Rosenberg – 1334
Rosselli, Carlos – 161
Rossi – 859, 860
Rousseau, Jean-Jacques – 469, 948
Rudge, Manuel – 617
Rusticus – 513

S

Sabino de Oliveira, Eduardo – 475
Sabino, Fernando – 1342
Saccheta, Ermínio – 646
Salazar, Oliveira – 65, 191, 207, 208, 452, 453, 886

Saldanha – 704
Salgado (coronel) – 372
Salgado Filho – 785
Salgado, Plínio – 132, 133, 163, 166, 167, 168, 172-174, 176, 177, 225, 247
Salles, Apolônio – 676, 677
Salles, Campos – 378, 1037, 1421
Sampaio, Teodoro – 449
San Martin – 444
Santa Rosa – 355
Santo Agostinho – 1387
Santos, Nelson Pereira dos – 1304, 1312, 1313
São Bento – 1243
São Paulo – 413, 1242, 1244
São Tomás de Aquino – 422, 1245, 1387
Sarasate, Paulo – 530, 1417
Sarmento, Sizeno – 884
Sarmiento, Juan Domingo – 443
Sartre, Jean-Paul – 702, 706, 812, 814, 1366, 1369
Schamway, dr. – 935, 937
Schemberg, Mário – 924, 927
Schmidt, Augusto Frederico – 114, 162, 812, 1155
Schmitt, Carl – 49
Schubert – 540
Schumpeter, Joseph – 1174
Scliar, Carlos – 1303
Seaborg – 926
Sebastião (chofer) – 349
Sena, Homero – 25
Senghor – 1315
Sérgio, Antônio – 453
Serpa (irmãos) – 1207
Serpa Filho, Jorge – 1155
Sette Câmara, José – 1067

Setúbal, Olavo – 742
Shakespeare, William – 403, 809, 1387
Silva Bruno, Ernani da – 167
Silva, Carlos Medeiros da – 49
Silva, Hélio – 132
Silva, Ismael – 593
Silva, Joaquim Caetano da – 1333
Silva, Loureiro da – 265
Silva, Luís Hildebrando da – 503
Silva, Vicente Ferreira da – 1156
Silveira, Guilherme da – 557
Silveira, Roberto – 125
Simão, Aziz – 1368
Simenon, Georges – 604, 1318
Simões Filho – 81
Simon, Michel – 1312
Simonsen – 658
Simonsen, Mário Henrique – 226, 658, 836
Simonsen, Roberto – 996
Siqueira, Ethevaldo – 17
Siqueira, José – 532
Soares, Danilo – 312
Soares, Jofre- 1313
Soares, Macedo – 32
Sobral Pinto, Heráclito Fontoura – 296, 311
Sócrates – 1174
Sodré, Abreu – 934
Sodré, Nelson Werneck – 1158, 1159
Sorel – 430, 431, 435
Souto Neto, Eduardo – 595
Souza, Antônio José Alves de – 674-678, 681
Souza, Elói de – 438
Souza, Octávio Tarquínio de – 607, 608
Souza, Pompeu de – 32, 33

Spinoza, Baruch – 809
Spirito, Ugo – 164
Stalin, Josef – 161, 257, 504, 505, 649, 1309
Stella, Ana – 543
Stendhal – 809, 813
Stigler – 549
Strassmann – 926
Sttetinius – 257
Swift, Jonathan – 471
Szenkar, Eugene – 532, 533

T

Tapajós, Haroldo – 587
Tarso, Paulo de – 665
Taunay – 1322
Tavares, Lyra – 683
Távora, Juarez – 90, 116, 269, 270, 326, 618, 754, 756, 767, 871, 872, 1064, 1144, 1201, 1202, 1203, 1205, 1206, 1213
Távora, Virgílio – 55, 1057
Tchaikovsky – 541
Teixeira, Anísio – 655, 656, 657, 961, 1330
Telles, Rolim – 178
Tenório – 685
Thibau, Mauro – 695, 696
Thomas, Dylan – 816
Tibiriça – 1421
Tibiriçá (governo) – 231
Tito, Josef Broz – 421, 1059
Tizuka – 1315
Toledo, Caio Pompeu de – 844
Toledo, Pedro de – 372, 773
Tolstoi, Leon – 362, 620, 621
Toquinho – 595, 597
Torres, Luiz Alberto – 163, 567

Índice onomástico

Toscanini – 532
Touraine, Alain – 1368
Travassos, Clóvis – 1207
Trevisan, Dalton – 604
Trotsky, Leon – 161, 496, 512, 517, 804, 805, 807, 808, 815
Tsé-tung, Mao – 309, 495, 498, 499, 507, 758
Tubino – 1207

U

Ururahy, Otacílio Terra – 1207

V

Valadão, Haroldo – 1217
Valadares, Benedito – 78, 79, 100, 146, 253, 254, 262, 263, 278, 279, 280, 282, 292, 385, 473, 1111, 1341
Vale, Amorim do – 683, 686, 1259, 1260
Valérie – 17
Valle, Dióscoro Gonçalves do – 616
Valverde, Belmiro – 249
Van Gogh – 520, 522
Vanique, Flaviano de Matos – 561-565
Vargas (época de) – 841
Vargas (família) – 257
Vargas (governo) – 639, 1157
Vargas, Alzira – 89, 133, 140, 145, 270, 628, 777, 1273
Vargas, Benjamin (Bejo) – 88, 259, 266, 270, 297, 777, 786, 787, 887
Vargas, Darcy – 89, 270
Vargas, Getulio – 13, 15, 32, 33, 36, 49, 50, 53-55, 64, 81-84, 87, 89-92, 94, 107, 108, 117, 124, 129, 131-134, 136, 137, 138, 140-146, 148, 156, 157, 171-174, 179, 180, 182, 192, 195, 196, 197, 214, 223, 224, 226, 228, 229, 230, 234, 239, 245, 246, 248, 249, 250, 252-256, 258-266, 271-274, 278, 279, 281-284, 286, 287, 288, 292, 297, 301, 303, 321, 325, 328, 355, 369, 370, 375-379, 384-388, 390, 392, 393, 394, 438, 460, 465, 466, 474, 519, 561, 563, 566, 567, 568, 618, 623, 628, 629, 631-634, 662, 663, 664, 665, 691, 704, 767, 768, 772, 773, 776, 777, 778, 780, 783-787, 789, 790, 854, 873, 878, 884-887, 901, 957, 960, 991, 995, 999, 1016, 1079-1082, 1084, 1085, 1087, 1088, 1089, 1091, 1092, 1094, 1095, 1096, 1098, 1099, 1100, 1102, 1111, 1113, 1116, 1119, 1122, 1123, 1124, 1129, 1130, 1131, 1158, 1167, 1200, 1202, 1256, 1257, 1272, 1273, 1278, 1296, 1301, 1325, 1326, 1389, 1390, 1415
Vargas, Ivete – 141, 1403
Vargas, Lutero – 143
Varnhagen – 1333, 1335
Vasconcelos, Bernardo Pereira de – 1321
Vaz, Ruben Florentino – 88
Vaz, Rubens – 1205
Veloso, Caetano – 593, 598, 1303, 1314
Veloso, Reis – 640
Veríssimo, Érico – 1301, 1313
Veríssimo, José – 861
Viana Filho, Luís – 694

Viana, Bulcão – 688
Vianna, Hélio – 162
Vianna, Oliveira – 163, 166, 650, 1323
Vicente, Gil – 701
Vidal, Gil – 349
Vieira, Antônio – 1327
Villa-Lobos, Heitor – 445, 1074
Viner, Jacob – 551
Viot, Jacques – 602
Virgílio – 1354, 1387
Voltaire – 80, 469
Von Ihering – 49

W

Wainer, Samuel – 1092
Walter, Bruno – 539
Weber, Max – 1022, 1365, 1366, 1369
Welles, Orson – 1312
Werneck, Paulo – 704

Wertmüller, Lina – 1310
Wheller (general) – 682
White, Harry – 556, 989
Willems, Emílio – 647
Wirth, John – 1332
Wolf, Paul – 848

X

Xavier, Lívio – 1344

Y

Yakawa – 492
Yeats, William Butler – 433

Z

Zenóbio – 1202, 1203
Zerbini – 689
Ziembinski, Z. – 357, 358
Zola, Émile – 272, 361

Este Livro Foi Impresso na Edigráfica.